令和6年11月改訂

プロフェッショナル
PROFESSIONAL
所得税の実務

税理士 山形富夫 著

清文社

はしがき

　所得税は、私たちの日常生活において誰もがかかわりを持つ大変身近な税であり、法人の所得に課される法人税と並んで直接税の代表的なものです。個人の「所得」そのものを担税力の指標としており、納税者が公平に税を負担できるよう、所得が多くなるにしたがって段階的に高い税率を適用する超過累進税率を採用しているところに特色があります。
　所得税関係の各法令は、経済や社会情勢の目まぐるしい変化に対応して様々な改正が毎年行われており、一般には複雑な法律だといわれています。

　このようなことから、本書は、所得税関係の法令について正しく理解していただき適正な申告と納税に資することを目的に、次の事項に留意して作成しています。
① 所得税法のみならず関連税法及び通達をわかりやすく体系的に理解していただけるように整理しています。
② 直近の令和6年度の所得税関係の税制改正に伴う最新の法令及び通達等に基づき、更にわかりやすく解説しています。
③ 改正の変遷が理解できるよう、令和3年度から令和6年度の税制改正の要旨を取り込んでいます。
④ 誤りやすい事例についても漏れなく掲載しています。
⑤ 重要な公表裁決事例及び判例を掲載しています。

　本書の特徴としましては、所得税の条文体系に沿った構成を基本としつつ、譲渡所得や源泉徴収など内容の細かい項目については、ポイントを絞って要点を簡潔にまとめるとともに、近年の情勢に鑑み、震災等の特例関係や納税システムに関する事項についても解説しています。
　今後とも、読者の方々のご意見等を基に検討を加え、更に良いものにしていきたいと考えております。
　なお、本書に記載されている税務上の取扱いは、個人的な見解であることを申し添えます。
　今回、『プロフェッショナル』の2訂版を執筆させていただく機会を提供してくれました株式会社清文社と本書の編集作業全般を担当してくださった同社の藤本優子氏に心から深く感謝いたします。

　令和6年11月

税理士　山形　富夫

CONTENTS / 目次

近年の改正のポイント —— 1
- ❶ 令和3年度の税制改正　1
- ❷ 令和4年度の税制改正　37
- ❸ 令和5年度の税制改正　64
- ❹ 令和6年度の税制改正　90

第1章　総説

第1節　所得税の意義と特色 —— 125
- ❶ 所得税　125
- ❷ 所得税の特色　126
- ❸ 所得税法の規定の柱　127

第2節　所得の概念 —— 129
- ❶ 所得　129
- ❷ 所得税法上の所得　129

第3節　非課税所得と免税所得 —— 130
- ❶ 非課税所得と免税所得の相違　130
- ❷ 非課税所得　131
- ❸ 非課税所得に係る損失の計算除外　137
- ❹ 免税所得　138

第4節　納税義務者及び課税所得の範囲 —— 139
- ❶ 納税義務者の区分　139
- ❷ 課税所得の範囲と課税方式　140

第5節　実質所得者課税の原則 —— 141
- ❶ 実質所得者課税の原則　141
- ❷ 実質所得者課税の例　141
- ❸ 実質所得者課税の具体的な判定基準　141

第6節　納税地 —— 145
- ❶ 納税地　145
- ❷ 所得税法における納税地　146
- ❸ 納税地の異動　147
- ❹ 納税地の特例　147
- ❺ 源泉徴収に係る所得税の納税地　148

❻ 納税地の指定　148

第7節　非居住者及び法人に対する課税の方法 —— 148
❶ 非居住者に対する課税の方法　148
❷ 法人に対する課税の方法　149
❸ 租税条約　149

第8節　信託課税 —— 150
❶ 平成19年度税制改正前の信託の取扱い　150
❷ 平成19年度税制改正後の信託の取扱い　151

第9節　所得税の計算の仕組み —— 155
❶ 所得の性質による分類　155
❷ 担税力に応じた課税の実現　156
❸ 所得税の計算の仕組み　156
❹ 課税標準及び課税所得金額の計算　158
❺ 税額の計算　159

第10節　青色申告 —— 160
❶ 青色申告の要件　160
❷ 青色申告の特典等　160
❸ 青色申告の承認申請手続　162
❹ 青色申告の承認の取消し　163
❺ 青色申告の取りやめ　164
❻ 青色申告者の備え付けるべき帳簿書類　164
❼ 青色申告者の帳簿書類の保存　165
❽ 青色申告書の添付書類　165

第2章　所得の金額の計算

第1節　所得の計算期間 —— 167
第2節　所得計算上の一般的な事項 —— 167
第3節　外貨建取引の換算等 —— 169
❶ 外貨建取引の意義　169
❷ 外貨建取引等の換算の方法　170

第4節　収入金額の計算 —— 173
❶ 収入金額　173
❷ 収入金額の計算の通則　175
❸ 各種所得の収入金額の計上時期　176
❹ 別段の定めによる収入金額　178

❺ 経済的利益　183
❻ 収入金額とされる保険金、損害賠償金等　184

第5節　必要経費の計算 ———————————————— 184
❶ 必要経費の計算の通則　184
❷ 必要経費とされない支出　185
❸ 売上原価の計算及び期末棚卸資産の評価　186
❹ 販売費、一般管理費等の必要経費　189
❺ 減価償却資産の償却費の計算　191
❻ 繰延資産の償却費の計算　214
❼ リース取引　219
❽ 租税公課　224
❾ 接待交際費と寄附金　229
❿ 修繕費と資本的支出の区分　230
⓫ 借入金利子、割引料　233
⓬ 地代、家賃、損害保険料等　234
⓭ 海外渡航費　235
⓮ 家事費及び家事関連費　236
⓯ 借地権等の更新料　239
⓰ 資産損失　240
⓱ 貸倒損失　243
⓲ 引当金及び準備金　246
⓳ 生計を一にする親族に支払う給与等　253
⓴ 青色申告特別控除　258

第6節　収入金額及び必要経費の共通事項 ———————————— 262
❶ 販売代金の額が確定していない場合の見積り　262
❷ 質屋営業の所得計算　262
❸ 請負による所得計算　262
❹ 造成団地の分譲による所得計算　262
❺ 出版業の所得計算　263
❻ 災害損失特別勘定　263
❼ 売上割戻し　263
❽ 仕入割戻し　263
❾ 商品引換券等の発行に係る所得計算　263
❿ 商品等の販売に要する景品等の費用　264
⓫ 長期の損害保険契約に係る支払保険料等　264
⓬ 信用取引に係る所得計算　264

⓭ その他　264

第7節　所得計算の特例 ―――――――――――――――――――― 265
❶ 小規模事業者の収入及び費用の帰属時期の特例（現金主義）　265
❷ 雑所得を生ずべき小規模な事業を行う者の収入及び費用の帰属時期の特例（現金主義）　267
❸ 廃業後に生じた必要経費の特例　268
❹ 転廃業助成金等に係る課税の特例　268
❺ 家内労働者等の所得計算の特例　269
❻ 特定の基金に対する負担金等の必要経費算入の特例　271
❼ 組合等の所得計算　273

第8節　白色申告者の帳簿書類の備え付け等 ―――――――――――― 278
❶ 記帳義務　278
❷ 帳簿書類の保存義務　279
❸ 電子帳簿保存制度関係　280

第3章　各種所得の金額の計算

第1節　利子所得 ――――――――――――――――――――――― 285
❶ 利子所得の範囲　285
❷ 利子所得の金額の計算　286
❸ 収入の時期　287
❹ 利子所得に対する課税の特例　287
❺ 利子所得に対する課税関係　290

第2節　配当所得 ――――――――――――――――――――――― 295
❶ 配当所得の範囲　295
❷ 配当所得の金額の計算　300
❸ 収入の時期　302
❹ 配当所得に対する課税の特例　303

第3節　不動産所得 ―――――――――――――――――――――― 319
❶ 不動産所得の範囲　319
❷ 不動産所得の金額の計算　321

第4節　事業所得 ――――――――――――――――――――――― 330
❶ 事業所得の範囲　330
❷ 事業所得の金額の計算　336

第5節　給与所得 ――――――――――――――――――――――― 386
❶ 給与所得の範囲　387

❷ 給与所得の金額の計算　388

第6節　退職所得 ——————————————— 407
　❶ 退職所得の範囲　408
　❷ 退職所得の金額の計算　412

第7節　山林所得 ——————————————— 419
　❶ 山林所得の範囲　419
　❷ 山林所得の金額の計算　422

第8節　譲渡所得 ——————————————— 425
　❶ 譲渡所得の内容　425
　❷ 所得税の課税されない譲渡所得　430
　❸ 譲渡所得の対象となる資産と所得区分　431
　❹ 短期譲渡所得と長期譲渡所得の区分　432
　❺ 譲渡所得の金額の計算　435
　❻ 土地建物等の譲渡所得の課税の特例　452
　❼ 株式等に係る譲渡所得等の課税の特例　495
　❽ 特定中小会社が発行した株式に係る課税の特例（いわゆるエンジェル税制）　510
　❾ 株式交換等に係る譲渡所得等の特例　525
　❿ 上場株式等に係る特例　527
　⓫ 特定管理株式等が価値を失った場合の株式等に係る譲渡所得等の課税の特例　536
　⓬ 株式等を対価とする株式の譲渡に係る譲渡所得等の課税の特例　538
　⓭ 非課税口座内の少額上場株式等に係る譲渡所得等の非課税措置　539
　⓮ 国外転出をする場合の譲渡所得等の特例等（国外転出時課税制度）　548

第9節　一時所得 ——————————————— 557
　❶ 一時所得の内容　557
　❷ 一時所得となるものの具体例　557
　❸ 一時所得の金額の計算　560

第10節　雑所得 ——————————————— 564
　❶ 雑所得の内容　564
　❷ 雑所得となるものの具体例　566
　❸ 雑所得の金額の計算　568
　❹ 先物取引に係る雑所得等の課税の特例　580
　❺ 減額された外国所得税額の雑所得の総収入金額算入　582
　❻ 雑所得を生ずべき業務に係る雑所得を有する者に係る収支内訳書の確定申告書への添付義務　582
　❼ 雑所得を生ずべき業務に係る雑所得を有する者の現金預金取引等関係書類の保存義務　582

第4章 ◆◆◆ 所得税の課税の特例

第1節　分離課税 ── 585
- ❶ 申告分離課税　585
- ❷ 源泉分離課税　585

第2節　申告分離課税 ── 586
- ❶ 特定公社債等に係る利子所得の申告分離課税　586
- ❷ 上場株式等に係る配当所得等の申告分離課税　586
- ❸ 土地の譲渡等に係る事業所得等の課税の特例　587
- ❹ 譲渡所得の課税の特例制度　587
- ❺ 株式等の譲渡による所得の申告分離課税制度　589
- ❻ 先物取引に係る雑所得等の申告分離課税制度　589

第3節　源泉分離課税 ── 590
- ❶ 利子所得の源泉分離課税　590
- ❷ 懸賞金付預貯金等の懸賞金等の源泉分離課税　590
- ❸ 金融類似商品の源泉分離課税　590
- ❹ 割引債の償還差益の源泉分離課税　590

第4節　確定申告を要しない配当所得 ── 591

第5章 ◆◆◆ 所得の金額の総合と損益通算

第1節　所得の金額の総合 ── 595
第2節　損益通算 ── 597
- ❶ 損益通算の対象等　597
- ❷ 損益通算の方法　600
- ❸ 不動産所得に係る損益通算の特例　603
- ❹ 国外中古建物の不動産所得に係る損益通算の特例　608
- ❺ 居住用財産の譲渡損失の損益通算の特例　613

第3節　損失の金額の繰越し又は繰戻し ── 623
- ❶ 概要　623
- ❷ 前年以前に生じた純損失、雑損失の繰越控除　624
- ❸ 繰越控除の方法　628
- ❹ 純損失の繰戻し（青色申告の特典）　630
- ❺ 居住用財産の譲渡損失の繰越控除の特例　632
- ❻ 雑損失の繰越控除　639

- ❼ 特定非常災害に係る純損失の繰越控除の特例　640
- ❽ 特定非常災害に係る雑損失の繰越控除の特例　646

第6章　所得控除

第1節　所得控除の種類と意義 ─── 649
- ❶ 所得控除　649
- ❷ 所得控除の種類　649
- ❸ 所得控除の目的　650

第2節　各種所得控除の内容 ─── 650
- ❶ 雑損控除　650
- ❷ 医療費控除　655
- ❸ 社会保険料控除　670
- ❹ 小規模企業共済等掛金控除　673
- ❺ 生命保険料控除　675
- ❻ 地震保険料控除　680
- ❼ 寄附金控除　683
- ❽ 障害者控除　688
- ❾ 寡婦控除　692
- ❿ ひとり親控除　693
- ⓫ 勤労学生控除　695
- ⓬ 配偶者控除　696
- ⓭ 配偶者特別控除　699
- ⓮ 扶養控除　701
- ⓯ 基礎控除　707

第3節　所得控除の順序 ─── 707
- ❶ 概要　707
- ❷ 所得控除の順序　707
- ❸ 令和5年分所得控除額の計算一覧　709

第7章　税額計算

第1節　税額計算の方法 ─── 715
- ❶ 税額計算の構造　715
- ❷ 税額計算の方法　716

[7]

第2節　基本的な税率による税額計算 ──── 717
- ❶ 課税総所得金額及び課税退職所得金額に対する税額　717
- ❷ 課税山林所得金額に対する税額　717

第3節　変動所得及び臨時所得の平均課税 ──── 718
- ❶ 変動所得及び臨時所得の意義　718
- ❷ 変動所得及び臨時所得の範囲　719
- ❸ 平均課税を適用することができる場合　721
- ❹ 平均課税の方法による税額の計算　723
- ❺ 手続き等　723

第4節　分離課税の譲渡所得に対する税額計算 ──── 724
- ❶ 分離長期譲渡所得金額に対する税額計算　724
- ❷ 分離短期譲渡所得金額に対する税額計算　724
- ❸ 株式等に係る譲渡所得金額に対する税額計算　724

第5節　税額控除 ──── 725
- ❶ 概要　725
- ❷ 税額控除の種類　726

第6節　税額控除の順序 ──── 832

第8章　確定申告と納税等

第1節　所得税の申告納税方式 ──── 833
- ❶ 申告納税方式　833
- ❷ 所得税の申告時期　833
- ❸ 所得税額の納付時期　834

第2節　予定納税 ──── 834
- ❶ 予定納税　834
- ❷ 予定納税の義務と予定納税額の納付時期　835
- ❸ 予定納税基準額の計算　836
- ❹ 予定納税額の通知及び予定納税額の減額承認の申請　836

第3節　確定申告並びにこれに伴う納付及び還付 ──── 838
- ❶ 確定申告　838
- ❷ 確定損失申告　844
- ❸ 還付等を受けるための申告　845
- ❹ 修正申告　848
- ❺ 更正の請求及び更正の請求の特例　848
- ❻ 確定申告書に添付する書類　849

- ❼ 死亡又は出国の場合の確定申告　852
- ❽ 非居住者の申告　854
- ❾ 総収入金額報告書　857
- ❿ 災害等が発生した場合の申告期限等の延長　858
- ⓫ 災害減免法による減免税額　859

第4節　納税 ──────────────────────────── 861
- ❶ 納付　861
- ❷ 延納　861

第5節　書類の提出時期 ──────────────────── 862
- ❶ 発信主義が適用される書類　862
- ❷ 到達主義が適用される書類　863

第9章　更正及び決定

- ❶ 更正又は決定すべき事項に関する特例　865
- ❷ 青色申告書に係る更正　865
- ❸ 推計による更正又は決定　866
- ❹ 更正又は決定に対する不服申立て等　867

第10章　雑則及び罰則

第1節　雑則 ──────────────────────────── 871
- ❶ 支払調書等の提出等の義務　871
- ❷ 財産債務調書の提出　874
- ❸ 国外財産調書の提出　877

第2節　罰則 ──────────────────────────── 880

第11章　国税電子申告・納税システム（e-Tax）

- ❶ e-Taxの概要とメリット　881
- ❷ 「確定申告書等作成コーナー」でできること　882
- ❸ 申告書等を作成して税務署に提出するまでの流れ　882
- ❹ スマホとマイナンバーカードでe-Tax　882
- ❺ マイナポータルを活用した所得税確定申告書の簡便化（マイナポータル連携）　883

[9]

第12章 ◆◆◆ 新型コロナウイルスに係る所得税の特例

❶ 給付金の非課税等　885
❷ 住宅借入金等を有する場合の所得税額の特別控除　885

第13章 ◆◆◆ 復興特別所得税

❶ 納税義務者　889
❷ 課税対象　889
❸ 基準所得税額　889
❹ 課税標準　890
❺ 復興特別所得税額の計算　890
❻ 所得税及び復興特別所得税の予定納税　890
❼ 確定申告　890
❽ 所得税及び復興特別所得税の納付　891
❾ 所得税及び復興特別所得税の還付　891
❿ 源泉徴収等　891

第14章 ◆◆◆ 源泉徴収

第1節　源泉徴収制度 ─────────────────── 893
❶ 源泉徴収制度の仕組み　893
❷ 源泉徴収と居住者の確定申告　897

第2節　源泉徴収 ─────────────────── 898
❶ 利子所得に対する源泉徴収　898
❷ 配当所得に対する源泉徴収　899
❸ 給与所得に対する源泉徴収　899
❹ 退職所得に対する源泉徴収　902
❺ 報酬、料金等に対する源泉徴収　903
❻ 納税告知　906
❼ 源泉徴収における推計課税　906
❽ 定額減税　906

◆ **参考資料** 911

　所得税額の計算の仕組み　912

　各種届出書・申請書の提出期限一覧表　914

　所得税の速算表　915

　山林所得に対する所得税の速算表　915

　給与所得控除額の速算表　915

　公的年金等に係る雑所得の早見表（令和2年分以降）　916

　配偶者特別控除額の早見表　917

　給与所得の源泉徴収税額表（令和6年分）〔月額表〕　918

　賞与に対する源泉徴収税額の算出率の表（令和6年分）　925

　年末調整等のための給与所得控除後の給与等の金額の表（令和6年分）　927

　主な減価償却資産の耐用年数表　936

◆ **索引**　939

誤りやすい事例　目次

第1章　総説
　非課税所得の判定等　135
　資産から生ずる収益を享受する者の判定　145
　納税地の異動届出書　147
　青色申告承認申請　163

第2章　所得の金額の計算
　消費税等の還付金等の収入計上　174
　減価償却資産の判定等　195
　一括償却資産の必要経費算入　197
　少額減価償却資産の必要経費算入　198
　減価償却資産の償却方法　204
　減価償却資産の取得価額　207
　平成19年度改正による減価償却費の計算　210
　建物の耐用年数　212
　非業務用資産・中古資産　212
　繰延資産とならない借地権の更新料　219
　登録免許税及び固定資産税の取扱い　228
　修繕費と資本的支出の区分　233
　借入金利子の取扱い　234
　積立部分のある損害保険料の取扱い　235
　家事費等　237
　非業務用資産の資産損失及び取壊し費用の取扱い　243
　事業専従者の要件　257
　青色申告特別控除の適用等　260
　家内労働者等の特例の適用　270
　特定の基金に対する負担金等の必要経費算入の特例　273

第3章　各種所得の金額の計算
　配当所得課税関係　317
　未分割遺産から生じる不動産所得　323
　事業用固定資産の譲渡益の取扱い　334
　弁護士の着手金や歯科矯正料の収入金額の計上時期　339
　社会保険診療報酬の所得計算の特例　382
　所得金額調整控除の適用要件の判定　393
　給与所得者の特定支出の控除の特例　400
　ストック・オプションの権利行使益等　406
　退職所得の収入の時期及び収入金額等　418
　山林所得の所得区分　425

消費税課税事業者が事業用固定資産を譲渡した場合の譲渡所得の計算　435

　　譲渡費用の取扱い　444

　　法人に対する低額譲渡の取扱い　451

　　一時所得の判定　557

　　雑所得の区分等　568

　　FX取引による所得の区分　580

第5章　所得の金額の総合と損益通算

　　上場株式等の譲渡所得の損失の特定口座と一般口座の損益通算　600

　　損益通算の順序　603

　　不動産所得に係る損益通算の特例　605

　　損益通算の対象となる国外不動産所得の損失の金額　610

　　国外中古建物を複数貸付けている場合の不動産所得の計算　612

　　居住用財産の買換え等の譲渡損失の特例等の所得金額の要件　622

　　純損失の繰越控除　626

　　純損失の繰戻し　631

第6章　所得控除

　　雑損控除の対象等　654

　　医療費控除の対象となる医療費の範囲　661

　　医療費控除の補てんされる金額　664

　　医療費控除の適用を受けるための添付書類等　665

　　セルフメディケーション税制の一定の取組　667

　　特定一般用医薬品等の購入費　668

　　セルフメディケーション税制の手続き等　670

　　社会保険料控除の対象　672

　　小規模企業共済等掛金控除の対象　674

　　生命保険料控除額の計算　679

　　地震保険料控除額の計算　682

　　寄附金控除の対象等　687

　　障害者控除の適用　689

　　寡婦控除の判定　693

　　ひとり親控除等の判定　694

　　所得制限の判定等　697

　　配偶者特別控除の適用　700

　　控除対象扶養親族の判定等　702

　　「送金関係書類」の要件　704

第7章　税額計算

　　平均課税の適用等　722

　　配当控除額の計算　733

　　外国税額控除の適用　745

住宅借入金等を有する場合の所得税額の特別控除の適用　810
　　耐震改修特別税額控除の適用　820
　　住宅特定改修特別税額控除額の適用　824
第8章　確定申告と納税等
　　確定所得申告書の提出を要しない場合等　842
　　還付等を受けるための申告等　846
　　準確定申告書付表の記載等　853

裁判例・裁決例　目次

第1章　総説 ....

裁判例　駐車場収入の帰属は、親子間の土地使用貸借契約があるも、土地所有者である親に帰属すると判断した事案（大阪高裁令和4年7月20日判決）　144

第3章　各種所得の金額の計算 ....

裁決例　不動産所得を生ずべき事業（平成19年12月4日裁決）　326

裁判例　事業所得と給与所得の区分（最高裁昭和54年4月24日第二小法廷判決／抜粋）　335

裁判例・**裁決例**　1．譲渡費用（最高裁平成4年7月14日第三小法廷判決／抜粋）　441

　　　　　　　　2．借入金利子の取得費算入（東京高裁昭和54年6月26日判決／抜粋）　441

　　　　　　　　3．土地・建物を一括譲渡した場合の取得価額（令和4年9月9日付裁決事例）　441

裁判例　外れ馬券の購入代金／所得税更正処分等取引請求事件（最高裁平成29年12月15日判決）（棄却）　562

凡例 本書で引用する主な法令・通達については、次の略称を使用しています。

1. 法令

所法	所得税法
所令	所得税法施行令
所規	所得税法施行規則
措法	租税特別措置法
措令	租税特別措置法施行令
措規	租税特別措置法施行規則
通法	国税通則法
通令	国税通則法施行令
法法	法人税法
法令	法人税法施行令
法規	法人税法施行規則
消法	消費税法
消令	消費税法施行令
消規	消費税法施行規則
相法	相続税法
耐令	減価償却資産の耐用年数等に関する省令
実特法	租税条約の実施に伴う所得税法、法人税法及び地方税法の特例に関する法律
実特令	租税条約の実施に伴う所得税法、法人税法及び地方税法の特例に関する法律施行令
実特規	租税条約の実施に伴う所得税法、法人税法及び地方税法の特例に関する法律の施行に関する省令
国外送金法	内国税の適正な課税の確保を図るための国外送金等に係る調書の提出等に関する法律
国外送金令	内国税の適正な課税の確保を図るための国外送金等に係る調書の提出等に関する法律施行令
国外送金規	内国税の適正な課税の確保を図るための国外送金等に係る調書の提出等に関する法律施行規則
災法	災害被害者に対する租税の減免、徴収猶予等に関する法律
災令	災害被害者に対する租税の減免、徴収猶予等に関する法律の施行に関する政令
新型コロナ税特法	新型コロナウイルス感染症等の影響に対応するための国税関係法律の臨時特例に関する法律

新型コロナ税特令 …………	新型コロナウイルス感染症等の影響に対応するための国税関係法律の臨時特例に関する法律施行令
新型コロナ税特規 …………	新型コロナウイルス感染症等の影響に対応するための国税関係法律の臨時特例に関する法律施行規則
震災税特法 …………………	東日本大震災の被災者等に係る国税関係法律の臨時特例に関する法律
震災税特令 …………………	東日本大震災の被災者等に係る国税関係法律の臨時特例に関する法律施行令
震災税特規 …………………	東日本大震災の被災者等に係る国税関係法律の臨時特例に関する法律施行規則
能登税特法 …………………	令和六年能登半島地震災害の被災者に係る所得税法及び災害被害者に対する租税の減免、徴収猶予等に関する法律の臨時特例に関する法律
能登税特令 …………………	令和六年能登半島地震災害の被災者に係る所得税法及び災害被害者に対する租税の減免、徴収猶予等に関する法律の臨時特例に関する法律施行令
復興財確法 …………………	東日本大震災からの復興のための施策を実施するために必要な財源の確保に関する特別措置法
復興特別所令 ………………	復興特別所得税に関する政令
電子帳簿保存法 ……………	電子計算機を使用して作成する国税関係帳簿書類の保存方法等の特例に関する法律
電子帳簿保存規則 …………	電子計算機を使用して作成する国税関係帳簿書類の保存方法等の特例に関する法律施行規則
オン化省令 …………………	国税関係法令に係る行政手続等における情報通信の技術の利用に関する省令
改正法附 ……………………	所得税法等の一部を改正する法律附則
改正令附 ……………………	所得税法施行令等の一部を改正する政令附則
改正規附 ……………………	所得税法施行規則等の一部を改正する省令附則
改正措令附 …………………	租税特別措置法施行令等の一部を改正する政令附則
改正措規附 …………………	租税特別措置法施行規則等の一部を改正する省令附則
改正消令附 …………………	消費税法施行令等の一部を改正する政令附則
地法 …………………………	地方税法
地令 …………………………	地方税法施行令

2．通達

所基通 ………………………	所得税基本通達
法基通 ………………………	法人税基本通達
消基通 ………………………	消費税法基本通達

耐通 …………………	耐用年数の適用等に関する取扱通達
措通 …………………	租税特別措置法通達
国外送金通 ……………	内国税の適正な課税の確保を図るための国外送金等に係る調書の提出等に関する法律（国外財産調書等関係）の取扱いについて
軽減通達 ………………	消費税の軽減税率制度に関する取扱い通達
新型コロナ通 …………	新型コロナウイルス感染症等の影響に対応するための国税関係法律の臨時特例に関する法律関係通達

（引用例）

所法2①一 ………………	所得税法第2条第1項第1号
所令2一 …………………	所得税法施行令第2条第1号

本書は、令和6年10月1日現在の法令・通達等によっています。

近年の改正のポイント

令和3年度の税制改正

1．所得税法等関係

(1) 国又は地方公共団体が行う保育その他の子育てに対する助成事業等により支給される金品の非課税措置の創設

【創設の趣旨】

保育の負担軽減を図る形での少子化対策は重要であり、こうした観点から、保育を主とする助成を国や地方公共団体が実施する動きが広がってきています。

これまで、ベビーシッターの支援事業における利用料助成や、認可外保育施設等に対する地方公共団体独自の利用料助成などの国、地方公共団体からの助成については、原則課税所得となり、雑所得として確定申告を行う必要がありました。

今回の改正においては、学資金が所得税法上非課税とされていることや、幼児教育・保育無償化により国から受ける補助については子ども・子育て支援法で非課税とされていることなども踏まえ、子育て支援の観点から、保育を主とする国や地方公共団体からの子育てに係る助成等について、所得税を非課税とする措置を講ずることとされました。

非課税措置の具体的な対象範囲としては、

- ベビーシッターの利用料に対する助成
- 認可外保育施設等の利用料に対する助成
- 一時預かり・病児保育などで子どもを預ける施設の利用料に対する助成

など、子育てに係る施設・サービスの利用料に対する助成を対象としています。

さらに、施設・サービスの利用料に対する助成と一体として行われる助成についても対象としており、例えば子育て家庭への生活援助や家事支援も対象となっています。

その他、保育施設等を利用する際の主食費、副食費や交通費などに対する助成も対象となります。

子育て支援の観点から行うという趣旨を踏まえ、子育て支援に係る助成であれば子どもの年齢によって対象を区切ることはしていません。

【創設の内容】

国又は地方公共団体が保育その他の子育てに対する助成を行う事業その他これに類する一定の事業により、その業務を利用する者の居宅その他の場所において保育その他の日常生活を営むのに必要な便宜の供与を行う業務又は認可外保育施設その他の一定の施設の利用に要する費用に充てるため支給される金品については、所得税を課さないこととされました。

〔関係条項〕所法9①十六、所規3の2

〈適用関係〉令和3年分以後の所得税について適用されます（改正法附2）。

(2) 退職所得課税の見直し

【改正の趣旨・内容等】

　退職金は、一時にまとめて相当額が支払われ、長期間にわたる勤務の対価の一括後払いという性格を持っています。

　このため、課税にあたっては、累進税率の適用を緩和し、税負担の平準化を図る観点から、退職手当等の収入金額から退職所得控除額を控除した残額の2分の1を課税対象とする、いわゆる「2分の1課税」の措置が講じられています。

　この点、平成24年度税制改正において、勤続年数5年以下の法人の役員等の退職所得については、この2分の1課税を適用しないこととされています。

　これは、2分の1課税があることを前提に、短期間のみ在職することが当初から予定されている法人の役員等が、給与の受取りを繰り延べて高額な退職金を受けることにより、税負担を回避するといった事例が指摘されていたことを踏まえたものです。

　法人の役員等は会社法等でその任期が決められているなど、当初から短期間勤務が前提となっていることなど、一般の従業員とは相当に異なる事情にあることから、勤続年数5年以内の法人の役員等がその見直しの対象とされました。

　今回の改正では、法人の役員以外についても、勤続年数が5年以下であれば2分の1課税対象としない改正を行っています。

　これは、現下の退職給付の実態を見ると、法人の役員等以外についても勤続年数5年以下の短期間で支払われる退職金について、平準化の趣旨にそぐわない、特に高額な支給実態も見られることに基づいています。

　なお、法人の役員以外の者については、近年の雇用の流動化等に配慮して、退職所得控除額を除いた支払額300万円までは引き続き2分の1課税の平準化措置を適用することとされており、勤続年数が5年の場合は、500万円以上の退職金が今回の改正の影響を受けることになります。

　これは、例えば、経団連の実態調査[注]における勤続年数5年のモデル退職金の額である126.7万円（大卒・会社都合）を大幅に上回る水準となっています。

　（注）　平成30年退職金・年金に関する実態調査（経団連）

　改正の内容は、次のとおりです。

① 　短期退職手当等に係る退職所得の金額は、次に掲げる場合の区分に応じそれぞれ次に定める金額とされました。

　　イ　その短期退職手当等の収入金額から退職所得控除額を控除した残額が300万円以下である場合……その残額の2分の1に相当する金額

　　ロ　上記イに掲げる場合以外の場合……150万円とその短期退職手当等の収入金額から300万円に退職所得控除額を加算した金額を控除した残額との合計額

〔関係条項〕所法30②

　〈適用関係〉令和4年分以後の所得税について適用し、令和3年分以前の所得税について従前どおりとされています（改正法附5）。

② 上記①の見直しに伴い、次の改正が行われました。

　イ 退職手当等に係る源泉徴収税額の計算方法について所要の整備が行われました。

　　〔関係条項〕所法201①一ロ二ロ二、所令319の3①一・三・四②

　　〈適用関係〉令和4年1月1日以後に支払うべき退職手当等について適用し、同日前に支払うべき退職手当等については従前どおりとされています（改正法附9①）。

　ロ 退職所得の受給に関する申告書の記載事項等について、所要の整備が行われました。

　　〔関係条項〕所法203①、所規77①五

　　〈適用関係〉令和4年1月1日以後に支払うべき退職手当等について提出する退職受給申告書について適用し、同日前に支払を受けるべき退職手当等について提出した退職受給申告書については従前どおりとされています（改正法附9②）。

(3) 減価償却資産の範囲の改正

【改正の趣旨・内容等】

　無形固定資産となる電気ガス供給施設利用権に、電気事業法の配電事業を営む者に対して電気の供給施設を設けるために要する費用を負担し、その施設を利用して電気の供給を受ける権利が追加されました。

　〔関係条項〕所令6八ヨ

　〈適用関係〉令和4年4月1日から施行されます（改正所令附1二）。

(4) 非課税貯蓄申告書の電子提出の特例の創設等の障害者等の少額預金の利子所得等の非課税措置等の改正

【改正の趣旨・内容等】

① 非課税貯蓄申告書等の電子提出の特例

　イ 障害者等の少額預金の利子所得等の非課税措置について次に掲げる書類の金融機関の営業所等に対する書面による提出に代えて、その金融機関の営業所等に対してその書類に記載すべき事項の電磁的方法による提供を行うことができることとされました。この場合、その提供があったときは、その書類の提出があったものとみなすこととされました。

　　(イ) 非課税貯蓄申込書

　　(ロ) 非課税貯蓄申告書

　　(ハ) 非課税貯蓄限度額変更申告書

　　(ニ) 非課税貯蓄に関する資格喪失届出書

　　(ホ) 非課税貯蓄申込書を提出する者が告知をすべき事項を記載した帳簿の作成に係る申請書

　　(ヘ) 非課税貯蓄申込書を提出する者が告知をすべき事項を記載した帳簿の記載事項の変更届出書

　　　　(ト)　非課税貯蓄に関する異動申告書
　　　　(チ)　非課税貯蓄廃止申告書
　　　　(リ)　非課税貯蓄者死亡届出書
　　　　(ヌ)　非課税貯蓄相続申込書
　　　〔関係条項〕所法10⑧、所令41の2⑤、47の3①、所規7⑩
　　　〈適用関係〉令和3年4月1日以後に金融機関の営業所等に対して行う電磁的方法による上記イに掲げる書類に記載すべき事項の提供について適用されます（改正法附3②、改正所令附2②③、改正所規附2②）。

　　ロ　公共法人等及び公益信託等に係る非課税措置について公社債等の利子等の非課税申告書の金融機関等の営業者等又は支払者に対する書面による提出に代えて、その金融機関等の営業所等又は支払者に対してその申告書に記載すべき事項の電磁的方法による提供を行うことができることとされました。この場合、その提供があったときは、その書類の提出があったものとみなすこととされました。
　　　〔関係条項〕所法11④、所令51の4④
　　　〈適用関係〉令和3年4月1日以後に金融機関等の営業所等又は支払者に対して行う電磁的方法による公社債等の利子等の非課税申告書に記載すべき事項の提供について適用されます（改正法附4、改正所令附3）。

②　障害者等の少額預金の利子所得等の非課税措置について非課税貯蓄申告書又は非課税貯蓄限度額変更申告書の提出をする者がその氏名等を金融機関の営業所等の長に告知をする場合において、これらの申告書へのその告知をした事項につき確認した旨のその金融機関の営業所等の長の証印を要しないこととし、金融機関の営業所等の長は、その告知があった事項につき確認した旨をこれらの申告書に記載しなければならないこととされました。

　　また、非課税貯蓄申込書又は非課税貯蓄相続申込書の提出を受けた金融機関の営業所等が行うこととされていた通帳等への本非課税措置の対象である旨の証印についても同様とされました。
　　〔関係条項〕所法10⑤、所令41の3、48①②
　　〈適用関係〉令和3年4月1日以後に提出する非課税貯蓄申告書及び非課税貯蓄限度額変更申告書について適用し、同日前に提出した非課税貯蓄申告書及び非課税貯蓄限度額変更申告書については従前どおりとされています（改正法附則3①）。

③　障害者等の少額預金の利子所得等の非課税措置の適用対象となる障害者等の範囲に、複数事業労働者傷病年金を受けている者及び複数事業労働者障害年金を受けている者並びに複数事業労働者遺族年金を受けている遺族（妻に限ります）である者が加えられました。
　　〔関係条項〕所令31の2四、所規7①七
　　〈適用関係〉令和3年4月1日以後に提出する非課税貯蓄申告書等について適用し、同日前に提出した非課税貯蓄申告書等については従前どおりとされています（改正所令附2①、改正所規附2①）。

(5) 家事関連費等の必要経費不算入等の改正
　【改正の趣旨・内容等】
　医薬品、医療機器等の品質、有効性及び安全性の確保等に関する法律の改正に伴い、居住者が納付する同法の課徴金及び延滞金の額は、必要経費に算入しないこととされました。
　〔関係条項〕所法45①十四
　〈適用関係〉医薬品、医療機器等の品質、有効性及び安全性の確保等に関する法律等の一部を改正する法律附則1条2号に掲げる規定の施行の日（令和3年8月1日）から施行されています（改正法附1九）。

(6) 寄附金控除制度の改正
　【改正の趣旨・内容等】
① 適用対象となる特定公益増進法人の主たる目的である業務に関連する寄附金から出資に関する業務に充てられることが明らかな寄附金が除外されました。
　〔関係条項〕所法78②三
　〈適用関係〉個人が令和3年4月1日以後に支出する特定寄附金等について適用し、個人が同日前に支出した特定寄附金等については従前どおりとされています（改正法附6、改正所令附4）。下記②において同じです。
② 適用対象となる特定公益増進法人の範囲に、定款にその地方独立行政法人の試験研究の成果を活用する事業等を実施する者に対する出資を行う旨の定めがある地方独立行政法人が追加されました。
　〔関係条項〕所令217一の二

(7) 確定申告義務の見直し等の改正
　【改正の趣旨・内容等】
① 今般、新型コロナウイルス感染症への対応として確定申告会場への来場者を分散させる等の観点から、一部の者に課されていた税額が還付となる場合の確定申告義務をなくすこととされました。具体的には、所得税の確定所得申告について、その計算した所得税の額の合計額が配当控除の額を超える場合であっても、控除しきれなかった外国税額控除の額があるとき、控除しきれなかった源泉徴収税額があるとき、又は控除しきれなかった予定税額があるときは、その申告書の提出を要しないこととされました。
　〔関係条項〕所法120①、122①
　〈適用関係〉改正前の所得税法の規定による確定申告期限が令和4年1月1日以後となる所得税の確定申告書（通常は、令和3年分以後の確定申告書）について適用し、その確定申告期限が同日前となる所得税の確定申告書については従前どおりとされています（改正法附7）。下記②において同じ。
② 上記①の改正に伴い、決定による源泉徴収税額等の還付及び決定による予納税額の還付の規定が削除されました。
　〔関係条項〕旧所法159①、160①

(8) 給与所得者等の源泉徴収に関する申告書の電子提出の改正

【改正の趣旨・内容等】

　給与所得者等の源泉徴収に関する申告書の電子提出を受けるための税務署長の承認に係る手続等を廃止することとされ、給与支払者等が電子提出を適正に受けるための必要な措置を講じていること等の要件を満たしている場合には、給与所得者等が源泉徴収に関する申告書の電子提出を行うことができることとされました。

　〔関係条項〕所法198②、203④、203の6⑤、措法41の3の2④、41の3の4④、所令319の2①、319の4、319の11

　〈適用関係〉令和3年4月1日以後に行う源泉徴収に関する申告書の電子提出について適用し、同日前に行った源泉徴収に関する申告書の電子提出については従前どおりとされています（改正法附8、37）。

(9) 償還金等の支払調書の改正

【改正の趣旨・内容等】

　交付を受ける償還金等が支払調書制度の対象となる内国法人の範囲に、マンションの建替え等の円滑化に関する法律の敷地分割組合が追加されました。

　〔関係条項〕所令352の2①

　〈適用関係〉マンションの管理の適正化の推進に関する法律及びマンションの建替え等の円滑化に関する法律の一部を改正する法律の施行の日から施行されます（改正所令附1三）。

(10) 支払調書等の提出の特例の改正

【改正の趣旨・内容等】

　電子情報処理組織を使用した調書等の提供方法に、特定ファイルに記載事項を記録し、かつ、税務署長に対して、特定ファイルに記録されたその記載事項を閲覧し、及び国税庁の使用に係る電子計算機に備えられたファイルに記録する権限を付与する方法による提供、いわゆるクラウド等を利用した提供が追加されました。

　〔関係条項〕所規97の4③、措規19の16③、国外送金等調書規11③

　〈適用関係〉令和4年1月1日から施行されます（改正所規附1ただし書、改正措規附1二、改正国外送金規附）。

(11) 確定拠出年金制度等の改正に伴う所得税法関係の整備

【改正の趣旨・内容等】

　確定拠出年金制度等の改正に伴い、退職所得控除額の計算の特例等について整備が行われました。

　〔関係条項〕所令70①二

　〈適用関係〉令和4年4月1日以後に支払を受けるべき確定拠出年金法の老齢給付金として支給を受ける一時金について適用し、同日前に支払を受けるべき確定拠出年金法の老齢給付金として支給を受ける一時金については従前どおりの予定とされています（年金整備令案附）。

2．租税特別措置法等関係

◆金融・証券税制の改正◆

(1) 利子所得の分離課税等の改正

【改正の趣旨・内容等】

　課税の適正化の観点から、同族会社との間に個人が支配する法人を介在させて間接的にその同族会社を支配する場合におけるその個人がその同族会社から支払を受ける社債の利子についても、総合課税により課税することとされました。

　同族会社が発行した社債の利子で、その同族会社の判定の基礎となる株主である法人がその支払を受ける個人（以下、「対象者」といいます）と特殊の関係にある法人である場合におけるその対象者及びその対象者の親族等が支払を受けるものについて、総合課税の対象となる「特定公社債以外の公社債の利子」に追加されました。

　〔関係条項〕措法3①四、措令1の4⑤、措規2②

　〈適用関係〉居住者等が令和3年4月1日以後に支払を受けるべき特定公社債以外の公社債の利子について適用し、居住者等が同日前に支払を受けるべき特定公社債以外の公社債の利子については従前どおりとされています（改正法附16）。

(2) 特別非課税貯蓄申告書の電子提出の特例の創設等の障害者等の少額公債の利子の非課税措置等の改正

【改正の趣旨・内容等】

① 申告書等の電子提出の特例等

　イ　障害者等の少額公債の利子の非課税措置について、次に掲げる書類の販売機関の営業所等に対する書面による提出に代えて、その販売機関の営業所等に対してその書類に記載すべき事項の電磁的方法による提供を行うことができることとされました。この場合、その提供があったときは、その書類の提出があったものとみなすこととされました。

　　(イ)　特別非課税貯蓄申込書

　　(ロ)　特別非課税貯蓄申告書

　　(ハ)　特別非課税貯蓄限度額変更申告書

　　(ニ)　特別非課税貯蓄に関する資格喪失届出書

　　(ホ)　特別非課税貯蓄申込書を提出する者が告知をすべき事項を記載した帳簿の作成に係る申請書

　　(ヘ)　特別非課税貯蓄申込書を提出する者が告知をすべき事項を記載した帳簿の記載事項の変更届出書

　　(ト)　特別非課税貯蓄に関する異動申告書

　　(チ)　特別非課税貯蓄廃止申告書

　　(リ)　特別非課税貯蓄者死亡届出書

　　(ヌ)　特別非課税貯蓄相続申込書

　〔関係条項〕措法4②において準用する所法10⑧、措令2の4③において準用する所令41

の2⑤、47の3①、措規2の5①において準用する所規7⑩

〈適用関係〉令和3年4月1日以後に販売機関の営業所等に対して行う電磁的方法による上記イに掲げる書類に記載すべき事項の提供について適用されます（改正法附18②、改正措令附2、改正措規附2）。

ロ 国外で発行された公社債等の利子所得の分離課税等について、国外公社債等の利子等の源泉徴収不適用申告書の支払の取扱者に対する書面による提出に代えて、その支払の取扱者に対してその申告書に記載すべき事項の電磁的方法による提供を行うことができることとされました。この場合、その提供があったときは、その申告書の提出があったものとみなすこととされました。

〔関係条項〕措法3の3⑧

〈適用関係〉令和3年4月1日以後に支払の取扱者に対して行う電磁的方法による国外公社債等の利子等の源泉徴収不適用申告書に記載すべき事項の提供について適用されます（改正法附17）。

ハ 特定寄附信託の利子所得の非課税措置について、特定寄附信託申告書及び特定寄附信託異動申告書の特定寄附信託の受託者の営業所等に対する書面に代えて、その特定寄附信託の受託者の営業所等に対してこれらの申告書に記載すべき事項の電磁的方法による提供を行うことができることとされました。この場合、その提供があったときは、これらの申告書の提出があったものとみなすこととされました。

〔関係条項〕措法4の5⑤、措令2の35⑫

〈適用関係〉令和3年4月1日以後に特定寄附信託の受託者の営業所等に対して行う電磁的方法による特定寄附信託申告書及び特定寄附信託異動申告書に記載すべき事項並びに特定寄附信託契約の契約書の写しに記載されるべき事項の提供について適用されます（改正法附20③、改正措令附4②）。以下「また書」についても同じ。

また、特定寄附信託申告書に記載すべき事項を電磁的方法により提供する場合には、特定寄附信託の受託者の営業所等に対する書面による特定寄附信託契約の契約書の写しの提出に代えて、その特定寄附信託の受託者の営業所等に対してその写しに記載されるべき事項の電磁的方法による提供を行うことができることとされました。この場合、その提供を行った居住者は、その申告書にその写しを添付して、提出したものとみなすこととされました。

〔関係条項〕措法4の5⑦

ニ 金融機関等の受ける利子所得等に対する源泉徴収の不適用について、金融機関が支払を受ける収益の分配に対する源泉徴収不適用に係る明細書の支払の取扱者に対する書面による提出に代えて、その支払の取扱者に対してその明細書に記載すべき事項の電磁的方法による提供を行うことができることとされました。この場合、その提供があったときは、その明細書の提出があったものとみなすこととされました。

〔関係条項〕措法8⑤

〈適用関係〉令和3年4月1日以後に支払の取扱者に対して行う電磁的方法による金融機関が支払を受ける収益の分配に対する源泉徴収不適用に係る明細書に記載すべき事項の提供について適用されます（改正法附23）。
　ホ　公募株式等証券投資信託の受益権を買い取った金融商品取引業者等が支払を受ける収益の分配に係る源泉徴収の特例について、公募株式等証券投資信託の受益権を買い取った金融商品取引業者等が支払を受ける収益の分配に係る源泉徴収不適用申告書の支払者に対する書面による提出に代えて、その支払者に対してその申告書に記載すべき事項の電磁的方法による提供を行うことができることとされました。この場合、その提供があったときは、その申告書の提出があったものとみなすこととされました。
　〔関係条項〕措法9の5③
　〈適用関係〉令和3年4月1日以後に支払者に対して行う電磁的方法による公募株式等証券投資信託の受益権を買い取った金融商品取引業者等が支払を受ける収益の分配に係る源泉徴収不適用申告書に記載すべき事項の提供について適用されます（改正法附24）。
②　税務関係書類における押印義務の見直し
　障害者等の少額公債の利子の非課税措置について特別非課税貯蓄申告書又は特別非課税貯蓄限度額変更申告書の提出をする者がその氏名等を販売機関の営業所等の長に告知をする場合において、これらの申告書へのその告知をした事項につき確認した旨のその販売機関の営業所等の長の証印を要しないこととし、販売機関の営業所等の長はその告知があった事項につき確認をした旨をこれらの申告書に記載しなければならないこととされました。
　また、特別非課税貯蓄申込書又は特別非課税貯蓄相続申込書の提出を受けた販売機関の営業所等が行うこととされていた帳簿等への本非課税措置の対象である旨の証印についても同様とされました。
　〔関係条項〕措法4③において準用する所法10⑤、措令2の4②において準用する所令41の3、48①②
　〈適用関係〉令和3年4月1日以後に提出する特別非課税貯蓄申告書及び特別非課税貯蓄限度額変更申告書について適用し、同日前に提出した特別非課税貯蓄申告書及び特別非課税貯蓄限度額変更申告書については従前どおりとされています（改正法附18①）。
(3)　勤労者財産形成住宅（年金）貯蓄の利子所得等の非課税措置の改正
【改正の趣旨・内容等】
①　勤労者、勤務先の長、事務代行先の長又は金融機関の営業所等の長（以下、「提出者」といいます）は、財産形成非課税住宅（年金）貯蓄申込書等の提出を受けるべき者（提出者の提出書類の区分に応じた提出先をいいます。以下、「提出先」といいます）に対して、その財産形成非課税住宅（年金）貯蓄申込書等に記載すべき事項（以下、「記載事項」といいます）の電磁的方法による提供を行うことができることとされました。
　提出者が提出先に記載事項を電磁的方法により提供した場合は、その提出者は、その記載事項に係る財産形成非課税住宅（年金）貯蓄申込書等を提出先に提出したものとみなすこと

とされました。

〔関係条項〕措法4の3の2①～③、措令2の33の2⑦～㉓、措規3の16の2⑥

〈適用関係〉令和3年4月1日以後に行う電磁的方法による記載事項の提供について適用されます（改正法附19、改正措令附3③、改正措規附3）。

② 財産形成非課税住宅（年金）貯蓄申告書に記載された勤務先（以下、「前の勤務先」といいます）から前の勤務先以外の勤務先（以下、「他の勤務先」といいます）への異動があり、かつ、その異動が子会社への出向等の一定の場合に該当する場合には、他の勤務先の長は、その該当する個人の全員につき、これらの個人の財産形成非課税住宅（年金）貯蓄の勤務先異動申告書の提出に代えて、その申告書と同様の事項を記載した書類を一括して提出できることとされました。

〔関係条項〕措令2の19②、措令2の31において準用する措令2の19②

〈適用関係〉令和3年4月1日以後に勤務先の長が行う書類の提出について適用されます（改正措令附3②）。

③ 財産形成非課税住宅（年金）貯蓄申告書に記載された勤務先の名称変更等の一定の事由が生じた場合において、その事由が生じた個人の全員につき、勤務先が、これらの個人の財産形成非課税住宅（年金）貯蓄に関する異動申告書の提出に代えて、その申告書と同様の事項を記載した書類を一括して提出することができることとする現行の取扱いが、法令に規定されました。

〔関係条項〕措令2の18④、措令2の31において準用する措令2の18④

〈適用関係〉令和3年4月1日以後に勤務先の長が行う書類の提出について適用されます（改正措令附3①）。

(4) **一般株式等に係る譲渡所得等の課税の特例の改正**

【改正の趣旨・内容等】

同族会社が発行した社債の償還金等で、その同族会社の判定の基礎となる株主である法人がその交付を受ける個人（以下、「対象者」といいます）と特殊の関係のある法人である場合におけるその対象者及び対象者の親族等が交付を受けるものについて、本特例（申告分離課税）の対象となる一般株式等に係る譲渡所得等に係る収入金額とみなされる金額から除外されました。

〔関係条項〕措法37の10③、措令25の8⑩、措規18の9①

〈適用関係〉居住者等が令和3年4月1日以後に交付を受けるべき特定公社債以外の公社債の償還金等について適用し、居住者等が同日前に交付を受けるべき特定公社債以外の公社債の償還金等については従前どおりとされています（改正法附36①）。

(5) **特定管理株式等が価値を失った場合の株式等に係る譲渡所得等の課税の特例の改正**

【改正の趣旨・内容等】

① 特例の適用対象から特定保有株式が除外されました。

〔関係条項〕措法37の11の2①

〈適用関係〉令和３年分以後の所得税について適用し、令和２年分以前の所得税については従前どおりとされています（改正法附15）。

② 特定管理口座開設届出書の書面による提出に代えて行う電磁的方法によるその届出書に記載すべき事項の提供の際に併せて行うこととされていた「その者の住所等確認書類の提示又はその者の特定署名用電子証明書等の送信」が不要とされました。

〔関係条項〕措令25の９の２⑧

〈適用関係〉令和３年４月１日以後に行われる特定管理口座開設届出書の提出について適用し、同日前に行われた特定管理口座開設届出書の提出については従前どおりとされています（改正措令附10①）。

(6) 特定口座内保管上場株式等の譲渡等に係る所得計算等の特例等の改正
【改正の趣旨・内容等】

① 特定口座内保管上場株式等移管依頼書の書面による提出に代えて、その依頼書に記載すべき事項を電磁的方法により提供することができることとされました。

〔関係条項〕措令25の10の２⑩⑪

〈適用関係〉令和３年４月１日以後に行われる特定口座内保管上場株式等移管依頼書の提出について適用し、同日前に提出した特定口座内保管上場株式等移管依頼書については従前どおりとされています（改正措令附10②）。

② 次に掲げる届出書等について、これらの届出書等の書面による提出に代えて行う電磁的方法によるこれらの届出書等に記載すべき事項の提供の際に併せて行うこととされていた「その者の住所等確認書類の提示又はその者の特定署名用電子証明書等の送信」が不要とされました。

イ 特定口座への非課税口座内上場株式等移管依頼書
ロ 特定口座への未成年者口座内上場株式等移管依頼書
ハ 特定口座源泉徴収選択届出書
ニ 源泉徴収選択口座内配当等受入開始届出書
ホ 源泉徴収選択口座内配当等受入終了届出書
ヘ 勘定の設定若しくは廃止又は営業所の移管に係る特定口座異動届出書

〔関係条項〕措法37の11の４①、37の11の６②、措令25の10の２⑭二十七イ二十八イ、25の10の４②③、25の10の13④

〈適用関係〉令和３年４月１日以後に行われる上記②に掲げる届出書等の提出について適用し、同日前に行われた上記②に掲げる届出書の提出については従前どおりとされています（改正法附36②④、改正措令附10③〜⑦）。

③ 居住者等の源泉徴収選択口座を開設している金融商品取引業者等は、その源泉徴収選択口座においてその年中に行われた対象譲渡等につきその者が締結した投資一任契約に基づきその金融商品取引業者等に支払うべき費用の額のうちその対象譲渡等に係る事業所得の金額又は雑所得の金額の計算上必要経費に算入されるべき金額でその年の12月31日において取得費

等の金額の総額並びに信用取引に係る差益金額及び差損金額の計算上処理された金額に含まれないものがある場合には、その居住者等に対し、その費用の金額(注)の15％相当額の所得税を還付しなければならないこととされました。

(注) その金額がその源泉徴収選択口座においてその年最後に行われた対象譲渡等に係る源泉徴収口座内通算所得金額を超える場合には、その超える部分の金額を控除した金額とされています。

〔関係条項〕措法37の11の4③、措令25の10の11③

〈適用関係〉令和4年1月1日以後に行われる対象譲渡等について適用し、同日前に行われた対象譲渡等については従前どおりとされています（改正法附36③）。

(7) 特定中小会社が発行した株式の取得に要した金額の控除等の改正

【改正の趣旨・内容等】

沖縄振興特別措置法57条の2第1項に規定する指定会社について、同項の規定に基づく指定期限が令和4年3月31日まで1年延長されました。

〔関係条項〕措法37の13①三、41の19①三

〈適用関係〉（継続適用）

(8) 株式等を対価とする株式の譲渡に係る譲渡所得等の課税の特例の創設

【創設の趣旨・内容等】

個人が、所有株式を発行した法人を株式交付子会社とする株式交付によりその所有株式の譲渡をし、その株式交付に係る株式交付親会社の株式の交付を受けた場合(注1)には、その譲渡をした所有株式(注2)の譲渡がなかったものとみなし、その譲渡に係る事業所得、譲渡所得及び雑所得の課税を繰り延べることとされました。

(注1) その株式交付により交付を受けたその株式交付親会社の株式の価額がその株式交付により交付を受けた金銭の額及び金銭以外の資産の価額の合計額のうちに占める割合が80％未満の場合を除きます。

(注2) その株式交付により交付を受けた金銭又は金銭以外の資産（その株式交付親会社の株式を除きます）がある場合には、その所有株式のうち、その株式交付により交付を受けた金銭の額及び金銭以外の資産の価額の合計額（その株式交付親会社の株式の価額を除きます）に対応する部分以外のものとして一定の部分に限ります。

〔関係条項〕措法37の13の3①、措令25の12の3①

〈適用関係〉令和3年4月1日以後に行われる株式交付について適用されます（改正法附36⑤）。

(9) 特別事業再編を行う法人の株式を対価とする株式の譲渡に係る譲渡所得等の課税の特例の廃止

【廃止の趣旨・内容等】

認定の期限（令和3年3月31日）の到来をもって廃止されました。

〔関係条項〕旧措法37の13の3、旧措令25の12の3

〈適用関係〉令和3年4月1日前に受けた認定に係る特別事業再編計画に係る特別事業再編による株主等の譲渡については従前どおりとされています（改正法附36⑥）。

⑽ 非課税口座内の少額上場株式等に係る配当所得及び譲渡所得等の非課税措置等の改正
【改正の趣旨・内容等】
① 非課税口座内の少額上場株式等に係る配当所得及び譲渡所得等の非課税措置（一般NISA、つみたてNISA及び新NISA）の改正
　イ　次に掲げる届出書等について、これらの届出書等の書面による提出に代えて行う電磁的方法によるこれらの届出書等に記載すべき事項の提供の際に併せて行うこととされていた「その者の住所等確認書類の提示又はその者の特定署名用電子証明書等の送信」が不要とされました。
　　㈤　金融商品取引業者等変更届出書
　　㈹　非課税口座廃止届出書
　　㈻　特定口座以外の他の保管口座への非課税口座内上場株式等移管依頼書
　　㈾　非課税口座内上場株式等移管依頼書
　　㈿　未成年者口座非課税口座間移管依頼書
　　㊀　特定累積投資上場株式等受入選択不適用届出書
　　㊁　勘定の変更等に係る非課税口座異動届出書
　　㊂　非課税口座移管依頼書
　　〔関係条項〕措法37の14⑬⑯、措令25の13⑧二⑩一・二⑪㉓㉕四ロ㉙一〜四㉚、25の13の2②④
　　〈適用関係〉令和3年4月1日以後に行われる上記イに掲げる届出書等の提出について適用し、同日前に行われる上記イに掲げる届出書等の提出については従前どおりとされています（改正法附36⑦⑧、改正措令附10⑧〜⑫）。
　ロ　個人番号を告知していない非課税口座開設者の非課税管理勘定の再設定等の手続きの整備が行われました。
　　〔関係条項〕平成28年改正法附73⑤⑥
　　〈適用関係〉令和3年4月1日から施行されます（改正法附1）。
② 未成年者口座内の少額上場株式等に係る配当所得及び譲渡所得等の非課税措置（ジュニアNISA）の改正
　次に掲げる届出書等について、これらの届出書等の書面による提出に代えて行う電磁的方法によるこれらの届出書等に記載すべき事項の提供の際に併せて行うこととされていた「その者の住所等確認書類の提示又はその者の特定署名用電子証明書等の送信」が不要とされました。
　イ　未成年者口座廃止届出書
　ロ　未成年者口座内上場株式等移管依頼書
　ハ　特定口座以外の他の保管口座への未成年者口座内上場株式等移管依頼書
　ニ　未成年者口座移管依頼書
　〔関係条項〕措法37の14の2⑳、措令25の13の8③④⑤二⑥二、措令25の13の8⑦において

準用する同条⑥二、措令25の13の8⑳において準用する措令25の13の2④

〈適用関係〉令和3年4月1日以後に行われる上記②に掲げる届出書等の提出について適用し、同日前に行われる上記②に掲げる届出書等の提出については従前どおりとされています（改正法附36⑨、改正措令附10⑬～⑯）。

⑾　**割引債の差益金額に係る源泉徴収等の特例の改正**

【改正の趣旨・内容等】

特例の適用対象となる内国法人の範囲に、マンションの建替え等の円滑化に関する法律の敷地分割組合が追加されました。

〔関係条項〕措令26の17①

〈適用関係〉マンションの管理の適正化に関する法律及びマンションの建替え等の円滑化に関する法律の一部を改正する法律の施行の日から施行されます（改正措令附1九）。

◆住宅・土地税制の改正◆

⑴　**住宅借入金等を有する場合の所得税額の特別控除制度の特例等の改正**

【改正の趣旨・内容等】

住宅ローン税額控除については、近年、経済対策や消費税の反動減対策の観点から拡充されてきました。

今回も新型コロナウイルス感染症の影響等により低迷が続いている住宅投資を幅広い購買層に喚起するために、住宅ローン税額控除及び控除期間の3年間延長の特例の適用ができる期間を延長し、一定期間内に契約をして、令和4年末までに入居した場合には、住宅ローン税額控除及び控除期間の3年延長の特例を適用することができることとされました。

この一定期間とは、住宅の内容に応じ、それぞれ次の期間とされています。

- 注文住宅の場合
  ⇒　令和2年10月1日から令和3年9月30日までの期間
- 分譲住宅などの場合
  ⇒　令和2年12月1日から令和3年11月30日までの期間

このように契約期間が限定されているのは、住宅投資を幅広い購買層に対して喚起するという経済対策の趣旨を踏まえ、既に契約・購入している者だけでなく、新たに住宅を契約・購入する者を中心に、新型コロナ税特法の特例の契約期間以後に契約をした者を対象とするためです。

新型コロナウイルス感染症の影響等により消費者においても住宅取得環境が厳しくなっている中で、幅広い購買層の需要を喚起する観点から、経済対策として住宅ローン税額控除及び控除期間の3年間延長の特例の適用ができる期間の延長部分においては、合計所得金額1,000万円以下の者に対し、比較的手が届きやすい床面積が40㎡以上50㎡未満である住宅にも対象が拡大されました。

改正の内容は、次のとおりです。

① 住宅ローン税額控除に係る居住の用に供する期間等の特例措置

〈適用関係〉令和3年4月1日から施行され、家屋を令和3年1月1日から令和4年12月31日までの間にその者の居住の用に供した場合について適用されます（改正法附1、新型コロナ税特法6の2①）。

次のとおり住宅ローン税額控除に係る居住の用に供する期間等の特例が措置されました。

イ 住宅の新築取得等（床面積が50㎡以上の住宅の取得等又は床面積が50㎡以上の認定住宅の新築等をいいます）で特別特例取得に該当するものを取得した者が、その特別特例取得をした家屋を令和3年1月1日から令和4年12月31日までの間にその者の居住の用に供した場合には、その他の要件については現行と同様の要件の下で、住宅ローン税額控除、認定住宅の住宅ローン税額控除の特例及び東日本大震災の被災者等に係る住宅ローン税額控除の控除額に係る特例並びにこれらの控除の控除期間の3年間延長の特例を適用することができます。

〔関係条項〕新型コロナ税特法6の2①③

ロ 個人又は住宅被災者が、特例住宅の新築取得等（床面積が40㎡以上50㎡未満の住宅の取得等又は床面積が40㎡以上50㎡未満の認定住宅の新築等をいいます）で特例特別特例取得に該当するものを取得した場合には、上記イの住宅借入金等を有する場合の所得税額の特別控除に係る居住の用に供する期間の特例を適用することができます。

ただし、その者の13年間の控除期間のうち、その年分の所得税に係る合計所得金額が1,000万円を超える年については、この特例は適用されません。

〔関係条項〕新型コロナ税特法6の2④⑤⑦

ハ 上記イの「特別特例取得」及び上記ロの「特例特別特例取得」とは、それぞれその取得に係る対価の額又は費用の額に含まれる消費税額等相当額が、その取得に係る課税資産の譲渡等につき現行の消費税率により課されるべき消費税額及びその消費税額を課税標準として課されるべき地方消費税額の合計額に相当する額である場合における住宅の新築取得等又は特例住宅の新築取得等のうち、その契約が次に掲げる区分に応じそれぞれ次に定める期間内に締結されているものをいいます。

(イ) 家屋の新築
  ⇒ 令和2年10月1日から令和3年9月30日までの期間

(ロ) 家屋の取得又は家屋の増改築等
  ⇒ 令和2年12月1日から令和3年11月30日までの期間

〔関係条項〕新型コロナ税特法6の2②⑩、新型コロナ税特令4の2①⑭

ニ 要耐震改修住宅を耐震改修した場合の特例についても上記イからハまでと同様の特例が措置されるほか、所要の改正が行われています。

〔関係条項〕新型コロナ税特法6の2⑥⑧

② 住宅ローン税額控除の適用対象となる既存住宅又は要耐震改修住宅であることの税務署長による確認

　　　　税務署長が納税者から提出された書類に記載された既存住宅又は要耐震改修住宅に係る不動産識別事項等を使用して、入手等をした既存住宅又は要耐震改修住宅の登記事項証明書に係る情報により床面積要件等を満たすことの確認ができた住宅を、住宅ローン税額控除の適用対象となる既存住宅又は要耐震改修住宅に含めることとされました。
　　〔関係条項〕措令26②㉛、措規18の21②二㉕、新型コロナ税特令4の2③⑨、新型コロナ税特規4の2①⑤
　　〈適用関係〉令和4年1月1日以後に確定申告書を提出する場合について適用し、同日前に確定申告書を提出した場合については従前どおりとされています（改正措令附12）。なお、新型コロナ税特法の居住の用に供する期間等の特例について、所要の読替規定が措置されています（改正新型コロナ税特令附②、新型コロナ税特規附②）。

(2) **優良住宅地の造成等のために土地等を譲渡した場合の長期譲渡所得の課税の特例の改正**
　　【改正の趣旨・内容等】
　① マンション敷地売却事業を実施する者に対する土地等の譲渡の特例の改正
　　　適用対象となるマンション敷地売却事業について、その認定買受計画に決議特定要除却認定マンション（改正前：決議要除却認定マンション）を除却した後の土地に新たに建築されるマンションに関する事項等の記載があるマンション敷地売却事業とされました。
　　〔関係条項〕措法31の2②十、措令20の2⑪
　　〈適用関係〉マンションの管理の適正化の推進に関する法律及びマンションの建替え等の円滑化に関する法律の一部を改正する法律附則1条3号に掲げる規定の施行の日から施行されます（改正法附1十二）。
　② 都市計画法の改正に伴う所要の規定の整備
　　　優良な建築物の建築をする事業を行う者に対する土地等の譲渡の特例及び特定の民間再開発事業の施行者に対する土地等の譲渡の特例の対象となる譲渡について、地区施設の範囲を都市計画法の改正前と同様とするための所要の規定の整備が行われました。
　　〔関係条項〕措令20の2⑫二イ⑭二
　　〈適用関係〉特定都市河川浸水被害対策法等の一部を改正する法律附則1条2号に掲げる規定の施行の日から施行されます（改正措令附1八）。

(3) **収用等に伴い代替資産を取得した場合の課税の特例の改正**
　　【改正の趣旨・内容等】
　① 電気事業法に規定する配電事業に係る改正
　　　電気事業法に特定の配電エリアにおいて電気を供給する配電事業の類型が新たに設けられたことに伴い、簡易証明制度の対象とされている送電施設又は変電施設に係る部分について、その配電事業の用に供するために設置される送電施設又は使用電圧5万ボルト以上の変電施設が追加されました。
　　〔関係条項〕措規14⑤三イ
　　〈適用関係〉令和4年4月1日から施行されます（改正措規附1三）。

② 東日本大震災復興特別区域法に規定する復興推進計画に係る改正

　東日本大震災復興特別区域法に規定する復興推進計画及び復興整備計画の作成主体が東日本大震災からの復興に向けた取組を重点的に推進する必要があると認められる区域である地方公共団体とされたことに伴い、特例の適用対象となる一団地の津波防災拠点市街地形成施設の整備に関する事業がその地方公共団体の区域（改正前：特定被災地域）内において行われるものとされました。

〔関係条項〕措規14⑤四の七

〈適用関係〉令和3年4月1日から施行されます（改正措規附1）。

(4) 換地処分等に伴い資産を取得した場合の課税の特例等の改正

【改正の趣旨・内容等】

① 換地処分等に伴い資産を取得した場合の課税の特例の改正

　個人が、その有する資産につき敷地分割事業が実施された場合において、その資産に係る敷地権利変換により分割後資産を取得したときは、譲渡所得の金額の計算については、その敷地権利変換により譲渡した資産の譲渡がなかったものとみなすこと等とされました。

〔関係条項〕措法33の3⑧、措令22の3⑪

〈適用関係〉マンション管理の適正化の推進に関する法律及びマンションの建替え等の円滑化に関する法律の一部を改正する法律の施行の日から施行されます（改正法附1十三）。下記②においても同じです。

② 収用交換等により取得した代替資産等の取得価額の計算の改正

　上記①の特例の適用を受けた者が、その敷地権利変換によって取得した分割後資産をその取得の日以後に譲渡、贈与などをした場合において、譲渡所得の金額を計算するときは、敷地権利変換により譲渡した資産の取得の時期をもってその分割後資産の取得の時期とし、敷地権利変換により譲渡した資産の取得価額並びに設備費及び改良費の額の合計額のうち、分割後資産に対応する部分の金額をその分割後資産の取得価額とすること等とされました。

〔関係条項〕措令22の6②八

(5) 特定住宅地造成事業等のために土地等を譲渡した場合の1,500万円特別控除の改正

【改正の趣旨・内容等】

① 特定の民間住宅地造成事業のための土地等の譲渡の特例の改正

　適用対象となる特定の民間住宅地造成事業のための土地等の譲渡について、次の見直しが行われた上、その適用期限が令和5年12月31日まで3年延長されました。

〔関係条項〕措法34の2②三

〈適用関係〉個人が令和3年4月1日以後に行う土地等の譲渡について適用し、個人が同日前に行った土地等の譲渡については従前どおりとされています（改正法附35①）。

イ　適用対象から開発許可を受けて行われる一団の宅地造成事業に係る土地等の譲渡が除外されました。

〔関係条項〕旧措法34の2②三イ

ロ 適用対象となる土地区画整理事業として行われる一団の宅地造成事業に係る土地等の譲渡について、施行地区の全部が市街化区域に含まれる土地区画整理事業として行われる一団の宅地造成事業に係る土地等の譲渡に限定されました。
〔関係条項〕措法34の2②三

② マンション敷地売却事業が実施された場合の譲渡の特例の改正
　適用対象となるマンション敷地売却事業について、通行障害既存耐震不適格建築物に該当する決議特定要除却認定マンション（改正前：決議要除却認定マンション）の敷地の用に供されている土地等につき実施されたマンション敷地売却事業とされました。
〔関係条項〕措法34の2②二十二の二
〈適用関係〉マンション管理の適正化の推進に関する法律及びマンションの建替え等の円滑化に関する法律の一部を改正する法律附則1条3号に掲げる規定の施行の日から施行されます（改正法附1十二）。

(6) 農地保有の合理化等のために農地等を譲渡した場合の800万円特別控除の改正
【改正の趣旨・内容等】
　農地中間管理機構に対し農地売買等事業のために農用地区域内にある農地等を譲渡した場合の特例の適用を受ける場合について、確定申告書に添付する書類の範囲に「福島県知事のその農地等に係る権利の移転につき農用地利用集積等促進計画を定めたことの公告をした旨及びその公告の年月日を証する書類」が追加されました。
〔関係条項〕措規18④四イ
〈適用関係〉令和3年4月1日から施行されます（改正措規附1）。

(7) 特定の事業用資産の買換えの場合の譲渡所得の課税の特例等の改正
【改正の趣旨・内容等】
　過疎地域の外から内への買換えに係る措置及び防災再開発促進地区のうち危険密集市街地内における防災街区整備事業に関する都市計画の実施に伴う買換えに係る措置は、その適用期限（令和3年3月31日）の到来をもって制度の対象から除外されました。
〔関係条項〕旧措法37①表三・五、旧措令25⑩⑫、旧措規18の5④⑤
〈適用関係〉個人が令和3年4月1日前に行った資産の譲渡については従前どおりとされています（改正法附35②）。

◆事業所得等に係る税制の改正◆

(1) 事業適応設備を取得した場合の特別償却又は所得税額の特別控除制度の創設
【創設の趣旨・内容等】
　次の①から③までの措置によって構成される制度が創設されました。
〈適用関係〉産競法等改正法の施行の日から施行されます（改正法附1十）。
① 青色申告書を提出する個人で産業競争力強化法の認定事業適応事業者であるものが、産業競争力強化法等の一部を改正する等の法律（以下、「産競法等改正法」といいます）の施行

の日から令和5年3月31日までの間に、情報技術事業適応の用に供するために特定ソフトウエアの新設若しくは増設をし、又は情報技術事業適応を実施するために利用するソフトウエアのその利用に係る費用（繰延資産となるものに限ります）を支出する場合において、その新設又は増設に係る特定ソフトウエア並びにその特定ソフトウエア又はその利用するソフトウエアとともに情報技術事業適応の用に供する機械装置及び器具備品の取得等をして、その個人の事業の用に供したときは、その事業の用に供した日の属する年において、その取得価額（下記②の措置の対象となる資産と合計して300億円が上限とされています）の30％相当額の特別償却又はその取得価額の3％[注1]相当額の税額控除[注2]との選択適用ができる措置となっています。

(注1) 情報技術事業適応のうち産業競争力の強化に著しく資する一定のものの用に供する資産については、5％とされています。

(注2) 税額控除額は、下記②の措置及び下記③の措置の税額控除と合計して調整前事業所得税額の20％相当額が上限とされています。

〔関係条項〕措法10の5の6①⑦

② 青色申告書を提出する個人で産業競争力強化法の認定事業適応事業者であるものが、産競法等改正法の施行の日から令和5年3月31日までの間に、情報技術事業適応を実施するために利用するソフトウエアのその利用に係る費用を支出した場合には、その支出した日の属する年において、その支出した費用に係る繰延資産の額（上記①の措置の対象となる資産と合計して300億円が上限とされています）の30％相当額の特別償却又はその取得価額の3％[注1]相当額の税額控除[注2]との選択適用ができる措置となっています。

(注1) 情報技術事業適応のうち産業競争力の強化に著しく資する一定のものを実施するために利用するソフトウエアのその利用に係る費用に係る繰延資産については、5％とされています。

(注2) 税額控除額は、上記①の措置及び下記③の措置の税額控除と合計して調整前事業所得税額の20％相当額が上限とされています。

〔関係条項〕措法10の5の6③⑧

③ 青色申告書を提出する個人で産業競争力強化法の認定事業適応事業者[注1]であるものが、産競法等改正法の施行の日から令和6年3月31日までの間に、その計画に記載された生産工程効率化等設備等の取得等をして、その個人の事業の用に供した場合には、その事業の用に供した日の属する年において、その取得価額（500億円が上限とされています）の50％相当額の特別償却又はその取得価額の5％[注2]相当額の税額控除[注3]との選択適用ができる措置となっています。

(注1) その認定事業適応計画（エネルギー利用環境負荷低減事業適応に関するものに限ります）にその計画に従って行うエネルギー利用環境負荷低減事業適応のための措置として生産工程効率化等設備等を導入する旨の記載があるものに限ります。

(注2) その生産工程効率化等設備等のうちエネルギーの利用による環境への負荷の低減に著しく資する一定のものについては、10％とされています。

(注3) 税額控除額は、上記①の措置及び上記②の措置の税額控除と合計して調整前事業所得税額の20%相当額が上限とされています。

〔関係条項〕措法10の5の6⑤⑨

(2) 試験研究を行った場合の所得税額の特別控除制度の改正

【改正の趣旨・内容等】

① 試験研究費の額について、次の見直しが行われました。

イ 試験研究のために要する費用の額で、研究開発費として経理をした金額のうち、棚卸資産若しくは固定資産(注1)の取得に要した金額とされるべき費用の額又は繰延資産(注2)となる費用の額が追加されました。

(注1) 事業の用に供する時において試験研究の用に供する固定資産を除きます。

(注2) 試験研究のために支出した費用に係る繰延資産を除きます。

ロ 上記イの見直しに伴い、上記イの固定資産又は繰延資産の償却費等の額が除外されました。

ハ 上記イの見直しに伴い、売上原価等の額が除外されました。

ニ 新たな知見を得るため又は利用可能な知見の新たな応用を考案するために行う試験研究に該当しない試験研究のために要する費用の額が除外されました。

〔関係条項〕措法10⑧一

〈適用関係〉令和4年分以後の所得税について適用し、令和3年分以前の所得税については従前どおりとされています(改正法附25)。以下②及び③において同じです。

② 一般試験研究費の額に係る税額控除制度(措法10①)

イ 税額控除割合が次の区分に応じそれぞれ次の割合(上限:10%)とされました。

(イ) (ロ)以外の場合

⇒ $10.145\% - \{(9.4\% - 増減試験研究費割合) \times 0.175\}$（税額控除割合の下限:2%）

(ロ) その年が開業年である場合又は比較試験研究費の額が零である場合

⇒ 8.5%

〔関係条項〕措法10①

ロ 令和4年分及び令和5年分の各年分については、上記イにかかわらず、税額控除割合は次の各区分に応じそれぞれ次の割合(上限:14%)とされました。

(イ) 増減試験研究費割合が9.4%を超える場合((ハ)の場合を除きます)

⇒ $10.145\% + \{(増減試験研究費割合 - 9.4\%) \times 0.35\}$

〔関係条項〕措法10②一イ

(ロ) 増減試験研究費割合が9.4%以下である場合((ハ)の場合を除きます)

⇒ $10.145\% - \{(9.4\% - 増減試験研究費割合) \times 0.175\}$（税額控除割合の下限:2%）

〔関係条項〕措法10②一ロ

(ハ) その年が開業年である場合又は比較試験研究費の額が零である場合

⇒ 8.5%

〔関係条項〕措法10②一ハ

ハ　試験研究費割合が10％を超える場合における税額控除割合の特例の適用期限が、令和5年まで2年延長されました。
　　　〔関係条項〕措法10②二
　　ニ　令和4年及び令和5年の各年分のうち基準年比売上金額減少割合が2％以上であり、かつ、試験研究費の額が基準年試験研究費の額を超える年分については、控除上限額に調整前事業所得税額の5％相当額を加算することとされました。
　　　〔関係条項〕措法10③二
　　ホ　試験研究費割合が10％を超える場合における税額控除額の上限の特例の適用期限が、令和5年まで2年延長されました。
　　　〔関係条項〕措法10③一
　③　中小企業技術基盤強化税制
　　イ　増減試験研究費割合が8％を超える場合の特例のうち税額控除割合を割り増す部分について、増減試験研究費割合が9.4％を超える場合の措置に見直され、その特例における逓増率が0.3から0.35に引き上げられた上、その適用期限が令和5年まで2年延長されました。
　　　〔関係条項〕措法10⑤
　　ロ　試験研究費割合が10％を超える場合の特例のうち税額控除割合を割り増す部分の適用期限が令和5年まで2年延長されました。
　　　〔関係条項〕措法10⑤
　　ハ　上記②ニと同様の見直しが行われました。
　　　〔関係条項〕措法10⑥三
　　ニ　増減試験研究費割合が8％を超える場合の特例のうち税額控除額の上限を引き上げる部分について、増減試験研究費割合が9.4％を超える年分（開業年の年分及び比較試験研究費の額が零である年分を除きます）の控除上限額に調整前事業所得税額の10％相当額を加算する措置とされた上、その適用期限が令和5年まで2年延長されました。
　　　〔関係条項〕措法10⑥一
　　ホ　試験研究費割合が10％を超える場合の特例のうち税額控除額の上限を割り増す部分について、増減試験研究費割合が9.4％を超える年分については適用しないこととされた上、その適用期限が、令和5年まで2年延長されました。
　　　〔関係条項〕措法10⑥二
　④　試験研究費の額に係る特別税額控除制度
　　イ　成果活用促進事業者との共同研究及び成果活用促進事業者に対する委託研究に係る税額控除割合が25％とされました。
　　　〔関係条項〕措法10⑦二、措令5の3④⑪四
　　　〈適用関係〉個人が令和3年4月1日以後に支出する試験研究費の額について適用し、個人が同日前に支出した試験研究費の額については従前どおりとされています（改正措令

附6①)。
　ロ　特定中小企業者等に対する委託研究について、次の見直しが行われました。
　　㈶　委任契約等により委託するもので、その委託に基づき行われる業務が試験研究に該当するものに限ることとされました。
　　㈻　委任契約等において、その試験研究の成果がその委託をする個人に帰属する旨を定めなければならないこととされました。
　　〔関係条項〕措令5の3⑪九
　　〈適用関係〉個人が令和3年4月1日以後に締結する委任契約等に基づいて行われる試験研究について適用し、個人が同日前に締結した契約又は協定に基づいて行われる試験研究については従前どおりとされています（改正措令附6②)。
　ハ　大学等との共同研究及び大学等に対する委託研究について、適用を受けようとする個人が中小事業者以外の個人である場合におけるその契約又は協定に定めるべき事項に試験研究に要する費用の見込額が追加され、その見込額は50万円を超えるものに限ることとされました。
　　〔関係条項〕措規5の6③⑪
　　〈適用関係〉個人が令和3年4月1日以後に締結する契約又は協定に基づいて行われる試験研究について適用し、個人が同日前に締結した契約又は協定に基づいて行われる試験研究については従前どおりとされています（改正措規附4)。

(3) **高度省エネルギー増進設備等を取得した場合の特別償却又は所得税額の特別控除制度の廃止**

【廃止の趣旨・内容等】

この制度は廃止されました。

〔関係条項〕旧措法10の2、旧措令5の4、旧措規5の7

〈適用関係〉個人が令和3年4月1日前に取得又は製作若しくは建設をした高度省エネルギー増進設備等及び一定の個人が同日から令和4年3月31日までの間に取得又は製作若しくは建設をする高度省エネルギー増進設備等で一定のものについては、従前どおりとされています（改正法附26、改正措規附5)。

(4) **中小事業者が機械等を取得した場合の特別償却又は所得税額の特別控除制度の改正**

【改正の趣旨・内容等】

① 指定事業に、次の事業が追加されました。
　イ　料亭、バー、キャバレー、ナイトクラブその他これらに類する事業で生活衛生同業組合の組合員が行うもの
　ロ　不動産業
　ハ　物品賃貸業

〔関係条項〕措規5の8⑤二・十一・十二

〈適用関係〉個人が令和3年4月1日以後に取得又は製作をする特定機械装置等について適

用し、個人が同日前に取得又は製作をした特定機械装置等については従前どおりとされています（改正法附27、改正措規附6）。以下②において同じです。

② 対象資産から、匿名組合契約その他これに類する一定の契約の目的である事業の用に供するものが除外されました。

〔関係条項〕措法10の3①、措令5の5④

③ 適用期限が令和5年3月31日まで2年延長されました。

〔関係条項〕措法10の3①

〈適用関係〉（継続適用）

(5) 地域経済牽引事業の促進区域内において特定事業用機械等を取得した場合の特別償却又は所得税額の特別控除制度の改正

【改正の趣旨・内容等】

① 承認地域経済牽引事業に係る要件の見直しが行われました。

〔関係条項〕平成29.8総務・財務・厚生労働・農林水産・経済産業・国土交通・環境告1

〈適用関係〉令和3年4月1日から施行されます（令3.3総務・財務・厚生労働・農林水産・経済産業・国土交通・環境告1）。

② 適用期限が令和5年3月31日まで2年延長されました。

〔関係条項〕措法10の4①

〈適用関係〉（継続適用）

(6) 特定中小事業者が経営改善設備を取得した場合の特別償却又は所得税額の特別控除制度の廃止

【廃止の趣旨・内容等】

適用期限（令和3年3月31日）の到来をもって廃止されました。

〔関係条項〕旧措法10の5の2、旧措令5の6の2、旧措規5の10

〈適用関係〉個人が令和3年4月1日前に取得又は製作若しくは建設をした経営改善設備については従前どおりとされています（改正法附28）。

(7) 特定中小事業者が特定経営力向上設備等を取得した場合の特別償却又は所得税額の特別控除制度の改正

【改正の趣旨・内容等】

適用期限が令和5年3月31日まで2年延長されました。

〔関係条項〕措法10の5の3①

〈適用関係〉（継続適用）

(8) 給与等の引上げ及び設備投資を行った場合等の所得税額の控除制度の改正（改正後：給与等の支給額が増加した場合の所得税額の特別控除制度）

【改正の趣旨・内容等】

① 個人が給与等の引上げ及び設備投資を行った場合に係る措置が改組され、青色申告書を提出する個人が、令和4年及び令和5年の各年において国内新規雇用者に対して給与等を支給

する場合において、その年において次のイの要件を満たすときは、その個人のその年の控除対象新規雇用者給与等支給額[注]の15％（その年において次のロの要件を満たす場合には、20％）相当額の税額控除ができることとされました。

(注) その年において地方活力向上地域等において雇用者の数が増加した場合の所得税額の特別控除制度の適用を受ける場合には、その控除を受ける金額の計算の基礎となった者に対する給与等の支給額を控除した残額

イ　（ A － B ）／ B ≧ 2 ％
　　A：新規雇用者給与等支給額
　　B：新規雇用者比較給与等支給額
ロ　（ C － D ）／ D ≧ 20％
　　C：事業所得の金額の計算上必要経費に算入される教育訓練費の額
　　D：比較教育訓練費の額

〔関係条項〕措法10の5の4①

〈適用関係〉令和4年分以後の所得税について適用し、令和3年分以前の所得税については従前どおりとされています（改正法附30）。

② 中小事業者が給与等の引上げを行った場合の措置について、次の見直しが行われた上、その適用期限が令和5年まで2年延長されました。

イ　この措置の適用を受けるための要件である「その中小事業者の継続雇用者給与等支給額からその継続雇用者比較給与等支給額を控除した金額のその継続雇用者比較給与等支給額に対する割合が1.5％以上であること」との要件について、その中小事業者の雇用者給与等支給額からその比較雇用者給与等支給額を控除した金額のその比較雇用者給与等支給額に対する割合が1.5％以上であることとの要件とされました。

ロ　税額控除割合を乗ずる基礎となる金額である「その雇用者給与等支給額からその比較雇用者給与等支給額を控除した金額」について、その給与等に充てるため他の者から支払を受ける金額のうち雇用調整助成金等の額を給与等の支給額から控除しないで計算することとされた上、その給与等に充てるため他の者から支払を受ける金額のうち雇用調整助成金等の額を給与等の支給額から控除して計算した金額が上限とされました。

ハ　税額控除割合が25％となる要件である「その中小事業者の継続雇用者給与等支給額からその継続雇用者比較給与等支給額を控除した金額のその継続雇用者比較給与等支給額に対する割合が2.5％以上であること」との要件について、その中小事業者の雇用者給与等支給額からその比較雇用者給与等支給額を控除した金額のその比較雇用者給与等支給額に対する割合が2.5％以上であることが要件とされました。

〔関係条項〕措法10の5の4②

〈適用関係〉令和4年分以後の所得税について適用し、令和3年分以前の所得税については従前どおりとされています（改正法附30）。

⑼ 所得税の額から控除される特別控除額の特例の改正

【改正の趣旨・内容等】

① 特定税額控除制度の不適用措置について、次の見直しが行われました。

　イ　特定税額控除制度に、事業適応設備を取得した場合等の所得税額の特別控除制度が追加されました。

　　〔関係条項〕措法10の6⑤⑥

　ロ　特定税額控除制度の不適用措置における個人の継続雇用者給与等支給額がその継続雇用者比較給与等支給額を超えることとの要件の判定上、継続雇用者給与等支給額及び継続雇用者比較給与等支給額の算定に際し、給与等に充てるため他の者から支払を受ける金額のうち雇用調整助成金等の額は、給与等の支給額から控除しないこととされました。

　　〔関係条項〕措法10の6⑤一、措令5の7③～⑤

　　〈適用関係〉令和4年分以後の所得税について適用し、令和3年分以前の所得税については従前どおりとされています（改正法附31①）。

② 適用期限が令和6年まで3年延長されました。

　〔関係条項〕措法10の6⑤

　〈適用関係〉（継続適用）

⑽ 特定設備等の特別償却制度の改正（改正後：特定船舶の特別償却制度）

【改正の趣旨・内容等】

① 再生可能エネルギー発電設備等の特別償却制度は、適用期限（令和3年3月31日）の到来をもって廃止されました。

　〔関係条項〕旧措法11①表一、旧措令5の8①②⑥⑨⑪、旧平31.3財務告96、旧平30.3経済産業告69

　〈適用関係〉個人が令和3年4月1日前に取得又は製作若しくは建設をした再生可能エネルギー発電設備等については従前どおりとされています（改正法附32①）。

② 船舶の特別控除制度について、次の見直しが行われた上で、その適用期限が令和5年3月31日まで2年延長されました。

　〔関係条項〕措法11①

　イ　外航船舶について、経営合理化及び環境負荷低減に係る要件の見直しが行われました。

　　〔関係条項〕平27.3国土交通告473別表1

　　〈適用関係〉令和3年4月1日から施行されます（令3.3国土交通告315附）。

　ロ　内航船舶について、次の見直しが行われました。

　　㈦　対象船舶から匿名組合契約（注）又は外国におけるこれに類する契約の目的である船舶貸渡業の用に供される船舶でその貸付けを受けた者の沿海運輸業の用に供されるものが除外されました。

　　　（注）当事者の一方が相手方の事業のために出資をし、相手方がその事業から生ずる利益を分配することを約する契約を含みます。

〔関係条項〕措令5の8②

〈適用関係〉個人が令和3年4月1日以後に取得又は製作をする特定船舶について適用し、個人が同日前に取得又は製作をした船舶については従前どおりとされています（改正措令附8①）。

(ロ) 経営合理化及び環境負荷低減に係る要件の見直しが行われました。

〔関係条項〕平27.3国土交通告473別表2①

〈適用関係〉令和3年4月1日から施行されます（令3.3国土交通告315附）。

(11) 特定事業継続力強化設備等の特別償却制度の改正

【改正の趣旨・内容等】

① 対象となる特定中小事業者が、青色申告書を提出する個人で中小事業者であるもののうち中小企業の事業活動の継続に資するための中小企業等経営強化法等の一部を改正する法律の施行の日（令和元年7月16日）から令和5年3月31日までの間に中小企業等経営強化法の認定を受けた同法の中小企業者に該当するものとされ、対象資産がその認定を受けた日から同日以後1年を経過する日までの間に、取得等をして、その特定中小事業者の事業の用に供した資産とされました。

〔関係条項〕措法11の3①

〈適用関係〉個人が令和3年4月1日以後に取得等をする特定事業継続力強化設備等について適用し、個人が同日前に取得等をした特定事業継続力強化設備等については従前どおりとされています（改正法附32②）。以下②及び③において同じです。

② 令和5年4月1日以後に取得等をする特定事業継続力強化設備等の特別償却割合が18％（改正前：20％）に引き下げられました。

〔関係条項〕措法11の3①

③ 対象資産について、次の見直しが行われました。

イ 対象資産に、機械及び装置並びに器具及び備品の部分について行う改良又は機械及び装置並びに器具及び備品の移転のための工事の施行に伴って取得し、又は製作するものを含むこととされました。

〔関係条項〕措法11の3①

ロ 対象資産から、資産の取得等に充てるための国又は地方公共団体の補助金等の交付を受けた個人が、その補助金等をもって取得等をしたその補助金等の交付の目的に適合した資産等が除外されました。

〔関係条項〕措法11の3③

(12) 特定地域における工業用機械等の特別償却制度の改正

【改正の趣旨・内容等】

① 過疎地域に係る措置が改組され、青色申告書を提出する個人が、特定過疎地域持続的発展市町村計画に記載された計画期間の初日又は特定過疎地域持続的発展市町村計画が定められた日のいずれか遅い日から令和6年3月31日までの間に、過疎地域及び過疎地域に準ずる地

域のうち、産業の振興のための取組が積極的に促進される地区内において営む対象事業の用に供する対象設備の取得等をして、これをその地区内においてその個人の対象事業の用に供した場合には、その用に供した日以後5年以内の日の属する各年分において、その対象設備に係る産業振興機械等の普通償却額の32％（建物等及び構築物は、48％）相当額の割増償却ができることとされました。

〔関係条項〕措法12③表一、措令6の3⑨一⑩一⑪～⑭㉑、措規5の13⑥⑦

〈適用関係〉令和3年4月1日から施行されます（改正法附1）。なお、令和3年12月31日（同日以前にその地域に係る特定過疎地域持続的発展市町村計画が定められた市町村の区域については、その定められた日の前日）までに取得又は製作若しくは建設をした工業用機械等については従前どおりとされています（改正法附32④、改正措令附8②、改正措規附7①）。

② 特定地域における工業用機械等の特別償却のうち、産業高度化・事業革新促進地域に係る措置、国際物流拠点産業集積地域に係る措置、経済金融活性化特別地区に係る措置及び沖縄の離島の地域に係る措置について、次の見直し等が行われた上、その適用期限が令和4年3月31日まで1年延長されました。

〔関係条項〕措令6の3①一～四

イ 産業高度化・事業革新促進地域に係る措置、国際物流拠点産業集積地域に係る措置及び経済金融活性化特別地区に係る措置の対象資産のうち特定高度情報通信技術活用システムに該当するものについては、その個人の認定導入計画に記載された認定特定高度情報通信技術活用設備に限ることとされました。

〔関係条項〕措法12①

〈適用関係〉個人が令和3年4月1日以後に取得又は製作若しくは建設をする減価償却資産について適用し、個人が同日前に取得又は製作若しくは建設をした減価償却資産については従前どおりとされています（改正法附32⑤）。

ロ 対象事業について、次のとおり見直されました。

〈適用関係〉個人が令和3年4月1日以後に取得又は製作若しくは建設をする工業用機械等について適用し、個人が同日前に取得又は製作若しくは建設をした工業用機械等については従前どおりとされています（改正措令附8④）。

(イ) 産業高度化・事業革新促進地域に係る措置の対象事業から、こん包業、機械設計業、経営コンサルタント業、エンジニアリング業、商品検査業及び研究開発支援検査分析業が除外されました。

〔関係条項〕措令6の3③

(ロ) 国際物流拠点産業集積地域に係る措置の対象事業から、こん包業が除外されました。

〔関係条項〕措令6の3⑥

(ハ) 経済金融活性化特別地区に係る措置の対象事業から、自然科学研究所に属する事業、法律事務所に属する事業、特許事務所に属する事業、公認会計士事務所に属する事業及び税理士事務所に属する事業が除外されました。

〔関係条項〕認定経済金融活性化計画

③ 特定地域における産業振興機械等の割増償却のうち、半島振興対策実施地域に係る措置、離島振興対策実施地域に係る措置及び奄美群島に係る措置の適用期限が、令和5年3月31日まで2年延長されました。

〔関係条項〕措法12③、措令6の3⑨二～四

〈適用関係〉（継続適用）

④ 特定地域における産業振興機械等の割増償却のうち、振興山村に係る措置は、適用期限（令和3年3月31日）の到来をもって廃止されました。

〔関係条項〕旧措法12③表四、旧措令6の3⑫四⑬⑳㉑、旧措規5の13⑥

〈適用関係〉個人が令和3年4月1日前に取得等をした産業振興機械等については従前どおりとされています（改正法附32⑦、改正措令附8⑤、改正措規附7②）。

⒀ **医療用機器等の特別償却制度の改正**

【改正の趣旨・内容等】

次の見直しが行われた上で、その適用期限が令和5年3月31日まで2年延長されました。

〔関係条項〕措法12の2①～③

① 医療用機器に係る措置における対象機器のうち診療所用のCT及びMRIについて、配置効率化要件が追加されました。

〔関係条項〕措令6の4②一、平31.3厚生労働告151

〈適用関係〉個人が令和3年4月1日以後に取得等をする医療用機器について適用し、個人が同日前に取得等をした医療用機器については従前どおりとされています（改正措令附8⑥）。

② 医療用機器に係る措置における高度な医療の提供に資する機器について、対象機器が追加及び除外されました。

〔関係条項〕平21.3厚生労働告248

〈適用関係〉令和3年4月1日から適用されます（令3.3厚生労働告161前文）。

⒁ **事業再編計画の認定を受けた場合の事業再編促進機械等の割増償却制度の改正**

【改正の趣旨・内容等】

適用期限が令和5年3月31日まで2年延長されました。

〔関係条項〕措法13の2①

〈適用関係〉（継続適用）

⒂ **特定都市再生建築物の割増償却制度の改正**

【改正の趣旨・内容等】

① 対象となる民間都市再生事業計画の認定要件の見直しが行われました。

〔関係条項〕「民間都市再生事業計画制度の運用について（事業認定ガイドライン）」3

〈適用関係〉令和3年4月1日以降に認定申請のあった民間都市再生事業計画について適用されます（「民間都市再生事業計画制度の運用について（事業認定ガイドライン）」4）。

②　適用期限が令和5年3月31日まで2年延長されました。

〔関係条項〕措法14①

〈適用関係〉（継続適用）

⑯　特別償却等に関する複数の規定の不適用措置の改正

【改正の趣旨・内容等】

　個人の有する減価償却資産の取得価額又は繰延資産の額のうちに試験研究費の額が含まれる場合において、その試験研究費の額につき試験研究を行った場合の所得税額の特別控除制度の適用を受けたときは、その減価償却資産又は繰延資産については、租税特別措置法の規定による特別償却又は税額控除制度等は、適用しないこととされました。

〔関係条項〕措法19②

〈適用関係〉令和4年分以後の所得税について適用されます（改正法附32⑧）

⑰　農業経営基盤強化準備金制度の改正

【改正の趣旨・内容等】

　次の見直しが行われた上、その適用期限が令和5年3月31日まで2年延長されました。

〔関係条項〕措法24の2①

①　対象者が農地中間管理事業の推進に関する法律の規定により公表された協議の結果において、市町村が適切と認める区域における農業において中心的な役割を果たすことが見込まれる農業者とされたものに限定されました。

〔関係条項〕措法24の2①

〈適用関係〉令和5年分の所得税について適用し、令和4年分以前の所得税については従前どおりとされています（改正法附33）。

②　必要経費算入限度額となるその年分の事業所得の金額について、積立て後5年を経過した農業経営基盤強化準備金の取崩しにより総収入金額に算入される金額を総収入金額に算入しないものとして計算することとされました。

〔関係条項〕措令16の2②

〈適用関係〉令和4年分以後の所得税について適用し、令和3年分以前の所得税については従前どおりとされています（改正措令附9）。

⑱　農用地等を取得した場合の課税の特例の改正

【改正の趣旨・内容等】

　この制度により必要経費に算入できる限度額となる事業所得の金額について、積立て後5年を経過した農業経営基盤強化準備金の取崩しにより総収入金額に算入される金額を総収入金額に算入しないものとして計算することとされました。

〔関係条項〕措令16の3④

〈適用関係〉令和4年分以後の所得税について適用し、令和3年分以前の所得税については従前どおりとされています（改正措令附9）。

◆その他の改正◆

(1) 特定一般用医薬品等購入費を支払った場合の医療費控除の特例（セルフメディケーション税制）の改正

【改正の趣旨・内容等】

次の措置が講じられた上、適用期限が令和8年12月31日まで5年延長されました。

〔関係条項〕措法41の17①

① 適用対象となる医薬品の範囲について、次の見直しが行われました。

〈適用関係〉令和4年分以後の所得税について適用し、令和3年分以前の所得税については従前どおりとされています（改正法附38①）。

イ その使用による医療保険療養給付費の適正化の効果が低いと認められる医薬品が除外されました。

ただし、令和4年1月1日から令和7年12月31日までの期間内に行った一般用医薬品等の購入の対価の支払については、この除外する措置は適用されません。

〔関係条項〕措法41の17②一③、措令26の27の2②④⑤⑦

ロ その製造販売の承認の申請に際して改正前の本特例の対象となる医薬品と同種の効能又は効果を有すると認められる医薬品（改正前の本特例の対象となる医薬品を除きます）のうち、その使用による医療保険療養給付費の適正化の効果が著しく高いと認められるものとして一定のものが追加されました。

〔関係条項〕措法41の17②二、措令26の27の2③⑦

② 本特例の適用を受ける者がその年中に健康の保持促進及び疾病の予防への取組として一定の取組を行ったことを明らかにする書類の確定申告書への添付又は提示を要しないこととし、その取組の名称その他一定の事項を特定一般用医薬品等購入費の明細書に記載しなければならないこととされました。

この場合、税務署長は、その適用を受ける者に対し、確定申告期限等から5年間、その取組を行ったことを明らかにする書類の提示又は提出を求めることができることとし、その求めがあったときは、その適用を受ける者は、その取組を行ったことを明らかにする書類の提示又は提出をしなければならないこととされました。

〔関係条項〕措法41の17④、措規19の10の2①

〈適用関係〉令和4年1月1日以後に令和3年分以後の所得税に係る確定申告書を提出する場合について適用し、同日前に確定申告書を提出した場合及び同日以後に令和2年分以前の所得税に係る確定申告書を提出する場合については従前どおりとされています（改正法附38②）。

(2) 青色申告特別控除の改正

【改正の趣旨・内容等】

　電子帳簿保存法の改正による国税関係帳簿書類の電磁的記録等による保存制度の見直しに伴い、電子帳簿保存による65万円の青色申告特別控除の適用について、次の改正が行われました。

〈適用関係〉令和4年分以後の所得税について適用され、令和3年分以前の所得税については従前どおりとされています（改正法附34）。

① 「電子帳簿保存」について、改正前の電子帳簿保存法の要件を改正後も維持することとされました。

〔関係条項〕措法25の2④一、措規9の6③④

② 改正前の要件とされていた「電子帳簿保存法の承認を受けること」を不要とし、優良な電子帳簿に係る過少申告加算税の軽減措置の適用にあたってあらかじめ所轄税務署長に提出することとされている「適用届出書」を提出しなければならないこととされました。

〔関係条項〕措規9の6⑤

◆東日本大震災の特例（所得税関係）の改正◆

(1) 特定土地区画整理事業等のために土地等を譲渡した場合の2,000万円特別控除の特例の改正

【改正の趣旨・内容等】

　適用対象となる事業が次に掲げる土地等の区分に応じそれぞれ次に定める事業とされた上、適用期限が令和8年3月31日まで5年延長されました。

〔関係条項〕震災税特法11の5②

〈適用関係〉個人が令和3年4月1日以後に行う土地等の譲渡について適用し、個人が同日前に行った土地等の譲渡については従前どおりとされています（改正法附91）。

① 特定住宅被災市町村の区域のうち復興推進区域内にある土地等

　⇒　その土地等が所在する特定住宅被災市町村又はその特定住宅被災市町村の存する県が単独で又は共同して作成した東日本大震災からの復興を図るための一定の計画に記載された事業

② 特定住宅被災市町村の区域のうち復興推進区域以外の区域内にある土地等

　⇒　その土地等が所在する特定住宅被災市町村又はその特定住宅被災市町村の存する県が単独で又は共同して作成した東日本大震災からの復興を図るための一定の計画に記載された事業（令和3年3月31日においてその計画に記載されていたものに限ります）

(2) 帰還環境整備推進法人に対して土地等を譲渡した場合の譲渡所得の特別控除の特例等の改正（改正後：帰還・移住等環境整備推進法人に対して土地等を譲渡した場合の譲渡所得の特別控除の特例等）

【改正の趣旨・内容等】

　福島復興再生特別措置法の改正により、帰還環境整備事業計画の目的が住民の帰還及び移住

等の促進を図るための環境の整備に、その名称が帰還・移住等環境整備事業計画に改められ、帰還環境整備推進法人の名称が帰還・移住等環境整備推進法人に改められたことに伴い、所要の規定の整備が行われました。

〔関係条項〕震災税特法11の6、震災税特規3の8

〈適用関係〉令和3年4月1日から施行されます（改正法附1）。

(3) **復興指定会社が発行した株式を取得した場合の課税の特例の廃止**

【廃止の趣旨・内容等】

指定期限（令和3年3月31日）の到来をもって廃止されました。

〔関係条項〕旧震災税特法13の3、旧震災税特令15の3、旧震災税特規5の3

〈適用関係〉令和3年4月1日前に指定を受けた復興指定会社によりその指定の日から同日以後5年を経過する日までの間に発行される株式については従前どおりとされています（改正法附93）。

(4) **復興産業集積区域等において機械等を取得した場合の特別償却又は所得税額の特別控除制度の改正（改正後：特定復興産業集積区域において機械等を取得した場合の特別償却又は所得税額の特別控除制度）**

【改正の趣旨・内容等】

① 復興産業集積区域内において産業集積事業又は建築物整備事業の用に供される機械等に係る措置について、次の見直しが行われた上で、その適用期限が令和6年3月31日まで3年延長されました。

〔関係条項〕震災税特法10①

〈適用関係〉個人が令和3年4月1日以後に取得又は製作若しくは建設をする特定機械装置等について適用し、個人が同日前に取得又は製作若しくは建設をした機械及び装置、建物及びその附属設備並びに構築物については従前どおりとされています（改正法附83①）。

イ 東日本大震災復興特別区域法の改正に伴い、対象区域が同法の規定する特定復興産業集積区域とされました。

〔関係条項〕震災税特法10①③

ロ 認定地方公共団体に該当する福島県の区域内の地方公共団体の指定を受けた個人が取得等をする機械装置の特別償却割合が50％に引き下げられる等の特別償却割合及び税額控除割合の見直しが行われました。

〔関係条項〕震災税特法10①③

② 復興居住区域内において賃貸住宅供給事業の用に供される被災者向け優良賃貸住宅に係る措置は、その適用期限（令和3年3月31日）の到来をもって廃止されました。

〔関係条項〕旧震災税特法10①表二③⑤、旧震災税特令12の2⑦、旧震災税特規3の2②

〈適用関係〉個人が令和3年4月1日前に取得又は製作若しくは建設をした被災者向け優良賃貸住宅については従前どおりとされています（改正法附83①）。

⑸ 企業立地促進区域において機械等を取得した場合の特別償却又は所得税額の特別控除制度の改正（改正後：企業立地促進区域等において機械等を取得した場合の特別償却又は所得税額の特別控除制度）

【改正の趣旨・内容等】

① 企業立地促進計画に係る措置について、適用期限をその起算日が平成26年4月1日前である場合には起算日から5年とする規定が削除されました。

〔関係条項〕旧震災税特法10の2①

〈適用関係〉個人が令和3年4月1日以後に取得又は製作若しくは建設をする対象資産について適用し、個人が同日前に取得又は製作若しくは建設をした特定機械装置等については従前どおりとされています（改正法附84①）。以下②において同じです。

② 次の措置が追加された上、この制度におけるそれぞれの措置の重複適用を排除する規定が追加されました。

〔関係条項〕震災税特法10の2①

イ 福島県知事の指定を受けた個人が、提出特定事業活動振興計画の提出のあった日（令和3年4月20日）から令和8年3月31日までの間に、福島県の区域内においてその提出特定事業活動振興計画に定められた特定事業活動に係る事業の用に供する一定の減価償却資産の取得等をして、その区域内においてその事業の用に供した場合には、供用年において、その減価償却資産の取得価額から普通償却額を控除した金額に相当する金額（建物等及び構築物については、取得価額の25％相当額）の特別償却又はその取得価額の15％（建物等及び構築物については、8％）相当額の税額控除（企業立地促進計画に係る措置及び下記ロの措置の税額控除と合計して供用年の年分の事業所得に係る所得税額の20％相当額が上限とされています）ができる措置。

〔関係条項〕震災税特法10の2①表二③

ロ 新産業創出等推進事業実施計画につき福島県知事の指定を受けた個人が、提出新産業創出等推進事業促進計画の提出のあった日（令和3年4月20日）から令和8年3月31日までの間に、その提出新産業創出等推進事業促進計画に定められた新産業創出等推進事業促進区域内において新産業創出等推進事業の用に供する一定の減価償却資産の取得等をして、その区域内においてその事業の用に供した場合には、供用年において、その減価償却資産の取得価額から普通償却額を控除した金額に相当する金額（建物等及び構築物については、取得価額の25％相当額）の特別償却又はその取得価額の15％（建物等及び構築物については、8％）相当額の税額控除（企業立地促進計画に係る措置及び上記イの措置の税額控除と合計して供用年の年分の事業所得に係る所得税額の20％相当額が上限とされています）ができる措置。

〔関係条項〕震災税特法10の2①表三③

(6) 避難解除区域等において機械等を取得した場合の特別償却又は所得税額の特別控除制度の改正

【改正の趣旨・内容等】

適用期限をその起算日が平成26年4月1日前である場合には起算日から5年とする規定が削除されました。

〔関係条項〕旧震災税特法10の2の2①③

〈適用関係〉個人が令和3年4月1日以後に取得又は製作若しくは建設をする特定機械装置等について適用し、個人が同日前に取得又は製作若しくは建設をした特定機械装置等については従前どおりとされています（改正法附85）。

(7) 復興産業集積区域において被災雇用者等を雇用した場合の所得税額の特別控除制度の改正（改正後：特定復興産業集積区域において被災雇用者等を雇用した場合の所得税額の特別控除制度）

【改正の趣旨・内容等】

次の見直しが行われた上で、対象者指定の期限が令和6年3月31日まで3年延長されました。

〔関係条項〕震災税特法10の3①

① 東日本大震災復興特別区域法の改正に伴い、対象区域を同法に規定する特定復興産業集積区域とされました。

〔関係条項〕震災税特法10の3①

〈適用関係〉個人の令和3年以後の適用年の年分の所得税について適用し、個人の令和2年以前の適用年の年分の所得税については従前どおりとされています（改正法附86①）。以下②において同じです。

② 税額控除割合が一律で10％とされました。

〔関係条項〕震災税特法10の3①

③ 平成23年3月11日において被災雇用者等が雇用されていた事業所の所在する区域及び同日において被災雇用者等が居住していた区域について、引き続き、改正前と同様の区域とするための整備が行われました。

〔関係条項〕震災税特令12の3①―⑤、令3.3復興告3

〈適用関係〉個人の令和3年以後の適用年の年分の所得税について適用し、個人の令和2年以前の適用年の年分の所得税については従前どおりとされています（改正震災税特令附3）。

(8) 企業立地促進区域において避難対象雇用者等を雇用した場合の所得税額の特別控除制度の改正（改正後：企業立地促進区域等において避難対象雇用者等を雇用した場合の所得税額の特別控除制度）

【改正の趣旨・内容等】

次の措置が追加された上、各措置については同一年において重複して適用できないこととされました。

〔関係条項〕震災税特法10の3の2②

〈適用関係〉令和３年４月１日から施行されます（改正法附１）。

①　提出特定事業活動振興計画の提出のあった日（令和３年４月20日）から令和８年３月31日までの間に福島県知事の指定を受けた個人が、その指定があった日から同日以後５年を経過する日までの期間内の日の属する各年のその期間内において、福島県の区域内に所在するその提出特定事業活動振興計画に定められた特定事業活動を行う事業所に勤務する特定被災雇用者等に対して給与等を支給する場合には、その年において、その支給する給与等の額の10％相当額の税額控除（その年分の事業所得に係る所得税額の20％相当額が上限とされています）ができるよう措置されています。

〔関係条項〕震災税特法10の３の２①表二

②　提出新産業創出等推進事業促進計画の提出のあった日（令和３年４月20日）から令和８年３月31日までの間に新産業創出等推進事業実施計画につき福島県知事の認定を受けた個人が、その認定を受けた日から同日以後５年を経過する日までの期間内の日の属する各年のその期間内において、その提出新産業創出等推進事業計画に定められた新産業創出等推進事業促進区域内に所在する新産業創出等推進事業を行う事業所に勤務する避難対象雇用者等その他の一定の雇用者に対して給与等を支給する場合には、その年において、その支給する給与等の額の15％相当額の税額控除（その年分の事業所得に係る所得税額の20％相当額が上限とされています）ができるよう措置されています。

〔関係条項〕震災税特法10の３の２①表三

⑼　復興産業集積区域における開発研究用資産の特別償却制度の改正（改正後：特定復興産業集積区域における開発研究用資産の特別償却制度

【改正の趣旨・内容等】

次の見直しが行われた上で、その適用期限が令和６年３月31日まで３年延長されました。

〔関係条項〕震災税特法10の５①

〈適用関係〉個人が令和３年４月１日以後に取得等をする開発研究用資産について適用し、個人が同日前に取得等をした開発研究用資産については従前どおりとされています（改正法附88①）。

①　東日本大震災復興特別区域法の改正に伴い、対象区域が同法の特定復興産業集積区域とされました。

②　認定地方公共団体に該当する福島県の区域内の地方公共団体の指定を受けた中小事業者が取得等をする開発研究用資産の特別償却割合が50％に引き下げられる等の特別償却割合の見直しが行われました。

⑽　新産業創出等推進事業促進区域における開発研究用資産の特別償却制度の改正

【改正の趣旨・内容等】

新産業創出等推進事業実施計画につき福島県知事の認定を受けた個人が、提出新産業創出等推進事業促進計画の提出のあった日（令和３年４月20日）から令和８年３月31日までの間に、その提出新産業創出等推進事業促進計画に定められた新産業創出等推進事業促進区域内におい

て開発研究の用に供される開発研究用資産の取得等をして個人のその開発研究の用に供した場合には、その開発研究の用に供した日の属する年において、その開発研究用資産の取得価額から普通償却額を控除した金額に相当する金額の特別償却ができる制度が創設されました。

また、この制度の対象となる開発研究用資産の減価償却費の額は、試験研究を行った場合の所得税額の特別控除の適用を受ける場合には、特別試験研究費の額に該当することになります。

〔関係条項〕震災税特法11①～③

〈適用関係〉令和3年4月1日から施行されます（改正法附1）。

⑾　被災代替資産等の特別償却制度の改正

【改正の趣旨・内容等】

①　対象資産から車輌運搬具が除外されました。

〔関係条項〕震災税特法11の2①、旧震災税特令13②五

〈適用関係〉個人が令和3年4月1日以後に取得等をする被災代替資産等について適用し、個人が同日前に取得等をした被災代替資産等については従前どおりとされています（改正法附89）。

②　適用期限が令和5年3月31日まで2年延長されました。

〔関係条項〕震災税特法11の2①

〈適用関係〉（継続適用）

⑿　被災者向け優良賃貸住宅の割増償却制度の廃止

【廃止の趣旨・内容等】

適用期限（令和3年3月31日）の到来をもって廃止されました。

〔関係条項〕旧震災税特法11の2、旧震災税特令13の2、旧震災税特規3の5

〈適用関係〉個人が令和3年4月1日前に取得又は新築をした被災者向け優良賃貸住宅については従前どおりとされています（改正法附90、改正震災税特令附5、改正震災税特規附4）。

⒀　特定の事業用資産の買換え等の場合の譲渡所得の課税の特例の改正

【改正の趣旨・内容等】

①　被災区域から特定被災区域への買換えに係る買換資産の所在地の区域が東日本大震災からの復興に向けた取組を重点的に推進する必要があると認められる一定の区域とされました。

〔関係条項〕震災税特法12①表一イ、震災税特令14⑥

〈適用関係〉個人が令和3年4月1日以後に取得（建設及び製作を含みます）をする資産について適用し、個人が同日前に取得をした資産については従前どおりとされています（改正法附則92）。

②　適用期限が令和6年3月31日まで3年延長されました。

〔関係条項〕震災税特法12①

〈適用関係〉（継続適用）

令和4年度の税制改正

1．所得税法等関係

(1) 納税地の特例等の改正

【改正の趣旨・内容等】

　ワンスオンリー（一度提出した情報は、二度提出することは不要とする）を徹底する観点から、申請や届出については、その要否を不断に見直すことが必要となっています。

　変更後および異動後の納税地については、提出された確定申告書等に記載された内容や住民基本台帳ネットワークシステムを通じて入手した納税義務者の住民票情報から課税当局において把握することが可能なことから、「所得税の納税地の変更に関する届出書」および「所得税の納税地の異動に関する届出書」について、その提出が不要とされました。

　〔関係条項〕旧所法16③〜⑤、旧所法20、旧所令57、旧所規17

　〈適用関係〉令和5年1月1日前の所得税の納税地の変更および異動については従前どおりとされています（改正法附2、3）。

(2) 所有株式に対応する資本金等の額の計算方法等の整備

【改正の趣旨・内容等】

① みなし配当等に係る所有株式に対応する資本金等の額の計算方法の整備

　資本の払戻しによりその株主等である個人が金銭等の交付を受ける場合におけるみなし配当の額の計算について、その計算の基礎となる資本の払戻し（出資等減少分配を除きます）を行った法人のその資本の払戻しに対応する資本金等の額（払戻等対応資本金額等）は、その資本の払戻しによる減少した資本剰余金の額を上限とすることとされました。

　また、出資等減少分配を行った投資法人のその出資等減少分配に対応する資本金等の額（分配対応資本金額等）は、その出資等減少分配による出資総額等の減少額（出資総額等減少額）を上限とすることとされました。

　〔関係条項〕所令61②四イ、五

　〈適用関係〉令和4年4月1日から施行されます（改正所令附1）。

② 2以上の種類の株式等を発行していた法人の行う資本の払戻しに係る所有株式に対応する資本金等の額等の計算方法等の整備

　2以上の種類の株式等を発行する法人が資本の払戻しを行った場合のみなし配当の額の計算の基礎となる所有株式に対応する資本金等の額は、その法人の株主等がその資本の払戻しの直前に有していたその法人のその資本の払戻しに係る株式の種類ごとに、次の算式により計算した金額（払戻対応種類資本金額）をその法人のその資本の払戻しに係るその種類の株式の総数で除し、これにその株主等がその直前に有していたその法人のその資本の払戻しに係るその種類の株式の数を乗じて計算した金額の合計額とされました。

《算式》

　　直前種類資本金額×（A÷(B×C÷D)）（種類払戻割合）

　　A：資本の払戻しにより減少した資本剰余金の額のうちその種類の株式に係る部分の金額

　　B：前事業年度末の簿価純資産価額（前事業年度後に資本金等の額又は利益積立金額の変動があった場合には、これらを加減算した金額）

　　C：直前種類資本金額

　　D：直前の資本金等の額

〔関係条項〕所令61②四ロ

〈適用関係〉令和4年4月1日以後に行われる払戻し等について適用されます（改正所令附2）。

③　資本の払戻し等があった場合の株式等の取得価額の整備

　上記②の改正に伴い、資本の払戻し等があった場合の旧株の1株当たりの取得価額については、その払戻し等が2以上の種類の株式を発行する法人が行った資本の払戻しである場合には、旧株1株の従前の取得価額から旧株1株の従前の取得価額にその旧株に係る種類払戻割合（上記②算式の種類払戻割合）を乗じて計算した金額を控除した金額とされました。

　また、その資本の払戻しを行った法人は、その資本の払戻しを受けた個人に対し、その資本の払戻しに係る種類払戻割合を通知しなければならないこととされました。

〔関係条項〕所令114①⑤

〈適用関係〉令和4年4月1日以後に行われる払戻し等について適用されます（改正所令附2）。

④　特定口座内保管上場株式等を発行した法人の金融商品取引業者等に対する通知義務の整備

　上記②の改正に伴い、資本の払戻し等を行った法人がその資本の払戻しに係る種類の株式を所有する個人及びその株式を保管する特定口座が開設されている金融商品取引業者等に対して通知すべき事項について、所要の整備が行われました。

〔関係条項〕措令25の10の2㉖三イ

〈適用関係〉令和4年4月1日以後に行われる払戻し等について適用されます（改正措令附9）。

(3)　配当所得とされる分配金の範囲

【改正の趣旨・内容等】

　その額が配当等の収入金額とされる分配金の範囲に、労働者協同組合の組合員がその労働者協同組合の事業に従事した程度に応じて受けるものが追加されました。

　すなわち、労働者協同組合の従事分量配当は、企業組合の従事分量配当と同様に、所得税法上、配当所得として位置付けることとされました。

　具体的には、「配当等」の収入金額とされる分配金の範囲に、労働者協同組合の組合員が労働者協同組合法77条2項の規定によりその労働者協同組合の事業に従事した程度に応じて受ける分配金が追加されました。

〔関係条項〕所令62①五

〈適用関係〉労働者協同組合法の施行日（令和4年10月1日）から施行されます（改正所令附1四）。

(4) 国庫補助金等の総収入金額不算入制度の改正

【改正の趣旨・内容等】

① 国庫補助金等の範囲の見直し

対象となる国庫補助金等に、特定高度情報通信技術活用システムの開発供給及び導入の促進に関する法律に基づく国立研究開発法人新エネルギー・産業技術総合開発機構の助成金が追加されました。

〔関係条項〕所令89四

〈適用関係〉個人が令和4年4月1日以後に交付を受ける助成金について適用されます（改正所令附3）。

② 国庫補助金等の交付前に固定資産の取得又は改良をした場合における適用の明確化

国庫補助金等の交付を受けた年の前年以前にその交付の目的に適合した固定資産の取得又は改良をした場合について本制度の適用が明確化されました。

〔関係条項〕所法42①、所令90①

〈適用関係〉個人が令和4年4月1日以後に交付を受ける国庫補助金等について適用し、個人が同日前に交付を受けた国庫補助金等については従前どおりとされます（改正法附4）。

(5) 家事関連費等の必要経費不算入等の改正

【改正の趣旨】

所得課税においては、裁判例によって示されているように「所得金額」や「必要経費の存否及び額」については、原則として課税当局の側に立証責任があるとしつつ、「簿外経費」については、納税者側に立証責任があると解する場合が多いとされています。

しかしながら、実際の事案として、所得税の税務調査において家事関連費の計上を発見した後に、納税者が簿外経費の存在を後から主張し、課税当局が多大な事務量を投入してその簿外経費が全て存在しないことを立証して更正に至ったという悪質な事案があり、政府税制調査会の「納税環境整備に関する専門家会合」において議論がなされ、その会合においては、特に悪質な納税者への対応として、「課税の公平性を確保するために、税務調査時に簿外経費を主張する納税者、虚偽の書類を提出する等調査妨害的な対応を行う納税者への対応策や、調査等の働きかけに応じない納税者、到底当初より申告の意図を有していたとは思われない納税者等、既存のけん制措置では必ずしも対応できていない悪質な納税者への有効な対応策の検討を行う。」旨が政府税制調査会に報告されました。

これを踏まえ、納税者が事実の隠蔽・仮装がある年分又は無申告の年分において主張する簿外経費の存在が帳簿書類等から明らかでなく、課税当局による反面調査等によってもその簿外経費の基因となる取引が行われたと認められない場合には、その簿外経費は必要経費に算入しないこととする措置を講ずることとされました。

【改正の内容等】

隠蔽仮装行為に基づき確定申告書を提出し、又は確定申告書を提出していなかった場合には、これらの確定申告書に係る年分の不動産所得、事業所得、山林所得または雑所得の総収入金額

に係る売上原価の額及びその年における販売費、一般管理費その他これらの所得を生ずべき業務について生じた費用の額は、その保存する帳簿書類等によりこれらの額の基因となる取引が行われたこと及びその額が明らかである場合等に該当するその売上原価の額または費用の額を除き、その者の各年分のこれらの所得の金額の計算上、必要経費に算入しないこととされました。

〔関係条項〕所法45③

〈適用関係〉令和5年分以後の所得税について適用されます（改正法附5）。

(6) 減価償却資産の償却費の計算およびその償却の方法の改正

【改正の趣旨・内容等】

① 少額の減価償却資産の取得価額の必要経費算入制度の改正

対象となる資産から、取得価額が10万円未満の減価償却資産のうち貸付け（主要な業務として行われるものを除きます）の用に供したものが除外されました。

〔関係条項〕所令138①

〈適用関係〉個人が令和4年4月1日以後に取得又は製作若しくは建設をする減価償却資産の取得について適用し、個人が同日前に取得または製作若しくは建設をした減価償却資産については従前どおりとなります（改正所令附4）。

② 一括償却資産の必要経費算入制度の改正

対象となる資産から、貸付け（主要な業務として行われるものを除きます）の用に供した減価償却資産が除外されました。

〔関係条項〕所令139①

〈適用関係〉上記①に同じ。

(7) 完全子法人株式等に係る配当等の課税の特例の創設

【創設の趣旨】

① 令和元年度決算検査報告における会計検査院の指摘

「源泉徴収制度は、所得税を効率的かつ確実に徴収するなどの趣旨から設けられたものであって、申告納税制度を前提とした場合の所得税又は法人税の前払的性質を持ち、原則として個人又は法人の確定申告等の手続を通じて精算される仕組みとなっているものである。

一方、原則として全額が益金不算入の対象となり法人税が課されないこととなっている完全子法人株式等及び関連法人株式等に係る配当等の額に対して源泉徴収を行っていて、税務署における源泉所得税事務が生ずるとともに、所得税額控除の適用による源泉所得税の精算を伴い、還付金及び還付加算金並びにこれらに係る税務署の還付事務が生じやすい状況となっていると思料される。

上記を踏まえて検査したところ、原則として全額に法人税が課されていない完全子法人株式等及び関連法人株式等に係る配当等の額に対して源泉徴収を行っていたことから、企業グループ内において納税に係る一時的な資金負担が生ずるとともに、当該配当等に対する税務署における源泉所得税事務が生じたり、源泉所得税相当額について所得税額控除が適用されることに

より還付金及び還付加算金並びにこれらに係る税務署の還付事務が生じたりしている状況となっていた。

　このような状況は、源泉所得税が法人税の前払的性質を持つことや所得税を効率的かつ確実に徴収するなどの源泉徴収制度の趣旨に必ずしも沿ったものとはなっていないと思料される。

　については、本院の検査で明らかになった状況を踏まえて、財務省において、源泉徴収義務者による源泉徴収事務の便宜を考慮した上で、配当等に対する源泉徴収制度の在り方について、引き続き、様々な観点から効率性、有効性等を高める検討を行っていくことが肝要である。」

② 制定

　事業者等の負担を軽減する観点等から、上記①の指摘のとおり原則として全額に法人税が課されていない完全子法人株式等及び関連法人株式等に相当する一定の株式等に係る配当等について所得税を課さないこととされました。

【制度の内容等】

① 一定の内国法人が支払を受ける配当等で次に掲げるものについては、所得税を課さないこととされました。

　　イ　完全子法人株式等に該当する株式等（その内国法人が自己の名義をもって有するものに限ります。下記ロにおいて同じ）に係る配当等

　　ロ　その内国法人が保有する他の内国法人の株式等の発行済株式等の総数等に占める割合が3分の1超である場合における当該他の内国法人の株式等に係る配当等

〔関係条項〕所法177

〈適用関係〉一定の内国法人が令和5年10月1日以後に支払を受けるべき配当等について適用されます（改正法附6）。

② 上記①イ及びロの配当等に係る所得税の源泉徴収を行わないこととされました。

〔関係条項〕所法212③

〈適用関係〉内国法人に対し令和5年10月1日以後に支払うべき配当等について適用し、内国法人に対し同日前に支払うべき配当等については従前どおりとされています（改正法附8）。

③ 上記①及び②の特例の創設に伴い、利子・配当等の受領者の告知制度等について、所要の整備が行われました。

〔関係条項〕所令336⑥、339⑦、措令4の5⑥、4の6の2⑦⑩

〈適用関係〉令和5年10月1日以後に支払の確定する配当等について適用し、同日前に支払の確定した配当等については従前どおりとされています（改正所令附7、8、改正措令附2、3①②）。

(8) 確定申告書の添付書類等に関する改正

【改正の趣旨・内容等】

① 所得税の確定申告書に添付すべき書類の拡充

　確定申告の際に社会保険料控除等（社会保険料控除又は小規模企業共済等掛金控除をいいま

す。以下同じ）の適用を受ける場合に確定申告書に添付し、又はその申告書の提出の際に提示することとされている書類の範囲に、社会保険料の金額等（社会保険料の金額又は小規模企業共済等掛金の額をいいます。以下同じ）を証する書類に記載すべき事項を記録した電子証明書等に係る電磁的記録印刷書面が追加されました。

〔関係条項〕所令262①二、三

〈適用関係〉令和4年4月1日以後に令和4年分以後の所得税に係る確定申告書を提出する場合について適用し、同日前に確定申告書を提出した場合及び同日以後に令和3年分以前の所得税に係る確定申告書を提出する場合については従前どおりとされています（改正所令附5）。

② 給与所得者の保険料控除申告書の添付書類の電磁的方法による提供（電子提出）

給与等の支払を受ける居住者は、給与所得者の保険料控除申告書に記載すべき事項を電磁的方法により提供する場合には、社会保険料の金額等を証する書類の書面による提出に代えて、その給与等の支払者に対し、これらの書類に記載されるべき事項を電磁的方法により提供することができることとされました。

〔関係条項〕所法198⑤

〈適用関係〉令和4年10月1日以後に提出する給与所得者の保険料控除申告書について適用し、同日前に提出した給与所得者の保険料控除申告書については従前どおりとされています（改正法附7、改正所令附6）。以下③について同じ。

③ 社会保険料控除等の適用を受ける際の給与所得者の保険料控除申告書に添付すべき書類の拡充

給与所得者が年末調整の際に給与所得控除後の給与等の金額からその年中に支払った社会保険料の金額等につき控除の適用を受ける場合に、給与所得者の保険料控除申告書に添付し、又はその申告書の提出の際に提示することとされているものの範囲に、その社会保険料の金額等を証する書類に記載すべき事項を記録した電磁的記録を記録した電子証明書等に係る電磁的記録印刷書面が追加されました。

〔関係条項〕所令319

(9) 償還金等の支払調書の改正

【改正の趣旨・内容等】

労働者協同組合法等の一部を改正する法律による所得税法の改正により、交付を受ける償還金等が支払調書制度の対象となる内国法人の範囲に、労働者協同組合が追加されました。

〔関係条項〕所法225①十一

〈適用関係〉労働者協同組合法の施行日（令和4年10月1日）から施行されます（労働者協同組合法等の一部を改正する法律附1）。

(10) 支払調書等の提出の特例の改正

【改正の趣旨・内容等】

磁気テープについては、近年その提出の実績がなく、また、今後の提出も想定されないこと

から、光ディスク等を提出する方法から、磁気テープを提出する方法が除外されました。

〔関係条項〕所法228の4①二、措法42の2の2①二、国外送金法4②二、所規97の4⑤、措規19の16⑤、国外送金規11⑤

〈適用関係〉令和4年4月1日から施行されます（改正法附1）。

⑾　確定拠出金制度の拡充に伴う改正

【改正の趣旨・内容等】

　令和2年6月5日に公布された「年金制度の機能強化のための国民年金法等の一部を改正する法律」により、確定給付企業年金制度の終了時に分配される残余財産（以下、「残余財産」といいます）の個人型確定拠出年金制度への移換ができることとされた（確定給付企業年金法82の4、確定拠出年金法74の2）ことに伴い、「組合員であった期間」に、その者の老齢給付金の支払金額のうちに残余財産が含まれている場合における次に掲げる期間を含めることとされました。

①　その残余財産の算定の基礎となった期間のうちその者が60歳に達した日の前日が属する月の翌月以後の期間

②　その残余財産の算定の基礎となった確定拠出年金法施行規則59条2項において準用する同令30条2項各号に定める期間のうち、企業型年金運用指図者期間又は個人型年金運用指図者期間と重複している期間

〔関係条項〕所規18の3②

〈適用関係〉令和4年5月1日から施行されます（改正所規附1一）。

⑿　障害者等の少額預金の利子所得等の非課税措置の非課税貯蓄申告書等の電子情報組織による申請等の方法の改正

【改正の趣旨・内容等】

　電子情報処理組織（e-Tax）を使用する方法により障害者等の少額預金の利子所得等の非課税措置の次に掲げる書類を提出する場合のファイル形式（改正前：PDF形式）が、XML形式又はCSV形式とされました。

①　非課税貯蓄申告書

②　非課税貯蓄限度額変更申告書

③　非課税貯蓄に関する異動申告書

④　金融機関等において事業譲渡等があった場合の申告書

⑤　非課税貯蓄廃止申告書

⑥　非課税貯蓄みなし廃止通知書

⑦　非課税貯蓄者死亡通知書

⑧　金融機関の営業所等の届出書

〔関係条項〕平30.4国税庁告示14①二

〈適用関係〉令和6年1月1日から施行されます（令4.3国税庁告示18附①ただし書）。

2．租税特別措置法等関係

◆住宅・土地税制の改正◆

(1) 住宅借入金等を有する場合の所得税額の特別控除制度（住宅ローン税額控除）等の改正

【改正の趣旨・内容等】

① 住宅借入金等を有する場合の所得税額の特別控除制度の改正

適用期限が令和7年12月31日まで4年延長されるとともに、次の措置が講じられました。

イ　住宅の取得等をして令和4年から令和7年までの間に居住の用に供した場合の住宅借入金等の年末残高の限度額（借入限度額）、控除率及び控除期間が次のとおりとされました。

(イ)　(ロ)以外の住宅の場合

居住年	借入限度額	控除率	控除期間
令和4年・令和5年	3,000万円	0.7%	13年
令和6年・令和7年	2,000万円		10年

（注）　上記の金額等は、住宅の取得等が居住用家屋の新築等又は買取再販住宅の取得である場合の金額等であり、それ以外の場合（既存住宅の取得（買取再販住宅の取得を除きます）又は住宅の増改築等）における借入限度額は一律2,000万円と、控除期間は一律10年とされています。

(ロ)　認定住宅等の場合

区分	居住年	借入限度額	控除率	控除期間
認定住宅	令和4年・令和5年	5,000万円	0.7%	13年
認定住宅	令和6年・令和7年	4,500万円		
特定エネルギー消費性能向上住宅	令和4年・令和5年	4,500万円		
特定エネルギー消費性能向上住宅	令和6年・令和7年	3,500万円		
エネルギー消費性能向上住宅	令和4年・令和5年	4,000万円		
エネルギー消費性能向上住宅	令和6年・令和7年	3,000万円		

（注1）　上記の「認定住宅等」とは、認定住宅、特定エネルギー消費性能向上住宅及びエネルギー消費性能向上住宅をいい、上記の「認定住宅」とは、認定長期優良住宅及び認定低炭素住宅をいい、「特定エネルギー消費性能向上住宅」とは、エネルギーの使用の合理化に著しく資する住宅の用に供する家屋をいい、上記の「エネルギー消費性能向上住宅」とは、エネルギーの使用の合理化に資する住宅の用に供する家屋をいいます。下記④において同じ。

（注2）　上記の金額等は、住宅の取得等が認定住宅等の新築等又は買取再販認定住宅等の取得である場合の金額等であり、住宅の取得等が認定住宅等で建築後使用されたことのあるものの取得（買取再販認定住宅の取得を除きます）である場合における借入限度額は一律3,000万円と、控除期間は一律10年とされています。

〔関係条項〕措法41①～④⑩～⑫

〈適用関係〉個人が令和4年1月1日以後に居住用家屋等をその者の居住の用に供する場合について適用し、個人が同日前に居住用家屋等をその者の居住の用に供した場合については従前どおりとされています（改正法附34①）。以下同じ。

ロ　適用対象者の所得要件が2,000万円以下（改正前：3,000万円以下）に引き下げられました。

〔関係条項〕措法41①

ハ　個人が取得等をした住宅の用に供する家屋のうち小規模なものとして一定のものの新築又は当該家屋で建築後使用されたことのないものの取得についても、この制度の適用ができることとされました。

　　ただし、その者の控除期間のうち、その年分の所得税に係る合計所得金額が1,000万円を超える年については、適用しないこととされました。

〔関係条項〕措法41⑱⑲、措令26㉚㉜

ニ　個人が令和6年1月1日以後にその居住の用に供する家屋のうち、エネルギー消費性能向上住宅に該当するもの以外のものとして一定のものの新築又は当該家屋で建築後使用されたことのないものの取得については、この制度の適用ができないこととされました。

〔関係条項〕措法41㉕、措令26㉗

ホ　適用対象となる既存住宅の要件について、経過年数基準に適合するものであることを廃止し、耐震基準に適合するものであることに一本化されました。

〔関係条項〕措法41①、措令26③

ヘ　2以上の住宅の取得等に係る住宅借入金等の金額を有する場合の控除額の調整措置等について、所要の措置が講じられました。

〔関係条項〕措法41の2③四等

② 東日本大震災の被災者等に係る住宅借入金等を有する場合の所得税額の特別控除の控除額に係る特例の改正

適用期限が令和7年12月31日まで4年延長されるとともに、次の措置が講じられました。

イ　住宅の再取得等をして令和4年から令和7年までの間に居住の用に供した場合の再建住宅借入金等の年末残高の限度額（借入限度額）、控除率及び控除期間が次のとおりとされました。

居　住　年	借入限度額	控　除　率	控　除　期　間
令和4年・令和5年	5,000万円	0.9%	13年
令和6年・令和7年	4,500万円		

　（注）　上記の金額等は、住宅の取得等が居住用家屋の新築等、買取再販住宅の取得、認定住宅等の新築等又は買取再販認定住宅等の取得である場合の金額等であり、それ以外の場合（既存住宅の取得（買取再販住宅の取得及び買取再販認定住宅等の取得を除きます）又は住宅の増

改築等）における借入限度額は一律3,000万円と、控除期間は一律10年とされています。
　〔関係条項〕震災税特法13の2①②
　〈適用関係〉住宅被災者が令和4年1月1日以後に居住用家屋等をその者の居住の用に供する場合について適用し、住宅被災者が同日前に居住用家屋等をその者の居住の用に供した場合については従前どおりとされています（改正法附74）。以下同じ。
　ロ　住宅被災者のうち警戒区域設定指示等の対象区域内に従前住宅が所在していなかったものが、住宅の再取得等をして令和7年1月1日以後に居住の用に供する場合には、本特例の適用ができないこととされました。
　　〔関係条項〕震災税特法13の2⑤
　ハ　上記①ロからホまでと同様の措置を講ずることとされました。
　　〔関係条項〕震災税特法13の2①等
③　住宅ローン税額控除の適用に係る手続きの改正
　イ　令和5年1月1日以後に居住の用に供する家屋に係る住宅ローン税額控除に関する証明書等の改正
　　⑴　住宅借入金等に係る債権者は、「住宅取得資金に係る借入金の年末残高等証明書」の交付を要しないこととされました。
　　　これに伴い、確定申告書及び給与所得者の（特定増改築等）住宅借入金等特別控除申告書に添付すべき書類から「住宅取得資金に係る借入金の年末残高等証明書」が除かれています。
　　〔関係条項〕措令26の2①、措規18の21⑧、18の23②
　　〈適用関係〉個人が令和5年1月1日以後に居住用家屋等をその者の居住の用に供する場合について適用されます（措法41の2の3①等）。下記⑴に同じ。
　　⑵　年末調整のための（特定増改築等）住宅借入金等特別控除証明書の記載事項に、その年の12月31日における住宅借入金等の金額を加えることとされました。
　　〔関係条項〕措令26の2⑧二ロ
　　⑶　下記ロ⑴の適用申請書の提出をした個人は、その旨を「（特定増改築等）住宅借入金等特別控除額の計算明細書」に記載することにより請負契約書等の写しの確定申告書への添付に代えることができることとされました。
　　　この場合、税務署長は、必要があると認めるときは、その確定申告書を提出した者（以下、「控除適用者」といいます）に対し、その確定申告書に係る確定申告期限等の翌日から起算して5年を経過する日までの間、その写しの提示又は提出を求めることができることとされ、この求めがあったときは、その控除適用者は、その写しを提示し、又は提出しなければならないこととされました。
　　〔関係条項〕措規18の21⑪⑫
　　〈適用関係〉令和6年1月1日以後に令和5年分以後の所得税に係る確定申告書を提出する場合について適用し、同日前に確定申告書を提出した場合及び同日以後に令和4

　　　　　年分以前の所得税に係る確定申告書を提出する場合については従前どおりとされています（改正措規附5①）。
　ロ　住宅取得資金に係る借入金等の年末残高等調書制度の創設
　　㈣　令和5年1月1日以後に居住の用に供する家屋について、住宅ローン税額控除の適用を受けようとする個人は、住宅借入金等に係る一定の債権者に対して、当該個人の氏名及び住所、個人番号その他の一定の事項（以下、「申請事項」といいます）を記載した申請書（以下、「適用申請書」といいます）の提出（その適用申請書の提出に代えて行う電磁的方法によるその適用申請書に記載すべき事項の提供を含みます）をしなければならないこととされました。
　　〔関係条項〕措法41の2の3①
　　〈適用関係〉個人が令和5年1月1日以後に居住用家屋等をその者の居住の用に供する場合について適用されます（措法41の2の3①等）。以下同じです。
　　㈻　適用申請書の提出を受けた債権者は、その適用申請書の提出を受けた日の属する年以後10年内の各年の10月31日（その適用申請書の提出を受けた日の属する年にあっては、その翌年1月31日）までに、申請事項及びその適用申請書の提出をした個人のその年の12月31日（その者が死亡した日の属する年にあっては、同日）における住宅借入金等の金額等を記載した「住宅取得資金に係る借入金等の年末残高等調書」を作成し、その債権者の本店又は主たる事務所の所在地の所轄税務署長に提出しなければならないこととされました。
　　　　　この場合、その債権者は、その適用申請書につき帳簿を備え、その適用申請書の提出をした個人の各人別に、申請事項を記載し、又は記録しなければならないこととされました。
　　〔関係条項〕措法41の2の3②

(2) 特定の居住用財産の買換え及び交換の場合の長期譲渡所得の課税の特例の改正
【改正の趣旨・内容等】
① 買換資産が建築後使用されたことのない家屋で、その家屋を令和6年1月1日以後にその者の居住の用に供した場合又は供する見込みである場合の要件に、その家屋が特定居住用家屋に該当するもの以外のものであることが加えられました。
〔関係条項〕措令24の2③一イ
〈適用関係〉個人が令和4年1月1日以後に行う譲渡資産の譲渡に係る買換資産について適用し、個人が同日前に行った譲渡資産の譲渡に係る買換資産については従前どおりとされています（改正措令附8②）。
② 適用期限が令和5年12月31日まで2年延長されました。
〔関係条項〕措法36の2①②、36の5
〈適用関係〉（継続適用）

(3) 居住用財産の買換え等の場合の譲渡損失の損益通算及び繰越控除の改正
【改正の趣旨・内容等】

適用期限が令和5年12月31日まで2年延長されました。

〔関係条項〕措法41の5⑦一

〈適用関係〉（継続適用）

(4) 特定居住用財産の譲渡損失の損益通算及び繰越控除の改正
【改正の趣旨・内容等】

適用期限が令和5年12月31日まで2年延長されました。

〔関係条項〕措法41の5の2⑦一

〈適用関係〉（継続適用）

(5) 既存住宅の耐震改修をした場合の所得税額の特別控除の改正
【改正の趣旨・内容等】

① 耐震改修工事限度額が一律250万円とされました。

〔関係条項〕措法41の19の2①、旧措法41の19の2②

〈適用関係〉個人が令和4年1月1日以後に住宅耐震改修をする場合について適用し、個人が同日前に住宅耐震改修をした場合については従前どおりとされています（改正法附35）。

② 税額控除額の計算要素である「耐震改修標準的費用額」の基礎となる工事内容に応じた単位当たりの標準的な費用の額について、近年の工事の実績等を踏まえた見直しを行うこととされました。

〔関係条項〕平21.3国土交通告383

〈適用関係〉個人が令和5年1月1日以後に住宅耐震改修をする場合について適用し、個人が同日前に住宅耐震改修をした場合については従前どおりとされています（令4.6国土交通告726附）。

③ 適用期限が令和5年12月31日まで2年延長されました

〔関係条項〕措法41の19の2①

〈適用関係〉（継続適用）

(6) 既存住宅に係る特定の改修工事をした場合の所得税額の特別控除の改正
【改正の趣旨・内容等】

① 高齢者等居住改修工事等に係る税額控除の控除対象限度額が一律200万円と、一般断熱改修工事等に係る税額控除の控除対象限度額が一律250万円とされました。

〔関係条項〕措法41の19の3①②、旧措法41の19の3②④

〈適用関係〉対象高齢者等居住改修工事等又は対象一般断熱改修工事等をした家屋を令和4年1月1日以後にその者の居住の用に供する場合について適用し、これらの改修工事をした家屋を同日前にその者の居住の用に供した場合については従前どおりとされています（改正法附36）。

② 個人が、その所有する居住用の家屋について上記(5)の税額控除又は本特例による税額控除

の対象となる改修工事（以下、「対象改修工事」といいます）をして、その家屋を令和4年1月1日から令和5年12月31日までの間にその者の居住の用に供した場合には、上記(5)の税額控除又は本特例による税額控除の適用を受ける場合に限り、その個人の居住の用に供した日の属する年分の所得税額から次に掲げる金額の合計額（対象改修工事に係る標準的な費用の額の合計額と1,000万円から当該金額（当該金額が控除対象限度額を超える場合には、その控除対象限度額）を控除した金額のいずれか低い金額を限度）の5％相当額を控除することができる「その他工事等特別税額控除制度」が設けられました。

イ　その対象改修工事に係る標準的な費用の額（控除対象限度額を超える部分に限ります）の合計額

ロ　その対象改修工事と併せて行うその他工事に要した費用の額（補助金等の交付がある場合にはその補助金等の額を控除した後の金額）の合計額

〔関係条項〕措法41の19の3⑦

〈適用関係〉対象改修工事をした家屋を令和4年1月1日以後にその者の居住の用に供する場合について適用されます（措法41の19の3⑦）。

③　一般断熱改修工事等に係る税額控除の対象となる省エネ改修工事が「窓の断熱改修工事又は窓の断熱改修工事と併せて行う天井、壁若しくは床の断熱改修工事」（改正前：「全ての居室の全ての窓の断熱改修工事又は全ての居室の全ての窓の断熱改修工事と併せて行う天井、壁若しくは床の断熱改修工事」）とされました。

〔関係条項〕令4.3国交告445

〈適用関係〉対象一般断熱改修工事等をした家屋を令和4年1月1日以後にその者の居住の用に供する場合について適用し、対象一般断熱改修工事等をした家屋を同日前にその者の居住の用に供した場合については従前どおりとされています（令4.3国交告445附②）。

④　税額控除額の計算要素である「標準的費用額」の基礎となる工事内容に応じた単位当たりの標準的な費用の額について、近年の工事の実績等を踏まえた見直しを行うこととされました。

〔関係条項〕平21.3経済産業・国土交通告4、平25.3経済産業・国土交通告5、平29.3国土交通告280

〈適用関係〉特定の改修工事をした居住用の家屋を、令和5年1月1日以後にその者の居住の用に供する場合について適用し、同日前にその者の居住の用に供した場合については従前どおりとされています（令4.6国土交通告727附②、令4.6経済産業・国土交通告4附②、令4.6経済産業・国土交通告5附②、令4.6国土交通告725附②）。

⑤　適用期限が令和5年12月31日まで2年延長されました。

〔関係条項〕措法41の19の3①～⑥

〈適用関係〉（継続適用）

⑺　認定住宅の新築等をした場合の所得税額の特別控除の改正（改正後：認定住宅等の新築等をした場合の所得税額の特別控除）

【改正の趣旨・内容等】

次の見直しが行われた上で、その適用期限が令和 5 年12月31日まで 2 年延長されました。

〔関係条項〕措法41の19の 4 ①

〈適用関係〉個人が、認定住宅等の新築又は認定住宅等で建築後使用されたことのないものの取得をして、その認定住宅等を令和 4 年 1 月 1 日以後にその者の居住の用に供する場合について適用し、個人が認定住宅の新築又は認定住宅で建築後使用されたことのないものの取得をして、その認定住宅を同日前にその者の居住の用に供した場合については従前どおりとされています（改正法附37）。

①　認定住宅限度額が一律650万円とされました。

〔関係条項〕措法41の19の 4 ①、旧措法41の19の 4 ②

②　適用対象となる住宅の範囲に、特定エネルギー消費性能住宅が追加されました。

〔関係条項〕措法41の19の 4 ①

⑻　収用等に伴い代替資産を取得した場合の課税の特例等の改正

【改正の趣旨・内容等】

収用等のあった日の属する年の前年以前に取得した資産について収用等に伴い代替資産を取得した場合の課税の特例等の適用があることが明確化されました。

〔関係条項〕措法33②、措令22⑰⑱

〈適用関係〉個人が令和 4 年 4 月 1 日以後にされる収用等に係る代替資産となるべき資産について適用されます（改正法附32①）。

⑼　特定土地区画整理事業等のために土地等を譲渡した場合の2,000万円特別控除の改正

【改正の趣旨・内容等】

①　農業経営基盤強化促進法の農用地利用規程の特例に係る措置が、同法の地域計画の特例に係る区域内にある農用地がその農用地の所有者等の申出に基づき農地中間管理機構（一定のものに限ります）に買い取られる場合の措置に改組されました。

〔関係条項〕措法34②七

〈適用関係〉個人の有する土地等が農業経営基盤強化促進法等の一部を改正する法律の施行の日以後に買い取られる場合について適用し、個人の有する土地等が同日前に買い取られた場合については従前どおりとされています（改正法附32②）。

②　適用対象となる重要文化財、史跡、名勝又は天然記念物として指定された土地が地方独立行政法人に買い取られる場合におけるその地方独立行政法人の範囲が、博物館法に規定する公立博物館又は指定施設に該当する博物館又は植物園の設置及び管理を行うことを主たる目的とする地方独立行政法人とされました。

〔関係条項〕措令22の 7 ③

〈適用関係〉博物館法の一部を改正する法律の施行の日（令和 5 年 4 月 1 日）から施行され

ます（改正措令附１七）。

⑽ **特定住宅地造成事業等のために土地等を譲渡した場合の1,500万円特別控除の改正**
【改正の趣旨・内容等】
　適用対象となる農用地区域内にある農用地が農業経営基盤強化促進法の協議に基づき農地中間管理機構（一定のものに限ります）に買い取られる場合について、その農用地が同法に規定する地域計画の区域内にある場合に限定されました。
　〔関係条項〕措法34の２②二十五
　〈適用関係〉個人の有する土地等が農業経営基盤強化促進法等の一部を改正する法律の施行の日以後に買い取られる場合について適用し、個人の有する土地等が同日前に買い取られた場合については従前どおりとされています（改正法附32⑤）。

⑾ **農地保有の合理化等のために農地等を譲渡した場合の800万円特別控除の改正**
【改正の趣旨・内容等】
① 農業経営基盤強化促進法の農用地利用集積計画に係る措置が、農用地区域内にある土地等を農地中間管理事業の推進に関する法律の規定による公告があった同法の農用地利用集積等促進計画の定めるところにより譲渡した場合の措置に改組されました。
　〔関係条項〕措法34の３②二
　〈適用関係〉個人が農業経営基盤強化促進法等の一部を改正する法律の施行の日以後に行う土地等の譲渡について適用し、個人が同日前に行った土地等の譲渡については従前どおりとされています（改正法附32⑦）。
② 適用対象となる農地中間管理機構（一定のものに限ります）に対し農用地区域内にある土地等を譲渡した場合から、上記①の農用地区域内にある土地等を農地中間管理事業の推進に関する法律の規定による公告があった同法の農用地利用集積等促進計画の定めるところにより譲渡した場合に該当する場合が除外されました。
　〔関係条項〕措令22の９
　〈適用関係〉個人が農業経営基盤強化促進法等の一部を改正する法律の施行の日以後に行う土地等の譲渡について適用し、個人が同日前に行った土地等の譲渡については従前どおりとされています（改正措令附８①）。
③ 適用対象から、次に掲げる場合が除外されました。
　〔関係条項〕旧措法34の３②三、七、九、旧措令22の９②、旧措規18④六、十、十二
　〈適用関係〉個人が令和４年４月１日前に行った土地等の譲渡については従前どおりとされています（改正法附32⑨～⑪）。
　イ　特定農山村地域における農林業等の活性化のための基盤整備の促進に関する法律の規定による公告があった同法の所有権移転等促進計画の定めるところにより土地等の譲渡をした場合
　ロ　林業経営基盤の強化等の促進のための資金の融通等に関する暫定措置法の規定による都道府県知事のあっせんにより、同法の認定を受けた者に山林に係る土地の譲渡をした場合

ハ　土地等につき集落地域整備法の事業が施行された場合において清算金を取得するとき

⑿　特定の交換分合により土地等を取得した場合の課税の特例の改正

【改正の趣旨・内容等】

　適用対象から、集落地域整備法の規定による交換分合により土地等の譲渡をし、かつ、その交換分合によりと土地等の取得をした場合が除外されました。

〔関係条項〕旧措法37の6①二、旧措規18の7二

〈適用関係〉個人が令和4年4月1日前に行った交換分合による土地等の譲渡については従前どおりとされています（改正法附32⑫）。

⒀　平成21年及び平成22年に土地等の先行取得をした場合の譲渡所得の課税の特例の廃止

【廃止の趣旨・内容等】

　この制度は廃止されました。

〔関係条項〕旧措法37の9、旧指令25の7、旧措規18の8の2

〈適用関係〉その取得をした日の属する年の12月31日後10年以内に行った事業用土地等の譲渡については従前どおりとされています（改正法附32⒀）。

⒁　被災居住用財産に係る譲渡期限の延長等の特例の改正

【改正の趣旨・内容等】

　本特例における譲渡期限（改正前：10年）が5年延長され、15年とされました。

〔関係条項〕震災税特法11の7①②④⑤

〈適用関係〉（継続適用）

◆**金融・証券税制の改正**◆

⑴　上場株式等に係る配当所得等の課税の特例の改正

【改正の趣旨・内容等】

①　内国法人から支払を受ける上場株式等の配当等で、その配当等の支払に係る基準日においてその支払を受ける居住者等とその者を判定の基礎となる株主として選定した場合に同族会社に該当する法人が保有する株式等を合算してその発行済株式の総数等に占める割合（下記②において、「株式等保有割合」といいます）が3％以上となるときにおけるその居住者等が支払を受けるものが、総合課税の対象とされました。

〔関係条項〕措法8の4①一

〈適用関係〉居住者等が令和5年10月1日以後に支払を受けるべき配当等について適用し、居住者等が同日前に支払を受けるべき配当等については従前どおりとされています（改正法附23①）。

②　上場株式等の配当等の支払をする内国法人は、その配当等の支払に係る基準日においてその株式等保有割合が1％以上となるその支払を受ける居住者等の氏名、個人番号その他の事項を記載した「上場株式等の配当等の支払を受ける大口の個人株主に関する報告書」を、その支払の確定した日から1月以内に、その内国法人の本店又は主たる事務所の所在地の所轄

税務署長に提出しなければならないこととされました。

〔関係条項〕措法8の4⑨

〈適用関係〉内国法人が令和5年10月1日以後に支払うべき配当等について適用されます（改正法附23②）。

(2) 特定中小会社が発行した株式の取得に要した金額の控除等の改正

【改正の趣旨・内容等】

① 特定中小会社が発行した株式の取得に要した金額の控除等その他の特例の改正

イ 適用対象となる沖縄振興特別措置法に規定する指定会社の申請手続において必要な添付書類が一部削減されました。

〔関係条項〕経済金融活性化措置実施計画及び特定経済金融活性化事業の認定申請及び実施状況の報告等に関する内閣府令15①

〈適用関係〉令和4年4月1日から施行されます（経済金融活性化特別地区の区域内における事業の認定申請等に関する内閣府令の一部を改正する内閣府令附①）。

ロ 上記イの指定会社について、沖縄振興特別措置法の規定に基づく指定期限が令和7年3月31日まで3年延長されました。

〔関係条項〕措法37の13①三、41の19①三

〈適用関係〉（継続適用）

② 特定新規中小会社が発行した株式を取得した場合の課税の特例の改正

イ 適用対象となる小規模企業者の要件に、認定区域計画に係る国家戦略特別区域外に有する事業所において業務に従事する従業員の数の合計が常時雇用する従業員の数の10分の2に相当する数以下であることが加えられました。

〔関係条項〕国家戦略特別区域法施行規則13三イ

〈適用関係〉令和4年4月1日から施行されます（国家戦略特別区域法施行規則の一部を改正する内閣府令附）。

ロ 適用対象となる国家戦略特別区域法に規定する特定事業を行う株式会社により発行される株式の発行期限が令和6年3月31日まで2年延長されました。

〔関係条項〕措法41の19①四

〈適用関係〉（継続適用）

ハ 適用対象となる地域再生法に規定する特定地域再生事業を行う株式会社により発行される株式の発行期限が令和6年3月31日まで2年延長されました。

〔関係条項〕措法41の19①五

(3) 非課税口座内の少額上場株式等に係る配当所得及び譲渡所得等の非課税措置等の改正

【改正の趣旨・内容等】

非課税口座内の少額上場株式等に係る配当所得及び譲渡所得等の非課税措置（NISA）における特定非課税管理勘定に受け入れることができる上場株式等から除外される特定非課税管理勘定に上場株式等を受け入れようとする日以前6月以内にその者のその年分の特定累積投資勘

定において特定累積投資上場株式等を受け入れていない場合に取得をしたものについて、同日以前6月以内にその者の特定累積投資勘定において特定累積投資上場株式等を受け入れていない場合に取得をしたものとすることとされました。

〔関係条項〕措法37の14⑤六、措令25の13㉕四イ(1)

〈適用関係〉令和4年4月1日から施行されます（改正法附1、改正措令附1）。

(4) 割引債の差益金額に係る源泉徴収等の特例の改正

【改正の趣旨・内容等】

特例の適用対象となる内国法人の範囲に、労働者協同組合が追加されました。

〔関係条項〕措法41の12の2①

〈適用関係〉労働者協同組合法の施行の日（令和4年10月1日）から施行されます（労働者協同組合法等の一部を改正する法律附1）。

(5) 障害者等の少額公債の利子の非課税措置の特別非課税貯蓄申告書等の電子情報処理組織による申請等の方法の改正

【改正の趣旨・内容等】

電子情報処理組織（e-Tax）を使用する方法により障害者等の少額公債の利子の非課税措置、金融機関等の受ける利子所得等に対する源泉徴収の不適用及び公募株式等証券投資信託の受益権を買い取った金融商品取引業者等が支払を受ける収益の分配に係る源泉徴収の特例の次に掲げる書類を提出する場合のファイル形式（改正前：PDF形式）が、XML形式又はCSV形式とされました。

① 特別非課税貯蓄申告書
② 特別非課税貯蓄限度額変更申告書
③ 特別非課税貯蓄に関する異動申告書
④ 金融機関等において事業譲渡等があった場合の申告書
⑤ 特別非課税貯蓄廃止申告書
⑥ 特別非課税貯蓄みなし廃止通知書
⑦ 特別非課税貯蓄者死亡通知書
⑧ 販売機関の営業所等の届出書
⑨ 金融機関が支払を受ける収益の分配に対する源泉徴収不適用に係る明細書
⑩ 公募株式等証券投資信託の受益権を買い取った金融商品取引業者等が支払を受ける収益の分配に係る源泉徴収不適用申告書

〔関係条項〕平30.4国税庁告14①二

〈適用関係〉令和6年1月1日から施行されます（令4.3国税庁告18附①ただし書）。

◆事業所得等に係る税制の改正◆

(1) 地方活力向上地域等において特定建物等を取得した場合の特別償却又は所得税額の特別控除制度の改正

【改正の趣旨・内容等】

次の見直しが行われた上、地方活力向上地域等特定業務施設整備計画の認定期限が令和6年3月31日まで2年延長されました。

〔関係条項〕措法10の4の2①

① 取得又は建設をした特定建物等を事業の用に供する期限が、地方活力向上地域等特定業務施設整備計画について認定を受けた日の翌日以後3年（改正前：2年）を経過する日とされました。

〔関係条項〕措法10の4の2①③

〈適用関係〉令和2年3月31日以後に地方活力向上地域等特定業務施設整備計画について認定を受けた個人が令和4年4月1日以後に取得又は建設をするその認定に係る特定建物等について適用し、次の特定建物等については従前どおりとされています（改正法附24）。

イ 令和2年3月31日以後に地方活力向上地域等特定業務施設整備計画について認定を受けた個人が令和4年4月1日前に取得又は建設をしたその認定に係る特定建物等

ロ 令和2年3月31日前に地方活力向上地域等特定業務施設整備計画について認定を受けた個人が取得又は建設をしたその認定に係る特定建物等

② 中小事業者以外の個人の適用対象となる特定建物等の取得価額に係る要件が、2,500万円以上（改正前：2,000万円）に引き上げられました。

〔関係条項〕措令5の5の3①

〈適用関係〉個人が令和4年4月1日以後に取得又は建設をする特定建物等について適用し、個人が同日前に取得又は建設をした特定建物等については従前どおりとされています（改正措令附4）。

(2) 地方活力向上地域等において雇用者の数が増加した場合の所得税額の特別控除制度の改正

【改正の趣旨・内容等】

① 地方事業所基準雇用者数に係る措置について、次の見直しが行われた。

〈適用関係〉令和5年分以後の所得税について適用し、令和4年分以前の所得税については従前どおりとされています（改正法附15）。

イ 適用要件のうち「その個人の適用年の特定新規雇用者数等が2人以上であること」との要件が廃止されました。

〔関係条項〕旧措法10の5①一イ、旧措令5の6③、旧措規5の9①

ロ 特定新規雇用者数、移転型特定新規雇用者数、新規雇用者総数及び移転型新規雇用者総数について、他の事業所において新たに雇用された者でその雇用された年の12月31日において適用対象特定業務施設に勤務する者の数を含むこととされました。

〔関係条項〕措法10の5③八～十・十三

ハ　税額控除限度額の計算の基礎となる非新規基準雇用者数が、無期雇用かつフルタイムの雇用者の数に限ることとされました。
　　〔関係条項〕措法10の5①二ロ
② 　地方活力向上地域等特定業務施設整備計画の認定期限が令和6年3月31日まで2年延長されました。
〈適用関係〉（継続適用）

⑶　給与等の支給額が増加した場合の所得税額の特別控除制度の改正
【改正の趣旨・内容等】
① 　個人の新規雇用者給与等支給額が増加した場合に係る措置が改組され、青色申告書を提出する個人が、令和5年及び令和6年の各年において国内雇用者に対して給与等を支給する場合において、その年において継続雇用者給与等支給増加割合が3％以上であるときは、その個人のその年の控除対象雇用者給与等支給増加額（注1）に15％（注2）を乗じて計算した金額の税額控除ができることとされました。
（注1） 　その年において、地方活力向上地域等において雇用者の数が増加した場合の所得税額の特別控除制度の適用を受ける場合には、その適用による控除を受ける金額の計算の基礎となった者に対する給与等の支給額を控除した残額となります。
（注2） 　その年において次の要件を満たす場合にはそれぞれ次の割合を加算した割合とし、その年において次の要件のすべてを満たす場合には次の割合を合計した割合を加算した割合とします。
　　イ　継続雇用者給与等支給増加割合が4％以上であること……10％
　　ロ　その個人のその年分の事業所得の金額の計算上必要経費に算入される教育訓練費の額からその比較教育訓練費の額を控除した金額のその比較教育訓練費の額に対する割合が20％以上であること……5％
〔関係条項〕措法10の5の4①
〈適用関係〉令和5年分以後の所得税について適用し、令和4年分以前の所得税については従前どおりとされています（改正法附26）。
② 　中小事業者の雇用者給与等支給額が増加した場合の措置について、次の見直しが行われた上、その適用期限が令和6年まで1年延長されました。
〔関係条項〕措法10の5の4②
　イ 　税額控除割合の上乗せ措置について、適用年において次の要件を満たす場合には、15％にそれぞれ次の割合を加算した割合を税額控除割合とし、その適用年において次の要件のすべてを満たす場合には、15％に次の割合を合計した割合を加算した割合（すなわち40％）を税額控除割合とする措置とされました。
　　㈠　雇用者給与等支給増加割合が2.5％以上であること……15％
　　㈡　その中小事業者のその年分の事業所得の金額の計算上必要経費に算入される教育訓練費の額からその比較教育訓練費の額を控除した金額のその比較教育訓練費の額に対する割合が10％以上であること……10％

〔関係条項〕措法10の5の4②
ロ　上記イ(ロ)の税額控除割合の上乗せの適用を受ける場合には、教育訓練費の明細を記載した書類の保存（改正前：確定申告書への添付）をしなければならないこととされました。
　〔関係条項〕措令5の6の4⑪
ハ　上記(2)①ロハの見直しに伴い、地方活力向上地域等において雇用者の数が増加した場合の所得税額の特別控除制度の適用を受ける場合の控除対象雇用者給与等支給増加額の調整計算の見直しが行われました。
　〔関係条項〕措令5の6の4④

(4) **認定特定高度情報通信技術活用設備を取得した場合の特別償却又は所得税額の特別控除制度の改正**
【改正の趣旨・内容等】
次の見直しが行われた上、その適用期限が令和7年3月31日まで3年延長されました。
〔関係条項〕措法10の5の5①
〈適用関係〉個人が令和4年4月1日以後に事業の用に供する認定特定高度情報通信技術活用設備について適用し、個人が同日前に事業の用に供した認定特定高度情報通信技術活用設備については従前どおりとされています（改正法附27、改正措規附2）。
① 税額控除割合について、次のとおり見直されました。
イ　令和4年4月1日から令和5年3月31日までの間に事業の用に供した認定特定高度情報通信技術活用設備……15％（条件不利地域以外の地域内において事業の用に供した特定基地局用設備については、9％）
ロ　令和5年4月1日から令和6年3月31日までの間に事業の用に供した認定特定高度情報通信技術活用設備……9％（条件不利地域以外の地域内において事業の用に供した特定基地局用設備については、5％）
ハ　令和6年4月1日から令和7年3月31日までの間に事業の用に供した認定特定高度情報通信技術活用設備……3％
　〔関係条項〕措法10の5の5③
② 対象となる無線設備の要件の見直しが行われました。
　〔関係条項〕措規5の12の2①一イ～ハ・二

(5) **環境負荷低減事業活動用資産等の特別償却制度の創設**
【創設の趣旨・内容等】
① 青色申告書を提出する個人で環境と調和のとれた食料システムの確立のための環境負荷低減事業活動の促進等に関する法律（以下、「みどりの食料システム法」といいます）の環境負荷低減事業活動実施計画又は特定環境負荷低減事業活動実施計画について同法の認定を受けた農林漁業者等であるものが、同法の施行の日から令和6年3月31日までの間に、その認定に係る認定環境負荷低減事業活動実施計画又は認定特定環境負荷低減事業活動実施計画に記載された設備等を構成する機械その他の減価償却資産のうち環境負荷の低減に著しく資す

る一定のものの取得等をして、これをその個人の環境負荷低減事業活動又は特定環境負荷低減事業活動の用に供した場合には、その用に供した日の属する年において、その取得価額の32％（建物等及び構築物については、16％）相当額の特別償却ができることとされました。

〔関係条項〕措法11の４①

〈適用関係〉みどりの食料システム法の施行の日（令和４年７月１日）から施行されます（改正法附１九イ）。

② 青色申告書を提出する個人でみどりの食料システム法の基盤確立事業実施計画について同法の認定を受けたものが、同法の施行の日から令和６年３月31日までの間に、その認定に係る認定基盤確立事業実施計画に記載された設備等を構成する機械その他の減価償却資産のうち環境負荷の低減を図るために行う取組の効果を著しく高める一定のものの取得等をして、これをその個人の一定の基盤確立事業の用に供した場合には、その用に供した日の属する年において、その取得価額の32％（建物等及び構築物については、16％）相当額の特別償却ができることとされました。

〔関係条項〕措法11の４②

⑹ 特定地域における工業用機械等の特別償却制度の改正

【改正の趣旨・内容等】

① 産業高度化・事業革新促進地域に係る措置について、次の見直しが行われました。

〈適用関係〉個人が令和４年４月１日以後に取得又は製作若しくは建設をする工業用機械等について適用し、個人が同日前に取得又は製作若しくは建設をした工業用機械等については従前どおりとされています（改正法附28①、改正措令附６③）。

イ 適用対象者が、沖縄振興特別措置法の産業高度化・事業革新措置実施計画の認定を受けた事業者で主務大臣の認定を受けたものに該当する個人とされました。

〔関係条項〕措法12①表一

ロ 適用期間が、沖縄振興特別措置法の規定により沖縄県知事が産業イノベーション促進計画を主務大臣に提出した日から令和７年３月31日までの期間とされました。

〔関係条項〕措法12①、措令６の３①一

ハ 適用対象区域が、提出産業イノベーション促進計画に定められた産業イノベーション促進地域の区域とされました。

〔関係条項〕措法12①表一

ニ 適用対象事業について、ガス供給業が追加され、計量証明業が除外されました。

〔関係条項〕措法12①表一、措令６の３④

ホ 適用対象資産が対象減価償却資産のうち沖縄の振興に資する一定のものとされたほか、対象減価償却資産に一定の構築物が追加されました。

〔関係条項〕措法12①、措令６の３①〜⑤、措規５の13①〜④

② 国際物流拠点産業集積地域に係る措置について、次の見直しが行われました。

イ 適用対象者が、沖縄振興特別措置法の国際物流拠点産業集積措置実施計画の認定を受け

　　　　た事業者で主務大臣の認定を受けたものに該当する個人とされました。
　　　〔関係条項〕措法12①表二
　　ロ　適用期間が、沖縄振興特別措置法の規定により沖縄県知事が国際物流拠点産業集積計画を主務大臣に提出した日から令和7年3月31日までの期間とされました。
　　　〔関係条項〕措法12①、措令6の3①二
　　ハ　適用対象資産が対象減価償却資産のうち沖縄の振興に資する一定のものとされました。
　　　〔関係条項〕措法12①、措令6の3③二
　③　経済金融活性化特別地区に係る措置について、次の見直しが行われました。
　　イ　適用対象者が、沖縄振興特別措置法の経済金融活性化措置実施計画の認定を受けた事業者に該当する個人とされました。
　　　〔関係条項〕措法12①表三
　　ロ　適用期間が、沖縄振興特別措置法の規定により内閣総理大臣が経済金融活性化計画の認定をした日から令和7年3月31日までの期間とされました。
　　　〔関係条項〕措法12①、措令6の3①三
　　ハ　適用対象資産が対象減価償却資産のうち沖縄の振興に資する一定のものとされたほか、一の生産等設備を構成する減価償却資産の取得価額の下限額が引き下げられました。
　　　〔関係条項〕措法12①、措令6の3②二③三
　④　沖縄の離島の地域に係る措置について、次の見直しが行われた上、その適用期限が令和7年3月31日まで3年延長されました。
　　〔関係条項〕措法12②
　　〈適用関係〉令和4年4月1日から施行されます（改正法附1）。なお、個人が令和4年4月1日前に取得又は製作若しくは建設をした工業用機械等（旅館業用建物等）については従前どおりとされています（改正法附28①）。
　　イ　適用対象資産に個人が取得等をする新設又は増設に係る設備以外の設備並びに改修（増築、改築、修繕又は模様替をいいます）のための工事により取得又は建設をする建物等が追加されたほか、一の生産等設備を構成する減価償却資産の下限額の見直しが行われました。
　　　〔関係条項〕措法12②、措令6の3⑩⑫
　　ロ　本措置の適用については、離島の地域の振興に資する一定の場合に限ることとされました。
　　　〔関係条項〕措法12②、措令6の3⑪

(7)　**障害者を雇用する場合の特定機械装置の割増償却制度の廃止**
　【廃止の趣旨・内容等】
　　適用期限（令和4年3月31日）の到来をもって廃止されました。
　　〔関係条項〕旧措法13、旧措令6の5、旧措規5の15
　　〈適用関係〉個人が令和4年以前の各年において障害者を雇用しており、かつ、一定の要件を満たす場合におけるその年12月31日において有する特定機械装置については従前どおりとされています（改正法附28④）。

(8)　輸出事業用資産の割増償却制度の創設

【創設の趣旨・内容等】

　青色申告書を提出する個人で農林水産物及び食品の輸出の促進に関する法律の認定輸出事業者であるものが、農林水産物及び食品の輸出の促進に関する法律等の一部を改正する法律の施行の日から令和6年3月31日までの間に、その個人の認定輸出事業計画に記載された施設に該当する機械装置、建物等及び構築物のうち、農林水産物又は食品の生産、製造、加工又は流通の合理化、高度化その他の改善に資する一定のもの（以下、「輸出事業用資産」といいます）の取得等をして、これをその個人の輸出事業の用に供した場合には、その用に供した日以後5年以内の日の属する各年分(注)において、その輸出事業用資産の普通償却額の30％（建物等及び構築物については35％）相当額の割増償却ができることとされました。

　(注)　その輸出事業用資産を輸出事業の用に供していることにつき証明がされた年分に限ります。

〔関係条項〕措法13の2

〈適用関係〉農林水産物及び食品の輸出の促進に関する法律等の一部を改正する法律の施行の日から施行されます（改正法附1十イ）。

(9)　倉庫用建物等の割増償却制度の改正

【改正の趣旨・内容等】

①　割増償却割合が8％（改正前：10％）に引き下げられました。

〔関係条項〕措法15①

〈適用関係〉個人が令和4年4月1日以後に取得又は建設をする倉庫用建物等について適用し、個人が同日前に取得又は建設をした倉庫用建物等については従前どおりとされています（改正法附28⑤）。

②　適用期限が令和6年3月31日まで2年延長されました。

〔関係条項〕措法15①

〈適用関係〉（継続適用）。

(10)　特定災害防止準備金制度の廃止

【廃止の趣旨・内容等】

適用期限（令和4年3月31日）の到来をもって廃止されました。

〔関係条項〕旧措法20

〈適用関係〉個人が令和4年分以前の所得税については従前どおりとされています（改正法附29①）。また、令和4年12月31日において設置許可（廃棄物の処理及び清掃に関する法律8条1項又は15条1項の許可をいいます）を受けている個人の令和5年分以後の各年分の事業所得の金額の計算については従来どおり適用されます（改正法附29②）。

(11)　探鉱準備金制度の改正

【改正の趣旨・内容等】

①　対象となる鉱物から国外にある石炭、亜炭及びアスファルトが除外されました。

〔関係条項〕措令14①

〈適用関係〉令和5年分以後の所得税について適用し、令和4年分以前の所得税については従前どおりとされています（改正措令附7①）。

② 適用期限が令和7年3月31日まで3年延長されました。

〔関係条項〕措法22①

〈適用関係〉（継続適用）

⑿ **農業経営基盤強化準備金制度の改正**

【改正の趣旨・内容等】

対象となる個人が認定農業者等のうち農業経営基盤強化促進法の地域計画の区域において農業を担う一定の者とされました。

〔関係条項〕措令25の2①

〈適用関係〉農業経営基盤強化促進法等の一部を改正する法律の施行の日から施行されます（改正法附1十一イ）。

⒀ **中小事業者の少額減価償却資産の取得価額の必要経費算入の特例の改正**

【改正の趣旨・内容等】

① 対象資産から貸付け（主要な業務として行われるものを除きます）の用に供した減価償却資産が除外されました。

〔関係条項〕措令18の5②③、措規9の9

〈適用関係〉中小事業者が令和4年4月1日以後に取得又は製作若しくは建設をする少額減価償却資産について適用し、中小事業者が同日前に取得又は製作若しくは建設をした少額減価償却資産については従前どおりとされています（改正法附31）。

② 適用期限が令和6年3月31日まで2年延長されました。

〔関係条項〕措法28の2①

〈適用関係〉（継続適用）

◆その他の改正◆

⑴ **山林所得に係る森林計画特別控除制度の改正**

【改正の趣旨・内容等】

適用期限が令和6年まで2年延長されました。

〔関係条項〕措法30の2①

〈適用関係〉（継続適用）

⑵ **国等に対して重要文化財を譲渡した場合の譲渡所得の非課税の改正**

【改正の趣旨・内容等】

適用対象となる地方独立行政法人に重要文化財を譲渡した場合におけるその地方独立行政法人の範囲が、博物館法に規定する公立博物館又は指定施設に該当する博物館、美術館、植物園、動物園又は水族館の設置及び管理を行うことを主たる目的とする地方独立行政法人とされました。

〔関係条項〕措令25の17の2①

〈適用関係〉博物館法の一部を改正する法律の施行の日（令和5年4月1日）から施行されます（改正措令附1七）。

(3) 債務処理計画に基づき資産を贈与した場合の課税の特例の改正

【改正の趣旨・内容等】

① 債務処理計画が平成28年4月1日以後に策定されたものである場合において同日前に株式会社地域経済活性化支援機構法の再生支援決定等の対象となった法人に該当しないものであることとの要件に、債務処理計画が同日以後に策定されたものである場合において同日前に産業復興機構の組合財産である債権の債務者である法人に該当しないものであることが追加されました。

〔関係条項〕措法40の3の2①四ロ(3)

〈適用関係〉個人が令和4年4月1日以後に行う贈与について適用し、個人が同日前に行った贈与については従前どおりとされています（改正法附33）。

② 適用期限が令和7年3月31日まで3年延長されました。

〔関係条項〕措法40の3の2①

〈適用関係〉（継続適用）

(4) 給付金等の非課税等の改正

【改正の趣旨・内容等】

① 児童扶養手当受給者等の自立を支援することを目的としてその児童扶養手当受給者等の居住の用に供する賃貸住宅の家賃を援助するために都道府県等が行うひとり親家庭高等職業訓練促進資金貸付事業の住宅支援資金貸付けによる金銭の貸付けにつきその貸付けに係る債務の免除を受けた場合には、その免除により受ける経済的な利益の価額については、所得税を課さないこととされました。

〔関係条項〕措法41の8③、措規19の2⑲

〈適用関係〉令和4年分以後の所得税について適用し、令和3年分以前の所得税については従前どおりとされています（改正法附22）。

② 都道府県社会福祉協議会が行う生活福祉資金貸付制度における緊急小口資金の特例貸付事業又は総合支援資金の特例貸付事業による金銭の貸付けにつきその貸付けに係る債務の免除を受けた場合には、その免除により受ける経済的な利益の価額については、所得税を課さないこととされました。

〔関係条項〕新型コロナ税特法4③、新型コロナ税特規2④

〈適用関係〉令和4年4月1日から施行されます（改正法附1）。

③ 都道府県、市町村又は特別区から給付される給付金で次に掲げるものについては所得税を課さないこととし、その給付金の給付を受ける権利は国税の滞納処分により差し押さえることができないこととされました。

〔関係条項〕新型コロナ税特法4①、新型コロナ税特規2①二・三②二③二

イ　新型コロナウイルス感染症及びまん延防止のための措置の影響に鑑み、家計への支援の観点から子育て世帯等臨時特別支援事業費補助金を財源として給付される給付金（住民税非課税世帯等に対する臨時特別給付金）

　　〈適用関係〉令和3年分以後の所得税について適用し、令和2年分以前の所得税については従前どおりとされています（新型コロナウイルス感染症等の影響に対応するための国税関係法律の臨時特例に関する法律施行規則の一部を改正する省令附②）。下記ロにおいて同じ。

　ロ　新型コロナウイルス感染症及びまん延防止のための措置による児童の属する世帯への経済的な影響の緩和の観点から子育て世帯等臨時特別支援事業費補助金を財源として給付される給付金（子育て世帯への臨時特別給付）

　ハ　新型コロナウイルス感染症及びまん延防止のための措置の影響に鑑み、家計への支援の観点から新型コロナウイルス感染症セーフティネット強化交付金を財源として給付される給付金（新型コロナウイルス感染症生活困窮者自立支援金）

　　〈適用関係〉令和3年分以後の所得税について適用し、令和2年分以前の所得税については従前どおりとされています（改正法附77①）。

(5)　公益社団法人等に寄附をした場合の所得税額の特別控除制度の改正

【改正の趣旨・内容等】

特定学校等の範囲について、児童福祉法の改正に伴う所要の整備が行われました。

〔関係条項〕措令26の28の2⑥七ロ

〈適用関係〉学校法人等に係る児童福祉法等の一部を改正する法律の施行の日（令和6年4月1日）以後に終了する各事業年度における判定基準寄附者の数について適用し、学校法人等に係る同日前に終了した事業年度における判定基準寄附者の数については従前どおりとされています（改正措令附11）。

(6)　被災した法人について債務処理計画が策定された場合の課税の特例の改正

【改正の趣旨・内容等】

①　適用対象に、東日本大震災によって被害を受けたことにより過大な債務を負っている内国法人（中小企業者に該当するものに限ります）で産業復興機構の組合財産である債権の債務者であるものについて、債務処理計画で一般に公表された債務処理を行うための手続に関する準則に基づき策定されていることその他の一定の要件を満たすものが策定された場合が追加されました。

〔関係条項〕震災税特法12の3

〈適用関係〉令和4年4月1日以後に債務処理に関する計画に基づき内国法人に資産を贈与する場合について適用し、同日前に債務処理に関する計画に基づき内国法人に資産を贈与した場合については従前どおりとされています（改正法附73）。

②　適用期限が令和7年3月31日まで3年延長されました。

〔関係条項〕震災税特法12の3による読替後の措法40の3の2①

〈適用関係〉（継続適用）

令和5年度の税制改正

1．所得税法等関係

⑴　特定非常災害の指定を受けた災害により生じた損失に係る純損失の繰越控除及び雑損失の繰越控除の特例の創設

【創設の趣旨】

　頻発する自然災害への対応として、令和5年度税制改正においては、被害が極めて甚大で広範な地域の生活基盤が著しく損なわれ、被災前のように生活の糧を得るまでに時間を要するような災害の被災者や被災事業者に特に配慮する観点から、「特定非常災害」（注）による損失に係る雑損失と純損失の繰越期間について、損失の程度や記帳水準に応じ、3年から5年に延長する措置を講ずることとされました。

　これは、東日本大震災の被災者等に係る国税関係法律の臨時特例に関する法律による特例において講じた措置と同様の措置を所得税法に設けることとしたものです。

　（注）「特定非常災害」とは、著しく異常かつ激甚な非常災害であって、その非常災害の被害者の行政上の権利利益の保全等を図ること等が特に必要と認められるものが発生した場合に指定されるものをいい、近年では、平成28年熊本地震、平成30年7月豪雨災害、令和元年台風19号、令和2年7月豪雨災害等が指定されています（特定非常災害の被害者の権利利益の保全等を図るための特別措置に関する法律2①）。

　　　交通やライフラインの広範囲にわたる途絶や、地域全体の日常業務や業務環境の破壊といった要素も総合勘案の上政令で指定が行われるため、まさに「被害が極めて甚大で広範な地域の生活基盤が著しく損なわれ、被災前のように生活の糧を得るまでに時間を要するような災害」であることを踏まえて震災特例法の特例と同様の特例を設けることとされました。

　　　なお、特定非常災害の指定により、運転免許証の有効期限の延長や応急仮設住宅の存続期間の延長等の特例が適用できることとされています。

【制度の内容等】

①　事業所得者等の有する棚卸資産、事業用資産等につき特定非常災害の指定を受けた災害により生じた損失（以下、「特定被災事業用資産の損失」といいます）を有する者の特定被災事業用資産の損失による純損失の金額及び特定非常災害発生年において生じた純損失の金額のうち、次に掲げるものの繰越期間が5年（改正前：3年）とされました。

〔関係条項〕所法70の2①～③④五、所令203の2⑤

〈適用関係〉令和5年4月1日以後に発生する特定非常災害について適用されます（改正法附3）。

　イ　青色申告者でその有する事業用資産等の価額のうちに特定被災事業用資産の損失額の占める割合が10％以上であるものは、特定非常災害発生年において生じた純損失の金額

　ロ　青色申告者以外の者でその有する事業用資産等の価額のうちに特定被災事業用資産の損

失額の占める割合が10％以上であるものは、特定非常災害発生年において生じた被災事業用資産の損失による純損失と変動所得に係る損失による純損失との合計額
② 居住者の有する住宅家財等につき特定非常災害の指定を受けた災害により生じた損失について、雑損控除を適用してその年分の総所得金額等から控除しても控除しきれない損失額についての繰越期間が5年（改正前：3年）とされました。
〔関係条項〕所法71の2①

(2) **暗号資産の評価の方法の改正**
【改正の趣旨・内容等】
① これまで、自己が発行することにより取得した暗号資産の取得価額は、購入により取得した暗号資産以外の暗号資産に該当し、その取得の時におけるその暗号資産の取得のために通常要する価額、すなわち「時価」をその取得価額とすることとされていましたが、この改正により、自己が発行することにより取得した暗号資産の取得価額は、発行のために要した費用の額となります。
　なお、自己が発行した暗号資産であっても、他の者から購入した場合には、自己が発行することにより取得した暗号資産に該当せず、購入により取得した暗号資産に該当し、その購入の代価（その暗号資産の購入のために要した費用がある場合には、その費用の額を加算した金額）が取得価額になります。
〔関係条項〕所令119の6①二
〈適用関係〉令和5年4月1日以後に取得する暗号資産について適用し、同日前に取得をした暗号資産については従前どおりとされています（改正所令附2）。
② 暗号資産信用取引について、他の者から信用の供与を受けて行う暗号資産の売買をいうこととされました。
　この改正により、暗号資産交換業を行う者以外の者から信用の供与を受けて行う暗号資産の売買も新たに暗号資産信用取引に該当することになります。
〔関係条項〕所令119の7
〈適用関係〉令和6年分以後の所得税について適用し、令和5年分以前の所得税については従前どおりとされています（改正所令附3）。

(3) **給与所得者の特定支出控除の特例の改正**
【改正の趣旨・内容等】
① 次に掲げる支出については、キャリアコンサルタントが特定支出に該当する旨の証明をし、その発行された証明書を確定申告書等に添付することで、特定支出控除の適用を受けることができることとされました。
　イ　研修費（教育訓練に係る部分に限ります）
　ロ　資格取得費（教育訓練に係る部分に限ります）
〔関係条項〕所法57の2②四・五、所規36の5①②
〈適用関係〉令和5年分以後の所得税について適用し、令和4年分以前の所得税については

従前どおりとされています（改正法附2）。

② 給与等の支払者による特定支出に該当する旨の証明について、その申出と証明の方法について、書面以外の方法によることが認められました。

〔関係条項〕所規36の5①

〈適用関係〉令和5年4月1日以後にされる申出に基づき証明が行われる場合について適用し、同日前にされた書面による申出に基づき書面による証明が行われた場合については従前どおりとされています（改正所規附3）。

(4) 貸倒引当金制度の改正

【改正の趣旨・内容等】

個別評価資金等に係る貸倒引当金の繰入事由のうち、その貸金等に係る債務者について生じた更生計画認可の決定・再生計画認可の決定等の事由に基づきその弁済を猶予され、又は賦払により弁済されることに、その貸金等に係る債務者について法人税法施行令24条の2第1項に規定する事実が生じたこと^(注)によりその弁済を猶予され、又は賦払により弁済されることが追加されました。

(注) 「法人税法施行令24条の2第1項に規定する事実が生じたこと」とは、更生計画認可の決定、再生計画認可の決定又は特別清算に係る協定の認可の決定に準ずる一定の事由（旧所令144①一ニ、旧所規35）として法令の規定による整理手続によらない関係者の協議決定で一定のものに該当するものと取り扱われており、この取扱いが法令上明確化されたものです。

〔関係条項〕所令144①一ニ

〈適用関係〉令和5年4月1日から施行されます（改正所令附1）。

(5) 国外転出をする場合の譲渡所得等の特例の適用がある場合の納税猶予等の改正

【改正の趣旨・内容等】

〈適用関係〉令和5年4月1日以後に担保を供する場合について適用されます（改正法附4、改正所令附5）。

① 納税の猶予を受けようとする者が非上場株式等に該当する株式を担保として供する場合には、その株式を担保として供することを約する書類その他の書類を納税地の所轄税務署長に提出する方法によるものとされました。

〔関係条項〕所法137の2⑪二、137の3⑬二、所令266の2①、266の3①⑤、所規52の2①⑦⑨、52の3①⑦

② 納税の猶予を受けようとする者は、非上場株式等に該当する合名会社、合資会社又は合同会社の社員の持分について、その社員の持分を担保として供することを約する書類その他の書類を納税地の所轄税務署長に提出することにより、担保として供することができることとされました。

〔関係条項〕所法137の2⑪二、137の3⑬二、所令266の2①、266の3①⑤、所規52の2①⑧⑨、52の3①⑦

⑹　公益の増進に著しく寄与する法人の範囲の改正

【改正の趣旨・内容等】

特定公益増進法人の範囲に、福島国際研究教育機構が追加されました。

〔関係条項〕所令217二

〈適用関係〉個人が令和5年4月1日以後に支出する特定寄附金について適用し、個人が同日前に支出した特定寄附金については従前どおりとされています（改正所令附4）。

⑺　個人事業者が提出する各種届出書の改正

【改正の趣旨・内容等】

①　個人事業者がその事業を開始した場合に行う届出書等の提出を一括で行えるよう、次に掲げる届出書等の記載事項が簡素化されました。

〔関係条項〕所規36の4①四・五、78二、98四、99四、旧所規55三・四、78四

イ　開業等の届出書

〈適用関係〉令和8年1月1日以後に生ずる事業の開始等の事実について適用し、同日前に生じたこれらの事実については従前どおりとされています（改正所規附13）。

ロ　給与等の支払をする事務所の開設等の届出書

〈適用関係〉令和9年1月1日以後に生ずる事務所の開設等の事実について適用し、同日前に生じたこれらの事実については従前どおりとされています（改正所規附14）。

ハ　納期の特例に関する承認の申請書

〈適用関係〉令和9年1月1日以後に支払うべき給与等及び退職手当等について適用し、同日前に支払うべき給与等及び退職手当等については従前どおりとされています（改正所規附9）。

ニ　青色申告承認申請書

〈適用関係〉令和9年分以後の所得税につき青色申告の承認を受けようとする場合について適用し、令和8年分以前の所得税につき青色申告の承認を受けようとする場合については従前どおりとされています（改正所規附5）。

ホ　青色専従者給与に関する届出書

〈適用関係〉令和9年分以後の所得税について適用し、令和8年分以前の所得税については従前どおりとされています（改正所規附2）。

②　個人事業者がその事業を廃止した場合に行う届出書等の提出を一括で行えるよう、次に掲げる届出書の提出期限をその年分の所得税の確定申告期限とする等の見直しが行われました。

〔関係条項〕所法151①、229、旧所規66二・三

イ　開業等の届出書

〈適用関係〉令和8年1月1日以後に生ずる事業の開始等の事実について適用し、同日前に生じたこれらの事実については従前どおりとされています（改正所規附10）。

ロ　青色申告書による申告をやめる旨の届出書

〈適用関係〉令和8年分以後の所得税につき青色申告書の提出をやめようとする場合につ

いて適用し、令和7年分以前の所得税につき青色申告書の提出をやめようとする場合については従前どおりとされています（改正法附5、改正所規附6）。

(8) 給与所得者の扶養控除等申告書に関する改正
【改正の趣旨・内容等】

給与所得者の扶養控除等申告書及び従たる給与についての扶養控除等申告書について、その申告書に記載すべき事項がその年の前年の申告内容と異動がない場合には、その記載すべき事項の記載に代えて、その異動がない旨の記載によることができることとされました。

〔関係条項〕所法194②、195②

〈適用関係〉令和7年1月1日以後に支払を受けるべき給与等について提出する給与所得者の扶養控除等申告書及び従たる給与についての扶養控除等申告書について適用し、同日前に支払を受けるべき給与等について提出した給与所得者の扶養控除等申告書及び従たる給与についての扶養控除等申告書については従前どおりとされています（改正法附6）。

(9) 給与所得者の保険料控除申告書に関する改正
【改正の趣旨・内容等】

給与所得者の保険料控除申告書について、申告者との「続柄」の記載が不要とされました。

〔関係条項〕所規75①二ロ・四ロ・五イ・六ロ・七ロ・八イ

〈適用関係〉令和6年10月1日以後に提出する給与所得者の保険料控除申告書について適用し、同日前に提出した給与所得者の保険料控除申告書については従前どおりとされています（改正所規附8）。

(10) 給与所得の源泉徴収票及び給与支払明細書の電子交付の特例の改正
【改正の趣旨・内容等】

給与等の支払をする者が、その給与等の支払を受ける者から給与所得の源泉徴収票（給与支払明細書）の交付に代えて行うその源泉徴収票（給与支払明細書）に記載すべき事項の電磁的方法による提供についての承諾を得ようとする場合において、その支払をする者が定める期限までに当該承諾をしない旨の回答がないときは当該承諾があったものとみなす旨の通知をし、当該期限までに当該支払を受ける者から当該回答がなかったときは、当該承諾を得たものとみなすこととされました。

〔関係条項〕所規95の2②、所規100④において準用する所規95の2②

〈適用関係〉給与支払者が令和5年4月1日以後に行う上記の通知について適用されます（改正所規附12）。

(11) 源泉徴収票の提出方法の改正
【改正の趣旨・内容等】

給与支払者又は公的年金等支払者が、給与所得の源泉徴収票又は公的年金等の源泉徴収票に記載すべき一定の事項が記載された給与支払報告書又は公的年金等支払報告書を市区町村の長に提出した場合には、これらの報告書に記載された給与等又は公的年金等については、その給与支払者又は公的年金等支払者は、それぞれ給与所得の源泉徴収票又は公的年金等の源泉徴収

票の税務署長への提出をしたものとみなすこととされました。

〔関係条項〕所法226⑥

〈適用関係〉令和9年1月1日以後に提出すべき源泉徴収票について適用されます（改正所規附8）。

⑿ **支払調書等の提出方法の改正**

【改正の趣旨・内容等】

調書等の提出義務者のうち電子情報処理組織（e-Tax等）又は光ディスク等による提出義務制度の対象とならない者が、その調書等に記載すべき事項を記録した光ディスク等の提出をもって調書等の書面による提出に代えるための承認等の事前手続が不要とされました。

〔関係条項〕所法228の4②、旧所令355①、旧所規97の4⑥、措法42の2の2②、旧措令27の3①、旧措規19の16⑥、国外送金法4③、旧国外送金令9①、9の5、旧国外送金規11⑥、11の5

〈適用関係〉令和5年4月1日以後に提出すべき調書等について適用し、同日前に提出すべき調書等については従前どおりとされています（改正法附9、37①、60①）。

⒀ **資金決済に関する法律の改正に伴う所得税法等の整備**

【改正の趣旨・内容等】

資金決済に関する法律の一部改正に伴い、次の措置が講じられました。

① 株式等の譲渡の対価の受領者の告知及び信託受益権の譲渡の対価の受領者の告知等について、次の措置が講じられました。

〈適用関係〉安定的かつ効率的な資金決済制度の構築を図るための資金決済に関する法律等の一部を改正する法律の施行の日（令和5年6月1日）以後に行われる株式等の譲渡又は信託受益権の譲渡について適用し、同日前に行われた株式等の譲渡又は信託受益権の譲渡については従前どおりとされています（改正法附7）。

イ 特定信託受益権の譲渡をした者がその譲渡の対価で金銭以外のものの支払を受ける場合には、告知を要しないこととされるとともに、その支払をする者等はその支払等に関する調書の提出を要しないこととされました。

〔関係条項〕所法224の3①、224の4

ロ 株式等の譲渡の対価の支払者等の範囲に、特定信託受益権の譲渡についてその売買等の媒介、取次ぎ又は代理の受託を受けた電子決済手段等取引業者が追加されました。

〔関係条項〕所法224の3①四、224の4三

② 電子決済手段等取引業者は、その顧客からの依頼により国外電子決済手段移転等（その国外電子決済手段移転等をした電子決済手段の価額が100万円以下のものを除きます）をしたときは、その国外電子決済手段移転等ごとに、その顧客の氏名又は名称、住所及び個人番号又は法人番号、その国外電子決済手段移転等をした電子決済手段の種類その他の事項を記載した国外電子決済手段移転等調書を、その国外電子決済手段移転等をした日の属する月の翌月末日までに、その国外電子決済手段移転等を行った電子決済手段等取引業者の営業所等の

所在地の所轄税務署長に提出しなければならないこととされました。

〔関係条項〕国外送金法4の5①

〈適用関係〉令和6年1月1日以後に電子決済手段等取引業者の営業所等の長に依頼する国外電子決済手段移転等について適用されます（改正法附60②）。

③ 所得税法上の有価証券の範囲から特定信託受益権が除外されるとともに、それに伴う所要の整備が行われました。

〔関係条項〕所法24②、所令4一、59①

〈適用関係〉安定的かつ効率的な資金決済制度の構築を図るための資金決済に関する法律等の一部を改正する法律の施行の日（令和5年6月1日）から施行されます（改正法附1九、改正所令附1二）。

④ 確定申告において国外居住親族に係る扶養控除等の適用を受けようとする場合における「確定申告書」又は年末調整における税額の過不足の額の計算上、国外居住親族に係る扶養控除の額等に相当する金額の控除を受けようとする場合における「給与所得者の扶養控除等申告書」若しくは「給与所得者の配偶者控除等申告書」に添付等すべき送金関係書類の範囲に、「電子決済手段等取引業者の書類又はその写しで、その電子決済手段等取引業者が居住者の依頼に基づいて行う電子決済手段の移転によってその居住者からその国外居住親族に支払をしたことを明らかにするもの」であって、「その年において生活費等に充てるための支払を行ったことを明らかにするもの」が追加されました。

〔関係条項〕所規47の2⑥三⑧三、73の2③三、74の4

〈適用関係〉令和6年分以後の所得税に係る確定申告書を提出する場合又は令和6年1月1日以後に支払を受けるべき給与等について提出する給与所得者の扶養控除等申告書及び給与所得者の配偶者控除等申告書について適用されます（改正法附4、7）。

2．租税特別措置法等関係

◆金融・証券税制の改正◆

(1) 非課税口座内の少額上場株式等に係る配当所得及び譲渡所得等の非課税措置の改正

【改正の趣旨・内容等】

〈NISA制度の抜本的拡充・恒久化〉

【～令和5年】

	つみたてNISA	一般NISA
年間の投資上限額	40万円	120万円
非課税保有期間	20年間	5年間
口座開設可能期間	平成30年（2018年）～令和24年（2042年）	平成26年（2014年）～令和5年（2023年）
投資対象商品	積立・分散投資に適した一定の公募等株式投資信託（商品性について内閣総理大臣が告示で定める要件を満たしたものに限る）	上場株式・公募等株式投資信託等
投資方法	契約に基づき、定期かつ継続的な方法で投資	制限なし

（いずれかを選択）

【令和6年～】

	つみたて投資枠	成長投資枠
年間の投資上限額	120万円	240万円
非課税保有期間（注1）	制限なし（無期限化）	同左
非課税保有限度額（注2）（総枠）	1,800万円 ※簿価残高方式で管理（枠の再利用が可能） 1,200万円（内数）	
口座開設可能期間	制限なし（恒久化）	同左
投資対象商品	積立・分散投資に適した一定の公募等株式投資信託（商品性について内閣総理大臣が告示で定める要件を満たしたものに限る）	上場株式・公募等株式投資信託等（注3） ※安定的な資産形成につながる投資商品に絞り込む観点から、高レバレッジ投資信託などの商品（注4）を対象から除外
投資方法	契約に基づき、定期かつ継続的な方法で投資	制限なし
つみたてNISA及び一般NISAとの関係	令和5年末までにつみたてNISA及び一般NISAにおいて投資した商品は、新しい制度の外枠で非課税措置を適用	

（併用可）

(注1) 非課税保有期間の無期限化に伴い、つみたてNISAと同様、定期的に利用者の住所等を確認し、制度の適正な運用を担保。
(注2) 利用者それぞれの非課税保有限度額については、金融機関から既存の認定クラウドを活用して提出された情報を国税庁において管理。
(注3) 金融機関による「成長投資枠」を使った回転売買への勧誘行為に対し、金融庁が監督指針を改正し、法令に基づき監督及びモニタリングを実施。
(注4) 高レバレッジ投資信託などの商品とは、投資信託の受益権等で、一定の目的以外でデリバティブ取引に係る権利に対する投資として運用を行うこととされているもの等をいう。

（出典：『令和5年版 改正税法のすべて』より）

① 非課税累積投資契約に係る非課税措置（つみたてNISA）の勘定設定期間等が令和5年12月31日までとされました。

〔関係条項〕措法37の14⑤一ロ・五イ

〈適用関係〉令和5年4月1日から施行されます（改正措法附1、改正措令附1、改正措規附1）。以下②において同じ。

② 特定非課税累積投資契約に係る非課税措置（新NISA）が改組され、勘定設定期間及び非課税期間の期限が廃止されるとともに、特定累積投資勘定（つみたて投資枠）にその勘定が設けられた日から同日の属する年の12月31日までの期間内に受け入れられる上場株式等の取得対価の額の合計額が120万円までに、特定非課税管理勘定（成長投資枠）にその勘定が設けられた日から同日の属する年の12月31日までに受け入れられる上場株式等の取得対価の額の合計額が240万円までに拡充されました。

また、特定累積投資勘定及び特定非課税管理勘定に受け入れられる上場株式等の取得対価

の額の合計額等は1,800万円までと、特定非課税管理勘定に受け入れられる上場株式等の取得対価の額の合計額等は1,200万円までとされました。

〔関係条項〕措法9の8三・四、37の14①三・四、⑤六イ・ハ、七イ

③　非課税口座年間取引報告書の記載事項が簡素化されました。

〔関係条項〕措規18の15の9②、別表第7（3）

〈適用関係〉令和6年以後の各年において金融商品取引業者等に開設されている非課税口座に係る報告書等について適用し、令和5年以前の各年において金融商品取引業者等に開設されていた非課税口座に係る報告書等については従前どおりとされています（改正措規附2③④）。

(2)　未成年者口座内の少額上場株式等に係る配当所得及び譲渡所得等の非課税措置の改正

【改正の趣旨・内容等】

　未成年者口座が開設されている金融商品取引業者等の営業所の長は、非課税管理勘定が設けられた日の属する年の1月1日から5年を経過する日の翌日においてその未成年者口座に継続管理勘定が設けられる場合には、その継続管理勘定に移管しないことを依頼する旨の書類に記載された未成年者口座内上場株式等を除き、同日にその非課税管理勘定に係る未成年者口座内上場株式等をその継続管理勘定に移管することとされました。

〔関係条項〕措令25の13の8④⑫二・三、措規18の15の10⑨

〈適用関係〉令和5年4月1日から施行されます（改正措令附1、改正措規附1）。

(3)　特定新規中小企業者がその設立の際に発行した株式の取得に要した金額の控除等の創設

【創設の趣旨】

　スタートアップは、社会的課題を成長のエンジンに転換し、持続可能な経済社会を実現するという「新しい資本主義」の考え方を体現するものであることから、2022年をスタートアップ創出年とし、戦後の創業期に次ぐ、第二の創業ブームを実現し、スタートアップの起業加速と、既存大企業によるオープンイノベーションの推進を通じて日本にスタートアップを生み育てるエコシステムを創出する方針の下で、2022年11月に新しい資本主義実現会議において「スタートアップ育成5か年計画」が決定されました。

　その中では、創業数と創業規模の両面でわが国のスタートアップの成長を促すため、スタートアップへの投資額を、現在の8,000億円規模から、5年後の2027年度に10倍を超える規模（10兆円規模）とすることや、ユニコーンを100社、スタートアップを10万社創出することを大きな目標として掲げ、そのための具体的な取組として、スタートアップへの投資を促すための措置として、「創業者などの個人からスタートアップのへの資金提供のため、保有する株式を売却してスタートアップに再投資する場合の優遇税制を整備する」ことが盛り込まれておりました。

　こうした状況を踏まえ、令和5年度税制改正においては、わが国にスタートアップを生み育てるエコシステムを抜本的に強化するインセンティブを充実するため、特に、創業につき資金不足や金銭面の損失リスクが足かせとなっている現状を踏まえ、自らリスクを取って出資する

創業者の行為を金銭面から力強く後押しすることとし、具体的には、保有株式の譲渡益を元手に創業者が創業した場合に、再投資分につき株式譲渡益に課税しない制度が創設されました。

〈スタートアップへの再投資に係る非課税措置の創設〉

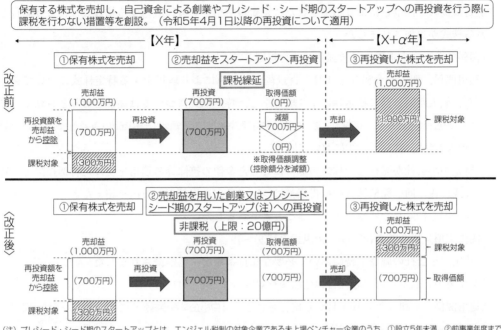

(出典:『令和5年版 改正税法のすべて』より)

【制度の内容等】

① 令和5年4月1日以後に、特定株式会社の設立特定株式を払込みにより取得をした居住者等（その特定株式会社の発起人であることその他の要件を満たすものに限ります）は、その年分の一般株式等に係る譲渡所得等の金額又は上場株式等に係る譲渡所得等の金額からその設立特定株式の取得に要した金額の合計額（その一般株式等に係る譲渡所得等の金額及び上場株式等に係る譲渡所得等の金額の合計額を限度）を控除することとされました。

なお、その年中の適用額が20億円を超える場合には、その適用を受けた年の翌年以後、その適用を受けた設立特定株式に係る同一銘柄株式の取得価額を一定の計算により圧縮することとされています。

〔関係条項〕措法37の13の2、措令25の12の2、措規18の15の2

〈適用関係〉令和5年4月1日以後に設立特定株式を払込みにより取得した場合に適用されます（措法37の13の2①）。②において同じ。

② 特定中小会社が発行した株式に係る譲渡損失の繰越控除等の適用対象となる株式の範囲に、上記①の居住者等が取得をした設立特定株式が追加されました。

〔関係条項〕措法37の13の3①

⑷ 特定中小会社が発行した株式の取得に要した金額の控除等の改正
【改正の趣旨・内容等】
① 特定中小会社が発行した株式の取得に要した金額の控除等及び特定中小会社が発行した株式に係る譲渡損失の繰越控除等の適用対象となる特定株式の範囲に、中小企業等経営強化法施行規則の一部改正により追加された特定新規中小企業者に該当する株式会社により発行される株式が追加されました。
〔関係条項〕中小企業等経営強化法施行規則8
〈適用関係〉個人が令和5年4月1日以後に払込みにより取得をする特定株式について適用し、個人が同日前に払込みにより取得をした特定株式については従前どおりとされています（改正措令附5、改正措規附2②、中小企業等経営強化法施行規則の一部を改正する省令（令和5年経済産業省令21）附3①）。②において同じ。

② 特定中小会社が発行した株式の取得に要した金額の控除等の適用を受けた特例控除対象特定株式に係る同一銘柄株式の取得価額については、適用額が20億円を超えたときに適用額から20億円を控除した残額を控除することとされました。
〔関係条項〕措令25の12⑦⑧、措規18の15⑨〜⑪

③ 特定中小会社の確認手続において必要な添付書類が一部削減されました。
〔関係条項〕旧中小企業等経営強化法施行規則11②三イ・ロ
〈適用関係〉令和5年4月1日から施行されます（中小企業等経営強化法施行規則の一部を改正する省令（令和5年経済産業省令21）附1）。

⑸ 特定新規中小会社が発行した株式を取得した場合の課税の特例の改正
【改正の趣旨・内容等】
① 適用対象となる特定新規株式の範囲に、中小企業等経営強化法施行規則の一部改正により追加された特定新規中小企業者に該当する株式会社（試験研究費等の合計額の出資金額に対する割合に係る要件及びその基準が緩和された株主グループの有する株式数に係る要件その他の要件を満たすものに限ります）で営業活動によるキャッシュ・フローが赤字であること等の要件を満たすものにより発行された株式が追加されました。
〔関係条項〕措規19の10の6⑤、中小企業等経営強化法施行規則8
〈適用関係〉個人が令和5年4月1日以後に払込みにより取得をする特定新規株式について適用し、個人が同日前に払込みにより取得をした特定新規株式については従前どおりとされています（改正措規附3、中小企業等経営強化法施行規則の一部を改正する省令（令和5年経済産業省令21）附3①）。

② 特定新規中小会社の確認手続において必要な添付書類が一部削減されました。
〔関係条項〕旧中小企業等経営強化法施行規則10②二イ・ニ、11②三イ・ロ
〈適用関係〉令和5年4月1日から施行されます（中小企業等経営強化法施行規則の一部を改正する省令（令和5年経済産業省令21）附1）。

⑹ 特定の取締役等が受ける新株予約権の行使による株式の取得に係る経済的利益の非課税等の改正

【改正の趣旨・内容等】

適用対象となる新株予約権に係る契約の要件のうち、権利行使期間に関する要件について、見直しが行われました。

具体的には、その新株予約権に係る契約を締結した株式会社が次に掲げる要件を満たすものである場合には、その新株予約権の行使は、付与決議の日後15年（改正前：10年）を経過する日までに行わなければならないこととされ、権利行使の期間が延長されました。

① 株式会社が付与決議の日においてその設立の日以後の期間が5年未満であること
② 株式会社が、付与決議の日において金融商品取引所に上場されている株式又は店頭売買登録銘柄として登録されている株式を発行する会社以外の会社であること

〔関係条項〕措法29の2①一、措規11の3①

〈適用関係〉取締役等又は特定従事者が令和5年4月1日以後に行われる付与決議に基づき締結される契約により与えられる特定新株予約権に係る株式について適用し、取締役等又は特定従事者が同日前に行われた付与決議に基づき締結された契約により与えられる特定新株予約権に株式については従前どおりとされています（改正法附31）。

⑺ 株式等を対価とする株式の譲渡に係る譲渡所得等の課税の改正

【改正の趣旨・内容等】

適用対象から株式交付の直後の株式交付親会社が一定の同族会社に該当する場合が除外されました。

なお、「一定の同族会社に該当する場合」とは、株式交付の直後の株式交付親会社が「同族会社」に該当する場合をいい、この「同族会社」は、同族会社であることについての判定の基礎となった株主のうちに同族会社でない法人（人格のない社団等を含みます）がある場合には、その法人をその判定の基礎となる株主から除外して判定するものとした場合においても同族会社となるものに限る（すなわち、いわゆる非同族の同族会社を除きます）こととされています。

〔関係条項〕措法37の13の4①

〈適用関係〉令和5年10月1日以後に行われる株式交付について適用し、同日前に行われた株式交付については従前どおりとされています（改正法附31）。

⑻ 認定株式分配に係る課税の特例の創設（所得税に関する部分）

【創設の趣旨・内容等】

一定の要件に該当する株式分配を適格株式分配とみなす制度の創設に伴い、所得税法施行令の規定の適用について所要の整備が行われました。

〔関係条項〕措法68の2の2、措令39の34の3②

〈適用関係〉令和5年4月1日から施行されます（改正法附1）。

◆住宅・土地税制の改正◆

(1) 土地の譲渡等に係る事業所得等の課税の特例の改正

【改正の趣旨・内容等】

適用停止期間が令和8年3月31日まで3年延長されました。

〔関係条項〕措法28の4⑥

〈適用関係〉（継続適用）

(2) 優良住宅地の造成等のために土地等を譲渡した場合に長期譲渡所得の課税の特例の改正

【改正の趣旨・内容等】

① 適用対象から、特定の民間再開発事業の施行者に対する土地等の譲渡が除外されました。

〔関係条項〕旧措法31の2②十二

〈適用関係〉個人が令和5年4月1日前に行った特定の民間再開発事業の施行者に対する土地等の譲渡については従前どおりとされています（改正法附32①）

② 開発許可を受けて行う一団の住宅地造成の用に供するための土地等の譲渡に係る開発許可について、次に掲げる区域内において行われる開発行為に係るものに限定されました。

　イ　市街化区域と定められた区域

　ロ　市街化調整区域と定められた区域

　ハ　区域区分に関する都市計画が定められていない都市計画区域のうち、用途地域が定められている区域

〔関係条項〕措法31の2②十三、措令20の2⑮

〈適用関係〉個人が令和5年4月1日以後に行う優良住宅地等のための譲渡に該当する譲渡又は確定優良住宅地等予定地のための譲渡に該当する譲渡について適用し、個人が同日前に行った優良住宅地等のための譲渡に該当する譲渡又は確定優良住宅地等予定地のための譲渡に該当する譲渡については従前どおりとされています（改正法附32②）

③ 都市再生特別措置法による民間都市再生事業計画の認定を受けた一定の要件を満たす都市再生事業の認定事業者に対する土地等の譲渡について、都市開発事業の規模要件を都市再生特別措置法施行令の改正前と同様とするための所要の規定の整備が行われました。

〔関係条項〕措令20の2⑦

〈適用関係〉令和5年4月1日から施行されます（改正措令附1）

④ 適用期限が令和7年12月31日まで3年延長されました。

〔関係条項〕措法31の2①③

〈適用関係〉（継続適用）

(3) 空き家に係る居住用財産の譲渡所得の3,000万円特別控除の特例の改正

【改正の趣旨・内容等】

① 適用対象に、相続若しくは遺贈により取得をした被相続人居住用家屋の譲渡又はその被相続人居住用家屋とともにするその相続若しくは遺贈により取得をした被相続人居住用家屋の敷地等の譲渡をした場合を加えることとされました。

ただし、これらの譲渡の時からこれらの譲渡の日の属する年の翌年2月15日までの間に、次に掲げる場合に該当することとなったときに限ります。
　イ　その被相続人居住用家屋が耐震基準に適合することとなった場合
　ロ　その被相続人居住用家屋の全部の取壊し若しくは除却がされ、又はその全部を滅失した場合
　〔関係条項〕措法35③
　〈適用関係〉個人が令和6年1月1日以後に行う対象譲渡について適用し、個人が同日前に行った対象譲渡については従前どおりとされています（改正法附32③）。以下②において同じ。
②　相続又は遺贈による被相続人居住用家屋及び被相続人居住用家屋の敷地等の取得をした相続人の数が3人以上である場合における特別控除額が2,000万円とされました。
　〔関係条項〕措法35④
③　適用期限が令和9年12月31日まで4年延長されました。
　〔関係条項〕措法35③

(4)　**低未利用土地等を譲渡した場合の長期譲渡所得の100万円特別控除の改正**
　【改正の趣旨・内容等】
　その譲渡をした低未利用土地等が次に掲げる区域内にある場合における低未利用土地等の譲渡の対価の額の要件が800万円以下（改正前：500万円以下）に引き上げられた上で、その適用期限が令和7年12月31日まで3年延長されました。
①　市街化区域と定められた区域
②　区域区分に関する都市計画が定められていない都市計画区域のうち、用途地域が定められている区域
③　所有者不明土地対策計画を作成した市町村の区域（上記①及び②の区域を除きます）
　〔関係条項〕措法35の3①②二、措令23の3②
　〈適用関係〉個人が令和5年1月1日以後に行う低未利用土地等の譲渡について適用し、個人が同日前に行った低未利用土地等の譲渡については従前どおりとされています（改正法附32④）。

(5)　**特定の事業用資産の買換えの場合の譲渡所得の課税の特例等の改正**
　【改正の趣旨・内容等】
　次の見直しが行われた上で、その適用期限が令和8年12月31日（一部は同年3月31日）まで3年延長されました。
　〔関係条項〕措法37①③④、37の4
①　既成市街地等の内から外への買換えに係る措置が、制度の対象から除外されました。
　〔関係条項〕旧措法37①表一、旧措令25⑥～⑨、旧措規18の5④一・二
　〈適用関係〉個人が令和5年4月1日前に行った譲渡資産の譲渡については従前どおりとされています（改正法附32⑤）。

② 航空機騒音障害区域の内から外への買換えに係る措置について、譲渡資産から次に区域内にある土地等、建物及び構築物が除外されました。
　イ　令和2年4月1日前に特定空港周辺航空機騒音対策特別措置法の航空機騒音障害防止特別地区となった区域
　ロ　令和2年4月1日前に公共用飛行場周辺における航空機騒音による障害の防止等に関する法律の第二種区域となった区域
〔関係条項〕措法37①表一
〈適用関係〉個人が令和5年4月1日以後に譲渡資産の譲渡をし、かつ、同日以後に買換資産の取得（建物及び製作を含みます。下記③を除きます。以下同じ）をする場合における譲渡資産の譲渡について適用し、個人が同日前に譲渡資産の譲渡をした場合及び同日以後に譲渡資産の譲渡をし、かつ、同日前に買換資産の取得をした場合におけるこれらの譲渡については従前どおりとされています（改正法附32⑥）。下記③において同じ。
③ 所有期間が10年を超える国内にある土地等、建物又は構築物から国内にある一定の土地等、建物又は構築物への買換えに係る措置について、課税の繰延べ割合が次のとおり見直されました。
　イ　譲渡をした譲渡資産が集中地域のうち特定業務施設の集積の程度が著しく高い一定の地域内にある主たる事務所資産に該当し、取得をした又は取得をする見込みである買換資産が集中地域以外の地域内にある主たる事務所資産に該当する場合には、課税の繰延べ割合が90％（改正前：80％）に引き上げられました。
　ロ　譲渡をした譲渡資産が集中地域以外の地域内にある主たる事務所資産に該当し、取得をした又は取得をする見込みである買換資産が集中地域のうち特定業務施設の集積の程度が著しく高い一定の地域内にある主たる事務所資産に該当する場合には、課税の繰延べ割合が60％（改正前：70％）に引き下げられました。
〔関係条項〕措法37⑩
④ 日本船舶の買換えに係る措置について、次の見直しが行われました。
　イ　譲渡船舶のうち建設業及びひき船業の用に供される船舶から平成23年1月1日以後に建造されたものが除外されるとともに、船舶要件における船齢が次の船舶の区分に応じそれぞれ次の期間に見直されました。
　　(イ)　海洋運輸業の用に供されている船舶……………20年（改正前：25年）
　　(ロ)　沿海運輸業の用に供されている船舶……………23年（改正前：25年）
　　(ハ)　建設業及びひき船業の用に供されている船舶……30年（改正前：35年）
〔関係条項〕措法37①表四、措令25⑫一〜三
〈適用関係〉個人が令和5年4月1日以後に譲渡資産の譲渡をし、かつ、同日以後に買換資産の取得をする場合（その買換資産が経過船舶である場合を除きます）における譲渡資産の譲渡について適用し、個人が同日前に譲渡資産の譲渡をした場合、個人が同日以後に譲渡資産の譲渡をし、かつ、同日前に買換資産の取得をした場合及び同日以後に譲

渡資産の譲渡をし、かつ、同日以後に買換資産の取得をする場合（その買換資産が経過船舶である場合に限ります）におけるこれらの譲渡については従前どおりとされています（改正措令附４①）。

　なお、経過船舶とは、個人が令和５年４月１日前に締結した契約に基づき同日以後に取得をする海洋運輸業又は建設業若しくはひき船業の用に供されている船舶をいいます（改正措令附４①。）

ロ　買換資産について、譲渡をした船舶に係る事業と同一の事業の用に供される船舶に限定されるとともに、海洋運輸業の用に供される船舶及び沿海運輸業の用に供される船舶の環境負荷低減に係る要件の見直しを行われました。

〔関係条項〕措令25⑬、平29.3国交告303

〈適用関係〉令和５年４月１日から施行されます（令5.3国交告283附）。

⑤　本特例（同一年内に譲渡資産の譲渡及び買換資産の取得をする場合に限ります）の適用要件に、納税地の所轄税務署長に本特例の適用を受ける旨の届出をすることが追加されました。

〔関係条項〕措法37①

〈適用関係〉個人が令和６年４月１日以後に譲渡資産の譲渡をし、かつ、同日以後に買換資産の取得をする場合における譲渡資産の譲渡について適用し、個人が同日前に譲渡資産の譲渡をした場合及び同日以後に譲渡資産の譲渡をし、かつ、同日前に買換資産の取得をした場合におけるこれらの譲渡については従前どおりとされています（改正法附32⑦）。

(6) **既成市街地等内にある土地等の中高層耐火建築物等の建設のための買換え及び交換の場合の譲渡所得の課税の特例の改正**

【改正の趣旨・内容等】

　適用対象となる買換資産の範囲から、特定民間再開発事業の施行される地区内で行われる特定の民間再開発事業の施行により建築された中高層耐火建築物等が除外されました。

〔関係条項〕措法37の５①表一下欄、旧措令25の４④

〈適用関係〉個人が令和５年４月１日以後に譲渡資産の譲渡に係る買換資産について適用し、個人が同日前に行った譲渡資産の譲渡に係る買換資産については従前どおりとされています（改正措令附４③）。

◆**事業所得等に係る税制の改正**◆

(1) **試験研究を行った場合の所得税額の特別控除制度の改正**

【改正の趣旨・内容等】

①　新たな役務の開発に係る試験研究費の範囲の見直しが行われました。

〔関係条項〕措令５の３⑥

〈適用関係〉令和６年分以後の所得税について適用し、令和５年分以前の所得税については従前どおりとされています（改正法附25、改正措令附２①）。以下②③において同じ。

②　一般試験研究費の額に係る特別税額控除制度

イ 税額控除の割合が次の区分に応じそれぞれ次の割合（上限：10％）とされました。
(イ) (ロ)の場合以外の場合……11.5％－（12％－増減試験研究費割合）×0.25（下限：1％）
(ロ) その年が開業年である場合又は比較試験研究費の額が0である場合……8.5％
〔関係条項〕措法10①

ロ 令和8年までの各年分については、税額控除割合は、上記イにかかわらず、次の区分に応じそれぞれ次の割合（上限：14％）とされました。
(イ) 増減試験研究費割合が12％を超える場合（(ハ)の場合を除きます）
……11.5％＋（増減試験研究費割合－12％）×0.375
(ロ) 増減試験研究費割合が12％以下である場合（(ハ)の場合を除きます）
……11.5％－（12％－増減試験研究費割合）×0.25（下限：1％）
(ハ) その年が開業年である場合又は比較試験研究費の額が0である場合
……8.5％
〔関係条項〕措法10②一

ハ 令和6年から令和8年までの各年分のうち次の年分（開業年の年分及び比較試験研究費の額が0である場合を除きます）については、税額控除額の上限に、その年分の調整前事業所得税額に次の年分の区分に応じそれぞれ次の割合（(イ)の年分及び試験研究費割合が10％を超える年分のいずれにも該当する年分にあっては、(イ)の割合と下記ニの税額控除額の上限の特例により計算した割合とのうちいずれか高い割合）を乗じて計算した金額を加算することとされました。
(イ) 増減試験研究費割合が4％を超える年分
……（増減試験研究費割合－4％）×0.625（上限：5％）
(ロ) 増減試験研究費割合が0に満たない場合のその満たない部分の割合が4％を超える年分（試験研究費割合が10％を超える年分を除きます）
……（0－（その満たない部分の割合－4％）×0.625（上限：5％）
〔関係条項〕措法10③

ニ 試験研究費割合が10％を超える場合における税額控除割合の特例及び税額控除額の上限の特例の適用期限が、令和8年まで3年延長されました。
〔関係条項〕措法10②③

ホ 基準年比売上金額減少割合が2％以上の場合の税額控除額の上限の特例は、その適用期限（令和5年末）の到来をもって廃止されました。
〔関係条項〕旧措法10③二

③ 中小企業技術基盤強化税制
イ 中小事業者等税額控除限度額の特例のうち増減試験研究費割合が9.4％を超える場合の特例について、適用要件となる増減試験研究費割合が9.4％超から12％超に引き上げられ、その逓増率が0.35から0.375に引き上げられた上、その適用期限が令和8年まで3年延長されました。

〔関係条項〕措法10⑤
　ロ　増減試験研究費割合が9.4％を超える場合の税額控除額の上限の特例について、増減試験研究費割合が12％を超える場合の税額控除額の上限の特例とされた上、その適用期限が令和8年まで3年延長されました。
〔関係条項〕措法10⑥
　ハ　試験研究費割合が10％を超える場合の税額控除額の上限の特例の適用期限が、令和8年まで3年延長されました。
〔関係条項〕措法10⑥
　ニ　基準年比売上金額減少割合が2％以上の場合の税額控除額の上限の特例は、その適用期限（令和5年末）の到来をもって廃止されました。
〔関係条項〕旧措法10⑥三
④　特別試験研究費の額に係る特別税額控除制度
　イ　特定新事業開拓事業者との共同研究及び特定新事業開拓事業者に対する委託研究に係る税額控除割合が25％とされ、新事業開拓事業者等との共同研究及び新事業開拓事業者等に対する委託研究が特掲の対象から除外されました。
〔関係条項〕旧措令5の3⑪三・十
〈適用関係〉個人が令和5年4月1日以後に支出する試験研究費の額について適用し、個人が同日前に支出した試験研究費の額については従前どおりとされています（改正措令附2②）。
　ロ　対象となる試験研究に高度専門知識等を有する者に対して人件費を支出して行う試験研究が追加され、その税額控除割合が20％とされました。
〔関係条項〕措法10⑧七、措令5の3⑩十五
〈適用関係〉令和6年分以後の所得税について適用し、令和5年分以前の所得税については従前どおりとされています（改正法附25）。
　ハ　特別試験研究機関等に福島国際研究教育機構が追加されました。
〔関係条項〕措令5の3⑩一ハ
〈適用関係〉個人が令和5年4月1日以後に支出する試験研究費の額について適用し、個人が同日前に支出した試験研究費の額については従前どおりとされています（改正措令附2②）。

(2)　**中小事業者が機械等を取得した場合の特別償却又は所得税額の特別控除制度の改正**
【改正の趣旨・内容等】
次に見直しが行われた上、その適用期限が令和7年3月31日まで2年延長されました。
〔関係条項〕措法10の3①
　イ　対象資産から、次の要件のいずれにも該当する機械及び装置が除外されました。
　　㈠　その管理のおおむね全部を他の者に委託するものであること
　　㈡　要する人件費が少額な一定のサービス業（中小事業者の主要な事業であるものを除き

　　　　ます）の用に供するものであること

　　　〔関係条項〕措法10の3①一、措令5の5①

　　　〈適用関係〉中小事業者が令和5年4月1日以後に取得又は製作をする特定機械装置等について適用し、中小事業者が同日前に取得又は製作をした特定機械装置等については従前どおりとされています（改正措法附26）。

　　ロ　対象資産のうち船舶について、総トン数が500トン以上の船舶にあっては、環境への負荷の状況が明らかにされた船舶に限定されました。

　　　〔関係条項〕措法10の3①五、措令5の5③

(3)　地域経済牽引事業の促進区域内において特定事業用機械等を取得した場合の特別償却又は所得税額の特別控除制度の改正

【改正の趣旨・内容等】

　承認地域経済牽引事業に係る要件の見直しが行われた上、その適用期限が令和7年3月31日まで2年延長されました。

　　〔関係条項〕措法10の4①、平29.8総務・財務・厚労・農水・経産・国交・環境告1①五イ(2)ロ～ニ

　　〈適用関係〉令和5年4月1日から施行されます（令5.3総務・財務・厚労・農水・経産・国交・環境告1附）。

(4)　特定中小事業者が特定経営力向上設備等を取得した場合の特別償却又は所得税額の特別控除制度の改正

【改正の趣旨・内容等】

　中小企業等経営強化法施行規則が改正され、対象資産からコインランドリー業又は暗号資産マイニング業（主要な事業であるものを除きます）の用に供する設備等でその管理のおおむね全部を他の者に委託するものが除外された上、その適用期限が令和7年31日まで2年延長されました。

　なお、コインランドリー業とは、洗濯機、乾燥機その他の洗濯に必要な設備（共同洗濯設備として病院、寄宿舎その他の施設内に設置されるものを除きます）を設け、これを公衆に利用される事業をいいます（中小企業等経営強化法施行規則16②）。

　　〔関係条項〕措法10の5の3①、中小企業等経営強化法施行規則16②

　　〈適用関係〉中小企業等経営強化法2条6項に規定する特定事業者等が令和5年4月1日以後に受ける中小企業等経営強化法の認定（変更の認定を含みます。以下同じ）のうち同日以後に申請がされるものに係る同法17条1項に規定する経営力向上計画に記載された経営力向上設備等について適用し、同法2条6項に規定する特定事業者等が同日前の受けた認定及び同日以後に受ける認定のうち同日前に申請がされたものに係る同法17条1項に規定する経営力向上計画に記載された経営力向上設備等については従前どおりとされています（改正中小企業等経営強化法施行規則附4）。

⑸ 事業適応設備を取得した場合等の特別償却又は所得税額の特別控除制度の改正

【改正の趣旨・内容等】

デジタルトランスフォーメーション投資促進税制について、次の見直しが行われた上、その適用期限が令和7年3月31日まで2年延長されました。

〔関係条項〕措法10の5の6①

① 令和5年4月1日前に認定の申請がされた認定事業適応計画に係る資産が対象から除外されました。

〔関係条項〕措法10の5の6⑫

〈適用関係〉令和5年分以後の所得税について適用されます（改正法附28）。

② 生産性の向上又は需要の開拓に特に資するものとして主務大臣が定める基準等の見直しが行われました。

〔関係条項〕産競法施行規則11の2⑤、令3.7内閣・総務・財務・文科・厚労・農水・経産・国交・環境告8

〈適用関係〉改正生産性向上等基準の施行の際現にされている認定の申請及び変更の認定の申請に係る事業適応計画については従前どおりとされています（改正生産性向上等基準附2、改正産競法施行規則附1）。

⑹ 特定船舶の特別償却制度の改正

【改正の趣旨・内容等】

特定船舶の特別償却制度について、次の見直しが行われた上、その適用期限が令和8年3月31日まで3年延長されました。

〔関係条項〕措法11①

① 特定船舶のうち特定海上運送業を営む個人の認定外航船舶確保等計画に記載された特定外航船舶に係る特別償却割合が、次の区分に応じそれぞれ次のとおり引き上げられました。

　イ　特定外航船舶のうちその特定外航船舶に係る認定外航船舶確保等計画に従って取得し、又は製作された本邦対外船舶運航事業用船舶であることにつき証明がされたもの
　　……次の船舶のいずれに該当するかに応じそれぞれ次の割合

　　㈑　日本船舶に該当する特定先進船舶……32%（改正前：20%）

　　㈰　日本船舶に該当しない特定先進船舶……30%（改正前：18%）

　　㈲　日本船舶に該当する船舶のうち特定先進船舶以外のもの……29%（改正前：17%）

　　㈯　日本船舶に該当しない船舶のうち特定先進船舶以外のもの……27%（改正前：15%）

　ロ　特定外航船舶のうちその特定外航船舶に係る認定外航船舶確保等計画に従って取得し、又は製作されたものであることにつき証明がされたもの（上記イの船舶を除きます）
　　……次の船舶のいずれに該当するかに応じそれぞれ次の割合

　　㈑　日本船舶に該当する特定先進船舶……30%（改正前：20%）

　　㈰　日本船舶に該当しない特定先進船舶……28%（改正前：18%）

　　㈲　日本船舶に該当する船舶のうち特定先進船舶以外のもの……27%（改正前：17%）

(ニ)　日本船舶に該当しない船舶のうち特定先進船舶以外のもの……25％（改正前：15％）

〔関係条項〕措法11①一・二

〈適用関係〉個人が海上運送法等の一部を改正する法律附則1条3号に掲げる規定の施行の日（令和5年7月1日）以後に取得又は製作をする特定船舶（経過特定船舶を除きます）について適用し、個人が同日前に取得又は製作をした特定先進船舶（経過特定船舶を含みます）については従前どおりとされています（改正法附29①）。

② 対象資産について次の見直しが行われました。

〈適用関係〉個人が令和5年4月1日以後に取得又は製作をする特定船舶（経過船舶を除きます）について適用し、個人が同日前に取得又は製作をした特定船舶（経過船舶を含みます）については従前どおりとされています（改正措令附3①）。

イ　対象となる海洋運輸業の用に供される船舶から、匿名組合契約等の目的である船舶貸渡業の用に供される船舶で、その貸付けを受けた者の海洋運輸業の用に供されるものが除外されました。

〔関係条項〕措令5の8②一

ロ　対象となる沿海運輸業の用に供される船舶の総トン数に係る要件が、500トン以上（改正前：300トン以上）に引き上げられました。

〔関係条項〕措令5の8②二、平27.3国交告473別表2

③ 特定先進船舶の範囲の見直しが行われました。

〔関係条項〕平27.3国交告473二

〈適用関係〉個人が令和5年4月1日から施行されます（令和5.3国交告282附）。

④ 経営合理化及び環境負荷低減に係る要件の見直しが行われました。

〔関係条項〕平27.3国交告473別表1

(7) 特定事業継続力強化設備等の特別償却制度の改正

【改正の趣旨・内容等】

　次の見直しが行われた上、事業継続力強化計画又は連携事業継続力強化計画の認定の期限が令和7年3月31日まで2年延長されました。

〔関係条項〕措法11の3①

① 対象資産に、耐震装置が追加されました。

〔関係条項〕中小企業等経営強化法施行規則29

〈適用関係〉中小企業等経営強化法2条1項に規定する中小企業者が令和5年4月1日以後に受ける認定（変更の認定を含みます。以下同じ）のうち同日以後に申請がされるものに係る事業継続力強化計画又は連携事業継続力強化計画に記載された事業継続力強化設備等（機械及び装置並びに建物附属設備に限ります。以下同じ）について適用し、同項に規定する中小企業者が同日前の受けた認定及び同日以後に受ける認定のうち同日前に申請がされたものに係る事業継続力強化計画又は連携事業継続力強化計画に記載された事業継続力強化設備等については従前どおりとされています（改正中小企業等経営強化法施行規則附5）。

② 令和7年4月1日以後に取得等をした特定事業継続力強化設備等の特別償却割合が、16%（改正前：18%（令和5年4月1日前に取得等をしたものについては、20%））に引き下げられました。

〔関係条項〕措法11の3①

〈適用関係〉令和7年4月1日以後に取得等をする特定事業継続力強化設備等について適用されます（措法11の3①）。

(8) **特定地域における工業用機械等の特別償却制度の改正**

【改正の趣旨・内容等】

〈適用関係〉個人が令和5年4月1日以後に取得等をする産業振興機械等について適用し、個人が同日前に取得等をした産業振興機械等については従前どおりとされています（改正法附29③）。

① 半島振興対策実施地域に係る措置について、対象地区から過疎地域に係る措置の対象地区が除外された上、その適用期限が令和7年3月31日まで2年延長されました。

〔関係条項〕措法12④表二、措令6の3⑭二

② 離島振興対策実施地域に係る措置について、離島振興法の離島振興計画に記載された区域及び事業に係る措置に見直された上、その適用期限が令和7年3月31日まで2年延長されました。

〔関係条項〕措法12④表三、措令6の3⑭三⑮三㉒㉓、措規5の13⑩

③ 奄美群島に係る措置について、対象地区から過疎地域に係る措置の対象地区が除外された上、その適用期限が令和6年3月31日まで1年延長されました。

〔関係条項〕措法12④表四、措令6の3⑭四

(9) **医療用機器等の特別償却制度の改正**

【改正の趣旨・内容等】

医療用機器に係る措置における高度な医療の提供に資する機器につき対象機器の追加及び除外がされた上、その適用期限が令和7年3月31日まで2年延長されました。

〔関係条項〕措法12の2①～③、平21.3厚労告248

〈適用関係〉令和5年4月1日から適用されます（令5.3厚労告166前文）。

(10) **事業再編計画の認定を受けた場合の事業再編促進機械等の割増償却制度の改正**

【改正の趣旨・内容等】

次の見直しが行われた上、事業再編計画の認定期限が令和7年3月31日まで2年延長されました。

〔関係条項〕措法13①

〈適用関係〉個人が取得又は製作若しくは建設をする事業再編促進機械等で令和5年4月1日以後に受ける農業競争力強化支援法18条1項の認定（以下「当初認定」といいます）に係る同法19条2項に規定する認定事業再編計画（経過認定事業再編計画を含みます）に記載されたものについて適用し、個人が取得又は製作若しくは建設をした事業再編促進機械

等で同日前に受けた当初認定に係る同項に規定する認定事業再編計画（経過認定事業再編計画を除きます）に記載されたものについては従前どおりとされています（改正措令附29④）。

① 対象となる認定事業再編計画が、その認定事業再編計画に係る事業再編が良質かつ低廉な農業資材の供給又は農産物流通等の合理化に特に資する一定の措置を行うものである場合におけるその認定事業再編計画に限定されました。

〔関係条項〕措法13①、措規5の15①

② 割増償却割合が35％（建物等及び構築物については、40％）（改正前：40％（建物等及び構築物については、45％））に引き下げられました。

〔関係条項〕措法13①

⑾ **特定都市再生建築物の割増償却制度の改正**

【改正の趣旨・内容等】

次の見直しが行われた上、事業再編計画の認定期限が令和8年3月31日まで3年延長されました。

〔関係条項〕措法14①

① 対象となる民間都市再生事業計画のうち特定都市再生緊急整備地域以外の都市再生緊急整備地域における民間都市再生事業計画の認定要件の見直しが行われました。

〔関係条項〕都市再生特別措置法施行令7①、「民間都市再生事業計画制度の適用について（事業認定ガイドライン）」3

〈適用関係〉令和5年4月1日から施行されます（都市再生特別措置法施行令の一部を改正する政令附、「民間都市再生事業計画制度の適用について（事業認定ガイドライン）」4）

② 特定都市再生緊急整備地域内において整備される構築物に係る都市再生事業の要件のうち、その都市再生事業の施行される土地の区域内に整備される構築物の延べ面積要件が7万5,000㎡以上（改正前：5万㎡以上）に引き上げられました。

〔関係条項〕措令7②一

〈適用関係〉個人が令和5年4月1日以後に取得等をする特定都市再生建築物について適用し、個人が同日前に取得等をした特定都市再生建築物については従前どおりとされています（改正措令附3④）。

⑿ **農業経営基盤強化準備金制度及び農用地等を取得した場合の課税の特例の改正**

【改正の趣旨・内容等】

① 農業経営基盤強化準備金制度の適用期限が令和7年3月31日まで2年延長されました。また、適用対象となる個人に関する改正が行われました。

〔関係条項〕措法24の2①、措規9の3①

〈適用関係〉令和5年4月1日から施行されます（改正措規附1）。

② 農用地等を取得した場合の課税の特例について、対象となる特定農業用機械等が一定の規模のものに限定されました。

〔関係条項〕措法24の3①、措令16の3②

〈適用関係〉個人が令和5年4月1日以後に取得又は製作若しくは建設をする特定農業用機械等について適用し、個人が同日前に取得又は製作若しくは建設をした特定農業用機械等については従前どおりとされています（改正法附30）。

⑬ **肉用牛の売却による農業所得の課税の特例の改正**
【改正の趣旨・内容等】
適用期限が令和8年まで3年延長されました。
〔関係条項〕措法25①
〈適用関係〉（継続適用）

⑭ **被災代替資産の特別償却制度の改正（改正後：被災代替船舶の特別償却制度）**
【改正の趣旨・内容等】
次の見直しが行われた上、その適用期限が令和8年3月31日まで3年延長されました。
〈適用関係〉令和5年4月1日前に事業の用に供した建物、構築物又は機械及び装置については従来どおり適用されます（改正法附61）。

　なお、個人が、令和5年4月1日から令和7年3月31日までの間に建物、構築物又は機械及び装置を事業の用に供した場合には、その建物、構築物又は機械及び装置については、従来どおり適用できる措置が講じられています（改正法附61、改正震災税特令附2）。

　ただし、対象となる建物、構築物又は機械及び装置は、やむを得ない事情により令和5年3月31日までに事業の用に供することができなかったことにつき証明がされたものとされています（改正法附61）。

　この証明は、公共工事の工期の延長その他やむを得ない事情により同日までに、その建物、構築物又は機械及び装置を事業の用に供することができなかったことにつき、内閣総理大臣又は復興局長が確認をした書類を確定申告書に添付することにより証明することとされています（改正震災税特規附2）。

① 東日本大震災に基因して事業の用に供することができなくなった建物等、構築物、機械装置又は船舶に代わるもので、その製作又は建設の後事業の用に供されたことのないものの取得等をしてその個人の事業の用に供した場合の措置の対象資産から、建物等、構築物及び機械装置が除外されました。
〔関係条項〕旧震災税特法11の2①表一・二、旧震災税特令13の2①②一～三

② 建物等、構築物又は機械装置で、その製作又は建設の後事業の用に供されたことのないものの取得等をして、被災区域及びその被災区域である土地に付随して一体的に使用される土地の区域内においてその個人の事業の用に供した場合の措置は、その適用期限（令和5年3月31日）の到来をもって廃止されました。
〔関係条項〕旧震災税特法11の2①、表一・二

◆その他の改正◆

(1) 特定の基準所得金額の課税の特例(「極めて高い水準の所得に対する負担の適正化措置」)の創設

【創設の趣旨】

　合計所得金額が1億円を超えるような高所得者層では、分離課税の仕組みにより、総合課税における高い累進税率よりも低い税率が適用される金融所得等の全体に占める割合が高いこと等の要因により、所得税負担率が低下する、いわゆる「1億円の壁」と呼ばれる問題については、これまでも与党税制調査会や政府税制調査会等でも議論が行われていたところです。

　政府税制調査会において、現下の社会保険料も加味した所得税の負担率をみると、所得が1億円を超えたあたりの所得層は負担率がそこまで大きく低下していない一方で、かなりの高所得者層の負担率の低下が著しい状況にあるといった所得税負担率の状況等を踏まえ、与党税制調査会において幅広い観点からの議論が進められた上で、令和5年度税制改正において、税負担の公平性を確保する観点から、おおむね平均的水準として30億円を超える高い所得を対象として、最低限の負担を求める措置としてこの「極めて高い水準の所得に対する負担の適正化措置」が導入されました。

【制度の内容等】

　個人でその者のその年分の基準所得金額(注1)が3億3,000万円を超えるものについては、その超える部分の金額の22.5%相当額からその年分の基準所得税額(注2)を控除した金額に相当する所得税を課することとされました。

(注1)　「基準所得金額」は、租税特別措置等の適用判定として用いるいわゆる合計所得金額(所得税法2条1項30号の合計所得金額)と異なり、①損失の繰越控除を適用した後の金額で計算させること、②申告不要制度(確定申告を要しない配当所得等の特例(措法8の5①)及び確定申告を要しない上場株式等の譲渡による所得の特例(措法37の11の5①))を適用しないで計算させること、③土地等の特別控除の適用後の金額で計算することとするため、一定の各種所得の金額の合計額とされています(措法41の19②)。

(注2)　「基準所得税額」は、非永住者以外の居住者、非永住者又は非永住者の区分に応じそれぞれ一定の所得税の額(国税通則法2条4号に規定する附帯税の額を除きます)とされています(措法41の19③)。

〔関係条項〕措法41の19

〈適用関係〉令和7年分以後の所得税について適用されます(改正法附36)。

(2) 給付金等の非課税等の改正

【改正の趣旨・内容】

① 「支援給付金」について所得税を課さないこととされるとともに、その給付を受ける権利は、国税の滞納処分により差し押さえることができないこととされました。

〔関係条項〕新型コロナ税特規2②ニト・チ

〈適用関係〉令和3年分以後の所得税について適用し、令和2年分以前の所得税については

従前どおりとされています（改正新型コロナ税特規附②）。
②　自立支援資金貸付事業における新型コロナウイルス感染症の影響を受ける就職者に対する生活支援費の貸付けに係る債務免除により受ける経済的な利益の価額については、所得税を課さないこと等とされました。
〔関係条項〕措規19の2⑭⑲
〈適用関係〉令和5年4月1日から施行されます（改正措規附1）。

令和6年度の税制改正

1．所得税法等関係
(1) **新たな公益信託制度の創設に伴う所得税法等の整備**
【創設の趣旨・内容等】
① 公共法人等及び公益信託等に係る非課税措置の改正

　公共法人等及び公益信託等に係る非課税について、適用対象となる公益信託が公益信託に関する法律（以下、「公益信託法」といいます）の公益信託（以下、「公益信託」といいます）とされ、公益信託の信託財産につき生ずる所得（貸付信託の受益権の収益の分配に係るものにあっては、その受益権が信託財産に引き続き属していた期間に対応する部分に限ります）については、所得税を課さないこととされました。

　〔関係条項〕所法11②

　〈適用関係〉公益信託法の施行の日以後に効力を生ずる公益信託（移行認可を受けた信託を含みます）について適用し、同日前に効力が生じた旧公益信託（移行認可を受けたものを除きます）については従前どおりとされています（改正法附2）。

② 贈与等の場合の譲渡所得等の特例の改正等

　贈与等の場合の譲渡所得等の特例について、対象となる資産の移転の事由に「公益信託の受託者である個人に対する贈与又は遺贈（その信託財産とするためのものに限ります）」が追加され、譲渡所得の基因となる資産等について公益信託の受託者に対する贈与又は遺贈があった場合には、受託者の主体の属性（個人・法人）にかかわらず、その贈与又は遺贈によるみなし譲渡課税を行うこととされました。

　〔関係条項〕所法59①一

　〈適用関係〉公益信託法の施行の日から施行されます（改正法附1九）。下記③、⑤及び⑥について同じ。

③ 信託に係る所得の金額の計算の整備

　公益信託の委託者である居住者がその有する資産を信託した場合には、その資産を信託した時において、その委託者である居住者からその公益信託の受託者に対して贈与又は遺贈によりその資産の移転が行われたものとして取り扱うこととされ、公益信託に譲渡所得の基因となる資産等を信託した場合には、上記②のみなし譲渡課税が行われることが明確化されました。

　〔関係条項〕所法67の3⑧

④ 寄附金控除の改正

　寄附金控除について、認定特定公益信託の受託財産とするために支出した金銭に代えて、公益信託の財産とするために支出したその公益信託に係る信託事務に関連する寄附金（出資に関する信託事務に充てられることが明らかなもの等を除きます）が、特定寄附金として寄附金控除の対象とされました。

なお、改正前に特定寄附金とみなされていた認定特定公益信託の信託財産とするために支出した金銭については、引き続き寄附金控除の対象とする経過措置が講じられています。

〔関係条項〕所法78②四、改正法附３①

〈適用関係〉公益信託法の施行の日から施行されます（改正法附１九、改正所令附１二）。

　なお、個人が、公益信託法の施行日以後に、既に寄附金控除について公益信託に係る主務大臣等の証明を受けたもの及び特定公益信託に係る主務大臣等の認定を受けている認定特定公益信託（移行認可を受けたものを除きます。以下、「旧認定特定公益信託」といいます）の信託財産とするために支出する金銭については、従前どおり寄附金控除が適用できることとされています（改正法附３①）。

　また、旧認定特定公益信託で主務大臣等の認定及びその手続（旧認定特定公益信託の事項に関する信託の変更をその旧認定特定公益信託の主務官庁に命じ、又は許可するときを含みます）についても、従前どおりとされています（改正所令附４）。

⑤　相続、遺贈又は個人からの贈与により取得する財産等の非課税の改正

　所得税を課さないこととされる相続、遺贈又は個人からの贈与により取得する財産等のうち個人からの贈与により取得する財産の範囲から、公益信託から給付を受けた財産に該当するものを除くこととされました。

〔関係条項〕所法９①十七

⑥　上記②の改正に伴い、みなし譲渡課税の対象となる事由を基準にその適用対象等が定められている措置（贈与等により取得した資産の取得費等）について、所要の整備が行われています。

〔関係条項〕所法60①一〜④、60の２⑥二・三、60の３⑥二・三

(2) 減価償却資産の範囲及び耐用年数の改正

【改正の趣旨・内容等】

①　減価償却資産の範囲に、無形固定資産として漁港水面施設運営権が追加されました。

〔関係条項〕所令６八ヲ

〈適用関係〉令和６年４月１日から施行されます（改正所令附１）。

②　鉱業権のうち、石油又は可燃性天然ガスに係る試掘権の耐用年数が６年（改正前：８年）に、アスファルトに係る試掘権の耐用年数が５年（改正前：８年）に、それぞれ短縮されました。

〔関係条項〕耐用年数省令１②二

〈適用関係〉令和７年分以後の所得税について適用し、令和６年分以前の所得税については従前どおりとされています（改正耐用年数省令附②）。

(3) 国又は地方公共団体が行う保育その他の子育てに対する助成事業等により支給される金品の非課税措置の改正

【改正の趣旨・内容等】

　非課税とされる一定の業務又は施設の利用に要する費用に充てるため国等から支給される金品について、その対象となる施設の範囲に、児童福祉法に規定する親子関係形成支援事業に係る施設が追加されました。

〔関係条項〕所規3の2③一

〈適用関係〉令和6年分以後の所得税について適用し、令和5年分以前の所得税については従前どおりとされています（改正所規附2）。

⑷ **公共法人等及び公益信託等に係る非課税の改正**

【改正の趣旨・内容等】

適用対象となる公社債等の管理の方法に、一定の社債につき金融商品取引業者（第一種金融商品取引業を行う者に限ります）又は登録金融機関にその社債の譲渡についての制限を付すること等の要件を満たす保管の委託をする方法が追加されました。

〔関係条項〕所令51の3①二

〈適用関係〉公共法人等又は公益信託若しくは加入者保護信託が令和6年4月1日以後に支払を受けるべき社債の利子について適用されます（改正所令附2）。

⑸ **国庫補助金等の総収入金額不算入制度の改正**

【改正の趣旨・内容等】

対象となる国庫補助金等に、国立研究開発法人新エネルギー・産業技術総合開発機構法に基づく国立研究開発法人新エネルギー・産業技術総合開発機構の供給確保事業助成金及び独立行政法人エネルギー・金属鉱物資源機構法に基づく独立行政法人エネルギー・金属鉱物資源機構の供給確保助成金が追加されました。

〔関係条項〕所令89五・七

〈適用関係〉令和6年分以後の所得税について適用されます（改正所令附3）。

⑹ **源泉徴収の対象とされる報酬・料金等の範囲の改正**

【改正の趣旨・内容等】

源泉徴収制度及び支払調書の対象となる報酬・料金等の範囲に、社会保険診療報酬支払基金から支払われる流行初期医療の確保に要する費用が追加されました。

〔関係条項〕所法204①三、225①三、所規別表第3⑸・5⑻

〈適用関係〉令和6年4月1日以後に支払うべき診療報酬について適用し、同日前に支払うべき診療報酬については従前どおりとされています（改正法附4）。

令和6年4月1日以後に提出する調書について適用し、同日前に提出した調書については従前どおりとされています（改正所規附9①③）。

⑺ **本人確認書類の範囲の改正**

【改正の趣旨・内容等】

国内に住所を有しない個人で個人番号を有するものに係る個人番号を証する書類の範囲に個人番号カードが追加されるとともに、その書類の範囲から還付された個人番号カードが除外されました。

〔関係条項〕所規81の6①二ロ、措規18の12③二ロ、国外送金規4①二

〈適用関係〉令和6年5月27日から施行されます（租税特別措置法施行規則等の一部を改正する省令附1）。

⑻ オープン型証券投資信託収益の分配の支払通知書等の電子交付の特例の改正
【改正の趣旨・内容等】
① 国内においてオープン型の証券投資信託の収益の分配又は剰余金の配当等とみなされるものにつき支払をする者が、その支払を受ける者からのその支払に関する通知書の交付に代えて行うその通知書に記載すべき事項の電磁的方法による提供についての承諾を得ようとする場合において、その支払をする者が定める期間までにその承諾をしない旨の回答がないときはその承諾があったものとみなす旨の通知をし、その期限までにその支払を受ける者からその回答がなかったときは、その承諾を得たものとみなすこととされました。
〔関係条項〕所規92の3②
〈適用関係〉上記①をする者又は下記②の内国法人が令和6年4月1日以後に行う通知について適用されます（改正所規附4）。
② 集団投資信託を引き受けた内国法人が、個人又は法人からのその支払の確定した集団投資信託の収益の分配に係る通知外国所得税の額等の書面による通知に代えて行うその書面に記載すべき事項の電磁的方法による提供についての承諾を得ようとする場合において、その内国法人が定める期限までにその承諾をしない旨の回答がないときはその承諾があったものとみなす旨の通知をし、その期限までにその個人又は法人からその回答がなかったときは、その承諾を得たものとみなすこととされました。
〔関係条項〕所規72の4⑩において準用する所規92の3②

⑼ 計算書等の書式の特例（改正後：計算書等の書式等の特例）の改正
【改正の趣旨・内容等】
① 適用対象に、障害者等の少額預金の利子所得等の非課税措置に関する申告書が追加されました。
〔関係条項〕所規104前段
〈適用関係〉令和8年9月1日から施行されます（改正所規附1三）。下記②について同じ。
② 国税庁長官は、適用対象となる書類の書式について所要の事項を付記し、又は一部の事項を削る場合には、併せてその用紙の大きさを別表に定める大きさ以外の大きさ（日本産業規格に適合するものに限ります）とすることができることとされました。
〔関係条項〕所規104後段

⑽ 支払調書等の提出の特例の改正
【改正の趣旨・内容等】
支払調書等のe-Tax等による提出義務制度について、この制度の対象となるかどうかの判定基準となるその年の前々年に提出すべきであった支払調書等の枚数が30枚以上（改正前：100枚以上）に引き下げられました。
〔関係条項〕所法228の4①、措法42の2の2①、国外送金法4②
〈適用関係〉令和9年1月1日以後に提出すべき調書等について適用し、同日前に提出すべき調書等については従前どおりとされています（改正法附、37、57）。

2．租税特別措置法等関係

◆金融・証券税制の改正◆

(1) 特定の取締役等が受ける新株予約権の行使による株式の取得に係る経済的利益の非課税等の改正

【改正の趣旨・内容等】

① 権利行使価額の年間の限度額である1,200万円の判定について、特定新株予約権に係る付与決議の日において、その特定新株予約権に係る契約を締結した株式会社が、その設立の日以後の期間が5年未満のものである場合には権利行使価額を2で除して計算した金額とし、その設立の日以後の期間が5年以上20年未満であること等の要件を満たすものである場合には権利行使価額を3で除して計算した金額として、その判定を行うこととされました。

〔関係条項〕措法29の2①ただし書、二、措規11の3①

〈適用関係〉令和6年分以後の所得税について適用し、令和5年分以前の所得税については従前どおりとされています（改正法附31①）。下記②について同じ。

② 適用対象となる新株予約権の行使により取得をする株式の管理の方法について、改正前の要件に代えて、「新株予約権の行使により交付をされるその株式会社の株式（譲渡制限株式に限ります）の管理に関する取決めに従い、その取得後直ちに、その株式会社により管理がされること」との要件を選択できることとされました。

〔関係条項〕措法29の2①六ロ、措令19の3⑨⑩、措規11の3④

③ 株式会社に提出する書面について、その書面の提出に代えて、電磁的方法によるその書面に記載すべき事項の提供を行うことができることとされました。

また、その書面に記載すべき事項の提供を受けた株式会社は、各人別に整理し、その書面に記載すべき事項を記録した電磁的記録をその提供を受けた日の属する年の翌年から5年間保存しなければならないこととされました。

〔関係条項〕措法29の2②③、措規11の3⑥

〈適用関係〉令和6年4月1日以後に株式会社に対して行う電磁的方法による書面に記載すべき事項の提供について適用されます（改正法附31③）。

④ 付与会社等により管理がされている特定株式について、その管理に係る契約の解約又は終了等の事由によりその特定株式の全部又は一部の返還又は移転があった場合には、その返還又は移転があった特定株式については、その事由が生じた時に、その時における価額に相当する金額による譲渡があったものとみなして、株式等に係る譲渡所得等の課税の特例その他の所得税に関する法令の規定を適用すること等とされました。

〔関係条項〕措法29の2④、措令19の3⑭

〈適用関係〉令和6年4月1日以後に管理に係る契約の解約又は終了等により特例適用者又は承継特例適用者が有する特定株式又は承継特定株式の全部又は一部の返還又は移転がある場合について適用し、同日前に管理に係る契約の解約又は終了等により特例適用者又は承継特例適用者が有する特定株式又は承継特定株式の全部又は一部の返還又は移

転があった場合については従前どおりとされています（改正法附31④⑤）。
⑤ 「特定新株予約権の付与に関する調書」及び「特定株式等の異動状況に関する調書」の記載事項の見直しが行われました。

〔関係条項〕措規11の3⑮⑯、別表6(1)(2)

〈適用関係〉「特定新株予約権に関する調書」は、特定新株予約権でその付与をした日が令和6年4月1日以後であるものについて適用し、特定新株予約権でその付与をした日が同日前であるものに従前どおりとされています（改正措規附19①③）。

　「特定株式等の異動状況に関する調書」は、令和6年4月1日以後に提出するものについて適用し、同日前に提出したものについては従前どおりとされています（改正法附31⑥、改正措規附19②③）。

⑥ 認定新規中小企業者等及び社外高度人材の要件の見直しが行われました。

〔関係条項〕中小企業等経営強化法施行規則4一～五・七ロ(3)(4)・八・九、旧社外高度人材活用新事業分野開拓に関する命令5五

〈適用関係〉令和6年4月1日から施行されます（中小企業等経営強化法施行規則の一部を改正する省令（令和6年経済産業省令28）附1、社外高度人材活用新事業分野開拓に関する命令の一部を改正する命令（令和6年内閣府、総務省、財務省、厚生労働省、農林水産省、経済産業省、国土交通省、環境省令1）附1）。

(2) 特定中小会社が発行した株式の取得に要した金額の控除等の改正

【改正の趣旨・内容等】

① 一定の新株予約権の行使により取得をした控除対象特定株式にあっては、その控除対象特定株式の取得に要した金額に、その新株予約権の取得に要した金額を含むこととされました。

〔関係条項〕措法37の13①、措令25の12④

〈適用関係〉個人が令和6年4月1日以後に払込みにより取得をする新株予約権の行使により取得をする特定株式について適用されます（改正措令附7①）。

② 同一年中に複数銘柄の控除対象特定株式の取得をした場合において、特例の適用を受けた年の翌年以後の各年分におけるその控除対象特定株式に係る同一銘柄株式の取得価額又は取得費から控除する金額の計算方法が明確化されました。

〔関係条項〕措令25の12⑦

〈適用関係〉個人が令和6年4月1日以後に払込みにより取得をする特定株式について適用し、個人が同日前に払込みにより取得をする特定株式については従前どおりとされています（改正措令附7②）。

③ 都道府県知事等の確認をした旨を証する書類について、その特定株式が一定の新株予約権の行使により取得をしたものである場合には、その新株予約権と引換えに払い込むべき額及びその払い込んだ金額の記載があるものに限ること等とされました。

〔関係条項〕措規18の15⑧一イ(4)ロ(3)ハ(4)

〈適用関係〉個人が令和6年4月1日以後に払込みにより取得をする特定株式について適

用されます（改正措令附7①②）。

④ 適用対象に、居住者等が受益者となった一定の信託の財産として特定株式の取得をする方法が追加されました。

〔関係条項〕中小企業等経営強化法施行規則11④

〈適用関係〉令和6年4月1日に施行されます（中小企業等経営強化法施行規則の一部を改正する省令（令和6年経済産業省令28）附1）。

(3) 特定新規中小会社が発行した株式を取得した場合の課税の特例の改正

【改正の趣旨・内容等】

① 一定の新株予約権の行使により取得をした控除対象特定新規株式にあっては、その控除対象特定新規株式の取得に要した金額に、その新株予約権の取得に要した金額を含むこととされました。

〔関係条項〕措令26の28の3③

〈適用関係〉個人が令和6年4月1日以後に払込みにより取得をする新株予約権の行使により取得をする特定新規株式について適用されます（改正措令附10①）。下記②について同じ。

② 都道府県知事等の確認をした旨を証する書類について、その特定新規株式が一定の新株予約権の行使により取得をしたものである場合には、その新株予約権と引換えに払い込むべき額及びその払い込んだ金額の記載があるものに限ること等とされました。

〔関係条項〕措規19の11⑧一イ(3)ロ(3)・六

③ 適用対象となる国家戦略特別区域法に規定する特定事業を行う株式会社により発行される株式の発行期限が令和8年3月31日まで2年延長されました。

〔関係条項〕措法41の19①四

〈適用関係〉（継続適用）

④ 適用対象となる地域再生法に規定する特定地域再生事業を行う株式会社により発行される株式の発行期限が令和8年3月31日まで2年延長されました。

〔関係条項〕措法41の19①五

〈適用関係〉（継続適用）

⑤ 特定新規中小会社の確認手続において必要な添付書類が一部削除されました。

〔関係条項〕旧国家戦略特別区域法施行規則17⑦二・三、旧地域再生法施行規則26②イロ

〈適用関係〉令和6年4月1日から施行されます（総合特別区域法施行規則及び国家戦略特別区域法施行規則の一部を改正する内閣府令（令和6年内閣府令44）附1、地域再生法施行規則の一部を改正する内閣府令（令和6年内閣府令43）附）。

⑥ 適用対象に、居住者等が受益者となった一定の信託の財産として特定新規株式の取得をする方法が追加されました。

〔関係条項〕中小企業等経営強化法施行規則11④

〈適用関係〉令和6年4月1日から施行されます（中小企業等経営強化法施行規則の一部

を改正する省令（令和6年経済産業省令28）附1）。
(4) 租税特別措置法に定められている支払調書等の書式等に関する特例の整備
【整備の趣旨・内容等】
① 国税庁長官は、次に掲げる調書等の書式について必要があるときは、所要の事項を付記すること又は一部の事項を削ることができることとされました。
　イ　障害者等の少額公債の利子の非課税措置に関する申告書
　ロ　勤労者財産形成住宅（年金）貯蓄の利子所得等の非課税措置に関する申告書
　ハ　特定新株予約権の付与に関する調書及び特定株式等の異動状況に関する調書
　ニ　上場株式等の源泉徴収選択口座内調整所得金額及び源泉徴収選択口座内配当等の所得税徴収高計算書
　ホ　未成年者口座年間取引報告書
　ヘ　住宅取得資金に係る借入金等の年末残高等調書
　ト　償還差益の所得税徴収高計算書
　チ　割引債の償還金に係る差益金額の所得税徴収高計算書
　〔関係条項〕措規2の5③前段、3の7②前段、3の16②前段、11の3⑱前段、18の13の6④前段、18の13の7⑤前段、18の15の11⑥前段、18の23の2④前段、19の4②前段、19の5⑧前段
　〈適用関係〉令和8年9月1日から施行されます（改正措規附1三）。下記②について同じ。

② 国税庁長官は、租税特別措置法に定められている調書等の書式について所要の事項を付記し、又は一部の事項を削る場合には、併せてその用紙の大きさを別表に定める大きさ以外の大きさ（日本産業規格に適合するものに限ります）とすることができることとされました。
　〔関係条項〕措規2の5③後段、3の7②後段、3の16②後段、4の4の2③後段、5の3の2③後段、11の3⑱後段、18の13の5⑤後段、18の13の6④後段、18の13の7⑤後段、18の15の9④後段、18の15の11⑥後段、18の23の2④後段、19の4②後段、19の5⑧後段

(5) 金融機関等の受ける利子所得等に対する源泉徴収の不適用の改正
【改正の趣旨・内容等】
適用対象となる公社債等の利子等の範囲に、一定の社債であって、金融商品取引業者（第一種金融商品取引業を行う者に限ります）又は登録金融機関にその社債の譲渡についての制限を付すること等の要件を満たす方法による保管の委託がされたその社債の利子等が追加されました。
　〔関係条項〕措法8①二②二③二、措令3の3④⑤
　〈適用関係〉金融機関、金融商品取引業者等又は内国法人が令和6年4月1日以後に支払を受けるべき社債の利子について適用されます（改正法附21）。

(6) 上場株式配当等の支払通知書等の電子交付の特例の改正
【改正の趣旨・内容等】
① 国内において上場株式等の配当等又は特定割引債の償還金等の支払をする者が、その支払

を受ける者からのその支払に関する通知書の交付に代えて行うその通知書に記載すべき事項の電磁的方法による提供についての承諾を得ようとする場合において、その支払をする者が定める期限までにその承諾をしない旨の回答がないときはその承諾があったものとみなす旨の通知をし、その期限までにその支払を受ける者からその回答がなかったときは、その承諾を得たものとみなすこととされました。

〔関係条項〕措規4の4⑩、19の6⑦

〈適用関係〉上記①の支払をする者、下記②の支払の取扱者又は下記③の金融商品取引業者等が令和6年4月1日以後に行う通知について適用されます（改正措規附4、9①、12）。

② 上場株式等の配当等の支払の取扱者が、個人又は内国法人若しくは外国法人からのその上場株式等の配当等に係る控除外国所得税相当額等の書面による通知に代えて行うその書面に記載すべき事項の電磁的方法による提供についての承諾を得ようとする場合において、その支払の取扱者が定める期限までにその承諾をしない旨の回答がないときはその承諾があったものとみなす旨の通知をし、その期限までにその個人又は内国法人若しくは外国法人からその回答がなかったときは、その承諾を得たものとみなすこととされました。

〔関係条項〕措規5の2⑮において準用する措規4の4⑩

③ 金融商品取引業者等が、特定口座を開設した居住者等からの特定口座年間取引報告書の交付に代えて行うその報告書に記載すべき事項の電磁的方法による提供についての承諾を得ようとする場合において、その金融商品取引業者等が定める期限までにその承諾をしない旨の回答がないときはその承諾があったものとみなす旨の通知をし、その期限までにその居住者等からその回答がなかったときは、その承諾を得たものとみなすこととされました。

〔関係条項〕措規18の13の5⑪

(7) 非課税口座内の少額上場株式等に係る配当所得及び譲渡所得等の非課税措置の改正

【改正の趣旨・内容等】

① 受入期間内に受け入れた上場株式等の取得対価の額の合計額が240万円を超えないこと等の要件を満たすことにより特定非課税管理勘定に受け入れることができる上場株式等の範囲に、非課税口座内上場株式等について与えられた一定の新株予約権の行使により取得する上場株式等その他の一定のもので金銭の払込みにより取得するものが追加されました。

〔関係条項〕措法37の14⑤六ハ、措令25の13㉚

〈適用関係〉令和6年4月1日以後に取得をする上場株式等について適用し、同日前に取得をした上場株式等については従前どおりとされています（改正法附33①）。

② 非課税管理勘定又は特定非課税管理勘定に受け入れることができる非課税口座内上場株式等の分割等により取得する上場株式等の範囲から、非課税口座内上場株式等について与えられた一定の新株予約権の行使により取得する上場株式等その他の一定のものでその取得に金銭の払込みを要するものが除外されました。

〔関係条項〕措令25の13⑫十

〈適用関係〉令和6年4月1日以後に行使又は取得事由の発生により取得する上場株式等

について適用し、同日前に行使又は取得事由の発生により取得する上場株式等については従前どおりとされています（改正措令附8）。

③　金融商品取引業者等の営業所の長は、勘定廃止通知書又は非課税口座廃止通知書の交付に代えて、電磁的方法による勘定廃止通知書の記載事項又は非課税口座廃止通知書の記載事項の提供ができることとされました。

〔関係条項〕措法37の14⑮⑱

〈適用関係〉令和6年4月1日以後に提出を受ける金融商品取引業者等変更届出書又は非課税口座廃止届出書について適用し、同日前に提出を受けた金融商品取引業者等変更届出書又は非課税口座廃止届出書については従前どおりとされています（改正法附33③④）。

④　非課税口座を開設し、又は開設していた居住者等は、勘定廃止通知書又は非課税口座廃止通知書を添付した非課税口座開設届出書の提出に代えて、勘定廃止通知書の記載事項若しくは非課税口座廃止通知書の記載事項の記載をした非課税口座開設届出書の提出又は非課税口座開設届出書の提出と併せて行われる電磁的方法による勘定廃止通知書の記載事項若しくは非課税口座廃止通知書の記載事項の提供等ができることとされました。

〔関係条項〕措法37の14⑩⑪、措令25の13⑤、措規18の15の3⑩

〈適用関係〉令和6年4月1日以後に提出をする非課税口座開設届出書について適用し、同日前に提出をした非課税口座開設届出書については従前どおりとされています（改正法附33②）。

⑤　金融商品取引業者等の営業所に非課税口座を開設している居住者等は、勘定廃止通知書又は非課税口座廃止通知書の提出に代えて、電磁的方法による勘定廃止通知書の記載事項又は非課税口座廃止通知書の記載事項の提供ができることとされました。

〔関係条項〕措法37の14⑲、措規18の15の3⑩㉗

〈適用関係〉令和6年4月1日以後に特定累積投資勘定又は特定非課税管理勘定を設けようとする場合について適用し、同日前に特定累積投資勘定又は特定非課税管理勘定を設けようとする場合については従前どおりとされています（改正法附33⑤）。

⑥　非課税口座内上場株式等の配当等に係る金融商品取引業者等の要件について、非課税口座に国外において発行された株式のみの保管の委託がされ、かつ、その者がその株式に係る国外株式の配当等に係る一定の支払の取扱者に該当することその他の要件を満たす場合には、口座管理機関に該当することとの要件を満たす必要はないこととされました。

〔関係条項〕措規5の5の2

〈適用関係〉令和6年4月1日以後に支払を受けるべき非課税口座内上場株式等の配当等について適用し、同日前に支払を受けるべき非課税口座内上場株式等の配当等については従前どおりとされています（改正措規附5）。

⑦　勘定廃止通知書及び非課税口座廃止通知書並びに非課税口座年間取引報告書の記載事項が簡素化されました。

〔関係条項〕措規18の15の9②四、別表第7(3)、旧措規18の15の3⑩四⑪五、18の15の9③

〈適用関係〉勘定廃止通知書及び非課税口座廃止通知書の記載事項の改正に係る規定は、令和6年4月1日以後に提出を受ける金融商品取引業者等変更届出書又は非課税口座廃止届出書について適用し、同日前に提出を受けた金融商品取引業者等変更届出書又は非課税口座廃止届出書については従前どおりとされています（改正措規附9②③）。

　非課税口座年間取引報告書の記載事項の改正に係る規定等は、令和6年4月1日以後に提出する令和6年以後の各年において金融商品取引業者等に開設されている非課税口座に係る報告書及び金融商品取引業者等に開設されている未成年者口座に係る報告書について適用し、同日前に提出した租税特別措置法37条の14第34項の報告書及び同法37条の14の2第27項の報告書並びに同日以後に提出する令和5年以前の各年において金融商品取引業者等に開設されていた非課税口座に係る報告書及び金融商品取引業者等に開設されていた未成年者口座に係る報告書については従前どおりとされています（改正措規附9④⑤）。

⑧　累積投資上場株式等の要件のうち上場株式投資信託の受益者に対する信託報酬等の金額の通知に係る要件が廃止されるとともに、公募株式投資信託の受益権については、特定非課税管理勘定においてその受益権が振替口座簿への記載がされている期間を通じて、その特定非課税管理勘定に係る非課税口座が開設されている金融商品取引業者等が、その受益者に対して、その公募株式投資信託に係る信託報酬等の金額を通知することとされているもののみが、上記①の特定非課税管理勘定に受け入れることができる上場株式等に該当することとされました。

　〔関係条項〕平29.3内閣府告540第7条1項2号、旧平29.3内閣府告540第2条1号ロ⑷
　〈適用関係〉令和6年4月1日から適用されます（令6.3内閣府告32前文）

(8) **特定口座内保管上場株式等の譲渡等に係る所得計算等の特例の改正**
【改正の趣旨・内容等】

　上場株式等保管委託契約に基づき特定口座に受入れ可能な上場株式等の範囲に、次の上場株式等が追加されました。

①　金融商品取引業者等に特定口座を開設する居住者等がその金融商品取引業者等に開設されているその居住者等の非課税口座に係る非課税口座内上場株式等について与えられた一定の新株予約権の行使により取得する上場株式等その他の一定のもので金銭の払込みを要するものの全てを、その行使等の時に、その特定口座に係る振替口座簿に記載等をする方法により受け入れるもの

　〔関係条項〕措令25の10の2⑭二十九

②　居住者等が開設する非課税口座に係る非課税口座内上場株式等及びその非課税口座が開設されている金融商品取引業者等にその居住者等が開設する特定口座に係るその非課税内上場株式等と同一銘柄の特定口座内保管上場株式等について生じた株式の分割等の事由により取得する上場株式等（非課税口座に受け入れることができるもの及び特定口座に受け入れることができるものを除きます）で、その上場株式等のその特定口座への受入れを振替口座簿に

記載等をする方法により行うもの

〔関係条項〕措令25の10の2⑭三十

〈適用関係〉令和6年4月1日以後に上記①の行使等又は上記②の事由により特定口座に受け入れる上場株式等について適用されます（改正措令附6）。

◆住宅・土地税制の改正◆

⑴ 住宅借入金等を有する場合の所得税額の特別控除制度（住宅ローン税額控除）等の改正

【改正の趣旨・内容】

① 住宅借入金等を有する場合の所得税額の特別控除制度の改正

〈適用関係〉特例対象個人等が令和6年1月1日以後に認定住宅等を居住の用に供する場合について適用されます（措法41⑬㉑、震災税特法13の2③）。

〔改正の趣旨〕

　子育て世帯は、安全・快適な住宅の確保や、子どもを扶養する者が万が一のことがあった際のリスクへの備えなど、様々なニーズを抱えており、子育て支援を進めるためには、税制においてこうしたニーズを踏まえた措置を講じていく必要があります。

　そうした観点から、令和6年度の与党税制改正大綱においては、扶養控除等の見直しと併せて行う子育て支援税制として、⑴子育て世帯等に対する住宅ローン控除の拡充、⑵子育て世帯等に対する住宅リフォーム税制の拡充、⑶子育て世帯に対する生命保険料控除の拡充について、令和7年度税制改正において検討し、結論を得ることとされました。

　その上で、令和6年度税制改正では、⑴及び⑵について、現下の急激な住宅価格の上昇等の状況を踏まえ、令和6年限りの措置として先行的に対応することとされました。

〔改正の内容〕

イ　個人で、年齢40歳未満であって配偶者を有する者、年齢40歳以上であって年齢40歳未満の配偶者を有する者又は年齢19歳未満の扶養親族を有する者（以下、「特例対象個人」といいます）が、認定住宅等の新築等又は買取再販認定住宅等の取得をし、かつ、その認定住宅等の新築等をした認定住宅等（認定住宅等とみなされる特例認定住宅等を含みます）又は買取再販認定住宅等の取得をした家屋を令和6年1月1日から同年12月31日までの間に自己の居住の用に供した場合（その認定住宅等の新築等又は買取再販認定住宅等の取得をした日から6月以内に自己の居住の用に供した場合に限ります）において、認定住宅等の住宅ローン税額控除の特例を適用する場合の認定住宅等借入限度額を次のとおり上乗せされた金額とする特例が創設されました。

居住用家屋の区分	認定住宅等借入限度額
認定住宅	5,000万円
特定エネルギー消費性能向上住宅	4,500万円
エネルギー消費性能向上住宅	4,000万円

〔関係条項〕措法41⑬

ロ　小規模居住用家屋である認定住宅等で令和6年12月31日以前に建築確認を受けたもの（以下、「特例認定住宅等」といいます）の新築又は特例認定住宅等で建築後使用されたことのないものの取得についても、認定住宅等の住宅ローン税額控除の特例の適用ができることとされました。

　　ただし、その者の控除期間のうち、その年分の所得税に係る合計所得金額が1,000万円を超える年については、適用しないこととされました。

〔関係条項〕措法41㉑

ハ　二以上の住宅の取得等に係る住宅借入金等を有する場合の控除額の調整措置等について、所要の措置が講じられました。

〔関係条項〕措法41の2②二

② 東日本大震災の被災者等に係る住宅借入金等を有する場合の所得税額の特別控除の控除額に係る特例の改正

イ　特例対象個人に該当する住宅被災者が、認定住宅等の新築等又は買取再販認定住宅等の取得をし、かつ、その認定住宅等の新築等をした認定住宅等（認定住宅等とみなされる特例認定住宅等を含みます）又は買取再販認定住宅等の取得をした家屋を令和6年1月1日から同年12月31日までの間に自己の居住の用に供した場合（その認定住宅等の新築等又は買取再販認定住宅等の取得をした日から6月以内に自己の居住の用に供した場合に限ります）において、東日本大震災の被災者等に係る住宅ローン税額控除の控除額に係る特例を適用する場合の借入限度額を次のとおり上乗せされた金額とする特例が創設されました。

居住用家屋の区分	借入限度額
認定住宅	5,000万円
特定エネルギー消費性能向上住宅	
エネルギー消費性能向上住宅	

〔関係条項〕震災税特法13の2③

ロ　上記①のロ及びハと同様の措置を講ずることとされました。

〔関係条項〕震災税特法13の2①③

(2) 既存住宅に係る特定の改修工事をした場合の所得税額の特別控除の改正
【改正の趣旨・内容】
次の措置が講じられた上で、その適用期限が令和7年12月31日まで2年延長されました。
〔関係条項〕措法41の19の3①〜⑧

① 子育て対応改修工事等に係る税額控除制度の創設
〈適用関係〉対象子育て対応改修工事等をした家屋を令和6年4月1日以後に居住の用に供する場合について適用されます（措法41の19の3⑦）。

イ 特例対象個人が、その所有する居住用の家屋について子育て対応改修工事等をして、その居住用の家屋を令和6年4月1日から同年12月31日までの間に自己の居住の用に供した場合には、その特例対象個人の同年分の所得税の額から、子育て対応改修工事等に係る標準的費用額（補助金等の交付を受ける場合には、補助金等の額を控除した後の金額とし、その金額が250万円を超える場合には、250万円）の10％に相当する金額を控除することができることとされました。
〔関係条項〕措法41の19の3⑦

ロ 上記イの「子育て対応改修工事等」とは、国土交通大臣が財務大臣と協議して定める子育てに係る特例対象個人の負担を軽減するために家屋について行う増改築等でその増改築等に該当するものであることにつき増改築等工事証明書によって証明がされたものであり、その子育て対応改修工事等に係る標準的な工事費用相当額（補助金等の交付がある場合には、補助金等の額を控除した後の金額）が50万円を超えること等の要件を満たすものがこの特例の対象とされています。
〔関係条項〕措法41の19の3⑦⑭、措令26の28の5⑭〜⑯㉗㉘、措規19の11の3⑧、令6.3国土交通告304、305

② 合計所得金額要件の見直し
この特例の適用対象者の合計所得金額要件を2,000万円以下（改正前：3,000万円以下）に引き下げることとされました。
〔関係条項〕措法41の19の3⑨
〈適用関係〉対象高齢者等居住改修工事等、対象一般断熱改修工事等、対象多世帯同居改修工事等又は対象住宅耐震改修若しくは対象耐久性向上改修工事等をした家屋を令和6年1月1日以後にその者の居住の用に供する場合について適用し、これらの改修工事をした家屋を同日前にその者の居住の用に供した場合については従前どおりとされています（改正法附35）。

③ エアコンディショナーの省エネルギー基準達成率の見直し
この特例の適用対象となる省エネ改修工事のうち省エネ設備の取替え又は取付け工事について、その工事の対象設備となるエアコンディショナーの省エネルギー基準達成率を107％以上（改正前：114％以上）に引き下げることとされました。
〔関係条項〕平25経済産業・国土交通告5

〈適用関係〉対象一般断熱改修工事等をした家屋を令和6年1月1日以後にその者の居住の用に供する場合について適用し、対象一般断熱改修工事等をした家屋を同日前にその者の居住の用に供した場合については従前どおりとされています（令6.3経済産業・国土交通告2附②）。

(3) 収用等に伴い代替資産を取得した場合の課税の特例等の改正
【改正の趣旨・内容】
　適用対象に土地収用法に規定する事業の施行者が行うその事業の施行に伴う漁港水面施設運営権の消滅により補償金を取得する場合及び漁港管理者が漁港及び漁場の整備等に関する法律の規定に基づき公益上やむを得ない必要が生じた場合に行う漁港水面施設運営権を取り消す処分に伴う資産の消滅等により補償金を取得するときが追加されました。
〔関係条項〕措法33①七、措令22①
〈適用関係〉令和6年4月1日から施行されます（改正法附1、改正措令附1）。

(4) 特定土地区画整理事業等のために土地等を譲渡した場合の2,000万円特別控除の改正
【改正の趣旨・内容】
① 適用対象に、古都保存法又は都市緑地法の規定により対象土地が都市緑化支援機構に買い取られた場合（一定の要件を満たす場合に限ります）が追加されました。
〔関係条項〕措法34②三の二・三の三、措令22の7②③
〈適用関係〉都市緑地法等の一部を改正する法律（以下、「都市緑地法等改正法」といいます）の施行の日から施行されます（改正法附1十ロ）。

② 適用対象から、都市緑地法の規定により土地等が緑地保全・緑化推進法人に買い取られた場合が除外されました。
〔関係条項〕措法34②三
〈適用関係〉個人の有する土地等が都市緑地法等改正法の施行の日以後に買い取られる場合について適用し、個人の有する土地等が同日前に買い取られた場合については従前どおりとされています（改正法附32）。

(5) 特定住宅地造成事業等のために土地等を譲渡した場合の1,500万円特別控除の改正
【改正の趣旨・内容】
　適用対象となる特定の民間住宅地造成事業のために土地等が買い取られる場合について、その適用期限が令和8年12月31日まで3年延長されました。
〔関係条項〕措法34の2②三
〈適用関係〉（継続適用）

(6) 特定の居住用財産の買換え及び交換の場合の長期譲渡所得の課税の特例の改正
【改正の趣旨・内容】
　適用期限が令和7年12月31日まで2年延長されました。
〔関係条項〕措法36の2①②、36の5
〈適用関係〉（継続適用）

(7) 居住用財産の買換え等の場合の譲渡損失の損益通算及び繰越控除の改正

【改正の趣旨・内容】

　この特例の適用を受けようとする個人が買換資産に係る住宅借入金等の債権者に対し、住宅ローン税額控除制度における「住宅取得資金に係る借入金等の年末残高等調書制度」に係る適用申請書を提出している場合には、買換資産に係る住宅借入金等の残高証明書の納税地の所轄税務署長への提出及び確定申告書への添付を不要とした上で、その適用期限が令和7年12月31日まで2年延長されました。

　〔関係条項〕措法41の5⑦一、措規18の25②⑪

　〈適用関係〉個人が令和6年1月1日以後に行う譲渡資産の特定譲渡について適用し、個人が同日前に行った譲渡資産の特定譲渡については従前どおりとされています（改正措規附11）。

(8) 特定居住用財産の譲渡損失の損益通算及び繰越控除の改正

【改正の趣旨・内容】

　適用期限が令和7年12月31日まで2年延長されました。

　〔関係条項〕措法41の5の2⑦一

　〈適用関係〉（継続適用）

(9) 既存住宅の耐震改修をした場合の所得税額の特別控除の改正

【改正の趣旨・内容】

　適用期限が令和7年12月31日まで2年延長されました。

　〔関係条項〕措法41の19の2①

　〈適用関係〉（継続適用）

(10) 認定住宅等の新築等をした場合の所得税額の特別控除の改正

【改正の趣旨・内容】

　この特例の適用対象者の合計所得金額要件が2,000万円以下（改正前：3,000万円以下）に引き下げられた上で、その適用期限が令和7年12月31日まで2年延長されました。

　〔関係条項〕措法41の19の4①③④

　〈適用関係〉個人が、認定住宅等の新築等又は認定住宅等で建築後使用されたことのないものの取得をして、その認定住宅等を令和6年1月1日以後にその者の居住の用に供する場合について適用し、個人が、認定住宅等の新築等又は認定住宅等で建築後使用されたことのないものの取得をして、その認定住宅等を同日前にその者の居住の用に供した場合については従前どおりとされています（改正法附36）。

(11) 特定の事業用資産の買換え等の場合の譲渡所得の課税の特例（震災税特法）の廃止

【廃止の趣旨・内容】

　適用期限（令和6年3月31日）の到来をもって廃止されました。

　〔関係条項〕旧震災税特法12、旧震災税特令14、旧震災税特規4

　〈適用関係〉個人が令和6年4月1日前に行った譲渡資産の譲渡については従前どおりとさ

れています（改正法附58）。

◆事業所得等に係る税制の改正◆

(1) 試験研究を行った場合の所得税額の特別控除制度の改正

【改正の趣旨・内容】

① 試験研究費の額の範囲から、居住者が国外事業所等を通じて行う事業に係る費用の額が除外されました。

〔関係条項〕措法10⑧一

〈適用関係〉令和8年分以後の所得税について適用し、令和7年分以前の所得税については従前どおりとされています（改正法附22②）。

② 一般試験研究費の額に係る特別税額控除制度について、増減試験研究費割合が0に満たない場合の税額控除割合が次の年分の区分に応じそれぞれ次の割合とされるとともに、税額控除割合の下限が1％から0に引き下げられました。

イ 令和9年から令和11年までの年分

⇒ 8.5％ －（増減試験研究費割合が0に満たない場合のその満たない部分の割合×8.5/30）

ロ 令和12年分及び令和13年分

⇒ 8.5％ －（増減試験研究費割合が0に満たない場合のその満たない部分の割合×8.5/27.5）

ハ 令和14年以後の年分

⇒ 8.5％ －（増減試験研究費割合が0に満たない場合のその満たない部分の割合×8.5/25）

〔関係条項〕措法10①二

〈適用関係〉令和9年分以後の所得税について適用し、令和8年分以前の所得税については従前どおりとされています（改正法附22①）。

(2) 地域経済牽引事業の促進区域内において特定事業用機械等を取得した場合の特別償却及び所得税額の特別控除制度の改正

【改正の趣旨・内容】

特別償却割合又は税額控除割合の引上げに係る措置の対象となる承認地域経済牽引事業が、地域の事業者に対して著しい経済的効果を及ぼすものである場合には、その対象となる機械装置及び器具備品の税額控除割合を6％とすることとされました。

〔関係条項〕措法10の4③一

〈適用関係〉個人が令和6年4月1日以後に取得又は製作若しくは建設をする特定事業用機械等について適用し、個人が同日前に取得又は製作若しくは建設をした特定事業用機械等については従前どおりとされています（改正法附23）。

(3) 地方活力向上地域等において特定建物等を取得した場合の特別償却及び所得税額の特別控除制度の改正

【改正の趣旨・内容】

次の見直しが行われた上、地方活力向上地域等特定業務施設整備計画の認定期限が令和8年

3月31日まで2年延長されました。

〔関係条項〕措法10の4の2①

① 特定建物等の範囲に、認定地方活力向上地域等特定業務施設整備計画に記載された特定業務児童福祉施設のうち特定業務施設の新設に併せて整備されるものに該当する建物等及び構築物が追加されました。

〔関係条項〕措法10の4の2①

〈適用関係〉令和6年4月19日以後に地方活力向上地域等特定業務施設整備計画について認定を受ける個人が取得又は建設をするその認定に係る認定地方活力向上地域等特定業務施設整備計画に記載された特定建物等について適用し、同日前に地方活力向上地域等特定業務施設整備計画について認定を受けた個人が取得又は建設をするその認定に係る認定地方活力向上地域等特定業務施設整備計画に記載された特定建物等については従前どおりとされています（改正法附24②）。

② 中小事業者以外の個人の適用対象となる特定建物等の取得価額に係る要件が、3,500万円以上（改正前：2,500万円以上）に引き上げられました。

〔関係条項〕措令5の5の3①

〈適用関係〉令和6年4月1日以後に地方活力向上地域等特定業務施設整備計画について認定を受ける個人が取得又は建設をするその認定に係る認定地方活力向上地域等特定業務施設整備計画に記載された特定建物等について適用し、同日前に地方活力向上地域等特定業務施設整備計画について認定を受けた個人が取得又は建設をするその認定に係る認定地方活力向上地域等特定業務施設整備計画に記載された特定建物等については従前どおりとされています（改正法附24①、改正措令附3）。下記③について同じ。

③ 特別償却限度額及び税額控除限度額の計算の基礎となる特定建物等の取得価額の上限が、80億円とされました。

〔関係条項〕措法10の4の2①③

(4) **地方活力向上地域等において雇用者の数が増加した場合の所得税額の特別控除制度の改正**

【改正の趣旨・内容】

次の見直しが行われた上、地方活力向上地域等特定業務施設整備計画の認定期限が令和8年3月31日まで2年延長されました。

〔関係条項〕措法10の5①

① 地方事業所特別基準雇用者数に係る措置について、地方事業所特別税額控除限度額の計算の基礎となる地方事業所特別基準雇用者数が、無期雇用かつフルタイムの雇用者の数に限ることとされました。

〔関係条項〕措法10の5③十六、措令5の6⑬

〈適用関係〉令和6年4月1日以後に地方活力向上地域等特定業務施設整備計画について計画の認定を受ける個人のその地方活力向上地域等特定業務施設整備計画について適用し、同日前に地方活力向上地域等特定業務施設整備計画について計画の認定を受けた個人のそ

の地方活力向上地域等特定業務施設整備計画については従前どおりとされています（改正法附25）。下記②及び③について同じ。

② 地方活力向上地域等特定業務施設整備計画が特定業務施設の新設に係るものである場合の適用年が、その特定業務施設を事業の用に供した日（改正前：計画の認定を受けた日）の属する年以後3年以内の各年とされました。

〔関係条項〕措法10の5③二・三

③ 適用要件のうち離職者に関する要件について、離職者がいないこととの要件を満たさなければならない年がこの制度の適用を受けようとする年並びにその前年及び前々年（改正前：この制度の適用を受けようとする年及びその前年）とされました。

〔関係条項〕措法10の5⑤

(5) 給与等の支給額が増加した場合の所得税額の特別控除制度の改正

【改正の趣旨・内容】

① 個人の継続雇用者給与等支給額が増加した場合に係る措置について、次の見直しが行われた上、その適用期限が令和9年まで3年延長されました。

〔関係条項〕措法10の5の4①

イ 税額控除割合の上乗せ措置について、適用年において次の要件を満たす場合には、原則の税額控除割合にそれぞれ次の割合を加算した割合を税額控除割合とし、適用年において次の2以上の要件を満たす場合には、原則の税額控除割合にそれぞれの割合を合計した割合を加算した割合（最大で35％）を税額控除割合とする措置に見直されるとともに、原則の税額控除割合が10％（改正前：15％）とされました。

(イ) 継続雇用者給与等支給増加割合が4％以上である場合、次の割合

　a 継続雇用者給与等支給増加割合が4％以上5％未満である場合 ⇒ 5％
　b 継続雇用者給与等支給増加割合が5％以上7％未満である場合 ⇒ 10％
　c 継続雇用者給与等支給増加割合が7％以上である場合 ⇒ 15％

(ロ) 次の要件の全てを満たす場合 ⇒ 5％

　a （教育訓練費の額$^{(*)}$－比較教育訓練費の額）÷比較教育訓練費の額≧10％
　b 教育訓練費の額$^{(*)}$÷雇用者給与等支給額≧0.05％

　（*）教育訓練費の額は、その個人のその適用年の年分の必要経費に算入されるものとされています。

(ハ) その適用年の12月31日において次のいずれかに該当する場合 ⇒ 5％

　a 次世代育成支援対策推進法に規定する特例認定一般事業主（プラチナくるみん認定）
　b 女性の職業生活における活躍の推進に関する法律に規定する特例認定一般事業主（プラチナえるぼし認定）

〔関係条項〕措法10の5の4①

〈適用関係〉令和7年分以後の所得税について適用し、令和6年分以前の所得税について

は従前どおりとされています（改正法附26①、令6.3経産告68附②）。下記ロについて同じ。
ロ　この措置の適用を受けるための要件に、その年12月31日において、その個人の常時使用する従業員の数が2,000人を超える場合には、この措置の適用を受けるための要件に、マルチステークホルダー方針を公表しなければならないとする要件が追加されました。
　　〔関係条項〕措法10の５の４①、措令５の６の４①②㉖、令4.3経産告88
ハ　上記(4)①の見直しに伴い、地方活力向上地域等において雇用者の数が増加した場合の所得税額の特別控除制度の適用を受ける場合の控除対象雇用者給与等支給増加額の調整計算の見直しが行われました。
　　〔関係条項〕措令５の６の４④
　　〈適用関係〉令和７年分以後の所得税について適用し、令和６年分以前の所得税については従前どおりとされています（改正措令附４①②）。
ニ　次の額の算定に際し、給与等に充てるため他の者から支払を受ける金額のうち役務の提供の対価として支払を受ける金額は、給与等の支給額から控除しないこととされました。
　　㈹　継続雇用者給与等支給増加割合に関する要件の判定における継続雇用者給与等支給額及び継続雇用者比較給与等支給額
　　㈺　控除対象雇用者給与等支給増加額の算定の基礎となる雇用者給与等支給額及び比較雇用者給与等支給額
　　㈻　控除対象雇用者給与等支給増加額の上限となる調整雇用者給与等支給額の算定の基礎となる雇用者給与等支給額及び比較雇用者給与等支給額
　　〔関係条項〕措法10の５の４⑤
　　〈適用関係〉令和７年分以後の所得税について適用し、令和６年分以前の所得税については従前どおりとされています（改正法附26①）。
②　青色申告書を提出する個人が、令和７年から令和９年までの各年において国内雇用者に対して給与等を支給する場合で、かつ、その年12月31日において特定個人に該当する場合において、その年において継続雇用者給与等支給増加割合が３％以上であるときは、その個人のその年の控除対象雇用者給与等支給増加額[注1]に10％を乗じて計算した金額の税額控除[注2]ができる措置が追加されました。
　なお、その年において次の要件を満たす場合には、それぞれ次の割合を加算した割合とし、その年において次の要件のうち２以上の要件を満たす場合には、それぞれの割合を加算した割合とされています。
イ　継続雇用者給与等支給増加割合≧４％　⇒　15％
ロ　次の要件の全てを満たす場合　⇒　５％
　㈹　（教育訓練費の額[*]－比較教育訓練費の額）÷比較教育訓練費の額≧10％
　㈺　教育訓練費の額[*]÷雇用者給与等支給額≧0.05％
　　（＊）教育訓練費の額は、その個人のその適用年の年分の事業所得の金額の計算上必要経費に算入されるものとされています。

ハ　次の要件のいずれかを満たす場合　⇒　5％
　　　(イ)　その年12月31日において次世代育成支援対策推進法に規定する特例認定一般事業主（プラチナくるみん認定）に該当すること
　　　(ロ)　その年において女性の職業生活における活躍の推進に関する法律の認定を受けたこと（同法の女性労働者に対する職業生活に関する機会の提供及び雇用環境の整備の状況が特に良好な一定の場合に限ります）
　　　(ハ)　その年12月31において女性の職業生活における活躍の推進に関する法律に規定する特例認定一般事業主（プラチナえるぼし認定）に該当すること
　（注1）　その年において、地方活力向上地域等において雇用者の数が増加した場合の所得税額の特別控除制度の適用を受ける場合には、その適用による控除を受ける金額の計算の基礎となった者に対する給与等の支給額として計算した金額を控除した残額とします。
　（注2）　税額控除額は、その年分の調整前事業所得税額の20％相当額が上限とされています。
　〔関係条項〕措法10の5の4②
　〈適用関係〉令和7年分以後の所得税について適用されます（措法10の5の4②）。
③　中小事業者の雇用者給与等支給額が増加した場合に係る措置について、次の見直しが行われた上、その適用期限が令和9年まで3年延長されました。
　〔関係条項〕措法10の5の4③
　イ　税額控除割合の上乗せ措置について、適用年において次の要件を満たす場合には、15％にそれぞれ次の割合を加算した割合を税額控除割合とし、適用年において次の要件のうち2以上の要件を満たす場合には、15％にそれぞれの割合を合計した割合を加算した割合（最大で45％）を税額控除割合とする措置に見直されました。
　　(イ)　継続雇用者給与等支給増加割合≧2.5　⇒　15％
　　(ロ)　次の要件の全てを満たす場合　⇒　10％
　　　a　（教育訓練費の額(*) − 比較教育訓練費の額）÷比較教育訓練費の額≧5％
　　　b　教育訓練費の額(*)÷雇用者給与等支給額≧0.05％
　　　　（*）教育訓練費の額は、その中小事業者のその適用年の年分の事業所得の金額の計算上必要経費に算入されるものとされています。
　　(ハ)　次の要件のいずれかを満たす場合　⇒　5％
　　　a　その適用年において次世代育成支援対策推進法の認定を受けたこと（同法に規定する次世代育成支援対策の実施の状況が良好な一定の場合に限ります）
　　　b　その適用年の12月31日において次世代育成支援対策推進法に規定する特例認定一般事業主（プラチナくるみん認定）に該当すること
　　　c　その適用年において女性の職業生活における活躍の推進に関する法律の認定を受けたこと（同法の女性労働者に対する職業生活に関する機会の提供及び雇用環境の整備の状況が特に良好な一定の場合に限ります）
　　　d　その適用年の12月31において女性の職業生活における活躍の推進に関する法律に規

　　　　定する特例認定一般事業主（プラチナえるぼし認定）に該当すること

　　〈適用関係〉令和7年分以後の所得税について適用し、令和6年分以前の所得税については従前どおりとされています（改正法附26①）。

　ロ　上記①ハ及びニと同様の見直しが行われました。

　　〔関係条項〕措法10の5の4⑤三、措令5の6の4⑥

　　〈適用関係〉令和7年分以後の所得税について適用し、令和6年分以前の所得税については従前どおりとされています（改正法附26①、改正措令附4①②）。

④　青色申告書を提出する個人の各年においてその個人の雇用者給与等支給額がその比較雇用者給与等支給額を超える場合において、中小事業者の雇用者給与等支給額が増加した場合に係る措置（上記③の措置）による控除をしても控除しきれない金額を有するときは、その控除しきれない金額につき5年間繰り越して税額控除(注)ができる制度が創設されました。

　（注）税額控除額は、上記①から③までの措置と合計してその年分の調整前事業所得税額の20％相当額が上限とされています。

　〔関係条項〕措法10の5の4④

　〈適用関係〉個人の令和7年分以後において生ずる控除しきれない金額について適用されます（改正法附26②）。

(6) 事業適応設備を取得した場合等の特別償却又は所得税額の特別控除制度の改正

【改正の趣旨・内容】

　カーボンニュートラルに向けた投資促進税制について、次の見直しが行われました。

①　この制度の対象となる個人が、青色申告書を提出する個人で産業競争力強化法等の一部を改正する等の法律の施行の日（令和3年8月2日）から令和8年3月31日までの間にされた産業競争力強化法の認定に係る同法に規定する認定事業適応事業者(注)であるものとされ、対象資産が、その認定を受けた日から同日以後3年を経過する日までの間に、取得等をして、その個人の事業の用に供した生産工程効率化等設備とされました。

　（注）その認定エネルギー利用環境負荷低減事業適応計画にその計画に従って行うエネルギー利用環境負荷低減事業適応のための措置として生産工程効率化等設備を導入する旨の記載があるものに限ります。

〔関係条項〕措法10の5の6⑤⑨

〈適用関係〉個人が令和6年4月1日以後に取得又は製作若しくは建設をする生産工程効率化等設備について適用し、個人が同日前に取得又は製作若しくは建設をした生産工程効率化等設備については従前どおりとされています（改正法附27①）。下記②について同じ。

②　税額控除割合が、次の区分に応じそれぞれ次のとおりとされました。

　イ　中小事業者が事業の用に供した生産工程効率化等設備については、次の生産工程効率化等設備の区分に応じそれぞれ次の割合

　　(イ)　エネルギーの利用による環境への負荷の低減に著しく資する生産工程効率化等設備
　　　⇒　14％

(ロ)　上記(イ)以外の生産工程効率化等設備　⇒　10％
　ロ　中小事業者以外の個人が事業の用に供した生産工程効率化等設備については、次の生産工程効率化等設備の区分に応じそれぞれ次の割合
　　(イ)　エネルギーの利用による環境への負荷の低減に著しく資する生産工程効率化等設備　⇒　10％
　　(ロ)　上記(イ)以外の生産工程効率化等設備　⇒　5％
　〔関係条項〕措法10の5の6⑨
③　対象資産について、次の見直しが行われました。
　イ　対象資産である生産工程効率化等設備に、車両のうち、列車の走行に伴う二酸化炭素の排出量の削減に資する鉄道車両として国土交通大臣が定めるものが追加されました。
　〔関係条項〕生産工程効率化等設備に関する命令①、令6.3国土交通告289四
　〈適用関係〉令和6年4月1日から施行されます（生産工程効率化等設備に関する命令の一部を改正する命令附）。
　ロ　対象資産から次の資産が除外されました。
　〔関係条項〕措法10の5の6⑤⑨、生産工程効率化等設備に関する命令①
　　(イ)　生産工程効率化等設備のうち、広く一般に流通している照明設備及びエアコンディショナー（使用者の快適性を確保するために使用されるものに限ります）
　〈適用関係〉令和6年4月1日から施行されます（生産工程効率化等設備に関する命令の一部を改正する命令附）。
　　(ロ)　需要開拓商品生産設備
　〈適用関係〉個人が令和6年4月1日以後に取得又は製作若しくは建設をする生産工程効率化等設備について適用し、個人が同日前に取得又は製作若しくは建設をした生産工程効率化等設備については従前どおりとされています（改正法附27①）。
　ハ　令和6年4月1日前に認定の申請がされた認定エネルギー利用環境負荷低減事業適応計画に記載された資産が除外されました。
　〔関係条項〕措法10の5の6⑫三
　〈適用関係〉令和6年分以後の所得税について適用されます（改正法附27②）。
④　事業適用計画の認定要件のうち事業者等の炭素生産性に係る要件等の見直しが行われました。
　〔関係条項〕生産工程効率化等設備に関する命令④、実施指針１二ハ①(1)
　〈適用関係〉令和6年4月1日から施行されます（生産工程効率化等設備に関する命令の一部を改正する命令附、令6.3財務・経産告3附①）。なお、この改正の施行の際現にされている認定の申請及び変更の認定の申請に係る事業適応計画については、従前どおりとされています（令6.3財務・経産告3附②）。

(7) 所得税の額から控除される特別控除額の特例の改正
【改正の趣旨・内容】
特定税額控除制度の不適用措置について、次の見直しが行われた上、その適用期限が令和9年まで3年延長されました。
〔関係条項〕措法10の6⑤
① 継続雇用者給与等支給額に係る要件について、次のいずれにも該当する場合には、その個人の（継続雇用者給与等支給額－継続雇用者比較給与等支給額）÷継続雇用者比較給与等支給額≧1％であることとされました。
　イ　その対象年の12月31日においてその個人の常時使用する従業員の数が2,000人を超える場合
　ロ　次のいずれかに該当する場合
　　㈲　その対象年が事業を開始した日の属する年、相続又は包括遺贈により事業を承継した日の属する年及び事業の譲渡又は譲受けをした日の属する年のいずれにも該当しない場合であって、その対象年の前年分の事業所得の金額が0を超える一定の場合
　　㈹　その対象年が事業を開始した日の属する年、相続若しくは包括遺贈により事業を承継した日の属する年又は事業の譲渡若しくは譲受けをした日の属する年に該当する場合
〔関係条項〕措法10の6⑤一イ
〈適用関係〉令和7年分以後の所得税について適用し、令和6年分以前の所得税については従前どおりとされています（改正法附28）。下記②について同じ。
② 国内設備投資額に係る要件について、上記①イ及びロのいずれにも該当する場合には、国内設備投資額が償却費総額の40％（改正前：30％）相当額を超えることとされました。
〔関係条項〕措法10の6⑤二
③ 継続雇用者給与等支給額に係る要件の判定上、継続雇用者給与等支給額及び継続雇用者比較給与等支給額の算定に際し、給与等に充てるため他の者から支払を受ける金額のうち役務の提供の対価として支払を受ける金額は、給与等から控除しないこととされました。
〔関係条項〕措法10の5の4⑤三、10の6⑤一イ
〈適用関係〉令和7年分以後の所得税について適用し、令和6年分以前の所得税については従前どおりとされています（改正法附26①）。

(8) 環境負荷低減事業活動用資産等の特別償却制度の改正
【改正の趣旨・内容】
基盤確立事業用資産に係る措置について、次の見直しが行われた上、制度の適用期限が令和8年3月31日まで2年延長されました。
〔関係条項〕措法11の4①②
① 基盤確立事業用資産の適合基準に、専ら化学的に合成された肥料又は農薬に代替する生産資材を生産するために用いられる機械等及びその機械等と一体的に整備された建物等であることについて基盤確立事業実施計画に係る認定の際、確認が行われたものであることが追加

されました。

〔関係条項〕令4.9農水告1415(2)二

〈適用関係〉令和6年4月1日から施行されます（令6.3農水告679附）。

② 個人が、その取得等をした機械等につきこの措置の適用を受ける場合には、その機械等につきこの措置の適用を受ける年分の確定申告書にその機械等が基盤確立事業用資産に該当するものであることを証する書類を添付しなければならないこととされました。

〔関係条項〕措令6の2の2④

〈適用関係〉個人が令和6年4月1日以後に取得又は製作若しくは建設をする機械その他の減価償却資産について適用されます（改正措令附5）。

⑼ 生産方式革新事業活動用資産等の特別償却制度の創設

【創設の趣旨・内容】

青色申告書を提出する個人でスマート農業法の認定生産方式革新事業者であるものが、同法の施行の日から令和9年3月31日までの間に、その認定生産方式革新事業者として行う生産方式革新事業活動の用に供するための認定生産方式革新実施計画に記載された設備等を構成する機械その他の減価償却資産のうち農作業の効率化等を通じた農業の生産性の向上に著しく資する一定のもの等（以下、「生産方式革新事業活動用資産等」といいます）の取得等をして、これをその個人のその生産方式革新事業活動等の用に供した場合には、その用に供した日の属する年において、その生産方式革新事業活動用資産等の区分に応じ次に定める額の特別償却ができる制度が創設されました。

① 認定生産方式革新実施計画に記載された生産方式革新事業活動の用に供する設備等を構成する機械装置、器具備品、建物及び構築物 ⇒ その取得価額の32％（建物及び構築物については、16％）相当額

② 認定生産方式革新実施計画に記載された促進措置の用に供する設備等を構成する機械装置 ⇒ その取得価額の25％相当額

〔関係条項〕措法11の5①

〈適用関係〉スマート農業法の施行の日から施行されます（改正法附1十四）。

⑽ 特定地域における工業用機械等の特別償却制度の改正

【改正の趣旨・内容】

① 過疎地域等に係る措置の適用期限が令和9年3月31日まで3年延長されました。

〔関係条項〕措法12④、措令6の3⑭一

〈適用関係〉（継続適用）

② 奄美群島に係る措置は、その適用期限（令和6年3月31日）の到来をもって廃止されました。

〔関係条項〕旧措法12④表四、旧措令6の3⑭四⑮四㉔㉕、旧措規5の13⑧

〈適用関係〉個人が令和6年4月1日前に取得等をした産業振興機械等については従前どおりとされています（改正法附29①）。

⑾　事業再編計画の認定を受けた場合の事業再編促進機械等の割増償却制度の廃止
　【廃止の趣旨・内容】
　制度が廃止されました。
　〔関係条項〕旧措法13、旧措令6の5、旧措規5の15
　〈適用関係〉個人が取得又は製作若しくは建設をした事業再編促進機械等で令和6年4月1日前に受けた農業競争力強化支援法18条1項の認定に係る同法19条2項に規定する認定事業再編計画に記載されたものについては従前どおりとされています（改正法附29②）。
　　なお、個人が令和6年4月1日以後に取得又は製作若しくは建設をする事業再編促進機械等にあっては、同年3月31日に上記の認定事業再編計画に記載されているものに限ります（改正法附29②）。

⑿　輸出事業用資産の割増償却制度の改正
　【改正の趣旨・内容】
　次の見直しが行われた上、その適用期限が令和8年3月31日まで2年延長されました。
　〔関係条項〕措法13①
① 　対象資産から、開発研究の用に供される資産が除外されました。
　〔関係条項〕措法13①
　〈適用関係〉個人が令和6年4月1日以後に取得又は製作若しくは建設をする輸出事業用資産について適用し、個人が同日前に取得又は製作若しくは建設をした輸出事業用資産については従前どおりとされています（改正法附29③）。
② 　農林水産物等の生産の合理化等に関する要件のうち一定の交付金の交付を受けた資産でないこととの要件の見直しが行われました。
　〔関係条項〕令4.9農水告1476二
　〈適用関係〉令和6年4月1日から施行されます（令6.3農水告680附）。

⒀　倉庫用建物等輸出事業用資産の割増償却制度の改正
　【改正の趣旨・内容】
　次の見直しが行われた上、その適用期限が令和8年3月31日まで2年延長されました。
　〔関係条項〕措法15①
① 　対象資産について、次の見直しが行われました。
　イ　到着時刻表示装置を有する倉庫用の建物等及び構築物について、貨物自動車運送事業者から到着時刻管理システムを通じて提供された貨物の搬入及び搬出をする数量に関する情報その他の情報を表示できる到着時刻表示装置を有するものに限ることとされました。
　ロ　対象資産から、特定搬出用自動運搬装置を有する貯蔵槽倉庫（到着時刻表示装置を有するものを除きます）用の建物等及び構築物が除外されました。
　〔関係条項〕平28.9国土交通告1108
　〈適用関係〉令和6年4月1日から施行されます（令6.3国土交通告300附）。
② 　この制度の適用を受けることができる年について、供用日以後5年以内の日の属する各年

分のうちその適用を受けようとする倉庫用建物等が流通業者の省力化に特に資するものとして一定の要件を満たす特定流通業務施設であることにつき証明がされた年分に限ることとされました。

〔関係条項〕措法15①

〈適用関係〉個人が令和6年4月1日以後に取得又は建設をする倉庫用建物等について適用し、個人が同日前に取得又は建設をした倉庫用建物等については従前どおりとされています（改正法附29④）。

⑭ 特別償却等に関する複数の規定の不適用措置の改正

【改正の趣旨・内容】

個人の有する減価償却資産につきその年の前年以前の各年において租税特別措置法の規定による特別償却又は税額控除制度に係る規定のうちいずれか一の規定の適用を受けた場合には、その減価償却資産については、そのいずれか一の規定以外の租税特別措置法の規定による特別償却又は税額控除制度に係る規定は、適用しないこととされました。

〔関係条項〕措法19③

〈適用関係〉令和7年分以後の所得税について適用されます（改正法附29⑥）。

⑮ 特定の基金に対する負担金等の必要経費算入の特例の改正

【改正の趣旨・内容】

独立行政法人中小企業基盤整備機構が行う中小企業倒産防止共済事業に係る措置について、個人の締結していた共済契約につき解除があった後共済契約を締結したその個人がその解除の日から同日以後2年を経過する日までの間にその共済契約について支出する掛金については、この特例を適用しないこととされました。

〔関係条項〕措法28②

〈適用関係〉個人の締結していた上記の共済契約につき令和6年10月1日以後に解除があった後上記の共済契約を締結したその個人がその共済契約について支出する上記の掛金について適用されます（改正法附30）。

⑯ 中小事業者の少額減価償却資産の取得価額の必要経費算入の特例の改正

【改正の趣旨・内容】

適用期限が令和8年3月31日まで2年延長されました。

〔関係条項〕措法28の2①

〈適用関係〉（継続適用）

⑰ 特定復興産業集積区域において機械等を取得した場合の特別償却又は所得税額の特別控除制度の改正

【改正の趣旨・内容】

適用期限が令和8年3月31日まで2年延長された上、令和7年4月1日から令和8年3月31日までの間に取得等をした特定機械装置等の特別償却限度額及び税額控除割合が次のとおりとされました。

① 特別償却限度額

　その取得価額の45％（建物等及び構築物については、23％）相当額（改正前：その取得価額の50％（建物等及び構築物については、25％）相当額）

② 税額控除割合

　14％（建物等及び構築物については、7％）（改正前：15％（建物等及び構築物については、8％））

〔関係条項〕震災税特法10①③

〈適用関係〉令和6年4月1日から施行されます（改正法附1）。

⒅　特定復興産業集積区域において被災雇用者等を雇用した場合の所得税額の特別控除制度の改正

【改正の趣旨・内容】

　対象者指定の期限が令和8年3月31日まで2年延長された上、令和7年4月1日から令和8年3月31日までの間に認定地方公共団体の指定を受けた個人がその認定地方公共団体の作成したその認定を受けた復興推進計画に定められた特定復興産業集積区域内に所在する産業集積事業所に勤務する被災雇用者等に対して支給する給与等の額の税額控除割合が9％（改正前：10％）とされました。

〔関係条項〕震災税特法10の3①

〈適用関係〉令和6年4月1日から施行されます（改正法附1）。

⒆　特定復興産業集積区域における開発研究用資産の特別償却等制度の改正

【改正の趣旨・内容】

　適用期限が令和8年3月31日まで2年延長された上、令和7年4月1日から令和8年3月31日までの間に取得等をした研究開発用資産の特別償却限度額が、その取得価額の30％（その個人が中小事業者である場合には、45％）相当額（改正前：その取得価額の34％（その個人が中小事業者である場合には、50％）相当額）とされました。

〔関係条項〕震災税特法10の5①一・二

〈適用関係〉令和6年4月1日から施行されます（改正法附1）。

◆その他の改正◆

⑴　令和6年分における所得税額の特別控除等の実施

【実施の趣旨】

　30年ぶりの高水準の賃上げ、過去最大の民間投資など、経済はデフレ脱却の千載のチャンスにあるものの、賃金上昇・消費拡大・投資拡大の好循環の実現にはまだ至っていないという認識の下、デフレに後戻りさせないための措置の一環として、令和6年の所得税・個人住民税の定額減税を実施し、賃金上昇と相まって、国民所得の伸びが物価上昇を上回る状況をつくり、デフレマインドの払拭と好循環の実現につなげていくこととされました。

　具体的には、納税者（合計所得金額1,805万円超（給与収入のみの場合、給与収入2,000万円

超に相当）の高額所得者については対象外）及び同一生計配偶者、扶養親族（いずれも居住者に限ります）1人につき、令和6年分の所得税3万円、令和6年度分の個人住民税1万円の減税を行うこととし、令和6年6月以降の源泉徴収・特別徴収等、実務上できる限り速やかに実施することとされました。

【内容】

① 令和6年分における所得税額の特別控除

〈適用関係〉令和6年6月1日から施行されます（改正法附1二）。下記②及び③について同じです。

イ 居住者の令和6年分の所得税については、その年分の所得税の額から、令和6年分特別税額控除額を控除することとされました。

ただし、その者のその年分の合計所得金額が1,805万円を超える場合には、控除できません。

〔関係条項〕措法41の3の3①

ロ 上記イの令和6年分特別税額控除額は、次の合計額とされています。

(イ) 3万円

(ロ) 居住者の一定の同一生計配偶者又は一定の扶養親族1人につき ⇒ 3万円

〔関係条項〕措法41の3の3②

② 令和6年分の所得税に係る予定納税に係る特別控除の額の控除等

イ 居住者の令和6年分の所得税に係る第1期納付分の予定納税額から、予定納税特別控除額を控除することとされました。

〔関係条項〕措法41の3の5①

ロ 上記イの予定納税特別控除額は、3万円とされています。

〔関係条項〕措法41の3の5③

ハ 一定の居住者の令和6年分の所得税につき予定納税額の減額の承認の申請により予定納税額から減額の承認の申請に係る予定納税特別控除額の控除を受けることができることとされました。

〔関係条項〕措41の3の6①

ニ 上記ハの減額の承認に係る予定納税特別控除額は、上記①ロの令和6年分特別税額控除額の見積額とされています。

〔関係条項〕措法41の3の6⑥

③ 令和6年6月以後に支払われる給与等に係る特別控除の額の控除等

イ 令和6年6月1日において給与等の支払者から主たる給与等の支払を受ける者である居住者の同日以後最初にその支払者から支払を受ける同年中の主たる給与等（年末調整の適用を受けるものを除きます）につき所得税法の規定により徴収すべき所得税の額は、その所得税の額に相当する金額から給与特別控除額の控除（その所得税の額に相当する金額が限度とされます）をした金額に相当する金額とすることとされました。

〔関係条項〕措法41の3の7①

ロ　給与特別控除額のうち上記イの控除をしてもなお控除しきれない部分の金額があるときは、その控除しきれない部分の金額を、上記イの最初に主たる給与等の支払を受けた日後にその支払者から支払を受ける令和6年中の主たる給与等（年末調整の適用を受けるものを除きます）につき所得税法の規定により徴収すべき所得税の額に相当する金額から順次控除（それぞれのその所得税の額に相当する金額が限度とされます）をした金額に相当する金額をもって、それぞれのその主たる給与等につき所得税法の規定により徴収すべき所得税の額とすることとされました。

〔関係条項〕措法41の3の7②

ハ　上記イ及びロの給与特別控除額は、次の合計額とされています。

　(イ)　3万円

　(ロ)　給与所得者の扶養控除等申告書に記載された一定の源泉控除対象配偶者で合計所得金額の見積額が48万円以下である者又は給与所得者の扶養控除等申告書に記載された一定の控除対象扶養親族等1人につき　⇒　3万円

〔関係条項〕措法41の3の7③

④　令和6年における年末調整に係る特別控除の額の控除等

〈適用関係〉令和6年中に支払うべき給与等でその最後に支払をする日が同年6月1日以後であるものについて適用されます（改正法附34⑤）。

イ　居住者の令和6年中に支払の確定した給与等における年末調整により計算した年税額は、その年税額に相当する金額から年末調整特別控除額を控除した金額に相当する金額とすることとされました。

〔関係条項〕措法41の3の8①

ロ　上記イの年末調整特別控除額は、次の合計額とされています。

　(イ)　3万円

　(ロ)　給与所得者の配偶者控除等申告書に記載された一定の控除対象配偶者又は給与所得者の扶養控除等申告書に記載された一定の控除対象扶養親族等1人につき　⇒　3万円

〔関係条項〕措法41の3の8②

⑤　令和6年6月以降に支払われる公的年金等に係る特別控除の額の控除等

〈適用関係〉令和6年6月1日から施行されます（改正法附1二、改正措令附1一、改正措規附1一）。

イ　公的年金等で一定のものの支払を受ける者である居住者の令和6年6月1日以後最初にその公的年金等の支払者から支払を受ける同年分の所得税に係るその公的年金等につき所得税法の規定により徴収すべき所得税の額は、その所得税の額に相当する金額から年金特別控除額の控除（その所得税の額に相当する金額が限度とされます）をした金額に相当する金額とすることとされました。

〔関係条項〕措法41の3の9①、措令26の4の5①、措規18の23の7①

ロ 年金特別控除額のうち上記イの控除をしてもなお控除しきれない部分の金額があるときは、その控除しきれない部分の金額を、上記イの最初に公的年金等の支払を受けた日後にその支払者から支払を受ける令和6年分の所得税に係るその公的年金等につき所得税法の規定により徴収すべき所得税の額に相当する金額から順次控除（それぞれのその所得税の額に相当する金額が限度とされます）をした金額に相当する金額をもって、それぞれのその公的年金等につき所得税法の規定により徴収すべき所得税の額とすることとされました。

〔関係条項〕措法41の3の9②

ハ 上記イ及びロの年金特別控除額は、次の合計額とされています。

(イ) 3万円

(ロ) 公的年金等の受給者の扶養控除等申告書に記載された一定の源泉控除対象配偶者で合計所得金額の見積額が48万円以下である者又は公的年金等の受給者の扶養控除等申告書に記載された一定の控除対象扶養親族等1人につき ⇒ 3万円

〔関係条項〕措法41の3の9③

(2) **新たな公益信託制度の創設に伴う租税特別措置法等の整備**

【整備の趣旨・内容】

① 国等に対して財産を寄附した場合の譲渡所得等の非課税について、次の措置が講じられました。

〈適用関係〉公益信託法の施行の日から施行されます（改正法附1九、改正措令附1三、改正措規附1四）。

イ この非課税制度の対象となる公益法人等の範囲に、公益信託に関する法律（以下、「公益信託法」といいます）の公益信託（以下、「公益信託」といいます）の受託者（非居住者又は外国法人に該当するものを除きます）が追加されるとともに、対象となる贈与又は遺贈の範囲について、公益信託の受託者（改正前からこの非課税制度の対象となっている公益法人等に該当する法人を除きます）に対する贈与又は遺贈は公益信託の信託財産とするためのものに限る等の整備が行われました。

〔関係条項〕措法40①

ロ 非課税承認要件である贈与者等の所得税等を不当に減少させる結果とならないことを満たすための条件について、その贈与又は遺贈が公益信託の信託財産とするためのものである場合における公益信託が満たすべき条件の整備が行われました。

〔関係条項〕措令25の17⑥二

ハ 非課税承認の取消しにより公益信託の受託者に課税する場合において、その受託者が2以上あるときは、その主宰受託者を、贈与等を行った個人とみなして所得税を課することとする等、公益信託の受託者に課税がされる場合の取扱いの整備が行われました。

〔関係条項〕措法40④二～四

ニ 特定贈与等を受けた公益信託の受託者（以下、「当初受託者」といいます）が、任務終了事由等により特定贈与等に係る財産等を新受託者等（以下、「引継受託者」といいます）

に移転しようとする場合において、当初受託者が、新受託者の選任等の認可又は届出の日の前日までに、一定の事項を記載した書類を納税地の所轄税務署長を経由して国税庁長官に提出したときは、この非課税制度を継続して適用することができることとされました。
　　〔関係条項〕措法40⑪
　ホ　特定贈与等を受けた公益信託（以下、「当初公益信託」といいます）の受託者が、公益信託の終了により特定贈与等に係る財産等を他の公益法人等に移転し、又は類似の公益事務をその目的とする他の公益信託の信託財産としようとする場合において、当初公益信託の受託者が、公益信託の終了の日の前日までに、一定の事項を記載した書類を納税地の所轄税務署長を経由して国税庁長官に提出したときは、その非課税制度を継続して適用することができることとされました。
　　〔関係条項〕措法40⑫
　ヘ　公益法人等が解散する場合及び公益法人等が公益法人認定法の公益認定の取消処分を受けた場合における非課税制度の継続の特例措置について、適用対象に、次に掲げる場合が追加されました。
　　(イ)　特定贈与等を受けた公益法人等が、解散による残余財産の分配又は引渡しにより、特定贈与等による財産等を類似の公益事務をその目的とする公益信託の信託財産としようとする場合
　　〔関係条項〕措法40⑦
　　(ロ)　当初法人が、公益法人認定法の定款の定めに従い、引継財産を類似の公益事務をその目的とする公益信託の信託財産としようとする場合
　　〔関係条項〕措法40⑧
　ト　他の公益法人等が特定贈与等を受けた公益法人等から資産の移転を受けた場合における非課税制度の継続の特例措置について、次の措置が講じられました。
　　(イ)　引継受託者が当初受託者の任務終了事由等により資産の移転を受けた場合において、引継受託者が、その移転を受けた資産が特定贈与等に係る財産等であることを知った日の翌日から２月を経過した日の前日までに、一定の書類を納税地の所轄税務署長を経由して国税庁長官に提出したときは、この非課税制度を継続して適用することができることとされました。
　　〔関係条項〕措法40⑭
　　(ロ)　引継法人が当初法人から資産の贈与を受けた場合の措置について、適用対象に、類似の公益事務をその目的とする公益信託の受託者が当初法人から引継財産を公益信託の信託財産として受け入れた場合が追加されました。
　　〔関係条項〕措法40⑭
　チ　非課税承認申請書の記載事項等について、上記イ又はロの改正に伴う所要の整備が行われました。
　　〔関係条項〕措令25の17㉛、措規18の19①三・六、⑫一、㊲一

② 特定寄附信託の利子所得の非課税措置等について、次の措置が講じられました。
　イ　特定寄附信託の利子所得に非課税措置の対象となる対象特定寄附金の範囲について、一定の特定公益信託の信託財産とするために支出した金銭（旧所得税法の規定により特定寄附金とみなされたもの）に代えて、特定寄附金のうち公益信託の信託財産とするために支出した寄附金（所得税法78条2項4号に掲げる特定寄附金）とされました。なお、一定の特定公益信託の信託財産とするために支出した金銭については、引き続き対象特定寄附金とする経過措置が講じられました。
　　〔関係条項〕措令2の35②、改正法附3②、改正措令附2、改正措規附2
　　〈適用関係〉公益信託法の施行の日から施行されます（改正法附1九、改正措令附1三、改正措規附1四）。
　ロ　信託の計算書制度について、上記イの改正に伴う記載事項の整備が行われました。
　　〔関係条項〕所規96①七ハ、別表7(1)
　　〈適用関係〉公益信託法の施行の日から施行されます（改正所規附1四）。なお、同日以後に、既に必要な証明及び認定を受けている認定特定公益信託（移行認可を受けたものを除きます）の信託財産とするために支出する金銭については従前どおり上記の対象特定寄附金の範囲に含まれ、信託の計算書の記載事項の対象となります。（改正所規附7、9④）。
③　公益信託の受託者である個人に対する贈与又は遺贈（その信託財産とするためのものに限ります）をみなし譲渡課税の対象となる事由に追加する改正が行われたことに伴い、租税特別措置法等の特例のうちみなし譲渡課税の対象となる事由を基準にその適用対象等が定められている措置について、所要の整備が行われました。
　〔関係条項〕措法29の2④、30②五、33の3③、措令25の10の2⑭三、震災税特法11の4⑥
　〈適用関係〉公益信託法の施行の日から施行されます（改正法附1九、改正措令附1三）。

(3)　山林所得に係る森林計画特別控除制度の改正
【改正の趣旨・内容】
　適用期限が令和8年まで2年延長されました。
　〔関係条項〕措法30の2①
　〈適用関係〉（継続適用）

(4)　給付金等の非課税の改正
【改正の趣旨・内容】
　次の貸付けについて受けた債務免除により受ける経済的な利益の価額については、引き続き所得税を課さないこととされました。
　〈適用関係〉令和6年4月1日から施行されます（改正措規附1）。
①　児童養護施設退所者等に対する自立支援資金貸付事業による貸付け
　　〔関係条項〕措規19の2⑭
②　児童扶養手当受給者等に対するひとり親家庭高等職業訓練促進資金貸付事業の住宅支援資金貸付け

〔関係条項〕措規19の2⑲

(5) **政治活動に関する寄附をした場合の寄附金控除の特例又は所得税額の特別控除の改正**

【改正の趣旨・内容】

適用期限が令和11年12月31日まで5年延長されました。

〔関係条項〕措法41の18①

〈適用関係〉（継続適用）

(6) **公益社団法人等に寄附をした場合の所得税額の特別控除制度の改正**

【改正の趣旨・内容】

① 一定の要件を満たす学校法人等に係るいわゆるパブリック・サポート・テストの絶対値要件について、現行の要件に代えて、その実績判定期間を2年（原則：5年）とするとともに、寄附者数の要件を各事業年度（原則：年平均）100人以上とし、寄附金の額の要件を各事業年度（原則：年平均）30万円以上として判定できることとする特例措置が講じられました。

〔関係条項〕措令26の28の2①三

〈適用関係〉令和7年4月1日から施行されます（改正措令附1二、改正措規附1二）。

② 国立大学法人、公立大学法人又は独立行政法人国立高等専門学校機構に対する寄附金のうち特例の対象となる寄附金の使途に係る要件について、その使途の対象となる各法人の行う事業の範囲に、次に掲げる事業が追加されました。

　イ　個々の学生等の障害の状態に応じた合理的な配慮を提供するために必要な事業であって、障害のある学生等に対するもの（いわゆる障害者支援事業）

　ロ　外国人留学生と日本人留学生が共同生活を営む寄宿舎の寄宿料の減額を目的として寄宿舎の整備を行う場合における施設整備費等の一部を負担する事業であって、経済的理由により修学に困難がある学生等に対するもの（いわゆる留学生受入れ環境整備事業）

〔関係条項〕平28.5文部科学・総務告2①②

〈適用関係〉控除予定年が令和6年以後である場合について適用し、控除予定年が令和5年以前である場合については従前どおりとされています（令6.6総務・文部科学告1附2）。

3．令和6年能登半島地震災害の被災者に係る所得税及び災害被害者に対する租税の減免、徴収猶予等に関する法律の臨時特例に関する法律関係

(1) 雑損控除の前年分適用の特例

【特例の内容】

　令和6年能登半島地震災害により住宅や家財等の資産について損失が生じた場合には、その損失の金額を令和5年分の総所得金額等から雑損控除として控除できることとされました。

　〔関係条項〕能登税特法3、5、能登税特令3・7

　〈適用関係〉令和5年分の所得税について適用されます（能登税特法3）。

(2) 被災事業用資産の損失の前年分適用の特例及び純損失の繰戻しによる還付請求の特例

【特例の内容】

　令和6年能登半島地震災害により事業所得者等の有する棚卸資産、事業用資産等について損失が生じた場合に、その損失の金額を令和5年分の事業所得等の金額等の計算上、必要経費に算入できることとされました。

　この場合において、青色申告者について令和5年分の所得において純損失が生じたときは、令和4年分の所得への繰戻し還付ができることとされました。

　〔関係条項〕能登税特法4、能登税特令4～7

　〈適用関係〉令和5年分の所得税について適用されます（能登税特法4⑤）。

(3) 災害減免法による所得税の減免措置の前年分適用の特例

【特例の内容】

　令和6年能登半島地震災害により住宅又は家財について甚大な被害を受けた者については、雑損控除との選択により、その被害を令和5年において受けたものとして、令和5年分の所得税について、災害減免法の規定による軽減免除の適用を受けることができることとされました。

　〔関係条項〕能登税特法7

　〈適用関係〉令和5年分の所得税について適用されます（能登税特令9）。

第1章

総説

第1節 所得税の意義と特色

所得税

　所得税は、原則として個人の所得に対して課される租税であり、法人の所得に課される法人税と並んで直接税の代表的な租税です。

　所得税の税収は、我が国の予算において、租税及び印紙収入の30.3％にあたり、消費税の33.7％とともに大きな割合を占めている重要な租税となっています。

　なお、給与所得者のうち令和4年において源泉徴収により所得税を納付している者が4,360万人に、また、令和4年分の申告所得税の確定申告人員が2,295万人に上ることからみても、国民生活に最も密着し、国民の関心がとりわけ高い租税といえます(注)。

（注）　国税庁ホームページ「民間給与実態統計調査結果」「所得税等の確定申告状況等について」のデータを引用

■令和5年度　租税及び印紙収入の内訳（一般会計予算額：合計69.4兆円）

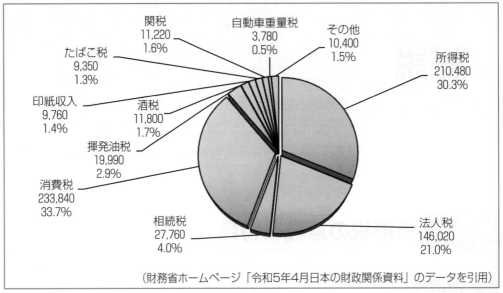

（財務省ホームページ「令和5年4月日本の財政関係資料」のデータを引用）

（出典：税務大学校講本　所得税法（令和6年度版））

② 所得税の特色

　租税の理念として、最も重要なことは「負担の公平」ということであり、租税の負担が公平であるということは、納税者が各自の担税力に応じて租税を負担することです。したがって、租税は、各納税者の担税力を忠実に表示する指標を取上げ、これを課税の対象とする必要があります。

　所得税は、個人の「所得」そのものを担税力の指標として取り上げているところに特色があります。

　個人の担税力を示す指標としては、「所得」以外にも「資産」や「消費」などが考えられます。しかし、「資産」はその人の所得獲得能力すなわち「人の働き」という人的資産を含まない点で、また、「消費」は貯蓄に回された分が考慮されないという点で、その年のその人の担税力を全体として把握するには不十分なものとなっています。

　従来、その人の収入の大小を示す「所得」が担税力の指標として最も適切なものと一般に考えられており、「負担の公平」の理念に沿った税として、所得税が多くの先進諸国の税制で中心的な地位を占めていました。しかしながら、近年、所得税率の平準化や税制の簡素化、経済への中立性を確保するといった基本理念がほぼ先進国共通の流れとなり、我が国においても昭和63年度の税制改正で消費税の創設とともに所得税の負担の軽減などが図られました。

〈租税の種類と担税力の指標〉

租税の種類		担税力の指標
直接税	所得税、法人税	所　得
	相続税、贈与税	資　産
間接税	消費税など	消　費
	印紙税	取　引

3 所得税法の規定の柱

　所得税法は、租税負担の公平、すなわち応能負担の目的をより良く達成するため、次の諸点を柱として規定されています。

(1) 所得の総合

　所得税は、原則として、その個人に帰属する所得をすべて総合し、所得の額すなわち担税力の大きさを的確に把握した上で課税するという建前を採用しています。

(2) 超過累進税率の適用

　所得税の税率は、所得の大小にかかわらず一律に一定税率を課する比例税率でなく、所得が増加するにつれて、その増加部分に、順次、高い税率を適用するという制度を採用しています。これを「超過累進税率」といいます。したがって、所得の大きい者ほど金額においてはもちろんのこと、その所得に対する割合において、より多くの所得税を負担することになります。このことから超過累進税率は、所得再分配など財政政策上からも有効な機能を果たしていると考えられています。

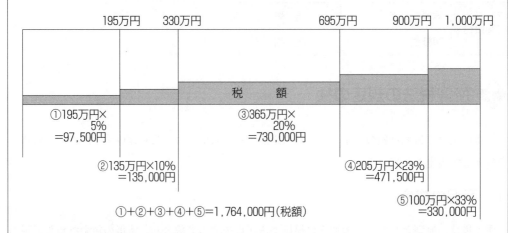

(出典：税務大学校講本　所得税法（令和6年度版））

(3) 世帯構成の考慮

　家族の生活のための費用を考慮して、各人の所得のうち一定の金額が課税の対象から除外されています。配偶者控除、配偶者特別控除、扶養控除及び基礎控除がこれにあたります（所法83、83の2、84、86）。

(4) 個人的事情の考慮

　所得の額が同じであっても、各人の置かれた状況によって税負担を軽減するための措置が採用されています。雑損控除、医療費控除、障害者控除、寡婦控除、ひとり親控除及び勤労学生控除がこれにあたります（所法72、73、79、80、81、82）。

第1章 総説

第2節 所得の概念

1 所得

「所得とは何か」ということについては、多くの財政学者が説いており、中でも所得源泉説(注1)、純資産増加説(注2)がその代表的な学説として説明されてきました。しかし、この学説のうちのいずれによっても現行の所得税法の所得の概念を十分に説明できるものではありません。

所得税法上の「所得とは何か」を知ろうとするには、所得税法の規定に基づいて求められる所得を、何らかのまとまった考え方によって集約することが本来の筋道と考えています。

(注1) 所得源泉説とは、年々継続して繰り返し発生する経済的利益だけが所得であり、財産の単なる譲渡等で臨時的に得たものは所得ではないという考え方です。
(注2) 純資産増加説とは、その経済的利益がどのような原因で発生したかを一切問わず、一定期間において資産額から負債額を控除した純資産が増加している場合に、所得があるとする考え方です。

ところで、所得税法では、所得の種類を利子所得、配当所得、不動産所得、事業所得、給与所得、退職所得、山林所得、譲渡所得、一時所得及び雑所得の10種類に分類して規定していますが、このうち9種類の所得については個別にその所得の内容を規定し、そのいずれにも該当しない所得を「雑所得」とするというように包括的に捉えようとしています。

また、所得税法9条で非課税所得が多数列挙されていることを併せ考えますと、所得の生じる原因を限定しない内容で所得を捉えており、その内容は社会通念によっているものと考えられます。

ここで、現実の社会を眺めた場合、人は会社に勤めて給与を得たり、事業を営んで利益を上げたり、自分の財産を投資して利子や配当を得るなどの形でそれぞれ経済的な利益を得ています。

所得の概念は、元来、経済概念ではありますが、その内容はある個人について発生したこれらの経済的な利益であり、この経済的利益を社会通念上「所得」と呼んでいます。

2 所得税法上の所得

所得税法は、所得を1暦年（1月1日から12月31日まで）ごとに区切って把握していますが、経済的利益をこの一定期間に限ってみてみますと、経済力の蓄積として捉えることができます。

したがって、所得税法上の所得とは、1年間に形成された各人の経済力の増加であると一応定義することができます。

また、現行所得税法は、その所得の基因となった行為が適法であるかどうかを問わないこととされています。したがって、適法でない行為、例えば、賭博等から生じた所得であっても、

現に経済的利益が生じている限り所得となります（所基通36-1）。

第3節 非課税所得と免税所得

　所得税は、納税義務者に帰属するすべての所得に対して課税することを原則としていますが、所得の中には、社会政策的立場や課税技術上の要請から所得税を課さないものがあります。これを非課税所得といいます。

　また、本来、課税されるべきものであっても、国の政策を推進するための特別の取扱いとして、特に所得税を免除されるものがあります。これを免税所得といいます。

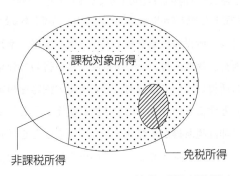

（出典：税務大学校講本　所得税法（令和6年度版））

1 非課税所得と免税所得の相違

　非課税所得と免税所得の相違は次のとおりです。

(1) 非課税所得

①	各種所得の金額の計算上、当初から除かれます
②	扶養控除等の判定における所得制限については、その所得はないものとされます
③	その所得について損失が生じても、その損失はないものとされます
④	非課税貯蓄等の一部を除き、申告等の手続きはまったく不要となります

(2) 免税所得

①	各種所得の金額に含められて税額が計算され、その税額のうち、免税所得に対応する税額（上積税額）が免除されます
②	免税所得は、算出税額の段階で免除されることから、雑損控除、医療費控除、寄附金控除又は事業専従者控除等の計算、限度額計算等の基礎には含められます
③	免税の適用を受けるためには、確定申告書に所定の事項を記載するなどの手続きが必要となります

2 非課税所得

(1) 非課税所得の種類と根拠

　非課税所得は、所得税法及び租税特別措置法のほか、その他の法律、例えば、健康保険法、厚生年金保険法、当せん金付証票法などに数多く定められています。

　非課税所得は、原則として、これらの法律に規定されているものに限られています。

　主な非課税所得を趣旨別に分類すると、次のとおりとなります。

非課税の趣旨	非課税所得の項目及び内容
① 障害者等の税負担の軽減及び貯蓄奨励策に基づくもの	イ　障害者等の少額預金の利子所得等（所法10、措法3の4） ロ　障害者等の少額公債の利子（措法4） 　＊上記イ及びロの各元本の合計額は350万円まで ハ　勤労者財産形成住宅貯蓄の利子所得等（措法4の2） ニ　勤労者財産形成年金貯蓄の利子所得等（措法4の3） 　＊上記ハ及びニの預入合計額は原則として550万円まで ホ　納税準備預金の利子（措法5） ヘ　オープン型証券投資信託の特別分配金（所法9①十一、所令27） ト　非課税口座内、未成年者口座内の少額上場株式等に係る配当所得（いわゆる「NISA、ジュニアNISA」）（措法9の8、9の9） チ　非課税口座内、未成年者口座内の少額上場株式等に係る譲渡所得等（いわゆる「NISA、ジュニアNISA」）（措法37の14、37の14の2） リ　貸付信託の受益権等の譲渡による所得（措法37の15）
② 実費弁償的性格に基づくもの	イ　給与所得者に支給される一定の旅費（出張旅費、転勤旅費等）、限度額内の通勤手当、職務の遂行上必要な現物給付（所法9①四〜六、所令20の2、21） 　＊通勤手当のうち月額150,000円（平成27年12月31日以前は100,000円）を超える金額は給与所得として課税されます ロ　国外で勤務する者の受ける一定の在外手当（所法9①七、所令22）

③ 社会政策的な配慮（担税力）に基づくもの	イ	増加恩給、傷病賜金、負傷又は疾病に基因して受ける特定の給付、遺族恩給、遺族年金等（所法9①三、所令20）
	ロ	家具、じゅう器、衣服等生活に通常必要な動産の譲渡による所得（所法9①九） ＊生活に通常必要な動産のうち、貴金属、宝石、書画、こっとう等1個又は1組の価額が30万円を超えるものの譲渡による所得は課税されます（所令25）
	ハ	資力喪失の場合の強制換価手続による譲渡による所得等（所法9①十、所令26）
	ニ	学資金及び扶養義務を履行するために給付される金品（所法9①十五、所令29）
	ホ	国又は地方公共団体が行う保育・子育て助成事業により、保育・子育てに係る施設・サービスの利用に要する費用に充てるために給付される金品（所法9①十六）
	ヘ	心身に加えられた損害又は突発的な事故により資産に加えられた損害に基因して受ける損害保険金、損害賠償金、見舞金等（所法9①十八、所令30）
	ト	都道府県、市区町村から、消費税率の引上げに際して低所得者に配慮する観点から支払われる一定の給付金（措法41の8、措規19の2）
	チ	雇用保険、健康保険、国民健康保険の保険給付等（雇用保険法12、健康保険法62、国民健康保険法68）
	リ	生活保護のための給付（生活保護法57）
	ヌ	地方公務員等共済組合から受けた育児休業手当金（地方公務員等共済組合法52、53、70の2）
④ 公益的な目的に基づくもの	イ	文化功労者年金、学術又は芸術奨励として交付される金品（例：学術研究助成基金助成金）、ノーベル賞として交付される金品（所法9①十三）
	ロ	国や地方公共団体等に寄附した場合の譲渡所得等（措法40）
⑤ 二重課税の防止に基づくもの		相続、遺贈又は個人からの贈与により取得するもの（所法9①十七） ＊法人からの贈与は一時所得等として課税されます（所基通34-1(5)）
⑥ その他	イ	外国政府、国際機関等に勤務する外国政府職員等が受ける給与所得（所法9①八、所令23、24）
	ロ	内廷費及び皇族費（所法9①十二）
	ハ	オリンピック競技大会又はパラリンピック競技大会における成績優秀者を表彰するものとして交付される金品（所法9①十四）
	ニ	公職選挙法の適用を受ける選挙に係る公職の候補者が選挙運動に際し取得する金銭等（所法9①十九）
	ホ	特定の取締役等が受ける新株予約権等の行使による株式の取得に係る経済的利益（いわゆる「税制適格ストック・オプション」）（措法29の2）
	ヘ	宝くじの当せん金（当せん金付証票法13）
	ト	スポーツ振興投票券（toto）の払戻金（スポーツ振興投票の実施等に関する法律16）

〔参考〕
・障害者等とは、国内に住所を有する個人で、身体障害者手帳の交付を受けている者、遺族基礎年金を受けることができる妻、寡婦年金を受けることができる妻その他これに準ずる者として政令で定める者をいいます（所法10①、所令31の２、所規４）。
・寡婦年金は、死亡日の前日において国民年金の第１号被保険者として保険料を納めた期間及び国民年金の保険料免除期間(※１)が10年以上(※２)ある夫が亡くなったときに、その夫と10年以上継続して婚姻関係（事実上の婚姻関係を含みます）にあり、死亡当時にその夫に生計を維持されていた妻に対して、その妻が60歳から65歳になるまでの間に支給されます（国民年金法49①）。

なお、年金額は、夫の第１号被保険者期間だけで計算した老齢基礎年金額の４分の３の額です。

また、亡くなった夫が、老齢基礎年金・障害基礎年金を受けたことがあるとき(※３)又は妻が繰り上げ支給の老齢基礎年金を受けているときは支給されません。

（※１）　学生納付特例期間、納付猶予期間を含みます。ただし、学生納付特例、納付猶予の期間は、年金額には反映されません。

（※２）　平成29年７月31日以前の死亡の場合、25年以上の期間が必要です。

（※３）　令和３年３月31日以前の死亡の場合、亡くなった夫が障害基礎年金の受給権者であったとき、又は老齢基礎年金を受けたことがあるときは支給されません。

・預貯金とは、預金及び貯金をいい、勤務先預金のようなものも含まれます（所法２①十、所令２）。なお、預金と貯金はどちらも同じような意味ですが、現在銀行などの金融機関では預金、農業協同組合などでは貯金という言葉を使っています。
・合同運用信託とは、信託会社（信託業務を兼営する金融機関を含みます）が引き受けた金銭信託で、共同しない多数の委託者の信託財産を合同して運用するものをいい（所法２①十一）、貸付信託（所法２①十二）などがこれに該当します。合同運用信託では、元本及び一定割合の利益を信託会社が保証する代わりに、この一定歩合を超える利益があっても、分配される利益は保証された一定歩合に限られます。したがって、その実質は、長期預金と何ら異なることなく、合同運用信託の収益の分配が利子所得とされるのは、こうした理由によるものです。
・公社債とは、公債及び社債（会社以外の法人が、特別の法律により発行する債券を含みます）をいいます（所法２①九）。
・証券投資信託とは、信託財産を委託者の指図に基づいて、株式を主体とする特定の有価証券に対する投資として運用することを目的とする信託をいいます（所法２①十三）。元本保全の立場から、その投資対象を公社債のみとしている証券投資信託もあり、これを他の証券投資信託と区別する必要上、特に公社債投資信託といいます（所法２①十五）。
・恩給とは、恩給法上の公務員及び旧軍人軍属であった者（その者が死亡した場合はその遺族）に支給される年金や一時金で、公務員の退職給与制度です。恩給には、普通恩給、増加恩給、傷病恩給、一時恩給、扶助料、一時扶助料の６種類があり、普通恩給及び一時恩給は課税されます。

(2) 新型コロナウイルス感染症等の影響に伴い国等から支給される助成金の非課税とされる主なもの

| ① | 支給の根拠となる法律が非課税の根拠となるもの
・新型コロナウイルス感染症対応休業支援金・給付金（雇用保険臨時特例法７） |

②	新型コロナ税特法が非課税の根拠となるもの ・特別定額給付金（新型コロナ税特法4①一） ・住民税非課税世帯等に対する臨時特別給付金（新型コロナ税特法4①一） ・新型コロナウイルス感染症生活困窮者自立支援金（新型コロナ税特法4①一） ・子育て世帯への臨時特別給付金（新型コロナ税特法4①二）	
③	所得税法が非課税の根拠となるもの ○学費として支給される金品（所法9①十五） 　・学生支援緊急給付金 ○心身又は資産に加えられた損害について支給を受ける相当の見舞金（所法9①十八） 　・低所得のひとり親世帯への臨時特別給付金 　・低所得の子育て世帯に対する子育て世帯生活支援特別給付金 　・新型コロナウイルス感染症対応従事者への慰労金 　・企業主導型ベビーシッター利用者支援事業の特例措置における割引券 　・東京都のベビーシッター利用支援事業の特例措置における助成	

＊民間金融機関による実質無利子・無担保融資制度において、信用保証協会に支払う保証料の全額を国が支払うこととなる場合には、個人が支払う保証料はなく、特段の課税関係は生じません。

■参考1

〈課税される助成金等〉

助成金等の種類		収入計上時期
① 事業所得等に区分されるもの（注5）		
	・事業復活支援金・持続化給付金（事業所得者向け） ・東京都の感染拡大防止協力金 ・中小法人・個人事業者のための一時支援金・月次支援金	支給決定時
	・雇用調整助成金 ・小学校休業等対応助成金（支援金） ・家賃支援給付金 ・農林漁業者への経営継続補助金 ・医療機関・薬局等における感染拡大防止等支援事業における補助金	支給決定時又は経費発生時（注1、2、3）
	新型コロナウイルス感染症特別利子補給制度に係る利子補給金	経費発生時（注4）

②	一時所得に区分されるもの	
	事業復活支援金・持続化給付金（給与所得者向け）	支給決定時
	Go To トラベル事業における給付金	・旅行終了時（旅行代金割引相当額） ・クーポン使用時（地域共通クーポン相当額）
	Go To イート事業における給付金	ポイント・食事券使用時
	Go To イベント事業における給付金	ポイント・クーポン使用時
③	雑所得に区分されるもの	
	事業復活支援金・持続化給付金（雑所得者向け）	支給決定時

(注1)　「経費発生時」とは、助成金等の支給対象となる経費を支出した時に収入計上するものです。

(注2)　助成金等による補填を前提としてあらかじめ所定の手続きを済ませている場合には、その収入計上時期はその経費が発生した日（経費発生時）の属する年分となります（所基通36・37共-48）。

(注3)　これらの助成金等の交付目的に適合した固定資産の取得等をした場合（その助成金等の返還を要しないことがその年の12月31日までに確定した場合に限ります）において、一定の要件を満たすときには、その固定資産の取得等に充てた部分の金額に相当する金額を総収入金額に算入しない（総収入金額不算入）こととされています（所法42）。

　なお、これは、いわゆる現金主義（所法67）や措置法差額（措法26）の適用を受ける者なども対象となります。

(注4)　この特別利子補給制度については、事前に最長3年分の利子相当額の交付を受けるものの、交付を受けた時点では収入として確定せず、支払利子の発生に応じてその発生する支払利子相当額の収入が確定し、無利子化される性質のものと考えられることを踏まえた取扱いとなります。

(注5)　事業所得等の金額の計算においては、「総収入金額」から「必要経費」を差し引くこととされています。各種給付金等の申請手続きに際して発生した費用（行政書士に対する報酬料金など）は、この必要経費に該当します。

誤りやすい事例　非課税所得の判定等

1．遺族年金を公的年金等に係る雑所得として申告していた。

解説

　遺族年金で死亡した者の勤務に基づいて支給されるもの及び各社会保障制度に基づき支給されるものは非課税とされています（所法9①三ロ、所基通9-2、国民年金法等の各法）。

2．通勤手当の支給を受けていない給与所得者が、自宅から勤務先までの実際に通勤に要する費用に相当する金額を、非課税として当該通勤費相当額を給与収入から控除して給与所得を計算している。

> **解 説**

　非課税とされる通勤手当は、給与所得者が通常の給与に加算して受けるものに限られます（所法9①五）。

　したがって、仮に、会社からの証明書等で給与のうちから通勤費を支出していることが明確になったとしても、その通勤費相当額を非課税所得として取り扱うことはできないこととされています。

3．交通事故に起因して受け取った損害賠償金をすべて非課税としていた。

> **解 説**

　棚卸資産について損害を受けたことにより取得した部分などの、収入金額に代わる性質を有する部分及び所得の計算上必要経費に算入される金額（例えば従業員に対する給料等）を補填するための部分は、非課税とされないこととされています（所法9①十八、所令30、94）。

■参考2

〈損害賠償金等を取得した場合の課税関係〉

取得原因			課税関係	具体例
心身に加えられた損害に基因して取得するもの	給与又は収益の補償		非課税 (所令30一)	給与又は事業の収益の補償として加害者から受けるもの
	慰謝料その他精神的補償料など		非課税 (所令30一)	示談金、慰謝料
	相当の見舞金		非課税 (所令30三)	いわゆる災害見舞金
資産に加えられた損害に基因して取得するもの	棚卸資産など		課税 (所令94①一)	棚卸資産の火災保険金、特許権の侵害による補償金
	店舗、車両などの固定資産	収益の補償	課税 (所令94①二)	復旧期間中の休業補償金(販売機の破損等)
		資産そのものの損害の補償 補償を約したもの	課税 (所令95)	収用等により、漁業権、水利権等が消滅することにより受けるもの
		資産そのものの損害の補償 突発的なもの	非課税 (所令30二)	店舗の損害により受ける損害賠償金、火災保険金
	相当の見舞金		非課税 (所令30三)	いわゆる災害見舞金
必要経費に算入される金額を補てんするために受ける損害賠償金等			課税 (所令30括弧書)	従業員の給料、一時借りした仮店舗の賃借料

【参考通達】

・所得税基本通達9-1（労働基準法による遺族補償及び葬祭料）
・所得税基本通達9-19（必要経費に算入される金額を補塡するための金額の範囲）
・所得税基本通達9-20（身体に損害を受けた者以外の者が支払を受ける傷害保険金等）
・所得税基本通達9-21（高度障害保険金等）
・所得税基本通達9-22（所得補償保険金）
・所得税基本通達9-23（葬祭料、香典等）
・所得税基本通達9-24（失業保険金に相当する退職手当、休業手当金等の非課税）

3 非課税所得に係る損失の計算除外

　非課税所得は、課税される所得金額の計算上当然除外される所得であって、非課税の適用を受けるための手続きは原則として必要としないものとされています。この「所得金額の計算か

ら除外する」という考え方の帰結として、これらの所得の金額の計算上損失が発生しても、所得金額の計算上、その損失は「ないものとみなす」ことになっています（所法9②）。

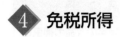

4 免税所得

(1) 概要

特定の事業から生ずる所得に対しては、政策的な観点から、所得税が免除されます。

免税所得は、非課税所得と異なり、免除の適用を受けるための手続き、例えば、確定申告書への所定事項の記載などをしなければなりません。

ただし、確定申告書の提出がなかった場合又は確定申告書に所定事項の記載がなかった場合でも、その提出又は記載がないことについてやむを得ない事情があると税務署長が認めるときは、所定事項の記載をした書類を提出して免税の適用を受けることができます（措法25④⑤）。

(2) 免税所得の例

例えば、肉用牛の売却による農業所得があり、概要は次のとおりです（詳細は、384ページ参照）。

① 農業を営む者が令和8年までに、①肉用牛（注）を家畜市場、中央卸売市場その他特定の市場において売却した場合又は、②その飼育した生産後1年未満の肉用牛を特定の農業協同組合又は農業協同組合連合会に委託して売却した場合で、肉用牛が次の②に掲げる免税対象飼育牛であり、かつ、その売却した肉用牛の頭数が1,500頭以内であるときには、その売却により生じた事業所得に対する所得税が免除されます（措法25①③、措令17①～④）。

（注）「種雄牛」及び「乳牛の雌のうち子牛の生産の用に供された牛」以外の牛をいいます。

② 免除対象飼育牛は、次に掲げるものです（措法25、措令17）。

　イ　その売却価額が100万円未満（注1）（肉用牛が一定の交雑牛（注2）に該当する場合には80万円未満、肉用牛が一定の乳牛（注3）に該当する場合には50万円未満）である肉用牛

　　（注1）　消費税及び地方消費税相当額を上乗せする前の売却価額（肉用牛の取引が一定の価格を下回る場合に交付される生産者補給金等の交付を受けているときは、その補給金等を加算した金額）が100万円未満であるかどうかにより判定されます（平元.3.30直所6-4）。

　　（注2）　「一定の交雑牛」とは、牛の個体識別のための情報の管理及び伝達に関する特別措置法施行規則3条2項11号に掲げる種別（交雑種）である牛をいいます（措規9の5①）。

　　（注3）　「一定の乳牛」とは、牛の個体識別のための情報の管理及び伝達に関する特別措置法施行規則3条2項8号から10号に掲げる種別（ホルスタイン種、ジャージー種、乳用種）である牛をいいます（措規9の5①）。

　ロ　肉用牛の改良増殖に著しく寄与するものとして農林水産大臣が財務大臣と協議して指定した家畜増殖法に基づく登録がされている肉用牛

第4節 納税義務者及び課税所得の範囲

　所得税は、原則として個人に課税されますが、居住者、非居住者のいずれかによりその課税される所得の範囲が異なります。

納税義務者の区分

　所得税の納税義務者は原則として個人です（所法5①②）が、その居住の態様に応じて、居住者、非居住者に区分されます。

　また、法人も、利子等、配当等、報酬及び料金等の所得については所得税の納税義務者になります（所法5③④）。

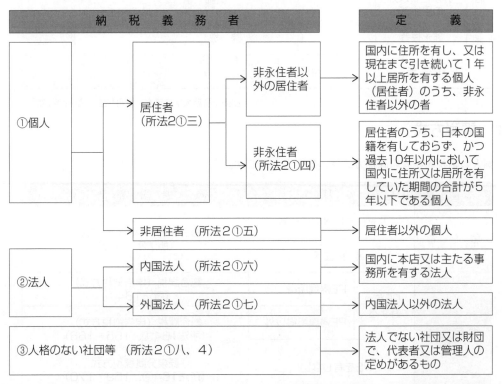

（出典：税務大学校講本　所得税法（令和6年度版））

（注1）　住所とは、各人の生活の本拠（民法22）をいい、生活の本拠であるかどうかは客観的事実により判定します（所基通2-1）。

（注2）　国内に居住することとなった個人が、国内において継続して1年以上居住することを通常必要とする職業を有する場合などは、国内に住所を有する者（居住者）と推定されます（所令14）。
　　　　また、国外に居住することとなった個人が、国外において、継続して1年以上居住することを通常必要とする職業を有する場合などは、国内に住所を有しない者（非居住者）と推定されます（所令15）。

（注3）　居所とは、住所以外の場所において、人が相当期間継続して居住する場所であるが、生活の本拠という程度には至らないものと解されています。

2 課税所得の範囲と課税方式

　所得税法では、納税義務者を居住者、非居住者、法人等に区分し、この区分に応じて課税所得の範囲、課税標準の計算、納税の方法等に差異があります。

(1) 納税義務者の課税所得の範囲

　個人の納税義務者の課税所得の範囲は、次のとおりです（所法7、95④、161）。

居住区分 \ 所得区分	国外源泉所得以外の所得 国内源泉所得	国外源泉所得 国内払	国外源泉所得 国内送金
居住者　非永住者以外の居住者	課　税	課　税	課　税
居住者　非永住者	課　税	課　税	
非居住者	課　税		

（出典：税務大学校講本　所得税法（令和6年度版））

(2) 課税方式

　個人の納税義務者の課税方式は、次のとおりです。

居　住　区　分　等			課　税　方　式
居住者	非永住者以外の居住者		総合課税（申告納税方式） （所法21、22）
	非永住者		
非居住者	PEを有する	PE帰属所得	総合課税（申告納税方式） （所法164①）
		PE帰属所得以外	総合課税（申告納税方式） （所法164①、165～166） 又は 源泉分離課税方式 （所法164②、169・170）
	PEを有しない		

（注1）　PE（恒久的施設）とは、支店等、建設作業場、代理人等をいう（所法2①八の四、所令1の2）。
（注2）　非居住者の所得控除は、雑損控除、寄附金控除及び基礎控除のみであり、また、税額控除は、配当控除及び外国税額控除のみが適用される（所法165、165の6）。

（出典：税務大学校講本　所得税法（令和6年度版））

第 5 節 実質所得者課税の原則

　所得税法は、各人の担税力に応じた課税を原則としていることから、経済力の獲得、増加が誰によって支配されるか、つまり、財産の使用、収益、処分を自ら行うことができる者は誰であるかを確かめて、課税することとされています。

 実質所得者課税の原則

　実質所得者課税の原則とは、資産又は事業から生ずる収益について、名義上又は法形式上の所得の帰属者と実質的な所得の帰属者とが異なる場合は、実質的に所得が帰属する個人に対して所得税を課すことをいいます（所法12）。
　なお、所得の帰属とは、ある所得が、具体的にどの納税者に属するものであるかを決定することをいいます。

 実質所得者課税の例

　実質所得者課税の原則が適用される例としては、次のような場合などが考えられます。
(1)　仮装売買の売主が、その売却したことを仮装した財産から生ずる収益を取得している場合
(2)　他人名義で事業を行っている者が、その事業から生ずる収益を取得している場合
(3)　登記その他一般に行われる財産権移転の手続未済の土地、家屋などの譲受人が、その土地、家屋などから生ずる収益を取得している場合

3 実質所得者課税の具体的な判定基準

(1)　資産から生ずる所得の場合

　利子所得、配当所得又は不動産所得が誰の所得であるかは、その収益の基因となる資産の真実の権利者が誰であるかによって判定すべきものであるが、それが明らかでない場合は、所有権、その他の財産権の名義者が真実の権利者であるものと推定します（所基通12-1）。
　つまり、登記簿、株主名簿等に記載された名義は、反証のない限り、事実上の推定が働きますから、名義者以外の者を所得の帰属者であると主張する場合は、その主張する者が、その主張する事実を証明する必要があることになります。

(2)　事業から生ずる所得の場合

　事業の所得が誰の所得であるかについては、事業の用に供する資産の所有権者、賃借権者若しくは免許可の名義者又はその他の事業の取引名義者などの外形に必ずしもとらわれることな

く、実質的にその事業を経営していると認められる者（事業主）が誰であるかにより判定します（所基通12-2）。

(3) 夫婦間における農業の事業主の判定

　生計を一にしている夫婦間における農業の事業主が誰であるかの判定をする場合には、両者の農業の経営についての協力度合、耕地の所有権の所在、農業経営についての知識経験の程度、家庭生活の状況等を勘案して、その農業の経営方針の決定につき支配的影響力を有する者をその農業の事業主と推定します。

　この場合、その支配的影響力を有する者が誰であるか明らかでない場合には、生計の主宰者を事業主と推定します。

　ただし、生計の主宰者が会社、官公庁等に勤務するなど他に主たる職業を有し、他方が家庭にあって農耕に従事している場合（注）で、次に掲げる場合に該当するときは、その農業（次の④に掲げる場合に該当するときは、特有財産に係る部分に限ります）の事業主は、その家庭にあって農耕に充実している者と推定します（所基通12-3）。

① 家庭にあって農耕に従事している者がその農耕の大部分について所有権又は耕作権を有している場合（婚姻後に生計を一にする親族から耕作権の名義の変更を受けたことにより、その耕地の大部分につき所有権又は耕作権を有するに至ったような場合を除きます）

② 農業が極めて小規模で、家庭にあって農耕に従事している者の内職の域を出ないと認められる場合

③ 上記①又は②に該当する場合のほか、生計の主宰者が主たる職業に専念していること、農業に関する知識経験がないこと又は勤務先が遠隔地にあることのいずれの事情により、ほとんど又は全く農耕に従事していない場合

④ 上記①から③までに掲げる場合以外の場合において、家庭にあって農耕に従事していた夫婦の一方が、特有財産である耕地を有している場合

　（注）「家庭にあって農耕に従事している場合」には、従来家庭にあって農耕に従事していた夫婦の一方が、病気療養に専念するため、たまたまその年の農耕に従事しなかったような場合も含まれます。

　なお、夫婦間における農業の事業主の判定の基準については、具体的には、個別通達（昭和33年2月17日付直所1-16「『生計を一にしている親族間における農業の経営者の判定について』通達の運営について」）により取り扱うこととしています。

(4) 親子間における農業の事業主の判定

　生計を一にしている親子間における農業の事業主が誰であるかの判定をする場合には、両者の年齢、農耕能力、耕地の所有権の所在等を総合勘案して、その農業の経営方針の決定について支配的影響力を有すると認められる者がその農業の事業主に該当するものと推定します。

　この場合、その支配的影響力を有すると認められる者が誰であるかが明らかでないときには、

次に掲げる場合に該当する場合はそれぞれ次に掲げる者が事業主に該当するものと推定し、その他の場合は生計を主宰している者が事業主に該当するものと推定します（所基通12-4）。

① 親と子が共に農耕に従事している場合には、その従事している農業の事業主は、親と推定します。

　ただし、子が相当の年齢^(注)に達し、生計を主宰するに至ったと認められるときは、その農業の事業主は、子と推定します。

（注）「子が相当の年齢」に達したかどうかは、おおむね30歳以上となったかどうかによるものとして取り扱われます。

② 生計を主宰している親が会社、官公庁等に勤務するなど他に主たる職業を有し、子が主として農耕に従事している場合には、その従事している農業の事業主は、子と推定します。

　ただし、子が若年である^(注)とき、又は親が本務の傍ら農耕に従事しているなど親を事業主とみることを相当とする事情があると認められるときは、その農業の事業主は、親と推定します。

（注）「子が若年である」かどうかは、おおむね25歳未満であるかどうかによるものとして取り扱われます。

③ 生計を主宰している子が会社、官公庁等に勤務するなど他に主たる職業を有し、親が主として農耕に従事している場合には、その従事している農業の事業主は、夫婦間における農業の事業主の判定（所基通12-3）のただし書に準じて判定した者と推定します。

なお、この取扱いによって事業主が親から子に移ったことが容認された場合には、不動産以外の農業用財産については、原則として親から子に贈与があったものとして贈与税が課税されます（昭和35年2月17日付直所1-14、直資「父子間における農業経営者の判定ならびにこれにともなう所得税および贈与税の取扱について」）。

(5) 親族間における事業主の判定

生計を一にする親族間（例えば、夫と妻、親と子）における事業（農業を除きます）の事業主が誰であるかを判定する場合には、その事業の経営方針について支配的影響力を有する者をその事業の事業主と推定します。

この場合、その支配的影響力を有する者が誰であるか明らかでないときには、次に掲げる場合に該当する場合はそれぞれ次に掲げる者が事業主に該当するものと推定し、その他の場合は生計の主宰者を事業主と推定します（所基通12-5）。

① 生計の主宰者が一の店舗における事業を経営し、他の親族が他の店舗における事業に従事している場合又は生計の主宰者が会社、官公庁等に勤務し、他の親族が事業に従事している場合において、当該他の親族がその事業の用に供される資産の所有者（又は賃借権者）であり、かつ、当該事業の取引名義者（その事業が免許可事業である場合には、取引名義者であるとともに免許可の名義者）である場合には、当該他の親族が従事している事業の事業主は、当該他の親族と推定します。

② 生計の主宰者以外の親族が医師、弁護士、税理士、公認会計士、あん摩マッサージ指圧師等の施術者、映画演劇の俳優等の自由職業者として生計の主宰者とともに事業に従事している場合において、当該親族の収支と生計の主宰者の収支とが区分されており、かつ、当該親族の当該事業に従事している状態が、生計の主宰者に従属して従事していると認められない場合には、当該事業のうち当該親族の収支に係る部分の事業主は、当該親族と推定します。

③ 上記①又は②に該当する場合のほか、生計の主宰者が遠隔地に勤務し、その者の親族が国もとで従事している場合のように、生計の主宰者と事業に従事している親族とが日常の起居を共にしていない場合には、当該親族が従事している事業の事業主は、当該親族と推定します。

裁判例 駐車場収入の帰属は、親子間の土地使用貸借契約があるも、土地所有者である親に帰属すると判断した事案

大阪高裁令和4年7月20日判決

〔事案の概要〕

本件は、原告親亡甲が、処分行政庁から、亡甲の子である長男乙及び長女丙の名義で賃貸された土地の賃料（駐車場の収益）は、甲に帰属するとして、増額更正処分を受けた事案です。なお、本件においては、亡甲と乙及び丙との間で、土地の使用貸借契約及び土地上に敷設されたアスファルト舗装等の贈与契約等による一連の取引（本件各取引）がされています。

〔大阪高裁の判断〕

所得税法12条は、課税物件（収益）の法律上（私法上）の帰属につき、その形式と実質が相違している場合には、実質に即して帰属を判定すべき趣旨のものであると解される。

本件土地の所有者は亡甲であると認められるが、長男乙及び長女丙が、亡甲から賃貸人たる地位を承継し、駐車場の収益を収受し、これらの収益権の根拠として、使用貸借契約に基づく使用借権を主張する。

この点について、使用貸借契約が有効に成立したと認められる場合には、乙及び丙が、本件土地から「生ずる収益の法律上帰属するとみられる者」に当たることになるから、更に乙及び丙が「単なる名義人であって、その収益を享受せず、その者以外の者がその収益を享受する場合」に当たるか否かを検討すべきことになる。

1．使用貸借契約の有効性

本件贈与契約のうち、アスファルト舗装は、土地の構成部分となり、独立の所有権が成立する余地はないから、乙及び丙が舗装部分を所有することを目的として使用貸借契約が成立したと解釈する余地はないが、付合した舗装部分をも含む土地上で乙及び丙が駐車場賃貸事業を営むことは当事者双方が明確に認識していたのであるから、舗装部分を含む土地の使用貸借と解するのが合理的である。

本件使用貸借契約書の記載どおり、使用貸借契約は真正に成立したと認められる。

2．長男及び長女の「単なる名義人であって・・・」該当性

本件各取引は、相続税対策を主たる目的として、亡甲の所得を子らに形式上分散する目的で、子に対して使用貸借契約に基づく法定果実収取権を付与したものにすぎないものと認められる。

したがって、たとえ、駐車場の収益が乙及び丙の口座に振り込まれていたとしても、そのように亡甲が子である乙及び丙に対する土地の法定果実収取権の付与を継続していたこと自体が、亡甲が所有権者として享受すべき収益を子に自ら無償で処分している結果であると評価できるのであって、やはりその収益を支配していたのは亡甲というべきであるから、駐車場の収益については、乙及び丙は単なる名義人であって、その収益を享受せず、亡甲がその収益を享受する場合に当たるというべきである。

> **誤りやすい事例**　資産から生ずる収益を享受する者の判定
>
> 1．共有物件を賃貸し、その賃料の全部を1人の所得として申告していた。
>
> **解 説**
>
> 　資産から生ずる所得は、原則としてその所有者（共有の場合には、各人の持分割合）に帰属します（所基通12-1）。
>
> 2．配偶者や親名義の土地を、例えば、月極め駐車場として、土地所有者以外の名義で契約し、その所得を契約者の所得として申告していた。
>
> **解 説**
>
> 　土地の所有者以外の者が構築物の設置等に係る相当の費用負担をしない場合などの単に土地のみの貸付けによる所得は、契約内容にかかわらず、土地の所有者が申告しなければならないとされています（所基通12-1）。

第6節　納税地

所得税法は、所得税の申告、申請、納付等は、「納税地」で行うこととされています。

1　納税地

納税地とは、所得税の納税義務を履行する場所、すなわち「納税地」であるとともに、所得税に関する「管轄地」という意味を持っています。

したがって、納税地は、所得税の納税義務者を管理する管轄税務署を定める基準となります。

すなわち、納税者は、特定の場合を除いて、現在の納税地の所轄税務署長に対して申告、申請、納付等を行い、また、現在の納税地の所轄税務署長は、更正及び決定又はそのための調査等を行うことになります（通法21、30）。

所得税法における納税地

　所得税法における納税地は、次のように定められています（所法15、所令53、54）。

区　　　　分		納　税　地
① 国内に住所(注)を有するか	⇒ Yes	住所地（所法15一）
↓ No		
② 国内に居所を有するか	⇒ Yes	居所地（所法15二）
↓ No		
③ 国内に恒久的施設（事務所、事業所など）を有する非居住者か	⇒ Yes	恒久的施設を通じて行う事業の事務所、事業所などの所在地（所法15三）
↓ No		
④ かつて国内に住所（居所）を有していたが現在は住所（居所）を有しない場合で、③の事務所、事業所などを有せず、かつ、その住所（居所）であった場所に現在一定の要件に該当する親族等が居住しているか	⇒ Yes	当時の住所地（又は居所地）（所法15四、所令53）
↓ No		
⑤ 国内にある不動産の貸付け等の対価を得ているか	⇒ Yes	貸付け等の資産の所在地（所法15五）
↓ No		
⑥ かつて①～⑤により納税地を定められていたか	⇒ Yes	①～⑤に該当しないこととなった直前において納税地であった場所（所法15六、所令54一）
↓ No		
⑦ 所得税の申告、請求等の行為をするのか	⇒ Yes	本人の選択した場所（所法15六、所令54二）
↓ No ───────→		麹町税務署の管轄区域内の場所（所法15六、所令54三）

（注）「住所」とは、各人の生活の本拠をいい、必ずしも住民登録をしてある場所とは限りません（所基通2-1）。

③ 納税地の異動

(1) 納税地に異動があった場合には、異動前及び異動後の納税地を記載した「納税地の異動届出書」を異動前の所轄税務署長に提出することになります（旧所法20、旧所令57）。

　なお、令和4年度税制改正により、令和5年1月1日以後に納税地の異動があった場合には、「所得税の納税地の異動に関する届出書」の提出が不要となっています。

(2) 新たに不動産所得、事業所得又は山林所得を生ずべき事業の開始等をした納税義務者は、その開始等をした日から1月以内に、納税地等を記載した「開業等の届出書」を所轄税務署長に提出しなければなりません（所法229、所規98）。

④ 納税地の特例

納税地の特例は、次のとおりです。

(1) 納税地の選択

納税義務者は、住所地に代えて「居所地」を、住所地又は居所地に代えて「事業所等」の所在地を、それぞれ納税地として選択することができます（所法16①②）。

(2) その他の特例

① 納税義務者が死亡した場合には、その死亡した者に係る納税地は、その死亡当時における納税地とされます（所法16③）。

② 納税管理人が納税義務者に代わって申告する場合の納税地は、納税義務者本人の納税地となります。

誤りやすい事例　納税地の異動届出書

令和5年1月1日以後、事業所を納税地とする場合、事業所を納税地とする届出書の提出が必要と考えていた。

解　説

令和4年12月31日までは、事業所を納税地とする場合、住所地の所轄税務署長に対して、その旨を記載した届出書を提出しなければならなかったが、令和5年1月1日以後は、届出書の提出は不要となっています（所法16②、令4改正法附2、3）。

源泉徴収に係る所得税の納税地

　所得税の源泉徴収義務者のその源泉徴収に係る所得税の納税地は、その者の「事務所、事業所その他これに準ずるもの」で、その支払事務を取り扱うものの、その支払の日における「所在地」（支払の日以後に支払事務所の移転があった場合には、移転後の所在地）とされています（所法17）。

　ただし、公社債の利子、内国法人が支払う剰余金の配当等については、その支払をする者の本店又は主たる事務所の所在地等とされています（所令55）。

6 納税地の指定

(1)　所得税の納税地が、その納税義務者の所得状況からみて納税地として不適当であると所轄国税局長（又は国税庁長官）が認めた場合には、納税地を指定することができます（所法18①、所令56）。

　なお、納税地の指定は、納税義務者の申請があって行われるものではありませんので、申請手続等は定められていません。

(2)　納税地の指定が行われると、国税局長（又は国税庁長官）から、その納税義務者に対して、書面によりその旨が通知されます（所法18③）。

第7節　非居住者及び法人に対する課税の方法

　所得税の納税義務者は、原則として個人の居住者、非居住者ですが、法人も特定の所得については、所得税の納税義務者となっています。

 非居住者に対する課税の方法

　非居住者に対して課税される所得の範囲は国内源泉所得に限られており、その課税方法は、恒久的施設（以下、「PE」といいます）の有無の区分等に応じ、「総合課税」又は他の所得と区別して所得税が課せられる「分離課税」となっています（所法164①②）。

　表にすると次のようになります。

区分		課税の対象となる主な国内源泉所得の範囲	
		総合課税（所法7①三、164①）	分離課税（所法7①三、164②、169、170）
PEを有する非居住者	PE帰属所得	事業から生じる所得等 （所法161①一、四）	
	PE帰属所得以外	資産の運用、資産の譲渡、不動産等の貸付け等 （所法161①二、三、五～七、十七）	利子、配当、給与、報酬等 （所法161①八～十六）
PEを有しない非居住者			

（注） PEとは、支店等、建設作業場、代理人等をいいます（所法2①八の四）。

（出典：税務大学校講本　所得税法（令和6年度版））

2 法人に対する課税の方法

(1) 内国法人に課する課税標準は、原則として、その内国法人が国内において支払を受ける利子、配当などであり（所法174）、外国法人に対して課する課税標準は、原則として、その外国法人が支払を受ける国内源泉所得とされています（所法178）。
(2) 法人に対する所得税の課税は、源泉徴収による納付だけで所得税の納税義務が完了します。
(3) 内国法人及び法人税の申告義務のある外国法人が、利子・配当等の支払を受ける際に源泉徴収された所得税は、法人税額から控除することによって二重課税とならないようになっています（法法68①、144）。

3 租税条約

非居住者及び外国法人の課税対象である国内源泉所得の範囲などは、所得税法及び法人税法に規定されていますが、令和5年10月1日現在、我が国は、次のとおり、85条約等、153か国・地域（注）と租税条約（「租税に関する二重課税の除去並びに脱税及び租税回避の防止のための条約」ほか）を締結しており、国内法の規定と租税条約の規定が異なる場合には、租税条約の内容が、優先適用されます（憲法98②、所法162、法法139）。

（注） 税務行政執行共助条約が多数国間条約であること、及び、旧ソ連・旧チェコスロバキアとの条約が複数国へ承認されていることから、条約等の数と国・地域数が一致していません。

(1) 二重課税の除去、脱税及び租税回避の防止を主たる内容とする条約（いわゆる租税条約）：72本、79か国・地域
(2) 租税に関する情報交換を主たる内容とする条約（いわゆる情報交換協定）：11本、11か国・地域
(3) 税務行政執行共助条約：締結国は我が国を除いて122か国、うち我が国と二国間条約を締

結していない国・地域は62か国・地域

(財務省ホームページ「我が国の租税条約ネットワーク」のデータを引用)

第8節 信託課税

　信託とは、委託者が受託者に対して財産権の移転その他の処分をし、受託者が信託目的に従って、受益者のために信託財産の管理、処分等をすることをいいます。

　例えば、委託者が所有する土地を受託者に信託し、受託者がその土地の上に賃貸事務所用ビルを建設・管理し、これにより得た賃料収入を受益者に給付するという形で用いられます。

　平成18年12月の信託法の改正により、多様な類型の信託が可能となったことから、平成19年度の税制改正により、原則として、信託法施行日(平成19年9月30日)以後に効力が生じる信託に関し、所要の整備が図られています。

　新信託法において、新たに規定が設けられた信託の類型の主なものは、次のとおりです。

信託の類型	概要
自己信託(信託法3三)	委託者が自ら受託者となる信託
受益者の定めのない信託(信託法11章)	目的信託(地域活動、市民活動などのための信託)
受益証券発行信託(信託法8章)	受益権の証券化が一般的に認められた信託
受益者指定権等を有する者の定めのある信託等(信託法89)	信託行為に一定の場合に受益権が順次移転する定めのある信託

 平成19年度税制改正前の信託の取扱い

(1) 不動産、動産の管理等の一般的な信託

　信託財産に帰属させられる収入及び支出については、次の場合に応じ、信託収益の発生時にそれぞれ次の者がその信託財産を有するものとみなして、その者の各年分の各種所得が計算されていました(旧所法13)。

区分	所得の帰属者
受益者が特定している場合	その受益者
受益者が特定していない場合	その信託財産に係る信託の委託者
受益者が存在していない場合	

なお、受益者が特定しているかどうか又は存在しているかどうかの判定は、信託財産に係る収入及び支出があった時の現況により判定します（旧所令52②）。

(2) 貸付信託、一定の投資信託などの信託

信託収益について受益者が現実に受領した時にその受益者に対して課税されていました。

平成19年度税制改正後の信託の取扱い

新信託法の施行にあわせ、平成19年度税制改正において、信託財産に帰せられる所得の帰属者等について次のとおり整備・追加されました。

なお、これらの課税に係る改正については平成19年9月30日以後に効力が生じるものに限られます。

区 分		整備又は改正された事項
受益者段階課税	発生時の課税範囲	対象となる受益者の整備（所法13②）
	受領時の課税範囲	特定受益証券発行信託を追加（所法2①十五の五、法法2二十九ハ）
信託段階法人課税	信託段階で法人課税とするものの課税範囲	次に掲げるものを追加（法人課税信託）（所法2①八の三、法法2二十九の二） ・特定受益証券発行信託以外の受益証券発行信託 ・受益者等が存在しない信託 ・法人が委託者となる信託のうち一定の要件に該当するもの

(1) 受託法人等に対する所得税法の適用

新信託法における信託の受託法人や法人課税信託の委託者や受益者に対する所得税法の適用にあたっては、次のとおり取り扱われます（所法6の3）。

信託等に係る用語	所得税法における取扱い
営業所等が国内にある受託法人	内国法人
営業所等が国内にない受託法人	外国法人
受託法人	会社
受益権	株式又は出資
信託の終了	解散
資産の信託	出資（受益者が存しない信託の場合は「贈与」）
収益の分配	資本剰余金の減少に伴わない配当
元本の払戻し	資本剰余金の減少に伴う配当

(2) 受益権段階課税（発生時課税）⇒ 信託財産に属する資産・負債及び信託財産に帰せられる収益・費用の帰属すべき者の範囲

　発生時課税される信託の信託財産に属する資産及び負債並びにその信託財産から発生する収益や費用は、その受益者の資産及び負債並びに収益や費用とみなして、その受益者の各年分の各種所得の金額が計算されます（所法13①）。

　この場合の受益者の範囲は、次のとおりです。

① 受益者としての権利を現に有するもの（所法13①かっこ書）
② 信託の変更をする一定の権利を現に有し、かつ、その信託の信託財産の給付を受けることとされている者（以下、「みなし受益者」といいます）（所法13②）。

【参考通達】
・所得税基本通達13-1（信託財産に属する資産及び負債並びに信託財産に帰せられる収益及び費用の帰属）
・所得税基本通達13-2（信託財産に帰せられる収益及び費用の時期）
・所得税基本通達13-3（信託財産に帰せられる収益及び費用の額の計算）
・所得税基本通達13-4（権利の内容に応ずることの例示）
・所得税基本通達13-5（信託による資産の移転等）
・所得税基本通達13-6（信託の受益者としての権利の譲渡等）
・所得税基本通達13-7（受益者等課税信託に係る受益者の範囲）
・所得税基本通達13-8（受益者とみなされる委託者）

(3) 受益権段階課税（受領時課税）⇒ 特定受益証券発行信託の規定の整備

① 信託法の受益証券発行信託のうち次の要件（法法2二十九、法令14の4）のすべてに該当するもの（以下、「特定受益証券発行信託」といいます）については、その信託収益を受益者が現実に受領した時にその受益者に対して課税されます。

	要　　　　件
イ	信託事務の実施について一定の要件に該当するものであることについて、税務署長の承認を受け法人が引き受けたものであること
ロ	信託行為において、各計算期間終了の時における利益留保割合が1,000分の25を超えない旨の定めがあること
ハ	各計算期間開始の時において、その時までに到来した各算定時期の利益留保割合が1,000分の25を超えていないこと

二	その計算期間が1年を超えないこと
ホ	受益者が存在しない信託に該当したことがないこと

② 特定受益証券発行信託の受益権は株式等とされることから、受益者である個人の受益権の譲渡による所得は、株式等に係る譲渡所得等として所得税が課され、その収益の分配については、所得税法上、配当所得とされます（措法37の10②五、所法24）。

③ 受益者が受ける収益の分配については、所得税法上の配当控除に関する規定（所法92①）は適用されないこととされています。

(4) 信託段階法人課税

① 特定受益証券発行信託以外の受益証券発行信託

特定受益証券発行信託に該当しない受益証券発行信託については、受託者を納税義務者として、その信託の信託財産に係る所得について、その受託者の固有財産に係る所得とは区別して、その受託者が個人であっても、法人税が課税されます（所法6の2、法法4の2）。

なお、法人税が課税される受益証券発行信託について、次のとおり取り扱われます。

	受益証券発行信託の取扱い
イ	受益権は株式又は出資とみなされることから、受益者である個人の受益権の譲渡による所得は、株式等に係る譲渡所得等として課税されます。
ロ	収益の分配については、所得税法上、剰余金の配当（配当所得）とみなされます。

② 受益者等が存在しない信託

■受託者に対する課税

受益者及びみなし受益者（以下、「受益者等」といいます）が存在しない信託（例：遺言により設定された目的信託等）については、受託者を納税義務者として、その信託の信託財産に係る所得について、その受託者の固有財産に係る所得とは区別して、その受託者が個人であっても、法人税が課税されます（所法6の2、法法4の2）。

また、受益者等が存在しない信託の設定時において、受託者に対して、その信託財産の価額に相当する金額について受贈益として法人税が課税されます。

■委託者に対する課税

受益者等が存在しない信託の設定時において、委託者である個人からその信託財産の価額に相当する金額により受託者（法人に限ります）に対する贈与により資産の移転があったものとみなして、その委託者に対して所得税が課税されます（所法67の3③、59）。

■受益者等が存在することとなった場合の課税

受益者等が存在しない信託について、その後に受益者等（個人に限ります）が存在することとなった場合には、その受益者等に対して受益権の取得による受贈益について所得税は課税されません（所法67の3①②）。

ただし、前記①又は後記③に該当する場合は除かれます（所法67の3①かっこ書）。

なお、その後、その受益者等は上記(2)の取扱いとなります。

■**受益者等が存在することなく信託が終了した場合の課税**

受益者等が存在しない信託について、受益者等が存在することなく信託が終了した場合には、その受託者が個人であっても受託者に対して清算所得に対する法人税が課税されるとともに、残余財産を取得した個人には、所得税が課税されます（所法6の3五）。

【参考通達】
・所得税基本通達67の3-1（受益者等課税信託の委託者がその有する資産を信託した場合の譲渡所得の収入金額等）

　例：受益者等が法人の場合の信託設定時の課税関係

　　譲渡所得の基因となる資産を信託した場合において、受益者たる法人が対価を負担せずに、また負担した額がその資産の価額の2分の1に満たないときは、委託者は時価で資産を譲渡したものとみなして、所得税が課税されます（所法59①二、所法67の3③、所基通67の3-1）。

　　また、受益者等たる法人には、時価と対価の差額について、受贈益課税が行われます（法法22）。

③ **法人が委託者となる信託のうち一定の要件に該当するもの**

法人（公共法人及び公益法人等を除きます）が委託者となる信託のうち、次の要件のいずれかに該当するものについては、受託者を納税義務者として、その信託の信託財産に係る所得について、その受託者の固有財産に係る所得とは区別して、その受託者が個人であっても、法人税が課税されます（所法6の2、法法4の2）。

	要　　　　件
イ	その信託の効力発生時において、委託者である法人の重要な事業が信託されたもので、その法人の株主等が受益権の50％超を取得することが見込まれていたこと（金銭以外の信託財産の種類がおおむね同一である場合等を除きます）
ロ	その信託の効力発生時等において、自己信託等（注）であり、かつ、その存続期間が20年を超えるものとされていたこと（信託財産に属する主たる資産が減価償却資産の場合、その減価償却資産の耐用年数が20年を超えるとき等を除きます） （注）　委託者である法人が受託者である場合又は委託者である法人との間に一定の特殊の関係のある者（特殊関係者）が委託者である場合のいずれかの信託をいいます。
ハ	その信託の効力発生時において、委託者である法人の特殊関係者を受益者とする自己信託等で、その特殊関係者に対する収益の分配割合の変更が可能であること

なお、法人税が課税される受益証券発行信託について、上記(4)の①なお書のイ及びロのとおり取り扱われます。

(5) 受益者連続型信託等

信託行為に一定の場合に受益権が順次移転する定めのある信託などの受益者連続型信託等については、次のとおり課税されます。

イ	適正な対価を負担せずに受益者連続型信託等の受益者等となる者（法人に限ります）があるときは、受益者等となった時においてその受益者等に対して、委託者又はその受益者等の直前の受益者等から贈与により受益権に係る資産の移転が行われたものとして、その委託者又はその受益者等の直前の受益者等である個人に対して所得税が課税されます（所法67の3③④）。
ロ	上記イの受益者等となる者が個人である場合には、委託者又はその受益者等の直前の受益者等である個人から受益権を遺贈又は贈与により取得したものとみなして相続税又は贈与税が課税されます（相法9の2①②）。

(6) 信託損失に係る適正化措置

発生時課税される信託の受益者等である個人のその信託に係る不動産所得の赤字は、その赤字が生じなかったものとみなされます（措法41の4の2）。

第9節 所得税の計算の仕組み

所得税法は、納税者の担税力に応じた課税をするために、非課税所得を除き、原則として個人のあらゆる所得を総合して課税します。そこで、所得を総合するにあたっては、所得の性質に応じて所得を10種類に区分することとしています。

所得の性質による分類

所得税法は、各人の「所得の大きさ」を担税力の指標としているわけですが、同じ大きさの所得であってもその「所得の性質」によって担税力に差があります。

そこで、所得をその性質によって分類すると、次のようになります。

(1) 所得の発生原因別分類

①	資産を運用することによって生ずる所得 ⇒ 預貯金の利子、株式投資による配当、地代、家賃など
②	勤労から生ずる所得 ⇒ 給料、賃金、報酬など
③	資産と勤労によって生ずる所得 ⇒ 商工業、農業などの経営から生じる利益
④	資産を処分することによって生ずる所得 ⇒ 土地、家屋、株式等の譲渡による処分益

(2) 所得の発生形態別分類

①	毎年繰り返して発生する経常的な所得 ⇒ 利子、配当、給与、事業等の所得など
②	臨時的に発生する所得 ⇒ 土地、家屋、株式等の譲渡による所得など
③	毎年発生してもその額の大きさに変動を伴う所得 ⇒ 漁業、印税の所得など
④	長い年月にわたって形成されなければ生じない所得 ⇒ 退職金、年金等、山林の譲渡による所得など

❷ 担税力に応じた課税の実現

上記❶のように、所得の発生は極めて多種多様であることから、所得税の担税力を考えるに当たっては、「量的な面」（金額面）だけでなく、「質的な面」（発生原因・形態面）も併せて考慮する必要があります。

そこで、所得税法では、所得を総合して課税するに当たっては、その人が得た個々の所得を単純に合計するのではなく、所得の性質に応じて「10種類の所得」に区分し、各々の所得に適合した所得金額を計算した上で合計するという方法を採っています。

[所得の種類]
①利子所得　②配当所得　③不動産所得　④事業所得　⑤給与所得
⑥退職所得　⑦山林所得　⑧譲渡所得　⑨一時所得　⑩雑所得

❸ 所得税の計算の仕組み

所得税は、その年の1月1日から12月31日（年の中途で、死亡又は出国する場合は、その死亡の日又は出国の時）までの1年間に生じた所得の金額について計算します。

その計算は、おおむね次の順序で行います。

| 各種所得の金額の計算 | ＝ | 10種類の各種所得の別に、それぞれの所得の金額を計算します。 |

↓

| 課税標準の計算 | ＝ | ここで、「損益通算」及び「純損失又は雑損失の繰越控除」を行います。 |

↓

| 課税所得金額の計算 | ＝ | ここで、「所得控除」を行います。 |

↓

| 税 額 計 算 | ＝ | 「税率適用」→「税額控除」を行って、所得税額を算出します。 |

4 課税標準及び課税所得金額の計算

課税標準及び課税所得金額の計算関係図は、次のとおりです。

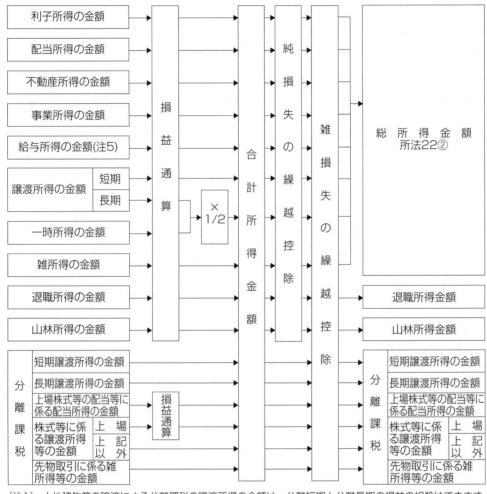

(注1) 土地建物等の譲渡による分離課税の譲渡所得の金額は、分離短期と分離長期の損益の相殺はできますが、原則として、損益通算（所法69）及び純損失の繰越控除（所法70）は適用されません（措法31①③二三、32①④、41の5、41の5の2）。
(注2) 平成28年分から、上場株式等とそれ以外の非上場株式等に区分して、それぞれ別々の申告分離課税制度とされ、平成27年分以前は可能とされていた非上場株式等と上場株式等との間の損益の相殺はできなくなりました（措法37の10①、37の11①、37の13の2④）。
(注3) 上場株式等の譲渡損失の金額又はその年の前年以前3年内の各年に生じた上場株式等の譲渡損失の金額は、これらの損失を上場株式等の譲渡所得等の金額及び上場株式等の配当所得等の金額（申告分離課税を選択したものに限ります。）から控除できます（措法37の12の2）。
(注4) 分離の株式等に係る譲渡所得等の金額及び分離の先物取引に係る雑所得等の金額については、損益通算（所法69）及び純損失の繰越控除（所法70）は適用されません（措法37の10⑥四、五、41の14②二、三）。
(注5) 所得金額調整控除の適用がある場合の給与所得の金額は、当該控除を控除した残額とします（措法41の3の3⑤）。
(注6) その年の前年以前3年内の各年に生じた先物取引の差金等決済に係る損失の金額（特例の適用を受けて前年以前において控除されたものを除きます。）は、これらの損失を先物取引に係る雑所得等の金額から控除できます（措法41の15①）。

（出典：税務大学校講本　所得税法（令和6年度版））

5 税額の計算

　課税総所得金額、上場株式等に係る課税配当所得等の金額、土地等に係る課税事業所得等の金額、課税短期譲渡所得金額、課税長期譲渡所得金額、株式等に係る課税譲渡所得等の金額、先物取引に係る課税雑所得等の金額、課税山林所得金額及び課税退職所得金額の各別に税率を適用して算出税額を求め、その算出税額の合計額から配当控除等の税額控除を行うという順序で、所得税額を計算します。税額計算の構造は、次の図のとおりです。

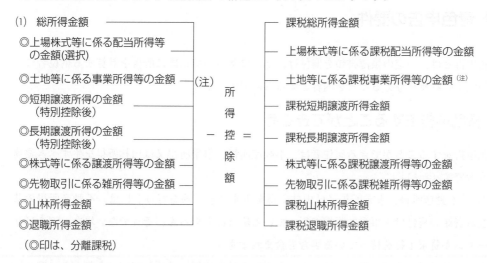

(1)　総所得金額
　　◎上場株式等に係る配当所得等の金額(選択)
　　◎土地等に係る事業所得等の金額　(注)
　　◎短期譲渡所得の金額（特別控除後）
　　◎長期譲渡所得の金額（特別控除後）
　　◎株式等に係る譲渡所得等の金額
　　◎先物取引に係る雑所得等の金額
　　◎山林所得金額
　　◎退職所得金額
　　（◎印は、分離課税）

　　－ 所得控除額 ＝

　　　　課税総所得金額
　　　　上場株式等に係る課税配当所得等の金額
　　　　土地等に係る課税事業所得等の金額(注)
　　　　課税短期譲渡所得金額
　　　　課税長期譲渡所得金額
　　　　株式等に係る課税譲渡所得等の金額
　　　　先物取引に係る課税雑所得等の金額
　　　　課税山林所得金額
　　　　課税退職所得金額

(2)　課税総所得金額×税率（速算表）＝算出税額（A）
　　　上場株式等に係る課税配当所得等の金額×税率＝算出税額（B）
　　　土地等に係る課税事業所得等の金額×税率＝算出税額（C）（注）
　　　課税長期(短期)譲渡所得金額×税率＝算出税額（D）
　　　課税山林所得金額×税率（速算表）＝算出税額（E）
　　　課税退職所得金額×税率（速算表）＝算出税額（F）
　　　株式等に係る課税譲渡所得等の金額×税率＝算出税額（G）
　　　先物取引に係る課税雑所得等の金額×税率＝算出税額（H）

(3)　算出税額（A）
　　　算出税額（B）
　　　算出税額（C）　（注）
　　　算出税額（D）　　－　税額控除額　＝　所得税額(年税額)
　　　算出税額（E）
　　　算出税額（F）
　　　算出税額（G）
　　　算出税額（H）

(4)　所得税額(年税額)－源泉徴収税額－予定納税額＝確定申告に係る納付税額

　（注）平成10年1月1日から令和8年3月31日までの間の個人の不動産事業者等の土地譲渡益については、申告分離課税制度の特例は適用されず、一般の事業所得等と同様総合課税となります。

（出典：税務大学校講本　所得税法（令和6年度版））

第10節 青色申告

申告納税制度が有効かつ円滑に実施されるためには、納税者が自ら正しい記帳に基づく適正な申告と納税を行うことを推進する必要があります。

そこで、真の申告納税制度を確保発展させるために、シャープ勧告に基づく昭和25年の税制改革で青色申告制度が設けられました。

この制度の普及を図るための施策として、青色申告者に種々の特典を与えています。

1 青色申告の要件

青色申告とは、一定の帳簿書類を備付け、それに基づいて正確に所得を計算する納税者について税法上の特典を与えることを内容とするものです。

(1) 青色申告をすることができる者

青色申告をすることができる居住者は、不動産所得、事業所得又は山林所得を生ずべき業務を行う者です（所法143）。

なお、「不動産所得、事業所得又は山林所得を生ずべき業務を行う」には、不動産所得の基因となる資産の貸付けを事業的規模で行っている場合はもちろん、そうでない場合、例えばサラリーマンが貸家1軒を持っている場合も含まれます。

また、山林所得の業務の場合には、これを現に山林を伐採、譲渡して収入金額がない限りは青色申告を認めないというのも不合理なので、単に山林を保有しているにすぎない場合も含まれます（所基通143-1）。

(2) 青色申告の要件

	要　件
①	税務署長へ、青色申告の承認申請書を提出して、あらかじめ承認を受けること（所法144）
②	一定の帳簿書類を備え付けて、これに事業所得等の金額に係る取引を記録し、かつ、これを保存すること（所法148）

2 青色申告の特典等

青色申告者に与えられている特典には、①適正な青色事業専従者給与額の必要経費算入、青色申告特別控除等のほか、②帳簿調査によらない更正の制限及び更正の理由附記などがあります。

青色申告の主な特典などには、次のようなものがあります。

根拠法	特典項目	青色申告の場合	白色申告の場合
所得税法	専従者給与 （所法57①）	原則として、全額必要経費に算入できる	専従者1人当たり最高50万円（配偶者は最高86万円）を限度として、控除が受けられる（所法57③）
	現金主義 （所法67）	前々年分の不動産及び事業の所得金額の合計額(注1)が300万円以下の人は、現金主義によって計算ができる	適用できない
	純損失の繰越控除 （所法70①）	翌年以降3年間繰越控除ができる	変動所得又は被災事業用資産の損失に限って、繰越控除ができる（所法70②）
	純損失の繰戻還付 （所法140、141）	前年分の所得税額から還付が受けられる	適用できない
	更正の制限 （所法155①、156）	帳簿調査に基づかない推計課税による更正を受けることはない	推計による更正・決定をされる場合がある
	更正の理由附記 （所法155②）	更正通知書にその更正の理由を附記しなければならない	不利益処分に対して理由附記しなければならない（通則法74の14）(注2)
	引当金 （所法52、54）	貸倒引当金、退職給与引当金等の一定の引当額を必要経費に算入できる	貸倒引当金に限り一定の引当金を必要経費に算入できる
	低価法 （所令99①）	棚卸資産の評価方法の低価法が認められる	適用できない
租税特別措置法	青色申告特別控除 （措法25の2）	総収入金額から必要経費を控除し、更に最高55万円を差し引くことができる ただし、電子保存・電子申告の場合は、65万円を差し引くことができる（令和2年分以降）(注3)	適用できない
	中小事業者の少額減価償却資産の取得価額の必要経費算入の特例（措法28の2）	中小事業者である青色申告者が取得価額30万円未満の減価償却資産を取得した場合、取得価額の全額を必要経費に算入できる。なお、その年分の取得価額の総額が300万円を超えるときは、その超える部分に係る減価償却資産は対象とならない	適用できない
	減価償却費 （措法10の3ほか）	中小事業者である青色申告者が機械等を取得した場合等の特別償却費を必要経費に算入することができる	適用できない
	準備金 （措法21ほか）	特定船舶に係る特別修繕準備金などの準備金を必要経費に算入することができる	適用できない
	所得税額の特別控除 （措法10、10の3ほか）	試験研究を行った場合や中小事業者が機械等を取得した場合等には、所得税額の特別控除が適用される	適用できない

（注1） この場合、専従者給与（所法57）の規定を適用しないで計算した場合の合計額で判定します（所令195）。
（注2） 白色申告者に対して、平成25年1月1日以後に行う不利益処分については、その処分の理由を附記しなければなりません。ただし、平成25年において記帳・帳簿等保存義務が課されていない者に対する処分理由の記載については、平成26年1月1日から適用されています。
（注3） 令和4年分以後、青色申告特別控除（65万円）の適用を受けるためには、その年分の事業に係る仕訳帳及び総勘定元帳について、電子計算機を使用して作成する国税関係帳簿書類の保存方法等の特例に

関する法律に定めるところにより優良な電子帳簿の要件を満たして電子データによる備付け及び保存を行い、一定の事項を記載した届出書を提出期限までに提出する必要があります（措法25の2④、措通25の2-5）。

なお、既に電子帳簿保存の要件を満たして青色申告特別控除（65万円）の適用を受けていたものが、令和4年分以後も引き続き当該要件を満たしている場合には、一定の事項を記載した届出書の提出は不要となります。

（出典：税務大学校講本　所得税法（令和6年度版））

青色申告の承認申請手続

(1) 原則

新たに青色申告の承認を受けようとする者は、その年の3月15日までに青色申告承認申請書を納税地の所轄税務署長に提出する必要があります（所法144）。

(2) 新規開業した場合（その年の1月16日以後に新規に業務を開始した場合）

業務を開始した日から2か月以内に青色申告承認申請書を納税地の所轄税務署長に提出する必要があります（所法144）。

(3) 相続により業務を承継した場合（所基通144-1）

その年の1月16日以後に業務を承継した場合は、業務を承継した日から2か月以内に青色申告承認申請書を納税地の所轄税務署長に提出する必要があります。

しかし、青色申告をしていた被相続人の業務を承継した場合は、被相続人の死亡による準確定申告書の提出期限である相続の開始を知った日の翌日から4か月以内（ただし、その期限が青色申告の承認があったとみなされる日後に到来するときは、その日）までに青色申告承認申請書を納税地の所轄税務署長に提出する必要があります。

(4) まとめ

	区　　　　分	青色申告承認申請書の提出期限
①	原則	青色申告の承認を受けようとする年の3月15日
②	新規開業した場合 （その年の1月16日以後に業務を開始した場合）	業務を開始した日から2か月以内
③	被相続人が白色申告の場合 （その年の1月16日以後に業務を承継した場合）	業務を承継した日から2か月以内
④	被相続人が青色申告の場合 （死亡の日がその年の1月1日から8月31日）	死亡の日から4か月以内

⑤	被相続人が青色申告の場合 （死亡の日がその年の9月1日から10月31日）	その年の12月31日
⑥	被相続人が青色申告の場合 （死亡の日がその年の11月1日から12月31日）	翌年2月15日

(5) 税務署長の承認又は却下

　税務署長は、青色申告の承認申請があった場合には、税務署長は備付けの帳簿書類等を調査し、所定の備付け、記録又は保存が行われているかを確認した上で、承認又は却下の処分をすることとされています（所法145、146）。

　なお、その年の12月31日（その年の11月1日以後新たに業務を開始した場合には翌年2月15日）までに承認又は却下の処分がなかったときには、その日において承認があったものとみなされます（所法147）。

> **誤りやすい事例**　青色申告承認申請
>
> 　従前から不動産貸付業を営んでいる白色申告者が、本年7月に事業所得を生ずべき事業を開始したので、その事業を開始した日から2月以内に青色申告承認申請書を提出した場合、本年分から青色申告が認められると考えていた。
>
> **解説**
>
> 　「新たに……業務を開始した場合」とは、青色申告の承認を受けることができる業務のいずれも営んでいない者が、いずれかの業務を開始した場合をいうのであって、既に青色承認申請を行うことができる不動産所得等を生ずべき業務を行っている場合は含まれないことになります（所法143、144）。
>
> 　なお、不動産所得を生ずべき業務を本年3月に廃止し、その後同年7月に事業所得を生ずべき事業を開始した場合も同様となります。

❹ 青色申告の承認の取消し

　納税地の所轄税務署長は、次に掲げる事由の一に該当する事実がある場合には、その事実があった年に遡って青色申告の承認を取り消すことができます（所法150）。

	事　　　　　　　　由
①	帳簿書類の備付け、記録又は保存が所定の規定に従って行われていないこと
②	帳簿書類について税務署長の必要な指示（所法148②）に従わなかったこと
③	帳簿書類に取引を隠ぺい又は仮装して記載し、その他その記載事項の全体についての真実性を疑うに足りる相当の理由があること
④	電子取引の取引情報に係る電磁的記録又はその電磁的記録を出力した書面等について、電子計算機を使用して作成する国税関係帳簿書類の保存方法等の特例に関する法律施行規則に定める要件に適合した保存が行われていない場合（電子帳簿保存法7、8③）。

⑤ 青色申告の取りやめ

　青色申告の承認を受けている者が、青色申告を自らやめるときは、取りやめる年の翌年3月15日までに届出書を、納税地の所轄税務署長に提出する必要があります（所法151）。

⑥ 青色申告者の備え付けるべき帳簿書類

　青色申告者の備付帳簿は、次のように定められています（所法148、所規56、昭42.8.31大蔵省告示112号）。

	区　　　　　分	備　付　帳　簿
①	正規の簿記で記帳する者	年末に、①貸借対照表と②損益計算書を作成することができるような正規の簿記（複式簿記）に基づく帳簿
②	簡易帳簿で記帳する者（注1）	①現金出納帳　②売掛帳　③買掛帳 ④経費明細帳　⑤固定資産台帳
③	小規模事業者の収入及び費用の帰属時期の特例（所法67）の適用を受けることについて承認を受けた者（現金主義による記帳）（注2）	現金主義に基づく現金出納帳及び固定資産台帳

（注1）　記帳を簡略化することにより、青色申告の普及を図るためのものです。
（注2）　この特例の適用を受けることができる者は、事業所得又は不動産所得を有する者で、前々年分の事業所得の金額と不動産所得の金額との合計額（青色専従者給与額又は白色の事業専従者控除額を差し引く前の金額）が、300万円以下の者です（所法67、所令195、197、所規39の2、40、40の2）。
　　　　　この現金主義による記帳制度の特例を設けた趣旨は、発生主義による所得計算の原則に従って行う記帳が、現金取引を主体とする小規模事業者に馴染みにくいこともあることから、所得計算の簡便化を図り、事業者の多くが青色申告をすることができるようにしたものです。

7 青色申告者の帳簿書類の保存

青色申告者は、取引を記録し、その帳簿書類を整理して7年間（一定のものは5年間）保存しなければならないこととされています（所法148、所規63）。

これを白色申告者の場合と対比すると、次の表のようになります。

区　分	青　色	白　色
帳簿	7年	法定帳簿……7年 任意帳簿……5年 （所規102④）
決算関係書類		
現金・預金取引等関係書類	原則7年 （前々年分所得が300万以下の者は5年）	書類……5年 （所規102④）
その他の書類	5年	

なお、申告期限経過後6年目、7年目における帳簿書類（その他の書類のうち、一定のものについては、申告期限経過後4年目、5年目）の保存については、一定の要件を満たすマイクロフィルムによる保存が認められています（所規63⑤、102⑤、平10.3.31大蔵省告示135号、平10.6.8国税庁告示1号）。

また、「電子計算機を使用して作成する国税関係帳簿書類の保存方法等の特例に関する法律」による帳簿書類の保存方法によることができます。

8 青色申告書の添付書類

青色申告書には、次の書類を添付しなければなりません（所法149、所規65①）。

	添　付　種　類
①	貸借対照表（簡易簿記の方法を採用する青色申告者を除きます）
②	損益計算書
③	不動産所得の金額、事業所得の金額又は山林所得の金額の計算に関する明細書 （いわゆる「所得税青色申告決算書」）
④	純損失の金額の計算に関する明細書

なお、上記①～④の書類が、電磁的記録（電子的方式、磁気的方式その他の人の知覚によっては認識することができない方式で作られる記録であって、電子計算機による情報処理の用に供されるものをいいます）で作成され、又は上記①～④の書類の作成に代えてその書類に記載

すべき情報を記録した電磁的記録の作成がされている場合には、これらの電磁的記録に記録された情報の内容を記載した書類とします（所規65①）。

第2章 所得の金額の計算

第1節 所得の計算期間

　所得税の課税標準となる所得の金額は、その年の1月1日から12月31日までの1年間（暦年単位）に生じたすべての所得について計算します。
　ただし、納税義務者が年の途中で死亡し又は出国をするといった場合には、その年の1月1日からその死亡の日又は出国の時までの期間内に生じたすべての所得について計算します。

第2節 所得計算上の一般的な事項

　所得税法は、その課税標準を算出するに当たって、所得を利子、配当、不動産、事業、給与、退職、山林、譲渡、一時及び雑の10種類に区分し、それぞれについて計算方法を次のように定めています。

所得の種類	基本的計算式
利子所得 （所法23②）	収入金額＝利子所得の金額
配当所得 （所法24②）	収入金額－その元本を取得するために要した負債の利子＝配当所得の金額
不動産所得 （所法26②）	総収入金額－必要経費＝不動産所得の金額

事業所得 （所法27②）	総収入金額－必要経費＝事業所得の金額
給与所得 （所法28②）	収入金額－給与所得控除額＝給与所得の金額 ^(注1)
退職所得 （所法30②）	（収入金額－退職所得控除額）×1/2＝退職所得の金額 〔短期退職所得手当等である場合〕^(注2) ①（収入金額－退職所得控除額）≦300万以下の場合 　（収入金額－退職所得控除額）×1/2＝退職所得の金額 ②　①以外の場合 　　150万円＋（収入金額－（300万円＋退職所得控除額））＝退職所得の金額 〔特定役員退職手当等である場合〕^(注3) 　　収入金額－退職所得控除額＝退職所得の金額
山林所得 （所法32②）	総収入金額－必要経費－特別控除額＝山林所得の金額
譲渡所得 （所法33③）	総収入金額－（取得費＋譲渡費用）－特別控除額＝譲渡所得の金額
一時所得 （所法34②）	総収入金額－その収入を得るために支出した金額－特別控除額＝一時所得の金額
雑所得 （所法35②）	次の①と②の合計額＝雑所得の金額 ①　公的年金等の収入金額－公的年金等控除額 ②　公的年金等以外の総収入金額－必要経費

（注1）　給与所得者の特定支出の控除の特例については394ページ以下参照。

（注2）　「短期退職手当等」とは、退職手当等のうち、その退職手当等の支払をする者から短期勤続年数^{（※）}に対応する退職手当等として支払を受けるものであって、特定役員退職手当等に該当しないものをいいます（所法30④、所令69の2①）。

　　（※）　退職手当等に係る調整後勤続期間のうち、その退職手当等の支払を受ける居住者が特定役員退職手当等に該当する役員等以外の者として勤務した期間により計算した勤続年数が5年以下であるものをいい、調整後勤続期間のうちに役員等勤続期間がある場合には、役員等以外の者として勤務した期間にその役員等勤務期間を含みます。

（注3）　「特定役員退職手当等」とは、退職手当等のうち、次に掲げる役員等としての役員等勤続年数が5年以下である者が支払を受ける退職手当等をいいます（所法30⑤）。

　　①　法人税法2条15号に規定する役員（法人の取締役、執行役、会計参与、監査役、理事、監事及び清算人並びにこれら以外の者で法人の経営に従事している一定の者）
　　②　国会議員及び地方公共団体の議会の議員
　　③　国家公務員及び地方公務員

　なお、所得区分に分けている理由は次のとおりです。

	理　　　　由
①	所得を区分してそれぞれの所得に適合した計算方法を規定する方が合理的であること
②	所得税は累進税率をとっていることから、毎年発生する所得と臨時的に発生する所得との負担の調整を図る必要があること
③	源泉徴収、特別控除など所得の種類に応じた措置を規定する必要があること

第3節　外貨建取引の換算等

　所得金額の計算は、円表示を前提としており、外貨建取引を行った場合には、これを円表示の金額に換算する必要があります。

　この外国通貨で表示された取引の金額を邦貨表示の金額に換算することを「外貨建取引の換算」といいます。

　外貨建取引の意義

　所得税法では、換算の対象となる外貨建取引の意義について、次のように規定しています（所法57の3①）。

	意　　　　義
外貨建取引	外国通貨で支払が行われる資産の販売及び購入、役務の提供、金銭の貸付け及び借入れその他の取引 　なお、外貨建取引とは、その支払が外国通貨で行われるべきこととされている取引をいうことから、債権債務の金額が外国通貨で表示されている場合であっても、その支払が本邦通貨により行われていることとされているものは、外貨建取引に該当しないことになります（所基通57の3-1）。

2 外貨建取引等の換算の方法

(1) 外貨建取引等の円換算額

外貨建取引等の円換算額は、次のとおりとされています（所法57の3、所基通57の3-2）。

区　分	原　則	特　例 ^(注)
売上その他の収入又は資産	取引日における電信売買相場の仲値	取引日の電信買相場（継続適用が条件）
仕入その他の経費又は負債	同　上	取引日の電信売相場（継続適用が条件）

(注) この特例は、不動産所得等の金額（不動産所得、事業所得、山林所得又は雑所得を生ずべき業務に係る所得の金額）の計算上認められます。

ただし、不動産所得等の金額の計算においては、継続適用を条件として、外貨建取引の内容に応じてそれぞれ合理的と認められる次のような為替相場も使用できることとされています（所基通57の3-2（注2））。

	その他合理的と認められる円換算額の例			
	基準となる日等	換算方法		
基準日を設ける方法	① 取引日の属する月の前月の末日	電信売買相場の仲値	又は→	売上その他の収入又は資産 → 電信買相場
	② 取引日の属する週の前週の末日			
	③ 取引日の属する月の当月の初日		又は→	仕入その他の経費又は負債 → 電信売相場
	④ 取引日の属する週の当週の末日			
基準期間を設ける方法	⑤ 取引日の属する月の前月	その期間における電信売買相場の仲値の平均値	又は→	売上その他の収入又は資産 → その期間における電信買相場の平均値
	⑥ 取引日の属する週の前週		又は→	仕入その他の経費又は負債 → その期間における電信売相場の平均値

なお、次のような場合における資産又は負債については、本邦通貨の額を円換算額とするこ

とができます（所基通57の3-2（注4））。

〔本邦通貨〕─────→〔外国通貨を購入〕─────（直ちに取得等）→〔資産〕
〔外国通貨による借入金等〕─────（直ちに売却）─────→〔本邦通貨〕

【参考通達】
・所得税基本通達57の3-3（多通貨会計を採用している場合の外貨建取引の換算）

(2) 先物外国為替契約等がある場合の円換算額の特例

① 決済時の円換算額を確定させた場合

　不動産所得等を生ずべき業務を行う者が、先物外国為替契約等[注1]により外貨建取引によって取得し、又は発生する資産若しくは負債の金額の円換算額を確定させ、かつ、その先物外国為替契約等の締結の日において一定事項[注2]をその業務に係る帳簿書類等を記載した場合には、その資産又は負債については、その確定させた本邦通貨の額をもって円換算額にすることになります（所法57の3②）。

　外貨建取引に係る売上その他の収入又は仕入その他の経費につき円換算を行う場合において、その計上を行うべき日までに、その収入又は経費の額に係る本邦通貨の額を、先物外国為替契約等により確定させているとき（その先物外国為替契約等の締結の日において一定事項をその業務に係る帳簿書類等に記載した場合に限ります）も同様に取り扱うことができます（所基通57の3-4）。

（注1）「先物外国為替契約等」とは、外国通貨で支払が行われる資産の販売及び購入、役務の提供、金銭の貸付け及び借入れその他の取引によって取得又は発生する資産や負債の金額又はそれらにより支払い又は受け取ることとなる外国通貨の金額の円換算額を確定させる次の契約をいいます（所規36の8①）。

区　分		意　　義
先物外国為替契約等	先物外国為替契約	先物外国為替取引（後記②（注1））の契約のうち外貨建資産等の決済に伴って授受する外国通貨の金額の円換算額を確定させるもの
	デリバティブ取引に係る契約	金融商品取引法2条20項に規定するデリバティブ取引に係る契約のうち、その取引の当事者が元本及び利息として定めた外国通貨の金額について、その当事者間で取り決めた外国為替の売買相場に基づき金銭の支払を相互に約する取引に係る契約で、次のいずれかの要件を満たすもの ①　その契約の締結に伴って支払い、又は受け取ることとなる外貨元本額（その取引の当事者がその取引の元本として定めた外国通貨の金額をいいます）の円換算額が、満了時円換算額（その契約の期間の満了に伴って受け取り又は支払うこととなる外貨元本額の円換算額をいいます）と同額となっていること ②　その契約に係る満了時円換算額が、その契約の期間の満了の日を外国為替の売買の日とする先物外国為替契約に係る外国為替の売買相場により外貨元本額を円換算額に換算した金額に相当する金額となっていること

(注2) 先物外国為替契約締結の日において記載を要する一定の事項は次のとおりです（所規36の8②③）。

区　分	対　象	帳簿書類	記載事項
先物外国為替契約又はデリバティブ取引に係る契約	不動産所得、事業所得又は山林所得を生ずべき業務を行う居住者	資産若しくは負債の取得若しくは発生に関する帳簿書類	所法57の3②の規定に該当する旨、先物外国為替契約等の契約金額、締結日、履行の日その他参考となるべき事項
		先物外国為替契約等の締結に関する帳簿書類	
	雑所得を生ずべき業務を行う居住者	資産若しくは負債の取得若しくは発生に関する書類	所法57の3②の規定に該当する旨、その外貨建取引の種類及びその金額その他参考となるべき事項
		先物外国為替契約等の締結に関する書類	

② 発生時の円換算額を確定させた場合

　不動産所得等を生ずべき業務を行う者が、外貨建資産・負債（上記①の適用を受けるものを除きます）の取得又は発生の基因となる外貨建取引に伴って支払い又は受け取る外国通貨の円換算額を、先物外国為替契約(注1)により確定させ、かつ、その先物外国為替契約の締結の日において一定事項(注2)をその業務に係る帳簿書類に記載した場合には、その資産又は負債については、その確定させた本邦通貨の額をもって円換算額とすることになります（所令167の6①）。

(注1)「先物外国為替契約」とは、外国通貨をもって表示される支払手段（外国為替及び外国貿易法6①七）又は外貨債権（外国通貨をもって支払を受けることができる債権をいいます）の売買契約に基づく債権の発生、変更又は消滅に係る取引を、その売買契約の締結の日後の一定の時期に一定の外国為替の売買相場により実行する取引（先物外国為替取引）に係る契約のうち、外貨建資産・負債の取得又は発生の基因となる外貨建取引に伴って支払い、又は受け取る外国通貨の金額の円換算額を確定させる契約をいいます（所規36の7①）。

(注2) 先物外国為替契約締結の日において記載を要する一定の事項は次のとおりです（所規36の7②③）。

区　分	対　象	帳簿書類	記載事項
先物外国為替契約	不動産所得、事業所得又は山林所得を生ずべき業務を行う居住者	先物外国為替契約の締結に関する帳簿書類	所令167の6①の規定に該当する旨、外貨建取引の種類及びその金額その他参考となるべき事項
	雑所得を生ずべき業務を行う居住者	先物外国為替契約の締結に関する書類	

第2章 所得の金額の計算

■参考

上記①及び②の取扱いをまとめると、次のようになります。

区　分	原　則	先物外国為替契約等により行った取引
収益又は資産	取引日における電信売買相場の仲値	先物外国為替契約等により確定させた円換算額
費用又は負債		

【参考通達】
・所得税基本通達57の3-5（前渡金等の振替え）
・所得税基本通達57の3-6（延払基準の適用）

(3) 国外で業務を行う者の損益計算書等に係る円換算額

　国外において、不動産所得等を生ずべき業務を行う個人で、その業務に係る損益計算書又は収支内訳書を外国通貨表示により作成している者については、継続適用を条件として、その業務に係る損益計算書又は収支内訳書の項目(注)のすべてをその年の年末における為替相場により換算することができます。

　なお、円換算に当たっては、継続適用を条件として、収入金額及び必要経費の換算について、その年においてその業務を行っていた期間内における電信売買相場の仲値、電信買相場又は電信売相場の平均値を使用することができます（所基通57の3-7）。

(注)　前受金等の収益性負債の収益化額及び減価償却資産等の費用性資産の費用化額を除きます。

第4節 収入金額の計算

収入金額

　所得税の課税標準の計算は、収入金額から始まるところ、所得の種類により、収入金額又は総収入金額という用語が用いられています。

	収　入　金　額(注1)	総　収　入　金　額(注2)
所得の種類	利子所得、配当所得、給与所得、退職所得、公的年金等の雑所得	不動産所得、事業所得、譲渡所得、一時所得、公的年金等以外の雑所得、山林所得

(注1)　その収益の内容が比較的単独であるもの

(注２)　その収益の内容が副収入や付随収入などを伴って複雑な場合が多いもの

　その年分の各種所得の金額の計算上「収入金額とすべき金額」又は「総収入金額に算入すべき金額」とは、別段の定めがあるものを除き、「その年において収入すべき金額」をいいます。

区　分		内　　　　容
収入金額	原　則	その年において収入すべき金額（所法36）
	別段の定め	自家消費の場合、農産物の収穫の場合等（所法39〜44の3）

　なお、収入すべき金額の考え方は、簿記会計でいう発生主義の考え方にほぼ相当します。
　収入金額を図示すると次のようになります。

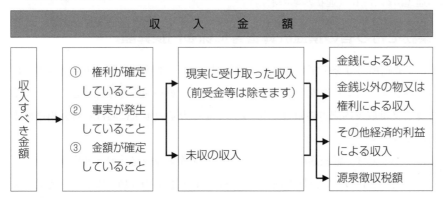

　金銭以外の物又は権利その他経済的利益をもって収入とする場合には、これらの価額も含まれ、その時の価額（時価）によって、計算が行われます（所法36①②）。
　なお、「収入金額とすべき金額」又は「総収入金額に算入すべき金額」は、その収入の基因となった行為が適法であるかどうかを問わないこととされています（所基通36-1）。

誤りやすい事例　消費税等の還付金等の収入計上

１．税込経理方式を適用している者が、消費税等の確定申告により還付を受けた消費税等を雑収入に計上していない。

解説

　消費税等の確定申告書を提出した日（未収入金に計上した場合は、未収入金を計上した日）の属する年分の雑収入に計上します（平元.3.29直所3-8「8」）。

２．税抜経理方式を適用している者が、仮払消費税等の金額と仮受消費税等の金額の差額と、納付する（還付される）消費税等との差額を消費税等の確定申告書を提出した日の属する年の雑収入（必要経費）に計上している。

> **解 説**
>
> 　仮払消費税等の金額と仮受消費税等の金額の差額と、納付する（還付される）消費税等との差額は、当該差額が生じた課税期間に対応する年分の雑収入（必要経費）に算入します（平元.3.29直所3-8「6」）。

■参考　〔所得税法上の所得の定義〕

　所得税法には、「所得」の定義がありませんが、一般的に各種所得の金額は、収入金額又は総収入金額から必要経費を控除して計算することとされています。

　そして、この収入金額又は総収入金額について所得税法36条《収入金額》は、「その年分の各種所得の金額の計算上収入金額とすべき金額は、別段の定めがあるものを除き、その年において収入すべき金額（金銭以外の物又は権利その他経済的な利益をもって収入する場合には、その金銭以外の物又は権利その他経済的な利益の価額）とする」と規定し、その年において収入すべき金額については、「収入の原因たる権利が確定的に発生した場合には、その時点で所得の実現があったものとして、右権利発生の時期の属する年度の課税所得を計算するという建前（いわゆる権利確定主義）を採用している」（最高裁昭和49年3月8日判決）と解されています。

　その収入については、「経済価値の外からの流入と解されるところ、所得税法は、36条1項において、所得を収入金額の形態で定めていることから、原則として、収入という形態において実現した利得のみを課税の対象として未実現の利得（保有資産の価値の増加益）は課税の対象から除外している、と解するのが相当」（平成28年8月8日裁決）としています。

2　収入金額の計算の通則

　その年分の各種所得の金額を計算する場合における計上すべき収入金額は、所得税法上に別段の定めがあるものを除き、原則として、その年分に収入すべき権利が確定している金額とされていますが、利子所得及び配当所得のうちの無記名の公社債の利子や無記名株式等の剰余金の配当などについては、その年において収入すべき金額（発生主義）によらないで、支払を受けた金額によるものとされています。これは徴税上の便宜によるものであって、簿記会計上の現金主義の考え方に相当します（所法36①③）。

　また、次に掲げる者は、現金主義（現実に収入した金額又は支出した費用の額によって所得金額を計算する方法）によることもできます（所法67、所令195、196の2）。

① 　青色申告の承認を受けている居住者でその前々年分の不動産所得と事業所得の金額（青色事業専従者給与の金額を控除する前の金額）の合計額が300万円以下であるもの

② 　雑所得を生ずべき業務を行う居住者で、その前々年分の雑所得を生ずべき業務に係る収入金額が300万円以下であるもの

これらを図示すると次のようになります。

区 分		内　容
収入金額	原則	その年において収入すべき金額（所法36）
	別段の定め	自家消費の場合、農産物の収穫の場合等（所法39〜44の3）
必要経費	原則	収入を得るために直接要した費用の額、販売費、一般管理費等（所法37）
	別段の定め	家事関連費、賄賂、資産損失、引当金等（所法45〜57）
その他の別段の定め		外貨建取引、株式交換等、固定資産の交換、贈与等による譲渡、国外転出時課税、リース譲渡等（所法57の3〜67の4）

❸ 各種所得の収入金額の計上時期

　所得税は、暦年ごとの所得を単位として超過累進税率を適用して課税することから、いつの年の収入とするかによって、その負担額に差が生じることになります。

　上記❶のとおり、所得税法上、収入金額とは、実際に支払を受けた金額、つまり収入した金額ではなく、その年において収入すべき金額とされています。

　10種類の所得ごとの、収入すべき金額の収入すべき時期は、原則として次のとおりとされています。

(1) 利子所得の収入金額の計上時期（所基通36-2）

	区　分	計　上　時　期
①	定期預金の利子	預入期間の満了の日
②	普通預金の利子	支払を受ける日又は元本への繰入日
③	通知預金の利子	払出しの日
④	公社債投資信託等の収益の分配	収益計算期間の満了の日
⑤	公社債の利子	支払開始日と定められた日

【参考通達】
・所得税基本通達36-3（振替記載等を受けた公社債）

(2) 配当所得の収入金額の計上時期（所基通36-4）

区　　分	計　上　時　期
①	剰余金の配当、利益の配当、剰余金の分配、基金利息	その効力を生ずる日（その効力を生ずる日を定めていない場合は、株主総会、その他正当な権限を有する機関の決議があった日）
②	投資信託（公社債投資信託等を除きます）等の収益の分配	収益計算期間の満了の日

(3) 不動産所得の総収入金額の計上時期（所基通36-5、36-6、36-7）

区　　分	計　上　時　期
①	契約や慣習により支払日が定められている場合	その定められた支払日
②	その支払日が定められていない場合	実際に支払を受けた日（請求があったときに支払うべきものとされているものは、その請求の日）
③	頭金、権利金、名義書換料、更新料等	資産を引き渡した日又は契約の効力発生の日
④	敷金・保証金等のうち返還を要しない部分の金額	返還しないことが確定した日

(4) 事業所得の総収入金額の計上時期（所基通36-8、36-8の2、36-8の3、36-8の4、36-8の5、36-8の6）

区　　分	計　上　時　期
①	棚卸資産の販売収入	棚卸資産を引き渡した日
②	請負による収入	請負の目的物を相手方に引き渡した日又は役務の提供を完了した日
③	人的役務の提供による収入	人的役務の提供を完了した日
④	資産の貸付けによる賃貸料（その年に対応するもの）	その年の末日
⑤	金銭の貸付けによる利息（その年に対応するもの）	その年の末日

(5) 給与所得の収入金額の計上時期（所基通36-9）

区　　分	計　上　時　期
① 支給日が定められているもの	その支給日
② 支給日が定められていないもの	支給を受けた日

(6) 退職所得の収入金額の計上時期（所基通36-10）

その支給の基因となった退職の日

(7) 山林所得の総収入金額の計上時期（所基通36-12）

山林の引渡しがあった日によります。
ただし、山林の譲渡に関する契約の効力発生の日によることもできます。

(8) 譲渡所得の総収入金額の計上時期（所基通36-12）

譲渡した資産の引渡しがあった日によります。
ただし、資産の譲渡に関する契約の効力発生の日によることもできます。

(9) 一時所得の総収入金額の計上時期（所基通36-13）

その支払を受けた日によります。
ただし、その支払を受けるべき金額がその日前に支払者から通知されているものについては、その通知を受けた日によります。
なお、生命保険契約等に基づく一時金又は損害保険契約等に基づく満期返戻金等のようなものについては、その支払を受けるべき事実が生じた日によります。

(10) 雑所得の収入金額又は総収入金額の計上時期（所基通36-14）

その収入の態様に応じ、それぞれ他の9種類の所得の収入金額又は総収入金額の計上時期に対する取扱いに準ずることとされています。
なお、公的年金等については、原則として、支給の基礎となる法令等により定められた支給日によります。

4 別段の定めによる収入金額

(1) 棚卸資産等の自家消費又は棚卸資産の贈与等

棚卸資産等を自家消費又は棚卸資産を贈与等した場合は、原則として、その棚卸資産等を自

家消費し、又は棚卸資産を贈与等した時の「通常の販売価額」を事業所得等の金額の計算上、総収入金額に算入します（所法39、40①一、所基通39-1）。

この場合において、事業を営む者が、自家消費などした棚卸資産の取得価額以上の金額をもって、その備え付ける帳簿に所定の記帳を行い、これを事業所得の総収入金額に算入している場合は、その算入した金額が、通常他に販売する価額に比し著しく低額（おおむね70％未満）でない限り、これを認めることとしています（所基通39-2）。

【参考通達】
・所得税基本通達39-3（準棚卸資産を家事消費した場合の所得区分）
・所得税基本通達39-4（山林を家事消費した場合の所得区分）
・所得税基本通達39-5（山林を伐採して事業用の建物等の建築のために使用した場合）

(2) 棚卸資産の低額譲渡

棚卸資産を著しく低い価額の対価で譲渡した場合は、原則として、その棚卸資産の「譲渡対価の額」と譲渡の時における「通常の販売価額」との差額のうち、「実質的に贈与をしたと認められる金額」を事業所得等の金額の計算上、総収入金額に算入します（所法40①二）。

なお、「著しい低い価額の対価で譲渡した場合」とは、通常の販売価額のおおむね70％に相当する金額に満たない対価で譲渡した場合をいいます（所基通40-2）。

また、「実質的に贈与をしたと認められる金額」とは、通常の販売価額と譲渡対価の額との差額に相当する金額をいいますが、通常の販売価額のおおむね70％に相当する金額からその譲渡対価の額を控除した金額として差し支えないとされています（所基通40-3）。

【参考通達】
・所得税基本通達40-1（事業所得の基因となる山林の意義）

(3) 農産物の収穫の場合の総収入金額算入

農産物を収穫した場合には、収穫した時における収穫価額の（収穫時における生産者販売価額）を収入金額とし、その農産物を販売したときは、その販売価額を収入金額、収穫価額を必要経費として農業所得の金額を計算します（所法41、所基通41-1）。

なお、上記の農産物とは、米、麦その他の穀物、馬鈴しょ、野菜などのほ場作物、果樹、樹園の生産物又は温室その他特殊施設を用いて生産する園芸作物をいいます（所令88）。

(4) 発行法人から与えられた株式を取得する権利の譲渡による収入金額

【関係法令等】
・所得税法41条の2《発行法人から与えられた株式を取得する権利の譲渡による収入金額》
・所得税法施行令88条の2《発行法人から与えられた株式を取得する権利の譲渡による収入金額》

・所得税基本通達41の2-1（発行法人から与えられた株式を取得する権利を発行法人に譲渡した場合の所得区分）

(5) 国庫補助金等の交付を受けた場合の収入金額

国又は地方公共団体の補助金又は給付金等（以下、「国庫補助金等」といいます）の交付を受けた場合の収入金額の取扱いは、次のようになります。

① 返還の要否が確定している場合

　個人が国庫補助金等の交付を受け、その年にその国庫補助金等によりその交付の目的に適合した固定資産を取得又は改良をした場合で、その国庫補助金等の返還を要しないことがその年12月31日までに確定した場合には、その国庫補助金等のうち、その固定資産の取得又は改良に充てた部分の金額に相当する金額は、総収入金額に算入しないこととされています（所法42①）。

　国庫補助金等の交付に代えて固定資産の交付を受けた場合にも、その固定資産の時価相当額は、総収入金額に算入しないこととされています（所法42②）。

　なお、この取扱いを受けた固定資産について、減価償却費の計算やその固定資産を譲渡した場合の譲渡原価の計算にあたっては、その取得費の額は、実際にその固定資産の取得のために要した金額又は改良費の額から総収入金額に算入されなかった国庫補助金等の額を控除した残額とされ、国庫補助金等の交付に代えて交付を受けた固定資産については、取得費等の額はないものとされます（所法42①②、所令90）。

② 返還の要否が確定していない場合

　国庫補助金等の返還を要しないことがその交付を受けた日の年12月31日までに確定していない場合には、国庫補助金等相当額は総収入金額に算入しないこととされています（所法43①）。

　ただし、その国庫補助金等の全部又は一部の返還を要しないことが確定した場合は、次の算式で計算した金額を、その確定した日の属する年分の事業所得等の金額の総収入金額に算入することになります（所法43②、所令91①）。

〔算　式〕

　　総収入金額算入額＝A－A×B／C

　　A：返還を要しないことが確定した金額
　　B：返還を要しないことが確定した日における国庫補助金等によって取得（改良）した固定資産の帳簿価額
　　C：国庫補助金等によって取得（改良）した固定資産の取得（改良）に要した金額

　なお、この取扱いの適用を受ける場合において、国庫補助金等により固定資産を取得し又は改良してその固定資産を業務の用に供している場合のその固定資産（減価償却資産）に係る減価償却費の計算は、その国庫補助金等相当額を控除した取得価額を基礎として行うことになります（所法43⑥、所令91②）。

③ 国庫補助金等の範囲

上記①及び②の取扱いの対象となる国庫補助金等とは、固定資産の取得又は改良に充てるため交付される次のような助成金、給付金又は補助金をいいます（所法42①、所令89）。

イ 国の補助金又は給付金
ロ 地方公共団体の補助金又は給付金
ハ 障害者の雇用の促進等に関する法律に基づく独立行政法人高齢・障害・求職者雇用支援機構の助成金で一定の業務に係るもの
ニ 福祉用具の研究開発及び普及の促進に関する法律に基づく国立研究開発法人新エネルギー・産業技術総合開発機構の助成金で一定の業務に係るもの
ホ 国立研究開発法人新エネルギー・産業技術総合開発機構法に基づく国立研究開発法人新エネルギー・産業技術総合開発機構の助成金で一定の業務に係るもの
ヘ 特定高度情報通信技術活用システムの開発供給及び導入の促進に関する法律に基づく国立研究開発法人新エネルギー・産業技術総合開発機構の助成金で一定の業務に係るもの
ト 国立研究開発法人新エネルギー・産業技術総合開発機構法に基づく国立研究開発法人新エネルギー・産業技術総合開発機構の供給確保事業助成金で一定の業務に係るもの
チ 独立行政法人農畜産業振興機構法に基づく独立行政法人農畜産業振興機構の補助金
リ 独立行政法人エネルギー・金属鉱物資源機構法に基づく独立行政法人エネルギー・金属鉱物資源機構の供給確保事業助成金で一定の業務に係るもの
ヌ 日本たばこ産業株式会社法に基づく葉たばこ生産基盤強化のための助成金で一定の事業に係るもの

④ 資産の移転などの費用に充てるために交付を受けた補助金等

国若しくは地方公共団体から資産の移転などの費用に充てるために交付を受けた補助金等は、各種所得の計算上、総収入金額に算入されません（所法44）。

【関係法令等】
・所得税法施行令92条《資産の移転等に含まれない行為》
・所得税法施行令93条《収用に類するやむを得ない事由》
・所得税基本通達44-1（資産の移転等の費用の範囲）
・所得税基本通達44-2（資産の移転、移築の費用に充てるため交付を受けた金額を除却の費用に充てた場合等）

(6) 免責許可の決定等により債務免除を受けた場合の経済的利益の総収入金額不算入等

居住者が、破産法の免責許可の決定又は民事再生法の再生計画認可の決定があった場合その他資力を喪失して債務を弁済することが著しく困難である場合にその有する債務の免除を受けたときは、その免除により受ける経済的な利益の額については、その者の各種所得の金額の計算上、総収入金額に算入されないこととされています（所法44の2①）。

この規定は、原則として、確定申告書にこの規定の適用を受ける旨、その適用により総収入金額に算入されない金額及び一定の事項の記載がある場合に限り、適用されます（所法44の2③④、所規21の2）。

ただし、居住者が債務の免除を受けた場合において、その債務の免除により受ける経済的な利益のうちその居住者の次の損失がある場合には、次に掲げる場合の区分に応じ、それぞれ次に定める金額の合計額に相当する部分については、総収入金額に算入されます（所法44の2②）。

	免除事由	総収入金額算入
①	不動産所得を生ずべき業務に係る債務の免除を受けた場合	その免除を受けた日の属する年分の不動産所得の金額の計算上生じた損失の金額
②	事業所得を生ずべき事業に係る債務の免除を受けた場合	その免除を受けた日の属する年分の事業所得の金額の計算上生じた損失の金額
③	山林所得を生ずべき業務に係る債務の免除を受けた場合	その免除を受けた日の属する年分の山林所得の金額の計算上生じた損失の金額
④	雑所得を生ずべき業務に係る債務の免除を受けた場合	その免除を受けた日の属する年分の雑所得の金額の計算上生じた損失の金額
⑤	純損失（所法70①②）の繰越控除により、その債務の免除を受けた日の属する年分の総所得金額、退職所得の金額又は山林所得の金額の計算上控除する純損失の金額がある場合	その控除する純損失の金額

【関係法令等】
・所得税法施行規則21条の2《免責許可の決定等により債務免除を受けた場合の経済的利益の総収入金額不算入の特例の適用を受けるための記載事項》
・所得税基本通達44の2-1（「資力を喪失して債務を弁済することが著しく困難」である場合の意義）

(7) 減額された外国所得税額の総収入金額不算入等

外国税額控除の適用を受けた年の翌年以降7年以内にその適用を受けた外国所得税の額が減額された場合で、その減額されることとなった日の属する年分において次の①及び②の調整に充てられない部分の金額があるときは、その減額に係る年分の雑所得の金額の計算上総収入金額に算入することとされています（所法44の3、95⑨、所令93の2、226）。

① 外国所得税の額が減額された場合には、その減額されることとなった日の属する年（以下、「減額に係る年」といいます）において納付することとなる控除対象外国所得税の額（以下、「納付控除対象外国所得税額」といいます）から減額控除対象外国所得税額に相当する金額を控除し、その控除後の金額について外国税額控除の規定を適用します。

② 減額に係る年に納付控除対象外国所得税額がない場合又は納付控除対象外国所得税額が減額控除対象外国所得税額に満たない場合には、減額に係る年の前年以前3年内の各年の繰越控除対象外国所得税額から減額控除対象外国所得税額の全額又は減額控除対象外国所得税額のうち納付控除対象外国所得税額を超える部分に相当する金額を控除し、その控除後の金額について外国税額控除の規定を適用します。

5 経済的利益

各種所得の金額の計算上収入金額とされる経済的利益には、次のような利益が含まれます（所基通36-15）。

	区　分		
①	物品その他の資産の無償又は低額譲受け(注1、2)	無償の場合	その資産の時価（A）
		低額譲受けの場合	（A）－実際に支払った対価の額
②	土地、家屋その他の現金以外の資産の無償又は低額借受け(注3)	無償の場合	通常支払うべき対価の額（B）
		低額借受けの場合	（B）－実際に支払った対価の額
③	金銭の無利息又は低利息借受け(注4)	無利息の場合	通常の利率により計算した利息の額（C）
		低利息借受けの場合	（C）－実際に支払った利息の額
④	上記②又は③以外の用役の無償又は低額享受	無償の場合	通常支払うべき対価の額（D）
		低額享受の場合	（D）－実際に支払った対価の額
⑤	買掛金その他の債務の免除又は他人による肩代わり(注5)	債務免除の場合	債務免除相当額
		他人による肩代わりの場合	他人が負担した金額

（注1）　販売業者等が製造業者等から製造業者等の製品名又は社名入りの自動車をもらったような場合には、その価額の3分の2相当額から取得費用を控除した金額が経済的利益とされ、その利益が30万円以下である場合には、その経済的利益はないものとされます（所基通36-18）。
（注2）　役員又は使用人が店の商品の値引販売により受ける経済的利益については、値引販売に係る価額が、使用者の取得価額以上で、かつ、商品の価額のおおむね3割引までであれば、一定の要件の下に課税しなくてもよいこととなっています（所基通36-23）。
（注3）　使用者が役員又は使用人に住宅を貸している場合で、通常の賃借料が受領されている場合には課税関係は発生しないこととされています。この通常の賃借料は、役員又は使用人によって取扱いが異なっています（所基通36-40〜36-48）。
（注4）　役員又は使用人が災害、疾病等により多額の生活資金を要するような場合、使用者から無利息又は低利による貸付けを受けても、一定の要件の下にその経済的利益には課税しなくてもよいこととなっています（所基通36-28）。
（注5）　債務免除益のうち、債務者の資力が喪失して債務を弁済することが著しく困難であると認められる場合には、特例があります（所法44の2）。

収入金額とされる保険金、損害賠償金等

　不動産所得、事業所得、雑所得又は山林所得を生ずべき業務を行う者が受ける次に掲げる収入で、その業務の遂行によって生ずべきこれらの所得の収入金額に代わる性質を有するものは、それぞれこれらの所得の収入金額に算入されることとなっています（所令94）。

	事　　　　　由	収 入 金 額 の 例
①	棚卸資産等、山林、工業所有権等の権利又は著作権等について損失を受けたことによるもの	保険金、損害賠償金、見舞金
②	業務の全部又は一部の休止、転換又は廃止その他の事由によって、その業務の収益の補償として受けるもの^(注)	休業補償金、転換補償金、廃業補償金等
③	借地権又は地役権の設定の対価で資産の譲渡とみなされる行為に係る対価のうち、棚卸資産の譲渡又は営利を目的として継続的に行われる譲渡として、譲渡所得の収入金額に含まれないもの	借地権又は地役権の設定の対価（事業所得又は雑所得）

（注）　事故などにより心身に損害を受けて休業した場合、その間の所得に代えて受け取る損害賠償金、補償金、見舞金などは非課税とされています（所法9①十八、所令30一）。

第5節　必要経費の計算

必要経費の計算の通則

　その年分の不動産所得の金額、事業所得の金額、雑所得の金額（公的年金等に係るものを除きます）及び山林所得の金額は、その年分の総収入金額から必要経費を控除して計算します。
　この場合の必要経費に算入すべき金額は、別段の定めがあるものを除き、不動産所得、事業所得及び雑所得については、次に掲げるものとされています（所法37①）。

①	総収入金額に係る売上原価
②	総収入金額を得るために直接要した費用の額
③	その年中（1月1日から12月31日まで）の販売費、一般管理費及びその業務について生じた費用の額（償却費以外の費用については、12月31日現在で債務の確定しているものに限られます）

必要経費について、図示すると次のようになります。

必要経費	個別対応の必要経費	・売上原価 ・総収入金額を得るために直接要した費用の額
	期間対応の必要経費	・その年に生じた販売費、一般管理費、その他業務上の費用の額

必要経費は、現実に支払った金額ではなく、次のとおりその年において支払うべき債務の確定した金額によって計算します（所基通37-1、37-2、37-2の2、37-3）。

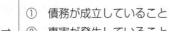

なお、山林を伐採して譲渡し、又は立木のまま譲渡したことによる事業所得、山林所得及び雑所得については、次の①から⑤に掲げるもの（すべて個別対応）が必要経費となります（所法37②）。

① 植林費
② 取得に要した費用
③ 管理費
④ 伐採費
⑤ その他その山林の育成又は譲渡に要した費用（償却費以外の費用については、12月31日現在で債務の確定しているものに限られます）

❷ 必要経費とされない支出

個人事業の場合は、家事（生活）上の費用と事業上の経費とが混在していることが多くあります。

事業又は業務上必要な経費は「必要経費」として、収入金額から控除されますが、例えば、次に掲げる家事費や家事関連費は所得の処分と考えられ、必要経費として控除することはできないこととされています（所法45①）。

	家事費及び家事関連費
①	家事費（自己又は家族の生活費や交際費、医療費、住宅費等）
②	家事関連費（店舗兼住宅に係る地代、家賃、火災保険料、水道光熱費等）
③	租税公課（個人を対象として課税される所得税、住民税）
④	罰金、科料及び過料
⑤	損害賠償金（生活上の損害賠償金、業務上の故意又は重大な過失による損害賠償金）（所基通45-6～45-8）

⑥	仮装・隠蔽行為に基づき確定申告書を提出又は申告していなかった場合で、後に調査等で判明した必要経費

　家事関連費については、家事関連費の主たる部分が不動産所得、事業所得、山林所得又は雑所得を生ずべき業務の遂行上必要であり、かつ、その必要である部分を明らかに区分することができる場合には、その部分を必要経費に算入し、区分できない場合には、必要経費に算入しないこととされています（所法45、所令96一、所基通45-1）。

　青色申告者については、家事関連費のうち取引の記録等に基づいて、不動産所得、事業所得又は山林所得を生ずべき業務の遂行上直接必要であった部分を明らかに区分できる場合には、その部分が家事関連費の主たる部分でなくても、その部分を必要経費に算入することとされています（所令96二、所基通45-1）。

　なお、青色申告者に限って「主たる部分」という制限を除外していますが、実務上は、白色申告者についても青色申告者と同様の取扱いとしています（所基通45-2）。

　家事上の費用と業務上の経費（費用）の取扱いを図示すると次のようになります。

〈家事上の費用と業務上の経費（費用）の取扱い〉

区　分		内　容	原則的な取扱い
支出費用	家　事　費	・自己又は家族の生活費、医療費、娯楽遊興費等 ・住宅に係る地代、家賃、修繕費、租税公課等 ・家事上の水道光熱費等	必要経費とされない
	家事関連費	・店舗兼住宅に係る地代、家賃、修繕費、租税公課、火災保険料等 ・事業と家事共用の水道光熱費等	
	業務上の経費	・売上原価 ・収入を得るために直接に要した費用 ・販売費、一般管理費その他所得を生ずべき業務について生じた費用等	必要経費とされる

（出典：税務大学校講本　所得税法（令和6年度版））

3　売上原価の計算及び期末棚卸資産の評価

　事業所得の金額の計算は、総収入金額から売上品の原価その他の必要経費を控除するということに集約できます。

　その売上品の原価、原料品の対価などを売上品の一品一品に振り分ける計算（個別計算）ができればよいが、通常の場合は実務上困難を伴います。

　そこで、所得税法では、棚卸しによって売上原価を計算する方法が採られています（所法47）。

(1) 売上原価の計算

① 売上原価の計算は、期首（年初）及び期末（年末）の棚卸資産（商品）の価額とその期中（年中）の仕入金額に基づいて、次の算式で計算します。

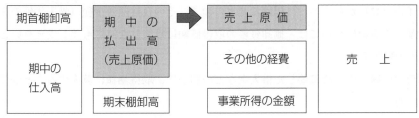

(出典：税務大学校講本　所得税法（令和6年度版））

② その年の12月31日における棚卸資産の価額は、評価の方法によっては売上原価に高低の開差が生じ、売買差益に影響を与えることになります。

そこで、所得税法47条及び所得税法施行令99条以下では、所得税法上選択することができる棚卸資産の評価方法を規定し、納税者がそのうちのいずれかの評価方法を届け出た上、その届け出た方法により棚卸資産を評価することとしています。

(2) 棚卸資産の範囲

棚卸資産とは、事業所得を生ずべき事業における資産で次に掲げるものをいいます。
ただし、有価証券、暗号資産及び山林は除かれます（所法2①十六、所令3）。
① 商品又は製品（副産物及び作業くずを含みます）
② 半製品
③ 仕掛品（半成工事を含みます）
④ 主要原材料
⑤ 補助原材料
⑥ 消耗品（油、包装材料、事務用品などをいいます（所基通37-30の3））で貯蔵中のもの
⑦ ①～⑥までの資産に準ずるもの

なお、販売、採皮などを目的として飼育又は育成される牛、馬、豚、家きん、熱帯魚、苗木などは、棚卸資産に該当します（所基通2-13）。

(3) 棚卸資産の取得価額

棚卸資産の取得価額は、取得した方法により区分して、次のように計算されます（所令103）。

① 購入した棚卸資産

次に掲げる金額の合計額が取得価額となります（所令103①一）。

イ	その購入代価（次に掲げる（イ）から（ニ）の費用の額を含みます）
（イ）	購入に要した引取費用（引取運賃、荷役費、運送保険料、購入手数料、関税など）
（ロ）	買入事務、検収、整理、選別、手入れなどに要した費用
（ハ）	棚卸資産の移管費用（運賃、荷造費など）
（ニ）	棚卸資産の保管費用（貯蔵費、保管費など）
ロ	その資産を消費し、又は販売の用に供するため直接要したすべての費用の額

　なお、上記イの（ロ）から（ニ）に掲げる費用の額で、その合計額が少額（購入代価の3％程度以内の金額）なものについては、棚卸資産の取得価額に算入しなくても差し支えないとされています（所基通47-17）。

　また、棚卸資産の購入のために要した借入金などの利子は、取得価額に算入することができます（所基通47-21）。

② 製造等による棚卸資産

　自己の製造、採掘、採取、栽培、養殖など（以下、「製造等」といいます）による棚卸資産については、①その製造等のための原材料費、労務費など製造原価のほか、②これを消費し、又は販売の用に供するために直接要したすべての費用の額も含まれます（所令103①二）。

(4) 棚卸資産の評価の方法

　商品の売上原価、原材料の消費高等を計算するために、その年の12月31日において有する棚卸資産（以下、「期末棚卸資産」といいます）の評価額の計算上選定できる評価方法は次のとおりとされています（所令99、99の2）。

イ	原価法（所令99①一）	
	（イ）	個別法（所令99①一イ）
	（ロ）	先入先出法：棚卸資産の販売や消費が、取得の古いものから順に行われたものとし、期末棚卸資産、取得の新しいものから順に成っているものとみなして評価額を計算する方法（所令99①ロ）
	（ハ）	総平均法（所令99①一ハ）
	（ニ）	移動平均法（所令99①一ニ）
	（ホ）	最終仕入原価法：その年12月31日に最も近い日において取得した棚卸資産の単価を、期末棚卸資産の単価として評価額を計算する方法（所令99①ホ）
	（ヘ）	売価還元法（所令99①一ヘ）
ロ	低価法（青色申告者に限ります）（所令99①二）	
ハ	特別な評価方法（税務署長の承認を受けた場合）（所令99の2）	

　なお、棚卸資産の評価は、個別法を除き、期末棚卸資産をその種類、品質、型（以下、「種

類等」といいます）の異なるごとに区分し、その種類等の同じものを1グループとし、それぞれのグループごとに所定の計算をすることになっています（所令99）。

また、棚卸資産について①災害によって著しく損傷したこと、②著しく陳腐化したこと等の事実が生じた場合は、その事実の生じた年以後の棚卸資産の評価額については、毎年12月31日における、その棚卸資産の処分可能価額とすることができます（所令104）。

(5) 棚卸資産の評価方法の選定、変更等

① 評価方法の選定及び届出

新たに事業所得を生ずべき事業を開始した者、従来の事業と異なる他の事業を開始及び事業の種類を変更した者は、事業の開始（変更）した日の属する年分に係る確定申告期限までに、棚卸資産について上記(4)の評価方法のうち、そのよるべき方法を選定し、書面により税務署長に届け出なければならないこととされています（所法47②、所令100）。

② 法定評価方法

上記の届出をしない場合又は届け出た方法によって評価していない場合には、最終仕入原価法によって評価しなければならないこととされています（所法47①、所令102①）。

③ 評価方法の変更

棚卸資産について選定した評価の方法を変更しようとするときは、新たな評価方法を採用しようとする年の3月15日までに、申請書を提出し税務署長の承認を受けなければならないこととされています（所令101①②）。

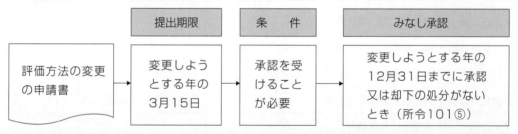

（出典：税務大学校講本　所得税法（令和6年度版））

❹ 販売費、一般管理費等の必要経費

「販売費、一般管理費等の必要経費」について、科目別に分類すると、おおむね次のようになります。

これらの経費の中に家事関連費が含まれている場合には、備付けの帳簿記録によって業務の遂行上直接必要であったことが明らかにされる部分の金額を必要経費に算入することになります（所法45、所令96、所基通45-1、45-2）。

科　目	必　要　経　費　の　具　体　例	経費とならないもの
租税公課	事業税、固定資産税、自動車税、不動産取得税、印紙税、消費税等	所得税、相続税、住民税、延滞税、加算税、延滞金、過怠税
荷造運賃	包装材料費、荷造人夫費、運賃等	
水道光熱費	水道料、電気代、ガス代等	家事用部分の費用
旅費交通費	電車、バス、タクシー代、宿泊代等	家族旅行の費用
通信費	電話代、切手代等	家事用部分の費用
広告宣伝費	テレビ、新聞の広告費、チラシ代等	
接待交際費	得意先への贈答費用、飲食接待費等	親族、隣人等との交際費
損害保険料	店舗、商品の火災保険料、自動車の任意保険料	住宅部分の費用
修繕費	店舗、機械器具、車両の修繕費等	住宅部分の費用、資本的支出
消耗品費	包装材料費、事務用品、少額減価償却資産等	
福利厚生費	従業員の健康保険料、慰安旅行費等	
給料賃金	従業員の給料、賃金、賞与等	自分や生計を一にする親族への給料
利子割引料	事業用資金の借入金の利子、手形割引料等	元本の返済
地代家賃	借地代、店舗、駐車場、倉庫の賃借料	住宅部分の費用
外注工賃	外注加工賃、委託費等	
支払手数料	販売手数料、支払リベート、仲介手数料等	
資産損失	事業用資産の取壊し損失、貸倒金等	雑損控除の対象としたもの
減価償却費	減価償却資産の償却費	住宅部分の償却費
その他	事業上の諸雑費等	

(出典：税務大学校講本　所得税法（令和6年度版））

【参考通達】
・所得税基本通達45-3（山林所得を生ずべき事業の意義）
・所得税基本通達45-4（必要経費に算入される利子税の計算の基礎となる各種所得の金額）
・所得税基本通達45-5（2以上の所得を生ずべき事業を営んでいる場合の各種所得の金額の計算上控除する利子税の計算）
・所得税基本通達45-5の2（外国等が課する罰金又は科料に相当するもの）
・所得税基本通達45-9（外国等が納付を命ずる課徴金及び延滞金に類するもの）
・所得税基本通達46-1（必要経費算入と税額控除との選択方法）

5 減価償却資産の償却費の計算

(1) 減価償却費

　固定資産^(注)のうち、建物、機械器具、車両等の資産は、土地と違って使用又は時の経過によって、物理的、機能的にその価値が減少するものです。

　その価値の減少額を、固定資産の使用によって上げた収益に対応させることによって、資産に投下した「資本の回収」を図ることが必要となります。

　会計学上では、固定資産の取得に要した費用は、固定資産の耐用期間あるいは有効期間にわたり費用配分することとしています。この会計上の手続を減価償却と呼んでいます。

　所得税法においても、同様の考え方で「減価償却資産の耐用年数に応じた償却率によって計算した償却費の額」は、必要経費に算入することを規定しています（所法49）。

　なお、所得税法では、この償却費の必要経費算入は任意ではなく、納税者が償却費を必要経費に算入しないで所得の計算をしていても、必ず必要経費に算入する（強制償却）旨の規定となっています（所法49①）。

　また、所得税法では、償却費の額の計算について担税力の調整という立場から耐用年数の短縮に関する規定（青色申告者に限ります）が設けられています（所令130）。

　さらに、租税特別措置法でも中小事業者が機械等を取得した場合の特別償却（措法10の3）、倉庫用建物等の割増償却（措法15）等、諸種の特別償却等の規定が設けられています。

（注）　固定資産の意義

　　　　所得税法では、固定資産という用語を次のように定義し、減価償却資産という用語と区別して使用しています。すなわち、固定資産とは、山林、棚卸資産、有価証券、暗号資産及び繰延資産以外の資産のうち、次に掲げるものをいいます（所法2①十八、所令5）。

　　　① 土地（土地の上に存する権利を含みます）
　　　② 減価償却資産
　　　③ 電話加入権
　　　④ ①から③までに準ずる資産（例：著作権など）

(2) 減価償却資産の範囲

　減価償却の対象となる資産は、不動産所得若しくは雑所得の基因となり、又は不動産所得、事業所得、山林所得若しくは雑所得の業務の用に供される資産のうち、棚卸資産、有価証券及び繰延資産以外の資産をいい、時の経過によりその価値の減少しないものは除かれます（所法2①十九、所令6）。

　大別して次のように有形減価償却資産、無形減価償却資産及び生物の3つに分けることができます。

	範　　囲
有形減価償却資産	①　建物及びその附属設備（暖冷房設備、証明設備、通風設備、昇降機その他建物に付属する設備をいいます） ②　構築物（ドック、橋、岸壁、桟橋、軌道、貯水池、坑道、貯水池、煙突その他土地に定着する土木設備又は工作物をいいます） ③　機械及び装置 ④　船舶 ⑤　航空機 ⑥　車輌及び運搬具 ⑦　工具、器具及び備品（観賞用、興行用その他これらに準ずる用に供する生物を含みます）
無形減価償却資産	⑧　鉱業権（租鉱権及び採石権その他土石を採掘し又は採取する権利を含みます）、漁業権（入漁権を含みます）、ダム使用権、水利権、特許権、実用新案権、意匠権、商標権、ソフトウエア、育成者権、樹木採取権、漁港水面施設運営権、営業権、専用側線利用権、鉄道軌道連絡通行施設利用権、電気ガス供給施設利用権、水道施設利用権、工業用水道施設利用権、電気通信施設利用権
生物	⑨　次に掲げる生物（⑦に掲げる生物を除きます） ・牛、馬、豚、綿羊及びやぎ ・かんきつ樹、りんご樹、ぶどう樹、梨樹、桃樹、桜桃樹、びわ樹、くり樹、梅樹、柿樹、あんず樹、すもも樹、いちじく樹、キウイフルーツ樹、ブルーベリー樹及びパイナップル ・茶樹、オリーブ樹、つばき樹、桑樹、こりやなぎ、みつまた、こうぞ、もう宗竹、アスパラガス、ラミー、まおらん及びホップ

【参考通達】

・所得税基本通達2-15（貴金属の素材の価額が大部分を占める固定資産）
・所得税基本通達2-18（温泉利用権）
・所得税基本通達2-18の2（工業所有権の実施権等）
・所得税基本通達2-19（出漁権等）
・所得税基本通達2-20（無形固定資産の業務の用に供した時期）
・所得税基本通達2-21（公共下水道施設の使用のための負担金）
・所得税基本通達2-22（電気通信施設利用権の範囲）
・所得税基本通達49-1の3（研究開発のためのソフトウエア）

(3) 減価償却の対象とされない資産等

特定の資産（棚卸資産、有価証券及び繰延資産）や、上記(1)に掲げる資産であっても一定のものは、減価償却の対象とされませんが、その概要は次のとおりです。

	区　分	内　　容
①	少額の減価償却資産（所令138）(注1)	・使用可能期間が1年未満又は取得価額が10万円未満の減価償却資産(注2、3)。
②	中小事業者の少額減価償却資産（措法28の2）(注1、4)	・取得価額が10万円以上20万円未満の減価償却資産(注3、4、5)
③	減耗しない資産（時の経過により価値の減少しないもの）	・土地及び土地の上に存する権利 ・電話加入権（携帯・自動車電話の利用権を除きます）（所基通2-22） ・美術品等（所基通2-14）(注6) ・素材となる貴金属の価額が大部分を占める固定資産（所基通2-15）
④	棚卸資産及び建設又は製作中の資産	・棚卸資産 ・現に稼働していない資産（所基通2-16）(注7) ・建設又は製作中の資産（所基通2-17）(注7)

(注1) 令和4年4月1日以後に取得又は製作若しくは建設をするもののうち、貸付け（主要な業務として行われるものを除きます）の用に供したものは除かれます（所令138①、措法28の2①）。
　　　なお、主要な業務として行われる貸付けとは、次のようなものをいいます（所規34の2）。
　① 居住者に対して資産の譲渡又は役務の提供を行う者のその資産の譲渡又は役務の提供の業務の用に専ら供する資産の貸付け
　② 継続的にその居住者の経営資源（業務の用に供される設備（その貸付けの用に供する資産を除きます）、業務に関するその居住者又はその従業者の有する技能又は知識（租税に関するものを除きます）その他これらに準ずるものをいいます）を活用して行い、又は行うことが見込まれる業務として行われる貸付け
　③ その居住者が行う主要な業務に付随して行う資産の貸付け

(注2) 取得した減価償却資産が、次のいずれかに該当する場合には、その取得価額の全額をその業務の用に供した日の属する年分の必要経費に算入します。
　① 使用可能期間が1年未満であるもの
　② 取得価額が10万円未満であるもの

〈区分別の取扱い〉

減価償却資産 ⇒ 取得		使用可能期間	取得価額（1単位）	取　扱　い	
		① 1年未満	10万円未満	全額を必要経費とする（所令138）	
		② 1年未満	10万円以上		
		③ 1年以上	10万円未満		
		④ 1年以上	10万円以上 20万円未満	（原則）減価償却の対象とする	一括償却資産として取得価額の合計額の1／3を各年の必要経費とすることができる（選択）（所令139）
		⑤ 1年以上	20万円以上 30万円未満		中小事業者である青色申告者は取得価額の合計額のうち300万円までを必要経費とすることができる（選択）（措法28の2）
		⑥ 1年以上	30万円以上		（所令131）

（出典：税務大学校講本　所得税法（令和6年度版））

(注3)　取得価額及び使用可能期間の要件判定は次のとおりです。
　　①　取得価額が10万円未満、20万円未満又は30万円未満であるかどうかは、通常1単位として取引される単位で判定します（所基通49-39、措通28の2-2）。
　　　なお、他人との共有の場合は、自己の持分に係る部分により判定します。
　　②　使用可能期間が1年未満の減価償却資産とは、次の要件をすべて満たすものをいいます（所基通49-40）。
　　　イ　その業界において、一般的に消耗性のものとして認識されているもの
　　　ロ　その者のおおむね過去3年間の平均的使用状況、補充状況等からみてその使用可能期間が1年未満のもの

(注4)　一定の要件を満たす青色申告者が平成18年4月1日から令和8年3月31日の間に取得等をし、業務の用に供した少額減価償却資産については、その合計額が300万円に達するまでの合計額をその業務の用に供した年分の必要経費に算入できます（措法28の2）。

(注5)　一括償却資産の必要経費算入の規定（所令139）の適用を受けたものを除きます。

(注6)　美術品等が減価償却資産に該当するかどうかは、原則として次のような区分により判断することになります（所基通2-14）。

（※） 例えば、会館のロビーや葬祭場のホールのような不特定多数の者が利用する場所の装飾用や展示用（有料で公開するものを除きます）として個人が取得するもののうち、移設することが困難でその用途にのみ使用されることが明らかなものであり、かつ、他の用途に転用すると仮定した場合にその設置状況や使用状況からみて美術品等としての市場価格が見込まれないものが含まれます。

（注7） 稼動休止中のものでも、必要な維持補修が行われ、いつでも稼動し得る状態にあるもの及び建設中のものでも、完成した部分を業務の用に供している場合のその部分については、減価償却資産に該当します（所基通2-16、2-17）。

誤りやすい事例　減価償却資産の判定等

1．税込経理方式を適用している者が、税抜価額を減価償却資産の取得価額として少額減価償却資産の判定をしていた。

解 説

　税込経理方式を適用している者は、減価償却資産の取得価額は、税込みの価額によることになります（平元.3.29直所3-8「9」）。

2．一括償却資産の必要経費算入又は中小事業者の少額減価償却資産の取得価額の必要経費算入の特例を確定申告書において適用しなかった者が、更正の請求や修正申告によってこれらの特例を適用することができると考えていた。

解 説

　一括償却資産の必要経費算入は、一括償却資産を業務の用に供した日の属する年分の確定申告書に一括償却対象額を記載した書類を添付し、かつ、その計算に関する書類を保存していた場合に限り、適用されます（所令139②）。

　中小事業者の少額減価償却資産の取得価額の必要経費算入の特例は、確定申告書に少額の減価償却資産の取得価額に関する明細書の添付がある場合、又は、確定申告書に添付する青色申告決算書に措法28の2①の適用を受けること等一定の事項を記載し、当該減価償却資産の明細を別途保管している場合に限り、適用されます（措法28の2③、措通28の2-3）。

　したがって、更正の請求や修正申告において新たにこれらの特例を適用することはできないことになります。

(4) 一括償却資産

　業務の用に供した減価償却資産で、取得価額が20万円未満のもの（一定のリース資産（注1）及び少額の減価償却資産の取得価額の必要経費算入の適用を受けたものを除きます）については、その減価償却資産の全部又は一部を一括し、その一括した減価償却資産（以下、「一括償却資産」といいます）の取得価額の合計額（以下、「一括償却対象額」といいます）の3分の1に相当する金額を、その一括償却資産を業務の用に供した年以後の3年間の各年にわたり、必要経費に算入（注2、3）することができます（所令139①、120①六、120の2①六、②四）。

　この規定は、一括償却資産を業務の用に供した年分の確定申告書に一括償却対象額を記載した書類を添付し、かつ、その計算に関する書類を保存している場合に限って適用されます（所令139②）。

　なお、その年分において一括償却対象額について必要経費に算入した金額がある場合には、その年分の確定申告書にその必要経費に算入される金額の計算に関する明細書を添付しなければならないこととされています（所令139②）。

(注1) 賃貸借期間の中途において、解除することができないなどの売買とみなされる一定のリース契約以外のリース契約で平成20年3月31日以前に締結された国外リース資産及び平成20年4月1日以後に締結された所有権移転外リース取引に係るリース資産をいいます（所令139①、120①六、120の2①六、②四）。

(注2) 一括償却資産を業務の用に供した年以後3年間の各年においてその全部又は一部について滅失、除却等の事実が生じたときであっても、その各年においてその一括償却資産につき必要経費に算入する金額は、取得価額の合計額の3分の1の額となります。
　　　　また、一括償却資産の全部又は一部を譲渡した場合についても同様です（所基通49-40の2）。

(注3) 一括償却資産の必要経費算入の規定を選択している事業所得者等が死亡した場合において、死亡した日の属する年分以後の各年において必要経費に算入されるべき金額がある場合には、その金額は、その者の死亡した日の属する年分の必要経費に算入することとなります。
　　　　ただし、死亡した事業所得者等の業務を承継する者がいる場合には、死亡した日の属する年分の必要経費に算入すべき金額については、その業務を承継した者の必要経費に算入すること

として差し支えないこととされています（所基通49-40の３）。

> **誤りやすい事例**　一括償却資産の必要経費算入
>
> 令和５年中に購入した取得価額10万円以上20万円未満の備品等について、一括償却資産として申告したが、令和６年中に除却したので、未償却残高を全て必要経費に算入していた。
>
> **解説**
>
> 一括償却資産とした年分の翌年以後、その全部又は一部を減失、除却等をしても再計算することはできず、業務の用に供した日以後３年間にわたって、その取得価額の３分の１に相当する金額を必要経費に算入します（所令139、所基通49-40の２）。

(5) 中小事業者の少額減価償却資産（措法28の２）

　中小事業者（常時使用する従業員が1,000人以下（令和２年４月１日以後に取得等する場合は500人以下））である青色申告者が平成18年４月１日から令和８年３月31日までの期間内に取得価額が30万円未満の減価償却資産を取得等して、不動産所得、事業所得又は山林所得を生ずべき業務の用に供した場合には、その業務の用に供した年に少額減価償却資産の取得価額の合計額のうち300万円までを必要経費に算入することができます。

　なお、年の中途において業務を開始した場合又は廃止した場合の月数については、暦に従って計算し、１月に満たない端数が生じたときは、これを１月とします。

　また、年を通じて業務を営んでいない場合には、300万円を12で除し、業務を営んでいた月数（端数切上げ）を乗じた金額が限度額になります（措法28の２①②）。

　この適用を受けるためには、確定申告書に少額減価償却資産の取得価額に関する明細書を添付しなければならないこととされています（措法28の２③）。

　ただし、確定申告書に添付する青色申告決算書の「減価償却費の計算」欄に次に掲げる事項を記載して提出し、かつ、その減価償却資産の明細を別途保管している場合には、上記明細書の提出を省略しても差し支えないこととされています（所基通28の２-３）。

① 取得価額30万円未満の減価償却資産について、租税特別措置法28条の２第１項の規定を適用していること
② 適用した減価償却資産の取得価額の合計額
③ 適用した減価償却資産の明細は、別途保管していること

【参考通達】
・租税特別措置法通達28の２-１（中小事業者であるかどうかの判定）
・租税特別措置法通達28の２-１の２（一時的に貸付けの用に供した減価償却資産）

・租税特別措置法通達28の2-1の3（主要な業務として行われる貸付けの例示）
・租税特別措置法通達28の2-2（取得価額の判定単位）

> **誤りやすい事例**　少額減価償却資産の必要経費算入
>
> 青色申告を行う中小事業者が、取得した少額減価償却資産について、その取得価額の合計額が300万円を超えていたにもかかわらず、その全額について必要経費に算入していた。
>
> **解説**
>
> 少額減価償却資産については、その取得価額の合計額が300万円に達するまでの少額減価償却資産の合計額しか必要経費とすることができないこととされています（措法28の2）。

(6) 減価償却資産の償却方法

資産の区分に応じて、届出により選定できる方法又は届出により選定しなかった場合に適用される償却の方法は、次のとおり定められています（所法49、所令120、120の2、123、125）。

なお、減価償却資産の償却の方法の選定単位は、減価償却資産の耐用年数等に関する省令の別表に定められている種類ごとに選定することとされています。この場合、2以上の事業所又は船舶を有する居住者は、事業所又は船舶ごとに償却方法を選定できます。

資産の区分		届出をした者	届出をしなかった者	特別な償却方法
①建物（④、⑦及び⑧を除く）	平成10年3月31日以前に取得	○旧定額法／○旧定率法　のうち届け出た方法	旧定額法	税務署長の承認を受けて左記以外の特別の償却方法を選定することができる（法令120の3、所基通49-2）。
	平成10年4月1日から平成19年3月31日までの間に取得	旧定額法（届出を要しない）		
	平成19年4月1日以後に取得	定額法（届出を要しない）		
②建物附属設備・構築物（④、⑦及び⑧を除く）	平成19年3月31日以前に取得	○旧定額法／○旧定率法　のうち届け出た方法	旧定額法	
	平成19年4月1日から平成28年3月31日までに取得	○定額法／○定率法　のうち届け出た方法	定額法	
	平成28年4月1日以後に取得	定額法（届出を要しない）		

資産区分	取得時期	選定できる償却方法	法定償却方法	備考
③有形減価償却資産（①、②、④、⑦及び⑧を除く）	平成19年3月31日以前に取得	○旧定額法 ○旧定率法 のうち届け出た方法	旧定額法	税務署長の承認を受けて左記以外の特別の償却方法を選定することができる（法令120の3、所基通49-2）。
	平成19年4月1日以後に取得	○定額法 ○定率法 のうち届け出た方法	定額法	
④鉱業用減価償却資産（⑥、⑦及び⑧を除く）	平成19年3月31日以前取得	○旧定額法 ○旧定率法 ○旧生産高比例法 のうち届け出た方法	旧生産高比例法	
	平成19年4月1日から平成28年3月31日までに取得	○定額法 ○定率法 ○生産高比例法 のうち届け出た方法	生産高比例法	
	平成28年4月1日以後に取得した建物、建物附属設備及び構築物	○定額法 ○生産高比例法 のうち届け出た方法		
	平成28年4月1日以後に取得した上記以外の鉱業用減価償却資産	○定額法 ○定率法 ○生産高比例法 のうち届け出た方法		
⑤無形固定資産（⑥、⑦及び⑧を除く）、生物	平成19年3月31日以前に取得	旧定額法（届出を要しない）		
	平成19年4月1日以後に取得	定額法（届出を要しない）		
⑥鉱業権	平成19年3月31日以前に取得	○旧定額法 ○旧生産高比例法 のうち届け出た方法	旧生産高比例法	
	平成19年4月1日以後に取得	○定額法 ○生産高比例法 のうち届け出た方法	生産高比例法	
⑦国外リース資産	平成20年3月31日までに契約締結	旧国外リース期間定額法		
⑧リース資産	平成20年4月1日以後に契約締結	リース期間定額法		

（出典：税務大学校講本　所得税法（令和6年度版））

【参考通達】
・所得税基本通達49-1（取得の意義）
・所得税基本通達49-1の2（旧定率法を選定している建物、建物附属設備及び構築物にした資本的支出に係る償却方法）
・所得税基本通達49-1の3の2（土石採取業の採石用坑道）
・所得税基本通達49-1の7（特別な償却の方法の選定単位）
・所得税基本通達49-2（特別な償却の方法の承認）

〔鉱業用減価償却資産の償却〕
・所得税基本通達49-21（鉱業用土地の償却）
・所得税基本通達49-22（土石採取用土地等の償却）

〔温泉利用権の償却〕
・所得税基本通達49-26（温泉利用権の償却費の計算）

〔工業所有権の実施権等の償却〕
・所得税基本通達49-26の2（工業所有権の実施権等の償却費の計算）

〔生物の償却〕
・所得税基本通達49-27（成熟の年齢又は樹齢）
・所得税基本通達49-28（成熟の年齢又は樹齢の判定が困難な場合）
・所得税基本通達49-29（牛馬等の転用後の使用可能期間の見積り）
・所得税基本通達49-30（転用後の償却費の計算）

〔リース資産の償却等〕
・所得税基本通達49-30の2（所有権移転外リース取引に該当しないリース取引に準ずるものの意義）
・所得税基本通達49-30の3（著しく有利な価額）
・所得税基本通達49-30の4（専属使用のリース資産）
・所得税基本通達49-30の5（専用機械装置等に該当しないもの）
・所得税基本通達49-30の6（形式基準による専用機械装置等の判定）
・所得税基本通達49-30の7（識別困難なリース資産）
・所得税基本通達49-30の8（相当短いものの意義）
・所得税基本通達49-30の9（税負担を著しく軽減することになると認められないもの）
・所得税基本通達49-30の10（賃借人におけるリース資産の取得価額）（賃借人の処理）
・所得税基本通達49-30の11（リース期間終了の時に賃借人がリース資産を譲渡した場合の取得価額等）
・所得税基本通達49-30の12（リース期間の終了に伴い返還を受けた資産の取得価額）
・所得税基本通達49-30の13（リース期間の終了に伴い取得した資産の耐用年数の見積り等）
・所得税基本通達49-30の14（賃貸借期間等に含まれる再リース期間）
・所得税基本通達49-30の15（国外リース資産に係る見積残存価額）

・所得税基本通達49-30の16（国外リース資産に係る転貸リースの意義）

(7) 減価償却方法の選定、変更等

① 償却方法の選定及び届出

新たに不動産所得、事業所得、山林所得又は雑所得を生ずべき業務を開始した者は、採用しようとする償却方法を選定して、次の各区分に応じそれぞれに掲げる日の属する年分の確定申告書の提出期限までに、納税地の所轄税務署長に届け出ることとされています（所法49②、所令123①②）。

〈償却方法を選定する場合の届出書の提出期限〉

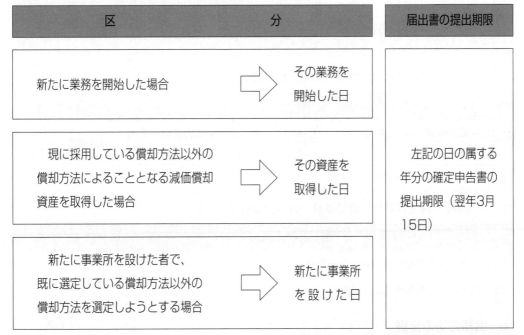

（出典：税務大学校講本　所得税法（令和6年度版））

② 償却方法の引継ぎ

平成19年4月1日以後に取得された減価償却資産の償却の方法については、平成19年3月31日以前に取得されたものと区分した上で、前記①のとおり、その方法を選定し、書面により、納税地の所轄税務署長に届け出なければならないこととされています（所令123①②）。

ただし、その届出がなく、平成19年3月31日以前に取得している減価償却資産について、既に償却の方法として旧定額法、旧定率法又は旧生産高比例法を選定している場合には、平成19年4月1日以後に取得した減価償却資産については、次の償却方法を選定したものとみなされます（所令123③）。

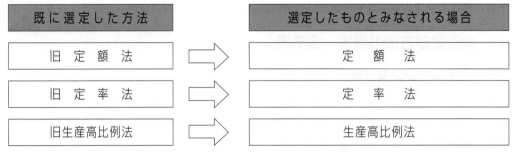

(出典:税務大学校講本 所得税法(令和6年度版))

③ 法定償却方法

減価償却資産について、償却の方法を選定しなかった場合の償却の方法は、次に掲げる資産の区分に応じて、それぞれ次の方法により償却しなければならないこととされています(所令125)。

イ 平成19年3月31日以前に取得された減価償却資産

	資産の区分	償却方法
(イ)	平成10年3月31日以前に取得された建物、鉱業用減価償却資産以外の有形減価償却資産	旧定額法
(ロ)	鉱業用減価償却資産及び鉱業権	旧生産高比例法

ロ 平成19年4月1日以後に取得された減価償却資産

	資産の区分	償却方法
(イ)	鉱業用減価償却資産以外の有形減価償却資産	定額法
(ロ)	鉱業用減価償却資産及び鉱業権	生産高比例法

④ 償却方法の変更

先に採用した償却の方法について、変更しようとするときは、新たな償却方法を採用しようとする年の3月15日までに、その申請書を提出し、納税地の所轄税務署長の承認を受けなければならないとされています(所令124①②)。

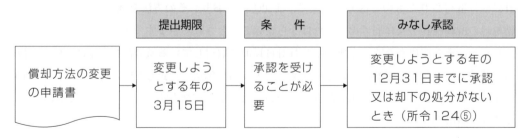

(出典:税務大学校講本 所得税法(令和6年度版))

【参考通達】
・所得税基本通達49-2の2(償却方法の変更申請があった場合の「相当期間」)

・所得税基本通達49-18（転用資産の償却費の特例）
・所得税基本通達49-18の2（転用した追加償却資産に係る償却費の計算等）
・所得税基本通達49-18の3（部分的に用途を異にする建物の償却）
・所得税基本通達49-19（定額法を定率法に変更した場合等の償却費の特例）
・所得税基本通達49-20（定率法を定額法に変更した場合等の償却費の計算）
・所得税基本通達49-20の2（旧定率法を旧定額法に変更した後に資本的支出をした場合）
・所得税基本通達49-23（生産高比例法を定額法に変更した場合等の償却費の計算）
・所得税基本通達49-24（生産高比例法を定率法に変更した場合等の償却費の計算）
・所得税基本通達49-25（定額法又は定率法を生産高比例法に変更した場合等の償却費の計算）

(8) 減価償却費の計算方法

償却費の計算方法について、償却方法の別に示すと次のとおりです。

① 平成19年3月31日以前に取得された減価償却資産

イ　旧定額法（所令120①一イ(1)）

> 各年の償却費の額＝（取得価額－残存価額）×旧定額法の償却率

ロ　旧定率法（所令120①一イ(2)）

> 1年目の償却費の額＝取得価額×旧定率法の償却率
> 2年目の償却費の額＝期首未償却残高^(注)×旧定率法の償却率
> 　（注）期首未償却残高＝取得価額－前年末までの償却費の合計額

ハ　旧生産高比例法（所令120①三ハ）

$$各年の償却費の額 = \frac{（取得価額－残存価額）}{採掘予定数量 \times その年の採掘数量}$$

ニ　旧国外リース期間定額法（所令120①六）

$$各年の償却費の額 = \frac{（取得価額－見積残存価額）}{賃貸借期間の総月数 \times その年の賃貸借期間の月数}$$

② 平成19年4月1日以後に取得された減価償却資産

イ　定額法（所令120の2①一イ(1)）

> 各年の償却費の額＝取得価額×定額法の償却率

ロ　定率法（所令120の2①一イ(2)）

> 1年目の償却費の額＝取得価額×定率法の償却率
> 2年目以降の各年の償却費の額
> 　A　「調整前償却額≧償却保証額」の場合
> 　　　各年の償却費の額＝調整前償却額

B 「調整前償却額＜償却保証額」の場合
　　各年の償却費の額＝改定取得価額×改定償却率
（注）
○償却費の額＝期首未償却残高×定率法の償却率
○償却保証額＝取得価額×保証率（所令120の2②一）
○改定取得価額（所令120の2②二）
　・「調整前償却額＜償却保証額」の場合は、期首未償却残高
　・連続する2以上の年において「調整前償却額＜償却保証額」の場合は、最も古い年における期首未償却残高

■参考（定率法の償却率について）

① 平成24年4月1日以後に取得した資産からは、200％定率法が適用されています。
② 平成24年分の所得税の確定申告期限までに一定の届出書を提出した場合は、既に250％定率法を適用している資産でも、200％定率法を適用できるとされています。
③ 平成24年12月31日までに取得した資産については、従来の250％定率法の適用資産とみなすことができるとされています。
④ 200％定率法は、定額法の償却率（1÷耐用年数）を2倍にした数を定率法の償却率とする方法で平成24年4月1日以後から適用されています。
⑤ 250％定率法は、定額法の償却率を2.5倍した数を定率法の償却率とする方法で従来の定率法となっています。

ハ　生産高比例法（所令120の2①三イ(2)）

$$各年の償却費の額＝\frac{取得価額}{採掘予定数量×その年の採掘数量}$$

ニ　リース期間定額法（所令120の2①六）

$$各年の償却費の額＝\frac{（取得価額－残価保証額）}{リース期間の月数×その年のリース期間の月数}$$

（出典：税務大学校講本　所得税法（令和6年度版））

誤りやすい事例　減価償却資産の償却方法

1．個人事業者が、令和6年中に取得した車両について、定率法を適用して減価償却費を計算していた。

解説

償却方法の届出がなければ、鉱業用減価償却資産及び鉱業権を除き、定額法となります（所法49、所令125）。

2．被相続人が旧定率法により償却していた減価償却資産を相続により取得した場合、その相続人が、償却方法の届出をしないまま、引き続き旧定率法により減価償却費を計算していた。

解説

　相続により減価償却資産を取得した場合、取得価額、帳簿価額、耐用年数は被相続人から引き継ぎます（所法60①、所令126②）が、償却方法は引き継がないこととされています。

　この場合、所得税法施行令120条1項に規定する取得には相続、遺贈又は贈与が含まれる（所基通49-1）ことから、相続により取得した建物の償却方法は定額法になります。

　なお、事業を承継した相続人が定率法を採用しようとする場合には、新たに償却方法の届出が必要となります（所令123①②）。

③ 取得価額

　減価償却資産の取得価額は、その取得の態様により次のようになっています（所令126）。

イ　購入した減価償却資産

　次の(イ)、(ロ)及び(ハ)の合計額（所令126①一）

　(イ)　購入先に支払った代金

　(ロ)　引取運賃、運送保険料、購入手数料、荷役費、関税、その他購入のために要した費用

　(ハ)　業務の用に供するために直接要した費用の額

ロ　建設、製作又は製造した減価償却資産

　次の(イ)及び(ロ)の合計額（所令126①二）

　(イ)　建設、製作、製造の原価（原材料費、労務費、経費）

　(ロ)　業務の用に供するために直接要した費用の額

ハ　自己が成育させた牛馬等の生物

　次の(イ)、(ロ)及び(ハ)の合計額（所令126①三）

　(イ)　成育させるために取得した購入代価等又は種付費・出産費

　(ロ)　成育のために要した飼料費、労務費、経費

　(ハ)　成育させた牛馬等を業務の用に供するために直接要した費用の額

ニ　自己が成熟させた果樹等

　次の(イ)、(ロ)及び(ハ)の合計額（所令126①四）

　(イ)　成熟させるために取得した購入代価等又は種苗費

　(ロ)　成熟のために要した肥料費、労務費、経費

　(ハ)　成熟させた果樹等を業務の用に供するために直接要した費用の額

ホ　イないしニ以外の方法で取得した資産

　次の(イ)及び(ロ)の合計額（所令126①五）

　(イ)　取得のために通常要する価額（時価）

(ロ)　業務の用に供するために直接要した費用の額

ヘ　贈与、相続等により取得した資産

　贈与、相続（限定承認に係るものを除きます）若しくは遺贈（包括遺贈のうち限定承認に係るものを除きます）又は著しく低い価額の対価で譲り受けた資産(注)の取得価額は、その資産を取得した者が引き続き所有していたものとみなした場合における上記イからホまでにより計算された金額とされます（所法59、60①、所令126②）。

　なお、贈与、相続又は遺贈により取得した減価償却資産について、受贈者等がその減価償却資産を取得するために通常必要と認められる費用（所基通37-5及び49-3の定めにより各種所得の金額の計算上必要経費に算入した登録免許税や不動産取得税等を除きます）を支出しているときは、その減価償却資産の取得費に算入することができます（所基通60-2）。

（注）　個人から時価の2分の1に満たない対価による譲渡により取得した資産で、その対価がその資産の譲渡に係る所得の金額の計算上控除される取得価額等に満たないものをいいます。

ト　国庫補助金等によって取得した資産の取得価額（所法42⑤、所令90）。

　固定資産の取得又は改良に充てるために国又は地方公共団体から交付された補助金又は給付金等によって取得又は改良した資産については、その資産の実際の取得価額から補助金又は給付金等の金額を控除した金額が取得価額となります。

　実際の取得価額（上記イからホまでにより計算した金額）－補助金又は給付金等の金額
　＝自己負担金額　⇒　取得価額

　なお、補助金又は給付金等の交付に代えて資産自体の交付を受けた場合は、その資産の取得価額はないものとみなされます。

【参考通達】

・所得税基本通達49-3（減価償却資産に係る登録免許税等）
・所得税基本通達49-4（減価償却資産の取得に際して支払う立退料等）
・所得税基本通達49-5（集中生産を行うなどのための機械装置の移設費）
・所得税基本通達49-6（採掘権の取得価額）
・所得税基本通達49-7（自己の研究に基づき取得した工業所有権の取得価額）
・所得税基本通達49-8（譲渡を受けた出願権に基づき取得した工業所有権の取得価額）
・所得税基本通達49-8の2（自己の製作に係るソフトウエアの取得価額等）
・所得税基本通達49-8の3（ソフトウエアの取得価額に算入しないことができる費用）
・所得税基本通達49-9（温泉をゆう出する土地を取得した場合の温泉利用権の取得価額）
・所得税基本通達49-10（出漁権等の取得価額）
・所得税基本通達49-12（未成熟の植物から収穫物があった場合等の取得価額の計算）
・所得税基本通達49-12の2（減価償却資産について値引き等があった場合）
・所得税基本通達49-41（現金主義の場合の少額の減価償却資産の取得価額）

> **誤りやすい事例**　減価償却資産の取得価額
>
> 業務用不動産（建物）の取得時に支出した仲介手数料を必要経費に算入していた。
>
> **解　説**
>
> 取得の際に支払う仲介手数料は、購入のために要した費用であり、減価償却資産の取得価額に算入することになります（所令126①一イ）。

④　耐用年数及び償却率等

イ　耐用年数

耐用年数とは、通常の維持補修を加えた場合において、その減価償却資産の本来の用途又は用法により通常予定される効用をあげることができる年数（効用持続年数）をいいます。

耐用年数については、「減価償却資産の耐用年数等に関する省令」で、資産の種類ごとに「別表第一から別表第六」に区分して規定されています（耐令1①、2）。

ロ　償却率

償却率については、次のとおり規定されています。

(イ)　平成19年3月31日以前に取得をされた減価償却資産の耐用年数に応じた旧定額法の償却率又は旧定率法の償却率　⇒「別表七」

(ロ)　平成19年4月1日以後に取得をされた減価償却資産の定額法の償却率　⇒「別表八」

(ハ)　平成19年4月1日から平成24年3月31日までの間に取得をされた減価償却資産の定率法の償却率、改定償却率及び保証率　⇒「別表九」

(ニ)　平成24年4月1日以後に取得をされた減価償却資産の定率法の償却率、改定償却率及び保証率　⇒「別表十」

ハ　中古資産の耐用年数

中古資産の耐用年数については、次のとおり規定されています（耐令3）。

(イ)　耐用年数の全部又は一部を経過した、いわゆる中古資産の耐用年数は、取得時における使用可能期間の年数を見積もることとされています。

(ロ)　使用可能期間の見積りが困難なときは、次により耐用年数を計算します。

　A　耐用年数の全部を経過した資産

　　⇒　法定耐用年数×0.2＝見積り耐用年数

　B　耐用年数の一部を経過した資産

　　⇒　（法定耐用年数－経過年数）＋経過年数×0.2＝見積り耐用年数

なお、その計算した耐用年数に1年未満の端数があるときは、端数を切り捨てた年数とし、その計算した耐用年数が2年に満たない場合は2年とします。

⑤　平成19年3月31日以前に取得された減価償却資産の残存価額（所令129）

残存価額とは、減価償却資産が耐用年数を経過したときにおいて残存すると想定される金額

をいい、減価償却資産の耐用年数等に関する省令6条及び別表十一に次のように規定されています。

	種　　　類		残　存　価　額
イ	有形減価償却資産（ソフトウエアを除きます）		取得価額の10%
ロ	無形減価償却資産、ソフトウエア、鉱業権、坑道		零
ハ	生物（器具及び備品に該当するものを除きます）	馬（細目ごとに）	取得価額の10%〜30%の金額と10万円のいずれか少ない金額
ニ		牛（細目ごとに）	取得価額の10%〜50%の金額と10万円のいずれか少ない金額
ホ		豚	取得価額の30%相当額
ヘ		綿羊及びやぎ	取得価額の5%相当額
ト		果樹その他の植物	取得価額の5%相当額

⑥　**年の中途に業務の用に供された場合又は年の中途で譲渡、除却等された場合（所令132）**

減価償却資産が年の中途に業務の用に供された場合又は年の中途で譲渡、除却等された場合は、次の計算式によりその年分の償却費の計算をします。

$$各年の償却費の額 \times \frac{業務供用月数（1月未満切上げ）}{12} = その年分の償却費の額$$

(出典：税務大学校講本　所得税法（令和6年度版））

⑦　**償却累積額による償却費の特例**

イ　平成19年3月31日以前に取得した資産

平成19年3月31日以前に取得した資産については、残存価額とは別に、次のa、bの順に限度額が資産の種類ごとに次のとおり定められており、償却費の額の累積額がそれぞれの金額に達した後は、減価償却をすることができないこととされています（所令134①一）。

a：同一の減価償却方法による減価償却

次の種類等の区分に応じて、限度額まで減価償却を行います（所令134①一）。

		種　　　類	限　度　額
原則（所令134①）	①	有形減価償却資産（坑道、国外リース資産、リース賃貸資産を除きます）	取得価額の95%相当額
	②	無形減価償却資産（リース賃貸資産を除きます）及び坑道	取得価額相当額

		種類	限度額
原則 (所令134①)	③	生物（器具及び備品、リース賃貸資産に該当するものを除きます）	取得価額－残存価額
	④	国外リース資産（平成20年3月31日までに契約が締結されたもの）	取得価額－見積残存価額
	⑤	リース賃貸資産（平成20年3月31日までに契約が締結されたもの）	取得価額－残価保証額（残価保証額が零である場合には1円）
特例 (所令134の2)	⑥	堅牢建築物 （a 鉄筋コンクリート造等の建物） （b 鉄筋コンクリート造等の構築物、装置）	取得価額－1円

b：5年間の均等の方法による減価償却

上記aの限度額まで償却を行った資産のうち次の種類等については、その翌年から5年間において、均等の方法により次の限度額まで減価償却を行います（所令134②）。

	種類	限度額
①	有形減価償却資産（坑道、国外リース資産、リース賃貸資産を除きます）	取得価額－1円
②	生物（器具及び備品、リース賃貸資産に該当するものを除きます）	

償却方法は次の計算式によります。

各年の償却費の額＝（取得価額－上記aの償却費の額の累計額－1円）÷5

なお、この規定は、平成20年分以後の所得税について適用します（平19改正所令附則12）。

ロ　平成19年4月1日以後に取得した資産（所令134①二）

	種類	限度額
①	有形減価償却資産・生物（坑道及びリース資産を除きます）	取得価額－1円
②	坑道及び無形減価償却資産	取得価額
③	リース資産	取得価額－残価保証額

【参考通達】
・所得税基本通達49-47（償却費が一定の金額に達したかどうかの判定）
・所得税基本通達49-48（償却累計額による償却限度額の特例の償却を行う減価償却資産に資本的支出をした場合）
・所得税基本通達49-48の2（堅牢な建物等に資本的支出をした場合の減価償却）

> **誤りやすい事例**　平成19年度改正による減価償却費の計算

1．平成19年4月1日以後に取得した減価償却資産の償却費を旧定額法又は旧定率法により計算していた。

解　説

　平成19年4月1日以後に取得した減価償却資産の償却費は、定額法又は定率法により計算することとされています（所法49①、所令120の2①）。

2．平成19年3月31日以前に取得した減価償却資産について、必要経費に算入された償却費の累計額が取得価額の95％相当額に達した年分から5年間の均等償却を行っている。

解　説

　5年間の均等償却は、必要経費に算入された償却費の累計額が取得価額の95％相当額に達した年分の翌年から行うこととされています（所令134②）。

3．平成19年3月31日以前に取得した減価償却資産について、残存価額（取得価額の10％）までしか減価償却費の計算をしなかった者が、未償却残高（取得価額の10％相当額）を基礎として、償却できることを知った年分以後5年間で1円まで必要経費に算入している。

解　説

　所得税法上の減価償却費の計算はいわゆる強制償却であるため、取得価額の95％相当額に達するまでの各年において適法に必要経費に算入されたものとみることから、取得価額の5％から1円を差し引いた金額を5年間で償却をすることになります。

(9) 減価償却の特例

① 非業務用資産を業務用資産に転用した場合の償却費の計算

　非業務用資産を業務用資産に転用した場合の転用後の償却費は、次のように計算します（所令135、136）。

	区　分	転用時点での未償却残高	償却費の計算
イ	昭和28年1月1日以後に取得した資産を転用した場合	資産の当初取得価額を基礎として、（法定耐用年数×1.5）の年数により旧定額法に準じて計算した場合の転用の日における未償却残高	前記(6)、(7)及び(8)に準じて

	昭和27年12月31日以前に取得した資産を転用した場合	昭和28年1月1日における相続税評価額をもって同日に取得したものとみなし、上記に準じて計算した転用の日における未償却残高	計算します。

② 特別償却等

　減価償却資産の償却の方法等として、上記のほか、その事情によって次の特例が認められています。

- ・資本的支出の取得価額の特例（所令127）

　　なお、資本的支出をした場合の特例は、平成24年3月31日以前に取得した減価償却資産と平成24年4月1日以後の資本的支出により取得をしたものとされた減価償却資産とを一の減価償却資産とすることはできないこととされています（所令127⑤）。

- ・耐用年数の短縮（所令130）
- ・通常の使用時間を超えて使用される機械及び装置の償却費の特例（所令133）

【参考通達】

〔資本的支出の取得価額の特例〕

- ・所得税基本通達49-8の4（資本的支出の取得価額の特例の適用関係）

〔耐用年数の短縮（所令130）〕

- ・所得税基本通達49-13（耐用年数短縮の承認事由の判定）
- ・所得税基本通達49-14（耐用年数の短縮の対象となる資産の単位）
- ・所得税基本通達49-15（機械及び装置以外の減価償却資産の使用可能期間の算定）
- ・所得税基本通達49-15の2（機械及び装置以外の減価償却資産の未経過使用可能期間の算定）
- ・所得税基本通達49-16（機械及び装置の使用可能期間の算定）
- ・所得税基本通達49-16の2（機械及び装置の未経過使用可能期間の算定）
- ・所得税基本通達49-17（耐用年数短縮の承認があった後に取得した資産の耐用年数）
- ・所得税基本通達49-17の2（耐用年数短縮の承認を受けている資産に資本的支出をした場合）
- ・所得税基本通達49-17の3（耐用年数短縮が届出により認められる資産の更新に含まれる資産の取得等）

〔年の中途で業務の用に供した減価償却資産等の償却費の特例（所令132）〕

- ・所得税基本通達49-31（一の減価償却資産について一部の取壊し等又は資本的支出があった場合の定額法又は定率法による償却費の計算）
- ・所得税基本通達49-32（一の減価償却資産について一部の取壊し等があった場合の翌年以後の償却費の計算の基礎となる取得価額等）

〔増加償却（所令133）〕

- ・所得税基本通達49-33（増加償却の適用単位）
- ・所得税基本通達49-33の2（貸与を受けている機械及び装置がある場合の増加償却）

誤りやすい事例　建物の耐用年数

1．建物に係る資本的支出の耐用年数を建物本体の耐用年数としていない。

解説

建物に係る資本的支出については、建物本体の耐用年数により償却することとされています（耐通1-1-2）。

なお、平成19年4月1日以後支出した資本的支出については、原則として、建物本体と種類及び耐用年数を同じくする別個の資産を新たに取得したものとして減価償却費の計算を行います（所令127①）。

2．鉄骨鉄筋コンクリート造の建物の附属設備について、建物本体と一括して建物の耐用年数を適用していた。

解説

建物の附属設備を建物本体と区分せずに建物の耐用年数を適用できるのは、木造、合成樹脂造又は木骨モルタル造の建物の附属設備に限られます（耐通2-2-1）。

なお、平成10年4月1日から平成19年3月31日までに取得した建物の償却方法は旧定額法に、平成19年4月1日以後に取得した建物については定額法に限られます。

また、平成28年3月31日以前に取得した建物の附属設備の償却方法は、定率法又は旧定率法を選択する旨の届出をすることを条件に、定率法又は旧定率法を適用することができます。

誤りやすい事例　非業務用資産・中古資産

3．店舗併用住宅の場合、未償却残高を計算する際、「取得価額－必要経費算入額」としていた。

解説

「取得価額－自宅部分も含めたその年分までの減価償却費の累計額」となります。

4．家事用資産を業務用に転用した場合に、その資産の取得が平成19年4月1日以後であるとして、転用時点での未償却残高を定額法で計算していた。

解説

転用時点での未償却残高は資産の当初取得価額を基礎として法定耐用年数×1.5の年数により旧定額法に準じて計算します（所法38、所令85、135）。

【参考】
・国税庁ホームページ／タックスアンサー／「No.2109新築家屋等を非業務用から業務用に転用した場合の減価償却」

5．令和4年中に、中古資産を取得し、その年は法定耐用年数を用いて減価償却費を計算していたが、令和5年分で簡便法による耐用年数に変更した。

解説

いわゆる「簡便法」を用いて中古資産の耐用年数を算定することが認められるのは、その事業の用に供した年分においてその算定をした場合であるから、当該事業の用に供した年分において簡便法を用いなかったときは、その後の年分において簡便法を用いることはできないこととされています（耐令3、耐通1-5-1）。

6．取得した減価償却費が中古資産であったことを理由として、更正の請求により、当該資産の耐用年数を変更することができると考えていた。

解説

中古資産の耐用年数の特例（耐令3）は、その中古資産を事業の用に供した年分において適用を受けなかった場合、その後に更正の請求や修正申告により当該特例を適用することはできないこととされています（耐通1-5-1）。

〔減価償却資産の除却等〕

減価償却資産の除却等については、次の定めがあります。

・所得税基本通達49-42（総合償却資産について一部の除却等があった場合の償却費計算）
・所得税基本通達49-42の2（総合償却資産の償却費の計算）
・所得税基本通達49-43（総合償却資産の除却価額）
・所得税基本通達49-44（個々の資産ごとの償却費が計算されている場合の除却価額の特例）
・所得税基本通達49-45（個々の資産ごとの取得価額等が明らかでない個別償却資産の除却価額）
・所得税基本通達49-46（除却数量が明らかでない貸与資産の除却数量の推定）
・所得税基本通達49-46の2（個別管理が困難な少額資産の除却処理等の簡便計算）
・所得税基本通達49-46の3（追加償却資産に係る除却価額）

〔劣化資産〕

劣化資産について、次の定めがあります。

・所得税基本通達49-49（劣化資産）
・所得税基本通達49-50（棚卸資産とすることができる劣化資産）
・所得税基本通達49-51（一時に取り替える劣化資産の取得価額の必要経費算入）

- 所得税基本通達49-52（一時に取り替えないで随時補充する劣化資産の取得価額の必要経費算入）
- 所得税基本通達49-53（少額な劣化資産の必要経費算入）

〔その他〕
- 所得税基本通達49-54（年の中途で譲渡した減価償却資産の償却費の計算）

その他、租税特別措置法における主な特例措置として、次のようなものがあります。
- 中小事業者が機械等を取得した場合の特別償却（措法10の3）
- 地域経済牽引事業の促進地域内において特定事業用機械等を取得した場合の特別償却（措法10の4）
- 地方活力向上地域等において特定建物等を取得した場合の特別償却（措法10の4の2）
- 特定中小事業者が特定経営力向上設備等を取得した場合の特別償却（措法10の5の3）
- 認定特定高度情報通信技術活用設備を取得した場合の特別償却（措法10の5の5）
- 事業適応設備を取得した場合等の特別償却（措法10の5の6）
- 特定船舶の特別償却（措法11）
- 被災代替資産等の特別償却（措法11の2）
- 特定事業継続力強化設備等の特別償却（措法11の3）
- 環境負荷低減事業活動用資産等の特別償却（措法11の4）
- 特定地域における工業用機械等の特別償却（措法12）
- 医療用機器等の特別償却（措法12の2）
- 輸出事業用資産の割増償却（措法13）
- 特定都市再生建築物の割増償却（措法14）
- 倉庫用建物等の割増償却（措法15）
- 特別償却等に関する複数の規定の不適用（措法19）

6 繰延資産の償却費の計算

収益を得るために支出した費用の中には、その支出した費用の効果が次年以降に及ぶような場合があり、所得税法では、これらの費用について繰延資産と規定しています（所法2①二十、所令7）。

繰延資産については、その支出の効果がその支出の日以降に及ぶ点に着目し、その支出額及び支出の効果の及ぶ期間を基礎とし、原則として、支出額全額を均等償却により計算した償却費(注)を、各年分の必要経費に算入することになっています（所法50、所令137）。

(注) 無形減価償却資産の償却の方法（残存価額を0とし、定額法による）に準じて計算した償却費の額

(1) 繰延資産の範囲とその償却期間等

　繰延資産とは、業務に関し支出する費用（資産取得費用や前払費用を除きます）のうち、その支出の効果が1年以上に及ぶ次に掲げるものをいい、それぞれ次に掲げる期間で償却します（所法2①二十、所令7）。

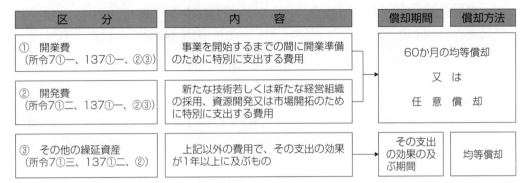

【参考通達番号】
所基通2-24～2-29の5、50-1、50-3

（出典：税務大学校講本　所得税法（令和6年度版））

　上記表③の「その他の繰延資産」については、次のとおりとなっています（所基通50-3）。

① 自己が便益を受ける公共的施設又は共同的施設の設置又は改良のために支出する費用（所令7①三イ）

種　類	細　目	償　却　期　間
公共的施設の設置又は改良のために支出する費用（所基通2-24）(注1,2,3)	イ　その施設又は工作物がその負担をした者に専ら使用されるものである場合	その施設又は工作物の耐用年数の70％に相当する年数
	ロ　イ以外の施設又は工作物の設置又は改良の場合	その施設又は工作物の耐用年数の40％に相当する年数
共同的施設の設置又は改良のために支出する費用（所基通2-25）	イ　その施設がその負担をした者又は構成員の共同の用に供されるものである場合又は協会等の本来の用に供されるものである場合	イ　施設の建設又は改良に充てられる部分の負担金については、その施設の耐用年数の70％に相当する年数 ロ　土地の取得に充てられる部分の負担金については、45年
	ロ　商店街における共同のアーケード、日よけ、アーチ、すずらん燈等その負担をした者の共同の用に供されるとともに、併せて一般公衆の用にも供されるものである場合	5年（その施設について定められている耐用年数が5年より短い場合には、その耐用年数）

（注1）　道路用地をそのまま又は道路として舗装の上、国又は地方公共団体に提供した場合において、その提供した土地の帳簿価額に相当する金額（舗装費を含みます）が繰延資産となる公共的施

設の設置又は改良のために支出する費用に該当するときは、その償却期間の計算の基礎となる「その施設又は工作物の耐用年数」は15年として、上記の表を適用します（所基通50-3（注1））。

したがって、この場合における償却期間は、次のようになります。

区　　分	償　却　期　間
負担者に専ら使用されるもの	10年（15年×70％）
それ以外のもの	6年（15年×40％）

（注2）　国、地方公共団体、商店街等の行う街路の簡易舗装、街灯、がんぎ等の簡易な施設で主として一般公衆の便益に供されるもののために充てられる負担金は、支出した年分の必要経費に算入することができます（所基通2-26）。

（注3）　地方公共団体が都市計画事業等により公共地下水道を設置する場合に、その設置により著しく利益を受ける土地所有者が都市計画法その他の法令の規定に基づき負担する受益者負担金については、上記の表にかかわらずその償却期間を6年とします（所基通50-4の2）。

② **資産を賃貸し又は使用するために支出する権利金、立退料その他の費用（所令7①三ロ）**

種　　類	細　　目	償　却　期　間
建物を賃借するために支出する権利金等（所基通2-27(1)）	イ　建物の新築に際しその所有者に対して支払った権利金等で、その権利金等の額がその建物の賃借部分の建設費の大部分に相当し、かつ、実際上その建物の存続期間中賃借できる状況にあると認められるものである場合	その建物の耐用年数の70％に相当する年数
	ロ　建物の賃借に際して支払ったイ以外の権利金等で、契約、慣習等によってその明渡しに際して借家権として転売できることになっているものである場合	その建物の賃借後の見積残存耐用年数の70％に相当する年数
	ハ　イ及びロ以外の権利金等である場合	5年（契約の賃借期間が5年未満であり、かつ、契約の更新をする場合に再び権利金等の支払を要することが明らかであるものについては、その賃借期間の年数）
電子計算機その他の機器の賃借に伴って支出する費用（所基通2-27(2)）		その機器の耐用年数の70％に相当する年数（その年数が契約による賃借期間を超えるときは、その賃借期間の年数）

③ 役務の提供を受けるために支出する権利金その他の費用（所令7①三八）

種　　類	償　却　期　間
ノーハウの頭金等（所基通2-28）	5年（設定契約の有効期間が5年未満である場合において、契約の更新に際して再び一時金又は頭金の支払を要することが明らかであるときは、その有効期間の年数）

④ 製品等の広告宣伝の用に供する資産を贈与したことにより生ずる費用（所令7①三二）

種　　類	償　却　期　間
広告宣伝の用に供する資産を贈与したことにより生ずる費用（所基通2-29）	その資産の耐用年数の70％に相当する年数（その年数が5年を超えるときは、5年）

⑤ その他自己が便益を受けるために支出する費用（所令7①三ホ）

	種　　類	償　却　期　間
イ	スキー場のゲレンデ整備費用（所基通2-29の2）	12年
ロ	出版権の設定の対価（所基通2-29の3）	設定契約に定める存続期間（設定契約に存続期間の定めがない場合には3年）
ハ	同業者団体等の加入金（所基通2-29の4）	5年
ニ	職業運動選手等の契約金等（所基通2-29の5）	契約期間（契約期間の定めがない場合には3年）

【参考通達】
・所得税基本通達50-2（繰延資産の償却期間の改訂）
・所得税基本通達50-4（港湾しゅんせつ負担金等の償却期間の特例）
・所得税基本通達50-6（固定資産を利用するための繰延資産の償却の開始の時期）

(2) 償却費の計算

繰延資産の償却費の額は、次の算式で計算します（所令137）。

① 開業費及び開発費

償却方法		算　　式
均等償却	一般の場合	繰延資産の額×A／60月＝償却費の額 A：その年中の業務を行っていた期間の月数（1月未満は切り上げ）
	年の中途において	繰延資産の額×B／60月＝償却費の額

	繰延資産となる費用を支出した場合	B：その年中の、支出の日から業務を行っていた期間の末日までの月数（1月未満は切り上げ）
任意償却	繰延資産の額の範囲内で任意償却する	

② その他（上記(1)①から⑤）の繰延資産

償却方法		算　　　式
均等償却	一般の場合	繰延資産の額×A／B＝償却費の額 A：その年中の業務を行っていた期間の月数（1月未満は切り上げ） B：支出の効果の及ぶ期間の月数
	年の中途において繰延資産となる費用を支出した場合	繰延資産の額×C／D＝償却費の額 C：その年中の、支出の日から業務を行っていた期間の末日までの月数（1月未満は切り上げ） D：支出の効果の及ぶ期間の月数

(3) 分割払の繰延資産の償却方法

　公共的施設の負担金等の繰延資産（所令7①三）に該当する費用を分割して支払う場合のその償却方法は、次のとおりとなります（所基通50-5、50-5の2）。

区　　　分			償却方法
短期分割払	支払う期間が3年以内の場合	総額をもって償却できる	
長期分割払	支払う期間が3年を超える場合	原則　総額をもって償却できない	分割支出額を順次繰延資産の額に加えて償却することになる
		特例　次のすべてに該当する繰延資産である場合 イ　公共的施設又は共同的施設の設置又は改良に係る負担金であること ロ　イの負担金の償却期間以上の期間にわたって分割して支払うこと ハ　おおむね均等額の支払であること ニ　施設工事の着工後の支払であること	その支出した金額をその支出の都度必要経費に算入できる

(4) 少額の繰延資産の必要経費に算入

　開業費及び開発費以外の繰延資産については、その金額が20万円未満であるときは、その支出をした年にその全額を必要経費に算入します（所令139の2、所基通50-7）。

| 誤りやすい事例 | 繰延資産とならない借地権の更新料 |

借地権の更新料を繰延資産として償却していた。

解説

　建物を賃借するための権利金等は繰延資産とされる（所令7①三、所基通2-27）が、借地権存続期間を更新するために支払った更新料は繰延資産とはされず、借地権の取得費に算入されるとともに、次の算式によって計算した金額が必要経費に算入されます（所令182）。

〔算式〕

　借地権の取得費の必要経費算入額＝$(A+B-C) \times \dfrac{D}{E}$

　　A：借地権の取得費
　　B：更新前に支出した改良費及び前回までの更新料
　　C：取得費のうち前回までに必要経費に算入した額
　　D：借地権の更新料
　　E：借地権の更新時の価額

リース取引

　資産の賃貸借契約の中には、その経済的実質において一般の賃貸借と異なる性質を有しているものがあり、一般の賃貸借と同様に取り扱うことには課税上の弊害が生じることもあることから、これらの賃貸借契約に係る取引のうち一定のものを所得税法上「リース取引」として定義しています（所法67の2、所令197の2）。

　それぞれの取扱いは次のとおりとなっています。

(1) 平成20年4月1日以後に締結したリース取引

　平成20年4月1日以後に締結されるリース取引については、原則として売買とみなされます（所法67の2①）。

① リース取引の種類と取扱い

区　　　分		取　扱　い
税務上のリース取引	所有権移転リース取引	売買取引
		金融取引（金銭の貸付け）
	所有権移転外リース取引	売買取引
		金融取引（金銭の貸付け）
税務上のリース以外の賃貸借取引		賃貸借取引（リース契約に基づいて処理）

② 税務上のリース取引

　税務上のリース取引とは、次の要件に該当するものをいいます（所法67の2③、所令197の2①、所基通67の2-1）。

イ	その賃貸借契約は、賃貸借期間中に解除することが禁止されていること。 ただし、次の要件のいずれかを満たす場合は、上記要件を満たすこととされています。 （イ）　賃借人が契約違反又は解約する場合に未経過期間のリース料の合計額のおおむね90％以上支払うこととされている場合(注1) （ロ）　その賃貸借契約に解約条項として次の要件が付されている場合 　　A　賃貸借資産をより高性能の機種又は同一の機種に更新する場合は解約金の支払を要しないこと 　　B　A以外の場合は未経過期間のリース料の合計額を解約金とすること
ロ	賃借人がその賃貸借資産からもたらされる経済的な利益を実質的に享受することができること。
ハ	賃借人がその賃貸借資産の使用に伴って生ずる費用を実質的に負担すべきこととされていること。

（注1）　次の割合がおおむね90％を超える場合には、その賃貸借資産の使用に伴って生ずる費用を実質的に負担すべきこととされているものに該当します（所令197の2②）。

$$\frac{賃貸借期間中に支払うリース料の合計額}{賃貸借資産の取得価額　＋　業務の用に供するために要する費用}$$

　また、「おおむね90％以上」かどうかの判定にあたっては、次のように取り扱われます（所基通67の2-2）。

①　賃貸借契約等において賃借人が賃貸借資産を購入する権利を有し、その権利の行使が確実であると認められる場合には、その権利の行使により購入するときの購入価額（購入価額の定めのないときは残価に相当する金額）をリース料の価額に加算します。

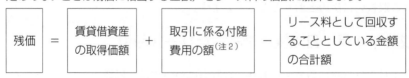

②　賃貸借契約において中途解約に伴い賃貸借資産を賃貸人が処分し、未経過期間に対応するリース料の額からその処分価額の全部又は一部を控除した額を賃借人が支払うこととしている場合には、その全部又は一部に相当する金額を賃借人が支払うこととなる金額に加算します。

（注2）　取引に係る付随費用の額には、賃貸借資産の取得に要する資金の利子、固定資産税、保険料等その取引に関連して賃貸人の支出する費用が含まれます。

　なお、平成20年4月1日以後締結する次の①から③の賃貸借取引は、ここでいう資産の賃貸借取引に当たらないとされています（所法67の2③、所令197の2①）。

①　所有権が移転しない土地の賃貸借
②　土地の賃貸借のうち、所得税法施行令79条《資産の譲渡とみなされる行為》の適用があるもの

③ 次のイ及びロのいずれにも該当しない取引
　イ 土地の賃貸借に係る契約において定められている賃貸借の期間の終了の時又は賃貸借期間の中途において、その土地が無償又は名目的な対価で賃貸借に係る賃借人に譲渡されるもの
　ロ 土地の賃貸借に係る賃借人に対し、賃貸借期間終了の時又は賃貸借期間の中途において、その土地を著しく有利な価額で買い取る権利が与えられているもの

【参考通達】
・所得税基本通達67の2-3（これらに準ずるものの意義）

③ **所有権移転リースと所有権移転外リースの取引**

　次のいずれかの要件に該当する場合は、所有権移転リース取引とされ、この要件に該当しないものは所有権移転外リース取引とされています（所法67の2③、所令120の2②五）。

	要　　　件
イ	リース期間終了の時又はリース期間の中途において、リース資産が無償又は名目的な対価の額で賃借人に譲渡されるものであること
ロ	賃借人に対し、リース期間終了の時又はリース期間の中途において、リース資産を著しく有利な価額で買い取る権利が与えられているものであること
ハ	リース資産の種類、用途、設置の状況等に照らし、リース資産がその使用可能期間中賃借人によってのみ使用されると見込まれるものであること又はリース資産の識別が困難であると認められるものであること
ニ	リース期間がリース資産の耐用年数に比して相当短いもの（賃借人の所得税の負担を著しく軽減することになると認められるものに限ります）であること

④ **リース取引に係る所得金額の計算**

イ　資産の売買があったものとされる取引

　リース取引が売買取引となる場合には、リース資産の引渡しを行った日以後の各年分の所得金額は、次のとおり計算されます（所法67の2①）。

（イ）　賃貸人の処理

〈収入金額の計上等〉

原　　則	特　　例
リース資産を引き渡した時の収益	延払基準の方法により経理した場合には、その経理した収入金額をその年分の総収入金額に算入する（所法65）(注)

〈リース資産の費用計上等〉

原　　則	特　　例
売却原価として計上	延払基準の方法により経理した場合には、その経理した費用の額をその年分の必要経費に算入する（所法65）(注)

(注) 翌年以後のいずれかの年において延払基準の方法により経理しなかった場合は、その経理しなかった年の翌年分以降は、この特例は適用されないこととされています。

(ロ) 賃借人の処理

a リース取引が売買取引となる場合には、賃借人がリース資産を有するものとして減価償却を行うことになり、その償却方法は次のとおりとなります（所令120の2）。

リース取引の種類	償却方法
所有権移転リース取引	選定している償却方法（定額法、定率法等）
所有権移転外リース取引	リース期間定額法

b リース資産について売買があったものとして取り扱われる場合の賃借人の取得価額は、次のとおりとなります（所基通49-30の10）。

	原則		特例
リース期間中に支払うべきリース料の合計額（原則として再リース料を除きます）	取得価額	リース料の合計額のうち利息相当額からなる部分の金額	リース期間の経過に応じ経費算入
		リース料の合計額のうち利息相当額を控除した金額	取得価額
業務の用に供するため賃借人が支出する付随費用の額	取得価額	業務の用に供するため賃借人が支出する付随費用の額	取得価額

c リース期間定額法の計算方法は次のとおりとなります（所法120の2①六）。

〔算式〕

$$償却額 = （リース資産の取得価額 - 残価保証額^{(注)}） \times \frac{その年におけるリース期間の月数}{リース資産のリース期間の月数}$$

(注) 残価保証額に相当する金額がリース資産の取得価額に含まれていた場合のみ差し引きます。

なお、「残価保証額」とは、リース期間終了の時にリース資産の処分価額が契約において定められている保証額に満たない場合にその満たない部分の金額をそのリース取引に係る賃借人がその賃貸人に支払うこととされている場合における、その保証額をいいます（所令120の2②六）。

ロ 金銭の貸付けがあったものとされる取引

次に掲げるリース取引に該当する場合には、リース資産の売買はなかったものとされ、金融取引（金銭の貸付け）があったものとされます。

また、各年分の各種所得の金額は、次のとおり計算されます（所法67の2②、所基通67の2-4）。

(イ) 金銭の貸付けがあったものとされるリース取引

次のいずれにも該当する取引とされています（所法67の2②）。

a 譲受人から譲渡人に対する賃貸を条件に資産の売買を行ったこと

b 資産の種類、売買及び賃貸に至るまでの事情その他の状況に照らし、これら一連の取引が実質的に金銭の貸借であると認められること

（ロ）上記（イ）のリース取引から除かれるもの
　a　譲渡人が譲受人に代わり資産を購入することに次に掲げるような相当な理由があり、かつ、その資産につき、立替金、仮払金等として経理し、譲渡人の購入価額により譲受人に譲渡するものであること（所基通67の2－4(1)）。
　　・多種類の資産を導入する必要があるため、譲渡人においてその資産を購入した方が事務の効率化が図られること
　　・輸入機器のように通関事務等に専門的知識が必要とされること
　　・既往の取引状況に照らし、譲渡人が資産を購入した方が安く購入できること
　b　業務の用に供している資産について、その資産の管理事務の省力化等のために行われるもの（所基通67の2－4(2)）

なお、具体的には、次のようになります。

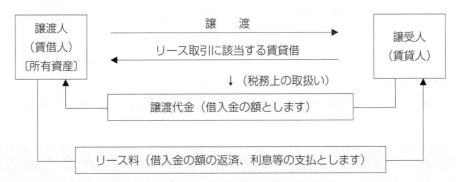

〈賃貸人（譲受人）の処理〉

区　　分		取　扱　い
リース期間中に収受すべきリース料の合計額(注1、2)	貸付金の額に相当する金額	貸付金の回収額
	上記以外の部分の金額	受取利息収入等（総収入金額算入）

〈賃借人（譲渡人）の処理〉

区　　分		取　扱　い	
リース期間中に支払うべきリース料の合計額(注1、2)	借入金の額に相当する金額	借入金の返済額	元本返済額
	上記以外の部分の金額	支払利息等	リース期間の経過に応じ必要経費算入

（注1）　各年分に支払うリース料の額に係る借入金の返済額とそれ以外の金額との区分は、通常の金融取引における元本と利息の区分計算の方法に準じて合理的に行うことになります（所基通67の2－5）。
（注2）　対象となるリース取引のすべてについて、リース料の額のうち借入金の返済額が均等に含まれているものとして処理しているときは、その処理も認められます（所基通67の2－5）。

【参考通達】
・所得税基本通達67の2-6（貸付金として取り扱う売買代金の額）

(2) 平成20年3月31日以前に締結したリース取引

平成20年3月31日以前に締結したリース取引については、旧所得税法施行令184条の2、所得税法施行令121条の2、旧所得税基本通達36・37共-27～43を参照してください。

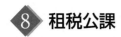 **租税公課**

(1) 租税公課の概要

租税公課とは、税金や各種賦課金のことです。原則として、その年中に納付額が具体的に確定したもの、例えば、申告納税方式による税金の場合はその年中に申告し又は更正若しくは決定の通知を受けたもの、賦課課税方式による税金の場合は、その年中に賦課の通知を受けたものなどが、その年分の必要経費になります。

租税公課について、必要経費に算入されるもの又は算入されないものの例は、次のとおりです。

区　　分	具　体　例
必要経費に算入	固定資産税、自動車税、自動車取得税、自動車重量税、鉱区税、登録免許税、不動産取得税、地価税、特別土地保有税、印紙税、鉱産税、事業税、事業所税、事業所得者等の確定申告税額の延納に係る利子税、各種の組合費、会費など
必要経費に不算入	所得税及び復興特別所得税、住民税、森林環境税(注)、相続税、国税の加算税、延滞税、過怠税、地方税の加算金、延滞金など

(注) 森林環境税は、令和6年1月1日以後に納付するものです。

外国で生じた所得に課された外国の所得税は、必要経費に算入するか、外国税額控除（所法95）を受けるかの選択ができますが、その年中に確定した外国所得税の一部について外国税額控除を受けることを選択した場合は、その外国所得税の全部が必要経費に算入できないことになります（所法46、所基通46-1、95-1）。

■必要経費算入の時期

所得税法37条1項の規定によりその年分の各種所得の金額の計算上必要経費に算入する国税及び地方税は、その年の12月31日（年の中途において死亡し又は出国をした場合には、その死亡又は出国の時）までに申告等により納付すべきことが具体的に確定したものとされています。ただし、次に掲げる税額については、それぞれ次のように取り扱われます（所基通37-6）。

区　　　　　分	取　扱　い
製造場から移出された物品に係る酒税などで、その年中に申告等があったもののうち、その年中にまだ販売されていない物品に係る税額	物品が販売された年分の必要経費に算入します。
その年分の総収入金額に算入された酒税などのうち、その年中に申告期限の到来しない税額	その年分の確定申告期限までに申告等があった税額を未払金計上することにより、必要経費に算入できます。
賦課課税方式による租税のうち納期が分割されている固定資産税などの税額	各納期の税額をそれぞれの納期の開始の日又は実際に納付した日の属する年分の必要経費に算入できます。
地価税	地価税法28条1項及び3項並びに同条5項の規定により読み替えて適用される国税通則法35条2項に定めるそれぞれの納期限の日（同日前に納付した場合には実際に納付した日）の属する年分の必要経費に算入できます。
利子税	原則として納付した年分の必要経費としますが、その年中に対応する税額を未払金に計上して必要経費に算入することもできます。

(2) 留意すべき取扱い事項

① 酒税等の両建処理

　酒税などについては、消費者、利用者等から領収する税額を総収入金額に算入し、納付する税額を必要経費に算入します（所基通37-4）。

② 固定資産税等の必要経費算入

イ　業務用の土地、家屋その他の物件を課税対象とする固定資産税、不動産取得税、地価税、特別土地保有税、事業所税、自動車取得税、登録免許税等は、原則としてその業務に係る各種所得の金額の計算上必要経費に算入します（所基通37-5）。

ロ　登録免許税（登録費用を含みます）は、次のようになります。

区　　　　　分			取　扱　い
業務用資産	減価償却資産（所基通49-3）	特許権、鉱業権等登録により権利が発生するもの	⇒ 取得価額に算入
		船舶、航空機、自動車のように業務の用に供するために登録を要するもの	選択 → 取得価額に算入 / 必要経費に算入
		その他	⇒ 必要経費に算入
	減価償却資産以外のもの（所基通37-5）		⇒ 必要経費に算入
非業務用資産（所基通38-9）			⇒ 取得価額に算入

③ 事業廃止年分の事業税の見込控除

イ 事業を廃止した年分の所得につき課税される事業税については、原則としてその事業税の賦課決定のあった時において更正の請求の手続きをとって必要経費に算入しますが、次の算式により計算した事業税の課税見込額をその廃止した年分の必要経費に算入することができることとされています（所基通37-7）。

〔算　式〕
$(A±B) R / (1+R)$
　A：事業税の課税見込額を控除する前の事業に係る所得の金額
　B：事業税の課税標準の計算上Aに加算又は減算する金額
　R：事業税の税率

ロ 事業を廃止した年分の所得につき課税される事業税について上記イの取扱いによらない場合には、事業税の賦課決定があった時において、事業を廃止した場合の必要経費の特例（所法63）及び各種所得金額に異動が生じた場合の更正の請求の特例（所法152）の適用があります。

④ 利子税

所得税を延納した場合に納付する利子税は、原則として、必要経費に算入することはできませんが、不動産所得、事業所得又は山林所得を生ずべき事業を営む者の納付した次の利子税は、それらの事業から生ずべき所得の金額の計算上、必要経費に算入することができます（所法45①二、所令97）。

イ 確定申告税額の延納について納付した利子税の額のうち、事業から生ずる所得に対する利子税の額は、次の算式により算出したものとなります。

〔算　式〕
必要経費に算入できる利子税の額＝$A × B / C$
　A：納付した利子税の額
　B：その利子税の基礎となった年分の確定申告書に記載された事業所得、不動産所得及び山林所得の金額の合計額
　C：その利子税の基礎となった年分の確定申告書に記載された各種所得の金額の合計額（給与所得及び退職所得の金額を除きます）
　※上記算式の納付した利子税の額に乗ずる割合は、小数点以下2位まで算出し、3位以下は切り下げます（所令97③）。

ロ 山林の延払条件付譲渡に関する延納について納付した利子税の額は、山林所得の金額の計算上必要経費に算入できる利子税の額となります。

⑤ 受益者負担金の必要経費算入

土地改良法、道路法、都市計画法、河川法、港湾法、水防法等の規定により賦課される受益者負担金で業務に係るものについては、繰延資産に該当する部分の金額又は土地の価額の増加その他改良費に属する部分の金額(注)を除き、その支出の日の属する年分のその業務に係る所得の金額の計算上必要経費に算入します（所基通37-8）。

(注) 改良費に属する部分の金額は、土地等の取得価額に算入されます。

⑥ 農業協同組合等の賦課金

　農業協同組合、水産加工業協同組合、中小企業協同組合、商工会議所、医師会等の組合員又は会員が法令又は定款その他これに類するものの規定に基づき業務に関連して賦課される費用(注1)については、繰延資産に該当する部分(注2)を除き、その支出の日の属する年分のその業務に係る所得の金額の計算上必要経費に算入します（所基通37-9）。

（注1）　通常の組合費、会費として支払われるもののほか、特別賦課金、特別会費として支払われるものも含まれます。

（注2）　例えば、会館の建設費などをいいます。

⑦ 汚染負荷量賦課金等

　次に掲げる賦課金等で業務に係るものは、それぞれ次に定める日の属する年分のその業務に係る所得の金額の計算上必要経費に算入します（所基通37-9の2）。

区　　　　分	必　要　経　費　算　入　時　期
公害健康被害の補償等に関する法律52条1項《汚染負荷量賦課金の徴収》に規定する汚染負荷量賦課金	その汚染負荷量賦課金の額について、汚染負荷量賦課金申告書が提出された日（決定に係る金額については、その決定の通知のあった日）
公害健康被害の補償等に関する法律62条1項《特定賦課金の徴収》に規定する特定賦課金	その特定賦課金の額について、決定の通知があった日
障害者の雇用の促進等に関する法律53条1項《障害者雇用納付金の徴収》に規定する障害者雇用納付金	その障害者雇用納付金の額について、障害者雇用納付金申告書が提出された日（告知に係る金額については、その告知があった日）

⑧ 特定の損失等に充てるための負担金の必要経費算入

イ　制度の概要

　農畜産物の価格の変動による損失、漁船が遭難した場合の救済の費用その他特定の損失又は費用を補てんするための業務を主たる目的とする公益法人等又は一般社団法人若しくは一般財団法人のその業務に係る資金のうち短期間に使用されるもので、次に掲げる要件のすべてに該当するものとして国税庁長官が指定したものに充てるための負担金を支出した場合には、その支出した金額は、その支出をした日の属する年分の事業所得の金額の計算上、必要経費に算入します（所令167の2）。

〈要件〉

- その資金に充てるために徴収される負担金の額がその業務の内容からみて適正であること。
- その資金の額がその業務に必要な金額を超えることとなるときは、その負担金の徴収の停止その他必要な措置が講じられることとなっていること。
- その資金がその業務の目的に従って適正な方法で管理されていること。

ロ　負担金の使用期間

　「公益法人等又は一般社団法人若しくは一般財団法人のその業務に係る資金のうち短期間に使用されるもの」とは、その公益法人等又は一般社団法人若しくは一般財団法人の定款、業務方法書等において、5年以内の期間を業務期間とし、その期間内に使用されることが予定され

ている資金をいうものとされています（所基通37-9の3）。

ハ　特定の損失又は費用を補てんするための業務の範囲

「その他の特定の損失又は費用を補てんするための業務」には、例えば、次のようなものが含まれます（所基通37-9の4）。

- 水産物又は配合飼料の価格の変動による損失の補填に係る業務
- 行政指導等に基づき公益法人等又は一般社団法人若しくは一般財団法人が行う構造改善事業
- 海面の汚濁による損失の補填に係る業務

ニ　負担金の必要経費算入時期

負担金の必要経費算入時期については、その負担金を現実に支払った日の属する年分となります（所基通37-9の5）。

なお、国税庁長官の指定前に支払ったものについては、その指定のあった日とし、その指定の日までの間は、仮払金として処理することになります。

また、負担金の支払のための手形の振出し（裏書譲渡を含みます）の日は、現実に支払った日には該当しないことになります。

⑨　災害見舞金に充てるために同業団体等へ拠出する分担金等

業務を営む者が、その所属する協会、連盟その他の同業団体等（以下、「同業団体等」といいます）の構成員の有する業務の用に供されている資産について災害による損失が生じた場合に、その損失の補填を目的とする構成員相互の扶助等に係る規約等（災害の発生を機に新たに定めたものを含みます）に基づき合理的な基準に従ってその災害発生後にその同業団体等から賦課され、拠出した分担金等については、その支出をした日の属する年分のその業務に係る所得の金額の計算上必要経費に算入します（所基通37-9の6）。

誤りやすい事例　登録免許税及び固定資産税の取扱い

1．業務用資産を相続により取得した場合の登録免許税は、必要経費にならないとしていた。

解説

相続、遺贈又は贈与により取得した場合にも、必要経費となります（所基通37-5）。

【参考】

・国税庁ホームページ／タックスアンサー／「No.2215固定資産税、登録免許税又は不動産取得税を支払った場合」

2．事業用不動産を相続した場合、当該不動産に係る固定資産税は、1月1日時点の所有者に対して課されるため、全額を被相続人の必要経費にしなければならないと考えていた。

解 説

被相続人の所得計算における固定資産税の取扱いは次のとおりとなります（所基通37-6）。

〈相続開始前に納税通知があった場合〉

次のいずれかを選択して必要経費に算入することができます。

① 全額
② 納期到来分
③ 納付済分

〈相続開始後に納税通知があった場合〉

相続開始時においては、納付すべきことが具体的に確定していないため、被相続人の必要経費に算入できないことになります。

接待交際費と寄附金

個人の支出する接待交際費及び寄附金については、基本的には家事上の費用と考えられることから、次のように限られた範囲のものしか必要経費に算入されないこととされています。

ただし、専ら業務の遂行上直接必要と認められても、贈賄・賄賂、外国公務員等に対し不正に供与する金銭・物品、権利、その他経済的利益については必要経費に算入できないこととされています（所法45②）。

なお、取引の記録などに基づいて業務の遂行上直接必要であったことが明らかにされる部分の金額（贈賄・賄賂、外国公務員等に対し不正に供与する金銭・物品、権利、その他経済的利益は除きます）については、必要経費に算入することができます（所法45①一、所令96、所基通45-1、45-2）。

区	分		取 扱 い
接待交際費	専ら業務の遂行上直接必要と認められるもの	原　　則	必要経費不算入（家事費等）
		贈賄・賄賂、外国公務員等に対し不正に供与する金銭等	
		上記以外のもの	必要経費に算入（注1） （明確に区分できる場合に限ります）
寄附金	専ら業務の遂行上直接必要と認められ、かつ、その支出が事実上拒絶できなかったと認められる部分	原　　則	必要経費不算入 （家事費等）（注2、3）
		贈賄・賄賂、外国公務員等に対し不正に供与する金銭等	
		上記以外のもの	必要経費に算入（注1） （明確に区分できる場合に限ります）

（注1） 法人税法のような限度額の制限はありません。

(注2) 特定寄附金については、所得控除としての寄附金控除があります。
(注3) 政治活動に関する寄附をした場合には、所得控除又は税額控除の制度があります。

修繕費と資本的支出の区分

(1) 修繕費と資本的支出の相違

　業務用の建物、機械、装置、器具及び備品などの修繕に要した費用は、必要経費に算入されます。

　また、業務用に借りた建物などを借主が修繕した場合の費用も、貸主にその費用を請求できないものは、必要経費に算入できます。

　ただし、修繕費、改良費などその名目のいかんにかかわらず、資本的支出となるものは、資本的支出として減価償却の対象とされることから、修繕費として必要経費に算入することはできないことになります（所令181）。

　修繕費と資本的支出の基本的な相違は次のとおりとなっています。

区　分	支　出　の　内　容	取　扱　い
修繕費	固定資産の通常の維持管理及び原状回復のため等の支出	支出年分の必要経費に算入
資本的支出	固定資産の使用可能期間の延長又は価値の増加をもたらす等の支出	固定資産の取得価額に加算

　資本的支出となる金額の計算は、使用可能期間を延長させる場合と価値を増加させる場合とに応じてそれぞれ次のように計算します。なお、その支出の効果が両方に及ぶときは、いずれか多い金額を資本的支出の額とします。

① 使用可能期間を延長させる部分に対応する金額

　次の算式により計算します。

〔算　式〕
資本的支出の金額＝A×（B－C）／B
　A：支出金額
　B：支出後の使用可能年数
　C：支出しなかった場合の残存使用可能年数

② 価値を増加させる部分に対応する金額

　次の算式により計算します。

〔算　式〕
　資本的支出の金額＝A－B
　　A：支出後の時価
　　B：通常の管理又は修理をしていた場合の時価

(2) 修繕費と資本的支出の区分

　固定資産に対する支出が修繕費か資本的支出かの判定は、実務上、非常に困難といえます。

　このため、所得税基本通達で定めている一定の形式基準によって修繕費と資本的支出を区分している場合には、税務上はその区分による処理を認めることとしています（所基通37-10〜37-15の3）。

　この形式基準による区分の流れを示すと次のようになります。

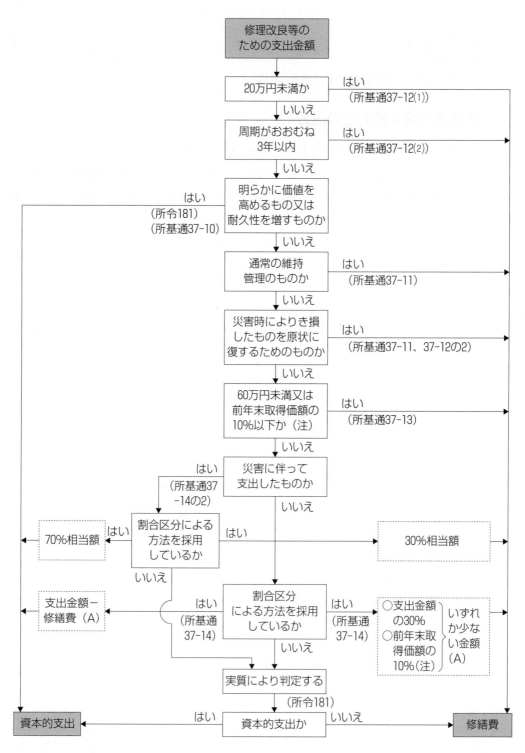

(注)　「前年末取得価額」とは、原則として前年12月31日に有する固定資産の最初の取得価額に既往のその固定資産につき支出された資本的支出額を加算したものです。

（出典：税務大学校講本　所得税法（令和6年度版））

【参考通達】
・所得税基本通達37-10の2（ソフトウエアに係る資本的支出と修繕費）
・所得税基本通達37-14の3（機能復旧補償金による固定資産の取得又は改良）
・所得税基本通達37-15（地盤沈下による防潮堤、防波堤等の積上費）
・所得税基本通達37-15の2（耐用年数を経過した資産についてした修理、改良等）
・所得税基本通達37-15の3（損壊した賃借資産等に係る修繕費）

誤りやすい事例　修繕費と資本的支出の区分

明らかに固定資産の価値を高める支出であるのに、修繕費として一括して必要経費にしていた。

解説

修繕費のうち、明らかに資本的支出となるものは減価償却費の対象とされ、一括して必要経費に算入できないことになります。

なお、資本的支出であるかどうか明らかでないものは、形式基準を参考に区分する必要があります（所基通37-10～37-15の2）。

11 借入金利子、割引料

事業資金に充てるための負債の利子、例えば、商品の仕入れ、事業用固定資産の購入などの資金に充てるための借入金の利子及び手形の割引料などは、その計算期間のうちその年に属する期間に対応する部分の金額を必要経費に算入します。

ただし、業務用の固定資産の取得のために借り入れた負債の利子のうち、その固定資産の使用開始の日までの期間分の利子は、その固定資産の取得価額に算入することができます（所基通37-27）。

取扱いの概要は、次の図のとおりとなります。

区　　　　　分			取　扱　い
原　　　　　則			
業務用固定資産の取得のためのもの	業務開始後	使用後	必要経費算入
		使用前　選択（所基通37-27）	
	業務開始前（所基通37-27(注)）		固定資産の取得価額に算入
業務用以外の固定資産取得のためのもの	使用前（所基通38-8）		

> **誤りやすい事例**　借入金利子の取扱い

事業所得を有する者が借入金によりアパートを取得した場合、アパートの賃貸業を開始する前の期間に対応する借入金の利子を不動産所得の必要経費に算入していた。

> **解説**

従来の業務と所得区分の異なる業務を開始した場合には、当該業務の用に供する資産の取得に係る借入金利子のうち業務を開始するまでの期間に対応する借入金利子は当該資産の取得価額に算入することになります（所基通37-27(注)、38-8）。

⑫ 地代、家賃、損害保険料等

業務用の土地建物などの賃借料、業務用の固定資産又は棚卸資産について支払う火災保険料などは、必要経費に算入することができます。

ただし、建物が住宅と店舗に併用されている場合には、家事用の部分（住宅部分）の金額を除外する必要があります（所法45①一、所令96）。

取扱いの概要は、次の図のとおりとなります。

区　分			取　　扱　　い	
地代 家賃 保険料	前払分	原則	その年の属する期間に対応する部分	必要経費に算入
			翌年以後に対応する部分	前払地代、前払家賃、未経過保険料として繰越し
		特例	前払費用について、通常支払うべき日から1年以内に提供を受ける役務に係るものを支払った場合において、その支払った金額を継続してその年分の必要経費としているときは、これを認めることとされています（所基通37-30の2）。	
	未払分		その年の属する期間に対応する部分	必要経費に算入
店舗併用住宅等の損害保険料			店舗対応部分（積立部分を除きます）	必要経費に算入
			住宅対応部分	必要経費不算入

【参考通達】
・所得税基本通達37-29（退職金共済掛金等の必要経費算入の時期）
・所得税基本通達37-30（前納掛金等の必要経費算入）
・所得税基本通達37-30の3（消耗品費等）
・所得税基本通達37-30の4（繰延消費税額等につき相続があった場合の取扱い）

> **誤りやすい事例** 積立部分のある損害保険料の取扱い

建物共済、長期総合保険などで積立部分のある損害保険料について、全額必要経費に算入していた。

> **解 説**

積立部分の保険料は資産計上し、積立以外の部分が必要経費となります（所基通36・37共－18の２）。

⑬ 海外渡航費

事業主が海外渡航に際して支出する費用又は使用人に対して海外渡航のために支給する旅費等（以下、「海外渡航費」といいます）については、その海外渡航が事業の遂行上直接必要と認められる場合に、その渡航のために通常必要と認められる旅費の額の範囲内において必要経費に算入されます（所基通37-16、37-17）。

(1) 海外渡航費の取扱い

海外渡航費については、その旅行が事業の遂行上必要なものであるかどうかなどの区分により次のように取り扱われます。

区　分	海　外　渡　航　費			取　扱　い
事業遂行上直接必要と認められる場合（所基通37-16～19）	その旅行に通常必要と認められる部分の金額			旅費
	上記の範囲を超える部分の金額	事業主		必要経費不算入
		使用人		給与等
事業遂行上直接必要な旅行と観光旅行とを併せて行った場合（所基通37-21）	① その旅行に通常必要と認められる部分の金額	旅行期間等により按分	事業遂行部分(注)	旅費
			その他	②へ
	② 上記の範囲を超える部分の金額	事業主		必要経費不算入
		使用人		給与等
観光旅行を行った場合等の特例（所基通37-22）	事業に直接関連のある部分の金額			旅費
	その他	事業主		必要経費不算入
		使用人		給与等

（注）　海外渡航の直接の動機が特定の取引先との商談、契約の締結等、その事業の遂行のためであり、その海外渡航を機会に観光を併せて行ったものである場合には、その往復の旅費（事業を遂行する場所までのものに限ります）は、必要経費に算入されます。

(2) 事業遂行上直接必要な海外渡航費の判定

　事業主又は使用人の海外渡航が事業遂行上直接必要なものであるかどうかは、その旅行の目的、旅行先、旅行経路、旅行期間等を総合勘案して判断することになるところ、次に掲げる旅行は、原則として、事業遂行上直接必要な海外渡航には該当しないものとして取り扱われます（所基通37-19、37-20）。

	業 務 の 遂 行 上 必 要 と 認 め ら れ な い も の
①	観光渡航の許可によるもの なお、渡航国の事情等でやむを得ず観光渡航の許可により、業務のための渡航を行う場合は実態に応じて判定されます。
②	旅行業者等の行う団体旅行の応募によるもの
③	同業者団体、その他これに準ずる団体が主催する団体旅行で、主として観光目的のもの
④	事業主の親族又は事業に常時従事していない同伴者にかかるもの なお、同伴者にかかるものであっても、次のように明らかに海外渡航の目的を達成するために必要な同伴の場合には除かれます。 　イ　自己が常時補佐を必要とする身体障害者の場合 　ロ　国際会議出席等のために配偶者を同伴する必要がある場合 　ハ　外国語に堪能な者又は高度な専門的知識を有する者を必要とする場合で、使用人のうちに適任者がいない場合

14 家事費及び家事関連費

(1) 支出費用の区分

　個人の支出費用は、おおむね次の3つに区分され、家事上の経費（家事費）及び家事上の経費に関連する経費（家事関連費）は、原則として、各種所得の金額の計算上必要経費に算入されないこととされています（所法45①一、所令96）。

区分	支出費用	原則的取扱い
① 家事費(注1)	・自己又は家族の生活費、医療費、娯楽遊興費等(注3) ・住宅に係る地代、家賃、修繕費、租税公課、火災保険料等 ・家事上の電気代、ガス代、水道光熱費等	必要経費に算入されません
② 家事関連費(注2)	・居宅兼店舗に係る地代、家賃、修繕費、租税公課、火災保険料等 ・事業・家事共用の電気代、ガス代、水道光熱費等	
③ 業務上の経費	・売上原価 ・収入金額を得るために直接要した費用 ・販売費、一般管理費その他所得を生ずべき業務について生じた費用等	必要経費に算入されます(注4)

(注1) 預貯金、住宅ローンの返済金等も家計からみれば支出ですが、費用ではありません。

(注2) 家事関連費のうち、業務の遂行上必要である部分を明らかに区分することができる場合には、その必要である部分に相当する金額を必要経費に算入できます（所令96、所基通45-1、45-2）。

(注3) 令和3年8月1日から、居住者が納付する「医薬品、医療機器等の品質、有効性及び安全性の確保等に関する法律」の規定による課徴金及び延滞金の額は、必要経費に算入されないこととされています（所法45①十四）。

(注4) 下記(2)参照

誤りやすい事例　家事費等

店舗併用住宅の住宅部分等に係る費用を全て必要経費に算入していた（固定資産税、水道光熱費、損害保険料、借入金利子、減価償却費等をあん分して計算していない）。

解説

業務以外の部分については、家事費として必要経費に算入されないこととされています（所法45①）。

(2) 簿外経費の必要経費不算入

① 内容

その年において不動産所得、事業所得若しくは山林所得を生ずべき業務を行う者又はその年において雑所得を生ずべき業務を行う者でその年の前々年分のその雑所得を生ずべき業務に係る収入金額が300万円を超えるものが、隠蔽仮装行為(注1)に基づき確定申告書(注2)を提出しており、又は確定申告書を提出していなかった場合には、これらの確定申告書に係る年分の

これらの所得の総収入金額に係る売上原価その他当該総収入金額を得るために直接に要した費用の額(注3)及びその年の販売費、一般管理費その他これらの所得を生ずべき業務について生じた費用の額は、次に掲げる場合に該当するその売上原価の額又は費用の額を除き、その者の各年分のこれらの所得の金額の計算上、必要経費の額に算入しないこととされています（所法45③）。

- イ 次に掲げるものによりその売上原価の額又は費用の額の基因となる取引が行われたこと及びこれらの額が明らかである場合(注5)
  - (イ) その者が所得税法の規定により保存する帳簿書類
  - (ロ) 上記(イ)に掲げるもののほか、その者がその住所地その他の一定の場所に保存する帳簿書類その他の物件
- ロ 上記イ(イ)又は(ロ)に掲げるものにより、その売上原価の額又は費用の額の基因となる取引の相手方が明らかである場合その他その取引が行われたことが明らかであり、又は推測される場合（上記イに掲げる場合を除きます）であって、その相手方に対する調査その他の方法により税務署長が、その取引が行われ、これらの額が生じたと認める場合

(注1) 「隠蔽仮装行為」とは、その所得の金額又は所得税の額の計算の基礎となる事実の全部又は一部を隠蔽し、又は仮装することをいいます。

(注2) その申告に係る所得税についての調査があったことによりその所得税について決定があるべきことを予知して提出された期限後申告書を除きます。

(注3) 資産の販売又は譲渡におけるその資産の取得に直接に要した額及び資産の引渡しを要する役務の提供におけるその資産の取得に直接要した額として一定の額(注4)を除きます。以下、「売上原価の額」といいます。

(注4) 「一定の額」とは、資産の販売又は譲渡及び資産の引渡しを要する役務の提供に係る不動産所得、事業所得、山林所得又は雑所得の総収入金額に係る売上原価その他その総収入金額を得るため直接に要した費用の額のうち、これらの資産（上記イ及びロに掲げる場合におけるその取引に係るものを除きます）が、次のaからdに掲げる資産のいずれかに該当するかに応じそれぞれに定める金額とします（所令98の2）。
  - a 購入した資産 ⇒ その資産の購入の代価（引取運賃、荷役費、運送保険料、購入手数料、関税（附帯税を除きます）その他その資産の購入のために要した費用がある場合には、その費用の額を加算した金額）
  - b 自己の製造等（製造、採掘、採取、栽培、養殖その他これらに準ずる行為をいいます）に係る資産 ⇒ その資産の製造等のために直接に要した原材料費の額
  - c 前記a及びbに規定する方法以外の方法により取得した資産（dに掲げるものを除きます）⇒ その取得の時におけるその資産の取得のために通常要する価額
  - d 贈与、相続又は遺贈により取得した資産（所令103条2項1号に掲げる棚卸資産、所法60条1項1号に掲げる事由により取得した所法59条1項に規定する資産に限ります。以下、「受贈等資産」といいます）⇒ その受贈等資産がその贈与、相続又は遺贈に係る贈与者又は被相続人においてaからdまでに掲げる資産のいずれかに該当するかに応じこれらの者におけるそれぞれこれらのa〜dに定める金額

(注5) 災害その他やむを得ない事情により、当該取引に係るイ(イ)に掲げる帳簿書類の保存をすることができなかったことをその者において証明した場合を含みます。

② 適用除外

その者がその年分の確定申告書を提出していた場合には、売上原価の額及び費用の額のうち、その提出した年分の確定申告書等に記載した課税標準等の計算の基礎とされていた金額は、この措置の対象から除外されます。

【参考通達】
・所得税基本通達45-10（「計算の基礎とされていた金額」の意義）
・所得税基本通達45-11（帳簿書類その他の物件の意義）
・所得税基本通達45-12（取引が行われたことが推測される場合）
・所得税基本通達45-13（相手方に対する調査その他の方法）
・所得税基本通達45-14（所得金額を推計する場合の本規定の適用）

なお、必要経費に関する「その他の共通費用」として、次の通達があります。
・所得税基本通達37-23（不動産所得の基因となっていた建物の賃借人に支払った立退料）
・所得税基本通達37-24（技能の習得又は研修等のために支出した費用）
・所得税基本通達37-25（民事事件に関する費用）
・所得税基本通達37-26（刑事事件に関する費用）

15 借地権等の更新料

業務の用に供する土地の借地権又は地役権の存続期間を更新するにあたって更新料を支払った場合には、次の算式によって計算した金額を、その更新のあった日の属する年分の必要経費に算入します（所令182）。

なお、更新料を支払う必要が生じたということは、従前の借地権の帳簿価額のうち、更新料に見合う金額だけ前に支払った権利金が、その経済的効果を失うものと考えられ、その減少した部分の借地権を必要経費に算入するというものです。

〔算　式〕
借地権等の取得費の必要経費算入額＝（A＋B－C）×$\dfrac{D}{E}$
A：借地権又は地役権の取得費
B：その更新前に支出した改良費（前回までの更新料を含みます）の額
C：取得費のうちその更新前に必要経費に算入した額
D：借地権又は地役権の更新料の額
E：借地権又は地役権の更新時の価額

16 資産損失

(1) 資産損失の分類

　所得税法では、個人の所有する資産に係る損失については、その対象となる資産の用途、損失の発生原因などの相違により、その取扱いが異なっています。

　その主なものは、次のとおりです。

① 事業用固定資産等の取壊しなどによる損失

　不動産所得、事業所得又は山林所得を生ずべき事業の用に供される固定資産[注1]又は繰延資産について、取壊し、除却、滅失[注2]その他の事由によって生じた損失の金額[注3]は、その者のその損失の生じた年分の必要経費に算入します（所法51①、所令140）。

(注1)　「固定資産の範囲」は、次のように定められています（所法2①十八、所令5）。
　　　① 土地（土地の上に存する権利を含みます）
　　　② 減価償却資産（所法2①十九、所令6）
　　　③ 電話加入権
　　　④ ①から③に掲げる資産に準ずる資産

(注2)　損壊による価値の減少を含みます。

(注3)　保険金、損害賠償金などにより補てんされる部分の金額及び資産の譲渡により又はこれに関連して生じたものは除きます。
　　　なお、保険金、損害賠償金に類するものには、次のものが含まれます（以下②の（注2）、③の（注2）において同じ）（所基通51-6）。

保険金、損害賠償金に類するものの範囲
① 損害保険契約又は火災共済契約に基づき被災者が受ける見舞金
② 資産の損害の補填を目的とする任意の互助組織から支払を受ける災害見舞金

② 事業に至らない業務用資産の損失

　不動産所得又は雑所得を生ずべき業務用の資産[注1]について生じた損失の金額[注2]については、その損失の生じた日の属する年分の不動産所得の金額又は雑所得の金額を限度として、不動産所得の金額又は雑所得の金額の計算上、必要経費に算入します（所法51④）。

　なお、損失の原因が災害又は盗難若しくは横領である場合は、雑損控除を選択することができます（所基通72-1）。

(注1)　山林又は生活に通常必要でない資産を除きます。

(注2)　保険金、損害賠償金などにより補てんされる部分の金額及び資産の譲渡により又はこれに関連して生じたもの及び所得税法51条1項若しくは2項又は所得税法72条1項（雑損控除）に規定するものを除きます。

③ 生活に通常必要でない資産の災害等による損失

　火災などの災害又は盗難若しくは横領により、生活に通常必要でない資産[注1]について受

けた損失の金額(注2)は、その者のその損失を受けた年分又はその翌年分の譲渡所得の金額の計算上、控除すべき金額とみなします（所法62①、所令178）。

(注1) 「生活に通常必要でない資産」の範囲は、次のように定められています（所令178①）。

	生活に通常必要でない資産の範囲
①	競走馬（その規模、収益の状況その他の事情に照らし、事業と認められるものの用に供されるものを除きます）その他射こう的行為の手段となる動産
②	通常は居住の用に供しない別荘等、主として趣味、娯楽又は保養の目的で所有する不動産
③	主として趣味、娯楽、保養又は鑑賞の目的で所有する不動産以外の資産（平成26年4月1日以後生じた損失に限ります）
④	生活用動産で所得税法施行令25条《譲渡所得について非課税とされる生活用動産の範囲》の規定に該当しないもの（例えば、貴石、貴金属、書画、骨とう品などで1個又は1組の価額が30万円を超えるもの）

(注2) 保険金、損害賠償金その他これらに類するものにより補てんされる部分の金額を除きます。

(2) 資産損失の取扱いの概要

資産の種類	損失の発生事由	損失の取扱い	翌年以後の繰越	損失の評価
事業用固定資産	取壊し、除去、滅失、その他の事由	損失の生じた日の属する年分の不動産所得、事業所得又は山林所得の金額の計算上、必要経費に算入される（所法51①）	被災事業用資産の損失は青色申告者以外の者であっても翌年以降3年間繰越し、控除される（所法70②）	1 その資産の取得価額等からその損失の基因たる事実の発生直後におけるその資産の価額及び発生資材（例えば廃材等）の価額の合計額を控除した残額に相当する金額（所令142、143、178） 2 保険金、損害賠償金等で補填される部分の金額は除かれる
棚卸資産	事由のいかんを問わず	損失の生じた日の属する年分の事業所得の金額の計算上（棚卸による売上原価の計算を通じて）、必要経費に算入される（所法37①）		
山　林	災害、盗難、横領	損失の生じた日の属する年分の事業所得又は山林所得の金額の計算上、必要経費に算入される（所法51③）		
生活に通常必要でない資産	災害、盗難、横領	損失の生じた日の属する年分又はその翌年分の譲渡所得の金額の計算上控除すべき金額とみなされる（所法62）	損失の生じた日の属する年分の譲渡所得の金額の計算上控除しきれない部分の金額は、	

区分		取扱い		
			翌年分の譲渡所得の金額の計算上控除される（所法62）	
事業以外の業務用資産	災害、盗難、横領以外の事由	損失の生じた日の属する年分の不動産所得又は雑所得の金額を限度として、必要経費に算入される（所法51④）	（損益通算、繰越控除なし）	
	災害、盗難、横領			
その他の資産	災害、盗難、横領	雑損控除の対象（所法72①） ただし、「事業以外の業務用資産」の損失については、「災害、盗難、横領以外の事由」の場合に準ずる取扱いを選択することもできる	翌年以降3年間繰越し、控除される（所法71）	1　損失の生じた日の時価又は原価（簿価）により計算する（所令206③） 2　保険金、損害賠償償金等で補填される部分の金額は除かれる

（出典：税務大学校講本　所得税法（令和6年度版））

(3) 損失額の計算

　必要経費に算入できる資産損失の金額は、その資産の取得の時期に応じて計算した次の金額（取得費）から、その損失の発生直後における資産の価額及び発生資材の価額の合計額を控除した残額に相当する金額とされています（所令142、143、所基通51-2）。

　図示すると、次のようになります。

区　　分		取　扱　い
昭和28年1月1日以後に取得した資産	固定資産	取得価額＋（設備費、改良費）－償却費の額の累計額
	山林	植林費＋管理費その他の育成費用
	繰延資産	取得費－償却費の額の累計額
昭和27年12月31日以前に取得した資産	固定資産	譲渡したとした場合に収入金額から差し引かれる取得費に相当する金額（所法61②③、所令172）
	山林	昭和28年1月1日現在の相続税評価額に相当する金額＋その後の管理費その他の育成費用（所法61①、所令171）

【参考通達】

・所得税基本通達51-1（建設中の固定資産等）

・所得税基本通達51-2の2（有姿除却）
・所得税基本通達51-2の3（ソフトウエアの除却）
・所得税基本通達51-3（原状回復のための費用）
・所得税基本通達51-4（スクラップ化していた資産の譲渡損失）
・所得税基本通達51-5（親族の有する固定資産について生じた損失）
・所得税基本通達51-5の2（雑所得の基因となる山林の資産損失）
・所得税基本通達51-7（保険金等の見込控除）
・所得税基本通達51-8（盗難品等の返還を受けた場合のそ及訂正）
・所得税基本通達51-9（損失が生じた資産の取得費等）

> **誤りやすい事例**　非業務用資産の資産損失及び取壊し費用の取扱い
>
> 居住用建物を取り壊して、業務用建物に建て替えた場合の、当該居住用建物の取壊しによる損失及び取壊し費用を必要経費に算入していた。
>
> **解　説**
>
> 非業務用資産の資産損失及び取壊し費用は、自己の財産の任意の処分と考えられるため、必要経費に算入できないこととされています（所法45①一）。
> なお、新しく建てられる業務用建物の取得価額にも算入できません。

貸倒損失

(1) 貸倒損失の取扱い

① 事業遂行上の貸倒損失

不動産所得、事業所得、山林所得を生ずべき事業について、その事業の遂行上生じた売掛金、貸付金、前渡金その他これらに準ずる債権の貸倒れなどの事由によって生じた損失の金額は、事業から生ずべき不動産所得の金額、事業所得の金額、山林所得の金額の計算上、その損失の生じた年分の必要経費に算入されます（所法51②、所令141）。

② 業務遂行上の貸倒損失

イ　不動産所得若しくは雑所得を生ずべき業務の用に供され又はこれらの所得の基因となる資産（例：貸付金の元本）の損失の金額は、不動産所得又は雑所得の金額（その貸倒損失を必要経費に算入しないで計算した金額）を限度として必要経費に算入されます（所法51④）。

ロ　事業以外の業務に係る不動産所得又は雑所得の金額の計算の基礎となる収入金額（例：未収家賃や貸付金の未収利息等）の全部又は一部を回収することができないこととなった場合には、その各種所得の金額の合計額のうち、その回収不能となった部分の金額は、各種所得

の金額の計算上なかったものとみなされます(所法64①、所令180)。したがって、業務に係る収入金額の回収不能額は、回収不能となった年分ではなく、収入すべき年分に遡って収入金額を減額することになります。

③ 取扱い

上記①及び②について、その取扱いを図示すると次のようになります。

区　分		取　扱　い	所得に損失が生じた場合の処理
①	事業遂行上の貸倒損失	不動産所得（事業的規模）事業所得及び山林所得のそれぞれ所得の金額の計算上必要経費に算入されます。	損益通算（所法69）
② 業務遂行上の貸倒損失	イ　業務用資産そのもの（例：貸付金の元本）の貸倒れ	不動産所得又は雑所得の金額の計算上必要経費に算入されます。	他の所得から差し引くことはできません。
	ロ　既に収入金額に算入した果実（例：未収家賃、貸付金の未収利息）の貸倒れ	収入金額に計上した年分に遡って、その収入がなかったものとみなされます。	貸倒れとなった日から2か月以内に更正の請求により再計算します（所法152）。

(2) 貸倒れの発生

貸倒れの発生とは、債務者の資産状態や支払能力などからみて、債務者がその支払をすることができないと認められる場合をいいます。

(3) 貸倒れの判定

事業の遂行上生じた貸金等が貸倒れになったと判定するには、客観的に貸倒れが認識できる程度の事実があることが必要となります。その判定について、次のように取り扱われています（所基通51-11、51-12、51-13）。

区　分	発　生　し　た　事　実　等	対象金額	必要経費算入年分
	会社更生法又は金融機関等の更生手続の特例等に関する法律による更生計画認可の決定による切捨て		
	民事再生法の再生計画認可の決定による切捨て		
	会社法の特別清算に係る協定の認可の決定に		

法律上の貸倒れ（所基通51-11）		よる切捨て	切り捨てられることとなった部分の金額	その事実の発生した日の属する年分
	関係者の協議による切捨て	・債権者集会の協議決定で合理的な基準により債務者の負債整理を定めたもの ・行政機関、金融機関その他の第三者のあっせんによる当事者間の協議により締結された契約で合理的な基準によるもの		
	債務者に対する書面による債務免除（債務者の債務超過の状態が相当期間継続し、その弁済を受けられない場合に限ります）		債務免除の通知をした金額	
事実上の貸倒れ（所基通51-12）	債務者の資産状況、支払能力等からみて全額が回収できないことが明らかとなったこと（担保物のない場合に限ります）		貸金等の金額(注1)	回収できないことが明らかとなった日の属する年分
形式上の貸倒れ（所基通51-13）(注2)	債務者との取引停止後1年以上経過したこと（担保物のない場合に限ります）		売掛債権の額から備忘価額（最低1円）を控除した金額	取引停止後1年以上経過した日の属する以後の年分
	同一地域の債務者に係る売掛債権の総額が取立費用に満たない場合において督促しても弁済がないこと			弁済がないとき以後の年分

（注1）　貸金等の一部の金額についてのみ回収できない場合は、その全体の貸金等について、必要経費に算入することはできないこととされています。

（注2）　貸付金その他これに準ずる債権は、形式上の貸倒れの対象とならないこととされています（所基通51-13）。

【参考通達】

〔貸倒損失〕

・所得税基本通達51-10（事業の遂行上生じた売掛金、貸付金等に準ずる債権）
・所得税基本通達51-14（更生債権者が更生計画の定めるところにより株式を取得した場合）
・所得税基本通達51-15（更生債権者が更生会社の株式を取得する権利の割当てを受けた場合）
・所得税基本通達51-16（更生手続の対象とされなかった更生債権の貸倒れ）
・所得税基本通達51-17（金銭債権の譲渡損失）

〔返品〕

・所得税基本通達51-18（返品により減少した収入金額の処理）
・所得税基本通達51-19（農地の転用、移転が不許可になったことなどにより返還した仲介手数料等）

〔返品債権特別勘定〕
- 所得税基本通達51-20（返品債権特別勘定の設定）
- 所得税基本通達51-21（返品債権特別勘定の繰入限度額）
- 所得税基本通達51-22（返品債権特別勘定の金額の総収入金額算入）
- 所得税基本通達51-23（明細書の添付）

引当金及び準備金

　所得税法では、必要経費は、経費性のあることに加えて支払が債務として確定していることを原則としていることから、費用の見越し計上は認められないこととされています。

　しかしながら、費用の期間配分としての会計学的見地及び租税負担の平準化への配慮から、青色申告者には、特例として、次の引当金及び準備金の設定を認め、その繰入額又は積立額を必要経費に算入することとされています。なお、貸倒引当金については、白色申告者についても認められる場合があります。

引当金・準備金等の種類		
引　当　金	①	貸倒引当金（所法52）
	②	返品調整引当金（旧所法53）^(注)
	③	退職給与引当金（所法54）
準　備　金	①	特定船舶に係る特別修繕準備金（措法21）
	②	探鉱準備金（措法22）
	③	農業経営基盤強化準備金（措法24の2）

（注）　返品調整引当金については、平成30年度税制改正により、廃止されたが、平成30年4月1日において、現に対象事業を営む個人の平成30年から令和12年までの各年分の所得金額の計算については、原則として廃止前の規定の適用を受けることができることとされている（平30改正所法附則5、平30年改正所令附則8）。

（出典：税務大学校講本　所得税法（令和6年度版））

(1) 貸倒引当金

　不動産所得、事業所得又は山林所得を生ずべき事業の遂行上生じた売掛金、貸付金などの金銭債権（債券に表示されるものを除きます。以下、「貸金等」といいます）について貸倒れその他これに類する事由による損失の見込額として、貸倒引当金勘定に繰り入れた一定の金額については、不動産所得、事業所得又は山林所得の金額の計算上必要経費に算入されます。ただし、事業の全部を譲渡し又は廃止した年は、貸倒引当金勘定への繰入れは認められないこととされています（所法52①）。

なお、貸倒引当金勘定の金額は、その繰入れをした年分のものを翌年分の不動産所得、事業所得又は山林所得の金額の計算上、総収入金額に算入します（所法52③）。

貸倒引当金には、個別に評価する金銭債権に係るものと一括して評価する金銭債権（個別に評価する金銭債権に係るものを除きます）に係るものがあり、一定の方法で引当金を設定することができます。

① 個別に評価する金銭債権に係る貸倒引当金

イ 対象者

不動産所得、事業所得又は山林所得を生ずべき業務を営む居住者

ロ 対象となる貸金等の範囲

貸倒引当金の対象となる貸金等及び繰入限度額は、次のとおりです（所法52①、所令144、所規35、35の2、所基通52-1～15）。

	貸　金　等　の　範　囲	繰　入　限　度　額
①	次の事由による弁済の猶予又は賦払により弁済される場合 イ　会社更生法又は金融機関等の更生手続の特例等に関する法律の規定による更生計画認可の決定 ロ　民事再生法の規定による再生計画認可の決定 ハ　会社法の規定による特別清算に係る協定の認可の決定 ニ　法人税法施行令24条の2第1項に規定する一定の事実(注)が生じたこと ホ　法令の規定による整理手続によらない関係者の協議決定で次のもの 　(イ)　債権者集会の協議決定で合理的な基準により債務者の負債整理を定めているもの 　(ロ)　行政機関、金融機関その他第三者のあっせんによる当事者間の協議により締結された契約でその内容が(イ)に準ずるもの	事由が生じた年の翌年1月1日から5年を経過する日までに弁済されることとなっている金額以外の金額 なお、担保権の実行その他によりその取立て又は弁済の見込みがあると認められる部分の金額を除きます。
②	貸金等（①を除きます）に係る債務者につき、債務超過の状態が相当期間継続し、その営む事業に好転の見通しがないこと、災害、経済事情の急変等により多大な損害が生じたことその他の事由が生じている場合	一部の金額につきその取立て等の見込みがないと認められるときにおけるその一部の金額に相当する金額
③	貸金等（①及び②を除きます）に係る債務者につき、次に掲げる事由が生じている場合 イ　会社更生法又は金融機関等の更生手続の特例等に関する法律の規定による更生手続開始の申立て ロ　民事再生法の規定による再生手続開始の申立て ハ　破産法の規定による破産手続開始の申立て ニ　会社法の規定による特別清算開始の申立て	貸金等の額の100分の50に相当する金額 なお、その貸金等の額のうち、債務者から受け入れた金額があるため実質的に債権と認められない部分の金額及び担保権の実行、金融機関又は保証機関による保証債務

	ホ 手形交換所（手形交換所のない地域にあっては、その地域において手形交換業務を行う銀行団を含みます）による取引停止処分 ヘ 電子記録債権法に規定する電子債権記録機関（一定の要件を満たすものに限ります）による取引停止処分	の履行その他により取立て等の見込みがあると認められる部分の金額を除きます。
④	外国の政府、中央銀行又は地方公共団体に対する貸金等のうち、これらの者の長期にわたる債務の履行遅滞によりその経済的価値が著しく減少し、かつ、その弁済を受けることが著しく困難であると認められる事由が生じている場合	貸金等の額の100分の50に相当する金額 なお、その貸金等の額のうち、これらの者から受け入れた金額があるため実質的に債権と認められない部分の金額及び保証債務の履行その他により取立て等の見込みがあると認められる部分の金額を除きます。

(注) 上記表①ニに定める一定の事実とは、内国法人について再生計画認可の決定があったことに準ずる事実をいい、その債務処理に関する計画が次のイからハまで及びニ又はホの要件に該当するものに限ります。なお、この規定は令和5年4月1日以後に適用されます。

イ 一般に公表された債務処理を行うための手続についての準則（公正かつ適正なものと認められるものであって、次の(イ)又は(ロ)の事項が定められているもの（その事項がその準則と一体的に定められている場合を含みます）に限るものとし、特定の者（政府関係金融機関、株式会社地域経済活性化支援機構及び協定銀行を除きます）が専ら利用するものを除きます）に従って策定されていること。

(イ) 債務者の有する資産及び負債の価額の評定（以下、「資産評定」といいます）に関する事項（公正な価額による旨の定めがあるものに限ります）

(ロ) その計画がその準則に従って策定されたものであること並びに次のロ及びハに掲げる要件に該当することにつき確認をする手続並びにその確認をする者（その計画に係る当事者以外の者又はその計画に従って債務免除等をする者で、法人税法施行規則8条の6に定める次のaからcまでの者に限ります）に関する事項

a 法人税法施行令24条の2第1項の債務処理に関する計画（以下、「再建計画」といいます）に係る債務者である内国法人、その役員及び株主等（株主等となると見込まれる者を含みます）並びに債権者以外の者で、その再建計画に係る債務処理について利害関係を有しないもののうち、債務処理に関する専門的な知識経験を有すると認められる者（その者が3人以上選任される場合（その内国法人の借入金その他の債務で利子の支払の基因となるものの額が10億円に満たない場合には2人以上。以下、「3人以上選任される場合」といいます）のその者に限ります）

b 再建計画に係る債務者である内国法人に対し株式会社地域経済活性化支援機構法24条1項に規定する再生支援（同法25条4項前段に定める再生支援をするかどうかの決定を同法16条1項の規定により同項の委員会が行うものに限ります。以下、「再生支援」といいます）をする株式会社地域経済活性化支援機構（同法31条1項に規定する債権買取り等をしない旨の決定が行われる場合には、その再建計画に係る債務処理について利害関係を有しない者として株式会社地域経済活性化支援機構により選任される債務処理に関する専門的な知識経験を有すると認められる者（その者が3人以上選任される場合のその者に限ります）とします）

c 再建計画に従って法人税法施行令24条の2第2項3号に規定する債務免除等（信託の受託者として

行う同号に規定する債務免除等を含みます）をする同項2号に規定する協定銀行
ロ 債務者の有する資産及び負債につき上記(イ)に規定する事項に従って資産評定が行われ、その資産評定による価額を基礎としたその債務者の貸借対照表が作成されていること。
ハ 上記ロの貸借対照表における資産及び負債の価額、その計画における損益の見込み等に基づいて債務者に対して債務免除等をする金額が定められていること。
ニ 2以上の金融機関等（次のaからfまでに掲げる者をいい、その計画に係る債務者に対する債権が投資事業有限責任組合契約等に係る組合財産である場合におけるその投資事業有限責任組合契約等を締結している者を除きます）が債務免除等をすることが定められていること。
　a 預金保険法2条1項各号に掲げる金融機関（協定銀行を除きます）
　b 農水産業協同組合貯金保険法2条1項に規定する農水産業協同組合
　c 保険業法2条2項に規定する保険会社及び同条7項に規定する外国保険会社等
　d 株式会社日本政策投資銀行
　e 信用保証協会
　f 地方公共団体（上記aからeまでに掲げる者のうちいずれかの者とともに債務免除等をするものに限ります）
ホ 政府関係金融機関、株式会社地域経済活性化支援機構又は協定銀行（これらのうちその計画に係る債務者に対する債権が投資事業有限責任組合契約等に係る組合財産である場合におけるその投資事業有限組合契約等を締結しているものを除きます）が有する債権その他株式会社地域経済活性化支援機構又は協定銀行が信託の受託者として有する債権につき、債務免除等をすることが定められていること。

② 一括して評価する金銭債権に係る貸倒引当金

イ 対象者
　　青色申告書を提出する居住者で事業所得を有する者

ロ 対象となる貸金等の範囲
　　貸倒引当金の対象になるものとならないものは、次のとおりです（所法52②、所基通52-16～24）。
　　なお、売掛金は通常貸金等に含まれますが、このうち同一人に買掛金があるなど実質的に債権とみられないものは控除します。

貸金等の対象になるもの	貸金等の対象にならないもの
イ 売掛金 ロ 事業上の貸付金 ハ 受取手形 ニ 未収加工料、未収請負金、未収手数料、未収保管料、その他事業所得の収入となる債権	イ 保証金、敷金、預け金 ロ 手付金、前渡金 ハ 仮払金、立替金 ニ 雇用保険法、雇用対策法等の法令の規定に基づき交付を受ける給付金等の未収金 ホ 仕入割戻しの未収金 ヘ 同一人に売掛金と買掛金があるなど実質的に債権と認められない部分の金額[注]

（注） 平成27年1月1日以後引き続き事業所得を生ずべき事業を営んでいる青色申告者は、次の算式によって計算した金額を実質的に債権とみられる部分の金額として貸倒引当金の対象となる貸金等とすることができます（所令145②）。

〔算 式〕
その年12月31日における貸金等の帳簿価額＝A－A×$\frac{B}{C}$（＊）
　A：その年12月31日における貸金等の額
　B：平成27年及び平成28年の12月31日における貸金等の額の計算上除かれた実質的に債権とみられないものの合計額
　C：平成27年及び平成28年の12月31日における貸金等の額の合計額
　（＊）この割合に小数点以下３位未満の端数があるときは、これを切り捨てます。

ハ　繰入限度額

貸倒引当金勘定に繰り入れることができる金額は、次の金額を限度とします。

ただし、算式中の「貸金等」には、①の個別評価の計算の基礎とされた貸金等は除かれます（所法52②、所令145①）。

区　分	算　式
金融業	その年12月31日現在における貸金等の帳簿価額の合計額 × $\frac{33}{1,000}$
金融業以外の事業	その年12月31日現在における貸金等の帳簿価額の合計額 × $\frac{55}{1,000}$

③　死亡した場合の貸倒引当金勘定の処理

居住者が死亡した場合において、その居住者の死亡の日の属する年分の事業所得の金額の計算上必要経費に算入された貸倒引当金勘定の金額がある場合には、その貸倒引当金勘定の金額は、次に掲げる区分に応じて、総収入金額に算入します（所令147）。

区　分	処理すべき者
上記①個別評価により必要経費に算入されていた貸倒引当金勘定の金額	その居住者の相続人のうち、その居住者の事業を承継した者
上記②一括評価により必要経費に算入されていた貸倒引当金勘定の金額	その居住者の相続人のうち、事業を承継した者でその死亡の日の属する年分の所得税につき青色申告書を提出することについて納税地の所轄税務署長の承認を受けているもの（新たに青色申告の承認の申請書を提出した者を含みます）

また、居住者が死亡した場合においてその相続人が事業を承継しなかったときは、貸倒引当金勘定に繰り入れた金額を必要経費に算入することはできないこととされています（所法52②ただし書）。

(2) 退職給与引当金

事業を営む青色申告者で退職給与規程を定めているものが、従業員（注）の退職の際に支払う退職給与に充てるため、一定の金額を退職給与引当金勘定に繰り入れたときは、その繰入額

を、その年分の事業所得の金額の計算上、必要経費に算入することができます（所法54①）。
(注) その青色申告者と生計を一にする配偶者その他の親族を除きます。

① 退職給与規程の範囲（所令153）

区　　分	内　　　　容
イ　労働協約	労働協約によって定められている退職給与の支給に関する規程
ロ　就業規則	労働基準法又は船員法の規定により行政官庁に届け出た就業規則によって定められている退職給与の支給に関する規程
ハ　その他	ロの適用を受けない者が、その作成した退職給与の支給に関する規程を、あらかじめ所轄税務署長に届け出た場合のその規程

【参考通達】
〔退職給与規程の範囲（令153条関係）〕
・所得税基本通達54-1（労働協約による退職給与規程）
・所得税基本通達54-2（税務署長に届け出た退職給与規程の改正の効力）
・所得税基本通達54-2の2（退職給与規程に係る書面の提出）
・所得税基本通達54-3（最低限度の支給率が定められていない場合の不適用）

② 繰入限度額の計算

退職給与引当金勘定への繰入額は、次の金額を限度とされています（所令154）。

区　　分	繰　入　限　度　額
イ　労働協約による退職給与規程がある場合	次の算式の（イ）、（ロ）のいずれか少ない金額
ロ　就業規則がある場合	次の算式の（イ）、（ロ）、（ハ）のいずれか少ない金額
ハ　その他の退職給与規程がある場合^(注)	

(注)　ロ、ハの場合において労働基準法90条1項若しくは船員法98条の意見を記載した書面及び労働基準法106条1項の労働者への周知若しくは船員法113条1項の掲示若しくは備え置きを行った事実を記載した書面（労働基準法89条の適用を受けない使用者についてはこれらの書面に準ずる書面）を退職給与規程に添付して税務署長に提出した場合は、次の（イ）又は（ロ）のうちいずれか低い金額が限度額となります。

〔算　式〕
（イ）当期発生基準額
　　（イ）＝A－B
　　　A：期末退職給与の要支給額
　　　B：前年末から引き続き在職する者の前年末退職給与の要支給額^(注)
　　　（注）「前年末退職給与の要支給額」とは、年末に従業員全員が自己の都合によって退職するものと仮定した場合に計算される退職給与の総額をいいます（所令154①一イ）。
（ロ）累積基準額
　　（ロ）＝A×20％－B

　　　　　A：期末退職給与の要支給額
　　　　　B：前年から繰り越された退職給与引当金勘定の金額
　　(ハ) 給与総額基準額
　　　　(ハ)＝A×6％
　　　　　A：年末に在職する常用従業員に対する給与で、その年分の事業所得の金額の計算上必要経費に算入されるものの総額

【参考通達】
〔退職給与引当金勘定への繰入限度額（令154条関係）〕
・所得税基本通達54-4（自己都合により退職する場合の退職給与の額の計算）
・所得税基本通達54-5（支給基準等が改正された場合の繰入限度額の計算）
・所得税基本通達54-6（労働協約による退職給与規程と就業規則による退職給与規程とがある場合の繰入限度額の計算）
・所得税基本通達54-7（使用人の一部について就業規則による退職給与規程が適用される場合の繰入限度額）
・所得税基本通達54-8（退職給与の支給の対象となる使用人の範囲）
・所得税基本通達54-9（退職金共済契約等に基づく給付金だけを受ける者）
・所得税基本通達54-10（給与総額に算入する外交員等の報酬等）

③ 退職給与引当金の取崩し

　使用人が退職した場合等一定の事実が生じた場合には、退職給与引当金勘定の金額を取り崩して、事業所得の金額の計算上、総収入金額に算入しなければならないこととされています（所法54②③、所令155）。

　なお、青色申告書の提出の承認を取り消された場合又は青色申告をやめた場合には、その取消しの基因となった事実のあった日、又は青色申告をやめる旨の届出書を提出した日現在の退職給与引当金勘定の金額を、その日の属する年分、その翌年分及び翌々年分の事業所得の金額の計算上、その3分の1ずつ（取消しの基因となった事実のあった日等に廃業等があった場合には廃業等の日の属する年分において全額）を取り崩して、それぞれの年分の総収入金額に算入しなければならないこととされています（所法54②③、所令155②）。

　次に掲げる事実の態様ごとに、要取崩し額は、次のようになります。

	事実の態様	要取崩し額
イ	使用人が退職した場合	前年末におけるその使用人の要支給額（所令155①一）
ロ	引当金の額が累積限度額（期末退職給与の要支給額の20％に相当する金額）を超過した場合	その超過額（所令155①二）

ハ	正当な理由がなく退職金を支給しなかった場合	
ニ	退職給与規程がすべて存在しなくなった場合	その事実があった日の引当金勘定の額 （所令155①三〜六）
ホ	明らかに所得税を免れる目的で退職給与規程を改正したと認められる事実があった場合	
ヘ	事業の全部を譲渡し又は廃止した場合	
ト	上記イ及びロ以外で任意に取崩した場合	その取崩した直後の引当金勘定の額 （所令155①七）

【参考通達】
〔退職給与引当金勘定の金額の取崩し（令155条関係）〕
・所得税基本通達54-11（支給基準等がさかのぼって改正された場合の取崩し）
・所得税基本通達54-12（使用人の退職による退職給与引当金勘定の金額の取崩しに当たっての留意事項）
・所得税基本通達54-13（退職給与を支給しない正当の理由の範囲）
・所得税基本通達54-14（要支給額を超えて退職給与引当金を取崩した場合）
〔死亡の場合の退職給与引当金勘定の金額の処理（令157条関係）〕
・所得税基本通達54-15（青色申告の承認を受けている者等の範囲）

19 生計を一にする親族に支払う給与等

　個人事業においては、事業主の親族が事業に従事している場合が多いが、親族が労務の対価として給料等の支払を受けている場合においても、それが経費性を有する労務の対価としての支払なのか、扶養の立場からの家計的な支払なのかを明確に区分することは極めて困難といえます。

　そこで、所得税法では、事業主と「生計を一にする親族」（注1、2）に支払った給料、賃借料、借入金利子等は、その事業主の事業所得等の金額の計算上必要経費に算入しない旨規定するとともにその親族のその対価に係る各種所得の金額の計算上、その親族が他に支払う賃借料、保険料、公租公課等で必要経費に算入されるものがある場合には、その金額は事業主の必要経費に算入することとされています。この場合、その親族については、収入金額も必要経費もないものとみなされます（所法56）。

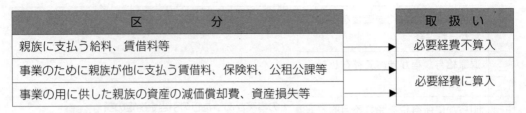

(注1) 「生計を一にする」とは、同一の生活共同体に属して日常生活の資を共通にしていることをいい、必ずしも同一の家屋に起居していることをいうものではない。

したがって、会社員などが勤務の都合上、妻子等と別居し又は就学、療養中の子弟と起居を共にしていない場合においても、常に生活費や学資金又は療養費などを送金している場合等は、生計を一にするものとされます（所基通2-47）。

(注2) 「親族」とは、民法725条に規定する者（6親等内の血族、配偶者、3親等内の姻族）をいいます。

（出典：税務大学校講本 所得税法（令和6年度版））

【参考通達】
・所得税基本通達56-1（親族の資産を無償で事業の用に供している場合）

(1) 事業専従者給与又は青色事業専従者給与

事業を営む者と生計を一にする親族（15歳未満の者を除きます）がその事業に専従し給与の支払がなされる場合（青色申告の場合）などの必要経費については、所得税法56条の規定にかかわらず、次のように取り扱われます（所法57）。

なお、青色事業専従者で給与の支払を受ける場合や白色の事業専従者は、配偶者控除又は扶養控除の対象とはされないこととされています（所法2①三十三、三十四）。

（出典：税務大学校講本　所得税法（令和6年度版））

① 青色申告者に係る「青色事業専従者給与」

イ　青色事業専従者の要件

青色事業専従者は、次のすべての要件に該当することが必要とされています（所法57①②、所令165）。

(イ) 青色申告者と生計を一にする配偶者その他の親族であること
(ロ) その年の12月31日現在（青色事業専従者又は納税者が年の中途で死亡した場合には、それぞれ死亡当時）で年齢が15歳以上であること
(ハ) その年を通じて6月を超える期間、事業主の営む事業に専ら従事していること（注）
(ニ) 「青色事業専従者給与に関する届出書」をその年の3月15日までに提出していること

(注)　ただし、次のいずれかに該当するときは、その事業に従事することができると認められる期間を通じてその期間の2分の1を超える期間、専ら従事すれば足りるものとされています（所令165①）

・その青色申告者の経営する事業が年の中途における開業、廃業、休業又はその者の死亡、その事業が季節営業であることその他の理由により、その年中を通じて営まれていなかったこと
・その事業に従事する者の死亡、長期にわたる病気、婚姻その他相当の理由によりその年中を通じてその者と生計を一にする親族としてその事業に従事することができなかったこと

なお、次のいずれかに該当する者である期間があるときは、その期間は専ら従事する期間に含まれないこととされています（所令165②）。

・学校教育法1条（学校の範囲）、124条（専修学校）又は134条1項（各種学校）の学校の学生又は生徒で

ある者（事業に専ら従事することが妨げられないと認められる者を除きます）
- 他に職業を有する者（事業に専ら従事することが妨げられないと認められる者を除きます）
- 老衰その他心身の障害により、事業に従事する能力が著しく阻害されている者

ロ 青色事業専従者給与額

青色事業専従者給与額は、次の状況からみて労務の対価として相当な金額であることが必要とされています（所法57①、所令164）。

(イ) 専従者の労務に従事した期間、労務の性質及びその提供の程度
(ロ) 事業に従事する他の使用人の給与の状況及び同種同規模事業に従事する者が支給を受ける給与の状況
(ハ) その他その事業の種類、規模、収益の状況

ハ 青色事業専従者給与に関する届出書

青色事業専従者給与に関する届出書の概要は、次のとおりです（所法57②、所規36の4）。

なお、届出の給与の金額の基準を変更する場合又は新たに専従者が加わった場合は、遅滞なく、変更届出書を提出する必要があります（所令164②、所規36の4②）。

届出先	届出事項	届出期限
納税地の所轄税務署長	・届出書提出者の氏名・住所（納税地） ・青色事業専従者の氏名・続柄・年齢 ・仕事の内容、従事の程度 ・給与及び賞与の金額・支給期 ・昇給の基準 ・他の業務にも従事している場合にはその事実 ・他の使用人に支払う給与の金額、支給の方法等 ・その他参考となるべき事項	適用を受けようとする年の3月15日 なお、その年の1月16日以降に新たに事業を開始した場合又は、新たに専従者がいることとなった場合には、その開始した日又は専従者がいることとなった日から2月以内とされています。

② 白色申告者に係る「事業専従者控除額」

白色申告者と生計を一にする配偶者その他の親族で、専らその事業主の営む不動産所得、事業所得又は山林所得を生ずべき事業に従事する事業専従者がある場合には、事業専従者に対する給与の支払の有無にかかわらず、その事業主のその年分のその事業に係る不動産所得、事業所得又は山林所得の金額の計算上、次のロに掲げる金額は必要経費とみなされます（所法57③）。

なお、必要経費とみなされた金額は、各事業専従者の「給与所得に係る収入金額」とみなされます（所法57④）。

イ 事業専従者の要件

事業専従者は、次のすべての要件に該当することが必要とされています（所法57③④、所令165）。

(イ) 白色申告者と生計を一にする配偶者その他の親族であること
(ロ) その年12月31日現在（事業専従者又は納税者が年の中途で死亡した場合には、それぞれ死亡当時）で年齢が15歳以上であること
(ハ) その年を通じて6月を超える期間、事業主の営む事業に専ら従事していること（注）

(注) 次のいずれかに該当する者である期間があるときは、その期間は専ら従事する期間に含まれないこととされています（所令165②）。
- 学校教育法1条（学校の範囲）、124条（専修学校）又は134条1項（各種学校）の学校の学生又は生徒である者（事業に専ら従事することが妨げられないと認められる者を除きます）
- 他に職業を有する者（事業に専ら従事することが妨げられないと認められる者を除きます）
- 老衰その他心身の障害により、事業に従事する能力が著しく阻害されている者

ロ 事業専従者控除額の限度額

事業専従者控除額は、各事業専従者について、次に掲げる①又は②のうちいずれか低い金額とされています（所法57③）。

① 事業専従者の区分

　配偶者の場合……………………86万円

　配偶者以外の親族の場合………50万円

② 事業専従者控除額の控除前の所得金額÷（事業専従者の数＋1）

【参考通達】
・所得税基本通達57-2（事業が2以上ある場合の所得限度額の計算の基礎となる事業所得等の金額の合計額）
・所得税基本通達57-3（変動所得又は臨時所得がある場合の青色専従者給与等の配分）

誤りやすい事例　事業専従者の要件

1. 6か月を超える期間、事業に従事していない者を事業専従者（白色）としていた。

解説

事業専従者（白色）の要件として、「その年を通じて6月を超える期間、事業に専ら従事していること」が必要であり、青色申告者の場合のような例外（従事できる期間の2分の1を超える期間専ら従事すればよい）はありません（所令165①）。

【参考】
・国税庁ホームページ／タックスアンサー／「No.2075青色事業専従者給与と事業専従者控除」

2. 一律1人50万円（配偶者は86万円）の専従者控除をすることで、事業所得に損失を生じていた。

解説

専従者控除額は、次のいずれか低い金額とされています（所法57③）。

① 50万円（配偶者は86万円）
② 専従者控除前の所得金額÷（専従者数＋1）

20 青色申告特別控除

青色申告者は、不動産所得、事業所得及び山林所得の金額の計算上、次の区分により青色申告特別控除を適用することができます（措法25の2）。

(1) 55万円の青色申告特別控除を適用できる場合

要件	① 不動産所得又は事業所得を生ずべき事業を営む青色申告者（現金主義の選択者を除きます） ② 正規の簿記の原則に従い取引を記録していること(注1) ③ 貸借対照表、損益計算書その他の計算明細書を添附し、所定の事項を記載した申告書を期限内に提出していること
控除額	次のうち、いずれか低い金額 ① 55万円(注2) ② 青色申告特別控除を適用する前の不動産所得の金額又は事業所得の金額の合計額(注3)
控除の順序	不動産所得の金額、事業所得の金額から順次控除します。

(注1) 具体的には、その帳簿書類について所得税法施行規則57条から62条まで及び64条の規定に定めるところにより記録し、かつ作成している場合をいいます（措規9の6）。
(注2) 55万円の特別控除は、確定申告書に記載されている不動産所得の金額又は事業所得の金額が、修正申告又は更正（再更正を含みます）により増加した場合には、55万円の範囲内で増額することになります（措通25の2-4）。
(注3) 合計額の計算は、次によります（措通25の2-1）。

①	これらの所得のうち赤字のものがあれば0として計算します。 （損益通算をする前の黒字の金額になります。）
②	山林所得は、特別控除額50万円を控除した後の金額で計算します。
③	社会保険診療報酬について租税特別措置法26条の適用を受ける場合には、事業所得の金額は、この社会保険診療報酬に対応する部分の金額を除いたところで計算します。

(2) 65万円の青色申告特別控除を適用できる場合

要件	上記(1)に該当する者が、次に掲げる要件のいずれかを満たす場合に青色申告特別控除は、上記(1)の控除額①の55万円に代えて65万円とします（措法25の2④、措規9の6②～⑤）。 ① その年分の事業に係る仕訳帳及び総勘定元帳について、電子計算機を使用して作成する国税関係帳簿書類の保存方法等の特例に関する法律（以下、「電子帳簿保存法」といいます）4条1項又は5条1項の承認を受けて、電子帳簿保存法に定めるところにより、「電磁的記録の備付け及び保存」又は「電磁的記録の備付け及びその電磁的記録の電子計算機出力マイクロフィルムによる保存」を行っていること(注1)(注2)(注3) ② その年分の所得税の確定申告書の提出期限までに、確定申告書に記載すべき事項及びその事業に係る帳簿書類に基づき作成された貸借対照表、損益計算書等に記載すべき事項に係る情報について、情報通信技術を活用した行政の推進等に関する法律6条1項の規定により同項に規定する電子情報処理組織（e-Tax）を使用して送信していること
控除額	次のうち、いずれか低い金額 ① 65万円(注4) ② 青色申告特別控除を適用する前の不動産所得の金額又は事業所得の金額の合計額(注5)
控除の順序	不動産所得の金額、事業所得の金額から順次控除します。

(注1) 「電磁的記録」とは、電子的方式、磁気的方式その他の人の知覚によっては認識することができない方式で作られる記録であって、電子計算機による情報処理の用に供されるものをいいます（電子帳簿保存法2三）。

(注2) 「電子計算機出力マイクロフィルム」とは、電子計算機を用いて電磁的記録を出力することにより作成するマイクロフィルムをいいます（電子帳簿保存法2七）。

(注3) 令和4年分以後は、上記①の要件について、「電子帳簿保存法の承認を受けること」を不要とし、優良な電子帳簿に係る過少申告加算税の軽減措置の適用にあたってあらかじめ所轄税務署長に提出することとされている「適用届出書」を提出しなければならないこととされます。

(注4) 65万円の特別控除は、確定申告書に記載されている不動産所得の金額又は事業所得の金額が、修正申告又は更正（再更正を含みます）により増加した場合には、65万円の範囲内で増額することになります（措通25の2-4）。

(注5) 上記(1)の（注3）と同様の取扱いとなります。

(3) 10万円の青色申告特別控除を適用できる場合

要件	上記(1)又は(2)の控除を受ける青色申告者以外の青色申告者で、所得税法施行規則56条1項に定める簡易方式又は現金主義により取引の記録を行っている者(注1)

控除額	次のうち、いずれか低い金額 ① 10万円 (注2) ② 青色申告特別控除を適用する前の不動産所得の金額、事業所得の金額又は山林所得の金額の合計額 (注3)
控除の順序	不動産所得の金額、事業所得の金額、山林所得の金額から順次控除します。

(注1) 業務的規模の不動産貸付けを行っている青色申告者の場合は、10万円の青色申告特別控除が適用されることになります。

(注2) 10万円の特別控除は、確定申告書への記載要件がないことから、控除をしないで確定申告書を提出した場合であっても、修正申告や更正等の時点でこの控除を受けることができます。さらに、修正申告や更正等により不動産所得の金額、事業所得の金額又は山林所得の金額が増加した場合には、10万円の範囲内で増額することになります（措通25の2-3）。

(注3) 上記(1)の（注3）と同様の取扱いとなります。

【参考通達】
・租税特別措置法通達25の2-2（変動所得の金額又は臨時所得の金額の計算上控除すべき青色申告特別控除額）
・租税特別措置法通達25の2-5（適用届出書の提出期限）
・租税特別措置法通達25の2-6（55万円又は65万円の青色申告特別控除における確定申告書の提出期限の意義）

誤りやすい事例　青色申告特別控除の適用等

1．貸借対照表の提出がない又は期限後申告であるのに、55万円又は65万円の青色申告特別控除を適用していた。

解説

55万円又は65万円の青色申告特別控除額を適用するには、申告書に正規の簿記の原則に従った記録に基づく貸借対照表、損益計算書を添付し、その控除を受ける旨を記載して法定申告期限内に提出しなければならないこととされています（措法25の2③④⑥）。

2．令和6年分の確定申告に当たり、青色申告決算書を書面提出した場合には、どのような場合であっても、65万円の青色申告特別控除を適用することができないと考えていた。

> 解 説

　令和4年以後、青色申告決算書を書面で提出していても、優良な電子帳簿の要件を満たして対象帳簿の備付け及び保存を行い、かつ、電子帳簿保存法8条4項の規定の適用を受ける旨の届出書を提出期限内に提出している場合は、65万円の青色申告特別控除を適用することができます（措法25の2④、措通25の2-5、電子帳簿保存法8④）。

【参考】
・国税庁ホームページ／タックスアンサー／「No.2072青色申告特別控除」

3．事業所得が赤字で、不動産所得が事業として行われていないことから、青色申告特別控除は10万円が上限であると考えていた。

> 解 説

　不動産所得が事業として行われていないとしても、事業所得がある場合には、他の要件を満たすことで、55万円又は65万円の青色申告特別控除を適用することができます（措法25の2③④⑥）。

4．青色申告者が家内労働者等の事業所得等の所得計算の特例を適用して事業所得を計算した場合、青色申告特別控除の適用を受けることができないと考えていた。

> 解 説

　家内労働者等の事業所得等の所得計算の特例により必要経費の計算をする場合においても、青色申告特別控除の適用を受けることができます（措法25の2、27）。

5．年の途中で死亡した青色申告者の準確定申告は、翌年3月15日までに申告すれば、55万円又は65万円の青色申告特別控除の適用を受けられると考えていた。

> 解 説

　年の途中で死亡した者の準確定申告の法定申告期限は、「相続の開始のあったことを知った日の翌日から4月を経過した日の前日」であるため、55万円又は65万円の青色申告特別控除の適用を受けるためには、その日までに申告する必要があります（所法125、措法25の2③④⑥）。

6．令和3年分以後の所得税等の確定申告については、還付申告の申告義務がなくなったため、還付申告の場合、3月16日以後に確定申告書を提出しても青色申告特別控除は、55万円又は65万円が適用できると考えていた。

解説

55万円又は65万円の青色申告特別控除の適用を受ける場合、法定申告期限までに確定申告書を提出する必要があります（措法25の2④、措通25の2-5、25の2-6）。

第6節 収入金額及び必要経費の共通事項

1 販売代金の額が確定していない場合の見積り

所得税基本通達36・37共-1（販売代金の額が確定していない場合の見積り）

2 質屋営業の所得計算

所得税基本通達36・37共-1の2（質屋営業の利息及び流質物）

3 請負による所得計算

（1）所得税基本通達36・37共-2（未成工事支出金勘定から控除する仮設材料の価額）
（2）所得税基本通達36・37共-2の2（木造の現場事務所等の取得に要した金額が未成工事支出金勘定の金額に含まれている場合の処理）
（3）所得税基本通達36・37共-3（金属造りの移動性仮設建物の取得価額の特例）
（4）所得税基本通達36・37共-4（請負収益に対応する原価の額）
（5）所得税基本通達36・37共-4の2（工事収入又は工事原価の額が確定していない場合）
（6）所得税基本通達36・37共-5（値増金の総収入金額算入の時期）

4 造成団地の分譲による所得計算

（1）所得税基本通達36・37共-6（造成団地の分譲による所得の計算）
（2）所得税基本通達36・37共-7（造成に伴って寄附する公共的施設等の建設費の原価算入）

5 出版業の所得計算

（1）所得税基本通達36・37共−7の2（単行本在庫調整勘定の設定）
（2）所得税基本通達36・37共−7の3（単行本在庫調整勘定の金額の総収入金額算入）
（3）所得税基本通達36・37共−7の4（単行本在庫調整勘定の明細書の添付）

6 災害損失特別勘定

（1）所得税基本通達36・37共−7の5（災害損失特別勘定の設定）
（2）所得税基本通達36・37共−7の6（災害損失特別勘定の繰入額）
（3）所得税基本通達36・37共−7の7（被災資産の修繕費用等の見積りの方法）
（4）所得税基本通達36・37共−7の8（災害損失特別勘定の総収入金額算入）
（5）所得税基本通達36・37共−7の9（修繕等が遅れた場合の災害損失特別勘定の総収入金額算入の特例）
（6）所得税基本通達36・37共−7の10（繰延資産の基因となった資産について損壊等の被害があった場合）

7 売上割戻し

（1）所得税基本通達36・37共−8（売上割戻しの計上時期）
（2）所得税基本通達36・37共−9（一定期間支払わない売上割戻しの計上時期）
（3）所得税基本通達36・37共−10（実質的に利益を享受すること）

8 仕入割戻し

（1）所得税基本通達36・37共−11（仕入割戻しの計上時期）
（2）所得税基本通達36・37共−12（一定期間支払を受けない仕入割戻しの計上時期の特例）
（3）所得税基本通達36・37共−13（仕入割戻しを計上しなかった場合の処理）

9 商品引換券等の発行に係る所得計算

（1）所得税基本通達36・37共−13の2（商品引換券等の発行に係る対価の額の収入すべき時期）
（2）所得税基本通達36・37共−13の3（商品引換券等を発行した場合の引換費用）

⑩ 商品等の販売に要する景品等の費用

（1）所得税基本通達36・37共-14（抽選券付販売に要する景品等の費用の必要経費算入の時期）
（2）所得税基本通達36・37共-15（金品引換券付販売に要する費用の必要経費算入の時期）
（3）所得税基本通達36・37共-16（金品引換費用の必要経費算入の時期の特例）
（4）所得税基本通達36・37共-17（金品引換費用の未払金の総収入金額算入）
（5）所得税基本通達36・37共-18（明細書の添付）

⑪ 長期の損害保険契約に係る支払保険料等

（1）所得税基本通達36・37共-18の2（長期の損害保険契約に係る支払保険料）
（2）所得税基本通達36・37共-18の3（賃借建物等を保険に付した場合の支払保険料）
（3）所得税基本通達36・37共-18の4（使用人の建物等を保険に付した場合の支払保険料）
（4）所得税基本通達36・37共-18の5（賃借建物等を保険に付している場合の建物等の所有者の所得計算）
（5）所得税基本通達36・37共-18の6（満期返戻金等の支払を受けた場合の一時所得の金額の計算）
（6）所得税基本通達36・37共-18の7（保険事故の発生により保険金の支払を受けた場合の積立保険料の処理）

⑫ 信用取引に係る所得計算

（1）所得税基本通達36・37共-22（信用取引に係る金利等）
（2）所得税基本通達36・37共-23（信用取引に係る配当落調整額等）

⑬ その他

（1）所得税基本通達36・37共-48（法令に基づき交付を受ける給付金等の処理）
（2）所得税基本通達36・37共-49（法令に基づき交付を受ける奨励金等の収入すべき時期）

第7節 所得計算の特例

1 小規模事業者の収入及び費用の帰属時期の特例（現金主義）

(1) 概要

　青色申告者で不動産所得又は事業所得を生ずべき業務を行う小規模事業者に該当する者は、その選択により不動産所得の金額又は事業所得の金額（山林の伐採又は譲渡によるものを除きます）の計算上、その年に現実に収入した金額を総収入金額とし、その年に収入を得るために直接支出した費用の額及びその年にそれらの所得を生ずべき業務について支出した費用の額を必要経費として、その業務から生ずる所得の金額を計算することができます（以下、「本件特例」といいます）（所法67、所令196）。

　ただし、不動産所得又は事業所得を生ずべき業務について、これらの業務の全部を譲渡し若しくは廃業し、又は死亡した日の属する年分の所得金額の計算にあたっては、本件特例の適用を受けることができないこととされています（所令196①）。

(2) 小規模事業者

　小規模事業者とは、次の要件に該当する者をいいます（所令195）。

	要　　件
①	その年の前々年分の不動産所得の金額及び事業所得の金額（青色事業専従者給与及び事業専従者控除の額を必要経費に算入しないで計算した金額）の合計額が300万円以下であること
②	既に本件特例の適用を受けたことがあり、かつ、その後本件特例の適用を受けないこととなった者については、再び本件特例の適用を受けることについて納税地の所轄税務署長の承認を受けた者であること

【参考通達】
・所得税基本通達67-1（前々年分の所得金額の判定）
・所得税基本通達67-2（手形又は小切手取引の収入金額又は必要経費算入の時期）
・所得税基本通達67-3（貸付金等の貸倒損失の必要経費算入）

(3) 本件特例の適用を受けないこととなった年分の所得計算

　本件特例の適用を受けないこととなった年分の不動産所得の金額又は事業所得の金額の計算については、次の計算が必要となります（所規40）。
① 本件特例の適用を受けないこととなった年分の通常の計算による不動産所得の金額又は事

業所得の金額に、本件特例の適用を受けることとなった年の12月31日における売掛金、買掛金、未収収益、前受収益、前払費用、未払費用その他これらに類する資産及び負債並びに棚卸資産（以下、「売掛金等」といいます）の額と本件特例の適用を受けないこととなった年の1月1日における売掛金等の額との差額を、総収入金額又は必要経費に算入して、その所得の金額を計算することになります。

② 本件特例の適用を受けることとなった前年12月31日における引当金、準備金の金額は、本件特例の適用を受けないこととなった年の前年から繰り越されたこれらの引当金、準備金の金額とみなされることから、本件特例の適用を受けることとなった年の前年12月31日における貸倒引当金等の額は本件特例の適用を受けることとなった年分の総収入金額に算入されないで、本件特例の適用を受けないこととなった年分の総収入金額に算入されることとなります。

(4) 本件特例の適用を受けるための手続き等

① 本件特例の適用を受けるための手続き

本件特例の適用を受けようとする青色申告者は、適用を受けようとする年の3月15日まで（その年1月16日以後新たに本件特例の適用が受けられる業務を開始した場合には、その業務を開始した日から2か月以内）に、次の事項を記載した届出書を納税地の所轄税務署長に提出しなければならないこととされています（所令197①、所規40の2①）。

　イ　本件特例の適用を受けようとする旨
　ロ　小規模事業者の要件（所令195）に該当する事実
　ハ　前年12月31日における売掛金等の額並びに各種引当金及び準備金の金額
　ニ　その他参考となるべき事項

【参考通達】
・所得税基本通達67-4（不動産所得を生ずべき業務及び事業所得を生ずべき業務のいずれか一方を廃止した場合）
・所得税基本通達67-5（業務を承継した相続人が提出する届出書の提出期限の特例）

② 本件特例の適用を受けることをやめようとする手続き

本件特例の適用を受けることをやめようとする場合には、やめようとする年の3月15日までに、次の事項を記載した届出書を納税地の所轄税務署長に提出しなければならないこととされています（所令197②、所規40の2②）。

　イ　本件特例の適用を受けることをやめる旨
　ロ　前年12月31日における売掛金等の額並びに各種引当金及び準備金の金額
　ハ　その他参考となるべき事項

❷ 雑所得を生ずべき小規模な事業を行う者の収入及び費用の帰属時期の特例（現金主義）

(1) 概要

　雑所得を生ずべき業務を行う居住者でその年の前々年分の雑所得を生ずべき業務に係る収入金額が300万円以下であるもの（以下、「特例対象者」といいます）のその年分の雑所得を生ずべき業務に係る雑所得の金額（山林の伐採又は譲渡によるものを除きます）の計算上総収入金額及び必要経費に算入すべき金額は、その業務につき収入した金額及び支出した費用の額とすることができます（所法67②、所令196の2、196の3）。

　ただし、雑所得を生ずべき業務の全部を譲渡し若しくは廃業し、又は死亡した日の属する年分の所得金額の計算に当たっては、この特例の適用を受けることができないこととされています（所令196の3①）。

(2) 特例の適用を受けないこととなる年分の所得計算

　この特例の適用を受けないこととなる年分のその雑所得を生ずべき業務に係る雑所得の金額の計算については、次の計算が必要となります（措規40②～④）。

① この特例の適用を受けることとなった年の12月31日（年の中途において新たに雑所得を生ずべき業務を開始した場合には、その業務を開始した日）における売掛金、買掛金、未収収益、前受収益、前払費用、未払費用その他これらに類する資産及び負債並びにその業務に係る棚卸資産に準ずる資産（以下、「売掛金等」といいます）の額とこの特例の適用を受けないこととなる年の1月1日における売掛金等の額との差額に相当する金額は、その適用を受けないこととなる年分の雑所得を生ずべき業務に係る雑所得の金額の計算上、それぞれ総収入金額又は必要経費に算入して、その雑所得の計算をすることになります。

② ただし、その年の前年以前5年以内の各年のいずれの年においてもこの特例の適用を受けていた場合、すなわち、この特例を5年以上継続して適用していた場合には、その者の選択により、上記①の「差額に相当する金額を総収入金額又は必要経費に算入すること」を適用しないこともできることとされています。

(3) 特例の適用を受けるための手続き

　この特例の適用を受ける特例対象者は、この特例の適用を受けようとする年分の確定申告書を提出する場合には、その申告書にこの特例の適用を受ける旨の記載をしなければならないこととされています（所令197③）。

廃業後に生じた必要経費の特例

　不動産所得、事業所得又は山林所得を生ずべき事業の廃止後に、それらの事業に係る費用又は損失で、事業を継続していれば当然必要経費に算入されるもの、例えば、廃業時に回収の済んでいなかった売掛金の貸倒れ、商品の返戻又は値引きなどの事実が生じた場合には、その費用又は損失の金額を、次の方法で、廃業した日の属する年分（廃業の年にそれらの所得の総収入金額がなかった場合には、総収入金額のあった最近の年分）又はその前年分の事業に係る所得金額の計算上、必要経費に算入します（所法63、所令179）。

区　　分	必要経費算入の年分	必要経費算入の金額
A≦Bのとき	事業の廃止年分	Aの金額
A＞Bのとき	事業の廃止年分	Bの金額
	事業廃止年の前年分	Cの金額を限度として（A－B）の金額

　A：廃業後に生じた必要経費とされる金額
　B：廃業年分の事業に係る所得金額又は総所得金額等のいずれか低い金額
　C：廃業年分の前年分の事業に係る所得金額又は総所得金額等のいずれか低い金額

　なお、この特例の適用により所得税額が過納となる場合には、その事実が生じた日の翌日から2か月以内に納税地の所轄税務署長に対して更正の請求をして、過納となった所得税額の還付を受けることができます（所法152）。

【参考通達】
・所得税基本通達63-1（個人事業を引き継いで設立された法人の損金に算入されない退職給与）
・所得税基本通達63-2（確定している総所得金額等の意義）
・所得税基本通達63-3（法第63条の規定を適用した場合における税額の改算）

 転廃業助成金等に係る課税の特例

　事業の整備その他の事業活動に関する制限についての法令の制定等があったことに伴ってその事業を廃止し又は転換をしなければならないこととなる個人が、国、地方公共団体又は残存事業者等から受ける転廃業助成金等については、次のような特例が認められます（措法28の3、措令18の7、措規10）。

	特　例　の　内　容
イ	その事業に係る機械その他の減価償却資産の減価を補填するための費用に充てるべきものとして財務大臣が指定するものについては、各種所得の金額の計算上、総収入金額に算入されないこととされています（措法28の3①、措令18の7③）。

ロ	その営む事業の廃止又は転換を助成するための費用に充てるべきものとして財務大臣が指定するものの全部又は一部の金額をもって、その交付を受けた日の属する年の12月31日までに、不動産所得の基因となり、又は不動産所得、事業所得若しくは山林所得を生ずべき事業の用に供する固定資産の取得又は改良をしたときは、その転廃業助成金のうち、その資産の取得又は改良に要した金額に相当する金額は、総収入金額に算入されないこととされています（措法28の3②、措令18の7④⑤）。 　なお、転廃業助成金の交付を受けた日の属する年の翌年1月1日からその交付を受けた日後2年を経過する日までの期間^{（注）}に固定資産の取得又は改良をする見込みである場合にあっては、納税地の所轄税務署長の承認を得ることによって本特例の適用が認められます（措法28の3③）。 （注）工場等の建設に要する期間が通常2年を超えること等の場合にあっては、一定の日までの期間とされています。
ハ	転廃業助成金のうち固定資産の取得等に充てられなかった部分の金額は、転廃業助成金の交付を受けた日の属する年分の一時所得の収入金額となります（措法28の3④）。

【参考通達】
・租税特別措置法通達28の3-1　（減価補填金に相当する転廃業助成金）
・租税特別措置法通達28の3-2　（助成金の対象となった資産の未償却残額）
・租税特別措置法通達28の3-3　（取壊し等に要した費用）

■適用を受けるための手続き
　この特例の適用を受けるための手続きは、次のとおりです。
① 　確定申告書に「措置法第28条の3」と記載すること。
② 　次の書類を添付すること。
　イ　各種所得の金額の計算及び減価償却資産又は固定資産の取得若しくは改良に関する明細書
　ロ　転廃業助成金等の交付に関する通知書又はその写し等
③ 　ただし、このような手続をしなかった場合でも、確定申告書を提出しなかったこと又は確定申告書に所定の事項を記載しなかったこと若しくは所定の書類を添付しなかったことについて、税務署長がやむを得ない事情があると認めるときは、これらの記載をした書類や明細書を提出してこの特例の適用を受けることができます（措法28の3⑤⑥、措規10）。

5　家内労働者等の所得計算の特例

　家内労働者等^{（注1）}が事業所得又は雑所得を有する場合、これらの必要経費の金額の合計額が55万円^{（注2）}に満たないときは、55万円を次により事業所得又は雑所得とに区分し、それぞれの金額^{（注3）}を必要経費とします（措法27、措令18の2②）。
① 　事業所得又は雑所得のいずれか一方を有する場合

事業所得又は雑所得の金額の計算上55万円を控除します。
② 事業所得と雑所得の両方を有する場合
　イ　55万円のうち、所得税法の規定による事業所得の必要経費相当額に達するまでの部分の金額を事業所得に係る必要経費算入額とします。
　ロ　55万円のうち、イにより計算された必要経費算入額以外の部分の金額を雑所得に係る必要経費算入額とします。
　ハ　ロにおいて計算された雑所得に係る必要経費算入額が雑所得に係る総収入金額を超えるためその超過額がある場合には、その超過額をイにおいて計算された事業所得に係る必要経費算入額に加算します。

(注1)　家内労働者等とは、家内労働法2条2項に規定する家内労働者、外交員、集金人、電力量計の検針人又は特定の者に対して継続的に人的役務の提供を行うことを業務とする者をいいます（措法27、措令18の2①）。
　　　なお、家内労働法に規定する「家内労働者」とは、物品の製造や加工、改造、修理、浄洗、選別、包装、解体、販売又はこれらの請負を業とする者から、主として労働の対償を得るために、その業務の目的物たる物品（物品の半製品、部品、附属品又は原材料を含みます）について委託を受けて、物品の製造や加工、改造、修理、浄洗、選別、包装、解体に従事する者であって、その業務について同居の親族以外の者を使用しないことを常態とするものをいいます。
(注2)　他に給与所得を有する場合には、55万円から給与所得控除額を控除した残額とします。
(注3)　事業所得に係る総収入金額又は公的年金等以外の雑所得に係る総収入金額を限度とします。

誤りやすい事例　家内労働者等の特例の適用

1．自宅で生徒数人を教えているピアノ講師が家内労働者等の特例を適用していた。

解説

ピアノ講師は、特定の者に対して継続的に人的役務の提供を行うことを業務とする者に該当しないことから、当該特例の対象にならないとされています（措法27、措令18の2①）。

なお、「特定の者」は複数の者であっても差し支えないが、人的役務の提供先を広く募集するなど、その業務の性質上、不特定の者を対象としている場合には該当しないことになります。

2．シルバー人材センターから70万円の分配金を受領しているほか、公的年金等以外の個人年金収入が200万円ある（当該年金収入に対応して控除すべき掛金の額が100万円）者が、家内労働者等の所得計算の特例を適用し、55万円と100万円との合計額を必要経費としていた。

> **解説**
>
> 公的年金等以外の個人年金収入に対応して控除すべき掛金の額が55万円（令和元年分までは65万円）以上であるため、家内労働者等の所得計算の特例の適用はないことになります（措法27）。
> なお、この家内労働者等の所得計算の特例は、所得税法35条3項に規定する公的年金等に係る雑所得を除いたところで適用します。
> また、シルバー人材センターが行う業務に就業する高齢者は、シルバー人材センターに対して継続的に人的役務の提供を行うことを業務とする者であり、家内労働者等に含まれます（措法27、措令18の2①）。

3．当初申告で家内労働者等の所得計算の特例を適用していない場合には、更正の請求で当該特例を受けることはできないと考えていた。

> **解説**
>
> 家内労働者等の所得計算の特例は申告要件とされていないため、当初申告において、当該特例が適用されるにもかかわらず適用していなかった場合には、更正の請求をすることができます（措法27）。

6 特定の基金に対する負担金等の必要経費算入の特例

(1) 概要

個人が、各年において、長期間にわたって使用され、又は運用される基金に係る負担金又は掛金（以下、「負担金等」といいます）で一定のものを支出した場合には、その支出した金額を事業所得の金額の計算上、必要経費に算入します（措法28①、措令18の4）。

(2) 特定の基金に対する負担金等

特定の基金に対する負担金等とは、次に掲げるものとされています（措法28①、措令18の4）。

① 信用保証協会、農業信用基金協会及び漁業信用基金協会に対する負担金で、中小企業者又は農林漁業者に対する信用の保証をするための業務に係る基金に充てるもの
② 独立行政法人中小企業基盤整備機構に対する共済掛金で、中小企業倒産防止共済事業に係る基金に充てるもの(注1)
③ 独立行政法人エネルギー・金属鉱物資源機構に設けられた金属鉱業等鉱害対策特別措置法12条の規定による鉱害防止事業基金に充てるための負担金
④ 公害の発生による損失を補填するための業務、商品の価格の安定に資するための業務そ

の他の特定業務（注2）を行うことを主たる目的とする法人税法2条6号に規定する公益法人等で一定の要件（注3）を備えているもの又はその特定の業務を行う同条5号に規定する公共法人に対するその業務に係る基金に充てるもの

(注1) いわゆるセーフティネット共済（中小企業倒産防止共済制度）は、個人の締結していた共済契約につき解除があった後、その共済契約を締結したその個人がその解除の日から同日以後2年を経過する日までの間にその共済契約について支出する掛金については適用しないこととされ、必要経費に算入できないこととされました（措法28②）。
　　　　なお、上記改正は、個人の締結していた共済契約につき令和6年10月1日以後に解除があった後、その共済契約を締結したその個人がその共済契約について支出する掛金について適用されます（改正法附30）。
(注2) 次に掲げる業務とします（措令18の4②）。
　　　　ただし、（注3）イの要件を満たす基金として財務大臣が指定するものに係る業務であって、当該基金に充てるために財務大臣が指定する期間内に徴収される負担金に係る業務に限ります。
　　　イ　公害の発生による損失を補填するための業務又は公害の発生の防止に資するための業務
　　　ロ　商品の価格の安定に資するための業務
　　　ハ　商品の価格の変動による異常な損失を補填するための業務
(注3) 一定の要件とは、次に掲げる要件のすべてを備えているものとします（措令18の4③）。
　　　イ　その公益法人等の業務に係る基金が法令の規定に基づいて行われる業務に係るものであること又はその基金の額の相当部分が国若しくは地方公共団体により交付されているものであること。
　　　ロ　その公益法人等の業務に係る基金がその業務の目的以外の目的に使用してはならない旨がその公益法人等の定款等（法人税法13条1項（事業年度の意義）に規定する定款等をいいます）において定められていることその他適正な方法で管理されていること。
　　　ハ　その公益法人等が解散した場合にその残余財産（出資の金額に相当する金額を除きます）が国若しくは地方公共団体又は（注1）のイからハまでに掲げる業務を行うことを主たる目的とする他の公益法人等に帰属する旨が法令又はその公益法人等の定款等において定められていること。

【参考通達】
・租税特別措置法通達28-1（長期間にわたって使用等される基金）
・租税特別措置法通達28-2（負担金等の必要経費算入時期）
・租税特別措置法通達28-3（中小企業倒産防止共済事業の前払掛金）

(3) 手続き

　この特例の適用を受けるためには、確定申告書に、「特定の基金に対する負担金等の金額の必要経費に関する明細書」を添付しなければならないこととされています。
ただし、その添付がない確定申告書の提出があった場合においても、その添付がなかったことについて税務署長がやむを得ない事情があると認める場合において、その明細書の提出があったときは認められます（措法28③）。

> **誤りやすい事例** 特定の基金に対する負担金等の必要経費算入の特例
>
> 特定の基金に対する負担金等（中小企業倒産防止共済事業に係る基金に係る掛金等）を必要経費に算入しているにもかかわらず、確定申告書にそれらに関する明細書の添付がなかった。
>
> **解説**
>
> 特定の基金に対する負担金等を必要経費に算入する特例の規定の適用を受ける場合には、確定申告の際に、適用に関する明細書を添付しなければならないこととされています（措法28③）。

7 組合等の所得計算

(1) 任意組合等の組合員の所得計算

任意組合等の組合員のその組合等において営まれる事業に係る利益の額又は損失の額は、その任意組合等の利益の額又は損失の額のうち分配割合（注）に応じて利益の分配を受けるべき金額又は損失を負担すべき金額として、その年分の各種所得の金額の計算上総収入金額又は必要経費に算入します（所基通36・37共-19、19の2）。

ただし、その分配割合が各組合員の出資の状況、組合事業への寄与の状況などからみて経済的合理性を有していないと認められる場合には、経済的合理性のある方法で分配することになります。

（注） 分配割合とは、組合契約に定める損益分配の割合又は民法674条、投資事業有限責任組合契約に関する法律16条及び有限責任事業組合契約に関する法律33条の規定による損益分配の割合をいいます。

具体的には、組合事業に係る損益について、毎年1回以上一定の時期において計算し、かつ、組合員への個々の損益の帰属がその損益発生後1年以内である場合には、その任意組合等の計算期間を基として計算し、その計算期間の終了する日の属する年分の各種所得の金額の計算上総収入金額又は必要経費に算入します。

任意組合等とは、次に掲げるものとされています。
① 民法667条1項に規定する組合契約により成立する組合
② 投資事業有限責任組合契約に関する法律3条1項に規定する投資事業有限責任組合契約により成立する組合
③ 有限責任事業組合契約に関する法律3条1項に規定する有限責任事業組合契約により成立する組合
④ 外国におけるこれらに類するもの

任意組合等の組合員の組合事業に係る利益等の額の計算は、次のとおりとなります（所基通36・37共-20）。

総額方式	収入金額、支出金額、資産、負債等をその分配割合に応じて各組合員のこれらの金額として計算	組合員が青色申告者等で一定の場合には、一括評価による貸倒引当金などの適用あり
中間方式	収入金額、その収入金額に係る原価の額及び費用の額並びに損失の額（損益計算書等の勘定に限ります）をその分配割合に応じて各組合員のこれらの金額として計算	非課税所得、配当控除、確定申告による源泉徴収税額の控除等に関する規定の適用あり（引当金等の規定の適用なし）
純額方式	組合事業について計算される利益の額又は損失の額をその分配割合に応じて各組合員にあん分	上記の規定の適用はない。また、各組合員にあん分される利益の額又は損失の額は、組合事業の主たる事業の内容に従い、不動産所得、事業所得、山林所得又は雑所得のいずれか一つの収入金額又は必要経費となる

(2) 匿名組合契約による組合員の所得計算

　商法535条に規定する匿名組合契約を締結しその組合契約に基づいて出資する者が、匿名組合契約に基づき営業者から受ける利益の分配は、原則として雑所得となります。

　ただし、匿名組合員がその匿名組合契約に基づいて営業者の営む事業に係る重要な業務執行の決定を行っているなど組合事業を営業者と共に経営していると認められる場合には、その営業者の営業の内容に従い事業所得又はその他の各種所得に区分されます（所基通36・37共-21）。

　営業者から受ける利益の分配が、その営業の利益の有無にかかわらず一定額又は出資額に対する一定割合によるものである場合には、その分配は金銭の貸付けから生じる所得として事業所得又は雑所得となります。

　図示すると、次のようになります。

区　　分		所　得　区　分
営業者から分配を受ける利益等	原則	雑所得
	営業者と共に組合事業を経営していると認められる場合	事業所得又はその他の各種所得

【参考通達】
・所得税基本通達36・37共-21の2（匿名組合契約による営業者の所得）

(3) 有限責任事業組合の事業に係る組合員の事業所得等の所得計算の特例

　民法組合の特例としての組合の出資者の有限責任を確保するLLP（有限責任事業組合）制度の概要は次のとおりとなります。

① 出資者全員の有限責任制
　イ　出資者全員に有限責任制を付与
　　・LLPの出資者は出資金の範囲内で責任を負う
　ロ　債権者保護規定の整備
　　・開示ルールや組合財産の保全など、債権者の保護に関する適切な措置を講じる
② 内部自治の徹底
　イ　内部規律の柔軟性
　　・株主総会や取締役会などを設ける必要がなく、組合員間の合意でスムーズな組織運営が可能
　ロ　柔軟な損益分配
　　・労務やノウハウの提供による各自の事業への貢献度合いに応じて出資比率と異なる柔軟な損益分配を行うことが可能
③ 構成員課税の導入（LLP税制上の取扱い）
　イ　出資者に直接課税されるため、LLPで利益が出た時に、法人税が課された上に、出資者へ利益分配にも課税されるということがない
　ロ　LLPで損失が出た時に、組合員の持つ他の所得との通算が可能

　なお、有限責任事業組合契約に関する法律に規定する有限責任事業組合契約を締結している組合員である個人の、その組合事業から生じる不動産所得、事業所得又は山林所得の損失額について、その組合事業に係るその個人の出資の価額を基礎として計算した金額（以下、「調整出資金額」といいます）を超える部分は必要経費に算入することはできないこととされています（措法27の2、措令18の3）。

① 組合事業による不動産所得、事業所得又は山林所得の損失の金額の範囲

　組合事業による不動産所得、事業所得又は山林所得の損失の金額（以下、「組合事業に係る事業所得等の損失額」といいます）とは、次のA＜Bの場合における（B－A）の金額をいいます（措令18の3①）。

　　組合事業に係る事業所得等の損失額　＝　B－A
　　A：組合契約を締結している組合員である個人のその年分における組合事業から生ずる不動産所得、事業所得又は山林所得に係る総収入金額に算入すべき金額の合計額
　　B：その組合事業から生ずる不動産所得、事業所得又は山林所得に係る必要経費に算入すべき金額の合計額

この損失の金額の計算は、組合契約ごとに行います。
　このため、有限責任事業組合がサービス業と不動産貸付業を営んでいた場合には、組合事業から生ずる不動産所得、事業所得又は山林所得の所得ごとに判定せず、同じ組合事業から生ずるこれらの所得に係る総収入金額に算入すべき金額及び必要経費に算入すべき金額をすべて合計したところで損失額が生ずるかどうかを判定します。

② **調整出資金額**

　調整出資金額とは、有限責任事業組合の計算期間（有限責任事業組合契約に関する法律4条3項8号の組合の事業年度の期間をいいます）の終了の日の属する年のその組合員である個人のその組合事業に係る次の図の部分の金額（0に満たない場合には、0となります）をいいます（措法27の2①、措令18の3②、措規9の8①）。

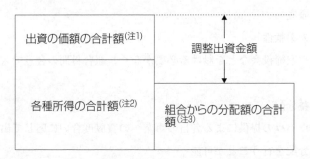

(注1)　その年に計算期間の終了の日が到来する計算期間（*1）の終了の時までにその個人がその組合契約に基づいて有限責任事業組合契約に関する法律11条の規定により出資をした同条の金銭その他の財産（*2）の価額で同法29条2項の規定によりその有限責任事業組合の会計帳簿に記載された同項の出資の価額の合計額に相当する金額をいいます（措令18の3②一、措通27の2-2）。
　　（*1）　その年に計算期間の終了の日が2以上ある場合には、最も遅い終了の日の属する計算期間とします。
　　（*2）　実際にその出資が履行されているものに限ります。
(注2)　その年の前年に計算期間の終了の日が到来する計算期間（*）以前の各計算期間においてその個人のその有限責任事業組合の組合事業から生ずる各種所得に係る収入金額とすべき金額又は総収入金額に算入すべき金額の合計額から各種所得に係る次の①から④までの各種所得における各項目に掲げる金額の合計額を控除した金額のその各計算期間における合計額に相当する金額をいいます（措令18の3②二、措規9の8①）。
　　（*）　その年の前年に計算期間の終了の日が2以上ある場合には、最も遅い終了の日の属する計算期間とします。
　① その個人の組合事業から生ずる配当所得
　　配当所得の金額の計算上その組合事業から生ずる配当所得に係る収入金額から控除される負債の利子の額の合計額
　② その個人の組合事業から生ずる不動産所得、事業所得、山林所得又は雑所得
　　不動産所得の金額、事業所得の金額、山林所得の金額又は雑所得の金額の計算上その組合事業から生ずる不動産所得、事業所得、山林所得又は雑所得に係る総収入金額から控除される必要経費の額
　③ その個人の組合事業から生ずる譲渡所得
　　譲渡所得の金額の計算上その組合事業から生ずる譲渡所得に係る総収入金額から控除される資産の

取得費及びその資産の譲渡に要した費用の合計額
④ その個人の組合事業から生ずる一時所得
一時所得の金額の計算上その組合事業から生ずる一時所得に係る総収入金額から控除される支出した金額の合計額

(注3) その年に計算期間の終了の日が到来する計算期間(*1)の終了の時までにその個人が交付を受けた金銭その他の資産に係る有限責任事業組合契約に関する法律35条1項に規定する分配額(*2)のうちその個人がその交付を受けた部分に相当する金額の合計額に相当する金額をいいます（措令18の3②三）。
(*1) その年に計算期間の終了の日が2以上ある場合には、最も遅い終了の日の属する計算期間とします。
(*2) 分配した組合財産の帳簿価額をいいます。

③ **必要経費とならない損失額の不動産所得、事業所得又は山林所得の帰属**

必要経費とならない調整出資金額を超える部分の損失額の不動産所得、事業所得又は山林所得の帰属は、次のとおりとなります（措規9の8③）。

組合事業の業務の種類	損失額の原因	損失額の帰属する所得
1つの所得区分の事業を営んでいる	左の所得に係る必要経費によるもの	必要経費とされない損失額はすべて左の所得に係るものになります。
2つ以上の所得区分の事業を営んでいる	1つの所得に係る必要経費によるもの	
	2つ以上の所得に係る必要経費によるもの	必要経費とされない損失額はそれぞれの所得に係るものとしてあん分します。

④ **複数の組合契約を締結している場合**

個人が複数の組合契約を締結している場合の組合事業による事業所得等の損失額及び調整出資金額は、各組合契約に係る組合事業ごとに計算します（措令18の3④）。

このため、個人が複数の組合契約を締結している場合には、各組合契約に係る組合事業ごとに組合事業による事業所得等の損失額が生ずるかどうかを計算するとともに、調整出資金額についても各組合契約に係る組合事業ごとに計算を行います。

なお、事業所得等を生ずべき業務のうちに有限責任事業組合の組合事業に係る事業所得等と有限責任事業組合の組合事業以外に係る事業所得等を生ずべき業務を営んでいる場合には、損益計算書又は収支内訳書は、その業務ごとに作成し提出する必要があります（措通27の2-1）。

⑤ **手続き等**

イ 確定申告書を提出する場合

確定申告書を提出する場合には次の事項を記載した書類を添付しなければならないこととされています（措法27の2②、措規9の8⑤⑥）。

① 有限責任事業組合の計算期間及び事業の内容
② 調整出資金額及びその計算の基礎
③ その年における組合事業から生ずる各種所得の金額並びにその組合事業から生ずる各種

所得に係る収入金額とすべき金額又は総収入金額に算入すべき金額及び収入金額又は総収入金額から控除される必要経費の額等の金額

④　所得税法施行規則47条の3第1項《事業所得等に係る総収入金額及び必要経費の内訳書》の規定に準じて作成し記載した組合事業から生ずる不動産所得、事業所得又は山林所得に係る書類(注)

⑤　その他参考となるべき事項

(注)　不動産所得の金額、事業所得の金額又は山林所得の金額の計算上、総収入金額及び必要経費に算入される金額を、次の①及び②の項目に区分し、その項目別の金額を記載しなければなりません。この場合、その業種、業態、規模等の状況からみてその項目により難い項目については、その項目に準ずる他の項目によることができます（所規47の3①）。

①　総収入金額
商品製品等の売上高（加工その他の役務の給付等売上げと同様の性質を有する収入金額を含みます）、農産物の売上高及び年末において有する農産物の収穫した時の価額の合計額、賃貸料、山林の伐採又は譲渡による売上高、家事消費の高並びにその他の収入の別
②　必要経費
商品製品等の売上原価、年初において有する農産物の棚卸高、雇人費、小作料、外注工賃、減価償却費、貸倒金、地代家賃、利子割引料及びその他の経費の別

ロ　確定申告書を提出しない場合

　確定申告書を提出しない場合には前記イ（④を除きます）に掲げた事項について記載した書類に氏名及び住所(注1)及び個人番号(注2)並びに住所地(注3)と納税地とが異なる場合には、その納税地を記載して、その年の翌年3月15日までに、納税地の所轄税務署長に提出しなければならないこととされています（措法27の2③、措規9の8⑦）。

(注1)　国内に住所がない場合には、居所となります。
(注2)　個人番号を有しない者にあっては、氏名及び住所（国内に住所がない場合には居所）となります。
(注3)　国内に住所がない場合には、居所地となります。

第8節　白色申告者の帳簿書類の備え付け等

 記帳義務

　不動産所得、事業所得又は山林所得を生ずべき業務を行うすべての白色申告者は、一定の帳簿を備え付けてこれにこれらの所得を生ずべき業務に係るその年の取引のうち総収入金額及び

必要経費に関する事項を簡易な方法により記録し、かつ、その帳簿や関係書類を整理して保存しなければならないこととされています（所法232①、所規102、昭59.3.31大蔵省告示37号（最終改正：令3.3.31財務省告示81号））。

記帳義務の判定について、図示すると次のようになります。

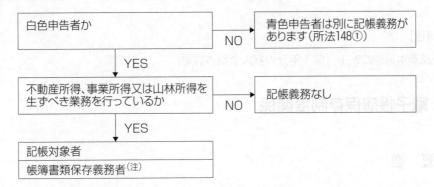

（注） 帳簿書類保存義務者が保存しなければならない帳簿書類は、記帳した帳簿のほか、業務に関連して作成し、又は受領した請求書、納品書、送り状、領収書などとなります（所規102③）。

2 帳簿書類の保存義務

不動産所得、事業所得又は山林所得を生ずべき業務を行うすべての白色申告者は、その年においてこれらの業務に関して作成し、又は受領した書類を保存しなければならないこととされています（所法232①）。

帳簿等の保存期間について青色申告者と比較すると次のようになります（所規63、102）。

区　　分	記帳対象者	雑所得を生ずべき業務を行う者（注1）	青色申告者
帳簿、決算関係書類	法定帳簿……7年 任意帳簿及び決算関係書類……5年		7年
現金預金取引等関係書類	5年	5年	7年 （前々年所得（注2）が300万円以下の者は5年）
その他証ひょう類	5年		5年

（注1） その年の前々年分のその業務に係る収入金額が300万円を超える者に限ります（所法232②）。
（注2） この場合、専従者給与（所法57）の規定を適用しないで計算した場合の合計額で判定します（所令195）。

なお、一定の要件の下、電子計算機を使用して作成する帳簿及び書類に係る電磁的記録をもって、帳簿書類等の保存に代えることができます（電子帳簿保存法4）。

また、令和4年分以後、雑所得を生ずべき業務を行う者で、その年の前々年分の雑所得を生

ずべき業務に係る収入金額が300万円を超える場合は、業務に関して作成し、又は受領した請求書、領収書その他これらに類する書類のうち、現金の収支、払出し又は預貯金の預入、引出しに際して作成される書類（現金預金取引等関係書類）を保存しなければならないこととされています（所法232②、所規102⑦⑧）。

【参考通達】
・所得税基本通達232-1（前々年分の収入金額の判定）

電子帳簿保存制度関係

(1) 概　要

　電子帳簿保存制度とは、税法上保存等が必要な「帳簿」や「領収書・請求書・決算書など（国税関係書類）」を、紙ではなく電子データで保存することに関する制度をいい、次の3つ（①～③）に区分されています。

　なお、記録の改ざんなどを防止するため、次の①～③の保存を行うためには一定のルールに従う必要があります。

①　電子帳簿等保存（希望者のみ）
　納税者が最初から一貫してパソコン等で作成している帳簿や国税関係書類は、プリントアウトして保存するのではなく、電子データのまま保存ができます。例えば、会計ソフトで作成している仕訳帳やパソコンで作成した請求書の控え等が対象となります。

　また、一定の範囲の帳簿を「優良な電子帳簿」の要件を満たして電子データで保存している場合には、後からその電子帳簿に関連する過少申告が判明しても過少申告加算税が5％軽減される措置があり、この措置を受けるには、あらかじめ届出書を提出しておく必要があります。

②　スキャナ保存（希望者のみ）
　決算関係書類を除く国税関係書類（取引先から受領した紙の領収書・請求書等）は、その書類自体を保存する代わりに、スマホやスキャナで読み取った電子データを保存することができます。

③　電子取引データ保存（法人・個人事業者は対応が必要）
　申告所得税・法人税に関して帳簿・書類の保存義務が課されている者は、注文書・契約書・送り状・領収書・見積書・請求書などに相当する電子データでやりとりした場合には、その電子データ（電子取引データ）を保存しなければならないこととされています。

(2) 国税関係帳簿書類の電磁的記録等による保存等の制度

　国税関係帳簿書類の全部又は一部について、一定の要件の下で、電磁的記録等（電磁的記録（注1）又はCOM（注2））の備え付け及び保存をもってその国税関係帳簿書類の備え付け及

び保存に代えることができます（電子帳簿保存法4①、5①）。

なお、国税関係書類についても同様に電磁的記録等の保存をもってその国税関係書類の保存に代えることができます（電子帳簿保存法4②、5②）。

また、令和4年4月1日以後に備え付けを開始する国税関係帳簿又は保存を行う国税関係書類については、税務署長の事前承認が不要となりました。

(注1) 「電磁的記録」とは、電子的方式、磁気的方式その他の人の知覚によっては認識することができない方式で作られる記録であって、電子計算機による情報処理の用に供されるものをいいます（電子帳簿保存法2三）。

　　　具体的には、ハードディスク、コンパクトディスク、DVD、磁気テープ等の記録媒体上に、情報として使用し得るものとして、情報が記録・保存された状態にあるものをいいます。

(注2) 「COM」とは、電子計算機を用いて電磁的記録を出力することにより作成するマイクロフィルムをいいます。

① 対象となるもの

　所得税法により備え付け及び保存をしなければならないこととされている帳簿並びに保存しなければならない書類をいいます（電子帳簿保存法2二）。

② 保存の要件

　電磁的記録による国税関係帳簿書類の保存等にあたっては、電子計算機処理システムの概要書等の備え付け等の要件を満たす必要があります（電子帳簿保存規則2）。

(3) スキャナ保存制度

国税関係帳簿（一定のもの(注)を除きます）の全部又は一部について、その国税関係書類に記載されている事項をスキャナにより、電磁的記録に記録する場合には、一定の要件の下で、その電磁的記録の保存をもって国税関係書類の保存に代えることができることとされています（電子帳簿保存法4③、電子帳簿保存規則2⑤）。

(注) 「一定のもの」とは、棚卸表、貸借対照表及び損益計算書並びに計算、整理又は決算に関して作成されたその他の書類をいいます（電子帳簿保存規則2④）。

(4) 電子取引の取引情報に係る電磁的記録の保存制度

所得税（源泉徴収に係る所得税を除きます）に係る保存義務者は、電子取引を行った場合には、一定の要件の下で、その電子取引(注)の取引情報に係る電磁的記録を保存しなければならないこととされています（電子帳簿保存法7）。

(注) 「電子取引」とは、取引情報（取引に関して受領し、又は交付する注文書、契約書、送り状、領収書、見積書その他これらに準ずる書類に通常記載される事項をいいます）の授受を電磁的方法により行う取引をいい（電子帳簿保存法2五）、いわゆるEDI取引、インターネット等による取引、電子メールにより取引情報を授受する取引（添付ファイルによる場合を含みます）、インターネット上にサイトを設け、そのサイトを通じて取引情報を授受する取引等が含まれます（電子帳簿保存法通達2-3）。

(5) 優良な電子帳簿

　令和4年分以後の青色申告特別控除（65万円）の適用を受けるためには（e-Taxで申告書等を提出する場合を除きます）、その年分の事業における仕訳帳及び総勘定元帳について優良な電子帳簿の要件を満たし、一定の事項を記載した届出書を提出しなければならないこととされています（措法25の2④、電子帳簿保存法8④）。

〈保存要件の概要〉

要件の概要	帳簿 優良	帳簿 その他
記録事項の訂正・削除を行った場合には、これらの事実及び内容を確認できる電子計算機処理システムを使用すること	○	―
通常の業務処理期間を経過した後に入力を行った場合には、その事実を確認できる電子計算機処理システムを使用すること	○	―
電子化した帳簿の記録事項とその帳簿に関連する他の帳簿の記録事項との間において、相互にその関連性を確認できること	○	―
システム関係書類（システム概要書、システム仕様書、操作説明書、事務処理マニュアル等）を備え付けること	○	○
保存場所に、電子計算機、プログラム、ディスプレイ、プリンタ及びこれらの操作マニュアルを備え付け、記録事項を画面・書面に整然とした形式及び明瞭な状態で速やかに出力できるようにしておくこと	○	○
検索要件 ① 取引年月日、取引金額、取引先により検索できること	○	―
検索要件 ② 日付又は金額の範囲指定により検索できること	○（注1）	
検索要件 ③ 2以上の任意の記録項目を組み合わせた条件により検索できること	○（注1）	
税務職員による質問検査権に基づく電磁的記録のダウンロードの求めに応じることができるようにしておくこと	―（注1）	○（注2）

（注1）　保存義務者が、税務職員による質問検査権に基づく電磁的記録のダウンロードの求めに応じることができるようにしている場合には、検索要件の②及び③の要件は不要となります（スキャナ保存及び電子取引についても同様です）。

（注2）　優良の要件をすべて満たしている場合は不要となります。

(6) 電子取引データ保存に関する主な改正事項

※ 令和6年1月1日以後にやり取りする電子取引データについて適用されます。

① **検索機能のすべてを不要とする措置の対象者が見直されました**

　税務調査等の際に電子取引データの「ダウンロードの求め（調査担当者にデータのコピーを提供すること）」に応じることができるようにしている場合に検索機能のすべてを不要とする措置について、以下のとおり対象者が見直されました。

　イ　検索機能が不要とされる対象者の範囲が、基準期間（2課税年度前）の売上高が「1,000万円以下」の保存義務者から「5,000万円以下」の保存義務者に拡大されました。

　ロ　対象者に「電子取引データをプリントアウトした書面を、取引年月日その他の日付及び取引先ごとに整理された状態で提示・提出することができるようにしている保存義務者」が追加されました。

② **令和4年度税制改正で措置された「宥恕措置」は、適用期限（令和5年12月31日）をもって廃止されます**

　（参考）　令和5年12月31日までにやり取りした電子取引データを「宥恕措置」を適用して保存している方は、令和6年1月1日以後も保存期間が満了するまで、そのプリントアウトした書面を保存し続け、税務調査等の際に提示・提出できるようにしていれば問題ありません。

③ **新たな猶予措置が整備されました**

　次のイ、ロの要件をいずれも満たしている場合には、改ざん防止や検索機能など保存時に満たすべき要件に沿った対応は不要となり、電子取引データを単に保存しておくことができることとされました。

　イ　保存時に満たすべき要件に従って電子取引データを保存することができなかったことについて、所轄税務署長が相当の理由があると認める場合（事前申請等は不要です）

　ロ　税務調査等の際に、電子取引データの「ダウンロードの求め」及びその電子取引データをプリントアウトした書面の提示・提出の求めにそれぞれ応じることができるようにしている場合

第3章 各種所得の金額の計算

第1節 利子所得

利子所得の範囲

利子所得とは、次の所得をいいます（所法23①）。

利子所得の範囲	具 体 例
公社債の利子（注1、2）	国債、地方債、電信電話債券、商工債券などの利子、株式会社が発行する社債の利子
預貯金の利子	銀行、信用金庫、信用金庫連合会、労働金庫、労働金庫連合会、信用協同組合、農業協同組合、漁業協同組合、水産加工業協同組合等（所基通2-12）の預貯金の利子、社内預金の利子（注3）
合同運用信託の収益の分配金（注4）	貸付信託、指定金銭信託の収益の分配金
公社債投資信託の収益の分配金（注5）	公社債投資信託、オープン型の公社債投資信託（MMF、MRF）、中期国債ファンド等の収益の分配金
公募公社債等運用投資信託の収益に分配金（注6）	—

(注1) 公債の範囲には、わが国の国債及び地方債に限られず、外国及び外国の地方公共団体の発行した債券も含まれます（所基通2-10）。

(注2) 社債の範囲には、会社が会社法その他の法律の規定により発行する債券のほか、「会社以外の内国法人が特別の法律により発行する債券も含む。」こととされており（所法2①九）、会社以外の内国法人が特別の法律により発行する債券としては、例えば、農林債券（農林中央金庫法）、商工債券（商工組合中央金庫法）などがあります（所基通2-11）。

したがって、債券の発行について特別の根拠法を有さない学校債や組合債のようなものは、ここでい

う社債に含まれず、これらの利子は、雑所得に該当することになります（所基通2-11（注）、35-1（2））。

(注3) 社内預金の利子であっても、労働者等の家族の預け金、法人の役員の預け金、退職者の預け金等は利子所得ではなく雑所得となります（所基通35-1（1））。

(注4) 合同運用信託とは、信託会社（信託業務を兼営する銀行を含みます）が引き受けた金銭信託で、共同しない多数の委託者の信託財産を合同して運用するもの（委託者が実質的に多数でない一定の信託等を除きます）をいいます（所法2①十一、所令2の2）。

(注5) 公社債投資信託とは、証券投資信託のうち、その信託財産を公社債に対する投資として運用することを目的とするもので、株式又は出資に対する投資として運用しないものをいいます（所法2①十五）。

(注6) 公募公社債等運用投資信託とは、証券投資信託以外の投資信託のうち、信託財産として受け入れた金銭を一定の公社債等に対して運用するもので、その設定に係る受益権（受益証券）の募集が公募により行われたものをいいます（所法2①十五の二、十五の三）。

なお、次に掲げる利子は、利子所得ではなく、雑所得となります（所基通35-1（2）（3）、35-2（6））。

① 学校債、組合債等の利子（所基通2-11(注)）
② 定期積金又は相互掛金の給付補填金
③ 知人又は会社に対する貸付金の利子

【参考通達】
・所得税基本通達23-1（預貯金の利子に該当するもの）

❷ 利子所得の金額の計算

利子所得の金額は、その年中の収入金額そのものが所得金額となります（所法23②）。

したがって、元本である公社債の取得に要した負債の利子がある場合であっても、配当所得と異なり、これを控除することはできないことになります。

〔算式〕
利子所得の金額＝収入金額（税込み）

3 収入の時期

利子所得の収入金額の収入すべき時期は、それぞれ次に掲げる日によります（所基通36-2）。

区　　　　分			収入の時期
定期預金の利子	満期後に支払を受けた利子	満期までの利子	満期日
		満期後の期間の利子	支払を受けた日
	満期前に既経過期間に対応して支払い又は元本に繰り入れる旨の特約のある利子		特約による支払日又は元本への繰入日
	満期前の解約利子		解約の日
普通預金又は貯蓄預金の利子	通常の利子		特約による支払日又は元本への繰入日
	解約利子		解約の日
通知預金の利子			払出しの日
合同運用信託、公社債投資信託又は公募公社債等運用投資信託の収益の分配	信託期間中のもの		収益計算期間の満了の日
	信託の終了又は解約（一部解約も含みます）によるもの		信託の終了又は解約の日
公社債の利子	記名式		支払開始日と定められた日
	無記名		支払を受けた日（所法36③）

【参考通達】
・所得税基本通達36-3（振替記載等を受けた公社債）

4 利子所得に対する課税の特例

(1) 利子所得の分離課税

① 申告分離課税

居住者又は恒久的施設を有する非居住者（以下、「居住者等」といいます）が、平成28年1月1日以後に国内において支払を受けるべき特定公社債等の利子等については15.315％の税率により所得税及び復興特別所得税が源泉徴収され（居住者については、このほか5％の住民税が源泉徴収されます（地法71の6①））、申告分離課税の対象となります（措法8の4）。

なお、平成28年1月1日以後に国内において支払を受けるべき特定公社債等の利子等を有す

る居住者等は、これらの特定公社債等の利子等の金額を除外して確定申告することができます（措法8の5（申告不要の特例））。

特定公社債等の範囲は、次のとおりです。

	特 定 公 社 債 等 の 範 囲
①	特定公社債(注)
②	公募公社債投資信託の受益権
③	証券投資信託以外の公募証券投資信託の受益権
④	特定目的信託（その社債的受益権の募集が公募の方法により行われたものに限ります）の社債的受益権

(注) 特定公社債とは、次のものをいいます（措法3①一、37の10②七、37の11②一、五～十四）。

	特 定 公 社 債
①	国債、地方債、外国国債、外国地方債
②	会社以外の法人が特別の法律により発行する債券
③	公募公社債、上場公社債
④	発行の日前9月以内（外国法人にあっては12月以内）に有価証券報告書等を内閣総理大臣に提出している法人が発行する社債
⑤	金融商品取引所において公表された公社債情報に基づき発行する公社債
⑥	国外において発行された公社債で次に掲げるもの ・国内において売出しに応じて取得した公社債 ・国内において売付け勧誘等に応じて取得した公社債で、その取得の日前9月以内（外国法人にあっては12月以内）に有価証券報告書等を提出している法人が発行するもの
⑦	外国法人が発行し、又は保証する債券で一定のもの
⑧	国内又は国外の法令に基づいて銀行業又は金融商品取引業を行う法人又はその法人との間に完全支配の関係にある法人等が発行する社債（その取得をした者が実質的に多数でないものを除きます）
⑨	平成27年12月31日以前に発行された社債（発行時において同族法人が発行したものを除きます）

② **源泉分離課税**

国内において支払を受けるべき、特定公社債以外の公社債の利子等については15.315％の税率により所得税及び復興特別所得税が源泉徴収され（居住者については、このほか5％の住民税が源泉徴収されます（地法71の6①））、源泉分離課税の対象となります（措法3①）。

【参考通達】
・租税特別措置法通達3-1（源泉分離課税の効果）

(2) 国外で発行された公社債等の利子所得の分離課税

① 申告分離課税

　居住者が支払を受ける国外公社債等の利子等のうち、特定公社債の利子、公募により設定された公社債投資信託若しくは上場公社債投資信託の収益の分配又は公募公社債等運用投資信託の収益の分配（以下、「国外特定公社債等の利子」といいます）につき、国内における一定の取扱者を通じて交付を受ける場合には、15.315％の税率により所得税及び復興特別所得税が源泉徴収され（居住者については、このほか5％の住民税が源泉徴収されます（地法71の6①））、申告分離課税の対象となります（措法3の3①、8の4）。

　なお、平成28年1月1日以後に国内において支払を受けるべき国外特定公社債等の利子等を有する居住者は、これらの国外特定公社債等の利子等の金額を除外して確定申告することができます（措法8の5（申告不要の特例））。

② 源泉分離課税

　国外公社債等の利子等のうち、国外特定公社債等の利子等以外のもの（以下、「国外一般公社債等の利子等」といいます）については、引き続き源泉徴収のみで完結する源泉分離課税の対象とされています（措法3の3①）。

【参考通達】
・租税特別措置法通達3の3-1（国外において発行された公社債等の意義）
・租税特別措置法通達3の3-2（国外において支払われるものの意義）
・租税特別措置法通達3の3-3（内国法人又は源泉徴収義務が免除されている法人の発行する債券の利子等）
・租税特別措置法通達3の3-4（源泉徴収の時期）
・租税特別措置法通達3の3-5（源泉徴収の対象とならない場合）
・租税特別措置法通達3の3-6（外国通貨で支払を受けた利子等を外国通貨で交付する場合の邦貨換算）
・租税特別措置法通達3の3-7（外国通貨で支払を受けた利子等を本邦通貨で交付する場合の利子等の金額）
・租税特別措置法通達3の3-8（信託財産に属する国外公社債等の利子等に係る源泉徴収）
・租税特別措置法通達3の3-9（みなし外国税額控除が適用される場合の外国所得税額の控除）
・租税特別措置法通達3の3-10（限度税率を超えて源泉徴収された外国所得税額の控除）
・租税特別措置法通達3の3-10の2（外国所得税について還付を受けた場合）
・租税特別措置法通達3の3-11（源泉徴収不適用申告書の包括的記載及び継続的効力）
・租税特別措置法通達3の3-12（源泉徴収不適用申告書の効力）
・租税特別措置法通達3の3-16（利子所得に係る取扱いの準用）

5 利子所得に対する課税関係

利子所得に対する課税関係をまとめると次のようになります。

(1) 非課税関係

対象となる利子	元本の種類	手続き
障害者等の少額預金の利子等（所法10、措法3の4）	預貯金、合同運用信託、公社債投資信託、証券投資信託（一部）の元本350万円まで（措法3の4）	非課税貯蓄申告書・申込書を提出、本人確認
障害者等の少額公債の利子（措法4）	国債、地方債の額面金額350万円まで（措法4）	特別非課税貯蓄申告書・申込書を提出、本人確認
勤労者財産形成住宅貯蓄又は勤労者財産形成年金貯蓄の利子等（措法4の2、4の3）	勤労者財産形成住宅貯蓄契約等に基づく預貯金、合同運用信託、特定の有価証券等の元本550万円まで（原則として）	財産形成非課税住宅貯蓄又は財産形成非課税年金貯蓄申告書・申込書を提出
納税準備預金の利子（措法5）	納税準備預金	不要
特別国際金融取引勘定において経理された預金等の利子（措法7）	特別国際金融取引勘定において経理したもの	不要

【参考通達】
〔障害者等の少額預金の利子所得等の非課税〕（所法10）
- 所得税基本通達10-1 （委託者と受益者とが異なる合同運用信託についての非課税規定の適用）
- 所得税基本通達10-2 （利子計算期間の中途で購入した有価証券の利子についての非課税規定の適用）
- 所得税基本通達10-3 （同一金融機関の営業所等において一般の預貯金と勤務先預け金とについて非課税の規定の適用を受けようとする場合の手続）
- 所得税基本通達10-4 （本邦通貨で表示されたものの意義）
- 所得税基本通達10-5 （非課税貯蓄申込書の特例が認められる預貯金等の範囲）
- 所得税基本通達10-6 （普通預金又は普通貯金に相当するもの）
- 所得税基本通達10-7 （同じ日に預入等と払出しが行われた場合の普通預金等に係る限度額の判定）
- 所得税基本通達10-8 （国外勤務者が追加預入等をした場合の非課税規定の適用関係）
- 所得税基本通達10-9 （元本等の合計額が一時的に非課税貯蓄限度額を超えた預貯金等の利

子等の課税関係）
- 所得税基本通達10-10（確認書類の範囲）
- 所得税基本通達10-11（有価証券の預入等をする日の意義）
- 所得税基本通達10-12（非課税貯蓄申告書の効力）
- 所得税基本通達10-13（非課税貯蓄限度額の引上げによりその合計額が300万円を超えることとなった非課税貯蓄申告書の効力）
- 所得税基本通達10-14（郵便等により非課税貯蓄申告書等の提出があった場合）
- 所得税基本通達10-15（郵便等により提示された確認書類によって氏名等を確認する場合）
- 所得税基本通達10-16（個人の住所と確認書類に記載されている住所とが異なる場合）
- 所得税基本通達10-17（非課税貯蓄申告書等に記載する氏名等）
- 所得税基本通達10-18（預貯金等の移管と非課税貯蓄申告書の効力）
- 所得税基本通達10-19（障害者等に該当しないこととなった者が預貯金等の移管を行った場合）
- 所得税基本通達10-20（住所等の変更と預貯金等の移管とが同時に行われた場合の非課税貯蓄に関する異動申告書）
- 所得税基本通達10-21（非課税規定の適用を受けていた者が死亡した場合の課税関係）
- 所得税基本通達10-22（非課税貯蓄者死亡届出書又は非課税貯蓄相続申込書の提出期限等）
- 所得税基本通達10-23（非課税貯蓄相続申込書を提出することができる者）
- 所得税基本通達10-24（非課税貯蓄相続申込書の提出の効果）
- 所得税基本通達10-25（非課税貯蓄限度額変更申告書等の提出があった場合の非課税貯蓄申告書写しの訂正）
- 所得税基本通達10-26（違反預貯金等が発見された場合）
- 所得税基本通達10-27（非課税貯蓄限度額の合計額が300万円を超えることとなる非課税貯蓄申告書等の効力）
- 所得税基本通達10-28（非課税貯蓄みなし廃止通知書等の書式）

〔勤労者財産形成住宅の貯蓄の利子所得等の非課税〕（措法4の2）
- 租税特別措置法通達4の2-1（用語の意義）
- 租税特別措置法通達4の2-2（財形住宅貯蓄申告書を提出できる勤労者）
- 租税特別措置法通達4の2-3（同じ日に預入等と払出しが行われた場合の財形住宅貯蓄に係る限度額の判定）
- 租税特別措置法通達4の2-4（利子計算期間の中途で購入した有価証券の利子についての非課税規定の適用）
- 租税特別措置法通達4の2-5（最高限度額の合計額が550万円を超える財形住宅貯蓄申告書の効力）
- 租税特別措置法通達4の2-6（財形住宅貯蓄非課税限度額の引上げにより非課税限度額の合計額が550万円を超えることとなった財形住宅貯蓄申告書の効力）

- 租税特別措置法通達4の2-7（財形住宅貯蓄申告書の効力）
- 租税特別措置法通達4の2-8（郵便等により財形住宅貯蓄申告書等の提出があった場合）
- 租税特別措置法通達4の2-9（財形住宅貯蓄申込書を提出できない場合）
- 租税特別措置法通達4の2-10（財形給付金等により払い込む財形住宅貯蓄に係る財形住宅貯蓄申込書の提出）
- 租税特別措置法通達4の2-11（継続預入等に係る財形住宅貯蓄についての財形住宅貯蓄申込書の提出）
- 租税特別措置法通達4の2-12（退職に含まれないもの）
- 租税特別措置法通達4の2-13（退職、転任その他の理由に含まれるもの）
- 租税特別措置法通達4の2-14（最後の払込日から2年を経過する日）
- 租税特別措置法通達4の2-15（海外転勤者の国内勤務申告書を提出した者の積立中断期間の判定）
- 租税特別措置法通達4の2-15の2（育児休業等をする者の財形住宅貯蓄継続適用申告書を提出した者の積立中断期間の判定）
- 租税特別措置法通達4の2-16（退職等に関する通知の効力）
- 租税特別措置法通達4の2-17（不適格事由等が生じた後に支払われる利子等の取扱い）
- 租税特別措置法通達4の2-18（不適格事由等が生じた場合等における財形住宅貯蓄申告書等の提出）
- 租税特別措置法通達4の2-18の2（事務代行団体に財形住宅貯蓄契約に係る事務の委託をしていた者が特定賃金支払者に該当しないこととなった場合）
- 租税特別措置法通達4の2-19（住所等の変更と財形住宅貯蓄の移管とが同時に行われた場合の手続）
- 租税特別措置法通達4の2-20（勤務先の異動及び住所等の変更又は財形住宅貯蓄に関する事務の移管が同時に行われた場合の手続）
- 租税特別措置法通達4の2-22（海外事業所等の意義）
- 租税特別措置法通達4の2-23（国内払賃金の意義）
- 租税特別措置法通達4の2-24（国外勤務期間内における限度額の変更等）
- 租税特別措置法通達4の2-25（国外勤務期間内又は育児休業等期間内に新たに預入等をした場合）
- 租税特別措置法通達4の2-26（国内勤務をすることとなった日の意義）
- 租税特別措置法通達4の2-27（国外勤務期間内に出国時勤務先の名称等の変更があった場合における財形住宅貯蓄異動申告書の提出）
- 租税特別措置法通達4の2-28（国外勤務期間内に氏名の変更があった場合等における財形住宅貯蓄異動申告書の提出の省略）
- 租税特別措置法通達4の2-29（出国時勤務先以外の勤務先へ勤務することとなった場合）
- 租税特別措置法通達4の2-31（海外転勤者の国内勤務申告書を提出期限までに提出できな

かった場合）
- 租税特別措置法通達4の2-31の2（育児休業等期間変更申告書が期限内に提出されなかった場合）
- 租税特別措置法通達4の2-32（育児休業等をする者の財形住宅貯蓄継続適用申告書を提出した者が転任等により継続して育児休業等をする場合）
- 租税特別措置法通達4の2-34（転任があった場合の書類の送付）
- 租税特別措置法通達4の2-35（退職があった場合の書類の写しの送付）
- 租税特別措置法通達4の2-36（そ及課税の対象となる利子等）
- 租税特別措置法通達4の2-37（転職等をした場合のそ及課税の対象となる利子等）
- 租税特別措置法通達4の2-38（財形住宅貯蓄の払出し等の管理）
- 租税特別措置法通達4の2-39（財形住宅貯蓄者が死亡した場合）
- 租税特別措置法通達4の2-40（差益の収入すべき時期）
- 租税特別措置法通達4の2-41（要件違反があった場合の利子等の収入すべき時期）
- 租税特別措置法通達4の2-42（違反の財形住宅貯蓄が発見された場合）
- 租税特別措置法通達4の2-43（財形住宅貯蓄申告書の受理届）
- 租税特別措置法通達4の2-44（居住の用に供している家屋）
- 租税特別措置法通達4の2-45（医療費の範囲等）

〔勤労者財産形成年金貯蓄の利子所得等の非課税〕（措法4の3）
- 租税特別措置法通達4の3-1（用語の意義）
- 租税特別措置法通達4の3-2（財形住宅貯蓄非課税制度に係る取扱いの準用）
- 租税特別措置法通達4の3-3（財形年金養老保険に係る還付金）
- 租税特別措置法通達4の3-4（生命保険契約等の失効に伴い支払われる返戻金等）
- 租税特別措置法通達4の3-6（生命保険契約等に係る返戻金等の所得区分）
- 租税特別措置法通達4の3-7（財形年金貯蓄の確認申告書の不提出）
- 租税特別措置法通達4の3-8（財形年金貯蓄申告書等に係る限度額の変更）
- 租税特別措置法通達4の3-9（財形年金貯蓄者の退職等申告書を提出した者が財形年金貯蓄の移管と住所等の変更を同時に行う場合の手続）
- 租税特別措置法通達4の3-12（差益の収入すべき時期）
- 租税特別措置法通達4の3-14（財形年金貯蓄申告書の受理届）

〔納税準備預金の利子の非課税〕（措法5）
- 租税特別措置法通達5-1（租税の意義）

〔特別国際金融取引勘定において経理された預金等の利子の非課税〕（措法7）
- 租税特別措置法通達7-1（用語の意義）

- 租税特別措置法通達 7-2 (外国法人で外為法第22条第2項に規定する非居住者の範囲)
- 租税特別措置法通達 7-3 (措置法第7条の規定と第8条の規定との適用関係)
- 租税特別措置法通達 7-4 (非居住者であることの証明がない者から預入等があった場合の課税関係)
- 租税特別措置法通達 7-6 (特別国際金融取引勘定の経理に関する事項に違反する事実が生じた場合の課税関係)
- 租税特別措置法通達 7-7 (非適格の運用又は調達が行われた場合の振替制限金額の計算の方法)
- 租税特別措置法通達 7-8 (特別国際金融取引勘定の開始時に付け替えられた資金の利子に対する課税関係)

(2) 非課税以外（源泉分離課税・申告分離課税・総合課税）

課税方式	支払を受ける者	対象となる利子の範囲	源泉徴収税率	確定申告
源泉分離課税（源泉徴収だけで納税義務が完結するもの）	居住者等	① 次に掲げる一般利子等（措法3①） イ 特定公社債以外の公社債の利子（国外公社債等の利子等、⑦及び⑨の利子を除きます） ロ 預貯金の利子 ハ 合同運用信託の収益の分配、公社債投資信託でその受益権の募集が公募以外の方法（私募）により行われたものの収益の分配	15.315% このほかに地方税5%が特別徴収	不要（確定申告をすることはできない）
	居住者	② 国外一般公社債等の利子等（措法3の3①）		
申告分離課税（確定申告により申告分離課税を受けるもの）	居住者等	③ 特定公社債の利子（措法3①一） ④ 公社債投資信託のうち、次のいずれかのもの（措法3①二） イ その設定に係る受益権の募集が一定の公募により行われたもの ロ その受益権が金融商品取引所に上場しているもの又はその受益権が外国金融市場において売買されているもの ⑤ 公募公社債等運用投資信託の収益の分配（措法3①三）		原則として、確定申告不要（措法8の5①二、三、七、3の3⑦）
	居住者	⑥ 国外一般公社債等の利子等以外の国外公社債等の利子等（措法3の3）		

総合課税（確定申告により総合課税を受けるもの）	居住者等	⑦ 特定公社債以外の公社債の利子で、その利子の支払をした法人が同族会社（法法2十）に該当するときにおけるその判定の基礎となる一定の株主及びその親族等が支払を受けるもの（措法3①四、措令1の4③⑤、措規2②）(注1)		要申告(注2)
		⑧ 民間国外債の利子（措法6①）		
		⑨ 公社債の利子で条約又は法律において源泉徴収の規定が適用されないもの（措令1の4①）	適用なし	

(注1) 令和3年4月1日以後に支払を受ける特定公社債以外の公社債の利子で、その利子の支払をした法人が同族会社（法法2十）に該当するときにおけるその判定の基礎となる株主である法人と特殊の関係のある個人及びその親族等が支払を受けるものも、総合課税の対象となります（措法3①四、措令1の4③⑤、措規2②）。

(注2) 給与所得者で給与所得以外の利子所得などの所得が20万円以下の者は原則として申告不要となります（所法121①）。

第2節 配当所得

1 配当所得の範囲

配当所得には、「通常の配当所得」と「みなし配当所得」があります。

(1) 通常の配当所得

通常の配当所得は、次のとおりです（所法24①）。

配当所得の範囲	具体例
法人から受ける剰余金の配当(注1)	株式会社の剰余金の配当、特定目的信託の収益の分配
法人から受ける利益の配当(注2)	持分会社（合同、合名、合資）・特定目的会社からの利益の配当
剰余金の分配(注3)	農業協同組合等から受ける出資に対する剰余金の配当
投資法人から受ける金銭の分配(注4)	―

基金利息^(注5)	相互保険会社の基金に対する利息
公社債投資信託及び公募公社債等運用投資信託以外の投資信託の収益の分配（オープン型証券投資信託の特別分配金を除きます）	ユニット型証券投資信託の期中の分配金 オープン型証券投資信託の普通分配金^(注6) 私募公社債等運用投資信託の収益金 特定株式投資信託の収益の分配
特定受益証券発行信託の収益の分配^(注7)	―

(注1) 株式又は出資に係るものに限ります。また、資本剰余金の額の減少に伴うもの並びに分割型分割（法法２十二の九）によるもの及び株式分配（法法２十二の十五の二）を除きます。

(注2) 資産の流動化に関する法律115条１項（中間配当）に規定する金銭の分配を含みますが、分割型分割（法法２十二の九）によるもの及び株式分配（法法２十二の十五の二）を除きます。

(注3) 出資に係るものに限ります。

(注4) 投資信託及び投資法人に関する法律137条（金銭の分配）に規定する金銭の分配をいいますが、出資総額等の減少に伴う金銭の分配で一定のものを除きます。

(注5) 保険業法55条１項（基金利息の支払等の制限）に規定する基金利息をいいます。

(注6) オープン型証券投資信託とは、元本の追加信託ができるものをいい、この特別分配金は元本の払戻相当額として非課税となっています（所法２①十四、９①十一、所令27）。
ユニット型証券投資信託とは、元本の追加信託をすることができないものをいいます。

(注7) 特定受益証券発行信託とは、法人税法２条29号ハに規定する特定受益証券発行信託をいいます（所法２①十五の五）。

【参考通達】
・所得税基本通達24-1（剰余金の配当、利益の配当又は剰余金の分配に含まれるもの）
・所得税基本通達24-2（配当等に含まれないもの）

(2) みなし配当所得

会社法上は剰余金の配当とされないものであっても、その実質が剰余金の配当と変わらないものは、所得税法上配当所得とみなされるものがあります（所法25）。

① 金銭その他の資産の交付による場合

みなし配当が生ずる場合	合併（法人課税信託に係る信託の併合を含み、適格合併を除きます）（所法25①一）^(注1)
	分割型分割（適格分割型分割を除きます）（所法25①二）^(注2、3)
	株式分配（適格株式分配を除きます）（所法25①三）^(注4、5)
	資本の払戻し（株式に係る剰余金の配当（資本剰余金の額の減少に伴うものに限ります）のうち分割型分割によるもの及び株式分配以外のもの並びに出資等減少分配をいいます）（所法25①四）^(注2、4)
	解散による残余財産の分配（所法25①四）
	法人の自己株式又は出資の取得（一定の事由による取得を除きます）（所法25①五）^(注6)

みなし配当が生ずる場合	出資の消却(取得した出資について行うものを除きます)、出資の払戻し、退社・脱退による持分の払戻し(所法25①六)
	株式又は出資をその法人が取得することなく消滅させること(所法25①六)
	組織変更(組織変更した法人の株式又は出資以外の資産を交付したものに限ります)(所法25①七)

みなし配当の額	交付を受けた金銭その他の資産の価額(注7) − 資本金等の額(注8)のうちその交付の基因となった株式又は出資に対応する部分 = みなし配当の額

② 資産の交付をしなかった場合

みなし配当が生ずる場合	合併法人(注9)又は分割法人(注10)が被合併法人(注11)の株主等又は当該分割法人の株主等に対し合併又は分割型分割により株式その他の資産の交付をしなかった場合においても、当該合併又は分割型分割が合併法人又は分割承継法人の株式の交付が省略されたと認められる合併又は分割型分割として一定のもの 合併法人又は分割承継法人の株式の交付が省略されたと認められる合併又は分割型分割のうち一定のもの (所法25②、所令61④)

みなし配当の額	交付を受けたとみなされる株式の価額(所令61⑤) − 資本金等の額(注8)のうちその交付の基因となった株式又は出資に対応する部分 = みなし配当の額

(注1) 適格合併とは、次のいずれかに該当する合併で被合併法人の株主等に合併法人株式又は合併親法人のいずれか一方の株式又は出資以外の資産(一定のものを除きます)が交付されないものをいいます(法法2十二の八)。
　① 被合併法人と合併法人(新設合併の場合には、被合併法人と他の被合併法人。②③において同じ)との間にいずれか一方の法人による完全支配関係(100%の持分関係)その他一定の関係がある場合
　② 被合併法人と合併法人との間にいずれか一方の法人による支配関係(50%超100%未満の持分関係)がある場合の合併のうち一定の要件のすべてに該当するもの
　③ 被合併法人と合併法人とが共同で事業を行うための合併で、一定の要件のすべてに該当するもの
(注2) 分割型分割とは、次のものをいいます(法法2十二の九)。
　① 分割の日においてその分割に係る分割対価資産(分割により分割法人が交付を受ける分割承継法人の株式又は出資などの資産をいいます)のすべてが分割法人の株主等に交付される場合の分割

② 分割対価資産が交付されない分割で、その分割の直前において、分割承継法人が分割法人の発行済株式等の全部を保有している場合又は分割法人が分割承継法人の株式を保有していない場合の分割

(注3) 適格分割型分割とは、分割型分割のうち適格分割に該当するものをいいます（法法２十二の十二）。

この適格分割とは、次の①〜④のいずれかに該当する分割で分割対価資産として分割承継法人の株式又は分割承継親法人株式(＊1)のいずれか一方の株式以外の資産が交付されないもの(＊2)をいいます（法法２十二の十一）。

① 分割法人と分割承継法人との間にいずれか一方の法人による完全支配関係（100％の持分関係）その他一定の関係がある場合に分割

② 分割法人と分割承継法人との間にいずれか一方の法人による支配関係（50％超100％未満の持分関係）その他一定の関係がある場合の分割のうち、一定の要件のすべてに該当するもの

③ 分割法人と分割承継法人（その分割が法人を設立する分割である場合には、その分割法人と他の分割法人）とが共同で事業を行うための分割として、一定の要件のすべてに該当するもの

④ 一の法人のみが分割法人となる分割型分割で、その分割法人の分割前に行う事業を分割により新たに設立する分割承継法人において独立して行うための分割として、一定の要件に該当するもの

(＊1) 分割承継法人との間にその分割承継法人の発行済株式等の全部を保有する関係のある法人の株式をいいます。

(＊2) その株式が交付される分割型分割にあっては、その株式が分割法人の発行済株式等の総数又は総額のうちに占めるその分割法人の各株主等の有するその分割法人の株式の数又は出資の額の割合に応じて交付されるものに限ります。

(注4) 株式分配とは、現物分配(＊1)のうち、その現物分配の直前において現物分配法人により発行済株式等の全部を保有されていた法人（以下、「完全子法人」といいます）のその発行済株式等の全部が移転するもの(＊2)をいいます（法法２十二の十五の二）。

(＊1) 剰余金の配当又は利益の配当に限ります。

(＊2) その現物分配によりその発行済株式等の移転を受ける者がその現物分配の直前においてその現物分配法人との間に完全支配関係がある者のみである場合におけるその現物分配を除きます。

(注5) 適格株式分配とは、完全子法人の株式のみが移転する株式分配のうち、完全子法人と現物分配法人とが独立して事業を行うための株式分配として一定のもの(＊)をいいます（法法２十二の十五の三）。

(＊) 株式が現物分配法人の発行済株式等の総数又は総額のうちに占めるその現物分配法人の各株主等の有するその現物分配法人の株式の数又は出資の額の割合に応じて交付されるものに限ります。

(注6) 自己株式の取得から除かれる一定の事由による取得とは、法人の次の事由による自己の株式の取得をいいます（所法25①五、所令61①）。

① 金融商品取引所の開設する市場（外国金融商品市場（外国有価証券市場）を含みます）における購入

② 店頭売買登録銘柄として登録された株式のその店頭売買による購入

③ 金融商品取引業者が、電子情報処理組織を使用して、同時に多数の者を一方の当事者又は各当事者として、一定の売買価格の決定方法又はこれに類似する方法により行う有価証券の売買の媒介、取次ぎ又は代理をする場合におけるその売買

④ 事業の全部の譲受け

⑤ 合併又は分割若しくは現物出資(＊)による被合併法人又は分割法人若しくは現物出資法人からの移転

(＊) 適格分割若しくは適格現物出資又は事業を移転し、かつ、その事業に係る資産にその分割若しくは現物出資に係る分割承継法人若しくは被現物出資法人の株式が含まれている場合の分割

　　　　　若しくは現物出資に限ります。
　　⑥　適格分社型分割（＊）による分割承継法人からの交付
　　　（＊）　法人税法2条12号の11に規定する分割承継法人株式が交付されるものに限ります。
　　⑦　株式交換（＊）による株式交換完全親法人からの交付
　　　（＊）　所得税法57条の4第1項に規定する一定の法人の株式が交付されるものに限ります。
　　⑧　合併に反対するその合併に係る被合併法人の株主等の買取請求に基づく買取り
　　⑨　会社法182条の4第1項の規定による反対株主の株式買取請求権に基づく買取り、会社法192条1項の規定による一単元の株式の数に満たざる数の株式の買取請求権又は同法234条4項の規定による端株主の端株の買取請求権が行使されたことによる買取り
　　⑩　所得税法57条の4第3項3号に規定する全部取得条項付種類株式を発行する旨の定めを設ける法人税法13条1項に規定する定款等の変更に反対する株主等の買取請求に基づく一定の買取り
　　⑪　所得税法57条の4第3項3号に規定する全部取得条項付種類株式に係る取得決議による一定の取得
　　⑫　会社法167条3項若しくは同法283条に規定する1株に満たない端数又は投資信託及び投資法人に関する法律88条の19に規定する1株に満たない端数に相当する部分の対価としての金銭の交付
(注7)　法人税法2条12号の15に規定する適格現物分配に係る資産にあっては、その法人のその交付の直前の帳簿価額に相当する金額となります（所法25①）。
(注8)　「資本金等の額」とは、法人の資本金の額又は出資金の額とその事業年度前の各事業年度の次の①から⑬までの合計額からその法人の過去の事業年度の次の⑭から㉓までの金額の合計額を差し引いた金額に、その事業年度開始の日以後の次の①から⑬までの金額を加え、これから、その法人の同日以後の次の⑭から㉓までの金額を差し引いた金額との合計により算出されます（法法2十六、法令8）。

　　①　（株式の発行又は自己株式の譲渡（一定の場合を除きます）において払い込まれた金銭の額等）－（増加した資本金の額又は出資金の額）
　　②　（役務の提供の対価として自己株式を交付した場合におけるその役務の提供に係る部分の金額に相当する金額）－（既に終了した事業年度において増加した資本金の額又は出資金の額（＊））
　　　（＊）　令和3年3月1日以後に自己株式を交付した場合に限ります（令3.2改正令附則2）
　　③　{（新株予約権行使により自己株式を交付したときに払い込まれた金銭の額等）＋（行使直前の新株予約権の帳簿価額相当額）}－（増加した資本金の額）
　　④　（取得条項付新株予約権の取得価額として自己株式を交付した場合におけるその取得の直前の取得条項付新株予約権の帳簿価額相当額）－（増加した資本金の額）
　　⑤　協同組合等が新たにその出資者となる者から徴収した加入金の額
　　⑥　（合併により移転を受けた純資産価額）－（増加資本金額等）
　　⑦　（分割型分割により移転を受けた純資産価額）－{（増加資本金額等）＋（法人が有していた分割法人の株式に係る分割純資産対応帳簿価額）}
　　⑧　（分社型分割により移転を受けた純資産価額）－（増加資本金額等）
　　⑨　（適格現物出資により移転を受けた純資産価額）－（増加した資本金の額又は出資金の額）
　　⑩　（非適格現物出資において現物出資法人に交付した株式の価額）－（増加した資本金の額又は出資金の額）
　　⑪　（株式交換における株式交換完全子法人の株式の取得価額）－（増加資本金額等）
　　⑫　（株式移転完全子法人の株式の取得価額）－（株式移転時の資本金の額等）
　　⑬　資本金の額又は出資金の額の減少した金額
　　⑭　準備金及び剰余金等の資本組入額

⑮ 資本又は出資を有する法人が資本又は出資を有しないこととなった場合のそのこととなった時の直前の資本金等の額(資本金の額又は出資金の額を除きます)
⑯ (分割法人の分割型分割の直前の資本金等の額)×(分割法人の分割型分割直前の移転資産の帳簿価額から移転負債の帳簿価額を控除した金額)/(分割法人の分割型分割の日の属する事業年度の前事業年度終了の時の資産の帳簿価額から負債の帳簿価額を減算した金額)
⑰ 現物分配法人の適格株式分配の直前のその適格株式分配により交付した完全子法人株式の帳簿価額
⑱ (現物分配法人の適格株式分配に該当しない株式分配の直前の資本金等の額)×(現物分配法人の株式分配の直前の株式分配に係る完全子法人株式の帳簿価額)/(現物分配法人の株式分配の日の属する事業年度の前事業年度終了の時の資産の帳簿価額から負債の帳簿価額を減算した金額)
⑲ 資本の払戻し等に係る減資資本金額
⑳ (出資等減少分配の直前の資本金等の額)×{(出資等減少分配により増加する出資総額控除額及び出資剰余金控除額の合計額) − (出資等減少分配により増加する一時差異等調整引当額)}/(出資等減少分配の日の属する事業年度の前事業年度終了の時の資産の帳簿価額から負債の帳簿価額を減算した金額)
㉑ 自己株式の取得等に係る取得資本金額
㉒ 自己株式の取得等の対価相当額
㉓ (みなし配当事由による完全支配関係がある法人から金銭その他の資産の交付を受けた場合等の配当とみなされる金額及び有価証券の譲渡対価とされる金額の合計額) − {(その金銭の額) + (資産の価額)}

(注9)「合併法人」とは、合併により被合併法人から資産及び負債の移転を受けた法人をいいます(法法2十二)。

(注10)「分割法人」とは、分割によりその有する資産又は負債の移転を行った法人をいいます(法法2十二の二)。

(注11)「被合併法人」とは、合併によりその有する資産又は負債の移転を行った法人をいいます(法法2十一)。

2 配当所得の金額の計算

(1) 配当所得の金額

配当所得の金額は、次の算式で計算します(所法24②)。

〔算 式〕
配当所得の金額=収入金額(税込み)−株式などを取得するための負債の利子(元本の保有期間相当分)

(2) 負債の利子の計算

　株式その他配当所得を生ずる元本を取得するために要した負債の利子でその年中に支払うものがある場合は、その年中の配当等の収入から、その支払う負債の利子の額のうち、その年においてその元本を有していた期間に対応する部分の合計額を控除した金額が配当所得の金額となります（所法24②、所令59）。

　配当所得の収入金額から差し引く株式等（株式その他配当所得を生ずる元本をいいます）を取得するために要した負債の利子の額は、次の算式で計算します。

〔算　式〕
配当所得の収入金額から差し引く負債利子の額＝A／12×B
　A：負債利子の年額
　B：その年中において負債によって取得した株式等を所有していた期間の月数
　　（1月未満は1月とします）

　負債により取得した株式等の一部を譲渡した場合、配当所得の収入金額から差し引かれるその株式等に係る負債の利子は、次の算式によって計算した金額となります（所基通24-8）。

〔算　式〕
配当所得の計算上差し引かれる負債の利子＝A×B／C
　A：譲渡直前におけるその銘柄の株式等を取得するために要した負債の利子
　B：譲渡直後のその銘柄の株式等の数
　C：譲渡直前に所有していたその銘柄の株式等の総数

　上記の配当所得の金額の計算上控除できない負債利子であるか、配当所得の金額の計算上控除する負債利子であるかの区分をすることが困難である場合には、次の算式により計算した金額を配当所得の金額の計算上控除すべき負債の利子の額とすることができることとされています（所基通24-6）。

〔算　式〕
A×B／（B＋C）
　A：株式等を取得するために要した負債の利子の総額
　B：配当所得の収入金額
　C：その利子の額を差し引く前の株式等に係る譲渡所得等の金額及び総合課税の株式等に
　　係る事業所得等の金額

　上記の算式により計算した金額が配当所得の収入金額を超えるときは、その超える部分の金額を、株式等に係る譲渡所得等の金額又は総合課税の譲渡等に係る事業所得等の金額の計算上控除しても差し支えないこととされています（所基通24-6の2）。

【参考通達】
・所得税基本通達24-5（株式等を取得するために要した負債の利子）
・所得税基本通達24-7（負債を借り換えた場合）
・所得税基本通達24-9（負債により取得した株式等を買換えた場合）
・所得税基本通達24-10（負債の利子につき月数あん分を行う場合）

なお、次に該当する場合の株式等を取得するために要した負債の利子は、配当所得の収入金額から控除することができないこととされています。

区　分	株　式　等　の　内　容
配当所得	源泉分離課税の対象となる配当（措通8の2-1）
	確定申告を要しないことを選択した配当（措通8の5-2）
株式等の譲渡	事業所得又は雑所得の基因となったもの（所法24②、所令59①）
	申告分離課税の譲渡所得の基因となったもの（措法37の10⑥二、37の11⑥）
雑所得	外国子会社合算税制により雑所得の計算上必要経費に算入すべきもの（措令25の19④）

3 収入の時期

配当所得の収入金額の収入すべき時期は、それぞれ次に掲げる日によるものとされています（所基通36-4）。

区　　分		収　入　の　時　期
①剰余金の配当、利益の配当、剰余金の分配、金銭の分配、基金利息		その効力を生ずる日（その効力を生ずる日を定めていない場合は、社員総会等の決議の日）
②無記名株式等の剰余金の配当等		支払を受けた日（所法36③）
③投資信託の収益の分配	イ　信託期間中のもの	収益計算期間の満了の日
	ロ　信託の終了又は解約（一部解約を含みます）のもの	信託の終了又は解約の日
④みなし配当		その効力を生ずる日、設立登記の日、残余財産の分配開始日、自己株式の取得の日、交付の日等
⑤認定配当	イ　支払をすべき日が定められているもの	定められた日
	ロ　支払をすべき日が定められていないもの	交付を受けた日（交付を受けた日が明らかでない場合は、その交付が行われたと認められる事業年度の終了の日）

| ⑥居住者等が金融商品取引業者等（証券会社、銀行等）から交付を受ける源泉徴収選択口座内配当等 | 金融商品取引業者等から交付を受けた日（措法37の11の6⑧） |

 配当所得に対する課税の特例

(1) 上場株式等に係る配当所得の申告分離課税

① 概要

居住者又は恒久的施設を有する非居住者（以下、「居住者等」といいます）が、上場株式等の配当等を有する場合において、その上場株式等の配当等に係る配当所得について、申告分離課税の特例の適用を受けようとする旨の記載のある確定申告書を提出したときは、他の所得と区分して、その年中のその上場株式等の配当等に係る配当所得の金額に対し、上場株式等に係る課税配当所得の金額の15.315％相当額の所得税及び復興特別所得税（住民税５％）が課されることとなります（措法８の４①、復興財確法13、28、地法71の28）。

② 上場株式等の配当等

上場株式等の配当等とは、配当等^(注)のうち、次に掲げるものをいいます（措法８の４①）。

(注) 源泉分離課税とされている租税特別措置法８条の２第１項に規定する私募公社債等運用投資信託等の収益の分配に係る配当等及び同法８条の３第１項に規定する国外私募公社債等運用投資信託等の配当を除きます。

	上 場 株 式 等 の 配 当 等 の 範 囲
①	上場株式等の配当等で内国法人から支払われるその配当等の支払に係る基準日においてその内国法人の発行済株式（投資法人にあっては発行済みの投資口）又は出資の総数又は総額の３％以上に相当する数又は金額の株式（投資口を含みます）又は出資を有する者（いわゆる大口株主等^(注)）がその内国法人から受ける配当等以外のもの（措法8の4①一、37の11②） （注）令和５年10月１日以後に支払を受けるべき配当等について、その配当等の支払に係る基準日においてその支払を受ける居住者等とその者を判定の基礎となる株主として選定した場合に法人税法２条10号に規定する同族会社に該当する法人が保有する株式等を合算して当該内国法人の発行済株式等の総数等に占める割合が３％以上になる場合を含みます（措法８の４①一、令４改正法附23①）。
②	投資信託で、その設定に係る受益権の募集が一定の公募により行われたもの（特定株式投資信託を除きます）の収益の分配（措法８の４①二）
③	特定投資法人の投資口の配当等（措法８の４①三）
④	特定受益証券発行信託で、その信託契約の締結時において委託者が取得する受益権の募集が一定の公募により行われたものの収益の分配（措法８の４①四）
⑤	特定目的信託^(注)の社債的受益権の剰余金の配当（措法８の４①五） （注）その信託契約の締結時において原委託者が有する社債的受益権の募集が一定の公募により行われたものに限ります。

【参考通達】
・租税特別措置法通達8の4-1(上場株式等に係る配当所得等について申告分離課税を適用した場合の効果)

③ 配当控除の不適用

申告分離課税の適用を受けた上場株式等の配当等に係る配当所得については、配当控除(所法92①)は適用されないこととされています(措法8の4①)。

④ 総合課税との選択適用

居住者等がその年中に支払を受けるべき上場株式等の配当等に係る配当所得について確定申告する場合には、その申告をする上場株式等の配当等に係る配当所得のすべてについて、総合課税と申告分離課税のいずれかを選択しなければならないこととされています(措法8の4②)。

ただし、上場株式等の配当等に係る配当所得の申告不要の特例(措法8の5①)を適用し、上場株式等の配当等に係る配当所得を申告しないことを選択することもできます。

■上場株式等に係る配当所得金額の計算等

配当所得の金額 (所法24②)	上場株式等に係る配当所得の金額=A-B A:上場株式等の配当所得に係る収入金額 B:上場株式等を取得するための負債の利子
扶養親族等の該当判定(措法8の4③一)	所得税法上の同一生計配偶者、控除対象配偶者、扶養親族、寡婦、ひとり親、勤労学生等の所得要件に該当するか否かの判定にあたっては、上場株式等に係る配当所得の金額を含めて行います。
損益通算の可否 (措法8の4③二)	所得税法69条に規定する損益通算を行う場合において、申告分離課税の適用を受けた上場株式等に係る配当所得の金額は、総合課税の対象となる所得の金額の計算上生じた損失の金額と損益通算を行うことはできないとされています。

■上場株式等に係る配当所得の金額に対して課される所得税額の計算等

課税配当所得の金額(措法8の4①③三)	上場株式等に係る課税配当所得の金額=A-B A:上場株式等の配当所得の金額 B:他の所得金額から控除してもなお控除しきれない所得控除の額
所得税及び復興特別所得税(措法8の4③四、41㊳、41の18④等)	上場株式等に係る課税配当所得の金額の15.315%相当額(措法8の4①)。居住者については、他の5%の税率による住民税)。
	その年分の課税総所得金額に対する税額から控除しきれない(特定増改築等)住宅借入金等特別控除の金額、政党等寄附金特別控除の金額などがあるときは、それらの控除不足額を上場株式等に係る課税配当所得の金額に対する税額から控除します。

■配当所得に対する課税（国内払い）

	源泉徴収	申告態様	
上場株式等の配当等	所得税及び復興特別所得税 →15.315%（他に住民税5％）（措法9の3、復興財確法28）	申告不要（上限なし）（措法8の5①二～六） •申告不要は1回に支払を受けるごとに選択（措法8の5④）。ただし、源泉徴収選択口座内配当等については、口座ごとに選択（措法37の11の6⑨）。	
		申告分離課税（措法8の4） •所得税及び復興特別所得税15.315%（他に住民税5％） •配当控除の適用不可（措法8の4①）	上場株式等の譲渡損失との損益通算可 （措法37の12の2①）
		総合課税（所法22、89、165） •上場株式等の譲渡損失との損益通算不可 （措法8の4③二）	配当控除の適用（所法92）
上記以外の配当等	所得税及び復興特別所得税 →20.42%（所法182二、復興財確法28）	申告不要 （10万円×配当計算期間／12月以下のもの） （措法8の5①一） •申告不要は1回に支払を受ける配当ごとに選択可（措法8の5④）	

(2) 確定申告を要しない配当所得

次の①から⑥へまで掲げる配当等[注1]を有する居住者等は、これらの配当等に係る配当所得の金額を選択により除外して申告することができます（措法8の5、9の2⑤、措令4の3）。

① 内国法人から支払を受ける配当等（次の②から⑥までに掲げるものを除きます）で1銘柄につき1回の配当金額が10万円に配当計算期間[注2]の月数を乗じて、12で除して計算した金額以下であるもの[注3]

② 国、地方公共団体又は内国法人から支払を受ける上場株式等の配当等（一定のもの[注4]を除きます）

③ 内国法人から支払を受ける公募投資信託（公社債投資信託及び特定株式投資信託[注5]を除きます）の収益の分配に係る配当等

④ 特定投資法人から支払を受ける投資口の配当等

⑤ 公募特定受益証券発行信託の収益の分配

⑥ 内国法人から支払を受ける公募特定目的信託の社債的受益権の剰余金の分配

(注1) 次に掲げるものを除きます。
　① 私募公社債等運用投資信託等の収益の分配（措法8の2①、措令4の3②一）
　② 国外払の一定の投資信託等の受益権の収益の分配（恒久的施設を有する非居住者が支払を受ける

　　　　　ものを除きます）（措令4の3②二）
　　　③　国外私募公社債等運用投資信託等の配当等（国内の支払取扱者を通じて交付を受けるものに限り、恒久的施設を有する非居住者が支払を受けるものを除きます）（措法8の3①、措令4の3②三）
　　　④　国外投資信託等の配当等（国内の支払取扱者を通じて交付を受けるもの及び恒久的施設を有する非居住者が支払を受けるものを除きます）（措法8の3②、措令4の3②四）
　　　⑤　国外払の国内株式等に係る配当等（恒久的施設を有する非居住者が支払を受けるものを除きます）（措令4の3②五）
　　　⑥　国外株式の配当等（国内の支払取扱者を経由する及び恒久的施設を有する非居住者が支払を受けるものを除きます）（措法9の2①、措令4の3②六）
（注2）　配当計算期間については、次の諸点に留意します。
　　　①　その配当等の直前にその内国法人から支払がされた配当等の支払に係る基準日の翌日からその内国法人から支払がされるその配当等の支払に係る基準日までの期間をいいます（措法8の5①一）。
　　　②　一の内国法人が剰余金の配当について内容の異なる二以上の種類の株式を発行している場合の「その配当等の直前にその内国法人から支払がされた配当等の支払に係る基準日」については、その株式の種類にかかわらず、その法人の直前に支払がされた配当等の支払に係る基準日をいいます（措通8の5-3）。
　　　③　上記②において、「一回に支払を受けるべき金額」についても、株式の種類にかかわらず、その法人から支払を受ける剰余金の配当のうち、その基準日及びその効力を生ずる日が同一の日であるものの総額により判定することになります（措通8の5-3）。
（注3）　国外株式の配当等につき外国所得税が課されている場合には、その国外株式の配当等の額からその外国所得税相当額を控除した後の金額について10万円に配当計算期間の月数を乗じて、12で除して計算した金額以下であるかどうかを判断します（措法9の2③⑤）。
（注4）　「一定のもの」とは、その配当等の支払に係る基準日において、内国法人の発行済株式（投資法人にあっては発行済みの投資口）又は出資の総数又は総額の3％以上に相当する数又は金額の株式又は出資を有する個人が支払を受けるべき上場株式等の配当等をいいます（措法8の4①一）。
　　　　なお、令和5年10月1日以後に支払を受けるものについては、その配当等の支払に係る基準日において、その支払を受ける居住者等とその者を判定の基礎となる株主として選定した場合に法人税法2条10号に規定する同族会社に該当する法人が保有する株式等と合算して、その発行済株式等の総数に占める割合が3％以上になるものを含みます（措法8の4①一、令4改正法附23①）。
（注5）　「特定株式投資信託」とは、信託財産を株式のみに対する投資として運用することを目的とする証券投資信託のうち、その受益権が金融商品取引法に規定する金融商品取引所に上場されていることなど、一定の要件を満たすものをいいます（措法3の2）。

　この申告不要の特例を適用する場合には、1回に支払を受けるべき配当等の額ごとに申告不要の特例を適用することができます（措法8の5④）
　確定申告を要しない配当所得の金額を総所得金額に算入して確定申告書を提出した場合には、その後、更正の請求をし、又は修正申告書を提出する場合において、その配当所得の金額を総所得金額の金額の計算上除外することはできないこととされています（措通8の5-1）。

【参考通達】
・租税特別措置法通達8の5-2（負債により取得した株式等に係る配当所得について措置法

第 8 条の 5 第 1 項の規定の適用を受けた場合の負債利子の控除）
・租税特別措置法通達 8 の 5 - 4 （確定申告を要しない配当所得等を有する者が決定等を受ける場合の上場株式配当等控除額の取扱い）

(3) 私募公社債等運用投資信託の収益の分配

国内において支払を受けるべき私募公社債等運用投資信託の収益の分配に係る配当については、所得税及び復興特別所得税15.315％の税率による源泉分離課税とされています（措法 8 の 2、復興財確法28）。

(4) 国外で発行された投資信託等の収益の分配

国外私募公社債等運用投資信託等の収益の分配に係る配当について、国内における一定の取扱者を通じて交付を受ける場合には、所得税及び復興特別所得税15.315％の税率による源泉分離課税とされています（措法 8 の 3、復興財確法28）。

【参考通達】
・租税特別措置法通達 8 の 3 - 1 （利子所得に係る取扱いの準用）
・租税特別措置法通達 8 の 3 - 2 （国外公社債等又は国外株式に係る取扱いの準用）
・租税特別措置法通達 8 の 3 - 3 （私募公社債等運用投資信託等に係る取扱いの準用）

(5) 上場株式等の配当等に対する源泉徴収税率等の特例

原則として、配当等については所得税及び復興特別所得税20.42％が源泉徴収されることになっているところ、上場株式等の配当等（一定もの（注）を除きます）については、所得税及び復興特別所得税15.315％・住民税 5 ％の源泉徴収税率とされています（措法 9 の 3 一、復興財確法28、地法71の28）。

(注) 「一定のもの」とは、その配当等の支払に係る基準日において、発行済株式又は出資の総数又は総額の 3 ％以上を有する個人（以下「大口株主」といいます）が支払を受けるべき上場株式等の配当等をいいます。

上場株式等の配当等に係る源泉徴収税率等の特例について、図示すると次のようになります。

区　　　　分	申告態様	税　率	根拠法令
〔原則〕 ・非上場株式等の配当等 ・上場株式等の配当等（個人の大口株主等で（注）以外）	総合課税	所得税及び復興特別所得税20.42％	所法182 二、復興財確法13、28
・上場株式等の配当等 （個人の大口株主等で（注）該当）	総合課税	所得税及び復興特別所得税15.315％	措法 9 の 3、復興財確法13、28

・上場株式等の配当等（個人の大口株主等及び以下を除きます） ・公募証券投資信託の収益の分配（特定株式投資信託及び公社債投資信託を除きます） ・特定投資法人の投資口の配当等	総合課税又は申告分離	所得税及び復興特別所得税 15.315%、地方税5%	措法9の3、復興財確法13、28
・公募投資信託の収益の分配（証券投資信託、特定株式投資信託及び公募公社債等運用投資信託を除きます） ・公募特定受益証券発行信託の収益の分配 ・特定目的信託の社債的受益権の剰余金の配当（公募のものに限ります）	申告分離		

(注) 株式等保有割合が同族会社である法人との合計で3％以上となる場合（令和5年10月1日以降に支払を受けるべきもの）。

(6) 上場株式等の配当等に係る源泉徴収義務等の特例

　個人又は内国法人（公共法人等を除きます）若しくは外国法人に対して国内において支払われる上場株式等の配当等の国内における支払の取扱者は、その個人又は内国法人若しくは外国法人にその上場株式等の配当等の交付をする際、その交付をする金額に15.315％（注）の税率を適用して所得税及び復興特別所得税の額を源泉徴収し、その徴収の日の属する月の翌月10日までに納付しなければならないこととされています（措法9の3の2①、9の3、復興財確法13、28）。

(注) 大口株主に対し交付するものについては20.42％となります。

　この特例により上場株式等の配当等の源泉徴収義務者となる「支払の取扱者」は、上場株式等の配当等の受領の媒介、取次ぎ又は代理（注）をする者で社債、株式等の振替に関する法律に規定する口座振替機関（証券会社、銀行等）となります（措令4の6の2②、措規5の2①）。

(注) 業務として又は業務に関連して国内において行う者に限ります。

(7) 源泉徴収選択口座内配当等

① 源泉徴収選択口座内配当等

　源泉徴収選択口座内配当等とは、居住者等が支払を受ける上場株式等の配当等のうち、その居住者等がその源泉徴収選択口座を開設している金融商品取引業者等と締結した上場株式配当等受領委任契約に基づきその源泉徴収選択口座に設けられた特定上場株式等勘定に受け入れられたものをいいます（措法37の11の6①）。

② 上場株式等の配当等の源泉徴収選択口座への受入れ

　特定口座（源泉徴収選択口座）において取り扱うことができる取引の範囲には、上場株式配当等受領委任契約に基づく取引が含まれることから、源泉徴収選択口座に上場株式等の配当等

を受け入れることができます（措法37の11の3③一、37の11の6④一）。

③ 源泉徴収選択口座内配当等に係る配当所得の区分計算

イ 源泉徴収選択口座内配当等と源泉徴収選択口座内配当等以外の配当等の区分計算

源泉徴収選択口座を有する居住者等が支払を受ける源泉徴収選択口座内配当等については、その源泉徴収選択口座内配当に係る利子所得の金額及び配当所得の金額と源泉徴収選択口座内配当等以外の配当等に係る利子所得の金額及び配当所得の金額とを区分して計算します（措法37の11の6①、措令25の10の13①）。

ロ 共通負債利子の額の合理的基準による配分

この配当所得の区分計算をする場合において、その年分の配当所得の金額の計算上、その配当等の収入金額から差し引く株式等を取得するために要した負債の利子の額のうちにそれぞれの源泉徴収選択口座において有する源泉徴収選択口座内配当等に係る配当所得と源泉徴収選択口座内配当等以外の配当等に係る配当所得の双方の配当所得を生ずべき株式等を取得するために要した金額（以下、「共通負債利子の額」といいます）があるときは、その共通負債利子の額は、これらの配当所得を生ずべき株式等の取得に要した金額その他の合理的と認められる基準により配分します（措令25の10の13①後段）。

【参考通達】
・租税特別措置法通達37の11の6-1（共通負債利子の額の配分）

④ 収入金額とすべき金額についての特則

源泉徴収選択口座内配当等については、その年分の配当所得の金額の計算上収入金額とすべき金額は、その年においてその源泉徴収選択口座内配当等に係る源泉徴収選択口座が開設されている金融商品取引業者等から交付を受けた金額とし、金融商品取引業者等から交付を受けた日に収入金額として計上します（措法37の11の6⑧、措通37の11の6-2）。

⑤ 配当所得等の申告不要の特例の適用についての特則

イ 上場株式等の配当等については一定の条件の下、総所得金額又は上場株式等に係る配当所得等の金額の計算上、その利子等に係る利子所得の金額又は配当等に係る配当所得の金額の一部又は全部を除外したところにより、確定申告等をすることができる配当所得等の申告不要の特例が講じられています（措法8の5）。

ロ 源泉徴収選択口座内配当等について、この申告不要の特例を適用する場合の特則は次のとおりです。

(イ) 特例の適用単位

a 源泉徴収選択口座内配当等について、この申告不要の特例を適用する場合には、上記③により区分計算されたその源泉徴収選択口座においてその年中に交付を受けた源泉徴収選択口座内配当等に係る利子所得の金額及び配当所得の金額ごと（源泉徴収選択口座単位）に行います（措法37の11の6⑨）。

b 2以上の源泉徴収選択口座において源泉徴収選択口座内配当等を有する場合には、

それぞれの源泉徴収選択口座ごとにこの申告不要の特例の適用を選択することができます（措法37の11の6⑨かっこ書）。

(ロ) 源泉徴収選択口座内における上場株式等に係る譲渡損失について申告不要の特例を適用しない場合

源泉徴収選択口座内において源泉徴収選択口座内配当と損益通算をした上場株式等に係る譲渡損失の金額について、特定口座保管上場株式等に係る譲渡所得等の申告不要の特例（措法37の11の5①）を適用しない場合には、その源泉徴収選択口座内配当等に係る利子所得の金額及び配当所得の金額については、上場株式等の配当等に係る申告不要の特例は適用できず、その譲渡損失の金額と併せて確定申告を行い、その上場株式等の配当等に対する所得税を納付しなければならないこととされています（措法37の11の6⑩）。

⑥ 源泉徴収選択口座内配当等に係る源泉徴収に関する特例（損益通算）

金融商品取引業者等が居住者等に対してその年中に交付した源泉徴収選択口座内配当等について徴収して納付すべき所得税の額を計算する場合において、その源泉徴収選択口座内配当等に係る源泉徴収選択口座において上場株式等に係る譲渡損失の金額があるときは、その源泉徴収選択口座内配当等について徴収して納付すべき所得税の額は、その源泉徴収選択口座内配当等の額の総額から上場株式等に係る譲渡損失の金額を控除（損益通算）した残額に対して源泉徴収税率を乗じて計算します（措法37の11の6⑥、措令25の10の13⑧）。

なお、この特例を適用した源泉徴収選択口座内配当等についても利子所得又は配当所得の申告不要の特例（措法8の5）を適用することができます。

ただし、源泉徴収選択口座における上場株式等の配当等の譲渡損失の金額を申告する場合は、源泉徴収選択口座内配当等についても併せて申告しなければならないこととされています（措法37の11の6⑩）。

(8) 非課税口座内の少額上場株式等に係る配当所得の非課税（NISA）

非課税口座(注1)を開設している20歳(注2)以上（口座開設の年の1月1日現在）の居住者又は恒久的施設を有する非居住者（以下、「居住者等」といいます）が、支払を受けるべき非課税口座内上場株式等(注3)に係る配当等(注4)のうち次に掲げるものについては、所得税が課されないこととされています(注5)（措法9の8一、37の14）。

① 金融商品取引所に上場されている株式等その他これに類するものの配当等で、内国法人から支払がされるその配当等の支払に係る基準日においてその内国法人の発行済株式又は出資の総数又は総額の3％以上に相当する数又は金額の株式又は出資を有する者がその内国法人から支払を受けるもの以外のもの

② 公社債投資信託以外の証券投資信託でその設定に係る受益権の募集が一定の公募により行われたもの（特定株式投資信託を除きます）の収益の分配

③ 特定投資法人の投資口の配当等

(注1) 「非課税口座」とは、居住者等が金融商品取引業者等との間で締結した次に掲げる契約に基づきそれぞれ次に定める期間内に開設された上場株式等の振替口座等への記載等に係る口座をいいます（措法37の14⑤一）。
　　① 非課税上場株式等管理契約
　　　⇒ 平成26年1月1日から令和5年12月31日までの期間
　　② 非課税累積投資契約
　　　⇒ 平成30年1月1日から令和5年12月31日までの期間
　　③ 特定非課税累積投資契約
　　　⇒ 令和6年1月1日以後の期間
(注2) 令和5年1月1日以後に口座を開設する場合については「18歳」となります。
(注3) 「非課税口座内上場株式等」とは、非課税口座に係る振替口座簿に記載等がされている次に掲げるものをいいます（措法37の14①）。
　　① 非課税管理勘定に係る上場株式等で一定のもの
　　② 累積投資勘定に係る上場株式等で一定のもの
　　③ 特定累積投資勘定に係る上場株式等で一定のもの
　　④ 特定非課税管理勘定に係る上場株式等で一定のもの
(注4) 源泉分離課税とされている私募公社債等運用投資信託等の収益の分配に係る配当等及び国外私募公社債等運用投資信託等の配当等を除きます。
(注5) 非課税となる配当等は、非課税口座を開設する金融商品取引業者等を経由して交付されるものに限られ、上場株式等の発行者から直接交付されるものは課税扱いとなります（措法9の8、措令5の2の2、措規5の5の2）。

　金融商品取引業者等の営業所に非課税口座を開設している者又は開設していた者が、その非課税口座に設けられた非課税管理勘定の年分の属する勘定設定期間と同一の勘定設定期間内に、一定の手続きの下で発行された「勘定廃止通知書」又は「非課税口座廃止通知書」を提出することにより、金融商品取引業者等を変更（非課税管理勘定の再設定）又は非課税口座の再設定ができます。
　ただし、変更しようとする年分の非課税管理勘定に既に上場株式等を受け入れていた場合、その年分については変更することはできないととされています（措法37の14⑤⑭～㉒、措令25の13⑤）。

NISA制度の概要は、次のとおりです。

■制度の概要等

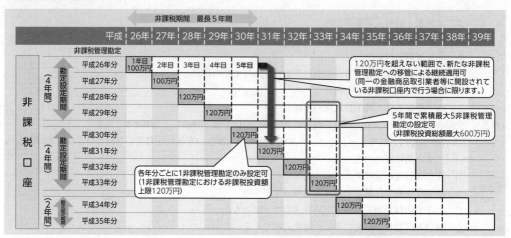

（出典：国税庁パンフレットより一部抜粋）

(9) 非課税累積投資契約に係る非課税措置（つみたてNISA）

　金融商品取引業者等の営業所に非課税口座を開設している居住者等が、その非課税口座に累積投資勘定(注1)を設けた日から同日の属する年の1月1日以後20年を経過する日までの間に支払を受けるべきその累積投資勘定に係る上場等株式投資信託の配当等については、所得税が課されないこととされています(注2)　（措法9の8二）。

(注1)　「累積投資勘定」とは、非課税累積投資契約に基づき振替口座簿への記載等がされる上場等株式投資信託の受益権の振替口座簿への記載等に関する記録を他の取引に関する記録と区分して行うための勘定で、一定の要件を満たすものをいいます（措法37の14⑤五）。

　　　　この「非課税累積投資契約」とは、上記非課税の適用を受けるために居住者等が金融商品取引業者等と締結した累積投資契約（*）により取得した上場等株式投資信託の受益権の振替口座簿への記載等に係る契約で、その契約書において、一定の事項が定められているものをいいます（措法37の14⑤四）。

　　（*）　その居住者等が、一定額の上場等株式投資信託の受益権につき、定期的に継続して、その金融商品取引業者等に買付けの委託等をすることを約する契約で、あらかじめその買付けの委託等をする受益権の銘柄が定められているものをいいます。

(注2)　年分ごとにNISAとの選択適用が可能となっています。

積立NISA制度の概要は、次のとおりです。

■ 「つみたてNISA」の概要（平成30年1月以後取引開始）

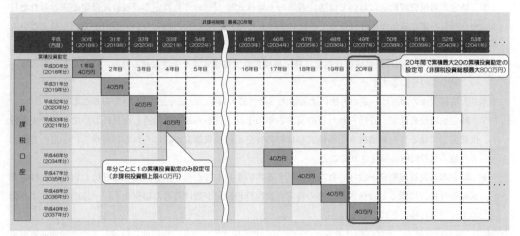

(出典：国税庁パンフレットより一部抜粋)

⑽ 特定非課税累積投資契約に係る非課税措置

居住者等が、金融商品取引業者等の営業所に開設した非課税口座に特定累積投資勘定（注1）又は特定非課税管理勘定（注2）を設けた日から同日の属する年の1月1日以後5年を経過する日までの間に支払を受けるべきその特定累積投資勘定（注1）又は特定非課税管理勘定（注2）に係る非課税口座内上場株式等の配当等については、所得税を課さないこととされています（措法9の8三・四）。

(注1) 「特定累積投資勘定」とは、特定非課税累積投資契約（注3）に基づき振替口座簿への記載若しくは記録又は保管の委託がされる特定累積投資上場株式等につきその記載若しくは記録又は保管の委託に関する記録を他の取引に関する記録と区分して行うための勘定で、次に掲げる要件を満たすものをいいます（措法37の14⑤七）。
　① この勘定は、令和6年1月1日から令和10年12月31日までの期間内の各年（累積投資勘定が設けられる年を除きます。②において「勘定設定期間内の各年」といいます）においてのみ設けられること
　② この勘定は、原則として勘定設定期間内の各年の1月1日において設けられていること

(注2) 「特定非課税管理勘定」とは、特定非課税累積投資契約（注3）に基づき振替口座簿への記載若しくは記録又は保管の委託がされる上場株式等につきその記載若しくは記録又は保管の委託に関する記録を他の取引に関する記録と区分して行うための勘定で、特定累積投資勘定と同時に設けられるものをいいます（措法37の14⑤八）。

(注3) 「特定非課税累積投資契約」とは、居住者等が金融商品取引業者等と締結した累積投資契約（注4）により取得した上場株式等の振替口座簿への記載若しくは記録又は保管の委託で、その契約書において、次の事項が定められているものをいいます（措法37の14⑤六）。
　① 上場株式等の振替口座簿への記載若しくは記録又は保管の委託は、その記載若しくは記録又は保管の委託に係る口座に設けられた特定累積投資勘定又は特定非課税管理勘定において行うこと
　② 特定累積投資勘定においては居住者等の累積投資上場株式等であって一定のもの（以下、「特定累積投資上場株式等」といいます）のうち特定累積投資勘定が設けられた日から同日の属する年の12月31日ま

での間に受け入れた特定累積投資上場株式等で取得対価の額が20万円を超えないもののみを受け入れること

③ 特定非課税管理勘定においては居住者等の上場株式等(*)のうち特定非課税管理勘定が設けられた日から同日の属する年の12月31日までの間に受け入れた上場株式等で取得対価の額が102万円を超えないもののみ受け入れること

　　（*）その年分の特定累積投資勘定に特定累積投資上場株式等を受け入れる時前に取得をしたもの等一定のものを除きます。

④ 上場株式等の譲渡は一定の方法による譲渡（措法37の14⑤二、措令25の13⑦）であること

⑤ 特定累積投資勘定が設けられた日の属する年の1月1日から5年を経過した日においてその特定累積投資勘定に係る特定累積投資上場株式等はその特定累積投資勘定が設けられた口座から、一定の方法により他の保管口座に移管されること

⑥ 特定非課税管理勘定が設けられた日の属する年の1月1日から5年を経過した日においてその特定非課税管理勘定に係る上場株式等はその特定非課税管理勘定が設けられた口座から、一定の方法により他の保管口座に移管されること等

（注4）「累積投資契約」とは、居住者等が、一定額の上場株式等につき、定期的に継続して、金融商品取引業者等に買付けの委託をし、その金融商品取引業者等から取得し、又はその金融商品取引業者等が行う募集により取得することを約する契約で、あらかじめその買付けの委託又は取得をする上場株式等の銘柄が定められているものをいいます（措法37の14⑤四）。

第3章 各種所得の金額の計算

■NISA制度の抜本的拡充・恒久化

〈NISA制度の見直しについて〉

【～令和5年】

	つみたてNISA　いずれかを選択	一般NISA
年間の投資上限額	40万円	120万円
非課税保有期間	20年間	5年間
口座開設可能期間	平成30年（2018年）～令和19年（2037年）	平成26年（2014年）～令和5年（2023年）
投資対象商品	積立・分散投資に適した一定の公募等株式投資信託（商品性について内閣総理大臣が告示で定める要件を満たしたものに限る）	上場株式・公募株式投資信託等
投資方法	契約に基づき、定期かつ継続的な方法で投資	制限なし

⬇

【令和6年以降】

	つみたて投資枠　併用可	成長投資枠
年間の投資上限額	120万円	240万円
非課税保有期間(※1)	制限なし（無期限化）	同左
非課税保有限度額(※2)（総枠）	1,800万円 ※簿価残高方式で管理（枠の再利用が可能）	
		1,200万円（内数）
口座開設可能期間	制限なし（恒久化）	同左
投資対象商品	積立・分散投資に適した一定の公募等株式投資信託（商品性について内閣総理大臣が告示で定める要件を満たしたものに限る）	上場株式・公募株式投資信託等(※3) ※安定的な資産形成につながる投資商品に絞り込む観点から、高レバレッジ投資信託などを対象から除外
投資方法	契約に基づき、定期かつ継続的な方法で投資	制限なし
現行制度との関係	令和5年末までに現行の一般NISA及びつみたてNISA制度において投資した商品は、新しい制度の外枠で、現行制度における非課税措置を適用	

（注1）非課税保有期間の無期限化に伴い、現行のつみたてNISAと同様、定期的に利用者の住所等を確認し、制度の適正な運用を担保。
（注2）利用者それぞれの非課税保有限度額については、金融機関から既存の認定クラウドを活用して提出された情報を国税庁において管理。
（注3）金融機関による「成長投資枠」を使った回転売買への勧誘行為に対し、金融庁が監督指針を改正し、法令に基づき監督及びモニタリングを実施。

（出典：『令和5年版 改正税法のすべて』より抜粋）

⑾ 未成年者口座内の少額上場株式等に係る配当所得等の非課税（ジュニアNISA）

　20歳未満（注1）の居住者等が、未成年者口座（注2）に非課税管理勘定（注3）を設けた日から同日の属する年の1月1日以後5年を経過する日までに支払を受けるべき未成年者口座内上場株式等に係る配当等のうち次に掲げるものについては、所得税が課されないこととされています（措法9の9、37の14の2）。

①	金融商品取引所に上場されている株式等その他これに類するものの配当等で、内国法人から支払がされるその配当等の支払に係る基準日においてその内国法人の発行済株式又は出資の総数又は総額の3％以上に相当する数又は金額の株式又は出資を有する者がその内国法人から支払を受けるもの以外のもの
②	公社債投資信託以外の証券投資信託でその設定に係る受益権の募集が一定の公募により行われたもの（特定株式投資信託を除きます）の収益の分配
③	特定投資法人の投資口の配当等

（注1）　口座開設の年の1月1日現在の年齢となります。
（注2）　「未成年者口座」とは、その年の1月1日において20歳未満又はその年に出生した居住者等が、前記の非課税措置の適用を受けるため、一定の手続の下で、平成28年から令和5年までの間に、金融商品取引業者等の営業所に開設した口座（＊）をいいます（措法37の14の2⑤一、⑱）。
　　　（＊）　1人につき1口座に限ります。
（注3）　非課税管理勘定は、平成28年から令和5年までの各年（＊）に設けることができることとし、毎年80万円を上限に、新たに取得した上場株式等及び同一の未成年者口座の他の年分の非課税管理勘定から移管される上場株式等を受け入れることができます。
　　　（＊）　未成年者口座を開設している者がその年1月1日において20歳未満である年及び出生した日の属する年に限ります。

　ジュニアNISA制度の概要は、次のとおりです。
■制度の概要等

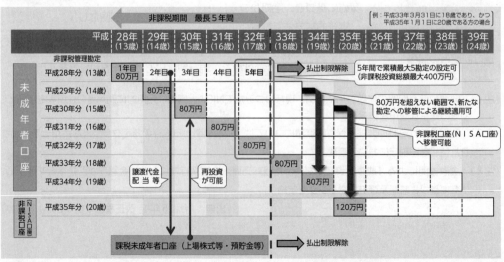

（出典：国税庁パンフレットより一部抜粋）

> **誤りやすい事例**　配当所得課税関係

1．上場株式等の配当等について、すべての株主が確定申告不要制度を適用できると考えていた。

> **解　説**

　個人の大口株主等(注)が支払を受けるべき上場株式等の配当等のうち、確定申告不要制度の対象となるのは、1銘柄について、1回に支払を受けるべき配当等の金額が次の算式で計算される金額以下のものに限られます（措法8の5①一、二）。

〔算式〕

　10万円×配当計算期間の月数（最高12か月）÷12

（注）「個人の大口株主等」とは、発行済株式又は出資の総数又は総額の3％以上を有する者をいいます。

　　　なお、令和5年10月1日以後に支払いを受けるべき上場株式の配当等については、いわゆる同族会社に該当する法人が保有する株式等の発行済株式等の総数等を合算し総額3％以上となる場合を含みます。

2．確定申告を要しない利子所得又は配当所得を申告した後に、これらを修正申告又は更正の請求で除外していた。

> **解　説**

　確定申告を要しない利子所得又は配当所得を申告した場合には、その後の修正申告や更正の請求において除外することはできないこととされています（措通8の5-1）。

　また、確定申告を要しない利子所得又は配当所得の申告漏れについては、修正申告はできず、更正の請求の事由にも当たらないこととされています。

3．確定申告において申告分離課税を選択した上場株式等の配当を、修正申告又は更正の請求において、総合課税に選択替えしていた。

> **解　説**

　申告分離課税を選択して確定申告をした場合には、その後において、その者が修正申告をし、又は更正の請求をするときにおいても、申告分離課税を選択することになります（措通8の4-1）。

　なお、上場株式等の配当等を申告する場合には、その全額について、総合課税と申告分離課税のいずれかを選択することに留意する必要があります（措法8の4②）。

4．複数の源泉徴収選択口座で上場株式等の利子等又は配当等を受領している場合において、それらを申告するときは、そのすべてについて申告する必要があり、一部の口座のみを選択して申告することはできないと考えていた。

解説

複数の源泉徴収選択口座内に利子等又は配当等を有する場合には、それぞれの源泉徴収選択口座（口座内の利子等又は配当等の合計）ごとに申告不要制度の適用を選択することができます。この場合、一の口座内の利子所得と配当所得のいずれか一方のみを申告し、又は申告しないとすることはできないこととされています（措法37の11の6⑨）。

なお、源泉徴収選択口座において受領する利子等又は配当等以外のものについては、1回に支払を受けるべき利子等又は配当等ごとに選択することができます（措法8の5④）。

5．源泉徴収選択口座内で上場株式等の配当等と譲渡損失とが損益通算されている場合に、その譲渡損失を申告するときは、併せてその配当等の申告も必要となるが、このときに、その配当等の申告については総合課税を選択することはできないと考えていた。

解説

源泉徴収選択口座内で上場株式等の配当等と譲渡損失とが損益通算されている場合において、その譲渡損失を申告するときは、同時にその配当等の申告も必要になります（措法37の11の6⑩）。

この場合において、上場株式等の配当等については、総合課税又は申告分離課税のいずれの方法も選択することができます。

なお、上場株式等の利子等については、総合課税を選択することはできないことに留意する必要があります（措法8の4②）。

6．外国の証券会社に預けている外国上場株式の配当は、申告分離課税の選択又は上場株式等に係る譲渡損失との損益通算ができないと考えていた。

解説

外国金融商品市場において売買されている株式等も「上場株式等」に含まれることから、外国の証券会社に預けている外国上場株式の配当は、申告分離課税の選択及び上場株式等に係る譲渡損失との損益通算ができます（措法8の4①一、37の11②一、37の12の2①）。

ただし、金融商品取引法上の登録を受けていない金融商品取引業者等において行う「上場株式等の譲渡」により生じた損失は、上場株式等の配当等との損益通算又は繰越控除ができないことに留意する必要があります（措法37の12の2②一）。

7．令和5年分の確定申告における上場株式等の配当等について、所得税の確定申告で総合課税にて申告する場合、住民税の申告では申告不要（特別徴収の5％のまま）とすることができると考えていた。

令和4年度の地方税法の改正により、令和6年度（令和5年分）から、所得税と個人住民税の課税関係を一致させることとなり、異なる課税方式を選択することができなくなりました。

なお、申告不要又は申告分離課税の適用を受けようとすることができる株式譲渡所得についても、同様の取扱いとなります。

（注） 所得税において総合課税又は申告分離課税の適用を受けようとする旨の記載がある確定申告書が提出された場合に限り、総所得金額からこれらの金額を除外して算定することの規定を適用しないこととされています（地法32⑬、313⑬）。

また、申告分離課税又は総合課税の選択についても、所得税において申告分離課税の規定が適用された場合に限り、個人住民税においても申告分離課税を適用し、それ以外の場合は総合課税を適用することとされています（地方附33の2②⑥）。

第3節 不動産所得

1 不動産所得の範囲

不動産所得とは、次の所得をいいます（所法26）。

不動産所得の範囲	具体例
① 不動産（注1）の貸付け（注2）	地代、家賃、権利金、礼金などの収入
② 不動産の上に存する権利の貸付け、設定	地上権、永小作権、借地権などの貸付け、設定その他他人に不動産等を使用させて得る収入
③ 船舶（総トン数20トン以上）、航空機の貸付け（注3）	裸用船契約による収入（所基通26-3）

（注1） 不動産とは、土地及び建物、構築物その他の土地に定着する有体物をいいます（民法86）。したがって、機械、器具、自動車などの動産の貸付けによる所得は、事業所得又は雑所得に該当します。
（注2） 不動産等の貸付けの規模が事業的規模としてなされている場合であっても、その所得は事業所得ではなく、不動産所得となります。

(注3) 船舶（総トン数20トン以上）及び航空機は動産ですが、登記、登録、抵当権の方法などが不動産と同じであることから、不動産に準じて取り扱い、この貸付けによる所得を不動産所得としたものです。なお、総トン数20トン未満の船舶及び端舟その他ろかいのみで運転し、又は主としてろかいで運転する舟の貸付けによる所得は、事業所得又は雑所得に該当することになります（所基通26-1）。

■他の各種所得と競合する場合の所得区分

不動産等の利用によって生ずる所得は、不動産所得になるものと他の各種所得になるものとがあります。

一般的には、その所得がほとんど又は専ら不動産等の利用に供することにより生ずるものは不動産所得、不動産等の使用のほかに役務の提供が加わり、これらが一体となった給付の対価という性格を持つ場合には事業所得又は雑所得となります（所法26①、27①、所令63）。

図示すると、次のようになります。

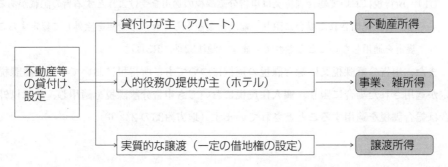

（出典：税務大学校講本　所得税法（令和6年度版））

具体的な取扱いは、次のとおりです。

①	いわゆるケース貸しの所得は、店舗の部分貸付けと同様ですから、不動産所得となります（所基通26-2）。
②	船員とともに利用させるいわゆる定期用船契約又は航海用船契約に係る所得は、事業所得又は雑所得になります。航空機の貸付けによる所得についてもこれに準じます（所基通26-3）。
③	アパート、貸間等のように食事を供さない場合の所得は、不動産所得となりますが、下宿等のように食事を供する場合は、事業所得又は雑所得となります（所基通26-4）。
④	広告等のため、土地、家屋の屋上や側面、塀などに、ネオンサインや広告看板を取り付けされることによって受ける使用料は不動産所得となります（所基通26-5）。
⑤	借地権、地役権の設定、借地権の転貸により一時に受け取る権利金や頭金などは、原則として不動産所得ですが、特定の借地権、地役権の設定に基づく権利金及び敷金などの預り金から生ずる特別の経済的利益は譲渡所得となる場合があります（所基通26-6、所令79）。
⑥	不動産業者が販売の目的で取得した土地、建物などの不動産を一時的に貸し付けた場合の所得は、不動産業の付随的業務から生じたものであり事業所得となります。また、貸金業者が代物弁済等により取得した不動産を一時的に貸し付けた場合も同様になります（所基通26-7、27-4）。
⑦	事業主がその従業員に寄宿舎などを提供している場合に受ける賃料は、通常、福利厚生的な要素が強く実費程度となっていることから、事業所得となります（所基通26-8）。

第3章 各種所得の金額の計算

⑧	鉱業権、砂鉱権、漁業権などは、土地そのものを利用するものではなく、また、不動産の上に存する権利にも該当しないことから、これらの使用権の設定その他他人に使用させることによる所得は、事業所得又は雑所得になります（所法26①）。
⑨	土地を賃貸（転貸を含みます）する場合において通常取得するいわゆる権利金は、所得税法33条1項かっこ書に該当し譲渡所得とされるものを除き、不動産所得となります。 また、不動産の賃貸借時には、権利金（礼金）（注1）、敷金（保証金）（注2）が授受されるのが通例であるところ、この場合、権利金（礼金）は不動産所得となるが、敷金（保証金）は返還を要しない旨の特約がある場合を除き、所得にはなりません。 （注1） 権利金（礼金）は、不動産の賃貸借に際し、賃借人が賃貸人に支払うもので、契約終了後も返還を要しないとされています。
⑨	（注2） 敷金（保証金）は、賃借料の債務（家賃など）を担保するために不動産の賃貸借契約に際し、賃借人が賃貸人に交付するもので、通常は単なる預り金とされています。しかし、賃貸借期間の経過等に応じて、その敷金（保証金）の一部又は全部の返還を要しなくなるような場合には、返還を要しなくなった時点で、その返還を要しなくなった額を、所得（収入）に計上することになります。

2 不動産所得の金額の計算

不動産所得の金額は、その年中の不動産所得に係る総収入金額から必要経費を控除した金額となります（所法26②）。

〔算　式〕
　不動産所得の金額＝総収入金額－必要経費

(1) 収入金額

① 収入の時期

不動産所得の総収入金額には、通常の地代、家賃のほか、権利金、名義書換料、更新料、礼金など不動産貸付けに伴う収入が含まれるところ、それらの収入計上時期は、次のとおりとなります（所基通36-5、36-6、36-7）。

	区　　　　　分		収　入　の　時　期
①	契約、慣習により支払日が定められているもの（注1）		定められた支払日
②	支払日が定められていないもの	請求があったときに支払うべきもの	請求の日
		その他のもの	支払を受けた日
③	供託家賃	賃貸料の額に関する係争	供託された金額⇒①又は②による。供託金を超える部分⇒判決、和解等のあった日
		賃貸借契約の存否の係争	判決、和解等のあった日

321

④	頭金、権利金、名義書換料、更新料(注2)	貸付資産の引渡しを要するもの	引渡しのあった日(契約の効力発生の日でもよい)
		引渡しを要しないもの	契約の効力発生の日
⑤	敷金 保証金	イ 全額返還するもの	収入に計上しない
		ロ 貸付期間の経過に関係なく返還しないこととなっている部分の金額	④による
		ハ 貸付期間の経過に応じて返還しないこととなる場合のその返還しない部分の金額	返還しないこととなった日
		ニ 貸付期間が終了しなければ返還しないことが確定しない部分の金額	貸付が終了した日

(注1) 次の要件を満たすときは、その賃貸料に係る貸付期間に応じ、その年中の貸付期間に対応する部分の賃貸料の額をその年分の不動産所得の総収入金額に算入すべき金額とすることができます。ただし、小規模事業者の収入及び費用の帰属時期（所法67）の適用を受ける場合を除きます（昭和48年11月6日直所2-78）。

① 不動産等の貸付けが事業として行われている場合には、次の（イ）から（ハ）のいずれにも該当することが必要となります。

（イ）不動産所得を生ずべき業務に係る取引について、その者が帳簿書類を備えて継続的に記帳し、その記帳に基づいて不動産所得の計算をしていること。

（ロ）その者の不動産等の賃貸料に係る収入金額の全部について、継続的にその年中の貸付期間に対応する部分の金額をその年分の総収入金額に算入する方法により所得金額を計算しており、かつ、帳簿上その賃貸料に係る前受収益及び未収収益の経理が行われていること。

（ハ）その者の1年を超える期間に係る賃貸料収入については、その前受収益又は未収収益についての明細書を確定申告書に添付していること。

なお、「不動産等の賃貸料」には、不動産等の貸付けに伴い一時に受ける頭金、権利金、名義書換料、更新料、礼金等は含みません。

② 不動産等の貸付けが事業として行われていない場合

その者が不動産等の貸付けを事業的規模で行っていない場合であっても、上記①の（イ）に該当し、かつ、その者の1年以内の期間に係る不動産等の賃貸料の収入金額の全部について上記①の（ロ）に該当するときは、所得税法67条の2の規定の適用を受ける場合を除き、その者の1年以内の期間に係る不動産等の賃貸料の収入金額については、上記①の取扱いによることができます。

(注2) 3年以上の期間、不動産等を使用させることにより一時に受ける権利金、頭金その他の対価（賃借人の交替又は転貸により支払を受ける名義書換料や承諾料を含みます）で、その金額が、その契約により資産の使用料の2年分に相当する金額以上であるものに係るその不動産所は、臨時所得として特別な方法で税額の計算をすることができる場合があります（所令8二、所基通2-37）。

② 定期借地権の設定による保証金の経済的利益の課税

定期借地権の設定に伴って賃貸人が賃借人から預託を受ける保証金(注1)の経済的利益については、所得税の課税上、次に掲げる区分に応じ、それぞれ次に掲げるとおりとなります。

区分	取扱い
① 業務(注2)に係る資金と運用されている場合	保証金につき適正な利率により計算した利息に相当する金額(保証金による経済的利益の額)を、その保証金を返還するまでの各年分の不動産所得の金額の計算上収入金額に算入するとともに、同額を、その各種所得の金額の計算上必要経費に算入します。
② 業務の用に供する資産の取得資金に充てられている場合	
③ 預貯金、公社債、指定金銭信託、貸付信託等の金融資産に運用されている場合(注3)	保証金による経済的利益に係る所得の金額については、その計算をしないこととします。
④ ①～③以外の場合	保証金につき適正な利率により計算した利息に相当する金額を、その保証金を返還するまでの各年分の不動産所得の金額の計算上収入金額に算入します(注4)。

(注1) 賃借人がその返還請求権を有するものをいい、その名称のいかんを問わないこととされています。
(注2) 不動産所得、事業所得、山林所得及び雑所得を生ずべき業務をいいます。
(注3) 金融資産の範囲は、次のとおりです。
　イ　定期積金及び相互掛金
　ロ　抵当証券
　ハ　貴金属等の売戻し条件付売買口座
　ニ　外貨投資口座
　ホ　一時払養老保険(保険期間が5年以内のものに限ります)
(注4) この場合の利率は、各年分の定期預金の平均利率(預入期間10年、1,000万円以上(平成27年分以前については、各年中の10年長期国債の平均利率))によることとなります。

誤りやすい事例　未分割遺産から生じる不動産所得

賃貸用不動産を相続により取得し、年の中途で遺産分割が行われた場合、その年分の未分割期間中の不動産所得の計算を分割後の相続分で計算していた。

解説

遺産分割が行われるまでの期間は法定相続分により計算します。
なお、遺産分割の効果は、未分割期間中の所得の帰属に影響を及ぼすものではないので、分割の確定を理由とする更正の請求又は修正申告を行うことはできないこととされています。

【参考】
・国税庁ホームページ／タックスアンサー／「No.1376不動産所得の収入計上時期」の「Q　未分割遺産から生じる不動産所得」

(2) 必要経費の計算

不動産所得の必要経費として、賃貸した土地、建物その他の物件に係る固定資産税、管理費、修繕費、損害保険料、減価償却費、借入金利子などがあります。

そのほか、次の項目については、それぞれ次のように取り扱われます。

	項　　目		取　扱　い
①	生計を一にする親族に支払う対価（所法56、57）	地代等	必要経費不算入
		労務の対価　貸付けが事業として行われている場合（注1、2、3、4）	青色事業専従者給与（事業専従者控除）
		労務の対価　上記以外	必要経費不算入
②	立退料（所基通33-7、37-23、38-11、49-4）	原則	必要経費算入
		土地、建物の譲渡に際して支払うもの	譲渡所得の費用
		土地、建物の取得に際して支払うもの	取得した土地、建物の取得費又は取得価額算入
③	固定資産の損失（所法51）	貸付けが事業として行われている場合（注1、2、3、4）	全額必要経費算入
		上記以外	損失額控除前の不動産所得の金額を限度として必要経費算入
④	土地等の取得のための負債利子（措法41の4）		所得金額の計算上生じた損失のうち、土地等の取得のための負債利子に相当する部分は生じなかったものとみなされます
⑤	国外中古建物の償却費（措法41の4の3）		所得金額の計算上生じた損失のうち、耐用年数を「簡便法」等により計算した国外中古建物の減価償却費に相当する部分は生じなかったものとみなされます

(注1) 不動産所得を生ずべき不動産等の貸付けが、事業として行われているか否か（事業的規模か業務的規模か）によって、不動産所得の金額の計算において次のとおり取扱いが異なります。

区分	貸付けが事業的規模	左記以外（業務的規模）
不動産所得の金額に対応する利子税（所法45①二、所令97）	必要経費算入	必要経費不算入
資産損失（所法51①②④、63、64①、72①、所基通72-1）	必要経費算入	イ　不動産所得の金額を限度として必要経費に算入可　なお、災害又は盗難若しくは横領による損失は上記必要経費算入と雑損控除の選択可 ロ　未収家賃等が回収不能となった場合は、収入金額計上年分に遡ってその金額がなかったものとみなします ハ　不動産貸付けの廃止後に生じた損失の取り扱いは適用不可

青色事業専従者給与及び事業専従者控除額（所法57①③）	必要経費算入	必要経費不算入
青色申告特別控除（措法25の2）	55万円（控除前の所得の金額を限度として）控除可 　なお、取引を正規の簿記の原則に従って記録している者で次の①又は②のいずれかに該当する場合には、65万円（控除前の所得の金額を限度として）控除可 ①　その年分の事業に係る一定の帳簿等について電子計算機を使用して作成する国税関係帳簿書類の保存方法等の特例に関する法律に規定する電磁的記録等の備付け及び保存を行っている ②　その年分の所得税の確定申告書、貸借対照表及び損益計算書等の提出をその提出期限までに電子情報処理組織（e-Tax）を使用している	10万円（控除前の所得の金額を限度として）控除可

（注2）　建物の貸付けが事業として行われているかどうかの判定（事業的規模の判定）

　建物の貸付けが不動産所得を生ずべき事業として行われているかどうかは、社会通念上事業と称するに至る程度の規模で建物の貸付けを行っているかどうかにより判定すべきところ、次に掲げる事実のいずれか一に該当する場合又は賃貸料の収入の状況、貸付資産の管理の状況等からみてこれらの場合に準ずる事情があると認められる場合には、特に反証がない限り、事業として行われているものとして取り扱われています（所基通26-9）。

イ　貸間、アパート等については、貸与することができる独立した室数がおおむね10以上であること

ロ　独立家屋の貸付については、おおむね5棟以上であること

　なお、5棟10室のカウントについて、1棟を2室と置き換えての判定はしないこととされています。

　また、判定に当たっての流れ図は、次のとおりとなります。

```
                    ┌──────────┐
                    │ 貸付資産 │
                    └────┬─────┘
                         │
                    ┌──────────┐
                    │ 建物だけか│ ──NO──────────────────────────────┐
                    └────┬─────┘                                    │
                       YES                                          │
                         │                                          │
                    ┌──────────┐      ┌──────────────┐              │
                    │一戸建てか│─NO──→│貸間、アパート等│             │
                    └────┬─────┘      └──────┬───────┘              │
                       YES                 YES                      │
                         │                   │                      │
                    ┌──────────┐      ┌──────────────┐    ┌─────────────────────┐
                    │ 5棟以上か│      │独立した部屋数が│─NO→│社会通念事業といえる程度の規模か│
                    │          │      │おおむね10以上か│    │(収入状況、管理状況等より判断)│
                    └────┬─────┘      └──────┬───────┘    └─────────┬───────────┘
                       YES  NO             YES                   YES    NO
                         │                   │                      │     │
              ┌──────────────────────┐              ┌──────────────────────┐
              │貸付けが事業として行われているものとして│              │貸付けが事業として行われていないものと│
              │取り扱う              │              │して取り扱う          │
              └──────────────────────┘              └──────────────────────┘
```

(出典：税務大学校講本　所得税法（令和6年度版））

（注3）　土地の貸付けが事業として行われているかどうかの判定（事業的規模の判定）

　　　　土地の貸付けが不動産所得を生ずべき事業として行われているかどうかの判定は、次のように取り扱われます。

　　イ　土地の貸付けが不動産所得を生ずべき事業として行われているかどうかは、あくまでも社会通念上事業と称するに至る程度の規模で土地の貸付けが行われているかどうかにより判定します。

　　ロ　その判定が困難な場合は、所得税基本通達26-9に掲げる建物の貸付けの場合の形式基準（これに準ずる事情があると認められる場合を含みます）を参考として判定します。

　　　　この場合、①貸室1室及び貸地1件当たりのそれぞれの平均的賃貸料の比、②貸室1室及び貸地1件当たりの維持・管理及び債権管理に要する役務提供の程度等を考慮し、地域の実情及び個々の実態等に応じ、1室の貸付けに相当する土地の貸付件数を、「おおむね5」として判定します。

　　　　したがって、例えば、貸室8室と貸地10件を有する場合には事業として行われているものとして判定することになります。

（注4）　不動産が2以上の者の共有である場合における事業的規模の判定は、当該不動産の全体の貸付けの規模で判定します。

裁決例　　不動産所得を生ずべき事業

平成19年12月4日裁決、裁決事例集No.74-37頁

　建物貸付けは、同族会社2社及び親族に対する限定的かつ専属的なものであり、貸付に係る維持管理等の程度が実質的には相当低いとして、不動産所得を生ずべき事業には当たらないとした事例

〔要旨〕

　請求人は、①資産の取得に係る投資額（借入金）の多寡を重要視すべきこと、②事業とは、社会通念に照らして事業と認められるものをすべてを含み、事業所及び人的・物的要素を結合した経済的組

織を必ずしも必要とせず、本件貸付けは十分に自己の危険を持ち得る事業といえること、また、③総合ビジネスを視野においた事業を行うという計画を基に建築、事業経営を行っているという現状に鑑みると、本件貸付けは不動産所得を生ずべき事業に該当すること、さらに、④東京高裁平成13年7月11日判決の中で挙げられている事業規模の判断基準に照らし合わせた場合、本件貸付けは事業に該当するとも主張する。

しかしながら、不動産貸付けが不動産所得を生ずべき事業に該当するか否かは、①営利性・有償性の有無、②継続性・反復性の有無、③自己の危険と計算における事業遂行性の有無、④取引に費やした精神的・肉体的労力の程度、⑤人的・物的設備の有無、⑥取引の目的、⑦事業を営む者の職歴・社会的地位・生活状況などの諸点を総合して、社会通念上事業といい得るかによって判断するのが相当と解される。

本件の貸付けについては、営利性、継続性、人的・物的設備など部分部分としてみた場合は直ちに事業ではないということはできない要素も認められるが、本件貸付けは、本件同族会社2社及び親族に対する限定的かつ専属的なものであり、平成5年借入金は、請求人の税理士事務所等として使用することを目的とした本件建物の建設資金等であったこと及び本件借入金の年間返済額は、本件貸付けの年間賃貸料収入を上回っており、本件貸付けに係る賃貸料収入以外の収入も原資となっていること、また、本件同族会社2社の賃貸料は、それぞれの法人の収入及び人員割合が計算の根拠となっていることからすると、請求人における事業遂行上その企画性は乏しく危険負担も少ないと認められる。また、その構造からみて他に賃貸が可能である等の汎用性が少ないなど、これらの点における請求人の自己の危険と計算による事業遂行性は希薄であると認められる。

さらに、本件建物の設備等の管理・修理点検等は請求人が行っているものの、清掃及び冷暖房設備点検、ビルの防犯・火災のセキュリティ契約等は本件同族会社2社が行っていること、賃貸料の集金等はインターネットバンキングにより振替処理されていること、また、本件貸付物件は本件同族会社2社及び親族に継続して貸し付けられていることから、請求人にとって賃借人の募集等をする必要はなく、賃貸料の改定交渉等の業務の煩雑さもなく、ビル管理業務等の負担も軽微であることから、本件貸付けに費やす精神的・肉体的労力の程度は、実質的には相当低いと認められる。

これらの諸点を総合勘案すると、本件貸付けは、社会通念上事業と称するに至る程度のものとは認められないと判断するのが相当である。

(3) 有限責任事業組合の事業に係る組合員の事業所得等の所得計算の特例（不動産所得）

有限責任事業組合契約に関する法律3条1項に規定する有限責任事業組合契約を締結している個人組合員の不動産所得の金額の計算上、その組合契約に基づいて営まれた組合事業から生じた不動産所得の損失額があるときは、出資金額等を基に計算される一定の金額を超える部分の金額については、必要経費とすることができないこととされています（措法27の2①、措令18の3①②）。

ただし、組合事業から生ずる不動産所得に損失が生じていても、同じ組合事業から生ずる事業所得や山林所得が黒字であった場合にはその同じ組合事業から生じた黒字を差し引いた残額

の赤字の部分以外は必要経費とすることができることとされています（措令18の3①）。

(4) 特定組合員等の不動産所得に係る損益通算等の特例

　平成18年以後の各年分の不動産所得の金額において、特定組合員又は特定受益者^(注)に当たる個人の不動産所得の金額の計算上組合事業又は信託から生じた不動産所得の損失の金額については、なかったものとみなされることとされています（措法41の4の2、措令26の6の2）。

(注)　特定受益者とは、所得税法13条1項に規定する信託の受益者及び同条2項の規定により受益者とみなされる者をいいます。

① 対象となる組合契約の範囲

　対象となる組合契約の範囲は、次のとおりとなっています（措法41の4の2②、措令26の6の2⑤）。

	対 象 と な る 組 合 契 約
①	民法667条1項に規定する組合契約（いわゆる任意組合契約）
②	投資事業有限責任組合契約に関する法律3条1項に規定する投資事業有限責任組合契約
③	外国における上記①②に類する契約
④	外国における有限責任事業組合契約（有限責任事業組合契約に関する法律3条1項に規定する有限責任事業組合契約）に類する契約

【参考通達】
・租税特別措置法通達41の4の2-1（複数の組合契約を締結する者等の組合事業に係る不動産所得の計算）

② 対象から除かれる特定組合員の範囲

　上記①の対象となる組合契約を締結している組合員のうち組合契約を締結した日以後引き続き次のイ及びロの両方に該当する者は対象から除かれています（措法41の4の2①、措令26の6の2②）。

　ただし、業務の執行の全部について組合事業の業務執行組合員又は業務執行組合員以外の者に委任している場合には対象から除かれないこととされています（措令26の6の2③）。

	対 象 か ら 除 か れ る 特 定 組 合 員
イ	組合事業に係る重要な財産の処分若しくは譲受け^(注1)又は組合事業に係る多額の借財^(注2)に関する業務（以下、「重要業務」といいます）の執行の決定に関与する組合員
ロ	その重要業務のうち契約を締結するための交渉その他の重要な部分を自ら執行する組合員

(注1)　組合事業に係るその財産の価額、その財産が組合事業に係る財産に占める割合、その財産の保有又は譲受けの目的、処分又は譲受けの行為の態様及びその組合事業における従来の取扱いの状況等を総合的に勘案して判定することになります（措通41の4の2-2）。

(注2)　組合事業に係るその借財の額、その借財が組合事業に係る財産及び経常利益等に占める割合、その借財の目的並びにその組合事業における従来の取扱いの状況等を総合的に勘案して判定することになりま

す（措通41の４の２－３）。

【参考通達】
・租税特別措置法通達41の４の２－４（引き続き重要業務のすべての執行の決定に関与する場合）

③ 特定組合員の判定時期
特定組合員の判定時期は、次のとおりとなっています（措令26の６の２②）。

	組合の状況	判定時期
原則	その年の12月31日まで、組合が活動している場合	12月31日
例外	年の中途で組合員が死亡している場合	死亡の日
	年の中途で組合から脱退している場合	脱退の日
	年の中途で組合が解散している場合	解散の日

④ 組合事業による不動産所得の損失の金額の計算
組合事業による不動産所得の損失の金額の計算にあたって留意すべき事項は次のとおりです。
イ 組合事業による不動産所得の損失の金額は、特定組合員又は特定受益者のその年分における組合事業又は信託から生ずる不動産所得に係る総収入金額に算入すべき金額の合計額から、その組合事業又は信託から生ずる不動産所得に係る必要経費に算入すべき金額を差し引いた際に発生した赤字の金額をいいます（措法41の４の２①、措令26の６の２④）。
ロ この損失の金額については、複数の組合契約又は信託がある場合には、それぞれの組合事業又は信託ごとに計算します。
ハ その損失の金額は、他の黒字の組合事業による不動産所得の金額やこれらの組合事業以外の一般の不動産所得の金額と差引計算することはできないこととされています（措法41の４の２①）。

⑤ 手続き等
確定申告書を提出する場合には、その組合事業又は信託ごとに次の事項を記載した明細書を添付する必要があります（措令26の６の２⑥、措規18の24）。
なお、この明細書は、特定組合員又は特定受益者に限らず特定組合員以外の個人の組合員又は特定受益者以外の受益者も添付する必要があります。

	組合事業又は信託から生ずる不動産所得に係る事項
総収入金額	賃貸料、その他の収入の内訳
必要経費	減価償却費、貸倒金、借入金利子、その他の経費の別

(5) 国外中古建物の不動産所得に係る損益通算等の特例

個人が、令和３年以後の各年において、国外中古建物（注）から生ずる不動産所得を有する場合においてその年分の不動産所得の金額の計算上国外不動産所得の損失の金額があるときは、

その国外不動産所得の損失の金額に相当する金額は、所得税に関する法令の規定の適用については、生じなかったものとみなされます（措法41の4の3①②）。

(注)　「国外中古建物」とは、個人において使用され、又は法人において事業の用に供された国外にある建物であって、個人が取得をしてこれをその個人の不動産所得を生ずべき業務の用に供したもののうち、その不動産所得の金額の計算上その建物の償却費として必要経費に算入する金額を計算する際に所得税法の規定により定められている耐用年数をいわゆる「簡便法」等により算定しているものをいいます。

【参考通達】
・租税特別措置法通達41の4の3-1（共通必要経費の額の配分）

第4節　事業所得

　事業所得の範囲

ある経済活動が所得税法上の事業所得を生ずべき事業に該当するかどうかの考え方は、次のとおりです。

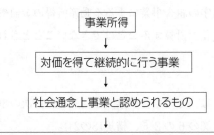

(1)　事業所得の内容

事業所得とは、農業、漁業、製造業、卸売業、小売業、サービス業その他の事業で政令で定める事業から生ずる所得をいいます（所法27①、所令63）。

なお、「所得税の確定申告書」においては、事業所得の区分を次の図のように「営業等所得」と「農業所得」に区分しています。

第3章 各種所得の金額の計算

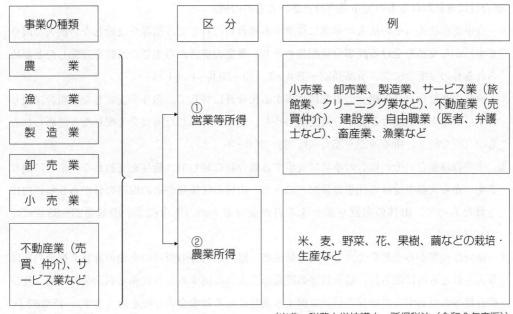

(出典：税務大学校講本 所得税法（令和6年度版））

〈事業所得とされるものの主な具体例〉〔参考通達〕所基通27-1～27-7

① プロ野球選手、プロサッカー選手、プロゴルファー、モデルなどの報酬
② ホステス、保険営業員などの報酬
③ 営利を目的として継続的に行われる資産の譲渡（商品の販売等）
④ 貸衣装業における貸衣装の譲渡、パチンコ店におけるパチンコ器の譲渡、養豚業における種付用の豚の譲渡など（少額重要資産のうち継続売買による所得）
⑤ 不動産業者が土地を継続売買
⑥ 取得後5年以内の山林の譲渡（事業所得又は雑所得）
⑦ 事業を営む者の従業員宿舎の使用料収入
⑧ 時間貸有料駐車場の収入（事業所得又は雑所得）
⑨ 商品が被害に遭い支払を受けた損害賠償金

【参考通達】
・所得税基本通達27-1（貸衣装等の譲渡による所得）
・所得税基本通達27-2（有料駐車場等の所得）
・所得税基本通達27-3（バンガロー等の貸付けによる所得）
・所得税基本通達27-4（金融業者が担保権の実行等により取得した資産の譲渡等による所得）
・所得税基本通達27-6（金銭の貸付けから生ずる所得が事業所得であるかどうかの判定）
・所得税基本通達27-7（競走馬の保有に係る所得が事業所得に該当するかどうかの判定）

〈組合員に支払われるもので事業所得とされるものの例〉

① 農事組合法人（その法人の事業に従事する組合員に対して、給与を支給しない法人に限ります）から支払を受ける従事分量配当のうち、農業の経営から生じた所得を分配したと認められるもの（所令62②、所基通23～35共-3、23～35共-4（1））

② 漁業生産組合（その組合の事業に従事する組合員に対して、給与を支給しない組合に限ります）から支給を受ける従事分量配当のうち、漁業から生じた所得を分配したと認められるもの（所令62②、所基通23～35共-3、23～35共-4（2））

③ 生産森林組合（その組合の事業に従事する組合員に対して、給与を支給しない組合に限ります）から支給を受ける従事分量配当のうち、山林の伐採等がその取得の日から5年以内にされたもので、山林の売買を業とする者が受けるもの（所令62②、所基通23～35共-3、23～35共-4（3））

④ 協同組合等から支払を受ける事業分量配当（協同組合等の所得の金額の計算上損金の額に算入されたものに限られ、組合員等の貯金の受入れに関する業務に係る剰余金の分配、及び組合員等の所有する農地等の信託に関する業務に係る剰余金の分配を除きます）（所令62④、所基通23～35共-5）

⑤ 匿名組合の組合員がその匿名組合契約に基づいて営業者の営む事業（その営業者の営業の内容が事業所得を生ずるものに限ります）に係る重要な業務執行の決定を行っているなど組合事業を営業者と共に経営していると認められる場合のその組合員に対する利益の分配及びその営業者の所得（所基通36・37共-21）

(2) 事業の遂行に付随して生ずる収入

事業所得の総収入金額には、その事業活動の本来の収入のほかに、事業の遂行に付随して生ずる次のような収入も含まれます。

① 事業の遂行上取引先又は使用人に貸付けた貸付金の利子
② 事業用資産の購入に伴って景品として受ける金品
③ 新聞販売店における折込広告収入
④ 浴場業、飲食業等における広告の掲示による収入
⑤ 医師又は歯科医師が、休日、祭日又は夜間に診療等を行うことにより地方公共団体等から支払を受ける委嘱料等

　なお、医師又は歯科医師が、地方公共団体等の開設する救急センター、病院等において休日、祭日又は夜間等に診療等を行うことにより地方公共団体等から支給を受ける委嘱料等は、給与等に該当します（所基通28-9の2）。

⑥ 空箱や作業くずの売却収入
⑦ 仕入割引や得意先からのリベート
⑧ 少額の減価償却資産（10万円未満）又は一括償却資産（20万円未満）の必要経費算入の適用を受けた事業用資産の売却収入（所令81、138、139）

使用可能期間が1年未満			事業所得
所得価額が10万円未満又は20万円未満	少額重要資産	その他の資産	
		反復継続して譲渡（所基通27-1）	
		その他	譲渡所得

（出典：税務大学校講本　所得税法（令和6年度版））

⑨　事業用固定資産について固定資産税を納期前に納付することにより交付を受ける報奨金

【参考通達】
・所得税基本通達2-13（棚卸資産に含まれるもの）
・所得税基本通達27-5（事業の遂行に付随して生じた収入）

なお、事業所得に該当しないものとして次のようなものがあります。
①　事業運転資金として金融機関に預けた預貯金の利子（利子所得）
②　知人に対する貸付金の利子（雑所得）
③　作家等（事業所得者）でない者の原稿料収入（雑所得）
④　取引会社の株式に係る配当収入（配当所得）

【参考通達】
・所得税基本通達35-2（事業から生じたと認められない所得で雑所得に該当するもの）

(3) 事業用資産を譲渡した場合の所得区分

事業用資産を譲渡した場合の所得区分の判定について、図示すると次のようになります。

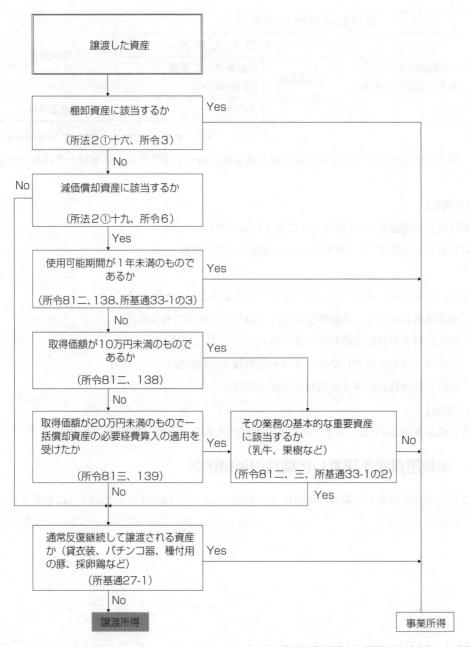

(出典:税務大学校講本 所得税法(令和6年度版))

誤りやすい事例　事業用固定資産の譲渡益の取扱い

事業用車両の売却(下取り)収入を事業所得の収入金額としていた。

解説

事業用の資産の譲渡による所得であっても、棚卸資産の譲渡や営利を目的として継続的に行われる資産の譲渡に該当しない場合には、譲渡所得となります(所法33)。

ただし、少額減価償却資産及び一括減価償却資産の必要経費算入の規定の適用を受ける資産は除かれています（所法33②一、所令81）。

(4) 他の各種所得と競合する場合の所得区分

事業所得とは、原則として事業から生ずる所得をいいますが、事業から生ずる所得であっても、その性質や担税力等から、他の所得に区分されるものがあります。

例えば、①山林の売買業者が山林を取得して5年を超えてから譲渡したことによる所得は山林所得に該当し（所法32①②）、②事業用の固定資産の譲渡による所得は、譲渡所得に該当します（所法33①）。

図示すると、次のようになります。

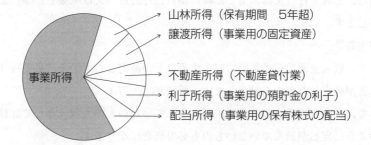

（出典：税務大学校講本　所得税法（令和6年度版））

裁判例　事業所得と給与所得の区分

最高裁昭和54年4月24日第二小法廷判決（判例時報1001号34頁）（抜粋）

「およそ業務の遂行ないし労務の提供から生ずる所得が所得税法上の事業所得と給与所得のいずれに該当するかを判断するにあたっては、租税負担の公平を図るため、所得を事業所得、給与所得等に分類し、その種類に応じた課税を定めている所得税法の趣旨、目的に照らし、当該業務ないし労務及び所得の態様等を考察しなければならない。

したがって、弁護士の顧問料についても、これを一般的抽象的に事業所得又は給与所得のいずれかに分類すべきものではなく、その顧問業務の具体的態様に応じて、その法的性格を判断しなければならないが、その場合、判断の一応の基準として、両者を次のように区分するのが相当である。

すなわち、事業所得とは、自己の計算と危険において独立して営まれ、営利性、有償性を有し、かつ反復継続して遂行する意思と社会的地位とが客観的に認められる業務から生ずる所得をいい、これに対し、給与所得とは雇用契約又はこれに類する原因に基づき使用者の指揮命令に服して提供した労務の対価として使用者から受ける給付をいう。

なお、給与所得については、とりわけ、給与支給者との関係において何らかの空間的、時間的な拘束を受け、継続的ないし断続的に労務又は役務の提供があり、その対価として支給されるものであるかどうかが重視されなければならない。」

 事業所得の金額の計算

事業所得の金額は、その年中の事業所得に係る総収入金額から必要経費を控除した金額となります（所法27②）。

〔算　式〕
事業所得の金額＝総収入金額－必要経費

なお、事業所得の金額の計算にあたっては、次の考え方に基づき計算します。

① 期間（暦年）計算主義

所得金額は、1月1日（又は開業した時）から12月31日（又は廃業した時）までの期間について計算します。

② 権利確定主義等

原則として、収入金額はその年中に収入することが確定したものを、必要経費はその年中に支払うことが確定したものを計上します（所法36①、37①）。

したがって、掛売りの代金のように未だ入金していないものも収入として計算し、掛仕入れの代金のように支払が済んでいないものも必要経費になります。

③ 費用収益対応主義等

必要経費には、例えば売上原価などのように収入に対応するものと、販売費や一般管理費のように期間に対応するものとがありますが、販売されていない商品に対応する仕入金額や翌年分の期間に対応する前払費用などは、原則としてその年分の必要経費になりません。

(1) 総収入金額

事業所得の総収入金額の収入すべき金額及び時期の取扱いは、次のとおりとなります。

① 収入時期の一般的な原則（所基通36-8）

	区　　　分		収　入　の　時　期
①	棚卸資産の販売（②、③を除きます）		引渡しのあった日
②	試用販売		相手方が購入の意思を表示した日
③	委託販売		受託者が委託品を販売した日
④	請負	物の引渡しを要する契約	目的物の全部を完成して相手方に引き渡した日
		物の引渡しを要しない契約	約した役務の提供を完了した日
⑤	人的役務の提供（④を除きます）		人的役務の提供を完了した日
⑥	資産（金銭を除きます）の貸付けによる賃貸料でその年に対応するもの		その年の末日
⑦	金銭の貸付けによる利息又は手形の割引料でその年に対応するもの		その年の末日（注）

（注）その者が継続して次により収入計上しているときは、それぞれ次に掲げる日によります。
　　イ　利息を天引きして貸し付けたものに係る利息
　　　⇒その契約により定められている貸付元本の返済日
　　ロ　その他の利息
　　　⇒その貸付けの契約の内容に応じて、次のようになります。
　　　（イ）利息の支払日が定められているものはその支払日
　　　（ロ）支払日が定められていないものはその支払を受けた日
　　　（ハ）請求があったときに支払うこととされている利息については、その請求の日
　　ハ　手形の割引料
　　　⇒その手形の満期日（満期日前に手形を譲渡した場合には、その譲渡の日）

②　特別な場合の収入時期

収益が実現したときに収入金額を計上するという原則に対する特例として、実現した収益の繰延べや未実現利益の先取り計上が認められています。
　　イ　実現した利益の繰延べ　⇒　延払条件付販売等（所法65、旧所法65、所法67の2、所令188～191、旧所令188～191、旧所基通65-1）
　　ロ　未実現利益の先取り計上　⇒　工事の請負（所法66、所令192～194）

【参考通達】
〔リース譲渡に係る収入及び費用の帰属時期〕（所法65）
・所得税基本通達65-2（売買があったものとされたリース取引）
・所得税基本通達65-3（延払損益計算の基礎となる手数料の範囲）
・所得税基本通達65-5（延払基準の計算単位）
・所得税基本通達65-6（時価以上の価額で資産を下取りした場合の対価の額）
・所得税基本通達65-7（支払期日前に受領した手形）
・所得税基本通達65-8（賦払金の支払遅延等により販売した資産を取り戻した場合の処理）
・所得税基本通達65-9（契約の変更があった場合の取扱い）
・所得税基本通達65-10（対価の額又は原価の額に異動があった場合の調整）

〔リース取引に係る所得の金額の計算〕（所法67の2）
〈リース取引の意義〉
・所得税基本通達67の2-1（解除することができないものに準ずるものの意義）
・所得税基本通達67の2-2（おおむね100分の90の判定等）
・所得税基本通達67の2-3（これらに準ずるものの意義）
〈金銭の貸借とされるリース取引〉
・所得税基本通達67の2-4（金銭の貸借とされるリース取引の判定）
・所得税基本通達67の2-5（借入金として取り扱う売買代金の額）
・所得税基本通達67の2-6（貸付金として取り扱う売買代金の額）

〔工事の請負に係る収入及び費用の帰属時期〕（所法66）

・所得税基本通達66-1（工事の請負の範囲）
・所得税基本通達66-2（契約の意義）
・所得税基本通達66-3（契約において手形で請負の対価の額が支払われることになっている場合の取扱い）
・所得税基本通達66-4（長期大規模工事に該当するかどうかの判定単位）
・所得税基本通達66-5（工事の目的物について個々に引渡しが可能な場合の取扱い）
・所得税基本通達66-6（長期大規模工事に該当しないこととなった場合の取扱い）
・所得税基本通達66-7（長期大規模工事の着手の日の判定）
・所得税基本通達66-9（損失が見込まれる場合の工事進行基準の適用）

③ 特殊な収入金額の計算

イ 棚卸資産の自家消費、贈与（所法39、40①一、所基通39-1、39-2）

棚卸資産を自家消費した場合や贈与した場合には、次のとおり収入に計上しなければならないこととされています。

（イ）原則

販売価額を総収入金額に計上します。

（ロ）仕入価額で記帳している場合

仕入価額を総収入金額に計上します。

ただし、仕入価額が販売価額の70％相当額を下回っているときは、販売価額の70％相当額以上の金額で記帳する必要があります。

ロ 著しく低い価額による譲渡（所法40①二、所基通40-2、40-3）

棚卸資産を著しく低額で譲渡した場合[注1]には、現実に収受した金額と実質的に贈与したと認められる金額[注2]の合計額を総収入金額に算入します。

（注1） 通常の販売価額の70％未満の対価による譲渡である場合をいいます。

（注2） 実質的に贈与したと認められる金額は、通常の販売価額の70％に相当する金額から現実に収受した金額を控除した金額とすることができます。

ハ 農産物の収入金額（所法41、所令88、所基通41-1）

農産物[注1]を収穫した場合には、収穫価額[注2]によります。

（注1） 上記の農産物とは、米、麦その他の穀物、馬鈴しょ、野菜などのほ場作物、果樹、樹園の生産物又は温室その他特殊施設を用いて生産する園芸作物をいいます。

（注2） 収穫価額は、農産物の収穫時における生産者販売価額により計算します。

【参考通達】

〔棚卸資産の贈与等の場合の総収入金額算入〕

・所得税基本通達39-3（準棚卸資産を家事消費した場合の所得区分）
・所得税基本通達39-4（山林を家事消費した場合の所得区分）
・所得税基本通達39-5（山林を伐採して事業用の建物等の建築のために使用した場合）

〔棚卸資産の贈与等の場合の総収入金額算入〕
・所得税基本通達40-1（事業所得の基因となる山林の意義）

> **誤りやすい事例** 弁護士の着手金や歯科矯正料の収入金額の計上時期

弁護士の着手金や歯科医の歯列矯正料を前受収入としていた。

> **解説**

原則として、弁護士の着手金は受任した時に、歯科医の歯列矯正料は矯正装置を装着した時に、総収入金額に計上します。

なお、人的役務の提供が完了していなくても、人的役務の提供の程度に応じて収入する等の特約又は慣習がある場合には、その特約又は慣習による収入時期により計上する必要があります（所基通36-8(5)）。

(2) 必要経費の計算

必要経費に算入すべき金額の計算は、次のとおりです。

① 必要経費算入の時期

必要経費は、現実に支払った金額ではなく、その年において支払うべき債務の確定した金額によって計算します。

その年に債務が確定したかどうかは、減価償却費、引当金・準備金などの例外を除き、次に掲げるすべての要件を該当するかどうかにより判定します。

イ　原則（所基通37-2）
　(イ)　債務の成立：その年12月31日までに、その費用に対し支払わなければならない債務が成立していること。
　(ロ)　事実の発生：その年12月31日までに、商品を受け取っていたり、資産を既に使用しているなど、その債務のもととなった具体的な事実が発生していること。
　(ハ)　金額の確定：その年12月31日までに、債務の金額を合理的に算出することができること。

ロ　帰属時期の特例（所基通37-30の2）
　　1年以内の短期前払の火災保険料や家賃などについては、上記原則イの(ロ)の要件を満たしていないことから、本来は未経過分の区分計算を行って正確な期間計算をすべきところ、税務計算の簡略化を図るため、一定の要件を満たす場合には、支払った日の属する年分の必要経費とする帰属時期の特例が認められています。

② 売上原価

棚卸資産の売上原価は、次のように計算します。

〔算式〕

売上原価＝（1月1日現在における棚卸資産の在り高）＋（その年中仕入高又は製造原価（注））－（12月31日現在における棚卸資産の在り高）

（注）製造原価は、次の算式で計算します。

製造原価＝（1月1日現在における仕掛品の棚卸高）＋（その年中の総製造費用）－（12月31日現在における仕掛品の棚卸高）

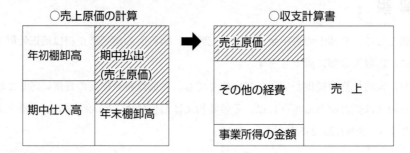

イ　棚卸資産

　棚卸資産とは、事業所得を生ずべき事業に関する次に掲げる資産（有価証券、所得税法48条の2第1項に規定する暗号資産及び山林を除きます）をいいます（所法2①十六、所令3）。

①商品又は製品（副産物及び作業くずを含みます）

②半製品

③仕掛品（半成工事を含みます）

④主要原材料

⑤補助原材料

⑥消耗品で貯蔵中のもの

⑦その他これらに準ずる資産

【参考通達】

・所得税基本通達2-13（棚卸資産に含まれるもの）

ロ　棚卸資産の取得価額

　棚卸資産の取得価額は、その取得の態様により次のとおり計算します。

（イ）他から購入した資産（所令103①一、所基通47-17、47-18の2、47-21）

　　棚卸資産を購入した場合の取得価額には、次のようなものが算入されます（所令103①一）。

　　なお、棚卸資産の取得のために要した借入金の利子は、取得価額に算入することができます（所基通47-21）。

取得価額＝購入の代価（注1）＋販売の用に供するために直接要した費用（注2）

(注1) 購入先に支払った代金、引取運賃、荷役費、運送保険料、購入手数料、関税、その他購入のために要した費用をいいます。
(注2) 例えば、以下の(a)、(b)、(c)等の費用をいいます。
　また、次に掲げる費用は取得価額に算入しないことができます（所基通47-17、47-18の2）。

a　これらの費用の合計額が少額(注)である場合に、取得価額に算入しないことができる費用
　(a)　買入事務、検収、整理、選別、手入れ等に要した費用の額
　(b)　販売所等又は製造所等から販売所等に移管するために要した運賃、荷造費等の費用の額
　(c)　特別の時期に販売する等のため、長期にわたって保管するために要した費用の額
　　(注)　少額とは、(a)、(b)、(c)の合計額が、その資産の購入代価のおおむね3％以内である場合をいいます。

b　取得価額に算入しないことができる費用
　(d)　不動産取得税
　(e)　地価税
　(f)　固定資産税及び都市計画税
　(g)　特別土地保有税
　(h)　登録免許税（登録に要する費用を含みます）

(ロ)　自己が製造した資産（所令103①二、所基通47-17、47-19）

　棚卸資産を製造した場合等の取得価額には、次のようなものが算入されます（所令103①二）。

取得価額＝製造・採掘・栽培等の原価(注1)＋販売の用に供するために直接要した費用(注2)

(注1)　その資産の製造のために要した原材料費、労務費及び経費の額をいいます。
(注2)　例えば、以下の(a)、(b)、(c)等の費用をいいます。
　また、次に掲げる費用は取得価額に算入しないことができます（所基通47-17）。

　これらの費用の合計額が少額(注)である場合に、取得価額に算入しないことができる費用
(a)　製造等の後において要した検査、検定、整理、選別、手入れ等の費用の額
(b)　製造場等から販売所等へ移管するために要した運賃、荷造費等の費用の額
(c)　特別の時期に販売する等のため、長期にわたって保管するために要した費用の額
　(注)　少額とは、(a)、(b)、(c)の合計額が、その資産の製造原価のおおむね3％以内である場合をいいます。

　なお、次に掲げるような費用の額は製造原価に算入しないことができます（所基通47-19）。
(d)　退職給与規程を改正した年において退職給与引当金勘定に繰り入れた金額でその年分

の必要経費に算入される金額のうち、改正後の退職給与規程をその年の前年12月31日における退職給与規程とみなして計算した場合におけるその年分の繰入限度を超える部分の金額

(e) 通常の賞与以外の賞与（例えば、創業何周年記念賞与のように特別の場合に支給される賞与など）の額

(f) 試験研究費のうち、基礎研究及び応用研究の費用の額並びに工業化研究に該当することが明らかでないものの費用の額

(g) 租税特別措置法に定める特別償却費等

(h) 工業所有権等について支払う使用料等の額が売上高等に基づいている場合におけるその使用料の額及び工業所有権等に係る頭金の償却費の額

(i) 工業所有権等について支払う使用料の額が生産数量等を基礎として定められており、かつ、最低使用料の定めがある場合において支払われる使用料の額のうち、生産数量等により計算される使用料の額を超える部分の金額

(j) 複写して販売するための原本となるソフトウェアの償却費の額

(k) 事業税の額

(l) 事業の閉鎖、事業規模の縮小等のために大量に整理した使用人に対し支給する退職給与の額

(m) 相当期間にわたり生産を休止した場合の休止期間に対応する費用の額

(n) 障害者の雇用の促進等に関する法律53条1項に規定する障害者雇用給付金の額

(ハ) その他の方法で取得した資産（所令103①三、②）

その資産の取得の時に通常要する取得のための価額と、その資産を消費し又は販売の用に供するため直接要した費用の額との合計額を取得価額とします。

なお、次の資産の取得価額は、それぞれ次の金額によることになっています。

イ　相続などで取得した資産

> 取得価額＝被相続人が死亡のときによるべきものとされていた評価方法により評価した金額

ロ　著しく低い価額で譲り受けた資産

> 取得価額＝a＋b＋c
> 　a：自己が支払った金額
> 　b：経済的利益として総収入金額に算入した金額
> 　c：その資産を消費し又は販売の用に供するために直接要した費用の額

【参考通達】

〔棚卸資産の取得価額〕（所令103）

・所得税基本通達47-17の2（砂利採取地に係る埋戻し費用）
・所得税基本通達47-18（翌年以後において購入代価が確定した場合の調整）
・所得税基本通達47-20（少額な製造間接費の配賦）
・所得税基本通達47-20の2（副産物、作業くず又は仕損じ品の評価）

〔棚卸資産の取得価額の特例〕（所令104）
・所得税基本通達47-22（棚卸資産の著しい陳腐化の例示）
・所得税基本通達47-23（棚卸資産の取得価額の特例を適用できる特別の事実の例示）
・所得税基本通達47-24（棚卸資産について取得価額の特例を適用できない場合）

〔棚卸しの手続〕
・所得税基本通達47-25（棚卸しの手続）

ハ 棚卸資産の評価方法
（イ）原則的評価方法
　棚卸資産の期末評価の方法として選定することができる原則的評価方法は、原価法と低価法に区分され、原価法はさらに6つに区分され、その内容は次のとおりです（所令99）。

a　原価法（所令99①一）
　期末棚卸資産について、次のいずれかの方法により取得価額を算出し、その算出した取得価額をもって、期末棚卸資産の評価額とする方法です。

(a)　個別法（所令99①一イ）
　期末棚卸資産の全部について、その個々の取得価額を期末評価額とする方法。
　なお、この方法は、大量に取引され、かつ、規格に応じて価格が定められているようなものには適用できないこととされています（所令99②、所基通47-1）。

(b)　先入先出法（所令99①一ロ）
　期末棚卸資産が、期末近くに取得したものから順次構成されているものとみなし、そのみなされた棚卸資産の取得価額を期末の評価額とする方法。
　したがって、物価上昇時には販売利益が多く計算され、逆に物価下落時には販売利益が少なく計算されるという特徴があります。

(c)　総平均法（所令99①一ハ）
　期首棚卸資産の取得価額の総額と期中に取得した棚卸資産の取得価額の総額との合計額を、それらの総数量で除した単価によって期末棚卸資産を評価する方法。

(d)　移動平均法（所令99①一ニ）
　その種類等に属する棚卸資産を取得した都度、その取得価額とその時において有する棚卸資産の取得価額とを総平均して帳簿価額を定め、この繰り返しにより順次期末まで改定して期末評価額が定める方法。

(e)　最終仕入原価法（所令99①一ホ）
　その年の最後に取得したものの単価で、期末棚卸資産を評価する方法。
　計算が簡単であると同時に、期末近くにおける時価の騰落がその評価額に大きく

影響するという特徴があります。

(f) 売価還元法（所令99①一ヘ）

次の算式のように、期末棚卸資産の通常の販売価額の総額に原価率を乗じて期末棚卸資産を評価する方法。

この計算は、種類等を同じくする資産又は通常の差益率を同じくする資産ごとに行います（所基通47-5）。

〔算　式〕
評価額＝期末棚卸資産の通常の販売価額の総額（注1）×原価率（注2）

(注1)「通常の販売価額の総額」は、販売した棚卸資産について値引き、割戻し等を行い、それを売上金額から控除しているときであっても、その値引、割戻し等を考慮しないところの総額によります（所基通47-6）。

(注2)「原価率」は、次の算式により計算します。なお、原価率が100％を超えても、その率を原価率とします（所基通47-8）。

〔算　式〕
(A＋B) ÷ (C＋D)
A：期首棚卸資産の取得価額の総額
B：取得した棚卸資産の取得価額の総額
C：期末棚卸資産の通常の販売価額の総額（注1）
D：販売した棚卸資産の対価の総額（注3）

(注3)「販売した棚卸資産の対価の総額」とは、実際の販売価額の合計額をいいます。したがって、値引があった場合には、値引後の金額ということになります。なお、販売状況の個別管理等による例外もあります。（所基通47-7）。

b 低価法（所令99①二）

原価法のうち、あらかじめ選定している方法によって評価した棚卸資産の額とその年の12月31日における棚卸資産の額とを比較して、いずれか低い方の額をもって棚卸高とする方法。

この方法は、青色申告者だけが選定できます（所令99①一）。

【参考通達】

・所得税基本通達47-1（個別法を選定することができる棚卸資産）

・所得税基本通達47-3（月別総平均法等）

・所得税基本通達47-4（半製品又は仕掛品についての売価還元法）

・所得税基本通達47-8（原価の率が100％を超える場合の売価還元法の適用）

・所得税基本通達47-8の2（未着品の評価）

・所得税基本通達47-9（低価法における低価の事実の判定の単位）

・所得税基本通達47-10（時価）

・所得税基本通達47-14（前年末において低価法により評価している場合の棚卸資産の取得価額）

・所得税基本通達47-15（準棚卸資産に係る必要経費の算入）
  (ロ)　特別な評価方法
　　　原則的評価方法である原価法又は低価法以外の評価方法により、棚卸資産の評価額を計算しようとする場合は、税務署長に承認申請書を提出し、その承認を受けた日の属する年分以降から計算できることになります（所令99の2）。

棚卸資産の特別な評価方法の承認申請書
〔記載内容〕 ・採用しようとする評価の方法・採用理由・事業の種類・資産の区分・その他の事項

税　務　署　長	
〔承認〕 　承認を受けた日の属する年以後の年の評価額の計算に適用される	〔却下〕 　その評価方法によって各年の所得の金額の計算が適正に行われ難いと認められる場合

  (ハ)　棚卸資産の評価方法の選定と届出（所令99の2～102、所規22、23）
　　　棚卸資産の評価の方法は、事業の種類ごとに、かつ、商品又は製品、半製品、仕掛品、主要原材料及び補助原材料その他の棚卸資産の区分ごとに選定し、税務署長に届け出なければならないこととされています。
　　　この届出をしない場合又は選定した方法により評価しなかった場合は、最終仕入原価法が評価方法とされます（所令102）。
　　　評価方法の変更は、特別な理由がない限り現によっている評価方法を採用してから3年間を経過していないときはできないこととされています（所基通47-16の2）。
　　　棚卸資産の評価方法の選定と届出を図示すると次のようになります。

	事　　由	主 な 記 載 事 項	提出先	期　　日
届出	新規開業	①事業の種類 ②資産の区分 ③評価の方法	所轄の税務署長	開業した日の属する年分の確定申告期限（所令100②）
	異なる事業の開始			
承認の申請	評価方法の変更	①事業の種類 ②資産の区分 ③現在の評価方法 ④変更後の評価方法 ⑤変更の理由		変更しようとする年の3月15日（所令101）
	特別な評価方法	①事業の種類 ②資産の区分 ③現在の評価方法 ④採用しようとする評価方法 ⑤採用しようとする理由		特に期限はない

【参考通達】
・所得税基本通達47-16（評価方法の選定単位の細分）

ニ　有価証券の譲渡原価等

　事業所得の基因となる有価証券の取得価額は、同一銘柄の有価証券ごとに次の算式で計算します（所法48①）。

〔算　式〕
有価証券の譲渡原価＝（年初の評価額）＋（その年中の買入高）－（年末の評価額）

（イ）　有価証券の取得価額

　　有価証券の評価額の計算の基礎となる有価証券の取得価額は、その所得の区分に応じて、一般的には、次表のとおり、それぞれ次の金額によって計算します（所令84、109①、措令19の3㉑）。

	区　分	取　得　価　額
①	金銭の払込みによって取得したもの（③～⑤を除きます）	払い込んだ金額（取得のための費用を含みます）
②	個人が法人又はその全部の株式等を保有する一定の親法人から役務の提供の対価として取得した一定の譲渡制限付株式（注）	譲渡制限が解除された日における価額
③	会社法の施行に伴う関係法律の整備等に関する法律64条の規定による改正前の商法280の21第1項の規定に基づき取得した新株予約権の行使により取得したもの（株主等として取得したものを除きます）	新株予約権等の行使の日における価額
④	会社法238条2項の決議（同法239条1項、240条1項の規定による決議等を含みます）に基づき発行された新株予約権（特に有利な条件若しくは金額であるもの又は役務の提供等による対価の全部又は一部であるものに限ります）（株主等として取得したものを除きます）	新株予約権の行使の日における価額
⑤	株式と引換えに払い込むべき額が有利な場合におけるその株式を取得する権利（③、④及び株主等として取得したものを除きます）	払込み又は給付の期日における価額
⑥	新たな払込み又は給付を要しないで取得した株式又は新株予約権（株主等として取得するもので、他の株主等に損害を与えないものに限ります）	零円
⑦	購入したもの（③～⑤を除きます）	購入の代価（購入費用を含みます）
⑧	①～⑦以外の方法により取得したもの	その取得のために通常要する価額

（注）　「譲渡制限付株式」とは、次の要件に該当する株式をいいます（所令84②）。
　　　①　譲渡制限がされており、かつ、譲渡制限期間が設けられていること
　　　②　役務の提供を受ける法人又は株式を発行・交付した法人が株式を無償で取得することとなる事由（株式の交付を受けた個人が譲渡制限期間内の所定の期間勤務を継続しないこと等の事由又はこれらの法人の業績があらかじめ定めた基準に達しないこと等の事由）が定められていること

【参考通達】
・所得税基本通達48-1の2（特定譲渡制限付株式の価額）
・所得税基本通達48-2（発行法人から与えられた株式等を取得する権利の行使により取得した株式等の価額）
・所得税基本通達48-2の2（株主等として与えられる場合）
・所得税基本通達48-3（有価証券の購入のために要した費用）
・所得税基本通達48-6の2（新株予約権の行使により取得した株式の取得価額）
・所得税基本通達48-6の3（新株予約権付社債に係る新株予約権の行使により取得した株式の取得価額）

（ロ）相続等によって取得した事業所得の基因となる有価証券の取得価額

次の方法で取得した事業所得の基因となる有価証券の取得価額は、次表のとおり、それぞれ次の金額により計算します（所令109②）。

なお、贈与又は遺贈によって取得したもので贈与者又は受贈者の事業所得の金額又は雑所得の金額の計算上その有価証券の価額が収入金額に算入されたものは、その贈与又は遺贈の時におけるその有価証券の価額を取得価額とします（所法40②一）。

区　分	取　得　価　額
① 贈与（注1）、相続又は遺贈（注2）によって取得したもの（注3）	被相続人の死亡の時にその被相続人がその有価証券について採用することとしていた評価の方法で評価した金額
② 著しく低い価額の対価で取得したもの	その対価の額とその譲渡によって実質的に贈与されたと認められる金額との合計額

（注1）相続人に対する贈与で被相続人である贈与者の死亡により効力を生ずるものに限ります。
（注2）包括遺贈及び相続人に対する特定遺贈に限ります。
（注3）相続、遺贈又は贈与により取得した株式等を譲渡した場合には、被相続人、遺贈者又は贈与者（以下、「贈与者等」といいます）の株式等を所有していた期間を含めて、相続人、受遺者又は受贈者（以下、「受贈者等」といいます）が引き続き所有していたものとみなされることから、贈与者等が取得に要した金額（取得価額）及び取得した時期のいずれもが受贈者等に引き継がれることとなります（所法60）。

なお、次の表のようになります。

		贈与者等	移転原因	受贈者等	取得価額
原則	①	被相続人	相　続	相続人	贈与者等の取得価額が引き継がれます（所法60①）（*）。
	②	遺贈者	遺　贈	受遺者	
	③	贈与者	贈　与	受贈者	
例外	④	被相続人	相続が限定承認	相続人	相続又は遺贈が行われた時の株式等の価額が取得価額となります（所法60②）。
	⑤	遺贈者	遺贈が包括遺贈でかつ限定承認	受遺者	

（*）贈与又は相続・遺贈の際に取得者が通常支払う費用のうち、その資産を取得するための費用を含みます（所基通60-2）。

(ハ) 信用取引等による株式又は公社債の取得価額

　　信用取引若しくは発行日取引又は先物取引の方法によって株式又は公社債の売買を行い、株式又は公社債の売付けと買付けによってその取引の決済を行っている場合のその売付けに係る株式又は公社債の取得価額は、その買付けに係る株式又は公社債の取得に要した金額によって計算します（所令119）。

(ニ) 信用取引における金利等

　　信用取引の方法により株式の買付け又は売付けを行う者が、その信用取引に関し、証券会社に支払うべき、又は証券会社から支払を受けるべき金利又は品貸料に相当する金額はそれぞれ次によります（所基通36・37共-22）。

　① 買付けを行う者が、証券会社に支払うべき金利は、その買付けによる株式の取得価額に算入し、証券会社から支払を受けるべき品貸料はその買付けによる株式の取得価額から控除します。

　② 売付けを行う者が、証券会社から支払を受けるべき金利は、その売付けに関する株式の譲渡による収入価額に算入し、証券会社に支払うべき品貸料はその売付けに関する株式の譲渡による収入金額から控除します。

(ホ) 信用取引における配当落調整額等

　　信用取引に関し、株式の買付けを行った者が証券会社から支払を受けるべき次の金額は、その買付けに関する株式の取得価額から控除し、株式の売付けを行った者が証券会社に対して支払うべき次の金額は、その売付けに関する株式の譲渡による収入金額から控除します（所基通36・37共-23）。

　① 配当落調整額（信用取引についての株式につき配当が付与された場合において、証券会社が売付けを行った者から徴収し、又は買付けを行った者に支払うその配当に相当する金額）に相当する金額

　② 権利処理価額（信用取引についての株式につき株式分割、株式無償割当て及び会社分割による株式を受ける権利、新株予約権（新投資口予約権を含みます。）又は新株予約権の割当てを受ける権利が付与された場合において、証券会社が売付けを行った者から徴収し、又は買付けを行った者に支払うその引受権に相当する金額）に相当する金額

(ヘ) 株式の分割又は併合があった場合等の株式の取得価額

　　次の法令を参照。

　　所得税法施行令115条《組織変更があった場合の株式等の取得価額》

　　所得税法施行令116条《合併等があった場合の新株予約権等の取得価額》

　　所得税法施行令117条《旧株１株の従前の取得価額等》

(ト) 取得価額を計算することが困難な場合の取扱い

　　有価証券を長期間所有していた場合や、所有期間中何回も売買したり増資等が行われている場合で、納税者において法令上の定めにより記録等に基づいて正確に取得価額を計算することが困難なときは、譲渡収入金額の５％相当額を取得価額として申告するが認めら

れています（所基通38-16、48-8）。
(チ) 有価証券の評価方法
　有価証券の評価は、有価証券の種類ごとに総平均法及び移動平均法のうち、あらかじめ選定して届け出た方法によって行います（所法48②、所令105、106①）。

【参考通達】
・所得税基本通達48-1（有価証券の種類）
(リ) 評価方法の選定及び変更
　事業所得の基因となる有価証券を取得した場合には、その取得の年の前年以前に同種類の有価証券を取得している場合を除き、その取得した日の属する年分の確定申告書の提出期限までに、その有価証券について採用する評価方法を選定して、納税地の所轄税務署長に届け出なければならないこととされています（所令106②）。
　この届出をしないときは、原則として総平均法によって評価しなければならないことになっています（所令108①）。
　また、現在採用している評価方法を変更しようとする場合には、新たな評価方法を採用しようとする年の3月15日までに、納税地の所轄税務署長に承認の申請をしなければならないこととされています（所令107）。

【参考通達】
・所得税基本通達48-7（評価方法の変更申請があった場合の「相当期間」）

④ **青色申告者の減価償却の特例**
　青色申告者は、その事業の用に供する減価償却資産等について、次のような特別償却又は割増償却等ができます。

償却の方法	種　　類
特別償却 ⇒初年度に取得価額の一定割合を一時に償却	①　中小事業者が機械等を取得した場合の特別償却（措法10の3）（350ページ参照）
	②　地域経済牽引事業の促進区域内において特定事業用機械等を取得した場合の特別償却（措法10の4）（353ページ参照）
	③　地方活力向上地域等において特定建物等を取得した場合の特別償却（措法10の4の2）（354ページ参照）
	④　特定中小事業者が特定経営力向上設備等を取得した場合の特別償却（措法10の5の3）（356ページ参照）
	⑤　認定特定高度情報通信技術活用設備を取得した場合の特別償却（措法10の5の5）（357ページ参照）
	⑥　事業適応設備を取得した場合等の特別償却（措法10の5の6）（358ページ参照）
	⑦　特定船舶の特別償却（旧：特定設備等の特別償却）（措法11、旧措法11）（360ページ参照）

特別償却 ⇒初年度に取得価額の一定割合を一時に償却	⑧	被災代替資産等の特別償却（措法11の２）（362ページ参照）
	⑨	特定事業継続力強化設備等の特別償却（措法11の３）（363ページ参照）
	⑩	環境負荷低減事業活動用資産等を取得した場合の特別償却（措法11の４）（365ページ参照）
	⑪	生産方式革新事業活動用資産等の特別償却（措法11の５）（366ページ参照）
	⑫	特定地域における工業用機械等の特別償却（措法12）（368ページ参照）
	⑬	医療用機械等の特別償却（措法12の２）（374ページ参照）
割増償却 ⇒一定期間に限り、各年の償却費を一定割合で割増	⑭	輸出事業用資産の割増償却（措法13）（376ページ参照）
	⑮	特定都市再生建築物の割増償却（措法14）（377ページ参照）
	⑯	倉庫用建物等の割増償却（措法15）（378ページ参照）

〔留意事項〕
1．これらの特別償却又は割増償却等の適用を受けるためには、確定申告書等に、これらの特別償却又は割増償却等に関する規定により必要経費に算入される金額についてその算入に関する記載をし、かつ、その計算に関する明細書を添付しなければならないこととされています。
2．これらの特別償却又は割増償却等の適用を受ける減価償却資産については、いずれの場合においても所有権移転外リースにより取得した減価償却資産は対象外となっています。
3．これらの特例は重複して適用を受けることはできないこととされています（措法19①、措令10）。
4．個人の有する減価償却資産の取得価額又は繰延資産の額のうちに試験研究費の額が含まれる場合において、その試験研究費の額につき試験研究を行った場合の所得税額の特別控除制度の適用を受けたときは、その減価償却資産又は繰延資産については、租税特別措置法の規定による特別償却又は税額控除制度等は適用しないこととされています（措法19②）。
5．個人の有する減価償却資産につき、その年の前年以前の各年において、措法19条1項各号に掲げる規定のうちいずれか一の規定の適用を受けた場合には、当該いずれか一の規定以外の各号の規定は適用しないこととされています（措法19③）。
特別償却の特例の主なものは、次のとおりです。

① 中小事業者が機械等を取得した場合の特別償却（措法10の３）

〔概　要〕
　青色申告書を提出する中小事業者が、平成10年６月１日から令和７年３月31日までの間に製

作後事業の用に供されたことのない特定機械装置等を取得し又は特定機械装置等を製作して、これを国内にある指定事業の用に供した場合には、その指定事業の用に供した日の属する年の年分における事業所得の金額の計算上、その特定機械装置等の償却費として必要経費に算入する金額は、通常の償却費の額と、その基準取得価額の30%に相当する金額との合計額以下で、その中小事業者が必要経費として計算した金額とすることができます（措法10の3①、措令5の5、措規5の8）。

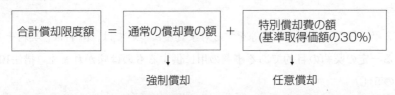

区分	要件	
中小事業者	常時使用する従業員数が1,000人以下の青色申告者（措法10⑧六、措令5の3⑨）	
指定事業	製造業、建設業、農業、林業、漁業、水産養殖業、鉱業、卸売業、道路貨物運送業、倉庫業、港湾運送業、ガス業、小売業、料理店業その他飲食業（料亭、バー、キャバレー、ナイトクラブその他これらに類する事業にあっては生活衛生同業組合の組合員が行うものに限ります（注1））、一般旅客自動車運送業、海洋運輸業及び沿海運輸業、内航船舶貸渡業、旅行業、こん包業、郵便業、通信業、損害保険代理業、不動産業（注2）、サービス業（娯楽業（映画業を除きます）を除きます（注3））（注4）	内航海運業法2条2項に規定する内航海運業
特定機械装置等	機械及び装置で1台又は1基の取得価額が160万円以上の新品のもの	指定事業の用に供される船舶
	機械工具及び検査工具で1台又は1基の取得価額が120万円以上の新品のもの	
	電子計算機に対する指令で1の結果を取るように組み合わされた一定のソフトウエア（システム仕様書を含みます）で1のソフトウエアの取得価額が70万円以上のもの	
	貨物の運送の用に供されるもののうち車両総重量が3.5トン以上の普通自動車	
基準取得価額	取得価額	取得価額×75%

(注1) 指定事業への料亭、バー、キャバレー、ナイトクラブその他これらに類する事業の追加は、令和3年4月1日以後に取得又は製作をする特定機械装置等について適用し、個人が同日前に取得又は製作をした特定機械装置等については、料理店業その他の飲食業から、料亭、バー、キャバレー、ナイトクラブその他これらに類する事業は除かれます。
(注2) 個人が令和3年4月1日以後に取得又は製作をする特定機械装置等について適用し、個人が同日前に取得又は製作をした特定機械装置等については従前どおりとされています。
(注3) 指定事業のサービス業については、物品賃貸業を除くこととされていましたが、令和3年4月1日以後に取得又は製作をする特定機械装置等については除かない（指定事業に追加する）こととされました。

なお、個人が同日前に取得又は製作をした特定機械装置等については従前どおりとされています。
(注4)　個人の営む事業が指定事業に該当するかどうかは、おおむね日本標準産業分類（総務省）によります（措通10の3-5）。
　　　　例えば、出版業⇒製造業、自動車整備⇒サービス業などです。

〔留意事項〕
1．償却不足額については、翌年に繰り越して必要経費に算入することができます（措法10の3②）
2．令和3年4月1日以後に取得等をする対象資産については、匿名組合契約その他これに類する一定の契約の目的である事業の用に供するものは除かれます（措法10の3①、措令5の5④）。
3．令和5年4月1日以後に取得等をする対象資産については、コインランドリー業（主要な事業であるものを除きます）の用に供する機械装置でその管理のおおむね全部を他の者に委託するものが除外されます（措法10の3①、措令5の5）。
　また、総トン数500トン以上の船舶にあっては、環境への負荷低減に資する設備の設置状況等を国土交通大臣に届け出た船舶に限定されます（措法10の3①、措令5の5③）。
4．中小事業者が機械等を取得した場合の所得税額の特別控除を選択した特定機械装置等については、この特別償却の適用は認められません（措法10の3③）
5．所有権移転外リース取引により取得した特定機械装置等については適用されません（措法10の3⑥）。
6．他の特別償却等の減価償却の特例の適用を受けるものは適用対象から除かれます（措法19①）。

【参考通達】
・租税特別措置法通達10の3-1（年の中途において中小事業者に該当しなくなった場合の適用）
・租税特別措置法通達10の3-2（取得価額の判定単位）
・租税特別措置法通達10の3-3（国庫補助金等の総収入金額不算入の適用を受けた場合の特定機械装置等の取得価額要件の判定）
・租税特別措置法通達10の3-4（主たる事業でない場合の適用）
・租税特別措置法通達10の3-6（その他これらの事業に含まれないもの）
・租税特別措置法通達10の3-7（指定事業とその他の事業とに共通して使用される特定機械装置等）
・租税特別措置法通達10の3-8（貸付けの用に供したものに該当しない資産の貸与）
・租税特別措置法通達10の3-9（特定機械装置等の対価につき値引きがあった場合の税額控除限度額の計算）

② 地域経済牽引事業の促進区域内において特定事業用機械等を取得した場合の特別償却（措法10の４）

〔概　要〕

　青色申告書を提出する個人で地域経済牽引事業の促進による地域の成長発展の基盤強化に関する法律に規定する承認地域経済牽引事業者である者が、企業立地の促進等による地域における産業集積の形成及び活性化に関する法律の一部を改正する法律の施行の日（平成29年７月31日）から令和７年３月31日までの期間内に、承認地域経済牽引事業に係る促進区域内において、その承認地域経済牽引事業に係る承認地域経済牽引事業計画に従って特定地域経済牽引事業施設等の新設又は増設をする場合において、その新設若しくは増設に係る特定地域経済牽引事業施設等を構成する特定事業用機械等でその製作若しくは建設の後事業の用に供されたことのないものを取得し、又は製作し若しくは建設して、これをその承認地域経済牽引事業の用に供した場合（貸付けの用を除きます）には、その承認地域経済牽引事業の用に供した日の属する年の年分における事業所得の計算上、その特定事業用機械等の償却費として必要経費に算入する金額は、通常の償却費の額と特別償却限度額（注）との合計額以下の金額で、その個人が必要経費として計算した金額とすることができます（措法10の４①）。

(注)　その取得価額（一の特定地域経済牽引事業施設等を構成する機械等の取得価額の合計額が80億円（平成31年３月31日以前に取得等したものは100億円）を超える場合には基準取得価額）の40％（建物及びその附属設備並びに構築物については20％）に相当する金額とします。

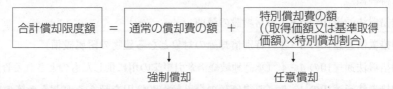

区　　分	要　　件
承認地域経済牽引事業	地域経済牽引事業の促進による地域の成長発展の基盤強化に関する法律25条に規定する承認地域経済牽引事業
特定地域経済牽引事業施設等	地域経済牽引事業の促進による地域の成長発展の基盤強化に関する法律14条２項に規定する承認地域経済牽引事業計画に定められた施設又は設備で、一のその計画に定められた施設又は設備を構成する所得税法施行令６条各号に掲げる資産の取得価額の合計額が2,000万円以上のもの
特定事業用機械等	新設若しくは増設に係る特定地域経済牽引事業施設等を構成する機械及び装置、器具及び備品、建物及びその附属設備並びに構築物
基準取得価額	特定事業用機械等に係る一の特定地域経済牽引事業施設等を構成する機械及び装置、器具及び備品、建物及びその附属設備並びに構築物の取得価額の合計額が80億円（平成31年３月31日以前に取得等したものは100億円）を超える場合におけるその合計額のうちに特定事業用機械等の取得価額が占める割合を80億円（平成31年３月31日以前に取得等したものは100億円）に乗じて計算した金額（措法10の４①）

〔留意事項〕
1．償却不足額については、翌年に繰り越して必要経費に算入することができます（措法10の4②）
2．地域経済牽引事業の促進区域内において特定事業用機械等を取得した場合の所得税額の特別控除を選択した機械等については、この特別償却の適用は認められません（措法10の4③）
3．所有権移転外リース取引により取得した特定事業用機械等については適用されません（措法10の4④）。
4．他の特別償却等の減価償却の特例の適用を受けるものは適用対象から除かれます（措法19①）。
5．平成31年4月1日以後に地域経済牽引事業の促進による地域の成長発展の基盤強化に関する法律の承認を受けた個人が一定の事業の用に供した特定事業用機械等については、償却割合は50％に引き上げられます（措法10の4①）。

【参考通達】
・租税特別措置法通達10の4-1（国庫補助金等をもって取得等した特定地域経済牽引事業施設等の取得価額）
・租税特別措置法通達10の4-2（新増設の範囲）
・租税特別措置法通達10の4-3（特別償却等の対象となる建物の附属設備）
・租税特別措置法通達10の4-4（承認地域経済牽引事業の用に供したものとされる資産の貸与）
・租税特別措置法通達10の4-5（取得価額の合計額が80億円を超えるかどうか等の判定）
・租税特別措置法通達10の4-6（国庫補助金等の総収入金額不算入の適用を受ける場合の取得価額）
・租税特別措置法通達10の4-7（特定事業用機械等の対価につき値引きがあった場合の税額控除限度額の計算）

③ 地方活力向上地域等において特定建物等を取得した場合の特別償却（措法10の4の2）

〔概　要〕
　青色申告書を提出する個人で地域再生法の一部を改正する法律の施行の日（平成27年8月10日）から令和8年3月31日までの期間内に地方活力向上地域等特定業務施設整備計画について認定を受けた者が、その認定を受けた日から同日の翌日以後3年（改正前：2年）以内(注1)に、地方活力向上地域等内において、その認定を受けた地方活力向上地域等特定業務施設整備計画に記載された地域再生法の特定業務施設に該当する建物等及び構築物で、一定の規模以上のものの取得等(注2)をして、その事業の用に供した場合（貸付けの用を除きます）には、その事業の用に供した日の属する年の年分における事業所得の金額の計算上、その特定建物等の

償却費として必要経費に算入する金額は、通常の償却費の額と特別償却限度額$^{(注3)}$との合計額以下の金額で、その個人が必要経費として計算した金額とすることができます（措法10の4の2①、措令5の5の3）。

(注1) 事業の用に供する期限については、令和2年3月31日以後に認定を受けた個人が令和4年4月1日以後に取得等をする特定建物等について適用され、令和2年3月31日以後に旧措法に規定する認定を受けた個人が令和4年4月1日前に取得等をした特定建物等及び令和2年3月31日前に認定を受けた個人が取得等をした特定建物等については、従前どおり（認定を受けた日の翌日以後2年）適用されます。

(注2) 中小事業者（常時使用する従業員の数が1,000人以下の個人）以外の個人が令和6年4月1日以後に取得する特定建物等の取得価額に係る要件については、3,500万円以上、同日前に取得等をした特定建物等については、従前どおり適用されます（措令5の5の3①、令6政71改定措令附3）。

(注3) 特別償却割合は、次のとおりとなります。

地方活力向上地域等特定業務施設整備計画の内容	特別償却割合
移転型計画	25%
移転型計画以外	15%

〔留意事項〕
1．償却不足額については、翌年に繰り越して必要経費に算入することができます（措法10の4の2②）。
2．地方活力向上地域等において特定建物等を取得した場合の所得税額の特別控除を選択した特定建物等については、この特別償却の適用は認められません（措法10の4の2③）。
3．所有権移転外リース取引により取得した特定建物等については適用されません（措法10の4の2④）。
4．他の特別償却等の減価償却の特例の適用を受けるものは適用対象から除かれます（措法19①）。

【参考通達】
・租税特別措置法通達10の4の2-1（特別償却等の対象となる建物の附属設備）
・租税特別措置法通達10の4の2-2（中小事業者であるかどうかの判定時期）
・租税特別措置法通達10の4の2-3（国庫補助金等の総収入金額不算入の適用を受けた場合の特定建物等の取得価額要件の判定）
・租税特別措置法通達10の4の2-4（国庫補助金等の総収入金額不算入の適用を受ける場合の取得価額）
・租税特別措置法通達10の4の2-5（特定建物等の対価につき値引きがあった場合の税額控

除限度額の計算）

④ 特定中小事業者が特定経営力向上設備等を取得した場合の特別償却（措法10の5の3）

〔概　要〕

　青色申告書を提出する特定中小事業者（注）が、平成29年4月1日から令和7年3月31日までの間に、生産等設備を構成する機械装置、工具、器具備品、建物附属設備及び一定のソフトウエアで、経営力向上設備等に該当するもののうち一定の規模のものでその製作若しくは建設の後事業の用に供されたことのない特定経営力向上設備等を取得し、又は製作し、若しくは建設して、これを国内にある特定事業の用に供した場合には、その事業の用に供した日の属する年の年分における事業所得の金額の計算上、その特定経営力向上設備等の償却費として必要経費に算入する金額は、通常の償却費の額とその取得価額から通常の償却費の額を控除した金額との合計額以下の金額で、その特定中小事業者が必要経費として計算した金額とすることができます（措法10の5の3①、措令5の6の3、措規5の11）。

（注）　中小企業等経営強化法の認定を受けた中小企業者等に該当する中小企業者をいいます。

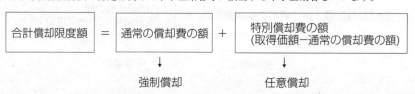

区　分	要　件
特定中小事業者	常時使用する従業員数が1,000人以下の青色申告者のうち中小企業等経営強化法19条1項の認定を受けた同法2条2項に規定する中小企業者等（措法10⑧六、10の5の3①、措令5の3⑨）
指定事業	租税特別措置法10条の3第1項（351ページ参照）に規定する指定事業（措法10の5の3①）
特定経営力向上設備等	中小企業等経営強化法17条3項に規定する経営力向上設備等で、同条1項に規定する経営力向上計画に記載された次のものをいいます（措法10の5の3①、措令5の6の3、措規5の11）。 ・機械及び装置で1台又は1基の取得価額が160万円以上の新品のもの ・工具、器具及び備品で1台又は1基の取得価額が30万円以上の新品のもの ・建物附属設備で1の建物附属設備の取得価額が60万円以上の新品のもの ・租税特別措置法施行令5条の5第1項に規定するソフトウエア（中小事業者が機械等を取得した場合の特別償却におけるソフトウエアと同じ）で1の取得価額が70万円以上のもの

〔留意事項〕
1．償却不足額については、翌年に繰り越して必要経費に算入することができます（措法10の5の3②）。
2．特定中小事業者が特定経営力向上設備等を取得した場合の所得税額の特別控除を選択した特定経営力向上設備等については、この特別償却の適用は認められません（措法10の5の3③）。
3．所有権移転外リース取引により取得した特定経営力向上設備等については適用されません（措法10の5の3⑥）。
4．他の特別償却等の減価償却の特例の適用を受けるものは適用対象から除かれます（措法19①）。
5．対象資産から、令和5年4月1日以後に経営力向上計画の認定に係る申請がされたもので、コインランドリー業（洗濯機、乾燥機その他の洗濯に必要な設備（共同洗濯設備として病院、寄宿舎その他施設内に設置されているものを除きます）を設け、これを公衆に利用させる事業をいいます）又は暗号資産マイニング業（主要な事業であるものを除きます）の用に供する設備等でその管理のおおむね全部を他の者に委託するものを除きます（中小企業等経営強化法施行規則16②）。

【参考通達】
・租税特別措置法通達10の5の3-1（特定中小事業者であるかどうかの判定の時期）
・租税特別措置法通達10の5の3-2（生産等設備の範囲）
・租税特別措置法通達10の5の3-4（取得価額の判定単位）
・租税特別措置法通達10の5の3-5（国庫補助金等をもって取得等した特定経営力向上設備等の取得価額）
・租税特別措置法通達10の5の3-6（主たる事業でない場合の適用）
・租税特別措置法通達10の5の3-7（指定事業とその他の事業とに共通して使用される特定経営力向上設備等）
・租税特別措置法通達10の5の3-8（貸付けの用に供したものに該当しない資産の貸与）
・租税特別措置法通達10の5の3-9（国庫補助金等の総収入金額不算入の適用を受ける場合の取得価額）
・租税特別措置法通達10の5の3-10（特定経営力向上設備等の対価につき値引きがあった場合の税額控除限度額の計算）

⑤　認定特定高度情報通信技術活用設備を取得した場合の特別償却（措法10の5の5）
〔概　要〕
　青色申告書を提出する個人で特定高度情報通信技術活用システムの開発供給及び導入の促進に関する法律に規定する認定導入事業者であるものが、同法の施行の日（令和2年8月31日）

から令和7年3月31日までの間に、その個人の認定導入計画に記載された機械その他の一定の減価償却資産の取得等をして、その個人の事業の用に供した場合には、その事業の用に供した日の属する年の年分における事業所得の金額の計算上、その認定特定高度情報通信技術活用設備の償却費として必要経費に算入する金額は、通常の償却費の額とその取得価額の30％に相当する金額との合計額以下の金額で、その個人が必要経費として計算した金額とすることができます（措法10の5の5①、措令5の6の5）。

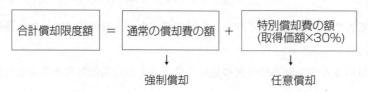

〔留意事項〕
1．令和4年4月1日から認定特定高度情報通信技術活用設備のうち無線設備に係る要件の見直し等が行われています。
2．償却不足額については、翌年に繰り越して必要経費に算入することができます（措法10の5の5②）
3．認定特定高度情報通信技術活用設備を取得した場合の所得税額の特別控除を選択した認定特定高度情報通信技術活用設備については、この特別償却の適用は認められません（措法10の5の5③）
4．所有権移転外リース取引により取得した特定経営力向上設備等については適用されません（措法10の5の5④）。
5．他の特別償却等の減価償却の特例の適用を受けるものは適用対象から除かれます（措法19①）。

【参考通達】
・租税特別措置法通達10の5の5-1（貸付けの用に供したものに該当しない資産の貸与）
・租税特別措置法通達10の5の5-2（国庫補助金等の総収入金額不算入の適用を受ける場合の取得価額）

⑥ 事業適応設備を取得した場合等の特別償却（措法10の5の6）
〈デジタルトランスフォーメーション投資促進税制〉
〔概　要〕
　青色申告書を提出する個人で、産業競争力強化法に規定する認定事業適応事業者が、産業競争力強化等の一部を改正する等の法律の施行の日（令和3年6月19日）から令和7年3月31日までの間に、次に掲げる支出等の内容により、それぞれ特別償却が適用されます（措法10の5の6①）。
イ　情報技術事業適応の用に供するために特定ソフトウエアの新設若しくは増設をし、又は情

報技術事業適応を実施するために利用するソフトウエアのその利用に係る費用（繰延資産となるものに限ります）を支出する場合において、その新設又は増設に係る特定ソフトウエア並びにその特定ソフトウエア又はその利用するソフトウエアとともに情報技術事業適応の用に供する機械装置及び器具備品（主として産業試験研究の用に供される一定のものを除きます）の取得等して事業の用に供したとき

⇒ 取得価額（項目ロの制度の対象となる資産と合計して300億円を上限とします）の30％相当額の特別償却（特別税額控除との選択適用）

ロ　情報技術事業適応を実施するために利用するソフトウエアのその利用に係る費用を支出した場合(注)

⇒ 取得価額（項目イの制度の対象となる資産と合計して300億円を上限とします）の30％相当額の特別償却（特別税額控除との選択適用）

(注)　令和5年度税制改正において、従前の認定に基づくデジタルトランスフォーメーション投資促進税制の対象資産から、次の資産が除外されています（措法10の5の6⑫）。
① 令和5年4月1日前に認定の申請がされた認定事業適応計画（同日以後に変更の認定の申請がなされた場合において、その変更の認定があったときは、その変更後のものを除きます）に従って実施される情報技術事業適応の用に供する情報技術事業適応設備で同日以後に取得又は製作をされたもの
② 令和5年4月1日前に認定の申請がされた認定事業適応計画（同日以後に変更の認定の申請がされた場合において、その変更の認定があったときは、その変更後のものを除きます）に従って実施される情報技術事業適応を実施するために利用するソフトウエアのその利用に係る費用で同日以後に支出されたものに係る繰延資産

〈カーボンニュートラルに向けた投資促進税制〉

〔概　要〕

　青色申告書を提出する個人で、産業競争力強化法に規定する認定事業適応事業者(注)が、産業競争力強化等の一部を改正する等の法律の施行の日（令和3年6月19日）から令和8年3月31日までの間に、その計画に記載された生産工程効率化等設備等の取得等をして事業の用に供した場合、取得価額（500億円を上限とします）の50％相当額の特別償却が適用されます（特別税額控除との選択適用）（措法10の5の6⑤）。

(注)　その認定事業適応計画（エネルギー利用環境負荷低減事業適応に関するものに限ります）にその計画に従って行うエネルギー利用環境負荷低減事業適応のための措置として生産工程効率化等設備等を導入する旨の記載があるものに限ります。

【参考通達】
・租税特別措置法通達10の5の6-1（事業適応繰延資産に該当するもの）
・租税特別措置法通達10の5の6-2（貸付けの用に供したものに該当しない資産の貸与）
・租税特別措置法通達10の5の6-3（分割払の事業適応繰延資産）
・租税特別措置法通達10の5の6-4（国庫補助金等の総収入金額不算入の適用を受ける場合の取得価額）

⑦ 特定船舶の特別償却(旧:特定設備等の特別償却)(措法11、旧措法11)

〔概　要〕

　青色申告書を提出する個人が、次表の指定期間内に、製作又は建設後事業の用に供されたことのない次表に掲げる特定設備等を取得し、又は特定設備等を製作等して事業の用(一定の貸付けの用を除きます)に供した場合には、その特定設備等についてその用に供した日の属する年の年分の事業所得の金額の計算上、その特定設備等の償却費として必要経費に算入する金額は、通常の償却費の額とその特定設備等ごとに定められた特別償却割合を乗じて計算した特別償却費の額との合計額以下の金額でその個人が必要経費として計算した金額とすることができます(措法11①、旧措法11①、措令5の8、旧措令5の8)。

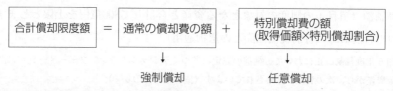

対象資産			特別償却割合	指定期間
再生可能エネルギー発電設備等			20%	平成30年4月1日～令和2年3月31日
			14%	令和2年4月1日～令和3年3月31日(注1)
外航船舶(注2)	1　特定外航船舶(注3)のうち、その特定外航船舶に係る認定外航船舶確保等計画に従って取得等された本邦対外船舶運航事業用船舶(注4)であることにつき証明されたもの	①特定先進船舶に該当するもの		平成31年4月1日～令和8年3月31日
		イ　日本船舶に該当するもの	32%	
		ロ　日本船舶に該当しないもの	30%	
		②特定先進船舶に該当しないもの		
		イ　日本船舶に該当するもの	29%	
		ロ　日本船舶に該当しないもの	27%	
	2　特定外航船舶のうち、その特定外航船舶に係る認定外航船舶確保等計画に従って取得等さ	①特定先進船舶に該当するもの		
		イ　日本船舶に該当するもの	30%	
		ロ　日本船舶に該当しないもの	28%	

外航船舶(注2)	れたものであることにつき証明がされたもの（上記1に該当する船舶を除きます）	②特定先進船舶に該当しないもの		平成31年4月1日〜令和8年3月31日
		イ 日本船舶に該当するもの	27%	
		ロ 日本船舶に該当しないもの	25%	
	3 上記1及び2以外の船舶	①特定先進船舶に該当するもの		
		イ 日本船舶に該当するもの	20%	
		ロ 日本船舶に該当しないもの	18%	
		②特定先進船舶に該当しないもの		
		イ 日本船舶に該当するもの	17%	
		ロ 日本船舶に該当しないもの	15%	
内航船舶(注5)	① 環境負荷低減に著しく資するもの		18%	
	② 上記①以外のもの		16%	

（注1） 個人が令和3年4月1日前に取得又は製造若しくは建設をした再生可能エネルギー発電設備等については従前どおりとなります。

（注2） 外航船舶について、経営合理化及び環境負荷低減に係る要件の見直しが行われています（令和3年4月1日から施行）。

（注3） 特定外航船舶とは、海上運送法39条の2第2項2号に規定する特定外航船舶をいい、令和5年7月1日以後に取得等をしたものに適用されます。

（注4） 本邦対外船舶運航事業用船舶とは、海上運送法39条の2第2項3号に規定する本邦対外船舶運航事業者等の営む対外船舶運航事業の用に供するための特定外航船舶をいいます（措法11①一）。

（注5） 内航船舶について、次の見直しが行われています。
　① 対象船舶から匿名組合契約（※1）又は外国におけるこれに類する契約の目的である船舶貸渡業の用に供される船舶で、その貸付を受けた者の沿海運輸業の用に供されるものを除きます（措令5の8②）（※2）。
　　（※1） 当事者の一方が相手方の事業のために出資をし、相手方がその事業から生ずる利益を分配することを約する契約を含みます。
　　（※2） 個人が令和3年4月1日以後に取得又は製作をする特定船舶について適用し、個人が同日前に取得又は製作をした船舶に従前どおりとされています。
　② 経営合理化及び環境負荷低減に係る要件の見直しが行われています（令和3年4月1日施行）。

〔留意事項〕
1．償却不足額については、翌年に繰り越して必要経費に算入することができます（措法11②、旧措法11②）
2．所有権移転外リース取引により取得した特定設備等については適用されません（措法11①、旧措法11①）。
3．他の特別償却等の減価償却の特例の適用を受けるものは適用対象から除かれます（措法19①）。

【参考通達】
・租税特別措置法通達11-1（被相続人に係る償却不足額の取扱い）
・租税特別措置法通達11-2（償却不足額の処理についての留意事項）
・租税特別措置法通達11-3（海洋運輸業又は沿海運輸業の意義）

⑧ 被災代替資産等の特別償却（措法の11-2）

〔概　要〕

個人が、特定非常災害発生日からその翌日以後5年を経過する日までの間に、次表に掲げる減価償却資産で、特定非常災害に基因して事業の用に供することができなくなったものに代わるものとして、一定のものの取得等をして、これを事業の用（機械及び装置にあっては貸付けの用を除きます）に供した場合又は次表に掲げる減価償却資産の取得等をして、これを被災区域及びその被災区域である土地に付随して一体的に使用される土地の区域内において事業の用（機械及び装置にあっては貸付けの用を除きます）に供した場合には、その用に供した日の属する年の年分における不動産所得の金額又は事業所得の金額の計算上、これらの被災代替資産等の償却費として必要経費に算入する金額は、通常の償却費の額とその被災代替資産等ごとに定められた特別償却割合を乗じて計算した特別償却費の額との合計額以下の額で、その個人が必要経費として計算した金額とすることができます（措法11の2①、措令6）。

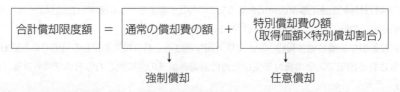

対象資産	特別償却割合			
	発災後3年経過日以後に取得等（注1）		左記以外の取得等	
	中小事業者（注2）	左記以外の者	中小事業者（注2）	左記以外の者
①建物	12%	10%	18%	15%
②構築物				
③機械及び装置	24%	20%	36%	30%

(注1)「発災後3年経過日」とは、特定非常災害発生日の翌日から起算して3年を経過した日をいいます（措法11の2①）。
(注2)「中小事業者」とは、常時使用する従業員の数が1,000人以上の個人をいいます（措法11の2①、10⑧六、措令5の3⑨）。

〔留意事項〕
1. 償却不足額については、翌年に繰り越して必要経費に算入することができます（措法11の2②）
2. 所有権移転外リース取引により取得したものについては適用されません（措法11の2①）。
3. 他の特別償却等の減価償却の特例の適用を受けるものは適用対象から除かれます（措法19①）。

【参考通達】
・租税特別措置法通達11の2-1（同一の用途の判定）
・租税特別措置法通達11の2-2（床面積の意義）
・租税特別措置法通達11の2-3（2以上の被災代替建物を取得した場合の適用）
・租税特別措置法通達11の2-4（おおむね同程度以下の構築物の意義）
・租税特別措置法通達11の2-5（貸付けの用に供したものに該当しない資産の貸与）
・租税特別措置法通達11の2-6（建物等と一体的に事業の用に供される附属設備）
・租税特別措置法通達11の2-7（付随区域）
・租税特別措置法通達11の2-8（中小事業者であるかどうかの判定の時期）
・租税特別措置法通達11の2-9（被相続人に係る償却不足額の取扱い及び償却不足額の処理についての留意事項）

⑨ 特定事業継続力強化設備等の特別償却（措法11の3）

〔概　要〕
　青色申告書を提出する個人で中小事業者であるもののうち中小企業等経営強化法の認定を受けた同法の中小企業者に該当するもの（以下、「特定中小事業者」といいます）(注1)が、中小企業の事業活動の継続に資するための中小企業等経営強化法等の一部を改正する法律の施行の日（令和元年7月16日）から令和7年3月31日までの間に、その認定に係る事業継続力強化計画又は連携事業継続力強化計画（以下、「認定事業継続力強化計画等」といいます）に係る事業継続力強化設備等としてその認定事業継続力強化計画等に記載された機械装置及び器具備品並びに建物附属設備（一定の規模のものに限ります）の取得等をして、その特定中小事業の事業の用に供した場合(注2)には、その取得価額の20％相当額(注3)の特別償却ができます（措法11の3①、措令6の2）。

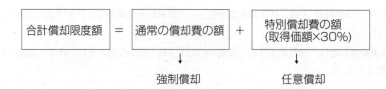

(注1) 個人が令和3年4月1日以後に取得等をする特定事業継続力強化設備等については、対象となる特定中小事業者について、青色申告者を提出する個人で中小事業者であるもののうち、中小企業の事業活動の継続に資するための中小企業等経営強化法等の一部を改正する法律の施行の日（令和元年7月16日）から令和7年3月31日までの間に中小企業等経営強化法56条1項又は58条1項の認定を受けた同法の中小事業者に該当するものとされました。なお、個人が令和3年4月1日前に取得等をした特定事業継続力強化設備等については従前どおりとされています。

(注2) 個人が令和3年4月1日以後に取得等をする特定事業継続力強化設備等については、対象となる資産が中小企業等経営強化法56条1項又は58条1項の認定を受けた日から同日以後1年を経過する日までの間に取得等をして、その特定中小事業者の事業の用に供した資産とされました。なお、個人が令和3年4月1日前に取得等をした特定事業継続力強化設備等については従前どおりとされています。

(注3) この制度の適用対象となる特定事業継続力強化設備等について、次の見直しが行われました(※)。
① 対象に、機械及び装置並びに器具及び備品の部分について行う改良又は機械及び装置並びに器具及び備品の移転のための工事の施行に伴って取得し、又は製作するものを含むこととされました（措法11の3①）。
② 対象から次の資産が除外されました。
　イ　特定事業継続力強化設備等の取得等に充てるための国又は地方公共団体の補助金又は給付金その他これらに準ずるもの（以下、「補助金等」といいます）の交付を受けた個人が、その補助金等をもって取得等をしたその補助金等の交付の目的に適合した特定事業継続力強化設備等（措法11の3③）
　ロ　消火、排煙又は災害報知設備及び防火シャッターその他の自然災害に起因する発火の影響の軽減に資する機能を有するもの
(※) 上記①及び②イの改正は、個人が令和3年4月1日以後に取得等をした特定事業継続力強化設備等について適用し、個人が同日前に取得等をした特定事業継続力強化設備等については従前どおりとされています。
　　また、上記②ロの改正は、中小企業等経営強化法の中小企業者が令和3年4月1日以後に受ける同法の認定（変更の認定を含みます）のうち同日以後に申請がされるものに係る事業継続力強化計画又は連携事業継続力強化計画に記載された特定事業継続力強化設備等について適用し、その中小企業者が同日前に受けた認定及び同日以後に受ける認定のうち同日前に申請がされたものに係る事業継続力強化計画又は連携事業継続力強化計画に記載された特定事業継続力強化設備等については従前どおりとされています。

〔留意事項〕
1．償却不足額については、翌年に繰り越して必要経費に算入することができます（措法11の3②）
2．令和5年4月1日以後に取得等をする特定事業継続力強化設備等の特別償却費割合は18％に引き下げられます（措法11の3①）

3．令和5年4月1日以後に受ける認定のうち同日以後に申請がされるものに係る事業継続力強化計画等に記載された事業継続力強化設備等に耐震装置が追加されました（中小企業等経営強化法施行規則29）。

4．令和7年4月1日以後に取得等をする特定事業継続力強化設備等の特別償却費割合は16％に引き下げられます（措法11の3①）。

5．所有権移転外リース取引により取得した特定経営力向上設備等については適用されません（措法11の3①）。

6．他の特別償却等の減価償却の特例の適用を受けるものは適用対象から除かれます（措法19①）。

【参考通達】
・租税特別措置法通達11の3-1（特定中小事業者であるかどうかの判定の時期）
・租税特別措置法通達11の3-2（被相続人に係る償却不足額の取扱い及び償却不足額の処理についての留意事項）
・租税特別措置法通達11の3-3（取得価額の判定単位）
・租税特別措置法通達11の3-4（国庫補助金等をもって取得等した特定事業継続力強化設備等の取得価額）

⑩ 環境負荷低減事業活動用資産等を取得した場合の特別償却（措法11の4）

〔概　要〕

青色申告書を提出する個人で、環境と調和のとれた食料システムの確立のための環境負荷低減事業活動の促進等に関する法律（以下、「みどりの食料システム法」といいます）の認定を受けた者が、同法の施行の日（令和4年7月1日）から令和8年3月31日までの間に、その認定に係る一定の対象資産を取得等して、その個人の一定の事業活動又は事業の用に供した場合には、その取得価額の100分の32（建物等及び構築物については100分の16）相当額の特別償却ができます（措法11の4①②、措令6の2の2①②、令4法4改正法附1九イ）。

なお、「対象者」、「事業活動又は事業」及び「対象資産」については、次表のとおりとなっています。

区　分	環境負荷低減事業活動用資産等の特別償却	基盤確立事業用資産等の特別償却
対象者	(1) 環境負荷低減事業活動実施計画又は特定環境負荷低減事業活動実施計画についてみどりの食料システム法により都道府県知事の認定を受けた農林漁業者 (2) 上記(1)の農林漁業者が団体である場合におけるその構成員等	基盤確立事業実施計画についてみどりの食料システム法により主務大臣の認定を受けた者

事業活動又は事業	環境負荷低減事業活動又は特定環境負荷低減事業活動	基盤確立事業のうち、環境負荷の低減に資する資材又は機械類その他の物件の生産及び販売に関する事業
対象資産	認定環境負荷低減事業活動実施計画又は認定特定環境負荷低減事業活動実施計画に記載された設備等を構成する機械その他の減価償却資産のうち環境負荷の低減に著しく資するものとして農林水産大臣が定める基準に適合するもので、その取得価額の合計額が100万円以上のもの	認定基盤確立事業実施計画に記載された設備等を構成する機械その他の減価償却資産のうち環境負荷の低減を図るために行う取組の効果を著しく高めるものとして農林水産大臣が定める基準に適合するもの

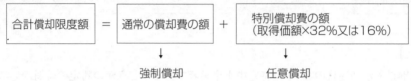

合計償却限度額 = 通常の償却費の額 + 特別償却費の額（取得価額×32％又は16％）

↓ 強制償却　　↓ 任意償却

〔留意事項〕
1. 償却不足額については、翌年に繰り越して必要経費に算入することができます（措法11の4③）。
2. 所有権移転外リース取引により取得したものについては適用されません（措法11の4①）。
3. 他の特別償却等の減価償却の特例の適用を受けるものは適用対象から除かれます（措法19①）。

【参考通達】
・租税特別措置法通達11の4-1（国庫補助金等の総収入金額不算入の適用を受けた場合の環境負荷低減事業活動用資産の取得価額要件の判定）
・租税特別措置法通達11の4-2（被相続人に係る償却不足額の取扱い及び償却不足額の処理についての留意事項）

⑪ 生産方式革新事業活動用資産等の特別償却（措法11の5）

〔概　要〕

青色申告書を提出する個人で農業の生産性の向上のためのスマート農業技術の活用の促進に関する法律（以下、「スマート法」といいます）8条3項に規定する認定生産方式革新事業者であるものが、同法の施行の日から令和9年3月31日までの間に、同法2条3項に規定する生産方式革新事業活動の用に供するための機械その他の減価償却資産（以下、「生産方式革新事業活動用資産等」といいます）でその製作若しくは建設の後事業の用に供されたことにないものを取得し、または生産方式革新事業活動用資産等を製作し、若しくは建設して、これをその個人の生産方式革新事業活動の用に供した場合には、その用に供した日の属する各年分の事業

所得の金額の計算上、その生産方式革新事業活動用資産等の償却費として必要経費に算入する金額は、その生産方式革新事業活動用資産の通常の償却費の額とその取得価額の一定の割合に相当する金額以下の金額（ただし、通常の償却費の額以下の金額）を必要経費に算入することができます（措法11の5①、措令6の2の3）。

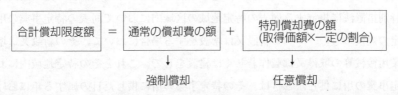

区　分	要　件
適用対象資産	適用対象者に係るスマート法2条3項に規定する生産方式革新事業活動の用に供するための次に掲げる機械その他の減価償却資産をいいます（措法11の5①、措令6の2の2）。 ① スマート法8条3項に規定する認定生産方式革新実施計画に記載された同法7条4項1号に規定する設備等を構成する機械及び装置、器具及び備品、建物及びその附属設備並びに構築物のうち、同法2条1項に規定する農作業の効率化等を通じた農業の生産性の向上に著しく資するものとして一定のもの(注) 　（注）「一定のもの」とは、同法7条4項1号に規定する設備等を構成する機械および装置、器具及び備品、建物及びその附属設備並びに構築物のうち、同号に規定する農作業の効率化等を通じた農業の生産性の向上に著しく資するものとして農林水産大臣が定める基準に適合するものとされています（措令6の2の3①）。 ② スマート法8条3項に規定する認定生産方式革新実施計画に記載された同法7条4項2号に規定する設備等を構成する機械および装置のうち、この認定生産方式革新実施計画に係る同法2条3項に規定する農業者等が行う生産方式革新事業活動の促進に特に資するものとして一定のもの(注) 　（注）「一定のもの」とは、同法7条4項2号に規定する設備等を構成する機械及び装置のうち、同号に規定する農業者等が行う生産方式革新事業活動の促進に資するものとして農林水産大臣が定める基準に適合するものとされています（措令6の2の3②）。
特別償却の割合	①　上記①に掲げる生産方式革新事業活動用資産等　⇒　32% 　　ただし、上記生産方式革新事業活動用資産等のうち、建物およびその附属設備並びに構築物については、16% ②　上記②に掲げる生産方式革新事業活動用資産等　⇒　25%

〔留意事項〕
1．償却不足額については、翌年に繰り越して必要経費に算入することができます（措法11の5②、11②）。
2．所有権移転外リース取引により取得したものについては適用されません（措法11の5①）。
3．他の特別償却等の減価償却の特例の適用を受けるものは適用対象から除かれます（措法19①）。

⑫ 特定地域における工業用機械等の特別償却（措法12）

〈沖縄の特定地域において工業用機械等を取得した場合の特別償却等〉

〔概　要〕

　青色申告書を提出する個人で次の表の認定事業者に該当するものが、一定の期間（注1）内に、沖縄振興特別措置法に規定する同表の特定地域の区域内において同表の特定事業の用に供する設備で一定の規模のもの（注2）の新設又は増設をする場合において、その新設又は増設に係る同表の工業用機械等の取得又は製作若しくは建設をして、これをその特定地域内においてその個人の特定事業の用に供したときは、その特定事業の用に供した日の属する年における事業所得の金額の計算上、その資産の償却費として必要経費に算入する金額は、通常の償却費の額と、その取得価額にそれぞれの割合を乗じて算出した金額との合計額以下の額で、その個人が必要経費として計算した金額とすることができます（措法12①③、11②）。

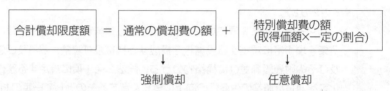

　対象となる認定事業者、特定地域、特定事業、工業用機械等及び特別償却割合は、次のとおりとなります。

	①	②	③	④
認定事業者	沖縄振興特別措置法36条に規定する認定事業者	沖縄振興特別措置法50条1項に規定する認定事業者	沖縄振興特別措置法57条1項に規定する認定事業者	沖縄振興特例措置法2条3号に規定する認定事業者
特定地域	産業イノベーション促進地域	国際物流拠点産業集積地域	経済金融活性化特別地区	離島の地域
特定事業	製造業その他一定の事業	製造業その他一定の事業	認定経済金融活性化計画に定められた特定経済金融活性化産業に属する事業	旅館業
工業用機械等	機械及び装置、器具及び備品、建物及びその附属設備並びに構築物のうち、一定のもの	機械及び装置並びに一定の建物及びその附属設備	機械及び装置、一定の器具及び備品並びに建物及びその附属設備	建物及びその附属設備
特別償却割合	34％（建物及びその附属設備並びに構築物については、20％）	50％（建物及びその附属設備については、25％）	50％（建物及びその附属設備については、25％）	8％

（注1）「一定の期間」とは、産業イノベーション促進地域に係る措置（上記の表の①）又は国際物流拠点産業集積地域に係る措置（上記の表の②）についてはそれぞれ沖縄県知事から主務大臣への産業イノベーション促進計画又は国際物流拠点産業集積計画の提出があった日から令和7年3月31日までの期間と、経済金融活性化特別地区に係る措置（上記の表の③）については経済金融活性化計画の認定の日から令

和7年3月31日までの期間とされています。なお、それぞれの期間内に特定地域に該当しないこととなった場合には、それぞれの期間の初日からその該当しないこととなった日まで等の期間とされています（措法12①、措令6の3①）。

（注2）「一定の規模のもの」とは、産業イノベーション促進地域に係る措置及び国際物流拠点産業集積地域に係る措置については一の生産等設備でこれを構成する有形減価償却資産の取得価額の合計額が1,000万円を超えるもの又は機械及び装置並びに器具及び備品（国際物流拠点産業集積地域に係る措置については、機械及び装置）で一の生産等設備を構成するものの取得価額の合計額が100万円を超えるものと、経済金融活性化特別地区に係る措置については一の生産等設備でこれを構成する有形減価償却資産の取得価額の合計額が500万円を超えるもの又は機械及び装置並びに器具及び備品で一の生産等設備を構成するものの取得価額の合計額が50万円を超えるものとされています（措法12①、措令6の3②）。

〔留意事項〕
1．上表①～③の措置の対象資産のうち、特定高度情報通信技術活用システムに該当するものについては、その個人の認定導入計画に記載された認定特定高度情報通信技術活用設備に限ることとされています（措法12①）（個人が令和3年4月1日以後に取得又は製作若しくは建設をする減価償却資産について適用し、個人が同日前に取得又は製作若しくは建設をした減価償却資産については従前どおりとされています）。
2．上表①～③の措置における一の生産等設備を構成する有形減価償却資産の取得価額の合計額が一定金額を超えるものであることとの要件における「取得価額」が所得税法施行令126条1項各号の規定により計算した取得価額とされています（措令6の3②一イ）（個人が令和3年4月1日以後に取得又は製作若しくは建設をする工業用機械等及び個人が同日以後に取得等をする産業振興機械等について適用し、個人が同日前に取得又は製作若しくは建設をした工業用機械等及び個人が同日前に取得等をした産業用機械等については従前どおりとされています）。
3．制度の対象となる事業について次の見直しが行われています。
　　なお、次のイ及びロの改正は、個人が令和3年4月1日以後に取得又は製作若しくは建設をする工業用機械等について適用し、個人が同日前に取得又は製作若しくは建設をした工業用機械等については従前どおりとされています。
　また、次のハの改正についての認定経済金融活性化計画の変更については、令和3年3月31日に内閣総理大臣による変更の認定がされています。
　イ　上表①の措置の対象事業から、こん包業、機械設計業、経営コンサルタント業、エンジニアリング業、商品検査業及び研究開発支援検査分析業が除外されました（措令6の3①）。
　ロ　上表②の措置の対象事業から、こん包業が除外されました（措令6の3⑥）。
　ハ　上表③の措置の対象事業から、自然科学研究所に属する事業、法律事務所に属する事業、特許事務所に属する事業、公認会計士事務所に属する事業及び税理士事務所に属する事業が除外されました（認定経済金融活性化計画）。

4．令和4年度税制改正により、令和4年4月1日以後に取得等をする工業用機械等について、下表の見直しが行われています。

なお、同日前に取得等をした工業用機械等については従前どおりとされています（措法12①②、措法12①表の一ないし三、措令6の3、令4法4改正法附28）。

	上表①に係る措置	上表②に係る措置	上表③に係る措置	上表④に係る措置
適用対象者	沖縄振興特別措置法の産業高度化・事業革新措置実施計画の認定を受けた事業者で主務大臣の確認を受けたものに該当する個人	沖縄振興特別措置法の国際物流拠点産業集積措置実施計画の認定を受けた事業者で主務大臣の確認を受けたものに該当する個人	沖縄振興特別措置法の経済金融活性化措置実施計画の認定を受けた事業者に該当する個人	―
適用期間	令和7年3月31日			
適用対象区域	提出産業イノベーション促進計画に定められた産業イノベーション促進地域	―	―	―
適用対象事業	ガス供給業が追加され、計量証明業が除外	―	―	―
適用対象資産	適用対象区域内において適用対象事業の用に供する設備で一定の規模のものの新設又は増設をする場合におけるその新設又は増設に係る認定産業高度化・事業革新措置実施計画に記載された対象減価償却資産	適用対象区域内において適用対象事業の用に供する設備で一定の規模のものの新設又は増設をする場合におけるその新設又は増設に係る認定国際物流拠点産業集積措置実施計画に記載された対象減価償却資産	適用対象区域内において適用対象事業の用に供する設備で一定の規模のものの新設又は増設をする場合におけるその新設又は増設に係る認定経済金融活性化措置実施計画に記載された対象減価償却資産	適用対象区域内において適用対象事業の用に供する設備で一定の規模のものの取得等をする場合におけるその取得等をした設備を構成する一定の建物及びその附属設備（旅館業用建物等）

5．償却不足額については、翌年に繰り越して必要経費に算入することができます（措法12②）。

6．所有権移転外リース取引により取得した特定経営力向上設備等については適用されません（措法12①）。

7．他の特別償却等の減価償却の特例の適用を受けるものは適用対象から除かれます（措法19①）。

また、平成25年4月1日から令和7年3月31日（下表③については令和6年3月31日）までの間のうち一定の期間内に、下記の表に該当する地区等において一定の設備の取得等を行い、その地区等においてその事業の用に供したときは、割増償却の割合を5年間、下記の表の割合とすることができます（措法12③、措令6の3⑨）。

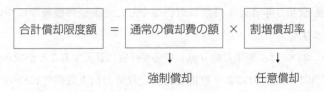

地区等	①	半島振興法により半島振興対策実施地域として指定された地区のうち、産業の振興のための取組が積極的に促進される地区		
	②	離島振興法により離島振興対策実施地域として指定された地区のうち、産業の振興のための取組が積極的に促進される地区		
	③	奄美群島振興開発特別措置法に規定する奄美群島のうち、産業の振興のための取組が積極的に促進される地区		
	④	山村振興法により振興山村として指定された地区のうち、産業の振興のための取組が積極的に促進される地区（①の対象となる地区を除きます）		
事業	製造事業等			
資産 （割増償却の割合）	区分		①～③	④
	機械及び装置		132%	124%
	建物及びその付属設備並びに構築物		148%	136%

〔留意事項〕
1．上表①～③の措置における一の設備を構成する有形減価償却資産の取得価額の合計額が一定金額以上であることとの要件における「取得価額」が、所得税法施行令126条1項各号の規定により計算した取得価額とされました（措令6の3②一イ）。

　　なお、個人が令和3年4月1日以後に取得又は製作若しくは建設をする工業用機械等及び個人が同日以後に取得等をする産業振興機械等について適用し、個人が同日前に取得又は製作若しくは建設をする工業用機械等及び個人が同日以後に取得等をする産業振興機械等については従前どおりとされています。
2．上表①について、対象地区から過疎地域に係る措置の対象地区が除外されています。

　　なお、個人が令和5年4月1日前に取得等をした産業振興機械等については従前どおりとされています。
3．上表②について、離島振興法の離島振興計画に記載された区域及び事業に係る措置が見直されました。

　　なお、個人が令和5年4月1日前に取得等をした産業振興機械等については従前どおりとされています。
4．上表③について、対象地区から過疎地域に係る措置の対象地区が除外されています。

なお、個人が令和5年4月1日前に取得等をした産業振興機械等については従前どおりとされています。

5．上表④の措置は、令和3年3月31日をもって廃止されました（旧措法12③表四、旧措令6の3⑫四、⑬四、⑳㉑、旧措規5の13⑥）。

なお、個人が令和3年4月1日前に取得等をした産業振興機械等については従前どおりとされています。

6．償却不足額については、翌年に繰り越して必要経費に算入することができます（措法12④）。

7．所有権移転外リース取引により取得した特定経営力向上設備等については適用されません（措法12③）。

8．他の特別償却等の減価償却の特例の適用を受けるものは適用対象から除かれます（措法19①）。

〈特定地域において産業振興機械等を取得した場合の割増償却〉

〔概　要〕

青色申告書を提出する個人が、一定の期間(注1)内に、次の表の特定地域において同表の指定事業の用に供する同表の設備の取得等をする場合において、その取得等をしたその設備をその特定地域においてその個人の指定事業の用に供したときは、その指定事業の用に供した日以後5年以内の日の属する各年分における事業所得の金額の計算上、その設備に係る産業振興機械等(注3)の償却費として必要経費に算入する金額は、通常の償却費の限度額の32％（建物及びその附属設備並びに構築物については、48％）相当額の割増償却を必要経費として計算した金額とすることができます（旧措法12④⑤）。

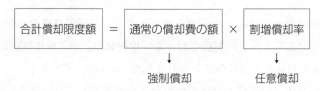

対象となる特定地域、指定事業及び設備は、次のとおりとなります。

	特　定　地　域	指　定　事　業	設　備
①	過疎地域の持続的発展の支援に関する特別措置法の過疎地域及びこれに準ずる地域のうち、産業の振興のための取組が積極的に促進される地区	製造業等のうち、その特定地域に係る特定過疎地域持続的発展市町村計画に振興すべき業種として定められた事業	特定地域内において営む指定事業の用に供される設備で一定の規模のもの(注2)
②	半島振興法の半島振興対策実施地域として指定された地区のうち、産業の振興のための取組が積極的に促進される地区（上記①の特定地域に該当する地区を除きます）	製造業等のうち、その特定地域に係る認定半島産業振興促進計画に記載された事業	特定地域内において営む指定事業の用に供される設備で一定の規模のもの

③	離島振興法の離島振興対策実施地域として指定された地区のうち、産業の振興のための取組が積極的に促進される地区（上記①の特定地域に該当する地区を除きます）	製造業等のうち、その特定地域に係る特定離島振興計画に振興すべき業種として定められた事業	特定地域内において営む指定事業の用に供される設備で一定の規模のもの
④	奄美群島振興開発特別措置法の奄美群島のうち、産業の振興のための取組が積極的に促進される地区（上記①の特定地域に該当する地区を除きます）	製造業等のうち、その特定地域に係る認定奄美産業振興促進計画に記載された事業	特定地域内において営む指定事業の用に供される設備で一定の規模のもの

（注1）「一定の期間」とは、過疎地域等の係る措置（上記の表の①）については令和3年4月1日から令和9年3月31日までの期間と、半島振興対策実施地域に係る措置（上記の表の②）及び離島振興対策地域に係る措置（上記の表の③）については平成25年4月1日から令和6年3月31日までの間とされています。なお、その期間内に特定地域に該当しないこととなった等の場合には、それぞれの期間の初日からその該当しないこととなった日までの期間とされています（旧措法12④、旧措令6の3⑭）。

（注2）「一定の規模のもの」とは、一の設備を構成する有形減価償却資産の取得価額の合計額が500万円以上である場合のその一の設備とされています（旧措令6の6⑲㉑㉓㉕）。

（注3）「産業振興機械等」とは、上記（注2）の一定の規模の設備を構成するもののうち、機械及び装置、建物及びその附属設備並びに構築物をいいます（旧措法12④）。

〔留意事項〕

1．上図①～③の措置における一の設備を構成する有形減価償却資産の取得価額の合計額が一定金額以上であることとの要件における「取得価額」が、所得税法施行令126条1項各号の規定により計算した取得価額とされました（措令6の3②一イ）。

　なお、個人が令和3年4月1日以後に取得又は製作若しくは建設をする工業用機械等及び個人が同日以後に取得等をする産業振興機械等について適用し、個人が同日前に取得又は製作若しくは建設をした工業用機械等及び個人が同日以後に取得等をする産業振興機械等については従前どおりとされています。

2．奄美群島に係る措置（上記の表の④）は、適用期限（令和6年3月31日）の到来をもって廃止されました（旧措法12④表四、旧措令6の6⑭四⑮四㉔㉕、旧措規5の13⑧）。

　なお、個人が令和6年4月1日前に取得等をした産業振興機械等については従前どおりとされています（令6法8改正法附29①）。

3．償却不足額については、翌年に繰り越して必要経費に算入することができます（措法12④）。

4．所有権移転外リース取引により取得した特定経営力向上設備等については適用されません（措法12③）。

5．他の特別償却等の減価償却の特例の適用を受けるものは適用対象から除かれます（措法19①）。

【参考通達】
・租税特別措置法通達12-1（生産等設備の範囲）
・租税特別措置法通達12-3（一の生産等設備等の取得価額基準の判定）
・租税特別措置法通達12-4（国庫補助金等をもって取得等した減価償却資産の取得価額）
・租税特別措置法通達12-6（特別償却等の対象となる資産）
・租税特別措置法通達12-7（新増設の範囲）
・租税特別措置法通達12-8（工場用又は作業場用等の建物及びその附属設備の意義）
・租税特別措置法通達12-8の2（開発研究の意義）
・租税特別措置法通達12-8の3（専ら開発研究の用に供される器具及び備品）
・租税特別措置法通達12-8の4（委託研究先への資産の貸与）
・租税特別措置法通達12-9（工場用又は作業場用等とその他の用に共用されている建物の判定）
・租税特別措置法通達12-10（特別償却等の対象となる工場用又は作業場用等の建物の附属設備）
・租税特別措置法通達12-11（取得価額の合計額が1,000万円を超えるかどうか等の判定）
・租税特別措置法通達12-12（指定事業の範囲）
・租税特別措置法通達12-13（指定事業の用に供したものとされる資産の貸与）
・租税特別措置法通達12-14（被相続人に係る償却不足額の取扱い及び償却不足額の処理についての留意事項）

⑬ 医療用機械等の特別償却（措法12の2）

〔概　要〕

　青色申告書を提出する個人で医療保健業を営む者が、昭和54年4月1日から令和7年3月31日までの間に、その製作後事業の用に供されたことのない医療用機器を取得し、又は医療用機器を製作して、これをその個人の営む医療保健業の用に供した場合には、その用に供した日の属する年の年分における事業所得の金額の計算上、その医療用機器の償却費として必要経費に算入する金額は、通常の償却費の額と、その用に供した年における医療用機器の取得価額に次表の区分に応じた特別償却割合を乗じて計算した金額との合計額以下の額で、その個人が必要経費として計算した金額とすることができます（措法12の2①、措令6の4）。

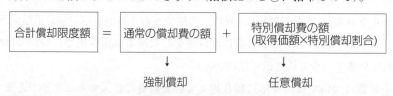

対象資産		特別償却割合
医療用機器（注1、2、3）	高度な医療に資するものなど、一定の医療用の機械及び装置並びに器具及び備品で、1台又は1基の取得価額が500万円以上のもの	12%

第3章 各種所得の金額の計算

勤務時間短縮用設備等	医師等勤務時間短縮計画に記載されたもののうち、次に掲げるもの ①器具及び備品（医療用の機械及び装置を含みます）で、1台又は1基の取得価額が30万円以上のもの ②ソフトウエアで、一のソフトウエアの取得価額が30万円以上のもの	15%
構想適合病院用建物等	構想区域等内において医療保健業の用に供される病院用又は診療所用の建物及びその附属設備のうち次に掲げる要件のいずれかに該当するもの ①既存病院用建物等を廃止し、これに代わるものとして新たに建設されるもの ②既存病院用建物等の病床数を増加する改修工事により取得又は建設をされるもの	8%

（注1）医療用機器に係る措置における対象機器のうち、診療所用のCT及びMRIについて、配置効率化要件が追加されました（措令6の4②一）。
　　　なお、この要件は、個人が令和3年4月1日以後に取得等をする医療用機器について適用し、個人が同日前に取得等をした医療用機器については、従前どおりとされています。

（注2）医療用機器に係る措置における高度な医療の提供に資する機器について、次のとおり追加及び除外が行われました。令和3年4月1日から適用されます。

区　分	医　療　用　機　器
①追加	眼底カメラ（補償光学技術を用いるものに限ります。）、眼軸長計測機能付レフクラフト・ケラトメータ、デジタル印象採得装置
②除外	眼科用超音波画像診断装置、超音波式角膜厚さ・眼軸長測定装置、回転式ミクロトーム、高頻度人口呼吸器

（注3）医療用機器に係る措置における高度な医療の提供に資する機器について、次のとおり追加及び除外が行われました。令和5年4月1日から適用されます。

区　分	医　療　用　機　器
①追加	前立腺組織用水蒸気デリバリーシステム及び対外衝撃波疼痛治療装置
②除外	ビデオ軟性尿管鏡、ビデオ軟性挿管用咽頭鏡、ビデオ軟性上顎洞鏡、ビデオ軟性尿道鏡、ビデオ軟性鼻腔鏡、ビデオ軟性副鼻腔鏡、ビデオ軟性鼻咽頭鏡、ビデオ軟性クルドスコープ、据置型アナログ式汎用X線透視診断装置及び据置型アナログ式泌尿器・婦人科用X線透視診断装置

〔留意事項〕
1．償却不足額については、翌年に繰り越して必要経費に算入することができます（措法12の2④）。
2．所有権移転外リース取引により取得した医療用機器等については適用されません（措法12の2①～③）。
3．他の特別償却等の減価償却の特例の適用を受けるものは適用対象から除かれます（措法19①）。

【参考通達】
・租税特別措置法通達12の2-1（取得価額の判定単位）
・租税特別措置法通達12の2-2（国庫補助金等をもって取得等した減価償却資産の取得価額）
・租税特別措置法通達12の2-3（主たる事業でない場合の適用）
・租税特別措置法通達12の2-4（事業の判定）
・租税特別措置法通達12の2-5（被相続人に係る償却不足額の取扱い及び償却不足額の処理についての留意事項）
・租税特別措置法通達12の2-6（特別償却等の対象となる建物の附属設備）

⑭ 輸出事業用資産の割増償却（措法13）

〔概　要〕

　青色申告書を提出する個人で、農林水産物及び食品の輸出の促進に関する法律の認定輸出事業者であるものが、農林水産物及び食品の輸出の促進に関する法律等の一部を改正する法律の施行の日から令和8年3月31日までの間に、その個人の認定輸出事業計画に記載された施設に該当する機械装置、建物等及び構築物のうち、農林水産物又は食品の生産、製造、加工又は流通の合理化、高度化その他の改善に資するものとして農林水産大臣が定める要件を満たすもの（以下、「輸出事業用資産」といいます）を取得等して、その個人の輸出事業の用に供した場合には、その用に供した日以後5年以内の日の属する各年分（その輸出事業用資産を輸出事業の用に供していることにつき証明がされたものに限ります）の事業所得の金額の計算上、その償却費として必要経費に算入する金額は、通常の償却費の額の100分の130（建物等及び構築物については100分の135）相当額の割増償却ができます（措法13①、令4法4改正法附1十イ）。

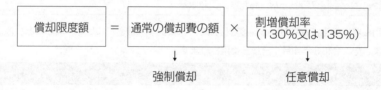

〔留意事項〕
1．償却不足額については、翌年に繰り越して必要経費に算入することができます（措法13②）。
2．所有権移転外リース取引により取得した事業再編促進機械等については適用されません（措法13①）。
3．他の特別償却等の減価償却の特例の適用を受けるものは適用対象から除かれます（措法19①）。

【参考通達】
・租税特別措置法通達13の2-1（特別償却の対象となる建物の附属設備の範囲）
・租税特別措置法通達13の2-2（相続により輸出事業用資産を承継した者に対する取扱い及び償却不足額の処理についての留意事項）

⑮ 特定都市再生建築物の割増償却（措法14）

〔概　要〕

　青色申告書を提出する個人が、昭和60年4月1日から令和8年3月31日までの間に、特定都市再生建築物で新築されたものを取得し又は新築して、その個人の事業の用に供した場合には、その事業の用に供した日以後5年以内の各年分の不動産所得の金額又は事業所得の金額の計算上、その特定都市再生建築物等の償却費として必要経費に算入する金額は、その用に供している期間に限り、通常の償却費の額に一定の割合を乗じた額以下の金額で、その個人が必要経費として計算した金額とすることができます（措法14①、旧措法14の2①、措令7、旧措令7の2）。

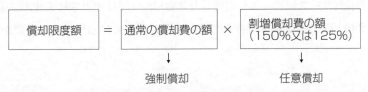

対象資産	要　　件（注）	割増償却率
次に掲げる区域内において、都市再生特別措置法25条に規定する認定計画に基づいて行われる一定の都市再生事業により整備される建築物で一定のもの（注1、2） イ　都市再生特別措置法2条5項に規定する特定都市再生緊急整備地域 ロ　都市再生特別措置法2条3項に規定する特定都市再生緊急整備地域（イに掲げる地域に該当するものを除きます）	都市再生特別措置法に規定する事業区域内に地上階数10以上又は延べ面積が75,000㎡以上（その事業区域が左記イの特定都市再生緊急整備地域内にある場合で令和5年4月1日前に取得等をした建築物については50,000㎡以上）の建築物が整備されること及び次の①又は②の要件を満たす都市再生事業により整備される耐火建築物で、同法に規定する認定事業者等に該当する個人が取得するものにつき証明がされたもの ①　事業区域内における公共施設の土地の面積の占める割合が100分の30以上であること ②　都市再生特別措置法に規定する都市の居住者等の利便の増進に寄与する施設の整備に要する費用の額（土地等の取得に必要な費用及び借入金の利子の額を除きます）が10億円以上であること	・対象資産がイの地域において整備されるもの⇒150% ・対象資産がロの地域において整備されるもの⇒125%

（注1）　令和3年4月1日以降に認定申請のあった民間都市再生事業計画については、次の要件が追加されています。
　　①　その事業区域内において複数（2以上）の用途を整備すること
　　②　特定都市再生緊急整備地域については、その事業区域内に多層にわたるオフィスを含む建築物を整備する場合、そのオフィス用途部分の基準階面積が1,000㎡以上であること

(注2) 令和5年4月1日以後に認定申請があった民間都市再生事業計画については、以下のいずれかの施設又は機能の整備を行う計画であることが要件に追加されています。
① 地域の魅力発信に資するもの
② 地域の交流促進に資するイベントスペースや共用スペース等
③ 多様な働き方の実現に資するシェアオフィス等
④ その他地域整備方針の実現に特に資するもの

〔留意事項〕
1. 償却不足額については、翌年に繰り越して必要経費に算入することができます（措法14③、12の2②）。
2. 所有権移転外リース取引により取得した建物については適用されません（措法14①）。
3. 他の特別償却等の減価償却の特例の適用を受けるものは適用対象から除かれます（措法19①）。

【参考通達】
・租税特別措置法通達14-1（特定都市再生建築物の範囲）
・租税特別措置法通達14-2（特定都市再生建築物に該当する建物附属設備の範囲）
・租税特別措置法通達14-3（用途変更等があった場合の適用）
・租税特別措置法通達14-4（資本的支出）
・租税特別措置法通達14-5（相続により特定都市再生建築物を承継した者に対する取扱い及び償却不足額の処理についての留意事項）

⑯ 倉庫用建物等の割増償却（措法15）

〔概　要〕

　青色申告書を提出する個人で流通業務の総合化及び効率化の促進に関する法律に規定する認定又は確認を受けたものが、昭和49年4月1日から令和8年3月31日までの間に一定の区域内において、一定の倉庫用建物等(注1)で、その建設の後使用されたことにないものを取得し、又は建設をしてその個人の事業の用に供した場合には、その事業の用に供した日以後5年以内の各年分の事業所得の金額の計算上、その倉庫用建物等の償却費として必要経費に算入する金額は、その用に供している期間に限り、通常の償却費の額の108％(注2)に相当する金額以下の金額をその個人が必要経費として計算した金額とすることができます（措法15①、措令8）。

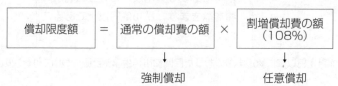

(注1) 次の倉庫の区分に応じ、要件が追加されています（物流効率化法規2②）
① 貯蔵槽倉庫
次の装置について自動制御機能を有するものであること

　　　　イ　搬入用自動運搬装置
　　　　ロ　搬出用自動運搬装置
　　　　ハ　特定搬出用自動運搬装置
　　②　普通倉庫及び冷蔵倉庫
　　　次のいずれかを有するものであること
　　　　イ　無人搬送車
　　　　ロ　自動化保管装置
　　　　ハ　高度荷さばき装置
　　　　ニ　自動検品システム
（注2）　令和4年4月1日以後に取得等をする倉庫用建物について適用され、同日前に取得等をした倉庫用建物等については、従前どおり（110％）適用されます。
（注3）　対象資産について、次の見直しが行われています（平28.9国土交通告1108）。
　　①　到着時刻表示装置を有する倉庫用の建物及び構築物について、貨物自動車運送事業者から到着時刻管理システムを通じて提供された貨物の搬入及び搬出をする数量に関する情報、その他の情報を表示できる到着時刻表示装置を有するものに限ることとされています。
　　②　対象資産から特定搬出用自動車運送装置を有する貯蔵槽倉庫（到着時刻表示装置を有するものを除きます）用の建物等及び構築物が除外されています。
　　　なお、この見直しは、令和6年4月1日から施行されます（令6.3国土交通告300附）。
（注4）　この特例の適用を受けることができる年について、供用日以後5年以内の日の属する各年分のうちその適用を受けようとする倉庫用建物等が流通業務の省力化に特に資するものとして一定の要件を満たす特定流通業務施設であることにつき証明がされた年分に限ることとされています（措法15①）。
　　　なお、個人が令和6年4月1日以後に取得又は建設をする倉庫用建物等について適用し、個人が同日前に取得又は建設をした倉庫用建物等については従前どおりとされています（令6法8改正法附29④）。

〔留意事項〕
1．償却不足額については、翌年に繰り越して必要経費に算入することができます（措法15②）
2．所有権移転外リース取引により取得した倉庫用建物等については適用されません（措法15①）。
3．他の特別償却等の減価償却の特例の適用を受けるものは適用対象から除かれます（措法19①）。

【参考通達】
・租税特別措置法通達15-1（公共上屋の上に建設した倉庫業用倉庫）
・租税特別措置法通達15-2（相続により倉庫用建物等を承継した者に対する取扱い及び償却不足額の処理についての留意事項）

⑰　引当金及び準備金

　　第2章の第5節「⑱　引当金及び準備金」（246ページ参照）。

(3) 所得等の計算の特例

① 廃業後に生じた必要経費の特例
第2章の第7節「❸ 廃業後に生じた必要経費の特例」(268ページ参照)。

② 新鉱床探鉱費の特別控除
鉱業を営む青色申告者で探鉱準備金の金額を有する者が、探鉱のための地質調査、ボーリングなどの新鉱床探鉱費を支出した場合、又は探鉱用機械設備の償却費として必要経費に算入する金額がある場合には、その年分の事業所得の金額の計算上、これらの支出又は償却費として必要経費に算入する金額のほか、次のイからハに掲げる金額のうち最も少ない金額に相当する金額を、必要経費に算入することができます（措法23①、措令15）。

なお、この特例の適用を受けるためには、確定申告書に、この特例により必要経費に算入される金額について、必要経費算入に関する記載があり、かつ、その金額の計算に関する明細書を添付する必要があります（措法23②）。

イ （イ）＋（ロ）
 （イ） その年に支出する新鉱床探鉱費の額（探鉱費の補助のため交付される国の補助金がある場合には、その金額を控除した額）
 （ロ） その年の探鉱用機械設備の償却費の額
ロ その年の12月31日現在の前年繰越探鉱準備金の金額のうちに、次のいずれかの金額
 （イ） その積立てをした年の翌年1月1日から3年を経過したものがあるため、その3年を経過した日の属する年分の事業所得の金額の計算上、総収入金額に算入した探鉱準備金の金額に相当する金額
 （ロ） 鉱業の廃止若しくは鉱業に関する事業の全部の譲渡又は探鉱準備金の金額の任意の取崩しによって、その年分の事業所得の金額の計算上、総収入金額に算入した探鉱準備金の金額に相当する金額
ハ 新鉱床探鉱費の特別控除及び青色申告特別控除（措法25の2①③）をしないで計算したその年分の事業所得の金額

③ 社会保険診療報酬の所得計算の特例
医業又は歯科医業を営む個人が、社会保険診療報酬として受ける金額を有する場合、その年に受ける社会保険診療報酬が5,000万円以下であり、かつ、その医業又は歯科医業から生ずる事業所得に係る収入金額が7,000万円以下であるときは、その年の事業所得の金額の計算上、その社会保険診療報酬に係る費用として必要経費に算入する金額は、その社会保険診療報酬の額に次表の速算式を適用して計算した金額とすることができます（措法26①）。

社会保険診療報酬	概算経費率の速算式
2,500万円以下の金額	社会保険診療報酬×72%
2,500万円超〜3,000万円以下の金額	〃　　×70％＋50万円

3,000万円超～4,000万円以下の金額	〃	×62％＋290万円
4,000万円超～5,000万円以下の金額	〃	×57％＋490万円

〈社会保険診療報酬の範囲〉

　社会保険診療報酬とは、次の法律に基づく療養等の給付(注)又は医療、介護、助産若しくはサービスに限られます（措法26②）。

① 健康保険法
② 国民健康保険法
③ 高齢者の医療の確保に関する法律
④ 船員保険法
⑤ 国家公務員共済組合法（防衛省の職員の給与等に関する法律を含みます）
⑥ 地方公務員等共済組合法
⑦ 私立学校教職員共済法
⑧ 戦傷病者特別援護法
⑨ 母子保健法
⑩ 児童福祉法
⑪ 原子爆弾被爆者に対する援護に関する法律
⑫ 生活保護法
⑬ 中国残留邦人等の円滑な帰国の促進並びに永住帰国した中国残留邦人等及び特定配偶者の自立の支援に関する法律
⑭ 精神保健及び精神障害者福祉に関する法律
⑮ 麻薬及び向精神薬取締法
⑯ 感染症の予防及び感染症の患者に対する医療に関する法律
⑰ 心神喪失等の状態で重大な他害行為を行った者の医療及び観察等に関する法律
⑱ 介護保険法
⑲ 障害者の日常生活及び社会生活を総合的に支援するための法律
⑳ 難病の患者に対する医療等に関する法律

（注）　療養等の給付には、療養の給付(※)、更生医療の給付、養育医療の給付、療育の給付又は医療の給付が含まれます。

　　　なお、特別療養費に係る部分については、国民健康保険法施行規則27条の6第4項の規定による通知書の写し又は高齢者の医療の確保に関する法律施行規則55条4項（後期高齢者医療広域連合）の規定による通知書の写しを確定申告書に添付することが必要です（措法26②一、措規9の7）。

（※）　療養の給付には、上記①から⑦の法律の規定によって、入院時食事療養費、入院時生活療養費、保険外併用療養費、家族療養費若しくは特別療養費を支給することとされる被保険者、組合員若しくは加入者若しくは被扶養者に係る療養のうち、入院時食事療養費、入院時生活療養費、保険外併用療養費、家族療養費若しくは特別療養費の額の算定に係る療養に要する費用の額としてこれらの法律の規定により定める金額に相当する部分又はこれらの法律の規定による訪問看護療養費若しくは家族訪問看護療養費を支給することとされる被保険者、組合員若しくは加入者若しくは被扶養者に係る指定訪問看護を含みます。

〔留意事項〕
1．社会保険診療報酬と自由診療収入の両方の収入がある場合の自由診療収入による所得の金額は、まず社会保険診療と自由診療の両方に共通する経費を、使用薬価、延患者数などの比率を基準にして区分し、その区分された自由診療分の経費と他の自由診療独自の経費（事業税など）の合計額を、自由診療の収入金額から差し引いて計算します。
2．医師等の医薬品等の仕入れに関する仕入割戻し、すなわち、医師若しくは歯科医師が使用医薬品等の仕入れに関して受ける仕入割戻し（金銭によるもののほか、医薬品以外の物によるものを含みます）については、社会保険診療報酬による事業所得の金額の計算に関係なく、総収入金額に算入することに取り扱われています（昭42.4.5直審（所）19）。
3．この特例の適用を受けるためには、確定申告書に、この特例の適用を受けて所得金額を計算した旨の記載をしなければなりません（措法26③）。
4．確定申告書に、この特例の適用を受けて所得金額を計算した旨の記載がない場合でも、記載がなかったことにつき税務署長がやむを得ない事情があると認める場合には、この特例を適用することができます（措法26④）。

【参考通達】
・措置法第26条に規定する社会保険診療報酬の範囲
・医師等が医薬品等の仕入れに関し支払を受ける仕入割りもどしに対する所得税及び法人税の取扱い

誤りやすい事例　社会保険診療報酬の所得計算の特例

1．助産師、あん摩師、はり師、きゅう師、柔道整復師等による助産師業、あん摩業、はり業、きゅう業、柔道整復業等は、「社会保険診療報酬の所得計算の特例」の適用対象となっていないのにこの特例を適用し、所得計算している。

解説

「社会保険診療報酬の所得計算の特例」については、医業又は歯科医業を営む個人が社会保険診療報酬として受ける金額を有する場合に適用されるところ、助産師、あん摩師、はり師、きゅう師、柔道整復師等による助産師業、あん摩業、はり業、きゅう業、柔道整復業等は、医業又は歯科医業を営む個人に該当しないことから、この特例は適用されないことになります（措法26）。

2．租税特別措置法26条の適用を受けている者が、その収入のすべてが社会保険診療報酬であるにもかかわらず、当該所得の計算上、青色申告特別控除額を控除している。

> **解説**
> 　青色申告特別控除の限度額の計算上、租税特別措置法26条の適用対象とした所得は除外して計算することとなっており、医業所得の場合、いわゆる自由診療報酬に係る所得部分のみが当該計算の基礎とされます（措法25の２①二かっこ書）。
> 　このため、収入のすべてが社会保険診療報酬であり、当該報酬について租税特別措置法26条の適用を受けている場合には、当該報酬に係る所得の計算上控除する青色申告特別控除額は零円となります。

(4) 事業所得等の課税の特例

① 農用地等を取得した場合の課税の特例

　租税特別措置法24条の２の農業経営基盤強化準備金の金額を有する個人が、各年において、認定計画又は認定就農計画の定めるところにより、農用地^(注１)の取得^(注２)をし、又はその製作若しくは建設の後事業の用に供されたことのない農業用の機械及び装置、器具及び備品、建物及びその附属設備、構築物並びにソフトウエア（以下、「特定農業用機械等」といいます）の取得をし、若しくは特定農業用機械等の製作若しくは建設をして、その農業用地又は特定農業用機械等（以下、「農用地等」といいます）をその個人の事業の用に供した場合には、その農用地等につき、一定の金額の範囲内で、その年分の事業所得の金額の計算上必要経費に算入できます（措法24の３①、措令16の３①）。

　なお、この特例の適用を受けるためには、確定申告書に、この特例により必要経費に算入される金額の記載があり、かつ、その確定申告書にその金額の計算に関する明細書及び農林水産大臣の認定計画の定めるところにより取得又は製作若しくは建設をした農用地等である旨を証する書類を添付する必要があります（措法24の３②、措規９の４③）。

(注１)　その農用地に係る賃借権を含みます。
(注２)　贈与、交換又は法人税法２条12号の５の２《定義》に規定する現物分配によるもの、所有権移転外リース取引によるもの及び代物弁済による取得を除きます。

〔留意事項〕
１．平成27年３月31日以前に取得した特定農業用機械等は、農業用の機械その他の減価償却資産をいいます（平27法９改正法附65）。
２．この制度の適用を受けた農用地等については、次のとおり調整規定が設けられています。
　①　特定農業用機械等について、税額控除制度や特別償却制度など他の制度との重複適用ができないこととされています（措法24の３④）。
　②　所得税に関する法令上、この制度の適用を受けた農用地等については、その農用地等の取得に要した金額に相当する金額から、この制度の適用によりその年分の事業所得の金額の計算上、必要経費に算入された金額に相当する金額を控除した金額をもっ

て取得したものとみなすこととされています（措令16の3⑤）。
3．令和5年4月1日以後に取得又は製作若しくは建設をする特定農業用機械等については、対象となる特定農業用機械等が、機械及び装置並びに器具及び備品にあっては、1台又は1基の取得価額が30万円以上のものとし、建物及びその附属設備にあっては、一の建物及びその附属設備の取得価額の合計額が30万円以上のものとし、構築物にあっては、一の構築物の取得価額が30万円以上のものとし、一のソフトウェアにあっては、一のソフトウェアの取得価額が30万円以上のものとされています（措法24の3①、措令16の3②、令5法3改正法附30）。

〈必要経費に算入できる限度額（圧縮限度額）〉

　必要経費に算入できる金額は、次の①又は②の金額のうち、いずれか少ない金額に相当する金額となります（措法24の3①一、措令16の3②）。

① 次に掲げる金額の合計額
　イ　その年の前年から繰り越された農業経営基盤強化準備金の金額（注）のうち、その年において総収入金額に算入された、又は算入されるべきこととなった金額に相当する金額
　　（注）その年の前年の12月31日までに総収入金額に算入された金額がある場合には、その金額を控除した金額となります。
　ロ　その年において交付を受けた交付金等の額のうち、農業経営基盤強化準備金として積み立てられなかった金額
② 適用を受けようとする年分の事業所得の金額としてこの特例（措法24の3①）及び青色申告特別控除（措法25の2①③）の規定を適用しないで計算した金額（措法24の3①二、措令16の3④）。

【参考通達】
・租税特別措置法通達24の3－1（貸付けの用に供したものに該当しない機械の貸与）
・租税特別措置法通達24の3－2（農用地等の取得したものとみなす金額の計算）

② 肉用牛の売却による農業所得の課税の特例

　農業を営む者が、昭和56年から令和8年までの各年において、次に該当する場合には、その個人のその売却をした日の属する年分のその売却により生じた事業所得に対する所得税が免除されます（措法25、措令17、措規9の5）。

イ　農業災害補償法111条1項に規定する肉用牛等及び乳牛の雌等（注）を家畜市場、中央卸売市場その他特定の市場において売却した場合
　（注）乳牛の雌のうち、子牛の生産の用に供されたもの及び牛の胎児を除きます。
ロ　その飼育した生産後1年未満の肉用牛を特定の農業協同組合若しくは農業協同組合連合会に委託して売却した場合において、その売却した肉用牛がすべて免税対象飼育牛（注）であり、かつ、その売却した肉用牛の頭数の合計が1,500頭以内であるとき

(注)「免税対象飼育牛」とは、次に掲げるものをいいます（措法25、措令17）。

イ　その売却価額(※1)が100万円未満（肉用牛が一定の交雑牛(※2)に該当する場合には80万円未満、肉用牛が一定の乳牛(※3)に該当する場合には50万円未満）である肉用牛

(※1)　消費税及び地方消費税相当額を上乗せする前の売却価額（肉用牛の取引が一定の価格を下回る場合に交付される生産者補給金等の交付を受けているときは、その補給金等の額を加算した金額）が100万円未満であるかどうかにより判定されます（平元.3.30直所6-4）。

(※2)　「一定の交雑牛」とは、牛の個体識別のための情報の管理及び伝達に関する特別措置法施行規則3条2項11号に掲げる種別（交雑種）である牛をいいます（措規9の5①）。

(※3)　「一定の乳牛」とは、牛の個体識別のための情報の管理及び伝達に関する特別措置法施行規則3条2項8号から10号に掲げる種別（ホルスタイン種、ジャージー種、乳用種）である牛をいいます（措規9の5①）。

ロ　肉用牛の改良増殖に著しく寄与するものとして農林水産大臣が財務大臣と協議して指定した家畜改良増殖法に基づく登録がされている肉用牛

〈所得税額の計算〉

各年において、上記イ、ロの売却方法により肉用牛を売却した場合には、その売却した肉用牛のうちに免税対象飼育牛に該当しないもの又は免税対象飼育牛に該当する肉用牛の頭数の合計が1,500頭を超える場合のその超える部分の免税対象飼育牛が含まれているとき(注1)は、その個人のその売却した日の属する年分の総所得金額に係る所得税の額は、次に掲げる金額の合計額とすることができます（措法25、措令17、措通25-1）。

①　その年において上記イ、ロの売却方法により売却した肉用牛のうち免税対象飼育牛に該当しないものの売却価額及び免税対象飼育牛に該当する肉用牛の頭数の合計が1,500頭を超える場合におけるその超える部分の免税対象飼育牛の売却価額の合計額に5％を乗じて計算した金額(注2)

②　その年において上記イ、ロの売却方法により売却した肉用牛に係る事業所得の金額がないものとみなして計算した場合におけるその年分の総所得金額について、所得税法の規定により計算した所得税の額に相当する金額

(注1)　その売却した肉用牛がすべて免税対象飼育牛に該当しないものであるときを含みます。

(注2)　金額の計算にあたっては、消費税等相当額を含む売却価額に5％を乗じて計算することとされています。ただし、消費税の課税事業者で税抜経理方式を選択しているものにあっては、消費税等相当額を上乗せする前の売却価額に5％を乗じて計算することとされています。この場合、消費税について、簡易課税制度の適用を受けたこと等により、仮受消費税等の金額から仮払消費税等の金額（控除対象外消費税額等に相当する金額を除きます）を控除した金額が実際に納付すべき消費税等の額を上回るときは、その上回る部分の金額については、その年分の総所得金額に含めることになります。

肉用牛を売却した場合の税額計算の方法の概要を図示すると次のようになります（措法25②、措令17④）。

免税対象飼育牛に該当しない肉用牛及び1,500頭を超える部分の免税対象飼育牛	免税対象飼育牛であって売却した肉用牛の頭数の合計が1,500頭以内	その他の総所得金額
売却価額×5％＝A （注1、2）	（免税対象）	他の総所得金額についての通常の所得税額B

↑その年の肉用牛の売却による所得↑

（注1） 特例の適用を受ける場合の税額＝A＋B
（注2） 特例の適用を受けない場合の税額は、全体についての通常の所得税額となり、この場合、上図の免税対象も含めて肉用牛の売却所得のすべてが課税されます。

〈適用を受けるための手続き〉

　この特例の適用を受けるためには、確定申告書に所定の事項を記載するほか、肉用牛の売却が所定の市場で行われたこと及びその売却価額等を証する書類を添付する必要があります（措法25④、措規9の5）。

【参考通達】
・租税特別措置法通達25-1（免税対象飼育牛の売却価額の計算）
・租税特別措置法第25条及び第67条の3の改正に伴う肉用牛の売却に係る課税の特例について

第5節　給与所得

　給与所得とは、俸給、給料、賃金、歳費及び賞与並びにこれらの性質を有する給与に係る所得をいいます（所法28①）。

　なお、給与とは、雇用契約又はこれに準ずる契約に基づき雇用主に従属して非独立的に提供した労務の対価として雇用主から支払を受ける給付などをいい、所得税法28条に列挙されている形態は例示であって、それが定額給であるか出来高払い給であるか、あるいは基本給であるか、勤務地手当、扶養手当、超過勤務手当などのような付属給であるかを問わず、給与の性質を有するものは、給与所得となります。

〔役務提供に係る契約形態と各種所得の関係〕

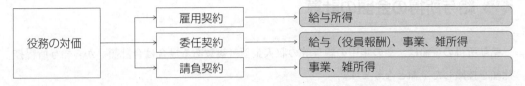

（出典：税務大学校講本　所得税法（令和6年度版））

(＊1) 雇用契約とは、当事者の一方（労働者）が相手方（使用者）に対して労働に従事することを約し、相手方がこれに対して報酬を与えることを約することによって、その効力を生ずる契約をいいます（民法623）。

(＊2) 委任契約とは、当事者の一方（委任者）が法律行為をすることを相手方（受任者）に委託し、相手方がこれを承諾することによって、その効力を生ずる契約（例：商品の販売委任契約）をいいます（民法643）。

　なお、法人と法人の役員間は委任関係にありますが、役員が法人から支払を受ける報酬は、給与の性質を有するものとして給与所得となります。

(＊3) 請負契約とは、当事者の一方（請負人）がある仕事を完成することを約し、相手方（注文者）がその仕事の結果に対してその報酬を支払うことを約することによって、効力を生ずる契約（例：建物の建築請負契約）をいいます（民法632）。

1 給与所得の範囲

給与所得とは、次の所得をいいます。

区　分	給　与　等　の　種　類
① 給与等	俸給、給料、賃金、歳費、賞与、これらの性質を有する給与（所法28①）
② その他	青色事業専従者給与、事業専従者控除額（所法57①③④）

【参考通達】

・所得税基本通達28-1（宿日直料）
・所得税基本通達28-2（同一人が宿直と日直とを引き続いて行った場合）
・所得税基本通達28-3（年額又は月額により支給される旅費）
・所得税基本通達28-4（役員等に支給される交際費等）
・所得税基本通達28-5（雇用契約等に基づいて支給される結婚祝金品等）
・所得税基本通達28-7（委員手当等）
・所得税基本通達28-8（地方自治法の規定による費用の弁償）
・所得税基本通達28-9（非常勤の消防団員が支給を受ける金銭）
・所得税基本通達28-9の2（医師又は歯科医師が支給を受ける休日、夜間診療の委嘱料等）
・所得税基本通達28-9の3（派遣医が支給を受ける診療の報酬等）
・所得税基本通達28-10（給与等の受領を辞退した場合）

2 給与所得の金額の計算

給与所得の金額は、その年中の給与等の収入金額（複数ある場合は合計額）から給与所得控除額を控除した金額となります。

次の算式で計算します（所法28②）。

〔算　式〕
給与所得の金額＝収入金額（税込み）－給与所得控除額

なお、特定支出の額が給与所得控除額の2分の1を超える場合には、申告により、その超える部分を控除することができます（所法57の2）。

(1) 収入金額

① 給与が2か所以上から支給されている場合

給与が2か所以上から支給されている場合の収入金額は、その合計額となります。

② 収入の時期

給与所得の収入金額の収入すべき時期は、それぞれ次に掲げる日によります（所基通36-9）。

	区　　　　分		収　入　の　時　期
①	契約又は慣習等により支給日が定められているもの		支給日
②	支給日が定められていないもの		支給を受けた日
③	役員に対する賞与	株主総会の決議等によりその算定の基礎となる利益に関する指標の数値が確定し支給金額が定められるもの	株主総会の決議等があった日
		株主総会の決議等が支給金額の総額だけを定め、各人ごと支給金額を定めていない場合	各人ごとの支給金額が具体的に定められた日
④	給与規程の改訂により既往分に対応して支払われる差額	支給日が定められているもの	支給日
		支給日が定められていないもの	改訂の効力が生じた日
⑤	認定賞与	支給日が定められているもの	支給日
		支給日が定められていないもの	支給を受けた日

(2) 給与所得控除額

① 令和2年分以降の給与所得控除額（所法28③）。

〔算　式〕

給与等の収入金額	給与所得控除額
1,625,000円以下	55万円
1,625,000円超　1,800,000円以下	収入金額×40％－　100,000円
1,800,000円超　3,600,000円以下	収入金額×30％＋　 80,000円
3,600,000円超　6,600,000円以下	収入金額×20％＋　440,000円
6,600,000円超　8,500,000円以下	収入金額×10％＋1,100,000円
8,500,000円超	1,950,000円

② 給与所得控除額を控除する主な理由

　イ　勤務にも必要経費が伴うことから、これを概算計算で認める。

　ロ　給与所得は勤労による所得で、勤労以外に基づく所得に比べて担税力に乏しい。

　ハ　申告納税の場合と比べて源泉徴収により早期納付となることから、その金利相当分を調整する必要がある。

③ 所得税法「別表第五」の適用

　給与等の収入金額が「660万円未満」である場合の給与所得の金額は、上記①の算式による給与所得控除額によってその所得金額を計算することなく、「所得税法別表第五」に定めている「給与所得控除後の給与等の金額」欄によって求めます（所法28④）。

④ 「給与所得の速算表」による計算

　給与等の収入金額が「660万円以上」である場合の給与所得の金額の計算には、次の速算表が用いられます。

〈令和2年分以降の給与所得の速算表〉（別表第五）

収　入　金　額	割　合	控　除　額
660万円以上　850万円未満	90％	1,100,000円
850万円以上		1,950,000円

【設例】　令和5年分の給与所得の金額の計算
1　会社員Aの給与等の収入金額が250万円の場合
2　会社員Bの給与等の収入金額が1,500万円の場合
【答】
1　別表第五により　給与所得の金額　1,670,000円
2　速算法により　　15,000,000円－1,950,000円＝13,050,000円
給与所得の金額　13,050,000円

（出典：税務大学校講本　所得税法（令和6年度版））

(3) 所得金額調整控除

　令和2年分からは次の①及び②のいずれか又は両方に該当する者の総所得金額を計算する場合には、それぞれの算式により計算した金額を給与所得控除後の金額から控除します。

① 子ども・特別障害者等を有する者等の所得金額調整控除（措法41の3の11①、⑤）

　　その年分の給与等の収入金額が850万円を超える者で、次のいずれかに該当する者

　　イ　本人が特別障害者^(注1、4)に該当する者

　　ロ　年齢23歳未満の扶養親族^(注2、4)を有する者

　　ハ　特別障害者である同一生計配偶者^(注3、4)又は扶養親族を有する者

　　なお、同一生計配偶者及び扶養親族は、他の者の同一生計配偶者又は扶養親族とされていない者に限られないとされています。

② 給与所得と年金所得の双方を有する者に対する所得金額調整控除（措法41の3の11②、⑤）

　　その年分の給与所得控除後の給与等の金額及び公的年金等に係る雑所得の金額がある居住者で、給与所得控除後の給与等の金額及び公的年金等に係る雑所得の金額の合計額が10万円を超える者

（注1）「特別障害者」については、第5章第2節「8　障害者控除」を参照。

（注2）「扶養親族」については、第5章第2節「14　扶養控除」を参照。

（注3）「同一生計配偶者」については、第5章第2節「12　配偶者控除」を参照。

（注4）特別障害者、同一生計配偶者及び扶養親族に該当するかどうかの判定は、その年12月31日（その者がその年の中途において死亡又は出国する場合には、その死亡又は出国の時）の現況によります（措法41の3の11③）。

〈所得金額調整控除額〉

① 上記①に該当する者

〔算　式〕

　所得金額調整控除額（①）

　＝（給与等の収入金額（税込み）（最高1,000万円）－850万円）×10％

② 上記②に該当する者

〔算　式〕

　所得金額調整控除額（②）

　＝（給与所得控除後の給与等の金額（最高10万円）＋公的年金等に係る雑所得の金額（最高10万円））－10万円

③ 上記①及び②のいずれにも該当する者

〔算　式〕

　所得金額調整控除額（③）

　＝所得金額調整控除額（①）＋所得金額調整控除額（②）

【設例】 令和5年分の所得金額調整控除額の計算
1　A（年齢57歳、本人が特別障害者）の給与等の収入金額が900万円の場合
2　B（年齢63歳）の給与等の収入金額が300万円で、かつ、公的年金等の収入金額が240万円の場合（公的年金等に係る雑所得以外に係る合計所得金額が1,000万円以下）
3　C（年齢63歳、23歳未満の扶養親族あり）の給与等の収入金額が900万円で、かつ、公的年金等の収入金額が240万円の場合（公的年金等に係る雑所得以外に係る合計所得金額が1,000万円以下）

【答】
1　給与所得控除後の金額（速算表により）　9,000,000円－1,950,000円＝7,050,000円
　　所得金額調整控除額　（9,000,000円－8,500,000円）×10％＝50,000円

2　給与所得控除後の金額（別表第五により）　2,020,000円
　　公的年金等の所得　2,400,000円×75％－275,000円＝1,525,000円
　　所得金額調整控除額　（100,000円＋100,000円）－100,000円＝100,000円

3　給与所得控除後の金額（速算表により）　9,000,000円－1,950,000円＝7,050,000円
　　公的年金等の所得　2,400,000円×75％－275,000円＝1,525,000円
　　所得金額調整控除額
　　((9,000,000円－8,500,000円)×10％)＋((100,000円＋100,000円)－100,000円)＝150,000円

（出典：税務大学校講本　所得税法（令和6年度版））

【参考】所得金額調整控除（令和元年までと令和2年分以降に課税される所得金額の比較）

〈給与収入金額が850万円以下の場合〉

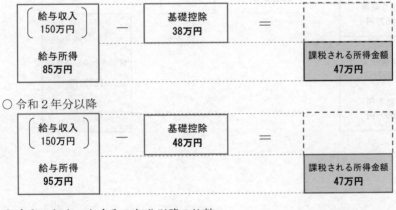

○ 令和元年までと令和2年分以降の比較
　　＋10万円　　　－　　（＋10万円）　　＝　　　0（差はない）※
　　給与所得　　　　　　　基礎控除　　　　　　課税される所得金額
　※課税される所得金額の差はない。

〈給与収入金額が850万円を超え1,000万円までの場合〉
○令和元年まで

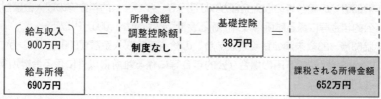

○令和2年分以降

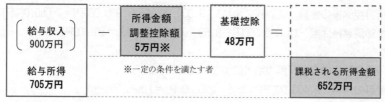

○令和元年までと令和2年分以降の比較

　　＋15万円　　－（＋5万円）－（＋10万円）＝　　0（差はない）※
　　給与所得　　　所得金額　　　基礎控除　　　　課税される所得金額
　　　　　　　　調整控除額

※所得金額調整控除額によって、課税される所得金額が調整される。

〈給与所得と年金所得の双方を有する場合〉
○令和元年まで

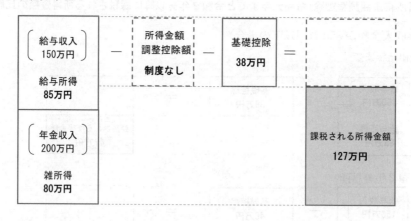

○ 令和2年分以降

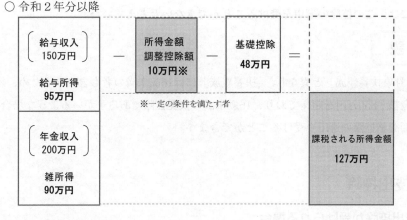

○ 令和元年までと令和2年分以降の比較

　　＋20万円　　　－（＋10万円）－（＋10万円）＝　0（差はない）※
　給与所得及び雑所得　　所得金額　　　　　基礎控除　　課税される所得金額
　　　　　　　　　　　調整控除額

※ 所得金額調整控除額によって、課税される所得金額が調整される。

（出典：税務大学校講本　所得税法（令和6年度版））

【参考通達】
・租税特別措置法通達41の3の11-1（一の居住者の扶養親族等が他の居住者の扶養親族に該当する場合）
・租税特別措置法通達41の3の11-2（年の中途において死亡した者等の親族等が扶養親族等に該当するかどうかの判定）
・租税特別措置法通達41の3の11-3（給与所得者の特定支出の控除の特例の適用を受ける場合）

誤りやすい事例　所得金額調整控除の適用要件の判定

1．所得金額調整控除の適用要件の判定にあたって、共働き世帯で扶養親族に該当する23歳未満の子を有する場合、夫婦のいずれか一方でしか適用を受けることができないと考えていた。

解説

同じ世帯に所得者が2人以上いる場合、これらの者の扶養親族に該当する者については、扶養控除と異なり、いずれか一の扶養親族にのみ該当するものとみなされないため、これらの者はいずれも所得金額調整控除の適用を受けることができます（措通41の3の3-1）。

【参考】
・国税庁ホームページ／タックスアンサー／「No.1411所得金額調整控除」

2．所得金額調整控除の適用要件の判定にあたって、扶養親族に16歳未満の者しかいない場合には、この控除の適用を受けることができないと考えていた。

解説

「控除対象扶養親族」と異なり、「扶養親族」には16歳未満の者も含まれるため、給与等の収入金額が850万円を超えており、16歳未満の扶養控除である子がいるような場合にも、所得金額調整控除の適用を受けることができます。

(4) 特定支出控除

① 特定支出控除が受けられる場合

給与所得者が、各年において特定支出をした場合において、その年中の特定支出の合計額が、給与所得控除の2分の1を超えるときは、その年中の給与所得の金額は、次の算式により求めた金額とすることができます（所法57の2①）。

〔算　式〕

給与等の収入金額 − {給与所得控除額 + (その年中の特定支出の額の合計額 − 給与所得控除額の1/2)} = 給与所得の金額

〈特定支出控除のイメージ〉

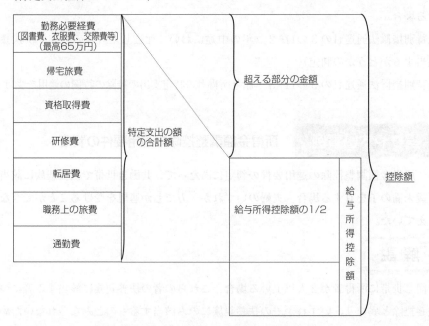

（出典：国税庁ホームページ　タックスアンサー）

（注）　一定の契約に基づき継続的に役務の提供を受けるために支出した特定支出のうちその年の12月31日においてまだ提供を受けていない役務に対応するものの額は、その年中の特定支出の額の合計額に算入することはできないこととされています。

② 特定支出の種類と内容

特定支出控除の対象となる「特定支出」とは、給与所得者の次に掲げる支出をいいます（所法57の2②、所令167の3、所規36の5）。

ただし、①その支出について給与等の支払者により補填される部分があり、かつ、その補填される部分につき所得税が課されない場合におけるその補填される部分、②その支出について雇用保険法による教育訓練給付金や母子及び父子並びに寡婦福祉法による母子（父子）家庭自立支援教育訓練給付金が支給される部分がある場合におけるその支給される部分は、特定支出には含まれないこととされています（所法57の2②）。

なお、給与等の支払者により補填される部分について、特定支出をした年分の確定申告書を提出する時までに金額が確定していない場合には、その補填される部分の金額の見込額に基づいてその年中の特定支出の額を計算します。この場合、後日、その補填される部分の金額の確定額とその見込額とが異なることとなったときは、遡及してその特定支出の額を訂正（修正申告又は更正の請求）することになります。

イ 通勤費

通勤のために必要な交通機関の利用又は交通用具の使用のための支出（航空機の利用に係るものを除きます）で、通勤経路及び方法が運賃、時間、距離その他の事情に照らして最も経済的かつ合理的であることにつき給与等の支払者によって証明がされたもののうち、次に掲げる場合の区分に応じそれぞれ次に定める金額の相当する支出（以下、「通勤費」といいます）（所法57の2②一、所令167の3①、所規36の5①一、③）。

(イ) 交通機関を利用する場合

⇒ その年中の運賃及び料金の額の合計額

ただし、この合計額が1月当たりの定期乗車券等の価額の合計額を超えるときは、その定期乗車券等の価額の合計額

なお、航空機の利用に係る支出、グリーン車の料金等の特別車両料金、特別船室料金その他鉄道等の客室の特別の設備の利用についての料金（寝台料金で6,600円以下のものを除きます。以下、「特別車両料金等」といいます）は、特定支出控除の対象となりません。

(ロ) 自動車その他の交通用具を使用する場合

⇒ 給与等の支払者により証明がされた経路及び方法により交通用具を使用するために支出する燃料費及び有料道路の料金の額並びにその交通用具の修理のための支出（資本的支出に相当する部分及びその者の故意又は重大な過失により生じた事故に係るものを除きます）でその者の通勤に係る部分の額のその年中の合計額（自動車の減価償却費、自動車税は含まれません）

(ハ) 交通機関を利用するほか、併せて自動車その他の交通用具を使用する場合

⇒ (イ) により計算した金額及び (ロ) により計算した金額の合計額

〔留意事項〕
1．特別急行料金は、「特別車両料金等」には該当しないことから、特定支出控除の対象となります。
　　なお、これは、次のロ「職務上の旅費」、ハ「転居費」及びヘ「帰宅旅費」においても同じです。
2．年をまたがる期間の定期乗車券又は定期乗船券を購入した場合には、その購入価額のうち、それぞれの年の有効期間に対応する部分の金額を、それぞれの年の特定支出の金額として計算します。
3．回数乗車券の購入価額については、購入時にその全額を特定支出の金額とするのではなく、実際に回数乗車券を使用した時に、その購入価額のうちその使用した回数乗車券に対応する部分に相当する金額をその時の特定支出に金額として計算します。
　　なお、これは、次のロ「職務上の旅費」、ハ「転居費」及びヘ「帰宅旅費」についても同じです。

ロ　職務上の旅費

勤務する場所を離れて職務を遂行するために直接必要な旅行であることにつき給与等の支払者によって証明がされたもののうち、その旅行に係る運賃、時間、距離その他の事情に照らして最も経済的かつ合理的と認められる通常の経路及び方法によるものに要する次に掲げる支出（以下、「職務上の旅費」といいます）（所法57の2②二、所令167の3②、所規36の5①二、③）。

（イ）　その旅行に要する運賃及び料金
　　ただし、特別車両料金等及び航空機の客室の特別の設備の利用についての料金を除きます。
（ロ）　その旅行に要する自動車その他の交通用具の使用に係る燃料費及び有料の道路の料金
（ハ）　（ロ）の交通用具の修理のための支出（その旅行に係る部分に限り、資本的支出に相当する部分及びその者の故意又は重大な過失により生じた事故に係るものを除きます）

〔留意事項〕
1．運賃及び料金のうち、特別車両料金等及び航空機の客室の特別の設備の利用についての料金は、特定支出控除の対象となりません。
　　このため、例えば、航空機のいわゆるファーストクラス等の料金は、客室の特別の設備の利用についての料金に該当するため、特定支出控除の対象とはなりません。
　　なお、これは、次のハ「転居費」及びヘ「帰宅旅費」についても同じです。
2．令和2年分以後、特定支出の範囲に、勤務する場所を離れて職務を遂行するために直接必要な旅費等で通常要する旅費（職務上の旅費）が加えられるとともに（所法57の2②、所令167の3②）、特定支出の範囲に含まれている単身赴任者の帰宅旅費について、1月4往復を超えた旅行に係る帰宅旅費を対象外とする制限を撤廃した上、帰宅のために通常要する自動車等を使用することにより支出する燃料費及び有料道路の料金の額を加えることとされました（所令167の3⑤）。

ハ　転居費

　転任に伴うものであることについて給与等の支払者によって証明がされた転居のための支出のうち、転任の事実が生じた日以後1年以内にする転居のための自己又はその配偶者その他の親族に係る支出で次に掲げる金額に相当するもの（以下、「転居費」といいます）（所法57の2②三、所令167の3③、所規36の5①三、③）。

(イ)　転居のための旅行に通常必要であると認められる運賃及び料金の額
　　　ただし、特別車両料金等及び航空機の客室の特別の設備の利用についての料金を除きます。
(ロ)　転居のために自動車を使用することにより支出する燃料費及び有料の道路の料金の額
(ハ)　転居に伴う宿泊費の額
　　　ただし、通常必要であると認められる額を著しく超える部分を除きます。
(ニ)　転居のための生活の用に供する家具その他の資産の運送に要した費用（これに付随するものを含みます）の額

〔留意事項〕
　梱包材料の購入費用や運送中の家具の損傷を保険の目的とする損害保険契約の保険料などの運送に付随する費用は、特定支出控除の対象となりますが、壁の塗り替えや畳替えのための費用は、生活の用に供する資産の運送に付随するものではないことから、特定支出控除の対象とはなりません。

ニ　研修費

　職務の遂行に直接必要な技術又は知識を習得することを目的として受講する研修であることについて給与等の支払者又はキャリアコンサルタントによって証明がされたもののための支出（以下、「研修費」といいます）（所法57の2②四、所規36の5①四、②）。

〔留意事項〕
1．人の資格を取得するためのものを除きます。
2．「受講する研修」とは、第三者が自己の有する技術又は知識を不特定多数の者に習得させることを目的として開設されている講座等において、その第三者から訓練又は講習を受けることにより、その技術又は知識を習得する、いわば受動的立場での研修をいいます。
3．特定支出控除の対象となる研修を受けるための交通費も特定支出控除の対象となりますが、その交通費が研修を受けるために必要な支出であるかどうかは、その研修の内容、旅行経路、旅行期間等を総合勘案して実質的に判断することになります。
　　　なお、これは、次のホ「資格取得費」についても同じです。
4．キャリアコンサルタント(注)が証明する研修費については、雇用保険法60条の2第1項に規定する教育訓練に係る部分に限ります。
　　　なお、キャリアコンサルタントが証明することで、特定支出の対象となるのは、令和5年以後の支出で、教育訓練に係る部分に限ります。

また、これは、次のホ「資格取得費」についても同じです。
（注）「キャリアコンサルタント」とは、キャリアコンサルタントの名称を用いて、キャリアコンサルティングを行うことを業とする者をいいます。

ホ　資格取得費

　人の資格を取得するための支出で、その支出がその者の職務の遂行に直接必要なものであることについて給与等の支払者又はキャリアコンサルタントによって証明がされたもの（以下、「資格取得費」といいます）（所法57の2②五、所規36の5①五、②）。

〔留意事項〕
1．年をまたがる授業を受ける場合に、授業料等の支出をしたときには、入学金など入学に際して一括で支払うこととされているものを除き、その支出した金額のうちそれぞれの年に対応する部分の金額をそれぞれの年の特定支出の金額とします。
　　なお、授業料等が未払の場合は、その年中に支出をしていないことから、特定支出に該当しません。
2．資格を取得するための支出については、結果として資格の取得ができなかった場合であっても、特定支出となります。
3．給与等の支払者により証明された対象となる資格は、簿記や珠算、英語の検定資格、栄養士や調理士の資格、運転免許、危険物取扱者免許などとなります。

ヘ　帰宅旅費

　転任に伴い次の（イ）に掲げる場合に該当することとなったことについて、給与等の支払者によって証明がされた場合における、その者の勤務する場所又は居所とその配偶者その他の親族が居住する場所との間のその者の旅行で、運賃、時間、距離その他の事情に照らして最も経済的かつ合理的と認められる通常の経路及び方法によるものに要する次の（ロ）に掲げる支出（以下、「帰宅旅費」といいます）（所法57の2②六、所令167の3④⑤、所規36の5①六、⑤⑥）。

（イ）転任に伴い次に掲げることとなった場合
　a　生計を一にする配偶者との別居を常況とすること
　b　配偶者と死別・離婚した後婚姻していない者や配偶者の生死が明らかでない者が、次に掲げる者との別居を常況とすること
　　（a）生計を一にする所得金額の合計額が48万円以下の子
　　（b）生計を一にする特別障害者である子
（ロ）その旅行に要する次に掲げる支出
　a　運賃及び料金
　　　ただし、特別車両料金等及び航空機の客室の特別の設備の利用についての料金を除きます。

b　自動車その他の交通用具の使用に係る燃料費及び有料の道路の料金

〔留意事項〕
　帰宅旅費は、その者の勤務する場所又は居所と生計を一にする配偶者等が居住する場所との間の旅行に要する支出であることが必要とされています。
　したがって、例えば、大阪から東京に単身赴任している者が、3か月の間、仙台の工事現場に勤務することとなったような場合は、仙台の工事現場がその方の勤務する場所となることから、仙台・大阪間の旅費が特定支出控除の対象となります。

ト　勤務必要経費
　次に掲げる支出（その支出の額の合計額が65万円を超える場合には、65万円までの支出に限ります）で、その支出がその者の勤務の遂行に直接必要なものであることについて給与等の支払者によって証明がされたもの（以下、「勤務必要経費」といいます）（所法57の2②七、所令167の3⑥⑦、所規36の5①七〜九）。

(イ)　次に掲げる図書で職務に関連するものを購入するための支出（以下、「図書費」といいます）
　　a　書籍
　　b　新聞、雑誌その他の定期刊行物
　　c　a及びbに掲げるもののほか、不特定多数の者に販売することを目的として発行される図書

〔留意事項〕
1．「書籍」とは、専門分野において知識を維持発展させるために必要な専門書などをいいます。
2．「新聞、雑誌その他の定期刊行物」とは、金融や産業などの特定分野を重点に扱う専門誌（業界紙）などをいいます。一般日刊紙を購入するための支出については、記事の内容等からその者の職務に関連するものであり、かつ、その者の職務の遂行に直接必要なものは特定支出になります。
3．上記cに該当する図書とは、商業、工業、建築などの企業においてデザイン部門を担当する者がその職務の参考とするための写真集や、営業部門を担当する者が営業に使用するための地図などをいいます。
　なお、電子版の図書についてもその購入するための支出については特定支出となりますが、その記事等を閲覧するためのパソコンなどの機器を購入するための支出については、特定支出とはなりません。

(ロ)　次に掲げる衣服で勤務場所において着用することが必要とされるものを購入するための支出（以下、「衣服費」といいます）。
　　a　制服

  b 事務服
  c 作業服
  d aからcまでに掲げるもののほか、給与等の支払者により勤務場所において着用することが必要とされる衣服

> 〔留意事項〕
> 　「勤務場所において着用することが必要とされる衣服」とは、勤務場所において着用するよう定められている衣服をいいます。
> 　なお、社内規定等の明文の定めがない場合であっても、勤務場所においては背広などの特定の衣服を着用することが必要であることについて就職時における研修などで説明を受けているときや、勤務場所における背広などの特定の衣服の着用が慣行であるときなどは、その背広など特定の衣服を購入するための支出は、その支出がその者の職務の遂行に直接必要なものであることについて給与等の支払者により証明がされたものは、特定支出となります。
> 　ただし、勤務場所におけるいわゆる私服の着用が慣行であるときの、その私服を購入するための支出は特定支出とはなりません。

(ハ) 交際費、接待費その他の費用で、給与等の支払者の得意先、仕入先その他職務上関係のある者に対する接待、供応、贈答その他これに類する行為（以下、「接待等」といいます）のための支出（以下、「交際費等」といいます）。

> 〔留意事項〕
> 1．特定支出となる交際費等とは、次に掲げるような性格を有する支出をいいます。
> 　① 「接待等の相手方」が給与等の支払者の得意先、仕入先その他職務上関係のある者であること
> 　② 「支出の目的」が給与等の支払者の得意先、仕入先その他職務上関係のある者との間の親睦等を密にして取引関係の円滑化を図るものであること
> 　③ 「支出の基因となる行為の形態」が、接待、供応、贈答その他これらに類するものであること
> 2．職場における同僚との親睦会や同僚の慶弔のための支出、労働組合の組合費等の支出は、特定支出とはなりません。

誤りやすい事例　給与所得者の特定支出の控除の特例

1．勤務必要経費（図書費、衣服費、交際費）100万円について、その全額を特定支出控除の対象として給与所得の金額を計算していた（給与等の支払者の証明有）。

> **解説**

特定支出に係る勤務必要経費（図書費、衣服費、交際費）については、65万円までを限度として計算することとされています（所法57の2②七）。

【参考】
・国税庁ホームページ／タックスアンサー／「No.1415給与所得者の特定支出控除」

2．出向や転籍に伴う転居について、特定支出控除の対象外と考えていた。

> **解説**

出向や転籍は、転任と同様に取り扱います（所法57の2②二）。

なお、出向とは、元の企業の従業員の地位を維持しながら他の企業でその指揮命令の下で就労するものをいいます。

また、転籍とは、元の企業との労働契約関係が終了し新たに他の企業との労働契約関係を開始するものをいいます。

【参考】
・国税庁ホームページ／令和5年6月14日付の個人課税課情報／「令和5年分以後の所得税に適用される給与所得者の特定支出の控除の特例の概要等について」

③ 特定支出控除を受けるための手続き

特定支出控除は、確定申告書、修正申告書又は更正の請求書（以下、「申告書等」といいます）にその適用を受ける旨及び特定支出の額の合計額の記載をするとともに、特定支出に関する明細書及び給与等の支払者又はキャリアコンサルタントの証明書の添付がある場合に限り適用することができます（所法57の2③）。

特定支出控除の特例の適用を受ける旨を記載した申告書等を提出する場合には、特定支出に係るその支出の事実及びその額を証する書類を申告書等に添付するか又はその提出の際に提示しなければならないこととされています（所法57の2④）。

特定支出に関する明細書の記載事項、給与等の支払者及び特定支出の支出等を証する書類については、次のとおりとされています（所令167の4、167の5、所規36の5①）。

イ　特定支出に関する明細書の記載事項

特定支出控除の特例の適用を受ける方は、特定支出に関する明細書に、特定支出の区分ごとに、それぞれ次に掲げる事項を記載しなければならないこととされています（所令167の4）。

特定支出の区分	記　載　事　項
通勤費	通勤の経路及び方法
職務上の旅費	・勤務する場所 ・その場所を離れて職務を遂行した場所

転居費	転任の前後に勤務する場所及び住所
研修費	研修の内容
資格取得費	人の資格の内容
帰宅旅費	・その方の勤務する場所 ・その方の配偶者その他の親族が居住する場所
図書費	図書の内容
衣服費	衣服の種類
交通費等	・接待等の相手方の氏名又は名称 ・その相手方との関係

※ 特定支出とならない次の（イ）及び（ロ）に掲げる金額がある場合には、その金額を記載することとされています。
（イ） その支出について給与等の支払者により補塡される部分があり、かつ、その補塡される部分につき所得税が課されない場合におけるその補塡される部分
（ロ） その支出について雇用保険法による教育訓練給付金や母子及び父子並びに寡婦福祉法による母子（父子）家庭自立支援教育訓練給付金が支給される部分がある場合におけるその支給される部分

(出典：国税庁ホームページ　タックスアンサー)

ロ　給与等の支払者による証明

　給与等の支払者は、特定支出控除の特例の適用を受けようとする方の書面による申出に基づき、特定支出の区分ごとに、それぞれ次に掲げる事項を書面により証明することとされています（所規36の5①）。

　なお、これらの特定支出は、いずれも給与等の支払者又はキャリアコンサルタントが証明したものに限られます（キャリアコンサルタントが証明することで特定支出の対象になるのは、令和5年以後の研修費又は資格取得費の支出で、教育訓練に係る部分に限ります）。

特定支出の区分	記　載　事　項
通勤費	・その方の氏名及び住所並びに勤務する場所 ・その方の通勤の経路及び方法並びにその経路及び方法が運賃、時間、距離その他の事情に照らして最も経済的かつ合理的であると認められる旨
職務上の旅費	・その方の氏名及び住所並びに勤務する場所 ・その旅行が勤務する場所を離れて職務を遂行するために直接必要なものである旨
転居費	・その方の氏名並びに転任の前後の勤務する場所及び住所 ・その方の転任の事実が生じた年月日

研修費	・その方の氏名及び住所 ・その研修がその方の職務の遂行に直接必要な技術又は知識を習得するためのものである旨 ・その研修を行う方の名称並びにその研修を行う場所及び期間
資格取得費	・その方の氏名及び住所 ・その人の資格の取得がその方の職務の遂行に直接必要なものである旨
帰宅旅費	・その方の氏名並びに転任の前後の勤務する場所及び住所 ・その方の転任の事実が生じた年月日 ・転任に伴い生計を一にする配偶者との別居を常況とすることとなった場合などに該当する旨
図書費	・その方の氏名及び住所 ・その図書の購入がその方の職務の遂行に直接必要なものである旨及びその職務の内容 ・その図書の名称及び内容
衣服費	・その方の氏名及び住所 ・その衣服の購入がその方の職務の遂行に直接必要なものである旨及びその職務の内容 ・その衣服の種類
交際費等	・その方の氏名及び住所 ・その接待等のための支出がその方の職務の遂行に直接必要なものである旨及びその職務の内容 ・その接待等の内容並びにその接待等の相手方の氏名又は名称及びその相手方との関係

※ 上記の各支出のうち給与等の支払者により補填される部分があり、かつ、その補填される部分につき所得税が課されない場合におけるその補填される部分がある場合は、給与等の支払者はその金額について証明することとされています。

(出典：国税庁ホームページ　タックスアンサー)

ハ　特定支出の支出等を証する書類

　特定支出控除の特例の適用を受ける旨を記載した申告書等を提出する場合には、特定支出に係るその支出の事実及びその額を証する書類を申告書等に添付するか又はその提出の際に提示しなければならないこととされています（所法57の2④、所令167の5）。

ニ　特定支出に関する明細書及び給与等の支払者の証明書の様式

　特定支出に関する明細書及び給与等の支払者の証明書の様式については、令和2年6月29日付個人課税課情報第6号「令和2年分以後の所得税に適用される給与所得者の特定支出の控除の特例の概要等について（情報）」の「第3　様式編」を参照。

〔留意事項〕
1. 特定支出控除を受けるためには、特定支出のすべてについて領収書等を申告書等に添付するか又は申告書等の提出の際に提示することが必要とされています。

    ただし、電車や船などの運賃で1回の乗車・乗船の金額が1,000円以下のものについては、領収書等の添付又は提示をしなくても差し支えないこととされています。この場合、その運賃の支払年月日、支払先及び支払金額並びに経路及び方法等について記録しておくことが必要となります。
2. 領収書等には、領収書のほか、銀行振込の際に受ける払込受取書など、その支出の事実及び支出した金額を証する書類も含まれます。

    通勤定期乗車券等のコピーやいわゆる定期乗車券購入証明書についても、その支出の事実及び支出した金額を明らかにすることができるものであれば、それを領収書の代わりに添付又は提示することとしても差し支えないこととされています。
3. 「帰宅旅費」については、領収書等に加えて「搭乗・乗車・乗船に関する証明書」の添付が必要とされています。

    鉄道・船舶・自動車を利用する場合の「搭乗・乗車・乗船に関する証明書」については、次に留意する必要があります。
    ① 一の交通機関の利用に係る運賃及び料金の額が15,000円以上のものに限り必要とされています。
    ② JR各社の場合は合わせて一の交通機関として判定しますが、それ以外の旅客運送事業者についてはそれぞれの旅客運送事業者を一の交通機関として判定します。
    ③ 15,000円以上であるかどうかは、一般的には、実際に支払った片道の運賃及び料金により判定することになります。

    　　回数乗車券や往復割引乗車券のような場合には、支払った金額を利用可能回数で除した金額により判定します。
    ④ JR各社の鉄道から、JR各社以外の旅客運送事業者の鉄道へ乗り継ぎをする場合(注)において、JR各社に係る運賃及び料金の合計額が15,000円以上であるときは、「搭乗・乗車・乗船に関する証明書」は、JR各社において交付を受けることになりますが、その乗り継ぎをするJR各社以外の旅客運送事業者において交付を受けることとしても差し支えないこととされています。
    （注）乗り継ぎの際にJR各社の鉄道の乗車券が回収される場合を除きます。

(5) ストック・オプションを行使して新株を取得した場合等の経済的利益

ストック・オプションとは、法人がその法人（その法人の子会社等を含みます）の役員や使

用人に対し与える自社株式の購入選択権をいいます。

この制度は、業績（株価）連動型のインセンティブ報酬として位置付けられています。

つまり、会社の業績が良くなると株価が高騰し、ストック・オプションを与えられた役員等はあらかじめ定められた割安な権利行使額で自社株を購入することができ、その株式を市場で売却することにより多額の利益を得ることができることになります。

① 会社法の規定によるストック・オプションの行使に係る経済的利益

役員等が権利行使するストック・オプションに係る課税関係は、それが租税特別措置法29条の2に規定する特例の適用が受けられるストック・オプション（以下、「税制適格ストック・オプション」といいます）であるか、それとも特例の適用がないストック・オプション（以下「税制非適格ストック・オプション」といいます）であるかにより異なります。

すなわち、税制適格ストック・オプションについては、権利行使時の課税が行われず、株式を売却した時に権利行使による経済的利益を含めて譲渡所得として課税されるのに対し、税制非適格ストック・オプションについては、権利行使時は原則として給与所得課税が行われ、株式を売却した時に譲渡所得課税が行われることになります。

図示すると、次のようになります。

種　類	区　分	権 利 行 使 時	売　却　時
税制適格ストック・オプション	所得区分	－	株式の譲渡所得
	所得金額	－	売却価額－払込価額
税制非適格ストック・オプション	所得区分	給与所得	株式の譲渡所得
	所得金額	権利行使時の時価－権利行使価額	売却価額－権利行使時の時価

② 譲渡制限付株式を付与されたことにより個人が受ける経済的利益等

個人が法人に対して役務の提供をした場合において、その役務の提供の対価として次に掲げる条件が付された譲渡制限付株式であってその個人に交付されるもの等については、その譲渡制限付株式についての譲渡制限が解除された日(注)における価額が、給与所得として課税されることになります（所令84①、所規19の4）。

(注) 同日前にその個人が死亡した場合における一定の譲渡制限付株式については、その個人の死亡の日となります。

イ　その譲渡制限付株式がその役務の提供の対価としてその個人に生ずる債権の給付を引換えにその個人に交付されるものであること。

ロ　イのほか、その譲渡制限付株式が実質的にその役務の提供の対価と認められるものであること。

【参考通達】
・租税特別措置法通達29の2-1（措置法第29条の2第1項第3号の1株当たりの価額）
・租税特別措置法通達29の2-2（分割等株式の範囲）
・租税特別措置法通達29の2-3（国外転出直前に譲渡した特定従事者の特定株式の取扱い）

・租税特別措置法通達29の2-4（特定従事者の特定株式を取得するために要した負債の利子がある場合）
・租税特別措置法通達29の2-5（法第60条の2第1項と措置法第29条の2第5項の適用順序）

> **誤りやすい事例**　ストック・オプションの権利行使益等

1．外国親会社から日本子会社の従業員等に付与されたストック・オプション（株式取得）の権利行使に係る経済的利益や、リストリクテッド・ストック（譲渡制限付株式）の譲渡制限解除による株式取得に係る利益を、株式等の譲渡所得としていた。

解説

ストック・オプションの権利行使に係る経済的利益やリストリクテッド・ストックの譲渡制限解除による株式取得の利益に係る所得は、原則として給与所得となります（所法28、36、所令84、所基通23～35共-6）。

なお、外国会社の株式の譲渡所得の申告相談において、納税者の勤務先が当該株式の発行会社又はその関連会社である場合には、ストック・オプションやリストリクテッド・ストックにより取得した株式である（給与所得として課税されます）場合がありますので留意する必要があります。

2．外国親会社から日本子会社の従業員等に付与されたストック・オプションであるにもかかわらず、措法29条の2《特定の取締役等が受ける新株予約権等の行使による株式の所得に係る経済的利益の非課税等》の適用があると考えていた。

解説

措法29条の2（いわゆる税制適格ストック・オプション）の規定は、日本の会社から付与された一定の要件を満たすストック・オプションに限り適用されます（措法29の2①）。したがって、外国親会社から付与されたストック・オプションにこの規定は適用されないこととされています。

3．外国親会社から日本子会社の従業員等に付与されたストック・オプションの権利行使に係る経済的利益について、給与所得の金額を計算する場合に、給与等の収入金額から証券会社等に支払った取引手数料を控除した残額を給与等の収入金額としていた。

解説

発行法人から付与されたその新株予約権等の行使に係る経済的利益については、その新株予約権等の行使に基づいて取得する株式の行使日における価額からその新株予約権等の

行使に係る権利行使額(新株予約権の取得価額に行使に際し払い込むべき額を加算した金額)を控除した金額とされています。

したがって、権利行使のために証券会社等に支払った手数料を差し引くことはできないこととされています(所法36②、所令84③)。

なお、株式を売却した際には、譲渡所得の金額の計算上、取得費として総収入金額から控除します。

【参考】
・税制非適格ストック・オプション
　⇒　国税庁ホームページ／タックスアンサー／「No.1543税制非適格ストック・オプションに係る課税関係について」
・税制適格ストック・オプション
　⇒　国税庁ホームページ／タックスアンサー／「No.1540ストック・オプション税制の適用を受けて取得した株式を譲渡した場合」／「No.1541ストック・オプション税制の適用を受けて取得した株式の返還又は移転があった場合」／「No.1542特定従事者がストック・オプション税制の適用を受けて取得した株式を保有したまま国外転出した場合」

第6節　退職所得

退職所得とは、退職手当、一時恩給その他の退職により一時に受ける給与及びこれらの性質を有する給与をいいます(所法30①)。

〔留意事項〕
1．退職所得は、給与を受け又はこれを受けるべき者が、退職に際して、その在職中の勤務に対する報酬として、その使用者から支給される一時的な収入とされています。したがって、その退職後、定期的、継続的に支給を受けるものは、年金たる雑所得であって退職所得とされないことになります。
2．社会保険制度や退職共済制度に基づいて支給される退職一時金などは、雇用主から支給されるものではありませんが、過去の勤務に基因して支給される点では退職手当又は一時恩給と同様であるため、退職手当等とみなされます。
3．一時恩給とは、恩給法の規定により公務員が3年以上勤務して普通恩給を受けることができる年限に達しないうちに退職する場合に支給される給与をいいます(恩給法67、70)。

4．死亡退職の場合の退職手当金などは、退職所得ではなく相続税が課税されます（所法9①十七、所基通9-17、相法3①二）。

【参考通達】
・所得税基本通達9-17（相続財産とされる死亡者の給与等、公的年金等及び退職手当等）

 退職所得の範囲

退職所得とは、次の所得をいいます（所法30、31、所令72）。

区分			内容
退職手当等			退職手当、一時恩給その他の退職により一時に受ける給与及びこれらの性質を有する給与
退職手当等とみなされる一時金	限定なしに退職所得		①　国民年金法、厚生年金保険法、国家公務員共済組合法、地方公務員等共済組合法、私立学校教職員共済法、独立行政法人農業者年金基金法の規定に基づく一時金
			②　旧船員保険法の規定に基づく一時金
			③　地方公務員等共済組合法の一部を改正する法律附則の規定に基づく一時金
			④　厚生年金保険制度及び農林漁業団体職員共済組合制度の統合を図るための農林漁業団体職員共済組合法等を廃止する等の法律附則30条の規定に基づく一時金（注） （注）　令和2年4月1日前に支払うべき旧農林漁業団体職員共済組合の規定に基づく一時金も退職手当等とみなされます。
	退職に基因するもの等に限って退職所得		⑤　厚生年金基金から受ける一時金でその加入員の退職に基因して支払われるもの及び石炭鉱業年金基金法の規定に基づく一時金で同法16条1項又は18条1項に規定する坑内員又は坑外員の退職に基因して支払われるもの
			⑥　確定給付企業年金法の規定に基づいて支給を受ける一時金で同法25条1項に規定する加入者の退職により支払われるもの（掛金の自己負担部分を除きます）
			⑦　特定退職金共済団体が支給する一時金で、被共済者の退職により支払われるもの
			⑧　独立行政法人勤労者退職金共済機構が支給する退職金及び退職金相当額
			⑨　独立行政法人中小企業基盤整備機構が支給する一時金で次に掲げるもの イ　小規模企業共済契約に基づいて支給される小規模企業共済法9条1項に規定する共済金 ロ　年齢65歳以上である共済契約者が小規模企業共済契約を小規模企業共済法7条3項の規定により解除したことにより支給される同法12条1項に規定する解約手当金

退職手当等とみなされる一時金	退職に基因するもの等に限って退職所得	八　小規模企業共済法7条4項の規定により小規模企業共済契約が解除されたことによって支給される同法12条1項に規定する解約手当金
		⑩　適格退職年金契約に基づいて支給を受ける一時金で、その一時金が支給される基因となった勤務をした者の退職により支払われるもの（掛金の自己負担部分を除きます）
		⑪　平成25年厚生年金等改正法附則42条3項等の規定に基づいて支給を受ける一時金で加入員又は加入者の退職により支払われるもの
		⑫　確定拠出年金法4条3項に規定する企業型年金規約又は同法56条3項に規定する個人型年金規約に基づいて同法28条1号に掲げる老齢給付金として支給される一時金
		⑬　独立行政法人福祉医療機構が社会福祉施設職員等退職手当共済法7条の規定により支給する同条に規定する退職手当金
		⑭　外国の法令に基づく保険又は共済に関する制度で①～⑤に掲げる法律の規定による社会保険又は共済に関する制度に類するものに基づいて支給される一時金で、その制度に係る被保険者又は被共済者の退職により支払われるもの
	その他	賃金の支払の確保等に関する法律に基づき退職した労働者が弁済を受ける未払賃金（措法29の4）

【参考通達】

・所得税基本通達30-1（退職手当等の範囲）

〔退職手当等とみなす一時金〕

・所得税基本通達31-1（確定給付企業年金法等の規定に基づいて支払われる一時金）
・所得税基本通達31-3（退職金共済契約の範囲）
・所得税基本通達31-4（被共済者間の公平な取扱い）
・所得税基本通達31-5（退職給付金支援事業とその他の事業とを併せて行う団体に対して支出した掛金）

〔退職勤労者が弁済を受ける未払賃金に係る課税の特例〕

・租税特別措置法通達29の4-1（退職勤労者が弁済を受ける未払賃金に係る債務の内容）
・租税特別措置法通達29の4-2（弁済の充当の順序）
・租税特別措置法通達29の4-3（年末調整後に立替払があった場合の再調整）
・租税特別措置法通達29の4-4（確定申告後に立替払があった場合の更正の請求）
・租税特別措置法通達29の4-5（退職勤労者が未払給与等の弁済を受けるほか退職手当等の支払を受ける場合）
・租税特別措置法通達29の4-6（源泉徴収票の作成）

(1) 引き続き勤務する者に支払われる給与で退職手当等とするもの

引き続き勤務する役員又は使用人に対し退職手当等として一時に支払われる給与のうち、次に掲げるものでその給与が支払われた後に支払われる退職手当等の計算上その給与の計算の基礎となった勤続期間を一切加味しない条件の下に支払われるものは、退職手当等とされます（所基通30-2）。

① 新たに退職給与規程を制定し、又は中小企業退職金共済制度若しくは確定拠出金制度への移行など相当の理由によって従来の退職給与規程を改正した場合において、使用人に対しその制定又は改正前の勤続期間についての退職手当等として支払われる給与(注)

　(注)　この給与は、合理的な理由による退職金制度の実質的改変により精算の必要から支払われるものに限られるのであって、例えば、使用人の選択によって支払われるものはこれに該当しないことになります。
　　　　また、使用者がこの給与を未払金等として計上した場合には、その給与は現に支払われる時の退職手当等とされます。この場合、その給与が2回以上にわたって分割して支払われるときは、所得税法施行令77条《退職所得の収入の時期》の規定の適用があります。

② 使用人から役員になった者に対しその使用人であった勤続期間についての退職手当等として支払われる給与(注)

　(注)　退職給与規程の制定又は改正をして、使用人から役員になった者に対してその使用人であった期間に係る退職手当等を支払うこととした場合において、その制定又は改正の時に既に役員になっている者の全員に対しその退職手当等として支払われる給与で、その者が役員になった時までの期間の退職手当等として相当なものを含みます。

③ 役員の分掌変更等により、例えば常勤役員が非常勤役員(注1)になったこと、分掌変更等の後における報酬が激減(注2)したことなどで、その職務の内容又はその地位が激変した者に対し、その分掌変更等の前に役員であった勤続期間についての退職手当等として支払われる給与

　(注1)　常時勤務していない者であっても代表権を有するもの及び代表権は有しないが実質的にその法人の経営上主要な地位を占めていると認められるものを除きます。
　(注2)　おおむね50％以上減少したことをいいます。

④ いわゆる定年に達した後引き続き勤務する使用人に対し、その定年に達する前の勤続期間についての退職手当等として支払われる給与

⑤ 労働協約等を改正していわゆる定年を延長した場合において、旧定年に達した使用人に対し旧定年に達する前の勤続期間に係る退職手当等として支払われる給与で、その支払をすることについて相当の理由があると認められるもの

⑥ 法人が解散した場合において引き続き役員又は使用人として清算事務に従事する者に対し、その解散前の勤続期間についての退職手当等として支払われる給与

(2) 使用人から執行役員への就任に伴い退職手当等として支給される一時金

使用人(注1)から、いわゆる執行役員に就任した者に対しその就任前の勤続期間に係る退職

手当等として一時に支払われる給与(注2)のうち、例えば、次の①②のいずれにも該当する執行役員制度の下で支払われるものは、退職手当等とされます（所基通30-2の2）。
① 執行役員との契約は、委任契約又はこれに類するもの(注3)であり、かつ、執行役員退任後の使用人としての再雇用が保障されているものでないこと
② 執行役員に対する報酬、福利厚生、服務規律等は役員に準じたものであり、執行役員は、その任務に反する行為又は執行役員に関する規程に反する行為により使用者に生じた損害について賠償する責任を負うこと
（注1） 職制上使用人としての地位のみを有するものに限ります。
（注2） その給与が支払われた後に支払われる退職手当等の計算上その給与の計算の基礎となった勤続期間を一切加味しない条件の下に支払われるものに限ります。
（注3） 雇用契約又はこれに類するものは含みません。

なお、上記例示以外の執行役員制度の下で行われるものであっても、個々の事例の内容から判断して、使用人から執行役員への就任について、勤務関係の性質、内容、労働条件等において重大な変動があって、形式的には継続している勤務関係が実質的には単なる従前の勤務関係の延長とはみられないなどの特別の事実関係があると認められる場合には、退職手当等とされます。

【参考通達】
・所得税基本通達30-3（受給者が掛金を拠出することにより退職に際しその使用者から支払われる一時金）
・所得税基本通達30-4（過去の勤務に基づき使用者であった者から支給される年金に代えて支払われる一時金）
・所得税基本通達30-5（解雇予告手当）

■参考（「退職所得」の意義を争った事件について）

当時、短期退職制度といって、労使合意の下で、5年ごとに「退職」したことにして退職金を支払い、又は10年ごとに「退職」したことにして退職金を支払い、その支払の後も雇用関係が継続するとした場合に、当該退職金が所得税法30条に定める「退職所得」に該当するか否かが争われました。

5年退職金に係る最高裁昭和58年9月9日第二小法廷判決及び10年退職金に係る最高裁昭和58年12月6日第三小法廷判決とも、いずれの退職金も退職給与に当たらないと次のように判示しています。

両判決とも、退職所得に当たるためには、「①退職すなわち勤務関係の終了という事実によってはじめて支給されること、②従来の継続的な勤務に対する報奨ないしその間の労務の対価の一部の後払いの性質を有すること、③一時金として支払われること」の要件を備える必要があるとしています。

また、退職所得として扱われる「これらの性質を有する給与」に当たるためには、形式的に

は右の各要件をすべて備えていなくても、実質的にみてこれらの要件の要求するところに適合し、課税上、右「退職により一時に受ける給与」と同一に取り扱うことを相当とするものであることと判示しています。

退職所得の金額の計算

(1) 所得金額の計算

退職所得の金額は、その年中の退職手当等の収入金額から退職所得控除額を控除した残高の2分の1に相当する金額となります。

次の算式で計算します（所法30②⑥、所令71の2①）。

区　　　分	退　職　所　得　の　金　額
① 一般退職手当等（注1）が支給される場合	（一般退職手当等の収入金額－退職所得控除額）×1/2
② 短期退職手当等（注2）が支給される場合	次の区分に応じそれぞれ次の金額 A （収入金額－退職所得控除額）≦ 300万円 　（短期退職手当等の収入金額－退職所得控除額）×1/2 B （収入金額－退職所得控除額）＞ 300万円 　150万円＋（短期退職手当等の収入金額－（300万円＋退職所得控除額））
③ 特定役員退職手当等（注4）が支給される場合	特定役員退職手当等の収入金額－退職所得控除額
④ 一般退職手当等、短期退職手当等又は特定役員退職手当等のうち2以上の退職手当等が支給される場合	所得税法施行令71条の2第1項、3項、5項又は7項の規定に基づいて一般退職所得控除額、短期退職所得控除額及び特定役員退職所得控除額を計算し、一般退職手当等、短期退職手当等又は特定役員退職手当等につき上記①から③に準じて計算した金額の合計額

(注1)　「一般退職手当等」とは、「短期退職手当等」及び「特定役員退職手当等」のいずれにも該当しないものをいいます（所法30⑦）。
(注2)　「短期退職手当等」とは、退職手当等のうち、退職手当等の支払者から短期勤続年数（注3）に対応する退職手当等として支払を受けるものであって、特定役員退職手当等に該当しないものをいいます（所法30④、所令69①）。
(注3)　「短期勤続年数」とは、退職手当等に係る調整後勤続期間のうち、その退職手当等の支払を受ける居住者が下記（注5）の役員等以外の者として勤務した期間により計算した期間が5年以下であるものをいいます（所令69、69の2①③）。
(注4)　「特定役員退職手当等」とは、退職手当等のうち、役員等（注5）勤続年数が5年以下である者が、退職手当等の支払者からその役員等勤続年数に対応する退職手当等として支払を受けるものをいいます（所法30⑤）。

（注5） 「役員等」とは、次に掲げる者をいいます（所法30⑤一～三）。
　① 法人税法2条15号に規定する役員
　② 国会議員及び地方公共団体の議会の議員
　③ 国家公務員及び地方公務員

(2) 収入金額

① 退職手当等を2か所以上から支給される場合の収入金額

退職手当等を2か所以上から支給される場合の収入金額はその合計額によって計算します。なお、退職所得控除額は、その合計額から控除します。

② 適格退職年金契約に基づいて支給される退職一時金についての退職所得の収入金額

適格退職年金契約に基づいて支給される退職一時金について退職所得の金額を計算する場合、適格退職年金契約に基づいて払い込まれた保険料又は掛金のうちに従業員自身が負担したものが含まれているときは、その支給額から従業員が負担した金額を差し引いた残額を退職所得の収入金額とします（所令72③四）。

③ 収入の時期

退職所得の収入の時期は、次のように取り扱われています（所令77、所基通36-10）。

区　　　　分		収　入　の　時　期
① 原則		退職の日
② 役員に支払われる退職手当等で株主総会等の決議を要するもの	支給金額を定めている場合	退職後、決議のあった日
	支給金額を定めていない場合	支給金額が具体的に定められた日
③ 退職給与規程の改訂により既往分に対して支払われる差額	支給日を定められているもの	支給日
	支給日を定められていないもの	改訂の効力が生じた日
④ 退職手当等とみなされる一時金		一時金の支給の基礎となる法令等により定められた給付事由が生じた日
⑤ 引き続き勤務する者に支払われる給与で退職手当等とされるもの	役員であった勤務期間に係るもの	②に掲げる日
	使用人であった勤務期間に係るもの	事由別に定められています（注）
⑥ 年金に代えて支払われる一時金で、所基通30-4及び31-1により退職手当等とみなされるもの		給付事由が生じた日

事　　由	収　入　の　時　期
⑦ 所令77条（退職所得の収入の時期）の規定が適用される退職手当等の課税年分	上記①から⑥までに掲げる日にかかわらず、同条の規定による。

(注) 使用人であった勤続期間に関するものについては、次の区分に応じ、それぞれの日とされています。

事　　由	収　入　の　時　期
上記❶(1)①に掲げる給与	支給日
上記❶(1)②に掲げる給与	使用人から役員になった日。ただし②の（注）の給与については、その制定又は改正の日
上記❶(1)④に掲げる給与	その定年に達した日
上記❶(1)⑤に掲げる給与	旧定年に達した日
上記❶(1)⑥に掲げる給与	法人の解散の日

(3) 退職所得控除額

退職所得控除額は、次のとおりです（所法30③⑥、所令70、71の2①③⑤⑦）。

① 通常の退職の場合

勤続年数が20年以下の場合　⇒　40万円×勤続年数（最低80万円）

勤続年数が20年を超える場合　⇒　70万円×（勤続年数－20年）＋800万円

② 障害者になったことに直接基因して退職した場合

①によって計算した金額＋100万円

③ その年の前年以前に他の退職手当等の支払を受けている場合で一定の場合

①によって計算した金額－他の退職手当等につき①に準じて計算した金額

④ 一般退職手当等、短期退職手当等又は特定役員退職手当等のうち2以上の退職手当等が支給される場合の退職所得控除額

　イ　一般退職所得控除額は、次の区分に応じ、それぞれ次の金額

　　(イ)　一般退職手当等及び短期退職手当等がある場合（(ハ)の場合を除きます）

　　　　退職所得控除額－短期退職所得控除額

　　(ロ)　一般退職手当等及び特定役員退職手当等がある場合（(ハ)の場合を除きます）

　　　　退職所得控除額－特定役員退職所得控除額

　　(ハ)　一般退職手当等、短期退職手当等及び特定役員退職手当等がある場合

　　　　退職所得控除額－短期退職所得控除額－特定役員退職所得控除額

　ロ　短期退職所得控除額は、次の区分に応じ、それぞれ次の金額

　　(イ)　一般退職手当等及び短期退職手当等がある場合（(ハ)の場合を除きます）

　　　　40万円×（短期勤続年数－重複勤続年数）＋20万円×重複勤続年数

　　(ロ)　短期退職手当等及び特定役員退職手当等がある場合（(ハ)の場合を除きます）

　　　　退職所得控除額－特定役員退職所得控除額

(ハ) 一般退職手当等、短期退職手当等及び特定役員退職手当等がある場合

40万円×（短期勤続年数－重複勤続年数（注1））＋20万円×重複勤続年数（注2）＋13万円×重複勤続年数（注3）

（注1）（注2）の重複勤続年数と（注3）の重複勤続年数を合計した年数により計算します。

（注2） 短期勤続期間と特定役員等勤続期間とが重複している期間（全重複期間を除きます）及び短期勤続期間と一般勤続期間とが重複している期間（全重複期間を除きます）により計算した重複勤続年数に限ります。

（注3） 全重複期間により計算した重複勤続年数に限ります。

ハ 特定役員退職所得控除額は、次の区分に応じ、それぞれ次の金額

(イ) 一般退職手当等及び特定役員退職手当等がある場合（(ハ)の場合を除きます）

40万円×（特定役員等勤続年数－重複勤続年数）＋20万円×重複勤続年数

(ロ) 短期退職手当等と特定役員退職手当等がある場合（(ハ)の場合を除きます）

40万円×（特定役員等勤続年数－重複勤続年数）＋20万円×重複勤続年数

(ハ) 一般退職手当等、短期退職手当等及び特定役員退職手当等がある場合

40万円×（短期勤続年数－重複勤続年数（注4））＋20万円×重複勤続年数（注5）＋13万円×重複勤続年数（注6）

（注4）（注5）の重複勤続年数と（注6）の重複勤続年数を合計した年数により計算します。

（注5） 特定役員等勤続期間と短期勤続期間とが重複している期間（全重複期間を除きます）及び特定役員等勤続期間と一般勤続期間とが重複している期間（全重複期間を除きます）により計算した重複勤続年数に限ります。

（注6） 全重複期間により計算した重複勤続年数に限ります。

【参考通達】

・所得税基本通達30-15（障害による退職に該当する場合）

(4) 勤続年数の計算

退職所得控除額の計算の基礎となる勤続年数は、次のように計算します

① 勤続年数は、退職手当等（注1）の支払を受ける者が、退職手当等の支払者（注2）の下でその退職手当等の支払の基因となった退職の日まで引き続き勤務した期間によって計算します（所令69①③）。したがって、勤続年数は、退職金を支給する会社の定めなどによることなく、実際の勤続期間によります。

（注1） 退職手当等とみなされる一時金を除きます。以下、②、③において同じです。

（注2） その支払者が相続人であるときはその相続人を含み、その支払者が合併後存続する法人又は合併により設立された法人であるときはその合併によって消滅した法人を含み、その支払者が法人の分割により資産及び負債の移転を受けた法人であるときはその分割によりその資産及び負債の移転を行った法人を含みます。

② ①による勤続年数の計算にあたり、次に掲げる場合にはそれぞれ次によります（所令69①一～三）。

イ 退職手当等の支払を受ける者がその支払者の下で就職の日から退職の日までの間に、例えば、子会社などへ派遣されて一時勤務しなかった期間があるような場合には、その一時勤務しなかった期間前にその支払者の下で引き続き勤務した期間を、上記①の引き続き勤務した期間に加算して勤続年数を計算します。

ロ 退職手当等の支払を受ける者がその支払者の下で勤務しなかった期間に他の支払者の下で勤務したことがある場合に、退職手当等の支払者が退職手当等の支払金額の計算の基礎とする勤続期間のうちに他の者の下において勤務した期間をも含めて計算しているときは、その期間も上記①の引き続き勤務した期間に加算して勤続年数を計算します。

ハ 退職手当等の支払を受ける者がその支払者から前に退職手当等の支払を受けたことがあるときは、前に支払を受けた退職手当等の支払金額の計算の基礎とされた勤続期間の末日以前の期間は、上記①の引き続き勤務した期間又は②のイ及びロの加算すべき期間から除外して勤続年数を計算します。

　ただし、その支払者がその退職手当等の支払金額の計算の基礎とする期間のうちに、前に支払を受けた退職手当等の支払金額の計算の基礎とされた期間を含めて計算をするときは、前に支払を受けた退職手当等の計算の基礎とされた期間を勤続期間に加算した期間により勤続年数を計算します。

ニ 退職手当等とみなされる一時金(所法31、以下、「退職一時金等」といいます)については、その退職一時金等の支払金額の計算の基礎とされた期間により勤続年数(注1)を計算します。

　この場合、その期間の計算が時の経過に従って計算した期間によらず、これに一定の期間を加算した期間によっているときは、その加算をしなかったものとして計算した期間によります。

　ただし、その退職一時金等が、確定拠出年金法に基づく老齢給付金として支給される一時金である場合には、その支払金額の計算の基礎となった期間は、企業型年金加入者期間(注2)と個人型年金加入者期間(注3)のうち企業型年金加入者期間等と重複していない期間とを合算した期間によります(所令69①二)。

(注1) 退職手当等とみなされる退職一時金等の金額のうちに、次の金額が含まれている場合には、これらの金額の計算の基礎となった期間を含みます。
　　(イ) 独立行政法人勤労者退職金共済機構が特定退職金共済団体から個人単位又は事業主単位で受け入れた金額
　　(ロ) 解散存続厚生年金基金から独立行政法人勤労者退職金共済機構に交付された額
　　(ハ) 独立行政法人勤労者退職金共済機構から特定退職金共済団体に引き渡された退職金に相当する額
　　(ニ) 特定退職金共済団体間で引き渡された退職給付金又は引継退職給付金に相当する額

(注2) 確定拠出年金法の脱退一時金相当額等の移換の規定により、通算加入者等期間に算入された期間及び企業型年金加入者期間に準ずる期間を含みます。以下、「企業型年金加入者期間等」といいます。

(注3) 確定拠出年金法の脱退一時金相当額等の移換の規定により、通算加入者等期間に算入された期間

及び個人型年金加入者期間に準ずる期間を含みます。

ホ　その年に2以上の退職手当等又は退職一時金等の支給を受ける場合には、これらの退職手当等又は退職一時金等ごとに上記イからニにより勤続期間を計算し、そのうちの最も長い期間によって勤続年数を計算します。

　　ただし、その最も長い期間以外の勤続期間のうちに最も長い勤続期間と重複しない期間があるときは、その重複しない期間をその最も長い勤続期間に加算して勤続年数を計算します。

ヘ　短期退職手当等に係る短期勤続年数は、退職手当等に係る上記①又は②イからハまでの調整後の勤続期間（以下、「調整後勤続期間」といいます）のうち、その退職手当等の支払を受ける居住者が所得税法30条4項に規定する役員等以外の者として勤務した期間によって計算します（所令69の2①）。

　　この場合、調整後勤続期間のうちに役員等勤続期間がある場合には役員等以外の者として勤務した期間にはその役員等勤続期間を含むものとされます（所令69の2③）。

　　また、居住者が支払を受ける退職手当等が退職一時金等である場合にはその退職一時金等に係る組合員等であった期間を調整後勤続期間のうち役員等以外の者として勤務した期間として、短期勤続年数の計算を行うこととなります（所令69の2③）。

ト　一般退職手当等、短期退職手当等又は特定役員退職手当等のうち2以上の退職手当等がある場合の短期勤続年数とは、短期勤続期間(注)により計算した年数をいいます（所令71の2②）。

　　(注)　短期勤続期間とは、短期退職手当等について所得税法施行令69条1項各号の規定により計算した期間をいいます。

チ　特定役員退職手当等に係る役員等勤続年数は、退職手当等に係る調整後勤続期間のうち、その退職手当等の支払を受ける居住者が所得税法30条5項に規定する役員等として勤務した期間によって計算します（所令69の2②）。

リ　一般退職手当等、短期退職手当等又は特定役員退職手当等のうち2以上の退職手当等がある場合の特定役員等勤続年数とは、特定役員勤続期間(注)により計算した年数をいいます（所令71の2④）。

　　(注)　特定役員等勤続期間とは、特定役員退職手当等について所得税法施行令69条1項1号及び3号の規定により計算した期間をいいます。

ヌ　重複勤続年数とは、特定役員等勤続期間、短期勤続期間又は一般勤続期間(注)が重複している期間により計算した年数をいいます（所令71の2②④⑥⑧）。

　　(注)　一般勤続期間とは、一般退職手当等について所得税法施行令69条1項各号の規定により計算した期間をいいます。

③　退職手当等の支給額が前職を通ずる勤続年数を基礎として算定されている②のロ又はハの場合は、それ以前に支払を受けた退職手当等についての勤続期間を含めた勤続年数によって求めた退職所得控除額から、前に支払を受けた退職手当等についての勤続年数によって求め

た控除額を差し引いて算定します（所法30⑥一、所定70①一）。

④　その年の前年以前4年以内（注）に退職手当等の支払を受け、かつ、その年に退職手当等の支払を受けた場合において、その年に支払を受けた退職手当等についての勤続期間の一部がその年の前年以前4年内に支払を受けた前の退職手当等についての勤続期間と重複している場合の退職所得控除額は、その年に支払を受けた退職手当等についての勤続年数により求めた控除額から、その重複している部分の期間を勤続年数とみなして求めた控除額を差し引いて算定します（所令70①二）。

　　（注）　確定拠出年金法4条3項に規定する企業型年金規約又は同法56条3項に規定する個人型年金規約に基づいて同法28条1号に掲げる老齢給付金として支給される一時金（所令72③六）の支払を受ける場合には、19年内とされています。

⑤　その年の退職手当等についての勤続期間と、その年の前年以前4年以内の退職手当等の勤続期間との重複期間を求めるにあたって、前の退職手当等の金額が前の退職手当等について求めた退職所得控除額に満たないときは、特別の計算の定めがあります（所令70②）。

⑥　①及び②によって計算した期間に1年未満の端数を生じたときは、これを1年として勤続年数を計算し、③及び④の重複している部分の期間に1年未満の端数が生じたときは、その端数を切り捨てます（所令69②、70③）。

【参考通達】

・所得税基本通達30-6　（退職手当等の支払金額の計算の基礎となった期間と勤続年数の関係）
・所得税基本通達30-7　（長期欠勤又は休職中の期間）
・所得税基本通達30-8　（引き続き勤務する者に支払われる給与で退職手当等とされるものに係る勤続年数）
・所得税基本通達30-9　（日々雇い入れられる期間）
・所得税基本通達30-10（前に勤務した期間を通算して支払われる退職手当等に係る勤続年数の計算規定を適用する場合）
・所得税基本通達30-11（前に勤務した期間の一部等を通算する場合の勤続年数の計算）
・所得税基本通達30-12（復職等に際し退職手当等を返還した場合）
・所得税基本通達30-13（勤続年数の計算の基礎となる期間の計算）
・所得税基本通達30-14（その年に支払を受ける2以上の退職手当等のうちに前の退職手当等の計算期間を通算して支払われるものがある場合の控除期間）
・所得税基本通達31-2　（退職一時金等に係る勤続年数の計算）

誤りやすい事例　　退職所得の収入の時期及び収入金額等

1．退職した翌年に退職金の支給を受けた場合、支給を受けた年分の退職所得としていた。

> **解説**

　退職所得の収入とすべき時期は、原則としてその支給の基因となった退職をした日によります。
　ただし、会社役員等の場合で、その支給について株主総会等の決議を要するものについては、その決議にあった日とされています（所基通36-10）。

2．「自衛官若年定年退職者給付金の支払調書」に記載された支払金額を退職所得の収入金額として申告していた。

> **解説**

　自衛官若年定年退職者給付金について、1回目の給付金は退職所得に該当し退職所得の源泉徴収票が交付されます。
　2回目の給付金については、「自衛官若年定年退職者給付金の支払調書」が交付され、一時所得として課税されます。
　なお、上記支払調書には、摘要欄に「退職年月日」が記載されていることから注意する必要があります。

【参考】
・国税庁ホームページ／タックスアンサー／「No.1420退職金を受け取ったとき（退職所得）」／「No.2725退職所得となるもの」／「No.1428退職所得の収入金額の収入すべき時期」

第7節　山林所得

山林所得の範囲

　山林所得とは、山林（注）の伐採又は譲渡による所得をいいます（所法32①）
　ただし、山林を取得の日以後5年以内に伐採又は譲渡することによる所得は山林所得に含まれないこととされています（所法32②）。
（注）「山林」とは、土地に定着した樹木が成長している状態、すなわち立木をいいます。

【参考通達】
・所得税基本通達32-3（山林の取得の日）

(1) 他の各種所得と競合する場合の所得区分（通常の場合）（所法32、所基通32-1）

　山林所得は、山林経営に伴い長期間にわたって発生した所得が、伐採又は譲渡により一時に実現するところに着目して定められた所得分類となります。

　このような理由から、山林を取得してから5年以内に伐採し又は譲渡した場合は、その所有期間が短く山林経営の実を伴わないため山林所得に含めず、山林の譲渡が事業的規模で行われている場合は事業所得、それに至らない場合は雑所得となります（所基通35-2（8））。

　また、立木を土地とともに譲渡した場合には、その山林の譲渡から生じた部分の金額は山林所得となり、土地の譲渡から生ずる部分の所得は、譲渡所得となります（所基通32-2）。

　なお、製材業者が自ら植林して育成した山林を伐採し、製材して販売する場合には、植林又は幼齢林の取得から伐採までの所得を山林所得とし、製材から販売までの所得を事業所得としてよいことになっています（所基通23～35共-12）。

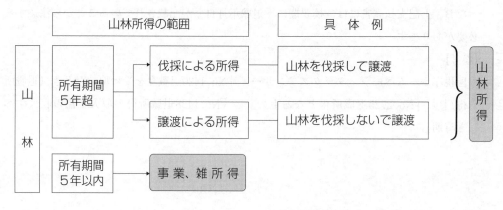

（出典：税務大学校講本　所得税法（令和6年度版））

(2) 分収造林契約等による分収

　分収造林契約（注1）又は分収育林契約（注2）に基づく分収金等は、次のように取り扱われます（所令78の2、78の3）。

区　　　　分		所得区分
① 分収造林契約又は分収育林契約に基づく収益の分収（所令78の2）	イ　山林の伐採又は譲渡による収益の分収（ロ～ニを除きます）	山林所得
	ロ　山林の伐採又は譲渡前に分収	事業、雑所得

		ハ 契約期間中引き続き地代、利息等の対価を受ける者の分収	不動産、事業、雑所得
		ニ 契約に係る権利を取得した日以後5年以内のもの	事業、雑所得
② 分収造林契約又は分収育林契約に係る権利の譲渡（所令78の3①②）	土地の所有者、造林者、育林者	イ 権利の取得の日以後5年を超えるもの	山林所得
		ロ 権利の取得の日以後5年以内のもの	事業、雑所得
		ハ 造林費負担者又は育林費負担者（④を除きます）	事業、雑所得
③ 分収育林契約の締結により受ける山林の持分の対価（所令78の3③）	山林の所有者	イ 山林の取得の日以後5年を超えるもの	山林所得
		ロ 山林の取得の日以後5年以内のもの	事業、雑所得
④ 分収造林契約又は分収育林契約の当事者が、新たに造林費負担者又は育林費負担者としての権利を取得した者から支払を受ける持分の対価（権利は譲渡せず、持分の分割）（所令78の3④）		イ 権利の取得の日以後5年を超えるもの	山林所得
		ロ 権利の取得の日以後5年以内のもの	事業、雑所得

（注1）「分収造林契約」とは、①土地の所有者、②造林者、③造林に関する費用の負担者の三者又はこれらの者のうち二者が当事者となってその造林に関する契約を締結し、その造林による収益を一定の割合によって分収することを定めた契約をいいます（所令78一）。

（注2）「分収育林契約」とは、①土地の所有者、②育林者、③育林に関する費用の負担者の三者又はこれらの者のうち二者が当事者となってその育林に関する契約を締結し、その育林による収益を一定の割合によって分収することを定めた契約をいいます（所令78二）。

(3) 生産森林組合により受ける分配金

生産森林組合に基づく分配金は、次のように取り扱われます（所令62②、所基通23～35共-4（3））。

区　　　　　　　　分			所 得 区 分
生産森林組合の組合員で給与の支給を受けない場合	従事分量分配金（所令62②）	取得後5年を超えて伐採又は譲渡した山林の所得の分配	山林所得
		取得後5年以内に伐採又は譲渡した山林の所得の分配	事業、雑所得

(4) その他

① 桐の木の伐採による所得

桐の木を伐採し又は譲渡した場合に生じる所得は、その植栽地が畑地であっても集団的に規模をもって生育管理しているものであれば山林所得になります。一方、屋敷の庭などに数本の桐を植えただけで、それを伐採・譲渡した場合は、山林所得だけでなく譲渡所得として取り扱われます。

② 強制換価手続による譲渡の場合の所得

資力を喪失して債務を弁済することが著しく困難な場合の強制換価手続(注)による山林の譲渡による山林所得等(営利を目的として継続的に行われるものを除きます)は、課税されないこととされています(所法9①十、所令26、所基通9-12の3)。

(注) 強制換価手続とは、滞納処分、強制執行、担保権の実行としての競売、企業担保権の実行手続及び破産手続をいいます。

③ 国又は地方公共団体に山林を寄附した場合の取扱い

国又は地方公共団体に山林を贈与し又は遺贈した場合には、山林所得の金額の計算上その贈与又は遺贈はなかったものとみなされます(措法40①)。

④ 公益社団法人等に山林を寄附した場合の取扱い

公益社団法人、公益財団法人、一定の一般社団法人及び一般財団法人その他の公益を目的とする事業を行う法人(外国法人に該当するものを除きます)に対して山林を贈与し又は遺贈した場合に、国税庁長官の承認を受けたときは、山林所得の金額の計算上その贈与又は遺贈はなかったものとみなされます(措法40①)

⑤ 相続税を山林で物納した場合の取扱い

相続税を納めるために山林を物納した場合には、山林所得の金額の計算上その山林の譲渡はなかったものとみなされます(措法40の3)。

⑥ 山林を家事のために消費した場合の収入金額

取得の日以後5年を超える期間所有していた山林を伐採して自分の住宅を建築するなど、伐採した立木を家事のために消費した場合には、その消費した立木の時価をその消費した日の属する年分の山林所得の総収入金額に算入します(所法39)。

2 山林所得の金額の計算

山林所得の金額は、次の算式で計算します(所法32③④)。

〔算式〕
山林所得の金額=総収入金額-必要経費-山林所得の特別控除額(最高50万円)

(1) 総収入金額

① 総収入金額の範囲
山林所得の収入金額には、次のようなものが含まれます。
① 山林の譲渡対価
② 間伐等によって生ずる付随収入
③ 保険金、損害賠償金
④ 自家消費等

【参考通達】
・所得税基本通達32-4（山林所得の基因となる山林とその他の山林とがある場合の収入金額等の区分）

② 収入の時期
山林所得の収入の時期は、原則として引渡しのあった日によります。ただし、契約の効力発生の日でもよいことになっています（所基通36-12）。

(2) 必要経費

必要経費には、次の①から⑥の費用が該当します（所法37②）。
① 植林費
② 取得費
③ 管理費
④ 伐採費
⑤ 育成費
⑥ 譲渡費用

なお、特例として概算経費による控除が認められています（措法30、措令19の5、措規12）。

〈概算経費控除〉
伐採又は譲渡した年の15年前の12月31日以前から引き続き所有していた山林については、次の算式により必要経費を算出することができます。

〔算　式〕
必要経費＝（収入金額－A）×50％＋A
　A：伐採費、運搬費、譲渡費用

〔留意事項〕
1．山林の災害損失は、上記の必要経費とは別に必要経費に算入されます。
2．伐採又は譲渡した年の15年前とは、例えば伐採した年が令和5年である場合は、平成20年をいいます。

3．昭和27年12月31日以前から引き続き所有していた山林を伐採し又は譲渡した場合の山林所得の金額の計算上差し引く必要経費は、その山林の昭和28年1月1日現在における相続税の評価額と、その山林について同日以後に支出した管理費、伐採費、育成費又は譲渡費用の額との合計額とされます（所法61①、所令171）。

4．相続、遺贈又は贈与によって取得した山林を伐採し又は譲渡した場合には、相続人、受遺者又は受贈者が引き続き所有していたものとみなして、概算経費控除による山林所得の金額の計算をすることができます。

　　ただし、昭和28年中に包括遺贈によって取得したもの等一定のものについては、この特例は適用されないこととされています（措法30②）。

【参考通達】
・租税特別措置法通達30-1（分収造林契約等の収益等についての適用）
・租税特別措置法通達30-2（概算経費率による必要経費の計算）
・租税特別措置法通達30-3（「被災事業用資産の損失の金額」についての留意事項）

(3) 山林所得の特別控除

① 一般の特別控除

区　　　分		特別控除額
収入金額－必要経費	50万円未満の場合	その残額
	50万円以上の場合	50万円

② 森林計画特別控除

　平成24年から令和8年までの各年において、森林法の規定による市町村の長（注1）の認定を受けた森林経営計画（一定のものを除きます）に基づいて山林を伐採又は譲渡（注2）をした場合（注3）には、その山林の収入金額から、必要経費のほかに、次のいずれか低い方の金額（注4）を控除します（措法30の2）。

　　イ　（A－譲渡経費）×20％（注5）

　　　　A：この特別控除の対象となる山林の収入金額

　　ロ　（A－譲渡経費）×50％－｛Aに対応する部分の必要経費＋（譲渡経費＋B）｝

　　　　B：Aに対応する部分の山林災害損失及び災害関連費用

　なお、森林法の規定により認定を受けた森林経営計画に基づいて山林を伐採又は譲渡した場合であっても、その後、森林法又は木材の安定供給の確保に関する特別措置法の規定によりその森林経営計画が取り消されたときなどは、この特例が受けられなくなります。

（注1）　森林法19条の規定に該当する場合は都道府県知事又は農林水産大臣となります。
（注2）　交換・出資・収用換地等によるものを除きます。
（注3）　贈与等の場合の譲渡所得等の特例（所法59①）の適用がある場合及び森林保健施設を整備するために

伐採又は譲渡をした場合を除きます。
(注4) 必要経費を山林所得の概算経費控除により計算している場合には、上記イの金額となります。
(注5) （A－譲渡経費）が2,000万円を超える場合には、その超える部分の金額については、10％となります（措法30の2②一かっこ書）。

【参考通達】
・租税特別措置法通達30の2-1（森林計画特別控除の対象となる山林所得）
・租税特別措置法通達30の2-2（分収造林契約等の収益についての適用）
・租税特別措置法通達30の2-3（森林計画特別控除額の計算）

③ 収用等の場合の特例

山林について、土地収用法等による収用があった場合、次のいずれかを選択して適用できます。

イ　収用等に伴い代替資産を取得した場合の課税の特例（措法33）
ロ　収用交換等の場合の5,000万円特別控除（措法33の4）

> **誤りやすい事例**　山林所得の所得区分
>
> 山林の林地の譲渡による所得を山林所得としていた。
>
> **解　説**
>
> 山林所得（所法32）に規定する山林は、山林を構成する立木を意味するものであり、山林を構成する土地である林地の譲渡は、譲渡所得（分離課税）となります（所法32①、33、所基通32-2）。
>
> なお、果樹園に栽培されている果樹は、山林とはいえないので、果樹園に栽培されている果樹の譲渡は、譲渡所得（総合課税）とされます。

第8節　譲渡所得

譲渡所得の内容

譲渡所得とは、資産の譲渡（注1、2）による所得をいいます（所法33①）。
(注1) 建物又は構築物の所有を目的とする地上権又は賃借権の設定その他契約により他人に土地を長期間使用させる行為で一定の条件に該当するものを含みます。

(注2) 譲渡とは、有償無償を問わず、売買・交換、代物弁済、法人に対する現物出資、物納、競売、収用など、資産の所有権が移転する一切の行為をいいます。

なお、譲渡の範囲について、図示すると次のようになります。

区　分	内　　　容
譲渡の範囲	①　売買
	②　交換、競売、公売、収用、物納、代物弁済、財産分与、法人に対する現物出資など
みなし譲渡	①　法人に対して資産を贈与した場合や限定承認による相続などがあった場合（所法59） 　　なお、次のイ又はロのような事由により資産の移転があった場合には、時価（通常売買される価額をいいます）で資産の譲渡があったものとされます。 　　イ　法人に対する贈与や遺贈、時価の2分の1未満の価額による譲渡 　　ロ　限定承認の相続や限定承認による遺贈（個人に対するものに限られます）
	②　1億円以上の有価証券等を所有している一定の居住者が国外転出等をする場合（所法60の2等）
	③　地上権や賃借権、地役権を設定して権利金などを受け取った場合（所令79）^{（※）}
	④　資産が消滅することによって補償金などを受け取った場合（所令95） 　　収用などにより、借地権、漁業権などの資産が消滅したり、その価値が減少することにより一時に補償金などを受け取ったときは、その補償金などは譲渡所得の対象とされます。
	⑤　ストック・オプション税制の適用を受けて取得した株式の返還又は移転があった場合（措法29の2、措令19の3）
	⑥　特定従事者がストック・オプション税制の適用を受けて取得した株式を保有したまま国外転出する場合（措法29の2、措令19の3）

（※）　借地権又は地役権の設定の対価が譲渡所得とされる場合は、次のとおり取り扱われています（所令79）。
　イ　概要
　　　土地を建物の所有を目的として貸し付けた場合には、借地権の設定の対価として権利金など一時金を受け取るのが通例となっています。
　　　この場合、受け取った権利金などの一時金は、原則として不動産所得となります。
　　　しかし、権利金などの額が相当多額であるときなどは、土地の一部分を譲渡したこととその効果が変わらない場合があります。
　　　このような場合には、資産の譲渡があったものとして、その借地権や地役権の設定の対価として受け取った権利金などは分離課税の譲渡所得となります。
　ロ　譲渡所得として課税されることとなる権利金など
　　　譲渡所得として課税されることとなる権利金などは、次の「借地権等の設定の内容」（下記ハ）に掲げるような権利の設定により受け取った権利金などのうち「対価の額の要件」（下記ニ）に該当するものとされます。
　ハ　借地権等の設定の内容
　　　借地権等の設定の内容は、次のとおりとなります。
　　　①　建物又は構築物の所有を目的とする借地権の設定

② 特別高圧架空電線を架け渡すための地役権の設定
③ 特別高圧地中電線を敷設するための地役権の設定
④ ガス事業法2条12項に規定するガス事業者が高圧ガス用の導管を敷設するための地役権の設定
⑤ 飛行場を設置するための地役権の設定
⑥ ケーブルカーやモノレールを敷設するための地役権の設定
⑦ 砂防法1条の砂防設備である導流堤などの設置を目的とする地役権の設定
⑧ 都市計画法4条14項に規定する公共施設を設置するための地役権の設定
⑨ 都市計画法8条1項4号の特定街区内で建築物を建築するための地役権の設定

【参考通達】
・所得税基本通達33-12（特別高圧架空電線等の意義）
・所得税基本通達33-13（借地権に係る土地を他人に使用させる行為等）

二　対価の額の要件
対価の額の要件は、次のとおりとなります。

(イ)　「建物や構築物の全部の所有を目的とする借地権」や「地役権」の設定である場合
次の算式の要件に該当する必要があります。

〔算　式〕
その土地（転貸の場合は借地権）の時価×1/2 (*) ＜ 権利金等の額

（*）　地下若しくは空間について上下の範囲を定めた借地権や地役権の設定又は導流堤や遊砂地若しくは河川法に規定する遊水地などの設置を目的とした地役権の設定である場合には、その土地の時価の4分の1を超えることになります。

(ロ)　「建物や構築物の一部の所有を目的とする借地権」の設定である場合
次の算式の要件に該当する必要があります。

〔算　式〕
その土地（転貸の場合は借地権）の時価×A／B×1/2 ＜ 権利金等の額
　A：建物や構築物の所有部分の床面積
　B：建物や構築物の全体の床面積

〔留意事項〕
1．既に借地権の設定してある土地の地下に地下鉄などの構築物を建設させるためその土地を使用させるなど、土地の所有者と借地権者とがともにその土地の利用が制限される場合で、ともに権利金などを受け取ったときは、その権利金などの合計額を基にして、上記の2分の1（又は4分の1）の判定を行います。
2．借地権の設定などに際し、通常の金利よりも特に低い金利や無利息で金銭を借りるなどの特別の経済的利益を受けるときは、その特別の経済的利益の額を加えたものを権利金などとみて、上記の2分の1（又は4分の1）の判定を行います。

〔参考文献〕
国税庁ホームページ／タックスアンサー／「No.3111　土地を貸し付けて権利金などをもらったとき」

【借地権等に関する参考通達】
・所得税基本通達33-11の2（借地権等を消滅させた後、土地を譲渡した場合等の収入金額の区分）

- 所得税基本通達33-11の3（底地を取得した後、土地を譲渡した場合等の収入金額の区分）
- 所得税基本通達33-14（複利の方法で計算した現在価値に相当する金額の計算）
- 所得税基本通達33-15（借地権の設定に伴う保証金等）
- 所得税基本通達33-15の2（共同建築の場合の借地権の設定）
- 所得税基本通達33-15の3（大深度事業と一体的に施行される事業により設置される施設等の所有を目的とする地下について上下の範囲を定めた借地権の設定）
- 所得税基本通達33-15の4（大深度事業認可前の借地権の設定）

【譲渡所得の内容に関する参考通達】
- **所得税基本通達33-1（譲渡所得の基因となる資産の範囲）**
- **所得税基本通達33-1の4（財産分与による資産の移転）**

　財産の分与として資産の移転があった場合には、その分与をした者は、その分与をした時においてその時の価額により当該資産を譲渡したことになるとされています。

　その根拠として昭和50年5月27日最高裁第三小法廷判決があり、その要旨は次のとおりです。

　「夫婦が離婚したときは、他方に対し、財産分与を請求することができる（民法768、771）。この財産分与の権利義務の内容は、当事者の協議、家庭裁判所の調停若しくは審判又は地方裁判所の判決をまって具体的に確定されるが、右権利義務そのものは、離婚の成立によって発生し、実体的権利義務として存在するに至り、右当事者の協議等は、単にその内容を具体的に確定するものであるにすぎない。そして、財産分与に関し右当事者の協議等が行われてその内容が具体的に確定され、これに従い金銭の支払い、不動産の譲渡等の分与が完了すれば、右財産分与の義務は消滅するが、その分与義務の消滅は、それ自体一つの経済的利益ということができる。したがって、財産分与として不動産等の資産を譲渡した場合、分与者は、これによって、分与義務の消滅という経済的利益を享受したものというべきである。」

- **所得税基本通達33-1の5（代償分割による資産の移転）**

　遺産の代償分割(注)により負担した債務が資産の移転を要するものである場合において、その履行として当該資産の移転があったときは、その履行をした者は、その履行をした時においてその時の価額により当該資産を譲渡したことになります。

　(注)「代償分割」とは、現物による遺産の分割に代え共同相続人の一人又は数人に他の共同相続人に対する債務を負担させる方法により行う遺産の分割をいいます。

- **所得税基本通達33-1の6（遺留分侵害額の請求に基づく金銭の支払に代えて行う資産の移転）**

　民法1046条1項（遺留分侵害額の請求）の規定による遺留分侵害額に相当する金銭の支払請求があった場合において、金銭の支払に代えて、その債務の全部又は一部の履行として資産(注)の移転があったときは、その履行をした者は、原則として、その履行があった時においてその履行により消滅した債務の額に相当する価額により当該資産を譲渡したことになります。

　(注) 当該遺留分侵害額に相当する金銭の支払請求の基因となった遺贈又は贈与により取得したものを含み

ます。

〈上記通達の解説（抜粋）〉

　従来、物権的効力が生ずるとされていた「遺留分の減殺請求」が「遺留分侵害額の請求」として金銭債権化されたことに伴い、民法上、遺留分権利者は、遺留分侵害額に相当する金銭の支払請求のみを行うことができることになりました。

　しかしながら、受遺者等が金銭で支払うことが困難である場合等において、当事者間の合意により金銭の支払に代えてその他の財産を給付することも想定され、そのような方法で遺留分侵害額に相当する金銭の支払請求に対する債務の全部又は一部の弁済をすることは、代物弁済（民法482）に該当するものと考えられます。

　ところで、代物弁済は、本来の給付に代えて他の財産の給付をなすことによって既存の債務を消滅させる有償契約であることから、その代物弁済により移転する資産が譲渡所得の基因となる資産であるときは、その移転があった時にその資産を譲渡したことになります（所法33①）。

　この場合、その代物弁済により消滅した債務の額に相当する価額によりその資産を譲渡したこととなるため、通常、その消滅した債務の額がその資産の譲渡所得の収入金額となります（所法36①②）。

　このため、この通達は、遺留分侵害額の請求権の行使により、遺留分権利者から受遺者等に対して遺留分侵害額に相当する金銭の支払請求があった場合において、受遺者等が遺留分権利者の承諾を得て、金銭の支払に代え、その債務の全部又は一部の履行として保有する資産（その遺留分侵害額の支払請求の基因となった遺贈等により取得したものを含みます）の移転をしたときは、代物弁済による資産の移転に該当すると考えられることから、受遺者等は、原則として（注）、その履行があった時においてその履行により消滅した債務の額に相当する価額によりその資産を譲渡したこととなることを明らかにしたものです。

（注）　この通達について、原則的なものとしている趣旨は、例えば、遺留分侵害額に相当する金額を上回る時価の資産を遺留分権利者に移転し、清算金を受領した場合、譲渡所得に係る収入金額は「消滅した債務の額」と受領した「清算金」の合計額となるためです。

　なお、この資産の移転をしたときに譲渡所得の収入金額となる「その履行により消滅した債務の額」がいくらになるのかという点について、この資産の移転が金銭の支払に代えて行われるものであることからすると、通常は、その資産の時価に相当する債務の額を消滅させる旨の合意が行われるものと考えられるが、その資産の時価とその遺留分侵害額に相当する金額との間に差額が生じる場合も想定されます。

　このような場合においては、その当事者間の合意に至る経緯やその合意内容等を踏まえ、その資産の移転により消滅した債務の額を個々に判断し、譲渡所得の収入金額を決定する必要があります。

〔参考文献〕

・令和6年版所得税基本通達逐条解説／今井慶一郎・鈴木憲太郎・佐藤誠一郎・谷本雄一

共編／一般財団法人大蔵財務協会（P.187～192）
- 所得税基本通達33-1の7（共有地の分割）

　　個人が他の者と土地を共有している場合において、その共有に係る一の土地についてその持分に応ずる現物分割があったときには、その分割による土地の譲渡はなかったものとして取り扱います。
- 所得税基本通達33-1の8（受益者等課税信託の信託財産に属する資産の譲渡等）
- 所得税基本通達33-2（譲渡担保に係る資産の移転）
- 所得税基本通達33-3（極めて長期間保有していた不動産の譲渡による所得）
- 所得税基本通達33-4（固定資産である土地に区画形質の変更等を加えて譲渡した場合の所得）
- 所得税基本通達33-4の2（区画形質の変更等を加えた土地に借地権等を設定した場合の所得）
- 所得税基本通達33-5（極めて長期間保有していた土地に区画形質の変更等を加えて譲渡した場合の所得）
- 所得税基本通達33-6（借家人が受ける立退料）
- 所得税基本通達33-6の2（ゴルフ会員権の譲渡による所得）
- 所得税基本通達33-6の3（ゴルフ場の利用権の譲渡に類似する株式等の譲渡による所得の所得区分）
- 所得税基本通達33-6の5（土石等の譲渡による所得）
- 所得税基本通達33-6の6（法律の規定に基づかない区画形質の変更に伴う土地の交換分合）
- 所得税基本通達33-6の7（宅地造成契約に基づく土地の交換等）
- 所得税基本通達33-6の8（配偶者居住権等の消滅による所得）

2 所得税の課税されない譲渡所得

資産の譲渡による所得のうち、次の所得については課税されないこととされています。

(1) 生活用動産の譲渡による所得（所法9①九、所令25）

　　家具、じゅう器、通勤用の自動車、衣服などの生活に通常必要な動産の譲渡による所得となります。

　　ただし、貴金属や宝石、書画、骨とうなどで、1個又は1組の価額が30万円を超えるものの譲渡による所得は除きます。

(2) 強制換価手続により資産が競売などをされたことによる所得（所法9①十、所令26）

　　資力を喪失して債務を弁済することが著しく困難な場合に、強制換価手続（滞納処分、強制執行、担保権の実行としての競売、破産手続等）により、資産を譲渡したことによる所得及び強制換価手続の執行が避けられないと認められる場合における資産の譲渡による所得で、その譲渡代金の全部が債務の弁済に充てられたものとなります。

(3) 貸付信託の受益権等の譲渡による所得（措法41の12等）

　　償還差益について租税特別措置法41条の12第1項の規定の適用を受ける割引債、預金保険

法2条2項5号に規定する長期信用銀行債等、貸付信託の受益権、農水産業協同組合貯金保険法2条2項4号に規定する農林債の譲渡による所得となります。

(4) 国又は地方公共団体に対した財産を寄附した場合や、公益を目的とする事業を行う法人に対する財産の寄附で国税庁長官の承認を受けた場合の所得（措法40等）

　法人に対して財産を贈与又は遺贈（以下、「寄附」といいます）した場合には、時価で財産の譲渡があったものとされるところ、国又は地方公共団体に対した財産を寄附した場合や、公益を目的とする事業を行う法人に対する財産の寄附で国税庁長官の承認を受けた場合には、その寄附はなかったものとみなされます。

(5) 国等に対して重要文化財を譲渡した場合の所得（措法40の2）

　文化財保護法により指定されている重要文化財（土地を除きます）を国、独立行政法人国立文化財機構、独立行政法人国立美術館、独立行政法人国立科学博物館、地方公共団体、一定の地方独立行政法人又は一定の文化財保存活用支援団体に譲渡した場合の譲渡所得については、課税されないこととされています。

(6) 財産を相続税の物納に充てた場合の所得（措法40の3）

　財産を相続税の物納に充てた場合には、その財産の譲渡はなかったものとみなされます。
　ただし、物納の許可限度額を超える価額の財産を物納した場合には、その超える部分は譲渡所得の課税対象になります。

(7) 債務処理計画に基づき資産を贈与した場合の所得（措法40の3の2）

　中小企業者である法人の取締役等でその法人の債務の保証人であるものが、その法人の事業の用に供されている資産を、債務処理計画に基づき平成25年4月1日から令和7年3月31日までの間にその法人に贈与した場合には、一定の要件の下、その贈与はなかったものとみなされます。

3 譲渡所得の対象となる資産と所得区分

(1) 譲渡所得の対象となる資産の範囲

　譲渡所得の対象となる資産には、棚卸資産、準棚卸資産、営利を目的とする継続売買に係る資産、山林及び金銭債権（貸付金や売掛金など）を除く一切の資産となります（所法33②）。
　すなわち、土地、借地権、建物、株式等、金地金、宝石、書画、骨とう、船舶、機械器具、漁業権、取引慣行のある借家権、配偶者居住権、配偶者敷地利用権、ゴルフ会員権、特許権、著作権、鉱業権、土石（砂）などが含まれます。

(2) 他の各種所得と競合する場合の所得区分

　次に掲げる資産の譲渡による所得区分は、以下のとおりです。
① 棚卸資産の譲渡による所得区分は、事業所得となります（所法33②一）。

②　山林の譲渡による所得は、山林所得、事業所得又は雑所得となります（所法33②一、二）。他の各種所得と競合する場合の所得区分について、図示すると次のようになります。

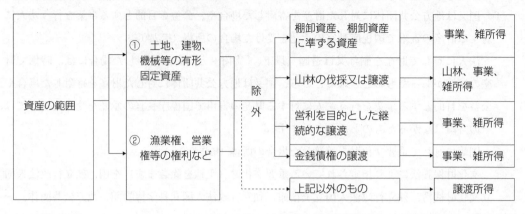

（出典：税務大学校講本　所得税法（令和6年度版））

【参考通達】
・所得税基本通達33-1の2（少額重要資産の範囲）
・所得税基本通達33-1の3（使用可能期間が1年未満である減価償却資産）

4　短期譲渡所得と長期譲渡所得の区分

　譲渡所得は、長い年月にわたり保有していた間に発生した資産の増加価値が、その資産の譲渡により一時に実現するという性格を有していることから、累進税率の適用に当たっては、これを緩和する措置が必要であり、所得税法では、譲渡所得を長期譲渡所得と短期譲渡所得に区分しています。

　譲渡所得について、長期譲渡所得と短期譲渡所得、総合課税と分離課税の区分の概要は次のとおりとなります。

譲渡資産				
	①土地建物等	分離課税	長期譲渡所得	分離長期一般資産（措法31①）
				分離長期特定資産（措法31の2①）（注1）
				分離長期軽課資産（措法31の3①）（注2）
			短期譲渡所得	分離短期一般資産（措法32①②）
				分離短期軽減資産（措法32③）（注3）
	②①以外	総合課税	長期譲渡所得	総合長期資産（所法33③二）
			短期譲渡所得	総合短期資産（所法33③一）

(注1) 分離長期特定資産（優良住宅等の造成等のために土地等を譲渡した場合の長期譲渡所得の課税の特例）（452ページ以下参照）。
(注2) 分離長期軽課資産（居住用財産を譲渡した場合の長期譲渡所得の課税の特例）（454ページ以下参照）。
(注3) 分離短期軽減資産（特定の土地等の短期譲渡所得の課税の特例）（457ページ以下参照）。

【参考通達】
・所得税基本通達33-6の4（有価証券の譲渡所得が短期譲渡所得に該当するかどうかの判定）

(1) 長期譲渡所得と短期譲渡所得の区分（総合課税分）

区　分	範　囲
長期譲渡所得	その資産の取得の日以後譲渡の日までの保有期間が5年を超える資産の譲渡（所法33③二）
	① 自己の研究の成果である特許権、実用新案権その他の工業所有権、自己の育成の成果である育成者権、自己の著作に係る著作権及び自己の探鉱により発見した鉱床に係る採掘権の譲渡による所得（所令82一） ② 所得税法60条1項1号に掲げる相続又は遺贈により取得した同条3項1号に掲げる配偶者居住権の消滅（注）による所得（所令82二） （注）その配偶者居住権を取得した時にその配偶者居住権の目的となっている建物を譲渡したとしたならば同条1項の規定によりその建物を取得した日とされる日以後5年を経過する日以後の消滅に限ります。 ③ 所得税法60条1項1号に掲げる相続又は遺贈により取得した同条3項2号に掲げる配偶者居住権の目的となっている建物の敷地の用に供される土地（注1）をその配偶者居住権に基づき使用する権利の消滅（注2）による所得（所令82三） （注1） 土地の上に存する権利を含みます。 （注2） その権利を取得した時にその土地を譲渡したとしたならば同条1項の規定によりその土地を取得した日とされる日以後5年を経過する日以後の消滅に限ります。
短期譲渡所得	その資産の取得の日以後譲渡の日までの保有期間が5年以内の資産の譲渡（所法33③一）

(2) 資産の取得の日

資産の取得の日は、それぞれ次によります（所基通33-9、36-12、措通31・32共-5、31・32共-7、31・32共-8）。

	区　分	取得の日
①	他から購入した資産	引渡しを受けた日（契約の効力発生の日によることもできます）
②	農地法の転用許可等を必要とする農地、採草放牧地	引渡しを受けた日（契約が締結された日によることもできます）

③	自分で建設等した資産		建設等が完了した日
④	他に請負わせて建設等をした資産		引渡しを受けた日
⑤	譲渡所得の特例の適用を受けて取得した資産	イ 取得時期の引継ぎが行われるもの	譲渡した旧資産の取得の日 (所法58、措通31・32共-5)
		ロ 取得時期の引継ぎが行われないもの	取得した日（交換、買換えの日） (措通31・32共-5)
⑥	贈与者等に譲渡所得課税が行われない場合（注）	イ 贈与、相続（限定承認に係るものを除きます）又は遺贈（包括遺贈のうち限定承認に係るものを除きます）により取得した資産	贈与者、被相続人又は遺贈者がそれぞれ取得した日 (所法60)
		ロ 個人からの低額譲渡（*）により取得した資産 （*）時価の2分の1未満で個人に対して譲渡した場合で、譲渡者について譲渡損がなかったものとみなされた場合に限ります。	低額譲渡した者が取得した日 (所法60)
⑦	相続（限定承認に係るものに限ります）又は遺贈（包括遺贈のうち限定承認に係るものに限ります）により取得した資産（注）		相続又は遺贈を受けた日 (所法60)
⑧	配偶者居住権又はその配偶者居住権の目的となっている建物の敷地の用に供される土地等をその配偶者居住権に基づき使用する権利（以下、「配偶者居住権等」といいます）が消滅した後に、その配偶者居住権の目的となっていた建物又は土地等を譲渡した場合		配偶者居住権等の消滅の時期にかかわらず、その建物又はその土地等の取得をした日 (措通31・32共-7)
⑨	配偶者居住権を有する者がその配偶者居住権の目的となっている建物又はその建物の敷地の用に供される土地等を取得し、その建物又はその土地を譲渡した場合		配偶者居住権等の取得の時期にかかわらず、その建物又はその土地等の取得をした日 (措通31・32共-8)

（注）⑥及び⑦の内容については、相続等があったときに、被相続人等に譲渡所得課税が行われる場合には、相続人等にとって、相続等のあった日がその資産の取得の日となりますが、譲渡所得課税が行われない場合には、被相続人等の取得時期が相続人等に引き継がれることを示しています。

【参考通達】
・所得税基本通達33-9（資産の取得の日）
・所得税基本通達33-10（借地権者等が取得した底地の取得時期等）

5 譲渡所得の金額の計算

(1) 譲渡所得の金額の計算方法

譲渡所得の金額は、次の順序、方法によって求めます(所法33③)。

① 譲渡所得を短期譲渡所得及び長期譲渡所得の2グループに区分し、それぞれのグループ内で、その年中のその所得に係る総収入金額から、その所得の基因となった資産の取得費及びその資産の譲渡に要した費用の額の合計額を控除します。

② この控除後の金額を短期譲渡所得の譲渡益及び長期譲渡所得の譲渡益といい、この場合において、どちらか一方のグループに損失の金額があるときは、これを他のグループの金額から控除して譲渡益を計算します。

③ ②の譲渡益から「譲渡所得の特別控除額」を控除します。

上記について、算式で示すと次のとおりです。

〔算　式〕
譲渡所得の金額＝譲渡益－譲渡所得の特別控除額（最高50万円）
譲渡益＝｛短期譲渡所得の総収入金額－（譲渡資産の取得費＋譲渡費用）｝＋
　　　　｛長期譲渡所得の総収入金額－（譲渡資産の取得費＋譲渡費用）｝

〔留意事項〕
1．特別控除額は、まず、短期譲渡所得に係る譲渡益の部分から控除します（所法33⑤）
2．総所得金額を計算する場合には、長期譲渡所得の金額は、その2分の1に相当する金額が他の所得の金額と総合されることになります。

総合課税の場合の譲渡所得の特別控除額は、次のとおりとなります(所法33④)。

① 譲渡益が50万円未満の場合……その譲渡益
② 譲渡益が50万円以上の場合……50万円

誤りやすい事例　消費税課税事業者が事業用固定資産を譲渡した場合の譲渡所得の計算

消費税の課税事業者がその事業についてすべて税抜経理で処理しているにもかかわらず、店舗等を譲渡した場合の譲渡所得の計算を税込みで計算していた。

解説

消費税の課税事業者が店舗等を譲渡した場合の譲渡所得の金額の計算は、次のとおり、その者の事業所得等に係る経理方式と同一の経理方式により計算します（平元.3.29直所3-8「2(注)2」）

(1) 税込経理方式を採用している者
 → 税込価額で収入金額、取得費及び譲渡費用を計算
(2) 税抜経理方式を採用している者
 → 税抜価額で収入金額、取得費及び譲渡費用を計算
(3) 非事業者及び免税事業者
 → 税込経理方式を採用している者に同じ

(2) 総収入金額

総収入金額の収入すべき時期及び金額は、次のとおりとなります。

① 収入すべき時期

区　　分	収 入 す べ き 時 期
① 一般原則	資産の引渡しがあった日（所基通36-12） （売買契約などの効力発生の日によることもできます）
② 農地法の転用許可や届出の必要な農地等の場合	農地等の引渡しがあった日（所基通36-12） （売買契約が締結された日によることもできます）
③ 借地権又は地役権の設定の場合	借地権又は地役権が設定された時（所法33①）
④ 贈与、相続又は遺贈による場合 （譲渡所得が課税される場合）	贈与等があった時（所法59①）

② 収入金額の計算

区　　分	収入金額の計算
① 一般原則	譲渡価額（所法36、所令95）
② 贈与（法人に対するものに限ります）、相続（限定承認に係るものに限ります）又は遺贈（法人に対するもの及び個人に対する包括遺贈のうち限定承認に係るものに限ります）	贈与等があった時の時価（所法59）
③ 低額譲渡（時価の2分の1未満で法人に対して譲渡するものに限ります）	
④ 借地権又は地役権の設定が譲渡所得とされる場合	権利の設定の対価（権利金など） （所令79）(*)

(*) 権利金などのほかに無利子又は低利の貸付けを受けている場合には、次の算式による経済的な利益の額が加算されます（所令80）。

〔算　式〕
A－B
　A：貸付けを受けた金額
　B：貸付けを受けた金額について通常の利率(注1、2)の2分の1に相当する利率により複利の方法で計算した現在価値に相当する金額

(注1) 通常の利率は、金銭の貸付けを受けた日を含む月に適用される財産評価基本通達4－4に定める基準年利率とされており、その2分の1の複利原価率が適用されます（所基通33-14）。
(注2) 利息の約定があるときは、その利息についての利率を差し引いた利率となります。

【参考通達】
・所得税基本通達33-11（譲渡資産のうちに短期保有資産と長期保有資産とがある場合の収入金額等の区分）

(3) 取得費

譲渡所得の金額の計算上、収入金額から差し引かれる譲渡した資産の取得費は、次のとおりとなります（所法38）。

〔算式〕
取得費＝A＋B－C
　A：譲渡した資産の取得に要した金額
　B：その後の設備費、改良費
　C：償却費相当額

	具　体　例
A	イ　購入代金、引取運賃、購入手数料、関税、据付費など ロ　土地を利用する目的で土地付建物を取得した後おおむね1年以内に建物を取り壊した場合の取壊し費用（所基通38-1） ハ　資産の取得のための借入金の利子のうち、使用開始の日まで（使用しないで譲渡した場合には譲渡の日まで）の期間に対応する部分の金額（所基通38-8）
B	埋立て、土盛り、地ならし、防壁工事の費用、上水道、下水道の工事費用（所基通38-10）
C	イ　業務用資産 　　業務の用に供していた期間内の各年分の所得の金額の計算上、必要経費に算入される償却費の額の累計額 ロ　非業務用資産 　　次の算式により計算される金額[注1] 　　〔算式〕 　　（A＋B＋C）×0.9×D×E 　　　A：取得に要した金額 　　　B：設備費 　　　C：改良費 　　　D：同種の減価償却資産の耐用年数に1.5を乗じて計算した年数に対応する旧定額法の償却率[注2] 　　　E：経過年数[注3]

> (注1) 非業務用資産のうち、所得税法施行令6条に規定する建物及びその付属設備、構築物、機械及び装置、船舶、航空機、車両及び運搬具並びに工具・器具及び備品（以下、これらを「建物等」といいます）若しくは生物を譲渡する場合のロで計算される金額については、建物等についてはその取得に要した金額の100分の95に相当する金額、生物についてはその取得に要した金額から耐用年数省令に定める残存価額を控除した金額に相当する金額が限度となります（所令85①、134①一）。
> (注2) 耐用年数に1.5を乗じた年数に1年未満の端数が生じた場合には切り捨てます（所令85②一）。
> (注3) 経過年数に6月以上の端数がある場合には1年として、6月に満たない端数は切り捨てます（所令85②二）。

また、取得費の特例として、次のようなものがあります。

	区　　　分	取　　得　　費
①	昭和27年12月31日以前に取得した資産	次に掲げる金額のうちいずれか多い金額＋（昭和28年以後に支出した設備費、改良費）－（昭和28年以後の償却費相当額）となります（所法61、所令172）。 イ　昭和28年1月1日現在の相続税評価額 ロ　資産再評価法による再評価を行った資産である場合にはその再評価額 ハ　実際の取得価額＋昭和27年12月31日までに支出した設備費、改良費－昭和27年12月31日までの償却費相当額
②	長期譲渡所得とされる土地、建物等^(注1)	次に掲げる金額のうち、いずれか多い金額となります（措法31の4、措通31の4－1）。 イ　実際の取得費 ロ　収入金額×5％（長期譲渡所得の概算取得費控除といいます）
③	土地建物等以外の資産 ただし、通常、譲渡所得の金額の計算上控除する取得費がないものとされる土地の地表又は地中にある土石等並びに借家権及び漁業権等を除きます。	次に掲げる金額のうち、いずれか多い金額となります（所基通38-16）。 イ　実際の取得費 ロ　収入金額×5％
④	譲渡所得の特例の適用を受けて取得した資産	取得価額の引継が行われるもの（例えば、事業用資産の買換えは原則として80％引き継ぎ）	買換えなどの特例の適用を受けて取得した土地建物等の取得費は、その土地建物を取得したときの実際の購入価額ではなく、譲渡資産の取得費を一定の計算により買換資産の取得費として引き継ぐことになっています。 譲渡資産の取得費が買換資産に引き継がれることとなる買換えなどの主な特例には次のものがあります。

			イ 固定資産の交換の場合の譲渡所得の特例（所法58） ロ 収用交換により取得した代替資産等の取得価額の計算（措法33の6） ハ 買換えに係る居住用財産の譲渡の場合の取得価額の計算等（措法36の4） ニ 特定の事業用資産の買換えの場合の譲渡所得の課税の特例（措法37） ただし、代替資産等については、収入金額×5％とすることができます（措通33の6-1）。
⑤	贈与、相続、遺贈、低額譲渡により取得した資産（注2）	譲渡所得課税が行われる場合	贈与等があった時の時価
		譲渡所得課税が行われない場合（取得価額の引継ぎ）	贈与者、被相続人等の取得価額（所法60）（注3、4）
⑥	借地権等の設定が譲渡とみなされる場合	その土地について初めて借地権等を設定した場合	イ A×B／（B+C） A：借地権等を設定した土地の取得費 B：その借地権等の設定の対価として支払を受ける金額 C：その土地の底地としての価額 （所令174①、所基通38-4（1））
		現に借地権等の設定している土地について更に借地権等を設定した場合	ロ （A-D）×B／（B+C） D：現に設定されている借地権等について上記イにより計算して取得費とされた金額 （所令174②、所基通38-4（2））
		先に借地権等があった土地で現に借地権等を設定していないものについて借地権等の設定をした場合	ハ A×B／（B+C）-E E：先に設定した借地権等について上記イにより計算した取得費とされた金額 （赤字は0とします） （所令174③、所基通38-4（3））
⑦	相続財産を譲渡した場合	相続や遺贈により取得した財産を相続開始のあった日の翌日から相続税の申告書の提出期限の翌日以後3年以内に譲渡した場合	一般の方法によって計算した取得費に、次の区分に応じ、それぞれの算式によって計算した金額を加算します（措法39、措令25の16）。 イ 平成27年1月1日以後 　次のa又はbの算式で計算した金額のうち、いずれか低い金額 　　a 確定相続税額×譲渡資産の相続税評価額／相続税の課税価格

			b　譲渡資産の収入金額－（一般の方法によって計算した譲渡資産の取得費＋譲渡費用）
			ロ　平成26年12月31日以前 （イ）譲渡資産が土地等である場合 　　次のa又はbの算式で計算した金額のうち、いずれか低い金額 　　a　確定相続税額×相続したすべての土地等の相続税評価額^(注5)／相続税の課税価格 　　b　譲渡資産の収入金額－（一般の方法によって計算した譲渡資産の取得費＋譲渡費用） （ロ）譲渡資産が土地等以外である場合 　　次のa又はbの算式で計算した金額のうち、いずれか低い金額 　　a　確定相続税額×譲渡資産の相続税評価額／相続税の課税価格 　　b　譲渡資産の収入金額－（一般の方法によって計算した譲渡資産の取得費＋譲渡費用）

(注1)　昭和28年1月1日以後（短期譲渡所得も含みます）に取得した土地建物等についても概算取得費控除（収入金額×5％相当額）の適用があります（措通31の4-1）。

(注2)　⑤の内容については、相続等があったときに、被相続人等に譲渡所得課税が行われる場合には、相続人等にとって、時価により取得したものとされ、譲渡所得課税が行われない場合には、被相続人等の取得価額が引き継がれることを示しています。

(注3)　贈与又は相続・遺贈の際に取得者が通常支払う費用のうち、その資産を取得するための費用を含みます（所基通60-2）。

(注4)　贈与等により取得した資産の取得費等（所法60）について、配偶者居住権等に関し、次の措置が講じられています。

　①　相続等により取得した居住建物等を令和2年4月1日以後に譲渡した場合における譲渡所得の金額の計算上控除する居住建物等の取得費については、その建物に配偶者居住権が設定されていないとしたならば居住建物等を譲渡した時においてその取得費の額として計算される金額から、居住建物等を譲渡した時において配偶者居住権等が消滅したとしたならば下記②により配偶者居住権等の取得費とされる金額を控除します（所法60②）。

　②　配偶者居住権等が令和2年4月1日以後に消滅した場合における譲渡所得の金額の計算については、相続等により配偶者居住権等を取得した時において、その時に居住建物等を譲渡したとしたならば居住建物等の取得費の額として計算される金額のうちその時における配偶者居住権等の価額に相当する金額に対応する部分の金額として一定の計算をした金額により配偶者居住権等を取得したものとし、その金額から配偶者居住権の存続する期間を基礎として一定の計算をした金額を控除した金額をもって配偶者居住権等の取得費とします（所法60③）。

　　　なお、配偶者居住権等の取得費は、収入金額×5％とすることもできます（所基通60-5）。

(注5)　物納された土地の課税価格を除きます。

裁判例・裁決例

1．最高裁平成４年７月14日第三小法廷判決（抜粋）（譲渡費用）

　譲渡所得に対する課税は、資産の値上がりにより、その資産の所有者に帰属する増加益を所得として、その資産が所有者の支配を離れて他に移転するのを機会にこれを清算して課税する趣旨である。しかしながら、所得税法33条３項が総収入金額から控除し得るものとして、当該資産の客観的価格を構成すべき金額のみに限定せず、取得費と並んで譲渡に要した費用をも掲げていることからすると、「資産の取得に要した金額」には、当該資産の客観的価格を構成すべき取得代金のほか、登録免許税、仲介手数料等当該資産を取得するための付随費用の額も含まれるが、他方、当該資産の維持管理に要する費用等居住者の日常的な生活費ないし家事費については、これらに属するものは取得費に含まれないと解するのが相当である。

2．東京高裁昭和54年６月26日判決（抜粋）（借入金利子の取得費算入）

　居宅の新築を意図して一部借入金でもって取得した宅地をその取得後３年を経過して居宅を経過しないまま（空き地のまま）譲渡した場合、当該借入金利子が当該宅地の取得費にあたるか否かが争われた事案について、「資産の取得に要した相当額の対価の支払いがその取得との間に相当因果関係がある場合には当該対価を「資産の取得に要した金額」に含めるべきであると解すべきである」とし、当該借入金利子の支払いと当該宅地の取得との間に相当因果関係が認められるとして、当該借入金利子が取得費に当たる。

3．令和４年９月９日付裁決事例（土地・建物を一括譲渡した場合の取得価額）

　土地と一括で売買した建物の価額は著しく不合理であり、固定資産税評価額比で算定すべきとした事例

〔裁決のポイント〕

　請求人が一括購入した土地・建物について、建物の所得税法施行令126条１項１号に規定する「当該資産の購入の代価」は売主・買主で合意した売買価額となる旨主張した。

　審判所は、建物の売買価額が適切な時価を反映しているとされる固定資産税評価額を大きく上回っており、著しく不合理といえ、売買代金総額を土地と建物の固定資産税評価額比で按分して算定すべきとした。

〔要旨〕

　賃貸用の土地と建物を一括して購入した審査請求人の不動産所得について、原処分庁が売買契約書に記載された土地と建物の価額が著しく不合理で、土地と建物の固定資産税評価額の価額比に基づいて建物の取得価額を算定すべきとし、減価償却費が過大であるとして所得税等の更正処分等を行った。

　これに対し、請求人が売買契約書に記載された建物価額を基に取得価額を算定すべきとして処分の取消しを求めていた事案で、国税不服審判所は、原処分庁の主張を認める裁決をした。

【参考通達】
・所得税基本通達33-16（物納の撤回に係る資産を譲渡した場合）

〔譲渡所得の金額の計算上控除する取得費〕

・所得税基本通達38-1（土地等と共に取得した建物等の取壊し費用等）
・所得税基本通達38-1の2（一括して購入した一団の土地の一部を譲渡した場合の取得費）
・所得税基本通達38-2（所有権等を確保するために要した訴訟費用等）
・所得税基本通達38-3（主たる部分を業務の用に供していない譲渡資産の取得費）
・所得税基本通達38-4（借地権等の設定をした場合の譲渡所得に係る取得費）
・所得税基本通達38-4の2（借地権等を消滅させた後、土地を譲渡した場合等の譲渡所得に係る取得費）
・所得税基本通達38-4の3（底地を取得した後、土地を譲渡した場合等の譲渡所得に係る取得費）
・所得税基本通達38-5（価値の減少に対する補償金等に係る取得費）
・所得税基本通達38-6（分与財産の取得費）
・所得税基本通達38-7（代償分割に係る資産の取得費）
・所得税基本通達38-7の2（遺留分侵害額の請求に基づく金銭の支払に代えて移転を受けた資産の所得費）
・所得税基本通達38-8（取得費等に算入する借入金の利子等）
・所得税基本通達38-8の2（使用開始の日の判定）
・所得税基本通達38-8の3（借入金により取得した固定資産を使用開始後に譲渡した場合）
・所得税基本通達38-8の4（固定資産を取得するために要した借入金を借り換えた場合）
・所得税基本通達38-8の5（借入金で取得した固定資産の一部を譲渡した場合）
・所得税基本通達38-8の6（借入金で取得した固定資産を買換えた場合）
・所得税基本通達38-8の7（借入金で取得した固定資産を交換した場合等）
・所得税基本通達38-8の8（代替資産等を借入金で取得した場合）
・所得税基本通達38-8の9（被相続人が借入金により取得した固定資産を相続により取得した場合）
・所得税基本通達38-9（非業務用の固定資産に係る登録免許税等）
・所得税基本通達38-9の2（非業務用資産の取得費の計算上控除する減価償却費相当額）
・所得税基本通達38-9の3（契約解除に伴い支出する違約金）
・所得税基本通達38-10（土地についてした防壁、石垣積み等の費用）
・所得税基本通達38-11（土地、建物等の取得に際して支払う立退料等）
・所得税基本通達38-12（借地権の取得費）
・所得税基本通達38-13（治山工事等の費用）
・所得税基本通達38-13の2（土石等の譲渡に係る取得費）
・所得税基本通達38-14（電話加入権の取得費）

・所得税基本通達38-15（借家権の取得費）
・所得税基本通達38-16（土地建物等以外の資産の取得費）

〔贈与等により取得した資産の取得費等〕

・所得税基本通達60-1（昭和47年以前に贈与等により取得した資産の取得費）
・所得税基本通達60-2（贈与等の際に支出した費用）
・所得税基本通達60-3（法第60条第2項の適用範囲）
・所得税基本通達60-4（「配偶者居住権等を取得した時」の意義）
・所得税基本通達60-5（配偶者居住権等の取得費）
・所得税基本通達60-6（配偶者居住権等の取得費に算入する金額）
・所得税基本通達60-7（令第169条の2第5項第1号及び第6項第1号に規定する配偶者居住権等の「取得費とされた金額」）
・所得税基本通達60-8（配偶者居住権等の消滅につき対価を支払わなかった場合における建物又は土地の取得費）
・所得税基本通達60-9（配偶者居住権の目的となっている建物又は当該建物の敷地の用に供される土地の購入後に配偶者居住権等の消滅につき対価を支払った場合における当該建物又は当該土地の取得費）
・所得税基本通達60-10（配偶者居住権を有する居住者が贈与等により建物又は土地を取得した場合における当該建物又は当該土地の取得費）

(4) 譲渡費用

① 譲渡費用の範囲

　資産の譲渡に要した費用（以下、「譲渡費用」といいます）とは、資産の譲渡に係る次に掲げ費用（取得費とされるものを除きます）で資産を譲渡するために直接かつ通常必要と認められる費用をいいます（所法33③、所基通33-7）。

　なお、譲渡費用は土地や建物を売却するために直接かかった費用ですので、修繕費や固定資産税などその資産の維持や管理のためにかかった費用、売却した代金の取立てための費用などは譲渡費用に該当しないことになります。

イ　資産の譲渡に際して支出した仲介手数料、運搬費、登記若しくは登録に要する費用、周旋料、測量費、荷役費、引渡運賃、運送保険料等
ロ　その他その譲渡のために直接要した費用（売買契約書に貼付した印紙など）
ハ　譲渡のために、借家人等を立ち退かせるための立退料
ニ　土地等（土地の上に存する権利を含みます）を譲渡するためその土地の上にある建物等の取壊しに要した費用（取壊し費用を含みます）
ホ　既に売買契約を締結している資産を更に有利な条件で他に譲渡するため当初の譲渡契約を解約するための違約金
　これは、土地などを売却する契約をした後、その土地などをより高い価額で他に売却する

ために既契約者との契約解除に伴い支出した違約金のことをいいます。
ヘ　借地権を売却するときに地主の承諾をもらうために支払った名義書換料など
ト　その他その資産の譲渡価額を増加させるためその譲渡に際して支出した費用

【参考通達】
・所得税基本通達33-7（譲渡費用の範囲）

誤りやすい事例　　譲渡費用の取扱い

株式等の譲渡所得等の所得区分は譲渡所得である場合に、金融商品取引業者に支払った管理費を控除していた。

解説

株式等の譲渡所得等の所得区分が譲渡所得である場合の株式等に係る譲渡所得等の金額の計算は、その株式等の譲渡による総収入金額からその所得の基因となった株式等の取得費及びその株式等の譲渡に要した費用の額並びにその年中に支払うべきその資産を取得するために要した負債の利子の合計額を控除することとされており（所法33③、措法37の10⑥三、37の11⑥）、管理費はこの譲渡に要した費用にはあたらないとされています。

〈参考〉株式等の譲渡所得等の所得区分による取扱いの違い
１．譲渡所得の場合に認められるもの
　相続税の取得費加算の特例（措法39）
　保証債務の履行のための譲渡所得等の特例（所法64②）
２．事業所得・雑所得の場合に認められるもの
　販売費、一般管理費（口座保管料、投資顧問料等）

② 資産の譲渡に関連する支出

土地等の譲渡に際してその土地の上にある建物等を取壊し、又除却したような場合で、その取壊し又は除却がその譲渡のために行われたことが明らかであるときのその取壊し又は除却の損失は譲渡費用となります（所基通33-8）。

イ　土地等を譲渡するために建物等の取壊し等における損失の取扱い

資産の取壊し又は除却による損失（その取壊しなどのために支出した費用を含みます）が、譲渡のためにされたものであることが明らかであるときは、譲渡費用として譲渡所得の金額の計算上控除されます（所基通33-8）。

これに対し、資産の取壊し又は除却がその資産を譲渡するために行われたことが明らかでないときは、次のように取り扱います。

(イ)　不動産所得、事業所得又は山林所得（以下、「事業所得等」といいます）を生ずべき事

業の用に供されていた資産であれば、その損失はその損失の生じた日の属する年分の事業所得等の金額の計算上必要経費に算入します（所法51①）。
(ロ) 上記(イ)以外に該当する場合、すなわち、非事業用資産、例えば、居住の用に供されていた資産に係る損失について、その取壊し又は除却の損失が災害等に関連するものであれば、災害関連支出として雑損控除の対象となります（所法72①、所令206）。

　なお、納税者の選択により雑損控除に代えて災害減免法の減免の適用を受けることができます（災害減免法2）。
(ハ) 上記(ロ)にも該当しない損失については、その損失は所得の計算上控除できません。

ロ　資産損失の金額の計算

　譲渡費用に算入できる資産損失の金額は、その資産の取得の時期に応じて計算した次の金額から発生資材の価額を控除した残額に相当する金額とされています（所基通33-8）。なお、資産損失の金額の計算は簿価ベースで計算します。

(イ) 昭和28年1月1日以後に所得した資産の場合（所令142）

　　A　固定資産

　　　（取得価額＋設備費＋改良費）－償却費の累計額

　　B　山林

　　　植林費＋管理費＋その他育成費用

(ロ) 昭和27年12月31日以前に所得した資産の場合（所令143）

　　A　固定資産（所令172）

　　　a＋b－c

　　　a：次のⅰ、ⅱ及びⅲのうちいずれか多い金額

　　　　ⅰ　昭和28年1月1日現在の相続税評価額

　　　　ⅱ　資産再評価法による再評価額

　　　　ⅲ　実際の取得価額＋昭和27年12月31日までに支出した設備費及び改良費の合計額
　　　　　　－昭和27年12月31日までの償却費相当額

　　　b：昭和28年1月1日以後に支出した設備費及び改良費の合計額

　　　c：昭和28年1月1日から取壊し等の日までの期間の償却費相当額

　　B　山林（所令171）

　　　昭和28年1月1日現在の相続税評価額＋昭和28年1月1日以後に支出した管理費その他育成費用の合計額

【参考通達】

・所得税基本通達33-8（資産の譲渡に関連する資産損失）

(5) 特別な損失の控除

① 災害等によって「生活に通常必要でない資産」に損害を受けた場合の譲渡所得の計算（所法62、所令178②）

イ　事由　⇒　災害、盗難、横領による損失

ロ　損失額　⇒　実質的な損失額＝損失額－保険金等による補てん額

ハ　譲渡所得の計算

　　A　上記ロの損失額について、その年分の譲渡所得の金額の計算上控除（短期、長期の順）

　　B　上記Aで引き切れない場合、翌年分の譲渡所得の金額の計算上控除（短期、長期の順）

【参考通達】
- 所得税基本通達62-1（災害損失の控除の順序）
- 所得税基本通達62-2（固定資産等の損失に関する取扱いの準用）

② 資産の譲渡代金が回収不能となった場合等の譲渡所得の計算（所法64、所令180②、所基通64-2の2）

イ　次のいずれかの事由に該当

　　A　譲渡代金の全部又は一部の回収不能

　　B　保証債務を履行するために資産を譲渡した場合で、履行に伴う求償権の全部又は一部の行使不能

ロ　回収不能額等　⇒　上記イのA及びBの合計額（C）

ハ　譲渡所得の計算

　　次に掲げる金額のうち、最も低い金額は譲渡所得の金額の計算上なかったものとされます。

　　ⅰ　Cの金額

　　ⅱ　Cが生じた時の直前において確定しているCに係る譲渡が生じた年分の総所得金額等の合計額

　　ⅲ　Cに係るⅱの合計額の計算の基礎とされた譲渡所得の金額

【参考通達】
- 所得税基本通達64-1（回収不能の判定）
- 所得税基本通達64-1の2（収入金額の返還の意義）
- 所得税基本通達64-2（役員が未払賞与等の受領を辞退した場合）
- 所得税基本通達64-2の2（各種所得の金額の計算上なかったものとみなされる金額）
- 所得税基本通達64-3（回収不能額等が生じた時の直前において確定している「総所得金額」）
- 所得税基本通達64-3の2（譲渡所得に関する買換え等の規定との関係）
- 所得税基本通達64-3の3（買換え等の規定の適用を受ける場合の回収不能額等）
- 所得税基本通達64-3の4（2以上の譲渡資産に係る回収不能額等の各資産への配分）

・所得税基本通達64-3の5（概算取得費によっている場合の取得費等の計算）
・所得税基本通達64-4（保証債務の履行の範囲）
・所得税基本通達64-5（借入金で保証債務を履行した後に資産の譲渡があった場合）
・所得税基本通達64-5の2（保証債務を履行するため山林を伐採又は譲渡した場合）
・所得税基本通達64-5の3（保証債務に係る相続税法第13条と法第64条第2項の規定の適用関係）
・所得税基本通達64-6（確定している総所得金額等の意義及び税額の改算）

(6) 固定資産の交換の場合の譲渡所得の特例

① 土地建物の交換をしたときの特例（所法58、所基通58-6）

イ　概要

　個人が、土地や建物などの固定資産を同じ種類の固定資産と交換したときは、譲渡がなかったものとする特例があり、これを固定資産の交換の特例（以下、「特例」といいます）といいます。

ロ　特例の適用を受けるための要件

　特例の適用を受けるための要件は、次のとおりとなります。

① 交換により譲渡する資産（以下、「譲渡資産」といいます）及び交換により取得する資産（以下、「取得資産」といいます）は、いずれも固定資産であること

② 譲渡資産及び取得資産は、いずれも土地と土地、建物と建物のように互いに同じ種類の資産であること

　　この場合、借地権は土地の種類に含まれ、建物の附属する設備及び構築物は建物の種類に含まれます。

③ 譲渡資産は、1年以上所有していたものであること

④ 取得資産は、交換の相手方が1年以上所有していたものであり、かつ、交換のために取得したものでないこと

⑤ 取得資産は、譲渡資産の交換直前の用途と同一の用途に使用すること[注1]。

⑥ 譲渡資産の時価と取得資産の時価との差額（交換差金等の金額[注2]）が、これらの時価のうちいずれか高い方の価額の20％以内であること。

（注1）　取得資産について、譲渡資産の用途と同一の用途に供したどうかは、次の譲渡資産の種類に応じ、おおむねそれぞれ次に掲げる区分により判定することとされています（所基通58-6）。

譲渡資産の種類	区　　分
土地	宅地、田畑、鉱泉地、池沼、山林、牧場又は原野、その他
建物[*1]	居住用、店舗又は事務所用、工場用、倉庫用、その他用
機械及び装置	耐用年数省令別表第二に掲げる設備の種類の区分[*2]
船舶	漁船、運送船、作業船、その他

(＊1) 店舗と住宅とに併用されている建物は、店舗専用の建物としてもよく、また、居住専用の建物としても差し支えないこととされています。事務所と住宅とに併用されている建物についても、事務所専用又は居住専用のいずれとしても差し支えないこととされています（所基通58-6（2）（注））。

(＊2) 減価償却資産の耐用年数等に関する省令の一部を改正する省令（平成20年財務省令32号）による改正前の耐用年数省令別表第二に掲げる設備の種類の区分により判定します。

（注2） 交換差金等の金額とは、譲渡資産の時価と取得資産の時価との差額であり、交換差金として授受された金銭等のほかに、交換により贈与したと認められる額又は贈与を受けたと認められる額もこれに含まれます。

ハ 対象者

対象者は、土地や建物などの固定資産を同じ種類の固定資産と交換した者となります。

ニ 提出書類等

確定申告書に「譲渡所得の内訳書（確定申告書付表兼計算明細書）［土地・建物用］」を添付して提出します。

ホ その他

この特例の適用が受けられる場合でも、交換に伴って相手方から金銭などの交換差金を受け取ったときは、その交換差金が譲渡所得として所得税の課税の対象となります。

② 借地権と底地を交換したとき（所法58）

イ 概要

この特例の要件の一つに、交換する資産は互いに同じ種類の固定資産でなければならないとする要件があります。

同じ種類の固定資産の交換とは、例えば、土地と土地、建物と建物の交換のことをいいます。

この場合、借地権は土地と同じ種類に含まれます。

したがって、地主が建物の敷地として貸している土地、いわゆる底地の一部とその土地を借りている者の借地権の一部との交換も、土地と土地との交換となり、その他の要件にもあてはまれば、この特例の適用を受けることができます。

ロ 対象者

対象者は、借地権と底地を交換した者ということになります。

③ 交換差金を受け取ったとき（所法58、所基通58-4、58-5、58-9）

イ 概要

この特例は、固定資産である土地や建物を同じ種類の資産と交換したときは、譲渡がなかったものとする特例であるところ、交換の相手方から交換差金を受け取ったときは、その交換差金に対しては譲渡所得として所得税が課されることになります。

ロ 内容

この交換差金には、交換当事者間でやりとりされる金銭だけでなく、次のケースも含まれます。

(イ)　交換で譲り受けた資産のうち譲り渡した資産と同じ用途に使用しなかった資産がある場合には、この同じ用途に使用しなかった資産の価額が交換差金となります。
　(ロ)　1つの資産のうち一部を交換、他の部分を売買とした場合には、この売買代金が交換差金となります。
　(ハ)　土地と建物を一括して互いに交換したときに、土地と建物の総額では等しい価額であっても、土地と土地、建物と建物の種類ごとの価額が異なっている場合には、土地と土地、建物と建物とのそれぞれの差額が交換差金となります。

　なお、交換差金の額が交換で譲り渡す資産と譲り受ける資産とのいずれか高い方の価額の20％を超えているときは、交換した資産全体についてこの特例は受けられないことになります。

ハ　対象者
　対象者は、交換差金を受け取った者ということになります。

④　土地建物と土地を等価で交換したとき（所法58）

イ　概要
　この特例の要件の一つに、交換する資産は互いに同じ種類の固定資産でなければならないとする要件があります。
　したがって、土地建物と土地を交換した場合には総額で等価であっても建物部分についてはこの特例が受けられず、交換で建物を取得した者は建物の価額相当額の交換差金を受けたことになります。
　また、交換で建物を譲渡した者は単に建物を譲渡したことになることから、建物についてこの特例の適用は受けられないことになります。
　この場合、交換で譲り受ける建物の価額が譲り渡す土地の価額の20％を超えるときは、土地についてもこの特例の適用を受けられないことになります。

ロ　対象者
　対象者は、土地建物と土地を等価で交換した者ということになります。

⑤　資産の一部を交換とし、一部を売買としたとき（所法58、所基通58-9）

イ　概要
　この特例において、交換の相手方から金銭などの交換差金をもらったときに、交換する資産のいずれか高い方の価額の20％以内であれば、交換した部分についてこの特例の適用を受けることができ、その交換差金に対してだけ譲渡所得として所得税が課されます。
　一方、交換差金の額が交換する資産のいずれか高い方の価額の20％を超える場合には、交換した資産全体についてこの特例が受けられず、交換した部分も含めた全体に対して譲渡所得として所得税が課されることになります。
　通常、交換差金とは、交換の当事者相互間で交換資産の差を精算するために支払われる金銭をいうところ、「一つの資産」を交換する場合に、一部を交換として他の部分を売買としているときは、売買とした部分の金額は交換差金となります。

しかし、この場合の「一つの資産」とは、所得税法58条1項各号に掲げる資産の種類の区分ごと、すなわち、同一資産の種類ごとの資産をいうことから、例えば、甲と乙との間で、甲所有のA土地と、乙所有のB土地を交換するとともに、A土地上にある甲所有のC建物を乙に売買する場合、C建物については交換差金とはならないことになります。

したがって、甲所有のA土地と、乙所有のB土地を交換する場合、その他の要件にもあてはまれば、この特例の適用を受けることができます。

ロ　対象者

対象者は、資産の一部を交換とし、一部を売買とした者ということになります。

⑥　**不動産業者などが所有している土地建物と交換したとき（所法58）**

イ　概要

この特例の要件の一つに、交換により譲り渡す資産も譲り受ける資産も固定資産でなければならないとする要件があります。

例えば、個人の所有する土地と不動産業者などが所有する分譲地とを交換する場合があります。この場合、不動産業者などが販売のために所有している分譲地は固定資産ではなく棚卸資産ですから、この特例の適用は受けられないことになります。

なお、不動産業者などが所有している土地であっても、販売のための土地ではなく自ら使用している土地などは一般的に固定資産となります。

このほか、固定資産に該当しない土地として次のようなものがあります。

・地方公共団体が分譲を目的として所有している土地
・土地区画整理事業で生じた保留地

ロ　対象者

対象者は、不動産業者などが所有している土地建物と交換した者ということになります。

【参考通達】

・所得税基本通達58-1（所有期間の起算日）
・所得税基本通達58-1の2（取得時期の引継規定の適用がある資産の所有期間）
・所得税基本通達58-2（交換の対象となる土地の範囲）
・所得税基本通達58-2の2（交換の対象となる耕作権の範囲）
・所得税基本通達58-3（交換の対象となる建物附属設備等）
・所得税基本通達58-4（2以上の種類の資産を交換した場合）
・所得税基本通達58-5（交換により取得した2以上の同種類の資産のうち同一の用途に供さないものがある場合）
・所得税基本通達58-6（取得資産を譲渡資産の譲渡直前の用途と同一の用途に供したかどうかの判定）
・所得税基本通達58-7（譲渡資産の譲渡直前の用途）
・所得税基本通達58-8（取得資産を譲渡資産の譲渡直前の用途と同一の用途に供する時期）

・所得税基本通達58-9（資産の一部を交換とし他の部分を売買とした場合）
・所得税基本通達58-10（交換費用の区分）
・所得税基本通達58-11（借地権等の設定の対価として土地を取得した場合）
・所得税基本通達58-12（交換資産の時価）

(7) 贈与等の場合の譲渡所得等の特例

譲渡所得の基因となる資産が次の事由によって移転した場合には、その事由が生じた時に、時価で資産の譲渡があったものとみなされます（所法59①、所令169）。
① 贈与（法人に対するもの）
② 相続（限定承認に係るもの）
③ 遺贈（法人に対するもの及び個人に対する包括遺贈のうち限定承認に係るもの
④ 譲渡時の時価額の2分の1未満の価額による譲渡（法人に対するもの）

【参考通達】
・所得税基本通達59-1（財産の拠出）
・所得税基本通達59-2（低額譲渡）
・所得税基本通達59-3（同族会社等に対する低額譲渡）
・所得税基本通達59-4（一の契約により2以上の資産を譲渡した場合の低額譲渡の範囲）
・所得税基本通達59-5（借地権等の設定及び借地の無償返還）
・所得税基本通達59-6（株式等を贈与等した場合の「その時における価額」）

誤りやすい事例　法人に対する低額譲渡の取扱い

法人に対する低額譲渡があった場合、その譲渡価額を総収入金額として譲渡所得を計算していた。

解説

法人に対する贈与や低額譲渡（時価の2分の1未満）があった場合には、時価により譲渡があったものとみなされます。

なお、個人に対する低額譲渡があった場合には譲渡価額が譲渡収入とされますが、譲渡損失が発生した場合にはその譲渡損失はなかったものとみなされます（所法59、所令169）。

土地建物等の譲渡所得の課税の特例

(1) 長期譲渡所得と短期譲渡所得（分離課税分）

　分離課税とされる長期譲渡所得と短期譲渡所得の区分は、譲渡した年の1月1日において所有期間が5年を超えているかどうかによって判定されます（措法31、32）。

　なお、贈与、相続等による取得（取得時期の引継ぎのある場合）は、贈与者、被相続人等の取得時期によって判定されます（措法31②、措令20③）。

　長期譲渡所得と短期譲渡所得について、次のように区分されます。

土地等・建物等	土地 土地の上に存する権利 建物 建物附属設備 構築物	譲渡の年の1月1日において所有期間が5年超の資産	① 分離長期一般所得分	分離長期譲渡所得
			② 分離長期特定所得分	
			③ 分離長期軽課所得分	
		譲渡の年の1月1日において所有期間が5年以下の資産	④ 分離短期一般所得分	分離短期譲渡所得
			⑤ 分離短期軽減所得分	

① 分離長期一般所得分

　分離長期一般所得分とは、その譲渡による所得が分離長期譲渡所得に該当するもののうち、次の②及び③までの資産に該当しない土地等又は建物等をいいます（措法31）。

② 分離長期特定所得分

イ　内容

　分離長期特定所得分とは、「優良住宅地の造成等のために土地等を譲渡した場合の長期譲渡所得の課税の特例（措法31の2）」の適用対象となる土地等をいうところ、この特例の対象とされる譲渡は次のとおりとなります（措法31の2②、措令20の2）。

　なお、③の分離長期軽課所得分に係る特例の適用を受けるものは除かれます（措法31の2①）。

　また、この特例は、昭和62年10月1日から令和7年12月31日までの間に、その1月1日における所有期間5年超の土地等を譲渡した場合に適用されます（措法31の2①）。

	優良住宅地の造成等のための譲渡の範囲
①	国、地方公共団体等に対する土地等の譲渡（措法31の2②一、措令20の2①）(注1)
②	独立行政法人都市再生機構等が行う宅地若しくは住宅の供給又は土地の先行取得の業務の用に供するための土地等の譲渡（措法31の2②二、措令20の2②）(注2)
③	独立行政法人都市再生機構が施行する事業の用に供されるための土地開発公社に対する土地等の譲渡（措法31の2②二の二）
④	収用交換等による土地等の譲渡（措法31の2②三、措令20の2③）(注3)

⑤	第一種市街地再開発事業の施行者に対するその事業の用に供するための土地等の譲渡（措法31の2②四、措令20の2③）(注3)
⑥	防災街区整備事業の施行者に対するその事業の用に供するための土地等の譲渡（措法31の2②五、措令20の2④）(注4)
⑦	防災再開発促進地区の区域内における認定建替計画に従って建築物の建替えの事業を行う認定事業者に対するその事業の用に供するための土地等の譲渡（措法31の2②六、措令20の2⑤⑥）(注5)
⑧	都市再生事業の認定業者に対するその事業の用に供するための土地等の譲渡（措法31の2②七、措令20の2⑦、措規13の3③）
⑨	国家戦略特別区域法に規定する認定区域計画の特定事業又はその特定事業の実施に伴う施設整備事業を行う者に対するその事業の用に供するための土地等の譲渡（措法31の2②八、措規13の3④）
⑩	所有者不明土地の利用の円滑化等に関する特別措置法の規定による認定申請書に記載された事業を行う事業者に対する土地等の譲渡（措法31の2②九、措令20の2⑧）
⑪	マンションの建替事業の施行者に対する土地等の譲渡（措法31の2②十、措令20の2⑨⑩）
⑫	マンション敷地売却事業を実施する者に対する土地等の譲渡（措法31の2②十一、措令20の2⑪）
⑬	優良な構築物の建築をする事業を行う者に対するその事業を行うための土地等の譲渡（措法31の2②十二、措令20の2⑫⑬⑭、措規13の3⑥）
⑭	都市計画法の開発許可を受けて行う個人又は法人の一団の住宅地造成の用に供するための土地等の譲渡（措法31の2②十三、措令20の2⑮⑯）
⑮	都市計画区域内の宅地の造成につき開発許可を要しない場合において、個人又は法人が造成する面積1,000㎡以上（既成市街地等の都市計画法施行令19条2項の適用を受ける区域にあっては500㎡以上）の一団の住宅地の用に供するための土地等の譲渡（措法31の2②十四、措令20の2⑰⑱⑲）
⑯	都市計画区域内において、個人又は法人が行う25戸以上の一団の住宅又は15戸若しくは延床面積1,000㎡以上の中高層耐火共同住宅の建設の用に供するための土地等の譲渡（措法31の2②十五、措令20の2⑳㉑、措規13の3⑦）
⑰	個人又は法人に対する土地区画整理事業の施行区域内の土地等の譲渡で仮換地指定日から3年を経過する日の属する年の12月31日までに一定の住宅又は中高層耐火共同住宅の建設の用に供するための土地等の譲渡（措法31の2②十六、措令20の2㉒）

(注1) 「その他これらに準ずる法人」に対する土地等の譲渡とは、地方道路公社、独立行政法人鉄道建設・運輸施設整備支援機構、独立行政法人水資源機構、成田国際空港株式会社、東日本高速道路株式会社、首都高速道路株式会社、中日本高速道路株式会社、西日本高速道路株式会社、阪神高速道路株式会社又は本州四国連絡高速道路株式会社に対する土地等の譲渡で、その譲渡に係る土地等がこれらの法人の行う土地収用法等に基づく収用等の対償に充てられるものをいいます（措令20の2①）。
(注2) 土地開発公社に対する市街地開発事業等の用に供する土地等の譲渡は除かれます（措令20の2②）。
(注3) 都市再開発法による市街地再開発事業の施行者である再開発会社に対するその再開発会社の株主又は

社員である個人の有する土地等の譲渡は除かれます（措令20の2③）。
(注4) 防災街区整備事業の施行者である事業会社に対するその事業会社の株主又は社員である個人の有する土地等の譲渡は除かれます（措令20の2④）。
(注5) 認定事業者である法人に対するその法人の株主又は社員である個人の有する土地等の譲渡は除かれます（措令20の2⑤⑥）。

ロ 税額計算

課税長期譲渡所得金額（A）^(注)	税　　額
2,000万円以下	A×10%
2,000万円超	（A－2,000万円）×15％＋200万円

(注) 課税長期譲渡所得金額とは、次の算式で求めた金額となります（以下同じ）。

〔算　式〕
課税長期譲渡所得 ＝ 土地建物の譲渡による収入金額－（取得費＋譲渡費用）－特別控除

③ 分離長期軽課所得分

イ 分離長期軽課所得分

分離長期軽課所得分とは、「居住用財産を譲渡した場合の長期譲渡所得の課税の特例（措法31の3）（以下、「特例」といいます）」の適用がある場合の土地等又は建物等をいいます（措法31の3）。

ロ 特例の適用を受けるための要件

この特例の適用を受けるには、次の5つの要件すべてにあてはまることが必要となります。

〈特例の適用を受けるための要件〉

① 日本国内にある自分が居住している家屋を譲渡するか、家屋とともにその敷地を譲渡すること。

〔留意事項〕
1. 居住の用に供さなくなった家屋及び敷地の場合については、居住の用に供さなくなった日から3年を経過する日の属する年の12月31日までに譲渡されるものであること。
2. 災害により居住の用に供していた家屋が滅失した場合のその敷地については、災害があった日以後3年を経過する日の属する年の12月31日までに譲渡されるものであること。
3. この特例は、店舗併用住宅のように居住の用に供している部分と、居住の用以外の用に供している部分がある場合には、居住の用に供している部分に限り、また、その者が居住の用に供している家屋を2以上有している場合には、これらの家屋のうち、その者が主としてその居住の用に供していると認められる一の家屋に限って適用されます（措令20の3②）。
4. 居住用土地等のみの譲渡の取扱いは次のとおりです（措通31の3-5）。
   個人が居住の用に供している家屋を取り壊し、その家屋の敷地の用に供されていた土

地等を譲渡した場合（その取壊し後、その土地等の上にその土地等の所有者が建物等を建設し、その建物等とともに譲渡する場合を除きます）において、その譲渡した土地等が次に掲げる要件のすべてを満たすときは、その土地等は特例の対象となる居住用財産に該当するものとして取り扱うこととされています。

ただし、その土地等のみの譲渡であっても、その家屋を引き家してその土地等を譲渡する場合のその土地等は特例の対象となる居住用財産に該当しないこととされています。

また、取壊しの日の属する年の1月1日において所有期間が10年を超えない家屋の敷地の用に供されていた土地等については、この特例は適用されないこととされています。

① 土地等は、その家屋が取り壊された日の属する年の1月1日において所有期間が10年を超えるものであること

② 土地等は、その土地等の譲渡契約がその家屋を取り壊した日から1年以内に締結され、かつ、その家屋をその居住の用に供さなくなった日以後3年を経過する日の属する年の12月31日までに譲渡したものであること。

③ 土地等は、その家屋を取り壊してから譲渡契約を締結した日まで、その敷地を貸駐車場などその他の用に供していないこと。

② 譲渡した年の1月1日において譲渡した家屋及び敷地の所有期間がともに10年を超えていること。

③ 居住用財産を譲渡した年の前年又は前々年において既にこの特例の適用を受けていないこと。

④ 次のいずれかの特例の適用を受けていないこと。

ただし、居住用財産の譲渡所得の3,000万円の特別控除（措法35）と重複適用ができます。

イ 固定資産の交換の場合の譲渡所得の特例（所法58）

ロ 優良住宅地の造成等のために土地等を譲渡した場合の長期譲渡所得の課税の特例（措法31の2）

ハ 収用等に伴い代替資産を取得した場合の課税の特例（措法33）

ニ 交換処分等に伴い資産を取得した場合の課税の特例（措法33の2）

ホ 換地処分等に伴い資産を取得した場合の課税の特例（措法33の3）

ヘ 低未利用土地等を譲渡した場合の長期譲渡所得の特別控除（措法35の3）

ト 特定の居住用財産の買換えの場合の長期譲渡所得の課税の特例（措法36の2）

チ 特定の居住者財産を交換した場合の長期譲渡所得の課税の特例（措法36の5）

リ その他譲渡所得の課税の特例等（措法37、37の4、37の5（6項を除きます）、37の6、37の8）

⑤ 親子や夫婦など次に掲げる「特別の関係がある者」に対して譲渡したものでないこと（措令20の3①）。

イ 配偶者及び直系血族

ロ 生計を一にしている親族やその家屋を譲渡した者とその家屋に同居する親族

ハ　内縁関係にある者やその者と生計を一にしている親族
　　ニ　譲渡した者から受ける金銭などによって生計を維持している者（使用人を除きます）やその者と生計を一にしている親族
　　ホ　譲渡した者、譲渡した者のイ及びロに掲げる親族、譲渡した者の使用人若しくはその使用人の親族でその使用人と生計を一にしているもの又は譲渡した者に係るハ及びニに掲げる者を判定の基礎となる株主等とした場合に同族会社となる会社及び会社以外の法人
ハ　この特例と（特定増改築等）住宅借入金等特別控除の適用関係

　（特定増改築等）住宅借入金等特別控除については、入居した年、その前年又は前々年に、この特例の適用を受けた場合には、その適用を受けることはできないものとされています（措法41㉔）。

　また、入居した年の翌年から３年目までのいずれかの年中に、（特定増改築等）住宅借入金等特別控除の対象となる資産以外の資産を譲渡し、この特例の適用を受ける場合にも、（特定増改築等）住宅借入金等特別控除の適用を受けることはできないこととされています（措法41㉕）。

ニ　税額計算

課税長期譲渡所得金額（＝A）	税　　額
6,000万円以下	A×10%
6,000万円超	（A－6,000万円）×15%＋600万円

ホ　対象者

　　居住用財産を譲渡して一定の要件に該当する者

④　分離短期一般所得分

イ　分離短期一般所得分

　分離短期一般所得分とは、分離短期譲渡資産に該当するもののうち、次の⑤の分離短期軽減所得分に該当しない土地等又は建物等の譲渡による所得をいいます（措法32）。

ロ　特定の株式又は出資で分離短期一般所得分に該当するものは、その株式又は出資の譲渡が、次の「事業譲渡類似」とされる場合に限られます（措法32②、措令21③～⑥）。

事　業　譲　渡　類　似　の　譲　渡	
①	譲渡をした年以前３年以内のいずれかの時において、その法人の発行済株式等の30％以上がその法人の特殊関係株主等によって所有されており、かつ、その株式等の譲渡をした者が、その法人の特殊関係株主等であること（措令21④一）。
②	その年に、その株主等の譲渡をした者を含む①の発行法人の特殊関係株主等がその発行法人の発行済株式等の総数又は総額の５％以上に相当する数又は金額の株式等の譲渡をし、かつ、その年以前３年内にその発行法人の発行済株式等の総数又は総額の15％以上に相当する数又は金額の株式等の譲渡をしたこと（措令21④二）(注)。

（注） 次に掲げる譲渡は、②の譲渡から除かれます（措令21⑤）
・上場株の取引所金融商品市場（取引所有価証券市場）においてする譲渡
・店頭売買登録銘柄の株式で、金融商品取引業者（証券会社又は外国証券会社の支店）の媒介、取次ぎ又は代理によって行われる譲渡
・株式の公開の方法により行う株式の譲渡（特殊関係株主等が発行済株式総数の10％以上譲渡した場合を除きます）
・店頭売買登録銘柄の新規登録に際し株式の売出しの方法により行う譲渡（特殊関係株主等が発行済株式総数の10％以上譲渡した場合を除きます）

ハ　税額計算

　　課税短期譲渡所得金額×30％＝税額

⑤　分離短期軽減所得分

イ　分離短期軽減所得分

　　分離短期軽減所得分とは、分離課税短期譲渡所得に該当するもののうち、次に該当する土地等の譲渡による所得をいいます（措法32③、28の4③一～三、措規13の5①）。

軽　減　さ　れ　る　場　合　の　譲　渡　の　範　囲
①　国、地方公共団体等に対する土地等の譲渡
②　独立行政法人都市再生機構、土地開発公社その他一定の法人に対する土地等の譲渡でその法人の業務に直接必要なもの（特定の法人に対する譲渡で、面積が1,000㎡以上であるときは、適正価格要件を満たすものに限ります。また、土地開発公社に対する土地等の譲渡である場合には、公有地の拡大の推進に関する法律17条1項1号二に掲げる土地の譲渡を除きます）
③　収用交換等による土地の譲渡（一定の土地等の譲渡で、面積が1,000㎡以上であるときは、適正価格要件を満たすものに限ります）

ロ　税額計算

　　課税短期譲渡所得金額×15％＝税額

【参考通達】

〔長期譲渡所得の課税の特例及び短期譲渡所得の課税の特例〕共通関係

・租税特別措置法通達31・32共-1（分離課税とされる譲渡所得の基因となる資産の範囲）
・租税特別措置法通達31・32共-1の2（転用未許可農地）
・租税特別措置法通達31・32共-1の3（受益者等課税信託の信託財産に属する資産の譲渡等）
・租税特別措置法通達31・32共-2（譲渡所得の金額の計算）
・租税特別措置法通達31・32共-3（特別控除額の異なる資産の譲渡がある場合の譲渡所得の構成）
・租税特別措置法通達31・32共-4（雑損失の繰越控除及び所得控除の順序）
・租税特別措置法通達31・32共-5（代替資産等の取得の日）
・租税特別措置法通達31・32共-6（改良、改造等があった土地建物等の所有期間の判定）

- 租税特別措置法通達31・32共-7（配偶者居住権等が消滅した場合における建物又は土地等の所有期間の判定）
- 租税特別措置法通達31・32共-8（配偶者居住権を有する居住者が建物又は土地等を取得した場合の所有期間の判定）

〔長期譲渡所得の課税の特例〕（措法31）
- 租税特別措置法通達31-1（適用税率が異なる資産の譲渡がある場合の譲渡所得の計算）
- 租税特別措置法通達31-2（端数計算）

〔優良住宅地の造成等のために土地等を譲渡した場合の長期譲渡所得の課税の特例〕（措法31の2）
- 租税特別措置法通達31の2-1（地方道路公社等に対する土地等の譲渡）
- 租税特別措置法通達31の2-2（収用対償地の買取りに係る契約方式）
- 租税特別措置法通達31の2-3（収用対償地が農地等である場合）
- 租税特別措置法通達31の2-4（独立行政法人都市再生機構等に対する土地等の譲渡）
- 租税特別措置法通達31の2-5（収用交換等による譲渡）
- 租税特別措置法通達31の2-6（建築物の「敷地面積」の意義）
- 租税特別措置法通達31の2-7（建築物の「建築面積」の意義）
- 租税特別措置法通達31の2-8（建築物の建築をする事業の施行地区の面積要件等）
- 租税特別措置法通達31の2-9（建築事業を行う者が死亡した場合）
- 租税特別措置法通達31の2-10（建築物を2以上の者が建築する場合）
- 租税特別措置法通達31の2-13（宅地造成につき開発許可を受けた者が有する当該宅地造成地域内の土地等の譲渡についての特例の不適用）
- 租税特別措置法通達31の2-14（宅地の造成等を行う個人又は法人）
- 租税特別措置法通達31の2-15（「住宅建設の用に供される一団の宅地の造成」の意義）
- 租税特別措置法通達31の2-16（「一団の団地の面積」の判定）
- 租税特別措置法通達31の2-17（「土地区画整理法に規定する組合員である個人又は法人」の意義）
- 租税特別措置法通達31の2-18（国土交通大臣の証明の日前に土地等を譲渡した場合）
- 租税特別措置法通達31の2-19（「住宅又は中高層の耐火共同住宅」の建設を行う者）
- 租税特別措置法通達31の2-20（「住居の用途に供する独立部分」及び「床面積」の判定）
- 租税特別措置法通達31の2-21（換地処分後の土地等の譲渡）
- 租税特別措置法通達31の2-22（住宅の床面積等）
- 租税特別措置法通達31の2-23（併用住宅の場合）
- 租税特別措置法通達31の2-24（床面積の意義）
- 租税特別措置法通達31の2-25（土地区画整理事業等の施行地区内の土地等の譲渡）
- 租税特別措置法通達31の2-26（国土利用計画法の許可を受けて買い取られる場合）
- 租税特別措置法通達31の2-27（国土利用計画法の届出をして買い取られる場合）

- 租税特別措置法通達31の2-28（「確定優良住宅地等予定地のための譲渡の特例期間」の判定）
- 租税特別措置法通達31の2-29（確定優良住宅地等予定地のための譲渡が優良住宅地等のための譲渡に該当することとなった場合の証明書類）
- 租税特別措置法通達31の2-30（証明書類の添付がなかったことについてやむを得ない事情がある場合の特例の適用）
- 租税特別措置法通達31の2-31（特定非常災害に基因するやむを得ない事情により予定期間を延長するための手続等）
- 租税特別措置法通達31の2-32（優良住宅地等のための譲渡に関する証明書類等）

〔居住用財産を譲渡した場合の長期譲渡所得の課税の特例〕（措法31の3）
- 租税特別措置法通達31の3-1（固定資産の交換の特例等との関係）
- 租税特別措置法通達31の3-2（居住用家屋の範囲）
- 租税特別措置法通達31の3-3（措置法第31条の3第2項第3号に掲げる資産）
- 租税特別措置法通達31の3-4（敷地のうちに所有期間の異なる部分がある場合）
- 租税特別措置法通達31の3-5（居住用土地等のみの譲渡）
- 租税特別措置法通達31の3-6（生計を一にする親族の居住の用に供している家屋）
- 租税特別措置法通達31の3-7（店舗兼住宅等の居住部分の判定）
- 租税特別措置法通達31の3-8（店舗等部分の割合が低い家屋）
- 租税特別措置法通達31の3-9（「主としてその居住の用に供していると認められる一の家屋」の判定時期）
- 租税特別措置法通達31の3-10（居住用家屋の一部の譲渡）
- 租税特別措置法通達31の3-11（居住用家屋を共有とするための譲渡）
- 租税特別措置法通達31の3-12（居住用家屋の敷地の判定）
- 租税特別措置法通達31の3-13（「災害」の意義）
- 租税特別措置法通達31の3-14（災害滅失家屋の跡地等の用途）
- 租税特別措置法通達31の3-15（居住の用に供されなくなった家屋が災害により滅失した場合）
- 租税特別措置法通達31の3-16（土地区画整理事業等の施行区域内の土地等の譲渡）
- 租税特別措置法通達31の3-17（権利変換により取得した施設建築物等の一部を取得する権利等の譲渡）
- 租税特別措置法通達31の3-18（居住用家屋の敷地の一部の譲渡）
- 租税特別措置法通達31の3-19（居住用家屋の所有者とその敷地の所有者が異なる場合の取扱い）
- 租税特別措置法通達31の3-19の2（借地権等の設定されている土地の譲渡についての取扱い）
- 租税特別措置法通達31の3-20（特殊関係者に対する譲渡の判定時期）
- 租税特別措置法通達31の3-21（「生計を一にしているもの」の意義）
- 租税特別措置法通達31の3-22（同居の親族）

- 租税特別措置法通達31の3-23(「個人から受ける金銭その他の財産によって生計を維持しているもの」の意義)
- 租税特別措置法通達31の3-24(名義株についての株主等の判定)
- 租税特別措置法通達31の3-25(会社その他の法人)
- 租税特別措置法通達31の3-26(住民基本台帳に登載されていた住所が譲渡資産の所在地と異なる場合)
- 租税特別措置法通達31の3-27(買換資産を取得できなかった場合の軽減税率の適用)

〔**長期譲渡所得の概算取得費控除**〕**(措法31の4)**

- 租税特別措置法通達31の4-1(昭和28年以後に取得した資産についての適用)

〔**短期譲渡所得の課税の特例**〕**(措法32)**

- 租税特別措置法通達32-1(端数計算)
- 租税特別措置法通達32-2(土地類似株式等の判定の時期)
- 租税特別措置法通達32-3(総資産の価額の算定が困難な場合の簡便計算)
- 租税特別措置法通達32-4(譲渡直前に借入等を行った場合の土地類似株式等の判定)
- 租税特別措置法通達32-5(募集形式の割当て等があった場合における譲渡株式数の割合)
- 租税特別措置法通達32-6(その他これに準ずる関係のある者の範囲)
- 租税特別措置法通達32-7(軽減税率対象所得)
- 租税特別措置法通達32-8(課税繰延べの特例の適用を受ける場合の1,000㎡の面積基準の判定)
- 租税特別措置法通達32-9(軽減税率対象土地等に係る部分の譲渡所得の計算)
- 租税特別措置法通達32-10(特別控除額等の控除の順序)

(2) 収用等の場合の課税の特例

収用等の場合の課税の特例には、課税繰延べの特例と5,000万円控除の特例があります。

これらの特例の適用関係を図示すると次のようになります。

なお、下記の①及び②は納税者が選択することになります。

① その年中に収用交換等により譲渡したすべての資産について課税の繰延べの特例の適用を受けない場合	5,000万円控除の特例が受けられる要件を満たしている資産	イ 土地建物等 ⇒ 5,000万円控除と分離課税 ロ 土地建物等以外 ⇒ 5,000万円控除と総合課税 (措法31、32、33の4)
	その他の資産	イ 土地建物等 ⇒ 分離課税 ロ 土地建物等以外 ⇒ 特例の適用なし (措法31、31の2、31の3、32)

② その年中に収用交換等により譲渡した資産の全部又は一部について課税の繰延べの特例の適用を受ける場合	収用交換等により取得した補償金等	代替資産を取得した場合の課税の繰延べの特例を選択した部分	課税の繰延べの特例 （措法33、33の2②）
		その他の部分	イ　土地建物等　⇒　分離課税 ロ　土地建物等以外　⇒　特例の適用なし （措法31、32）
	交換処分等により取得した補償金等以外の資産		課税の繰延べの特例 （措法33の2①）
③ 換地処分等に伴い資産を取得した場合 （換地とともに受けた清算金は①、②のいずれかと同じ）			自動的に課税の繰延べの特例 （措法33の3）

　個人が令和2年4月1日以後に行う資産の譲渡については、次の特例が適用されます。
・「収用等に伴い代替資産を取得した場合の課税の特例」等の適用対象に、配偶者居住権の目的となっている建物等が収用等をされた場合において、配偶者居住権又は配偶者敷地利用権が令和2年4月1日以後に消滅等をし、一定の補償金等を取得するときが追加されました（措法33、33の2、33の4）。
・「換地処分等に伴い資産を取得した場合の課税の特例」の適用対象に、第一種市街地再開発事業等が施行された場合において、配偶者居住権の目的となっている建物に係る権利変換により施設建築物の一部等についての配偶者居住権を取得したときが追加されました（措法33の3②④）。

① 収用等に伴い代替資産を取得した場合の課税の特例

　土地収用法などの規定により、土地、家屋その他の資産が収用され、取得した補償金などで代替資産を取得した場合や補償金などの代わりに収用などされた資産と同種の資産をもらった場合には、次のような課税の軽減を受けることができます（措法33、33の2、33の3）。

区　　　分	課　税　方　法
① 収用により補償金を受けて代替資産を取得した場合 　代替資産は、収用のあった年の12月31日までに取得したもの又は収用の日から2年以内の期間（※）内に取得する見込みのものに限ります。 （※）その収用に関する事業が完了していないため、その期間内に代替資産を取得することが困難であるような特別の場合には、特に定められた期間	イ　$(A-C) \leqq D$ 　譲渡はなかったものとされます。 ロ　$(A-C) > D$ 　長期（又は短期）譲渡所得の金額 　$= (A-C-D) - \dfrac{B \times ((A-C)-D)}{(A-C)}$

② 収用により、収用された資産と同種の資産を取得した場合 　同種の資産とともに受け取った補償金で代替資産を取得したり、取得する見込みの場合は、その補償金につき更に上記①の特例の適用が受けられます。	イ　同種の資産だけを取得したとき 　譲渡はなかったものとされます。
	ロ　補償金とともに収用された資産と同種の資産を取得したとき 長期（又は短期）譲渡所得の金額 $= A - \dfrac{(B+C) \times A}{(A+取得資産の時価)}$
③ 換地処分等により資産を取得した場合 　土地区画整理事業や土地改良事業による換地処分、市街地再開発事業やマンション建替事業による権利変換、敷地権利返還（※）により、代わりの土地や権利などを取得した場合です。 （※）　敷地権利変換については、マンションの管理の適正化の推進に関する法律及びマンション建替え等の円滑化に関する法律の一部を改正する法律の施行の日から施行されます。	上記②に準じて取り扱われます。

※上記表のA〜Dの内容は次のとおりです。
　A：対価補償金の額
　B：譲渡資産の取得費の額
　C：譲渡費用の額（補償金で補てんされた部分を除きます）
　D：代替資産の取得価額

②　収用交換等の場合の5,000万円特別控除

　収用等により、土地や土地の上に存する権利、家屋などの資産を譲渡した場合で、次に掲げる要件に該当するときは、上記①の特例に代えて、その収用により譲渡した資産の譲渡所得の金額から5,000万円を控除します（措法33の4）。

イ　その年中に収用交換等された資産の全部について、収用等の代替資産を取得した場合の特例の適用を受けていないこと

ロ　収用等された資産について、公共事業の施行者から最初に買取り等の申出を受けた日から6か月以内に譲渡したものであること

　なお、6か月以後譲渡されている場合で土地収用法の規定による仲裁の申請（仲裁判断があった場合に限ります）、補償金の支払請求、農地法の規定による農地転用等の許可申請又は届出が買取り等の申出の日から6か月以内にされているときを含みます。

ハ　一の収用交換等に係る事業について、資産の譲渡が2以上の年に分けて行われた場合には、最初の年に譲渡した資産に限られること

ニ　公共事業の施行者から買取り等の申出を最初に受けた者が譲渡したものであること

ホ　5,000万円の特別控除の適用を受けても、なお確定申告する義務のある者については、確

定申告書に5,000万円の特別控除の特例を適用する旨を記載し、「買取り申出証明書」、「買取り証明書」、「収用証明書」、「譲渡所得計算明細書」等を添付して申告すること

③ 土地等が収用された場合に受ける補償金（措法33④、措通33-8以下）

補償金の種類		課税上の取扱い
①対価補償金		譲渡、山林所得の金額の計算上、収用等の場合の課税の特例が適用されます。
②収益補償金		交付の基因となった事業の態様に応じて、不動産、事業、雑所得の金額の計算上総収入金額に算入されます。 なお、対価補償金への振替えができる場合があります。
③経費補償金	休廃業等により生ずる事業上の費用の補填に充てるもの	交付の基因となった事業の態様に応じて、不動産、事業、雑所得の金額の計算上、総収入金額に算入されます。
	収用等による譲渡の目的となった資産以外の資産（棚卸資産を除きます）について実現した損失の補填にあてるもの	譲渡、山林所得の金額の計算上、総収入金額に算入されます。 なお、対価補償金への振替えができる場合があります。
④移転補償金	交付の目的に従って支出した場合	各種所得の金額の計算上、総収入金額に算入されません（所法44）。
	交付の目的に従って支出しなかった場合又は支出後残額が生じた場合	一時所得の金額の計算上、総収入金額に算入されます。 なお、対価補償金とされる場合があります。
⑤その他対価補償金としての実質を有しない補償金		その実態に応じて、各種所得の金額の計算上、総収入金額に算入されます。 ただし、所得税法9条1項《非課税所得》の規定に該当するものは非課税となります。

■参考

主な収用補償金の課税区分一覧表

補償金の種類		税法適用上の区分	所得区分	摘　　要
土地の取得に係る補償		対価補償金	分離譲渡所得	棚卸資産を除きます。
土地に関する所有権以外の権利の消滅に係る補償				
建物等の移転料	建物移転料	移転補償金	一時所得	実際に建物等を取り壊した場合には、対価補償金として分離譲渡所得とすることができます。 　ただし、棚卸資産を除きます。
	工作物移転料			

動産移転料		移転補償金	一時所得	交付の目的に従って支出した場合には、総収入金額に算入しません（支出後残額が生じた場合は、一時所得の金額の計算上、総収入金額に算入します）。
仏壇・神棚移転料				
仮住居補償				
仮倉庫補償				
仮車庫補償				
家賃減収補償		収益補償金	不動産所得	―
借家・借間人補償		対価補償金	総合譲渡所得	―
配偶者居住権、配偶者敷地利用権の消滅等に係る補償		対価補償金	総合譲渡所得	―
墳墓改葬料		精神補償金	非課税	―
弔祭料				
祭祀料（遷座祭典料）				
移転雑費	移転先等の選定に要する費用	移転補償金	一時所得	交付の目的に従って支出した場合には、総収入金額に算入しません（支出後残額が生じた場合は、一時所得の金額の計算上、総収入金額に算入します）。 ※ 建物を取り壊した場合でも、対価補償金とすることはできません。
	法令上の手続に要する費用			
	転居通知費・移転旅費			
	その他雑費	補償の実体的な内容に応じて判定		
就業不能補償		収益補償金	事業又は雑所得	―
立木	庭木	移転補償金	一時所得	伐採をした場合は総合譲渡所得
	用材林	対価補償金	山林所得	所有期間が5年を超えるもの
	収穫樹	移転補償金	一時所得	伐採をした場合は総合譲渡所得
営業補償		収益補償金	事業又は雑所得	―
特産物補償				―
天恵物補償				―
飲料水補償		その他の補償金	一時所得	―
し尿処理補償				―

（出典：国税庁ホームページ「Ⅲ収用等の場合の課税の特例のあらまし」）

【参考通達】
〔収用等に伴い代替資産を取得した場合の課税の特例〕（措法33）
- 租税特別措置法通達33-1（収用又は使用の範囲）
- 租税特別措置法通達33-2（関連事業に該当する場合）
- 租税特別措置法通達33-3（既存の公的施設の機能復旧に該当するための要件）
- 租税特別措置法通達33-4（関連事業の関連事業）
- 租税特別措置法通達33-5（棚卸資産等の収用交換等）
- 租税特別措置法通達33-6（権利変換差額等についての収用等の課税の特例）
- 租税特別措置法通達33-7（収用等又は換地処分等があった日）
- 租税特別措置法通達33-8（対価補償金とその他の補償金との区分）
- 租税特別措置法通達33-9（補償金の課税上の取扱い）
- 租税特別措置法通達33-10（2以上の資産について収用等が行われた場合の補償金）
- 租税特別措置法通達33-11（収益補償金名義で交付を受ける補償金を対価補償金として取り扱うことができる場合）
- 租税特別措置法通達33-12（収益補償金名義で交付を受ける補償金を2以上の建物の対価補償金とする場合の計算）
- 租税特別措置法通達33-13（事業廃止の場合の機械装置等の売却損の補償金）
- 租税特別措置法通達33-14（引き家補償等の名義で交付を受ける補償金）
- 租税特別措置法通達33-15（移設困難な機械装置の補償金）
- 租税特別措置法通達33-16（残地補償金）
- 租税特別措置法通達33-17（残地買収の対価）
- 租税特別措置法通達33-18（残地保全経費の補償金）
- 租税特別措置法通達33-19（特別措置等の名義で交付を受ける補償金）
- 租税特別措置法通達33-20（減価補償金）
- 租税特別措置法通達33-21（権利変換による補償金の範囲）
- 租税特別措置法通達33-22（収用等に伴う課税の特例を受ける権利の範囲）
- 租税特別措置法通達33-23（権利変換により新たな権利に変換することがないものの意義）
- 租税特別措置法通達33-24（公有水面の埋立又は土地収用事業の施行に伴う漁業権等の消滅）
- 租税特別措置法通達33-25（公有水面の埋立に伴う権利の消滅の意義）
- 租税特別措置法通達33-26（土地等の使用に伴う損失の補償金を対価補償金とみなす場合）
- 租税特別措置法通達33-27（逆収用の請求ができる場合に買い取られた資産等の対価）
- 租税特別措置法通達33-28（取壊し又は除去をしなければならない資産等の損失に対する補償金）
- 租税特別措置法通達33-28の2（取壊し等による損失補償金の取扱い）
- 租税特別措置法通達33-29（発生資材等の売却代金）
- 租税特別措置法通達33-29の2（伐採立竹木の損失補償金と売却代金とがある場合の必要

経費等の控除）
- 租税特別措置法通達33-30（借家人補償金）
- 租税特別措置法通達33-31（借家権の範囲）
- 租税特別措置法通達33-31の2（除却される資産の損失に対する補償金）
- 租税特別措置法通達33-31の3（配偶者居住権の目的となっている建物の敷地の用に供される土地等を当該配偶者居住権に基づき使用する権利の価値の減少による損失補償金の取扱い）
- 租税特別措置法通達33-31の4（借地人が交付を受けるべき借地権の対価補償金の代理受領とみなす場合）
- 租税特別措置法通達33-32（収益補償金の課税延期）
- 租税特別措置法通達33-33（経費補償金等の課税延期）
- 租税特別措置法通達33-34（収用等をされた資産の譲渡に要した費用の範囲）
- 租税特別措置法通達33-35（譲渡費用の額の計算）
- 租税特別措置法通達33-36（発生資材を自己使用した場合の取扱い）
- 租税特別措置法通達33-37（発生資材を譲渡した場合の取扱い）
- 租税特別措置法通達33-38（取壊し等が遅れる場合の計算の調整）
- 租税特別措置法通達33-38の2（配偶者居住権等を有していた者の居住の用に供する建物）
- 租税特別措置法通達33-38の3（配偶者居住権等を有していた者の居住の用に供する建物の判定）
- 租税特別措置法通達33-39（1組の資産を譲渡した場合の代替資産）
- 租税特別措置法通達33-40（2以上の用に供されている資産）
- 租税特別措置法通達33-41（事業の用に供されていたもの）
- 租税特別措置法通達33-42（事業の用と事業以外の用とに併用されていた資産の取扱い）
- 租税特別措置法通達33-43（生計を一にする親族の事業の用に供している資産）
- 租税特別措置法通達33-44（代替資産とすることができる事業用固定資産の判定）
- 租税特別措置法通達33-44の2（資本的支出）
- 租税特別措置法通達33-45（相続人が代替資産を取得した場合）
- 租税特別措置法通達33-46（清算金等の相殺が行われた場合）
- 租税特別措置法通達33-46の2（仮換地の指定により交付を受ける仮清算金）
- 租税特別措置法通達33-47（代替資産の取得の時期）
- 租税特別措置法通達33-47の2（長期先行取得が認められるやむを得ない事情）
- 租税特別措置法通達33-47の3（特別償却等を実施した先行取得資産の取扱い）
- 租税特別措置法通達33-47の4（譲渡の日の属する年の前年以前において取得した資産の特例の適用）
- 租税特別措置法通達33-47の5（短期保有資産と長期保有資産とがある場合等の買換差金の区分）

- 租税特別措置法通達33-48（代替資産についての特別償却の不適用）
- 租税特別措置法通達33-49（代替資産の償却費の計算）
- 租税特別措置法通達33-49の2（特定非常災害に基因するやむを得ない事情により取得指定期間を延長するための手続等）
- 租税特別措置法通達33-50（収用証明書の区分一覧表）
- 租税特別措置法通達33-51（代行買収の要件）
- 租税特別措置法通達33-51の2（事業施行者以外の者が支払う漁業補償等）
- 租税特別措置法通達33-52（証明の対象となる資産の範囲）
- 租税特別措置法通達33-53（関連事業に係る収用証明書の記載事項）
- 個別通達（仮換地等が土地収用法等の規定に基づいて使用され補償金等を取得する場合の収用等の場合の課税の特例の適用について）

〔換地処分等に伴い資産を取得した場合の課税の特例〕（措法33の3）
- 租税特別措置法通達33の3-1（借家権の範囲）
- 租税特別措置法通達33の3-2（代替住宅等とともに取得する清算金）
- 租税特別措置法通達33の3-3（換地処分により譲渡した土地等に固定資産以外のものがある場合）
- 租税特別措置法通達33の3-4（申告手続）

〔収用交換等の場合の譲渡所得等の特別控除〕（措法33の4）
- 租税特別措置法通達33の4-1（5,000万円控除の特例と課税繰延べの特例の適用関係）
- 租税特別措置法通達33の4-1の2（受益者等課税信託の信託財産に属する資産について収用交換等があった場合の「買取り等の申出のあった日」等）
- 租税特別措置法通達33の4-2（仲裁の申請等があった場合の留意事項）
- 租税特別措置法通達33の4-2の2（「許可を要しないこととなった場合」等の意義）
- 租税特別措置法通達33の4-2の3（許可申請の取下げがあった場合）
- 租税特別措置法通達33の4-2の4（仲裁判断等があった場合の証明書類）
- 租税特別措置法通達33の4-3（補償金の支払請求があった土地の上にある建物等の譲渡期間の取扱い）
- 租税特別措置法通達33の4-3の2（漁業権等の消滅により取得する補償金等の譲渡期間の取扱い）
- 租税特別措置法通達33の4-3の3（関連事業）
- 租税特別措置法通達33の4-4（事業計画の変更等があった場合の一の収用交換等に係る事業）
- 租税特別措置法通達33の4-5（一の収用交換等に係る事業につき譲渡した資産のうちに権利取得裁決による譲渡資産と明渡裁決による譲渡資産とがある場合の取扱い）
- 租税特別措置法通達33の4-6（死亡により資産を取得した場合の範囲）
- 租税特別措置法通達33の4-7（買取り等の申出証明書の発行者）

- 租税特別措置法通達33の4-8（代行買収における証明書の発行者）

〔収用交換等に伴い代替資産を取得した場合の更正の請求、修正申告等〕（措法33の5）
- 租税特別措置法通達33の5-1（代替資産を取得した場合の修正申告書の提出期限等）

〔収用交換等により代替資産等の取得価額の計算〕（措法33の6）
- 租税特別措置法通達33の6-1（代替資産等の取得価額の計算）

(3) 居住用財産を譲渡した場合の3,000万円の特別控除の特例

① 概要

個人が、居住用財産を譲渡したときは、所有期間の長短に関係なく譲渡所得から最高3,000万円の特別控除ができる特例（以下、「特例」といいます）があります（措法35）。

② 特例の適用を受けるための要件等

イ　特例の適用を受けるための要件

（イ）現に居住している家屋を譲渡した場合

（ロ）現に居住している家屋とともにその敷地を譲渡した場合

（ハ）災害により居住の用に供していた家屋が滅失した場合のその家屋の敷地を譲渡した場合（注）

（ニ）居住の用に供さなくなった家屋を譲渡した場合や、その居住の用に供さなくなった家屋とともにその敷地を譲渡した場合（注）

（注）居住の用に供さなくなった日以後3年を経過する年の12月31日までに譲渡した場合

ロ　居住用家屋の範囲（措通35-6、31の3-2）

本件特例に関する規定は、所有者が「居住の用に供している家屋」を中心として、その適用関係を定めています。

したがって、家屋の範囲について、次のように定めています。

（イ）居住の用に供している家屋とは、その家屋の所有者が生活の拠点として利用している家屋をいい、一時的な利用を目的とする家屋はこれに該当しないこととされています。

　この場合、譲渡家屋が、居住の用に供している家屋に該当するかどうかの判定は、その家屋の所有者及び配偶者等（注）の日常生活の状況、その家屋への入居目的、その家屋の構造や設備の状況その他の事情を総合勘案して行うことになります。

（注）社会通念に照らしその者と同居することが通常であると認められる配偶者その他の者をいいます。

（ロ）転勤、転地療養等の事情のため、配偶者などと離れ単身で他に起居している場合であっても、これらの事情が解消したときは当該配偶者等と起居を共にすることとなると認められるときは、当該配偶者等が居住の用に供している家屋は、その所有者にとっても居住の用に供している家屋に該当するものとされています。

　例えば、遠隔地に転勤になったサラリーマンが、妻子と離れて転勤先に単身赴任しているような場合には、妻子が現に居住の用に供している家屋は、その者にとっても、その生活の拠点として利用している家屋と認められることになります。この場合、転勤先

で居住している家屋が、その者の所有家屋であるかどうかは問わないので、その者が転勤先の家屋と妻子が現に居住している家屋とを所有している場合には、居住の用に供している家屋を2戸所有していることになることから、その者が主として居住の用に供していると認められる1の家屋のみが本件特例の対象となる家屋に該当することになります（措令20の3②）。そして、この場合、いずれの家屋がこれに該当するかどうかは、個々の事案ごとに、譲渡家屋の日常における使用状況、その家屋の構造及び設備の状況、譲渡の目的その他の事情を総合し、社会通念に即して判定することになります。

(ハ) 次のような家屋は、居住の用に供している家屋には該当しないこととされています。

　　a　本件特例の適用を受けるためのみの目的で入居したと認められる家屋、自己の居住用家屋の新築・改築期間中だけの仮住まいである家屋など一時的な目的で入居したと認められる家屋

　　b　主として趣味、娯楽又は保養の用に供する目的で所有する家屋

ハ　店舗併用住宅等の居住部分の判定（措通35-6、31の3-7）

　この特例は、店舗併用住宅のように居住の用に供している部分と、居住の用以外の用に供している部分がある場合には、居住の用に供している部分に限って適用が受けられます（措令23①）。

　このような場合には、その家屋と敷地のうち居住の用に供している部分は、次の算式により算定することとされています。

(イ) その家屋のうち居住の用に供している部分

　　$A + B \times A / (A + C)$

　　A：その家屋のうち居住の用に専ら供している部分の床面積

　　B：その家屋のうち居住の用と居住の用以外の用とに併用されている部分の床面積

　　C：その家屋のうち居住の用以外の用に専ら供されている部分の床面積

(ロ) その敷地のうち居住の用に供している部分

　　$D + E \times ①の算式により計算した床面積 / F$

　　D：その敷地のうち居住の用に専ら供している部分の床面積

　　E：その敷地のうち居住の用と居住の用以外の用とに併用されている部分の床面積

　　F：その家屋の床面積

ニ　居住用土地等のみの譲渡（措通35-2）

　災害による家屋の滅失以外で敷地のみの譲渡は、次に掲げる要件のすべてに該当する場合に限り、この特例が認められます。

(イ)　その敷地の譲渡に関する契約が、家屋を取り壊した日から1年以内に締結されたもので、家屋を居住の用に供さなくなった日以後3年を経過する日の属する年の12月31日までに敷地を譲渡すること

(ロ)　その家屋を取り壊した後譲渡に関する契約を締結した日までの間、敷地を貸付けその他の用に供していないこと

③ **適用除外**

次のいずれかに該当する場合には、この特例は受けられないこととされています。

イ　次に掲げる特殊関係者への譲渡（措令23②、20の3①）

　（イ）　配偶者や直系血族

　（ロ）　生計を一にしている親族やその家屋を譲渡した者とその家屋に同居する親族

　（ハ）　内縁関係にある者やその者と生計を一にしている親族

　（ニ）　譲渡した者から受ける金銭などによって生計を維持している者（使用人を除きます）やその者と生計を一にしている親族

　（ホ）　譲渡した者、譲渡した者の(イ)及び(ロ)に掲げる親族、譲渡した者の使用人若しくはその使用人の親族でその使用人と生計を一にしているもの又は譲渡した者に係る(ハ)及び(ニ)に掲げる者を判定の基礎となる株主等とした場合に同族会社となる会社及び会社以外の法人

ロ　居住用財産を譲渡した年の前年又は前々年において既にこの特例の適用を受けている場合（措法35②）

ハ　前年又は前々年において居住用財産の買換えや交換の場合の特例（措法36の2、36の5、41の5、41の5の2）の適用を受けている場合（措法35②）

ニ　次のいずれかの特例の適用を受けている場合（措法35②一）

　（イ）　固定資産の交換の場合の譲渡所得の特例（所法58）

　（ロ）　収用等に伴い代替資産を取得した場合の課税の特例（措法33）

　（ハ）　交換処分等に伴い資産を取得した場合の課税の特例（措法33の2）

　（ニ）　換地処分等に伴い資産を取得した場合の課税の特例（措法33の2）

　（ホ）　収用交換等の場合の譲渡所得等の特別控除（措法33の4）

　（ヘ）　特定の事業用資産の買換えの場合の譲渡所得の課税の特例（措法37）

　（ト）　特定の事業用資産を交換した場合の譲渡所得の課税の特例（措法37の4）

　（チ）　特定普通財産とその隣接する土地等の交換の場合の譲渡所得の課税の特例（措法37の8）

〔留意事項〕

1．上記ニの中に、租税特別措置法37条の5《既成市街地内にある土地等の中高層耐火建築物等の建設のための買換え又は交換の場合の譲渡所得課税の特例》は、含まれていないところ、この特例は、居住用財産を譲渡した場合の3,000万円の特別控除との選択とされています（措法37の5①）。

2．上記ニの中に、租税特別措置法37条の6《特定の交換分合により土地等を取得した場合の課税の特例》は、含まれていないところ、この特例は、居住用財産を譲渡した場合の3,000万円の特別控除との選択とされています（措法37の6①一）。

3．店舗併用住宅の場合、居住用部分について居住用財産を譲渡した場合の3,000万円特別控除を適用し、店舗部分について事業用資産の買換え（措法37）を適用することは可能となっています（措通35-1）。

【参考通達】
・租税特別措置法通達35-3（土地区画整理事業等の施行地区内の土地等の譲渡）

④ **居住用家屋の所有者と土地の所有者が異なる場合の特別控除の取扱い**

イ　居住用財産を譲渡した場合の3,000万円控除の特例は、居住用家屋の所有者と敷地の所有者が異なる場合、家屋の譲渡にのみ適用されるのが原則となっています。

　　しかし、譲渡された居住の用に供している家屋の所有者と、敷地の所有者が異なる場合であっても、次のすべての要件を満たすときは、敷地の所有者にも、3,000万円控除の特例を認めています（措通35-4）。

　（イ）　その敷地は、その上にある居住用の家屋とともに譲渡したものであること
　（ロ）　家屋所有者と敷地の所有者とが親族関係にある者であり、かつ、生計を一にしていること
　（ハ）　その敷地の所有者は、その家屋の所有者とともにその家屋に居住していること

ロ　家屋の所有者と敷地の所有者の控除額の合計額は、3,000万円を限度とします。

ハ　3,000万円控除額の控除する順序は、まず家屋（家屋の所有者が敷地の一部を所有しているときは、家屋と敷地の所有部分）の譲渡益から控除し、家屋の所有者の控除額が3,000万円に達しなかったときには、その控除不足額を敷地の所有者の譲渡益から控除します。

⑤ **借地権等の設定されている土地の譲渡についての取扱い**

イ　居住用家屋の所有者が、その家屋の敷地である借地権等の設定されている土地（以下、「居住用底地」といいます）の全部又は一部を所有している場合において、その家屋を取り壊し、居住用底地を譲渡したときの居住用財産を譲渡した場合の3,000万円控除の特例（以下、「特例」といいます）の適用については、「居住用土地等のみの譲渡」（措通35-2、上記②ニ）に準じて取り扱うこととされ、その居住用底地の譲渡について特例の適用を認めることとして取り扱われます。

ロ　居住用家屋の所有者以外の者が、居住用底地の全部又は一部を所有している場合における特例の適用については、「居住用家屋の所有者と土地の所有者が異なる場合の特別控除の取扱い」（措通35-4、上記④）に準じて取り扱われます（措通35-5）。

〈ケーススタディ1〉

甲（子）が底地と居住用家屋を所有し、乙（父）が借地権を有している場合、甲所有の底地の譲渡については、次のように取り扱われます。

> （イ）　居住用家屋とともに譲渡する場合
> 　　甲が所有する居住用家屋とともに居住用底地が譲渡される場合には、その居住用家屋及び居住用底地の譲渡について、特例の適用があるものとして取り扱われます。
>
> （ロ）　居住用家屋を取り壊して譲渡する場合
> 　　甲が所有する居住用底地の譲渡については、「居住用土地等のみの譲渡」に準じて取り扱われます。

したがって、次に掲げる要件のすべてを満たす場合に限り、その居住用底地の譲渡について、特例の適用があるものとして取り扱われます。
　　　a　その底地の譲渡に関する契約が、居住用家屋を取り壊した日から1年以内に締結され、かつ、その家屋を居住の用に供されなくなった日以後3年を経過する日の属する年の12月31日までに譲渡したものであること
　　　b　その底地は、居住用家屋を取り壊した後譲渡に関する契約を締結した日まで、取り壊した時と同様の利用状況にあり、他の用途に供していないものであること

〈ケーススタディ2〉
　底地を甲（子）と丙（甲の妻）が所有し、また、居住用家屋を甲（子）が所有し、乙（父）が借地権を有している場合、丙所有の底地の譲渡については、次のように取り扱われます。

　丙が所有する底地の譲渡については、「居住用家屋の所有者と土地の所有者が異なる場合の特別控除の取扱い」に準じて取り扱われます。
　したがって、甲が所有する居住用家屋と居住用底地の譲渡に係る所得金額が3,000万円の特別控除額に満たない場合に、その満たない金額は、次の要件のすべてを満たす場合に限り、丙が所有する居住用底地の譲渡に係る所得金額の範囲内において控除できるものとして取り扱われます。
　　a　その底地は、居住用家屋とともに譲渡されているものであること
　　b　居住用家屋の所有者と底地の所有者とが親族関係を有し、かつ、生計を一にしていること
　　c　居住用家屋は、その居住用家屋の所有者と底地の所有者がともにその居住の用に供している家屋であること

⑥　被相続人の居住用家屋等（空き家）を譲渡した場合の特別控除の特例
イ　概要
　相続又は遺贈により取得した被相続人居住用家屋又は被相続人居住用家屋の敷地等について、平成28年4月1日から令和9年12月31日までの間に譲渡し、一定の要件に当てはまるときは、譲渡所得の金額から「居住用財産を譲渡した場合の3,000万円控除」の適用を受けることができます（措法35③）。
　なお、相続又は遺贈による被相続人居住用家屋及び被相続人居住用家屋の敷地等の取得をした相続人の数が3人以上である場合における特別控除額が2,000万円とされました（措法35④）。これは、個人が令和6年1月1日以後に行う対象譲渡について適用し、個人が同日前に行った対象譲渡については従前どおりとされています（令5改正法附32③）。
ロ　特例の対象となる「被相続人居住用家屋」
　被相続人居住用家屋とは、相続の開始の直前において被相続人の居住の用に供されていた家屋で、次の3つの要件すべてに該当するもの（主として被相続人の居住の用に供されてい

た一の建築物に限ります）をいいます。
- (イ) 昭和56年5月31日以前に建築されたこと
- (ロ) 区分所有建物登記がされている建物でないこと
- (ハ) 相続の開始の直前において被相続人以外に居住をしていた者がいなかったこと

　また、相続若しくは遺贈により取得をした被相続人居住用家屋の譲渡又は被相続人居住用家屋とともにするその相続若しくは遺贈により取得をした被相続人居住用家屋の敷地等の譲渡をした場合、これらの譲渡の時からこれらの譲渡の日の属する年の翌年2月15日までの間に、次に掲げる場合に該当することになった被相続人居住用家屋が加えられました（措法35③三）。
- (イ) その被相続人居住用家屋が耐震基準に適合することとなった場合
- (ロ) その被相続人居住用家屋の全部の取壊し若しくは除却がされ、又はその全部が滅失した場合

　なお、この対象譲渡については、個人が令和6年1月1日以後に行う対象譲渡について適用し、個人が同日前に行った対象譲渡については従前どおりとされています（令5改正法附32③）。

ハ　被相続人が老人ホーム等に入居していた場合の被相続人居住用家屋

　被相続人の居住用家屋（空き家）に係る譲渡所得の特別控除の特例では、相続の開始の直前において被相続人の居住の用に供されていなかった家屋であっても、次の(イ)から(ハ)に掲げる要件を満たすときは、その居住の用に供されなくなる直前まで被相続人の居住の用に供されていた家屋は、被相続人居住用家屋として特例の対象となります。
- (イ) 次に掲げる事由（以下、「特定事由」といいます）により、相続の開始の直前において被相続人の居住の用に供されていなかった場合であること
  - a　介護保険法19条1項に規定する要介護認定若しくは同条2項に規定する要支援認定を受けていた被相続人又は介護保険法施行規則140条の62の4第2号に該当していた被相続人が次に掲げる住居又は施設に入居又は入所していたこと
    - (a) 老人福祉法5条の2第6項に規定する認知症対応型老人共同生活援助事業が行われる住居、同法20条の4に規定する養護老人ホーム、同法20条の5に規定する特別養護老人ホーム、同法20条の6に規定する軽費老人ホーム又は同法29条1項に規定する有料老人ホーム
    - (b) 介護保険法8条28項に規定する介護老人保健施設又は同条29項に規定する介護医療院
    - (c) 高齢者の居住の安定確保に関する法律5条1項に規定するサービス付き高齢者向け住宅（(a)の有料老人ホームを除きます）
  - b　障害者の日常生活及び社会生活を総合的に支援するための法律21条1項に規定する障害者支援区分の認定を受けていた被相続人が同法5条11項に規定する障害者支援施設（同条10項に規定する施設入所支援が行われるものに限ります）又は同条17項に規定す

　　　　る共同生活援助を行う住居に入所又は入居していること

　　　　なお、被相続人が、上記 a の要介護認定若しくは要支援認定又は上記 b の障害者支援区分の認定を受けていたかどうかは、特定事由により被相続人居住用家屋が被相続人の居住の用に供されなくなる直前において、被相続人がその認定を受けていたかどうかにより判定します。
　　(ロ)　次に掲げる要件を満たしていること
　　　　a　特定事由によりその家屋が被相続人の居住の用に供されなくなった時から相続の開始の直前まで、引き続きその家屋がその被相続人の物品の保管その他の用に供されていたこと
　　　　b　特定事由によりその家屋が被相続人の居住の用に供されなくなった時から相続の開始の直前までその家屋が事業の用、貸付けの用又は被相続人以外の者の居住の用に供されていたことがないこと
　　　　c　被相続人が上記(イ) a 又は b の住居又は施設（以下、「老人ホーム等」といいます）に入所をした時から相続の開始の直前までの間において、被相続人が主としてその居住の用に供していたと認められる家屋がその老人ホーム等であること
　　(ハ)　その家屋が次の3つの要件すべてに当てはまる（特定事由によりその家屋が被相続人の居住の用に供されなくなる直前において、主として被相続人の居住の用に供されていた一の建築物に限ります）であること
　　　　a　昭和56年5月31日以前に建築されたこと
　　　　b　区分所有建物登記がされている建物でないこと
　　　　c　特定事由により被相続人の居住の用に供されなくなる直前において被相続人以外に居住をしていた者がいなかったこと
ニ　特例の対象となる被相続人居住用家屋の敷地等
　　(イ)　被相続人居住用家屋の敷地等とは、相続の開始の直前（従前居住用家屋の敷地の場合は、被相続人の居住の用に供されなくなる直前）において被相続人居住用家屋の敷地の用に供されていた土地又はその土地の上に存する権利をいいます。
　　(ロ)　相続の開始の直前（従前居住用家屋の敷地の場合は、被相続人の居住の用に供されなくなる直前）においてその土地が用途上不可分の関係にある2以上の建築物（母屋と離れなど）のある一団の土地であった場合には、その土地のうち、その土地の面積にその2以上の建築物の床面積の合計のうちに一の建築物である被相続人居住用家屋（母屋）の床面積の占める割合を乗じて計算した面積に限ります。
ホ　特例を受けるための適用要件
　　特例の適用を受けるための要件は、次のとおりとなります。
　　(イ)　譲渡した者が、相続又は遺贈により被相続人居住用家屋及び被相続人居住用家屋の敷地等を取得したこと

(ロ) 次のa又はbを譲渡したこと
　a　相続又は遺贈により取得した被相続人居住用家屋を譲渡するか、被相続人居住用家屋とともに被相続人居住用家屋の敷地等を譲渡すること
　　なお、被相続人居住用家屋は次の2つの要件に、被相続人居住用家屋の敷地等は次の(a)の要件にあてはまることが必要となります。
　　(a)　相続の時から譲渡の時まで事業の用、貸付けの用又は居住の用に供されていたことがないこと
　　(b)　譲渡の時において一定の耐震基準を満たすものであること
　b　相続又は遺贈により取得した被相続人居住用家屋の全部の取壊し等をした後に被相続人居住用家屋の敷地等を譲渡すること
　　なお、被相続人居住用家屋は次の(a)の要件に、被相続人居住用家屋の敷地等は次の(b)及び(c)の要件にあてはまることが必要となります。
　　(a)　相続の時から取壊し等の時まで事業の用、貸付けの用又は居住の用に供されていたことがないこと
　　(b)　相続の時から譲渡の時まで事業の用、貸付けの用又は居住の用に供されていたことがないこと
　　(c)　取壊し等の時から譲渡の時まで建物又は構築物の敷地の用に供されていたことがないこと
(ハ) 相続の開始があった日から3年を経過する日の属する年の12月31日までに譲渡すること
(ニ) 譲渡代金が1億円以下であること
　なお、譲渡代金が1億円以下であることの判定にあたっての留意事項は次のとおりとなります。
　a　特例の適用を受ける被相続人居住用家屋と一体として利用していた部分を別途分割して譲渡している場合や他の相続人が譲渡している場合における1億円以下であるかどうかの判定は、相続の時からこの特例の適用を受けて被相続人居住用家屋又は被相続人居住用家屋の敷地等を譲渡した日から3年を経過する日の属する年の12月31日までの間に分割して譲渡した部分や他の相続人が譲渡した部分も含めた譲渡代金により行います。
　b　このため、相続の時から被相続人居住用家屋又は被相続人居住用家屋の敷地等を譲渡した年までの譲渡代金の合計額が1億円以下であることから、この特例の適用を受けていた場合であっても、被相続人居住用家屋又は被相続人居住用家屋の敷地等を譲渡した日から3年を経過する日の属する年の12月31日までにこの特例の適用を受けた被相続人居住用家屋又は被相続人居住用家屋の敷地等の残りの部分を自分や他の相続人が譲渡して譲渡代金の合計額が1億円を超えたときには、その譲渡の日から4か月以内に修正申告書の提出と納税が必要となります。
(ホ) 譲渡した家屋や敷地等について、相続財産を譲渡した場合に取得費の特例や収用等の

場合の特別控除など他の特例の適用を受けていないこと
　（ヘ）　同一の被相続人から相続又は遺贈により取得した被相続人居住用家屋又は被相続人居住用家屋の敷地等について、この特例の適用を受けていないこと
　（ト）　親子や夫婦など特別の関係がある者に対して譲渡したものでないこと
　　　なお、特別の関係には、このほか生計を一にする親族、家屋を譲渡した後その譲渡した家屋で同居する親族、内縁関係にある者、特殊な関係のある法人なども含まれます。
ヘ　適用を受けるための手続き
　この特例の適用を受けるためには、次に掲げる場合の区分に応じて、それぞれ次に掲げる書類を添付して確定申告をすることが必要となります。
（イ）　相続又は遺贈により取得した被相続人居住用家屋を譲渡するか、被相続人居住用家屋とともに被相続人居住用家屋の敷地等を譲渡した場合
　　a　譲渡所得の内訳書（確定申告書付表兼計算明細書）〔土地・建物用〕
　　b　譲渡資産の登記事項証明書等で次の3つの事項を明らかにするもの
　　　(a)　譲渡した者が被相続人居住用家屋及び被相続人居住用家屋の敷地等を被相続人から相続又は遺贈により取得したこと
　　　(b)　被相続人居住用家屋が昭和56年5月31日以前に建築されたこと
　　　(c)　被相続人居住用家屋が区分所有建物登記がされている建物でないこと
　　c　譲渡資産の所在地を管轄する市区町村長から交付を受けた「被相続人居住用家屋等確認書」(注)
　　　(注)　被相続人居住用家屋等確認書とは、市区町村長の次の6つの事項（被相続人居住用家屋が従前居住用家屋以外の場合は、(a)及び(b)に掲げる事項）を確認した旨を記載した書類をいいます。
　　　　(a)　相続の開始の直前（従前居住用家屋の場合は、被相続人の居住の用に供されなくなる直前）において、被相続人が被相続人居住用家屋を居住の用に供しており、かつ、被相続人居住用家屋に被相続人以外に居住をしていた者がいなかったこと
　　　　(b)　被相続人居住用家屋又は被相続人居住用家屋及び被相続人居住用家屋の敷地等が相続の時から譲渡の時まで事業の用、貸付けの用又は居住の用に供されていなかったこと
　　　　(c)　被相続人居住用家屋が、被相続人が要介護認定等を受けて老人ホーム等に入所するなど、特定事由により相続の開始の直前において被相続人の居住の用に供されていなかったこと
　　　　(d)　被相続人居住用家屋が被相続人の居住の用に供されなくなった時から相続の開始の直前まで引き続き被相続人の物品の保管その他の用に供されていたこと
　　　　(e)　被相続人居住用家屋が被相続人の居住の用に供されなくなった時から相続の開始の直前まで事業の用、貸付けの用又は被相続人以外の者の居住の用に供されていたことがないこと
　　　　(f)　被相続人が老人ホーム等に入所した時から相続の開始の直前までの間において被相続人の居住の用に供する家屋が2以上ある場合には、これらの家屋のうちその老人ホーム等が、被相続人が主として居住の用に供していた一の家屋であること
　　d　耐震基準適合証明書又は建設住宅性能評価書の写し
　　e　売買契約書の写しなどで譲渡代金が1億円以下であることを明らかにするもの
（ロ）　相続又は遺贈により取得した被相続人居住用家屋の全部の取壊し等をした後に被相続

人居住用家屋の敷地等を譲渡した場合
　a　上記（イ）のa、b及びeに掲げる書類
　b　譲渡資産の所在地を管轄する市区町村長から交付を受けた「被相続人居住用家屋等確認書」（注）
　　（注）　被相続人居住用家屋等確認書とは、市区町村長の次の4つの事項（被相続人居住用家屋が従前居住用家屋以外の場合は、(a)〜(c)に掲げる事項）を確認した旨を記載した書類をいいます。
　　　(a)　上記（イ）のcの（注）(a)の事項
　　　(b)　被相続人居住用家屋が相続の時から取壊し等の時まで事業の用、貸付けの用又は居住の用に供されていたことがないこと
　　　(c)　被相続人居住用家屋の敷地等が次の2つの要件を満たすこと
　　　　　i　相続の時から譲渡の時まで事業の用、貸付けの用又は居住の用に供されていたことがないこと
　　　　　ii　取壊し等の時から譲渡の時まで建物又は構築物の敷地の用に供されていたことがないこと
　　　(d)　上記（イ）のcの（注）(c)から(f)の事項

【参考通達】
〔被相続人の居住用財産の譲渡（3項関係）〕
・租税特別措置法通達35-7（同一年中に自己の居住用財産と被相続人の居住用財産の譲渡があった場合の3,000万円控除の適用）
・租税特別措置法通達35-8（相続財産に係る譲渡所得の課税の特例等との関係）
・租税特別措置法通達35-9（「被相続人居住用家屋及び被相続人居住用家屋の敷地等の取得をした相続人」の範囲）
・租税特別措置法通達35-9の2（要介護認定等の判定時期）
・租税特別措置法通達35-9の3（特定事由により居住の用に供されなくなった時から相続の開始の直前までの利用制限）
・租税特別措置法通達35-10（被相続人居住用家屋の範囲）
・租税特別措置法通達35-11（建物の区分所有等に関する法律第1条の規定に該当する建物）
・租税特別措置法通達35-12（「被相続人以外に居住していた者」の範囲）
・租税特別措置法通達35-13（被相続人居住用家屋の敷地等の判定）
・租税特別措置法通達35-14（用途上不可分の関係にある2以上の建築物）
・租税特別措置法通達35-15（被相続人居住用家屋が店舗兼住宅等であった場合の居住用部分の判定）
・租税特別措置法通達35-16（相続の時から譲渡の時までの利用制限）
・租税特別措置法通達35-17（被相続人居住用家屋の敷地等の一部の譲渡）
・租税特別措置法通達35-18（対象譲渡について措置法第35条第3項の規定を適用しないで申告した場合）
・租税特別措置法通達35-19（譲渡の対価の額）

- 租税特別措置法通達35-20（その譲渡の対価の額が１億円を超えるかどうかの判定）
- 租税特別措置法通達35-21（居住用家屋取得相続人の範囲）
- 租税特別措置法通達35-22（「対象譲渡資産一体家屋等」の判定）
- 租税特別措置法通達35-23（「適用後譲渡」の判定）
- 租税特別措置法通達35-24（被相続人の居住用財産の一部を贈与している場合）
- 租税特別措置法通達35-25（適用前譲渡又は適用後譲渡をした旨等の通知がなかった場合）
- 租税特別措置法通達35-26（登記事項証明書で特例の対象となる被相続人居住用財産であることについての証明ができない場合）
- 租税特別措置法通達35-27（居住用財産を譲渡した場合の長期譲渡所得の課税の特例に関する取扱いの準用）

(4) 特定の居住用財産の買換え（交換）の特例

　この特例は、平成５年４月１日から令和７年12月31日までの間に、所有期間が10年を超える居住用財産（以下、「譲渡資産」といいます）を、一定の要件の下で譲渡をした場合において、その譲渡の日の属する年の前年１月１日から、その譲渡の日の属する年の12月31日までの間に、代わりの居住用財産（以下、「買換資産」といいます）を一定の要件の下で取得して、譲渡年の翌年12月31日までに自己の居住の用に供したとき、又は供する見込みであるとき^(注)に適用することができます（措法36の２）。

　また、交換した場合も同様となります（措法36の５）。

(注)　譲渡年の翌年中に買換資産を取得する見込みであり、かつ、取得年の翌年12月31日までに自己の居住の用に供する見込みである場合には、確定申告書に、特例を適用する旨の記載をし、譲渡資産に関する明細書とともに取得予定の買換資産についての取得予定年月日及び取得価額の見積額に関する明細書等の添付をすることにより、その見積取得価額により買換えの特例が認められます（措法36の２②⑤、措規18の４⑤）。

① **譲渡資産の範囲及び譲渡要件（措法36の2、措令24の2）**

	内　　　　容
譲渡資産の範囲	所有期間が10年を超える居住用財産で、次に掲げる要件を満たすもの イ　現に居住している家屋　⇒　家屋の存する場所に譲渡者が居住していた期間が10年以上であるもので、国内にあるもの。 ロ　イの家屋で居住の用に供さなくなった家屋　⇒　居住の用に供さなくなった日以後3年を経過する日の属する年の12月31日までに譲渡されるもの ハ　イ又はロの家屋及びその敷地 ニ　災害により居住の用に供していた家屋が滅失した場合のその敷地で、その家屋を引き続き所有していたとしたならば、譲渡年の1月1日において所有期間が10年を超えるもの　⇒　災害があった日以後3年を経過する日の属する年の12月31日までに譲渡されるもの
譲渡要件	平成5年4月1日から令和7年12月31日までの間の譲渡であること

② **買換資産の範囲、所得及び居住要件（措法36の2①②、措令24の2③）**

買換資産の範囲	国内にある居住用財産で、次に掲げる要件を満たすもの イ　次に掲げる家屋 　（イ）1棟の家屋の床面積のうち居住用部分が50㎡以上であるもの 　（ロ）1棟の家屋のうちその独立部分を区分所有する場合は、独立部分の床面積のうち居住用部分が50㎡以上であるもの 　（ハ）買換資産が、既存の耐火建築物の場合には、取得の日以前25年以内に建築されたものであること、又は一定の耐震基準を満たすものであること 　（ニ）買換資産が、耐火建築物に該当しない既存の家屋の場合には、取得の日以前25年以内に建築されたものであること、又は取得期限までに、一定の耐震基準を満たすものであること ロ　イの家屋の敷地 　その敷地の面積^{（注）}が500㎡以下であるもの （注）　上記イ(ロ)の場合は、家屋の敷地の全部の面積に家屋の全部の床面積のうちに区分所有する独立部分の床面積の占める割合を乗じて計算した面積とされています。
取得要件	譲渡の日の属する年の前年1月1日からその譲渡の日の属する年の12月31日までの間に取得し又は譲渡の翌年中^{（注）}に取得する見込みであること （注）　特定非常災害として指定された非常災害に基因するやむを得ない事情により翌年末までに買換資産の取得が困難となった場合は、税務署長の承認等の一定の要件の下、翌年末以後2年以内とされています。
居住要件	取得の日から譲渡の日の属する年の翌年12月31日^{（注）}までの間に居住の用に供したこと又は供する見込みであること （注）　翌年中に買換資産を取得する場合には、その取得の日の属する年の翌年12月31日とされています。

③ **適用除外（措法36の２、措令24の２）**

次のいずれかに該当する場合には、この特例の適用は受けられないこととされています。

イ　譲渡資産の譲渡に係る対価の額が１億円を超えるもの
ロ　親子や夫婦など次に掲げる「特別の関係がある者」に対する譲渡であること（措令24の２①、20の３①）

　（イ）配偶者や直系血族
　（ロ）生計を一にしている親族やその家屋を譲渡した者とその家屋に同居する親族
　（ハ）内縁関係にある者やその者と生計を一にしている親族
　（ニ）譲渡した者から受ける金銭などによって生計を維持している者（使用人を除きます）やその者と生計を一にしている親族
　（ホ）譲渡した者、譲渡した者の（イ）及び（ロ）に掲げる親族、譲渡した者の使用人若しくはその使用人の親族でその使用人と生計を一にしているもの又は譲渡した者に係る（ハ）及び（ニ）に掲げる者を判定の基礎となる株主等とした場合に同族会社となる会社及び会社以外の法人

ハ　譲渡した年又はその前年若しくは前々年に、居住用財産を譲渡した場合の課税の特例、3,000万円特別控除又は損益通算及び繰越控除の適用（措法31の３、35、41の５、41の５の２）を受けている場合

ニ　次のいずれかの特例の適用を受けている場合
　（イ）収用等に伴い代替資産を取得した場合の課税の特例（措法33）
　（ロ）交換処分等に伴い資産を取得した場合の課税の特例（措法33の２）
　（ハ）換地処分等に伴い資産を取得した場合の課税の特例（措法33の３）
　（ニ）収用交換等の場合の譲渡所得等の特別控除（措法33の４）
　（ホ）特定の事業用資産の買換えの場合の譲渡所得の課税の特例（措法37）
　（ヘ）特定の事業用資産を交換した場合の譲渡所得の課税の特例（措法37の４）
　（ト）特定普通財産とその隣接する土地等の交換の場合の譲渡所得の課税の特例（措法37の８）

ホ　贈与、交換（措法36の５の交換を除きます）、代物弁済（金銭債務の弁済に代えてするものに限ります）による譲渡

ヘ　譲渡した年又はその前年若しくは前々年又は譲渡した年の翌年又は翌々年に、譲渡資産と一体として譲渡者の居住の用に供されていた家屋又は土地等の譲渡（以下、「一体資産の譲渡」といいます）をした場合の、その一体資産の譲渡に係る対価の額とその譲渡資産の譲渡に係る対価の額との合計額が１億円を超えるもの

④ **課税方法（措法36の２①、措令24の２）**

区　　分	課　税　方　法
譲渡による収入金額 ≦ 買換資産の取得価額	課税はなかったものとみなされます（課税の繰延べ）

譲渡による収入金額 ＞ 買換資産の取得価額	長期譲渡所得の金額＝ A－B－(譲渡資産の取得費＋譲渡費用)×$\frac{(A-B)}{A}$ 　A：譲渡による収入金額 　B：買換資産の取得価額

〔留意事項〕
　譲渡資産の取得費等のうち買換資産に対応する部分は取得価額に引き継がれますが、取得時期は引き継がれないこととされています（措通31・32共-5（2））。

⑤　**提出書類等**
　確定申告書に次に掲げる書類を添付して提出します。
イ　譲渡所得の内訳書（確定申告書付表兼計算明細書）［土地・建物用］
ロ　譲渡資産が次のいずれかの資産に該当する事実を記載した書類
　（イ）　自分が住んでいる家屋のうち国内にあるもの（家屋の所在する場所に居住していた期間が10年以上であるものに限られます）
　（ロ）　上記（イ）の家屋で自分が以前に住んでいたもの（住まなくなった日から3年を超過する日の属する年の12月31日までの間に譲渡されるものに限ります）
　（ハ）　上記（イ）又は（ロ）の家屋及びその家屋の敷地や借地権
　（ニ）　上記（イ）の家屋が災害により滅失した場合において、その家屋を引き続き所有していたとしたならば、その年の1月1日において所有期間が10年を超えるその家屋の敷地や借地権（災害があった日から3年を経過する日の属する年の12月31日までの間に譲渡したものに限ります）
ハ　譲渡資産の登記事項証明書等で所有期間が10年を超えるものであることを明らかにするもの
ニ　買換資産の登記事項証明書や売買契約書の写しで、取得したこと及び買換資産の面積を明らかにするもの
ホ　売買契約書の写しなどで売却代金が1億円以下であることを明らかにするもの
ヘ　買い換えた資産が令和6年1月1日以後に入居する（又は入居見込みの）建築後使用されたことのない住宅である場合には、次の(イ)から(ホ)に掲げる書類のうちいずれかの書類
　（イ）　確認済証の写し又は検査済証の写し（令和5年12月31日以前に建築確認を受けたことを証するものに限ります）
　（ロ）　家屋の登記事項証明書（令和6年6月30日以前に建築されたことを証するものに限ります）
　（ハ）　住宅用家屋証明書（特定建築物用）
　（ニ）　次のa及びbの書類
　　　a　低炭素建築物新築等計画の認定通知書の写し

　　　　　なお、低炭素建築物新築等計画の変更の認定を受けた場合は変更認定通知書の写しが必要になります。
　　　　ｂ　住宅用家屋証明書（認定低炭素住宅に該当する旨などの記載があるものに限ります）若しくはその写し又は認定低炭素住宅建築証明書
　　（ホ）　住宅省エネルギー性能証明書又は建設住宅性能評価書の写し（特定エネルギー消費性能向上住宅又はエネルギー消費性能向上住宅に該当することを証するものに限ります）
ト　買換資産が中古住宅である場合には、取得の日以前25年以内に建築されたものであることを明らかにする書類、又は耐震基準適合証明書など
　　なお、次に該当する場合には、さらに書類が必要となります。
イ　譲渡資産に係る売買契約を締結した日の前日において住民票に記載されている住所と譲渡資産の所在地とが異なる場合や譲渡した日の前10年以内において住民票に記載されていた住所を異動したことがある場合その他これらに類する場合　⇒　戸籍の附票の写し等で、上記ロの（イ）から（ニ）のいずれかに該当することを明らかにするもの
ロ　確定申告書の提出の日までに買換資産に住んでいない場合　⇒　その旨及び住居として使用を開始する予定年月日その他の事項を記載したもの

〔留意事項〕
　　土地・建物の登記事項証明書については、「譲渡所得の特例の適用を受ける場合の不動産に係る不動産番号等の明細書」に不動産番号を記載することになどにより、その添付を省略することができます。

【参考通達】
・租税特別措置法通達36の2-1（措置法第36条の2第1項第3号に掲げる資産）
・租税特別措置法通達36の2-2（居住期間の判定）
・租税特別措置法通達36の2-3（換地処分等があった場合の居住期間の取扱い）
・租税特別措置法通達36の2-4（借家であったものを取得した場合の居住期間）
・租税特別措置法通達36の2-5（家屋の建替え期間中の居住期間の取扱い）
・租税特別措置法通達36の2-6（譲渡資産の譲渡に係る対価の額）
・租税特別措置法通達36の2-6の2（譲渡に係る対価の額が1億円を超えるかどうかの判定）
・租税特別措置法通達36の2-6の3（「譲渡資産と一体として居住の用に供されていた家屋又は土地等」の判定）
・租税特別措置法通達36の2-6の4（居住用財産の一部を贈与している場合）
・租税特別措置法通達36の2-6の5（低額譲渡等）
・租税特別措置法通達36の2-7（店舗兼住宅等の居住部分の判定）
・租税特別措置法通達36の2-8（居住用家屋の敷地の判定）
・租税特別措置法通達36の2-9（買換資産を一括取得した場合の取得価額の区分）

・租税特別措置法通達36の2-10（立退料等を支払って貸地の返還を受けた場合）
・租税特別措置法通達36の2-11（宅地の造成）
・租税特別措置法通達36の2-12（買換資産の改良、改造等）
・租税特別措置法通達36の2-13（買換家屋の床面積要件及び買換土地等の面積要件の判定）
・租税特別措置法通達36の2-14（床面積の意義）
・租税特別措置法通達36の2-15（借地権又は底地に係る面積要件の判定）
・租税特別措置法通達36の2-16（やむを得ない事情により買換資産の取得が遅れた場合）
・租税特別措置法通達36の2-17（買換資産を当該個人の居住の用に供したことの意義）
・租税特別措置法通達36の2-18（仮換地の指定されている土地等の判定）
・租税特別措置法通達36の2-19（居住用家屋の所有者とその敷地の所有者が異なる場合の取扱い）
・租税特別措置法通達36の2-20（借地権等の設定されている土地の譲渡についての取扱い）
・租税特別措置法通達36の2-21（相続人が買換資産を取得した場合）
・租税特別措置法通達36の2-22（特例の対象となる譲渡資産であることについての証明）
・租税特別措置法通達36の2-23（居住用財産を譲渡した場合の長期譲渡所得の課税の特例に関する取扱い等の準用）

⑥ 修正申告と更正の請求

　譲渡をした前年又は譲渡をした年中に買換資産を取得し、買換えの特例を受けた者は、譲渡をした年の翌年12月31日（注）までに、その買換資産を居住の用に供しない場合又は供しなくなった場合には、その期限から4か月以内に修正申告をし、納税額を清算しなければならないこととされています（措法36の3①）。

(注)　特定非常災害として指定された非常災害に基因するやむを得ない事情により翌年12月31日までに買換資産の取得が困難となった場合は、税務署長の承認等の一定の要件の下、翌年12月31日以後2年以内。以下、この期限を「取得期限」といいます。

　また、譲渡をした年の翌年12月31日又は取得時期までに買換資産を取得する見込みで、この特例の適用を受けた者は、次の手続きをすることになります（措法36の3②、措通36の3-1）。

イ　買換資産を取得した結果、見積取得価額と実際の取得価額との間に過不足が生じた場合には、それぞれの場合に応じ、納税額を清算しなければならないこととされています。
　（イ）見積取得価額＜実際の取得価額　⇒　その取得の日（取得の日が2以上あるときは、最後の取得の日）から4か月以内に更正の請求を行います。
　（ロ）見積取得価額＞実際の取得価額　⇒　その取得の日の属する年の12月末から4か月以内に修正申告を提出します。

ロ　次のいずれかに該当したときは、それぞれの期限から4か月以内に修正申告により納税額を清算しなければならないこととされています。
　（イ）譲渡した年の翌年12月31日又は取得期限までに買換資産を取得していないとき
　（ロ）買換資産を取得したがその取得した年の翌年12月31日（譲渡をした年の翌々年12月31

日）までに自己の居住の用に供しないとき、若しくは供しなくなったとき

〔留意事項〕
1．災害、海外転勤など一定の事情により居住の用に供すべき期間内に居住の用に供しない場合であっても、買換えの特例が適用されます（措通36の3-2）。
2．譲渡資産の譲渡をした者が、譲渡の年の翌年中に買換資産を取得する見込みで買換えの特例を選択して申告した場合には、その後、買換資産をその取得期限までに取得できなかったとしても、あらためて居住用財産の譲渡に係る3,000万円特別控除及び税率の軽減措置を適用して申告し直すことは認められないこととされています。
　しかし、災害その他その者の責めに帰せられないやむを得ない事情により譲渡をした年の翌々年4月末日（買換資産を取得しなかった場合の修正申告期限）までに、買換資産を取得しなかったことによる修正申告書を提出するときに限り、その際は、居住用財産の譲渡に係る3,000万円特別控除及び税率の軽減措置の適用を受けることができるよう取り扱われています（措通35-6、31の3-27）。

　なお、譲渡をした年の翌年又は翌々年に一体資産の譲渡をした場合において、その一体資産の譲渡に係る対価の額とその譲渡資産の譲渡に係る対価の額との合計額が1億円を超えることとなった場合には、その該当することとなった譲渡をした日から4か月以内に修正申告をし、納税額を清算しなければならないこととされています（措法36の3③）。

【参考通達】
・租税特別措置法通達36の3-1（修正申告書の提出期限）
・租税特別措置法通達36の3-2（居住の用に供しないことについて特別の事情がある場合）

(5) 特定の事業用資産の買換え（交換）の特例

① 概要

　個人が、原則として、昭和45年1月1日から令和8年12月31日までの間に事業の用に供している特定の地域内にある土地建物等（譲渡資産）を譲渡して、一定期間内に特定の地域内にある土地建物等の特定の資産（買換資産）を取得し、その取得の日から1年以内にその買換資産を事業の用に供したときは、一定の要件の下、譲渡益の一部に対する課税を将来に繰り延べることができます（譲渡益が非課税となるわけではありません）（措法37）。
　なお、これらの資産を交換した場合にも同様の特例があります（措法37の4）。

② 特例の内容

　この特例の適用を受けると、譲渡価額より取得価額が多いときは、譲渡金額に20％の割合（以下、この乗ずる割合を「課税割合」といいます）を乗じた額を収入金額として譲渡所得の計算を行います。

また、譲渡価額より取得価額が少ないときは、その差額と取得価額に課税割合を乗じた額との合計額を収入金額として譲渡所得の計算を行います。

③　特例の適用を受けるための要件
　この特例の適用を受けるためには、次のすべての要件に該当することが必要となります。
イ　譲渡資産と買換資産は、ともに事業用のものに限られます。
　なお、「事業の範囲」については、下記④参照。
ロ　譲渡資産と買換資産とが、一定の組合せに該当するものであること。
　なお、「一定の組合せ」については、下記⑤参照。
ハ　買換資産が土地等であるときは、取得する土地等の面積が、原則として譲渡した土地等の面積の５倍以内であること。この５倍を超える部分は特例の対象にならないことになります。
ニ　資産を譲渡した年か、その前年中、あるいは譲渡した年の翌年中に買換資産を取得すること。
　なお、前年中に取得した資産を買換資産とするためには、取得した年の翌年３月15日までに、「先行取得資産に係る買換えの特例の適用に関する届出書」を税務署長に提出しておく必要があります。
　また、譲渡した翌年中に買換資産を取得する予定の場合には、確定申告書を提出する際に取得する予定の買換資産についての取得予定年月日、取得価額の見積額及び買換資産が買換えの組合せのいずれに該当するかの別、その他の明細を記載した「買換（代替）資産の明細書」を添付することが必要となります。
ホ　買換資産を取得した日から１年以内に事業に使用すること。
　なお、取得してから１年以内に事業に使用しなくなった場合は、原則として特例の適用は受けられないこととされています。
ヘ　この特例の適用を受けようとする資産については、重ねて他の特例（優良住宅地の造成等のために土地等を譲渡した場合の長期譲渡所得の課税の特例や減価償却資産の特別償却又は所得税額の特別控除の特例等）の適用は受けられないこととされています。
ト　土地等の譲渡については、原則として、譲渡した年の１月１日現在の所有期間が５年を超えていること。なお、一定の組合せの場合には、所有期間について、譲渡した年の１月１日において10年を超えていることが、個別の要件とされています。
チ　譲渡資産の譲渡は、収用等、贈与、交換、出資によるもの及び代物弁済としての譲渡でないこと、また、買換資産の取得は、贈与、交換又は一定の現物分配によるもの、所有権移転外リース取引によるもの及び代物弁済によるものでないこと。

④　事業用資産の買換えの特例における事業用資産の範囲（措法37、措令25、措規18の５、措通37-３、37-21）
イ　事業用資産の範囲
　事業用資産の買換えの特例の適用を受けるためには、譲渡した土地建物等及び船舶（譲渡資産）が事業に使用されていたものであること、また、買換資産を事業に使用することが必

要となります。

事業には、農業、製造業、小売業などいろいろなものがあります。

また、事業に準ずるものの用途に使用されている土地建物等及び船舶も特例が受けられる事業用資産になります。

ロ　事業に準ずるもの

事業に準ずるものとは、例えば不動産の貸付けなどの場合で事業といえるほどの規模でないものの、相当の対価を得て継続的に行われるものをいいます。

なお、相当の対価を得て継続的に行われているかどうかの判定は次のとおり行います。

(イ) 相当の対価を得ているかどうかは、不動産の貸付けなどの場合、減価償却費や固定資産税などの必要経費を回収した後において、なお相当の利益が生じているかどうかにより判定します。

(ロ) 継続的に行われているかどうかについては、原則として、貸付けなどに係る契約の効力が発生した時点の現況において、その貸付けなどが相当期間継続して行われることが予定されていたかどうかにより判定します。

また、対価を一度に受け取りその後まったく賃料などの対価を受けていないときは、継続的に対価を得ていることにはならないことになります。

ハ　事業用資産に該当しないもの

次のような資産は、事業用資産には該当しないことになります。

(イ) 棚卸資産、雑所得の基因となる土地及び土地の上に存する権利

(ロ) 事業用資産の買換えの特例の適用を受けるためだけの目的で、一時的に事業の用途に使用したと認められる資産

(ハ) 空閑地である土地や空き家である建物等

なお、運動場、物品置場、駐車場などとして利用している土地であっても、特別の施設を設けていないものは、この空閑地に含まれます。

ニ　所有期間

譲渡をした年の１月１日現在の所有期間が５年以下の土地等の譲渡については、原則として事業用資産の買換えの特例の適用は受けられないこととされています。

ただし、令和５年３月31日までにする土地等の譲渡については、譲渡した年の１月１日現在の所有期間が５年以下の土地等の譲渡であっても、この特例の適用を受けることができます。この場合、次の（イ）及び（ロ）に該当する場合は除かれています。

(イ) 譲渡の日の属する年の１月１日において所有期間が10年を超える既成市街地内にある事業所(注)として使用されている建物又はその敷地の用に供されている土地等から既成市街地等以外の一定の地域（国内に限ります）にある事業用の土地等、建物、構築物又は機械及び装置への買換え

(注) 工場、作業場、研究所、営業所、倉庫その他これらに類する施設（工場、作業場その他これらに類する施設が相当程度集積している区域内にあるもの及び福利厚生施設を除きます）をいいます。

(ロ) 譲渡の日の属する年の1月1日において所有期間が10年を超える国内にある事業用の土地等、建物又は構築物から、国内にある事業用の土地等、建物又は構築物への買換え

また、買換資産の土地等については、次のいずれかに掲げるものでその面積が300㎡以上のものに限られます。

(イ) 事務所、工場、作業場、研究所、営業所、店舗、倉庫、住宅その他これらに類する施設（福利厚生施設に該当するものを除きます）（以下、「特定施設」といいます）の敷地の用に供されるもの（この特定施設に係る事業の遂行上必要な駐車場の用に供されるものを含みます）

(ロ) 駐車場の用に供されるもので、建物又は構築物の敷地の用に供されていないことについて、都市計画法29条1項又は2項の規定による開発行為の許可の手続や、建築基準法6条1項に規定する建築手続などが進行中であるというやむを得ない事情があり、その事情があることが申請書の写しなどの一定の書類により明らかにされたもの

⑤ 買換えの態様

事業用資産の買換えの特例は、その譲渡、取得が一定の組合せに合致する場合に限り適用されます。

その態様は、次のようになります。

区　　分		買　換　え　の　内　容
イ　追い出し促進のための土地を中心とした買換え	(イ)	既成市街地等内（東京、大阪、名古屋等の地域をいいます）から既成市街地等外への買換え（旧措法37①表一）
	(ロ)	飛行場の航空機騒音障害区域内から航空機騒音障害区域外への買換え（措法37①表一）
ロ　既成市街地等内での土地の有効利用のための買換え	(ハ)	土地等が土地の計画的かつ効率的な利用に資する施策の実施に伴って取得される場合の既成市街地等内での買換え（措法37①表二）
ハ　長期間保有の土地建物等から特定の資産への買換え	(ニ)	譲渡の日の属する年の1月1日において所有期間が10年を超える国内にある土地等、建物又は構築物から国内にある土地等、建物又は構築物への買換え（措法37①表三）
ニ　船舶から船舶への買換え	(ホ)	内航海運業用以外の日本船舶（漁業用を除きます）から日本船舶への買換え（措法37①表四）

〔留意事項〕
1．この特例の適用期限は、令和8年12月31日までとなっています。
　なお、上記表のハの特例の適用期限は令和8年3月31日までとなっています。
2．短期所有の土地等の譲渡について特例を適用できることとする措置が、令和8年3月31日まで3年延長されました（措法37⑫）。
3．令和5年度税制改正において、次の見直しが行われた上で、その適用期限が令和8年

12月31日（一部は同年３月31日）まで３年延長されました。

〔関係条項〕措法37①③④、37の４

①　既成市街地等の内から外への買換えに係る措置が、制度の対象から除外されました。

〔関係条項〕旧措法37①表一、旧措令25⑥〜⑨、旧措規18の５④一・二

〈適用関係〉個人が令和５年４月１日前に行った譲渡資産の譲渡については従前どおりとされています（令５改正法附32⑤）。

②　航空機騒音障害区域の内から外への買換えに係る措置について、譲渡資産から次の区域内にある土地等、建物及び構築物が除外されました。

　イ　令和２年４月１日前に特定空港周辺航空機騒音対策特別措置法の航空機騒音障害防止特別地区となった区域

　ロ　令和２年４月１日前に公共用飛行場周辺における航空機騒音による障害の防止等に関する法律の第二種区域となった区域

〔関係条項〕措法37①表一

〈適用関係〉個人が令和５年４月１日以後に譲渡資産の譲渡をし、かつ、同日以後に買換資産の取得（建物及び製作を含み、下記③を除きます。以下同じ）をする場合における譲渡資産の譲渡について適用し、個人が同日前に譲渡資産の譲渡をした場合及び同日以後に譲渡資産の譲渡をし、かつ、同日前に買換資産の取得をした場合におけるこれらの譲渡については従前どおりとされています（令５改正法附32⑥）。

③　所有期間が10年を超える国内にある土地等、建物又は構築物から国内にある一定の土地等、建物又は構築物への買換えに係る措置について、課税の繰延割合が次のとおり見直されました。

　イ　譲渡をした譲渡資産が集中地域のうち特定業務施設の集積の程度が著しく高い一定の地域内にある主たる事務所資産に該当し、取得をした又は取得をする見込みである買換資産が集中地域以外の地域内にある主たる事務所資産に該当する場合には、課税の繰延割合が90％（改正前：80％）に引き上げられました。

　ロ　譲渡をした譲渡資産が集中地域以外の地域内にある主たる事務所資産に該当し、取得をした又は取得をする見込みである買換資産が集中地域のうち特定業務施設の集積の程度が著しく高い一定の地域内にある主たる事務所資産に該当する場合には、課税の繰延割合が60％（改正前：70％）に引き下げられました。

〔関係条項〕措法37⑩

④　日本船舶の買換えに係る措置について、次の見直しが行われました。

　イ　譲渡船舶のうち建設業及びひき船業の用に供される船舶から平成23年１月１日以後に建造されたものが除外されるとともに、譲渡船舶の船舶要件における船齢が次の船舶の区分に応じそれぞれ次の期間に見直されました。

　　（イ）　海洋運輸業の用に供されている船舶……………20年（改正前：25年）

　　（ロ）　沿海運輸業の用に供されている船舶……………23年（改正前：25年）

（ハ）　建設業及びひき船業の用に供されている船舶……30年（改正前：35年）
〔関係条項〕措法37①表四、措令25⑫一～三
〈適用関係〉個人が令和5年4月1日以後に譲渡資産の譲渡をし、かつ、同日以後に買換資産の取得をする場合（その買換資産が経過船舶である場合を除きます）における譲渡資産の譲渡について適用し、個人が同日前に譲渡資産の譲渡をした場合、個人が同日以後に譲渡資産の譲渡をし、かつ、同日前に買換資産の取得をした場合及び同日以後に譲渡資産の譲渡をし、かつ、同日以後に買換資産の取得をする場合（その買換資産が経過船舶である場合に限ります）におけるこれらの譲渡については従前どおりとされています（令5改正措令附4①）。
　　　　なお、経過船舶とは、個人が令和5年4月1日前に締結した契約に基づき同日以後に取得をする海洋運輸業又は建設業若しくはひき船業の用に供されている船舶をいいます（令5改正措令附4①。）。
　　　ロ　買換資産について、譲渡をした船舶に係る事業と同一の事業の用に供される船舶に限定されるとともに、海洋運輸業の用に供される船舶及び沿海運輸業の用に供される船舶の環境負荷低減に係る要件の見直しを行われました。
〔関係条項〕措令25⑬、平29．3国交告303
〈適用関係〉令和5年4月1日から施行されます（令5.3国交告283附則）。
　⑤　本特例（同一年内に譲渡資産の譲渡及び買換資産の取得をする場合に限ります）の適用要件に、納税地の所轄税務署長に本特例の適用を受ける旨の届出をすることが追加されました。
〔関係条項〕措法37①
〈適用関係〉個人が令和6年4月1日以後に譲渡資産の譲渡をし、かつ、同日以後に買換資産の取得をする場合における譲渡資産の譲渡について適用し、個人が同日前に譲渡資産の譲渡をした場合及び同日以後に譲渡資産の譲渡をし、かつ、同日前に買換資産の取得をした場合におけるこれらの譲渡については従前どおりとされています（令5改正法附32⑦）。

⑥　譲渡所得金額の計算

　この特例の適用を受けた場合の譲渡所得の金額は、原則として次の算式によって計算します（課税割合が20％の場合）（措法37、37の3）。
イ　譲渡資産の譲渡価額　≦　買換資産の取得価額の場合
　（イ）　収入金額＝譲渡資産の譲渡価額×20％
　（ロ）　必要経費＝（譲渡資産の取得費＋譲渡費用）×20％
　（ハ）　課税される譲渡所得の金額＝収入金額（イ）－必要経費（ロ）
ロ　譲渡資産の譲渡価額　＞　買換資産の取得価額の場合
　（イ）　収入金額＝譲渡資産の譲渡価額－買換資産の取得価額×80％

(ロ)　必要経費＝（譲渡資産の取得費＋譲渡費用）×（収入金額÷譲渡資産の譲渡価額）
　(ハ)　課税される譲渡所得の金額＝収入金額（イ）－必要経費（ロ）

〔留意事項〕
1．租税特別措置法37条1項2号に規定する譲渡資産(注)を譲渡し、同号の規定する買換資産を取得した場合の課税の繰延割合は70％となることから、上記算式中の「80％」及び「20％」を「70％」及び「30％」に置き換えます（措法37①、措令25④一、⑤一）。
　(注)　令和2年4月1日に同号イ若しくはロの区域となった区域内又は同号ハの区域内にあるものに限ります。
2．租税特別措置法37条1項4号の規定を適用する場合において、譲渡資産及び買換資産が次表の地域内にある資産に該当するときは、課税の繰延割合が70％又は75％となることから、上記算式中の「80％」及び「20％」を次表のとおり置き換えます（措法37⑩、措令25④二、三、⑤二、三）。

譲渡資産	買換資産	置き換え
地域再生法5条4項5号イに規定する集中地域以外の地域内にある資産	地域再生法17条の2第1項1号に規定する政令で定める地域内にある資産	「80％」→「70％」 「20％」→「30％」
	地域再生法5条4項5号イに規定する集中地域内にある資産	「80％」→「75％」 「20％」→「25％」

⑦　提出書類等
　この特例の適用を受けるためには、確定申告書に次の種類を添付することになります。
イ　譲渡所得の内訳書（確定申告書付表兼計算明細書）［土地・建物用］
ロ　買換資産の登記事項証明書などその資産の取得を証する書類
ハ　譲渡資産及び買換資産が特例の適用要件とされる特定の地域内にあることを証する市区町村長等の証明書など

〔留意事項〕
1．買換資産を取得する見込みで、この特例の適用を受けた場合には、上記⑦ロの登記事項証明書などは、買換資産の取得の日から4か月以内に提出しなければならないこととされています。
2．土地・建物の登記事項証明書については、「譲渡所得の特例の適用を受ける場合の不動産に係る不動産番号等の明細書」に不動産番号を記載することになどにより、その添付を省略することができます。

【参考通達】
・租税特別措置法通達37－1（収用等をされた資産についての適用除外）
・租税特別措置法通達37－2（不動産売買業者の有する土地建物等）

- 租税特別措置法通達37-3（事業に準ずるものの範囲）
- 租税特別措置法通達37-4（事業の用と事業以外の用とに併用されていた資産の買換え）
- 租税特別措置法通達37-5（低額譲渡等）
- 租税特別措置法通達37-7（借地権等の返還により支払を受けた借地権等の対価に対する特例の適用）
- 租税特別措置法通達37-8（土地等が譲渡資産又は買換資産に該当するかどうかの判定）
- 租税特別措置法通達37-9（建物等が買換資産に該当するかどうかの判定）
- 租税特別措置法通達37-10（買換資産が2以上ある場合の面積制限の適用）
- 租税特別措置法通達37-11（譲渡対価を区分した場合の面積制限の適用）
- 租税特別措置法通達37-11の3（土地造成費についての面積制限）
- 租税特別措置法通達37-11の4（共有地に係る面積制限）
- 租税特別措置法通達37-11の5（仮換地に係る面積制限）
- 租税特別措置法通達37-11の6（借地権又は底地に係る面積制限）
- 租税特別措置法通達37-11の7（「工場等として使用されている建物」の判定）
- 租税特別措置法通達37-11の8（工場等として使用されている建物の敷地の用に供されている土地等）
- 租税特別措置法通達37-11の9（土地等と建物の所有期間が異なる場合の買換えの適用）
- 租税特別措置法通達37-11の10（取得をされた資産の範囲）
- 租税特別措置法通達37-11の11（交換差金を支払って取得した交換取得資産等と特例の適用）
- 租税特別措置法通達37-11の13（所有期間が10年を超える土地等についての買換えの適用）
- 租税特別措置法通達37-11の14（長期所有の土地等の買換えに係る面積の判定）
- 租税特別措置法通達37-12（航空機騒音障害区域内にある土地等の取得の日の判定）
- 租税特別措置法通達37-13（海洋運輸業又は沿海運輸業の意義）
- 租税特別措置法通達37-14（貸地の返還を受けた場合に支払った立退料等）
- 租税特別措置法通達37-15（資本的支出）
- 租税特別措置法通達37-16（土地造成費等）
- 租税特別措置法通達37-17（支払った交換差金についての買換えの適用）
- 租税特別措置法通達37-18（固定資産である土地に区画形質の変更等を加えて譲渡した場合の事業用の判定）
- 租税特別措置法通達37-19（譲渡資産又は買換資産が2以上ある場合の買換え）
- 租税特別措置法通達37-19の2（譲渡がなかったものとされる部分の金額等の計算）
- 租税特別措置法通達37-20（2,000万円控除等の特例と特定の事業用資産の買換えの特例）
- 租税特別措置法通達37-21（買換資産を当該個人の事業の用に供したことの意義）
- 租税特別措置法通達37-21の2（土地区画整理事業等の施行区域内の土地等の事業用の判定）
- 租税特別措置法通達37-21の3（仮換地等の指定後において取得した土地等の事業用の判定）
- 租税特別措置法通達37-21の4（権利変換により取得した施設建築物等の一部を取得する権

利等の譲渡）
- 租税特別措置法通達37-22（生計を一にする親族の事業の用に供している資産）
- 租税特別措置法通達37-23（買換資産を事業の用に供した時期の判定）
- 租税特別措置法通達37-24（相続人が買換資産を取得して事業の用に供した場合）
- 租税特別措置法通達37-25（短期保有資産と長期保有資産とがある場合等の買換差金の区分）
- 租税特別措置法通達37-26（譲渡の日の属する年の前年において取得した資産の買換えの適用）
- 租税特別措置法通達37-26の2（長期先行取得が認められるやむを得ない事情）
- 租税特別措置法通達37-26の3（特別償却等を実施した先行取得資産の取扱い）
- 租税特別措置法通達37-27（買換資産の取得期間の認定）
- 租税特別措置法通達37-27の2（取得期間の認定を行う場合のやむを得ない事情）
- 租税特別措置法通達37-28（買換資産の取得が計画と異なる場合の譲渡資産の再区分）
- 租税特別措置法通達37-29（買換えの証明書の添付）
- 租税特別措置法通達37-30（特定非常災害に基因するやむを得ない事情により取得指定期間を延長するための手続等）

⑧ 修正申告と更正の請求

事業用資産の買換特例の適用を受けて確定申告をしている場合、それぞれ次に掲げる事情に該当するときは、それぞれ修正申告又は更正の請求を行います。

なお、事業の用に供しなかったこと又は供しなくなったことが災害等やむを得ない事情に基づき生じたものであるときは、買換えの特例が適用されます（措通37の2-1）。

イ　次の事情に該当することとなった日から4月以内に修正申告書を提出しなければならないこととされています（措法37の2①②、措通37の3-1の2）。
　(イ)　買換資産の取得の日以後1年以内に事業の用に供しなくなった場合
　(ロ)　買換資産の見積取得価額より実際の取得価額の方が少なかった場合
　(ハ)　その買換資産の地域が見積承認地域と異なることとなったことにより「譲渡があったもの」とされる部分の金額に不足が生じた場合など

ロ　次の事情に該当することとなったときは、買換資産の取得の日から4月以内に更正の請求ができます（措法37の2②一、措通37の3-1の2）。
　(イ)　買換資産の見積取得価額より実際の取得価額の方が多くなった場合
　(ロ)　その買換資産の地域が見積承認地域と異なることとなったことにより「譲渡があったもの」とされる部分の金額に過大となった場合

【参考通達】
- 租税特別措置法通達37の2-1（買換資産を事業の用に供しなくなったかどうかの判定）
- 租税特別措置法通達37の2-2（建物、構築物等の建設等が遅れた場合の買換えの不適用）

(6) その他の特例

その他土地等を譲渡した場合には次のような特例があります。

特 例		概 要	
特別控除	① 特定土地区画整理事業等のための譲渡（措法34）	国や地方公共団体、独立行政法人都市再生機構等が土地区画整理事業として行う公共施設の整備改善や宅地造成事業等のため、土地等を譲渡した場合	2,000万円の特別控除
	② 特定住宅地造成事業のための譲渡（措法34の2）	特定住宅地造成事業等のため土地等を譲渡した場合	1,500万円の特別控除
	③ 農地保有の合理化等のための農地等の譲渡（措法34の3）	農業振興地域の整備に関する法律に規定する勧告に係る協議、調停、あっせん等により土地等を譲渡した場合	800万円の特別控除
	④ 特定期間に取得をした土地等の譲渡（措法35の2）	平成21年1月1日から平成22年12月31日までの間に取得をした国内にある土地等で、その年1月1日において所有期間が5年を超えるものの譲渡をした場合	1,000万円の特別控除
	⑤ 低未利用土地等の譲渡（措法35の3）	令和2年7月1日から令和7年12月31日までの間に、譲渡した年1月1日における所有期間が5年を超える低未利用土地等を譲渡した場合	100万円の特別控除
中高層耐火建築物等の建設のための買換え及び交換（措法37の5）		既成市街地等など一定の区域内にある居住用の土地等を、地上3階以上（特定民間再開発事業については地上階数4階以上）の建物を建てるために譲渡し、その建物の全部又は一部を取得した場合	収入金額のうち、買換資産の取得価額を超える部分についてのみ譲渡所得を計算する。
特定の交換分合による譲渡（措法37の6）		農業振興地域の整備に関する法律の規定による交換分合、集落地域整備法の規定による交換分合又は農住組合の行う交換分合により土地等を譲渡し、これらの交換分合により土地等を取得した場合	譲渡資産のうち、清算金に対応する部分についてのみ譲渡所得を計算する。
特定普通財産とその隣接する土地等の交換（措法37の8）		国有財産特別措置法9条2項に規定する土地（特定普通財産）に隣接する土地等とその特定普通財産を交換した場合	交換差金部分についてのみ譲渡所得を計算する。

相続財産の譲渡（措法39）	相続財産を相続税の申告期限後3年以内に譲渡した場合	相続財産のうち所定の金額を取得費に加算する。

なお、上記以外にも、東日本大震災特例法の規定による特例があります。

(7) 特別控除の順序及び限度額

特別控除額の適用が2以上ある場合の適用順序は、次のとおりとなります（措令24）。

① 5,000万円特別控除（収用等）（措法33の4）
② 3,000万円特別控除（居住用財産）（措法35）
③ 2,000万円特別控除（措法34）
④ 1,500万円特別控除（措法34の2）
⑤ 1,000万円特別控除（措法35の2）
⑥ 800万円特別控除（措法34の3）
⑦ 100万円特別控除（措法35の3）

また、特別控除額の適用にあたっての留意事項は、次のとおりです。

① 特別控除の異なる組合せが2以上ある場合
　合計5,000万円まで
② 同一控除枠内で2以上の譲渡がある場合
　それぞれの枠の控除額が限度
③ 同一年中に、2以上の資産を譲渡し、その中に5,000万円の特別控除、3,000万円の特別控除、2,000万円の特別控除、1,500万円の特別控除、1,000万円の特別控除、800万円の特別控除、100万円の特別控除の対象となるものがある場合

　その年分についての特別控除額は、譲渡所得全体を通じて5,000万円の範囲内で頭打ちになります（措法36）。したがって、収用交換等の場合の特別控除の適用を受け、5,000万円の特別控除額を全部使用した場合には、他のグループの譲渡所得については、特別控除は適用できないことになります。

【参考通達】
・租税特別措置法通達36-1（譲渡所得の特別控除額の累積限度額）

7 株式等に係る譲渡所得等の課税の特例

(1) 有価証券譲渡益課税の概要

有価証券を譲渡した場合の所得は、原則として申告分離課税の対象となります。
その課税の態様は、次のとおりとなります。

区　分			課　税　態　様	
有価証券の譲渡	貸付信託の受益権等	①非課税		
	特定のもの	②総合課税	・他の所得と合算し、累進税率を適用 ・内容等により、事業所得、雑所得又は譲渡所得に区分 ・譲渡所得とされるものは、50万円特別控除、保有期間5年超は2分の1課税	
	原則	③申告分離課税	上場株式等(注1)	●「上場株式等に係る譲渡所得等」として他の所得と区分し、15.315％（住民税5％）の税率を適用 ●「上場株式等に係る譲渡所得等」以外の所得との損益通算不可（申告分離課税を選択した上場株式等の配当等に係る配当所得等と損益通算可）
			一般株式等(注2)	●「一般株式等に係る譲渡所得等」として他の所得と区分し、15.315％（住民税5％）の税率を適用 ●「一般株式等に係る譲渡所得等」以外の所得との損益通算不可
	一定の土地保有会社の株式等	④分離短期譲渡所得課税	土地譲渡益課税と同じ	

（注1）「上場株式等」とは、527～528ページに掲げる株式等をいいます（措法37の11②）。
（注2）「一般株式等」とは、上場株式等以外の株式等をいいます（措法37の10①）。

(2) 課税態様別対象所得の範囲

上記(1)の課税態様別のそれぞれの対象とされる所得の範囲は、次のとおりとなります。

①非課税	次に掲げるものの譲渡による所得（措法37の15①、措令25の14の3） イ　償還差益につき発行時に源泉徴収の対象とされた割引債 ロ　預金保険法に規定する長期信用銀行債等 ハ　貸付信託の受益権 ニ　農水産業協同組合貯金保険法2条2項4号に規定する農林債
②総合課税	次に掲げるものの譲渡による所得 イ　有価証券先物取引による所得（現株券による受渡しを行ったものに限ります）（措法37の10①かっこ書） ロ　ゴルフ場等の施設利用権に類似する株式又は出資者の持分の譲渡による所得（措法37の10②かっこ書、措令25の8②） ハ　発行法人から与えられた新株予約権等をその発行法人に譲渡したことによる所得（所法41の2）
③申告分離課税	次に掲げる株式等（外国法人に係るものを含みます）の譲渡による所得（措法37の10②、29の2） イ　株式（株主又は投資主となる権利、株式の割当てを受ける権利、新株予約権（新投資口予約権を含みます）及び新株予約権の割当てを受ける権利を含みます） ロ　特別の法律により設立された法人の出資者の持分、合名会社、合資会社又は合同会社の社員の持分、協同組合等の組合員又は会員の持分その他法人の出資者の持分（出資者、社員、組合員又は会員となる権利及び出資の割当てを受ける権利を含みます） ハ　協同組織金融機関の優先出資に関する法律に規定する優先出資（優先出資者となる権利及び優先出資の割当てを受ける権利を含みます） ニ　資産の流動化に関する法律2条5項に規定する優先出資（優先出資社員となる権利及び同法5条1項2号ニ（2）の引受権を含みます） ホ　投資信託の受益権 ヘ　特定受益証券発行信託の受益権 ト　社債的受益権 チ　公社債（上記「①非課税」のイ及びロに該当するものを除きます） リ　ストック・オプションに係る経済的利益の非課税の特例の適用を受けて取得した株式
④分離短期譲渡所得課税	次の株式又は出資の譲渡で事業譲渡類似に該当する場合の所得（措法32②、措令21③） イ　その有する資産の時価総額に占める短期所有（5年以下）土地等の時価の合計額が70％以上である法人の株式等 ロ　その有する資産の時価総額に占める土地等の時価の合計額が70％以上である法人の株式等で、その所有期間が5年以下のもの

【参考通達】
・所得税基本通達41の2-1（発行法人から与えられた株式を取得する権利を発行法人に譲渡した場合の所得区分）

(3) 申告分離課税

① 概要

居住者又は国内に恒久的施設を有する非居住者（以下、「居住者等」といいます）が株式等[注1]の譲渡をした場合には、その株式等の譲渡[注2]による事業所得、譲渡所得及び雑所得については、他の所得と区分し、その年中の株式等の譲渡に係る事業所得の金額、譲渡所得の金額及び雑所得の金額（以下、「株式等に係る譲渡所得等の金額」といいます）に対し、原則として15.315％の税率により所得税及び復興特別所得税（住民税については5％）が課税されます（措法37の10、37の11、復興財確法13）。

(注1) ゴルフ会員権等を除きます。
(注2) 先物取引の方法により行うものを除きます。

この申告分離課税制度は、平成28年分以後、「一般株式等に係る譲渡所得等の課税の特例」（措法37の10）と「上場株式等に係る譲渡所得等の課税の特例」（措法37の11）とそれぞれ別の制度とされました。

一般株式等に係る譲渡所得等の金額及び上場株式等に係る譲渡所得等の金額は、次のように計算されます。

一般株式等に係る譲渡所得等の金額	次の（イ）＋（ロ）の合計額 （イ）（一般株式等に係る事業所得又は雑所得の金額）＝A－B 　　A：一般株式等の譲渡に係る収入金額 　　B：一般株式等の譲渡に係る必要経費 （ロ）（一般株式等に係る譲渡所得の金額）＝C－D 　　C：一般株式等の譲渡に係る収入金額 　　D：一般株式等に係る取得費＋譲渡費用＋借入金利子
上場株式等に係る譲渡所得等の金額	次の（イ）＋（ロ）の合計額 （イ）（上場株式等に係る事業所得又は雑所得の金額）＝A－B 　　A：上場株式等の譲渡に係る収入金額 　　B：上場株式等の譲渡に係る必要経費 （ロ）（上場株式等に係る譲渡所得の金額）＝C－D 　　C：上場株式等の譲渡に係る収入金額 　　D：上場株式等に係る取得費＋譲渡費用＋借入金利子

なお、一般株式等に係る譲渡所得等の金額と上場株式等に係る譲渡所得等の金額は、損益通算ができないこととされています。

② 株式等の譲渡に係る収入金額

株式等の譲渡に係る収入金額については、原則として、株式等の譲渡の対価となるところ、

次のイからハまでに掲げる場合にも、それぞれ一定の金額について、株式等の譲渡に係る収入金額とみなされます。

イ　次に掲げる事由により、株主が受ける合併交付金、分割交付金、株式分配交付金、資本の払戻しによる交付金、解散による残余財産の分配金等は、配当とみなされる部分の金額（所法25①）^(注)を除き、株式等の譲渡に係る収入金額とみなされます（措法37の10③一〜七、37の11③）。

　　（注）　相続又は遺贈により非上場株式を取得した個人で相続税額があるものが、その相続税の申告期限後3年以内にその非上場株式をその非上場株式の発行会社に譲渡した場合は、みなし配当課税が行われず、その対価のすべては、株式等の譲渡に係る収入金額とみなされます（措法9の7）。

〔事由〕

　　合併、法人の分割、株式分配、資本の払戻し、解散、法人の自己株式又は出資の取得、出資の消却・払戻し、退社・脱退による持分の払戻し、株式・出資の消滅、組織変更

ロ　次の（イ）に掲げる公社債の元本の償還等により交付を受けた償還金及び次の（ロ）に掲げる投資信託の終了時の交付金等は、株式等の譲渡に係る収入金額とみなされます。

　（イ）　公社債の元本の償還金^(注1)、分離利子公社債の利子^(注2)、上場廃止特定受益証券発行信託の終了等の交付金、社債的受益権の元本の償還金

　　（注1）　株価指数連動債や物価連動国債のように償還により支払を受ける金銭等の額が一定の指標に従って増減する場合のその増加部分も含まれます。

　　（注2）　いわゆるストリップス債が該当します。

　（ロ）　投資信託等の終了後の交付金、特定受益証券発行信託に係る信託の分割交付金

　　　この場合、上場株式等に該当する交付金については、その全額が株式等の譲渡所得等に係る収入金額とみなされます（措法37の11④一、二）。

　　　なお、令和3年4月1日以後に交付を受けた特定公社債^(注)以外の公社債の償還により交付を受けた償還金等でその償還の日において、その者（対象者）又は当該対象者と一定の特殊の関係のある法人を判定の基礎となる株主として選定した場合に、当該償還金等を交付した法人が同族会社（法法2①十）に該当することとなるときにおける当該対象者及び対象者の親族等が交付を受けるものの価額を除きます。この場合のこの交付を受ける償還金等の額は総合課税の雑所得に係る収入金額となります（措法37の10③八、九、④、37の11③④、措令25の8⑩、措規18の9①、措通37の11-6（2）(注)）。

　　（注）　特定公社債とは、次のものをいいます（措法3①一、37の10②七、37の11②一、五〜十四）。

　　　　a　国債、地方債、外国国債、外国地方債
　　　　b　会社以外の法人が特別の法律により発行する債券
　　　　c　公募公社債、上場公社債
　　　　d　発行の日前9か月以内（外国法人にあっては12月以内）に有価証券報告書等を内閣総理大臣に提出している法人が発行する社債
　　　　e　金融商品取引所において公表された公社債情報に基づき発行する公社債
　　　　f　国外において発行された公社債で、次に掲げるもの
　　　　　・国内において売出しに応じて取得した公社債

・国内において売付け勧誘等に応じて取得した公社債で、その取得の日前9か月以内（外国法人にあっては12月以内）に有価証券報告書等を提出している法人が発行するもの
g 外国法人が発行し、又は保証する債券で一定のもの
h 国内又は国外の法令に基づいて銀行業又は金融商品取引業を行う法人又はその法人との関係に完全支配の関係にある法人等が発行する社債（その取得した者が実質的に多数でないものを除きます）
i 平成27年12月31日以前に発行された社債（発行時において同族法人が発行したものを除きます）

ハ 特定の取締役等が受ける新株予約権の行使による株式の取得に係る経済的利益の非課税等（措法29の2）を適用した者が有する特定株式^{（注1、2、3、4）}の全部又は一部の返還又は移転があった場合、その返還又は移転があった特定株式については、その事由が生じた時にその時における価額に相当する金額による譲渡があったものとみなされます（措法29の2④）。

(注1) 特定株式については、金融商品取引業者等の振替口座簿に記載若しくは記録を受け、又は金融商品取引業者等に保管の委託若しくは管理等信託がされているものに限ります。

(注2) 特定株式には、特例適用者が非課税の特例（措法29の2）の適用を受けて取得した株式（以下、「特例適用株式」といいます）のほか、その特例適用株式について次の事由により取得する株式が含まれます（措法29の2④前段、措令19の3⑪）。

特 例 適 用 株 式 ^{（※1）}	
事　　　　　由	分 割 株 式 等
分割又は併合（所令110①）	分割又は併合後の所有株式
株式無償割当（所令111②）	割当後の所有株式^{（※2）}
合併（所令112①）	合併法人株式又は合併親法人株式
分割型分割（所令113①）	分割承継法人株式又は分割承継親法人株式
株式分配（所令113の2①）	完全子法人株式
株式交換（所法57の4①）	株式交換完全親法人の株式又は株式交換完全親法人と特別な関係がある法人の株式
株式移転（所法57の4②）	株式移転完全親法人の株式
取得条項付株式の取得事由の発生（所法57の4③二）	交付を受けた株式
全部取得条項付種類株式の取得決議（所法57の4③三）	交付を受けた株式^{（※3）}

（※1） 特例適用株式は、取決めに従い金融商品取引業者等の振替口座簿に記載若しくは記録を受け、又は金融商品取引業者等の営業所等に保管の委託又は管理等信託がされているものに限ります。

（※2） 特例適用株式の数に応じて株式無償割当てにより、その特例適用株式と異なる種類の株式を取得した場合を含みます（措規11の3⑧）。

（※3） 会社法189条1項に規定する単元未満株式は含まれないこととされています（措規11の3⑤）。

(注3) 特例適用者から相続^{（※1）}又は遺贈^{（※2）}により特定株式（特定従事者が特例の適用を受けて取得した株式を除き、以下、「取締役等の特定株式」といいます）を取得した個人（以下、「承継特例適用

者」といいます）が、その取締役等の特定株式を取決めに従い引き続き金融商品取引業者等の振替口座簿に記載若しくは記録を受け、又は金融商品取引業者等の営業所等に保管の委託又は管理等信託をする場合には、その相続又は遺贈による当該取締役等の特定株式の移転については、このみなし譲渡課税は行わないこととされています（措法29の2④）。

(※1) 限定承認に係るものを除きます。

(※2) 包括遺贈のうち限定承認に係るものを除きます。

(注4) 承継特例適用者が有する承継特定株式について、次の（イ）から（ハ）までに掲げる事由により、その承継特定株式の全部又は一部の返還又は移転があった場合についても、みなし譲渡課税が行われます（措法29の2④後段）。この場合、譲渡に係る収入金額は時価になります。

(イ) 振替口座簿への記載若しくは記録、保管の委託又は管理等信託の解約又は終了

なお、行使に係る株式会社と金融商品取引業者等との間で管理等信託に関する取決めに従ってされる譲渡に係る終了を除きます。

(ロ) 贈与（法人に対するものを除きます）又は相続（限定承認に係るものを除きます）若しくは遺贈（法人に対するもの及び個人に対する包括遺贈のうち限定承認に係るものを除きます）

(ハ) 行使に係る株式会社と金融商品取引業者等との間で管理等信託に関する取決めに従ってされる譲渡以外の譲渡でその譲渡の時における価額より低い価額によりされるもの

なお、法人に対する低額譲渡（時価の2分の1未満の価額での譲渡）を除きます。

【参考通達】

〔一般株式等に係る譲渡所得等の課税の特例及び上場株式等に係る譲渡所得等の課税の特例〕（措法37の10・37の11共通関係）

・租税特別措置法通達37の10・37の11共-1 （株式等に係る譲渡所得等の総収入金額の収入すべき時期）

・租税特別措置法通達37の10・37の11共-2 （株式等の譲渡に係る所得区分）

・租税特別措置法通達37の10・37の11共-3 （一般株式等に係る譲渡損失の金額又は上場株式等に係る譲渡損失の金額が生じた場合の損益の計算）

・租税特別措置法通達37の10・37の11共-4 （一般株式等に係る譲渡所得等の金額及び上場株式等に係る譲渡所得等の金額の計算）

・租税特別措置法通達37の10・37の11共-5 （雑損失の繰越控除及び所得控除の順序）

・租税特別措置法通達37の10・37の11共-6 （外貨で表示されている株式等に係る譲渡の対価の額等の邦貨換算）

・租税特別措置法通達37の10・37の11共-7 （2以上の種類の株式が発行されている場合の取得価額の計算）

・租税特別措置法通達37の10・37の11共-8 （受益者等課税信託の信託財産に属する株式等と同一銘柄の株式等を有している場合の取得価額の計算）

・租税特別措置法通達37の10・37の11共-9 （特定譲渡制限付株式等の価額）

・租税特別措置法通達37の10・37の11共-9の2 （付与された権利の行使により取得した株式等の価額）

・租税特別措置法通達37の10・37の11共-10（株式等の購入費用）
・租税特別措置法通達37の10・37の11共-11（新株予約権の行使により取得した株式の取得価額）
・租税特別措置法通達37の10・37の11共-12（新株予約権付社債に係る新株予約権の行使により取得した株式の取得価額）
・租税特別措置法通達37の10・37の11共-13（株式等の取得価額）
・租税特別措置法通達37の10・37の11共-14（1単位当たりの取得価額の端数処理）
・租税特別措置法通達37の10・37の11共-15（株式等を取得するために要した負債の利子）
・租税特別措置法通達37の10・37の11共-16（配当所得の収入金額等がある場合の負債の利子）
・租税特別措置法通達37の10・37の11共-17（負債を借り換えた場合等の負債の利子）
・租税特別措置法通達37の10・37の11共-18（「取得をした日」の判定）
・租税特別措置法通達37の10・37の11共-19（株式の範囲）
・租税特別措置法通達37の10・37の11共-20（公社債の範囲）
・租税特別措置法通達37の10・37の11共-21（受益者等課税信託の信託財産に属する株式等の譲渡等）
・租税特別措置法通達37の10・37の11共-22（法人が自己株式又は出資を個人から取得する場合の所得税法第59条の適用）
・租税特別措置法通達37の10・37の11共-23（法人の自己の株式等の取得から除かれる措置法令第25条の8第9項第3号の「購入」）
・租税特別措置法通達37の10・37の11共-24（合計所得金額等の計算）

〔一般株式等に係る譲渡所得等の課税の特例〕（措法37の10）

・租税特別措置法通達37の10-1（一般株式等に係る譲渡所得等に係る収入金額とみなす金額等-法人の合併の場合）
・租税特別措置法通達37の10-2（一般株式等に係る譲渡所得等に係る収入金額とみなす金額等-法人の分割の場合）
・租税特別措置法通達37の10-2の2（一般株式等に係る譲渡所得等に係る収入金額とみなす金額等-株式分配の場合）
・租税特別措置法通達37の10-3（一般株式等に係る譲渡所得等に係る収入金額とみなす金額等-資本の払戻しの場合）
・租税特別措置法通達37の10-4（一般株式等に係る譲渡所得等に係る収入金額とみなす金額等-口数に定めがない出資の払戻しの場合）
・租税特別措置法通達37の10-5（一般株式等に係る譲渡所得等に係る収入金額とみなす金額等-法人の組織変更の場合）
・租税特別措置法通達37の10-6（一般株式等に係る譲渡所得等に係る収入金額とみなす金額等-上場廃止特定受益証券発行信託の信託の併合の場合）
・租税特別措置法通達37の10-7（一般株式等に係る譲渡所得等に係る収入金額とみなす金額等-投資信託等の信託の併合の場合）

- 租税特別措置法通達37の10-8（一般株式等に係る譲渡所得等に係る収入金額とみなす金額等−特定受益証券発行信託に係る信託の分割の場合）

〔上場株式等に係る譲渡所得等の課税の特例〕（措法37の11）
- 租税特別措置法通達37の11-1（外国金融商品市場）
- 租税特別措置法通達37の11-2（公社債情報）
- 租税特別措置法通達37の11-3（国外において発行された公社債の意義）
- 租税特別措置法通達37の11-4（外国証券情報）
- 租税特別措置法通達37の11-5（取得時から引き続き同一の金融商品取引業者等の営業所において保管の委託がされていない公社債）
- 租税特別措置法通達37の11-6（平成27年12月31日以前に同族会社が発行した公社債の取扱い）
- 租税特別措置法通達37の11-7（信用取引等に係る譲渡益の計算）
- 租税特別措置法通達37の11-8（信用取引等の決済の日後に授受される配当落調整額）
- 租税特別措置法通達37の11-9（信用取引において現渡しの方法により決済を行った場合の所得計算）
- 租税特別措置法通達37の11-10（金融商品取引法第28条第8項第3号ハに掲げる取引による権利の行使又は義務の履行により取得した上場株式等の取得価額）
- 租税特別措置法通達37の11-11（上場株式等に係る譲渡所得等に係る収入金額とみなす金額等−法人の合併の場合等）
- 租税特別措置法通達37の11-12（上場株式等に係る譲渡所得等に係る収入金額とみなす金額等−投資信託等の信託の併合の場合）
- 租税特別措置法通達37の11-13（上場株式等に係る譲渡所得等に係る収入金額とみなす金額等−特定受益証券発行信託に係る信託の分割の場合）

③ 税制適格ストック・オプション
イ　概要
　（イ）　税制適格ストック・オプションとは、次のロ又はハに掲げる要件のすべてを満たす新株予約権（以下、「特定新株予約権」といいます）をいい、取締役等がこれらの権利を行使して株式を取得した場合には、その株式の取得に係る経済的利益について、所得税は課されないこととされています（措法29の2、措令19の3、措規11の3）。
　（ロ）　この場合、権利者は、権利行使する際に、その付与会社の大口株主等に該当しないことを誓約し、かつ、他の特定新株予約権の行使の有無等を記載した書面を、その付与会社に提出しなければならないこととされています（措法29の2②）。
　（ハ）　特定従事者については、上記（ロ）に加えて認定社外高度人材活用新事業分野開拓計画の実施時期の開始等の日から権利行使の日まで引き続き居住者であったことを誓約しなければならないこととされています。
　（ニ）　令和元年度（平成31年度）の税制改正により、旧商法の規定に基づく決議による新株

予約権、新株引受権及び新株譲渡請求権が税制適格ストック・オプションの適用対象から除外されました（措法29の2①）。

ロ 特定新株予約権の要件

特定新株予約権の要件は、次のとおりとなります。

（イ） 特定新株予約権の権利行使は、付与決議の日後2年を経過した日からその付与決議の日後10年を経過する日（注1）までに行わなければならないこと（措法29の2①一）。

（ロ） 特定新株予約権の年間の権利行使価額の合計額が1,200万円を超えないこと（措法29の2①二）（注2）。

（ハ） 特定新株予約権の1株当たりの権利行使価額は、その付与会社の株式の付与契約の締結時における1株当たりの価額以上であること（措法29の2①三）。

（ニ） 特定新株予約権については、譲渡をしてはならないこと（措法29の2①四）。

（ホ） 特定新株予約権の行使に係る株式の交付が、その交付のために付与決議がされた会社法238条1項に定める事項に反しないで行われるものであること（措法29の2①五）。

（ヘ） 新株予約権の行使により取得する株式は、その付与会社と金融商品取引業者等（旧証券業者等）との間であらかじめ締結される株式の振替口座簿への記載若しくは記録、保管の委託又は管理等信託に関する取決めに従い、一定の方法（注3）により、その金融商品取引業者等の振替口座簿に記載等を受け、又はその営業所等に保管の委託等がされること（措法29の2①六）（注4）。

（ト） 特定新株予約権に係る契約を締結した日から権利行使の日までの間において国外転出する場合には、転出する時までに付与会社にその旨を通知しなければならないこと（措法29の2①七）（注5）。

（チ） 特定新株予約権の権利行使の日以前に中小企業等経営強化法9条2項の規定による認定の取消しがあった場合には付与会社は速やかに特定従事者にその旨を通知しなければならないこと（措法29の2①八）（注5）。

（注1） 令和5年4月1日以後に行われる付与決議に基づき締結される契約により与えられる特定新株予約権に係る株式については、付与決議の日において、株式会社がその設立の日以後の期間が5年未満であること及び金融商品取引所に上場されている株式又は店頭売買登録銘柄として登録されている株式を発行する会社以外の会社であることの要件を満たす場合には、付与決議の日後15年を経過する日までに権利行使を行わなければならないこととされています（措法29の2①一かっこ書、措規11の3①）。

この改正は、取締役等又は特定従事者が令和5年4月1日以後に行われる付与決議に基づき締結される契約により与えられる特定新株予約権に係る株式について適用し、取締役等又は特定従事者が同日前に行われた付与決議に基づき締結された契約により与えられる特定新株予約権に係る株式については従前どおりとされています（令5法3改正法附31）。

（注2） 権利行使額の年間の限度額である1,200万円の判定について、特定新株予約権に係る付与決議の日において、その特定新株予約権に係る契約を締結した株式会社が、その設立の日以後の期間が5年未満のものである場合にはその権利行使価額を2で除して計算した金額とし、その設立の日以後の期間が5年以上20年未満であること等の要件を満たすものである場合には権利行使価額を3で除し

て計算した金額として、その判定を行うこととされています（措法29の2①ただし書、二、措規11の3①）。

　　　　この改正は、令和6年分以後の所得税について適用し、令和5年分以前の所得税については従前どおりとされています（令6法8改正法附31①）。

(注3)　「一定の方法」とは、取締役等が特定新株予約権の行使により株式を取得する際、付与会社が金融商品取引業者等の振替口座簿への記載等の通知又は振替の申請をする方法又はその株式に係る株券の交付を受けずに、付与会社から金融商品取引業者等の営業所等にその株式を直接引き渡せる方法をいいます（措令19の3⑧）。

(注4)　適用対象となる新株予約権の行使により取得する株式の管理の方法について、「金融商品取引業者等の振替口座簿に記載若しくは記録を受け、又はその金融商品取引業者等の営業所等に保管の委託若しくは管理等信託がされること」との要件に代えて、「新株予約権の行使により取得する株式につき、その行使に係る株式会社とその契約により新株予約権を与えられた者との間であらかじめ締結される新株予約権の行使により交付をされるその株式会社の株式（譲渡制限株式に限ります）の管理に関する取決めに従い、その取得後直ちに、その株式会社により管理がされること」との要件を選択できることとされました（措法29の2①六ロ、措令19の3⑨⑩、措規11の3④）。

　　　　この改正は、令和6年分以後の所得税について適用し、令和5年分以前の所得税については従前どおりとされています（令6法8改正法附31①）。

(注5)　(ト)及び(チ)の要件は、特定従事者が権利者となる場合の要件となります（措法29の2①）。

ハ　国外転出をする場合

　特定従事者が国外転出をする場合には、その時に有する特定株式のうちその国外転出の時における価額の相当する金額が取得に要した金額を超えるもので一定のものについてはその国外転出の時に権利行使時価額(注)による譲渡があったものとみなされます（措法29の2⑤、措令19の3⑮～⑱）。

(注)　「権利行使時価額」とは、特定従事者の特定株式の国外転出時価額と特例適用者がその特定従事者の特定株式に係る特定新株予約権の行使をした日におけるその特定従事者の特定株式の価額に相当する金額とのいずれか少ない金額をいいます。

【参考通達】

・租税特別措置法通達29の2-1（措置法第29条の2第1項第3号の1株当たりの価額）
・租税特別措置法通達29の2-2（分割等株式の範囲）
・租税特別措置法通達29の2-3（国外転出直前に譲渡した特定従事者の特定株式の取扱い）
・租税特別措置法通達29の2-4（特定従事者の特定株式を取得するために要した負債の利子がある場合）
・租税特別措置法通達29の2-5（法第60条の2第1項と措置法第29条の2第5項の適用順序）

④　株式等の取得価額

　株式等の取得価額については、取得形態に応じて、それぞれ次のとおり規定されています（所法60、所令84、109、措令19の3）。

イ 通常の場合

区　　　　分	取　得　価　額
(イ) 金銭の払込みによって取得したもの（(ハ)～(ホ)を除きます）	払い込んだ金額（取得のための費用を含みます）
(ロ) 個人が法人又はその全部の株式等を保有する一定の親法人から役務の提供の対価として取得した一定の譲渡制限付株式^(注1)	譲渡制限が解除された日における価額
(ハ) 会社法の施行に伴う関係法律の整備等に関する法律64条の規定による改正前の商法280条の21第１項の決議に基づき取得した新株予約権の行使により取得したもの（株主等として取得したものを除きます）	新株予約権等の権利の行使の日における価額
(ニ) 会社法238条２項の決議（同法239条１項、240条１項による決議等を含みます）に基づき発行された新株予約権（特に有利な条件若しくは金額であるもの又は役務の提供等等による対価の全部又は一部であるものに限ります）（株主等として取得したものを除きます）	新株予約権等の行使の日における価額
(ホ) 株式と引換えに払い込むべき額が有利な場合におけるその株式を取得する権利（(ハ)、(ニ)及び株主等として取得したものを除きます）	払込み又は給付の期日における価額
(ヘ) 新たな払込み又は給付を要しないで取得した株式又は新株予約権（株主等として取得するもので、他の株主等に損害を与えないものに限ります）	零円
(ト) 購入したもの（(ハ)～(ホ)を除きます）	購入の代価（購入費用を含みます）
(チ) (イ)～(ト)以外の方法により取得したもの	その取得のために通常要する価額
(リ) 相続、贈与、遺贈により取得したもの^(注2)	被相続人の死亡の時にその被相続人がその有価証券について採用することとしていた評価の方法で評価した金額
(ヌ) 著しく低い価額の対価で取得したもの	その対価の額とその譲渡によって実質的に贈与されたと認められる金額との合計額

（注１）「譲渡制限付株式」とは、次の要件に該当する株式をいいます（所令84②）。
　　　① 譲渡制限がされており、かつ、譲渡制限期間が設けられていること。
　　　② 役務の提供を受ける法人又は株式を発行・交付した法人が株式を無償で取得することとなる事

由（※）が定められていること。
- （※） 株式の交付を受けた個人が譲渡制限期間内の所定の期間勤務を継続しないこと等の事由又はこれらの法人の業績があらかじめ定めた基準に達しないこと等の事由

(注2) 相続、遺贈又は贈与により取得した株式等を譲渡した場合には、被相続人、遺贈者又は贈与者（以下、「贈与者等」といいます）の株式等を所有していた期間を含めて、相続人、受遺者又は受贈者（以下、「受贈者等」といいます）が引き続き所有していたものとみなされますので、贈与者等が取得に要した金額（取得価額）及び取得した時期のいずれもが受贈者等に引継がれることとなります（所法60）。

なお、贈与者等、移転原因、受贈者等及び取得価額について、図示すると次のようになります。

		贈与者等	移転原因	受贈者等	取得価額
原則	①	被相続人	相続	相続人	贈与者等の取得価額が引き継がれます（所法60①）（※）。
	②	遺贈者	遺贈	受遺者	
	③	贈与者	贈与	受贈者	
例外	④	被相続人	相続が限定承認	相続人	相続又は遺贈が行われた時の株式等の価額が取得価額となります（所法60②）。
	⑤	遺贈者	遺贈が包括遺贈でかつ限定承認	受遺者	

（※） 贈与又は相続・遺贈の際に取得者が通常支払う費用のうち、その資産を取得するための費用を含みます（所基通60-2）。

〔留意事項〕
1．昭和27年12月31日以前に取得した株式については、原則として次の算式によって計算した金額を基礎として計算した金額が取得価額となります（所法61④、所令173）。

ただし、次の算式で計算した金額が実際の取得価額に満たないことが証明されたときは、その実際の取得価額によります。

〔算式〕
(1) 上場されている株式又は気配相場のある株式若しくは出資
   A＝B÷（31日－C）
   A：昭和27年12月31日以前に取得した株式又は出資の取得価額の基礎とする金額
   B：昭和27年12月中の毎日の公表最終価格等の合計額
   C：公表最終価格等のない日の日数
(2) (1)以外の株式又は出資
   D＝（E－F）÷G
   D：昭和27年12月31日以前に取得した株式又は出資の取得価額の基礎とする金額
   E：昭和28年1月1日におけるその株式又は出資の発行法人の資産の価額の合計額
   F：同日における負債の額の合計額
   G：同日における発行済株式又は出資の総数又は総額

2．株式交換等により取得した株式等の取得価額については、旧株等取得価額が引き継がれます（所法57の4④、所令167の7④〜⑦）。

3．国外転出時課税制度の適用を受ける場合（確定申告書の提出及び決定がされていないときを除きます）の対象資産（有価証券等）の取得価額については、その国外転出時の価額で計算します（所法60の２④）。

ロ 身代り株式を取得した場合等の取得価額の修正
　（イ）所有している株式（注）について、その株式の発行法人において、株主割当て、合併、解散等が行われたことにより新たに株式を取得した場合には、単純に株式を買増しした場合と異なり、これらの事実があった日に新株はもとより旧株も新たに取得したものとして、旧株と新株の取得価額を均等にするための修正計算、いわゆる身代り株式の付替え計算を行う必要が生じます（所令110〜117）。
　　　（注）新株予約権又は新株予約権付社債を含みます。
　（ロ）付替え計算が必要な場合は次のとおりとなります。
　　a 株式の分割又は併合があった場合（所令110）
　　b 株主割当てにより新株を取得した場合（所令111）
　　c 合併により株式を取得した場合（所令112）
　　d 分割型分割により株式を取得した場合（所令113）
　　e 株式分配により株式を取得した場合（所令113の２）
　　f 法人の資本の払戻し又は解散による残余財産の分配として金銭その他の資産を取得した場合（所令114①）
　　g 口数の定めがない法人の出資の払戻しとして金銭その他の資産を取得した場合（所令114②）
　　h 法人の組織変更により組織変更した法人の株式を取得した場合（所令115）
　　i 一定の合併等により新株予約権又は新株予約権付社債の交付を受けた場合（所令116）
　（ハ）付替えの計算については、取得の態様により異なりますが、主なものの付替えの計算式を示すと次のようになります。

　〔株式の分割又は併合の場合（上記（ロ）a）〕
　　旧株について株式の分割又は併合があった場合の分割又は併合後の所有株式の取得価額は、次の算式により計算されます（所令110）。

〔算　式〕
　　分割又は併合後の１株の取得価額＝（A×B）÷C
　　　A：旧株１株の従前の取得価額（注）
　　　B：旧株の数
　　　C：分割又は併合後の所有株式の数
　　（注）「旧株１株の従前の取得価額」は、これらの事実があった時においてその者が採用している評価方法により計算した価額となります（所令117）。

ハ 株式の評価方法

事業所得の場合と事業所得以外の場合とでは、株式の評価方法は次にように異なります。

所 得 区 分	評 価 方 法
事業所得	総平均法（所法48、所令105①、措令25の8⑧、25の9⑪）
譲渡所得・雑所得	総平均法に準ずる方法（所法48、所令118）

ニ 取得価額を計算することが困難な場合の取扱い

有価証券を長期間所有している場合や、所有期間中何回も売買したり、増資等が行われている場合には、納税者において法令上の定めに則り記録等に基づいて正確に取得価額を計算することが困難な場合も見受けられます。

このような場合には、土地建物等の譲渡所得に関する概算取得費控除の取扱いに準じ、譲渡収入金額の5％相当額を取得価額として申告することも認められています（所基通48-8、措通37の10・37の11共-13）。

ホ 株式等を取得するために要した負債の利子

（イ）原則

株式等に係る譲渡所得等の金額の計算上控除する株式等を取得するために要した負債の利子の額は、その株式等を取得するために要した負債の利子で、その年中におけるその株式等の所有期間に対応して計算される金額とされています（措通37の10・37の11共-15）。

（ロ）配当所得の収入金額等がある場合

株式等に係る譲渡所得等と配当所得とを有する者が負債により取得した株式等を有する場合において、その負債を株式等に係る譲渡所得等の基因となった株式等を取得するために要したものとその他のものとに区分することが困難なときには、次の算式により計算した金額を株式等に係る譲渡所得等の金額の計算上控除すべき負債の利子の額とすることができます（措通37の10・37の11共-16）。

〔算　式〕

$A \times (B \div (C+D+E))$

A：株式等を取得するために要した負債の利子の総額
B：その利子の額を差し引く前の株式等に係る譲渡所得等の金額
C：配当所得の収入金額
D：その利子を差し引く前の株式等に係る譲渡所得等の金額
E：その利子を差し引く前の総合課税の株式等に係る事業所得等の金額

(4) 株式等を譲渡した者の告知義務

株式等を譲渡した者で国内において株式等の譲渡の対価の支払を受けるものは、その支払を受けるべき時までに、その都度、その者の氏名（法人の場合は名称）、住所及び個人番号（番号既告知者は不要）又は法人番号を告知しなければならないこととされています。

この場合、その支払を受ける者は、一定の公的書類を提示し、又は署名用電子証明書等を送信しなければならないこととされています。

支払者は、告知された氏名（名称）、住所及び個人番号（番号既告知者は不要）又は法人番号を提示された公的書類又は署名用電子証明書等により各確認（本人確認）をしなければならないこととされています（所法224の3、所令341～344、所規81の18～81の21）。

支払者		支払を受ける者	
国内における支払	① 株式等の譲渡を受けた法人（注）	株式等の譲渡をした者	個人
	② 売委託（③の競売を除きます）を受けた証券会社、銀行又は登録金融機関（注）		法人（公共法人等を除きます）
	③ 会社法の規定により、1株又は1口に満たない端数による株式等の競売をした法人（注）		

（表の右端：告知義務・公的書類を提示）

（注）これらの者に準ずる者として、業務に関連して他人のために名義人として株式等の譲渡対価の支払を受ける者が含まれます（所法224の3①、所令342⑤）。

個人については、支払者から税務署長に対して、株式等の譲渡の支払に関する支払調書が提出されます（所法225①十）。

国内において、次に掲げる金銭等の交付を受ける者及びこれらを交付する者については、告知義務等が準用されます（所法224の3④、225①十）。

① 投資信託若しくは特定受益証券発行信託の終了若しくは一部解約又は特定受益証券発行信託に係る信託の分割により交付を受ける金銭等のうち一定のもの
② 社債的受益権又は公社債の元本の償還により交付を受ける金銭等
③ 分離利子公社債に係る利子として交付を受ける金銭等

〔公的書類〕
株式等の譲渡をした個人が支払者に提示することとされている公的書類は、次のとおりとなります（所法224の3①、所令337②、343②、所規81の6、81の20）。

支払を受ける者		公的書類の種類
① 国内に住所を有する個人	イ	個人番号カード（注1）
	ロ	通知カード＋住所等確認書類
	ハ	住民票の写し（個人番号記載あり）（注2）＋住所等確認書類（下記1、2を除きます）
	ニ	住民票の記載事項証明書（個人番号記載あり）（注2）＋住所等確認書類（下記1、2を除きます）

②	国内に住所を有しない個人（個人番号なし）	ホ	住所等確認書類（下記1、2を除きます）
③	国内に住所を有しない個人（個人番号あり）	ヘ	通知カード＋個人番号カード＋還付された個人番号かード＋住所等確認書類（下記1、2を除きます）

なお、「住所等確認書類」とは、次に掲げる書類（氏名・住所の記載のあるものに限ります）をいいます。

1 「個人番号カード」(注1)
2 「住民票の写し」又は「住民票記載事項証明書」(注2)
3 「戸籍の附票の写し」又は「印鑑証明書」(注2)
4 「国民健康保険の被保険者証」、「健康保険の被保険者証」、「船員保険の被保険者証」、「後期高齢者医療の被保険者証」、「介護保険の被保険者証」、「健康保険日雇特例被保険者証」、「国家公務員共済組合の組合員証」、「地方公務員共済組合の組合員証」又は「私立学校教職員共済制度の加入者証」
5 「国民年金手帳」、「児童扶養手当証書」、「特別児童扶養手当証書」、「母子健康手帳」、「身体障害者手帳」、「療育手帳」、「精神障害者保険福祉手帳」又は「戦傷病者手帳」
6 「運転免許証」(注1) 又は「運転経歴証明書」
7 「旅券」(注1)
8 「在留カード」(注1) 又は「特別永住者証明書」(注1)
9 「国税の領収証書」、「地方税の領収証書」、「納税証明書」又は「社会保険料の領収証書」(注2、3)
10 「官公署からの発行・発給された書類その他これらに類するもの」(注1、2)

（注1） 提示する日において有効なもの
（注2） 提示する日前6か月以内に作成されるもの
（注3） 領収日付の押印又は発行年月日の記載のあるもの

⑧ 特定中小会社が発行した株式に係る課税の特例（いわゆるエンジェル税制）

(1) 概　要

特定中小会社の発行する一定の株式（以下、「特定株式」といいます）を払込み（これらの株式の発行に際して払込みをするものに限ります）により取得をした居住者又は恒久的施設を有する非居住者（以下、「居住者等」といいます）については、一定の要件に該当する場合には、次の特例を適用することができます（措法37の13、37の13の2、37の13の3）。

① 平成15年4月1日以後に、特定株式を払込みにより取得した居住者等が、その特定株式を払込みにより取得をした場合におけるその年分の一般株式等又は上場株式等の譲渡所得等の

金額の計算については、その年中に払込みにより取得した特定株式の取得に要した金額の合計額が控除されます（措法37の13①）。
② 特定株式の払込みにより取得をした居住者等について、その特定中小会社の設立の日からその株式の上場等の日の前日までの間に、その払込みにより取得をした特定株式が株式としての価値を失ったことによる損失が生じた場合とされる清算結了等の一定の事実が発生したときはその特定株式を譲渡したこととみなされ、その損失の金額とされる一定の金額は、その年分の一般株式等又は上場株式等に係る譲渡所得等の金額の計算上、控除されます（措法37の13の3①④）。
③ 特定株式の払込みにより取得をした居住者等が、その特定中小会社の設立の日からその株式の上場等の日の前日までの間にその株式の譲渡をしたことにより生じた損失の金額のうち、その譲渡をした日の属する年分の一般株式等又は上場株式等に係る譲渡所得等の金額の計算上控除してもなお控除しきれない金額を有するときは、一定の条件の下で、そのなお控除しきれない金額は、その年の翌年以後3年内の各年分の一般株式等又は上場株式等に係る譲渡所得等の金額からの繰越控除が認められます（措法37の13の3⑦）。
④ 令和5年4月1日以後に、その設立の日の属する年の12月31日において、中小企業等経営強化法6条に規定する特定新規中小企業者に該当する株式会社でその設立の日以後の期間が1年未満の株式会社であることその他の要件を満たすものによりその設立の際に発行される株式を払込みにより取得をした一定の居住者等は、その年分の一般株式等に係る譲渡所得等の金額又は上場株式等に係る譲渡所得等の金額の計算上、その年中に払込みにより取得をした設立特定株式の取得に要した金額の合計額が控除されます（措法37の13の2）。

(2) 共通する事項

① 特定中小会社及び特定株式の意義

特定中小会社及び特定株とは、次のものをいいます（措法37の13①）。

	特定中小会社	特定株式
イ	中小企業等経営強化法6条に規定する特定新規中小企業者に該当する株式会社	その株式会社により発行される株式（措法37の13①一）
ロ	内国法人のうち、その設立の日以後10年を経過していない中小企業者に該当する一定の株式会社	その株式会社により発行される株式で、投資事業有限責任組合契約に関する法律2条2項に規定する投資事業有限責任組合（財務省令で定めるものに限ります）に係るその投資事業有限責任組合契約に従って取得されるもの（措法37の13①二イ）
		その株式会社により発行される株式で、金融商品取引法29条の4の2第10項に規定する第一種少額電子募集取扱業務を行う者（財務省令で定めるものに限ります）が行う同項

		に規定する電子募集取扱業務により取得されるもの（措法37の13①二ロ）
八	内国法人のうち、沖縄振興特別措置法57条の2第1項に規定する指定会社で平成26年4月1日から令和7年3月31日までの間に同項の規定により指定を受けたもの	その指定会社により発行された株式（措法37の13①三）

② **特例の適用対象となる特定株式**

　この特例の適用対象となる特定株式は、特定中小会社により発行された株式で払込みにより取得（注）されたものとされています（措法37の13①）。

(注)　税制適格ストック・オプション（措法29の2①）の適用を受けるものを除きます。

　なお、次に掲げる特定株式は、「払込み以外による取得」であるため、この特例の適用対象にはならないことになります。

イ　現物出資により取得をした特定株式
ロ　新株予約権付社債等の権利行使に伴い代用払込みにより取得をした特定株式
ハ　特定中小会社が発行した新株予約権付社債につきその転換権の行使によって取得をした特定株式
ニ　吸収合併により特定中小会社である合併法人から取得をした特定株式
ホ　相対取引等により購入した特定株式
ヘ　贈与又は相続若しくは遺贈により取得をした特定株式

　上記内容を図示すると次のようになります。

特定株式	「払込み」による取得	税制適格ストック・オプションの適用なし	特例適用あり（ただし、後記の③の要件等を満たす必要があります）
		税制適格ストック・オプションの適用あり	特例適用なし
	「払込み以外」による取得		

【参考通達】
・租税特別措置法通達37の13-1（払込みにより取得した者からの贈与等により取得した場合）

③　**特例の適用対象となる居住者等の範囲**

　この特例の適用対象者は、特定株式を払込みにより取得をした居住者等ですが、次に掲げる者は、この特例の適用対象者に含まれないこととされています（措法37の13①、措令25の12①、措規18の15①～④）。

イ　法人税法2条10号に規定する同族会社に該当する特定中小会社の株主のうち、その者を法

人税法施行令71条１項の役員であるとした場合に同項５号イに掲げる要件を満たすこととなるその株主
ロ　その特定株式を発行した特定中小会社の設立に際し、その特定中小会社に自らが営んでいた事業の全部を承継させた個人（以下、「特定事業主であった者」といいます）
ハ　特定事業主であった者の親族
ニ　特定事業主であった者と婚姻の届出をしていないが事実上婚姻関係と同様の事情にある者
ホ　特定事業主であった者の使用人
ヘ　特定事業主であった者から受ける金銭その他の資産によって生計を維持している者（ハからホまでの者を除きます）
ト　ニからヘまでの者と生計を一にするこれらの者の親族
チ　上記①イ、ロに該当する特定中小会社
　　上記①イ、ロの特定中小会社との間で締結する特定株式に係る投資に関する条件を定めた契約で中小企業等経営強化法施行規則12条２項３号ニに規定する投資に関する契約に該当するものを締結していない者（上記イ～トの者を除きます）
リ　上記①ハに該当する特定中小会社
　　上記①ハの特定中小会社との間で締結する特定株式に係る投資に関する条件を定めた契約で経済金融活性化特別地区の区域内における事業の認定申請等に関する内閣府令８条５号に規定する特定株式等投資契約に該当するものを締結していない者（上記イ～トの者を除きます）

(3)　特定株式の所得に要した金額の控除等

①　概　要

　平成15年４月１日以後に、特定株式を払込みにより取得した居住者等が、その特定株式を払込みにより取得した場合におけるその年分の一般株式等又は上場株式等に係る譲渡所得等の金額の計算については、その計算上その年中に払込みにより取得した特定株式（その年の12月31日において有するものに限ります）の取得に要した金額の合計額が控除されます（措法37の13①）。
　なお、控除対象額は、まず一般株式等に係る譲渡益から控除し、なお控除しきれないときは、上場株式等に係る譲渡益から控除します（措令25の12②一、措通37の10・37の11共-4（3））。

②　控除対象となる特定株式の取得に要した金額

　控除対象となる特定株式の取得に要した金額は、次の算式により計算します（措令25の12③④）。
　なお、新株予約権の行使により取得をした控除対象特定株式にあっては、その控除対象特定株式の取得に要した金額に、その新株予約権の取得に要した金額を含むこととされています（措令25の12④）。これは、個人が令和６年４月１日以後に払込みにより取得をする特定株式について適用されます（令６政151改正措令附７①）。
　この計算は、特定株式の銘柄ごとに計算します。

〔算　式〕
　A÷B×（B－C）
　　A：その年中に払込みにより取得した特定株式の取得に要した金額の合計額
　　B：その年中に払込みにより取得した特定株式の数
　　C：その年中に譲渡又は贈与した特定株式と同一銘柄株式の数

【参考通達】
・租税特別措置法通達37の13-2（控除対象特定株式数の計算）

③　特例の適用を受けた年の翌年以後の各年の取得価額等の計算

　その年中に取得した控除対象特定株式の取得に要した金額の合計額について、この取得費控除の特例の適用を受けた場合には、その適用を受けた金額は、その適用を受けた年の翌年以後の各年分におけるその控除対象特定株式に係る同一銘柄株式の取得価額又は取得費から控除する（取得金額等の圧縮を行います）こととなります（措令25の12⑦、措通37の13-5）。

　具体的には、次の算式により計算した金額が、その控除対象特定株式に係る同一銘柄株式の取得価額又は取得費の計算の基礎となる1株当たりの金額となります。

〔算　式〕
　A－（B÷C）
　　A：その特定株式に係る同一銘柄株式1株当たりのその年12月31日における取得価額
　　B：取得費控除の特例の適用を受けた控除対象額
　　C：その年12月31日のその控除対象特定株式に係る同一銘柄株式数

　なお、同一年中に複数銘柄の控除対象特定株式の取得をした場合において、特例の適用を受けた年の翌年以後の各年分におけるその控除対象特定株式に係る同一銘柄株式の取得価額又は取得費から控除する金額の計算方法が明確化されています（措令25の12⑦）。これは、個人が令和6年4月1日以後に払込みにより取得をする特定株式について適用し、個人が同日前に払込みにより所得した特定株式については従前どおりとされています（令6政151改正措令附7②）。

【参考通達】
・租税特別措置法通達37の13-3（払込みによる取得の後に株式の分割等があった場合の控除対象額の計算）
・租税特別措置法通達37の13-5（適用年の翌年以後の取得価額の計算）

④　特例の適用を受けるための申告手続き

　この取得費控除の特例は、その適用を受けようとする年分の確定申告書に、この取得費控除の特例の適用を受けようとする旨の記載があり、かつ、次に掲げる書類の添付がある場合に限り、適用することとされています（措法37の13②、措規18の15⑧）。

イ 特定中小会社の区分に応じて必要な添付書類

特定株式の区分	添付書類
上記(2)①イの株式の場合	特定中小会社から交付を受けた都道府県知事のその特定株式に係る基準日（注）において一定の事実の確認をした旨を証する書類 （注）その特定中小会社の成立の日又はその特定株式の払込期日（払込期間の定めがある場合は払込日）。以下同じ。
上記(2)①ロ上段の株式の場合	特定株式に係る認定投資事業有限責任組合のその特定株式に係る基準日において一定の事実の確認をした旨を証する書類及びその認定投資事業有限責任組合が経済産業大臣の認定を受けたものであることを証する書類の写し
上記(2)①ロ下段の株式の場合	特定株式に係る認定少額電子募集取扱業者のその特定株式に係る基準日において一定の事実の確認をした旨を証する書類及びその認定少額電子募集取扱業者が経済産業大臣の認定を受けたものであることを証する書類の写し
上記(2)①ハの株式の場合	特定中小会社から交付を受けた沖縄県知事のその特定株式に係る払込期日（払込期間の定めがある場合は払込日）において一定の事実の確認をした旨を証する書類

　なお、都道府県知事等の確認をした旨を証する書類について、その特定株式が一定の新株予約権の行使により取得をしたものである場合には、その新株予約権と引換えに払い込むべき額及びその払い込んだ金額の記載があるものに限ること等とされています（措規18の15⑧一イ(4)ロ(3)ハ(4)）。これは個人が令和6年4月1日以後の払込みにより取得をする特定株式について適用されます（令6政151改正措令附7①②）。

ロ 特定中小会社の区分にかかわらず共通して必要な添付書類（上記(2)①イ～ハ共通）

(イ) 特定株式を発行した特定中小会社のその特定株式を払込みにより取得をした居住者等がその特定株式に係る基準日において上記(2)③イからリまでに掲げる者に該当しないことの確認をした旨を証する書類

(ロ) 特定株式を発行した特定中小会社（その特定中小会社であった株式会社を含みます）から交付を受けたその特定株式を払込みにより取得をしたその居住者等が有するその特定中小会社の株式のその取得の時（その取得の時が2以上ある場合には、最初の取得の時）以後のその株式の異動につき一定の事項がその異動ごとに記載された明細書

(ハ) 居住者等と特定中小会社との間で締結された契約書の写し

(ニ) 株式等に係る譲渡所得等の金額の計算に関する明細書でこの取得費控除の特例を適用しないで計算した場合の一般株式等に係る譲渡所得等の金額又は上場株式等に係る譲渡所得等の金額の記載があるもの（特定口座を開設している者がその明細書に代えて特定口座年間取引報告書等を添付する場合はその特定口座年間取引報告書等）

(ホ) 控除対象特定株式の取得に要した金額の計算に関する明細書

（ヘ）控除対象特定株式数の計算に関する明細書

(4) 価値喪失株式に係る損失の金額の特例

① 概要

　特定中小会社の特定株式を払込みにより取得した居住者等について、その特定中小会社の設立の日からその特定中小会社が発行した株式に係る上場等の日の前日までの期間内に、その特定株式が株式としての価値を失ったことによる損失が生じた場合とされるその特定中小会社の清算結了等の一定の事実が発生したときは、その事実が発生したことはその特定株式の譲渡をしたこと及びその損失の金額はその特定株式の譲渡をしたことにより生じた損失の金額とそれぞれみなし、その損失の金額を、まずその年分の一般株式等に係る譲渡所得等の金額から控除し、なお控除しきれない金額があるときは、上場株式等に係る譲渡所得等の金額から控除することとされています（措法37の13の3①④）。

② 特例の適用期間

　この特例の適用期間は、特定中小会社の設立の日からその特定中小会社（その特定中小会社であった株式会社を含みます）が発行した株式に係る上場等の日（注）の前日までの期間とされています（措法37の13の3①）。

　したがって、上場等の日以後に次の③に掲げる事実が発生しても、この特例の適用を受けることができないことになります。

（注）　上場等の日とは、その株式が金融商品取引所に上場された日又は店頭売買登録銘柄として登録された日をいい、その株式がその上場された日の前日において店頭売買登録銘柄として登録されていた株式の場合はその株式が最初に店頭売買登録銘柄として登録された日をいいます（措令25の12の3①）。

③ 価値喪失の事実の意義

　払込みにより取得した特定株式が株式としての価値を失ったことによる損失が生じたこととされる一定の事実の発生とは、次のいずれかの事実の発生とされています（措法37の13の3①、措令25の12の3③）。

イ　払込みにより取得をした特定株式を発行した株式会社が解散（合併による解散を除きます）をし、その清算が結了したこと。

　なお、清算が結了したこととは、通常清算又は特別清算が結了したことをいいます。

ロ　払込みにより取得をした特定株式を発行した株式会社が破産法の規定による破産手続開始の決定を受けたこと。

④ 価値喪失株式に係る損失の金額の計算

　払込みにより取得した特定株式が株式としての価値を失ったことによる損失の金額は、価値喪失株式の次に掲げる場合の区分に応じ、それぞれ次により計算した金額とされています（措法37の13の3①、措令25の12の3②）。

区　　分	損　失　の　金　額
イ　価値喪失株式が事業所得の基因となる株式である場合	その事実が発生した日をその年12月31日とみなして次の算式により計算します。 〔算　式〕 　A×B 　　A：総平均法（所令105①一）によってその価値喪失株式に係る1株当たりの取得価額に相当する金額を算出した場合におけるその金額 　　B：その事実の発生の直前において有するその価値喪失株式の数
ロ　価値喪失株式が譲渡所得又は雑所得の基因となる株式である場合	その事実が発生した時を譲渡の時とみなして次の算式により計算します。 〔算　式〕 　A×B 　　A：総平均法に準ずる方法（所令118①）によってその価値喪失株式に係る1株当たりの取得価額に相当する金額を算出した場合におけるその金額 　　B：その事実の発生の直前において有するその価値喪失株式の数

(5) 特定株式に係る譲渡損失の金額の繰越控除の特例

① 概　要

イ　確定申告書を提出する居住者等が、その年の前年以前3年内の各年において生じた「特定株式に係る譲渡損失の金額」（注）を有する場合には、その「特定株式に係る譲渡損失の金額」は、その確定申告書に係る年分の一般株式等に係る譲渡所得等の金額及び上場株式等に係る譲渡所得等の金額を限度として、まず一般株式等に係る譲渡所得等の金額の計算上控除し、なお控除しきれない金額があるときは、上場株式等に係る譲渡所得等の金額の計算上控除することができることとされています（措法37の13の3⑦、措令25の12の3⑦二）。

（注）　この特例の適用を受けて前年以前において控除されたものを除きます。

ロ　この特例は、「特定株式に係る譲渡損失の金額」について、株式等に係る申告分離課税制度の中で、いわゆる縦通算（注）を認めるというものとなっています。

（注）　「縦通算」とは、その年に生じた特定株式に係る譲渡損失の金額とその年の翌年以後3年内の各年分の一般株式等に係る譲渡所得等の金額及び上場株式等に係る譲渡所得等の金額との通算をいいます。

ハ　一般株式等については、株式等の譲渡所得等の金額の計算上損失の金額が生じてもその損失の金額はなかったものとみなされます（措法37の10①）が、「特定株式に係る譲渡損失の金額」については、この特例により、その損失の金額が生じた年の翌年以後3年内の各年分の一般株式等に係る譲渡所得等の金額及び上場株式等に係る譲渡所得等の金額から繰越控除をすることができることになります。

② 「特定株式に係る譲渡損失の金額」の意義

　この繰越控除の特例の対象となる「特定株式に係る譲渡損失の金額」とは、居住者等が、適用期間内に、その払込みにより取得をした特定株式の譲渡をしたことにより生じた損失の金額(注)のうち、その譲渡をした日の属する年分の一般株式等に係る譲渡所得等の金額又は上場株式等に係る譲渡所得等の金額の計算上控除してもなお控除しきれない部分の金額をいいます（措法37の13の3⑧）。

　なお、この特例の適用対象となる特定株式及び居住者等の範囲並びにこの特例の適用期間は、上記(4)の価値喪失株式に係る損失の金額の特例と同様になります。

(注)　価値喪失株式に係る損失の金額で、上記(4)の特例により、特定株式の譲渡をしたことにより生じた損失の金額とみなされたものを含みます。

③ 「特定株式の譲渡をしたことにより生じた損失の金額」の計算

　イ　上記②の「特定株式に係る譲渡損失の金額」の計算の基礎となる「特定株式の譲渡をしたことにより生じた損失の金額」は、次に掲げる場合の区分に応じ、それぞれ次の金額とすることとされています（措法37の13の3⑧、措令25の12の3⑨、措規18の15の2の2④）。

区　　　　分	損　失　の　金　額
(イ) その損失の金額が、適用期間内に、払込みにより取得をした特定株式で事業所得又は雑所得の基因となるものの譲渡をしたことにより生じたものである場合（(ハ)に掲げる場合を除きます）	その特定株式の譲渡による事業所得又は雑所得をその特定株式以外の一般株式等の譲渡による事業所得又は雑所得と区分してその特定株式の譲渡に係る事業所得の金額又は雑所得の金額を計算した場合にこれらの金額の計算上生ずる損失の金額に相当する金額
(ロ) その損失の金額が、適用期間内に、払込みにより取得をした特定株式で譲渡所得の基因となるものの譲渡をしたことにより生じたものである場合（(ハ)に掲げる場合を除きます）	その特定株式の譲渡に係る譲渡所得の金額の計算上生じた損失の金額
(ハ) その損失の金額が、価値喪失株式に係る損失の金額で特定株式の譲渡をしたことにより生じたものとみなされたものである場合	上記(4)の④のイ及びロに掲げる場合の区分に応じ、それぞれその方法により計算した金額

　ロ　特定株式の譲渡には、次に掲げる譲渡は含まれないことになっていることから、次に掲げる譲渡により生じた損失の金額は、この特例の適用対象にはならないことになります（措法37の13の3①⑧、措令25の12の3⑧）。

　　(イ)　次に掲げる者に対する譲渡

　　　　a　その居住者等の親族

　　　　b　その居住者等と婚姻の届出をしていないが事実上婚姻関係と同様の事情にある者

　　　　c　その居住者等の使用人

d　その居住者等から受ける金銭その他の資産によって生計を維持しているもの（上記aからcまでに掲げる者を除きます）
　　e　bからdまでに掲げる者と生計を一にするこれらの者の親族
　(ロ)　特定株式の譲渡をすることによりその譲渡をした居住者等の所得に係る所得税の負担を不当に減少させる結果となると認められる場合におけるその譲渡

④　特定株式に係る譲渡損失の金額の計算

　繰越控除の対象となる特定株式に係る譲渡損失の金額は、上記③の「特定株式の譲渡をしたことにより生じた損失の金額」のうち、一般株式等に係る譲渡所得等の金額の計算上控除してもなお控除しきれない部分の金額として次により計算した金額をいいます（措法37の13の3⑧、措令25の12の3⑩⑪）。

　具体的には、まず次のイの「特定譲渡損失の金額」を計算し、その後にロの金額の計算をすることにより、「特定株式に係る損失の金額」を計算することになります。

イ　「特定譲渡損失の金額」の計算

　「特定譲渡損失の金額」とは、その年中の一般株式等の譲渡に係る事業所得の金額の計算上生じた損失の金額、譲渡所得の計算上生じた損失の金額又は雑所得の金額の計算上生じた損失の金額のうち、それぞれの所得の基因となる特定株式の譲渡に係る上記③イの表の(イ)から(ハ)までに掲げる金額の合計額に達するまでの金額をいいます（措令25の12の3⑪）。

　具体的には、これらの所得の金額の計算上生じた損失の金額がある場合において、その損失が生じたこれらの所得の区分ごとに計算した次に掲げる金額のうちいずれか小さい金額をいいます。

　(イ)　株式等の譲渡に係る譲渡所得等の基因となる特定株式の譲渡に係る上記③イの表の(イ)から(ハ)までに掲げる金額の合計額
　(ロ)　一般株式等の譲渡に係る事業所得の金額の計算上生じた損失の金額、譲渡所得の金額の計算上生じた損失の金額又は雑所得の金額の計算上生じた損失の金額

ロ　一般株式等に係る譲渡所得等の金額の計算上控除してもなお控除しきれない部分の金額の計算

　一般株式等に係る譲渡所得等の金額の計算上控除してもなお控除しきれない部分の金額は、特定株式の譲渡をした日の属する年分の一般株式等の譲渡所得等の金額の計算上生じた損失の金額のうち、「特定譲渡損失の金額」の合計額に達するまでの金額とされています（措令25の12の3⑩）。

　具体的には、次に掲げる金額のうちいずれか小さい金額をいいます。
　(イ)「特定譲渡損失の金額」の合計額
　(ロ)　一般株式等に係る譲渡所得等の金額の計算上生じた損失の金額

(6) 上記(4)及び(5)の特例の適用を受けるための申告手続き

① 価値喪失株式に係る損失の金額の特例の適用を受ける場合

イ　一般株式等に係る譲渡所得等の金額から控除するとき

　上記(4)の価値喪失株式に係る損失の金額の特例（一般株式等所得からの控除）の適用を受けようとする者は、その払込みにより取得をした特定株式を発行した特定中小会社が解散をし、その清算が結了したこと又は破産手続開始の決定を受けたことの事実が発生した日の属する年分の確定申告書に、その特例の適用を受けようとする旨を記載し、次に掲げる書類を添付しなければならないこととされています（措法37の13の3②、措令25の12の3④、措規18の15の2の2①）。

　（イ）上記(3)④イの区分に応じて必要な書類（515ページ参照）

　（ロ）上記(3)④ロの（イ）から（ハ）までに掲げる書類（515ページ参照）

　（ハ）価値喪失株式に係る損失の計算に関する明細書

　（ニ）価値喪失株式に係る特定残株数の計算に関する明細書

　（ホ）一般株式等に係る譲渡所得等の金額の計算に関する明細書（価値喪失株式とその価値喪失株式以外の一般株式等との別に記載があるものに限ります）

　（ヘ）その特定中小会社につき発生した次に掲げる事実の区分に応じたそれぞれ次に定める書類

　　　a　清算（特別清算を除きます）が結了したこと

　　　　その清算の結了の登記がされたその特定中小会社の登記事項証明書又はその清算に係る会社法507条3項の承認がされた同項に規定する決算報告の写し及びその承認がされた株主総会の議事録の写し（その清算に係る清算人により原本と相違のないことが証明されたものに限ります）

　　　b　特別清算が結了したこと

　　　　その特別清算の結了の登記及びその終結に伴う閉鎖の登記がされたその特定中小会社の登記事項証明書又はその特別清算に係る会社法569条1項の認可の決定の公告があったことを明らかにする書類の写し

　　　c　破産手続開始の決定を受けたこと

　　　　その破産手続開始の決定の登記がされたその特定中小会社の登記事項証明書又はその破産手続開始の決定の公告があったことを明らかにする書類の写し

ロ　上場株式等に係る譲渡所得等の金額から控除するとき

　上記(4)の価値喪失株式に係る損失の金額の特例（上場株式等所得からの控除）の適用を受けようとする者は、その特例の適用を受けようとする年分の確定申告書に、その特例の適用を受けようとする旨を記載し、次に掲げる書類を添付しなければならないこととされています（措法37の13の3⑤⑪、措令25の12の3⑥、措規18の15の2の2③）。

　（イ）特定株式に係る譲渡損失の金額の計算に関する明細書

　（ロ）上場株式等に係る譲渡所得等の金額の計算に関する明細書

ただし、次に掲げる場合の区分に応じ、それぞれ次に掲げる書類

 a その年中に特定口座における株式等の譲渡しかなく、その年分の確定申告書に(ロ)の計算明細書に代えて「特定口座年間取引報告書」（2以上の特定口座がある場合には、それぞれの特定口座に係る特定口座年間取引報告書及びこれらの特定口座年間取引報告書の合計表。以下同じ）を添付する場合

  ⇒ その「特定口座年間取引報告書」

 b その年中に特定口座における株式等の譲渡とそれ以外の株式等の譲渡があり、その年分の確定申告書に記載を省略した(ロ)の計算明細書と「特定口座年間取引報告書」とを添付する場合

  ⇒ その(ロ)の計算明細書及び「特定口座年間取引報告書」

(ハ)　上記(3)④イの区分に応じて必要な書類（515ページ参照）

(ニ)　上記(3)④ロの(イ)から(ハ)までに掲げる書類（515ページ参照）

(ホ)　次に掲げる場合の区分に応じ、それぞれ次に掲げる書類

 a その年において居住者等に特定株式の譲渡に係る事業所得若しくは雑所得又は譲渡所得の金額の計算上生じた損失の金額がある場合

  (a) その特定株式の譲渡に係る金融商品取引業者又は登録金融機関から交付を受けたその特定株式の譲渡に係る契約締結時交付書面

  (b) その特定株式の譲渡を受けた者の氏名及び住所又は名称及び本店若しくは主たる事務所の所在地並びに居住者等との関係、その譲渡をした特定株式の数、その譲渡による収入金額、その譲渡をした年月日その他参考となるべき事項を記載した書類

  (c) その譲渡をした特定株式に係る取得価額の計算に関する明細書（その特定株式に係る1株当たりの取得価額又はその譲渡をした特定株式に係る1株当たりの金額及びこれらの金額の計算に関する明細並びにその譲渡をした特定株式の数の記載があるものに限ります）。

  (d) 上記①イの(ニ)及び(ホ)に掲げる書類（その譲渡をした特定株式と同一銘柄の他の特定株式がその年において価値喪失株式となった場合には、上記①イの(ホ)に掲げる書類）

 b その年において居住者等に特定株式の譲渡に係る事業所得若しくは雑所得又は譲渡所得の金額の計算上生じたものとみなされた損失の金額がある場合（上記(4)の価値喪失株式に係る損失の金額の特例を適用している場合）

  上記①イの(ハ)から(ヘ)までに掲げる書類

② **特定株式に係る譲渡損失の金額がある場合**

　特定株式に係る譲渡損失の金額がある場合において、その年の翌年以後において特定株式に係る譲渡損失の繰越控除の特例の適用を受けようとするときには、その年分の確定申告書に、所定の事項を記載し、上記①ロに掲げる書類を添付しなければならないこととされています（措法37の13の3⑨、措令25の12の3⑯、措規18の15の2の2⑤～⑦）。

なお、繰越控除の特例の適用を受けるためには、株式等に係る譲渡所得等の金額がない年分も含め連続して一定の書類を添付した確定申告書を提出する必要があります（措法37の12の2⑦、37の13の3⑨）。

【参考通達】
・租税特別措置法通達37の13の3-1（上場株式等に係る譲渡損失の繰越控除に関する取扱いの準用）

(7) 特定新規中小企業者がその設立の際に発行した株式の取得に要した金額の控除等

　令和5年4月1日以後に、その設立の日の属する年12月31日において中小企業等経営強化法6条に規定する特定新規中小企業者に該当する株式会社でその設立の日以後の期間が1年未満の株式会社であることその他の要件を満たすもの（以下、「特定株式会社」といいます）によりその設立の際に発行される株式（以下、「設立特定株式」といいます）を払込み（その株式の発行に際してするものに限ります）により取得をした一定の居住者等は、その年分の一般株式等に係る譲渡所得等の金額又は上場株式等に係る譲渡所得等の金額の計算上、その年中の払込みにより取得をした設立特定株式（その年12月31日において有するものとされるものに限ります。以下、「控除対象設立株式」といいます）の取得に要した金額の合計額（注）を控除することとされました（措法37の13の2）。

（注）　適用前の一般株式等に係る譲渡所得等の金額（この特例を適用しないで計算した場合における一般株式等に係る譲渡所得等の金額をいいます）及び適用前の上場株式等に係る譲渡所得等の金額（この特例を適用しないで計算した場合における上場株式等に係る譲渡所得等の金額をいいます）の合計額（以下、「適用前の株式等に係る譲渡所得等の金額の合計額」といいます）が取得に要した金額の合計額に満たない場合には、適用前の株式等に係る譲渡所得等の金額の合計額に相当する金額を限度とします。

① 特定株式会社の意義

　「特定株式会社」とは、その設立の日の属する年12月31日において中小企業等経営強化法6条に規定する特定新規中小企業者に該当する株式会社でその設立の日以後の期間が1年未満であり、かつ、中小企業等経営強化法施行規則8条5号ハに該当する会社をいいます（措法37の13の2①、措規18の15の2①）。

② 特例の適用対象となる設立特定株式

　「設立特定株式」とは、特定株式会社によりその設立の際に発行される株式をいいます。この特例の適用対象となる設立特定株式は、令和5年4月1日以後に株式の発行の際の払込みにより取得をした株式に限られています（措法37の13の2①）。

　なお、この取得からは、「特定の取締役等が受ける新株予約権の行使による株式の取得に係る経済的利益の非課税等（措法29の2）」の適用を受けるものが除かれます。

③ 適用対象者

　この特例の適用対象者は、設立特定株式を払込みにより取得をした居住者等となります。た

だし、特定株式会社の発起人である必要があります。

　また、次の者は、適用対象者に含まれないこととされています（措法37の13の2①、措令25の12の2①）。

イ　設立特定株式を発行した特定株式会社の設立に際し、特定株式会社に自らが営んでいた事業の全部を承継させた個人（以下、「特定事業主であった者」といいます）

ロ　特定事業主であった者の親族

ハ　特定事業主であった者と婚姻の届出をしていないが事実上婚姻関係と同様の事情にある者

ニ　特定事業主であった者の使用人

ホ　上記ロからニまでに掲げる者以外の者で、特定事業主であった者から受ける金銭その他の資産によって生計を維持しているもの

ヘ　上記ハからホまでに掲げる者と生計を一にするこれらの者の親族

④　控除対象設立特定株式の意義及び控除対象設立特定株式の取得に要した金額の計算

イ　控除対象設立特定株式の意義

　「控除対象設立特定株式」とは、居住者等がその年中に払込みにより取得をした設立特定株式のうちその年12月31日（その者が年の中途において死亡し、又は出国をした場合には、その死亡又は出国の時）におけるその設立特定株式に係る控除対象設立特定株式数（その設立特定株式の銘柄ごとに、次の（イ）に掲げる数から（ロ）に掲げる数を控除した残数をいいます）に対応する設立特定株式をいいます（措令25の12の2④）。

（イ）その居住者等がその年中に払込みにより取得をした設立特定株式の数

（ロ）その居住者等がその年中に譲渡又は贈与をした同一銘柄株式（①の設立特定株式及びその設立特定株式と同一銘柄の他の株式をいいます）の数

ロ　控除対象設立特定株式の取得に要した金額の合計額

　控除対象設立特定株式の取得に要した金額は、その居住者等がその年中に払込みにより取得をした設立特定株式の銘柄ごとに、その払込みにより取得をした設立特定株式の取得に要した金額の合計額をその取得をした設立特定株式の数で除して計算した金額に上記イ（イ）の控除対象設立特定株式数を乗じた金額とされています（措令15の12の2③）。

ハ　株式の分割若しくは併合又は株式無償割当てがあった場合の控除対象設立特定株式の取得に要した金額の計算

　設立特定株式の払込みによる取得の後その取得の日の属する年12月31日までの期間（以下、「取得後期間」といいます）内に、その設立特定株式に係る同一銘柄株式につき分割若しくは併合又は株式無償割当てがあった場合における上記ロの取得をした設立特定株式の数及び上記イ（イ）及び（ロ）に掲げる数の計算については、その分割若しくは併合又は株式無償割当ての前にされた取得並びに譲渡及び贈与に係る株式の数は、株式の分割又は併合の場合にあってはその取得並びに譲渡及び贈与がされた株式の数にその分割又は併合の比率を乗じて得た数とし、株式無償割当ての場合にあってはその取得並びに譲渡及び贈与がされた株式の

数にその株式無償割当てにより割り当てられた株式の数を加算した数として計算します（措令25の12の2⑤⑥）。

⑤ **控除対象設立特定株式の取得に要した金額の合計額の控除の方法**

　控除対象設立特定株式の取得に要した金額の合計額の控除は、次のとおり行います（措令25の12の2②）。

イ　控除対象設立特定株式の取得に要した金額の合計額の控除は、まず適用前の一般株式等に係る譲渡所得等の金額を限度として、その取得の日の属する年分の一般株式等に係る譲渡所得等の金額の計算上控除し、なお控除しきれない金額があるときは、適用前の上場株式等に係る譲渡所得等の金額を限度として、その取得の日の属する年分の上場株式等に係る譲渡所得等の金額の計算上控除します。

ロ　雑損失の繰越控除は、この特例による控除を行った後に行います。

⑥ **他の特例の不適用**

　この特例の適用を受けた控除対象設立特定株式及び控除対象設立特定株式と同一銘柄の株式で、その適用を受けた年中に払込みにより取得をしたものについては、「特定中小会社が発行した株式の取得に要した金額の控除等（措法37の13）」及び「特定新規中小会社が発行した株式を取得した場合の課税の特例（措法41の18の4）」の適用ができないこととされています（措法37の13の2②、41の18の4③）。

⑦ **確定申告書の提出、記載及び明細書等の添付の要件**

　この特例の適用を受けようとする年分の確定申告書に、この特例の適用を受けようとする旨の記載をするとともに、次に掲げる書類の添付がある場合に限り、適用されます（措法37の13の2③、措規18の15の2②）。

イ　特定株式会社から交付を受けた都道府県知事のその特定株式会社が発行した設立特定株式に係る基準日（その特定株式会社のその設立の日の属する年12月31日をいいます）において(イ)及び(ロ)に掲げる事実の確認をした旨を証する書類（(ハ)に掲げる事項の記載があるものに限ります）

　（イ）その特定株式会社が中小企業等経営強化法施行規則8条各号に掲げる要件に該当するものであること

　（ロ）その居住者等がその特定株式会社の発起人に該当すること及びその設立特定株式の取得が発起人としての払込みによりされたものであること

　（ハ）その居住者等の氏名及び住所（国内に住所を有しない者にあっては、居所地等の一定の場所）、払込みにより取得がされたその設立特定株式の数及びその設立特定株式と引換えに払い込むべき額並びにその払い込んだ金額

ロ　その設立特定株式を発行した特定株式会社のその設立特定株式を払込みにより取得をした居住者等がその特定株式会社の成立の日において上記③イからへまでに掲げる者に該当しないことの確認をした旨を証する書類

ハ　その設立特定株式を発行した特定株式会社から交付を受けたその設立特定株式の払込みに

より取得をしたその居住者等が有するその特定株式会社の株式のその取得の時以後のその株式の異動につき、次に掲げる事項がその異動ごとに記載された明細書
- （イ）異動事由
- （ロ）異動年月日
- （ハ）異動した株式の数及び異動直後において有する株式の数
- （ニ）その他参考となるべき事項

ニ　その居住者等とその特定株式会社との間で締結された中小企業等経営強化施行規則11条2項3号ロに規定する株式の管理に関する契約に係る契約書の写し

ホ　株式等に係る譲渡所得等の金額の計算に関する明細書で適用前の一般株式等に係る譲渡所得等の金額及び適用前の上場株式等に係る譲渡所得等の金額の記載があるもの（特定口座における取引以外に株式等の譲渡所得がない場合等には特定口座年間取引報告書その他の種類）

ヘ　控除対象設立特定株式の取得に要した金額の計算に関する明細書

ト　控除対象設立特定株式数の計算に関する明細書

⑧　**特例の適用を受けた年の翌年以後の各年の取得価額等の計算**

　居住者等は、その年中に取得をした控除対象設立特定株式の取得に要した金額の合計額につきこの特例の適用を受けた場合において、適用を受けた金額（以下、「適用額」といいます）が20億円を超えたときは、その適用額から20億円を控除した残額を、その適用を受けた年（以下、「適用年」といいます）の翌年以後の各年分における適用年にその適用を受けた控除対象設立特定株式に係る同一銘柄株式の取得価額又は取得費から控除する（すなわち、取得価額等の圧縮を行う）こととなります。

　したがって、エンジェル税制の「特定中小会社が発行した株式の取得に要した金額の控除等」では特定株式会社の特定株式の特例の適用がある場合を除き、適用額の全額が控除の対象となりますが、この特例においては、適用額から20億円を控除した残額が控除の対象となります。

株式交換等に係る譲渡所得等の特例

(1) 株式交換

　居住者が、その所有する株式（以下、「旧株」といいます）について、その旧株を発行した法人の行った株式交換により、その株式交換完全親法人（注）に対してその旧株の譲渡をし、かつ、その株式交換完全親法人又はその親法人の株式の交付を受けた場合又はその旧株を発行した法人の行った適格株式交換等によりその旧株を有しないこととなった場合には、事業所得、譲渡所得、雑所得又は贈与等の場合の譲渡所得等の特例の規定において、その旧株の譲渡又は贈与はなかったものとされます（所法57の4①）。

なお、株式交換完全親法人からの剰余金の配当や株式交換に反対する株主に対する買取請求権の対価として金銭等の交付を受ける場合を除き、その株式交換完全親法人の株式（出資を含みます）又はその株式交換完全親法人との間に一定の関係がある法人の株式のいずれか一方の株式以外の資産が交付されなかったものに限ります（所令167の7①）。
(注)　株式交換により他の法人の株式を取得したことによって、その法人の発行済株式の全部を有することとなった法人をいいます。

【参考通達】
・所得税基本通達57の4-1（一株に満たない数の株式の譲渡等による代金が交付された場合の取扱い）

(2)　株式移転

　居住者が、その所有する旧株について、その発行法人の行った株式移転により、その株式移転親法人^(注)に対してその旧株の譲渡をし、かつ、その株式移転完全親法人の株式の交付を受けた場合には、事業所得、譲渡所得又は雑所得の規定において、その旧株の譲渡又は贈与はなかったものとされます（所法57の4②）。

　なお、株式移転完全親法人から株式移転に反対する株主に対する買取請求権の対価として金銭等の交付を受ける場合を除き、株式以外の資産が交付されなかったものに限ります。
(注)　株式移転により他の法人の発行済株式の全部を取得したその株式移転により設立された法人をいいます。

(3)　その他の事由による譲渡

　居住者が、その所有する次の表に掲げる有価証券について、それぞれの事由により譲渡をし、かつ、その事由により法人の株式（出資を含みます）又は新株予約権の交付を受けた場合には、事業所得、譲渡所得又は雑所得の規定において、その有価証券の譲渡はなかったものとされます（所法57の4③、所令167の7③）。

　なお、その交付を受けた株式又は新株予約権の価額がその譲渡をした有価証券の価額とおおむね同額となっていないと認められる場合は除かれます。

	有価証券の種類	譲渡の事由
①	取得請求権付株式（法人がその発行する全部又は一部の株式の内容として株主等がその法人に対してその株式の取得を請求することができる旨の定めを設けている株式をいいます）^(注)	取得請求権付株式に係る請求権の行使によりその取得の対価として、その法人の株式のみが交付される場合の請求権の行使
②	取得条項付株式（法人がその発行する全部又は一部の株式の内容として法人が一定の取得事由が発生したことを条件としてその株式の取得をすることが	取得条項付株式に係る取得事由の発生によりその取得の対価として、その法人の株式のみが交付される場合の取得事由の発生（その取得の対象となった種類の株式のすべてが取得をされる場合には、その取

	できる旨の定めを設けている株式をいいます）	得の対価として取得をされる株主等に株式及び新株予約権のみが交付される場合を含みます）
③	全部取得条項付種類株式（ある種類の株式について、これを発行した法人が株主総会その他これに類するものの取得決議によってその全部の取得をする旨の定めがある株式をいいます）	全部取得条項付種類株式に係る取得決議によりその取得の対価として、その法人の株式（新株予約権を含みます）以外の資産（その取得の対価の決定の申立てに基づいて交付される金銭等を除きます）が交付されない場合の取得決議
④	新株予約権付社債についての社債（注）	新株予約権付社債に付された新株予約権の行使によりその取得の対価として、その法人の株式が交付される場合の新株予約権の行使
⑤	取得条項付新株予約権（新株予約権について、これを発行した法人が一定の取得事由が発生したことを条件としてこれを取得することができる旨の定めがある新株予約権をいい、新株予約権を引き受ける者に特に有利な条件又は金額で交付された新株予約権及び役務の提供その他の行為に係る対価の全部又は一部として交付された新株予約権を除きます）	取得条項付新株予約権に係る取得事由の発生によりその取得の対価として、その法人の株式のみが交付される場合の取得事由の発生
⑥	取得条項付新株予約権（新株予約権について、これを発行した法人が一定の取得事由が発生したことを条件としてこれを取得することができる旨の定めがある新株予約権をいいます）が付された新株予約権付社債	取得条項付新株予約権に係る取得事由の発生によりその取得の対価として、その法人の株式のみが交付される場合の取得事由の発生

（注） 会社法167条3項又は283条に規定する1株に満たない端数（これに準ずるものを含みます）を含みます（所令167の7⑧）。

【参考通達】
・所得税基本通達57の4-2（一に満たない数の株式又は新株予約権の譲渡等による代金が交付された場合の取扱い）

⑩ 上場株式等に係る特例

(1) 上場株式等の範囲

「上場株式等」とは、次に掲げるものをいいます（措法37の11②、措令25の9②～⑩、措規18の10①）。

① 金融商品取引所に上場されている株式等
② 店頭売買登録銘柄として登録された株式
③ 店頭転換社債型新株予約権付社債
④ 店頭管理銘柄株式
⑤ 認可金融商品取引業協会の定める規則に従い、登録銘柄として認可金融商品取引業協会に備える登録原簿に登録された日本銀行出資証券
⑥ 外国金融商品市場において売買されている株式等
⑦ 投資信託でその設定に係る受益権の募集が一定の公募により行われたものの受益権
⑧ 特定投資法人の投資口
⑨ 特定受益証券発行信託でその受益権の募集が一定の公募により行われたものの受益権
⑩ 特定目的信託（その信託契約の締結時において原委託者が取得する社債的受益権の募集が一定の公募により行われたものに限ります）の社債的受益権
⑪ 国債及び地方債
⑫ 外国又はその地方公共団体が発行し、又は保証する債券
⑬ 会社以外の法人が特別の法律により発行する一定の債券
⑭ 公社債でその発行の際の有価証券の募集が一定の勧誘により行われたもの
⑮ 社債のうち、その発行の日前9月以内（外国法人にあっては、12月以内）に有価証券報告書等を内閣総理大臣に提出している法人が発行するもの
⑯ 金融商品取引所等においてその規則により公表された公社債情報に基づき発行する一定の公社債で、発行の際に作成される目論見書に、その旨の記載があるもの
⑰ 国外において発行された一定の公社債
⑱ 外国法人が発行し、又は保証する一定の債券
⑲ 銀行業等を行う法人等が発行した一定の社債
⑳ 平成27年12月31日以後に発行された公社債（同族会社が発行したものを除きます）

なお、平成28年1月1日以後に行う株式等の譲渡について適用されます（措法37の11①）。

(2) 上場株式等に係る譲渡損失の損益通算及び繰越控除

① 概　要

　居住者等の上場株式等の譲渡所得等の金額の計算上、上場株式等に係る譲渡損失があるときは、その損失の金額を上場株式等に係る配当所得等の金額（申告分離課税を選択したものに限ります）を限度として控除します（措法37の12の2①）（注）。

(注) 上場株式等に係る譲渡損失の金額について、一般株式等に係る譲渡所得等の金額から控除することはできないこととされています。

　その年の前年以前3年内の各年に生じた上場株式等に係る譲渡損失の金額（前年以前に既に控除したものを除きます）があるときは、その年分の上場株式等に係る譲渡所得等の金額及び上場株式等に係る配当所得等の金額を限度として、その年分の上場株式等に係る譲渡所得等の

金額及び上場株式等に係る配当所得等の金額から控除します（措法37の12の2⑤）^(注)。

(注)　損益通算は、後記②ハ、繰越控除は後記③ハの各手続きに係る要件をすべて満たした場合に限り適用されます。

②　上場株式等に係る譲渡損失の損益通算

イ　上場株式等に係る譲渡損失の金額

　上場株式等に係る譲渡損失の金額とは、居住者等が、上場株式等の一定の譲渡をしたことにより生じた損失の金額^(注1)のうち、その者のその譲渡をした日の属する年分の上場株式等に係る譲渡所得等の金額の計算上控除してもなお控除しきれない部分の金額^(注2)をいいます（措法37の12の2②）。

　なお、上場株式等の範囲は、上記(1)のとおりであり、「一定の譲渡」の範囲は次のとおりとなります（措法37の12の2②、措令25の11の2④～⑥）。

① 　金融商品取引業者又は登録金融機関への売委託により行う上場株式等の譲渡
② 　金融商品取引業者に対する上場株式等の譲渡
③ 　登録金融機関又は投資信託委託会社に対する上場株式等の譲渡で一定のもの
④ 　租税特別措置法37条の10第3項又は37条の11第4項各号の規定に該当する合併等による上場株式等についての譲渡
⑤ 　上場株式等を発行した法人の行う株式交換又は株式移転によるその法人の株式交換完全親法人又は株式移転完全親法人に対するその上場株式等の譲渡
⑥ 　上場株式等を発行した法人に対してその買取請求（会社法192①）に基づいて行う単元未満株式の譲渡
⑦ 　上場株式等を発行した法人に対して新株予約権付社債についての社債、取得条項付新株予約権又は取得条項付新株予約権が付された新株予約権付社債を譲渡する場合で一定のもの、又は投資信託及び投資法人に関する法律88条の9第1項に規定する取得条項付新投資口予約権のその取得条項付新投資口予約権を発行した法人に対する譲渡
⑧ 　上場株式等を発行した法人に対してその買取請求（旧商法220の6①）に基づいて行う端株の譲渡（会社法の施行に伴う関係法律の整備等に関する法律64）
⑨ 　上場株式等を発行した法人が行う会社法234条1項又は235条1項（他の法律で準用する場合を含みます）、投資信託及び投資法人に関する法律88条1項及び149条の17第1項に規定する1株又は1口に満たない端数に係る上場株式等の競売その他一定の方法による譲渡
⑩ 　信託会社（信託業務を営む金融機関を含みます）の国内にある営業所に信託されている上場株式等のその営業所を通じた、外国証券業者への売委託による譲渡
⑪ 　信託会社の営業所に信託されている上場株式等のその営業所を通じた外国証券業者に対する譲渡
⑫ 　国外転出時課税の適用により行われたとみなされた上場株式等の譲渡

(注1)　「上場株式等の一定の譲渡をしたことにより生じた損失の金額」とは、次に掲げる場合に応じ、それぞれ次の金額をいいます（措令25の11の2①、措規18の14の2①）。

① その損失の金額が、事業所得又は雑所得の基因となる上場株式等の譲渡をしたことにより生じたものである場合

⇒ 上場株式等の一定の譲渡による事業所得又は雑所得と上場株式等の一定の譲渡以外の上場株式等の譲渡による事業所得又は雑所得とを区分して上場株式等の一定の譲渡に係る事業所得の金額又は雑所得の金額の計算をした場合にこれらの金額の計算上生ずる損失の金額に相当する金額

なお、上場株式等の一定の譲渡をした日の属する年分の上場株式等の譲渡に係る事業所得の金額又は雑所得の金額の計算上必要経費に算入されるべき金額のうちに、上場株式等の一定の譲渡と上場株式等の一定の譲渡以外の株式等の譲渡に共通して生じた必要経費がある場合には、これらの所得を生ずべき業務に係る収入金額などその業務内容及び費用の性質に照らして合理的に按分し、それぞれの所得の金額の計算上控除します（措規18の14の2①）。

② その損失の金額が、譲渡所得の基因となる上場株式等の譲渡をしたことにより生じたものである場合

⇒ その上場株式等の譲渡による譲渡所得の金額の計算上生じた損失の金額

（注2）「上場株式等に係る譲渡所得等の金額の計算上控除してもなお控除しきれない部分の金額」とは、上場株式等の譲渡をした日の属する年分の上場株式等に係る譲渡所得等の金額の計算上生じた損失の金額のうち、「特定譲渡損失の金額」の合計額に達するまでの金額をいいます（措令25の11の2②）。

なお、「特定譲渡損失の金額」とは、その年中の上場株式等の譲渡に係る事業所得の金額の計算上生じた損失の金額、譲渡所得の金額の計算上生じた損失の金額又は雑所得の金額の計算上生じた損失の金額のうち、それぞれの所得の基因となる上場株式等の譲渡に係る上記（注1）①及び②に掲げる金額の合計額に達するまでの金額をいいます（措令25の11の2③）。

ロ 上場株式等に係る配当所得等の金額

上場株式等に係る譲渡損失の金額を控除することができる上場株式等に係る配当所得等の金額とは、上場株式等に係る配当所得等の課税の特例（措法8の4①）による申告分離課税を選択したもののみとなります（措法37の12の2①）。

したがって、上場株式等に係る配当所得等について、総合課税を選択して申告した年分は、この損益通算はできないということになります。

ハ 損益通算を適用して申告する場合の手続き

この損益通算を適用するためには、適用する年分の確定申告書に損益通算を適用する旨の記載をし、かつ、次に掲げる書類を添付しなければならないこととされています（措法37の12の2③、措令25の11の2⑦、措規18の14の2②）。

- 上場株式等に係る譲渡損失の金額の計算に関する明細書
- 上場株式等に係る譲渡所得等の金額の計算に関する明細書
  （上記❽(6)①ロの添付書類（ロ）参照）

ニ 他の規定との調整等

申告分離課税の対象となる上場株式等の配当所得等の金額は、この損益通算適用後の金額となります（措法37の12の2④）。

なお、この損益通算の適用がある場合には、所得税の扶養控除に該当するかどうかなどを判定する際の「合計所得金額」等についても、この損益通算適用後の金額を基礎として計算する

ことになります（措法37の12の2④、8の4③、措令25の11の2⑮⑳）。

③ 上場株式等に係る譲渡損失の繰越控除

イ 上場株式等に係る譲渡損失の金額の計算方法

　上場株式等に係る譲渡損失の繰越控除の対象となる金額は、上場株式等の一定の譲渡をしたことにより生じた損失の金額(注1)のうち、その譲渡をした日の属する年分の上場株式等に係る譲渡所得等の金額の計算上控除してもなお控除しきれない部分の金額(注2)とその年における上場株式等に係る配当所得等の金額との損益通算後の金額となります（措法37の12の2⑥）。

(注1)　「上場株式等の一定の譲渡をしたことにより生じた損失の金額」は、上記②イ(注1)と同じとなります（措令25の11の2⑨）。

(注2)　「上場株式等に係る譲渡所得等の金額の計算上控除してもなお控除しきれない部分の金額」は、上記②イ(注2)と同じとなります（措令25の11の2⑩）。

ロ　上場株式等に係る譲渡損失の金額の繰越控除の方法

　上場株式等に係る譲渡損失の繰越控除は、次の順序となります（措令25の11の2⑧、措通37の12の2-4）。

　(イ)　控除する上場株式等に係る譲渡損失の金額が前年以前3年以内の2以上の年に生じたものである場合には、これらの年のうち最も古い年に生じた上場株式等に係る譲渡損失の金額から順次控除します。

　(ロ)　上場株式等に係る譲渡損失の金額の控除をする場合において、その年分の上場株式等に係る譲渡所得等の金額(注)及び上場株式等に係る配当所得等の金額があるときは、その上場株式等に係る譲渡損失の金額は、まずその上場株式等に係る譲渡所得等の金額から控除し、なお控除しきれない損失の金額があるときは、その上場株式等に係る配当所得等の金額から控除します。

　(注)　「特定投資株式の取得に要した金額の控除等」（措法37の13①）又は「特定中小会社が発行した株式に係る譲渡損失の繰越控除等」（措法37の13の3④⑦）の適用がある場合には、その適用後の金額となります。

　(ハ)　雑損失の繰越控除（所法71①）が行われる場合には、まず上場株式等に係る譲渡損失の繰越控除を行った後、雑損失の繰越控除を行います。

ハ　繰越控除を適用して申告する場合の手続き

　繰越控除を適用するためには、次のすべての要件を満たす必要があります（措法37の12の2⑦）。

　(イ)　上場株式等に係る譲渡損失の金額が生じた年分の所得税について一定の書類の添付がある確定申告書を提出すること

　(ロ)　その後において連続して確定申告書を提出すること

　(ハ)　この繰越控除を適用としようとする年分の確定申告書に一定の書類を添付すること

　なお、「一定の書類」とは、次に掲げる書類をいいます（措規18の14の2②～⑤）。

　　・繰越控除を受ける金額の計算に関する明細書

　　　なお、上場株式等に係る譲渡損失の金額が生じた年分の後の年に上場株式等に係る譲渡がない場合でもその年の翌年以後にこの繰越控除を適用するときは、確定申告書にこ

の明細書を添付する必要があります。
- 上場株式等に係る譲渡所得等の金額の計算に関する明細書

  (上記❽(6)①ロの添付書類㈹参照)

ニ　他の規定との調整等

　申告分離課税の対象となる上場株式等の配当所得等の金額は、この繰越控除の適用後の金額となります（措法37の12の２⑧）。

　なお、この繰越控除の適用がある場合には、所得税の扶養控除に該当するかどうかなどを判定する際の「合計所得金額」等については、上記の損益通算の適用がある場合と異なり、この繰越控除の適用前の金額を基礎として計算することになります（措法37の12の２⑧、8の4③、措令25の11の2⑮⑳）。

【参考通達】
- 租税特別措置法通達37の12の２-１（売委託）
- 租税特別措置法通達37の12の２-２（上場株式等に係る配当所得等の金額の意義）
- 租税特別措置法通達37の12の２-４（上場株式等に係る配当所得等の金額もある場合の繰越控除の順序）
- 租税特別措置法通達37の12の２-５（更正の請求による更正により上場株式等に係る譲渡損失の金額があることとなった場合）
- 租税特別措置法通達37の12の２-６（更正により上場株式等に係る譲渡損失の金額が増加した場合）

(3) 特定口座内保管上場株式等の譲渡等に係る所得計算等の特例

① 特定口座制度の概要

　居住者等が、金融商品取引業者等に特定口座を開設した場合^(注)に、その特定口座内における上場株式等の譲渡による譲渡所得等の金額については、特定口座外で譲渡した他の株式等の譲渡による所得と区分して計算します。

　この計算は、金融商品取引業者等が行うことから、金融商品取引業者等から送付される特定口座年間取引報告書により、簡便に申告（簡易申告口座の場合）を行うことができます。

(注)　1金融商品取引業者等につき、1口座（ただし、課税未成年者口座として設けられた特定口座を除きます）に限られます。

　特定口座内で生じる所得に対して源泉徴収することを選択した場合には、その特定口座（以下、「源泉徴収口座」といいます）における上場株式等の譲渡による所得は原則として、確定申告は不要となります。

　ただし、他の口座での譲渡損益と相殺する場合や上場株式等に係る譲渡損失を繰越控除する特例の適用を受ける場合には、確定申告をする必要があります。

　「特定口座」とは、居住者等が、金融商品取引業者等の営業所（国内にあるものに限りま

す）に、「特定口座開設届出書」を提出して、その金融商品取引業者等との間で締結した「上場株式等保管委託契約」又は「上場株式等信用取引等契約」に基づき設定された上場株式等の振替口座簿への記載若しくは記録若しくは保管の委託又は上場株式等信用取引等に係る口座（これらの契約及び上場株式配当等受領委任契約に基づく取引以外に関する事項を扱わないものに限ります）をいいます（措法37の11の3③一）。

なお、特定口座開設届出書は、①取得した上場株式等を最初にその口座に受け入れる時又は、②その口座において最初に信用取引等を開始する時のいずれか早い時までに提出しなければならないこととされています（措令25の10の2⑤）。

上記について、図示すると次のようになります。

特定口座	年ごとに選択	源泉徴収口座	証券会社が年間の譲渡損益を計算（特定口座年間取引報告書）	選択	申告不要
					要申告（※）
		簡易申告口座			要申告（※）
一般の口座	納税者が年間の譲渡損益を計算（株式等の譲渡所得等の金額の計算明細書）				要申告（※）

（※）　譲渡損益×20.315%（所得税及び復興特別所得税15.315%・住民税5%）

②　特定口座内保管上場株式等の譲渡等に係る所得計算等の特例

居住者等が、金融商品取引業者等に一定の要件を満たす特定口座を開設した場合において、その特定口座に係る振替口座簿に記載若しくは記録がされ、又は特定口座に保管の委託がされている上場株式等（以下、「特定口座内保管上場株式等」といいます）又はその特定口座において処理された信用取引又は発行日取引（以下、「信用取引等」といいます）に係る上場株式等の譲渡による所得の計算については、他の株式等の譲渡による所得と区分して計算されます（措法37の11の3①②）。

【参考通達】
・租税特別措置法通達37の11の3-1（特定口座内保管上場株式等の譲渡による取得費等の額の計算）
・租税特別措置法通達37の11の3-3（特定口座内保管上場株式等を現渡しした場合）
・租税特別措置法通達37の11の3-4（株式無償割当てにより取得した上場株式等を特定口座に受け入れる場合の「取得をした日」）
・租税特別措置法通達37の11の3-5（貸付契約に基づいて返還された上場株式等の取得価額等）
・租税特別措置法通達37の11の3-6（取引所売買株式等）
・租税特別措置法通達37の11の3-7（最終の気配相場の価格）
・租税特別措置法通達37の11の3-8（2以上の市場に価格が存在する場合）
・租税特別措置法通達37の11の3-9（価格公表者）

- 租税特別措置法通達37の11の3-10（その他価格公表株式等の最終の売買の価格等）
- 租税特別措置法通達37の11の3-11（一株に満たない端数の処理）
- 租税特別措置法通達37の11の3-12（特定口座内保管上場株式等を払い出した場合）
- 租税特別措置法通達37の11の3-13（特定口座以外の上場株式等に係る譲渡所得等の金額との合計）
- 租税特別措置法通達37の11の3-14（株式等に係る譲渡所得等の特例に関する取扱い等の準用）

③ 特定口座内保管上場株式等の譲渡による所得等に対する源泉徴収等の特例

居住者等から「特定口座源泉徴収選択届出書」の提出がされた特定口座を通じて特定口座内保管上場株式等の譲渡又は上場株式等の信用取引等に係る差金決済により源泉徴収選択口座内調整所得金額が生じた場合には、その譲渡の対価又は差金決済に係る差益に相当する金額の支払をする金融商品取引業者等は、その支払をする際に、その源泉徴収選択口座内調整所得金額に所得税及び復興特別所得税15.315％の税率を乗じて計算した金額を徴収し、これをその徴収の日の属する年の翌年1月10日までに納付しなければならないこととされています（措法37の11の4、復興財確法28）。

【参考通達】
- 租税特別措置法通達37の11の4-1（特定口座源泉徴収選択届出書の提出期限）
- 租税特別措置法通達37の11の4-2（他の金融商品取引業者等を通じて行う譲渡）

④ 確定申告を要しない上場株式等の譲渡による所得

「特定口座源泉徴収選択届出書」を提出した源泉徴収口座を有する居住者等は、その提出に係る年分の所得税については、次に掲げる金額を除外して、その年分の確定申告を行うことができます（措法37の11の5①）。

イ　上場株式等に係る譲渡所得等の金額、上場株式等に係る譲渡損失の金額
ロ　給与所得及び退職所得以外の所得金額
ハ　公的年金等に係る雑所得以外の所得金額の計算上、その年中にした源泉徴収口座に係る特定口座内保管上場株式等の譲渡及び源泉徴収選択口座においてその年中に処理された信用取引等の差金決済に係る上場株式等の譲渡による所得の金額及び損失の金額

【参考通達】
- 租税特別措置法通達37の11の5-1（適用を受けた場合の効果）
- 租税特別措置法通達37の11の5-2（2以上の源泉徴収選択口座を有する場合）
- 租税特別措置法通達37の11の5-3（源泉徴収選択口座において生じた所得の金額等を申告する場合の計算）
- 租税特別措置法通達37の11の5-4（源泉徴収選択口座において生じた所得の金額等を申告した場合の効果）

第3章 各種所得の金額の計算

⑤　源泉徴収選択口座内配当等に係る所得計算及び源泉徴収等の特例

イ　上場株式等の配当等の源泉徴収選択口座への受入れ

(イ)　源泉徴収選択口座内配当等

　源泉徴収選択口座内配当等とは、居住者等が支払を受ける上場株式等の配当等のうち、その居住者等がその源泉徴収選択口座を開設している金融商品取引業者等と締結した上場株式配当等受領委任契約に基づきその源泉徴収選択口座に設けられた特定上場株式等勘定に受け入れられたものをいいます（措法37の11の6①）。

(ロ)　上場株式等の配当等の源泉徴収選択口座への受入れ

　特定口座（源泉徴収選択口座）において取り扱うことができる取引の範囲には、上場株式配当等受領委任契約に基づく取引が含まれることから、源泉徴収選択口座に上場株式等の配当等を受け入れることができます（措法37の11の3③一、37の11の6④一）。

(ハ)　源泉徴収選択口座内配当等に係る配当所得の区分計算

　a　源泉徴収選択口座内配当等と源泉徴収選択口座内配当等以外の配当等の区分計算

　　源泉徴収選択口座を有する居住者等が支払を受ける源泉徴収選択口座内配当等については、その源泉徴収選択口座内配当に係る利子所得の金額及び配当所得の金額と源泉徴収選択口座内配当等以外の配当等に係る利子所得の金額及び配当所得の金額とを区分して計算します（措法37の11の6①、措令25の10の13①）。

　b　共通負債利子の額の合理的基準による配分

　　この配当所得の区分計算をする場合において、その年分の配当所得の金額の計算上、その配当等の収入金額から差し引く株式等を取得するために要した負債の利子の額のうちにそれぞれの源泉徴収選択口座において有する源泉徴収選択口座内配当等に係る配当所得と源泉徴収選択口座内配当等以外の配当等に係る配当所得の双方の配当所得を生ずべき株式等を取得するために要した金額（以下、「共通負債利子の額」といいます）があるときは、その共通負債利子の額は、これらの配当所得を生ずべき株式等の取得に要した金額その他の合理的と認められる基準により配分します（措令25の10の13①後段）。

ロ　源泉徴収選択口座内配当等に係る源泉徴収に関する特例（損益通算）

(イ)　金融商品取引業者等が居住者等に対してその年中に交付した源泉徴収選択口座内配当等について徴収して納付すべき所得税の額の計算

　金融商品取引業者等が居住者等に対してその年中に交付した源泉徴収選択口座内配当等について徴収して納付すべき所得税の額を計算する場合において、その源泉徴収選択口座内配当等に係る源泉徴収選択口座において上場株式等に係る譲渡損失の金額があるときは、その源泉徴収選択口座内配当等について徴収して納付すべき所得税の額は、その源泉徴収選択口座内配当等の額の総額から上場株式等に係る譲渡損失の金額を控除（損益通算）した残額に対して源泉徴収税率を乗じて計算します（措法37の11の6⑥、措令25の10の13⑧）。

(ロ)　確定申告を要しない配当所得等の特例の適用

　この特例を適用した源泉徴収選択口座内配当等についても利子所得又は配当所得の申告

不要の特例（措法8の5）を適用することができます。
(ハ) 源泉徴収選択口座内配当等の申告
　　源泉徴収選択口座における上場株式等に係る譲渡損失の金額を申告する場合は、源泉徴収選択口座内配当等についても併せて申告しなければならないこととされています（措法37の11の6⑩）。

【参考通達】
・租税特別措置法通達37の11の6－1（共通負債利子の額の配分）
・租税特別措置法通達37の11の6－2（源泉徴収選択口座内配当等の収入すべき時期）

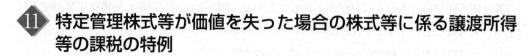 特定管理株式等が価値を失った場合の株式等に係る譲渡所得等の課税の特例

(1) 概　要

居住者等が有する特定管理株式等又は特定口座内公社債に価値喪失事実が発生したときは、これら株式等の譲渡があったものとして、これら株式の取得価額を上場株式等に係る譲渡損失の金額とみなして、損益通算及び繰越控除の対象とされます（措法37の11の2、措令25の9の2、措規18の10の2）。

(2) 特例の対象となる株式等

区　分	内　容
① 特定管理株式等	居住者等の開設する特定口座に係る一定の特定口座内保管上場株式等が上場株式等に該当しないこととなった内国法人が株式又は公社債につき、上場株式等に該当しないこととなった日以後引き続き特定口座を開設する金融商品取引業者等に開設される特定管理口座（注）に係る振替口座簿に記載若しくは記録がされ、又は特定管理口座に保管の委託がされている内国法人が発行した株式又は公社債 （注）「特定管理口座」とは、特定口座内保管上場株式等が上場株式等に該当しないこととなった内国法人が発行した株式又は公社債につきその特定口座からの移管により保管の委託がされることその他の一定の要件を満たす口座をいいます。
② 特定口座内公社債	特定口座に係る振替口座簿に記載若しくは記録がされ、又は特定口座に保管の委託がされている内国法人が発行した公社債

(3) 価値喪失事実

①　特定管理株式等は、特定口座内公社債を発行した内国法人が解散（合併による解散は除きます）をし、その清算が結了したこと

〈特定管理株式等である株式の場合〉
② 特定管理株式等である株式を発行した内国法人（以下、「特定株式発行法人」といいます）が破産手続開始の決定をしたこと
③ 特定株式発行法人がその発行済株式の全部を無償で消滅させることを定めた更生計画認可の決定を受け、その更生計画に基づきその発行済株式の全部を無償で消滅させたこと
④ 特定株式法人がその発行済株式（投資口）の全部を無償で消滅させることを定めた再生計画認可の決定が確定し、その再生計画に基づき発行済株式の全部を無償で消滅させたこと
⑤ 特定株式発行法人が預金保険法の規定による特別危機管理開始決定を受けたこと

〈特定管理株式等である公社債又は特定口座内公社債である場合〉
⑥ 特定管理株式等である公社債又は特定口座内公社債（以下、「特定口座内公社債等」といいます）を発行した内国法人（以下、「特定口座内公社債等発行法人」といいます）が破産手続廃止の決定又は破産手続終結の決定を受けたことにより、特定口座内公社債等と同一銘柄の社債に係る債権の全部について弁済を受けることができないことが確定したこと
⑦ 特定口座内公社債等発行法人がその社債を無償で消滅させることを定めた更生計画認可の決定を受け、その更生計画に基づき特定口座内公社債等と同一銘柄の社債を無償で消滅させたこと
⑧ 特定口座内公社債等発行法人がその社債を無償で消滅させることを定めた再生計画認可の決定が確定し、その再生計画に基づき特定口座内公社債等と同一銘柄の社債を無償で消滅させたこと

(4) 特例の適用を受けるための手続き

この特例の適用を受けるためには、次の手続きが必要になります（措法37の11の2③、措令25の9の2⑦⑧、措規18の10の2⑤）。
① 特定口座を開設している金融商品取引業者等の営業所において、最初に株式又は公社債を特定管理口座に受け入れる時までに特定管理口座開設届出書を提出し特定管理口座を開設すること
② 価値喪失事実が発生した年分の確定申告書にこの特例を受けようとする旨の記載があること
③ ②の確定申告書に、価値喪失株式等につき、①の営業所長から交付を受けた書類で次に掲げる区分に応じ、それぞれ次に定める書類を添付すること
　イ 特定管理株式
　　特定株式会社等が解散（合併による解散を除きます。以下同じ）をし、その清算が結了したこと等を①の営業所長が確認をした旨を証する書類
　ロ 特定口座内公社債等

①の営業所の長が一定の事実^(注)を確認した旨を証する書類
　　(注)　特定口座内公社債等に係る特定口座内公社債等発行法人が解散をし、その清算が結了したこと等の事実
④　株式等に係る譲渡所得等の金額の計算明細書^(注)の添付がある確定申告書を提出していること。
　　(注)　価値喪失株式等と価値喪失株式等以外の株式等との別に記載があるものに限ります。

【参考通達】
・租税特別措置法通達37の11の2-1（非課税口座又は未成年者口座から移管された株式のうち特定管理株式等とならないもの）
・租税特別措置法通達37の11の2-2（特定管理株式等が価値を失った場合の特例の適用）
・租税特別措置法通達37の11の2-3（株式等に係る譲渡所得等の課税の特例に関する取扱いの準用）

12　株式等を対価とする株式の譲渡に係る譲渡所得等の課税の特例

　個人が、その有する株式（所有株式）を発行した法人を株式交付子会社とする株式交付によりその所有株式を譲渡し、その株式交付に係る株式交付親会社の株式の交付を受けた場合^(注1)には、その譲渡した所有株式の譲渡はなかったものとみなされます（措法37の13の3①）。

　また、その株式交付により交付を受けた金銭等（その株式交付親会社の株式を除きます）がある場合には、その所有株式のうち、その株式交付により交付を受けた金銭等の価額の合計額（その株式交付親会社の株式の価額を除きます）に対応する部分以外のものとして一定の部分^(注2)に限って譲渡はなかったものとされます（措法37の13の3①）。

　この特例は、令和3年4月1日以後に行われる株式交付について適用されます。

(注1)　株式交付により交付を受けた株式交付親会社の株式の価額がその株式交付により交付を受けた金銭等の価額の合計額のうちに占める割合が80％未満の場合並びに株式交付直後の株式交付親会社が一定の同族会社に該当する場合を除きます。
　　　ここでいう、一定の同族会社とは、同族会社であることについての判定の基礎となった株主のうちに同族会社でない法人（人格のない社団等を含みます）がある場合には、その法人をその判定の基礎となる株主から除外して判定するものとした場合においても同族会社となるものをいい（措法37の13の4①）、令和5年10月1日以後に行われる株式交付について適用されます。
(注2)　一定の部分とは、この特例の適用がある株式交付により譲渡した所有株式のうち、その所有株式の価額に次に掲げる株式交付割合を乗じて計算した金額に相当する部分をいいます（措令25の12の4①）

〔算　式〕
　株式交付割合＝A÷B
　　A：株式交付により交付を受けた株式交付親会社の株式の価額
　　B：株式交付により交付を受けた金銭等の価額の合計額（剰余金の配当として交付を受けた金銭等の価額の合計額を除きます）

【参考通達】
・租税特別措置法通達37の13の4-1（株式交付親会社の株式の占める割合の判定等における株式交付親会社の株式の価額）
・租税特別措置法通達37の13の4-2（株式交付親会社の株式の占める割合の判定等の単位）
・租税特別措置法通達37の13の4-3（一株に満たない株式の譲渡等による代金が交付された場合の取扱い）
・租税特別措置法通達37の13の4-4（株式交付により金銭等の交付を受けた場合の譲渡所得等の金額）

13 非課税口座内の少額上場株式等に係る譲渡所得等の非課税措置

(1) 非課税口座内の少額上場株式等に係る譲渡所得等の非課税措置（NISA・積立NISA）

① 非課税上場株式等管理契約に係る非課税措置（NISA）

イ　概　要

　18歳以上（注1）の居住者等が非課税口座（注2）に非課税管理勘定を設けた日から同日の属する年の1月1日以後5年を経過する日までの間に、非課税口座内上場株式等のうちその非課税管理勘定に係るものの非課税上場株式等管理契約に基づく譲渡をした場合には、その譲渡による譲渡所得等については、所得税を課さないこととされ、また、その譲渡による損失金額はないものとみなすとされています（措法37の14①②）。

(注1)　口座開設の年の1月1日現在の年齢となります。なお、令和5年1月1日より前に開設される非課税口座については、その年の1月1日において20歳以上である居住者等が対象となります。

(注2)　「非課税口座」とは、居住者等が金融商品取引業者等との間で締結した次の契約に基づき設定された上場株式等の振替口座簿への記載等に係る口座をいいます（措法37の14⑤一）。なお、この口座において、次の①、②及び③に基づく取引以外の取引に関する事項を扱わないものに限ります。
　①　非課税上場株式等管理契約（平成26年1月1日から令和5年12月31日までの期間）
　②　非課税累積投資契約（平成30年1月1日から令和5年12月31日までの期間）
　③　特定非課税累積投資契約（令和6年1月1日以後の期間）
　　なお、非課税口座の少額上場株式等に係る配当所得の非課税（NISA）については、310ページ参照。

ロ　NISA制度の概要は、次のとおりです。

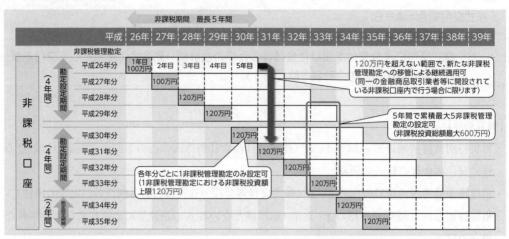

（出典：国税庁パンフレットより一部抜粋）

ハ　主な適用要件等

非課税口座内の少額上場株式等に係る譲渡所得等の非課税措置の主な適用要件等は、次のとおりとなります。

①	非課税対象	非課税口座内の少額上場株式等に係る配当等、譲渡益
②	非課税投資額	非課税投資勘定が設けられた日から同日の属する年の12月31日までの間に受け入れた上場株式等のその年中の新規投資額の合計額で120万円（注1）を上限（注2） （注1）　その口座の他の年分の非課税管理勘定等から、その非課税管理勘定等が設けられた日の属する年の1月1日から5年を経過した日に移管がされる上場株式等がある場合には、その移管に係る払出し時の金額を控除した金額となります。 （注2）　未使用枠について、翌年以降への繰越はできないこととされています。
③	保有期間	最長5年間、途中売却（売却部分の枠の再利用不可）
④	口座開設数	年分ごとに1非課税管理勘定（一定の条件及び手続きのもとで、年分ごとに金融商品取引業者等の変更は可）
⑤	開設者 （対象者）	居住者等（口座開設の年の1月1日において18歳以上である者）（※）
⑥	開設期間	平成26年1月1日から令和5年12月31日までの10年間

（※）　令和5年1月1日より前に開設される非課税口座については、その年の1月1日において20歳以上である居住者等が対象となります。

ニ　非課税管理勘定に受け入れることができる上場株式等

非課税管理勘定に受け入れることができる上場株式等の範囲は、次のとおりとなります（措法37の14⑤ニ）。なお、上場株式等とは、上記❿(1)の上場株式等の範囲（527～528ページ）と同じとなります。

(イ)　非課税口座を開設した金融商品取引業者等への買付けの委託により取得した上場株式等、その金融商品取引業者等から取得をした上場株式等又はその金融商品取引業者等が行う上

場株式等の募集により取得をした上場株式等で、その取得後直ちに非課税口座に受け入れられるもの

(ロ) 非課税管理勘定を設けた非課税口座に係る他の年分の非課税管理勘定等から一定の手続の下で移管がされる上場株式等

(ハ) 非課税口座に設けられた非課税管理勘定に係る上場株式等について行われた株式等の分割・併合、株式無償割当て等により取得する上場株式等など、一定の要件を満たす上場株式等

② 非課税累積投資契約に係る非課税措置(つみたてNISA)

イ 概要

金融商品取引業者等の営業所に非課税口座を開設している居住者等が、その非課税口座に累積投資勘定(注1)を設けた日から同日の属する年の1月1日以後20年を経過する日までの間において、その累積投資勘定に係る上場等株式投資信託の受益権の非課税累積投資契約(注2)に基づく譲渡をした場合には、その譲渡による譲渡所得等については、所得税を課さないこととされ、また、その譲渡による損失金額はないものとみなすこととされています(措法37の14①②)。

(注1) 「累積投資勘定」とは、非課税累積投資契約に基づき振替口座簿への記載等がされる上場等株式投資信託の受益権の振替口座簿への記載等に関する記録を他の取引に関する記録と区分して行うための勘定で、一定の要件を満たすものをいいます(措法37の14⑤五)。

(注2) 「非課税累積投資契約」とは、非課税制度の適用を受けるために居住者等が金融商品取引業者等と締結した累積投資契約(※)により取得した上場等株式投資信託の受益権の振替口座簿への記載等に係る契約で、その契約書において、一定の事項が定められているものをいいます(措法37の14⑤四)。

(※) その居住者等が、一定額の上場等株式投資信託の受益権につき、定期的に継続して、その金融商品取引業者等に買付けの委託等をすることを約する契約で、あらかじめその買付けの委託等をする受益権の銘柄が定められているものをいいます。

ロ 年分ごとにNISAとの選択適用が可能となっています。

ハ つみたてNISAの概要

つみたてNISAの概要は、次のとおりとなります。

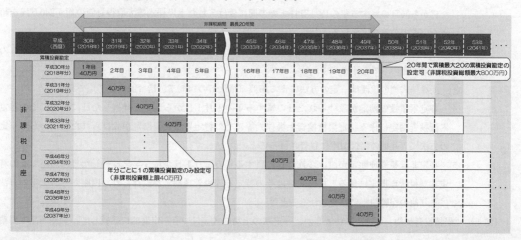

(出典:国税庁パンフレットより一部抜粋)

③ 特定非課税累積投資契約に係る非課税措置

イ 概　要

　居住者等が、金融商品取引業者等の営業所に開設した非課税口座に特定累積投資勘定(注1)又は特定非課税管理勘定(注2)を設けた日から同日の属する年の1月1日以後5年を経過する日までの間に、その特定累積投資勘定(注1)又は特定非課税管理勘定(注2)に係る非課税口座内上場株式等の特定非課税累積投資契約(注3)に基づく譲渡をした場合には、その譲渡による譲渡所得等については、所得税を課さないこととされ、また、その譲渡による損失金額はないものとみなすこととされています（措法37の14①三・四②）。

(注1)　「特定累積投資勘定」とは、特定非課税累積投資契約に基づき振替口座簿への記載若しくは記録又は保管の委託がされる特定累積投資上場株式等につきその記載若しくは記録又は保管の委託に関する記録を他の取引に関する記録と区分して行うための勘定で、次に掲げる要件を満たすものをいいます（措法37の14⑤七）。

　① この勘定は、令和6年1月1日から令和10年12月31日までの期間内の各年（累積投資勘定が設けられる年を除きます。②において「勘定設定期間内の各年」といいます）においてのみ設けられること

　② この勘定は、原則として勘定設定期間内の各年の1月1日において設けられていること

(注2)　「特定非課税管理勘定」とは、特定非課税累積投資契約に基づき振替口座簿への記載若しくは記録又は保管の委託がされる上場株式等につきその記載若しくは記録又は保管の委託に関する記録を他の取引に関する記録と区分して行うための勘定で、特定累積投資勘定と同時に設けられるものをいいます（措法37の14⑤八）。

(注3)　「特定非課税累積投資契約」とは、居住者等が金融商品取引業者等と締結した累積投資契約(注4)により取得した上場株式等の振替口座簿への記載若しくは記録又は保管の委託で、その契約書において、次の事項が定められているものをいいます（措法37の14⑤六）。

　① 上場株式等の振替口座簿への記載若しくは記録又は保管の委託は、その記載若しくは記録又は保管の委託に係る口座に設けられた特定累積投資勘定又は特定非課税管理勘定において行うこと

　② 特定累積投資勘定においては居住者等の累積投資上場株式等であって一定のもの（以下、「特定累積投資上場株式等」といいます）のうち特定累積投資勘定が設けられた日から同日の属する年の12月31日までの間に受け入れた特定累積投資上場株式等で取得対価の額が120万円を超えないもののみを受け入れること

　③ 特定非課税管理勘定においては居住者等の上場株式等(※)のうち特定非課税管理勘定が設けられた日から同日の属する年の12月31日までの間に受け入れた上場株式等で取得対価の額が240万円を超えないもののみ受け入れること

　　(※)　その年分の特定累積投資勘定に特定累積投資上場株式等を受け入れる時前に取得をしたもの等一定のものを除きます

　④ 上場株式等の譲渡は一定の方法による譲渡（措法37の14⑤二、措令25の13⑦）であること

　⑤ 特定累積投資勘定が設けられた日の属する年の1月1日から5年を経過した日においてその特定累積投資勘定に係る特定累積投資上場株式等はその特定累積投資勘定が設けられた口座から、一定の方法により他の保管口座に移管されること

　⑥ 特定非課税管理勘定が設けられた日の属する年の1月1日から5年を経過した日においてその特定非課税管理勘定に係る上場株式等はその特定非課税管理勘定が設けられた口座から、一定の方法により他の保管口座に移管されること等

(注4)　「累積投資契約」とは、居住者等が、一定額の上場株式等につき、定期的に継続して、金融商品取引業

者等に買付けの委託をし、その金融商品取引業者等から取得し、又はその金融商品取引業者等が行う募集により取得することを約する契約で、あらかじめその買付けの委託又は取得をする上場株式等の銘柄が定められているものをいいます（措法37の14⑤四）。

ロ　NISA制度の抜本的拡充・恒久化

【～令和5年】

	つみたてNISA いずれかを選択	一般NISA
年間の投資上限額	40万円	120万円
非課税保有期間	20年間	5年間
口座開設可能期間	平成30年（2018年）～令和19年（2037年）	平成26年（2014年）～令和5年（2023年）
投資対象商品	積立・分散投資に適した一定の公募等株式投資信託（商品性について内閣総理大臣が告示で定める要件を満たしたものに限る）	上場株式・公募株式投資信託等
投資方法	契約に基づき、定期かつ継続的な方法で投資	制限なし

【令和6年以降】

	つみたて投資枠　併用可	成長投資枠
年間の投資上限額	120万円	240万円
非課税保有期間（※1）	制限なし（無期限化）	同左
非課税保有限度額（※2）（総枠）	1,800万円 ※簿価残高方式で管理（枠の再利用が可能）	
		1,200万円（内数）
口座開設可能期間	制限なし（恒久化）	同左
投資対象商品	積立・分散投資に適した一定の公募等株式投資信託（商品性について内閣総理大臣が告示で定める要件を満たしたものに限る）	上場株式・公募株式投資信託等（※3）※安定的な資産形成につながる投資商品に絞り込む観点から、高レバレッジ投資信託などを対象から除外
投資方法	契約に基づき、定期かつ継続的な方法で投資	制限なし
現行制度との関係	令和5年末までに現行の一般NISA及びつみたてNISA制度において投資した商品は、新しい制度の外枠で、現行制度における非課税措置を適用	

（注1）　非課税保有期間の無期限化に伴い、現行のつみたてNISAと同様、定期的に利用者の住所等を確認し、制度の適正な運用を担保。
（注2）　利用者それぞれの非課税保有限度額については、金融機関から既存の認定クラウドを活用して提出された情報を国税庁において管理。
（注3）　金融機関による「成長投資枠」を使った回転売買への勧誘行為に対し、金融庁が監督指針を改正し、法令に基づき監督及びモニタリングを実施。

（出典：『令和5年版　改正税法のすべて』より抜粋）

【参考通達】

・租税特別措置法通達37の14-1（非課税口座内上場株式等に係る譲渡所得等の非課税）
・租税特別措置法通達37の14-2（受入期間内に取得した者から相続等により取得した場合）
・租税特別措置法通達37の14-3（非課税口座内上場株式等に係る譲渡損失）
・租税特別措置法通達37の14-4（最終の気配相場の価格）
・租税特別措置法通達37の14-5（2以上の市場に価格が存する場合）
・租税特別措置法通達37の14-5の2（非課税期間終了時における非課税口座内上場株式等の移管）
・租税特別措置法通達37の14-6（購入の範囲）
・租税特別措置法通達37の14-7（払込みの範囲）
・租税特別措置法通達37の14-8（取得対価の額）
・租税特別措置法通達37の14-9（非課税口座内上場株式等の取得に要した費用等の取扱い）
・租税特別措置法通達37の14-10（非課税管理勘定等に受入れ可能な上場株式等の取得対価の額の合計額の判定）
・租税特別措置法通達37の14-11（外貨で表示されている上場株式等に係る取得の対価の額等の邦貨換算）
・租税特別措置法通達37の14-12（他年分非課税管理勘定等からの移管の範囲）
・租税特別措置法通達37の14-12の2（他年分非課税管理勘定が設けられた日の属する年の1月1日から5年を経過する日以前等に移管される上場株式等）
・租税特別措置法通達37の14-13（一株（口）に満たない端数の処理）
・租税特別措置法通達37の14-15（確認書類の範囲）
・租税特別措置法通達37の14-16（郵便等により提示された確認書類によって氏名等を確認する場合）
・租税特別措置法通達37の14-17（特定の営業所の長が提供事項を取りまとめて提供する場合の取扱い）
・租税特別措置法通達37の14-19（郵便等により提出された金融商品取引業者等変更届出書等の提出日の取扱い）
・租税特別措置法通達37の14-20（重ねて設けられた非課税管理勘定等で行われた取引の取扱い）
・租税特別措置法通達37の14-21（重ねて設けられた非課税管理勘定等の判定）
・租税特別措置法通達37の14-22（継続適用期間中に非課税管理勘定等に受け入れることができない上場株式等）
・租税特別措置法通達37の14-23（継続適用届出書の提出をすることができない者）
・租税特別措置法通達37の14-24（継続適用届出書提出者が非課税口座廃止届出書を提出した場合）
・租税特別措置法通達37の14-25（株式等に係る譲渡所得等の課税の特例に関する取扱い等の準用）

(2) 未成年者口座内の少額上場株式等に係る譲渡所得等の非課税措置（ジュニアNISA）

① 概　要

　18歳未満(注1)の居住者等が、①未成年者口座(注2)に非課税管理勘定(注3)が設けた日から同日の属する年の１月１日以後５年を経過するまでの間又は②未成年者口座に継続管理勘定(注4)を設けた日からその未成年者口座を開設した者がその年１月１日において18歳である年の前年12月31日までの間に、未成年者口座内上場株式等(注5)のその未成年者口座管理契約(注6)に基づく譲渡をした場合には、その譲渡による譲渡所得等については、所得税を課さないこととされ、また、その譲渡による損失金額はないものとみなされています（措法37の14の２①②）。

(注1)　口座開設の年の１月１日現在の年齢となります。なお、令和５年１月１日より前に開設される未成年者口座については、20歳未満となります。以下同じです。

(注2)　「未成年者口座」とは、居住者等(※1)が、金融商品取引業者等に未成年者非課税適用確認書等を提出することにより平成28年４月１日から令和５年12月31日までの間に開設した口座(※2)をいいます（措法37の14の２⑤一）。

　　（※1）　その年１月１日において18歳未満である者又はその年中に出生した者に限ります。

　　（※2）　未成年者口座管理契約に基づく取引以外の取引に関する事項を扱わないものに限ります。

(注3)　「非課税管理勘定」は、平成28年から令和５年までの各年(※1)の１月１日(※2)に設けることができます（措法37の14の２⑤三）。

　　（※1）　その居住者等がその年１月１日において18歳未満である者又はその年中に出生した者に限ります。

　　（※2）　未成年者非課税適用確認書が年の中途で提出された場合はその提出日等となります。

(注4)　「継続管理勘定」は、令和６年から令和10年までの各年(※)の１月１日に設けることができます（措法37の14の２⑤四）。

　　（※）　その居住者等がその年１月１日において18歳未満である年に限ります。

(注5)　「未成年者口座内上場株式等」とは、未成年者口座管理契約(注6)に基づきその未成年者口座に係る振替口座簿に記載等がされた上場株式等をいいます。

　　なお、未成年者口座内の上場株式等は、その未成年者口座を開設した日から居住者等がその年３月31日において18歳である年の前年12月31日までの間、課税未成年者口座（居住者等が未成年者口座を開設している金融商品取引業者等の営業所等に開設した特定口座等をいいます）以外の口座への払出しが制限されています（措法37の14の２⑤二ヘ、五）。

(注6)　「未成年者口座管理契約」とは、居住者等が金融商品取引業者等と締結した上場株式等の振替記載等に係る契約で、その契約書において、次の事項が定められているものをいいます（措法37の14の２⑤二、措令25の13の８③〜⑫、同条⑳において準用する措令25の13⑥⑦⑫、措規18の15の10③〜⑩）。

　　①　上場株式等の振替記載等は、その振替記載等に係る口座に設けられた非課税管理勘定又は継続管理勘定において行うこと

　　②　非課税管理勘定においては居住者等の上場株式等で、その口座に非課税管理勘定が設けられた日から同日の属する年の12月31日までの期間内に受け入れた上場株式等の取得対価の額が80万円を超えないもののみを受け入れること

　　③　継続管理勘定においては居住者等の上場株式等で、その口座に継続管理勘定が設けられた日から

同日の属する年の12月31日までの間に、その継続管理勘定を設けた口座に係る非課税管理勘定から一定の手続の下で移管がされる上場株式等で、その移管に係る払出し時の金額の合計額が80万円を超えないもののみ受け入れること
④ その非課税管理勘定又は継続管理勘定において振替記載等がされている上場株式等の譲渡は、金融商品取引業者等への売委託による方法等によること
⑤ 非課税管理勘定が設けられた日の属する年の1月1日から5年を経過する日において有するその非課税管理勘定に係る上場株式等は、一定の方法により他の保管口座等へ移管されること等

なお、未成年者口座内の少額上場株式等に係る配当所得の非課税（ジュニアNISA）については、316ページ参照。

② ジュニアNISA制度の概要

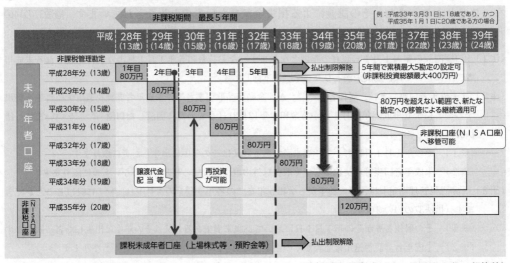

(出典：国税庁パンフレットより一部抜粋)

③ 主な適用要件等

未成年者口座内の少額上場株式等に係る譲渡所得等の非課税措置の主な適用要件等は次のとおりとなります。

① 非課税対象	未成年者口座内の少額上場株式等に係る配当等、譲渡益
② 非課税投資額	非課税管理勘定が設けられた日から同日の属する年の12月31日までの間に受け入れた上場株式等のその年中の新規投資額の合計額で80万円^(注1)を上限^(注2) なお、他の年分の非課税管理勘定から、その非課税管理勘定が設けられた日の属する年の1月1日から5年を経過した日に新たに設けられた非課税管理勘定又は継続管理勘定に移管がされる上場株式等のその移管に係る払出し時の金額は除きます（措法37の14の2⑤二ロ、ハ）。 (注1) その口座の他の年分の非課税管理勘定等から、その非課税管理勘定等が設けられた日の属する年の1月1日から5年を経過した日に移管がされる上場株式等がある場合には、その移管に係る払出し時の金額を控除した金額となります。 (注2) 未使用枠について、翌年以降への繰越はできないこととされています。

③	保有期間	最長5年間
④	開設者（対象者）	18歳未満の居住者等（令和5年1月1日より前は「20歳未満」）
⑤	開設期間	平成28年4月1日から令和5年12月31日までの8年間
⑥	運用管理	親権者等の代理又は同意の下で投資 18歳になるまで原則として払出し不可

④ 非課税管理勘定に受け入れることができる上場株式等

　非課税管理勘定に受け入れることができる上場株式等の範囲は、次のとおりとなります（措法37の14の2⑤二）。なお、上場株式等とは、上記⓾(1)の上場株式等の範囲（527～528ページ）と同じとなります。

イ　未成年者口座を開設した金融商品取引業者等への買付けの委託により取得した上場株式等、その金融商品取引業者等から取得をした上場株式等又はその金融商品取引業者等が行う上場株式等の募集により取得をした上場株式等で、その取得後直ちに未成年者口座に受け入れられるもの

ロ　非課税管理勘定を設けた未成年者口座に係る他の年分の非課税管理勘定等から一定の手続の下で移管がされる上場株式等

ハ　未成年者口座に設けられた非課税管理勘定に係る上場株式等について行われた株式等の分割、併合、株式無償割当て等により取得する上場株式等など、一定の要件を満たす上場株式等

【参考通達】
・租税特別措置法通達37の14の2－1（未成年者口座内上場株式等に係る譲渡所得等の非課税）
・租税特別措置法通達37の14の2－2（未成年者口座内上場株式等に係る譲渡損失）
・租税特別措置法通達37の14の2－3（取得対価の額等の合計額の判定）
・租税特別措置法通達37の14の2－3の2（未成年者非課税管理勘定が設けられた日の属する年の1月1日から5年を経過する日以前に移管される上場株式等）
・租税特別措置法通達37の14の2－4（外貨で表示されている上場株式等に係る取得の対価の額等の邦貨換算）
・租税特別措置法通達37の14の2－4の2（非課税期間終了時における未成年者口座内上場株式等の移管）
・租税特別措置法通達37の14の2－5（課税未成年者口座の開設及び廃止）
・租税特別措置法通達37の14の2－6（特定口座である課税未成年者口座とそれ以外の特定口座を重複して開設している場合の損益の通算）
・租税特別措置法通達37の14の2－7（居住の用に供している家屋）
・租税特別措置法通達37の14の2－8（医療費の範囲等）
・租税特別措置法通達37の14の2－9（措置法令第25条の13の8第10項各号に掲げる譲渡が

あった場合）
- 租税特別措置法通達37の14の2-10（基準年前に出国する場合の課税未成年者口座の取扱い）
- 租税特別措置法通達37の14の2-11（未成年者口座に受け入れられない合併等により取得した上場株式等以外の株式等の取得価額等）
- 租税特別措置法通達37の14の2-12（合併等により取得した上場株式等で未成年者口座又は課税未成年者口座内の上場株式等を基因とするものの受入れ）
- 租税特別措置法通達37の14の2-13（遡及課税が行われる契約不履行等事由の範囲）
- 租税特別措置法通達37の14の2-14（契約不履行等事由が生じた場合の課税対象となる未成年者口座内上場株式等）
- 租税特別措置法通達37の14の2-15（契約不履行等事由が生じた場合の課税対象となる未成年者口座内上場株式等の譲渡による譲渡所得等の金額の計算）
- 租税特別措置法通達37の14の2-16（契約不履行等事由が生じた場合の課税対象となる未成年者口座内上場株式等に係る譲渡所得等の申告不要の適用を受けた場合の効果）
- 租税特別措置法通達37の14の2-17（契約不履行等事由が生じた場合の課税対象となる未成年者口座内上場株式等に係る譲渡所得等の金額を申告した場合の効果）
- 租税特別措置法通達37の14の2-18（郵便等により提示された確認書類によって氏名等を確認する場合）
- 租税特別措置法通達37の14の2-19（郵便等により提出された未成年者口座廃止届出書の提出日の取扱い）
- 租税特別措置法通達37の14の2-20（重ねて開設された未成年者口座で行われた取引の取扱い）
- 租税特別措置法通達37の14の2-21（重ねて開設された未成年者口座の判定）
- 租税特別措置法通達37の14の2-22（株式等に係る譲渡所得等の課税の特例に関する取扱い等の準用）

14 国外転出をする場合の譲渡所得等の特例等（国外転出時課税制度）

(1) 国外転出時課税の概要

　国外転出（注1）をする居住者のうち、国外転出の日前10年以内において、国内居住期間（注2）が5年を超えている者で、かつ、国外転出をする時点で1億円以上の有価証券や未決済の信用取引などの対象資産（注3）を所有等している者については、国外転出の時に次の①又は②の区分に応じそれぞれの金額で対象資産の譲渡等があったものとみなされます（所法60の2①～③⑤、所令170①③）。

（注1）　国内に住所及び居所を有しなくなることをいいます。
（注2）　国内居住期間の判定にあたっては、出入国管理及び難民認定法別表第一の上欄の在留資格（外交、教授、芸術、法律、会計業務、医療、研究、教育、企業内転勤、短期滞在、留学等）で在留していた期間

は、国内在住期間に含まれないこととされています（所令170③一）。
(注3) 国外転出時の対象資産には、一定の有価証券（株式や投資信託等。ただし、その行使による所得の全部又は一部が国内源泉所得となるストック・オプション等を除きます）、匿名組合契約の出資の持分、未決済の信用取引・発行日取引及び未決済のデリバティブ取引（先物取引、オプション取引など）が該当します（所法60の2①～③、所令170①）。

① 国外転出の前に確定申告書の提出をする場合

国外転出予定日から起算して3か月前の日の①有価証券等の価額に相当する金額及び、②未決済信用取引等又は未決済デリバティブ取引を決済したとみなして算出した利益の額又は損失の額に相当する金額の合計額（所法60の2①二、②二、③二、所規37の2③⑤）

なお、国外転出予定日から起算して3か月前の日から国外転出までに新たに有価証券等を取得又は未決済信用取引等若しくは未決済デリバティブ取引を契約した場合は、取得時又は契約締結時の価額で対象資産の価額で算定します（所法60の2①二かっこ書、②二かっこ書、③二かっこ書）。

② 国外転出後に確定申告書の提出をする場合

国外転出の時の①有価証券等の価額に相当する金額及び、②未決済信用取引等又は未決済デリバティブ取引を決済したとみなして算出した利益の額又は損失の額に相当する金額の合計額（所法60の2①一、②一、③一、所規37の2②④）

【参考通達】
・所得税基本通達60の2-1（国外転出時に譲渡又は決済があったものとみなされた対象資産の収入すべき時期）
・所得税基本通達60の2-2（国外転出直前に譲渡した有価証券等の取扱い）
・所得税基本通達60の2-3（有価証券等の範囲）
・所得税基本通達60の2-4（デリバティブ取引等の範囲）
・所得税基本通達60の2-5（非課税有価証券の範囲）
・所得税基本通達60の2-6（令第84条第3項各号に掲げる権利で当該権利の行使をしたならば同項の規定の適用のあるもの）
・所得税基本通達60の2-7（国外転出の時における有価証券等の価額）
・所得税基本通達60の2-8（外貨建ての対象資産の円換算）
・所得税基本通達60の2-9（修正申告等をする場合における対象資産の国外転出時の価額等）
・所得税基本通達60の2-10（総収入金額に算入されていない対象資産）
・所得税基本通達60の2-11（対象資産を贈与により居住者に移転した場合の課税取消しと価額下落との関係）

(2) 申告・納付手続き

申告・納付手続きは、国外転出の時までに納税管理人の届出をするか否かに応じ、次のとおりとなります（所法60の2①～③、120①、126①、127①、128、130、通法117）。

区　　　　分		申　告　・　納　付　期　限
納税管理人の届出	国外転出の時までに届出あり	国外転出した年分の確定申告期限までに、①その年の各種所得に、②国外転出時課税の適用による所得を含めて、確定申告及び納税
	国外転出の時までに届出なし	国外転出の時までに、①その年の1月1日から国外転出の時までの各種所得に、②国外転出時課税の適用による所得を含めて、確定申告及び納税

(3) 国外転出時課税の減額措置等

　国外転出時課税においては、一定の要件の下、次の状況の区分に応じ、それぞれに掲げる減額措置等を受けることができます。

　なお、納税猶予の特例の適用を受けるためには、国外転出の日までに所轄税務署へ納税管理人の届出書の提出をすることが必須となります。

国外転出後の状況	減額措置等（概要）	参照
国外転出の日から5年以内に帰国等をした場合	国外転出時から帰国時まで引き続き所有等している対象資産について、譲渡等がなかったものとすることができます。	後記①
納税猶予の特例の適用を受ける場合	納税猶予期間の満了までの納税を猶予することができます。	後記②
納税猶予期間中に譲渡等した際の対象資産の譲渡価額が国外転出の時の価額よりも下落している場合	譲渡等した対象資産について、国外転出時課税により課された税額を減額できます。	後記③
納税猶予期間の満了日の対象資産の価額が国外転出の時の価額よりも下落している場合	国外転出時から納税猶予期間の満了日まで引き続き所有等している対象資産について、国外転出時課税により課された税額を減額できます。	後記④
納税猶予期間中に対象資産を譲渡等した際に外国所得税との二重課税が生じる場合	国外転出先の国で納付した外国所得税について、外国税額控除の適用を受けることができます。	後記⑤

① 国外転出後5年を経過する日までに帰国等をした場合の取扱い

　国外転出時課税の適用を受けるべき者が、その国外転出の日から5年(注)を経過する日までに帰国等をした場合において、その者が国外転出の時において有していた有価証券等又は契約を締結していた未決済デリバティブ取引等で国外転出の時以後引き続き有しているもの又は決済をしていないものについては、譲渡又は決済がなかったものとすることができます（所法60の2⑥）。

(注)　国外転出時課税の適用を受けた者が納税の猶予（所法137の2①②）を受けている場合は10年となります（所法60の2⑦）。

ただし、その有価証券等又は未決済デリバティブ取引等に係る所得の計算についてその計算の基礎となるべき事実の全部又は一部の隠蔽又は仮装があった場合には、その隠蔽又は仮装があった事実に基づく所得については、譲渡又は決済がなかったものとすることはできないことになります（所法60の2⑥ただし書）。

この取扱いは、帰国等の日から4か月以内に、更正の請求をすることにより適用を受けることができます（所法153の2①）。

譲渡又は決済がなかったものとすることができる措置（所法60の2⑥）を適用することにより、国外転出の年分の所得税について修正申告をすべき事由が生じた場合には、帰国等の日から4か月以内に限り、その年分の所得税についての修正申告書を提出することができます（所法151の2）。

② 納税猶予の特例の適用を受ける場合の取扱い

国外転出時課税の適用を受けた者が、国外転出の日の属する年分の確定申告書に納税猶予を受けようとする旨の記載をし、かつ、一定の事項を記載した書類を添付した場合には、国外転出時課税の適用により納付することとなった所得税については、国外転出の日から満了基準日（注）の翌日以後4か月を経過する日まで、その納税が猶予されます（所法137の2、所令266の2）。

(注) 国外転出の日から5年を経過する日又は帰国等の場合に該当することとなった日のいずれか早い日をいいます。

この納税猶予は、国外転出の時までに納税管理人の届出をし、かつ、その所得税に係る確定申告期限までに納税猶予分の所得税額に相当する担保（注）を供した場合に適用されます（所法137の2①）。

(注) 不動産、国債・地方債等国税通則法50条に掲げる財産をいいます。

納税猶予に係る期限は、所定の届出により、国外転出の日から10年を経過する日まで延長することができます（所法137の2②）。

納税猶予を受ける者は、国外転出の日の属する年分の所得税に係る確定申告期限から納税猶予に係る期限までの間の各年の12月31日において有し、又は契約を締結している納税猶予に係る有価証券等又は未決済デリバティブ取引等について、引き続き納税猶予を受けたい旨等を記載した届出書（継続適用届出書）を、同日の属する年の翌年3月15日までに、納税地の所轄税務署長に提出しなければならないこととされています（所法137の2⑥）。

継続適用届出書を提出期限までに提出しなかった場合には、その提出期限から4か月を経過する日をもって、納税猶予に係る期限とされます（所法137の2⑧）。

納税猶予に係る期限の到来により所得税を納付する場合には、納税猶予がされた期間に係る利子税を納付する義務が生じます（所法137の2⑫、措法93①）。

【参考通達】
・所得税基本通達137の2-1（修正申告等に係る所得税額の納税猶予）
・所得税基本通達137の2-2（適用資産の譲渡又は贈与による移転をした日の意義）

- 所得税基本通達137の2-4（納税猶予の任意の取りやめ）
- 所得税基本通達137の2-5（納税猶予適用者が死亡した場合の納税猶予分の所得税額に係る納付義務の承継）
- 所得税基本通達137の2-6（猶予承継相続人に確定事由が生じた場合）
- 所得税基本通達137の2-7（担保の提供等）
- 所得税基本通達137の2-8（取引相場のない株式の納税猶予の担保）
- 所得税基本通達137の2-9（納税猶予分の所得税額に相当する担保）
- 所得税基本通達137の2-10（増担保命令等に応じない場合の納税猶予の期限の繰上げ）

③ 納税猶予期間中に譲渡等した際の対象資産の譲渡価額が国外転出の時の価額よりも下落している場合の取扱い

　国外転出時課税の適用を受けた者で納税猶予を受けているものが、その納税猶予に係る期限までに、国外転出時課税の対象となった有価証券等又は未決済デリバティブ取引等の譲渡又は決済等をした場合において、その譲渡又は決済等に係る譲渡価額又は利益の額に相当する金額が国外転出の時に課税が行われた額を下回るとき等は、その譲渡又は決済等があった日から4か月を経過する日までに、更正の請求をすることにより、その国外転出の属する年分の所得金額又は所得税額の減額をすることができます（所法60の2⑧、153の2①②）。

　なお、国外転出時課税の適用を受けた者で納税猶予を受けているものが、その納税猶予に係る満了基準日までに、国外転出時課税の対象となった有価証券等又は未決済デリバティブ取引等の譲渡又は決済等をした場合には、その納税猶予に係る所得税のうちその譲渡又は決済等があった有価証券等又は未決済デリバティブ取引等に係る部分については、その譲渡又は決済等があった日から4か月を経過する日をもって納税猶予に係る期限とされます（所法137の2⑤）。

　この場合、これらの事由が生じた有価証券等又は未決済デリバティブ取引等に係る種類、銘柄、数量及び納税猶予の期限が確定する所得税の金額に関する明細等を記載した書類を、同日までに、納税地の所轄税務署長に提出しなければならないこととされています（所令266の2⑤）。

【参考通達】
- 所得税基本通達60の2-12（国外転出後に譲渡又は決済をした際の譲渡費用等の取扱い）
- 所得税基本通達137の2-3（納税猶予分の所得税額の一部について納税猶予の期限が確定する場合の所得税の額の計算）

④ 納税猶予期間の満了日の対象資産の価額が国外転出時の価額より下落している場合の取扱い

　国外転出時課税の適用を受けた者で納税猶予を受けているものが、その納税猶予に係る期限の到来に伴いその納税猶予に係る所得税の納付をする場合において、その期限が到来した日における有価証券等の価額又は未決済デリバティブ取引等の決済による利益の額に相当する金額が国外転出の時に課税が行われた額を下回るとき等は、その到来の日から4か月を経過する日

までに、更正の請求をすることにより、その国外転出の日の属する年分の所得金額又は所得税額の減額をすることができます（所法60の2⑩、153の2①③）。

【参考通達】
・所得税基本通達60の2-13（納税猶予期限が繰り上げられた場合等の価額下落の適用除外）

⑤ 納税猶予期間中に対象資産を譲渡等した際に外国所得税との二重課税が生じる場合の取扱い

　国外転出時課税の適用を受けた者で納税猶予を受けているものが、その納税猶予に係る満了基準日までに国外提出時課税の対象となった有価証券等又は未決済デリバティブ取引等の譲渡又は決済等をした場合において、その所得に係る外国所得税を納付することとなるとき(注)は、その外国所得税を納付することとなる日から4か月を経過する日までに、更正の請求をすることにより、その外国所得税の額のうち有価証券等又は未決済デリバティブ取引等の譲渡又は決済等により生ずる所得に対応する部分の金額として計算した金額は、その者が国外転出の日の属する年において納付することとみなして、外国税額控除を適用することができます（所法95の2、153の2①、153の6、所令226の2）。

(注) その外国所得税に関する法令において、その外国所得税の額の計算にあたって国外転出時課税の適用を受けたことを考慮しないものとされている場合に限ります。

　なお、居住者が国外転出時課税に相当する外国の法令の規定の適用を受けた有価証券等又は未決済デリバティブ取引等の譲渡又は決済をした場合における事業所得の金額、譲渡所得の金額又は雑所得の金額の計算については、その国外転出時課税の規定により課される外国所得税の額の計算において収入金額に算入することとされた金額をその有価証券等の取得に要した金額とし、又はその未決済デリバティブ取引等の決済損益額からその外国所得税の額の計算において算出された利益の額若しくは損失の額に相当する金額の減算若しくは加算をします（所法60の4、所令170の3）。

【参考通達】
・所得税基本通達60の4-1（有価証券等の取得費とされる金額等の円換算）
・所得税基本通達95の2-1（納税猶予期限が繰り上げられた場合等の外国税額控除の適用除外）
・所得税基本通達95の2-2（外国税額控除に関する取扱いの適用）

(4) 国外転出（贈与）時課税の概要

① 概要

　居住者(注1)が有する有価証券や未決済の信用取引などに係る契約(注2)の全部又は一部（以下、「贈与対象資産」といいます）が、贈与により非居住者に移転した場合は、居住者（贈与者）がその贈与の時に、その時の金額で贈与対象資産の譲渡等があったものとみなされます

(所法60の3①～③⑤、所令170の2①)。

　この場合の居住者は、贈与をした日の属する年分の確定申告期限までに、その年の各種所得に国外転出（贈与）時課税の適用による所得を含めて、確定申告及び納税をする必要があります（所法120①、128）。

(注1)　次の①及び②のいずれにも該当する居住者が、非居住者に贈与対象資産を贈与したときは、国外転出（贈与）時課税の対象となります（所法60の3⑤）。
　　① 贈与の時に所有等している贈与対象資産の価額の合計額が1億円以上であること
　　② 贈与の日前10年以内において、国内在住期間（上記⑴(注2)（548ページ参照）に同じ）が5年を超えていること
(注2)　国外転出（贈与）時課税の対象資産は、国外転出時課税の対象資産（上記⑴(注3)（549ページ参照））と同じです（所法60の2①～③、60の3①～③）。

② 国外転出（贈与）時課税の減額措置等

　国外転出（贈与）時課税においては、一定の要件のもと、次の区分に応じて、それぞれに掲げる減額措置等を受けることができます。

　なお、納税猶予の特例を受けるためには、一定の手続きが必要となります（所法137の3①④、所規52の3）。

贈与後の状況	減額措置等	手続等
贈与の日から5年以内に受贈者が帰国等をした場合	帰国時まで引き続き受贈者が所有等している贈与対象資産について、譲渡等がなかったものとすることができます。	上記⑶①（550ページ）に準ずる（所法60の3⑥、151の3①、153の3①）
納税猶予の特例の適用を受ける場合	納税猶予期間の満了まで納税を猶予することができます。	上記⑶②（551ページ）に準ずる（納税管理人の届出要件を除きます）（所法137の3、所令266の3）
納税猶予期間中に譲渡等した際の贈与対象資産の譲渡価額が贈与の時の価額より下落している場合	譲渡等した贈与対象資産について、国外転出（贈与）時課税により課された税額を減額できます。	上記⑶③（552ページ）に準ずる（所法60の3⑧、153の3①②）
納税猶予期間の満了日の贈与対象資産の価額が贈与の時の価額よりも下落している場合	贈与の日から納税猶予期間の満了日まで引き続き受贈者が所有等している贈与対象資産について、国外転出（贈与）時課税により課された税額を減額できます。	上記⑶④（552ページ）に準ずる（所法60の3⑪、153の3①③）

⑸ 国外転出（相続）時課税の概要

① 概　要

　居住者である被相続人（注1）が有する有価証券や未決済の信用取引などに係る契約（注2）の

全部又は一部（以下、「相続与対象資産」といいます）が、相続又は遺贈により非居住者に移転した場合は、被相続人がその相続開始時に、その時の金額で相続対象資産を譲渡等したものとみなされます（所法60の3①～③⑤、所令170の2①）。

この場合、被相続人の相続人は、相続開始があったことを知った日の翌日から4か月を経過した日の前日までに、その年の各種所得に国外転出（相続）時課税の適用による所得を含めて被相続人の準確定申告及び納税をする必要があります（所法125①、129）。

(注1) 次の①及び②のいずれにも該当する居住者が死亡した場合に、その相続又は遺贈により非居住者である相続人又は受遺者が相続対象資産を取得したときは、国外転出（相続）時課税の対象となります（所法60の3⑤）。
　　　① 相続開始の時に所有等している相続対象資産の価額の合計額が1億円以上であること。
　　　② 贈与の日前10年以内において、国内在住期間（上記(1)(注2)に同じ）が5年を超えていること。
(注2) 国外転出（相続）時課税の対象資産は、国外転出時課税の対象資産（上記(1)(注3)）と同じです（所法60の2①～③、60の3①～③）。

② **遺産分割等があった場合の期限後申告等の特例**

被相続人の準確定申告書の提出期限後に生じた遺産分割等の事由により国外転出（相続）時課税が適用されたため新たにその確定申告書を提出すべき要件に該当することとなったその被相続人の相続人は、その遺産分割等の事由が生じた日から4か月以内に、その被相続人の死亡の日の属する年分の所得税について期限後申告書を提出し納付しなければならないこととされています（所法151の5）。

③ **遺産分割等があった場合の修正申告等の特例**

国外転出（相続）時課税の適用を受けた被相続人について生じた遺産分割等の事由により、非居住者に移転した対象資産が増加し、又は減少した場合には、その被相続人の相続人は、その遺産分割等の事由が生じた日から4か月以内に、その年分の所得税について、税額が増加する場合等には修正申告書を提出し納税しなければならず、税額が減少する場合等には更正の請求をすることができます（所法151の6、153の5、所令273の2）。

【参考通達】
・所得税基本通達60の3-1（非居住者である相続人等が限定承認をした場合）
・所得税基本通達60の3-2（贈与等の時に有している対象資産の範囲）
・所得税基本通達60の3-3（非居住者からの譲渡等をした旨の通知がなかった場合）
・所得税基本通達60の3-4（遺産分割等の事由により非居住者に移転しないこととなった対象資産）
・所得税基本通達60の3-5（国外転出する場合の譲渡所得等の特例に関する取扱いの準用）

④ **国外転出（相続）時課税の減額措置等**

国外転出（相続）時課税においては、一定の要件の下、次の区分に応じて、それぞれに掲げる減額措置等を受けることができます。

なお、納税猶予の特例を受けるためには、相続又は遺贈により対象資産を取得した国外に居

住する相続人又は受遺者の全員が、被相続人の準確定申告書の提出期限までに納税管理人の届出書の提出をすること及びその他一定の手続が必要となります（所法137の3②④、所令266の3③④、所規52の3）。

相続又は遺贈後の状況		減額措置等	手続等
相続開始の日から5年以内に相続対象資産を取得した相続人又は受遺者の全員が帰国等した場合		帰国時まで相続人又は受遺者が引き続き所有等している相続対象資産について、譲渡等がなかったものとすることができます。	上記(3)①（550ページ）に準ずる（所法60の3⑥、151の3①、153の3①）
納税猶予の特例の適用を受ける場合		納税猶予期間の満了までの納税を猶予することができます。	上記(3)②（551ページ）に準ずる（納税管理人の届出要件を除きます）（所法137の3、所令266の3）
	納税猶予期間中に譲渡等した際の相続対象資産の譲渡価額が相続開始の時の価額より下落している場合	譲渡等した相続対象資産について、国外転出（相続）時課税により課された税額を減額できます。	上記(3)③（552ページ）に準ずる（所法60の3⑧、153の3①②）
	納税猶予期間の満了日の相続対象資産の価額が相続開始の時の価額よりも下落している場合	相続開始の日から納税猶予期間の満了日まで引き続き相続人又は受遺者が所有等している相続対象資産について、国外転出（相続）時課税により課された税額を減額できます。	上記(3)④（552ページ）に準ずる（所法60の3⑪、153の3①③）

【参考通達】
・所得税基本通達137の3-1（遺産分割等があった場合の修正申告等に係る所得税額の納税猶予）
・所得税基本通達137の3-2（国外転出をする場合の譲渡所得等の特例の適用がある場合の納税猶予に関する取扱いの準用）

第9節 一時所得

一時所得の内容

　一時所得とは、①利子所得、配当所得、不動産所得、事業所得、給与所得、退職所得、山林所得及び譲渡所得以外の所得のうち、②営利を目的とする継続的行為から生じた所得以外の、③一時の所得であり、④労務その他の役務又は資産の譲渡の対価としての性質を有しないものをいいます（所法34①、所基通34-1）。

一時所得となるものの具体例

(1) 一時所得の具体例

　次の図に掲げるような所得は一時所得となります（所基通34-1）。

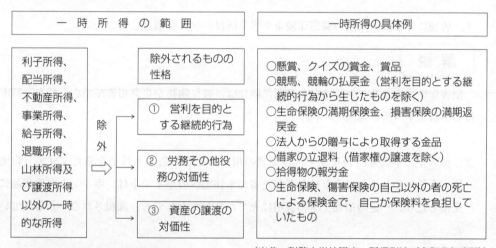

（出典：税務大学校講本　所得税法（令和6年度版））

誤りやすい事例　一時所得の判定

1. 生命保険の満期保険金を受け取った者が保険料負担者でない場合でも、その保険金を一時所得として申告していた。

解説

　保険金は、保険料負担者から贈与により取得したものとみなされ、贈与税の課税対象になります（相法5）。
〈参考〉生命保険金等の課税関係

保険契約等関係			契約上の保険金等受取人の課税関係		
保険料負担者	被保険者	保険金等受取人	傷害	死亡	満期
A	A	A	非課税	—	一時所得
A	A	B	非課税(※) 一時所得	相続税	贈与税
A	B	A	同上	一時所得	一時所得
A	B	B	非課税	—	贈与税
A	B	C	非課税(※) 一時所得	贈与税	贈与税
A 1/2 C 1/2	A	B	同上	相続税 贈与税	贈与税

(※) 保険金等受取人が、被保険者の配偶者、直系血族又は生計を一にするその他の親族である場合に限ります。

2．店舗に係る損害保険の満期保険金を事業所得の収入金額としていた。

解説

損害保険契約の基づき受け取る満期保険金は、被保険物が事業用資産であっても一時所得とされます（所基通34-1（4））。

3．個人が、不動産所得を生ずべき業務の用に供しない省エネ性能を満たす住宅（自宅等）を新築したことにより付与された省エネ住宅へのポイントは、ポイント交換商品に交換したり、一定の追加工事の費用に充てたりしたとしても、課税されないと考えていた。

解説

個人が、不動産所得を生ずべき業務の用に供しない省エネ性能を満たす住宅（自宅等）を新築などにより付与された省エネ住宅ポイントをポイント交換商品に交換した場合や一定の追加工事の費用に充てた場合には、その交換商品の価額やその費用に充てた金額が経済的利益となり、交換又は費用に充てた日の属する年分の一時所得として所得税の課税対象となります。

なお、次世代住宅ポイント等についても、上記と同様であるが、各補助金の内容によって判断することになります。

4．受け取った立退料をすべて一時所得として申告していた。

解説

立退料のうち、①借家権の消滅部分は譲渡所得（事例は少ない）、②休業補償部分は事業所得等、③その他は一時所得となります（所令94、95、所基通33-6、34-1（7））。

5．事業の取引先からの金品の贈与を一時所得の収入金額としていた。

解説

一時所得は、営利を目的とする継続的行為から生じた所得以外の一時の所得で労務その他の役務又は資産の譲渡の対価としての性質を有しないものとされており、これに該当しないことから、事業所得ということになります（所法34、36、27、所令63）。

6．取引先の債権保全のための生命保険の死亡保険金を一時所得の収入金額としていた。

解説

事業所得を生ずべき業務を行う居住者が受けるもので、その所得の収入金額に代わる性質を有するものは、事業所得の収入金額となります（所令94）。

7．日本の宝くじの当せん金を一時所得の収入金額としていた。

解説

当せん金付証票の当せん金品（いわゆる宝くじ）は非課税とされています（当せん金付証票法13条）。

(2) 留意事項

① 懸賞金付預貯金等の懸賞金等及び一時払養老保険、一時払損害保険等の差益(注)については、15.315％の税率による源泉分離課税の制度が適用されることから、他の所得と総合して確定申告をすることはできないこととされています（措法41の9①、41の10①、復興財確法13、28）。

(注) 保険期間等が5年以下のもの及び保険期間等が5年を超えるもので5年以内に解約されたものをいいます。

② 居住者が新株予約権等(注)を発行法人から与えられた場合で、その居住者がその権利を発行法人へ譲渡したときは、その譲渡の対価の額からその権利の取得価額を控除した金額は、事業所得に係る収入金額、給与・退職手当等の収入金額、一時所得に係る収入金額又は雑所

得に係る収入金額とみなして課税されます（所法41の２、所令88の２）。
(注) 株式を無償又は有利な価額により取得することができる権利で、その権利を行使したならば経済的利益として課税されるものをいいます。

【参考通達】
・所得税基本通達34-２（遺族が受ける給与等、公的年金等及び退職手当等）
・所得税基本通達23～35共-１（３）（４）（５）（使用人等の発明等に係る報償金等）

  一時所得の金額の計算

(1) 一時所得の金額

一時所得の金額は、その年中の一時所得に係る総収入金額からその収入を得るために支出した金額の合計額を控除し、その残額から更に、一時所得の特別控除額を控除した金額となります（所法34②）。

一時所得の金額は、次の算式で計算します（所法34②③）

〔算　式〕
一時所得の金額 ＝ 総収入金額 － その収入を得るために支出した金額
　　　　　　　　－ 一時所得の特別控除額（最高50万円）

なお、総所得金額を計算する場合には、一時所得の金額の２分の１に相当する金額が、他の所得と総合されることになります（所法22②二）。

(2) 総収入金額

総収入金額の時期及び計算は、次のとおりとなります。

① 収入の時期（所基通36-13、23～35共-６の２）

区　分	収　入　の　時　期
原則	支払を受けた日
支払を受けるべき金額が通知されているもの	通知を受けた日
生命保険契約に基づく一時金など	支払を受けるべき事実が生じた日
株式と引換えに払い込むべき額が有利な金額である場合におけるその株式を取得する権利	株式の取得について申込みをした日（申込みをした日が明らかでない場合には、申込みの期限の日）

② 特殊な収入金額の計算

区　　分	収　入　金　額
広告宣伝のための賞金を金銭以外のもので支払を受けた場合	原則：処分見込価額（所令321）⇒小売販売価額の60%相当額（所基通205-9）
	金銭以外のものと金銭との選択ができる場合：金銭の額（所令321）
株式と引き換えに払い込むべき額が有利な金額である場合（株主等として与えられた場合を除きます）	次の算式で計算した金額（所令84③三、所基通23～35共-9） 〔算式〕 　A－B 　　A：権利行使日等における株式の価額 　　B：その権利の取得価額に権利行使価額を加算した金額

(3) 生命保険契約等に基づく一時所得の計算

生命保険契約等に基づく一時金による一時所得の計算は、次のA－Bのとおりとなります（所令183）。

① 一時金のみの場合

A：総収入金額

　[一時金] ＋ [一時金の支払時又は後に受ける剰余金、割戻金]

B：収入を得るために支出した金額

　[保険料又は掛金の総額] － ・一時金の支払前に受ける剰余金、割戻金
　　　　　　　　　　　　　　・保険料又は掛金に充当された剰余金、割戻金
　　　　　　　　　　　　　　・事業主が負担したその生命保険契約等に係る保険料等で使用人等の給与所得に係る収入金額に含まれないものの額（所令183④三）

② 一時金のほかに年金を支払う場合

A：総収入金額

　イ　一時金部分

　　　上記①に同じ

　ロ　年金部分　⇒　雑所得

B：収入を得るために支出した金額

　次の算式により計算した金額

〔算　式〕
A－A×B÷（B＋C）
　A：保険料又は掛金の総額（注）
　B：年金の支払総額又は支払総額の見込額
　C：一時金の額
　（注）「保険料又は掛金の総額」には、その一時金の支払を受ける者以外の者が負担した保険料又は掛金の額でその支払を受ける者が自ら負担して支出したものと認められるもの（これらの金額のうち、相続税法の規定により相続、遺贈又は贈与により取得したものとみなされる一時金に係る部分の金額を除きます）も含まれます（所基通34-4）。

(4) 損害保険契約等に基づく一時所得の計算

損害保険契約等に基づく一時金による一時所得の計算は、次のA－Bのとおりとなります（所令184）。

A：総収入金額

　一時金　＋　一時金の支払時又は後に受ける剰余金、割戻金

B：収入を得るために支出した金額

　保険料又は掛金の総額　－
・一時金の支払前に受ける剰余金、割戻金
・保険料又は掛金に充当された剰余金、割戻金
・事業主が負担したその損害保険契約等に係る保険料等で使用人等の給与所得に係る収入金額に含まれないものの額（所令184③一）

(5) 収入を得るために支出した金額

収入を得るために支出した金額の範囲については、「一時所得の収入を生じた行為をするため、又はその収入を生じた原因の発生に伴い直接に要した金額に限る。」と規定している（所法34②かっこ書）ことから、収入を生じない行為又は収入を生じない原因の発生に伴う支出金額は含まれないことになります。

したがって、例えば、継続して懸賞クイズに応募し、たまたま当選した場合であっても、その当選した懸賞クイズのため、又はその懸賞クイズに当選したため直接要した金額だけが、収入金額から控除され、収入に個別に対応する支出金額のみが控除されることになります。

裁判例　外れ馬券の購入代金／所得税更正処分等取引請求事件

最高裁平成29年12月15日判決（棄却）

所得税法上、利子所得、配当所得、不動産所得、事業所得、給与所得、退職所得、山林所得及び譲

渡所得以外の所得で、営利を目的とする継続的行為から生じた所得は、一時所得ではなく雑所得に区分されるところ、営利を目的とする継続的行為から生じた所得であるか否かは、文理に照らし、行為の期間、回数、頻度その他の態様、利益発生の規模、期間その他の状況等の事情を総合考慮して判断するのが相当である。

　これを本件についてみると、被上告人は、予想の確度の高低と予想が的中した際の配当率の大小の組合せにより定めた購入パターンに従って馬券を購入することとし、偶然性の影響を減殺するために、年間を通じてほぼ全てのレースで馬券を購入することを目標として、年間を通じての収支で利益が得られるように工夫しながら、6年間にわたり、1節当たり数百万円から数千万円、1年当たり合計3億円から21億円程度となる多数の馬券を購入し続けたというのである。このような被上告人の馬券購入の期間、回数、頻度その他の態様に照らせば、被上告人の上記の一連の行為は、継続的行為といえるものである。

　そして、被上告人は、上記6年間のいずれの年についても年間を通じての収支で利益を得ていた上、その金額も、少ない年で約1,800万円、多い年では約2億円に及んでいたというのであるから、上記のような馬券購入の態様に加え、このような利益発生の規模、期間その他の状況等に鑑みると、被上告人は回収率が総体として100％を超えるように馬券を選別して購入し続けてきたといえるのであって、そのような被上告人の上記の一連の行為は、客観的にみて営利を目的とするものであったということができる。

　以上によれば、本件所得は、営利を目的とする継続的行為から生じた所得として、所得税法35条1項にいう雑所得に当たると解するのが相当である。

　所得税法は、雑所得に係る総収入金額から控除される必要経費について、雑所得の総収入金額に係る売上原価その他当該総収入金額を得るため直接に要した費用の額等とする旨を定めているところ、本件においては、上記のとおり、被上告人は、偶然性の影響を減殺するために長期間にわたって多数の馬券を頻繁に購入することにより、年間を通じての収支で利益が得られるように継続的に馬券を購入しており、そのような一連の馬券の購入により利益を得るためには、外れ馬券の購入は不可避であったといわざるを得ない。したがって、本件における外れ馬券の購入代金は、雑所得である当たり馬券の払戻金を得るため直接に要した費用として、同法37条1項にいう必要経費に当たると解するのが相当である。

【参考通達】
・所得税基本通達34-3（一時所得の収入を得るために支出した金額）

(6) 一時所得の特別控除額

　一時所得の特別控除額は、次のとおりとなります（所法34③）。

（総収入金額－その収入を得るために支出した金額の合計額）の残額	50万円未満の場合	その残額
	50万円以上の場合	50万円

(7) 一時所得の損失の取扱い

一時所得の金額の計算上生じた損失の金額は、他の所得の金額と損益の通算を行うことはできないこととされています（所法69①）。

第10節 雑所得

雑所得の内容

雑所得とは、他の各種所得のいずれにも該当しない所得をいいます（所法35①）。

公的年金等は、雑所得に区分されます。したがって、雑所得は、他の9種類の所得区分のいずれにも該当しないすべての所得を包含することになります。

なお、雑所得の範囲について明確化を図るため、令和4年10月7日付で次の通達を改正しており、その解説は次のとおりとなります。

(1) 所得税基本通達35-1（雑所得の例示）

① 所得税法上、雑所得については、公的年金等に係る雑所得に該当するものを除き、特にその内容について定義せず、「利子所得、配当所得、不動産所得、事業所得、給与所得、退職所得、山林所得、譲渡所得及び一時所得のいずれにも該当しない所得」とされています。

② この通達は、その他雑所得（公的年金等に係る雑所得及び業務に係る雑所得以外の雑所得）に該当するものを例示したものとなります。

③ 本通達の(12)の譲渡所得の基因とならない資産について、具体的には、「金銭債権」、「外国通貨」、「暗号資産」などの「資産の値上がり益が生じないと認められる資産」が該当することとなります。

なお、譲渡所得の基因となる資産の範囲については、所得税基本通達33-1を参照願います。

(2) 所得税基本通達35-2（業務に係る雑所得の例示）

① この通達は、業務に係る雑所得に該当する所得を例示するとともに、事業所得と認められるかどうかの判定についての考え方を明らかにしています。

② 事業所得と業務に係る雑所得については、その所得を得るための活動の規模によって判定され、当該活動が事業的規模である場合には事業所得に、事業的規模でない場合には業務に

係る雑所得に区分されるという関係にあります。
③　この通達の（注）の前段では、「事業所得と認められるどうかは、その所得を得るための活動が、社会通念上事業と称するに至る程度で行っているかどうかで判定する」という取扱いを明らかにしています。

　この社会通念による判定について、最判昭和56年4月24日では、「事業所得とは、自己の計算と危険において独立して営まれ、営利性、有償性を有し、かつ反復継続して遂行する意思と社会的地位とが客観的に認められる業務から生ずる所得」と判示しています。

　また、東京地判昭和48年7月18日では、「いわゆる事業に当たるかどうかは、結局、一般社会通念によって決めるほかないが、これを決めるにあたっては営利性・有償性の有無、継続性・反復性の有無、自己の危険と計算における企画遂行性の有無、その取引に費した精神的あるいは肉体的労力の程度、人的・物的設備の有無、その取引の目的、その者の職歴・社会的地位・生活状況などの諸点が検討されるべきである」と判示しています。

　したがって、その所得を得るための活動が事業に該当するかどうかについて、社会通念によって判定する場合には、上記判決に示された諸点を総合勘案して判定することになります。
④　この通達の（注）の後段では、「その所得に係る取引を記録した帳簿書類の保存がない場合（その所得に係る収入金額が300万円を超え、かつ、事業所得と認められる事実がある場合を除く）には、業務に係る雑所得（資産（山林を除く）の譲渡から生ずる所得については、譲渡所得又はその他雑所得）に該当することに留意する。」としています。

　事業所得と業務に係る雑所得の区分については、上記の判例に基づき、社会通念で判定することが原則ですが、その所得に係る取引を帳簿書類に記録し、かつ、記録した帳簿書類を保存している場合には、その所得を得る活動について、一般的に、営利性、継続性、企画遂行性を有し、社会通念での判定において、事業所得に区分される場合が多いと考えられます。

　ただし、その所得に係る取引を記録した帳簿書類を保存している場合であっても、次のような場合には、事業と認められるかどうかを個別に判断することとなります。

イ　その所得の収入金額が僅少と認められる場合
　　例えば、その所得の収入金額が、例年（注）、300万円以下で主たる収入に対する割合が10％未満の場合は、「僅少と認められる場合」に該当すると考えられます。
（注）「例年」とは、概ね3年程度の期間をいいます。

ロ　その所得を得る活動に営利性が認められない場合
　　その所得が例年赤字で、かつ、赤字を解消するための取組を実施していない（注）場合は、「営利性が認められない場合」に該当すると考えられます。
（注）「赤字を解消するための取組を実施していない」とは、収入を増加させる、あるいは所得を黒字にするための営業活動等を実施していない場合をいいます。

　他方で、その所得に係る取引を帳簿に記録していない場合や記録していても保存していない場合には、一般的に、営利性、継続性、企画遂行性を有しているとは認め難く、また、事業所得者に義務付けられた記帳や帳簿書類の保存が行われていない点を考慮すると、社会通念での

判定において、原則として、事業所得に区分されないものと考えられます。

なお、その所得を得るための活動が、収入金額300万円を超えるような規模で行っている場合には、帳簿書類の保存がない事実のみで、所得区分を判定せず、事業所得と認められる事実がある場合には、事業所得と取り扱うこととしています。

令和2年度の税制改正では、業務に係る雑所得について、前々年の収入金額が300万円を超える場合には、取引に関する書類の保存を義務付ける改正が行われたところです。

この通達の「収入金額300万円」については、上記改正において、収入金額300万円以下の小規模な業務を行う者について、取引に関する書類の保存を求めないこととされたことを踏まえたものです。

〈参考〉事業所得と業務に係る雑所得等の区分

収入金額	記帳・帳簿書類の保存あり	記帳・帳簿書類の保存なし
300万円超	概ね事業所得（注1）	概ね業務に係る雑所得
300万円以下		業務に係る雑所得（注2）

(注1) 次のような場合には、事業と認められるかどうかを個別に判断することになります。
　① その所得の収入金額が僅少と認められる場合
　② その所得を得る活動に営利性が認められない場合
(注2) 資産の譲渡は譲渡所得・その他雑所得となります。

雑所得となるものの具体例

(1) その所得本来の性質上雑所得とされるもの

① 公的年金等
② 学校債、組合債の利子
③ 特定公社債以外の公社債の償還金で同族会社の株主等が同族会社から受けるもの（注1）
④ 法人の役員等の勤務先預け金の利子で利子所得とされないもの
⑤ 定期積金に係る契約に基づくいわゆる給付補填金（注2）
⑥ 国税通則法58条1項に規定する還付加算金
⑦ 人格のない社団、財団からの収益の分配金
⑧ 生命保険契約等に基づく年金

(2) 事業から生じたと認められるものを除き雑所得とされるもの

① 動産の貸付けによる所得
② 原稿、さし絵、作曲、レコードの吹き込み若しくはデザインの報酬、放送謝金、著作権の使用料又は講演料等に係る所得（例：作家以外の者が支払を受ける原稿料）

③ 採石権、鉱業権の使用料
④ 特許権等の使用料
⑤ 金銭の貸付けによる所得（例：金融業者でない者の貸金の利子）
⑥ 不動産の継続的売買による所得
⑦ 所有期間が５年以内の山林の伐採又は譲渡による所得
⑧ 新株予約権の譲渡による所得(注3)

(注1) 公社債の償還金については、次の２つに大きく分けられます（措法37の10、37の11、41の12、41の12の２、復興財確法13、28）。

① 発行時に償還差益に対して18.378％（東京湾横断道路の建設業者及び民間都市開発推進機構が発行する債券のうち、一定の要件を満たすものにあっては16.336％）の税率による源泉徴収が行われ、それだけで課税関係が終了するもの（源泉分離課税）

② 償還時に償還金を「上場株式等に係る譲渡所得等」（上場株式等に該当する公社債の場合）又は「一般株式等に係る譲渡所得等」（一般株式等に該当する公社債の場合）に係る収入金額とみなして15.315％（別に地方税５％）の税率による申告分離課税の対象とされるもの

上記①の源泉分離課税の対象となる公社債以外の公社債の償還金は、原則として上記②の申告分離課税の対象とされます。

また、上記①の源泉分離課税の対象となる公社債は、割引の方法により発行される公社債で、次のaからdまでのいずれかに該当するものです（措法41の12、措令26の15①）。

a 昭和63年４月１日から平成27年12月31日までに発行された国債及び地方債
b 昭和63年４月１日から平成27年12月31日までに発行された内国法人が発行する社債（会社以外の内国法人が特別の法律により発行する債券を含みます）
c 昭和63年４月１日から平成27年12月31日までに発行された外国法人が発行する債券（国外において発行する割引債にあっては、一定のものに限ります）
d 平成28年１月１日以後に発行された預金保険法に規定する長期信用銀行債等及び農水産業協同組合貯金保険法に規定する農林債（措法41の12⑦三かっこ書、措令26の15③）

なお、次のものは、上記a～dから除かれます（措法41の12⑦、措令26の15②）。

・外貨公債の発行に関する法律の規定により発行される外貨債
・独立行政法人住宅金融支援機構（解散前の住宅金融公庫を含みます）、沖縄振興開発金融公庫又は独立行政法人都市再生機構が、各設置法令の規定により発行する債券

(注2) 所得税法174条３号から８号までに掲げる定期積金の給付補塡金、利息、貴金属の利益又は差益については、15.315％の税率による源泉分離課税の制度が適用されますので、他の所得と総合して確定申告をすることはできないこととされています（措法41の10①、復興財確法28）。

(注3) 居住者が新株予約権(※)を発行法人から与えられた場合で、その居住者がその権利を発行法人へ譲渡したときは、その譲渡の対価の額からその権利の取得価額を控除した金額を、発行法人が支払をする事業所得に係る収入金額、給与・退職手当等の収入金額、一時所得に係る収入金額又は雑所得に係る収入金額とみなして課税されます（所法41の２、所令88の２）。

(※) 株式を無償又は有利な価額により取得することができる権利で、その権利を行使したならば経済的利益として課税されるものをいいます。

> **誤りやすい事例**　雑所得の区分等

1．過去に遡及して国民年金の支払を受けた場合、そのすべてについて支払を受けた年分の収入にしていた。

> **解説**

年金の収入計上時期は、その支給の基礎となった法令等により定められた支給日であるため、前年分以前の期間に対応する年金が一括して支給されても、年分ごとに区分して収入金額を計算します（所基通36-14（1））。

2．令和3年分の業務に係る収入金額が1,000万円を超えているにもかかわらず、令和5年分について収支内訳書を提出していなかった。

> **解説**

令和4年分以後、前々年分の業務に係る収入金額が1,000万円を超えている場合、収支内訳書を提出しなければならないこととされています（所法120⑥、所規47の3①）。

3．自己が居住する住宅を利用して住宅宿泊事業（いわゆる「民泊」）を行う場合の所得を不動産所得としていた。

> **解説**

自己が居住する住宅を利用して住宅宿泊事業（いわゆる「民泊」）を行う場合の所得は、原則として雑所得に該当します。

〈参考〉平30.6.13個人課税課情報6号「住宅宿泊事業法に規定する住宅宿泊事業により生じる所得の課税関係等について（情報）」

３　雑所得の金額の計算

(1) 雑所得の金額

雑所得の金額は、次の①及び②の合計額とされています（所法35②）。

① その年中の公的年金等の収入金額から公的年金等控除額を控除した金額

② その年中の雑所得（公的年金等に係るものを除きます）に係る総収入金額から必要経費を控除した金額

算式は次のとおりとなります。

〔算　式〕
　　雑所得の金額＝①＋②
　　　①　公的年金等　　　：収入金額（税込み）－公的年金等控除額
　　　②　上記以外のもの：総収入金額－必要経費

(2) 収入の時期

　雑所得の総収入金額の収入すべき時期は、所得の基因となった行為又は原因などに応じて、それぞれ他の9種類の所得のうち類似するものについての取扱いに準じて判定することになっています（所基通36-14）。

　公的年金等の収入すべき時期は、次のとおりとなります。

公 的 年 金 等		収入すべき時期
通常の公的年金等		支給の基礎となる法令等により定められた支給日
法令等の改正、改訂が既往にさかのぼって実施されたため既往に期間に対応して支払われる新旧公的年金等の差額^(注)	支給日が定められているもの	支給日
	支給日が定められていないもの	改正、改訂の効力が生じた日

(注)　裁定、改定等の遅延、誤びゅう等により既往にさかのぼって支払われる公的年金等については、法令等により定められた公的年金等の計算の対象とされた期間に係る各々の支給日によります。

(3) 暗号資産の譲渡原価等の計算

① 概　要

　居住者の暗号資産について、事業所得の金額又は雑所得の金額の計算上必要経費に算入する金額を算定する場合におけるその算定の基礎となるその年の12月31日において所有する暗号資産の価額は、その者が暗号資産について選定した評価の方法により評価した金額とされています（所法48の2、所令119の2）。

　なお、評価の方法を選定しなかった場合又は選定した評価の方法により評価しなかった場合には総平均法により評価することになります（所令119の5①）。

【参考通達】
・所得税基本通達48の2-1（一時的に必要な暗号資産を取得した場合の取扱い）

② 評価方法

　暗号資産について選定することができる評価方法は、次のとおりとなります（所令119の2①）。
　　イ　総平均法
　　　暗号資産をその種類の異なるごとに区別し、その種類の同じものについて、その年の1月1日において有していた暗号資産の取得価額の総額とその年中に取得した同じ種類の暗

号資産の取得価額の総額との合計額をその暗号資産の総数量で除して計算した価額をその1単位当たりの取得価額とする方法

ロ　移動平均法

暗号資産をその種類の異なるごとに区別し、その種類の同じものについて、当初1単位当たりの取得価額が、再び同じ種類の暗号資産を取得した場合には、取得時に所有する暗号資産と新たに取得した暗号資産との数量及び取得価額を基礎として算出した平均単価によって改定されたものとみなし、以後同じ種類の暗号資産を取得する都度同様の方法により1単位当たりの取得価額が改定されたものとみなし、その年の12月31日から最も近い日において改定されたものとみなされた1単位当たりの取得価額をその1単位当たりの取得価額とする方法

なお、上記イ及びロにおける暗号資産の取得には、暗号資産を購入し、若しくは売却し、又は種類の異なる暗号資産に交換しようとする際に一時的に必要なこれらの暗号資産以外の暗号資産を取得する場合におけるその取得は含まないこととされています（所令119の2②）。

③　評価方法の選定手続き

暗号資産の評価方法は、その種類ごとに選定しなければならないこととされています。

暗号資産を取得した場合[注1]には、取得した日の属する年分の所得税の確定申告期限までに、その暗号資産と同じ種類の暗号資産について評価すべき方法を書面により所轄の税務署長に届けなければならないこととされています（所令119の3）。

なお、選定した評価方法[注2]を変更しようとする場合には、新たな評価方法を採用しようとする年の3月15日までに、変更する旨、その理由、その他一定の事項を記載した申請書を所轄の税務署長に提出しなければならないこととされています。この場合、その年の12月31日までに申請についての承認又は却下の処分がなかったときは、同日において承認があったものとみなされます（所令119の4）。

（注1）　取得した日の属する年の前年以前においてその暗号資産と同じ種類の暗号資産について届出をする場合を除きます。
（注2）　評価方法を届け出なかったことから総平均法によることとされている場合を含みます。

【参考通達】
・所得税基本通達48の2-2（暗号資産の種類）
・所得税基本通達48の2-3（評価方法の変更申請があった場合の「相当期間」）

④　暗号資産の取得価額

イ　暗号資産の取得価額

暗号資産の評価額の計算の基礎となる暗号資産の取得価額は、取得の態様により次のとおり区分されます（所令119の6①）。

取得の態様	暗号資産の取得価額
① 購入	購入の代価（購入手数料その他その暗号資産の購入のために要した費用がある場合には、その費用の額を加算した金額）
② 自己が発行したことによる取得	その発行のために要した費用
③ ①以外の取得	取得の時におけるその暗号資産の取得のために通常要する価額
④ 死因贈与、相続又は包括遺贈及び相続人に対する特定遺贈による取得	被相続人の死亡の時において、被相続人がその暗号資産につきよるべきものとされていた評価の方法により取得した金額
⑤ 著しく低い価額での譲渡による取得	その譲渡の対価の額と実質的に贈与をしたと認められる金額との合計額（注）

(注) 実質的に贈与をしたと認められる金額とは、譲渡の対価の額とその譲渡の時におけるその暗号資産の時価との差額のうち実質的に贈与をしたと認められる金額をいいます（所法40①、所令87）。

ロ　信用取引における暗号資産の取得価額

居住者が暗号資産信用取引の方法による暗号資産の売買を行い、かつ、暗号資産信用取引による暗号資産の売付けと買付けとにより暗号資産信用取引の決済を行った場合には、その売付けに係る暗号資産の取得に要した経費としてその者のその年分の事業所得の金額又は雑所得の金額の計算上必要経費に算入する金額は、暗号資産信用取引においてその買付けに係る暗号資産を取得するために要した金額となります（所令119の7）。

【参考通達】
・所得税基本通達48の2-4（暗号資産の取得価額）

⑤ 暗号資産に係るその他の取扱い

イ　棚卸資産及び固定資産からの除外

暗号資産は、棚卸資産及び固定資産に含まれないこととされています（所法2①十六、十八、所令5）。

ロ　棚卸資産の贈与等の場合の総収入金額算入

棚卸資産の贈与等の場合の総収入金額算入（所法40）における「棚卸資産に準ずる資産として政令で定めるもの」に暗号資産が含まれます（所令87）。

(4) 生命保険契約等に基づく年金の雑所得の計算

生命保険契約等に基づく年金による雑所得の計算は、次の「イ　総収入金額」－「ロ　必要経費」となります（所令183）。

① 年金のみの場合

　イ　総収入金額

　　　＝その年に支給される年金の額＋年金の支払開始以後に支払を受ける剰余金、割戻金

　ロ　必要経費

　　次の算式により計算した金額

> 〔算式Ⅰ〕
> 　その年分の必要経費に算入する金額＝$A \times \dfrac{B}{C}$
> 　　A：その年に支給される年金の額
> 　　B：保険料又は掛金の総額
> 　　C：年金の支払総額又は支払総額の見込額
>
> [留意事項]
> 1．年金の支払開始前に受ける剰余金、割戻金や保険料又は掛金に充当された剰余金、割戻金は「保険料又は掛金の総額」から控除します。
> 2．事業主が負担したその生命保険契約等に係る保険料等で使用人等の給与所得に係る収入金額に含まれないものの額は「保険料又は掛金の総額」から控除します（所令183④三）。
> 3．「保険料又は掛金の総額」には、その年金の支払を受ける者以外の者が負担したものでその支払を受ける者が自ら負担して支出したと認められるものも含まれます（所基通35-4）。

② 年金のほかに一時金を支払う契約の場合

〔年金部分〕

　イ　総収入金額

　　　＝その年に支給される年金の額＋年金の支払開始以後に支払を受ける剰余金、割戻金

　ロ　必要経費

　　上記〔算式Ⅰ〕の「保険料又は掛金の総額」を、次の〔算式Ⅱ〕により計算した金額

> 〔算式Ⅱ〕
> 　年金についての保険料又は掛金の総額＝$A \times \dfrac{B}{(B+C)}$
> 　　A：保険料又は掛金の総額
> 　　B：年金の支払総額又は支払総額の見込額
> 　　C：一時金の額

〔一時金部分〕

　一時所得となります。

(5) 相続等に係る生命保険契約等に基づく年金に係る雑所得の計算

　相続、遺贈又は贈与（以下、「相続等」といいます）に係る生命保険契約等に基づく年金に係る雑所得の計算については、上記(4)「生命保険契約等に基づく年金の雑所得の計算」によらず、次によることになります（所令185）。

① 居住者が支払を受ける旧相続税法対象年金(注1)に係る総収入金額又は必要経費の算入額の計算

イ 総収入金額

　旧相続税法対象年金については、その年金の額のうち確定年金、終身年金、有期年金、特定終身年金又は特定有期年金(注2)の種類に応じて、その支払開始日における残存期間年数又は余命年数とその年金の支払総額又は支払総額見込額を基に計算した支払年金対応額の合計額に限り、その年金の雑所得に係る総収入金額に算入します。

ロ 必要経費

　上記イの総収入金額に対応する必要経費は、その生命保険契約等に係る支払保険料のうち、総収入金額算入額に対応する部分とします。

② 居住者が支払を受ける新相続税法対象年金(注3)に係る総収入金額又は必要経費の算入額の計算

イ 総収入金額

　新相続税法対象年金については、その年金の額のうち確定年金、終身年金、有期年金、特定終身年金又は特定有期年金(注2)の種類に応じて、その年金に係る相続税評価割合とその年金の支払総額または支払総額見込額を基に計算した支払年金対応額の合計額に限り、その年金の雑所得に係る総収入金額に算入します。

ロ 必要経費

　上記①のロに準じて必要経費を算定します。

(注1)　「旧相続税法対象年金」とは、所得税法等の一部を改正する法律3条の規定による改正前の相続税法24条《定期金に関する権利の評価》の適用がある年金をいいます。同条の規定は、原則として、平成23年3月31日以前の相続等により取得した定期金に関する権利について適用されます。

(注2)　相続等に係る生命保険契約等に基づく年金が、確定年金、終身年金、有期年金、特定終身年金又は特定有期年金のいずれであるかの判定は、年金の支払を受ける者のその年金の支払開始日の現況において行います（所基通35-4の2）。

(注3)　「新相続税法対象年金」とは、所得税法等の一部を改正する法律3条の規定による改正後の相続税法24条《定期金に関する権利の評価》の適用がある年金をいいます。同条の規定は、原則として、平成23年4月1日以後の相続等により取得する定期金に関する権利について適用されます。

〈参考1〉課税・非課税部分の振り分け（旧相続税法対象年金）

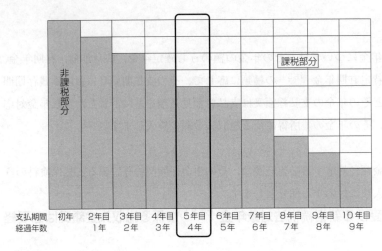

①支給期間10年の場合、相続税法第24条で█部分は6割と法定。
②したがって、所得税課税部分は4割となる。
③支払期間に対応して、一単位（マス）当たりの課税部分を算出し、これを基に各年の所得金額を計算する。

〔計算例〕
支払期間10年の確定年金（旧相続税法対象年金）を相続した方の支払年数5年目の所得金額の計算のイメージ
（年100万円定額払い、保険料総額200万円の場合）

① 1課税単位当たりの金額：$\underline{1,000万円 \times 40\%} \div \underline{45マス} = 8.8万円$
　　　　　　　　　　　　　　　（課税部分）　　　（課税単位数）（10年×(10年−1年)÷2）

② 課税部分の年金収入額：$8.8万円 \times \underline{4} = 35.2万円$
　　　　　　　　　　　　　　　　　　　（経過年数）支払開始日からその支払を受ける日までの年数

③ 必要経費額：$35.2万円 \times \left[\underline{200万円} \div \underline{1,000万円}\right] = 7万円$
　　　　　　　　　　　　　　　（保険料総額）（支払総額）

④ 課税部分に係る所得金額：$35.2万円 - 7万円 = \underline{28.2万円}$
　　　　　　　　　　　　　　　　　　　　　　　　　（雑所得の金額）

(注)「旧相続税法対象年金」とは、年金に係る権利について所得税法等の一部を改正する法律（平成22年法律第6号）第3条の規定による改正前の相続税法第24条（定期金に関する権利の評価）の規定の適用があるものをいいます。

〈参考2〉課税・非課税部分の振り分け（新相続税法対象年金）

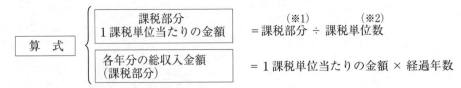

（※1）課税部分の金額＝支払金額×課税割合
　　　課税割合は、相続税評価割合に応じ、それぞれ次のとおりです。

〈算式〉相続税評価割合＝相続税評価額÷年金の支払総額または支払総額見込額

相続税評価割合	課税割合	相続税評価割合	課税割合	相続税評価割合	課税割合
50％超 55％以下	45％	75％超 80％以下	20％	92％超 95％以下	5％
55％超 60％以下	40％	80％超 83％以下	17％	95％超 98％以下	2％
60％超 65％以下	35％	83％超 86％以下	14％	98％超	0
65％超 70％以下	30％	86％超 89％以下	11％	―	―
70％超 75％以下	25％	89％超 92％以下	8％	―	―

相続税評価割合が50パーセント以下の場合の計算方法については、税務署にお問合せください。

(※2) 課税単位数＝残存期間年数×（残存期間年数－1年）÷2

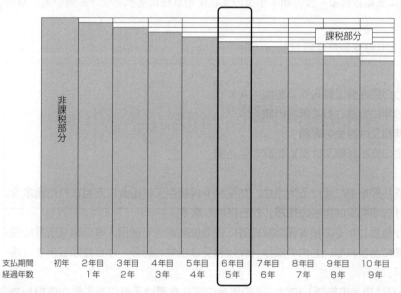

〔計算例〕
支払期間10年の確定年金（新相続税法対象年金）を相続した方の支払年数6年目の所得金額の計算イメージ
（年100万円定額払い、保険料総額200万円、新相続税法による評価額900万円の場合）

① 相続税評価割合：900万円÷1,000万円＝90％
　　　　　　（相続税評価額）（支払総額）

② 課税部分（収入金額）の合計額：1,000万円×8％＝80万円
　　　　　　　　　　　　（支払総額）（相続税評価割合90％の時の課税割合）

③ 1課税単位当たりの金額：80万円÷45単位＝1.8万円
　　　　　　　　　　　（課税単位数）（10年×(10年－1年)÷2）

④ 課税部分の年金収入額：1.8万円×5＝9万円
　　　　　　　　（経過年数）支払開始日からその支払を受ける日までの年数

⑤ 必要経費額：9万円×（200万円÷1,000万円）＝1.8万円
　　　　　　　　　　（保険料総額）（支払総額）

⑥ 課税部分に係る所得金額：9万円−1.8万円＝7.2万円
(雑所得の金額)

(注)「新相続税法対象年金」とは、「旧相続税法対象年金」以外のものをいいます。

(出典：国税庁ホームページ／タックスアンサーNo.1620「相続等により取得した年金受給権に係る生命保険契約等に基づく年金の課税関係」より抜粋加工)

(6) 損害保険契約等に基づく年金の雑所得の計算

損害保険契約等に基づく年金による雑所得の計算は、次の「①総収入金額」−「②必要経費」となります（所令184）。

① 総収入金額
＝その年に支給される年金の額＋年金の支払開始以後に支払を受ける剰余金、割戻金

② 必要経費
次の算式により計算した金額

〔算　式〕
その年分の必要経費に算入する金額＝$A \times \dfrac{B}{C}$
A：その年に支給される年金の額
B：保険料又は掛金の総額
C：年金の支払総額又は支払総額の見込額

［留意事項］
1．年金の支払開始前に受ける剰余金、割戻金や保険料又は掛金に充当された剰余金、割戻金は「保険料又は掛金の総額」から控除します。
2．事業主が負担したその損害保険契約等に係る保険料等で使用人等の給与所得に係る収入金額に含まれないものの額は「保険料又は掛金の総額」から控除します（所令184③一）。
3．「保険料又は掛金の総額」には、その年金の支払を受ける者以外の者が負担したものでその支払を受ける者が自ら負担して支出したと認められるものも含まれます（所基通35−4）。

(7) 相続等に係る損害保険契約等に基づく年金に係る雑所得の計算

相続等に係る損害保険契約等に基づく年金に係る雑所得の計算については、上記(6)「損害保険契約等に基づく年金の雑所得の計算」によらず、次によることになります（所令186）。

① 旧相続税法対象年金(注1)
その年金の額のうち確定型年金又は特定有期型年金(注2)の種類に応じて、上記(5)①の例により計算した金額に限り、その年分の雑所得に係る総収入金額又は必要経費に算入します。

② 新相続税法対象年金(注1)
その年金の額のうち確定型年金又は特定有期型年金(注2)の種類に応じて、上記(5)②の例により計算した金額に限り、その年分の雑所得に係る総収入金額又は必要経費に算入します。

(注1) 「旧相続税法対象年金」及び「新相続税法対象年金」とは、上記(5)の(注1)及び(注3)のものをいいます。
(注2) 相続等に係る損害保険契約等に基づく年金が、確定型年金又は特定有期型年金のいずれであるかの判定は、年金の支払を受ける者のその年金の支払開始日の現況において行います（所基通35-4の2）。

(8) 公的年金等

① 公的年金等の範囲

雑所得とされる公的年金等の範囲は次のとおりとなります（所法35③、所令82の2）。

イ 国民年金法、厚生年金保険法、国家公務員共済組合法、地方公務員等共済組合法、私立学校教職員共済法、独立行政法人農業者年金基金法の規定に基づく年金

ロ 次に掲げる制度に基づいて支給される年金（これに類する給付を含みます）

(イ) 旧船員保険法の規定に基づく年金

(ロ) 厚生年金保険法附則28条に規定する共済組合が支給する年金

(ハ) 一元化法附則の規定に基づく一定の年金

(ニ) 旧国家公務員共済組合法の規定に基づく一定の年金

(ホ) 旧令による共済組合等からの年金受給者のための特別措置法3条1項もしくは2項、4条1項又は7条の2第1項の規定に基づく年金

(ヘ) 地方公務員等共済組合法の一部を改正する法律附則の規定に基づく年金

(ト) 旧地方公務員等共済組合法の規定に基づく一定の年金

(チ) 旧私立学校教職員共済法の規定に基づく一定の年金

(リ) 旧農林漁業団体職員共済組合法の規定に基づく年金

(ヌ) 特定退職金共済団体が行う退職金共済に関する制度(注1)

(ル) 中小企業退職金共済法に基づき分割払の方法により支給される分割退職金

(ヲ) 小規模企業共済法の規定に基づき分割払の方法により支給される分割共済金

(ワ) 石炭鉱業年金基金法の規定に基づく年金

(カ) 外国の法令に基づく保険又は共済に関する制度でイに掲げる法律の規定による社会保険又は共済に関する制度に類するもの

ハ 恩給（一時恩給を除きます）及び過去の勤務に基づき使用者であった者から支給される年金(注2)

ニ 適格退職年金契約に基づいて支給を受ける退職年金（自己の負担した掛金等に対応する部分を除きます）

ホ 確定拠出年金法に規定する企業型年金規約又は個人型年金規約に基づいて老齢給付金として支給される年金

ヘ 確定給付企業年金法の老齢給付金として支給される年金（自己の負担した掛金等に対応する部分を除きます。なお、企業年金連合会又は厚生年金基金から確定給付企業年金に移換さ

れた年金給付等積立等のうち加入者が負担した部分に相当する金額は除かれます)

(注1) 特定退職金共済団体とは、退職金共済事業を行う市町村・商工会議所・商工会等の団体で、その行う退職金共済事業について税務署長の承認を受けたものをいいます(所令73①)。

(注2) ハには、旧国会議員互助年金法の規定に基づく普通退職年金法及び旧地方公務員の退職年金に関する条例の規定による退職を給付事由とする年金が含まれるものと解されています。

② 公的年金等に係る雑所得の金額の計算方法

公的年金等に係る雑所得の金額は、年金の収入金額から公的年金等控除額を差し引いて計算しますが、具体的には次の速算表により算出します。

■公的年金等に係る雑所得の速算表(令和2年分以後)

〈公的年金等に係る雑所得以外の所得に係る合計所得金額が1,000万円以下〉

年金を受け取る人の年齢	(a)公的年金等の収入金額の合計額	(b)公的年金等に係る雑所得の金額
65歳未満	60万円以下	0円
	60万円超　　130万円未満	収入金額の合計額 － 60万円
	130万円以上　　410万円未満	収入金額の合計額×0.75 － 27万5千円
	410万円以上　　770万円未満	収入金額の合計額×0.85 － 68万5千円
	770万円以上　1,000万円未満	収入金額の合計額×0.95 － 145万5千円
	1,000万円以上	収入金額の合計額 － 195万5千円
65歳以上	110万円以下	0円
	110万円超　　330万円未満	収入金額の合計額 － 110万円
	330万円以上　　410万円未満	収入金額の合計額×0.75 － 27万5千円
	410万円以上　　770万円未満	収入金額の合計額×0.85 － 68万5千円
	770万円以上　1,000万円未満	収入金額の合計額×0.95 － 145万5千円
	1,000万円以上	収入金額の合計額 － 195万5千円

〈公的年金等に係る雑所得以外の所得に係る合計所得金額が1,000万円超2,000万円以下〉

年金を受け取る人の年齢	(a)公的年金等の収入金額の合計額	(b)公的年金等に係る雑所得の金額
65歳未満	50万円以下	0円
	50万円超　　130万円未満	収入金額の合計額 － 50万円
	130万円以上　　410万円未満	収入金額の合計額×0.75 － 17万5千円
	410万円以上　　770万円未満	収入金額の合計額×0.85 － 58万5千円
	770万円以上　1,000万円未満	収入金額の合計額×0.95 － 135万5千円
	1,000万円以上	収入金額の合計額 － 185万5千円

第3章 各種所得の金額の計算

年金を受け取る人の年齢	(a)公的年金等の収入金額の合計額		(b)公的年金等に係る雑所得の金額	
65歳以上		100万円以下		0 円
	100万円超	330万円未満	収入金額の合計額 −	100万円
	330万円以上	410万円未満	収入金額の合計額×0.75 −	17万5千円
	410万円以上	770万円未満	収入金額の合計額×0.85 −	58万5千円
	770万円以上	1,000万円未満	収入金額の合計額×0.95 −	135万5千円
	1,000万円以上		収入金額の合計額 −	185万5千円

〈公的年金等に係る雑所得以外の所得に係る合計所得金額が2,000万円超〉

年金を受け取る人の年齢	(a)公的年金等の収入金額の合計額		(b)公的年金等に係る雑所得の金額	
65歳未満		40万円以下		0 円
	40万円超	130万円未満	収入金額の合計額 −	40万円
	130万円以上	410万円未満	収入金額の合計額×0.75 −	7万5千円
	410万円以上	770万円未満	収入金額の合計額×0.85 −	48万5千円
	770万円以上	1,000万円未満	収入金額の合計額×0.95 −	125万5千円
	1,000万円以上		収入金額の合計額 −	175万5千円
65歳以上		90万円以下		0 円
	90万円超	330万円未満	収入金額の合計額 −	90万円
	330万円以上	410万円未満	収入金額の合計額×0.75 −	7万5千円
	410万円以上	770万円未満	収入金額の合計額×0.85 −	48万5千円
	770万円以上	1,000万円未満	収入金額の合計額×0.95 −	125万5千円
	1,000万円以上		収入金額の合計額 −	175万5千円

■公的年金等に係る雑所得の速算表（平成17年分から令和元年分まで）

年金を受け取る人の年齢	(a)公的年金等の収入金額の合計額		(b)公的年金等に係る雑所得の金額	
65歳未満		70万円以下		0 円
	70万円超	130万円未満	収入金額の合計額 −	70万円
	130万円以上	410万円未満	収入金額の合計額×0.75 −	37万5千円
	410万円以上	770万円未満	収入金額の合計額×0.85 −	78万5千円
	770万円以上		収入金額の合計額×0.95 −	155万5千円

65歳以上		120万円以下		0円
	120万円超	330万円未満	収入金額の合計額－	120万円
	330万円以上	410万円未満	収入金額の合計額×0.75 －	37万5千円
	410万円以上	770万円未満	収入金額の合計額×0.85 －	78万5千円
	770万円以上		収入金額の合計額×0.95 －	155万5千円

（出典：国税庁ホームページ／タックスアンサーNo.1600「公的年金等の課税関係」より抜粋加工）

(9) 雑所得を生ずべき業務に係る雑所得の計算

　令和4年分以後、雑所得を生ずべき業務を行う居住者でその年の前々年分の雑所得を生ずべき業務に係る収入金額が300万円以下であるもののその年分の雑所得を生ずべき業務に係る雑所得の金額（山林の伐採又は譲渡に係るものを除きます）の計算上総収入金額及び必要経費に算入すべき金額は、その業務につきその年において収入した金額及び支出した費用の額（いわゆる「現金主義」）とすることができます（所法67②、所令196の2、196の3）。

4 先物取引に係る雑所得等の課税の特例

　居住者又は国内に恒久的施設を有する非居住者（以下、「居住者等」といいます）が、商品先物取引等、金融商品先物取引等又はカバードワラントの取得をし、かつ、その取引の決済又は行使若しくは放棄若しくは譲渡（その商品、金融商品の受渡しが行われることとなるものを除きます。以下、「差金等決済」といいます）をした場合には、その先物取引に係る所得については、15.315％（別途地方税5％）の税率による申告分離課税が行われます（措法41の14①、復興財確法13）。

　誤りやすい事例　FX取引による所得の区分

　外国金融商品取引業者で、金融商品取引法上の登録をしていない者を媒介するFX取引を、分離課税の先物取引に係る雑所得等として申告していた。

解説

　平成24年1月1日以後に行う店頭取引であっても、金融商品取引法に規定する店頭デリバティブ取引に該当しない取引（同法が定める登録を受けていない金融商品取引業者等を相手方として行う取引）は、総合課税の雑所得となります（措法41の14）。

(1) 先物取引の意義

　申告分離課税の対象とされる先物取引は、次の①から③までの取引となります（措法41の14①、措令26の23②）。

① 商品先物取引等
イ　商品先物取引法2条3項1号から4号までに掲げる取引（同項4号の取引にあっては、一定の権利に係るものに限ります）で同項に規定する先物取引に該当するもの（同条9項に規定する商品市場において行われる同条10項1号ホに掲げる取引を含みます）

ロ　商品先物取引法2条14項1号から5号までに掲げる取引（同項4号の取引にあっては、一定の権利に係るものに限ります）で同項に規定する店頭商品デリバティブ取引に該当するもの（商品先物取引業者を相手方として行うものに限ります）

② 金融商品先物取引等
イ　金融商品取引法2条21項1号から3号までに定められている市場デリバティブ取引（暗号資産又は金融指標に係るものを除きます(注)）のうち、次に掲げる取引に該当するもの
　(イ)　平成16年1月1日以後に行う、平成18年改正前の証券取引法2条20項に定められている有価証券先物取引、同条21項に定められている有価証券指数等先物取引及び同条22項に定められている有価証券オプション取引
　(ロ)　平成17年7月1日以後に行う、廃止前の金融先物取引法2条2項に定められている取引所金融先物取引
　(ハ)　平成19年9月30日以後に行う、金融商品取引法2条21項1号から3号までに定められている取引

ロ　金融商品取引法2条22項1号から4号までに掲げる取引（同項3号に掲げる取引にあっては、一定の権利に係るものに限ります）で同項に規定する店頭デリバティブ取引（暗号資産又は金融指標に係るものを除きます(注)）に該当するもの（第一種金融商品取引業者又は登録金融機関を相手方として行うものに限ります）

③ カバードワラントの取得
　金融商品取引法2条1項19号に掲げる有価証券（同条8項3号ロに規定する外国金融商品市場において行う取引であって同条21項3号に掲げる取引と類似の取引に係る権利を表示するものを除きます）の取得

(注)　令和2年5月1日以後に行う先物取引について適用されます。

(2) 先物取引に係る雑所得等の金額

　先物取引に係る雑所得等の金額は、先物取引による事業所得の金額、譲渡所得の金額及び雑所得の金額（以下、「雑所得等の金額」といいます）の合計額とされています（措法41の14①、措令26の23①）。

先物取引による雑所得等の金額の計算上生じた損失の金額は、他の先物取引に係る雑所得等の金額から控除することができますが、先物取引に係る雑所得等以外の所得の金額との損益通算はできないこととされています（措法41の14①、措令26の23①）。

(3)　先物取引の差金等決済に係る損失の繰越控除

　先物取引に係る差金等決済をしたことにより生じた損失の金額のうちに、その差金等決済をした日の属する年分の先物取引に係る雑所得等の金額の計算上控除してもなお控除しきれない金額があるときは、一定の要件^(注)のもとで、その控除しきれない金額についてその年の翌年以後３年内の各年分の先物取引に係る雑所得等の金額からの繰越控除をすることができます（措法41の15）。

(注)　「一定の要件」とは、次のとおりとされています（措法41の15③⑤⑦、措令26の26④⑤、措規19の９②〜⑤）。
① 　先物取引の差金等決済に係る損失の金額が生じた年分の所得税について、その先物取引の差金等決済に係る損失の金額に関する明細書等の一定書類（措規19の９②）を添付した確定申告書を提出すること
② 　その後において連続して所要の事項（措令26の26④⑤、措規19の９④⑤）を記載した確定申告書を提出すること
③ 　繰越控除を受けようとする年分の所得税について、その年において控除すべき先物取引の差金等決済に係る損失の金額及びその金額の計算の基礎その他参考となるべき事項（措規19の９③）を記載した明細書を添付した確定申告書を提出すること

5　減額された外国所得税額の雑所得の総収入金額算入

　居住者が、外国税額控除（所法95①〜③）の適用を受けた年の翌年以後７年内の各年においてその適用を受けた外国所得税の額が減額された場合には、その減額された金額から、その減額された金額のうちその減額された年において納付外国所得税（所令226①）又は繰越限度超過額（所令226③）からの控除に充てられる部分の金額を控除した金額は、その減額された年分の雑所得の金額の計算上、総収入金額に算入します（所法44の３、所令93の２）。

6　雑所得を生ずべき業務に係る雑所得を有する者に係る収支内訳書の確定申告書への添付義務

　令和４年分以後、その年において雑所得を生ずべき業務を行う居住者でその年の前々年分のその業務に係る収入金額が1,000万円を超える者が、確定申告書を提出する場合には、収支内訳書を確定申告書に添付しなければならないこととされています（所法120⑥、所規47の３①）。

7　雑所得を生ずべき業務に係る雑所得を有する者の現金預金取引等関係書類の保存義務

　令和４年分以後、その年において雑所得を生ずべき業務を行う居住者等でその年の前々年分

のその業務に係る収入金額が300万円を超える者が、5年間、その業務に係る現金預金取引関係書類を保存しなければならないこととされています(所法232②、所規102⑦⑧)。

第4章 所得税の課税の特例

第3章の所得税法に規定する各種所得の金額及び課税標準の計算については、租税特別措置法で政策的な見地から各種の特例規定が設けられています。

第1節 分離課税

1 申告分離課税

申告分離課税の場合の所得税額の計算は、他の所得と分離して、それぞれの所得ごとに税額計算を行うことになります。

この場合、所得控除額、税額控除及び源泉所得税額の控除は他の所得と同様に行われます。

申告分離課税を選択した特定公社債等の利子所得の金額及び上場株式等に係る配当所得の金額、土地の譲渡等に係る事業所得等の金額、土地建物等の分離長期譲渡所得の金額及び分離短期譲渡所得の金額、株式等に係る譲渡所得等の金額、申告分離課税を選択した先物取引に係る雑所得等の金額については、制度上、原則として損益通算や純損失の繰越控除は認められないこととされています（措法3、3の3、8の4、28の4、31①③二、32①④、37の10①⑥四、37の11①⑥、41の5、41の5の2、41の14①②二）。

申告分離課税においては、所得の内容に応じて税率が定められていますが、平成25年分から令和19年分までの各年分の確定申告については、所得税と復興特別所得税（その年分の基準所得税額の2.1％）を併せて申告・納付することになります。

2 源泉分離課税

源泉分離課税の場合の所得税の課税は、他の所得と分離して、一定税率による源泉徴収を行うことにより課税が完結します。

したがって、原則として、確定申告や納税の手続きを行う必要はないことになります。

第2節 申告分離課税

 特定公社債等に係る利子所得の申告分離課税

　居住者又は国内に恒久的施設を有する非居住者（以下、「居住者等」といいます）が、平成28年1月1日以後国内において支払いを受けるべき特定公社債等の利子等については、15％の税率により所得税（他に地方税5％）を課税します（措法8の4）。

　平成28年1月1日以後に国内において支払いを受けるべき特定公社債等の利子等を有する居住者等は、これらの特定公社債等の利子等の金額を除外して確定申告することもできます（措法8の5）。

　特定公社債等とは、次のものをいいます。
(1)特定公社債
　① 国債、地方債、外国国債、外国地方債
　② 会社以外の法人が特別の法律により発行する債券
　③ 公募公社債、上場公社債
　④ ①から③以外の一定の公社債
(2)公募公社債投資信託の受益権
(3)証券投資信託以外の公募投資信託の受益権
(4)特定目的信託（その社債的受益権の募集が公募により行われたものに限ります）の社債的受益権

 上場株式等に係る配当所得等の申告分離課税

　居住者等が、平成28年1月1日以後に支払いを受けるべき上場株式等の配当（大口株主等^(注)が支払いを受けるべきものを除きます）に係る配当所得については、他の所得と区分し、その年中の上場株式等に係る課税配当所得等の金額の15％に相当する所得税を課税する申告分離課税と総合課税のいずれかを選択適用することができます。

　また、申告分離課税を選択した場合には、配当控除は適用されないこととされています（措法8の4①）。

　　(注)　「大口株主等」とは、発行済株式の総数又は出資の総額の3％以上である個人をいいます。
　　　　なお、令和5年10月1日以後に支払いを受ける者及びその支払いを受ける者を判定の基礎となる株主として選定した場合に同族会社に該当する法人が所有する株主等の発行済株主等に占める割合（株式等保有割合）が3％以上となる場合、その支払われる配当等については、大口株主等と同様、総合課税の対象となります。

土地の譲渡等に係る事業所得等の課税の特例

　個人が、その年の1月1日において所有期間が5年以下である土地等（土地及び土地の上に存する権利をいい、その年中に他の者から取得等をしたものを含みます）を譲渡したことにより生ずる事業所得及び雑所得の金額（以下、「土地等に係る事業所得等の金額」といいます）については、他の所得と区分し、高い税率により課税します（措法28の4①）。

　ただし、平成10年1月1日から令和8年3月31日までの間にした土地等の譲渡等については、この特例は適用されないこととされています（措法28の4⑥）。

　なお、この特例は、下記のの譲渡所得の課税の特例制度とともに、地価の安定等の政策的見地から設けられているものです。

　土地等に係る事業所得等の金額に係る所得税額の計算式は、次のとおりとなります。

〔計算式〕
　所得税額は、次の①又は②の金額のうち、いずれか多い金額とされています。
① 　A×40％
② 　{（A＋B）×総合課税の税率－（B×総合課税の税率）}×110％
　　A：土地等に係る課税事業所得等の金額
　　B：その年分の課税総所得金額

 譲渡所得の課税の特例制度

（1）長期譲渡所得の課税の特例

　個人が、その年の1月1日において所有期間が5年を超える土地若しくは土地の上に存する権利（以下、「土地等」といいます）又は建物及びその附属設備若しくは構築物（以下、「建物等」といいます）を譲渡した場合の、その譲渡による譲渡所得については、他の所得と区分して下記（2）の短期譲渡所得より低い税率により課税します（措法31①②）。

　分離長期譲渡所得に係る所得税額の計算式は次のとおりとなります。

〔計算式〕
　所得税額＝課税長期譲渡所得金額×15％

（2）短期譲渡所得の課税の特例

　個人が、その年の1月1日において所有期間が5年以下である土地等又は建物等（その年中に取得したものを含みます）を譲渡した場合の、その譲渡による譲渡所得については、他の所得と区分して上記（1）の短期譲渡所得より高い税率により課税します（措法32①）。

　分離短期譲渡所得に係る所得税額の計算式は次のとおりとなります。

〔計算式〕
　所得税額＝課税短期譲渡所得金額×30％

■ 参考（譲渡所得に対するその他の主な特例）

1．固定資産の交換の場合の譲渡所得の特例

居住者が固定資産を交換した場合で一定の要件を満たすときは、交換に当たって交換差金等（注）の授受をしたかどうかに応じて、交換のために譲渡した資産についての譲渡益を次のように計算することができます（所法58①②、所令168）。

(1) 交換差金等を取得しない場合
　　⇒　原則として、譲渡はなかったものとみなされます。

(2) 交換差金等を取得した場合
　　⇒　譲渡益＝A－〔(B＋C)×A／(A＋D)〕
　　　　A：交換差金等の額
　　　　B：交換譲渡資産の取得費
　　　　C：譲渡費用
　　　　D：交換取得資産の時価

（注）　交換のときの取得資産の価額と譲渡資産の価額が等しくない場合に、その差額を補うために交付される金銭その他の資産をいいます。

2．居住用財産を譲渡した場合の長期譲渡所得の課税の特例

個人が、自己の居住用財産である土地等又は建物等で、その所有期間がその譲渡の年の1月1日において10年を超えるものの譲渡（配偶者等一定の者に対する譲渡を除きます）をした場合には、固定資産の交換の場合の譲渡所得の特例等の他の特例の適用を受ける場合及びその年の前年又は前々年にこの特例を受けている場合を除いて、税率が10％（課税長期譲渡所得の金額が6,000万円を超える部分については15％）に軽減されます（措法31の3①、措令20の3）。

3．居住用財産の譲渡所得の特別控除

個人が、その居住の用に供している家屋又はその家屋とともにその敷地を譲渡（配偶者等一定の者に対する譲渡を除きます）をした場合には、固定資産の交換の場合の譲渡所得の特例等の他の特例の適用を受ける場合及びその年の前年又は前々年にこの特例その他、居住用財産の譲渡に係る各種特例（上記2．を除きます）の適用を受けている場合を除いて、3,000円の譲渡所得の特別控除が適用できます（措法35①）。

4．特定の事業用資産の買換えの場合の譲渡所得の課税の特例

個人が特定の事業用資産を譲渡（収用等による譲渡等一定のものを除きます）し、一定の期間内に他の特定の資産を取得して、かつ、一定の期間内に事業の用に供した場合又は供する見込みである場合には、当該譲渡による収入金額が当該買換資産の取得価額以下である場合にあっては、収入金額の20％相当額で、収入金額が当該買換資産の取得価額を超える場合にあっては、収入金額から買替資産の取得価額の80％を控除した金額相当額で譲渡があったものとして譲渡所得の金額を計算することができます（措法37、措令25）。

株式等の譲渡による所得の申告分離課税制度

　居住者等が、平成28年1月1日以後に株式等を譲渡した場合には、当該株式等の譲渡による事業所得、譲渡所得及び雑所得については、他の所得と区分し、その年中の当該株式等の譲渡に係る事業所得の金額、譲渡所得の金額及び雑所得の金額に対し、15％の税率により所得税（他に地方税5％）を課税します（措法37の10①②、37の11①②）。

　上場株式等に係る譲渡損失の金額（損益通算適用後）は、翌年以降3年間繰り越して、翌年以降の上場株式等に係る譲渡所得等の金額及び申告分離課税を選択した上場株式等に係る配当所得等の金額から控除できます（措法37の12の2、措令25の11の2）。

　その他、従前の源泉分離課税制度の廃止に伴い、平成15年1月1日から、納税者の事務負担を軽減するために、特定口座制度が設けられています（措法37の11の3、37の11の4）。

 先物取引に係る雑所得等の申告分離課税制度

　居住者等が、商品等の先物取引をし、かつ、その取引に係る決済（その商品等の受渡しが行われることとなるものを除きます）をした場合には、その先物取引による事業所得、譲渡所得及び雑所得（以下、「先物取引に係る雑所得等」といいます）については、他の所得と区分し、その年中のその先物取引に係る雑所得等に対し、15％の税率により所得税（他に地方税5％）を課税します（措法41の14①）。

　先物取引に係る雑所得等の金額の計算上生じた損失の金額は、先物取引に係る雑所得等以外の所得からは控除できず、所得税に関する法令の規定の適用については、生じなかったものとみなされます（措法41の14①、措令26の23①）。

〔留意事項〕
1. ①商品先物取引業者以外と行う店頭商品デリバティブ取引、②金融商品取引業者（第1種金融商品取引業を行う者に限ります）又は登録金融機関以外と行う店頭デリバティブ取引については、総合課税の対象となります。
2. 外国為替証拠金取引（FX）については、店頭デリバティブ取引と市場デリバティブ取引（金融商品取引所の開設する金融商品で行われる取引）があり、いずれの場合も先物取引に係る雑所得等として申告分離課税の対象となりますが、①店頭取引であっても金融商品取引法に規定する店頭デリバティブ取引に該当しない取引、②店頭デリバティブ取引のうち、金融商品取引業者（第1種金融商品取引業を行う者に限ります）又は登録金融機関以外との取引は、総合課税の対象となります。

第3節 源泉分離課税

 利子所得の源泉分離課税

居住者等が国内において支払を受けるべき利子等(非課税、総合課税及び申告分離課税とされるものを除きます)については、他の所得と区分して、その支払等を受けるべき金額に対し、15.315%の税率を適用して所得税及び復興特別所得税の源泉徴収を行い(居住者については、この他5%の税率により住民税が源泉徴収されます)、納税が完結します(措法3)。

図示すると、次のようになります。

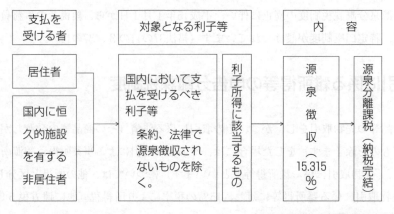

(出典:税務大学校講本 所得税法(令和6年度版))

 懸賞金付預貯金等の懸賞金等の源泉分離課税

個人が支払等を受ける懸賞金付預貯金等の懸賞金等については、他の所得と区分して、その支払等を受けるべき金額に対し、15.315%の税率を適用して所得税及び復興特別所得税の源泉徴収を行い、納税を完結します(措法41の9)。

 金融類似商品の源泉分離課税

個人が支払を受けるべき定期積金の給付補塡金等のいわゆる金融類似商品については、他の所得と区分して、その支払等を受けるべき金額に対し、15.315%の税率を適用して所得税及び復興特別所得税の源泉徴収を行い、納税が完結します(措法41の10)。

 割引債の償還差益の源泉分離課税

個人が割引債について支払を受けるべき償還差益については、他の所得と区分して、その支

払等を受けるべき金額に対し、18.378％（政令で定める割引債に係る償還差益については16.336％）の税率を適用して所得税及び復興特別所得税の源泉徴収を行い、納税が完結します（措法41の12）。

第4節 確定申告を要しない配当所得

次に掲げる配当等（一定のもの（注1）を除きます）については、源泉徴収された後、申告するかしないかを選択（注2）することができます（措法8の5、9の2⑤、措令4の3）。

(1) 内国法人から支払を受ける配当等（配当等の基準日が平成18年5月1日以後のものに限り、(2)から(4)に掲げるものを除きます）で、当該内国法人から1回に支払を受けるべき金額が、10万円に配当計算期間（注3）の月数（最高12か月）を乗じてこれを12で除して計算した金額以下であるもの

(2) 内国法人から支払を受ける上場株式等の配当等（次の(3)及び(4)に掲げるもの及び大口株主等が支払を受けるべきものを除きます）

(3) 内国法人から支払を受ける公募証券投資信託（特定株式投資信託を除きます）の収益の分配に係る配当等

(4) 特定投資法人から支払を受けるべき投資口の配当等

（注1）「一定のもの」とは、次の収益の分配又は配当等をいいます（措法8の5①、措令4の3①）。
　① 私募公社債等運用投資信託等の収益の分配（措法8の2①）
　② 国外払の投資信託等の受益権の収益の分配（措法8の2①）
　③ 国外私募公社債等運用投資信託等の配当等（措法8の3①）
　④ 国外投資信託等の配当等（措法8の3②）
　⑤ 国外払の国内株式等に係る配当等（措法8の3②）
　⑥ 国外株式の配当等（措法9の2①）

（注2） 確定申告を要しない配当所得の金額を総所得金額に算入したところにより確定申告書を提出した場合には、その後においてその者が更正の請求をし、又は修正申告書を提出する場合においても、当該配当所得の金額を総所得金額の計算上除外することはできないこととされています（措通8の5-1）。

　また、確定申告を要しない配当所得の金額を総所得金額に算入しなかったところにより確定申告書を提出した場合には、その後においてその者が更正の請求をし、又は修正申告書を提出する場合においても、既に提出された申告書の課税標準の計算が国税に関する法律の規定に従っていなかったこと又は当該計算に誤りがあったことにならないことから、当該配当所得の金額を総所得金額の計算に含めることができないこととされています（通法23①）。

（注3） 配当計算期間とは、配当等の直前に内国法人から支払がされた配当等の支払に係る基準日の翌日から、内国法人から支払がされる配当等の支払に係る基準日までの期間をいいます（措法8の5①一）。

《利子所得に対する課税関係》

課税方式	対象となる利子	元本の種類	源泉徴収税率	手続	確定申告の要否
非課税制度	1 障害者等の少額預金の利子等（所法10）	預貯金、合同運用信託、公社債投資信託、証券投資信託（一部）の元本350万円まで（措法3の4）		非課税貯蓄申告書・申込書を提出、本人確認	
	2 障害者等の少額公債の利子（措法4）	国債、地方債の額面金額350万円まで（措法4）		特別非課税貯蓄申告書・申込書を提出、本人確認	
	3 勤労者財産形成住宅貯蓄又は勤労者財産形成年金貯蓄の利子等（措法4の2、4の3）	勤労者財産形成住宅貯蓄契約等に基づく預貯金、合同運用信託、特定の有価証券等の元本550万円まで（原則として）		財産形成非課税住宅貯蓄又は財産形成非課税年金貯蓄申告書・申込書を提出	
	4 納税準備預金の利子（措法5）	納税準備預金		不要	
源泉分離課税制度（措法3）	預貯金等の利子等	特定公社債以外の公社債、預貯金、合同運用信託、公社債投資信託、公募公社債等運用投資信託、勤務先預金等	15.315%〔他に地方税5％〕	不要	否 確定申告をすることはできない
申告分離課税制度（措法8の4）	特定公社債等(注)の利子	特定公社債等	15.315%〔他に地方税5％〕	特定口座での取扱いが可能 確定申告しないことができる（措法8の5）	上場株式等の譲渡損失及び配当所得等の損益通算の特例を対象に損益通算可能

(注) 特定公社債等とは、次のものをいう。
　1．特定公社債
　　(1) 国債、地方債、外国国債、外国地方債
　　(2) 会社以外の法人が特別の法律により発行する債券
　　(3) 公募公社債、上場公社債
　　(4) (1)から(3)以外の一定の公社債
　2．公募公社債投資信託の受益権

3. 証券投資信託以外の公募投資信託の受益権
4. 特定目的信託（その社債的受益権の募集が公募により行われたものに限る）の社債的受益権

(出典：税務大学校講本 所得税法（令和6年度版））

《配当課税制度の概要》

（所：所得税、復：復興特別所得税、住：個人住民税）

	～平成15年3月	平成15年4月～12月	平成16年1月～20年12月	平成21年1月～24年12月	平成25年1月～12月	平成26年1月～
・上場株式等の配当等（個人の大口株式等） ・非上場株式等の配当等	総合課税					
源泉徴収税率（特別徴収税率）	所：20%　住：0%				所・復：20.42%　住民税：0%	
確定申告不要制度の適用	1銘柄当たり1回5万円（年1回10万円）以下				1回に支払（平成18年5月1日以後の支払）を受けるべき金額が、10万円に配当計算期間の月数（最高12か月）を乗じてこれを12で除して計算した金額以下であるもの	

上場株式等の配当等（個人の大口株主等を除く）	総合課税			総合課税又は申告分離課税		
源泉徴収税率（特別徴収税率）	所：20%　住：0%	所：10%　住：0%	所：7%　住：3%	所：15%　住：5%（経過措置）　所：7%　住：3%	所・復：15.315%　住：5%（経過措置）　所・復：7.147%　住：3%	所・復：15.315%　住：5%
確定申告不要制度の適用	1銘柄当たり1回5万円（年1回10万円）以下	上限なし				
35%源泉分離選択課税	1銘柄当たり1回25万円（年1回50万円）未満かつ発行済株式総数の5%未満	制度廃止				

	源泉分離課税	総合課税	
・公募証券投資信託の収益の分配 ・特定投資法人の投資口の配当等			上場株式等の配当等 （個人の大口株主等を除く）と同様である。
源泉徴収税率 （特別徴収税率）	所：15% 住：5%	所：7% 住：3%	
確定申告不要制度の適用	対象外	上限なし	

（出典：税務大学校講本　所得税法（令和6年度版））

第5章 所得の金額の総合と損益通算

第1節 所得の金額の総合

　所得税は、総合課税を基本としていることから、第3章までで個別に計算した各種所得の金額を総合して、税額計算の基となる所得金額を導き出すことになります。

　この場合、これらの各種所得の金額のうちに損失の生じているものがあれば、その損失を他の所得の金額から一定の順序で差し引かれなければならないことになります。この手続を「損益通算」といいます。

　前年以前3年内に生じた特定の損失でその年に繰越しの認められるものがある場合には、損益通算後のその年分の所得金額から差し引くこととされています。

　ただ、その年分の所得金額自体で損失が生じているときは、その損失を特定の条件の下で、翌年以降に繰り越したり、前年に繰り戻したりします。

　これらの手続を「損失の金額の繰越し又は繰戻し」といいます。

　なお、各種所得の金額のうちには、その所得の性質から、他の所得の金額と単純に合計していわゆる超過累進税率をそのまま適用できない内容のものもあります。

　そのため、先に計算した各種所得の金額を、次の順序で、次の所得の金額のグループに分類します。

《所得税の課税標準》

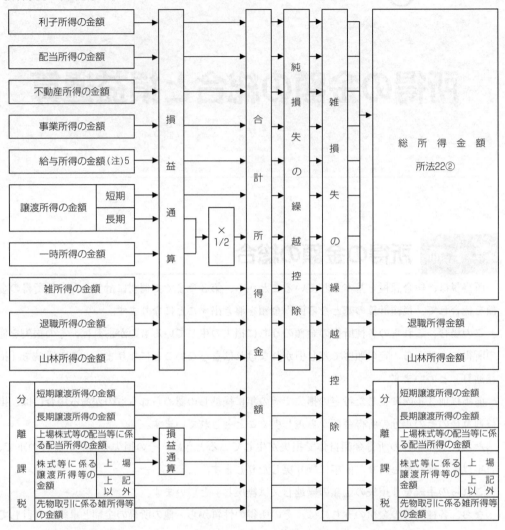

(注) 1 土地建物等の譲渡による分離課税の譲渡所得の金額は、分離短期と分離長期の損益の相殺はできるが、原則として、損益通算（所法69）及び純損失の繰越控除（所法70）は適用されない（措法31①③二三、32①④、41の5、41の5の2）。
 2 平成28年分から、上場株式等とそれ以外の非上場株式等に区分して、それぞれ別々の申告分離課税制度とされ、平成27年分以前は可能とされていた非上場株式等と上場株式等との間の損益の相殺はできなくなった（措法37の10①、37の11①、37の13の2④）。
 3 上場株式等の譲渡損失の金額又はその年の前年以前3年内の各年に生じた上場株式等の譲渡損失の金額は、これらの損失を上場株式等の譲渡所得等の金額及び上場株式等の配当所得等の金額（申告分離課税を選択したものに限る）から控除できる（措法37の12の2）。
 4 分離の株式等に係る譲渡所得等の金額及び分離の先物取引に係る雑所得等の金額については、損益通算（所法69）及び純損失の繰越控除（所法70）は適用されない（措法37の10⑥四、五、41の14②二、三）。
 5 所得金額調整控除の適用がある場合の給与所得の金額は、当該控除を控除した残額とする（措法41の3の3⑤）。
 6 その年の前年以前3年内の各年に生じた先物取引の差金等決済に係る損失の金額（特例の適用を受けて前年以前において控除されたものを除く）は、これらの損失を先物取引に係る雑所得等の金額から控除できる（措法41の15①）。

第5章 所得の金額の総合と損益通算

《総所得金額、総所得金額等及び合計所得金額について》
1 「総所得金額」とは、次の(1)と(2)の合計額（純損失の繰越控除又は雑損失の繰越控除の規定の適用がある場合には、その適用後の金額）とする。
(1) 利子所得、不動産所得、事業所得、給与所得、総合課税の配当所得・短期譲渡所得及び雑所得の合計額（損益通算後の金額）
(2) 総合課税の長期譲渡所得と一時所得の合計額（損益通算後の金額）の2分の1の金額

2 「総所得金額等」とは、次の(1)と(2)の合計額に、退職所得金額、山林所得金額を加算した金額である。
※ 申告分離課税の所得がある場合には、それらの特別控除前の所得金額の合計額を加算した金額である。
(1) 利子所得、不動産所得、事業所得、給与所得、総合課税の配当所得・短期譲渡所得及び雑所得の合計額（損益通算後の金額）
(2) 総合課税の長期譲渡所得と一時所得の合計額（損益通算後の金額）の2分の1の金額
ただし、次の繰越控除を受けている場合は、その適用後の金額をいう。
①純損失や雑損失の繰越控除、②居住用財産の買換え等の場合の譲渡損失の繰越控除、③特定居住用財産の譲渡損失の繰越控除、④上場株式等に係る譲渡損失の繰越控除、⑤特定中小会社が発行した株式に係る譲渡損失の繰越控除、⑥先物取引の差金等決済に係る損失の繰越控除

3 「合計所得金額」とは、純損失、居住用財産の買換え等の場合の譲渡損失、特定居住用財産の譲渡損失及び雑損失の繰越控除をしないで計算した次の(1)から(9)までの合計額をいう。
(1) 総所得金額
(2) 土地等に係る事業所得等の金額
(3) 分離課税の短期譲渡所得の金額（特別控除前）
(4) 分離課税の長期譲渡所得の金額（特別控除前）
(5) 分離課税の上場株式等に係る配当所得の金額（上場株式等に係る譲渡損失との損益通算後で、繰越控除の適用前の金額）
(6) 株式等に係る譲渡所得等の金額（上場株式等に係る譲渡損失の繰越控除及び特定株式に係る譲渡損失の繰越控除の適用前の金額）
(7) 先物取引に係る雑所得等の金額（先物取引の差金等決済に係る損失の繰越控除の適用前の金額）
(8) 山林所得金額（特別控除後）
(9) 退職所得金額（2分の1後）

（出典：税務大学校講本 所得税法（令和6年度版））

第2節 損益通算

損益通算の対象等

各種所得の金額の全部が黒字の場合は、山林所得の金額及び退職所得の金額は、そのまま山林所得金額又は退職所得の金額とし、その他の所得金額は、前頁の図式に従って合計し、総所得金額とします。

しかし、各種所得の金額の計算上「不動産所得、事業所得、山林所得及び譲渡所得」の金額に損失（赤字）が生じた場合は、他の黒字の各種所得と損益の通算をすることになります（所法69①、所令198）。

この場合、特定の各種所得の損失や特殊な損失については、他の各種所得の金額と損益通算ができないこととされています。

(1) 損益通算ができる損失

次の所得の計算上生じた損失
①不動産所得　②事業所得　③譲渡所得　④山林所得
ただし、下記(3)の特殊な損失を除きます。

(2) 損益通算の対象とされない損失

次の所得及び所得の計算上生じた損失（所法69①）
①配当所得　②給与所得　③一時所得　④雑所得
⑤個人に対する資産の低額譲渡により生じた損失（所法59②、所令169）
なお、利子所得、退職所得には損失は生じません。

(3) 特殊な損失

特殊な損失として、次に掲げるものがあります。

① 競走馬（事業用は除きます）、別荘、ゴルフ会員権等、書画、骨とう、貴金属などの生活に通常必要でない資産についての所得の計算上生じた損失（所法69②、所令178①）(注1)

② 生活用動産の譲渡による所得の金額の計算上生じた損失（所法9②一）(注2)

③ 有限責任事業組合の事業から生ずる不動産所得、事業所得又は山林所得の損失の金額のうち調整出資金額を超える部分の金額（措法27の2、措令18の3）

④ 土地、建物等の譲渡によるいわゆる分離課税の譲渡所得の金額の計算上生じた損失（措法31①、32①）(注3)

⑤ 一般株式等に係る譲渡所得等の金額の計算上生じた損失（措法37の10①）(注4)

⑥ 上場株式等に係る譲渡所得等の金額の計算上生じた損失（措法37の11①）(注4、5、6)

⑦ 不動産所得の金額の計算上生じた損失の金額のうち、土地等の取得に係る借入金の利子の額に対応する部分の金額（措法41の4）

⑧ 特定組合員（組合の重要な業務の執行の決定に関与し、契約を締結するための交渉等自らその執行を行う個人組合員以外の個人組合員）又は特定受益者（信託の受益者（受益者とみなされる者を含みます）で一定の者）の組合事業又は信託から生じた不動産所得の損失の金額（措法41の4の2）

⑨ 令和3年分以後、国外中古建物から生ずる不動産所得を有する場合において、その年分の不動産所得の金額の計算上、国外不動産所得の損失の金額があるときは、当該国外不動産所

得の損失の金額に相当する金額（措法41の4の3①）

なお、国外不動産所得の損失の金額については、国内の不動産から生じる不動産所得とのいわゆる所得内通算もできないこととされています。

⑩ 先物取引に係る雑所得等の金額の計算上生じた損失（措法41の14①）(注7)

(注1) 競走馬（事業用は除きます）の譲渡による譲渡所得の損失の金額に限り、その損失の金額を、その競走馬の保有に係る雑所得の金額から差し引くことができます。ただし、損失の金額が引ききれない場合には、ないものとされます（所法69②、所令200）。

(注2) 生活用動産の譲渡による所得は、非課税とされる代わりに、損失があってもその損失はなかったものとされます（所法9②）。

(注3) 土地、建物等の譲渡所得の金額の計算上生じた損失の金額はなかったものとみなされます（措法31①、32①）。また、損益通算の対象から除外されています（措法31③二、32④）。

〈参考〉

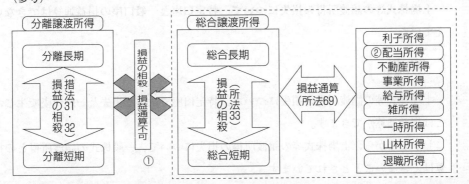

① 居住用財産の買換え等の場合の譲渡損失の損益通算の特例（措法41の5①）又は特定居住用財産の譲渡損失の損益通算の特例（措法41の5の2①）の適用を受ける場合に限り、損益通算が認められる。

② 上場株式等に係る譲渡損失の金額がある場合、その損失の金額を上場株式等の配当所得等（申告分離課税を選択したものに限る）の金額との損益通算ができることとされている（措法37の12の2①）。

この場合、配当所得等の金額から引ききれない譲渡損失の金額があるときは、翌年以後3年間に繰越すことができることとされている（措法37の12の2⑤）。

(注4) 株式等の譲渡による所得については、上場株式等とそれ以外の非上場株式等に区分して「一般株式等に係る譲渡所得等の特例」と「上場株式等に係る譲渡所得等の特例」とがそれぞれ別々の申告分離課税制度とされており、「特定投資株式に係る譲渡損失の損益の計算」の適用を受ける場合を除き、非上場株式等と上場株式等との間で損益の相殺はできないこととされています（措法37の10①、37の11①、37の13の3④）。

また、これらの所得は、損益通算の対象から除外されています（措法37の10⑥四、37の11⑥）。

(注5) 上場株式等の譲渡所得等の金額の計算上生じた損失の金額があるとき又はその年の前年以前3年内の各年に生じた上場株式等の損失の金額（前年以前に既に控除したものを除きます）があるときは、これらの損失の金額を上場株式等の譲渡所得等の金額及び上場株式等の配当所得等の金額（申告分離課税を選択したものに限ります）から控除することとされています（措法37の12の2①②⑤⑥）。

(注6) 特定公社債等の利子所得及び譲渡所得等については、これらの所得間並びに上場株式等の譲

渡所得等及び配当所得（申告分離課税を選択したものに限ります）との損益通算が可能とされています（措法37の12の2①②）。

また、特定公社債等の譲渡により生じた損失の金額のうち、その年に損益通算をしても控除しきれない金額については、翌年以降3年間にわたり、特定公社債等の利子所得等及び譲渡所得等並びに上場株式等の譲渡所得等及び配当所得（申告分離課税を選択したものに限ります）からの繰越控除が可能とされています（措法37の12の2⑤⑥）。

（注7） 先物取引をし、かつ、差金等決済をしたことにより生じた損失はなかったものとされています（措法41の14①）。

また、損益通算の対象から除外されています（措法41の14②三）。

誤りやすい事例　上場株式等の譲渡所得の損失の特定口座と一般口座の損益通算

上場株式等の譲渡所得の損失について、特定口座と一般口座の損益通算はできないと考えていた。

解説

上場株式等の譲渡所得の損失について、特定口座で生じた損失と一般口座で生じた損失とは損益通算ができます。

しかしながら、上場株式等の譲渡所得の損失について、一般株式の譲渡所得との損益通算はできないこととされています。

❷ 損益通算の方法

総所得金額について、経常的に発生する所得（利子所得、配当所得、不動産所得、事業所得、給与所得、雑所得（以下、「経常グループ」といいます））と、臨時的に発生する所得（譲渡所得、一時所得（以下、「譲渡・一時グループ」といいます））の二つのグループに区分して、次の損益通算の概要のとおり、第1次通算、第2次通算、第3次通算の順序で通算します（所令198）。

損益通算の概要は次のとおりとなります。

第5章 所得の金額の総合と損益通算

損益通算の概要

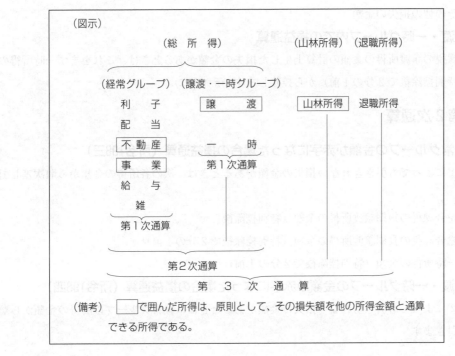

(注) 1 第1次通算で引き切れない経常グループの損失額は、短期譲渡所得、長期譲渡所得、一時所得の金額から順次差し引く。
2 長期譲渡所得の金額及び一時所得の金額は、損益通算後の2分の1にした金額が総所得金額に算入される。
3 源泉分離課税の利子所得及び確定申告をしないことを選択した配当所得は、損益通算には関係しない(措法3、3の3、8の5)。
4 土地建物等の譲渡による分離課税の譲渡所得の金額は、原則として損益通算に関係しない(措法31①③、32①④)。
5 株式等に係る譲渡所得等の金額及び先物取引に係る雑所得等の金額は、損益通算には関係しない(措法37の10①、41の14①)。
6 平成21年分以後、上場株式等の譲渡所得等の金額の計算上生じた損失の金額があるとき又はその年の前年以前3年内に各年に生じた上場株式等の譲渡損失の金額があるときは、これらの損失の金額を上場株式等の配当所得の金額(申告分離課税を選択したものに限る)から控除する。

(出典:税務大学校講本 所得税法(令和6年度版))

(1) 第1次通算

① 経常グループ内での損益通算

不動産所得の金額又は事業所得の金額の計算上生じた損失の金額があるときは、これをまず他の経常グループの所得の金額から控除します(所令198一)。

この場合、不動産所得の損失の金額又は事業所得の損失の金額のうちに、次の損失の金額が2以上あるときは、その引ききれない損失の金額を、イ→ロ→ハの順序で差し引きます(所令199一)。

イ 変動所得の損失の金額

ロ 被災事業用資産の損失の金額
ハ その他の損失の金額

② **譲渡・一時グループ内での損益通算**

総合課税の譲渡所得の金額の計算上生じた損失の金額があるときは、これをまず一時所得の金額（特別控除後で2分の1前）から控除します（所令198二）。

(2) 第2次通算

① **経常グループの金額が赤字になった場合の損益通算（所令198三）**

(1)の①によっても引ききれない損失の金額があるときは、次の各所得の金額から順次差し引きます。

イ 総合課税の短期譲渡所得の金額（特別控除後）
ロ 総合課税の長期譲渡所得の金額（特別控除後で2分の1前）
ハ 一時所得の金額（特別控除後で2分の1前）

② **譲渡・一時グループの金額が赤字になった場合の損益通算（所令198四）**

(1)の②によっても引き切れない損失の金額があるときは、経常グループの所得の金額から順次差し引きます。

(3) 第3次通算

① **総所得金額が赤字になった場合の損益通算（所令198五）**

(2)の①又は②によっても引ききれない損失の金額があるときは、次の各所得の金額から順次差し引きます。

イ 山林所得の金額（特別控除後）
ロ 退職所得の金額（2分の1後）

② **山林所得の金額が赤字になった場合の損益通算（所令198六）**

山林所得の金額の計算上生じた損失の金額があるときは、次の各所得の金額から順次差し引きます。

イ 経常所得の金額
ロ 総合課税の短期譲渡所得の金額（特別控除後）
ハ 総合課税の長期譲渡所得の金額（特別控除後で2分の1前）
ニ 一時所得の金額（特別控除後で2分の1前）
ホ 退職所得の金額（2分の1後）
　　この場合、山林所得の金額の計算上生じた損失の金額のうちに、
ヘ 被災事業用資産の損失の金額
ト その他の損失の金額
　　とがあるときは、その引ききれない損失の金額を、ト→ヘの順序で差し引きます（所令199二）。

誤りやすい事例　損益通算の順序

1. 事業所得の赤字と一時所得又は総合長期譲渡所得を通算する際、一時所得又は総合長期譲渡所得の金額を2分の1した後の金額から差し引いていた。

解説

一時所得又は総合長期譲渡所得と通算する場合は、50万円の特別控除後で、2分の1をする前の金額と通算します（所法69①、所令198三、所法22②）。

2. 令和5年分の確定申告において、非居住者である内国法人の役員が、役員給与と事業的規模（恒久的施設と認められます）の不動産所得に係る損失を損益通算していた。

解説

平成29年分以後、恒久的施設（PE）に帰属しない所得は、源泉分離課税により完結することになりました。

そのため、非居住者の役員給与は、PEに帰属しない所得であることから総合課税の対象とはならず、不動産所得に係る損失と損益通算することはできなくなっています（所法164）。

③ 不動産所得に係る損益通算の特例

(1) 損益通算の対象とされない損失の金額

不動産所得の金額の計算上生じた損失の金額がある場合において、必要経費に算入した金額のうちに業務の用に供する土地又は土地の上に存する権利を取得するために要した負債の利子の額があるときは、その損失の金額のうちその負債の利子の額に相当する部分の金額として次の区分に応じ計算した金額については、損益通算その他所得税に関する法令の規定の適用については、生じなかったものとみなされます（措法41の4、措令26の6）。

■負債の利子の額が損失の金額を超える場合

土地等を取得するために要した負債の利子の額	その他の必要経費
← 損益通算対象外 →	総収入金額

■負債の利子の額が損失の金額以下である場合

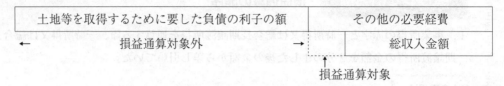

(2) 土地等と建物を一括して借入金で取得した場合の土地等の部分の利子の額の計算

　業務の用に供する土地等をその土地等の上に建築された建物（その附属設備を含みます）とともに取得した場合(注)において、これらの資産を取得するために要した負債の額がこれらの資産ごとに区分されていないことその他の事情により、これらの資産の別にその負債の額を区分することが困難であるときは、これらの資産を取得するために要した負債の額がまず建物の取得の対価の額に充てられ、次にその土地等の取得の対価の額に充てられたものとして、土地等を取得するために要した負債の利子の額に相当する部分の金額を計算することができます（措令26の6②）。

(注)　これらの資産を一の契約により同一の者から譲り受けた場合に限ります。

〔留意事項〕
1．不動産所得を生ずべき業務の用とその業務の用以外の用とに併用する建物（その附属設備を含みます）をその敷地の用に供されている土地等とともに取得した場合においては、その建物及びその土地等の取得の対価の額並びにこれらの資産の取得のために要した負債の額をその業務の遂行のために必要な部分の額とそれ以外の額とに区分した上、その業務の遂行のために必要な部分の額を基として計算することになります（措通41の4-1）。
2．建物及び構築物をその敷地の用に供されている土地等とともに取得した場合においては、その構築物の取得の対価の額を建物の取得の対価の額に含めて差し支えないこととされています（措通41の4-2）。
3．その年分の土地等を取得するために要した負債の利子の額は、次の算式で計算した額となります（措通41の4-3）。

〔算式〕

その年分の土地等を取得するために要した負債の利子の額 $= A \times \dfrac{B}{C}$

A：その年分の建物等と土地等を取得するために要した負債の利子の額
B：土地等を取得するために要した負債の額
C：建物等と土地等を取得するために要した負債の額

第5章 所得の金額の総合と損益通算

> **誤りやすい事例** 不動産所得に係る損益通算の特例
>
> 事業的規模の不動産の貸付けを営んでいるとの理由で、土地等の取得に要した借入金の利子から生じた損失の部分を区分せずに、その損失の金額を損益通算の対象としていた。
>
> **解説**
>
> 土地等の取得に要した借入金の利子から生じた損失については、不動産の貸付けを事業的規模で行っているか否かに関わらず、不動産所得に係る損益通算の特例が適用されます。

(3) 特定組合員等の不動産所得に係る損益通算等の特例

特定組合員又は特定受益者(注1)(以下、「特定組合員等」といいます)に該当する個人が、各年において組合事業(注2)又は信託(注3)(以下、「組合事業等」といいます)から生ずる不動産所得を有する場合において、その年分の不動産所得の金額の計算上その組合事業等による不動産所得の損失の金額があるときは、その損失の金額に相当する金額については、その年中の不動産所得に係る総収入金額から必要経費を控除した金額を不動産所得とする規定(所法26②)及び損益通算の規定(所法69①)その他の所得税に関する法令の規定の適用については、生じなかったものとみなされます(措法41の4の2①)。

なお、不動産所得を生ずべき事業を行う任意組合等の個人の組合員については、次のように対応します。

① 組合の重要な業務の執行の決定に関与し、契約締結の交渉等自らその執行を行う組合員の損失については、従来どおり損益通算の対象とされます。

② ①以外の組合員(特定組合員)又は特定受益者の損失については、ないものとみなされます。

(注1) 特定受益者とは、信託の受益者(受益者としての権利を現に有するものに限ります)及び信託の変更をする権限を有し、かつ、当該信託財産の給付に受けることとされている者(受益者を除きます)をいいます(所法13①②)。

(注2) 組合事業とは「各組合契約に基づいて営まれる事業」と定義されていることから(措法41の4の2②二)、例えば、個人が複数の組合契約を締結している場合の組合事業による不動産所得の損失の金額の計算及び特定組合員に該当するかどうかの判定は、各組合契約に係る組合の事業ごとに計算し、判定します。

(注3) 信託については、信託法施行日(平成19年9月30日)以後に効力を生ずる信託(注4)及び同日以後に信託の受益者たる地位の承継を受ける個人のその承継(注5)に係る信託について適用されます(平19改正法附84)。

(注4) 遺言によってされた信託にあっては、同日以後に遺言がされたものに限ります。

(注5) 相続又は相続人に対する遺贈により同日前から受益者であった者からその地位の承継を受ける場合のその承継を除きます。

① 組合契約の範囲

特例の対象となる組合契約とは、次に掲げる組合契約（以下、「組合契約」といいます）とされています（措法41の4の2②一、措令26の6の2⑤）。

- イ　民法667条1項に規定する組合契約（いわゆる任意組合契約）
- ロ　投資事業有限責任組合契約に関する法律3条1項に規定する投資事業有限責任組合契約(注1)
- ハ　外国における上記イ及びロに類する契約
- ニ　外国における有限責任事業組合契約（有限責任事業組合契約に関する法律3条1項に規定する有限責任事業組合契約）に類する契約(注2)

（注1）　法令上、投資事業有限責任組合の付随事業として金銭債権に係る担保権の目的である不動産の貸借を行うことが可能であり（投資事業有限責任組合契約に関する法律3①十、同法施行令2三）、組合員に不動産所得が生じる事例が該当します。

（注2）　外国における任意組合契約及び投資事業有限責任組合に類する契約（外国における有限責任事業組合契約に類する契約を含みます）には、例えば、米国におけるゼネラル・パートナーシップ(注3)契約やリミテッド・パートナーシップ(注4)契約等が該当します。なお、パートナーシップ契約であっても、その事業体の個々の実態等により外国法人と認定される可能性もあります。

（注3）　構成員であるすべてのパートナーが経営を担い、事業から生じた損失について、それぞれが無限責任を負うゼネラル・パートナーから成るパートナーシップをいいます。

（注4）　事業の経営を担い、無限責任を負う1人以上のゼネラル・パートナーと事業の経営に参加しないで、出資の範囲内で有限責任を負う1人以上のリミテッド・パートナーから成るパートナーシップをいいます。

【参考通達】
・租税特別措置法通達41の4の2-1（複数の組合契約等を締結する者等の組合事業等に係る不動産所得の計算）

② 特定組合員の範囲及び判定

- イ　特例の対象となる特定組合員とは、組合契約を締結している組合員(注1)である個人のうち、組合事業に係る重要な財産の処分若しくは譲受け(注2)又は組合事業に係る多額の借財(注3)に関する業務（以下、「重要業務」といいます）の執行の決定に関与し、かつ、その重要業務のうち契約を締結するための交渉その他の重要な部分を自ら執行する組合員以外の者をいうこととされています（措法41の4の2①、措令26の6の2①）。

（注1）　組合契約のうち外国におけるこれらに類する契約（上記①ハ及びニ）を締結している者を含みます。

この組合契約を締結している組合員に含まれる組合契約のうち外国におけるこれらに類する契約を締結している者とは、例えば、米国のパートナーシップの構成員であるパートナーが該当します。

（注2）　組合事業に係るその財産の価額、その財産が組合事業に係る財産に占める割合、その財産の保有又は譲受けの目的、処分又は譲受けの行為の態様及びその組合事業における従来の取

扱いの状況等を総合的に勘案して判定することになります（措通41の4の2-2）。
(注3) 組合事業に係るその借財の額、その借財が組合事業に係る財産及び経常利益等に占める割合、その借財の目的並びにその組合事業における従来の取扱いの状況等を総合的に勘案して判定することになります（措通41の4の2-3）。

ロ　組合契約を締結している組合員である個人が、各年において特定組合員に該当するかどうかは、その年の12月31日^(注)において、その個人がその組合契約を締結した日以後引き続き組合事業に係る重要業務のすべての執行の決定に関与し、かつ、その重要業務のうち契約を締結するための交渉その他の重要な部分のすべてを自ら執行しているかどうかにより判定します（措令26の6の2②）。

(注) 個人がその年の中途において死亡し、又はその組合契約による組合（これに類するものを含みます）から脱退した場合には、その死亡又は脱退の日とし、その組合がその年の中途において解散した場合には、その解散の日とします。

【参考通達】
・租税特別措置法通達41の4の2-4（引き続き重要業務のすべての執行の決定に関与する場合）

ハ　組合契約を締結している組合員である個人が、その組合契約により組合事業の業務を執行する組合員（以下、「業務執行組合員」といいます）又は業務執行組合員以外の者にその組合事業の業務の執行の全部を委任している場合には、組合事業に係る重要業務の執行の決定に関与し、かつ、重要業務のうち契約を締結するための交渉その他の重要な部分を自ら執行しているかどうかにかかわらず、特定組合員に該当するものとされます（措令26の6の2③）。

したがって、組合事業が私法上各組合員の共同事業であるといっても組合契約において業務の執行の全部を業務執行組合員や第三者に委任している組合員についてはいわゆる形式基準により特定組合員とされます。

なお、任意組合の業務執行の方法について、①すべての組合員が業務執行を行う、②組合契約により組合員の中から1人又は数人の業務執行を行う者を専任する、③組合契約により組合員以外の第三者に業務執行を委任する、といった3つのケースがありますが、②及び③のように組合契約において業務執行を他の組合員や第三者に委任した組合員については無条件に特定組合員となります。

③　特定受益者の範囲
特例の対象となる特定受益者とは、次に掲げる受益者をいいます（所法13①②、措法41の4の2①）。
イ　受益者としての権利を現に有する信託の受益者
ロ　信託の変更をする権限を現に有し、かつ、その信託の信託財産の給付を受けることされている者（イの者を除きます）

④ 組合事業等による不動産所得の損失の金額の計算

　組合事業等による不動産所得の損失の金額とは、特定組合員等のその年分における組合事業等から生ずる不動産所得に係る総収入金額に算入すべき金額の合計額がその組合事業等から生ずる不動産所得に係る必要経費に算入すべき金額の合計額に満たない場合におけるその満たない部分の金額に相当する金額をいいます（措令26の6の2④）。

　その年中に組合事業等による不動産所得の損失の金額のほかに別の黒字の組合事業等による不動産所得の金額又はこれらの組合事業等以外の一般の不動産所得の金額があったとしてもその組合事業等による不動産所得の損失の金額は他の黒字の不動産所得の金額から控除（不動産所得内の通算）することもできないこととされています。

　この組合事業等による不動産所得の損失金額については、各組合契約の組合の事業又は信託ごとに計算を行うことになります。

⑤ 特定組合員等の不動産所得の計算に関する明細書

　その年において、組合事業等から生じる不動産所得を有する個人は、組合事業等に係る次に掲げる項目別の金額その他参考となるべき事項を記載した組合事業等から生ずる不動産所得の金額の計算に関する明細書を確定申告書に添付しなければならないこととされています（措令26の6の2⑥、措規18の24①）。また、明細書は各組合契約に係る組合事業又は信託ごとに作成するものとされています（措規18の24②）。

　イ　総収入金額については、その組合事業等から生ずる不動産所得に係る賃貸料その他の収入の別

　ロ　必要経費については、その組合事業等から生ずる不動産所得に係る減価償却費、貸倒金、借入金利子及びその他の経費の別

　組合事業等から生ずる不動産所得の金額の計算に関する明細書は、不動産所得に係る損益通算等の特例の対象となる特定組合員だけでなく、特定組合員以外の個人の組合員も確定申告書に添付する必要があります。

国外中古建物の不動産所得に係る損益通算の特例

(1) 概　要

　個人が、令和3年以後の各年において、国外中古建物から生ずる不動産所得を有する場合においてその年分の不動産所得の金額の計算上国外不動産所得の損失があるときは、その国外不動産所得の損失の金額に相当する金額は、所得税に関する法令の規定の適用については、生じなかったものとみなされます（措法41の4の3①）。

　これにより、その損失の金額については、国内の不動産から生じる不動産所得とのいわゆる所得内通算及び不動産所得以外の所得との損益通算ができないことになります。

　上記の適用を受けた国外中古建物を譲渡した場合には、その譲渡による譲渡所得の金額の計

算上、その取得費から控除することとされる償却費の額の累計額からは、上記により生じなかったものとみなされた損失の金額に相当する金額の合計額が控除されます（措法41の4の3③）。

(2) 国外中古建物の範囲

中古要件	個人において使用され、又は法人（人格のない社団等を含みます）において事業の用に供された建物を、個人が取得したものであること
国外所在要件	国外にある建物であること
使用用途要件	不動産所得を生ずべき業務の用に供したものであること
耐用年数算定方法要件（右の①又は②のいずれかに該当するものであること）	① 建物の耐用年数をいわゆる見積法により算出した年数(注1)としているもの。ただし、建物の使用可能期間について、次に掲げる書類（外国語で作成されている場合にはその翻訳文を含むものとし、ハにあってはイ及びロに掲げる書類によることが困難な場合に限ります）により使用可能期間が適当であることが確認できる建物を除きます。 イ　建物の使用可能期間をその建物が所在している国の法令に基づく耐用年数に相当する年数としている旨を明らかにする書類 ロ　不動産鑑定士又はその建物の所在している国における不動産鑑定士に相当する資格を有する者の建物の使用可能期間を見積もった旨を証する書類 ハ　建物をその者が取得した際の取引の相手方又は仲介をした者のその建物の使用可能期間を見積もった旨を証する書類
	② 建物の耐用年数をいわゆる簡便法により算出した年数(注2)としているもの

(注1)　「見積法により算出した年数」とは、資産をその用に供した時以後の使用可能期間として見積もった年数をいいます（耐用年数等省令3①一）。
　　　なお、その年において、上記の確認ができる建物を有する個人が確定申告書を提出する場合には、上記の書類又はその写しをその確定申告書に添付しなければならないこととされています（措規18の24の2②）。
(注2)　「簡便法により算出した年数」とは、次に掲げる資産（上記（注1）の年数を見積もることが困難な場合に限ります）の区分に応じそれぞれ次に定める年数（その年数が2年に満たないときは、2年とします）をいいます（耐用年数等省令3①二）。
　　① 法定耐用年数の全部を経過した資産 ⇒ 法定耐用年数×0.2
　　② 法定耐用年数の一部を経過した資産 ⇒ 法定耐用年数－経過年数＋経過年数×0.2

(3) 損益通算等が制限される国外不動産所得の損失の金額

① 概要

　国外不動産所得の損失の金額とは、個人の不動産所得の金額の計算上国外中古建物の貸付け(注1)による損失の金額(注2)のうちその国外中古建物の償却費の額に相当する部分の金額として一定の計算をした金額をいいます（措法41の4の3②二）。
(注1)　他人（その個人が非居住者である場合の所得税法161条1項1号に規定する事業場等を含みま

す）に国外中古建物を使用させることを含みます。
(注2) その国外中古建物以外の国外にある不動産、不動産の上に存する権利、船舶又は航空機（以下、「国外不動産等」といいます）の貸付け（他人に国外不動産等を使用させることを含みます）による不動産所得の金額がある場合には、その損失の金額をその国外不動産等の貸付けによる不動産所得の金額の計算上控除してもなお控除しきれない金額をいいます（措法41の4の3②二）。

② 「一定の計算をした金額」の計算方法

上記①の「国外中古建物の償却費の額に相当する部分の金額として一定の計算をした金額」とは、その年分の不動産所得の金額の計算上必要経費に算入した国外中古建物ごとの償却費の額のうち次の場合の区分に応じ次に定める金額の合計額とされています（措令26の6の3①）。

イ 償却費の額がその年分の不動産所得の金額の計算上生じた国外中古建物の貸付けによる損失の金額を超える場合
　⇒ その損失の金額

ロ 償却費の額がその年分の不動産所得の金額の計算上生じた国外中古建物の貸付けによる損失の金額以下である場合
　⇒ その損失の金額のうち償却費の額に相当する金額

③ 国外不動産等の貸付けによる不動産所得がある場合の計算方法

個人のその年分の不動産所得の金額のうちに国外不動産等の貸付けによる不動産所得の金額がある場合における上記②の計算については、次のイに掲げる金額から次のロに掲げる金額を控除した金額（この金額が零を下回る場合には、零とします）を上記②の合計額から控除することとされています（措令26の6の3②）。

イ 国外不動産等の貸付けによる不動産所得の金額
ロ Aに掲げる金額からBに掲げる金額を控除した金額
　　A：上記②ロの国外中古建物の貸付けによる損失の金額の合計額
　　B：上記②ロの国外中古建物の償却費の額の合計額

誤りやすい事例 損益通算の対象となる国外不動産所得の損失の金額

国外にある不動産の貸付けにより生じた不動産所得の損失は、すべて損益通算の対象とならないと考えていた。

解説

損益通算の対象とならない損失は、国外の中古建物であり、かつ、償却費に係る耐用年数をいわゆる「簡便法」等により算定しているものに限られるため、新築の建物や「簡便法」等により算定していないものは損益通算の対象となります。

【参考】
・国税庁ホームページ／タックスアンサー／「No.1391不動産所得が赤字のときの他の所得との通算」

(4) 個人が国外中古建物を有する場合におけるその年分の不動産所得の金額の計算

上記(3)の「損益通算等が制限される国外不動産所得の損失の金額」を計算するために、個人が国外中古建物を有する場合には、次のとおり、不動産所得の金額を計算することとされています。

① 個人が2以上の国外中古建物を有する場合には、これらの国外中古建物ごとに区分して、それぞれ不動産所得の金額を計算することとされています（措令26の6の3③一）。

② 個人が不動産所得を生ずべき業務の用に供される2以上の資産を有する場合において、これらの資産が次に掲げる資産の区分のうち異なる2以上の区分の資産に該当するときは、これらの資産を次に掲げる資産ごとに区分して、それぞれ不動産所得の金額を計算することとされています（措令26の6の3③二）。

　　イ　国外中古建物
　　ロ　国外不動産等（イに掲げる資産に該当するものを除きます）
　　ハ　イ及びロに掲げる資産以外の不動産所得を生ずべき業務の用に供される資産

③ 上記①及び②の場合において、その年分の不動産所得の金額の計算上必要経費に算入されるべき金額のうち2以上の資産についての貸付け(注1)に要した費用の額（以下、「共通必要経費の額」といいます）があるときは、その共通必要経費の額は、これらの資産の貸付けに係る収入金額その他の基準(注2、3)によりこれらの資産の貸付けに係る必要経費の額に配分し、国外不動産所得の損失の金額に相当する金額を計算することとされています（措令26の6の3③三）。

(注1) 他人（その個人が非居住者である場合の所得税法161条1項1号に規定する事業場等を含みます）にこれらの資産を使用させることを含みます。

(注2) これらの資産の貸付けによる不動産所得を生ずべき業務の収入金額その他の基準のうちその資産の貸付けの内容及び費用の性質に照らして合理的と認められるものとされています（措規18の24の2③）。

(注3) 共通必要経費の額は、個々の費目ごとに合理的と認められる基準により配分することになります（措通41の4の3-1）。
　　ただし、継続して次に掲げるいずれかの方法によりすべての同一資産共通必要経費の額（共通必要経費の額のうち、同一の2以上の資産についての貸付けに要した費用の額の合計額をいいます）を配分している場合には、認められるものとされています（措通41の4の3-1ただし書）。

　　① 同一資産共通必要経費の額に、下記aに掲げる金額のうちに下記bに掲げる金額の占める割合を乗じて配分する方法
　　　a　その個人のその年分におけるその2以上の資産の貸付けによる不動産所得に係る総収

入金額の合計額
		b　その個人のその2以上のうちそれぞれの資産の貸付けによる不動産所得に係る総収入金額
	② 同一資産共通必要経費の額に、下記aに掲げる金額のうちに下記bに掲げる金額の占める割合を乗じて配分する方法
		a　その個人のその年分のその2以上の資産の取得価額（その資産の業務の用に供した部分に相当する金額に限ります。bにおいて同じ）の合計額
		b　その個人のその2以上の資産のうちそれぞれの資産の取得価額

> **誤りやすい事例**　国外中古建物を複数貸付けている場合の不動産所得の計算
>
> 国外中古建物を複数貸付けている場合において、不動産ごとに区分せず、不動産所得の計算をしています。
>
> **解説**
>
> 2以上の国外中古建物を有する場合には、国外中古建物ごとに区分して、不動産所得を計算します（措令26の6の3③一）。
>
> 次の場合の損益通算対象の損失は100ではなく、80となります。
> (1) 国外中古建物A
> 　① 収入金額……100
> 　② 償却費……50
> 　③ その他の経費……120
> 　④ 損失70のうち償却費相当……50
> (2) 国外中古建物B
> 　① 収入金額……200
> 　② 償却費……80
> 　③ その他の経費……150
> 　④ 損失30のうち償却費相当……30
>
> よって、損益通算対象外の損失は80となります。

(5) 国外中古建物の不動産所得に係る損益通算の特例の適用を受けた国外中古建物を譲渡した場合の譲渡所得の計算

国外中古建物の不動産所得に係る損益通算の特例の適用を受けた国外中古建物を譲渡した場合には、その譲渡による譲渡所得の金額の計算上控除する資産の取得費を計算する際に控除することとされている「償却費相当額」からは、国外中古建物の不動産所得に係る損益通算の特例により生じなかったものとみなされた損失の金額に相当する金額の合計額を控除することと

されています（措法41の4の3③）。

その年分の国外不動産所得の損失の金額に相当する金額の計算につき上記(3)③の規定の適用があった場合における「国外中古建物の不動産所得に係る損益通算の特例により生じなかったものとみなされた損失の金額に相当する金額」は、国外不動産所得の損失の金額に相当する金額に、その年分の上記(3)②に定める金額の合計額のうちにその年分のその国外中古建物の償却費の額のうちの上記(3)②に掲げるイ又はロの場合の区分に応じてそれぞれ定められた金額の占める割合を乗じて計算した金額とされています（措令26の6の3④）。

(6) 国外中古建物の不動産所得に係る損益通算の特例の適用を受けた国外中古建物の資産損失の計算

国外中古建物の不動産所得に係る損益通算の特例の適用を受けた国外中古建物につき資産損失が生じた場合の損失の金額の計算の基礎となるその資産の価額については、上記(5)の「国外中古建物の不動産所得に係る損益通算の特例の適用を受けた国外中古建物を譲渡した場合の譲渡所得の計算」により計算した国外中古建物の取得費とされる金額に相当する金額とされています（措令26の6の3⑤）。

5 居住用財産の譲渡損失の損益通算の特例

土地、建物等の譲渡による譲渡所得の金額と他の所得との間の損益通算は認められないところ、次の(1)居住用財産の買換え等の場合の譲渡損失の損益通算の特例、又は(2)特定居住用財産の譲渡損失の損益通算の特例のいずれかの適用を受ける場合には、その損益通算が従来どおり認められます。

(1) 居住用財産の買換え等の場合の譲渡損失の損益通算の特例

① 概　要

個人が、平成10年1月1日から令和7年12月31日までの間に、譲渡の年の1月1日における所有期間が5年を超える居住用財産（以下、「譲渡資産」といいます）の譲渡（その個人の親族等に対する譲渡など一定のものを除きます。以下、「特定譲渡」といいます）をした場合において、その特定譲渡をした年の前年の1月1日からその特定譲渡をした年の翌年12月31日（以下、「取得期限」といいます）[注1]までの間に買換資産の取得[注2]をし、かつ、その取得をした年の翌年12月31日までの間に居住の用に供したとき又は供する見込みであるときは、その特定譲渡による譲渡所得の金額の計算上生じた損失の金額に係るものとして一定の方法により計算した金額（以下、「居住用財産の譲渡損失の金額」といいます）について、一定の要件の下で、他の所得との損益通算をする特例の適用を受けることができます（措法41の5①⑦一）。

ただし、この損益通算の特例は、買換資産を取得した年の年末において、その買換資産の取得に係る一定の住宅借入金等の残高がある場合に限り適用することができます（措法41の5⑦

一)。
(注1) 特定非常災害に基因するやむを得ない事情により、取得期限までに買換資産の取得をすることが困難となった場合には、税務署長の承認等の要件の下で、その取得期限が2年延長され、その取得期限の属する年の翌々年12月31日とすることができます。
(注2) 建設を含み、贈与による取得及び金銭債務の弁済に代えてする代物弁済としての取得は除きます。

② **譲渡資産の範囲（措法41の5⑦一、措令26の7⑩）**

個人が有する家屋又は土地等（土地又は土地の上に存する権利をいいます）で譲渡した年の1月1日において所有期間が5年を超える居住用財産のうち、次に掲げるものをいいます。

イ　現に居住している家屋で国内にあるもの

　　ただし、居住の用に供している家屋を2以上有する場合には、主として居住の用に供している一の家屋に限ることとし、譲渡した家屋のうちに居住の用以外の用に供している部分がある場合には、居住の用に供している部分に限ります。

ロ　イの家屋でその個人の居住の用に供されなくなったもの

　　ただし、その個人の居住の用に供されなくなった日から同日以後3年を経過する日の属する年の12月31日までの間に譲渡されるものに限ります。

ハ　イ又はロの家屋及びその家屋の敷地の用に供されている土地等

　　なお、住んでいた家屋又は住まなくなった家屋を取り壊した場合は、次の3つの要件すべてに当てはまることが必要となります。

　(イ)　その敷地は、家屋が取り壊された日の属する年の1月1日において所有期間が5年を超えるものであること

　(ロ)　その敷地の譲渡契約が、家屋を取り壊した日から1年以内に締結され、かつ、住まなくなった日から3年目の年の12月31日までに売却すること

　(ハ)　家屋を取り壊してから譲渡契約を締結した日まで、その敷地を貸駐車場などその他の用に供していないこと

ニ　譲渡する個人のイの家屋が災害により滅失した場合において、その個人がその家屋を引き続き所有していたならば、譲渡した年の1月1日において所有期間が5年を超えることとなるその家屋の敷地の用に供されていた土地等

　　ただし、その災害があった日から同日以後3年を経過する日の属する年の12月31日まで（住まなくなった家屋が災害により滅失した場合は、住まなくなった日から3年を経過する日の属する年の12月31日まで）の間に譲渡されるものに限ります。

③ **買換資産の範囲（措法41の5⑦一、措令26の7⑥）**

買換資産の範囲、取得要件、居住要件及び買換資産に係る住宅借入金等は次のとおりとなります。

イ　買換資産の範囲

　　居住用財産（国内にあるものに限ります）で次に掲げるもの

(イ)　次に掲げる家屋
　　a　1棟の家屋の床面積のうち居住用部分が50㎡以上であるもの
　　b　1棟の家屋のうち独立部分を区分所有する場合は、独立部分の床面積のうち居住用部分が50㎡以上であるもの
　(ロ)　(イ)の家屋の敷地
ロ　取得要件
　譲渡年の前年1月1日からその譲渡年の12月31日までの間に取得又は譲渡年の翌年中に取得する見込みであること
ハ　居住要件
　取得の日から取得の日の属する年の翌年12月31日までの間に居住の用に供したこと又は供する見込みであること
ニ　買換資産に係る住宅借入金等
　適用年の12月31日（その者が死亡した場合には、その死亡の日）において買換資産について償還期間が10年以上の住宅借入金等を有すること

④　**住宅借入金等の範囲**（措法41の5⑦四、措令26の7⑬、措規18の25⑤～⑩）

　住宅借入金等とは、住宅の取得等に係る借入金又は債務（利息に対応するものを除きます）で次のものをいいます。なお、これは、住宅借入金等特別控除（措法41）に係る住宅借入金等の範囲と同じになっています。
　イ　契約において償還期間が10年以上の割賦償還の方法により返済することとされているもの
　　(イ)　金融機関（措法8①に規定する金融機関をいいます）、独立行政法人住宅金融支援機構、地方公共団体、貸金業を行う法人で住宅の取得等に必要な資金の長期の貸付けの業務を行うもの、沖縄振興開発金融公庫、国家公務員共済組合、国家公務員共済組合連合会、日本私立学校振興・共済事業団、地方公務員共済組合、独立行政法人北方領土問題対策協会、厚生年金保険法等の一部を改正する法律附則48条1項の指定基金からの借入金
　　(ロ)　住宅の取得等に係る工事を請け負わせた建設業者からの借入金
　　(ハ)　居住用財産を取得した宅地建物取引業者からの借入金
　　(ニ)　(イ)の貸金業を行う法人又は(ハ)の宅地建物取引業者である法人がその住宅の取得等の請負代金等支払を代行したことによりその法人に対して負担する債務
　　(ホ)　事業主団体又は福利厚生会社から借り入れた借入金（独立行政法人勤労者退職金共済機構からの転貸貸付けの資金に係るものに限ります）
　　(ヘ)　(イ)の金融機関、独立行政法人住宅金融支援機構、貸金業を行う法人から債権の譲渡を受けた特定債務者に対する借入金又は債務
　ロ　契約において賦払期間が10年以上の割賦払の方法により支払うこととされているもの
　　(イ)　建設業者に対する住宅の取得等に係る債務
　　(ロ)　宅地建物取引業者、独立行政法人都市再生機構、地方住宅供給公社、居住用財産の分

譲を行う地方公共団体、日本勤労者住宅協会に対する住宅の取得等に係る債務
  (ハ) 事業主団体又は福利厚生会社から取得した居住用財産の取得の対価に係る債務（独立行政法人勤労者退職金共済機構からの分譲貸付けの資金に係る部分に限ります）
 ハ 承継後の債務の賦払期間が10年以上の割賦払の方法により支払うこととされているもの
  独立行政法人都市再生機構、地方住宅供給公社、日本勤労者住宅協会を当事者とする居住用財産の取得に係る債務の承継に関する契約に基づく債務
 ニ 契約において償還期間又は賦払期間が10年以上の割賦償還又は割賦払の方法により返済し、又は支払うこととされているもの
  (イ) 給与所得者等（役員を除きます）の使用者からの借入金又は給与所得者等の使用者に対する債務
  (ロ) 使用者に代わって住宅の取得等に要する資金の貸付けを行っていると認められる一般社団法人又は一般財団法人で国土交通大臣が指定した者からの借入金

⑤ **適用除外（措法41の5、措令26の7）**

次のいずれかに該当する場合には、この損益通算の特例の適用を受けることができないこととされています。
 イ 特殊関係者への譲渡（措令26の7④）
  (イ) 配偶者や直系血族の関係にある者
  (ロ) 生計を一にしている親族やその家屋を譲渡した者とその家屋に同居する親族
  (ハ) 内縁関係にある者やその者と生計を一にしている親族
  (ニ) 譲渡した者から受ける金銭などによって生計を維持している者（使用人を除きます）やその者と生計を一にしている親族
  (ホ) 譲渡した個人、譲渡した者の(イ)及び(ロ)に掲げる親族、譲渡した者の使用人若しくはその使用人の親族でその使用人と生計を一にしているもの又は譲渡した者に係る(ハ)及び(ニ)に掲げる者を判定の基礎となる株主等とした場合に同族関係となる会社及びその他の法人
 ロ 贈与、出資による譲渡（措令26の7⑤）
 ハ 代物弁済（金銭債務の弁済に代えてするものに限ります）としての譲渡（措令26の7⑦）
 ニ 譲渡資産の特定譲渡をした年の前年以前3年以内の年において生じた他の居住用財産の譲渡損失の金額について、この損益通算の特例（措法41の5①）の適用を受けている場合
 ホ 譲渡資産の特定譲渡をした年の前年又は前々年において行った資産の譲渡について、次の規定の適用を受けている場合
  (イ) 居住用財産を譲渡した場合の長期譲渡所得の軽減税率の特例（措法31の3①）
  (ロ) 居住用財産の譲渡所得の3,000万円の特別控除（措法35、同条3項に規定する被相続人の居住用財産に係る譲渡所得の特別控除の特例は除きます）
  (ハ) 特定の居住用財産の買換えの場合の長期譲渡所得の課税の特例（措法36の2）
  (ニ) 特定の居住用財産を交換した場合の長期譲渡所得の課税の特例（措法36の5）

ヘ　譲渡資産の特定譲渡をした年又はその年の前年以前3年以内における資産の譲渡について、特定居住用財産の譲渡損失の特例（措法41の5の2①）の適用を受ける場合又は受けている場合

〔留意事項〕
1．この損益通算の特例については、所得金額の要件がないことから、例えば、居住用財産の譲渡損失の金額が生じた年の合計所得金額が3,000万円を超える場合であっても損益通算の特例の適用を受けることができることになっています。
2．この損益通算の特例の適用を受けている場合における他の居住用財産の譲渡に係る特例の取扱いは次のとおりとなります。
　①　その年の前年又は前々年においてこの特例の適用を受けている場合には、居住用財産の譲渡所得の3,000万円の特別控除は適用されないこととされています（措法35①②）。
　②　その年又はその年の前年若しくは前々年においてこの特例の適用を受けている場合には、特定の居住用財産の買換えの場合の長期譲渡所得の課税の特定（措法36の2）及び特定の居住用財産を交換した場合の長期譲渡所得の課税の特例（措法36の5）は適用されないこととされています。

⑥　居住用財産の譲渡損失の金額の計算（措法41の5⑦一、措令26の7⑨⑩）

　損益通算の対象となる居住用財産の譲渡損失の金額は、譲渡資産の特定譲渡（その年において特定譲渡が2以上ある場合には、一の特定譲渡に限ります）による譲渡所得の金額の計算上生じた損失の金額のうち、その特定譲渡をした日の属する年分の長期譲渡所得の金額の計算上生じた損失の金額に達するまでの金額とされています。

　この場合、その長期譲渡所得の金額の計算上生じた損失の金額のうち租税特別措置法32条1項の規定により短期譲渡所得の金額の計算上控除する金額があるときは、その長期譲渡所得の金額の計算上生じた損失の金額からその控除する金額に相当する金額を控除した金額に達するまでの金額とされています。

⑦　手続き等（措法41の5②、措令26の7⑰、措規18の25①⑪）

　この損益通算の特例の適用を受けるためには、居住用財産の譲渡損失が生じた年分の確定申告書にこの特例の適用を受けようとする旨の記載をし、かつ、次に掲げる書類を添付し提出期限まで提出する必要となります。

	添 付 書 類	提 出 期 限
①	居住用財産の譲渡損失の金額に関する明細書	居住用財産の譲渡損失の金額が生じた年分の確定申告書の提出の日まで。 ただし、翌年分以降の確定申告において居住用財産の買換え等の場合の譲渡損失の繰越控除の特例（措法41の5④）の適用を受ける場合にあっては、その確定申告書の提出期限まで。
②	譲渡資産に係る登記事項証明書、売買契約書の写しその他の書類で、次の事項を明らかにするもの 　イ　譲渡資産の所有期間が5年を超えるもの 　ロ　譲渡資産のうちに土地等が含まれている場合のその面積	
③	特定譲渡をした時において、住民票の住所と譲渡資産の所在地とが異なる場合等には、戸籍の附票の写しその他これらに類する書類で、特定譲渡をした者が譲渡資産を居住の用に供していたことを明らかにするもの	

	添付書類		
④	買換資産に係る登記事項証明書、売買契約書その他の書類で、次の事項を明らかにするもの 　イ　買換資産を取得したこと 　ロ　買換資産の取得をした年月日 　ハ　買換資産に係る家屋の床面積のうち居住の用に供する部分の床面積が50㎡以上であること	居住用財産を譲渡した年の年末までに買換資産を取得する場合	
⑤	取得をした買換資産に係る住宅借入金等の残高証明書	居住用財産を譲渡した年の翌年中に買換資産を取得する場合	居住用財産の譲渡損失の金額が生じた年分の確定申告書の提出期限まで。
⑥	買換資産を提出期限までに居住の用に供していない場合には、その旨及びその居住の用に供する予定年月日等を記載した書類		

⑧　居住用財産の買換え等の場合の譲渡損失の損益通算の特例の適用に係る義務的修正申告等（措法41の5⑬⑭⑯）

　居住用財産の買換え等の場合の譲渡損失の損益通算の特例を適用して所得税の確定申告書を提出している者が、次のいずれかの区分に該当することとなった場合には、この損益通算の特例を適することができないこととなるため、譲渡資産を譲渡した年の翌年12月31日又は買換資産の取得をした年の翌年12月31日から4か月以内に損益通算をした年分の所得税について修正申告書を提出し、かつ、その期限内に修正申告書の提出により納付すべき税額を納付しなければならないとされています。

修正申告事由	処理
① 特定譲渡の日の属する年の翌年12月31日までに買換資産の取得をしない場合	特定譲渡の日の属する年の翌年12月31日又は買換資産の取得をした日の属する年の翌年12月31日から4月を経過する日までに損益通算の適用を受けた年分の所得税についての修正申告書を提出し、かつ、その期限内にその修正申告書の提出により納付すべき税額を納付しなければなりません。
② 買換資産の取得をした日の属する年の12月31日においてその買換資産に係る住宅借入金等の金額を有しない場合	
③ 買換資産の取得をした日の属する年の翌年12月31日までにその買換資産をその者の居住の用に供しない場合	

【参考通達】
〔居住用財産の買換え等の場合の譲渡損失の損益通算及び繰越控除〕（措法41の5）

・租税特別措置法通達41の5-1 （総合譲渡所得の金額の計算と居住用財産の譲渡損失の金額との関係）
・租税特別措置法通達41の5-1の2（通算後譲渡損失の金額の繰越控除の順序）
・租税特別措置法通達41の5-3 （措置法第41条の5第7項第1号ハに掲げる資産）
・租税特別措置法通達41の5-4 （敷地のうちに所有期間の異なる部分がある場合）
・租税特別措置法通達41の5-5 （居住用土地等のみの譲渡）
・租税特別措置法通達41の5-6 （災害滅失家屋の跡地等の用途）
・租税特別措置法通達41の5-7 （居住の用に供されなくなった家屋が災害により滅失した場合）
・租税特別措置法通達41の5-8 （土地区画整理事業等の施行地区内の土地等の譲渡）
・租税特別措置法通達41の5-9 （居住用家屋の敷地の一部の譲渡）
・租税特別措置法通達41の5-10（災害跡地等を2以上に分けて譲渡した場合）
・租税特別措置法通達41の5-11（居住用家屋の所有者とその敷地の所有者が異なる場合の取扱い）
・租税特別措置法通達41の5-12（借地権等の設定されている土地の譲渡についての取扱い）
・租税特別措置法通達41の5-13（やむを得ない事情により買換資産の取得が遅れた場合）
・租税特別措置法通達41の5-14（買換家屋の床面積要件の判定）
・租税特別措置法通達41の5-15（床面積の意義）
・租税特別措置法通達41の5-16（借入金又は債務の借換えをした場合）
・租税特別措置法通達41の5-17（繰上返済等をした場合）
・租税特別措置法通達41の5-18（居住用財産を譲渡した場合の長期譲渡所得の課税の特例に関する取扱い等の準用）

(2) 特定居住用財産の譲渡損失の損益通算の特例

① 概　要

　個人が、平成16年1月1日から令和7年12月31日までの間に、譲渡の年の1月1日における所有期間が5年を超える居住用財産（以下、「譲渡資産」といいます）の譲渡（その個人の親族等に対する譲渡など一定のものを除きます。以下、「特定譲渡」といいます）をした場合(注1)において、その特定譲渡による譲渡所得の金額の計算上生じた損失の金額に係るものとして一定の方法により計算した金額(注2)（以下、「特定居住用財産の譲渡損失の金額」といいます）について、一定の要件の下で、他の所得との損益通算をする特例の適用を受けることができます（措法41の5の2①⑦一）。

(注1)　その特定譲渡に係る契約を締結した日の前日においてその譲渡資産に係る住宅借入金等を有する場合等に限ります。

(注2)　その特定譲渡に係る契約を締結した日の前日におけるその譲渡資産に係る住宅借入金等の金額の合計額からその譲渡資産の譲渡対価の額を控除した残額を限度とします。

② 譲渡資産の範囲（措法41の5の2⑦一、措令26の7の2）

　譲渡資産の範囲は、上記(1)居住用財産の買換え等の場合の譲渡損失の損益通算の特例②と同じになります。

③ 住宅借入金等の範囲（措法41の5の2⑦一、措令26の7の2）

　住宅借入金等の範囲は、上記(1)居住用財産の買換え等の場合の譲渡損失の損益通算の特例④と同じになります。

④ 適用除外（措法41の5の2、措令26の7の2）

　次のいずれかに該当する場合には、この損益通算の特例の適用を受けることができないこととされています。

　　イ　特殊関係者への譲渡（措令26の7の2④）

　　　(イ)　配偶者や直系血族の関係のある者

　　　(ロ)　生計を一にしている親族やその家屋を譲渡した者とその家屋に同居する親族

　　　(ハ)　内縁関係にある者やその者と生計を一にしている親族

　　　(ニ)　譲渡した者から受ける金銭などによって生計を維持している者（使用人を除きます）やその者と生計を一にしている親族

　　　(ホ)　譲渡した個人、譲渡した者の(イ)及び(ロ)に掲げる親族、譲渡した者の使用人若しくはその使用人の親族でその使用人と生計を一にしているもの又は譲渡した者に係る(ハ)及び(ニ)に掲げる者を判定の基礎となる株主等とした場合に同族関係となる会社及びその他の法人

　　ロ　贈与、出資による譲渡（措令26の7の2⑤）

　　ハ　譲渡資産の特定譲渡をした年の前年以前3年以内の年において生じた他の特定居住用財産の譲渡損失の金額について、この損益通算の特例（措法41の5の2①）の適用を受けてい

る場合
　ニ　譲渡資産の特定譲渡をした年の前年又は前々年において行った資産の譲渡について、次の規定の適用を受けている場合
　　㈶　居住用財産を譲渡した場合の長期譲渡所得の軽減税率の特例（措法31の3①）
　　㈺　居住用財産の譲渡所得の3,000万円の特別控除（措法35、同条3項に規定する被相続人の居住用財産に係る譲渡所得の特別控除の特例は除きます）
　　㈻　特定の居住用財産の買換えの場合の長期譲渡所得の課税の特例（措法36の2）
　　㈾　特定の居住用財産を交換した場合の長期譲渡所得の課税の特例（措法36の5）
　ホ　譲渡資産の特定譲渡をした年又はその年の前年以前3年以内における資産の譲渡について、特定居住用財産の買換え等の場合の譲渡損失の損益通算の特例（措法41の5①）の適用を受ける場合又は受けている場合

〔留意事項〕
1．この損益通算の特例については、所得金額の要件がないことから、例えば、特定居住用財産の譲渡損失の金額が生じた年の合計所得金額が3,000万円を超える場合であっても損益通算の特例の適用を受けることができることになっています。
2．この損益通算の特例の適用を受けている場合における他の居住用財産の譲渡に係る特例の取扱いは次のとおりとなります。
　①　その年の前年又は前々年においてこの特例の適用を受けている場合には、居住用財産の譲渡所得の3,000万円の特別控除は適用されないこととされています（措法35①）。
　②　その年又はその年の前年若しくは前々年においてこの特例の適用を受けている場合には、特定の居住用財産の買換えの場合の長期譲渡所得の課税の特定（措法36の2）及び特定の居住用財産を交換した場合の長期譲渡所得の課税の特例（措法36の5）は適用されないこととされています。

⑤　特定居住用財産の譲渡損失の金額の計算（措法41の5の2⑦一、措令26の7の2⑦）

　損益通算の対象となる特定居住用財産の譲渡損失の金額は、譲渡資産の特定譲渡（その年において特定譲渡が2以上ある場合には、一の特定譲渡に限ります）による譲渡所得の金額の計算上生じた損失の金額のうち、その特定譲渡をした日の属する年分の長期譲渡所得の金額の計算上生じた損失の金額(注)に達するまでの金額とされています。
　この場合、その長期譲渡所得の金額の計算上生じた損失の金額のうち租税特別措置法32条1項の規定により短期譲渡所得の金額の計算上控除する金額があるときは、その長期譲渡所得の金額の計算上生じた損失の金額からその控除する金額に相当する金額を控除した金額に達するまでの金額(注)とされています。
（注）　その特定譲渡の係る契約を締結した日の前日におけるその譲渡資産に係る住宅借入金等の金額の合計額からその譲渡資産の譲渡対価の額を控除した残額を限度とします。

⑥ 手続き等（措法41の5の2②、措規18の26①）

　この損益通算の特例の適用を受けるためには、居住用財産の譲渡損失が生じた年分の確定申告書にこの特例の適用を受けようとする旨の記載をし、かつ、次に掲げる書類を添付し提出期限まで提出する必要となります。

添付書類	提出期限
① 特定居住用財産の譲渡損失の金額に関する明細書	特定居住用財産の譲渡損失の金額が生じた年分の確定申告書の提出の日まで。 ただし、翌年分以降の確定申告において特定居住用財産の譲渡損失の繰越控除の特例（措法41の5の2④）の適用を受ける場合にあっては、その確定申告書の提出期限まで。
② 譲渡資産に係る登記事項証明書、売買契約書の写しその他の書類で、譲渡資産の所有期間が5年を超えることを明らかにするもの	
③ 特定譲渡をした時において、住民票の住所と譲渡資産の所在地とが異なる場合等には、戸籍の附票の写しその他これらに類する書類で、特定譲渡をした者が譲渡資産を居住の用に供していたことを明らかにするもの	
④ 譲渡資産に係る住宅借入金等の残高証明書	

【参考通達】
〔**特定居住用財産の損益通算及び繰越控除**〕（措法41の5の2）
・租税特別措置法通達41の5の2-1（総合譲渡所得の金額の計算と特定居住用財産の譲渡損失の金額との関係）
・租税特別措置法通達41の5の2-2（通算後譲渡損失の金額の繰越控除の順序）
・租税特別措置法通達41の5の2-3（措置法第41条の5の2第7項第1号ハに掲げる資産）
・租税特別措置法通達41の5の2-4（居住用家屋の所有者とその敷地の所有者が異なる場合の取扱い）
・租税特別措置法通達41の5の2-5（借入金又は債務の借換えをした場合）
・租税特別措置法通達41の5の2-6（繰上返済等をした場合）
・租税特別措置法通達41の5の2-7（居住用財産を譲渡した場合の長期譲渡所得の課税の特例に関する取扱い等の準用）

誤りやすい事例　居住用財産の買換え等の譲渡損失の特例等の所得金額の要件

　居住用財産の買換え等の場合の譲渡損失の損益通算の特例（措法41の5①）及び特定居住用財産の譲渡損失の損益通算の特例（措法41の5の2①）は、合計所得金額が3,000万

円を超える場合には適用ができないと考えていた。

> **解説**
>
> これらの損益通算の特例については、所得金額の要件はないこととされています。
> なお、居住用財産の買換え等の場合の譲渡損失の繰越控除の特例及び特定居住用財産の譲渡損失の繰越控除の特例については、合計所得金額が3,000万円を超える適用年にあっては適用できないこととされています（措法41の5④ただし書、41の5の2④ただし書）。

第3節 損失の金額の繰越し又は繰戻し

概　要

　損益通算によって、各種所得の金額は、①総所得金額、②分離の短期譲渡所得の金額、③分離の長期譲渡所得の金額、④分離の上場株式等に係る配当所得等の金額、⑤分離の一般株主等に係る譲渡所得等の金額、⑥分離の上場株式等に係る譲渡所得等の金額、⑦分離の先物取引に係る雑所得等の金額、⑧山林所得の金額及び⑨退職所得金額の9グループに分類され、これらの所得金額の順に所得控除（次章）を差し引くことになります。

　損益通算によってもなお引ききれない損失の金額（これを「純損失の金額」といいます）がある場合、又は雑損控除（次章）の結果、控除不足額（これを「雑損失の金額」といいます）が残った場合には、特定の条件にあてはまる場合に限り、その純損失の金額及び雑損失の金額を翌年以後に繰り越し、又は純損失の金額を前年に繰り戻すことができます。

　したがって、前年以前に生じた純損失の金額又は雑損失の金額でその年に繰り越されたものがある場合には、所得控除を行う前に、これらの損失の金額を整理しておく必要があります。

　その年に純損失の金額が生じている場合で、その損失を前年に繰り戻すときには、その年分の確定申告書（青色）を確定申告期限内に提出すると同時に純損失の繰戻し還付請求書を提出する必要があります。

　図示すると次のようになります。

1 損失の繰越控除等の概要

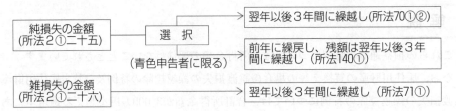

(注) 1 特定非常災害に係る純損失の繰越控除の特例の規定(所法70の2)の適用がある場合は翌年以後5年間
    2 特定非常災害に係る雑損失の繰越控除の特例の規定(所法71の2)の適用がある場合は翌年以後5年間

2 青色申告、白色申告別の純損失及び雑損失の繰越控除

区　分	損　失　の　金　額	差し引くための要件
青色申告者	① 雑損失の金額 ② 純損失の金額	損失の生じた年の青色申告書を提出し、その後、連続して確定申告書を提出していること（所法70④、71②）。
白色申告者	① 雑損失の金額 ② 純損失の金額のうち、変動所得の損失と被災事業用資産の損失	損失の生じた年の確定申告書を提出し、その後、連続して確定申告書を提出していること（所法70④、71②）。

3 青色申告、白色申告別の純損失の繰戻しによる還付請求

区　分	損　失　の　金　額	繰戻しのための条件
青色申告者	純損失の金額	損失の生じた年の青色申告書を期限内に提出すると同時に、「還付請求書」を提出し、前年分についても青色申告書を提出していること（所法140④）。
白色申告者	適用できない	

(出典：税務大学校講本　所得税法（令和6年度版））

❷ 前年以前に生じた純損失、雑損失の繰越控除

　前年以前3年間（（注3）に掲げる場合は5年間）に生じた純損失及び雑損失で前年までに引ききれない金額があるときは、次に掲げる区分に応じた金額を、損益通算後の所得金額から、一定の順序で差し引きます（所法70、71）。

　なお、純損失の金額については、分離の短期譲渡所得の金額、分離の長期譲渡所得の金額、分離の上場株式等に係る配当所得等の金額、分離の一般株主等に係る譲渡所得等の金額、分離の上場株式等に係る譲渡所得等の金額又は分離の先物取引に係る雑所得等の金額から控除することはできないこととされています。

区　　分	差し引くことができる損失の金額	差 し 引 く た め の 条 件
青色申告者	① 雑損失の金額 ② 純損失の金額	損失の生じた年に青色申告書を提出し、かつ、その後において連続して確定申告書を提出していること
白色申告者	① 雑損失の金額 ② 純損失の金額のうち、変動所得の損失(注1)と被災事業用資産の損失(注2)	損失の生じた年に確定申告書を提出し、かつ、その後において連続して確定申告書を提出していること

(注1)　変動所得の損失の金額とは、変動所得の金額の計算上生じた損失の金額をいいます。

(注2)　被災事業用資産の損失の金額とは、災害によって①棚卸資産、②不動産所得、事業所得若しくは山林所得を生ずべき事業の用に供される固定資産等又は③山林（保有期間は問わない）（以下、「事業用資産」といいます）の災害による損失の金額（保険金、損害賠償金等によって補填される金額を除きます）で、変動所得の金額の計算上生じた損失の金額に該当しないものをいいます（所法70③）。

　この場合の損失の金額には、その災害に関連する次に掲げる費用の支出を含みます（所令203）。

① 災害によって事業用資産が滅失し又はその価値が減少したことによるその事業用資産の取壊し又は除去のための費用その他の付随費用

② 災害によって事業用資産が滅失し又はその価値が減少した場合その他災害によってその事業用資産を業務の用に供することが困難となった場合に、その災害のやんだ日の翌日から1年以内（大規模な災害の場合等のやむを得ない事情がある場合には、3年以内）に支出する次に掲げる費用その他これらに類する費用

　　イ　災害によって生じた土砂その他の障害物を除去するための費用
　　ロ　その事業用資産の原状回復のための修繕費
　　ハ　その事業用資産の損壊又はその価値の減少を防止するための費用

③ 災害によって事業用資産につき現に被害が生じ、又はまさに被害が生ずるおそれがあると見込まれる場合において、その事業用資産の被害の拡大又は発生を防止するため緊急に必要な措置を講ずるための費用

(注3)　1　事業所得者等の有する棚卸資産、事業用資産等につき特定非常災害の指定を受けた災害により生じた損失（以下、「特定被災事業用資産の損失」といいます）を有する者の特定被災事業用資産の損失による純損失の金額及び特定非常災害発生年において生じた純損失のうち、次に掲げるもの

① 青色申告者でその有する事業用資産等の価額のうちに特定被災事業用資産の損失額の占める割合が10％以上であるものは、特定非常災害発生年において生じた純損失の金額

② 青色申告者以外でその有する事業用資産等の価額のうちに特定被災事業用資産の損失額の占める割合が10％以上であるものは、特定非常災害発生年において生じた被災事業用資産の損失による純損失と変動所得に係る損失による純損失との合計額

　　2　居住者の有する住宅家財等につき特定非常災害の指定を受けた災害により生じた損失について、雑損控除を適用してその年分の総所得金額等から控除しても控除しきれない損失額

【参考通達】
〔被災事業用資産の損失の金額の計算〕
・所得税基本通達70-1（被災事業用資産に含まれるもの）

・所得税基本通達70-2（棚卸資産の被災損失額）
・所得税基本通達70-3（未収穫農作物の被災損失額）
・所得税基本通達70-4（固定資産等の損失に関する取扱いの準用）
・所得税基本通達70-4の2（災害損失特別勘定を設定した場合の被災事業用資産の損失の範囲等）

〔災害関連費用〕

・所得税基本通達70-5（災害のあった年の翌年以後に支出した災害関連費用）
・所得税基本通達70-6（災害後1年以内に取壊し等をした資産に係る損失額の特例）
・所得税基本通達70-7（登記登録の抹消費用）
・所得税基本通達70-8（第三者に対する損害賠償金等）
・所得税基本通達70-9（取壊し、除去等に従事した使用人の給与等）
・所得税基本通達70-10（損壊等を防止するための費用）
・所得税基本通達70-11（災害関連費用に含まれる被害の発生防止費用）
・所得税基本通達70-12（船舶等の捜索費用）

誤りやすい事例　　純損失の繰越控除

1．令和4年中に生じた先物取引等に係る損失を令和4年分の確定申告において申告しなかった者（先物取引等以外の内容については申告済）が、令和4年に生じた先物取引等に係る損失を繰り越す旨の令和4年分の更正の請求をしたがこれを認められていない。

解説

令和4年中に生じた損失を繰り越す旨の令和4年分の更正の請求は、それが令和5年分の確定申告前であれば認められます（措通41の15-1）。

2．令和4年中に生じた先物取引等に係る損失の確定申告をした者が（損失の金額の計算に関する明細書等の添付済）、令和5年分においては、先物取引等に係る損失の繰越控除を受ける金額の計算に関する明細書の添付をせず、先物取引等以外の確定申告を行った。その後、令和4年分の先物取引等に係る損失を繰り越す旨の令和5年分の更正の請求をし、これを認めている。

解説

先物取引等に係る損失の繰越控除は、損失の生じた年分につき、当該控除を受ける金額の計算に関する明細書等の添付がある確定申告書を提出し、かつ、その後も明細書等の添付がある確定申告書を連続して提出している場合に適用されます（措法41の15③）。

したがって、令和5年分の確定申告書において、明細書等の添付もなく、申告されてい

ない令和4年分の損失は「純損失等の金額」（通法23①二）に該当せず、令和4年分の損失を繰り越す旨の令和5年分の更正の請求は認められないことになります。

3．令和4年分及び令和5年分の確定申告で、令和4年に生じた先物取引等に係る損失を繰り越す旨の申告をした者が、令和4年に生じた先物取引等の繰越損失額が過少であったとして、その繰越損失額を増加させる旨の令和4年分ないし令和5年分の更正の請求をしたところ、これを認めていない。

解説

先物取引等に係る損失の生じた年分につき、その繰越控除を受ける金額の計算に関する明細書等の添付がある確定申告書を提出した場合において、その損失が過少であったためその損失額を増加させる更正が行われたときは、その更正後の金額を基として当該控除の規定を適用します（措通41の15-2）。

したがって、令和4年中に生じた繰越損失額を申告し、かつ、その後も明細書等の添付がある確定申告書を連続して提出している場合は、その申告した損失額が過少であったとする更正の請求は、認められることになります。

4．純損失（変動所得、被災事業用資産に係るものを除きます）の繰越控除は、純損失が生じた翌年以後も青色申告書を提出している者に限り認められるものと考えていた。

解説

控除適用年において青色申告であることは適用要件でないことから、例えば、純損失が生じた年に青色申告者が法人成りをし、その年の翌年以後白色申告者（給与所得者等）となった場合であっても、純損失の繰越控除は適用することができます（所法70④）。

5．青色申告者で連年確定申告書を提出しているが、3年前に必要経費の計上漏れがあり損失があることが判明した場合、純損失の額や純損失の繰越の額等については確定申告書に記載することとされているから、前2年の各年分については純損失の繰越に係る更正の請求はできないと考えていた。

解説

3年前の確定申告書に純損失の額の記載がない場合であっても、更正の請求により純損失の額が明らかにされた場合には、その純損失の額を繰り越す2年前と1年前の各年分についても確定申告書に純損失の額等の記載があった場合と同様に更正の請求をすることができます（所基通70-13）。

6．白色申告者が、台風による浸水で事業用資産に損害を受け、これらの損失による純損失の金額が生じた場合において、これらの損失の金額は、白色申告者なので翌年に繰り越すことはできないと考えていた。

> 解説
>
> 被災事業用資産の損失の金額は、白色申告者であっても、3年間繰り越すことができます（所法70②二、③）。
> なお、特定非常災害に指定された災害により生じた損失である場合には、5年間繰り越すことができます（所法70の2）。

3　繰越控除の方法

(1) 純損失の金額及び雑損失の金額の控除

その年分に繰り越された純損失の金額及び雑損失の金額の控除は、次の順序で行います（所法70①②、70の2、71①、71の2）。

〈順序〉	〈方法〉
① 前年以前の2以上の年に生じた損失の金額	最も古い年に生じた損失の金額から先に控除（所令201一、204①一）
② 同じ年に純損失の金額と雑損失の金額がある場合の控除	「純損失の金額」→「雑損失の金額」の順の控除（所令204②）
③ 純損失の金額の控除	次の(2)に掲げる順序で控除 （所令201二、措法28の4①⑥、措令19㉔）
④ 雑損失の金額の控除	次の順序で控除（所令204①二、措法28の4①⑥、31③三、32④、37の10⑥五、37の11⑥、41の14②四、措通31・32共-4、37の10・37の11共-5） ① 総所得金額 ② 土地等に係る事業所得等の金額 ③ 分離の短期譲渡所得の金額 ④ 分離の長期譲渡所得の金額 ⑤ 分離の上場株式等に係る配当所得等の金額 ⑥ 分離の一般株主等に係る譲渡所得等の金額 ⑦ 分離の上場株式等に係る譲渡所得等の金額

⑧ 分離の先物取引に係る雑所得等の金額
⑨ 山林所得の金額
⑩ 退職所得の金額

(2) 純損失の繰越控除

純損失の繰越控除は、次の順序で行います（所令201、措令19㉔）。

控除する純損失の金額が前年以前の２以上の年に生じたものである場合には、これらの年のうち最も古い年に生じた純損失の金額から先に差し引きます。

前年以前の一の年に生じた純損失の繰越控除は、次の表の順序で行います。

その年分の所得の内容 ＼ 純損失の金額の内容	総所得金額の計算上生じた損失の部分の金額	土地等に係る事業所得等の金額の計算上生じた損失の部分の金額	山林所得金額の計算上生じた損失の部分の金額
総所得金額	①	⑤	⑩
土地等に係る事業所得等の金額	④	②	⑪
山林所得金額	⑥	⑧	③
退職所得金額	⑦	⑨	⑫

なお、分離の短期譲渡（所得）の損失の金額、分離の長期譲渡（所得）の損失の金額、一般株主等に係る譲渡所得等の損失の金額、上場株式等に係る譲渡所得等の損失の金額及び先物取引に係る雑所得等の損失の金額はないものとされ、また、他の所得の損失の金額は、分離の短期譲渡所得の金額、分離の長期譲渡所得の金額、一般株主等に係る譲渡所得等の金額、上場株式等に係る譲渡所得等の金額及び先物取引に係る雑所得等の金額から控除できないこととされています。

また、平成10年１月１日から令和８年３月31日までの間にする土地等に係る事業所得等の金額については、分離課税の対象とはならず、総所得金額に含まれます（措法28の４⑥）。

純損失の繰越控除は、その年分の各種所得の金額の計算上生じた損失の金額があるときは、まずその年分の各種所得の金額について損益通算を行った後に行います。

【参考通達】
〔繰越控除の適用関係〕
・所得税基本通達70-13（更正の請求による更正により純損失の金額があることとなった場合）
・所得税基本通達70-14（更正により純損失の金額が増加した場合）
・所得税基本通達70-15（居住者が死亡した場合の繰越控除の適用関係）

純損失の繰戻し（青色申告の特典）

青色申告者については、その年に生じた純損失の金額を翌年以後に繰り越して控除することのほか、前年分についても青色申告書を提出している場合は、その純損失の金額の全部又は一部を前年分の所得金額から控除したところで税額計算をし直して、その差額の税額の還付を請求することができます（所法140、141、所令271〜273）。

(1) 純損失の繰戻しの要件

純損失の繰戻しの要件は、次のとおりとなります。

区　　　分	要　　　件
①　その年分に生じた純損失の前年分への繰戻し （所法140①〜④、141①〜③、所令271）	イ　その年分の確定申告書（青色）を期限内に提出すると同時に、「還付請求書」を提出すること
	ロ　前年分について青色申告書を提出していること
②　その年中に事業の廃止、死亡などのため、前年分について生じていた純損失の金額をその年以後3年間に繰越控除することができなくなった場合における前年分の純損失の前々年分への繰戻し （所法140⑤、141④、所令272）	イ　①のイに同じ
	ロ　前年分及び前々年分について青色申告書を提出していること

(2) 繰戻し還付の方法

総所得金額又は山林所得金額の計算上生じたそれぞれの損失の別に応じ、上記❸(2)に掲げた表における順序と同じ順序で控除します（所令271、措令19㉔）。

この場合、同表中の「その年分の所得の内容」は、「その年分の前年分（若しくは前々年分）の所得の内容」と読み替えます（所法140、141、所令271〜273）。

(3) 還付金額

次の算式によって計算した金額に相当する所得税の額について還付を請求することができます。

ただし、この金額が前年分の税額控除後の所得税の額を超えるときは、その所得税の額が還付される金額の限度となります。

また、純損失の金額のうち、一部を繰り戻さなかった部分の金額は、翌年以後に繰り越すことができます。

〔算　式〕
　A － B
　　A：前年分の税額控除前の所得税の額
　　B：前年分の課税所得金額から純損失の金額を控除した金額に前年分の税率を適用して算出した税額控除前の所得税額

【参考通達】
〔法140条《純損失の繰戻しによる還付の請求》及び法141条《相続人等の純損失の繰戻しによる還付の請求》関係〕
　・所得税基本通達140・141-1（青色申告書を提出する居住者の意義）
　・所得税基本通達140・141-2（還付金の限度額となる前年分の所得税の額）
　・所得税基本通達140・141-3（繰戻しによる還付請求書が青色申告書と同時に提出されなかった場合）
　・所得税基本通達140・141-4（端数計算）
〔法142条《純損失の繰戻しによる還付の手続等》関係〕
　・所得税基本通達142-1（その年分に生じた純損失の金額又は前年分の総所得金額等が異動した場合）

誤りやすい事例　純損失の繰戻し

1．前年において、青色申告書を提出していないにもかかわらず、本年において純損失の繰戻し還付請求書を提出していた。

解説

　純損失の繰戻しの適用要件は、①前年分について青色申告書を提出していること、②本年分の青色申告書の期限内に提出すると同時に純損失の繰戻し還付請求書を提出することとされています（所法140①④）。

2．純損失について繰戻し還付請求をする場合、その全部を繰り戻さなければいけないと考えていた。

解説

　純損失は、その全部を繰り戻さないで、一部を繰り戻し、残りをその純損失が生じた年の翌年以後3年間繰り越すことができます（所法70、140①二）。

3．純損失の繰戻し還付請求書を提出すれば、復興特別所得税も還付されると考えていた。

> **解 説**
>
> 　復興特別所得税に関する規定を定めた復興財確法においては、所得税の純損失の繰戻し制度（所法140～142）と同様の措置は設けられていないことから、繰戻し還付請求書を提出しても、復興特別所得税に係る部分は還付されないことになります。

5 居住用財産の譲渡損失の繰越控除の特例

　土地、建物等の譲渡による譲渡所得の金額の計算上生じた損失については、他の所得との損益通算と共に翌年以降の繰越しが認められないこととされています（措法31、32）。

　ただし、次の(1)居住用財産の買換え等の場合の譲渡損失の繰越控除の特例又は(2)特定居住用財産の譲渡損失の繰越控除の特例のいずれかの適用を受ける場合には、その譲渡損失について翌年以降に繰越控除をすることができます。

　なお、(1)居住用財産の買換え等の場合の譲渡損失の繰越控除の特例又は(2)特定居住用財産の譲渡損失の繰越控除の特例の適用を受けるためには、その前提として、居住用財産の買換え等の場合の譲渡損失の損益通算の特例又は特定居住用財産の譲渡損失の損益通算の特例を適用することになります。

(1) 居住用財産の買換え等の場合の譲渡損失の繰越控除の特例

① 概　要

　青色申告書を提出する個人が、その年の前年以前3年内の年において生じた純損失の金額のうち、その居住用財産の譲渡損失の金額に係るものとして一定の方法により計算した金額（前年以前の年において控除されたものを除きます。以下、「通算後譲渡損失の金額」といいます）を有する場合において、その個人がその年の12月31日においてその通算後譲渡損失の金額に係る買換資産に係る住宅借入金等の金額を有するときは、一定の要件の下で、その通算後譲渡損失の金額について、その年分の分離長期譲渡所得の金額、分離短期譲渡所得の金額、総所得金額、退職所得金額又は山林所得金額の計算上一定の方法により繰越控除をする特例の適用を受けることができます。

〔留意事項〕
1．この繰越控除は、合計所得金額が3,000万円を超える年分については、この特例の適用を受けることができないこととされています（措法41の5④）。
2．この繰越控除は、居住用財産の買換え等の場合の譲渡損失の損益通算の特例（措法41の5①）の適用を受けていることが前提となります。
3．この繰越控除は、住宅借入金等特別控除制度（措法41）との併用が認められています。
4．特定非常災害に基因するやむを得ない事情により、取得期限までに買換資産の取得をすることが困難となった場合において、その取得期限後2年以内に買換資産の取得をする見込みであり、かつ、納税地の税務署長の承認を受けたときは、「取得期限」を「取得期限

の属する年の翌々年12月31日」とすることができます（措法41の5⑦一）。

② 居住用財産の譲渡損失の金額（措法41の5⑦一、措令26の7⑨）

損益通算の対象となる居住用財産の譲渡損失の金額は、譲渡の年の1月1日において所有期間が5年を超える居住用財産（以下、「譲渡資産」といいます）の譲渡（その個人の親族等に対する譲渡などの一定のものを除きます。以下、「特定譲渡」といいます）による譲渡所得の金額の計算上生じた損失の金額のうち、その特定譲渡をした日の属する年分の長期譲渡所得の金額の計算上生じた損失の金額に達するまでの金額とされています。

この場合、その長期譲渡所得の金額の計算上生じた損失の金額のうちに租税特別措置法32条1項の規定により短期譲渡所得の金額の計算上控除する金額があるときは、その長期譲渡所得の金額の計算上生じた損失の金額からその控除する金額に相当する金額を控除した金額に達するまでの金額とされています。

③ 通算後譲渡損失の金額の計算（措法41の5⑦三、措令26の7⑪⑫）

通算後譲渡損失の金額は、居住用財産の譲渡損失の金額のうち、次に掲げる場合の区分に応じ、それぞれ次に定める金額に達するまでの金額とされています。

なお、譲渡資産のうちに土地等でその面積[注1]が500㎡を超えるものが含まれている場合には、500㎡を超える部分に相当する損失の金額は除かれます。

区　分	金　額
① 青色申告書を提出する場合で、その年分の不動産所得の金額、事業所得の金額若しくは山林所得の金額又は総合課税の譲渡所得の金額の計算上生じた損失の金額（以下、「他の損失の金額」といいます）がある場合	A － B A：その年において生じた損失の金額 B：他の損失の金額[注2]
② ①以外の場合で、変動所得の金額の計算上生じた損失の金額又は被災事業用資産の損失の金額がある場合	A － B A：その年において生じた損失の金額 B：次のa、bの合計額[注2] 　a　変動所得の金額の計算上生じた損失の金額 　b　被災事業用資産の損失の金額
③ ①、②以外の場合	その年において生じた純損失の金額
④ ①〜③のうち面積が500㎡を超えるものが含まれている場合	$A - A \times \dfrac{B}{C} \times \dfrac{(D - 500㎡)}{D}$ A：①〜③により計算した金額 B：土地等の特定譲渡による譲渡所得の金額の計算上生じた損失の金額 C：居住用財産の譲渡損失の金額 D：土地等の面積

(注1) 独立部分を区分所有する家屋については、その1棟の家屋の敷地の用に供する土地の面積に家屋の床面積のうちにその者の区分所有する独立部分の床面積の占める割合を乗じて計算した面積をいいます。
(注2) その年において生じた純損失の金額が限度となります。

④ 住宅借入金等の範囲（措法41の5⑦四、措令26の7⑬、措規18の25⑤～⑩）

住宅借入金等の範囲は、居住用財産の買換え等の場合の譲渡損失の損益通算の特例における住宅借入金等の範囲（上記第2節の❺(1)④（615ページ））と同じです。

⑤ 適用除外（措法41の5④）

次に掲げるものに該当する場合には適用することはできないとされています。

イ　その年の合計所得金額が3,000万円を超える場合

なお、この所得要件は、年ごとに判定されることから、居住用財産の譲渡損失の金額が生じた年の翌年以降3年の各年のうち、合計所得金額が3,000万円を超える年についてはこの特例の適用は認められませんが、合計所得金額が3,000万円以下である年についてはこの特例の適用が認められます。

ロ　居住用財産の譲渡損失が生じた年分の確定申告において、居住用財産の買換え等の場合の譲渡損失の損益通算の特例（措法41の5①）を適用していない場合又はやむを得ない事情がある場合を除き、その年分の確定申告書をその適用期限までに提出していない場合（措法41の5①～③）

⑥ 繰越控除の方法（措法41の5④、措令26の7①②）

通算後譲渡損失の金額がある場合において、その個人がその年の12月31日（その個人が死亡した日の属する年にあっては、その死亡した日）においてその通算後譲渡損失の買換資産に係る住宅借入金等の金額があるときは、この通算後譲渡損失の金額相当額は、その年分の分離長期譲渡所得の金額、分離短期譲渡所得の金額、総所得金額、退職所得金額又は山林所得金額の計算上次により控除します。

イ　その年分の各種所得の金額の計算上生じた損失の金額がある場合又は純損失若しくは雑損失の繰越控除が行われる場合

(イ)　損益通算による控除（所法69）

(ロ)　純損失の繰越控除（所法70、70の2）

(ハ)　居住用財産の買換え等の場合の譲渡損失の繰越控除の特例（措法41の5④）

(ニ)　雑損失の繰越控除（所法71、71の2）

なお、控除する純損失の金額及び雑損失の金額が前年以前の2以上の年に生じたものであるときは、これらの年のうち最も古い年に生じた純損失の金額又は雑損失の金額から順次繰越します。

ロ　繰越控除の順序

(イ)　分離長期譲渡所得の金額（措法31、31の2、31の3）

(ロ)　分離短期譲渡所得の金額（措法32）

(ハ)　総所得金額

㈡　山林所得金額

　㈣　退職所得金額

⑦　**手続き等（措法41の5②⑤、措規18の25①〜③）**

　この繰越控除の特例の適用を受けるためには、居住用財産の譲渡損失の金額が生じた年分の所得税について、居住用財産の買換え等の場合の譲渡損失の損益通算の特例の適用に係る書類の添付等がある確定申告書をその提出期限までに提出し、その後において連続して確定申告書を提出し、かつ、控除を受ける金額の計算に関する明細書、買換資産に係る住宅借入金等の残高証明書等の一定の書類を添付する必要があります。

　なお、添付書類及び提出期限は、次のとおりとなります。

■居住用財産の譲渡損失の金額が生じた年分

添付書類	居住用財産の買換え等の場合の譲渡損失の損益通算の特例の適用を受けるための添付書類（上記第2節の◆5(1)⑦（617〜618ページ以下）参照）
提出期限	譲渡損失の金額が生じた年分の確定申告書の提出期限

■居住用財産の譲渡損失の金額が生じた年分の翌年以後の各年分

添付書類	①	特例の適用を受けようとする各年の12月31日（その者が死亡した日の属する年にあっては、その死亡した日）における買換資産に係る住宅借入金等の残高証明書(注)
	②	通算後譲渡損失の金額及びその金額の計算の基礎その他参考となるべき事項を記載した明細書
提出期限		各年分の確定申告書の提出日（確定申告書は連続して提出することが必要）

（注）「住宅借入金等の残高証明書」については、住宅借入金等特別控除の適用を受けるための「住宅取得資金に係る借入金の年末残高等証明書」で代用することができます。

⑧　**特定純損失の金額がある場合における純損失の繰越控除及び純損失の繰戻し還付制度の適用に係る調整（措法41の5⑧〜⑩）**

　イ　純損失の金額のうちに特定純損失の金額がある場合には、純損失の繰越控除（所法70、70の2）及び純損失の繰戻しによる還付請求（所法140、141）を行う場合の計算の基礎となる純損失の金額については、特定純損失の金額を除いたところで行います。

　ロ　特定純損失の金額とは、次の㈠又は㈡のいずれか少ない方の金額をいいます（措法41の5⑧、措令26の7⑭）。

　㈠　その年において行った譲渡資産の特定譲渡(注1)による譲渡所得の金額の計算上生じた損失に係る居住用財産の譲渡損失の金額

　㈡　A − B

　　　A：その年において生じた純損失の金額
　　　B：その純損失の金額が生じた年分の不動産所得の金額、事業所得の金額、山林所得の金額又は総合課税の譲渡所得の金額の計算上生じた損失の金額の合計

額(注2)

(注1) 平成10年1月1日から令和5年12月31日までに行ったものに限ります。
(注2) その合計額が純損失の金額を超える場合には、純損失の金額に相当する金額となります。

(2) 特定居住用財産の譲渡損失の繰越控除の特例

① 概要

　確定申告書を提出する個人が、その年の前年以前3年内の年において生じた純損失の金額のうち、その特定居住用財産の譲渡損失の金額に係るものとして一定の方法により計算した金額（前年以前の年において控除されたものを除きます。以下、「通算後譲渡損失の金額」といいます）を有する場合には、一定の要件の下で、その通算後譲渡損失の金額について、その年分の分離長期譲渡所得の金額、分離短期譲渡所得の金額、総所得金額、退職所得金額又は山林所得金額の計算上一定の方法により繰越控除をする特例の適用を受けることができます（措法41の5の2④）。

〔留意事項〕
1．この繰越控除の特例は、合計所得金額が3,000万円を超える年分については、この特例の適用を受けることはできないこととされています（措法41の5の2④）。
2．この繰越控除の特例は、特定居住用財産の譲渡損失の損益通算の特例（措法41の5の2①）の適用を受けることが前提となっています。
3．この繰越控除の特例は、住宅借入金等特別控除制度（措法41）との併用が認められています。

② 特定居住用財産の譲渡損失の金額（措法41の5の2⑦一、措令26の7の2⑦）

　損益通算の対象となる居住用財産の譲渡損失の金額は、譲渡の年の1月1日において所有期間が5年を超える居住用財産（以下、「譲渡資産」といいます）の譲渡（その個人の親族等に対する譲渡などの一定のものを除きます。以下、「特定譲渡」といいます）による譲渡所得の金額の計算上生じた損失の金額のうち、その特定譲渡をした日の属する年分の長期譲渡所得の金額の計算上生じた損失の金額に達するまでの金額(注)とされています。

　この場合、その長期譲渡所得の金額の計算上生じた損失の金額のうちに租税特別措置法32条1項の規定により短期譲渡所得の金額の計算上控除する金額があるときは、その長期譲渡所得の金額の計算上生じた損失の金額からその控除する金額に相当する金額を控除した金額に達するまでの金額(注)とされています。

(注) この特定譲渡に係る契約を締結した日の前日におけるその譲渡資産に係る住宅借入金等の金額の合計額からその譲渡資産の譲渡対価の額を控除した残額を限度とします。

③ 通算後譲渡損失の金額の計算（措法41の5の2⑦三、措令26の7の2⑨）

　通算後譲渡損失の金額は、居住用財産の譲渡損失の金額のうち、次に掲げる場合の区分に応じ、それぞれ次に定める金額に達するまでの金額とされています。

区　　　分	金　　　額
イ 青色申告書を提出する場合で、その年分の不動産所得の金額、事業所得の金額若しくは山林所得の金額又は総合課税の譲渡所得の金額の計算上生じた損失の金額（以下、「他の損失の金額」といいます）がある場合	A － B A：その年において生じた損失の金額 B：他の損失の金額^(注)
ロ イ以外の場合で、変動所得の金額の計算上生じた損失の金額又は被災事業用資産の損失の金額がある場合	A － B A：その年において生じた損失の金額 B：次のa、bの合計額^(注) 　a　変動所得の金額の計算上生じた損失の金額 　b　被災事業用資産の損失の金額
ハ イ、ロ以外の場合	その年において生じた損失の金額

（注）　その年において生じた純損失の金額が限度となります。

④　**住宅借入金等の範囲（措法41の5の2⑦四、措令26の7の2⑩、措規18の26④～⑩）**

　住宅借入金等の範囲は、特定居住用財産の譲渡損失の損益通算の特例における住宅借入金等の範囲（上記第2節の❺(2)③（620ページ））に同じとなります。

⑤　**適用除外（措法41の5の2④）**

　次に掲げるものに該当する場合には適用することはできないとされています。

　イ　その年の合計所得金額が3,000万円を超える場合

　　　なお、この所得要件は、年ごとに判定されることから、特定居住用財産の譲渡損失の金額が生じた年の翌年以降3年の各年のうち、合計所得金額が3,000万円を超える年についてはこの特例の適用は認められませんが、合計所得金額が3,000万円以下である年についてはこの特例の適用が認められます。

　ロ　特定居住用財産の譲渡損失が生じた年分の確定申告において、特定居住用財産の譲渡損失の損益通算の特例（措法41の5の2①）を適用していない場合又はやむを得ない事情がある場合を除き、その年分の確定申告書をその適用期限までに提出していない場合（措法41の5の2①～③）

⑥　**繰越控除の方法（措法41の5の2④、措令26の7の2①②）**

　通算後譲渡損失の金額は、その年分の分離長期譲渡所得の金額、分離短期譲渡所得の金額、総所得金額又は山林所得金額の計算上次により控除します。

　イ　その年分の各種所得の金額の計算上生じた損失の金額がある場合又は純損失若しくは雑損失の繰越控除が行われる場合

(イ)　損益通算による控除（所法69）
　　(ロ)　純損失の繰越控除（所法70、70の2）
　　(ハ)　特定居住用財産の譲渡損失の繰越控除の特例（措法41の5の2④）
　　(ニ)　雑損失の繰越控除（所法71、71の2）
　　　　なお、控除する純損失の金額及び雑損失の金額が前年以前の2以上の年に生じたものであるときは、これらの年のうち最も古い年に生じた純損失の金額又は雑損失の金額から順次繰越します。
　ロ　繰越控除の順序
　　(イ)　分離長期譲渡所得の金額（措法31、31の2、31の3）
　　(ロ)　分離短期譲渡所得の金額（措法32）
　　(ハ)　総所得金額
　　(ニ)　山林所得金額
　　(ホ)　退職所得金額

⑦　**手続き等**（措法41の5の2②⑤、措規18の26①～③）

　この繰越控除の特例の適用を受けるためには、特定居住用財産の譲渡損失の金額が生じた年分の所得税について、特定居住用財産の譲渡損失の損益通算の特例の適用に係る書類の添付等がある確定申告書をその提出期限までに提出し、その後において連続して確定申告書を提出し、かつ、控除を受ける金額の計算に関する明細書等の一定の書類を添付する必要があります。
　なお、添付書類及び提出期限は、次のとおりとなります。

■**特定居住用財産の譲渡損失の金額が生じた年分**

添付書類	特定居住用財産の譲渡損失の損益通算の特例の適用を受けるための添付書類（上記第2節の❺(2)⑥（622ページ）参照）
提出期限	譲渡損失の金額が生じた年分の確定申告書の提出期限

■**特定居住用財産の譲渡損失の金額が生じた年分の翌年以後の各年分**

添付書類	通算後譲渡損失の金額及びその金額の計算の基礎その他参考となるべき事項を記載した明細書
提出期限	各年分の確定申告書の提出日（確定申告書は連続して提出することが必要）

⑧　**特定純損失の金額がある場合における純損失の繰越控除及び純損失の繰戻し還付制度の適用に係る調整**（措法41の5の2⑧～⑩）

　イ　純損失の金額のうちに特定純損失の金額がある場合には、純損失の繰越控除（所法70、70の2）及び純損失の繰戻しによる還付請求（所法140、141）を行う場合の計算の基礎となる純損失の金額については、特定純損失の金額を除いたところで行います。
　ロ　特定純損失の金額とは、次の(イ)又は(ロ)のいずれか少ない方の金額をいいます（措法41の5の2⑧、措令26の7の2⑪）。

(イ)　その年において行った譲渡資産の特定譲渡(注1)による譲渡所得の金額の計算上生じた損失に係る特定居住用財産の譲渡損失の金額
　(ロ)　A － B
　　　　A：その年において生じた純損失の金額
　　　　B：その純損失の金額が生じた年分の不動産所得の金額、事業所得の金額、山林所得の金額又は総合課税の譲渡所得の金額の計算上生じた損失の金額の合計額(注2)
（注1）　平成10年1月1日から令和5年12月31日までに行ったものに限ります。
（注2）　その合計額が純損失の金額を超える場合には、純損失の金額に相当する金額となります。

6 雑損失の繰越控除

(1) 概　要

　前年以前3年内に生じた雑損失の金額で前年以前に控除しきれなかった金額があるときは、その年分の総所得金額、土地の譲渡等に係る事業所得等の金額（平成10年1月1日から令和8年3月31日までの間については適用しないこととされています）、分離短期譲渡所得の金額、分離長期譲渡所得の金額、分離課税の上場株式等に係る配当所得等の金額（上場株式等に係る譲渡損失の損益通算及び繰越控除の適用後の金額）、一般株式等に係る譲渡所得等の金額（特定株式に係る譲渡損失の繰越控除の適用後の金額）、上場株式等に係る譲渡所得等の金額（上場株式等に係る譲渡損失の繰越控除及び特定株式に係る譲渡損失の繰越控除の適用後の金額）、先物取引に係る雑所得等の金額（先物取引の差金等決済に係る損失の繰越控除の適用後の金額）、山林所得金額又は退職所得金額の計算上、その控除しきれなかった雑損失の金額を差し引くことができます（所法71①、所令204、措法8の4③三、28の4⑤二、⑥、31③三、32④、37の10⑥五、37の11⑥、37の12の2⑤、37の13の3⑦、41の14②四、41の15④、措令25の11の2⑯、25の12の3⑳、26の26⑧）。

(2) 雑損失の金額（所法2①二十六、72①）

　雑損失の金額とは、災害又は盗難若しくは横領によって資産（生活に通常必要でない資産及び事業用資産等を除きます）に受けた損失額（保険金、損害賠償金などで補填される部分の金額を除きます）のうち、第6章に掲げる雑損控除額（総所得金額等の10％又は5万円を超える部分の金額）をいいます。

(3) 繰越控除の手続き（所法71②）

　雑損失の繰越控除は、その雑損失を生じた年分の所得税につき、確定申告書を提出し、かつ、その後において連続して確定申告書を提出している場合に限り、適用されます。

(4) 繰越控除の順序（所令204、措法8の4①、28の4①⑥、措令19㉔、20⑤、21⑦、25の8⑯、26の23⑥、措通31・32共-4）

雑損失の繰越控除は、次の順序で行います。

① 控除する雑損失の金額が前年以前3年内（特定非常災害に係る雑損失の繰越控除の特例の適用がある場合には、前年以前5年内。②において同じ）の2以上の年に生じたものである場合

　これらの年のうち最も古い年に生じた雑損失の金額から先に差し引きます。

② 前年以前3年内の1の年に生じた雑損失の金額で前年以前において控除されなかった部分に相当する金額があるとき

　これをその年分の総所得金額、土地等に係る事業所得等の金額（平成10年1月1日から令和8年3月31日までの間については適用しないこととされています）、分離短期譲渡所得の金額、分離長期譲渡所得の金額、分離課税の上場株式等に係る配当所得等の金額、一般株式等に係る譲渡所得等の金額、上場株式等に係る譲渡所得等の金額、先物取引に係る雑所得等の金額、山林所得金額又は退職所得金額の計算上順次差し引きます。

③ その年の各種所得の金額の計算上生じた損失の金額がある場合又はその年に純損失の繰越控除が行われる場合

　まず、損益通算を行い、次いで純損失の繰越控除を行った後に雑損失の繰越控除を行います。

　この場合に、繰越純損失の金額及び繰越雑損失の金額が前年以前3年内（特定非常災害の特例（所法70の2、71の2）の適用がある場合には、前年以前5年内）の2以上の年に生じたものであるときは、これらの年のうち最も古い年に生じた純損失の金額又は雑損失の金額から順次差し引きます。

【参考通達】
・所得税基本通達71-1（更正の請求により雑損失の金額があることとなった場合）
・所得税基本通達71-2（更正により雑損失の金額が増加した場合）

特定非常災害に係る純損失の繰越控除の特例

(1) 概要

事業所得者等の有する棚卸資産、事業用資産につき特定非常災害^(注)の指定を受けた災害により生じた損失（以下、「特定被災事業用資産の損失」といいます）を有する者の特定被災事業用資産の損失による純損失の金額および特定非常災害発生年において生じた純損失の金額のうち次に掲げるものの繰越期間を5年（改正前：3年）とします。

① 青色申告者でその有する事業用資産等（土地等を除きます）のうちに特定被災事業用資産の損失額の占める割合が10％以上であるものは、被災事業用資産の損失による純損失を含むその年分の純損失の金額

② 青色申告者以外の者でその有する事業用資産等（土地等を除きます）のうちに特定被災事業用資産の損失額の占める割合が10％以上であるものは、その年に発生した被災事業用資産の損失による純損失と変動所得に係る損失による純損失との合計額

③ 上記①及び②以外の者は、特定被災事業用資産の損失により純損失の金額

(注)「特定非常災害」とは、著しく異常かつ激甚な非常災害であって、その非常災害の被害者の行政上の権利利益の保全等を図ることが特に必要と認められる場合が発生した場合に指定されるものをいいます（特定非常災害の被害者の権利利益の保全等を図るための特別措置に関する法律2①）。

(2) 適用対象者

特定非常災害に係る純損失の繰越控除の特例（以下、「本件特例」といいます）制度の適用対象者は、確定申告書を提出する居住者のうち、次に掲げる要件のいずれかを満たす者[注1]とされています（所法70の2①）。

① 事業資産特定災害損失額の当該居住者の有する事業用固定資産でその者の営む事業所得を生ずべき事業の用に供されるものの価額として一定の金額[注3]に相当する金額の合計額のうちに占める割合が10％以上であること

② 不動産等特定災害損失額のその居住者の有する事業用固定資産でその者の営む不動産所得または山林所得を生ずべき事業の用に供されるものの価額として一定の金額[注3]に相当する金額の合計額のうちに占める割合が10％以上であること

(注1) 特定非常災害の被害者の権利利益の保全等を図るための特別措置に関する法律2条1項《特定非常災害及びこれに対して適用すべき措置の指定》の規定により特定非常災害として指定された非常災害[注2]に係る同法2条1項の特定非常災害発生日の属する年（以下、「特定非常災害発生年」といいます）の年分の所得税につき青色申告書を提出している者に限ります。

(注2) 所得税法70条の2第4項及び同法71条の2第2項《特定非常災害に係る雑損失の繰越控除の特例》において「特定非常災害」といいます。

(注3) 次に掲げる資産の区分に応じ、それぞれに掲げる金額とします（所令203の2）。

① 固定資産……特定非常災害による損失が生じた日にその資産の譲渡があったものとみなして所得税法38条1項または2項（譲渡所得の計算上控除する取得費）を適用した場合にその資産の取得費とされる金額に相当する金額

② 繰延資産……その繰延資産の額からその償却費として所得税法50条（繰延資産の償却費の計算及びその償却方法）の規定により特定非常災害による損失が生じた日の属する年の前年以前の各年分の不動産所得の金額、事業所得の金額または山林所得の金額の計算上必要経費に算入される金額の累積額を控除した金額

(3) 適用関係

令和5年4月1日以後に発生する特定非常災害について適用します（所法令5法3改正附3）。

(4) 特定非常災害発生年純損失金額又は被災純損失金額を有する場合の純損失の繰越控除（所法70）の規定の適用

特定非常災害発生年純損失金額^(注1)又は被災純損失金額^(注2)を有する場合には、当該特定非常災害発生年純損失金額または当該被災純損失金額の生じた年の翌年以後5年内の各年分における所得税法70条《純損失の繰越控除》1項および2項の規定については、次のように下線部分に読み替えて適用します（所法70の2①）。

(注1) その者の当該特定非常災害発生年において生じた純損失の金額をいいます。
(注2) 当該特定非常災害発生年において生じたものを除きます。

〔所得税法70条1項〕

確定申告書を提出する居住者のその年の前年以前3年以内に各年（その年分の所得税につき青色申告書を提出している年に限る）において生じた純損失の金額で特定非常災害発生年純損失金額（次条1項に規定する特定非常災害発生年純損失の金額をいう。以下この項において同じ）及び被災純損失金額（同条第1項に規定する被災純損失金額をいう。次項において同じ）以外のもの（この項の規定により前年以前において控除されたもの及び第142条第2項（純損失の繰戻しによる還付）の規定により還付を受けるべき金額の計算の基礎となったものを除く）並びに当該居住者のその年の前年以前5年内において生じた特定非常災害発生年純損失金額（この項の規定により前年以前において控除されたもの及び同条2項の規定により還付を受けるべき金額の計算の基礎となったものを除く）がある場合には、当該純損失の金額及び当該特定非常災害発生年純損失金額に相当する金額は、政令で定めるところにより、当該確定申告書に係る年分の総所得金額、退職所得金額又は山林所得金額の計算上控除する。

〔所得税法70条2項〕

確定申告書を提出する居住者の前年以前3年内の各年において生じた純損失の金額で被災純損失金額以外のもの（前項の規定の適用を受けるもの及び第142条第2項の規定により還付を受けるべき金額の計算の基礎となったものを除く）のうち当該各号において生じた次に掲げる損失の金額に係るもので政令で定めるもの及び当該居住者のその年の前年以前5年内において生じた被災純損失金額（この項の規定により前年以前において控除されたもの及び同条第2項の規定により還付を受けるべき金額の計算の基礎となったものを除く）があるときは、当該政令で定める純損失の金額及び当該被災純損失金額に相当する金額は、政令で定めるところにより、当該申告書に係る年分の総所得金額、退職所得金額又は山林所得金額の計算上控除する。

一　変動所得の金額の計算上生じた損失の金額
二　被災事業用資産の損失の金額

(5) 上記(4)の適用を受ける者以外の者が、特定非常災害発生年純損失金額又は被災純損失金額を有する場合の純損失の繰越控除（所法70）の規定の適用

　特定非常災害発生年純損失金額又は被災純損失金額^(注)を有する場合には、当該特定非常災害発生年純損失金額または当該被災純損失金額の生じた年の翌年以後5年内の各年分における所得税法70条《純損失の繰越控除》1項および2項の規定については、次のように下線部分に読み替えて適用します（所法70の2②）。

　（注）　当該特定非常災害発生年において生じたものを除きます。

〔所得税法70条1項〕

　確定申告書を提出する居住者のその年の前年以前3年以内に各年（その年分の所得税につき青色申告書を提出している年に限る）において生じた純損失の金額で被災純損失の金額（次条第2項に規定する被災純損失金額をいう。次項において同じ）以外のもの（この項の規定により前年以前において控除されたもの及び第142条第2項（純損失の繰戻しによる還付）の規定により還付を受けるべき金額の計算の基礎となったものを除く）がある場合には、当該純損失の金額に相当する金額は、政令で定めるところにより、当該確定申告書に係る年分の総所得金額、退職所得金額又は山林所得金額の計算上控除する。

〔所得税法70条2項〕

　確定申告書を提出する居住者の前年以前3年内の各年において生じた純損失の金額で特定非常災害発生年特定純損失金額（次条第2項に規定する特定非常災害発生年特定純損失金額をいう。以下この項において同じ）および被災純損失以外のもの（前項の規定の適用を受けるもの及び第142条第2項の規定により還付を受けるべき金額の計算の基礎となったものを除く）のうち当該各号において生じた次に掲げる損失の金額に係るもので政令で定めるもの並びに当該居住者のその年の前年以前5年内において生じた特定非常災害発生年特定純損失金額（この項の規定により前年以前において控除されたもの及び同条第2項の規定により還付を受けるべき金額の計算の基礎となったものを除く）があるときは、当該政令で定める純損失の金額並びに当該特定非常災害発生年特定純損失金額及び被災純損失金額に相当する金額は、政令で定めるところにより、当該申告書に係る年分の総所得金額、退職所得金額又は山林所得金額の計算上控除する。

　一　変動所得の金額の計算上生じた損失の金額
　二　被災事業用資産の損失の金額

(6) 上記(4)及び(5)の適用を受ける者以外の者が、被災純損失金額を有する場合の純損失の繰越控除（所法70）の規定の適用

　被災純損失金額^(注)を有する場合には、当該被災純損失金額の生じた年の翌年以後5年内の各年分における所得税法70条《純損失の繰越控除》1項および2項の規定については、次のように下線部分に読み替えて適用します（所法70の2③）。

　（注）　当該特定非常災害発生年において生じたものを除きます。

〔所得税法70条1項〕

　確定申告書を提出する居住者のその年の前年以前3年以内に各年（その年分の所得税につき青色申告書を提出している年に限る）において生じた純損失の金額で被災純損失の金額（次条第3項に規定

する被災純損失金額をいう。次項において同じ）以外のもの（この項の規定により前年以前において控除されたもの及び第142条第2項（純損失の繰戻しによる還付）の規定により還付を受けるべき金額の計算の基礎となったものを除く）がある場合には、当該純損失の金額に相当する金額は、政令で定めるところにより、当該確定申告書に係る年分の総所得金額、退職所得金額又は山林所得金額の計算上控除する。

〔所得税法70条2項〕

　確定申告書を提出する居住者の前年以前3年内の各年において生じた純損失の金額で被災純損失以外のもの（前項の規定の適用を受けるもの及び第142条第2項の規定により還付を受けるべき金額の計算の基礎となったものを除く）のうち当該各号において生じた次に掲げる損失の金額に係るもので政令で定めるもの及び当該居住者のその年の前年以前5年内において生じた被災純損失金額（この項の規定により前年以前において控除されたもの及び同条第2項の規定により還付を受けるべき金額の計算の基礎となったものを除く）があるときは、当該政令で定める純損失の金額及び被災純損失金額に相当する金額は、政令で定めるところにより、当該申告書に係る年分の総所得金額、退職所得金額又は山林所得金額の計算上控除する。

一　変動所得の金額の計算上生じた損失の金額
二　被災事業用資産の損失の金額

(7) 用語の意義（所法70の2④）

① 被災純損失金額

　その者のその年において生じた純損失の金額のうち、被災事業用資産特定災害損失合計額(注1)に係るものとして一定のもの(注2)をいいます（所法70の2④一）。

(注1)　棚卸資産特定災害損失額、固定資産特定災害損失額および山林災害損失額の合計額で、変動所得の金額の計算上生じた損失の金額に該当しないものをいいます。

(注2)　その者のその年において生じた純損失の金額のうち、その年において生じた被災事業用資産特定災害損失合計額に達するまでの金額とされています（所令203の2②）。

② 事業資産特定災害損失額

　その者の棚卸資産特定災害損失額およびその者の事業所得を生ずべき事業の用に供される事業用固定資産の特定非常災害による損失の金額(注1)の合計額をいいます（所法70の2④二）。

(注1)　特定非常災害に関連するやむを得ない支出で一定のもの(注2)の金額を含むものとし、保険金、損害賠償金その他これらに類するものにより補填される部分の金額を除きます。以下同じ。

(注2)　所得税法施行令203条（被災事業用資産の損失に含まれる支出）各号に掲げる費用の支出とします（所令203の2③）。

③ 事業用固定資産

　土地及び土地の上に存する権利以外の固定資産等（固定資産その他これに準ずる資産で一定のもの(注)をいいます。下記⑦において同じ）をいいます（所法70の2④三）。

(注)　不動産所得、事業所得または山林所得を生ずべき事業に係る繰延資産のうちまだ必要経費に算入されていない部分とします（所令203の2④）。

④ 不動産等特定災害損失額

　その者の不動産所得または山林所得を生ずべき事業の用に供される事業用固定資産の特定非

常災害による損失の金額の合計額をいいます（所法70の2④四）。

⑤ 特定非常災害発生年特定純損失金額

その者の特定非常災害発生年において生じた純損失の金額のうち、一定の損失の金額^(注1)に係るものとして一定の純損失の金額^(注2)をいいます（所法70の2④五）。

（注1） 前年以前3年内の各年（青色申告書を提出している年を除きます）に生じた純損失の金額のうち、当該各年において生じた変動所得の金額の計算上生じた損失の金額および被災事業用資産の損失の金額をいいます（所法70②）。

（注2） 一定の純損失の金額とは、その者の特定非常災害発生年において生じた純損失の金額のうち、その特定非常災害発生年において生じた所得税法70条2項各号（純損失の繰越控除）に掲げる損失の金額に達するまでの金額とします（所令203の2⑤）。

⑥ 棚卸資産特定災害損失額

その者の有する棚卸資産について特定非常災害により生じた損失の金額をいいます（所法70の2④六）。

⑦ 固定資産特定災害損失額

その者の営む不動産所得、事業所得または山林所得を生ずべき事業の用に供される固定資産等について特定非常災害により生じた損失の金額をいいます（所法70の2④七）。

⑧ 山林特定災害損失額

その者の有する山林について特定非常災害により生じた損失の金額をいいます（所法70の2④八）。

(8) 手続き

純損失の金額、変動所得の金額の計算上生じた損失の金額及び被災事業用資産の繰越控除は、これらの生じた年分の所得税についてこれらの損失の金額に関する事項を記載した確定（損失）申告書を提出し、かつ、その後において連続して確定申告書を提出している場合に限り、適用されます（所法70④）。

【参考通達】〔特定非常災害発生に係る純損失の繰越控除の特例〕
・所得税基本通達70の2-1（固定資産等の損失に関する取扱いの準用）
・所得税基本通達70の2-2（棚卸資産に含まれるもの）
・所得税基本通達70の2-3（棚卸資産の被災損失額等に関する取扱いの準用）
・所得税基本通達70の2-4（災害損失特別勘定を設定した場合の被災事業用資産の損失の範囲等）

8 特定非常災害に係る雑損失の繰越控除の特例

(1) 概要

　居住者の有する住宅、家財等につき特定非常災害の指定を受けた災害により生じた損失について、雑損控除を適用してその年分の総所得金額等から控除しても控除しきれない損失額についての繰越期間を5年（改正前：3年）とします。

(2) 適用対象者

　確定申告書を提出する居住者で特定雑損失金額を有する者とされています。（所法71の2①）

(3) 適用関係

　令和5年4月1日以後に発生する特定非常災害について適用します（所法令5法3改正附3）。

(4) 確定申告書を提出する居住者で特定雑損失金額を有する者が特定雑損失金額を有する場合の雑損失の繰越控除（所法71）の適用

　特定雑損失金額被災純損失金額を有する場合には、当該特定雑損失金額の生じた年の翌年以後5年内の各年分における所得税法71条《雑損失の繰越控除》1項の規定については、次のように下線部分に読み替えて適用します（所法71の2①）。

〔所得税法71条1項〕
　確定申告書を提出する居住者のその年の前年以前3年内の各年において生じた雑損失の金額で特定雑損失金額（次条第1項に規定する特定雑損失金額をいう。以下この項において同じ）以外のもの<u>（この項又は次条第1項により前年以前において控除されたものを除く）及び当該居住者のその年の前年以前5年以内において生じた特定雑損失金額（この項又は同条第1項の規定により前年以前において控除されたものを除く）</u>は、政令で定めるところにより、当該申告書に係る年分の総所得金額、退職所得金額又は山林所得金額の計算上控除する。

(5) 用語の意義

　特定雑損失金額とは、雑損失の金額のうち、居住者またはその者と生計を一にする配偶者その他の親族で一定の親族（注1）の有する所得税法72条1項に規定する資産について特定非常災害により生じた損失の金額（当該特定非常災害に関連するその居住者によるやむを得ない支出で一定のもの（注2）を含むものとし、保険金、損害賠償金その他これらに類するものにより補填される部分の金額を除きます）に係るものをいいます（所法71の2②）。

　（注1）　一定の親族については、所得税法施行令205条（雑損控除の適用を認められる親族の範囲）の規定を準用します（所令204の2①）。
　（注2）　やむを得ない支出で一定のものとは、所得税法施行令206条1項1号から3号まで（雑損控

除の対象となる雑損失の範囲等）に掲げる支出とします（所令204の2②）。

(6) 手続き

　雑損失の繰越控除は、その雑損失の生じた年分の所得税につき、確定申告書を提出し、かつ、その後において連続して確定申告書を提出している場合に限り適用されます（所法71②）。

第6章 所得控除

第1節 所得控除の種類と意義

1 所得控除

　所得税の税額は、課税標準から所得控除をした後の「課税所得金額」に税率を乗じて計算されます。
　具体的には、総所得金額、特別控除後の分離短期譲渡所得の金額、特別控除後の分離長期譲渡所得の金額、分離課税の上場株式等に係る配当所得等の金額、一般株式等に係る譲渡所得等の金額、上場株式等に係る譲渡所得等の金額、先物取引に係る雑所得等の金額、山林所得金額及び退職所得金額から、基礎控除などの所得控除を行って、課税総所得金額等を算出し、それに税率を乗じて税額が計算されます。

2 所得控除の種類

　所得税額の計算上、総所得金額等から差し引かれる各種の所得控除は、次の15種類となっています。
　これらの控除を総称して「所得控除」といいます（所法72〜86）。
〔所得控除の種類〕
①雑損控除、②医療費控除、③社会保険料控除、④小規模企業共済等掛金控除、⑤生命保険料控除、⑥地震保険料控除、⑦寄附金控除、⑧障害者控除、⑨寡婦控除、⑩ひとり親控除、⑪勤労学生控除、⑫配偶者控除、⑬配偶者特別控除、⑭扶養控除、⑮基礎控除

3 所得控除の目的

　所得控除は、各種所得の金額の計算の段階で考慮されなかった損失や支出金額について、納税者及びその扶養親族の世帯構成に対する配慮、その他納税者の個人的事情に適合した応能負担の実現、すなわち、税負担額の調整を行う趣旨から設けられているものであり、次のような目的を背景として制度化されているといわれています。

制度の目的等	所得控除の種類
担税力の減殺を考慮するためのもの	雑損控除、医療費控除
社会政策上の要請によるもの	社会保険料控除、小規模企業共済等掛金控除、生命保険料控除、地震保険料控除（注）、寄附金控除
個人的事情を考慮するためのもの	障害者控除、寡婦控除、ひとり親控除、勤労学生控除
最低生活費を保障するためのもの	配偶者控除、配偶者特別控除、扶養控除、基礎控除

（注）　平成18年12月31日までに締結した長期損害保険契約等に係る保険料を支払った場合を含みます。

第2節　各種所得控除の内容

1 雑損控除

(1) 雑損控除

　居住者又はその者と生計を一にする親族（注1）（その年分の総所得金額等（注2）が48万円以下の者）の有する資産について、災害、盗難又は横領によって損害を受けた場合や災害に関連してやむを得ない支出をした場合に控除されます（所法72、所令205、206）。

（注1）　「親族」とは、民法725条《親族の範囲》に規定する者（6親等内の血族、配偶者、3親等内の姻族）をいいます。

（注2）　「総所得金額等」とは、次の①と②の合計額に、退職所得金額、山林所得金額を加算した金額をいいます。

　　① 事業所得、不動産所得、給与所得、総合課税の利子所得・配当所得、短期譲渡所得及び雑所得の合計額（損益通算後）

　　② 総合課税の長期譲渡所得と一時所得の合計額（損益通算後の金額）の2分の1の金額

なお、申告分離課税の所得がある場合には、それらの所得金額（長（短）期譲渡所得については特別控除前の金額）の合計額を加算した金額となります。
また、次の繰越控除を受けている場合は、その適用後の金額をいいます。
・純損失や雑損失の繰越控除
・居住用財産の買換え等の場合の譲渡損失の繰越控除
・特定居住用財産の譲渡損失の繰越控除
・上場株式等に係る譲渡損失の繰越控除
・特定中小会社が発行した株式に係る譲渡損失の繰越控除
・先物取引の差金等決済に係る損失の繰越控除

(2) 雑損控除が適用される資産の範囲

　雑損控除の対象となる資産は、原則として納税者本人及び本人と生計を一にする配偶者その他の親族の保有する生活に通常必要な資産に限られます（所法72①、所令205）。
　次に掲げる資産に係る損失は、雑損控除の対象になりません。
① 棚卸資産
② 不動産所得、事業所得又は山林所得を生ずべき事業の用に供される固定資産（事業用固定資産）及びそれらの事業に関する繰延資産
③ 山林
④ 生活に通常必要でない資産（所令178①）
　イ　競走馬その他射こう的行為の手段となる動産
　ロ　主として趣味、娯楽又は保養の目的で所有する不動産
　ハ　主として趣味、娯楽、保養又は鑑賞の目的で所有する不動産以外の資産（ゴルフ会員権等）
　ニ　生活の用に供する動産で、1個又は1組の価額が30万円を超える貴金属、書画、骨とう等

(3) 雑損控除が適用される損失の発生原因

　雑損控除が適用される損失の発生原因は、次に掲げるものに限定されます（所法72①、2①二十七、所令9）。

損失発生原因		内　　　　容
災　害	自然現象の異変による災害	震災、風水害、冷害、雪害、干害、落雷、噴火その他の災害
	人為による異常な災害	火災、鉱害、火薬類の爆発その他の災害
	生物による異常な災害	害虫、害獣その他の生物による災害
盗　難		自己の意思に反して財物を窃取又は強取されたことによる損失
横　領		自己の財物を占有する第三者によってその財物を不正に領得されたことによる損失

(4) 雑損控除の対象となる損害金額の範囲

雑損控除の対象となる損害金額は、住宅や家財などについて受けた損失額と災害等に関連してやむを得ず支出をした金額となります（所法72①、所令206）。

区　分		損　失　額　の　範　囲
損失額		住宅や家財などについて受けた損失額
災害、盗難、横領に関連する支出	災害関連支出	災害により損壊した住宅や家財などの取壊し費用、除去費用など
		災害により住宅や家財などが損壊した場合で、災害のやんだ日の翌日から１年（大規模な災害の場合その他やむを得ない事情がある場合は３年）以内に支払った①土砂等の障害物の除去費用、②住宅や家財などの原状回復費用、③住宅や家財などの損壊を防止するための費用など
		災害により住宅や家財などにつき現に被害が生じ、又はまさに被害が生ずるおそれがあると見込まれる場合で、災害の拡大又は発生を防止するための緊急措置を講ずるために支出した金額
		盗難又は横領による損失が生じた住宅や家財などの原状回復費用（損失額を除きます）など

住宅や家財などについて受けた資産の損失の金額は、損失を受けた時の直前における資産の価額（時価）によって計算します。

なお、平成26年分以後は、その資産が減価する資産である場合には、上記時価によって計算する方法と取得価額を基礎（簿価）として計算する方法のいずれかを選択できることとされました（所令206③、所基通72-3）。

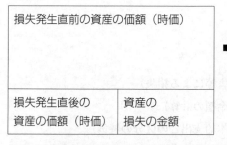

(注) 減価償却費累計額は、その資産の耐用年数を1.5倍した年数に対応する旧定額法により計算します。これは、非業務用資産を業務用資産に転用した場合の償却費の計算と同じになります。

災害等により損壊した資産について支出した金額で、その金額がその資産の原状回復のための支出の部分とそれ以外の支出の部分と区別することが困難な場合には、その金額の30％に相当する額を原状回復のための額とし、残りを資本的支出の額とすることができます（所基通72-3）。

(5) 控除額

雑損控除の控除額は、災害関連支出の金額の有無の区分に応じ、それぞれ次のようになります（所法72、所令206）。

区　分	控　除　額
① その年の損失の金額のうちに災害関連支出の金額がない場合又は5万円以下の場合	損失の金額（注）－総所得金額等×10％
② その年の損失の金額のうちに5万円を超える災害関連支出の金額がある場合	損失の金額－次のいずれか低い金額 イ　損失の金額－（災害関連支出－5万円） ロ　総所得金額等×10％
③ その年の損失の金額がすべて災害関連支出の金額である場合	損失の金額－次のいずれか低い金額 イ　5万円 ロ　総所得金額等×10％

(注) 損失の金額＝損害金額（災害等に関連して支出される金額を含みます）－保険金などで補填される金額

雑損控除の金額を所得金額から引き切れない場合には、その引き切れない金額を翌年以後3年間に繰り越し、翌年以降の所得計算に際して差し引くことが認められています（所法71）。

(6) 手続き等

確定申告書に雑損控除に関する事項を記載するとともに、災害関連支出の金額（盗難、横領に関連する支出を含みます）につきこれを領収した者のその領収を証する書類（以下、「災害関連支出の領収書」といいます）の添付又は提示する必要があります（所令262①一）。

確定申告書の提出について、e-Taxを利用して行う場合、災害関連支出の領収書の記載内容

を入力して送信することにより、災害関連支出の領収書の提出又は提示を省略することができます。

【参考通達】
・所得税基本通達72-1（事業以外の業務用資産の災害等による損失）
・所得税基本通達72-2（資産について受けた損失の金額の計算）
・所得税基本通達72-3（原状回復のための支出と資本的支出との区分の特例）
・所得税基本通達72-4（雑損控除の適用される親族の判定）
・所得税基本通達72-5（災害等関連支出の控除年分）
・所得税基本通達72-6（大規模な災害の意義）
・所得税基本通達72-7（保険金等及び災害等関連支出の範囲等）
・所得税基本通達72-8（損失の生じた資産の取得費）

誤りやすい事例　雑損控除の対象等

1．詐欺による損害を雑損控除の対象としていた。

解説

雑損控除の対象となるのは、災害、盗難、横領に限られ、詐欺による損害は対象外とされています（所法72①）。

2．被害を受けた資産の損失額を原状回復費用から控除せず、全額災害関連支出として5万円超の部分を雑損控除の対象としていた。

解説

原状回復費用から資産の損失額を控除した残りが、災害関連支出となります（所令206①二ロ）。

3．被災者生活再建支援法に基づいて支給された被災者生活再建支援金を、保険などで補てんされる金額として損失金額から差し引いていた。

解説

被災者生活再建支援法に基づく被災者生活再建支援金を補てんされる金額として差し引く必要はないことになっています（所基通72-7）。

4．貴金属等に係る損失について、すべて雑損控除の対象に含めていた。

解説

次の生活に通常必要でない資産は、雑損控除の対象から除かれています（所法72①、所令178①）。

① 競走馬その他射こう的行為の手段となる動産
② 主として趣味、娯楽、保養又は鑑賞の目的で所有する資産
③ 生活の用に供する動産のうち、生活に通常必要でない資産（1個又は1組の価額が30万円を超える貴金属、書画、骨とう等）

 医療費控除

(1) 概　要

医療費控除については、医療費控除（所法73）のほか、医療費控除の特例（セルフメディケーション税制（措法41の17）があります（重複適用不可）。

(2) 医療費控除

居住者が、各年において、自己又は自己と生計を一にする配偶者その他の親族に係る医療費を支払った場合に控除されます（所法73）。

① 医療費控除の適用が認められる親族の範囲

医療費控除の適用が認められる親族は、医療費を支出すべき事由が生じた時(注)又は現実に医療費を支払った時のいずれかの現況において、その医療費を支払った者と生計を一にする配偶者その他の親族をいいます。

(注)「医療費を支出すべき事由が生じた時」とは、医師による診療等の役務の提供を受けた時又は医薬品の購入をした時をいいます。

【参考通達】
・所得税基本通達73-1（生計を一にする親族に係る医療費）

② 対象となる医療費

医療費控除の対象となる医療費とは、次に掲げるものの対価のうち、その病状に応じて一般的に支出される水準を著しく超えない部分の金額とされています（所法73②、所令207）。

医療費の範囲		医療費控除の対象となる医療費	
①	医師又は歯科医師による診療又は治療の対価	診療、治療の対価	
		身体障害者福祉法等の規定により都道府県知事等に納付する費用のうち、医師等による診療等の費用に相当するもの（所基通73-3(3)）	
		医師等による診療等を受けるために直接必要な右記に掲げる費用で通常必要なもの	入院入所の対価として支払う部屋代、食事代等の費用（所基通73-3(1)）
			医療用器具の購入、賃借又は使用のための費用（所基通73-3(1)）
			自己の日常最低限の用を足すために供される義手、義足、松葉づえ、補聴器、義歯等の購入のための費用（所基通73-3(2)）
②	治療又は療養に必要な医薬品の購入の対価	医薬品、医療機器等の品質、有効性及び安全性の確保等に関する法律に規定する医薬品（所基通73-5）	
③	病院、診療所又は助産所へ収容されるための人的役務の提供の対価	医師等による診療等を受けるために直接必要な右記に掲げる費用で通常必要なもの	通院費（所基通73-3(1)）
			医師等の送迎費（所基通73-3(1)）
④	施術者、柔道整復師による施術の対価	施術者（あん摩マッサージ指圧師、はり師、きゅう師等に関する法律に規定する施術者）、柔道整復師による施術の対価	
⑤	療養上の世話の対価	保健師、看護師又は准看護師による療養上の世話	
		保健師等以外の者で療養上の世話を受けるために特に依頼したものから受ける療養上の世話の対価（所基通73-6）	
⑥	助産師による分べんの介助料	妊婦、じょく婦の保健指導料、新生児の保健指導料（所基通73-7）	
⑦	介護福祉士等による喀痰吸引等の対価	介護福祉士による喀痰吸引等及び認定特定行為業務従事者による特定行為に係る費用	

③ **医療費控除の対象とならないものの例**

イ　医師等に支払う謝礼金、健康診断の費用、美容整形の費用（所基通73-4）

　　なお、健康診断の費用については、その健康診断により重大な疾病が発見され、かつ、引き続きその疾病の治療をした場合には、その健康診断の費用の医療費に該当します。

ロ　自己の都合で希望する特別室の差額ベッド料金

ハ　通常のメガネの購入費、老齢者の使用する補聴器の購入費

ニ 健康増進や疾病予防のための医薬品（ビタミン剤等）の購入費、食事療法の食費
ホ 医師やマッサージ指圧師等の資格のないカイロプラクティカーに対する費用
ヘ 通院のための自家用車のガソリン代、駐車料金、分べんのため実家に帰る交通費、入院中等に栄養食品などとして購入する果物、牛乳などの費用
ト 分べん後に雇う家政婦に支払う費用、親族に支払う看護料

〔留意事項〕
1．医師が次のいずれの条件をも満たす者に対して「おむつ使用証明書(注1)」を発行した場合には、そのおむつに係る費用(注3)は医療費控除の対象とされます（昭62.12.24直所3-12、平14.6.25課個2-11）。
  ① 傷病によりおおむね6か月以上にわたり寝たきり状態にあると認められる者
  ② その傷病について医師による治療を継続して行う必要があり、おむつの使用が必要と認められる者
  （注1） おむつ代について医療費控除を受けるのが2年目以降である者については、市町村が主治医意見書の内容を確認した書類又は主治医意見書の写し(注2)
  （注2）「主治医意見書の写し」については、おむつを使用した年又はその前年（現に受けている要介護認定の有効期間が13か月以上であり、おむつを使用した年に主治医意見書が発行されていない場合に限ります）に作成されたものに限ります（平18.12.26個人課税課情報8号）。
  （注3） 紙おむつの購入費用及び貸おむつの賃借料をいいます。
2．B型肝炎の患者の介護にあたる親族（その患者と同居する者に限ります）が、医師によりB型肝炎ワクチンの接種を受けた場合の費用は、医療費控除の対象となります（昭63.12.26直所3-23）。
  この場合、次に掲げる書類を確定申告書に添付することが必要となります。
  ① B型肝炎にり患しており、医師による継続的治療を要する旨の記載がある医師の診断書
  ② ①の診断書に記載された患者の親族に対するB型肝炎ワクチンの接種費用に係るものであることの分かる領収書
3．人口肛門のストマ（排泄孔）又は尿路変向（更）のストマをもつ者が購入する治療上必要なストマ用装具を購入した場合の費用は、医療費控除の対象となります（平元.7.13直所3-12）。
  この場合、次に掲げる書類を確定申告書に添付又は提示することが必要となります。
  ① その患者のストマケアに係る治療を行っている医師が証明した「ストマ用装具使用証明書」
  ② ①の証明書に係るストマ用装具の購入費用であることの分かる領収書
4．医療費控除の対象となる治療用メガネについては、その購入費用に係る領収書のほか、次に掲げる事項が明確に掲載された処方箋（眼鏡）の写しが必要となります。
  ① 白内障等一定の疾病名
  ② 治療を要する症状であること
5．補聴器の購入費用については、「補聴器適合に関する診療情報提供書（2018）」により、

補聴器が診療費のために直接必要である旨証明されている場合には、一般的に支出される水準を著しく超えない部分の金額は、医療費控除の対象となります。

6．医師が治療のために患者に厚生労働大臣の認定した温泉利用型健康増進施設を利用した温泉療養を行わせた場合で、次の書類によりその旨の証明ができるものについては、その施設の利用料金も医療費控除の対象となる費用に該当するものとして取り扱われます（平2.3.27直所3-2）。

　①　治療のために患者に認定施設を利用した温泉療養を行わせたあるいは行わせている旨の記載のある医師の証明書
　②　治療のために支払われた厚生省告示「健康増進施設認定規程」4条各号の設備の利用及び役務の提供の対価であることを明記した認定施設の領収書

7．傷病により寝たきり等の状態にある者が在宅療養を行うため、医師の継続的な診療を受けており、かつ、一定の在宅介護サービス又は訪問入浴サービスの供給主体が、その医師と適切な連携をとって次の在宅介護サービス又は訪問入浴サービスを提供した場合にこれらのサービスを受けるために要する費用で、証明書が発行されたものについては、医療費控除の対象となります。

　①　在宅介護サービスの内容
　　イ　食事の介護（買物及び調理を除きます）
　　ロ　排泄の介護
　　ハ　衣類着脱の介護
　　ニ　入浴の介護
　　ホ　身体清拭、洗髪
　　ヘ　通院等の介護その他必要な身体の介護
　　ト　障害者福祉サービス
　　　㈲　居宅介護（身体介護、通院介助（身体介護を伴う場合）、及び乗降介助に限ります）
　　　㈹　重度訪問介護（㈲と同様のものに限ります）
　　　㈾　短期入所（ただし、市町村により遷延性意識障害者等として支給決定を受けたものに限ります）
　　　㈿　重度障害者等包括支援（㈲から㈾までと同様のものに限ります）
　②　訪問入浴サービスの内容
　　　身体障害者の居宅を訪問し、浴槽を提供して行われる入浴の介護

8．介護保険制度下での介護サービスの対価に係る医療費控除の取扱い
　　介護保険制度下での介護サービスの対価に係る医療費控除の対象範囲については、介護サービスの種別に応じ、次のとおりとなります（平12.6.8課所4-9、平12.6.8課所4-11）。

介護サービスの種別	医療費控除の対象となる費用の額
① 訪問介護 　　介護予防訪問介護	①～⑩に掲げる居宅サービス等に要する費用に係る自己負担額 ただし、⑧及び⑨については、次のイ～ニに掲げる費用の額 　イ　施設介護サービスのうち、食事の提供及び居住以外のサービスの提供に係る自己負担 　ロ　介護保健施設又は介護医療院が行う訪問看護等の居宅サービス及び介護予防訪問介護等の介護予防サービス並びに医療費控除通知の要件を満たす居宅サービス及び介護予防サービスの提供に係る自己負担 　ハ　食費に係る自己負担額 　ニ　居住に係る自己負担額
② 訪問リハビリテーション 　　介護予防訪問リハビリテーション	
③ 居宅療養管理指導［医師等による管理・指導］ 　　介護予防居宅療養管理指導	
④ 通所リハビリテーション［医療機関でのディサービス］ 　　介護予防通所リハビリテーション	
⑤ 短期入所療養介護［ショートステイ］ 　　介護予防短期入所療養介護	
⑥ 定期巡回・随時対応型訪問介護看護（一体型事業所で訪問看護を利用する場合に限ります）	
⑦ 複合型サービス（上記①～⑥を含む組合せにより提供されるもの（生活援助中心型の訪問介護の部分を除きます）に限ります）	
⑧ 介護老人保健施設	
⑨ 介護医療院	
⑩ 指定介護療養型医療施設	
⑪ 指定介護老人福祉施設 　　指定地域密着型介護老人福祉施設	介護費に係る自己負担額、食費に係る自己負担額及び居住費に係る自己負担額として支払った額の2分の1に相当する金額
⑫ 訪問介護［ホームヘルプサービス］（生活援助（調理・洗濯・掃除等の家事の援助）中心型を除きます） 　　夜間対応型訪問介護 　　介護予防訪問介護（平成30年3月末まで）	①～⑦のサービスと併せて利用している場合 ⇒　①～⑦に掲げる居宅サービス等の要する費用に係る自己負担額及び⑫～⑲に掲げる居宅サービス等に要する費用に係る自己負担額の合計 ①～⑦のサービスと併せて利用していない場合 ⇒　医療費控除の対象外となります
⑬ 訪問入浴介護 　　介護予防訪問入浴介護	
⑭ 通所介護［デイサービス］ 　　地域密着型通所介護（平成28年4月1日より） 　　認知症対応型通所介護 　　小規模多機能型居宅介護 　　介護予防通所介護（平成30年3月末まで）	

	介護予防認知症対応型通所介護 介護予防小規模多機能型居宅介護	
⑮	短期入所生活介護［ショートステイ］ 介護予防短期入所生活介護	
⑯	定期巡回・随時対応型訪問介護看護（一体型事業所で訪問看護を利用しない場合及び連携型事業所に限ります）	
⑰	複合型サービス（上記①～⑥を含まない組合せにより提供されるもの（生活援助中心型の訪問介護の部分を除きます）に限ります）	
⑱	地域支援事業の訪問型サービス（生活援助中心のサービスを除きます）	
⑲	地域支援事業の通所型サービス（生活援助中心のサービスを除きます）	
⑳	認知症対応型共同生活介護［認知症高齢者グループホーム］ 介護予防認知症対応型共同生活介護	
㉑	特定施設入居者生活介護［有料老人ホーム等］ 地域密着型特定施設入居者生活介護 介護予防地域密着型特定施設入居者生活介護	医療費控除の対象外となります
㉒	福祉用具貸与 介護予防福祉用具貸与	
㉓	地域支援事業の生活支援サービス 地域支援事業の訪問型サービス（生活援助中心のサービスに限ります） 地域支援事業の通所型サービス（生活援助中心のサービスに限ります）	

9．上記8．の表中の⑫～⑲（①～⑦のサービスと併せて利用しない場合に限ります）、⑳～㉓の居宅サービス等において、介護福祉士等による喀痰吸引等を受けた場合には、その居宅サービス等の費用に係る自己負担額の10分の1に相当する金額が医療費控除の対象となります。

10．指定訪問看護及び指定老人訪問看護の事業の人員及び運営に関する基準（平成12年厚生省令80号）13条に規定する利用料のうち次に掲げる項目に該当する費用については、医療費控除の対象となります。
　① 　基本利用料
　② 　その他の利用料

イ　利用者の選定に係る指定訪問看護等に要する平均的な時間（2時間）を超える時間における指定訪問看護等の提供に要する費用
　　ロ　利用者の選定に係る指定訪問看護ステーションが定める営業日、営業時間外の時間における指定訪問看護等の提供に要する費用
　　ハ　指定訪問看護等の提供に係る交通費
11．医師が、治療のために患者に厚生労働大臣の認定した指定運動療法施設を利用した運動療法を行わせた場合で、次の書類によりその旨の証明ができるものについてはその施設の利用料金は医療費控除の対象となります（平4.6.22課所4－6）。
　①　疾病の治療のために患者に指定運動療法施設を利用した運動療法を行わせたあるいは行わせている旨の記載のある医師の証明書
　②　疾病の治療のために医師が患者に発行した運動療法処方せんに基づく運動療法実施のための指定運動療法施設の利用の対価であることを明記したその施設の領収書
12．病院等へ収容されるための人的役務の提供の対価には、指定介護老人福祉施設及び指定地域密着型介護老人福祉施設へ収容されるための人的役務の提供の対価も含まれます（所令207三、所規40の3②）。
13．特定健康診査を行った医師の指示に基づき行われる特定保健指導（積極的支援により行われるものに限ります）を受けた者のうち、その特定健康診査の結果が高血圧症、脂質異常症又は糖尿病と同等の状態であると認められる基準に該当する者の状況に応じて一般的に支出される水準の指導料（自己負担額）は、医療費控除の対象となります（所令207、所規40の3①二）。
　　また、特定健康診査のための費用（自己負担額）は医療費には該当しませんが、その特定健康診査の結果が上記の基準に該当する状態と診断され、かつ、引き続き特定健康診査を行った医師の指示に基づき特定保健指導が行われた場合には、その特定健康診査のための費用（自己負担額）は、医療費控除の対象となります。

【参考通達】
・所得税基本通達73-3（控除の対象となる医療費の範囲）
・所得税基本通達73-4（健康診断及び美容整形手術のための費用）
・所得税基本通達73-5（医療品の購入の対価）
・所得税基本通達73-6（保健師等以外の者から受ける療養上の世話）
・所得税基本通達73-7（助産師による分べんの介助）

誤りやすい事例　医療費控除の対象となる医療費の範囲

1．おむつ代について医療費控除を受ける場合、毎年「おむつ使用証明書」が必要だと考えていた。

> **解説**

　おむつ代について医療費控除を受けるのが2年目以降である者については、市町村が主治医意見書の内容を確認した書類又は主治医意見書の写しを添付した場合には、そのおむつに係る費用は医療費控除の対象となります。

2．子（乳幼児）がアトピー性皮膚炎のため、医師の指示により、自宅でアトピー用の粉ミルクや自然食品による食事療法を行っている場合、その購入費用を医療費控除の対象としていた。

> **解説**

　自宅で行う食事療法のためのアトピー用粉ミルクや自然食品等の購入費用は、治療又は療養に必要な医薬品の購入の対価にはあたらず、また、医師の診療等を受けるため直接必要な費用にもあたらないので、医療費控除の対象にはならないことになります。

3．難聴のために購入した補聴器の費用を医療費控除の対象としていた。

> **解説**

　義手、義足、松葉づえ、補聴器等の購入のための費用が医療費控除の対象となるのは、医師等の診療等を受けるために直接必要な場合に限られるため、医師等の診療等に関係なく補聴器を購入した場合には、その費用は医療費控除の対象にならないことになります（所基通73-3）。

4．新型コロナウイルス感染症のために行うPCR検査費用は、いかなる場合であっても医療費控除の対象にならないと考えていた。

> **解説**

　医師等の診断によりPCR検査を受けた場合のその費用は医療費控除の対象となりますが、自己判断（帰省のための確認等）によりPCR検査を受けた場合のその費用は医療費控除の対象にはならないことになります。
　ただし、PCR検査の結果「陽性」であることが判明し、引き続き治療を受けた場合のPCR検査費用は、治療に先立って行われる診察と同様に考えることができるため、医療費控除の対象となります。

④ 支払った医療費の意義

医療費控除の対象となる医療費は、その年に現実に支払った金額に限られることから、未払の医療費については現実に支払われるまでは医療費控除の医療費にならないことになります（所基通73-2）。

⑤ 控除額の計算

次の算式によって計算した金額が控除額となります（所法73①）。

〔算　式〕

医療費控除額＝〔A－B〕－C

（最高200万円）

　A：その年中に支払った医療費の総額
　B：保険金等で補てんされる金額
　C：次の①と②のいずれか少ない方の金額
　　① 10万円
　　② 総所得金額等×5％

上記算式中、補てんされる金額とは、健康保険組合、共済組合等から支給を受ける高額療養費、配偶者分娩費等の給付金や損害保険・生命保険契約等に基づき医療費の補てんを目的として支払を受ける傷害費用保険、入院費給付金等をいいます。

これらの健康保険組合等から支給を受ける給付金や保険契約に基づく保険金等の医療費を補填する保険金等は、支出した医療費の金額から控除しなければなりません（所法73①、所基通73-9）。

〔留意事項〕
1．健康保険組合等から支給を受けているものであっても、傷病手当金や出産手当金は補填金に該当しないこととされています（所基通73-9）。
2．補てんされる金額は、その給付の目的となった医療費の金額を限度として差し引き、引き切れない金額が生じた場合であっても他の医療費から差し引く必要はありません。
3．補てんされる金額が、給付の目的となった医療費より多かった場合、その上回る部分の金額は、身体の傷害等に基因して支払われるものであり、非課税となります。
4．補てんされる金額が、確定申告書を提出するときまでに確定していない場合には、その補てんされる見込額を支払った医療費から差し引きます。後日、受け取った補てん金の額が見込額と異なる場合は、修正申告又は更正の請求の手続きにより訂正します。

【参考通達】
・所得税基本通達73-8（医療費を補填する保険金等）
・所得税基本通達73-9（医療費を補填する保険金等に当たらないもの）
・所得税基本通達73-10（医療費を補填する保険金等の見込控除）

> **誤りやすい事例**　医療費控除の補てんされる金額

1．健康保険等により補てんされる金額のうち未だ受領していないものを、医療費の額から控除していなかった。

> **解説**

申告段階で未収のものであっても、見積りにより控除することとされています（所法73①、所基通73-8〜73-10）。

なお、出産手当金、傷病手当金などの給付金は、補てん金に該当しないことから、控除する必要はないこととされています（所基通73-9）。

2．がんと宣告されたことを保険事故として支給される保険金（がん診断給付金）を医療費控除に係る補てん金として医療費から差し引いていた。

> **解説**

医療費の補てんを目的とする保険金に該当しないため、医療費から差し引く必要はないこととされています（所基通73-9）。

⑥　**手続き等**

イ　医療費控除の適用を受ける者は、確定申告書に医療費控除に関する事項を記載するとともに、これまでの医療費の領収書の添付や提示に代えて、医療費の額などを記載した明細書又は、医療保険者等の医療費通知書を添付する必要があります（所法120④、所規47の2⑫⑬）。

ロ　この場合、税務署長は、医療費控除の適用を受ける者に対して、確定申告期限等から5年間、その明細書に記載された医療費に係る領収書の提示又は提出を求めることができることとされており、その求めがあったときは、医療費控除の適用を受ける者は、その領収書を提示又は提出しなければならないこととされています（所法120⑤）。

ただし、次に掲げるものは医療費に係る領収書の提示又は提出の対象から除かれています。

(イ)　確定申告書の提出の際に、医療保険者等の医療費通知書を添付した場合のその医療費通知書に係る医療費の領収書

(ロ)　e-Taxを利用して確定申告を行った際に、医療保険者等から通知を受けた医療通知情報で、その医療保険者等の電子署名とその電子署名に係る電子証明書が付されたものを送信した場合のその医療費通知情報に係る医療費の領収書

ハ　令和2年度改正により、令和3年分以後の所得税の確定申告書を令和4年1月1日以後に提出する場合について、次のとおり改正されています。

(イ) 医療保険者等の医療費通知書の添付に代えて、審査支払機関(注1)の医療費通知書(注2)又は、医療保険者等の医療費通知書に記載すべき事項が記録された電磁的記録を一定の方法により印刷した書面で国税庁長官が定める一定のものの添付ができます（所法120④二、所規47の2⑬）。

(注1) 社会保険診療報酬支払基金及び国民健康保険団体連合会をいいます。㋺において同じ。
(注2) その医療費通知書に記載すべき事項が記録された電磁的記録を一定の方法により印刷した書面で国税庁長官が定める一定のものを含みます。

(ロ) e-Taxを利用して確定申告を行う場合において、医療保険者等の医療費通知書又は審査支払機関の医療費通知書の記載事項を入力して送信するときは、その医療費通知書の確定申告書への添付に代えることができます。この場合において、税務署長は、確定申告期限等から5年間、その送信に係る事項の確認のために必要があるときは、その医療費通知書を提示又は提出させることができます（オン化省令5③一、⑤）。

誤りやすい事例　医療費控除の適用を受けるための添付書類等

会社の健康保険組合等が発行した「医療費のお知らせ」では、医療費控除が受けられないと考えていた。

解説

健康保健組合から送られてきた「医療費のお知らせ」が、医療費通知に該当する場合には、医療費控除を受ける際の添付書類として利用することができます。

平成29年分以後の確定申告書を平成30年1月1日以後に提出する場合、領収書の添付又は提示に代えて、医療費の明細書又は各保険者からの医療費通知を添付しなければならないこととされました（所法120④、所規47の2⑧⑨、オン化省令5⑥）。

【参考】
・国税庁ホームページ／タックスアンサー／「No.1120医療費を支払ったとき（医療費控除）」の「健康保険組合から送られてきた医療費のお知らせ」Q&A

(3) セルフメディケーション税制（医療費控除の特例）

① 概要

健康の保持促進及び疾病の予防への取組として一定の取組を行っている居住者が、平成29年1月1日から令和8年12月31日までの間に自己又は自己と生計を一にする配偶者その他の親族のために特定一般用医薬品等購入費を支払った場合には、その者の選択により、セルフメディケーション税制（医療費控除の特例）の適用を受けることができます（措法41の17①、措令26の27の2①）。

このセルフメディケーション税制は、医療費控除の特例であり、従来の医療費控除との選択適用となります。
　したがって、この特例の適用を受ける場合は、従来の医療費控除を併せて受けることはできないことになります。
　セルフメディケーション税制の適用を受けることを選択して確定申告書を提出した場合には、その後において納税者が更正の請求をし、又は修正申告書を提出するときにおいて、セルフメディケーション税制から従来の医療費控除へ適用を変更することはできません。従来の医療費控除を受けることを選択した場合も同様となります（措通41の17-1）。

② セルフメディケーション税制の適用を受けるための要件
　イ　適用を受ける者
　　セルフメディケーション税制の適用を受けようとする年分に、健康の保持促進及び疾病の予防への取組として、一定の取組を行っている居住者が適用の対象となります。
　　なお、確定申告書を提出される者と生計を一にする配偶者その他の親族が一定の取組を行っていることは要件とされていません。
　ロ　一定の取組の内容
　　一定の取組に該当する取組は、次のとおりとなります（平成28年厚生労働省告示181号（最終改正：令2.4.1））。

取組の内容	具体例
①　医療保険各法等（注）の規定に基づき健康の保持促進のために必要な事業として行われる健康診査又は健康増進法19条の2の規定に基づき健康増進事業として行われる健康診査 （注）「医療保険各法等」とは、高齢者の医療の確保に関する法律7条1項に規定する医療保険各法及び高齢者の医療の確保に関する法律をいい、同項に規定する医療保険各法は、健康保険法、船員保険法、国民健康保険法、国家公務員共済組合法、地方公務員等共済組合法及び私立学校教職員共済法となります。	いわゆる健康診査であり、保険事業や健康増進事業として行われる人間ドック等
②　予防接種法5条1項の規定に基づき行われる予防接種又はインフルエンザに関する特定感染症予防指針第2の2の規定により推進することとされる同法2条3項1号に掲げる疾病に係る予防接種	高齢者の肺炎球菌感染症及びインフルエンザの予防接種、任意のインフルエンザの予防接種等
③　労働安全衛生法66条1項の規定に基づき行われる健康診断、人事院規則10-4（職員の保健及び安全保持）19条1項の規定に基づき行われる健康診断若しくは同規則20条1項の規定に基づき行われる健康診断又は裁判所職員健康安全管理規程9条の規定に基づき行われる健康診断若しくは同規程10条の規定に基づき行われる健康診断	いわゆる事業主健診

④	高齢者の医療の確保に関する法律20条の規定に基づき行われる特定健康診査又は同法24条の規定に基づき行われる特定健康指導	特定健康診査（いわゆるメタボ検診）、特定保健指導
⑤	健康増進法19条の2の規定に基づき健康増進事業として行われるがん検診	市町村が健康増進事業として行う乳がん、大腸がん検診等

誤りやすい事例　セルフメディケーション税制の一定の取組

　生計を一にする親族のために特定一般用医薬品等購入費を支払い、セルフメディケーション税制の適用を受ける場合、生計を一にする親族も一定の取組を行うことが必要と考えていた。

解　説

　一定の取組は、セルフメディケーション税制の適用を受ける者がその適用を受ける年分に行っていることが要件とされているため、生計を一にする親族が行っていることは必要ではないとされています（措法41の17）。

ハ　特定一般用医薬品等購入費の範囲

　次の医薬品である一般用医薬品等[注1]のうち、医療保険各法等の規定により療養の給付として支給される薬剤との代替性が特に高いもの（スイッチOTC医薬品）として厚生労働大臣が財務大臣と協議して定めるものの購入の対価をいいます[注2]（措法41の17②、措令26の27の2②③、平成28年厚生労働省告示178号）。

特定一般用医薬品等購入費の範囲[注3]	
①	その製造販売の承認の申請に際して既に承認を与えられている医薬品と有効成分、分量、用法、用量、効能、効果等が明らかに異なる医薬品
②	その製造販売の承認の申請に際して①の医薬品と有効成分、分量、用法、用量、効能、効果等が同一性を有すると認められる医薬品

（注1）　新医薬品に該当するもの及び人の身体に直接使用されることのないものを除きます。
（注2）　令和4年分以後の所得税から、対象医薬品の範囲について、その使用による医療保険療養給付費の適正化の効果が低いと認められるものは除外されます。ただし、令和7年12月31日までに行ったものについては、この除外する措置は適用されないこととされています（措法41の17②一、③、措令26の27の2②④⑤⑦）。
（注3）　令和4年分以後の所得税から、その製造販売の承認の申請に際して改正前の本特例の対象医薬品と同様の効能又は効果を有すると認められる医薬品（改正前の本特例の対象医薬品を除きます）のうち、その使用による医療保険療養給付費の適正化の効能が著しく高いと認められるものとして一

定のものが追加されます（措法41の17②二、措令26の27の2③⑦）。

セルフメディケーション税制の対象とされるスイッチOTC医薬品の具体的な品目一覧は、厚生労働省ホームページに掲載されています。

一部の対象医薬品については、その医薬品のパッケージにセルフメディケーション税制の対象である旨を示す識別マークが掲載されています。

> **誤りやすい事例**　特定一般用医薬品等の購入費
>
> インフルエンザワクチン予防接種などの一定の取組に要した費用を、特定一般用医薬品等の購入費に含めていた。
>
> **解説**
>
> 一定の取組に要した費用自体は、セルフメディケーション税制の対象となる支払には該当しないこととされています（措法41の17）。
>
> なお、当該特例の対象となる支払とは、特定一般用医薬品等の購入費用に限られます。

③　**控除額**

控除額は、次の算式によって計算した金額となります（措法41の17①）。

〔算　式〕
セルフメディケーション税制に係る医療費控除額
　＝（A－B）－12,000円
（最高88,000円）
　A：その年中に支払った特定一般用医薬品等の購入費の総額
　B：保険金などで補てんされる金額

④　**手続き等**

セルフメディケーション税制の適用を受ける者は、確定申告書に医療費控除の特例に関する事項を記載するとともに、①一定の取組を行ったことを明らかにする書類の添付又は提示及び、②特定一般用医薬品等購入費の額などを記載した明細書の添付が必要となります。

イ　一定の取組を行ったことを明らかにする書類の添付又は提示

令和3年分以後の所得税の確定申告書を令和4年1月1日以後に提出する場合は、一定の取組を行ったことを明らかにする書類（注）の確定申告書への添付又は提示の必要はありませんが、その取組の名称その他一定の事項を特定一般用医薬品等購入費の額などを記載した明細書に記載しなければならないとされています。

この場合、税務署長は、セルフメディケーション税制の適用を受ける者に対して、確定申告期限等から5年間、その取組を行ったことを明らかにする書類の提示又は提出を求め

ることができることとされており、その求めがあったときは、セルフメディケーション税制の適用を受ける者は、その書類を提示又は提出しなければならないこととされています（措法41の17④、措規19の10の2①）。

(注)　氏名、取組を行った年及び取組に係る事業を行った保険者、事業者若しくは市区町村の名称又は取組に係る診察を行った医療機関の名称若しくは医師の氏名の記載があるものに限ります。

この一定の取組を行ったことを明らかにする書類は、取組の種類に応じて、具体的に次の書類が該当します。

(イ)　インフルエンザの予防接種又は定期予防接種（高齢者の肺炎球菌感染症等）の領収書又は予防接種済証

(ロ)　市町村のがん検診の領収書又は結果通知表

(ハ)　職場で受けた定期健康診断の結果通知表
　　＊結果通知表に「定期健康診断」という名称又は「勤務先名称」の記載が必要。

(ニ)　特定健康診査の領収書又は結果通知表
　　＊領収書や結果通知表に「特定健康診査」という名称又は「保険者名」の記載が必要。

(ホ)　人間ドックやがん検診を始めとする各種健診（検診）の領収書又は結果通知表
　　＊領収書や結果通知表に「勤務先名称」又は「保険者名」の記載が必要。

なお、(ハ)から(ホ)について、上記の記載のある領収書や結果通知表を用意できない者は、勤務先又は保険者に一定の取組を行ったことの証明を依頼し、証明書の交付を受け、その証明書を確定申告書に添付するか、又は確定申告書の提出の際に提示する必要があります。また、結果通知表については、写しでの提出が可能であり、健診結果部分は必要ないことから、健診結果部分を黒塗りなどした写しでも差し支えないこととされています。

ロ　特定一般用医薬品等購入費の額などを記載した明細書の添付

特定一般用医薬品等購入費の領収書(注)の添付又は提示に代えて、特定一般用医薬品等購入費の額などを記載した明細書を添付する必要があります（所法120④、措規19の10の2）。

この場合、税務署長は、セルフメディケーション税制の適用を受ける者に対して、確定申告期限等から5年間、その明細書に記載された特定一般用医薬品等購入費に係る領収書の提示又は提出を求めることができることとされており、その求めがあったときは、セルフメディケーション税制の適用を受ける者は、その領収書を提示又は提出しなければならないこととされています（所法120⑤、措法41の17④）。

ただし、特定一般用医薬品等購入費に係る次に掲げる領収書は、税務署長による提示又は提出の求めの対象から除かれています。

(イ)　確定申告書の提出の際に、医療保険者等の医療費通知書を添付した場合のその医療費通知書に係る領収書

(ロ)　e-Taxを利用して確定申告を行った際に、医療保険者等から通知を受けた医療費通知情報で、その医療保険者の電子署名とその電子署名に係る電子証明書が付されたものを

送信した場合のその医療費通知情報に係る領収書
(注) その領収をした金額のうち、特定一般用医薬品等購入費に該当するものの金額が明らかにされているものに限ります。

> **誤りやすい事例** セルフメディケーション税制の手続き等
>
> セルフメディケーション税制を選択して申告したが、従来の医療費控除を選択すると還付金額が増えることを理由に、後日、更正の請求書を提出した。
>
> **解説**
>
> セルフメディケーション税制は、医療費控除の特例であり、従来の医療費控除との選択適用となっています（措法41の17）。
>
> したがって、重複適用や、一度選択した控除を更正の請求や修正申告において変更することはできないことになります。

③ 社会保険料控除

(1) 社会保険料控除

居住者が、各年において、自己又は自己と生計を一にする配偶者その他の親族の負担すべき社会保険料を支払った場合（給与から控除される場合を含みます）には、その支払った金額が控除されます（所法74）。

(2) 社会保険料控除の対象となる社会保険料

控除の対象となる社会保険料は、主として次に掲げる保険料等のほか、所得税法及び租税条約に規定されているものに限られます（所法74、所令208、措法41の7②、実特法5の2の2、実特令4の3、実特規6の2）。

区　　　分	控除の対象となる社会保険料
主として医療保険を目的とするもの	健康保険の保険料
	全国健康保険協会管掌健康保険等の承認法人等への掛金（措法41の7②）
	国民健康保険の保険料又は国民健康保険税
	高齢者の医療の確保に関する法律の規定による保険料
	地方公共団体職員の相互扶助制度の掛金
	介護保険の保険料

主として年金保険を目的とするもの	厚生年金保険の保険料、厚生年金基金加入員の掛金
	国民年金の保険料、国民年金基金加入員の掛金
	農業者年金の保険料
主として労働保険を目的とするもの	労災保険に係る労働保険の保険料
	雇用保険の保険料
	恩給納金
主として医療、年金保険を目的とするもの	国家公務員共済組合の掛金
	地方公務員等共済組合の掛金（特別掛金を含みます）
	私立学校教職員共済組合の掛金
	船員保険の保険料
主として外国の年金保険を目的とするもの	フランス共和国の社会保障制度の保険料[注]

（注） 適用を受ける年分の確定申告書に一定の事項を記載した届出書及び相手国の社会保障制度に係る権限のある機関が発行した証明書を添付するとともに、保険料の金額を証する書類を添付又は提示する必要があります。

(3) 控除額

その年において支払った金額又は給与から控除された金額がそのまま控除額となります（所法74①）。

なお、前納した社会保険料については、次の算式で計算した金額を支払った年の社会保険料として控除します（所基通74・75-1(2)）。

〔算式〕

$$A \times \frac{B}{C}$$

A：前納した社会保険料等の金額の総額（前納により割引された場合は、その割引後の金額）
B：前納した社会保険料等に係るその年中に到来する納付期日の回数
C：前納した社会保険料等に係る納付期日の総回数

ただし、その前納の期間が1年以内のもの及び法令に一定期間の社会保険料等を前納することができる旨の規定がある場合におけるその規定に基づき前納したものについては、その金額の全額を支払った年の社会保険料として控除して差し支えないこととされています（所基通74・75-2）。

(4) 手続き等

① 確定申告書に社会保険料控除に関する事項を記載するとともに、社会保険料のうち国民年金の保険料及び国民年金基金の掛金（以下、「国民年金保険料等」といいます）については

これらの支払をした旨を証する書類（以下、「社会保険料（国民年金保険料等）控除証明書」といいます）を添付又は提示する必要があります（所令262①二）。

② 確定申告書の提出をe-Taxを利用して行う場合、社会保険料（国民年金保険料等）控除証明書の記載内容を入力して送信することにより、社会保険料（国民年金保険料等）控除証明書の提出又は提示を省略することができます。

③ 令和4年4月1日以後に令和4年分以後の所得税等に係る確定申告書を提出する場合について、確定申告書に添付し、又はその申告書の提出の際に提示することとされている書類の範囲に、社会保険料の金額を証する書類に記載すべき事項を記録した電子証明書等に係る電磁的記録印刷書面が追加されました（所令262①二）。

④ 給与所得について年末調整の際に控除された国民年金保険料等については、社会保険料（国民年金保険料等）控除証明書を添付等する必要はないこととされています。

【参考通達】
・所得税基本通達74・75-3（給与から控除される社会保険料等に含まれるもの）
・所得税基本通達74・75-4（使用者が負担した使用人等の負担すべき社会保険料）
・所得税基本通達74・75-5（在勤手当に係る保険料、掛金等）
・所得税基本通達74・75-6（被保険者が負担する療養の費用）

誤りやすい事例　社会保険料控除の対象

1．国民年金保険料に係る控除証明書における証明日以降に支払った過去の未払保険料が、社会保険料控除に算入されていなかった。

解説

原則として、その年に実際に支払った社会保険料の合計額が控除対象となることから、過去の未払分について支払った場合にはその支払った年分において控除することになります。

2．控除対象配偶者である妻の年金から差し引かれた介護保険料又は後期高齢者医療保険料を、夫の社会保険料控除として計算した。

解説

社会保険料控除は、「居住者が、……支払った場合又は給与から控除される場合……」とされていることから、妻の年金から差し引かれた介護保険料又は後期高齢者医療保険料を夫の社会保険料控除の対象とすることはできないことになります（所法74①）。

なお、後期高齢者医療保険料については、妻の後期高齢者医療保険料を、夫の口座から

振替により支払うことを選択することができることから、その選択した夫の口座から振替により支払った場合には、夫の社会保険料控除の計算に含めることができます。
　また、妻の介護保険料が特別徴収（年金から天引）されている場合は、本人の申出により、特別徴収（年金から天引）から普通徴収（現金納付又は口座振替）への変更はできないため、妻の介護保険料を夫の口座から振替により支払うことはできないことになります。
　ただし、妻の介護保険料が普通徴収（現金納付又は口座振替）されている場合は、市区町村等へ一定の手続きをすることにより、妻の介護保険料を夫の口座から振替により支払うことができます。

3．国民年金保険料について2年分前納した場合、その全額をその年分の社会保険料控除で控除しなければいけないと考えていた。

　国民年金を一括前納した場合には、その前納した日の属する年分で申告するか、前納した各年分に分割して申告するか選択することができます。
　なお、一度選択した方法について、後に更正の請求等で選択し直すことはできないこととされています（所基通74・75-2）。

❹ 小規模企業共済等掛金控除

(1) 小規模企業共済等掛金控除

　居住者が、各年において、小規模企業共済等掛金を支払った場合に控除されます（所法75）。

(2) 控除の対象となる小規模企業共済等掛金

　控除の対象となる小規模企業共済等掛金は次のとおりとなります（所法75②）。
① 小規模企業共済法2条2項に規定する共済契約(注1)に基づく掛金（旧第2種共済契約を除きます（所令208の2））
② 確定拠出年金法3条3項7号の2に規定する企業型年金加入者掛金
③ 確定拠出年金法55条2項4号に規定する個人型年金加入者掛金
④ 心身障害者扶養共済制度(注2)の掛金
（注1）　小規模企業共済制度の共済契約とは、常時使用する従業員（家族従業員を除きます）が20人以下（商業、サービス業では5人以下(※)）の個人事業主（配偶者等の共同経営者を含みます）又は同規模の会社の役員などを加入者とし、その加入者が毎月掛金（掛金の限度額は、月額7万円）を払い込むと、加入者が老齢のため廃業したときなどに、一定の共済金を受けることができる制度をいいます。

(※) サービス業のうち宿泊業及び娯楽業については、小規模企業共済法施行令の改正により、平成26年4月1日以後は、常時使用する従業員が20人以下に拡充されています。

(注2) 心身障害者扶養共済制度とは、地方公共団体の条例において精神又は身体に障害のある者を扶養する者を加入者とし、その加入者が地方公共団体に掛金を納付し、その地方公共団体が心身障害者の扶養のための給付金を定期に支給することを定めている制度をいいます（所法9①三ハ、所令20②）。

(3) 控除額

各年において、支払った小規模企業共済等掛金の金額が控除額となります（所法75①）。

(4) 手続き等

① 確定申告書に小規模企業共済等掛金控除に関する事項を記載するとともに、小規模企業共済等掛金の額を証する書類（以下、「小規模企業共済等掛金証明書」といいます）を添付又は提示する必要があります（所令262①三）。

② 確定申告書の提出をe-Taxを利用して行う場合、小規模企業共済等掛金証明書の記載内容を入力して送信することにより、小規模企業共済等掛金証明書の提出又は提示を省略することができます。

③ 令和4年4月1日以後に令和4年以後の所得税に係る確定申告書を提出する場合について、確定申告書に添付し、又はその申告書の提出の際に提示することとされている書類の範囲に小規模企業共済等掛金の金額を証する書類に記載すべき事項を記録した電子証明書等に係る電磁的記録印刷書面が追加されました（所令262①三）。

④ 給与所得について年末調整の際に控除された小規模企業共済等掛金については、小規模企業共済等掛金証明書を添付等する必要はないこととされています。

誤りやすい事例　小規模企業共済等掛金控除の対象

控除対象配偶者である妻名義のiDeCoの掛金を夫が支払った場合に、夫の小規模企業共済等掛金控除として計算した。

解説

社会保険料控除とは異なり、小規模企業共済等掛金控除は自己が契約した掛金を支払った場合に、その支払った金額について控除を受けることができます（所法75①）。

したがって、控除対象配偶者が負担すべき掛金を夫が支払ったとしても、夫が当該掛金を控除することはできないことになります。

【参考】
・国税庁ホームページ／タックスアンサー／「No.1135小規模企業共済等掛金控除」

5 生命保険料控除

(1) 生命保険料控除

居住者が、各年において、生命保険契約等、介護医療保険契約等又は個人年金保険契約等に係る保険料又は掛金を支払った場合に控除されます（所法76）。

(2) 対象となる保険料等

生命保険料控除の対象となる保険料や掛金は、次のとおり、平成24年1月1日以後に締結した新生命保険契約等、介護医療保険契約等及び新個人年金保険契約等（以下、「新契約」といいます）と平成23年12月31日以前に締結した旧生命保険契約等及び旧個人年金保険契約等（以下、「旧契約」といいます）に係る保険料や掛金に限られます（所法76⑤〜⑨、所令208の3〜212）。

保険契約等の種類	保険契約の範囲	その他の要件
新生命保険契約等	① 生命保険会社又は外国生命保険会社等の締結した保険契約(注1)のうち生存又は死亡に基因して一定額の保険金等が支払われるもの	① 平成24年1月1日以後に締結された保険契約等であること
	② 旧簡易生命保険契約(注2)のうち生存又は死亡に基因して一定額の保険金等が支払われるもの	② 保険金等の受取人が、本人、配偶者その他の親族であること
	③ 農業協同組合、農業協同組合連合会、漁業協同組合、水産加工業協同組合、共済水産業協同組合連合会、消費生活協同組合連合会、特定共済組合、協同組合連合会(注3)及び特定共済組合等連合会等と締結した生命共済に係る契約（以下、「農業協同組合等」といいます(注4)）のうち生存又は死亡に基因して一定額の保険金等が支払われるもの	
	④ 確定給付企業年金に係る規約又は適格退職年金契約	
旧生命保険契約等	① 生命保険会社又は外国生命保険会社等の締結した保険契約(注1)のうち生存又は死亡に基因して一定額の保険金等が支払われるもの	① 平成23年12月31日以前に締結された保険契約等であること
	② 旧簡易生命保険契約	② 保険金等の受取人が、本人、配偶者その他の親族であること
	③ 農業協同組合等と締結した生命共済に係る契約(注4)	

旧生命保険契約等	④　確定給付企業年金に係る規約又は適格退職年金契約	
	⑤　生命保険会社又は外国生命保険会社等の締結した疾病又は身体の傷害その他これらに類する事由に基因して保険金等が支払われる保険契約のうち、医療費等支払事由に基因して保険金等が支払われるもの	
介護医療保険契約等	①　生命保険会社又は外国生命保険会社等の締結した疾病又は身体の傷害その他これらに類する事由に基因して保険金等が支払われる保険契約のうち、医療費等支払事由に基因して保険金等が支払われるもの	①　平成24年1月1日以後に締結された保険契約等であること
	②　疾病又は身体の障害その他これらに類する事由に基因して保険金等が支払われる旧簡易生命保険契約又は生命共済契約等のうち医療費等支払事由に基因して保険金等が支払われるもの	②　保険金等の受取人が、本人、配偶者その他の親族であること
新個人年金保険契約等	新生命保険契約等の①～③のうち年金を給付する定めのあるもので一定のもの	①　平成24年1月1日以後に締結された保険契約等であること ②　年金の受取人が、本人又は配偶者であること ③　年金支払開始前10年以上の期間にわたって定期に保険料の払込みをするもの ④　年金の受取りが、満60歳以後で、10年以上の定期又は終身の年金であることなど
旧個人年金保険契約等	旧生命保険契約等の①～③のうち年金を給付する定めのあるもので一定のもの	①　平成23年12月31日以前に締結された保険契約等であること ②　年金の受取人が、本人又は配偶者であること ③　年金支払開始前10年以上の期間にわたって定期に保険料の払込みをするもの ④　年金の受取りが、満60歳以後で、10年以上の定期又は終身の年金であることなど

(注1)　保険期間が5年に満たない保険契約で一定のもの及び外国生命保険会社等が国外において締結したも

のを除きます。
(注2) 郵政民営化法の施行日（平成19年10月1日）以後も引き続きその効力を有するものに限ります。
(注3) 平成26年4月1日以後に火災共済の再共済の事業を行う協同組合連合会と締結した生命共済に係る契約について適用されます。
(注4) 共済期間が5年に満たない生命共済に係る契約で一定のものを除きます。

【参考通達】
・所得税基本通達76-1（控除の対象となる生命保険料等）

(3) 控除額

次の①から③までによる各保険料控除の合計適用限度額が12万円となります（所法76）。

① 平成24年1月1日以後に締結した保険契約等に係る控除

イ 新契約に係る一般生命保険料控除、介護医療保険料控除及び個人年金保険料控除の各控除額適用限度額は、それぞれ4万円となります。

ロ 上記イの各控除額の計算は次のとおりとなります。

支払った保険料の金額	控除額
20,000円以下	支払った保険料等の全額
20,000円超40,000円以下	支払った保険料等の金額×1/2＋10,000円
40,000円超80,000円以下	支払った保険料等の金額×1/4＋20,000円
80,000円超	一律に40,000円

ハ 新契約については、主契約又は特約それぞれの保障内容に応じ、その保険契約等に係る支払保険料等を各保険料控除に適用することになります。

② 平成23年12月31日以前に締結した保険契約等に係る控除

保険会社等と締結した旧契約については、従前の一般生命保険料控除及び個人年金保険料控除（それぞれ適用限度額5万円）が適用され、控除額の計算は次のとおりとなります。

支払った保険料の金額	控除額
25,000円以下	支払った保険料等の全額
25,000円超50,000円以下	支払った保険料等の金額×1/2＋12,500円
50,000円超100,000円以下	支払った保険料等の金額×1/4＋25,000円
100,000円超	一律に50,000円

③ 新契約と旧契約の両方について保険料控除の適用を受ける場合の控除額の計算

新契約と旧契約の両方について一般生命保険料控除又は個人年金保険料控除の適用を受ける場合には、上記①イ及び②にかかわらず、一般生命保険料控除又は個人年金保険料控除の控除額は、それぞれ次に掲げる金額の合計額（上限40,000円）となります。

イ 新契約の支払保険料等につき、上記①ロの計算式により計算した金額
ロ 旧契約の支払保険料等につき、上記②の計算式により計算した金額

なお、旧個人年金保険の特約部分の保険料の金額は、旧一般生命保険料として、控除額を計算することになります（所基通76-2）。

④ 限度額

生命保険及び個人年金保険については、新契約、旧契約の両方を同時に適用した場合の限度額は4万円であるが、旧契約のみを適用した場合は5万円となります。

各控除額の合計額が12万円超える場合には、12万円となります（所法76④）。

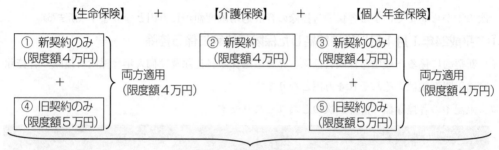

（出典：税務大学校講本　所得税法（令和6年度版））

なお、新契約と旧契約の両方について控除の適用を受ける場合は、4万円を限度としますが、例えば、新契約と旧契約の両方について一般の生命保険料を支払った場合の計算において、新契約の一般の生命保険料10万円、旧契約の一般の生命保険料15万円を支払った場合のように、旧契約の一般の生命保険料のみについて一般の生命保険料控除の適用を受ける場合の控除額（5万円）が新契約と旧契約の両方の一般の生命保険料控除の適用を受ける場合の控除額（4万円）よりも有利となる場合には、旧契約の一般の生命保険料のみについて一般の生命保険料控除の適用を受けることにより、5万円を限度に一般生命保険料控除を受けることができます。新契約と旧契約の両方について個人年金の保険料を支払った場合も同様になります。

【参考通達】

・所得税基本通達76-2（旧個人年金保険契約等の特約に係る保険料等）
・所得税基本通達76-3（支払った生命保険料等の金額）
・所得税基本通達76-4（使用者が負担した使用人等の負担すべき生命保険料等）
・所得税基本通達76-5（保険金等の支払とともに又は保険金等の支払開始の日以後に分配を受ける剰余金等）
・所得税基本通達76-6（支払った生命保険料等の金額の合計額の計算）
・所得税基本通達76-7（保険会社等に積み立てられた剰余金等で生命保険料等の金額から控除するもの）

・所得税基本通達76-8（生命保険料の金額を超えて剰余金の分配をおこなうこととなっている場合の取扱い）

> **誤りやすい事例**　生命保険料控除額の計算
>
> 1．旧一般生命保険料12万円、新一般生命保険料18万円の支払がある場合において、新生命保険料の控除額4万円を適用した。
>
> **解　説**
>
> 新一般生命保険料及び旧一般生命保険料の両方又は新個人年金保険料及び旧個人年金保険料の両方を支払っている場合で、その両方について生命保険料控除の適用を受けるときは、それぞれ4万円が適用限度額となりますが、これによらず、旧一般生命保険料又は旧個人年金保険料のみについて5万円を限度に生命保険料控除を適用することができます。
>
> 2．旧一般生命保険料12万円、旧個人年金保険料18万円、介護医療保険料15万円を支払った場合、それぞれ5万円、5万円、4万円の限度額の合計（14万円）を生命保険料控除額としていた。
>
> **解　説**
>
> 新(旧)一般生命保険料、新(旧)個人年金保険料及び介護医療保険料の控除額の合計額が12万円を超えた場合、生命保険料控除額は12万円が限度となります（所法76④）。

(4)　手続き等

　確定申告書に生命保険料控除に関する事項を記載するとともに、生命保険料の金額、介護保険料の金額又は個人年金保険料の金額（その年の剰余金等の額を差し引いた残額）について、一定の事項を証明する書類又は電磁的記録印刷書面(注)（以下、「生命保険料控除証明書」といいます）を添付又は提示する必要があります（所令262①四、所規47の2①）。

(注)　電磁的記録印刷書面とは、電子証明書等に記録された情報の内容を、国税庁長官の定める方法によって出力することにより作成した書面をいいます（所令262①②、平29.6.30国税庁告示10号）。

　なお、生命保険料の金額が9,000円以下の旧生命保険契約等の生命保険料及び給与所得について年末調整の際に控除された生命保険料については、上記の書類を添付又は提示する必要はありません（所令262①四）。

　また、確定申告書の提出をe-Taxを利用して行う場合、生命保険料控除証明書の記載内容を入力して送信することにより、生命保険料控除証明書の提出又は提示を省略することができます。

6 地震保険料控除

(1) 地震保険料控除

　居住者が、各年において、自己若しくは自己と生計を一にする配偶者その他の親族の有する家屋で常時その居住の用に供するもの又はこれらの者の有する生活に通常必要な家具、じゅう器、衣服などの資産を保険又は共済の目的とし、かつ、地震若しくは噴火又はこれらによる津波を直接又は間接の原因とする火災、損壊、埋没又は流出（以下、「地震等」といいます）による損害によりこれらの資産について生じた損失の額を填補する保険金又は共済金が支払われる損害保険契約等に係る地震等による損害部分の保険料又は掛金を支払った場合及び平成18年12月31日までに締結した一定の長期損害保険契約等に係る損害保険料を支払った場合に控除されます（所法77、所令213、214）。

(2) 控除の対象となる損害保険料等

　控除の対象となる損害保険料は、損害保険契約等に係る地震等損害部分の保険料又は掛金をいい、その損害保険契約等は、次に掲げる契約に附帯して締結されるもの又はその契約と一体となって効力を有する一の保険契約若しくは共済に係る契約をいいます。

■ 損害保険等の目的
　自己若しくは自己と生計を一にする配偶者その他の親族が有する次の資産
① 　常時その居住の用に供する家屋
② 　生活の用に供する家具、じゅう器、衣服等の生活に通常必要な動産のうち一定のもの

■ 控除の対象となる損害保険料
　地震等による損害によりこれらの資産について生じた損失の額を填補する保険金又は共済金が支払われる損害保険契約等に係る地震等損害部分の保険料又は掛金
　ただし、次の①及び②に該当する保険料又は掛金は対象となりません（所令213）。
① 　地震等による損害により臨時に生ずる費用、家具等の取壊し又は除去に係る費用その他これらに類する費用に対して支払われる保険料又は共済金に係る保険料又は掛金
② 　一の損害保険契約等[注1]において、次のイのロに対する割合が20％未満の保険金又は掛金
　　イ 　地震等の損害により家屋等について生じた損失の額を填補する保険金又は共済金の額[注2]
　　ロ 　火災[注3]による損害により家屋等について生じた損失の額を填補する保険金又は共済金の額[注4]

(注1) 　その損害保険契約等においてイに掲げる額が地震保険に関する法律施行令２条に規定する金額以上とされているものを除きます。
(注2) 　その保険金又は共済金の額の定めがない場合にあっては、地震等の損害により支払われるこ

ととされている保険金又は共済金の限度額
(注3) 地震若しくは噴火又はこれらによる津波を直接又は間接の原因とするものを除きます。
(注4) その保険金又は共済金の額の定めがない場合にあっては、火災による損害により支払われることとされている保険金又は共済金の限度額

■ 控除の対象となる損害保険契約等（所令214、所規40の8）

① 損害保険会社又は外国損害保険会社等の締結した損害保険契約のうち一定の偶然の事故によって生ずることのある損害を填補するもの(注1)
② 農業協同組合の締結した建物更生共済又は火災共済に係る契約
③ 農業協同組合連合会の締結した建物更生共済又は火災共済に係る契約
④ 農業共済組合又は農業共済組合連合会の締結した火災共済、建物共済に係る契約
⑤ 漁業協同組合、水産加工業協同組合又は共済水産業協同組合連合会の締結した建物・動産の耐存を共済事故とする共済、火災共済に係る契約
⑥ 火災等共済組合の締結した火災共済に係る契約(注2)
⑦ 消費生活協同組合連合会の締結した火災共済、自然災害共済に係る契約
⑧ 財務大臣の指定した火災共済、自然災害共済に係る契約

(注1) 生命保険料控除の対象となるもの及び外国損害保険会社等が国外で締結したものを除きます。
(注2) 平成26年3月31日以前は、火災共済協同組合の締結した火災共済に係る契約となります。

【参考通達】
・所得税基本通達77-1（賦払の契約により購入した資産）
・所得税基本通達77-2（居住の用に供する家屋）
・所得税基本通達77-3（損害保険契約等に基づく責任開始日前に支払った地震保険料）
・所得税基本通達77-5（一の契約に基づく地震保険料のうちに控除の対象となるものとならないものとがある場合の区分）
・所得税基本通達77-6（店舗併用住宅等について支払った地震保険料の特例）
・所得税基本通達77-7（支払った地震保険料の金額等）

(3) 控除額

その年に支払った保険料の金額に応じて、次により計算した金額が控除額となります（所法77①）。

① 地震等損害保険契約(注1)

支払った保険料の金額	控除額
50,000円以下(注2)	支払った保険料の金額(注2)
50,000円超(注2)	50,000円

(注1) 地震等損害保険契約とは、損害保険契約等のうち地震等により資産に生じた損失の額を填補する保険金等が支払われる損害保険契約をいいます。

(注2) 次のイから口を差し引いた後の金額をいいます。
　　　イ　地震等による損害部分に対する保険料又は掛金
　　　ロ　地震等による損害部分に対する保険料又は掛金の払込みに充てられた剰余金又は割戻金の額

② 長期損害保険契約^(注)

支払った保険料の金額	控　除　額
10,000円以下	支払った保険料の金額
10,000円超20,000円以下	支払った保険料の金額×1/2＋5,000円
20,000円超	15,000円

（注）　長期損害保険契約とは、平成18年12月31日までに締結した改正前の損害保険契約に係る旧所得税法77条1項に規定する損害保険契約等で、次の要件をすべて満たすものをいいます。
　① 満期返戻金を支払う旨の特約があるもの
　② 保険期間又は共済期間が10年以上であるもの
　③ 平成19年1月1日以降に損害保険契約等の変更をしていないもの
　④ 損害保険契約等の保険期間又は共済期間の始期（これらの期間の定めがない場合は効力の生じる日）が平成19年1月1日以降でないもの

③　①及び②の両方がある場合
　①、②のそれぞれ計算した金額の合計額（最高限度額50,000円）

誤りやすい事例　　地震保険料控除額の計算

1．平成18年に締結した長期損害保険契約（保険期間10年、満期返戻金有、地震保険付帯）に係る令和5年分「地震保険料控除証明書」に次の証明があった場合の計算は次のとおりとしていた。
　・地震保険料としての証明額……　9,800円
　・損害保険料としての証明額……70,000円
　・控除額計算………………………9,800円＋15,000円＝24,800円

解　説

　平成18年12月31日までに契約した、平成19年以後も適用できる長期損害保険契約等で、地震保険の対象となる保障も兼ね備えている場合、いずれか一方の証明額に基づく控除額を選択することになります（平18改正法附10③）。
　したがって、控除額は、9,800円と15,000円のいずれかを選択することになります。

2．地震保険料及び(旧)長期損害保険料の両方の証明がされた保険契約が2以上ある場合に、各地震保険料と(旧)長期損害保険料の証明額の合計額を基に計算していた。

> **解説**
> 複数の証明書上の地震保険料、(旧)長期損害保険料の証明額の組合せで最も有利な控除額を選択できます。

(4) 手続き等

確定申告書に地震保険料控除に関する事項を記載するとともに、地震保険料の金額、保険等の契約者の氏名・保険等の種類及びその目的並びに地震保険料に該当する旨を証明する書類又は電磁的記録印刷書面(注)(以下、「地震保険料控除証明書」といいます)を添付又は提示する必要があります（所令262①五、所規47の2②）。

(注) 電磁的記録印刷書面とは、電子証明書等に記録された情報の内容を、国税庁長官の定める方法によって出力することにより作成した書面をいいます（所令262①②、平29.6.30国税庁告示10号）。

なお、給与所得について年末調整の際に控除された地震保険料については、これらの書類を添付又は提示する必要はありません。

また、確定申告書の提出をe-Taxを利用して行う場合、地震保険料控除証明書の記載内容を入力して送信することにより、地震保険料控除証明書の提出又は提示を省略することができます。

寄附金控除

(1) 寄附金控除

居住者が、各年において、2,000円を超える特定寄附金を支出した場合又は特定新規株式を払込みにより取得した場合に控除されます（所法78、措法41の18、41の18の2、41の18の3、41の19）。

(2) 主な寄附金控除

① 一般のもの

①学校の入学に関してするもの及び、②国又は地方公共団体に対する寄附金でその寄附をした者がその寄附によって設けられた設備を専属的に利用すること、その他、特別の利益がその寄附をした者に及ぶと認められるものは、寄附金控除の対象とはならないこととされています（所法78②一）。

根拠法	特定寄附金の範囲			申告の際の添付書類
所得税法（所法78②、所令215～217の2）	国又は地方公共団体に対する寄附金（所法78②一）、いわゆる「ふるさと納税」			領収書（所規47の2③一イ）^(注2)
	公益社団法人、公益財団法人などに対する寄附金で財務大臣が指定したもの（所法78②二）			
	右に掲げる公益の増進に著しく寄与する法人（特定公益増進法人）に対するその法人の主たる目的である業務に関連する寄附金（所法78②三）^(注3)	① 独立行政法人（所令217一）		
		② 自動車安全運転センター、日本司法支援センター、日本私立学校振興・共済事業団、日本赤十字社及び福島国際研究教育機構（限定列挙）（所令217二）		
		③ 公益社団法人及び公益財団法人（所令217三）^(注1)		
		④ 地方独立行政法人（試験研究、病院事業の経営、社会福祉事業の経営、介護老人保健施設の設置・管理、博物館等設置・管理（平成26年4月1日以後の支出に限ります）を主たる目的とするもの）（所令217一の二）		領収書、特定公益増進法人の証明書の写し（所規47の2③一）
		⑤ 私立学校法人で、学校（幼保連携型認定こども園を含みます）の設置若しくは学校及び専修学校若しくは各種学校の設置を主たる目的とする法人又は準学校法人で専修学校若しくは各種学校の設置を主たる目的とする法人（所令217四）^(注1)		
		⑥ 社会福祉法人（所令217五）^(注1)		領収書（所規47の2③一イ）^(注2)
		⑦ 更生保護法人（所令217六）^(注1)		
	特定公益信託のうち、その目的が公益の増進に著しく寄与するものとして主務大臣の認定を受けたものの信託財産とするために支出した金銭（所法78③、所令217の2）			領収書、特定公益信託の認定書の写し（所規47の2③二）

(注1) 公益法人等に対する寄附金で一定のものについては、所得控除に代えて税額控除を選択することができます（措法41の18の3①）。

(注2) 令和3年分以後の所得税の確定申告書を令和4年1月1日以後に提出する場合については、特定寄附金を受領した者の特定寄附金の額等を証する書類に代え、地方公共団体と寄附の仲介に係る契約を締結している一定の事業者の特定寄附金の額等を証する書類の添付等ができます（所規47の2③一イ(2)）。

(注3) 令和3年4月1日以後に支出する特定寄附金の寄附金控除について、その対象となる公益の増進に著しく寄与する法人の主たる目的である業務に関連する寄附金から出資に関する業務に充てられることが明らかな寄附金が除外されます（所法78②三）。

② 政治活動に関するもの

政治活動に関する寄附金は、①政治資金規正法に違反するもの、②寄附者に特別の利益が及ぶと認められるものは、寄附金控除の対象とはならないこととされています（措法41の18①）。

根拠法	特定寄附金の範囲			申告の際の添付書類
租税特別措置法（措法41の18）	右の団体等に対する政治活動に関する寄附金（注）	① 政党	総務大臣又は都道府県の選挙管理委員会に報告されたものに限ります	総務大臣又は都道府県の選挙管理委員会等の確認印のある「寄附金（税額）控除のための書類」（所規47の2③三、措法41の18③、措規19の10の3）
		② 政党の政治資金団体		
		③ その他の政治団体		
		④ 議員等の後援団体		
		⑤ 特定の公職の立候補者の後援団体（立候補の年及びその前年にされた寄附に限ります）		
		⑥ ⑤の公職の立候補者（選挙運動に関してなされたものに限ります）	都道府県選挙管理委員会又は中央選挙管理委員会に報告されたものに限ります	

（注）　個人の行う政治団体等に対する献金のうち、政党等に対する献金については、所得控除に代えて税額控除を選択することができます（所法78、措法41の18）。

③ 認定特定非営利活動法人（認定NPO法人）等に関するもの

根拠法	特定寄附金の範囲	申告の際の添付書類
租税特別措置法（措法41の18の2）	都道府県知事又は指定都市の長の認定を受けたNPO法人又は仮認定を受けたNPO法人に対する寄附金で、その認定又は仮認定の有効期間内に支出したもの（注1）	領収書（所規47の2③四、措法41の18の2③、措規19の10の4）
租税特別措置法（措法41の19）	特定新規中小事業者に該当する一定の株式会社により発行される株式を、発行の際に、払込みにより取得した場合の、株式の取得に要した金額（800万円（注2）が限度）	特定新規株式の取得に要した金額の計算に関する書類（措令26の28の3⑨、措規19の11⑧）

（注1）　個人が認定特定非営利活動法人等（以下、「認定NPO法人」といいます）に対して支出した特定非営利活動に関する寄附金については、所得控除に代えて税額控除を選択することができます（所法78、措法41の18の2②）。
　　　　令和3年4月1日以後に支出する特定寄附金の寄附金控除について、その対象となる認定NPO法人の行う特定非営利活動に係る事業に関連する寄附から出資に関する業務に充てられることが明らかなものが除外されます（措法41の18の2①）。

（注2）　令和2年12月31日以前については、限度額が1,000万円となっています。

(3) 国等に対して財産を寄附した場合の取扱い

　国又は地方公共団体に対する財産の贈与又は遺贈及び公益法人等に対する財産の贈与又は遺贈で国税庁長官の承認を受けたものは、その財産の贈与又は遺贈についての譲渡所得等の金額に相当する部分は租税特別措置法で非課税とされていることから、その資産の価額のうち、その資産の取得費(注)に相当する部分の金額だけが特定寄附金となります（措法40①⑲）。

(注)　その資産を贈与又は遺贈するために支出した金額がある場合には、その金額を含みます。

(4) 控除額の計算

次の算式によって計算した金額が控除額となります（所法78①）。

〔算　式〕
寄附金控除額＝A－2,000円
　A：次の①と②のいずれか低い方の金額
　　① 特定寄附金の合計額
　　② 総所得金額等×40%

(5) 手続き等

　確定申告書に寄附金控除に関する事項を記載するとともに、上記(2)の「申告の際の添付書類」又は電磁的記録印刷書面(注)を添付又は提示する必要があります（所法120③一、所令262①六、所規47の2③）。

(注)　電磁的記録印刷書面とは、電子証明書等に記録された情報の内容を、国税庁長官の定める方法によって出力することにより作成した書面をいいます（所令262①②、平29.6.30国税庁告示10号）。

　確定申告書の提出をe-Taxを利用して行う場合、寄附金控除の添付書類の記載内容を入力して送信することにより、寄附金控除の添付書類の提出又は提示を省略することができます。

【参考通達】
・所得税基本通達78-1（支出した場合の意義）
・所得税基本通達78-2（入学に関してする寄附金の範囲）
・所得税基本通達78-3（入学に関してする寄附金に該当するもの）
・所得税基本通達78-4（国等に対する寄附金）
・所得税基本通達78-5（災害救助法の規定の適用を受ける地域の被災者のための義援金等）
・所得税基本通達78-6（最終的に国等に帰属しない寄附金）
・所得税基本通達78-7（公共企業体等に対する寄附金）
・所得税基本通達78-8（個人の負担すべき寄附金を法人が支出した場合）
・所得税基本通達78-9（出資に関する業務に充てられることが明らかな寄附金）

| 第6章 | 所得控除 |

> **誤りやすい事例**　寄附金控除の対象等

1．いわゆる入学寄附金を寄附金控除の対象としていた。

> **解　説**

入学1年目の年末までに支払った学校に対する寄附は、原則として寄附金控除の対象にはならないこととされています（所法78②、所基通78-2）。

2．財務大臣の指定がないのに、宗教法人に対する寄附を寄附金控除の対象としていた。

> **解　説**

宗教法人に対する寄附は、国宝、重要文化財の保護の観点等から財務大臣が指定するものを除き、寄附金控除の対象にはならないこととされています（所法78②二）。

なお、指定された寄附金は財務大臣により告示されることになる（所令216②）ので、官報等により確認することになります。

3．NPO法人への寄附について、国税庁長官の認定を受けていないため、寄附金控除の対象にはならないと考えていた。

> **解　説**

特定非営利活動促進法の一部を改正する法律（平成23年法律70号）の施行に伴い、平成24年分以後、都道府県知事又は指定都市の長が行う新たな認定制度による認定を受けたNPO法人又は仮認定を受けたNPO法人にその認定又は仮認定の有効期間内に支出した寄附金がこれらの特例の対象とすることとされています。

4．公益社団法人等に対する寄附金について、当初の確定申告で、税額控除を適用していなかったが、更正の請求において、税額控除を適用して計算を行っていた。

> **解　説**

寄附金控除に対する税額控除は当初申告が要件となっていることから、当初申告において所得控除の適用を受けていた場合、更正の請求で税額控除に選択替えすることはできないこととされています。また、当該寄附金を当初申告において申告していなかった場合も、税額控除を受けることができないこととされています。

5．公益社団法人等に対して寄附を複数行った場合に、一部に税額控除を適用し、その他については寄附金控除を適用していた。

> **解 説**
>
> 公益社団法人等に対する寄附について、所得控除又は税額控除を選択する場合には、そのすべてについて、いずれか一方を選択しなければならないとされています（措通41の18の3-1）。

❽ 障害者控除

(1) 障害者控除

居住者が、（特別）障害者である場合又は同一生計配偶者^(注1)や扶養親族^(注2)のうちに（特別）障害者がある場合に控除されます（所法79、2①二十八、二十九、所令10）。

(注1)「同一生計配偶者」とは、納税者の配偶者でその納税者と生計を一にするもの（青色事業専従者に該当し給与の支払を受けるもの及び事業専従者に該当するものを除きます）のうち、合計所得金額が48万円以下である者をいいます（所法2①三十三）。

(注2)「扶養親族」とは、居住者の親族（配偶者を除きます）、里親である居住者に委託された児童（年齢18歳未満）及び養護受託者である居住者に委託された老人（年齢65歳以上）で、その居住者と生計を一にするもの（青色事業専従者に該当し給与の支払を受けるもの及び事業専従者に該当するものを除きます）のうち、合計所得金額が48万円以下である者をいいます（所法2①三十四）。

なお、障害者控除は、年少扶養親族（扶養親族のうち、年齢16歳未満の者をいいます）の場合も適用されます。

(2) 障害者及び特別障害者等

障害者及び特別障害者とは、それぞれ次の者をいいます（所法2①二十八、二十九、所令10）。

なお、障害者であるかどうかの判定は、その年12月31日（その年の中途において死亡し、又は出国をする場合には、その死亡又は出国のとき）の現況によります（所法85①②）。

障　害　者	特　別　障　害　者
① 精神上の障害により事理を弁識する能力を欠く常況にある者（所令10①一、②一）	① 同　左^(注)
② 精神保健指定医等の判定により知的障害者とされた者（所令10①一、②一）	② 左のうち、重度の知的障害者と判定された者
③ 精神障害者保健福祉手帳の交付を受けている者（所令10①二、②二）	③ 左のうち、障害等級が1級と記載されている者
④ 身体障害者手帳に身体障害者として記載されている者（所令10①三、②三）	④ 左のうち、障害の程度が1級又は2級と記載されている者

⑤　戦傷病者手帳の交付を受けている者 　　（所令10①四、②四）	⑤　左のうち、障害の程度が恩給法に定める特別項症から第3項症までに該当する旨記載されている者
⑥　原子爆弾被爆者で厚生労働大臣の認定を受けている者（所令10①五、②五）	⑥　同　左(注)
⑦　常に就床を要し、複雑な介護を要する者 　　（所令10①六、②五、所基通2-39）	⑦　同　左(注)
⑧　精神又は身体に障害のある年齢65歳以上の者で、その者の程度が上記の①、②又は④に準ずるものとして市町村長等の認定を受けている者（所令10①七、②六）	⑧　左のうち、その障害の程度が、上記の①、②又は④に準ずるものとして市町村長等の認定を受けている者

（注）「特別障害者」の欄の「同左」は、障害者が特別障害者に該当することを示しています。

　同居特別障害者とは、居住者の同一生計配偶者又は扶養親族が特別障害者で、かつ、その居住者又はその居住者の配偶者若しくはその居住者と生計を一にするその他の親族のいずれかと同居を常況としている者をいいます。

【参考通達】
・所得税基本通達79-1（障害者控除を受ける場合の配偶者控除等）
・所得税基本通達79-2（年の中途で死亡した居住者等の障害者である扶養親族等とされた者に係る障害者控除）

誤りやすい事例　　障害者控除の適用

1．精神障害者保健福祉手帳の交付を受け、障害等級が2級である者が、特別障害者に該当するとして、40万円の障害者控除を適用していた。

解　説

　精神障害者保健福祉手帳の交付を受けている者は、障害等級が1級の場合に特別障害者となります（所令10②二）。

2．介護保険法により要介護認定受けたことを理由に、障害者控除を適用していた。

解　説

　要介護認定を受けたことのみで、障害者控除の対象にはならないことになります。
　ただし、障害の程度が障害者に準ずるものとして、市町村長等(注)から認定を受けている者（「障害者控除対象者認定書」が交付されている者）は適用があります（所令10①七、

②六)。

(注) 市町村長等とは、市町村長又は特別区の区長をいいますが、社会福祉事務所が老人福祉法5条の4第2項各号に掲げる業務を行っている場合には、社会福祉事務所長を指します。

3．いわゆる寝たきり老人等を新たに障害者控除とする更正の請求書の提出があった場合において、独自の判断により障害者控除を適用していた。

解説

更正の請求等の審査における障害者控除の適用にあたっては、「寝たきり老人」については、民生委員、福祉事務所長等からの証明等、また、「精神上の障害により事理を弁識する能力を欠く常況にある者」については、医師の診断書等により客観的に判断します。

4．アルツハイマー型認知症であるとの診断をされたことのみで障害者控除の対象となると考えていた。

解説

障害者控除の対象となる障害者の範囲は、所得税法施行令10条1項各号に規定されているが、アルツハイマー型認知症と診断された事実はそのいずれにも該当しないため、そのことのみでは障害者には該当しないことになります。

なお、市町村長等から交付を受けた「障害者控除対象者認定書」がある場合には障害者に該当し、障害者控除の対象となることに留意する必要があります（所令10①七、②六)。

5．年少扶養親族（扶養親族のうち、16歳未満の者をいいます）については、（特別）障害者控除が適用されないと考えていた。

解説

障害者控除の規定は、「居住者の同一生計配偶者又は扶養親族が障害者である場合」とされているので、16歳未満の扶養親族について、扶養控除の適用のある控除対象扶養親族には該当しないが、（特別）障害者に該当する場合は、障害者控除（27万円、40万円、75万円）の適用を受けることができます（所法79)。

6．配偶者特別控除の対象となる配偶者が、身体障害者（2級）である場合、障害者控除の適用もあると考えていた。

解説

障害者控除の対象となるのは、「同一生計配偶者」であり、配偶者特別控除の対象とな

る配偶者には所得があり、これに該当しないため、障害者控除の適用は受けられないことになります（所法79②③）。

なお、配偶者自身の所得税の計算上、障害者控除の適用を受けることができます。

7．成年被後見人は、障害者控除の対象となる特別障害者に該当しないと考えていた。

解説

成年被後見人は「精神上の障害により事理を弁識する能力を欠く常況にある者」に該当し、障害者控除の対象となる特別障害者に該当します（国税庁ホームページ平24.8.31文書回答事例）。

(3) 控除額

控除額は次のとおりとなります（所法79①～③）。

区　　分	控　除　額
障害者	270,000円
（特別）障害者	400,000円
（同居特別）障害者	750,000円

(4) 手続き等

居住者である親族に係る障害者控除の適用を受ける場合には、確定申告書に障害者控除に関する事項を記載します。

なお、関係書類の添付又は提示する必要はありません。

非居住者である親族（以下、「国外居住親族」といいます）に係る障害者控除の適用を受ける場合には、親族関係書類(注1、3)及び送金関係書類(注2、3)を確定申告書に添付又は提示する必要があります（所法120③二、所令262③、所規47の2⑤⑥）。

なお、給与等又は公的年金等の源泉徴収並びに給与等の年末調整において添付又は提示したこれらの書類については、添付又は提示する必要はありません。

(注1)「親族関係書類」とは、次の①又は②のいずれかの書類（その書類が外国語で作成されている場合にはその翻訳文を含みます）で、その国外居住親族がその居住者の親族であることを証するものをいいます（所規47の2⑤）。
　　① 戸籍の附票の写しその他の国又は地方公共団体が発行した書類及びその国外居住親族の旅券の写し
　　② 外国政府又は外国の地方公共団体が発行した書類（その国外居住親族の氏名、生年月日及び住所又は居所の記載があるものに限ります）

(注2)「送金関係書類」とは、その年における次の①又は②の書類（その書類が外国語で作成されている場合にはその翻訳文を含みます）で、その国外居住親族の生活費又は教育費に充てるため

の支払を、必要の都度、各人に行ったことを明らかにするものをいいます（所規47の2⑥）。
　① 金融機関の書類又はその写しで、その金融機関が行う為替取引によりその居住者からその国外居住親族に支払をしたことを明らかにする書類
　② いわゆるクレジットカード発行会社の書類又はその写しで、そのクレジット発行会社が交付したカードを提示してその国外居住親族が商品等を購入したこと等及びその商品等の購入等の代金に相当する額をその居住者から受領したことを明らかにする書類
(注3)　「親族関係書類」及び「送金関係書類」が外国語で作成されている場合には、その翻訳文も必要となります（所規47の2⑤⑥）。

9 寡婦控除

(1) 寡婦控除

居住者が寡婦である場合に控除されます（所法80）。

(2) 寡婦

寡婦とは、「ひとり親」に該当しない者で、次の要件を満たす者をいいます（所法2①三十、所令11、所規1の3）。

なお、寡婦であるかどうかの判定は、その年の12月31日（その者がその年の中途において死亡し、又は出国する場合には、その死亡又は出国のとき）の現況によります（所法85①）。

① 次のいずれかに該当すること
　イ　夫と離婚した後婚姻をしない者で扶養親族(注1)を有する者
　ロ　夫と死別した後婚姻をしていない者又は夫が生死不明の者など
② 合計所得金額(注2)が500万円以下であること
③ 事実上婚姻関係と同様の事情があると認められる者(注3)がいないこと

(注1)　扶養親族は、他の者の同一生計配偶者又は扶養親族とされていない者に限られます。
(注2)　「合計所得金額」とは、純損失、居住用財産の買換え等の場合の譲渡損失、特定居住用財産の譲渡損失及び雑損失の繰越控除をしないで計算した次の①から⑩までの合計額をいいます。
　　① 総所得金額
　　② 土地等に係る事業所得等の金額（平成10年1月1日から令和8年3月31日までの間については適用なし）
　　③ 分離短期譲渡所得の金額（特別控除前）
　　④ 分離長期譲渡所得の金額（特別控除前）
　　⑤ 分離課税の上場株式等に係る配当所得等の金額（上場株式等に係る譲渡損失の損益通算後で、繰越控除の適用前の金額）
　　⑥ 一般株式等に係る譲渡所得等の金額（特定株式に係る譲渡損失の繰越控除の適用前の金額）
　　⑦ 上場株式等に係る上場株式等の金額（上場株式等に係る譲渡損失の繰越控除及び特定株式に係る譲渡損失の繰越控除の適用前の金額）

⑧　先物取引に係る雑所得等の金額（先物取引の差金等決済に係る損失の繰越控除の適用前の金額）
⑨　山林所得金額（特別控除後）
⑩　退職所得金額（2分の1後）

(注3)　その者が世帯主の場合は、住民票の続柄に世帯主の「夫（未届）」などと記載されている者をいいます。その者が世帯主でない場合は、その者の住民票に世帯主との続柄が「妻（未届）」などと記載されているときの世帯主をいいます（所規1の3）。

【参考通達】
・所得税基本通達80-1（配偶者控除を受ける場合の寡婦控除）

(3) 控除額

控除額は、270,000円です（所法80①）。

誤りやすい事例　寡婦控除の判定

昨年まで寡婦控除の適用を受けていた者（夫と離婚した後扶養親族があった者）が、本年は扶養親族がいなくなったのに寡婦控除を適用していた。

解説

扶養親族等がいない者で、寡婦控除が適用されるのは、夫と死別し、又は夫が生死不明の場合に限られています（所法2①三十）。

⑩ ひとり親控除

(1) ひとり親控除

居住者が、ひとり親である場合に控除されます（所法81）。

(2) ひとり親

ひとり親とは、現に婚姻をしていない者又は配偶者の生死不明な者で、次の要件を満たす者をいいます（所法2①三十一、所令11の2）。

なお、ひとり親であるかどうかの判定は、その年の12月31日（その者がその年の中途において死亡し、又は出国する場合には、その死亡又は出国のとき）の現況によります（所法85①）。

①　その年分の総所得金額等[注1]が48万円以下の生計を一にする子[注2]を有すること
②　合計所得金額[注3]が500万円以下であること

③ 事実上婚姻関係と同様の事情があると認められる者(注4)がいないこと

(注1) 「総所得金額等」については、上記❶(1)(注2)(650ページ)のとおりです。
(注2) 子は、他の者の同一生計配偶者又は扶養親族とされていない者に限られます（所令11の2②）。
(注3) 「合計所得金額」については、上記❾(2)(注2)(692ページ)のとおりです。
(注4) その者が世帯主の場合は、住民票の続柄に世帯主の「夫（未届）」・「妻（未届）」などと記載されている者をいいます。その者が世帯主でない場合は、その者の住民票に世帯主との続柄が「夫（未届）」・「妻（未届）」などと記載されているときの世帯主をいいます（所規1の4）。

【参考通達】
・所得税基本通達81-1（配偶者控除を受ける場合のひとり親控除）

(3) 控除額

控除額は、350,000円です（所法81①）。

誤りやすい事例　ひとり親控除等の判定

1．婚姻歴がない未婚の親は、ひとり親控除を適用できないと考えていた。

解説

「ひとり親」とは、現に婚姻していない者又は配偶者の生死の明らかでない一定の者をいうと規定されており、婚姻歴の有無は問わないこととされていることから、ひとり親控除の適用を受けることができます（所法2①三十一）。

2．令和5年分の確定申告にあたり、合計所得金額が500万円超の者が、ひとり親控除又は寡婦控除を適用していた。

解説

ひとり親控除及び寡婦控除（令和2年分以後）のいずれについても、本人の合計所得金額が500万円以下であることが適用要件の一つとされています（所法2①三十、三十一）。
なお、令和元年分以前は、本人の合計所得金額が500万円超であっても、離婚又は死別した場合であって、かつ、扶養親族又は総所得金額等が38万円以下の生計を一にする子がいる場合には、寡婦控除の適用を受けることができます。

⑪ 勤労学生控除

(1) 勤労学生控除

居住者が、勤労学生である場合に控除されます（所法82）。

(2) 勤労学生

勤労学生控除の対象となる勤労学生とは、次に掲げる者で、自己の勤労に基づいて得た事業所得、給与所得、退職所得又は雑所得（以下、「給与所得等」といいます）を有するもののうち、合計所得金額が75万円以下であり、かつ、合計所得金額のうち給与所得等以外の所得に係る部分の金額が10万円以下であるものをいいます（所法2①三十二、所令11の3、平18.3.31文部科学省告示48号）。

① 学校教育法1条に規定する学校の学生、生徒又は児童
② 国、地方公共団体又は私立学校法3条に規定する学校法人、同法64条4項（私立専修学校及び私立各種学校）の規定により設立された法人若しくはこれらに準ずる法人の設置した専修学校及び各種学校の生徒で一定の課程を履修するもの
③ 職業訓練法人の行う職業能力開発促進法に規定する認定職業訓練を受ける者で一定の課程を履修するもの

(3) 控除額

控除額は、270,000円となります（所法82①）。

(4) 手続き等

専修学校、各種学校又はいわゆる職業訓練学校の生徒が、勤労学生控除の適用を受けようとする場合に限り、専修学校の長等から交付を受けた一定の証明書等を添付又は提示する必要があります（所法120③四、所令262⑤、所規47の2⑪）。

給与等の年末調整の際に勤労学生控除の適用を受けた者は、証明書を添付又は提示する必要はありません。

確定申告書の提出をe-Taxを利用して行う場合、証明書の記載内容を入力して送信することにより、証明書の提出又は提示を省略することができます。

12 配偶者控除

(1) 配偶者控除

居住者が、控除対象配偶者を有する場合には、その居住者のその年分の合計所得金額の区分に応じ定められた金額が控除されます（所法83）。

(2) 控除対象配偶者

控除対象配偶者とは、同一生計配偶者のうち、合計所得金額が1,000万円以下である居住者の配偶者をいいます（所法2①三十三、三十三の二）。

区　　　分	居住者の合計所得金額	配偶者の合計所得金額
同一生計配偶者	制限無	48万円以下
控除対象配偶者	1,000万円以下	48万円以下

〔留意事項〕
1．同一生計配偶者とは、居住者の配偶者でその居住者と生計を一にするもの（青色事業専従者として給与の支払を受ける者及び事業専従者を除きます）のうち、合計所得金額が48万円以下である者をいいます（所法2①三十三）。
2．同一生計配偶者に該当するかどうかの判定は、その年の12月31日（既に死亡している場合は、その死亡の時）の現況によります（所法85③）。
3．生計を一にする親族については、一方の納税者の同一生計配偶者に該当し、同時に他の納税者の扶養親族にも該当する場合、その配偶者は、これらのうちいずれか一にのみ該当するものとみなされます（所法85④）。
　この場合の所属は、原則として申告書等に記載されたところによるが、申告書などに記載がない場合は、その夫又は妻である納税者の控除対象配偶者とします（所令218）。
4．年の途中で配偶者が死亡し、その年中に再婚した場合は、その死亡した配偶者又は再婚した配偶者のうち、どちらか1人に限り、同一生計配偶者に該当するものとされています（所法85⑥、所令220①）。

(3) 控除額

控除額は、次のとおりとなります（所法83①）。

居住者の合計所得金額	控　　除　　額	
	控除対象配偶者	老人控除対象配偶者(注)
900万円以下	380,000円	480,000円

900万円超　950万円以下	260,000円	320,000円
950万円超1,000万円以下	130,000円	160,000円
1,000万円超	(適用なし)	(適用なし)

(注)　老人控除対象配偶者とは、控除対象配偶者のうち、年齢70歳以上の者をいいます（所法2①三十三の三）。

(4) 手続き等

居住者である親族に係る配偶者控除の適用を受ける場合には、確定申告書に配偶者控除に関する事項を記載します。

なお、関係書類の添付又は提示する必要はありません。

非居住者である親族（以下、「国外居住親族」といいます）に係る配偶者控除の適用を受ける場合には、親族関係書類(注1、3)及び送金関係書類(注2、3)を確定申告書に添付又は提示する必要があります（所法120③二、所令262③、所規47の2⑤⑥）。

なお、給与等又は公的年金等の源泉徴収並びに給与等の年末調整において添付又は提示したこれらの書類については、添付又は提示する必要はありません。

(注1)　「親族関係書類」とは、次の①又は②のいずれかの書類（その書類が外国語で作成されている場合にはその翻訳文を含みます）で、その国外居住親族がその居住者の親族であることを証するものをいいます（所規47の2⑤）。
　① 戸籍の附票の写しその他の国又は地方公共団体が発行した書類及びその国外居住親族の旅券の写し
　② 外国政府又は外国の地方公共団体が発行した書類（その国外居住親族の氏名、生年月日及び住所又は居所の記載があるものに限ります）

(注2)　「送金関係書類」とは、その年における次の①又は②の書類（その書類が外国語で作成されている場合にはその翻訳文を含みます）で、その国外居住親族の生活費又は教育費に充てるための支払を、必要の都度、各人に行ったことを明らかにするものをいいます（所規47の2⑥）。
　① 金融機関の書類又はその写しで、その金融機関が行う為替取引によりその居住者からその国外居住親族に支払をしたことを明らかにする書類
　② いわゆるクレジットカード発行会社の書類又はその写しで、そのクレジット発行会社が交付したカードを提示してその国外居住親族が商品等を購入したこと等及びその商品等の購入等の代金に相当する額をその居住者から受領したことを明らかにする書類

(注3)　「親族関係書類」及び「送金関係書類」が外国語で作成されている場合には、その翻訳文も必要となります（所規47の2⑤⑥）。

誤りやすい事例　　所得制限の判定等

1．所得制限の判定にあたって、分離譲渡所得を特別控除後の所得により判定していた。

> **解説**

　分離譲渡所得がある場合には、特別控除前で判定します（措法31①③、32①④、所基通2-41（注））。

2．寡婦控除や配偶者控除等の適用に係る所得制限の判定にあたって、純損失（雑損失）の繰越控除後の所得により判定していた。

> **解説**

　純損失（雑損失）の繰越控除がある場合には、繰越控除前で判定します（所法2①三十、三十一、三十三、三十四）。

　なお、上場株式等の譲渡損失の繰越控除や先物取引の差金等決済に係る損失の繰越控除等の適用がある場合についても同様に、繰越控除前の金額で判定します（措法8の4③一、37の10⑥一、37の11⑥、37の12の2④⑧、41の14②一、41の15④）。

3．令和5年分の確定申告で、合計所得金額が1,000万円を超えている者が、配偶者控除の適用を受けていた。

> **解説**

　平成30年分の所得税から合計所得金額が1,000万円を超える居住者については、配偶者控除の適用を受けることができないこととなっています。

　なお、従来どおり合計所得金額が1,000万円を超える者は、配偶者特別控除の適用も受けることができないことに留意する必要があります。

4．事業専従者を配偶者（又は扶養）控除の対象としていた。

> **解説**

　青色申告者の配偶者（又は親族）で青色事業専従者に該当し給料の支払を受ける者や白色申告者の配偶者（又は親族）で事業専従者に該当する者は、控除対象配偶者（又は扶養親族）には該当しないこととされています（所法2①三十三、三十四）。

5．年の途中で死亡した父親の準確定申告において配偶者控除を受けた母親（合計所得金額48万円以下）について、父親の死後において子が扶養している場合であっても、子の控除対象扶養親族として扶養控除を適用することはできないとしていた。

> **解説**
>
> 　父の準確定申告における同一生計配偶者の該当性は、死亡日の現況で判定します（所法85③）。
> 　また、子の申告（年末調整）において、控除対象扶養親族の該当性は、12月31日の現況で判定します（所法85③）。
> 　したがって、上記の場合、子は母親を控除対象扶養親族として扶養控除を適用することができます（所基通83〜84-1）。

13 配偶者特別控除

(1) 配偶者特別控除

　居住者が、生計を一にする配偶者(注1)で控除対象配偶者に該当しないもの(注2)を有する場合には、一定の金額を控除します（所法83の2）。
　ただし、夫婦相互での配偶者特別控除の適用ができないこととされています（所法83の2②）。
　なお、配偶者が「給与所得者の扶養控除等申告書」等に記載された源泉控除対象配偶者がある者として給与等又は公的年金等に係る源泉徴収の規定の適用を受けている場合(注3)には、その居住者は、確定申告において配偶者特別控除の適用を受けることができないこととされています（所法83の2②）。

(注1) 他の者の扶養親族とされる者、青色事業専従者として給与の支払を受けている者及び事業専従者に該当する者を除き、合計所得金額が133万円以下の者に限ります。
(注2) 居住者の合計所得金額が1,000万円以下の配偶者に限ります。
(注3) その配偶者が、その年分の所得税につき年末調整の適用を受けた者である場合又は確定申告書の提出をし、若しくは決定を受けた者である場合を除きます。

(2) 控除額

　控除額は、次のとおりとなります（所法83の2①）。

配偶者の合計所得金額	控除額		
	居住者の合計所得金額		
	900万円以下	900万円超 950万円以下	950万円超 1,000万円以下
48万円超95万円以下	38万円	26万円	13万円
95万円超100万円以下	36万円	24万円	12万円
100万円超105万円以下	31万円	21万円	11万円

105万円超110万円以下	26万円	18万円	9万円
110万円超115万円以下	21万円	14万円	7万円
115万円超120万円以下	16万円	11万円	6万円
120万円超125万円以下	11万円	8万円	4万円
125万円超130万円以下	6万円	4万円	2万円
130万円超133万円以下	3万円	2万円	1万円

(3) 手続き等

　居住者である親族に係る配偶者特別控除の適用を受ける場合には、確定申告書に配偶者控除に関する事項を記載します。

　なお、関係書類の添付又は提示する必要はありません。

　非居住者である親族（以下、「国外居住親族」といいます）に係る配偶者特別控除の適用を受ける場合には、親族関係書類(注1、3)及び送金関係書類(注2、3)を確定申告書に添付又は提示する必要があります（所法120③二、所令262③、所規47の2⑤⑥）。

　なお、給与等又は公的年金等の源泉徴収並びに給与等の年末調整において添付又は提示したこれらの書類については、添付又は提示する必要はありません。

(注1)　「親族関係書類」とは、次の①又は②のいずれかの書類（その書類が外国語で作成されている場合にはその翻訳文を含みます）で、その国外居住親族がその居住者の親族であることを証するものをいいます（所規47の2⑤）。

　　①　戸籍の附票の写しその他の国又は地方公共団体が発行した書類及びその国外居住親族の旅券の写し

　　②　外国政府又は外国の地方公共団体が発行した書類（その国外居住親族の氏名、生年月日及び住所又は居所の記載があるものに限ります）

(注2)　「送金関係書類」とは、その年における次の①又は②の書類（その書類が外国語で作成されている場合にはその翻訳文を含みます）で、その国外居住親族の生活費又は教育費に充てるための支払を、必要の都度、各人に行ったことを明らかにするものをいいます（所規47の2⑥）。

　　①　金融機関の書類又はその写しで、その金融機関が行う為替取引によりその居住者からその国外居住親族に支払をしたことを明らかにする書類

　　②　いわゆるクレジットカード発行会社の書類又はその写しで、そのクレジット発行会社が交付したカードを提示してその国外居住親族が商品等を購入したこと等及びその商品等の購入等の代金に相当する額をその居住者から受領したことを明らかにする書類

(注3)　「親族関係書類」及び「送金関係書類」が外国語で作成されている場合には、その翻訳文も必要となります（所規47の2⑤⑥）。

誤りやすい事例　配偶者特別控除の適用

　配偶者の合計所得金額が125万円であることを理由に、令和5年分の確定申告で配偶者

特別控除の適用を受けていなかった。

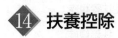

令和2年分から所得税から配偶者特別控除の対象となる配偶者の合計所得金額は、48万円超133万円以下となったころから、配偶者特別控除の適用を受けることができます。

なお、平成29年分までは、38万円超76万円未満であり、平成30年分及び令和元年分は、38万円超123万円以下でした。

【参考】
・国税庁ホームページ／タックスアンサー／「No.1190配偶者の所得がいくらまでなら配偶者控除が受けられるか」

14 扶養控除

(1) 扶養控除

居住者が控除対象扶養親族を有する場合に控除されます（所法84①）。

(2) 控除対象扶養親族の要件

① 控除対象扶養親族の要件

控除対象扶養親族(注1)とは、扶養親族のうち年齢16歳以上の者をいいます（所法2①三十四、三十四の二）。

身　分　要　件		所　得　要　件
居住者と生計を一にする年齢16歳以上の右に掲げる者(注2)	居住者の配偶者以外の親族	合計所得金額が48万円以下である者
	里親である居住者に委託された児童（年齢18歳未満）	
	養護受託者である納税者に委託された老人（年齢65歳以上）	

(注1) 青色申告者の配偶者以外の親族で青色事業専従者に該当し給与の支払を受けている者又は白色申告者の配偶者以外の親族で事業専従者に該当する者は該当しないこととされています（所法2①三十四）。
(注2) 16歳未満の扶養親族について、平成23年分所得税、平成24年度住民税から16歳未満の扶養親族に係る扶養控除が廃止されましたが、住民税の非課税限度額の算定には使用されます。

なお、令和2年度税制改正により、令和5年分以後は、扶養控除の対象となる控除対象扶養親族は、扶養親族のうち、非居住者については年齢16歳以上30歳未満の者及び年齢70歳以上の者並びに年齢30歳以上70歳未満の者であって次に掲げる者のいずれかに該当するものとされま

した（所法2①三十四の二ロ、令2改正法附3）。

① 留学により国内に住所及び居所を有しなくなった者
② 障害者
③ その居住者からその年において生活費又は教育費に充てるための支払いを38万円以上受けている者

② **控除対象扶養親族の区分**

控除対象扶養親族は、次のように区分されます（所法2①三十四、三十四の二、三十四の三、三十四の四、措法41の16）。

扶養親族の要件	その他の要件	区　分
扶養親族の要件に該当する者	年齢16歳以上18歳以下の者 年齢23歳以上69歳以下の者	一般の控除対象扶養親族
	年齢19歳以上22歳以下の者	特定扶養親族
	年齢70歳以上の者	老人扶養親族
	老人扶養親族に該当し、居住者又はその配偶者の直系尊属（父母・祖父母など）で、かつ、いずれかと同居を常況としている者	同居する老人扶養親族（同居老親）

誤りやすい事例　控除対象扶養親族の判定等

1．介護老人福祉施設（いわゆる老人ホーム）に入居している者を同居老親等としていた。

解説

　介護老人福祉施設等の施設に入居している者は、同居しているとはいえないとされています。

　なお、病気療養のため病院に入院している者は、同居しているものとして取り扱います。
　また、介護老人保健施設（旧老人保健施設）に入居している者で、同施設への入所が短期間であり一時的なものと見込まれる客観的な事情が認められない場合には、同居しているとはいえないとされています。

2．確定申告書において、控除対象扶養親族として申告した者を、更正の請求や修正申告によって、別の納税者の控除対象扶養親族に変更することができると考えていた。

解説

　二以上の居住者の扶養親族に該当する場合の扶養親族の所属は、①予定納税の減額申請書、②確定申告書、③扶養控除等申告書等に記載されたところによることから、更正の請

求や修正申告によって扶養親族の所属を変更することはできないとされています（所令219①、所基通85-2）。

【参考】
・国税庁ホームページ／タックスアンサー／「No.1181納税者が2人以上いる場合の扶養控除の所属の変更」

(3) 控除額

控除額は、各扶養親族の区分に応じ、次のとおりとなります（所法84①、措法41の16①）。

なお、控除対象扶養親族、特定扶養親族、老人扶養親族であるかどうかの判定は、その年の12月31日（判定に係る者が既に死亡している場合は、その死亡の時）の現況によります（所法85③）。

区　　分		控　除　額
一般の控除対象扶養親族	16歳以上18歳以下	380,000円
	23歳以上69歳以下	
特定扶養親族（19歳以上22歳以下）		630,000円
老人扶養親族（70歳以上）	①　②以外	480,000円
	②　同居老親	580,000円

(4) 手続き等

居住者である親族に係る扶養控除の適用を受ける場合には、確定申告書に扶養控除に関する事項を記載します。

なお、関係書類を添付又は提示する必要はありません。

非居住者である親族（以下、「国外居住親族」といいます）に係る扶養控除の適用を受ける場合には、親族関係書類(注1、3)及び送金関係書類(注2、3)を確定申告書に添付又は提示する必要があります（所法120③二、所令262③、所規47の2⑤⑥）。

なお、上記非居住者である親族が年齢30歳以上70歳未満の者（障害者である場合を除きます）である場合には、「親族関係書類」及び「送金関係書類」に加えて「留学証明書類」(注3)又は「親族関係書類」及び「38万円以上送金等関係書類」(注4)を添付又は提示する必要があります（所規47の2⑦～⑩）。

おって、給与等又は公的年金等の源泉徴収並びに給与等の年末調整において添付又は提示したこれらの書類については、添付又は提示する必要はありません。

（注1）「親族関係書類」とは、次の①又は②のいずれかの書類（その書類が外国語で作成されている場合にはその翻訳文を含みます）で、その国外居住親族がその居住者の親族であることを証す

るものをいいます（所規47の2⑤）。
① 戸籍の附票の写しその他の国又は地方公共団体が発行した書類及びその国外居住親族の旅券の写し
② 外国政府又は外国の地方公共団体が発行した書類（その国外居住親族の氏名、生年月日及び住所又は居所の記載があるものに限ります）

(注2) 「送金関係書類」とは、その年における次の①又は②の書類（その書類が外国語で作成されている場合にはその翻訳文を含みます）で、その国外居住親族の生活費又は教育費に充てるための支払を、必要の都度、各人に行ったことを明らかにするものをいいます（所規47の2⑥）。
① 金融機関の書類又はその写しで、その金融機関が行う為替取引によりその居住者からその国外居住親族に支払をしたことを明らかにする書類
② いわゆるクレジットカード発行会社の書類又はその写しで、そのクレジット発行会社が交付したカードを提示してその国外居住親族が商品等を購入したこと等及びその商品等の購入等の代金に相当する額をその居住者から受領したことを明らかにする書類

(注3) 「留学証明書類」とは、外国政府又は外国の地方公共団体が発行した国外居住扶養親族に係る次の①又は②の書類で、その国外居住扶養親族が外国における留学の在留資格に相当する資格をもってその外国に在留することにより国内に住所及び居所を有しなくなった旨を証するものをいいます（その書類が外国語で作成されている場合にはその翻訳文を含みます）（措規47の2⑨）。
① 外国における査証（ビザ）に類する書類の写し
② 外国における在留カードに相当する種類の写し

(注4) 「38万円以上送金等関係書類」とは、送金関係書類のうち、国外居住親族である各人へのその年における支払の金額の合計額が38万円以上であることを明らかにする書類をいいます（措規47の2⑩）

誤りやすい事例　「送金関係書類」の要件

1．扶養控除の適用を受けようとする国外居住親族が複数おり、送金を代表者にまとめて行っている場合、その送金証明書を国外居住親族全員分の送金関係書類として取り扱うことができると考えていた。

解説

国外居住親族について扶養控除を適用する場合に添付する送金関係書類は、国外居住親族の生活費又は教育費に充てるための支払を、必要の都度、各人に行ったことを明らかにすることが必要であるとされています（所規47の2⑥、所基通120-8）。

2．留学中の子（国外居住親族に該当）が通う海外の大学に対して、学費を直接支払った場合、大学からの領収書その他支払がわかる書類は送金関係書類に該当すると考えていた。

> **解説**

　送金関係書類は、国外居住扶養親族の生活費又は教育費に充てるために、為替取引により国外居住扶養親族に支払をしたことが明らかな書類をいうため、海外の大学に直接支払った領収書等は送金関係書類に該当しないことになります（所規47の２⑥一）。

3．令和５年分の所得税の確定申告において、非居住者である扶養親族に係る扶養控除の適用を受ける場合、すべての非居住者において38万円送金書類は必要と考えていた。

> **解説**

　38万円送金書類の提出が必要なのは、非居住者である扶養親族のうち、年齢30歳以上70歳未満で居住者からその年において生活費又は教育費に充てるための支払を38万円以上受けている者について扶養控除の適用を受ける場合とされています（所法２①三十四の二ロ(3)）。

非居住者である親族の年齢等区分		必要書類
年齢16歳以上30歳未満または70歳以上		「親族関係書類」及び「送金関係書類」
年齢30歳以上70歳未満	留学により国内に住所及び居所を有しなくなった者	「親族関係書類」及び「留学ビザ等書類」並びに「送金関係書類」
	障害者	「親族関係書類」及び「送金関係書類」
	その居住者からその年において生活費又は教育費に充てるための支払を38万円以上受けている者	「親族関係書類」及び「38万円送金書類」

【参考】
・国税庁ホームページ／タックスアンサー／「No.1180扶養控除」

4．令和５年１月１日以降に提出するすべての年分の確定申告書において、非居住者である扶養親族に係る扶養控除の適用を受ける場合、必ず留学証明書又は親族関係書類及び送金関係書類又は38万円送金書類が必要と考えていた。

> **解説**

　令和２年度税制改正により、日本国外に居住する親族に係る扶養親族の適用に関する改正が行われ、控除対象扶養親族の定義が改正されています（所法２①三十四の二）。
　この改正は、令和５年分以後の確定申告書を提出する場合について適用され、令和４年分以前については、従前のとおりとされています（改正法附則３、７①）。

(5) 親族表（民法725）

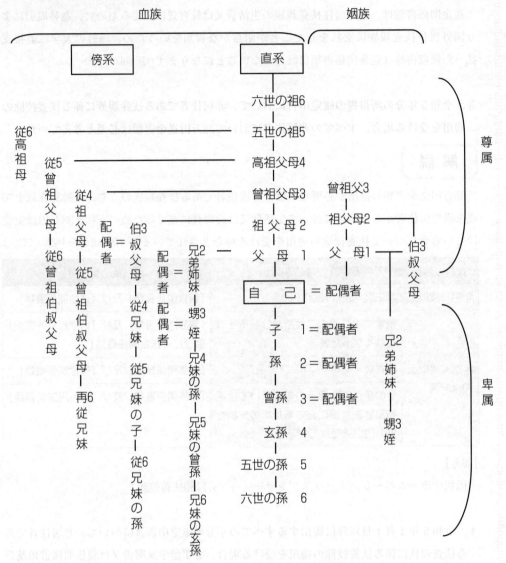

（出典：税務大学校講本　所得税法（令和6年度版））

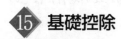 **基礎控除**

(1) 基礎控除

居住者のその年分の合計所得金額の区分に応じ定められた金額が控除されます（所法86）。

(2) 控除額

控除額は次のとおりとなります（所法86①）。

居住者の合計所得金額（注）	控　除　額
2,400万円以下	480,000円
2,400万円超2,450万円以下	320,000円
2,450万円超2,500万円以下	160,000円
2,500万円超	（適用なし）

（注）「合計所得金額」については、❾(2)(注2)(692ページ）を参照。

第3節 所得控除の順序

 概　要

総所得金額や山林所得金額、退職所得金額などから所得控除の金額を差し引くにあたっては、所得控除相互の間に差し引く順序があり、それぞれ所得についても差し引かれる順序が設けられています（所法87）。

 所得控除の順序

(1) 所得控除はまず雑損控除から（所法87①）

所得控除のうち雑損控除だけは、他の所得控除と区分して最初に所得金額から差し引くことになっています。

これは、雑損控除の金額は、他の控除と異なって、所得金額から引き切れない場合にはその引き切れない金額を控除不足額として翌年以降の所得計算の際に差し引くことが認められていることによるものです。

(2) 所得控除を差し引く順序

　所得控除は、①総所得金額、②分離課税の短期譲渡所得の金額、③分離課税の長期譲渡所得の金額、④分離課税の上場株式等に係る配当所得等の金額、⑤分離課税の一般株式等に係る譲渡所得等の金額、⑥分離課税の上場株式等に係る譲渡所得等の金額、⑦分離課税の先物取引に係る雑所得等の金額、⑧山林所得金額、⑨退職所得金額の順で差し引きます。

(3) 引ききれない所得金額がある場合

　まず、雑損控除の金額を上記(2)の順序で差し引いた後、なお、所得の金額がある場合には残りの控除の合計金額を同じ順序で差し引きます。

〔留意事項〕
1．分離短期譲渡所得のうちに、軽減税率対象土地等に係るもの(イ)とその他の土地建物等に係るもの(ロ)とがある場合には、所得控除額は、まず(ロ)の金額から控除します（措通31・32共-4）。
2．分離長期譲渡所得のうちに、優良住宅地の造成等のために譲渡した土地等に係る部分の所得(イ)又は居住用財産に係る部分の所得(ロ)とその他の土地建物等に係る部分の所得(ハ)とがある場合には、所得控除額は、(ハ)、(イ)又は(ロ)の金額から順次控除します（措通31・32共-4）。

第6章 所得控除

3 令和5年分所得控除額の計算一覧

雑損控除額 (所法72①)	1 損失の金額のうち災害関連支出5万円以下の場合 　→　損失の金額－総所得金額等の10% 2 損失の金額のうち災害関連支出5万円超の場合 　→　損失の金額－次のいずれか低い金額 　　　　① 損失の金額－(災害関連支出の金額－5万円) 　　　　② 総所得金額等の10% 3 損失の金額の全てが災害関連支出の場合 　→　損失の金額－次のいずれか低い金額 　　　　① 5万円 　　　　② 総所得金額等の10% ※ 損失の金額＝損害金額－保険金等で補てんされる金額 　 損害金額＝災害又は盗難若しくは横領による損失＋災害等によるやむを得ない支出 　 災害関連支出＝災害に直接関連した支出
医療費控除額 (所法73①)	〔支払った医療費の額 － 保険金などで補てんされる金額〕 － 〔10万円と「総所得金額等の5%」とのいずれか少ない方の金額〕 ※最高200万円(医療費控除の特例との重複不可)
医療費控除の特例 (措法41の17)	〔支払った特定一般用医薬品の購入額 － 保険金などで補てんされる金額〕 － 1.2万円 ※最高8.8万円(医療費控除との重複不可)
社会保険料控除額 (所法74①)	支払った又は給与から控除される社会保険料の合計額
小規模企業共済等掛金控除額 (所法75①)	支払った小規模企業共済等掛金の合計額
生命保険料控除額 (所法76①〜④)	【生命保険】　【介護保険】　【個人年金】 ① 新契約のみ(限度額4万円)　① 新契約(限度額4万円)　① 新契約のみ(限度額4万円) 　　＋　③ 両方適用(限度額4万円)　　　　　　　　　　＋　③ 両方適用(限度額4万円) ② 旧契約のみ(限度額5万円)　　　　　　　　　　② 旧契約のみ(限度額5万円) ④全体の適用限度額12万円 ・次の①〜④により計算 ① 新契約(平成24年1月1日以後に契約した保険契約等)

年間の支払保険料等	控除額(税法)	控除額(簡便法)
20,000円以下	支払保険料等の全額	
20,000円超 40,000円以下	20,000円＋ (支払保険料等－20,000円)×1/2	支払保険料等×1/2 　　　　＋10,000円
40,000円超 80,000円以下	30,000円＋ (支払保険料等－40,000円)×1/4	支払保険料等×1/4 　　　　＋20,000円
80,000円超	一律40,000円	

生命保険料控除額 (所法76①〜④)	② 旧契約（平成23年12月31日以前に契約した保険契約等）	

年間の支払保険料等	控除額（税法）	控除額（簡便法）
25,000円以下	支払保険料等の全額	
25,000円超 50,000円以下	25,000円＋ （支払保険料等－25,000円）×1/2	支払保険料等×1/2 ＋12,500円
50,000円超 100,000円以下	37,500円＋ （支払保険料等－50,000円）×1/4	支払保険料等×1/4 ＋25,000円
100,000円超	一律50,000円	

③ 新契約と旧契約の双方について生命保険料控除を適用する場合
　新契約の計算＋旧契約の計算＝控除額（最高4万円）
　なお、旧契約（最高5万円）のみの申告を妨げるものではない。
④ 控除額の限度
　各契約の計算した保険料控除の合計額が12万円を超える場合は12万円

地震保険料控除額（所法77①、平18改正所法附則10）

[地震保険料の支払金額の合計額 ①（最高5万円）] ＋ [長期保険料の支払金額の合計額を下記の算式に当てはめて計算した金額②（最高1万5千円）]
（①と②の合計で最高5万円）

支払保険料	控除額（税法）	控除額（簡便法）
10,000円以下	その支払金額	
10,000円超 20,000円以下	10,000円＋ （支払保険料－10,000円）×1/2	支払保険料×1/2 ＋5,000円
20,000円超	15,000円	

寄附金控除額（所法78①）

[「特定寄附金の合計額」と「総所得金額等の40％」のいずれか少ない方の金額] － 2,000円

障害者控除額（所法79①〜③）

障害者控除額は、次の表で求めた金額

区分	控除額	
	本人	同一生計配偶者又は扶養親族
障害者	270,000円	
特別障害者	400,000円	
同居特別障害者		750,000円

※平成29年分以前は、「同一生計配偶者」は「控除対象配偶者」

Ⅰ　障害者とは
　　精神上の障害により事理を弁識する能力を欠く常況にある者、失明者その他の精神又は身体に障害がある者
Ⅱ　特別障害者とは
　　障害者のうち、精神又は身体に重度の障害がある者
Ⅲ　同居特別障害者とは
　　同一生計配偶者又は扶養親族のうち、特別障害者で、かつ、居住者又はその配偶者若しくはその居住者と生計を一にするその他の親族との同居を常況としている者

寡婦控除額 （所法80①）	270,000 円 寡婦とは 「ひとり親」に該当しない者で、次の要件を満たす者 ①　以下のいずれかに該当すること 　　イ　夫と離婚した後婚姻をしていない者で扶養親族を有する者 　　ロ　夫と死別した後婚姻をしていない者又は夫が生死不明などの者 ②　合計所得金額が500万円以下であること ③　事実上婚姻関係と同様の事情があると認められる者がいないこと	
ひとり親控除額 （所法81①）	350,000 円 ひとり親とは 現に婚姻していない者又は配偶者が生死不明な者で、次の要件を満たす者 ①　その年分の総所得金額等が48万円以下の生計を一にする子を有すること ②　合計所得金額が500万円以下であること ③　事実上婚姻関係と同様の事情があると認められる者がいないこと	
勤労学生控除額 （所法82①）	270,000 円 勤労学生とは 給与所得等を有する者のうち、合計所得金額が75万円以下で、合計所得金額のうち給与所得等以外の所得の合計額が10万円以下の者	
配偶者控除額 （所法83①）	配偶者控除額は、次の表で求めた金額 | 居住者の合計所得金額	控除額	
---	---	---
	控除対象配偶者	老人控除対象配偶者
900万円以下	380,000 円	480,000 円
900万円超 950万円以下	260,000 円	320,000 円
950万円超 1,000万円以下	130,000 円	160,000 円 | Ⅰ　控除対象配偶者とは 　　控除対象配偶者とは、同一生計配偶者のうち、合計所得金額が1,000万円以下である居住者の配偶者 　　同一生計配偶者とは居住者の配偶者でその居住者と生計を一にするもの（青色事業専従者として給与の支払を受ける者及び白色事業専従者を除く）のうち、合計所得金額が48万円以下である者 Ⅱ　老人控除対象配偶者とは 　　控除対象配偶者のうち、年齢70歳以上の者	

配偶者特別控除額 （所法83の2①）	生計を一にする配偶者（他の納税者の扶養親族とされる者、青色事業専従者として給与の支払を受ける者及び白色事業専従者を除く）かつ、控除対象配偶者に該当しない者で、当該配偶者及び居住者の合計所得金額に基づき、次の表で求めた金額 なお、夫婦がお互いに配偶者特別控除を適用することはできない。 | 配偶者の 合計所得金額	控　除　額		
---	---	---	---
	居住者の合計所得金額		
	900万円以下	900万円超 950万円以下	950万円超 1,000万円以下
48万円超 95万円以下	38万円	26万円	13万円
95万円超 100万円以下	36万円	24万円	12万円
100万円超 105万円以下	31万円	21万円	11万円
105万円超 110万円以下	26万円	18万円	9万円
110万円超 115万円以下	21万円	14万円	7万円
115万円超 120万円以下	16万円	11万円	6万円
120万円超 125万円以下	11万円	8万円	4万円
125万円超 130万円以下	6万円	4万円	2万円
130万円超 133万円以下	3万円	2万円	1万円	
扶養控除額 （所法84①、措法41の16①）	扶養控除額は、次の表で求めた金額 		控除額
一般の控除対象扶養親族 (16歳以上18歳以下、23歳以上69歳以下)	380,000円
特定扶養親族 （年齢19歳以上22歳以下）	630,000円
老人扶養親族 （70歳以上） 同居老親等以外	480,000円
同居老親等	580,000円 | 扶養親族とは 居住者の親族（配偶者を除く）、里親である居住者に委託された児童（年齢18歳未満）及び養護受託者である居住者に委託された老人（年齢65歳以上）で、その居住者と生計を一にするもの（青色事業専従者として給与の支払を受ける者及び白色事業専従者を除く）のうち、合計所得金額が48万円以下である者 Ⅰ　控除対象扶養親族とは 　　扶養親族のうち、年齢16歳以上の者 　　ただし、年齢30歳以上70歳未満の非居住者であって次に掲げる者のいずれにも該当しないものを除外する。 　①　留学により国内に住所及び居所を有しなくなった者 　②　障害者 　③　その適用を受ける居住者から年における生活費又は教育費に充てるための支払を38万円以上受けている者 Ⅱ　特定扶養親族とは 　　控除対象扶養親族のうち、年齢19歳以上23歳未満の者 Ⅲ　老人扶養親族とは 　　控除対象扶養親族のうち、年齢70歳以上の者 Ⅳ　同居老親等とは 　　老人扶養親族のうち、居住者又はその配偶者の直系尊属で、かつ、居住者又はその配偶者との同居を常況としている者

基礎控除額 (所法86①)	居住者の合計所得金額	控除額
	2,400 万円以下	480,000 円
	2,400 万円超 2,450 万円以下	320,000 円
	2,450 万円超 2,500 万円以下	160,000 円
	2,500 万円超	(適用なし)

(出典:税務大学校講本 所得税法(令和6年度版))

第7章 税額計算

第1節 税額計算の方法

1 税額計算の構造

税額計算の構造は、次のようになっています。

税 額 計 算 の 構 造

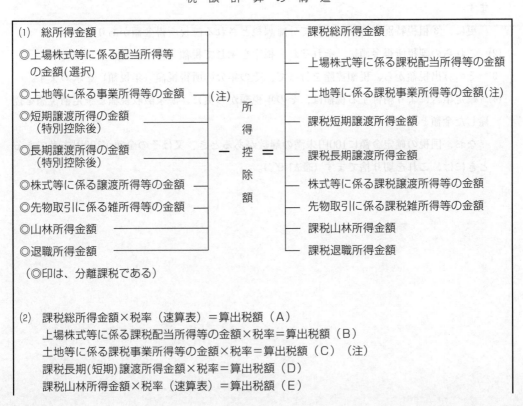

(2) 課税総所得金額×税率（速算表）＝算出税額（A）
　　上場株式等に係る課税配当所得等の金額×税率＝算出税額（B）
　　土地等に係る課税事業所得等の金額×税率＝算出税額（C）（注）
　　課税長期(短期)譲渡所得金額×税率＝算出税額（D）
　　課税山林所得金額×税率（速算表）＝算出税額（E）

```
        課税退職所得金額×税率（速算表）＝算出税額（F）
        株式等に係る課税譲渡所得等の金額×税率＝算出税額（G）
        先物取引に係る課税雑所得等の金額×税率＝算出税額（H）
(3)  算出税額（A）─┐
     算出税額（B）─┤
     算出税額（C）─┤ （注）
     算出税額（D）─┤      ─ 税額控除額 ＝ 所得税額(年税額)
     算出税額（E）─┤
     算出税額（F）─┤
     算出税額（G）─┤
     算出税額（H）─┘
(4)  所得税額(年税額)－源泉徴収税額－予定納税額＝確定申告に係る納付税額
     （注）平成10年1月1日から令和8年3月31日までの間の個人の不動産事業者等の土地譲渡益については、
          申告分離課税制度の特例は適用されず、一般の事業所得等と同様総合課税となる。
```

（出典：税務大学校講本　所得税法（令和6年度版））

2 税額計算の方法

所得税額の計算過程の概略は、次のとおりとなります。

(1) 課税標準から所得控除した後の金額を課税所得金額といいます。

　　課税所得金額は、①課税総所得金額、②課税山林所得金額及び課税退職金額に区分されます。

　　更に、③租税特別措置法によって分離課税とされる課税所得金額があります。

(2) これらの課税所得金額に、それぞれ、税率を乗じて税額（算出税額）を求めます。

(3) その算出税額から、税額控除を行って、その年分の所得税額（年税額）を求めます。

(4) 確定申告により納付する税額は、その年税額から更に、源泉徴収税額と予定納税額を控除した金額となります。

　　なお、国税の確定金額に100円未満の端数があるとき、又はその金額が100円未満であるときには、これを切り捨てます（通法119①）。

第 2 節 基本的な税率による税額計算

所得税の税額計算の基本となる税率は、超過累進税率となっています。

 課税総所得金額及び課税退職所得金額に対する税額

(1) 課税総所得金額及び課税退職所得金額に対する税額は、これらの課税所得金額に所得税法89条1項に規定する税率を乗じて計算します。
(2) 課税される所得金額に1,000円未満の端数があるとき、又はその金額が1,000円未満であるときには、これを切り捨てます（通法118①）。
(3) 実務では、次の所得税の速算表により計算します。
　なお、変動所得や臨時所得に対する平均課税の適用を受ける場合の調整所得金額に対する税額もこの表で求めます。

課税される所得金額	税率	控除額
1,000円から 1,949,000円まで	5％	0円
1,950,000円から 3,299,000円まで	10％	97,500円
3,300,000円から 6,949,000円まで	20％	427,500円
6,950,000円から 8,999,000円まで	23％	636,000円
9,000,000円から 17,999,000円まで	33％	1,536,000円
18,000,000円から 39,999,000円まで	40％	2,796,000円
40,000,000円から	45％	4,796,000円

（出典：税務大学校講本　所得税法（令和6年度版））

 課税山林所得金額に対する税額

(1) 課税山林所得金額に対する税額は、課税山林所得金額に所得税法89条1項に規定する税率を乗じて計算します。
(2) 課税山林所得金額に1,000円未満の端数があるとき、又はその金額が1,000円未満であるときには、これを切り捨てます（通法118①）。
(3) 実務では、次の課税山林所得金額に対する所得税の速算表により計算します。

課税される所得金額	税率	控除額
1,000円から 9,749,000円まで	5%	0円
9,750,000円から 16,499,000円まで	10%	487,500円
16,500,000円から 34,749,000円まで	20%	2,137,500円
34,750,000円から 44,999,000円まで	23%	3,180,000円
45,000,000円から 89,999,000円まで	33%	7,680,000円
90,000,000円から 199,999,000円まで	40%	13,980,000円
200,000,000円から	45%	23,980,000円

(出典：税務大学校講本　所得税法（令和6年度版））

(4) 課税山林所得金額に対する税額は、いわゆる5分5乗方式（課税山林所得金額の5分の1に相当する金額に所得税法89条1項に規定する税率を乗じて計算した金額を5倍にします）により算出しますが、上記(3)の速算表にはこの5分5乗方式が織り込まれています。

　なお、5分5乗計算を行う理由は、山林所得については、農業所得のように毎年の収穫から所得が生ずるのとは異なり、植林から伐採まで長い年月を経て、収穫の年に一度に発生することから、超過累進税率により税負担が過重となることを考慮したものです。

第3節　変動所得及び臨時所得の平均課税

変動所得及び臨時所得の意義

　変動所得及び臨時所得を有する者は、所得の金額が毎年ほぼ平均する者と比較すると、年ごとに超過累進税率を適用する関係から、その数年間の税負担を比較すると大きな差異を生じることがあります。

　そこで、この税負担の差異を調整するため、一定の条件に該当する変動所得及び臨時所得については、上記第2節の❶(3)の課税総所得金額に超過累進税率を乗ずる方法によらず、下記❹の特別な税額計算の方法（723ページ）によることとし、税負担の緩和を図ることとしています（所法90）。

変動所得及び臨時所得の範囲

　変動所得とは、事業所得又は雑所得のうち、自然現象その他の条件により年々の所得が大幅に変動する所得で、具体的には、①漁獲若しくはのりの採取から生ずる所得、②はまち、まだい、ひらめ、かき、うなぎ、ほたて貝若しくは真珠（真珠貝を含みます）の養殖から生ずる所得、③原稿若しくは作曲の報酬に係る所得又は④著作権の使用料に係る所得をいいます（所法2①二十三、所令7の2）。

　変動所得の内容を図示すると次のようになります。

	区　　分	内　　容
①	漁獲から生じる所得	魚類、貝類などの水産動物を捕獲してそのまま販売し、又は簡易な加工を施して販売する場合の所得（所基通2-31）
②	のりの採取から生ずる所得	のりの採取に限られ、こんぶ、わかめ、てんぐさ等の水産植物は含まれません（所基通2-30）。
③	養殖から生ずる所得	はまち、まだい、ひらめ、かき、うなぎ、ほたて貝又は真珠（真珠貝を含みます）の養殖から生ずる所得
④	原稿、作曲の報酬に係る所得	原稿、作曲の報酬に限られ、さし絵、イラスト等の報酬は含まれません。
⑤	著作権の使用料に係る所得	著作権者以外の者が著作権者のために著作物の出版等による利用に関する代理、媒介をし、又は著作物を管理することにより受ける対価に係る所得は含まれません（所基通2-32）。

　臨時所得とは、事業所得、不動産所得又は雑所得のうち、数年分の収入が一括して支払われる性格の所得で、例えば、①プロ野球選手などが、3年以上の期間、球団など特定の者と専属契約を結ぶことにより受け取る契約金で、その金額がその契約による報酬の2年分以上であるものの所得、②土地・建物等を3年以上の期間他人に使用させることにより一時に受ける権利金などで、その金額がその契約による使用料の2年分以上であるものの所得（譲渡所得になるものを除きます）などのほか、これらに類する所得をいいます（所法2①二十四、所令8）。

　臨時所得の内容を図示すると次のようになります。

区分		内容
①	プロ野球の選手その他一定の者に専属して役務を提供する者が3年以上の期間の専属契約により一時に受ける契約金で、次の要件に該当するものに係る所得 　　契約金≧報酬年額の2倍	イ　契約には、最初に締結する契約のほか、その契約を更新し又は更改する契約も含まれます（所基通2-33）。
②	不動産等を3年以上の期間他人に貸し付けることにより一時に受ける権利金等で、次の要件に該当するものに係る所得（譲渡所得に該当するものを除きます） 　　権利金等≧使用料年額の2倍	ロ　「報酬年額」又は「使用料年額」とは、契約締結の際において見積もった報酬又は使用料の平年額をいいます（所基通2-34）。 ハ　「権利金等」が使用料年額の2倍に相当する金額以上であるかどうかは、契約ごとに判定します（所基通2-35）。
③	業務の全部又は一部の休止、転換又は廃止により3年以上の期間の所得の補償として支払を受ける補償金に係る所得	〔該当するもの〕 ・収益補償金 ・経費補償金 ・棚卸資産の対価補償金 ・固定資産の遊休期間中の消耗補償金 〔該当しないもの〕 ・固定資産の除去、譲渡に係る対価補償金（譲渡所得） ・資産の移転、移築の費用に充てるための費用補償金（一時所得） （所基通2-36）
④	業務用資産について鉱害等の被害を受けたことにより3年以上の期間の所得の補償として支払を受ける補償金に係る所得	
⑤	①～④に類するものに係る所得	3年以上の期間にわたる、不動産の貸付けの対価の総額として一括して支払を受ける賃貸料（所基通2-37(1)）
		賃借人の交替又は転貸により支払を受ける名義書換料、承諾料等（交替、転貸後の貸付期間が3年以上であるものに限ります）で使用料年額の2倍に相当する額以上であるもの（譲渡所得に該当するものを除きます）（所基通2-37(2)）
		不動産等に係る損害賠償金等で、その計算の基礎とされた期間が3年以上であるもの（譲渡所得に該当するものを除きます）（所基通2-37(3)）
		金銭債権の債務者から受ける債務不履行に基づく損害賠償金で、その計算の基礎とされた期間が3年以上であるもの（所基通2-37(4)）

	国税通則法58条1項又は地方税法17条の4第1項の還付加算金でその計算の基礎とされた期間が3年以上であるもの（所基通2-37(4)）

平均課税を適用することができる場合

　平均課税を適用するためには、次のそれぞれの場合に応じて定められている要件を整えておかなければなりません（所法90①③）。

(1) 変動所得だけがある場合

区　　分	要　　件		
前年以前2年以内に変動所得があるとき	その年分の変動所得の金額（前年分と前々年分の変動所得の金額(注1)の平均額を超えている場合に限ります）	≧	その年分の総所得金額×20％(注2)
上記以外のとき	その年分の変動所得の金額	≧	その年分の総所得金額×20％(注2)

(2) 臨時所得だけがある場合

要　　件		
その年分の臨時所得の金額	≧	その年分の総所得金額×20％(注2)

(3) 変動所得と臨時所得とがある場合

区　　分				要　　件		
その年分の変動所得の金額	≦	（前年分と前々年分の変動所得(注1)の金額の合計額）÷2	のとき	その年分の臨時所得の金額	≧	その年分の総所得金額×20％(注2)
上記以外のとき				その年分の変動所得＋臨時所得の金額	≧	その年分の総所得金額×20％(注2)

(注1)　「前年分と前々年分の変動所得の金額」は、前年及び前々年において平均課税の適用を受けたものであるか否かは問わないこととされています。

(注2)　「総所得金額の20％」の基準は、源泉分離課税の対象となる利子所得、源泉分離課税や確定申告をしないことを選択した配当所得、分離課税の土地等の事業所得・雑所得（平成10年1月1日から令和8年3月31日までの間については適用なし）、分離課税の譲渡所得、分離課税の上場株式等に係る配当所得、一般株式等に係る譲渡所得等、上場株式等に係る譲渡所得等、先物取引に係る雑所得等、山林所得、退職所得を除いたところで計算します。

【参考通達】
・所得税基本通達90-2（変動所得の金額）
・所得税基本通達90-3（変動所得に係る必要経費）
・所得税基本通達90-4（変動所得に係る引当金等の繰戻し金等）
・所得税基本通達90-5（変動所得に係る必要経費の区分計算）
・所得税基本通達90-6（その年分の変動所得が赤字である場合の平均課税の適用の有無の判定及び平均課税対象金額の計算）
・所得税基本通達90-7（前年分及び前前年分のいずれかの年分の変動所得が赤字である場合の平均額）
・所得税基本通達90-8（前年分及び前前年分の変動所得の金額が異動した場合の処理）

誤りやすい事例　平均課税の適用等

1．本年分の変動所得を計算する際、前年及び前々年において平均課税の適用を受けていなかったことを理由に、本年の変動所得の金額をそのまま平均課税の対象にしていた。

解説

本年分の変動所得については、前年分及び前々年分の変動所得について平均課税の適用を受けたかどうかを問わず、前年及び前々年の変動所得の平均額を超える部分が平均課税の対象となります（所法90③）。

2．平均課税の適用にあたり、各種所得の金額の20％以上で判定していた。

解説

適用判定の金額基準は、総所得金額の20％以上となっています（所法90①）。
例えば、「不動産所得の金額200万円（うち変動・臨時所得70万円）、給与所得の金額600万円」の場合
⇒「70万円＜（800万円×20％）」となり、平均課税の適用はないことになります（所法90①）。

3．適用判定の金額基準を、分離課税の譲渡所得の金額を加算した後の総所得金額の20％で判定していた。

解説

適用判定の金額基準は分離課税の所得（損失）を除いた総所得金額の20％以上か否かで判定します（所法90①）。

例えば、「不動産所得の金額500万円（うち変動・臨時所得120万円）、分離譲渡所得の金額300万円」の場合

⇒ 「120万円＜（500万円＋300万円）×20％」ではなく、「120万円≧500万円×20％」となり、平均課税の適用があることになります。

平均課税の方法による税額の計算

平均課税の方法による課税総所得金額に対する所得税の額は、次の算式で計算します。

① 調整所得金額（A）＝（課税総所得金額－平均課税対象金額(注1)）×4/5

　　ただし、課税総所得金額≦平均課税対象金額の場合は、課税総所得金額×1/5の金額

② 特別所得金額（B）＝課税総所得金額－調整所得金額（A）

③ 調整所得金額に対する税額（C）＝調整所得金額（A）×税率（速算）表

　　特別所得金額に対する税額（D）＝特別所得金額（B）×平均税率(注2)

④ その年分の課税総所得金額に対する税額

　　＝調整所得金額に対する税額（C）＋特別所得金額に対する税額（D）

(注1) 平均課税対象金額とは、次の算式で計算した金額をいいます。

> 〔算　式〕
> 　（A－B×1/2）＋C
> 　　A：その年分の変動所得の金額
> 　　B：前年分の変動所得の金額＋前々年分の変動所得の金額
> 　　C：その年分の臨時所得の金額

(注2) 平均税率とは、調整所得金額に対する税額（C）÷調整所得金額（A）の数値をいいます。
　　なお、小数点以下2位まで算出し、3位以下を切り捨てます。

【参考通達】
　・所得税基本通達90-9（端数計算）
　・所得税基本通達90-10（変動所得及び臨時所得がある場合の平均課税の適用）

手続き等

確定申告書に平均課税の適用を受ける旨の記載をするとともに、変動所得及び臨時所得の計算に関する明細を記載した書類の添付をする必要があります（所法90④）。

第4節 分離課税の譲渡所得に対する税額計算

分離課税の譲渡所得に対する税額計算は、それぞれ次のようになります。

 分離長期譲渡所得金額に対する税額計算

区　　　分	算　　　式
通常の場合（措法31）〔一般所得分〕	課税長期譲渡所得金額×15%
優良住宅地の造成等のための譲渡の特例を受ける場合（措法31の2）〔特定所得分〕	①　課税長期譲渡所得金額が2,000万円以下のとき 　　課税長期譲渡所得金額×10% ②　課税長期譲渡所得金額が2,000万円超のとき 　　200万円＋（課税長期譲渡所得金額－2,000万円）×15%
居住用財産の譲渡の特例を受ける場合（措法31の3）〔軽課所得分〕	③　課税長期譲渡所得金額が6,000万円以下のとき 　　課税長期譲渡所得金額×10% ④　課税長期譲渡所得金額が6,000万円超のとき 　　600万円＋（課税長期譲渡所得金額－6,000万円）×15% （注）　長期譲渡所得金額の計算にあたっては、最高額3,000万円までの特別控除が差し引かれます（措法35）。

 分離短期譲渡所得金額に対する税額計算

区　　　分	算　　　式
通常の場合（措法32）	課税短期譲渡所得金額×30%
分離短期軽減資産の譲渡（措法32③）	課税短期譲渡所得金額×15%

 株式等に係る譲渡所得金額に対する税額計算

区　　　分	算　　　式
一般株式等の譲渡（措法37の10）	一般株式等に係る課税譲渡所得等の金額×15%
上場株式等の譲渡（措法37の11）	上場株式等に係る課税譲渡所得等の金額×15%

第5節 税額控除

1 概要

　所得控除をした後の課税総所得金額を基として、第1節から第4節までによって計算した税額から、更に配当控除や外国税額控除などを控除します。
　これらの控除は税額から控除することから、一括して「税額控除」と呼ばれています。
　税額控除として、①所得税法では、法人税との二重課税を調整するための「配当控除」、集団投資信託の収益の分配金の二重課税調整を適切に清算するための「分配時調整外国税相当額控除」及び外国の所得税との二重課税を調整するための「外国税額控除」の規定が設けられており、また、②租税特別措置法には、持家取得促進制度の一環としての「住宅借入金等特別控除」などが設けられています。
　税額控除には、所得税法上のものと租税特別措置法上のものがあり、その主なものは次のとおりとなります。

(1) 所得税法上のもの

① 配当控除（所法92①）
② 分配時調整外国税相当額控除（所法93①）
③ 外国税額控除（所法95①）

(2) 租税特別措置法上のもの

① 試験研究を行った場合の所得税額の特別控除（措法10）
② 中小事業者が機械等を取得した場合の所得税額の特別控除（措法10の3③）
③ 地域経済牽引事業の促進区域内において特定事業用機械等を取得した場合の所得税額の特別控除（措法10の4③）
④ 地方活力向上地域等において特定建物等を取得した場合の所得税額の特別控除（措法10の4の2③）
⑤ 地方活力向上地域等において雇用者の数が増加した場合の所得税額の特別控除（措法10の5）
⑥ 特定中小事業者が特定経営力向上設備等を取得した場合の所得税額の特別控除（措法10の5の3③）
⑦ 給与等の支給額が増加した場合の所得税額の特別控除（措法10の5の4）
⑧ 認定特定高度情報通信技術活用設備を取得した場合の所得税額の特別控除（措法10の5の5③）
⑨ 事業適応設備を取得した場合等の所得税額の特別控除（措法10の5の6⑦～⑨）
⑩ 住宅借入金等を有する場合の所得税額の特別控除（措法41①）
⑪ 特定の増改築等に係る住宅借入金等を有する場合の所得税額の特別控除の控除額に係る

特例（措法41の3の2①）
⑫ 政治活動に関する寄附をした場合の所得税額の特別控除（措法41の18②）
⑬ 認定特定非営利活動法人等に寄附をした場合の所得税額の特別控除（措法41の18の2②）
⑭ 公益社団法人等に寄附をした場合の所得税額の特別控除（措法41の18の3）
⑮ 既存住宅の耐震改修をした場合の所得税額の特別控除（措法41の19の2）
⑯ 既存住宅に係る特定の改修工事をした場合の所得税額の特別控除（措法41の19の3）
⑰ 認定住宅の新築等を取得した場合の所得税額の特別控除（措法41の19の4）

2 税額控除の種類

(1) 配当控除

① 配当控除

居住者が内国法人から受ける配当所得を有する場合に、その者の算出税額（所得税法89条の税率適用による金額）から一定の割合で計算した金額を控除します（所法92）。

② 配当控除の目的

配当所得は、課税済み法人所得の分配であり、二重課税防止の観点から設けられています。

P／L		
原　価		
必要経費	売　上	
法 人 税		
利　益		

法人の本来の利益	
処分可能利益	法人税等
	引当金等
	配当可能利益

法人が得た利益（所得）を分配する前に、その利益に対して課税し、分配後に更にその利益に対し課税している。つまり、同じ利益に何度も課税することとなる。

（出典：税務大学校講本　所得税法（令和6年度版））

③ 配当控除の対象となる配当所得

配当所得には、次のように配当控除の対象となる配当所得と配当控除の対象とならない配当所得があります。

対象となる配当所得	対象とならない配当所得
・剰余金の配当（株式又は出資に係るものに限るものとし、資本剰余金の額の減少に伴うもの並びに分割型分割によるもの及び株式分配を除きます） ・利益の配当（資産の流動化に関する法律115条1項（中間配当）に規定する金銭の分配を含むものとし分割型分割によるものを除きます）	・外国法人から受ける配当等（外国法人の国内にある営業所、事務所その他これらに準ずるものに信託された証券投資信託の収益の分配に係るものを除きます）（所法92①） ・基金利息 ・特定受益証券発行信託の収益の分配 ・オープン型証券発行信託の収益の分配のうち、信託財産の元本の払戻し相当部分（所法9①十一）

・剰余金の分配（出資に係るものに限ります） ・金銭の分配（出資総額等の減少に伴う金銭の分配を除きます） ・証券投資信託の収益の分配 ・特定株式投資信託の収益の分配（措法9③） ・一般外貨建等証券投資信託の収益の分配（措法9④）	・私募公社債等運用投資信託等の収益の分配（措法9①一） ・国外私募公社債等運用投資信託等の配当等（措法9①二） ・外国株価指数連動型特定株式投資信託の収益の分配（措法9①三） ・特定外貨建等証券投資信託の収益の分配（措法9①四） ・適格機関投資家私募による証券投資信託のうち法人課税信託に該当するものから受ける配当等（措法9①五イ） ・特定目的信託から受ける配当等（措法9①五ロ） ・特定目的会社から受ける配当等（措法9①六） ・投資法人から受ける配当等（措法9①七） ・申告分離課税を選択した上場株式等の配当等（措法8の4①） ・確定申告をしないことを選択した配当（措法8の5①）

④ 配当控除額

イ　概　要

　配当控除額の計算は、下記ロの計算式の適用要件ごとにハの計算式（731ページ以下参照）で算定します。

　配当控除額を計算する場合の配当所得の金額は、他の所得と損益通算をする前の配当所得の金額となることから、配当控除額は、損益通算がなされる場合でもその損益通算前の配当所得の金額を基にして計算することになります。

　配当控除額がその年分の所得税額を超えるときは、その所得税額に相当する金額を限度とします（所法92②）。

　下記ロ及びハにおける用語の意義は次のとおりとなります。

(イ)　「課税総所得金額」は、所得控除をした後の課税総所得金額、分離課税短期譲渡所得金額、分離課税長期譲渡所得金額、分離課税の上場株式等に係る課税配当所得の金額、一般株式等に係る課税譲渡所得等の金額、上場株式等に係る課税譲渡所得等の金額及び先物取引に係る雑所得等の金額の合計額をいいます（措法8の4③四、31③四、32④、37の10⑥六、37の11⑥、41の14②五）。

(ロ)　「剰余金の配当等」は、剰余金の配当、利益の配当、剰余金の分配、金銭の分配及び特定株式投資信託（外国株価指数連動型特定株式投資信託を除きます）の収益の分配をいいます。

(ハ)　「証券投資信託」は、一般外貨建等証券投資信託及び特定株式投資信託以外の証券投資信託（その配当等が配当控除の対象とならないものを除きます）をいいます。

㈡　「一般外貨建等証券投資信託」は、特定外貨建等証券投資信託以外の外貨建等証券投資信託（その配当等が配当控除の対象とならないものを除きます）をいいます（措法9④）。

ロ　計算式の適用要件（下記計算式①～⑮の番号は、731ページ以下の表の計算式①～⑮の番号に対応しています）

〈計算式①の適用要件〉
　㈤　配当控除の対象となる配当所得があること
　㈥　一般外貨建等証券発行信託の収益の分配に係る配当所得がないこと
　㈦　証券投資信託の収益の分配に係る配当所得がないこと
　㈡　剰余金の配当金等に係る配当所得のみで、課税総所得金額が1,000万円以下であること

〈計算式②の適用要件〉
　㈤　配当控除の対象となる配当所得があること
　㈥　一般外貨建等証券発行信託の収益の分配に係る配当所得がないこと
　㈦　証券投資信託の収益の分配に係る配当所得がないこと
　㈡　剰余金の配当金等に係る配当所得のみで、課税総所得金額が1,000万円超であること

〈計算式③の適用要件〉
　㈤　配当控除の対象となる配当所得があること
　㈥　一般外貨建等証券発行信託の収益の分配に係る配当所得がないこと
　㈦　証券投資信託の収益の分配に係る配当所得があること
　㈡　剰余金の配当等・証券投資信託の収益の分配に係る配当所得で、課税総所得金額が1,000万円以下であること

〈計算式④の適用要件〉
　㈤　配当控除の対象となる配当所得があること
　㈥　一般外貨建等証券発行信託の収益の分配に係る配当所得がないこと
　㈦　証券投資信託の収益の分配に係る配当所得があること
　㈡　剰余金の配当等・証券投資信託の収益の分配に係る配当所得で、課税総所得金額が1,000万円超であること
　㈱　（課税総所得金額−証券投資信託の収益の分配に係る配当所得）≦1,000万円であること

〈計算式⑤の適用要件〉
　㈤　配当控除の対象となる配当所得があること
　㈥　一般外貨建等証券発行信託の収益の分配に係る配当所得がないこと
　㈦　証券投資信託の収益の分配に係る配当所得があること
　㈡　剰余金の配当等・証券投資信託の収益の分配に係る配当所得で、課税総所得金額が1,000万円超であること
　㈱　（課税総所得金額−証券投資信託の収益の分配に係る配当所得）＞1,000万円であること
　㈸　（課税総所得金額−（剰余金の配当等に係る配当所得＋証券投資信託の収益の分配に係る配当所得）≦1,000万円であること

〈計算式⑥の適用要件〉
- (イ) 配当控除の対象となる配当所得があること
- (ロ) 一般外貨建等証券発行信託の収益の分配に係る配当所得がないこと
- (ハ) 証券投資信託の収益の分配に係る配当所得があること
- (ニ) 剰余金の配当等・証券投資信託の収益の分配に係る配当所得で、課税総所得金額が1,000万円超であること
- (ホ) （課税総所得金額－証券投資信託の収益の分配に係る配当所得）＞1,000万円であること
- (ヘ) （課税総所得金額－（剰余金の配当等に係る配当所得＋証券投資信託の収益の分配に係る配当所得）＞1,000万円であること

〈計算式⑦の適用要件〉
- (イ) 配当控除の対象となる配当所得があること
- (ロ) 一般外貨建等証券発行信託の収益の分配に係る配当所得があること
- (ハ) 証券投資信託の収益の分配に係る配当所得がないこと
- (ニ) 剰余金の配当等・一般外貨建証券投資信託の収益の分配に係る配当所得で、課税総所得金額が1,000万円以下であること

〈計算式⑧の適用要件〉
- (イ) 配当控除の対象となる配当所得があること
- (ロ) 一般外貨建等証券発行信託の収益の分配に係る配当所得があること
- (ハ) 証券投資信託の収益の分配に係る配当所得がないこと
- (ニ) 剰余金の配当等・一般外貨建証券投資信託の収益の分配に係る配当所得で、課税総所得金額が1,000万円超であること
- (ホ) （課税総所得金額－一般外貨建証券投資信託の収益の分配に係る配当所得）≦1,000万円であること

〈計算式⑨の適用要件〉
- (イ) 配当控除の対象となる配当所得があること
- (ロ) 一般外貨建等証券発行信託の収益の分配に係る配当所得があること
- (ハ) 証券投資信託の収益の分配に係る配当所得がないこと
- (ニ) 剰余金の配当等・一般外貨建証券投資信託の収益の分配に係る配当所得で、課税総所得金額が1,000万円超であること
- (ホ) （課税総所得金額－一般外貨建証券投資信託の収益の分配に係る配当所得）＞1,000万円であること
- (ヘ) （課税総所得金額－（剰余金の配当等による配当所得＋一般外貨建証券投資信託の収益の分配に係る配当所得））≦1,000万円であること

〈計算式⑩の適用要件〉
- (イ) 配当控除の対象となる配当所得があること
- (ロ) 一般外貨建等証券発行信託の収益の分配に係る配当所得があること

(ハ)　証券投資信託の収益の分配に係る配当所得がないこと

　　(ニ)　剰余金の配当等・一般外貨建証券投資信託の収益の分配に係る配当所得で、課税総所得金額が1,000万円超であること

　　(ホ)　(課税総所得金額－一般外貨建証券投資信託の収益の分配に係る配当所得)＞1,000万円であること

　　(ヘ)　(課税総所得金額－(剰余金の配当等による配当所得＋一般外貨建証券投資信託の収益の分配に係る配当所得))＞1,000万円であること

〈計算式⑪の適用要件〉

　　(イ)　配当控除の対象となる配当所得があること

　　(ロ)　一般外貨建等証券発行信託の収益の分配に係る配当所得があること

　　(ハ)　証券投資信託の収益の分配に係る配当所得があること

　　(ニ)　剰余金の配当等・一般外貨建証券投資信託の収益の分配・証券投資信託の収益の分配に係る配当所得で、課税総所得金額が1,000万円以下であること

〈計算式⑫の適用要件〉

　　(イ)　配当控除の対象となる配当所得があること

　　(ロ)　一般外貨建等証券発行信託の収益の分配に係る配当所得があること

　　(ハ)　証券投資信託の収益の分配に係る配当所得があること

　　(ニ)　剰余金の配当等・一般外貨建証券投資信託の収益の分配・証券投資信託の収益の分配に係る配当所得で、課税総所得金額が1,000万円超であること

　　(ホ)　(課税総所得金額－(一般外貨建証券投資信託の収益の分配＋証券投資信託の収益の分配に係る配当所得))≦1,000万円であること

　　(ヘ)　(課税総所得金額－(一般外貨建証券投資信託の収益の分配に係る配当所得))≦1,000万円であること

〈計算式⑬の適用要件〉

　　(イ)　配当控除の対象となる配当所得があること

　　(ロ)　一般外貨建等証券発行信託の収益の分配に係る配当所得があること

　　(ハ)　証券投資信託の収益の分配に係る配当所得があること

　　(ニ)　剰余金の配当等・一般外貨建証券投資信託の収益の分配・証券投資信託の収益の分配に係る配当所得で、課税総所得金額が1,000万円超であること

　　(ホ)　(課税総所得金額－(一般外貨建証券投資信託の収益の分配＋証券投資信託の収益の分配に係る配当所得))≦1,000万円であること

　　(ヘ)　(課税総所得金額－(一般外貨建証券投資信託の収益の分配に係る配当所得))＞1,000万円であること

〈計算式⑭の適用要件〉

　　(イ)　配当控除の対象となる配当所得があること

　　(ロ)　一般外貨建等証券発行信託の収益の分配に係る配当所得があること

第7章 税額計算

　　(ハ)　証券投資信託の収益の分配に係る配当所得があること
　　(ニ)　剰余金の配当等・一般外貨建証券投資信託の収益の分配・証券投資信託の収益の分配に係る配当所得で、課税総所得金額が1,000万円超であること
　　(ホ)　(課税総所得金額－(一般外貨建証券投資信託の収益の分配＋証券投資信託の収益の分配に係る配当所得))＞1,000万円であること
　　(ヘ)　(課税総所得金額－(剰余金の配当等に係る配当所得＋証券投資信託の収益の分配に係る配当所得＋一般外貨建証券投資信託の収益の分配に係る配当所得))≦1,000万円であること

〈計算式⑮の適用要件〉
　　(イ)　配当控除の対象となる配当所得があること
　　(ロ)　一般外貨建等証券発行信託の収益の分配に係る配当所得があること
　　(ハ)　証券投資信託の収益の分配に係る配当所得があること
　　(ニ)　剰余金の配当等・一般外貨建証券投資信託の収益の分配・証券投資信託の収益の分配に係る配当所得で、課税総所得金額が1,000万円超であること
　　(ホ)　(課税総所得金額－(一般外貨建証券投資信託の収益の分配＋証券投資信託の収益の分配に係る配当所得))＞1,000万円であること
　　(ヘ)　(課税総所得金額－(剰余金の配当等に係る配当所得＋証券投資信託の収益の分配に係る配当所得＋一般外貨建証券投資信託の収益の分配に係る配当所得))＞1,000万円であること

ハ　計算式別の配当控除額

計算式	配当控除額
計算式①	剰余金の配当等に係る配当所得×10％
計算式②	A×10％＋(剰余金の配当等に係る配当所得－A)×5％ 　A：(剰余金の配当等に係る配当所得－(課税総所得金額－1,000万円))
計算式③	剰余金の配当等に係る配当所得×10％＋証券投資信託の収益の分配に係る配当所得×5％
計算式④	(1)＋(2) 　(1)：剰余金の配当等に係る配当所得×10％ 　(2)：B×5％＋(証券投資信託の収益の分配に係る配当所得－B)×2.5％ 　　　B：(証券投資信託の収益の分配に係る配当所得－(課税総所得金額－1,000万円))
計算式⑤	(3)＋(4) 　(3)：(剰余金の配当等に係る配当所得－C)×10％＋C×5％ 　　　C：(課税総所得金額－(1,000万円＋証券投資信託の収益の分配に係る配当所得)) 　(4)：証券投資信託の収益の分配に係る配当所得×2.5％
計算式⑥	剰余金の配当等に係る配当所得×5％＋証券投資信託の収益の分配に係る配当所得×2.5％

計算式⑦	剰余金の配当等に係る配当所得×10％＋一般外貨建等証券投資信託の収益の分配に係る配当所得×2.5％
計算式⑧	(5)＋(6) (5)：剰余金の配当等に係る配当所得×10％ (6)：D×2.5％＋(一般外貨建等証券投資信託の収益の分配に係る配当所得－D)×1.25％ 　　D：一般外貨建等証券投資信託の収益の分配に係る配当所得－(課税総所得金額－1,000万円)
計算式⑨	(7)＋(8) (7)：(剰余金の配当等に係る配当所得－E)×10％＋E×5％ 　　E：(課税総所得金額－(1,000万円＋一般外貨建等証券投資信託の収益の分配に係る配当所得)) (8)：一般外貨建等証券投資信託の収益の分配に係る配当所得×1.25％
計算式⑩	剰余金の配当等に係る配当所得×5％＋一般外貨建等証券投資信託の収益の分配に係る配当所得×1.25％
計算式⑪	剰余金の配当等に係る配当所得×10％＋証券投資信託の収益の分配に係る配当所得×5％＋一般外貨建等証券投資信託の収益の分配に係る配当所得×2.5％
計算式⑫	(9)＋(10) (9)：剰余金の配当等に係る配当所得×10％＋証券投資信託の収益の分配に係る配当所得×5％ (10)：F×2.5％＋(一般外貨建等証券投資信託の収益の分配に係る配当所得－F)×1.25％ 　　F：(一般外貨建等証券投資信託の収益の分配に係る配当所得－(課税総所得金額－1,000万円))
計算式⑬	(11)＋(12) (11)：剰余金の配当等に係る配当所得×10％＋一般外貨建等証券投資信託の収益の分配に係る配当所得×1.25％ (12)：G×5％＋(証券投資信託の収益の分配に係る配当所得－G)×2.5％ 　　G：(証券投資信託の収益の分配に係る配当所得－(課税総所得金額－1,000万円－一般外貨建等証券投資信託の収益の分配に係る配当所得))
計算式⑭	(13)＋(14)＋(15) (13)：(剰余金の配当等に係る配当所得－H)×10％＋H×5％ 　　H：(課税総所得金額－(1,000万円＋一般外貨建等証券投資信託の収益の分配に係る配当所得＋証券投資信託の収益の分配に係る配当所得)) (14)：一般外貨建等証券投資信託の収益の分配に係る配当所得×1.25％ (15)：証券投資信託の収益の分配に係る配当所得×2.5％
計算式⑮	剰余金の配当等に係る配当所得×5％＋証券投資信託の収益の分配に係る配当所得×2.5％＋一般外貨建等証券投資信託の収益の分配に係る配当所得×1.25％

第7章 税額計算

> **誤りやすい事例** 配当控除額の計算

1. 配当所得を有する者が、①所得控除後の課税所得金額が1,000万円を超えている又は②証券投資信託の収益の分配があるにもかかわらず、配当控除額をすべて10％で計算していた。

> **解 説**

　剰余金の配当等に係る配当控除率は、課税総所得金額から1,000万円を差し引いた金額までは、5％となります（所法92①）。

　なお、証券投資信託の収益の分配については、5％又は2.5％（一般外貨建等証券投資信託の収益の分配については、2.5％又は1.25％、特定外貨建等証券投資信託については適用なし）となり、控除率が異なります（措法9④）。

【参考】
・国税庁ホームページ／タックスアンサー／「No.1250配当所得があるとき（配当控除）」

2. 配当控除は確定申告書への記載が要件であり、配当控除を失念した場合、更正の請求等による是正ができないと考えていた。

> **解 説**

　住宅ローン控除等の他の税額控除と異なり、確定申告書への記載が要件とされていないことから、更正の請求等による是正が可能となっています（所法92）。

3. 課税総所得金額を総所得金額と勘違いして、配当控除の計算をしていた。

> **解 説**

　課税総所得金額に基づき配当控除の計算を行います（所法92①）。

　なお、課税総所得金額とは、総所得金額から所得控除を控除した残額をいいます（所法89②）。

(2) 分配時調整外国税相当額控除

① 概　要

　その年に集団投資信託の収益の分配の支払を受ける場合において、その集団投資信託の収益の分配に係る源泉徴収の特例（所法176③、所法180の2③）によりその収益の分配に係る源泉徴収税額から控除することにより二重課税調整が行われた外国所得税の額があるときは、その年分の所得税の額から、その収益の分配に係る分配時調整外国税相当額を差し引くことができます（所法93①）。

② **上場株式等に係る配当所得等の申告分離課税の適用を受ける場合の分配時調整外国税相当額**

集団投資信託の収益の分配について上場株式等に係る配当所得等の申告分離課税（措法8の4①）の適用を受ける場合には、その収益の分配に係る分配時調整外国税相当額は、その年分の所得税の額及びその申告分離課税による所得税の額から控除することとされています（措法8の4③四）。

③ **分配時調整外国税相当額**

分配時調整外国税相当額とは、次の〔算式1〕及び〔算式2〕により計算した金額の合計額をいいます（所令220の2）。

〔算式1〕

$$①=A\times\frac{C}{D}$$

A：所得税法176条3項の規定により集団投資信託の収益の分配に係る源泉徴収所得税の額から控除すべき外国源泉所得税の額(注1)

C：支払を受ける集団投資信託の収益の分配の額(注2)

D：集団投資信託の収益の分配の額の総額(注2)

〔算式2〕

$$②=B\times\frac{C}{D}$$

B：所得税法180条の2第3項の規定により集団投資信託の収益の分配に係る源泉徴収所得税の額から控除すべき外国源泉所得税の額(注1)

分配時調整外国税相当額(注3)＝①＋②

(注1) 復興特別所得税の額から控除すべき外国源泉所得税の額も含むこととされています（所令220の2、復興財確法28、33）。

(注2) 集団投資信託の収益の分配には、特別分配金のみに対応する部分を除いた源泉徴収所得税を課されるべきこととなる部分に限ることとされています。

(注3) 分配時における二重課税調整の規定による控除をしないで計算した場合の収益の分配に係る所得税の額にその収益の分配の計算期間の末日において計算したその収益の分配に係る集団投資信託の外貨建資産割合(注4)を乗じて計算した金額が限度となります（所令220の2）。

(注4) 「外貨建資産割合」とは、集団投資信託の信託財産において運用する外貨建資産（外国通貨で表示される株式、債券その他の資産をいいます）の額がその信託財産の総額のうちに占める割合をいいます（所令220の2、300⑨、306の2⑦）。

④ **分配時調整外国税相当額の控除する年分**

分配時調整外国税相当額控除は、居住者が支払を受ける集団投資信託の収益の分配に係る収入金額の収入すべき時期の属する年分において適用があります（所基通93-1）。

⑤ **分配時調整外国税相当額控除を受けるための手続き**

分配時調整外国税相当額控除は、確定申告書、修正申告書又は更正請求書に控除する明細を記載した書類並びに次に掲げる分配時調整外国税相当額を証する書類の添付がある場合に限り適用されます。

この場合、この制度により控除される金額は、その明細を記載した書類に分配時調整外国税相当額として記載された金額が限度とされています（所法93②、所規40の10の2）。

　イ　集団投資信託を引き受けた内国法人が通知する書面（所令300⑥⑦⑩ただし書）
　ロ　集団投資信託を引き受けた外国法人が通知する書面（所令306の2④⑤⑥ただし書）
　ハ　オープン型証券投資信託の収益の分配等に係る通知書（所法225②③ただし書）
　ニ　上場株式等に係る配当所得等の申告分離課税に係る通知書（措法8の4④⑤⑥ただし書）
　ホ　上場株式等の配当等に係る源泉徴収義務等の特例に係る通知書（措令4の6の2㉘㉙㉛ただし書）
　ヘ　特定目的会社等が通知する書面（措令4の9⑪、4の10⑦、4の11⑦、5⑦）

【参考通達】
・所得税基本通達93-1（分配時調整外国税相当額の控除する年分）
〈上記通達の解説〉
　集団投資信託の収益の分配に係る収入金額の「収入すべき時期」については、特定口座内において源泉徴収の対象となるものを除き、その信託の計算期間の末日（確定日）とされています（所基通36-2、36-4）。
　この通達の本文では、居住者が集団投資信託の収益の分配の支払を受ける場合には、当該収益の分配に係る分配時調整外国税相当額は、その信託の確定日の属する年分の所得税の額から控除することを明らかにしています。
　また、この通達の(注)では、恒久的施設を有する非居住者が集団投資信託の収益の分配の支払を受ける場合における分配時調整外国税相当額の控除する年分は、その信託の確定日の属する年分の所得税の額から控除することを明らかにしています。
　なお、所得税法93条1項に規定する集団投資信託の収益の分配の支払を受ける場合のほか、次に掲げる分配時調整外国税相当額の控除する年分についてもこの取扱いと同様の取扱いとなります。
　①　上場株式等の配当等の交付を受ける場合（措法9の3の2⑥）
　②　特定目的会社の利益の配当を受ける場合（措法9の6④）
　③　投資法人の投資口の配当等の支払を受ける場合（措法9の6の2③）
　④　特定目的信託の剰余金の配当の支払を受ける場合（措法9の6の3③）
　⑤　特定投資信託の受益権の剰余金の配当の支払を受ける場合（措法9の6の4③）

(3) 外国税額控除

① 概　要

　居住者が、外国にその源泉がある所得について、その国の法令により所得税に相当する税金を課せられた場合には、国際二重課税を防止する目的から、法令で規定された次の算式により計算した控除限度額を限度として、控除対象外国所得税をその者のその年分の所得税の額から

控除します（所法95）。

〔算　式〕
外国税額控除の限度額＝その年分の所得税の額×$\dfrac{その年分の調整国外所得金額}{その年分の所得総額}$

　外国税額控除の適用を受けるためには、確定申告書、修正申告書又は更正請求書に外国税額控除に関する明細を記載した書類及び控除対象外国所得税を課されたことを証する書類等の添付が必要であるほか、その明細を記載した書類に記載された金額が限度となります（所法95⑩⑪、所規41、42）。

　その年分の控除対象外国所得税の額が控除限度額を超えるときは、一定の方法により計算した金額を限度として、その超える金額をその年分の復興特別所得税の額から控除します（復興財確法14、復興特別所令3）。

　不動産所得、事業所得、山林所得、一時所得又は雑所得についての外国所得税は、これらの各種所得の金額の計算上必要経費に算入することを選択することができます（所法46）。

② 　外国所得税

イ　控除の対象となる外国所得税（所法95①、所令221、221の2）は、外国の法令に基づいて外国又はその地方公共団体によって個人の所得を課税標準として課される税（所令221）で、次に掲げるものとなります。

　(イ)　個人の所得を課税標準として課される税

　(ロ)　個人の所得の特定の部分を課税標準として課される税（超過所得税）

　(ハ)　個人の所得又はその特定の部分を課税標準として課される税の附加税

　(ニ)　個人の所得を課税標準として課される税と同一の税目に属する税で、特定の所得について徴税上の便宜のため、所得に代えて収入金額その他これに準ずるものを課税標準として課されるもの

　(ホ)　個人の特定の所得について、所得を課税標準とする税に代えて、個人の収入金額その他これに準ずるものを課税標準として課される税

ロ　外国税額控除の対象とならない外国所得税（所令221③、222の2①③④）は、次に掲げるものとなります。

　(イ)　税を納付する者が、その納付後、任意にその金額の全部又は一部の還付を請求することができる税

　(ロ)　税の納付が猶予される期間を、その税の納付をすることとなる者が任意に定めることができる税

　(ハ)　複数の税率の中から税の納付をすることとなる者と外国若しくはその地方公共団体又はこれらの者により税率の合意をする権限を付与された者との合意により税率が決定された税（その複数の税率のうち最も低い税率を上回る部分に限ります）

　(ニ)　外国所得税に附帯して課される附帯税に相当する税その他これに類する税

　(ホ)　居住者が、その居住者が金銭の借入れをしている者又は預入を受けている者と特殊の関

係のある者に対し、その借り入れられ、又は預入を受けた金銭の額に相当する額の金銭の貸付けをする取引(注)に基因して生じた所得に対して課される外国所得税の額

(注) その貸付けに係る利率その他の条件が、その借入れ又は預入に係る利率その他の条件に比し、特に有利な条件であると認められる場合に限ります。

(ヘ) 貸付債権その他これに類する債権を譲り受けた居住者が、その債権に係る債務者(注1)からその債権に係る利子の支払を受ける取引(注2)に基因して生じた所得に対して課される外国所得税の額

(注1) その居住者に対しその債権を譲渡した者(以下、「譲渡者」といいます)と特殊の関係のある者に限ります。

(注2) その居住者が、譲渡者に対し、その債権から生ずる利子の額のうち譲渡者がその債権を所有していた期間に対応する部分の金額を支払う場合において、その支払う金額が、次に掲げる額の合計額に相当する額であるときに限ります。

① その債権から生ずる利子の額からその債務者が住所等を有する国又は地域においてその居住者がその利子につき納付した外国所得税の額を控除した額のうち、譲渡者がその債権を所有していた期間に対応する部分の額

② その利子に係る外国所得税の額(※)のうち、譲渡者がその債権を所有していた期間に対応する部分の額の全部又は一部に相当する額

(※) 租税条約を締結している条約相手国等の法律等により軽減され、又は免除されたその条約相手国等の租税の額でその租税条約の規定によりその居住者が納付したものとみなされるものの額を含みます。

(ト) 所得税法25条《配当等とみなす金額》1項各号に掲げる事由により交付を受ける金銭の額及び金銭以外の資産の価額でその交付の基因となった株式等の取得価額までの部分の金額に対して課される税

(チ) 所得税法95条《外国税額控除》4項1号に規定する国外事業所等と同号に規定する事業場等との間の内部取引につきその国外事業場等の所在する国また地域において課される外国所得税の額

(リ) 居住者が有する株式又は出資を発行した外国法人の本店又は主たる事務所の所在する国又は地域の法令に基づき、その外国法人に係る租税の課税標準等又は税額等につき更正又は決定に相当する処分があった場合において、その処分が行われたことにより増額されたその外国法人の所得の金額に相当する金額に対し、これを所得税法24条《配当所得》1項に規定する剰余金の配当、利益の配当又は剰余金の分配の額に相当する金銭の支払とみなして課される外国所得税の額

(ヌ) 居住者の国外事業所等所在地国において課される外国所得税(注1)の額(注2)

(注1) その国外事業所等所在地国においてその居住者のその国外事業所等所在地国の国外事業所等を通じて行う事業から生ずる所得に対して課される他の外国所得税の課税標準となる所得の金額に相当する金額に、その居住者と他の者との間に親族関係、その居住者がその他の者の発行済株式又は出資の総数又は総額の50%を超える数又は金額の株式又は出資を直接又は間接に保有する関係その他の所得税法施行規則40条の17第2項《所得税が課されないこととなる金額を課税標準として課される外国所得税の額の範囲》に定める一定の関

係がある場合におけるその他の者(※)及びその居住者の事業所等（その国外事業所等所在地国に所在するものを除きます。以下、「関連者等」といいます）への支払に係る金額並びにその居住者の国外事業所等がその居住者の関連者等から取得した資産に係る償却費の額のうちその他の外国所得税の課税標準となる所得の金額の計算上、必要経費に算入される金額に加算することその他これらの金額に関する調整を加えて計算される所得の金額につき課されるものに限ります。

(※) その国外事業所等所在地国に、住所、居所、本店、主たる事務所その他これらに類するもの又はその国外事業所等所在地国の国籍その他これに類するものを有するものを除きます。

(注2) その他の外国所得税の課税標準となる所得の金額に相当する金額に係る部分を除きます。

⑴ 非課税口座内の少額上場株式等の配当等又は未成年者口座内の少額上場株式等の配当等に対して課される税

⑺ 居住者がその年以前の年において非居住者であった期間内に生じた所得に対して課される税

⑼ 外国法人から受ける租税特別措置法40条の5《居住者の外国関係会社に係る所得の課税の特例》1項に規定する剰余金の配当等の額を課税標準として課される税

⑽ 外国法人から受ける租税特別措置法40条の8《特殊関係株主等である居住者に係る外国関係法人に係る所得の課税の特例》1項に規定する剰余金の配当等の額を課税標準として課される税

⑾ 租税条約を締結している条約相手国等において課される外国所得税の額のうち、その租税条約の規定によりその相手国等において課することができることとされる額を超える部分に相当する金額又は免除することとされる額に相当する金額

⑿ 外国において課される外国所得税の額のうち、外国居住者等の所得に対する相互主義による所得税等の非課税等に関する法律の規定により、軽減することとされる部分に相当する金額又は免除することとされる額に相当する金額

⒀ 租税条約の規定において外国税額控除の適用にあたって考慮しないものとされた税

⒁ 外国法人が支払う配当等の基礎となった所得の金額に対して課される外国法人税の額に充てるために、その配当等から控除される金額（所基通95-2）

⒂ 非永住者が日本国内で課される所得以外の所得に対して外国又はその地方公共団体に課された税（所基通95-29）

③ その年分の所得税の額、所得総額、調整国外所得金額等の意義

外国税額控除の限度額を計算する場合の上記①の算式における「その年分の所得税の額」、「その年分の所得総額」及び「その年分の調整国外所得金額」とは、それぞれ次のものをいいます（所令222②③、措令4の2⑨、20⑤、21⑦、25の8⑯、25の9⑬、25の11の2⑳、25の12の3㉔、26の7⑲一、26の7の2⑮一、26の23⑥、26の26⑪）。

■その年分の所得税の額

外国税額控除以外の各種税額控除を適用して計算した後の所得税の額

■その年分の所得総額

　純損失の繰越控除、雑損失の繰越控除、居住用財産の買換え等の場合の譲渡損失の繰越控除又は特定居住用財産の譲渡損失の繰越控除をしないで計算したその年分の総所得金額、分離課税短期譲渡所得の金額、分離課税長期譲渡所得の金額、分離課税の上場株式等に係る配当所得の金額、一般株式等に係る譲渡所得等の金額、上場株式等に係る譲渡所得等の金額（損失の繰越控除の適用前）、先物取引に係る雑所得等の金額（損失の繰越控除の適用前）、退職所得金額及び山林所得金額の合計額

■その年分の調整国外所得金額

　その年において生じた国外源泉所得（下記イ）(注1)に係る所得のみについて所得税を課するものとした場合に課税標準となるべき金額で、その年分の純損失の繰越控除、雑損失の繰越控除、居住用財産の買換え等の場合の譲渡損失の繰越控除又は特定居住用財産の譲渡損失の繰越控除をしないで計算したその年分の総所得金額、分離課税短期譲渡所得の金額、分離課税長期譲渡所得の金額、分離課税の上場株式等に係る配当所得の金額、一般株式等に係る譲渡所得等の金額、上場株式等に係る譲渡所得等の金額、先物取引に係る雑所得等の金額、退職所得金額及び山林所得金額の合計額(注2)

　（注1）　非永住者については、その国外所得金額のうち、国内において支払われ、又は国外から送金された国外源泉所得に係る部分に限ります。
　（注2）　その年分の所得総額に相当する金額を超える場合には、その年分の所得総額に相当する金額

イ　国外源泉所得

　国外源泉所得とは、次に掲げる所得の金額の合計額（その合計額が零を下回る場合には、零）となります（所法95④、所令221の3①②、221の6①、225の2①、所基通95-5、95-10）。

　なお、租税条約の適用を受ける居住者について、その租税条約において異なる定めがある場合における国外源泉所得は、その異なる定めがある限りにおいて、その租税条約の定めによることとされています（所法95⑥）。

　(イ)　国外事業所等帰属所得

　　　居住者が国外事業所等(注)を通じて事業を行う場合において、その国外事業所等がその居住者から独立して事業を行う事業者であるとしたならば、その国外事業所等に帰せられるべき所得をいいます。この国外事業所等帰属所得の金額は、原則として居住者の各年分の所得の金額の計算に関する法令の規定に準じて計算した場合にその年分の総所得金額等となる金額とされます（所法95④一）。

　　（注）　「国外事業所等」とは、租税条約を締結している条約相手国等についてその租税条約に定める恒久的施設に相当するものをいい、その他の国又は地域についてはその国又は地域にある恒久的施設に相当するものをいいます（所法95④、所令225の2①）。

　(ロ)　その他の国外源泉所得

　　　次に掲げる国外源泉所得（(イ)の国外事業所等帰属所得に該当するものを除きます）をいいます（所法95④二～十七）。

a	国外にある資産の運用又は保有により生ずる所得	
b	国外にある資産の譲渡により生ずる所得のうち一定のもの	
c	国外において人的役務の提供を主たる内容とする事業で一定のものを行う者が受けるその人的役務の提供に係る対価	
d	国外にある不動産、国外にある不動産の上に存する権利若しくは国外における採石権の貸付け、国外における租鉱権の設定又は非居住者若しくは外国法人に対する船舶若しくは航空機の貸付けによる対価	
e	所得税法23条《利子所得》1項に規定する利子等及びこれに相当するもののうち次のもの	
	(a)	外国の国債若しくは地方債又は外国法人の発行する債券の利子
	(b)	国外にある営業所、事務所その他これらに準ずるものに預け入れられた預金等の利子
	(c)	国外にある営業所に信託された合同運用信託若しくはこれに相当する信託、公社債投資信託又は公募公社債等運用投資信託若しくはこれに相当する信託の収益の分配
f	所得税法24条《配当所得》1項に規定する配当等及びこれに相当するもののうち次のもの	
	(a)	外国法人から受ける所得税法24条1項に規定する剰余金の配当、利益の配当、剰余金の分配、金銭の分配又は基金利息に相当するもの
	(b)	国外にある営業所に信託された投資信託（公社債投資信託並びに公募公社債等運用投資信託及びこれに相当する信託を除きます）又は特定受益証券発行信託又はこれに相当する信託の収益の分配
g	国外において業務を行う者に対する貸付金（これに準ずるものを含みます）でその業務に係るものの利子（債権の買戻又は売戻条件付売買取引として一定のものから生じる差益として一定のものを含みます）	
h	国外において業務を行う者から受ける次の使用料又は対価でその業務に係るもの	
	(a)	工業所有権その他の技術に関する権利、特別の技術による生産方式若しくはこれらに準ずるものの使用料又はその譲渡による対価
	(b)	著作権（出版権及び著作隣接権その他これに準ずるものを含みます）の使用料又はその譲渡による対価
	(c)	機械、装置その他一定の用具の使用料
i	次の給与、報酬又は年金	
	(a)	俸給、給料、賃金、歳費、賞与又はこれらの性質を有する給与その他人的役務の提供に対する報酬のうち、国外において行う勤務その他の人的役務の提供（内国法人の役員として国外において行う勤務その他一定の人的役務の提供を除きます）に基因するもの
	(b)	外国の法令に基づく保険又は共済に関する制度で所得税法31条《退職手当等とみなす一時金》1号及び2号に規定する法律の規定による社会保険又は共済に関する制度に類するものに基づいて支給される年金（これに類する給付を含みます）

	(c)	所得税法30条《退職手当》1項に規定する退職手当等のうちその支払を受ける者が非居住者であった期間に行った勤務その他の人的役務の提供（内国法人の役員として非居住者であった期間に行った勤務その他一定の人的役務の提供を除きます）に基因するもの
j		国外において行う事業の広告宣伝のための賞金のうち一定のもの
k		国外にある営業所又は国外において契約の締結の代理をする者を通じて締結した保険業法2条《定義》6項に規定する外国保険業者の締結する保険契約その他の年金に係る契約で一定のものに基づいて受ける年金（年金の支払の開始の日以後にその年金に係る契約に基づき分配を受ける剰余金又は割戻しを受ける割戻金及びその契約に基づき年金に代えて支給される一時金を含みます）
l		次の給付補填金、利息、利益又は差益
	(a)	所得税法174条《内国法人に係る所得税の課税標準》3号に掲げる給付補填金のうち国外にある営業所が受け入れた定期積金に係るもの
	(b)	所得税法174条4号に掲げる給付補填金に相当するもののうち国外にある営業所が受け入れた同号に規定する掛金に相当するものに係るもの
	(c)	所得税法174条5号に掲げる利息に相当するもののうち国外にある営業所を通じて締結された同号に規定する契約に相当するものに係るもの
	(d)	所得税法174条6号に掲げる利益のうち国外にある営業所を通じて締結された同号に規定する契約に係るもの
	(e)	所得税法174条7号に掲げる差益のうち国外にある営業所が受け入れた預金又は貯金に係るもの
	(f)	所得税法174条8号に掲げる差益に相当するもののうち国外にある営業所又は国外において契約の締結の代理をする者を通じて締結された同号に規定する契約に相当するものに係るもの
m		国外において行う事業を行う者に対する出資につき、匿名組合契約（これに準ずる一定の契約を含みます）に基づいて受ける利益の分配
n		国内及び国外にわたって船舶又は航空機による運送の事業を行うことにより生ずる所得のうち国外において行う業務につき生ずべき一定の所得
o		租税条約の規定によりその租税条約の相手国等において租税を課すことができることとされる所得のうち一定のもの
p		上記aからoまでに掲げるもののほかその源泉が国外にある一定の所得

ロ　給与所得及び退職所得に係る国外源泉所得の所得の金額の計算

上記の国外源泉所得のうち、給与所得及び退職所得に係るものの所得の金額は、それぞれ次の区分に応じ、次の算式により計算した金額となります（所基通95-26）。

(イ) 給与所得	
	給与所得の金額 × (給与等の総額のうちその源泉が国外にあるものの金額 / 給与等の総額)

(ロ) 退職所得	
	退職所得の金額 × (退職手当等の総額のうちその源泉が国外にあるものの金額 / 退職手当等の総額)

④ **外国所得税額の邦貨換算**

　外国税額控除の適用を受ける場合の外国所得税の額は、それぞれ次に掲げる外国為替の売買相場により邦貨に換算します（所基通95-28）。

　　イ　源泉徴収による外国所得税
　　　⇒　源泉徴収により納付することとなる利子、配当、使用料等に係る外国所得税については、その利子、配当、使用料等の額の換算に適用する外国為替の売買相場により換算します。

　　ロ　イ以外による外国所得税
　　　⇒　外貨建取引に係る経費の金額の換算（所法57の3①）に適用する外国為替の売買相場により邦貨に換算します。

⑤ **外国税額控除の適用時期**

　外国税額控除は、原則として申告、賦課決定等の手続により外国所得税について具体的に納付すべき租税債務が確定した日の属する年分において適用します。

　ただし、納付することが確定した外国所得税につき、実際に納付した日の属する年分において継続して外国税額控除を適用している場合は、その処理が認められます（所基通95-3）。

　予定納付又は見積納付等をした外国所得税についても同様に取り扱いますが、その予定納付又は見積納付等に係る年分の外国所得税について確定申告又は賦課決定等があった日の属する年分において継続して外国税額控除を適用している場合には、その処理が認められます（所基通95-4）。

　外国税額控除の適用を受けた年の翌年以降にその外国所得税に増額があった場合は、その増額した外国所得税の額は、その増額があった日の属する年分において新たに生じたものとして取り扱います（所基通95-16）。

⑥ **控除限度額を超える場合の外国税額控除**

　その年分の外国所得税額が控除限度額及び復興特別所得税控除限度額のうち一定の金額と地方税控除限度額との合計額を超える場合には、その年の前年以前3年間の控除限度額のうちその年に繰り越される部分の合計額（繰越控除限度額）を限度として、その超える部分の金額をその年分の所得税の額から控除します（所法95②、所令223、224、復興財確法13、33）。

⑦ **外国所得税額の繰越控除**

　各年において納付することとなる外国所得税額がその年の控除限度額と地方税控除限度額との合計額を超える場合に、その年の前年以前3年内の各年の控除限度額のうちその年に繰り越

される部分の金額（繰越控除限度額）があるときは、その繰越控除限度額を限度として、その超える部分の金額を、その年分の所得税の額から差し引くことができます（所法95②、所令223、224）。

　各年において納付することとなる外国所得税額がその年の控除限度額に満たない場合に、その年の前年以前3年内の各年において納付することとなった外国所得税額のうちその年に繰り越される部分の金額（繰越控除対象外国所得税額）があるときは、その控除限度額からその年に納付することとなる外国所得税額を差し引いた残額を限度として、その繰越控除対象外国所得税額を、その年分の所得税の額から差し引くことができます（所法95③、所令225）。

　これらの取扱いは、繰越控除限度額又は繰越控除対象外国所得税額が生じた年のうち最も古い年以後の各年について、その各年の申告書等にその各年の控除限度額及びその各年において納付することとなった外国所得税額を記載した書類の添付があり、かつ、これらの取扱いの適用を受けようとする年分の申告書等に、これらの取扱いによる控除を受ける金額を記載するとともに、所定の書類を添付した場合に限り、適用されます（所法95⑪、所規42）。

⑧　外国税額控除が減額された場合の調整

　既に外国税額控除を適用した外国所得税の額が、その適用後の年において減額された場合には、その減額されることとなった日の属する年の外国税額控除の適用にあたっては、次により調整を行います。

　なお、外国税額控除の適用を受けた外国所得税の額が平成21年4月1日以後に減額された場合において、その減額に係る年の控除対象となる外国所得税額の額から減額された外国所得税額の額を控除する等の措置の適用については、外国税額控除の適用を受けた年の翌年以後7年内の各年において減額された場合に限ります（所法95④、所令226）。

イ　納付外国所得税額からの控除

　外国所得税の額が減額された場合には、その減額されることとなった日の属する年（以下、「減額に係る年」といいます）については、その減額に係る年において納付することとなる外国所得税額の額（以下、「納付外国所得税額」といいます）からその減額された外国所得税額の額（以下、「減額外国所得税額」といいます）に相当する金額を控除し、その控除後の金額について外国税額控除を行います（所法95④、所令226①）。

ロ　控除限度超過額からの控除

　減額に係る年の納付外国所得税額がない場合、又は納付外国所得税額が減額外国所得税額に満たない場合は、減額に係る年の前年以前3年内の各年の控除限度超過額から、それぞれ減額外国所得税の金額又は減額外国所得税額のうち納付外国所得税額を超える部分の金額に相当する金額を控除し、その控除後の金額について外国税額控除を行います（所法95⑨、所令226③）。

ハ　所得金額の調整

　減額外国所得税額のうち上記イ及びロの調整に充てられない部分の金額は、減額に係る年分の雑所得の金額の計算上、総収入金額に算入します（所法44の3後段、所令93の2）。

〔留意事項〕
1．上記イからハの調整は、外国所得税額が減額されることとなった日(注)の属する年分について行いますが、実際に還付金を受領した日の属する年分において、上記イからハの調整を行うことも認められています（所基通95-14）。
　（注）　還付金の支払通知書等の受領により外国所得税額について、具体的に減額されることとなった金額が確定した日をいいます。
2．上記の「減額外国所得税額」は、所得税基本通達57の3-2に定めるところにより、その減額されることが確定した日におけるその外貨に係る電信売買相場の仲値（TTMレート）により邦貨に換算した金額とされています。ただし、不動産所得等の金額の計算上、継続適用を条件として売上その他の収入又は資産については取引日の電信買相場（TTBレート）によることができることから、これにより邦貨に換算した金額として差し支えないこととされています（所基通95-15、57の3-2）。

⑨　外国税額控除を受けるために必要な添付書類等

外国税額控除の適用を受けるためには、確定申告書、修正申告書又は更正請求書に外国税額控除に関する明細書及び控除対象外国所得税を課されたことを証する申告書等の写し等を添付する必要があります（所法95⑩⑪、所規41、42、所基通95-30）。

なお、適用を受けることができる金額は、これらの書類に記載された金額が限度となります(注)。

　（注）　非居住者が外国所得税を納付することとなる場合には、恒久的施設帰属所得に係る所得の金額に係る所得税の額のうち国外所得金額に対応する金額を限度として、その外国所得税の額をその年の所得税の額から控除されます（所法165の6）。

居住者が外国税額控除の適用を受ける場合には、その居住者が他の者との間で行った取引のうち、その居住者のその年の国外所得金額の計算上その取引から生ずる所得がその居住者の国外事業所等に帰せられるものについては、その国外事業所等に帰せられる取引に係る明細を記載した書類を作成しなければならないこととされています（所法95⑫、所規42の2）。

居住者が外国税額控除の適用を受ける場合には、その居住者の事業所等と国外事業所等との間の資産の移転、役務の提供その他の事実が内部取引に該当するときは、その事実を記載した書類を作成しなければならないこととされています（所法95⑬、所規42の3）。

【参考通達】
・所得税基本通達95-1（外国所得税の一部につき控除申告をした場合の取扱い）
・所得税基本通達95-2（源泉徴収の外国所得税等）
・所得税基本通達95-3（外国税額控除の適用時期）
・所得税基本通達95-4（予定納付等をした外国所得税についての外国税額控除の適用時期）
・所得税基本通達95-5（国外事業所等帰属所得に係る所得の金額の計算）
・所得税基本通達95-6（複数の国外事業所等を有する場合の取扱い）

・所得税基本通達95-7（国外事業所等帰属所得に係る所得の金額を計算する場合の準用）
・所得税基本通達95-8（国外事業所等帰属所得に係る所得の金額の計算における共通費用の額の配賦）
・所得税基本通達95-9（国外事業所等帰属所得に係る所得の金額の計算における引当金の取崩額等）
・所得税基本通達95-10（その他の国外源泉所得に係る所得の金額の計算）
・所得税基本通達95-11（その他の国外源泉所得に係る所得の金額の計算における共通費用の額の配賦）
・所得税基本通達95-12（その他の国外源泉所得に係る所得の金額の計算における引当金の取崩額等）
・所得税基本通達95-13（国際海上運輸業における運送原価の計算）
・所得税基本通達95-14（外国所得税が減額された場合の特例の適用時期）
・所得税基本通達95-15（外国所得税が減額された場合の邦貨換算）
・所得税基本通達95-16（外国所得税に増額があった場合）
・所得税基本通達95-17（国外事業所等帰属所得を認識する場合の準用）
・所得税基本通達95-18（振替公社債等の運用又は保有）
・所得税基本通達95-19（機械設備の販売等に付随して行う技術役務の提供）
・所得税基本通達95-20（船舶又は航空機の貸付け）
・所得税基本通達95-21（振替公社債等の利子）
・所得税基本通達95-22（貸付金に準ずるもの）
・所得税基本通達95-23（工業所有権等の意義）
・所得税基本通達95-24（使用料の意義）
・所得税基本通達95-25（備品の範囲）
・所得税基本通達95-26（給与所得及び退職所得に係る国外源泉所得の所得の金額の計算）
・所得税基本通達95-27（利子の範囲）
・所得税基本通達95-28（外国所得税の換算）
・所得税基本通達95-29（非永住者の外国税額控除の対象となる外国所得税の範囲）
・所得税基本通達95-30（外国所得税を課されたことを証する書類）

誤りやすい事例　外国税額控除の適用

1．確定申告書に外国税額控除の記載がない場合に、修正申告において外国税額控除を適用できないと考えていた。

解説

確定申告書に加え、修正申告書又は更正の請求書に当該控除金額及びその計算に関する

明細を記載した書類の添付があり、かつ、控除対象外国所得税の額を課されたことを証する書類その他財務省令で定める書類を添付した場合も適用できます（所法95⑩）。

2．外国税額控除の控除限度額計算に係る国外所得総額について、当該控除の適用を受けようとしていた外国所得税の課税標準となった国外所得のみを算入していた。

【解説】

控除限度額の計算の基礎となる当該年分の国外所得総額は、現地において課税標準とされた所得の金額そのものではなく、国外源泉所得の金額について国内法により計算した総所得金額、退職所得金額及び山林所得金額の合計額（措置法の規定による申告分離課税の所得金額を含み、純損失及び雑損失の繰越控除の規定を適用しないで計算したところの金額）をいいます（所令222）。

3．令和4年分の所得に対する外国所得税を令和5年になってから支払ったが、令和4年分に外国税額控除を適用していた。

【解説】

外国税額控除を適用する年分は、外国所得税を納付することとなる日の属する年（継続適用を条件に実際に納付した年とすることもできます）となります（所基通95-3）。

この場合、令和4年分は、控除余裕額を計算した外国税額控除の計算明細書を確定申告書に添付して申告をした上で、令和5年分でその控除余裕額の範囲内で外国税額控除を行うことになります（所法95②、122②）。

4．令和4年の所得に対する外国所得税を令和5年になってから支払ったため、令和4年分で控除余裕額を繰り越す申告をし、令和5年分で外国税額控除を適用したが、その年分の所得税額を限度として還付税額を計算していた。

【解説】

控除余裕額を繰り越した場合の外国税額控除は、所得税額を超えて還付される場合があります（所法95③、122②）。

5．特定口座（源泉徴収あり）で取り扱っている国外株式の配当等について、配当所得の申告をすることなく外国税額控除を申告することができると考えていた。

【解説】

国外株式の配当等について、申告不要制度（措法8の5、9の2⑤）の適用を受けること

（申告しないこと）を選択した場合には、当該配当等に係る外国所得税額は、外国税額の計算上「外国所得税の額」に該当しないものとみなされるため、外国税額控除の計算の基礎に入れることはできないとされています（措令4の5⑪）。

(4) 試験研究を行った場合の所得税額の特別控除

① 概　要

青色申告者のその年分の事業所得の金額の計算上必要経費に算入される試験研究の額がある場合に、その試験研究費の額の一定割合の金額をその年分の総所得金額に係る所得税額から控除することを認めるものです。

② 試験研究費の額

この制度の対象となる試験研究費の額とは、製品の製造又は技術の改良、考案若しくは発明に係る試験研究のために要する原材料費、人件費及び経費のほか、他の者に試験研究を委託するために支払う費用などの額をいいます。

ただし、試験研究に充てるため他の者から支払を受ける金額がある場合には、その金額を控除した金額が試験研究費の額となります（措法10⑧一）。

③ 用語の意義

イ	増減試験研究費割合とは、増減試験研究費の額のその比較試験研究費の額に対する割合をいいます（措法10⑧二）。
ロ	増減試験研究費の額とは、適用年の試験研究費の額から比較試験研究費の額を減算した額をいいます（措法10⑧二）。
ハ	比較試験研究費の額とは、適用年前3年以内の各年分の試験研究費の額を平均した額をいいます（措法10⑧三）。
ニ	調整前事業所得税額とは、次の算式により計算した金額をいいます（措法10⑧四、措令5の3⑧）。 総所得金額に係る所得税額$^{(注1)} \times \dfrac{事業所得の金額^{(注2)}}{A+B}$ 　A：事業所得、不動産所得、給与所得、総合課税の利子所得・配当所得・短期譲渡所得、雑所得の合計額 　B：総合課税の長期譲渡所得の2分の1の金額と一時所得の2分の1の金額の合計額 　（注1）　総所得金額に係る所得税額は、配当控除後の額をいいます。 　（注2）　上記算式中の分母は、損益通算や純損失等の繰越控除等をする前の黒字の所得金額の合計額となります。
ホ	試験研究費割合とは、適用年分の試験研究費の額の平均売上金額に対する割合をいいます（措法10⑧五）。

へ	平均売上金額とは、適用年分及びその前年3年以内の各年分の売上金額の平均額をいいます（措法10⑧ハ、措令5の3⑭）。
ト	特別試験研究費の額とは、試験研究費のうち国の試験研究機関や大学その他の者と共同して行う試験研究などに係る試験研究費の額で一定のものをいいます（措法10⑧七、措令5の3⑩⑪）。
チ	基準年比較売上金額減少割合とは、適用年の年分の売上金額が令和元年分の売上金額に満たない場合の金額の令和元年分の売上金額に対する割合をいいます。
リ	基準年試験研究費の額とは、令和元年分の試験研究費の額をいいます。

④ **対象者**

　対象者は、青色申告書を提出する個人となります（措法10①）。

⑤ **対象期間**

　この制度の適用対象年分は、事業を廃止した日の属する年分以外の年分となります（措法10①）。

⑥ **計算方法及び計算式**

イ　税額控除額の計算（令和6年分から令和8年分）

　(イ)　試験研究費の総額の係る税額控除

　　　税額控除額(注1、2) ＝試験研究費の額×税額控除割合(注3、4)

　(注1)　税額控除額の控除限度額は、調整前事業所得税額の25％相当額が控除限度額となります。

　(注2)　令和6年分から令和8年分において、次のAからCのいずれかに該当する場合、税額控除額の控除限度額は、上記（注1）によらないで、次のとおりとなります。なお、事業を開始した年は除きます。

　　　A：増減試験研究費割合(※)が4％超の場合

　　　　⇒　控除限度額＝調整前事業所得税額の25％相当額＋（調整前事業所得税額×（増減試験研究費割合(※) －4％）×0.625（5％が上限））

　　　B：増減試験研究費割合(※)がマイナス4％超の場合

　　　　⇒　控除限度額＝調整前事業所得税額の25％相当額－（調整前事業所得税額×（増減試験研究費割合(※) －4％）×0.625（5％が上限））

　　　(※)　上記の算式における増減試験研究費割合は－（マイナス）を付けない値です。

　　　C：比較研究費割合が10％超の場合

　　　　⇒　控除限度額＝調整前事業所得税額の25％相当額＋（調整前事業所得税額×（試験研究費割合－10％）×2（10％が上限））

　　　D：上記A及びCのいずれにも該当する場合には、いずれか高い方の金額となります。

　(注3)　税額控除割合は、次の区分に応じて定める割合（小数点以下3位未満切捨て）となります。

　　　A：増減試験研究費割合が12％超の場合

　　　　⇒　11.5％＋（増減試験研究費割合－12％）×0.375（14％が上限）

　　　B：増減試験研究費割合が12％以下の場合

　　　　⇒　11.5％－（12％－増減試験研究費割合）×0.25（1％が下限）

C：事業を開始した年（相続又は包括遺贈により当該事業の承継した年を除きます）及び比較試験研究費の額が零の場合
　　⇒　8.5％

(注4)　令和6年分から令和8年分において、試験研究費割合（試験研究費の売上高に占める割合）が10％超の場合の税額控除割合は、次のとおりとなります。

　　　　税額控除割合（14％が上限）＝税額控除割合＋（税額控除割合×控除割増率）(※)
　　　　(※)　控除割増率（10％が上限）＝（試験研究費割合−10％）×0.5

㋺　中小企業技術基盤強化税制における税額控除

中小事業者については、上記㋑に代えて、次の算式により算出された額を控除することができます。

　　　税額控除額(注1、2)＝試験研究費の額×税額控除割合（12％）(注3、4、5)

(注1)　税額控除額の控除限度額は、調整前事業所得税額の25％相当額が控除限度額となります。

(注2)　令和6年分から令和8年分における控除限度額は、次のとおりとなります。
　　A：増減試験研究費割合が12％超の場合
　　　　⇒　調整前事業所得税額の35％相当額
　　B：試験研究費割合が10％超の場合（上記Aに該当する場合を除きます）
　　　　⇒　調整前事業所得税額の25％相当額＋（調整前事業所得税額×｛（試験研究費割合−10％）×2（10％が上限）｝）

(注3)　令和6年分から令和8年分において、増減試験研究費割合が12％超の場合の税額控除割合は、次のとおりとなります。なお、試験研究費割合が10％超の場合を除きます。
　　　税額控除割合（17％が上限）＝12％＋（（増減試験研究費割合−12％）×0.375）

(注4)　令和6年分から令和8年分において、試験研究費割合が10％超の場合の税額控除割合は、次のとおりとなります。なお、増減試験研究費割合が12％超の場合を除きます。
　　　税額控除割合（17％が上限）＝12％＋（12％×控除割増率）(※)
　　　(※)　控除割増率（10％が上限）＝（試験研究費割合−10％）×0.5

(注5)　令和6年分から令和8年分において、増減試験研究費割合が12％超で、かつ、試験研究費割合が10％超の場合の税額控除割合は、次のとおりとなります。
　　　税額控除割合（17％が上限）＝12％＋｛(増減試験研究費割合−12％)×0.375×（1＋控除割増率）＋12％×控除割増率｝(※)
　　　(※)　控除割増率（10％が上限）＝（試験研究費割合−10％）×0.5

㋩　特別試験研究費割合に係る税額控除

試験研究費のうち、特別試験研究費の額（上記㋑又は㋺の適用を受ける特別試験研究費の額は除きます）については、次のA、B及びCにより算出された額の合計額を控除します。

A：特別試験研究費の額のうち、国の試験研究機関や大学その他これらに準ずる者と共同し、又はこれらの者へ委託して行う試験研究費の額×30％により算出された額

B：特別試験研究費の額のうち、（特別）新事業開拓事業者等と共同して行う試験研究又は（特別）新事業開拓事業者等に委託する試験研究で、革新的なもの又は国立研究開発法人その他これに準ずる者における研究開発の成果を実用化するために行うものに

　　　　係る試験研究費の額（上記Aの額を除きます）×25％により算出された額
　　　C：特別試験研究費の額のうちA及びB以外の金額×20％により算出された額
　　　なお、税額控除の控除限度額は、調整前事業所得税額の10％相当額となります。また、この税額控除限度額は上記(イ)及び(ロ)とは別枠となります。
ロ　税額控除額の計算（令和4年分・令和5年分）
　(イ)　試験研究費の総額に係る税額控除
　　　税額控除額(注1、3、4)＝試験研究費の額×税額控除割合(注2、3)
　　（注1）　税額控除額の限度額は、調整前事業所得税額の25％相当額が控除限度額となります。
　　（注2）　税額控除割合は、次の区分に応じて定める割合となります。
　　　　　A：増減試験研究費割合が9.4％超の場合
　　　　　　⇒　10.145％＋（増減試験研究費割合－9.4％）×0.35（14％が上限）
　　　　　B：増減試験研究費割合が9.4％以下の場合
　　　　　　⇒　10.145％－（9.4％－増減試験研究費割合）×0.175（2％が上限）
　　　　　C：事業を開始した年（相続又は包括遺贈により当該事業を承継した年を除きます）及び比較試験研究費の額が零の場合
　　　　　　⇒　8.5％
　　（注3）　令和4年分及び令和5年分において、試験研究費割合（試験研究費の売上高に占める割合）が10％超の場合、税額控除割合及び控除限度額は、次のとおりとなります。
　　　　〔税額控除割合〕
　　　　　税額控除割合（14％が上限）＝税額控除割合＋（税額控除割合×控除割増率）(※)
　　　　　（※）　控除割増率（10％が上限）＝（試験研究費割合－10％）×0.5
　　　　〔控除限度額〕
　　　　　控除限度額＝調整前事業所得税額の25％相当額＋（調整前事業所得税額×（試験研究費割合－10％）×2（10％が上限））
　　（注4）　令和4年分及び令和5年分において、基準年比売上金額減少割合が2％以上であり、かつ、試験研究費の額が基準年試験研究費の額を超える年分の控除限度額について、調整前事業所得税額の25％相当額が加算することとされています。なお、上記（注3）の控除限度額の計算と重複適用が可能です。
　(ロ)　中小企業技術基盤強化税制における税額控除
　　　中小事業者については、上記(イ)に代えて、次の算式により算出された額を控除することができます。
　　　税額控除額(注1、2)＝試験研究費の額×税額控除割合（12％）(注3、4、5)
　　（注1）　令和4年分及び令和5年分における控除限度額は次のとおりとなります。
　　　　　A：増減試験研究費割合が9.4％超の場合
　　　　　　⇒　調整前事業所得税額の35％相当額
　　　　　B：試験研究費割合が10％超の場合（上記Aに該当する場合を除きます）
　　　　　　⇒　調整前事業所得税額の25％相当額＋（調整前事業所得税額×｛（試験研究費割合－10％）×2（10％が上限)｝）
　　（注2）　令和4年分及び令和5年分において、基準年比売上金額減少割合が2％以上であり、かつ、試験研究費の額が基準年試験研究費の額を超える年分の控除限度額について、調

整前事業所得税額の5％相当額を加算することとされています。なお、上記(注1)の控除限度額の計算と重複適用が可能です。

(注3) 令和4年分及び令和5年分において、増減試験研究費割合が9.4％超の場合の税額控除割合は次のとおりとなります。なお、試験研究費割合が10％超の場合を除きます。

税額控除割合（17％が上限）＝12％＋（増減試験研究費割合－9.4％）×0.35

(注4) 令和4年分及び令和5年分において、試験研究費割合が10％超の場合の税額控除割合は次のとおりとなります。なお、増減試験研究費割合が9.4％超の場合を除きます。

税額控除割合（17％が上限）＝12％＋（12％×控除割増率）(※)

(※) 控除割増率（10％が上限）＝（試験研究費割合－10％）×0.5

(注5) 令和4年分及び令和5年分において、増減試験研究費割合が9.4％を超え、かつ、試験研究費割合が10％超の場合の税額控除割合は次のとおりとなります。

税額控除割合（17％が上限）＝12％＋｛(増減試験研究費割合－9.4％)×0.35×（1＋控除割増率）＋（12％×控除割増率）｝(※)

(※) 控除割増率（10％が上限）＝（試験研究費割合－10％）×0.5

(ハ) 特別試験研究費に係る税額控除

試験研究費の額のうち、特別試験研究費の額（上記(イ)又は(ロ)の適用を受ける特別試験研究費は除きます）については、次のA、B及びCにより算出された額の合計額を控除します。

A：特別試験研究費の額のうち、国の試験研究機関や大学その他これらに準ずる者と共同し、又はこれらの者へ委託して行う試験研究費の額×30％により算出された額

B：特別試験研究費の額のうち、新事業開拓事業者等と共同して行う試験研究又は新事業開拓事業者等に委託する試験研究で、革新的なもの又は国立研究開発法人その他これに準ずる者における研究開発の成果を実用化するために行うものに係る試験研究費の額（上記Aの額を除きます）×25％により算出された額

C：特別試験研究費の額のうちA及びB以外の金額×20％により算出された額

なお、税額控除の控除限度額は、調整前事業所得税額の10％相当額となります。また、この税額控除限度額は上記(イ)及び(ロ)とは別枠となります。

ハ 税額控除額の計算（令和2年分・令和3年分）

(イ) 試験研究費の総額に係る税額控除

税額控除額(注1、3)＝試験研究費の額×税額控除割合(注2、3)

(注1) 税額控除額の限度額は、調整前事業所得税額の25％相当額が控除限度額となります。

(注2) 税額控除割合は、次の区分に応じて定める割合となります。

A：増減試験研究費割合が8％超の場合
⇒ 9.9％＋（増減試験研究費割合－8％）×0.3（14％が上限）

B：増減試験研究費割合が8％以下の場合
⇒ 9.9％－（8％－増減試験研究費割合）×0.175（6％が上限）

C：事業を開始した年（相続又は包括遺贈により当該事業を承継した年を除きます）及び比較試験研究費の額が零の場合
⇒ 8.5％

(注3) 令和2年分及び令和3年分において、試験研究費割合（試験研究費の売上高に占める割合）が10％超の場合、税額控除割合及び控除限度額は、次のとおりとなります。

〔税額控除割合〕

税額控除割合（14％が上限）＝税額控除割合＋（税額控除割合×控除割増率）^(※)

（※） 控除割増率（10％が上限）＝（試験研究費割合－10％）×0.5

〔控除限度額〕

控除限度額＝調整前事業所得税額の25％相当額＋（調整前事業所得税額×（試験研究費割合－10％）×2（10％が上限））

(ロ) 中小企業技術基盤強化税制における税額控除

中小事業者については、上記(イ)に代えて、次の算式により算出された額を控除することができます。

税額控除額^(注1、2、3)＝試験研究費の額×税額控除割合（12％）^(注2、3)

(注1) 税額控除限度額は、調整前事業所得税額の25％相当額となります。

(注2) 令和2年分及び令和3年分において、増減試験研究費割合が8％超の場合の税額控除割合及び控除限度額は次のとおりとなります。

〔税額控除割合〕

税額控除割合（17％が上限）＝12％＋（（増減試験研究費割合－8％）×0.3）

〔控除限度額〕

税額控除限度額＝調整前事業所得税額の35％相当額

(注3) 令和2年分及び令和3年分において、試験研究費割合が10％超の場合の税額控除割合及び控除限度額は、次のとおりとなります。

〔税額控除割合〕

A：増減試験研究費割合が8％超の場合（上記(注2)に該当する場合）

税額控除割合（17％が上限）＝a＋（a×控除割増率）^(※)

＊a＝上記(注2)の税額控除割合（12％＋（（増減試験研究費割合－8％）×0.3）

（※） 控除割増率（10％が上限）＝（試験研究費割合－10％）×0.5

B：増減試験研究費割合が8％以下の場合

税額控除割合＝12％＋（12％×控除割増率）^(※)

（※） 控除割増率（10％が上限）＝（試験研究費割合－10％）×0.5

〔控除限度額〕

調整前事業所得税額の25％相当額＋（調整前事業所得税額×｛（試験研究費割合－10％）×2（10％が上限）｝）

(ハ) 特別試験研究費に係る税額控除

試験研究費の額のうち、特別試験研究費の額（上記(イ)又は(ロ)の適用を受ける特別試験研究費は除きます）については、次のA、B及びCにより算出された額の合計額を控除します。

A：特別試験研究費の額のうち、国の試験研究機関や大学その他これらに準ずる者と共同し、又はこれらの者へ委任して行う試験研究費の額×30％により算出された額

B：特別試験研究費の額のうち、新事業開拓事業者等と共同して行う試験研究又は新事業開拓事業者等に委託する試験研究で、革新的なもの又は国立研究開発法人その他

これに準ずる者における研究開発の成果を実用化するために行うもの（令和3年4月1日以後に支出されるものに限ります）に係る試験研究費の額（上記Aの額を除きます）×25％により算出された額

C：特別試験研究費の額のうちA及びB以外の金額×20％により算出された額

なお、税額控除の控除限度額は、調整前事業所得税額の10％相当額となります。また、この税額控除限度額は上記(イ)及び(ロ)とは別枠となります。

ニ　税額控除額の計算（平成30年分・令和元年分）

(イ)　試験研究費の総額に係る額控除

税額控除額(注1)＝試験研究費の額×税額控除割合(注2)

(注1)　控除限度額は、次のとおりとなります。

A：試験研究費割合が10％以下の場合
⇒　調整前事業所得税額の25％相当額

B：試験研究費割合が10％超の場合
⇒　調整前事業所得税額の25％＋（調整前事業所得税額×（試験研究費割合－0.10）×2（10％が上限））

(注2)　税額控除割合は、次の区分に応じて定める割合となります。

A：増減試験研究費割合が5％超の場合
⇒　9％＋（増減試験研究費割合－5％）×0.3（14％が上限）

B：増減試験研究費割合が5％以下の場合
⇒　9％－（5％－増減試験研究費割合）×0.1（6％が下限）

C：事業を開始した年（相続又は包括遺贈により当該事実の承継した年を除きます）及び比較試験研究費の額が零の場合
⇒　8.5％

(ロ)　中小企業技術基盤強化税制における税額控除

中小事業者については、上記(イ)に代えて、次の算式により算出された額を控除することができます。

A：増減試験研究費割合が5％以下の場合
⇒　税額控除額＝試験研究費の額×12％

・税額控除の控除限度額は、調整前事業所得税額の25％相当額となります。

B：増減試験研究費割合が5％超の場合
⇒　税額控除額＝試験研究費の額×<u>（12％＋（増減試験研究費割合－5）×0.3）</u>

・下線部は17％が上限

・税額控除の控除限度額は、調整前事業所得税額の35％相当額となります。

C：試験研究費割合が10％超の場合の控除限度額は、次のとおりとなります。
⇒　調整前事業所得税額の25％＋調整前事業所得税額×（（試験研究費割合－0.10）×2（10％が上限））

(ハ)　特別試験研究費に係る税額控除

試験研究費の額のうち、特別試験研究費の額（上記(イ)又は(ロ)の適用を受ける特別試

研究費は除きます）がある場合については、次のA及びBにより算出された額の合計額を控除します。

　　A：特別試験研究費の額のうち、国の試験研究機関や大学その他これらに準ずる者と共同し、又はこれらの者へ委託して行う試験研究費の額×30％により算出された額

　　B：特別試験研究費の額のうち、A以外の金額×20％により算出された額

　　なお、税額控除の控除限度額は、調整前事業所得税額の5％相当額となります。また、この税額控除限度額は上記(イ)及び(ロ)とは別枠となります。

　(ニ)　試験研究費が増加した場合等の税額控除

　　令和元年分までの各年分において、適用年分の試験研究費の額が平均売上金額の10％を超える場合には、その超える部分の金額に超過税額控除割合（試験研究費割合－10％）×0.2を乗じて計算した割合をいいます）を乗じて計算した金額を控除します。

　　なお、税額控除の控除限度額は、調整前事業所得税額の10％相当額となります。

⑦　**手続き**

　この制度の適用を受けるためには、適用を受ける試験研究費の額等、控除を受ける金額を確定申告書に記載するとともに、その金額の計算に関する明細書を添付して、所轄税務署へ申告する必要があります。

⑧　**根拠法令等**

　旧措法10、旧措令5の3、旧措規5の6、平29改正法附44、措法10、措令5の3、措規5の6、平31改正法附29、令3改正措令附6、令5改正法附25、令5改正措令附2

【参考】

・国税庁ホームページ／タックスアンサー／「No.1270試験研究を行った場合の所得税額の特別控除」

【参考通達】

・租税特別措置法通達10-1（試験研究の意義）
・租税特別措置法通達10-2（試験研究に含まれないもの）
・租税特別措置法通達10-3（新たな役務の意義）
・租税特別措置法通達10-4（従前に提供している役務がある場合の新たな役務の判定）
・租税特別措置法通達10-5（サービス設計工程の全てが行われるかどうかの判定）
・租税特別措置法通達10-6（試験研究費の額に含まれる人件費の額）
・租税特別措置法通達10-7（試験研究の用に供する資産の減価償却費）
・租税特別措置法通達10-8（試験研究用固定資産の除却損の額）
・租税特別措置法通達10-9（試験研究費の額の範囲が改正された場合の取扱い）
・租税特別措置法通達10-10（他の者から支払を受ける金額の範囲）
・租税特別措置法通達10-11（試験研究費の額の統一的計算）

- 租税特別措置法通達10-12（中小事業者であるかどうかの判定）
- 租税特別措置法通達10-13（常時使用する従業員の範囲）
- 租税特別措置法通達10-14（年の中途において他の者等に該当しなくなった場合の適用）
- 租税特別措置法通達10-15（知的財産権の使用料及び新規高度研究業務従事者に対する人件費）
- 租税特別措置法通達10-16（調整前事業所得税額の計算の基礎となる各種所得の金額）
- 租税特別措置法通達10-17（特別の技術による生産方式その他これに準ずるものの意義）

(5) 中小事業者が機械等を取得した場合の所得税額の特別控除

① 概要

青色申告書を提出する中小事業者が、平成10年6月1日から令和7年3月31日までの間に製作後事業の用に供されたことのない特定機械装置等を取得等し、これを国内にある指定事業の用に供した場合には、特別償却の適用を受けないときは、次の算式により計算した税額控除限度額に相当する金額を所得税の額から控除します（措法10の3③、措令5の5）。

〔算式〕

税額控除限度額＝基準取得価額の合計額×7％

↑

（その年の調整前事業所得税額の20％相当額が限度）

区　分	要　件	
中小事業者	常時使用する従業員数が1,000人以下の青色申告者（措法10⑧六、措令5の3⑨）	
指定事業	製造業、建設業、農業、林業、漁業、水産養殖業、鉱業、卸売業、道路貨物運送業、倉庫業、港湾運送業、ガス業、小売業、料理店業その他飲食業（料亭、バー、キャバレー、ナイトクラブその他これらに類する事業にあっては生活衛生同業組合の組合員が行うものに限ります[注1]）、一般旅客自動車運送業、海洋運輸業及び沿海運輸業、内航船舶貸渡業、旅行業、こん包業、郵便業、通信業、損害保険代理業、不動産業[注2]、サービス業（娯楽業（映画業を除きます）を除きます[注3]）[注4]	内航海運業法2条2項に規定する内航海運業
特定機械装置等	機械及び装置で1台又は1基の取得価額が160万円以上の新品のもの	指定事業の用に供される船舶[注5]
	機械工具及び検査工具で1台又は1基の取得価額が120万円以上の新品のもの	
	電子計算機に対する指令で1の結果を取るように組み合わされた一定のソフトウエア（システム仕様書を含みます）で1のソフトウエアの取得価額が70万円以上のもの	
	貨物の運送の用に供されるもののうち車両総重量が3.5トン以上の普通自動車	

基準取得価額	取得価額		取得価額×75%

(注1) 指定事業への料亭、バー、キャバレー、ナイトクラブその他これらに類する事業の追加は、令和3年4月1日以後に取得又は製作をする特定機械装置等について適用し、個人が同日前に取得又は製作をした特定機械装置等については、料理店業その他の飲食業から、料亭、バー、キャバレー、ナイトクラブその他これらに類する事業は除かれます。

(注2) 個人が令和3年4月1日以後に取得又は製作をする特定機械装置等について適用し、個人が同日前に取得又は製作をした特定機械装置等については従前どおりとされています。

(注3) 指定事業のサービス業については、物品賃貸業を除くこととされていましたが、令和3年4月1日以後に取得又は製作をする特定機械装置等については除かない（指定事業に追加する）こととされました。なお、個人が同日前に取得又は製作をした特定機械装置等については従前どおりとされています。

(注4) 個人の営む事業が指定事業に該当するかどうかは、おおむね日本標準産業分類（総務省）によります（措通10の3-5）。
　　　例えば、出版業⇒製造業、自動車整備⇒サービス業などです。

(注5) 令和5年4月1日以後に取得等をする船舶について、総トン数が500トン以上の船舶にあっては、環境への負荷の状況が明らかにされた船舶に限定されています。
　　　なお、環境への負荷の状況が明らかにされた船舶とは、船舶に環境への負荷の低減に資するものとして国土交通大臣が指定する装置の設置状況などを国土交通大臣に届け出たものであることにつき確定申告書にそのことを証する書類の写しを添付することにより明らかにされた船舶をいいます（措令5の5③、措規5の8⑦）。

〔留意事項〕
1．適用を受けた年分において、調整前事業所得税額の20％相当額を限度とする所得税額基準により控除しきれなかった控除限度超過額については、1年間の繰越しが認められます（措法10の3④⑤）。
2．令和3年4月1日以後に取得等をする対象資産については、匿名組合契約その他これに類する一定の契約の目的である事業の用に供するものは除かれます（措法10の3①、措令5の5⑤）。
3．令和5年4月1日以後に取得又は製作をする機械装置等については、その対象資産から、次の要件のいずれにも該当する機械及び装置が除外されています。なお、同日前に取得又は製作をした特定機械装置等については、従前どおりとされています（措法10の3①一、措令5の5①、措規5の8①②、令5改正法附26）。
　① その管理のおおむね全部を他の者に委託するものであること
　② 要する人件費が少額な一定のサービス業（中小事業者の主要な事業であるものを除きます）の用に供するものであること
4．総トン数が500トン以上の船舶にあっては、環境への負荷の状況が明らかにされた船舶に限定されています（措法10の3①五、措令5の5③）。

② **手続き**

確定申告書[注]に控除の対象となる特定機械装置等の取得価額、控除を受ける金額及びその金額の計算に関する明細を記載した書類の添付がある場合に限り適用されます。この場合、控除される金額の計算の基礎となる特定機械装置等の取得価額は、確定申告書に添付された書類

に記載された特定機械装置等の取得価額を限度とされています（措法10の3⑦⑧）。
(注) 控除を受ける金額を増加させる修正申告書又は更正請求書を提出する場合には、その修正申告書又は更正請求書を含みます。

【参考通達】
〔措法第10条の3から第15条まで〔特別税額控除関係及び減価償却の特例〕共通関係〕
・租税特別措置法通達10の3～15共-1（特別償却等の適用を受けたものの意義）
・租税特別措置法通達10の3～15共-2（償却不足額の繰越しをする場合の償却限度額の計算）
・租税特別措置法通達10の3～15共-3（国庫補助金等の総収入金額不算入の適用を受ける場合の取得価額）

〔措法第10条の3　中小事業者が機械等を取得した場合の特別償却又は所得税額の特別控除〕
・租税特別措置法通達10の3-1（年の中途において中小事業者に該当しなくなった場合の適用）
・租税特別措置法通達10の3-1の2（主要な事業であるものの例示）
・租税特別措置法通達10の3-2（取得価額の判定単位）
・租税特別措置法通達10の3-3（国庫補助金等の総収入金額不算入の適用を受けた場合の特定機械装置等の取得価額要件の判定）
・租税特別措置法通達10の3-4（主たる事業でない場合の適用）
・租税特別措置法通達10の3-5（事業の判定）
・租税特別措置法通達10の3-6（その他これらの事業に含まれないもの）
・租税特別措置法通達10の3-7（特定事業とその他の事業とに共通して使用される特定機械装置等）
・租税特別措置法通達10の3-8（貸付けの用に供したものに該当しない資産の貸与）
・租税特別措置法通達10の3-9（特定機械装置等の対価につき値引きがあった場合の税額控除限度額の計算）

(6) 地域経済牽引事業の促進区域内において特定事業用機械等を取得した場合の所得税額の特別控除

① 概　要

　青色申告書を提出する個人で地域経済牽引事業の促進による地域の成長発展の基盤強化に関する法律に規定する承認地域経済牽引事業者である者が、企業立地の促進等による地域における産業集積の形成及び活性化に関する法律の一部を改正する法律の施行の日（平成29年7月31日）から令和7年3月31日までの期間内に、承認地域経済牽引事業に係る促進区域内において、その承認地域経済牽引事業に係る承認地域経済牽引事業計画に従って特定地域経済牽引事業施設等（承認地域経済牽引事業計画に定められた施設又は設備で、一定の規模のものをいいます）の新設又は増設をする場合において、その新設又は増設に係る特定地域経済牽引事業施設

等を構成する機械装置、器具備品、建物等及びその附属設備並びに構築物（以下、「特定事業用機械等」といいます）の取得等をして、その承認地域経済牽引事業の用に供した場合（貸付けの用を除きます）で、特別償却の適用を受けないときは、次の算式により計算した税額控除限度額に相当する金額が所得税の額から控除されます（措法10の4③）。

〔算式〕

税額控除限度額 ＝ 特定事業用機械等の基準取得価額(注1) × 取得等をした資産により定められた割合(注2)

↓

その年の調整前事業所得税額の20％相当額が限度

(注1) その特定事業用機械等に係る一の特定地域牽引事業施設等を構成する機械等の取得価額の合計額が80億円を超える場合は、80億円にその特定事業用機械等の取得価額がその合計額のうちに占める割合を乗じて計算した金額となります。

(注2) 取得等をした資産により定められた割合は、資産ごとに次のとおりとなります。

資　産　の　種　類	割合
① 機械及び装置並びに器具及び備品	4％
② 機械等のうち、一定の個人が承認地域経済牽引事業の用に供したもの	5％
③ 機械等のうち、承認地域経済牽引事業が地域の事業者に対して著しい経済効果を及ぼすものとして一定の基準に適合するものとして主務大臣の承認を受けたもの	6％
④ 建物・その附属設備並びに構築物	2％

なお、用語の意義は次のとおりとなります。

区　分	要　件
承認地域経済牽引事業	地域経済牽引事業の促進による地域の成長発展の基盤強化に関する法律25条に規定する承認地域経済牽引事業
特定地域経済牽引事業施設等	地域経済牽引事業の促進による地域の成長発展の基盤強化に関する法律14条2項に規定する承認地域経済牽引事業計画に定められた施設又は設備で、一のその計画に定められた施設又は設備を構成する所得税法施行令6条各号に掲げる資産の取得価額の合計額が2,000万円以上のもの
特定事業用機械等	新設若しくは増設に係る特定地域経済牽引事業施設等を構成する機械及び装置、器具及び備品、建物及びその附属設備並びに構築物
基準取得価額	特定事業用機械等に係る一の特定地域経済牽引事業施設等を構成する機械及び装置、器具及び備品、建物及びその附属設備並びに構築物の取得価額の合計額が80億円（平成31年3月31日以前に取得等したものは100億円）を超える場合におけるその合計額のうちに特定事業用機械等の取得価額が占める割合を80億円（平成31年3月31日以前に取得等したものは100億円）に乗じて計算した金額（措法10の4①）

② 手続き

確定申告書(注)に控除の対象となる特定事業用機械等の取得価額、控除を受ける金額及びその金額の計算に関する明細を記載した書類の添付がある場合に限り適用されます。この場合、控除される金額の計算の基礎となる特定事業用機械等の取得価額は、確定申告書に添付された書類に記載された特定事業用機械等の取得価額を限度とされています（措法10の4⑤⑥）。

(注) 控除を受ける金額を増加させる修正申告書又は更正請求書を提出する場合には、その修正申告書又は更正請求書を含みます。

【参考通達】

〔措法第10条の4　地域経済牽引事業の促進区域内において特定事業用機械等を取得した場合の特別償却又は所得税額の特別控除〕

・租税特別措置法通達10の4－1（国庫補助金等をもって取得等した特定地域経済牽引事業施設等の取得価額）
・租税特別措置法通達10の4－2（新増設の範囲）
・租税特別措置法通達10の4－3（特別償却等の対象となる建物の附属設備）
・租税特別措置法通達10の4－4（承認地域経済牽引事業の用に供したものとされる資産の貸与）
・租税特別措置法通達10の4－5（取得価額の合計額が80億円を超えるかどうか等の判定）
・租税特別措置法通達10の4－6（2以上の年分において事業の用に供した場合の取得価額の計算）
・租税特別措置法通達10の4－7（特定事業用機械等の対価につき値引きがあった場合の税額控除限度額の計算）

(7) 地方活力向上地域等において特定建物等を取得した場合の所得税額の特別控除

① 概　要

青色申告書を提出する個人で地域再生法の一部を改正する法律の施行の日（平成27年8月10日）から令和8年3月31日までの期間内に地方活力向上地域等特定業務施設整備計画について認定を受けた者が、その認定を受けた日から同日の翌日以後3年(注1)以内に、地方活力向上地域等内において、その認定を受けた地方活力向上地域等特定業務施設整備計画に記載された地域再生法の特定業務施設に該当する建物等及び構築物で、一定の規模以上のものの取得等をして、その事業の用に供した場合（貸付けの用を除きます）には、特別償却の適用を受けないときは、次の算式により計算した税額控除限度額に相当する金額を所得税の額から控除します（措法10の4の2③）。

〔算　式〕

イ　その地方活力向上地域等特定業務施設整備計画が拡充型計画である場合

税額控除限度額(注2) ＝ 基準取得価額(注3) × 4％

ロ　上記イ以外

　　税額控除限度額^(注2)＝基準取得価額^(注3)×7％

(注1)　令和2年3月31日以後に地方活力向上地域等特定業務施設整備計画について認定を受けた個人が令和4年4月1日以後に取得又は建設をするその認定に係る特定建物等について適用し、次の特定建物等については従前どおり2年以内とされています（令和4年改正法附24）。
　①　令和2年3月31日以後に地方活力向上地域等特定業務施設整備計画について認定を受けた個人が令和4年4月1日前に取得又は建設をするその認定に係る特定建物等
　②　令和2年3月31日前に地方活力向上地域等特定業務施設整備計画について認定を受けた個人が取得又は建設をするその認定に係る特定建物等

(注2)　税額控除限度額は、その年の調整前事業所得税額の20％相当額が限度となります。

(注3)　基準取得価額とは、その特定建物等に係る一の特定業務施設を構成する建物及びその附属設備並びに構築物の取得価額の合計額が80億円を超える場合には、80億円にその特定建物等の取得価額がその合計額のうちに占める割合を乗じて計算した金額とします。

② 手続き

　確定申告書^(注)に控除の対象となる特定建物等の取得価額、控除を受ける金額及びその金額の計算に関する明細を記載した書類の添付がある場合に限り適用されます。この場合、控除される金額の計算の基礎となる特定建物等の取得価額は、確定申告書に添付された書類に記載された特定建物等の取得価額を限度とされています（措法10の4の2⑤⑥）。

(注)　控除を受ける金額を増加させる修正申告書又は更正請求書を提出する場合には、その修正申告書又は更正請求書を含みます。

【参考通達】

〔措法第10条の4の2　地方活力向上地域等において特定建物等を取得した場合の特別償却又は所得税額の特別控除〕

・租税特別措置法通達10の4の2-1（特別償却等の対象となる建物の附属設備）
・租税特別措置法通達10の4の2-2（中小事業者であるかどうかの判定の時期）
・租税特別措置法通達10の4の2-3（国庫補助金等の総収入金額不算入の適用を受けた場合の特定建物等の取得価額要件の判定）
・租税特別措置法通達10の4の2-4（取得価額の合計額が80億円を超えるかどうかの判定）
・租税特別措置法通達10の4の2-5（2以上の年分において事業の用に供した場合の取得価額の計算）
・租税特別措置法通達10の4の2-6（特定建物等の対価につき値引きがあった場合の税額控除限度額の計算）

(8) 地方活力向上地域等において雇用者の数が増加した場合の所得税額の特別控除

① 概　要

　青色申告書を提出する事業者である個人が、令和8年3月31日までに拡充型事業の計画又は

移転型事業の計画の認定を受けた地域再生法に定める認定事業者であって、適用年[注1]の12月31日における特定業務施設[注2]の雇用者[注3]の数が適用年の前年の12月31日における特定業務施設の雇用者の数に比して2人以上増加していることなどについて証明がされるなど一定の要件を満たす場合、税額控除ができます（措法10の5①）。

　なお、ここでいう拡充型事業とは、地域再生法17条の2第1項2号に定める整備事業をいい、移転型事業とは、同条1項1号に定める整備事業をいいます。

(注1)　「適用年」とは、地方活力向上地域等特定業務施設整備計画について計画の認定を受けた個人のその計画の認定を受けた日の属する年以後3年以内の各年をいいます。なお、事業を開始した日の属する年及び事業を廃止した日の属する年を除きますが、相続又は包括遺贈によりその事業を承継した日の属する年を含みます（措法10の5③三）。

(注2)　「特定業務施設」とは、地域再生法5条4項5号に規定する特定業務施設で、同法17条の2第6項に規定する認定地方活力向上地域等特定業務施設整備計画に係る計画の認定をした同条1項に規定する認定都道府県知事が作成した同法8条1項に規定する認定地域再生計画に記載されている同号イ又はロに掲げる地域[※]においてその認定地方活力向上地域等特定業務施設整備計画に従って整備されたものをいいます（措法10の5③一）。

　　（※）　その認定地方活力向上地域等特定業務施設整備計画が同法17条の2第1項2号に掲げる事業に関するものである場合には、同号に規定する地方活力向上地域とします。

(注3)　「雇用者」とは、個人の使用人（その個人の特殊関係者[注4]を除きます）のうち一般被保険者（雇用保険法60条の2第1項1号に規定する一般被保険者をいいます）に該当するものをいいます（措法10の5③四）。

(注4)　個人の特殊関係者とは、次に掲げる者をいいます（措令5の6④）。

　　イ　個人の親族
　　ロ　個人と婚姻の届出をしていないが事実上婚姻関係と同様の事情にある者
　　ハ　上記イ、ロ以外の者で個人から生計の支援を受けているもの
　　ニ　上記ロ、ハの者と生計を一にするこれらの者の親族

②　税額控除限度額等

イ　税額控除限度額[注1、2]

次の区分に応じて算出された金額を控除することができます。

　(イ)　令和2年4月1日以降、地域再生法17条の2第3項の認定を受けた者

　　次のA及びBで算出された金額の合計額となります。

　　A：30万円×地方事業所基準雇用者数[注3]のうち特定新規雇用者数[注4]に達するまでの数

　　　なお、移転型特定新規雇用者がある場合には、（20万円×特定新規雇用者基礎数[注5]に達するまでの数）を加算します。

　　B：20万円×地方事業所基準雇用者数から新規雇用者総数[注6]を控除して計算した数

　　　なお、移転型非新規基準雇用者数が零を超える場合には、移転型非新規基準雇用者数に達するまでの数を加算した数とします。

　(ロ)　令和2年3月31日までに地域再生法17条の2第3項の認定を受けた者

　　次のとおり算出します。

　　A：基準雇用者割合が8％以上の場合

次のa及びbで算出された金額の合計額となります。
- a 60万円×特定新規雇用者基礎数
- b 50万円×｛非特定新規雇用者数[注7]のうち新規雇用者総数の40％までの数＋（地方事業所基準雇用者数－新規雇用者総数）｝

B：基準雇用者割合が5％以上の場合（移転型事業に限ります）

次のa及びbで算出された金額の合計額となります。
- a 30万円×（特定新規雇用者基礎数＋特定新規雇用者基礎数のうち移転型特定新規雇用者数[注8]までの数）
- b 20万円×｛(非特定新規雇用者数のうち新規雇用者総数の40％までの数(a)＋(a)のうち移転型非特定新規雇用者数[注9]に達するまでの数×1.5＋（地方事業所基準雇用者数－新規雇用者総数)(b)＋(b)のうち移転型非新規基準雇用者数[注10]に達するまでの数×1.5｝

C：上記A及びB以外

次のa及びbで算出された金額の合計額となります。
- a 30万円×特定新規雇用者基礎数
- b 20万円×｛非特定新規雇用者数のうち新規雇用者総数の40％までの数＋（地方事業所基準雇用者数－新規雇用者総数）｝

(注1) 税額控除限度額は、調整前事業所得税額の20％相当額を限度とします。

(注2) 地方活力向上地域等において特定建物等を取得した場合の特別償却又は所得税額の特別控除の適用を受ける年分についてはこの措置を適用しないこととされています（措法10の5④）。

(注3) 「地方事業所基準雇用者数」とは、適用年の前々年の1月1日から適用年の12月31日までの間に地方活力向上地域等特定業務施設整備計画の認定に係る特定業務施設のみをその個人の事業所とみなした場合における基準雇用者として一定の証明がされた数をいいます（措法10の5③七）。

(注4) 「特定新規雇用者数」とは、適用年(※)に新たに雇用された特定雇用者でその適用年の12月31日において適用対象特定業務施設に勤務するものの数として一定の証明がされた数をいいます（措法10の5九）。

(※) その適用年が計画の認定を受けた日の属する年である場合には、同日からその適用年の12月31日までの期間とします。

(注5) 「特定新規雇用者基礎数」とは、その個人のその適用年の地方事業所基準雇用者数（基準雇用者数を上限）のうちその適用年の特定新規雇用者数に達するまでの数をいいます（措法10の5①二イ）。

(注6) 「新規雇用者総数」とは、適用年(※)に新たに雇用された雇用者でその適用年の12月31日において適用対象特定業務施設に勤務するものの総数として一定の証明がされた数をいいます（措法10の5十一）。

(※) その適用年が計画の認定を受けた日の属する年である場合には、同日からその適用年の12月31日までの期間とします。

(注7) 「非特定新規雇用者数」とは、新規雇用者総数から特定新規雇用者数を控除した数をいいます。

(注8) 「移転型特定新規雇用者数」とは、地域再生法に規定する移転型事業の計画の認定を受けた者の、その計画の認定に係る特定業務施設(以下、「移転型特定業務施設」といいます)において、適用年に新たに雇用された特定雇用者で適用年の12月31日においてその移転型特定業務施設に勤務するものの数をいいます。

(注9) 「移転型非特定新規雇用者数」とは、移転型新規雇用者総数から移転型特定新規雇用者数を控除した数のうち非特定新規雇用者数に達するまでの数をいいます。

(注10) 「移転型非新規基準雇用者数」とは、移転型特定業務施設のみを事業所とみなした場合における適用年の基準雇用者数から移転型新規雇用者総数(注11)を控除した数をいいます。

(注11) 「移転型新規雇用者総数」とは、移転型特定業務施設において適用年に新たに雇用された雇用者で適用年の12月31日においてその移転型特定業務施設に勤務するものの総数をいいます。

ロ　地方事業所特別税額控除限度額

　移転型事業で、上記イの規定の適用を受ける年であるか、又は適用期間内で既に適用を受けた年がある場合で、下記④「控除の適用を受けるための要件」のイ又はロの要件を満たす場合には、次の算式により算出された金額を控除することができます(措法10の5②)。

　ただし、認定事業者の認定日以降の年分で、基準雇用者数又は地方事業所基準雇用者数が零に満たない年以後は適用できないこととされています。

〔算　式〕
　40万円(特定業務施設が地域再生法5条4項5号ロに規定する準地方活力向上地域内にある場合には30万円)×地方事業所特別基準雇用者数(注)

　なお、地方事業所特別税額控除限度額は、調整前事業所得税額の20％を限度とします。ただし、上記イ及び地方活力向上地域等において特定建物等を所得した場合の税額控除の適用により控除される金額がある場合には、調整前事業所得税額の20％からこれらの金額を差し引いた残額が税額控除限度額となります。

(注)　「地方事業所特別基準雇用者数」とは、認定事業者が認定を受けた日を含む年以後3年以内に本店(本社機能)を地方に移転して、これに伴い整備した特定業務施設(工場を除きます)のみを個人の事業所とみなした場合における基準雇用者数をいいます。

③　対象者

　対象者は、青色申告書を提出する個人で地域再生法に定める認定事業者となっている者となります。

④　控除の適用を受けるための要件

　この制度の適用を受けるためには、次に掲げる区分に応じ、それぞれすべての要件を満たす必要があります。

イ　令和4年4月1日以降に地域再生法17条の2第3項の認定を受けた者

　(イ)　適用年及び適用前年に事業主都合による離職した雇用者(注1)及び高年齢雇用者(注2)でないこと

　　(注1)　「雇用者」とは、個人の使用人のうち、雇用保険法60条の2第1項1号に規定する一般被保険者をいい、個人の特殊関係者は除かれます(措法10の5③四、措令5の6④)。以下同じ。

　　　なお、個人の特殊関係者とは、次に掲げる者をいいます。

　　　　①　個人の親族
　　　　②　個人と婚姻の届出をしていないが事実上婚姻関係と同様の事情にある者
　　　　③　上記①、②以外の者で個人から生計の支援を受けているもの
　　　　④　上記②、③の者と生計を一にするこれらの者の親族
　　（注2）「高年齢雇用者」とは、個人の使用人のうち雇用保険法37条の2第1項に規定する高年齢被保険者をいいます。以下同じ。
　　㈹　雇用保険法に規定する適用事業を行い、かつ他の法律により業務の規制及び適正化のための措置が講じられている事業として定めるものを行っていないこと
　ロ　令和2年4月1日から令和4年3月31日までに地域再生法17条の2第3項の認定を受けた者
　　㈠　適用年及び適用前年に事業主都合による離職した雇用者及び高年齢雇用者がいないこと
　　㈹　特定新規雇用者等数（注1）が2人以上であること
　　　（注1）「特定新規雇用者等数」とは、地方事業所基準雇用者数（注2）のうち特定新規雇用者数（注3）に達するまでの数＋（地方事業所基準雇用者数－新規雇用者総数（注4））で算出された数をいいます。以下同じ。
　　　（注2）「地方事業所基準雇用者数」とは、認定事業者が認定を受けた日を含む以後3年以内に地方活力向上地域に整備した特定業務施設（工場を除きます）のみを個人の事業所とみなした場合における基準雇用者数（注5）をいいます。以下同じ。
　　　（注3）「特定新規雇用者数」とは、特定業務施設において適用年に新たに雇用された特定雇用者（雇用者のうち無期雇用かつフルタイムの要件を満たす者をいいます）でその適用年の12月31日において勤務するものの総数をいいます。以下同じ。
　　　（注4）「新規雇用者総数」とは、特定業務施設において適用年に新たに雇用された雇用者で同年の12月31日において特定業務施設に勤務するものをいいます。以下同じ。
　　　（注5）「基準雇用者数」とは、（適用年の12月31日の雇用者数－適用前年の12月31日の雇用者数）で算出された数をいいます。なお、適用年の12月31日において高年齢雇用者に該当する者は、適用年末及び適用前年末の雇用者数に含めないこととされています。以下同じ。
　　㈥　雇用保険法に規定する適用事業を行い、かつ他の法律により業務の規制及び適正化のための措置が講じられている事業として定めるものを行っていないこと
　ハ　令和2年3月31日までに地域再生法17条の2第3項の認定を受けた者
　　㈠　適用年及び適用前年に事業主都合による離職した雇用者及び高年齢雇用者がいないこと
　　㈹　特定新規雇用者等数が2人以上であること
　　㈥　給与等支給額（注1）が比較給与等支給額（注2）以上であること
　　　（注1）「給与等支給額」とは、適用年の事業所得の計算上必要経費となる雇用者に対する給与等の支給額（給与等に充てるため他の者から受ける金額は控除します）をいいます。なお、適用年の12月31日において高年齢雇用者に該当する者に係るものを除きます。
　　　（注2）「比較給与等支給額」とは、{前年の事業所得の計算上必要経費となる雇用者に対する給与等の支給額（前年給与等支給額）＋（前年給与等支給額×基準雇用者割合（注3））×20％}で算出された金額（注4）をいいます。なお、適用年の12月31日において高年齢雇用者に該当する者に係るものを除きます。
　　　（注3）「基準雇用者割合」とは、基準雇用者数の適用年の前年の12月31日における雇用者の数に対する割合をいいます。

(注4) 前年末の雇用者数が零の場合は、前年給等支給額×1.2で算出した金額となります。

㈡ 雇用保険法に規定する適用事業を行い、かつ他の法律により業務の規制及び適正化のための措置が講じられている事業として定めるものを行っていないこと

⑤ 適用対象期間

この制度は、令和元年から令和8年（令和6年3月31日までに拡充型事業の計画又は移転型事業の計画の認定を受け、その認定日を含む年以後3年間に限ります）の各年において、適用できます。

ただし、適用対象年であっても、事業を開始した個人のその開始した日の属する年（相続又は包括遺贈によりその事業を承継した日の属する年を除きます）及びその事業を廃止した日の属する年については、適用できないこととされています。

⑥ 手続き

この制度の適用を受けるために確定申告書へ添付が必要な書類などは、次のとおりとなります。

イ 公共職業安定所に雇用促進計画の提出を行い、都道府県労働局又は公共職業安定所で、上記④「控除の適用を受けるための要件」のイ、ロ及び基準雇用割合の要件についての確認を受け、その際交付される雇用促進計画の達成状況を確認した旨の書類の写しを確定申告書に添付する必要があります。

ロ 確定申告書に控除を受ける金額の記載及びその金額の計算に関する明細書を添付する必要があります。

ハ この制度の適用を受ける場合は、復興産業集積区域において被災雇用者等を雇用した場合の税額控除、避難解除区域等において避難対象雇用者等を雇用した場合の税額控除は適用できないこととされています。

ニ 「給与等の引上げ及び設備投資を行った場合等の所得税額の税額控除」(注) 又は「給与等の支給額が増加した場合の所得税額の特別控除」の適用を受ける年分においては、控除額の調整を行った上で適用されます。

（注）「給与等の引上げ及び設備投資を行った場合等の所得税額の税額控除」は、令和3年度の税制改正において、「給与等の支給額が増加した場合の所得税額の特別控除」に改組しています。

⑦ 根拠法令等

措法10、10の4の2、10の5、10の5の4、措令5の6、東日本震災特例法10の3、10の3の2、10の3の3、平30改正法附則64、令2改正法附則56

【参考】

・国税庁ホームページ／タックスアンサー／「No.1284地方活力向上地域等において雇用者の数が増加した場合の所得税額の特別控除」

(9) 特定中小事業者が特定経営力向上設備等を取得した場合の所得税額の特別控除

① 概　要

　青色申告書を提出する特定中小事業者(注1)が、平成29年4月1日から令和7年3月31日までの間に、生産等設備を構成する機械装置、工具、器具備品、建物附属設備(注2)及び一定のソフトウエアで、経営力向上設備等に該当するもののうち一定の規模のものでその製作若しくは建設の後事業の用に供されたことのない特定経営力向上設備等を取得し、又は製作し、若しくは建設して、これを国内にある特定事業の用に供した場合において、特別償却の適用を受けないときは、次の算式に計算した税額控除限度額に相当する金額（その取得価額の10％に相当する金額の合計額）を所得税の額から控除します（措法10の5の3③）。

〔算　式〕
　税額控除限度額(注3)＝取得価額の合計額×10％

　なお、適用を受けた年分において、控除しきれなかった控除限度超過額については、1年間の繰越しが認められています（措法10の5の3④）。

　また、要件等は次の表のとおりとなります。

区　分	要　件
特定中小事業者	常時使用する従業員数が1,000人以下の青色申告者のうち中小企業等経営強化法19条1項の認定を受けた同法2条2項に規定する中小企業者等（措法10⑧六、10の5の3①、措令5の3⑨）
指定事業	租税特別措置法10条の3第1項（755ページ参照）に規定する指定事業（措法10の5の3①）
特定経営力向上設備等	中小企業等経営強化法17条3項に規定する経営力向上設備等で、同条1項に規定する経営力向上計画に記載された次のものをいいます（措法10の5の3①、措令5の6の3、措規5の11）。 ・機械及び装置で1台又は1基の取得価額が160万円以上の新品のもの ・工具、器具及び備品で1台又は1基の取得価額が30万円以上の新品のもの ・建物附属設備で1の建物附属設備の取得価額が60万円以上の新品のもの ・租税特別措置法施行令5条の5第1項に規定するソフトウエア（中小事業者が機械等を取得した場合の特別償却におけるソフトウエアと同じ）で1の取得価額が70万円以上のもの

（注1）　中小企業等経営強化法17条1項の認定を受けた中小企業者等に該当する中小企業者をいいます。
（注2）　令和5年度税制改正により、対象資産から、コインランドリー業又は暗号資産マイニング業（主要な事業であるものを除きます）の用に供する設備等でおおむね全部を他の者に委託するものが除外されています（措法10の5の3①、中小企業等経営強化法施行規則16②）。
　　　　なお、これは、中小企業等経営強化法2条6項に規定する特定事業者等が令和5年4月1日

以後に受ける中小企業等経営強化法の認定（変更の認定を含みます）のうち、同日以後に申請がされるものに係る同法17条1項に規定する経営力向上計画に記載された経営力向上設備等について適用し、同法2条6項に規定する特定事業者等が、同日前に受けた認定及び同日以後に受ける認定のうち同日前に申請がされたものに係る同法17条1項に規定する経営力向上計画に記載された経営力向上設備等については従前どおりとされています（改正中小企業等経営強化法施行規則附4）。

（注3）「中小事業者が機械等を取得した場合の所得税額の特別控除」（措法10の3③）と合計して、当年分の調整前事業所得税額の20％相当額が限度となります。

【参考通達】

〔措法第10条の5の3　特定中小事業者が特定経営力向上設備等を取得した場合の特別償却又は所得税額の特別控除〕

・租税特別措置法通達10の5の3-1（特定中小事業者であるかどうかの判定の時期）
・租税特別措置法通達10の5の3-2（生産等設備の範囲）
・租税特別措置法通達10の5の3-4（取得価額の判定単位）
・租税特別措置法通達10の5の3-5（国庫補助金等をもって取得等した特定経営力向上設備等の取得価額）
・租税特別措置法通達10の5の3-6（主たる事業者でない場合の適用）
・租税特別措置法通達10の5の3-7（指定事業とその他の事業とに共通して使用される特定経営力向上設備等）
・租税特別措置法通達10の5の3-8（貸付けの用に供したものに該当しない資産の貸与）
・租税特別措置法通達10の5の3-9（特定経営力向上設備等の対価につき値引きがあった場合の税額控除限度額の計算）

⑽　給与等の支給額が増加した場合の所得税額の特別控除

①　概　要

青色申告書を提出する個人が令和4年から令和6年までの各年において、国内雇用者に対して支払う給与等支給額が適用年の前年の給与等支給額に比して一定割合以上増加した場合に、税額控除が認められます（措法10の5の4）。

②　税額控除限度額（令和4年分）

税額控除限度額は、次のとおりとなります。

なお、税額控除限度額が調整前事業所得税額の20％を超える場合には、その20％が控除限度額となります。

イ　中小事業者(注1)の場合

（イ）（雇用者給与等支給額(注2) − 比較雇用者給与等支給額(注3)）×15％相当額

（ロ）次のA及びBの要件を満たす場合には25％相当額

A：（雇用者給与等支給額 − 比較雇用者給与等支給額）／比較雇用者給与等支給額≧2.5％

B：次に掲げる要件のいずれかを満たすこと
　　　　a （教育訓練費の額－比較教育訓練費の額）(注4)／比較教育訓練費の額≧10%
　　　　b 中小企業等経営強化法の認定を受けた中小事業者で、経営力向上計画に記載された経営力向上が確実に行われたことにつき一定の証明がされたものであること
　ロ　中小事業者以外の場合
　　㈦　その個人のその年の控除対象新規雇用者給与等支給額×15％相当額
　　㈡　「（教育訓練費の額－比較教育訓練費の額）／比較教育訓練費の額≧20%」の要件を満たす場合には5％を加算
　　（注1）「中小事業者」とは、常時使用する従業員が1,000人以下の個人をいいます（措令5の3⑨）。
　　（注2）「雇用者給与等支給額」とは、適用年の事業所得の金額の計算上必要経費に算入される国内雇用者に対する給与等の支給額をいいます。
　　（注3）「比較雇用者給与等支給額」とは、適用年の前年分の事業所得の金額の計算上必要経費に算入される国内雇用者に対する給与等の支給額（適用年の前年において事業を営んでいた期間の月数と適用年において事業を営んでいた月数とが異なる場合にはその月数に応じ一定の計算をした金額）をいいます。
　　（注4）「比較教育訓練費の額」とは、適用年の前年分の事業所得の金額の計算上必要経費に算入される教育訓練費の額（中小事業者が適用年の前年において事業を開始した場合には、その適用年の前年の教育訓練費の額に12を乗じてこれをその適用年において事業を営んでいた期間の月数で除して計算した金額）をいいます。

③　**税額控除限度額（令和5年分・令和6年分）**
　税額控除限度額は、次のとおりとなります。
　なお、税額控除限度額が調整前事業所得税額の20％を超える場合には、その20％が控除限度額となります。
　イ　中小事業者の場合
　　㈦　控除対象雇用者給与等支給増加額(注1)×15％
　　㈡　次のA及びBの要件を満たす場合にはそれぞれの割合を加算
　　　A：（雇用者給与等支給額－比較雇用者給与等支給額）／比較雇用者給与等支給額≧2.5%
　　　　⇒　控除対象雇用者給与等支給増加額の15％相当額
　　　B：（教育訓練費の額－比較教育訓練費の額）／比較教育訓練費の額≧10%
　　　　⇒　控除対象雇用者給与等支給増加額の10％相当額
　ロ　中小事業者以外の場合
　　㈦　控除対象雇用者給与等支給増加額×15％
　　㈡　次のA及びBの要件を満たす場合にはそれぞれの割合を加算
　　　A：（雇用者給与等支給額－比較雇用者給与等支給額）／比較雇用者給与等支給額≧4％
　　　　⇒　控除対象雇用者給与等支給増加額の10％相当額
　　　B：（教育訓練費の額－比較教育訓練費の額）／比較教育訓練費の額≧20%
　　　　⇒　控除対象雇用者給与等支給増加額の5％相当額

(注1) 「控除対象雇用者給与等支給増加額」とは、(雇用者給与等支給額－比較雇用者給与等支給額)(その金額が適用年の調整雇用者給与等支給増加額(注2)を超える場合には、その調整雇用者給与等支給増加額)をいいます(措法10の5の4③五)。

(注2) 「調整雇用者給与等支給増加額」とは、雇用者給与等支給額(注3)－比較雇用者給与等支給額(注4)の額をいいます。

(注3) 「雇用者給与等支給額」とは、その雇用者給与等支給額の計算の基礎となる給与等に充てるための雇用安定助成金額(注5)がある場合には、その雇用安定助成金額を控除した金額をいいます。

(注4) 「比較雇用者給与等支給額」とは、その比較雇用者給与等支給額の計算の基礎となる給与等に充てるための雇用安定助成金額がある場合には、その雇用安定助成金額を控除した金額をいいます。

(注5) 「雇用安定助成金額」とは、国又は地方公共団体から受ける雇用保険法62条1項1号に掲げる事業として支給が行われる助成金その他これに類するものの額をいいます。

④ 対象者

対象者は、青色申告書を提出する個人となります。

⑤ 控除の適用を受けるための要件(令和4年分)

この制度の適用を受けるためには、次に掲げる区分に応じた要件を満たす必要があります。

イ 中小事業者の場合

国内雇用者(注1)に対して給与等を支給する場合において、その年において(雇用者給与等支給額－比較雇用者給与等支給額)／比較雇用者給与等支給額≧1.5%

ロ 中小事業者以外の場合

(新規雇用者給与等支給額－新規雇用者比較給与等支給額)／新規雇用者比較給与等支給額≧2%

(注1) 「国内雇用者」とは、個人の使用人(個人と特殊の関係のある者(注2)を除きます)のうち、個人の有する国内事業所に勤務する者で、労働基準法108条に規定する賃金台帳に記載された者をいいます。

(注2) 個人と特殊の関係のある者とは、次の者をいいます。

　　　イ 個人の親族
　　　ロ 個人と婚姻の届出をしていないが、事実上婚姻関係と同様の事情にある者
　　　ハ 上記イ、ロ以外の者で個人から受ける金銭その他の資産(個人からの給与に該当しないものに限ります)によって生計の支援を受けている者
　　　ニ 上記ロ、ハに該当する者と生計を一にするこれらの者の親族

⑥ 控除の適用を受けるための要件(令和5年分・令和6年分)

この制度の適用を受けるためには、次に掲げる区分に応じたすべての要件を満たす必要があります。

イ 中小事業者の場合

国内雇用者に対して給与等を支給する場合において、その年において(雇用者給与等支給額－比較雇用者給与等支給額)／比較雇用者給与等支給額≧1.5%

ロ　中小事業者以外の場合

（継続雇用者給与等支給額(注1) －継続雇用者比較給与等支給額(注3) ）／継続雇用者比較給与等支給額 ≧ 3 ％

(注1)　「継続雇用者給与等支給額」とは、継続雇用者(注2)に対する適用年の給与等の支給額として一定の金額をいいます。

(注2)　「継続雇用者」とは、適用年及び適用年の前年の各月において給与の支給を受けた国内雇用者をいいます。

(注3)　「継続雇用者比較給与等支給額」とは、継続雇用者に対する適用年の前年の給与等の支給額として一定の金額をいいます。

⑦　適用対象期間

　この制度は、令和4年から令和6年までの各年において適用できます。

　ただし、事業開始日及び廃止日を含む年は除きます。

⑧　手続き等

　この制度の適用を受けるためには、確定申告書に控除を受ける金額の記載及びその金額の計算に関する明細書を添付する必要があります。

　この制度の適用を受ける場合は、復興産業集積区域において被災雇用者等を雇用した場合の税額控除、企業立地促進区域において避難対象雇用者等を雇用した場合の税額控除、避難解除区域等において避難対象雇用者等を雇用した場合の税額控除は適用できないこととされています。

　地方活力向上地域等において雇用者の数が増加した場合の所得税額の特別控除の適用を受ける年分においては、控除額の調整を行った上で適用されます。

⑨　法令等

　旧措法10の5の4、措法10の5の4、措令5の6の4、震災税特法10の3、10の3の2、10の3の3、平成改正法附65、令2改正法附57、令3改正法附30

【参考】

・国税庁ホームページ／タックスアンサー／「No.1288給与等の支給額が増加した場合の所得税額の特別控除」

【参考通達】

〔措法第10条の5の4　給与等の支給額が増加した場合の所得税額の特別控除〕

・租税特別措置法通達10の5の4-1　（常時使用する従業員の範囲）
・租税特別措置法通達10の5の4-2　（中小事業者であるかどうかの判定の時期）
・租税特別措置法通達10の5の4-3　（給与等の範囲）
・租税特別措置法通達10の5の4-4　（補塡額の範囲）
・租税特別措置法通達10の5の4-5　（雇用安定助成金額の範囲）
・租税特別措置法通達10の5の4-6　（資産の取得価額に算入された給与等）

⑪ 認定特定高度情報通信技術活用設備を取得した場合の所得税額の特別控除

① 概　要

　青色申告書を提出する個人で特定高度情報通信技術活用システムの開発供給及び導入の促進に関する法律に規定する認定導入事業者であるものが、同法の施行の日（令和2年8月31日）から令和7年3月31日までの間に、その個人の認定導入計画に記載された機械その他の減価償却資産（認定導入計画に従って実施される特定高度情報通信技術活用システムの導入の用に供するためのものであることその他の要件を満たす一定のものに限ります）の取得等をして、その個人の事業の用に供した場合には、特別償却の適用を受けないときは、その事業の用に供した次のイからハまでの期間に応じそのそれぞれ次の算式により算出された税額控除限度額を所得税額から控除できます（措法10の5の5③、令4改正法附27）。

〔算　式〕
〔算　式〕
イ　令和4年4月1日から令和5年3月31日まで
　　税額控除限度額(注1)＝取得価額×15%(注2)
ロ　令和5年4月1日から令和6年3月31日まで
　　税額控除限度額(注1)＝取得価額×9%(注2)
ハ　令和6年4月1日から令和7年3月31日まで
　　税額控除限度額(注1)＝取得価額×3%

（注1）　税額控除限度額は、その年の調整前事業所得税額の25%相当額が限度となります。
（注2）　一定の条件不利地域以外の地域内において事業の用に供した特定基地局認定設備については、イの期間においては9%、ロの期間においては5%となります（措法10の5の5③）。

【参考通達】
〔措法第10条の5の5　認定特定高度情報通信技術活用設備を取得した場合の特別償却又は所得税額の特別控除〕
・租税特別措置法通達10の5の5-1（貸付けの用に供したものに該当しない資産の貸与）

⑫ 事業適応設備を取得した場合等の所得税額の特別控除

① 概　要

　青色申告者で、産業競争力強化法に規定する認定事業適応事業者(注1)又は認定エネルギー利用環境負荷低減事業適応事業者(注2)（以下、「認定事業適応事業者等」といいます）が産業競争力強化法等の一部を改正する等の法律の施行の日（令和3年8月2日）から令和8年3月31日までの間に、情報技術事業適応設備(注3)等又は認定エネルギー利用環境負荷低減事業適応計画に記載された生産工程効率化等設備等(注4)の取得等をして、その認定事業適応事業者

等の営む一定の事業の用に供した場合において、特別償却の適用を受けないときは、取得等をした設備に応じてその取得価額の3％、5％、10％又は14％に相当する金額の合計額を所得税額から控除できます（措法10の5の6、措令5の6の6、措規5の12の3）。
(注1)　「認定事業適応事業者」とは、産業競争力強化法21条の35に規定する認定事業適応事業者をいいます（措法10の5の6①）。
(注2)　「認定エネルギー利用環境負荷低減事業適応事業者」とは、改正産業競争力強化法の施行の日から令和8年3月31日までの間にされた産業競争力強化法21条の22第1項の認定に係る同法21条の23第1項に規定する認定事業適応事業者のうち、認定エネルギー利用環境負荷低減事業適応計画(※)に従って行う同法21条の20第2項2号に規定するエネルギー利用環境負荷低減事業適応のための措置として同法2条13項に規定する生産工程効率化等設備を導入する旨の記載のあるものをいいます（措法10の5の6①⑤）。
　　　(※)　産業競争力強化法21条の23第2項に規定する認定事業適応計画のうち、同法21条の13第2項3号に規定するエネルギー利用環境負荷低減事業適応に関するものいいます。
(注3)　「情報技術事業適応設備」とは、新設増設に係る特定ソフトウェア並びにその特定ソフトウエア若しくはその利用するソフトウエアとともに情報技術事業適応の用に供する機械及び装置並びに器具及び備品のうち一定のものをいいます（措法10の5の6①⑤）。
(注4)　「生産工程効率化等設備等」とは、産業競争力強化法2条13項に規定する生産工程効率化等設備及び同条14項に規定する需要開拓商品生産設備をいいます（措法10の5の6⑤）。

②　税額控除限度額

イ　情報技術適応設備を取得等した場合
　　⇒　税額控除限度額(注1)＝取得価額の合計額×3％

ロ　情報技術適応設備のうち産業競争力強化に著しく資するもの又は生産工程効率化等設備等を取得等した場合
　　⇒　税額控除限度額(注1)＝取得価額の合計額×5％

ハ　中小事業者が生産工程効率化等設備等のうちエネルギーの利用による環境への負荷の低減に著しく資する一定のもの(注2)を取得した場合
　　⇒　税額控除限度額(注1)＝基準取得価額の合計額×14％

ニ　中小事業者が、上記ハ以外の生産工程効率化等設備等を取得した場合
　　⇒　税額控除限度額(注1)＝基準取得価額(注3)の合計額×10％

ホ　中小事業者以外の者が生産工程効率化等設備等のうちエネルギーの利用による環境への負荷の低減に特に著しく資する一定のもの(注4)を取得した場合
　　⇒　税額控除限度額(注1)＝基準取得価額(注3)の合計額×10％

ヘ　上記ハ～ホ以外で、生産効率化等設備等を取得した場合
　　⇒　税額控除限度額(注1)＝基準取得価額(注3)の合計額×5％

(注1)　情報技術事業適応設備を取得した場合の所得税額の特別控除、事業適応繰延資産となる費用の額を支出した場合の所得税額の特別控除および生産工程効率化等設備を取得した場合の所得税額の特別控除との合計で調整前事業所得税額の20％相当額が上限とされています（措法10の5の6⑦～⑨）。
(注2)　一定のものとは、生産工程効率化等設備のうちエネルギーの利用による環境への負荷の低減

に著しく資するものとして経済産業大臣が定める基準に適合するものをいいます（措令5の6の6⑥）。
(注3) 基準取得価額とは、生産工程効率化等設備の取得価額の合計額が500億円を超える場合には、その合計額のうちに占める割合を乗じて計算した金額をいいます（措法10の5の6⑤⑨）。
(注4) 一定のものとは、生産工程効率化等設備のうちエネルギーの利用による環境への負荷の低減に特に著しく資するものとして経済産業大臣が定める基準に適合するものとされています（措令5の6の6⑥）。

③ **特別控除の対象となる資産等**

対象者別の特別控除の対象となる資産等(注)の種類ごとに区分した内容は次のとおりとなります。

イ 認定事業適応事業者（措法10の5の6⑦）
　(イ) 対象資産
　　　新設、増設及び利用する特定ソフトウエアとともに情報技術事業適応の用に供する機械及び装置並びに器具及び備品（情報技術事業適応設備）で一定のもの
　(ロ) 対象資産の要件
　　　a 制作後事業の用に供されたことがないものの取得又は制作したもの
　　　b 国内にある個人の事業の用に供すること
　(ハ) 適用要件
　　　a 情報技術事業適応の用に供するために特定のソフトウェアの新設若しくは増設
　　　b 情報技術事業適応を実施するために利用するソフトウェアへの利用に係る費用を支出する場合
　　　c 当該支出に関する特別償却を受けないこと
　(ニ) 税額控除額の計算
　　　a （原則）情報技術適応設備の取得価額×3％
　　　b 産業競争力強化に著しく資する情報技術適応設備の場合
　　　　当該設備の取得価額×5％
　(ホ) 限度額
　　　調整前事業所得税額の20％
　(ヘ) 手続き
　　次の事項を記載した書類を確定申告書に添付します。
　　　a 対象資産の取得価額又は繰延資産の額
　　　b 控除を受ける金額
　　　c 上記a及びbのその計算に関する明細
ロ 認定事業適応事業者（措法10の5の6⑧）
　(イ) 対象資産
　　　情報技術事業適応を実施するために利用するソフトウェア
　(ロ) 適用要件

          a　情報技術事業適応を実施するために利用するソフトウェアへの利用に係る費用を支出した場合
          b　当該支出に関する特別償却を受けないこと
     (ハ)　税額控除額の計算
          a　(原則)　情報技術適応設備の取得価額×3％
          b　産業競争力強化に著しく資する情報技術適応設備の場合
            当該設備の取得価額×5％
     (ニ)　限度額
        調整前事業所得税額の20％
        ただし、上記イの控除を受ける場合は当該控除をした後の所得税額の20％
     (ホ)　手続き
        上記イの(ヘ)に同じ
  ハ　認定エネルギー利用環境負荷低減事業適応事業者（措法10の5の6⑨）
     (イ)　対象資産
        認定エネルギー利用環境負荷低減事業適応計画に記載された生産工程効率化等設備
     (ロ)　対象資産の要件
          a　制作後事業の用に供されたことがないものの取得又は制作したもの
          b　国内にある個人の事業の用に供すること
     (ハ)　適用要件
          a　当該支出に関する特別償却を受けないこと
          b　上記イの所得税額の特別控除を受けないこと
     (ニ)　税額控除額の計算
          a　中小事業者が事業の用に供した生産工程効率化設備のうちエネルギーの利用による環境への負荷の低減に著しく資するものとして一定のもの
            生産工程効率化等設備の基準取得価額×14％
          b　中小事業者が事業の用に供した生産工程効率化設備のうち上記a以外のもの
            生産工程効率化等設備の基準取得価額×10％
          c　中小事業者以外が事業の用に供した生産工程効率化設備のうちエネルギーの利用による環境への負荷の低減に特に著しく資するものとして一定のもの
            生産工程効率化等設備の基準取得価額×10％
          d　上記a、b及びc以外のもの
            生産工程効率化等設備の基準取得価額×5％
     (ホ)　限度額
        調整前事業所得税額の20％
        ただし、上記イ又はロの控除を受ける場合は当該控除をした後の所得税額の20％
     (ヘ)　手続き

上記イの(ヘ)に同じ

(注1) 令和5年度税制改正により、特別控除の対象となる資産等について、次の見直しが行われています。
① 令和5年4月1日前に認定の申請がされた認定事業適応計画に係る資産が対象から除外されました（措法10の5の6⑫）。
これは、令和5年分以後の所得税について適用されます（令5改正法附28）。
② 生産性の向上又は需要の開拓に特に資するものとして主務大臣が定める基準等の見直しが行われました（産競法施行規則11の2⑤、令3.7内閣・総務・文科・厚労・農水・経産・国交・環境告8）。
これは、改正生産性向上等基準の施行の際現にされている認定の申請及び変更の認定の申請に係る事業適応計画については、従前どおりとされています（改正生産性向上等基準附則2、改正産競法施行規則附1）。
(注2) 令和6年度税制改正により、租税特別措置法10条の5第5項及び9項の規定は、個人が令和6年4月1日以後に取得等をする生産工程効率化設備について適用し、個人が同日前に取得等をした生産工程効率化等設備等については従前どおりとされています（令6改正法附27①）。

【参考通達】
〔措法第10条の5の6　事業適応設備を取得した場合の特別償却又は所得税額の特別控除〕
・租税特別措置法通達10の5の6-1（事業適応繰延資産に該当するもの）
・租税特別措置法通達10の5の6-2（貸付けの用に供したものに該当しない資産の貸与）
・租税特別措置法通達10の5の6-3（分割払の事業適応繰延資産）
・租税特別措置法通達10の5の6-4（国庫補助金等の総収入金額不算入の適用を受ける場合の取得価額）

⒀ 特定復興集積区域において被災雇用者等の雇用した場合の所得税額の特別控除

認定地方公共団体の指定を受けた者(注1)が、その指定があった日から5年を経過する日までの期間（以下、「適用期間」といいます）内の日の属する各年の適用期間内において、特定復興産業集積区域(注2)内にある一定の事業を行う事業所に勤務する被災雇用者等(注4)に対して給与等を支給する場合には、その支給する給与等の額のうち、その年の年分の事業所得の金額の計算上必要経費に算入される額の10％相当額(注5)をその年分の所得税額から控除できます（東日本震災特例法10の3）。
ただし、事業所得に係る所得税額の20％が限度となります。

(注1) 「認定地方公共団体の指定を受けた者」とは、東日本大震災により多数の被災者が離職を余儀なくされ又は生産基盤の著しい被害を受けた地域の雇用機会の確保に寄与する事業などを行う者として、東日本大震災復興特別区域法の施行日（以下、「復興特区法の施行日」といいます）から令和6年3月31日までの間に認定地方公共団体の指定を受けた者をいいます。
(注2) 「復興産業集積区域」とは、産業集積の形成及び活性化の取組を推進すべき区域として認定地

方公共団体の作成した認定復興推進計画(注3)に定められた区域をいいます。
(注3) 福島県の地方公共団体が作成した認定復興推進計画により指定された場合についてもこの制度が適用できます。
(注4) 「被災雇用者等」とは、①平成23年3月11日時点において復興特別区域内の事業所で勤務していた者、又は②平成23年3月11日時点で復興特別区域内に居住していた者をいいます（東日本大震災特例令12の3①）。
(注5) 平成31年4月1日から令和3年3月31日までの間に指定を受けた者が支給する一定の給与等は7％相当額となります。

⑭ 特定復興集積区域等において機械等を取得した場合の所得税額の特別控除

① 概要

認定地方公共団体の指定を受けた者が、特定復興産業集積区域内において、復興特区法の施行日（平成23年12月26日）から令和6年3月31日までの間に、一定の機械装置及び一定の建物等の取得等（取得又は製作、若しくは建設）をして、これを特定の事業の用に供した場合には、その事業の用に供した日の属する年において、これについて特別償却を選択した場合を除き、その取得価額に一定割合を乗じた金額を所得税額から控除できます（東日本震災特例法10）。

なお、控除される金額は、その年分の不動産所得又は事業所得に係る所得税額の20％相当額が限度とされ、控除しきれなかった金額については、4年間の繰越しができます。

② 税額控除

資産等の区分	所得税額の特別控除額
機械装置	取得価額×15％相当額
建物及びその附属設備、構築物	取得価額×8％相当額

③ その他

イ 令和3年3月31日前に取得等をした場合については、従前どおりとされています。
ロ 福島県の地方公共団体が作成した認定復興推進計画により指定された場合についてもこの制度が適用できます。

⑮ 避難解除区域等において機械等を取得した場合の所得税額の特別控除

① 概要

福島復興再生特別措置法の規定により福島県知事の確認を受けた個人が、避難解除区域等に係る避難等指示が解除された日から同日以後7年を経過する日までの間に、その製作若しくは建設の後事業の用に供されたことのない機械及び装置、建物及びその附属設備並びに構築物の取得等をして、これをその避難解除区域内(注1)及び特定復興再生拠点区域復興再生計画に記載された特定復興再生拠点区域において事業の用(注2)に供した場合には、これについて特別

償却を選択した場合を除き、所得税額から控除します（東日本震災特例法10の２の２）。

なお、控除される金額は、その年分の不動産所得又は事業所得に係る所得税額の20％相当額が限度とされ、控除しきれなかった金額については、４年間の繰越しができます。

(注１) 福島復興再生特別措置法に規定する住民に対し居住及び事業活動の制限を求める指示の対象となっている区域を含みます。
(注２) 貸付けの用を除き、従業者の居住の用を含みます。

② 税額控除

資 産 等 の 区 分	所得税額の特別控除額
機械及び装置	取得価額×15％相当額
建物及びその附属設備、構築物	取得価額×８％相当額

③ その他

特定復興産業集積区域等において機械等を取得した場合の特別償却等（東日本震災特例法10）及び企業立地促進区域において機械等を取得した場合の特別償却等（東日本震災特例法10の２）の適用を受ける年分においては、この特例は適用されないこととされています（東日本震災特例法10の２の２⑦）。

⒃ 避難解除区域等において避難対象雇用者等を雇用した場合の所得税額の特別控除

① 概　要

福島復興再生特別措置法の規定により避難解除区域等に係る避難等指示が解除された日から同日以後７年を経過する日までの間に福島県知事の認定を受けた個人が、その認定を受けた日から同日以後５年を経過する日までの期間（以下、「適用期間」といいます）内の日の属する各年の適用期間内において、その避難解除区域内(注１)及び特定復興再生拠点区域復興再生計画に記載された特定復興再生拠点区域に所在する事業所に勤務する避難対象雇用者等(注２)に対して給与等を支給する場合には、その支給する給与等の額のうちその各年分の事業所得の金額の計算上必要経費の額に算入されるものの20％相当額を税額控除することができます（東日本震災特例法10の３の３）。

なお、控除される金額は、その年分の事業所得に係る所得税額の20％相当額が限度とされています。

(注１) 福島復興再生特別措置法に規定する住民に対し居住及び事業活動の制限を求める指示の対象となっている区域を含みます。
(注２) 「避難対象雇用者等」とは、①平成23年３月11日時点において避難対象区域内に所在する事業所に勤務していた者、又は②平成23年３月11日時点で避難対象区域内に居住していた者をいいます（東日本大震災特例令10の３の３①）。

② その他

地方活力向上地域等において雇用者の数が増加した場合の所得税額の特別控除額（措法10の

5）若しくは給与等の支給額が増加した場合の所得税額の特別控除（措法10の5の4）などの適用を受ける年分においては、この特例は適用されないこととされています（東日本震災特例法10の3の3②）。

⒄ 所得税の額から控除される特別控除額の特例

　個人がその年において、次に掲げる各規定のうち2以上の規定の適用を受けようとする場合において、その適用を受けようとする規定による税額控除可能額の合計額がその年分の調整前事業所得税額の90％を超える場合には、その超える部分の金額（以下、「所得税額超過額」といいます）は、その年分の所得税額から控除せず、一定の事項を記載した明細書の添付を要件に各特別控除制度の繰越税額控除限度超過額としてその翌年分以後に繰越控除することができます（措法10の6）。

　この場合の所得税額超過額は、各特別控除のうち控除可能期間（控除することができる最終の年の12月31日までの期間）の最も長いものから順次成るものとされています（措法10の6①②）。

① 試験研究を行った場合の所得税額の特別控除（措法10①④⑦）
② 中小事業者が機械等を取得した場合の所得税額の特別控除（措法10の3③④）
③ 地域経済牽引事業の促進区域内において特定事業用機械等を取得した場合の所得税額の特別控除（措法10の4③）
④ 地方活力向上地域等において特定建物等を取得した場合の所得税額の特別控除（措法10の4の2③）
⑤ 地方活力向上地域等において雇用者の数が増加した場合の所得税額の特別控除（措法10の5①②）
⑥ 特定中小事業者が特定経営力向上設備等を取得した場合の所得税額の特別控除（措法10の5の3③④）
⑦ 給与等の支給額が増加した場合の所得税額の特別控除（措法10の5の4②）
⑧ 認定特定高度情報通信技術活用設備を取得した場合の所得税額の特別控除（措法10の5の5③）
⑨ 事業適応設備を取得した場合の所得税額の特別控除（措法10の5の6⑦⑧⑨）

〔留意事項〕
1．個人（中小事業者を除きます）が、令和元年から令和6年までの各年において特定税額控除規定（租税特別措置法10条の6第1項1号、3号、5号、10号又は11号に掲げる規定）の適用を受けようとする場合において、その年において次に掲げる要件のいずれにも該当しないときは、その特定税額控除規定は適用することができないこととされています。
　　ただし、その年分の事業所得の金額がその前年分の事業所得の金額以下であるときは、その措置の対象外となります（措法10の6⑤⑥）。
　イ　その個人の継続雇用者給与等支給額が継続雇用者比較給与等支給額を超えること
　ロ　その個人の国内設備投資額が償却費総額の30％相当額を超えること

2．上記1．の要件の判定上、継続雇用者給与等支給額及び継続雇用者比較給与等支給額の算定に際し、給与等に充てるため他の者から支払を受ける金額のうち、国又は地方公共団体から受ける雇用保険法62条1項1号に掲げる事業として支給が行われる助成金その他これに類するものの額は、給与等の支給額から控除しないこととされています。

【参考通達】

〔措法第10条の6　所得税の額から控除される特別控除額の特例〕
・租税特別措置法通達10の6-1　（控除可能期間の判定）
・租税特別措置法通達10の6-2　（中小事業者であるかどうかの判定の時期）
・租税特別措置法通達10の6-5　（国内資産の内外判定）
・租税特別措置法通達10の6-6　（国内資産の判定時期）
・租税特別措置法通達10の6-7　（資本的支出）
・租税特別措置法通達10の6-8　（国庫補助金等をもって取得等した国内資産の取得価額）

⒅　住宅借入金等を有する場合の所得税額の特別控除

①　住宅借入金等特別控除

　個人[注1]が、国内において、「居住用家屋の新築等[注2]」、「買取再販住宅[注3]の取得」、「既存住宅[注4]の取得（買取再販住宅の取得を除きます）」又は「一定の増改築等[注5]」（これらを併せて「住宅の取得等」といいます）をして、平成19年1月1日から令和7年12月31日までの間において、その住宅等の取得の日から6か月以内[注6]に、自己の居住の用に供した場合で、その者がその住宅の取得等に係る借入金等を有するときは、その居住の用に供した日の属する年（以下、「居住年」といいます）以後10年間（一定の住宅の取得等については、13年間[注7]）の各年分[注8、9]の所得税額から一定額を控除します（措法41①②⑮）。

(注1)　平成28年3月31日以前に住宅の取得等をした場合、その個人は、居住者であることが要件とされていました。

(注2)　居住用家屋（一定の住宅の用に供する家屋）の新築又は居住用家屋で建築後使用されたことのないものの取得をいいます。

　　　なお、居住用家屋とは、住宅の用に供する次の家屋をいいます（措法41①、措令26①）。
　　①　1棟の家屋で床面積が50㎡以上であるもの
　　②　マンションなど1棟の家屋で、その区分所有する床面積が50㎡以上であるもの

(注3)　買取再販住宅とは、宅地建物取引業者が一定の特定増改築をした既存住宅を、その宅地建物取引業者の取得の日から2年以内に取得した家屋で、その新築された日から起算して10年を経過したものをいいます（措法41①㉒、措令26③④）。

(注4)　既存住宅とは、建築後使用されたことのある家屋で、次のいずれかに該当するものをいいます（措法41①、措令26③）。
　　①　昭和57年1月1日以後に建築されたものであること
　　②　①以外の場合は、次のいずれかに該当すること
　　　イ　その取得の日前2年以内に、地震に対する安全上必要な構造方法に関する技術的水準に適合するものであると証明されたいわゆる耐震住宅であること

ロ　イに該当しないいわゆる要耐震改修住宅のうち、その取得の日までに耐震改修を行うことについて申請をし、かつ、居住の用に供した日までにその耐震改修（租税特別措置法41条の19の2《既存住宅の耐震改修をした場合の所得税額の特別控除》1項又は41条の19の3《既存住宅に係る特定の改修工事をした場合の所得税額の特別控除》6項若しくは8項の適用を受けるものを除きます）により家屋が耐震基準に適合することにつき証明がされたものであること

（注5）　一定の増改築等とは、次のいずれかの工事で、その工事に要した費用の額が、その既存住宅の個人に対する売買価額（税込み）の20％に相当する金額（300万円以上である場合には、300万円）以上であって、その工事のうち①から⑥の工事に要した費用の合計額が100万円超であるか、又は④から⑦のいずれかの工事に要した費用の額が50万円超であるものをいいます（措法41㉒、措令26㉝㉞、措規18の21⑱、令4.3国土交通省告示423号）。

　①　増築、改築、建築基準法に規定する大規模な修繕又は大規模な模様替えの工事
　②　区分所有する建築物（マンション等）について行う次のいずれかの修繕又は模様替えの工事
　　・床又は階段の過半について行う一定の修繕又は模様替え
　　・間仕切壁の室内に面する部分の過半について行う一定の修繕又は模様替え
　　・壁の室内に面する部分の過半について行う一定の修繕又は模様替え
　③　家屋（区分所有建築物にあってはその区分所有する部分に限ります）のうち、居室、調理室、浴室、便所、洗面所、納戸、玄関又は廊下の一室の床又は壁の全部について行う修繕又は模様替えの工事
　④　建築基準法施行令の構造強度等に関する規定又は地震に対する安全性に係る基準に適合させるための一定の修繕又は模様替えの工事
　⑤　高齢者等が自立した日常生活を営むのに必要な構造及び設備の基準に適合させるための一定の修繕又は模様替えの工事
　⑥　エネルギーの使用の合理化に著しく又は相当程度資する修繕又は模様替えの工事
　⑦　給水管、排水管又は雨水の浸水を防止する部分に係る修繕又は模様替えの工事（既存住宅売買瑕疵担保責任保険契約が締結されているものに限ります）

（注6）　既存住宅を取得し、その取得の日から5か月を経過する日又は令和2年6月30日のいずれか遅い日までにその住宅について一定の増改築に係る契約を締結している個人が、新型コロナウイルス感染症及びそのまん延防止措置の影響によりその住宅の取得の日から6か月以内に居住の用に供することができなかった場合において、その住宅を令和3年12月31日までに居住の用に供したとき（その一定の増改築を行った日から6か月以内に限ります）には、その他の要件については同様の要件の下で、この規定の適用ができることとされています（新型コロナ税特法6①②、新型コロナ税特令4①）。

（注7）　適用期間が13年間となる住宅の取得等とは、次のものをいいます。
　①　居住年が令和元年10月1日から令和2年12月31日までの間で、その住宅の取得が特別特定取得に該当するもの。
　　　なお、特別特定取得とは、住宅の取得等の対価の額に含まれる消費税の税率が10％で課されるものをいいます（措法41⑮⑯）。
　②　居住年が令和3年1月1日から令和4年12月31日までの間で、その住宅の取得が特別特例取得に該当するもの。
　　　なお、特別特例取得とは、特別特定取得のうち、その住宅の取得等及び認定住宅等の新築等に係る契約が、①居住用家屋又は認定住宅の新築の場合は令和2年10月1日から令和3年

9月30日までの期間、②居住用家屋で建築後使用されたことのないもの若しくは既存住宅の取得、居住の用に供する家屋の増改築等又は認定住宅で建築後使用されたことのないものの取得の場合は令和2年12月1日から令和3年11月30日までの期間であるものをいいます（新型コロナ税特法6の2①②、新型コロナ税特令4の2①）。

　　　　また、特別特例取得に該当する場合で、床面積が40㎡以上50㎡未満である住宅の取得等（特例特別特例取得）もその適用期間は13年間となりますが、合計所得金額が1,000万円以下である年に適用されます（新型コロナ税特法6の2④〜⑥）。

　　③　居住年が令和4年又は令和5年であり、その住宅の取得等が居住用家屋の新築等又は買取再販住宅の取得に該当するもの（措法41①）。

(注8)　その年の12月31日まで引き続き居住の用に供している年に限ります。

　　　なお、その者が死亡した日の属する年にあっては、死亡の日となります（措法41①）。

(注9)　合計所得金額が2,000万円（令和3年分以前にこの規定の適用を受ける場合は3,000万円）を超える年分を除きます。

　　　なお、特例居住用家屋の新築等の場合には、適用年のうち、その者のその年分の合計所得金額が1,000万円以下である年に適用されます（措法41⑳、措令26㉚）。

　　　また、特例居住用家屋とは、個人がその居住の用に供する次の家屋で、令和5年12月31日以前に建築基準法6条1項の規定による確認を受けているものをいいます（措法41⑳、措令26㉚）。

　　①　1棟の家屋で床面積が40㎡以上50㎡未満であるもの
　　②　マンションなど1棟の家屋で、その区分所有する部分の床面積が40㎡以上50㎡未満であるもの

令和6年分において、具体的な控除を受けるための要件等は、次のとおりとなります。

イ　認定住宅を新築・取得した場合
　(イ)　控除を受けるための要件
　　a　住宅取得後6か月以内に入居し、引き続き居住していること
　　b　家屋の床面積（登記面積）が50㎡以上であること(注1)
　　c　床面積の2分の1以上が、専ら自己の居住の用に供されるものであること
　　d　民間の金融機関や独立行政法人住宅金融支援機構などの住宅ローン等を利用していること
　　e　住宅ローン等の返済期間が10年以上で、分割して返済するものであること
　　f　控除を受ける年の所得金額が2,000万円以下であること(注2)
　　g　長期優良住宅建築計画の認定通知書（又は低炭素建築物新築等計画の認定通知書）及び住宅用家屋証明書などにより証明されたものであること

　　　(注1)　家屋の床面積が40㎡以上50㎡未満（令和6年12月31日までに建築確認を受けたものに限ります）である場合は、fの要件が1,000万円以下であるときに限り控除を受けることができます。
　　　(注2)　令和3年分以前は3,000万円以下となっています。

　(ロ)　控除額の算出方法
　　　控除期間は13年間です。
　　A　特例対象個人(注)の者が控除を受ける場合

住宅ローン等の年末残高（最高5,000万円）×0.7％＝控除額（最高35万円）

＊100円未満の端数切捨て

B　特例対象個人^(注)以外の者が控除を受ける場合

住宅ローン等の年末残高（最高4,500万円）×0.7％＝控除額（最高31.5万円）

＊100円未満の端数切捨て

（注）「特例対象個人」とは、年齢が40歳未満であって配偶者を有する者、年齢40歳以上であって年齢40歳未満の配偶者を有する者又は年齢19歳未満の扶養親族を有する者をいいます。

(ハ)　確定申告の際に必要な書類

    a　（特定増改築等）住宅借入金等特別控除額の計算明細書

    b　住宅取得資金に係る借入金の年末残高等証明書^(注1)

    c　家屋の登記事項証明書

    d　住宅の工事請負契約書の写し又は売買契約書の写し^(注2)

    e　土地の購入に係る住宅ローンについて控除を受ける場合

      ⇒　土地の売買契約書の写し^(注2)及び土地の登記事項証明書

    f　補助金等の交付を受けた者

      ⇒　市区町村からの補助金決定通知書など補助金等の額を証する書類

    g　住宅取得等資金の贈与の特例を受けた者

      ⇒　贈与税の申告書など住宅取得等資金の額を証する書類の写し

    h　次の区分に応じた書類

     (a)　認定長期優良住宅又は低炭素建築物の場合は、次に掲げるすべての書類

      ・都道府県・市区町村等の長期優良住宅建築等計画（又は低炭素建築物新築等計画）の認定通知書の写し

      ・市区町村の住宅用家屋証明書若しくはその写し又は建築士等の認定長期優良（又は認定低炭素）住宅建築証明書

     (b)　低炭素建築物とみなされる特定建築物の場合

      ・市区町村の住宅用家屋証明書

  （注1）「調書方式」^(*)に対応した金融機関からの借入れについて控除を受ける場合は、「住宅ローン控除の適用証明書」を金融機関に対し提出します。この場合、年末残高等証明書の添付は不要となります。

  （注2）「調書方式」^(*)に対応した金融機関からの借入れについて、「住宅ローン控除の適用申請書」を金融機関に対し提出した場合には、その提出した旨をaの明細書に記載することにより、確定申告書への添付に代えることができます（住宅を新築した場合に、その敷地にするための土地の購入に係る住宅ローンについて控除を受ける場合の土地の売買契約書の写しを除きます）。

    （*）　調書方式とは、債権者が税務署に「住宅取得資金に係る借入金の年末残高調書」を提出し、国税当局から納税者に住宅ローンの「年末残高情報」を提供する方式をいいます。

ロ　ZEH水準省エネ住宅又は省エネ基準適合住宅を取得した場合

ZEH水準省エネ住宅又は省エネ基準適合住宅とは、認定住宅以外の住宅でエネルギーの使用の合理化に一定程度資する住宅をいいます。

(イ)　控除を受けるための要件

　　a　イの(イ)「控除を受けるための要件」のa～fの要件に当てはまること

　　b　住宅省エネルギー性能証明書又は建設住宅性能評価書などにより証明されたものであること

(ロ)　控除額の算出方法

控除期間は13年間です。

●ZEH水準省エネ住宅の取得に係る住宅借入金等特別控除の特例の適用を受ける場合

　A　特例対象個人(注)の者が控除を受ける場合

　　住宅ローン等の年末残高（最高4,500万円）×0.7％＝控除額（最高31.5万円）

　　　　　　　　　　　　　　　　　　　　　　　　＊100円未満の端数切捨て

　B　特例対象個人(注)以外の者が控除を受ける場合

　　住宅ローン等の年末残高（最高3,500万円）×0.7％＝控除額（最高24.5万円）

　　　　　　　　　　　　　　　　　　　　　　　　＊100円未満の端数切捨て

●省エネ基準適合住宅の取得に係る住宅借入金等特別控除の特例の適用を受ける場合

　A　特例対象個人(注)の者が控除を受ける場合

　　住宅ローン等の年末残高（最高4,000万円）×0.7％＝控除額（最高28万円）

　　　　　　　　　　　　　　　　　　　　　　　　＊100円未満の端数切捨て

　B　特例対象個人(注)以外の者が控除を受ける場合

　　住宅ローン等の年末残高（最高3,000万円）×0.7％＝控除額（最高21万円）

　　　　　　　　　　　　　　　　　　　　　　　　＊100円未満の端数切捨て

　　　（注）「特例対象個人」とは、年齢が40歳未満であって配偶者を有する者、年齢40歳以上であって年齢40歳未満の配偶者を有する者又は年齢19歳未満の扶養親族を有する者をいいます。

(ハ)　確定申告の際に必要な書類

　　a　イの(ハ)「確定申告の際に必要な書類」のa～gに掲げる書類

　　b　建築士等の住宅省エネルギー性能証明書又は登録住宅性能評価機関の建設住宅性能評価書の写し

ハ　買取再販住宅又は買取再販認定住宅等を取得した場合

買取再販住宅とは、宅地建物取引業者により特定の増改築等が行われた一定の居住用家屋をいいます。

また、買取再販認定住宅等とは、買取再販住宅が認定住宅、ZEH水準省エネ住宅又は省エネ基準適合住宅に該当する場合をいいます（次の(イ)「控除を受けるための要件」d(c)の要耐震改修住宅を除きます）。

(イ) 控除を受けるための要件
　　a　イの(イ)「控除を受けるための要件」のa及びc～fの要件に当てはまること
　　b　家屋の床面積（登記面積）が50㎡以上であること
　　c　建築後使用された家屋であること
　　d　次のいずれかに当てはまる家屋であること
　　　(a) 昭和57年1月1日以後に新築されたものであること
　　　(b) 取得の日前2年以内に、地震に対する安全上必要な構造方法に関する技術的水準に適合するものであると証明されたもの（耐震住宅）であること
　　　(c) (a)又は(b)以外の家屋（要耐震改修住宅）で、その家屋の取得の日までに耐震改修を行うことについて申請し、かつ、居住日までにその耐震改修により家屋が(b)の基準に適合することにつき証明がされたものであること、エネルギー性能証明書又は建設住宅性能評価書などにより証明されたものであること
　　e　宅地建物取引業者が特定の増改築等を行った家屋で、その宅地建物取引業者から取得し、建築の日から10年を経過したものであること

(ロ) 控除額の算出方法
　●買取再販住宅を取得した場合
　　下記ホの「控除額の算出方法」と同様です。
　●買取再販住宅が認定住宅に該当する場合
　　上記イの「控除額の算出方法」と同様です。
　●買取再販住宅がZEH水準省エネ住宅に該当する場合
　　上記ロの「控除額の算出方法」のZEH水準省エネ住宅の取得に係る住宅借入金等特別控除の特例を受ける場合と同様です。
　●買取再販住宅が省エネ基準適合住宅に該当する場合
　　上記ロの「控除額の算出方法」の省エネ基準適合住宅の取得に係る住宅借入金等特別控除の特例を受ける場合と同様です。

(ハ) 確定申告の際に必要な書類
　●買取再販住宅を取得した場合
　　a　イの(ハ)「確定申告の際に必要な書類」のa～gに掲げる書類
　　b　耐震基準の要件を満たすことを証する次の書類
　　　(a) (イ)の「控除を受けるための要件」のd(b)に該当する場合
　　　　次のいずれかの書類
　　　　・耐震基準適合証明書
　　　　・建設住宅性能評価書の写し
　　　　・既存住宅売買瑕疵担保責任保険契約に係る付保証明書
　　　(b) (イ)の「控除を受けるための要件」のd(c)に該当する場合
　　　　・耐震改修に係る工事請負契約書の写し

次のいずれかの書類
・建築物の耐震改修計画の認定申請書の写し及び耐震基準適合証明書
・耐震基準適合証明申請書の写し及び耐震基準適合証明書
・建設住宅性能評価申請書の写し及び建設住宅性能評価書の写し
・既存住宅売買瑕疵担保責任保険契約の申込書の写し及び既存住宅売買瑕疵担保責任保険契約に係る付保証明書

　c　建築士等の増改築等工事証明書等
●買取再販認定住宅等を取得した場合
　上記の「買取再販住宅を取得した場合」に掲げる書類に加えて次の書類が必要となります。
　A　買取再販住宅が認定住宅に該当する場合
　次の区分に応じた書類
　　a　認定長期優良住宅又は低炭素建築物の場合、次に掲げる全ての書類
　　・都道府県・市区町村等の長期優良住宅建築等計画（又は低炭素建築物新築等計画）の認定通知書の写し
　　・市区町村の住宅用家屋証明書若しくはその写し又は建築士等の認定長期優良（又は認定低炭素）住宅建築証明書
　　b　低炭素建築物とみなされる特定建築物の場合
　　・市区町村の住宅用家屋証明書
　B　買取再販住宅がZEH水準省エネ住宅又は省エネ基準適合住宅に該当する場合
　　・建築士等の住宅省エネルギー性能証明書又は登録住宅性能評価機関の建設住宅性能評価書の写し

ニ　中古住宅を取得した場合
　中古住宅とは、建築後使用されたことのある住宅で、ハの(イ)「控除を受けるための要件」dの基準を満たす住宅のうち、買取再販住宅以外の住宅をいいます。
(イ)　控除を受けるための要件
　ハの(イ)「控除を受けるための要件」のa～dの要件に当てはまること
(ロ)　控除額の算出方法
　控除期間は10年間です。
　　a　中古住宅が認定住宅、ZEH水準省エネ住宅又は省エネ基準適合住宅に該当する場合
　（ハの(イ)「控除を受けるための要件」d(c)の要耐震改修住宅を除きます）
　　住宅ローン等の年末残高（最高3,000万円）×0.7％＝控除額（最高21万円）
　　　　　　　　　　　　　　　　　　　　　　　　＊100円未満の端数切捨て
　　b　上記以外の中古住宅の場合
　　住宅ローン等の年末残高（最高2,000万円）×0.7％＝控除額（最高14万円）
　　　　　　　　　　　　　　　　　　　　　　　　＊100円未満の端数切捨て

(ハ) 確定申告の際に必要な書類
　●中古住宅が認定住宅に該当する場合
　a　イ(ハ)の「確定申告の際に必要な書類」のa～gに掲げる書類
　b　次の区分に応じた書類
　　(a)　認定長期優良住宅又は低炭素建築物の場合、次に掲げる全ての書類
　　　・都道府県・市区町村等の長期優良住宅建築等計画（又は低炭素建築物新築等計画）の認定通知書の写し
　　　・市区町村の住宅用家屋証明書若しくはその写し又は建築士等の認定長期優良（又は認定低炭素）住宅建築証明書
　　(b)　低炭素建築物とみなされる特定建築物の場合
　　　・市区町村の住宅用家屋証明書
　●中古住宅が認定住宅、ZEH水準省エネ住宅又は省エネ基準適合住宅に該当する場合
　a　イ(ハ)の「確定申告の際に必要な書類」のa～gに掲げる書類
　b　建築士等の住宅省エネルギー性能証明書又は登録住宅性能評価機関の建設住宅性能評価書の写し
　●上記以外の中古住宅の場合
　a　イ(ハ)の「確定申告の際に必要な書類」のa～gに掲げる書類
　b　上記の書類に加えて、耐震基準の要件を満たすことを証する書類が必要となる場合があります。この場合の書類については、ハの(ハ)「確定申告の際に必要な書類」の買取再販住宅を取得した場合のbと同様です。

ホ　その他の住宅を新築・取得した場合
　　その他の住宅とは、イ～ニのいずれにも該当しない住宅をいいます。
(イ)　控除を受けるための要件
　a　イの(イ)「控除を受けるための要件」のa及びc～fの要件に当てはまること
　b　家屋の床面積（登記面積）が50㎡以上であること(注)
　c　令和5年12月31日までに建築確認を受けていること又は令和6年6月30日までに建築されたものであること
　（注）　家屋の床面積が40㎡以上50㎡未満（令和5年12月31日までに建築確認を受けたものに限ります）である場合は、aのイの(イ)「控除を受けるための要件」のfの要件が1,000万円以下であるときに限り控除を受けることができます。
(ロ)　控除額の算出方法
　　控除期間は10年間です。
　　住宅ローン等の年末残高（最高2,000万円）×0.7％＝控除額（最高14万円）
　　　　　　　　　　　　　　　　　　　　　　＊100円未満の端数切捨て
(ハ)　確定申告の際に必要な書類
　●中古住宅が認定住宅に該当する場合

イ(ハ)の「確定申告の際に必要な書類」のa～gに掲げる書類
建築基準法に規定する確認済証の写し又は検査済証の写し(注)

(注) 家屋が令和5年12月31日以前に確認を受けたことを証するものに限ります。床面積が50㎡以上の家屋について控除を受ける場合で、家屋の登記事項証明書で家屋が令和6年6月30日以前に建築されたことが証されているときには不要となります。

〔留意事項〕
1. 個人が住宅ローン等を利用してマイホームの新築、取得又は増改築等（以下、「取得等」といいます）をした場合で、一定の要件を満たすときは、その取得等に係る住宅ローン等の年末残高の合計額等を基として計算した金額を、居住の用に供した年分以後の各年分の所得税額から控除する「住宅借入金等特別控除」又は「特定増改築等住宅借入金等特別控除」の適用を受けることができます。
2. 令和4年以後に住宅ローン等を利用し、特定の増改築等を行い居住の用に供した場合には、特定増改築等住宅借入金等特別控除の適用を受けることができないこととされています。
3. 災害によりマイホームが被害を受けた場合で、一定の要件を満たすときは、次の特例の適用を受けることができます。
   ① 災害により（特定増改築等）住宅借入金等特別控除の適用を受けていた住宅でなくなった場合
   ② 東日本大震災によって（特定増改築等）住宅借入金等特別控除の適用を受けていた住宅でなくなった場合
   ③ 東日本大震災の被災者の住宅の再取得等の場合
4. 特別特例取得又は特例特別特例取得に該当する場合の控除額の算出方法
   次の①又は②に該当する場合は、居住11年目から13年目までにおいて、次の③のA又はBの金額のいずれか少ない金額が控除額になります。
   ① 特別特例取得(注1)に該当し、令和3年1月1日から令和4年12月31日までに居住の用に供した場合
   (注1)「特別特例取得」とは、その住宅の取得等が特別特定取得(注2)に該当する場合で、当該住宅の取得等に係る契約が次の期間内に締結されているものをいいます。
      イ 新築（注文住宅）の場合 ⇒ 令和2年10月1日から令和3年9月30日までの期間
      ロ 分譲住宅、中古住宅の取得、増改築等の場合 ⇒ 令和2年12月1日から令和3年11月30日までの期間
   (注2)「特別特定取得」とは、住宅の取得等の対価の額に含まれる消費税額等が10％の税率により計算されている場合におけるその取得等をいいます。
   ② 特例特別特例取得(注)に該当する場合
   (注)「特例特別特例取得」とは、特別特例取得に該当する場合で、床面積が40㎡以上50㎡未満の住宅の取得等をいいます。
   ③ 控除額の算出方法
      A 控除額＝特別特例取得に係る住宅借入金等の年末残高等×1％

B　控除額＝（住宅の取得等で特別特定取得に係る対価の額－消費税額等相当額[注1]）
　　　　×２％÷３[注2]
　（注１）「消費税額等相当額」とは、住宅の取得等に係る対価の額に含まれる消費税額及び地方消費税額の合計額に相当する金額をいいます。
　（注２）Ｂの計算においては、住宅の取得等に関し、補助金等の交付を受ける場合又は住宅取得等資金の贈与の特例を受ける場合であっても、その補助金等の額又は特例の適用を受けた住宅取得等資金の額を控除する前の金額で計算します。
5．入居した年及びその年の前２年・後３年以内に譲渡所得の課税の特例（3,000万円の特別控除、買換え・交換の特例など）を適用するとき（令和２年３月31日以前に譲渡した場合は、入居した年及びその年の前後２年以内）は、住宅借入金等特別控除の適用を受けられないこととされています。
6．マイホームの新築等について、住宅特定改修特別税額控除又は認定住宅等新築等特別税額控除の適用を受けるときは、住宅借入金等特別控除の適用を受けられないこととされています。
7．マイホームの新築等に関し補助金等（国又は地方公共団体から交付される補助金又は給付金その他これらに準ずるものをいいます）の交付を受けた場合又は住宅取得等資金の贈与を受ける場合は、その新築等の対価の額又は費用の額からその補助金等又は住宅取得等資金の額を控除して住宅借入金等特別控除額を計算します。
8．住宅ローン等には、家屋の新築や購入、増改築等とともにするその敷地等の購入に係るローン等で一定のものが含まれます。
9．敷地等の購入に係る住宅ローン等の年末残高があっても、家屋の新築や購入、増改築等に係る住宅ローン等の年末残高がない場合には、住宅借入金等特別控除の対象にならないこととされています。
10．住宅ローン等の年末残高は、その新築等の対価の額又は費用の額を限度とします。

② 住宅借入金等特別控除の控除額の特例

　居住者が、住宅の取得等をして、平成19年１月１日から平成20年12月31日までの間において、その住宅の取得等の日から６か月以内に自己の居住の用に供した場合で、その者がその住宅の取得等に係る借入金等を有するときは、①との選択により、居住年以後15年間[注1]の各年分[注2]の所得税額から一定額を控除します（措法41⑥⑦⑧）。
　（注１）その年12月31日（その者が死亡した日の属する年又はこれらの家屋が災害により居住の用に供することができなくなった日の属する年にあっては、これらの日）まで引き続きその居住の用に供している年に限ります。
　（注２）合計所得金額が2,000万円を超える年は除きます。

③ 認定住宅等の新築取得等に係る住宅借入金等特別控除の特例

　個人[注1]が、国内において、「認定住宅等[注2]の新築等[注3]」、「買取再販認定住宅等の取得[注4]」又は「認定住宅等である既存住宅の取得（買取再販認定住宅等の取得を除きます）」（以下、これらを合わせて「認定住宅等の新築取得等」といいます）をして、平成21年６月４日から令和７年12月31日までの間[注5]において、その認定住宅等の新築等の日から６か月以

内に自己の居住の用に供した場合で、その者がその認定住宅等の新築取得等に係る住宅借入金等を有するときは、①との選択により、居住年以後10年間（一定の認定住宅等の新築等については、13年間(注6)の各年分(注7、8)の所得税額から一定額を控除します(注9、10)（措法41⑩⑪⑫⑱）。

- （注1） 平成28年3月31日以前に住宅の取得等をした場合、その個人は、居住者であることが要件とされていました。
- （注2） 認定住宅等とは、①長期優良住宅の普及の促進に関する法律11条1項に規定する認定長期優良住宅に該当する家屋で、一定の証明がされたもの（以下、「認定長期優良住宅」といいます）、②都市の低炭素化の促進に関する法律2条3項に規定する低炭素建築物に該当する家屋若しくは同法16条の規定により低炭素建築物とみなされる同法9条1項に規定する特定建築物に該当する家屋でそれぞれ一定の証明がされたもの（以下、「認定低炭素住宅」といい、以下、①と②を合わせて「認定住宅」といいます）、③特定エネルギー消費性能向上住宅（上記の認定住宅以外で、エネルギーの使用の合理化に著しく資する住宅（平成13年8月国土交通省告示1347号に基づく評価方法基準の断熱性能等級5以上及び一次エネルギー消費量等級6以上のもので、いわゆるZEH水準省エネ住宅））に該当するものとして一定の証明がされたもの、④エネルギー消費性能向上住宅（前記③に該当する住宅以外で、エネルギーの使用の合理化に著しく資する住宅（上記評価方法基準の断熱性能等級4以上及び一次エネルギー消費量等級4以上のもので、いわゆる省エネ基準適合住宅））に該当するものとして一定の証明がされたものをいいます（措法41⑩、措令26㉒～㉖）。
- （注3） 認定住宅等の新築又は認定住宅等で建築後使用されたことのないものの取得をいいます（措法41⑩）。
- （注4） 買取再販認定住宅等とは、認定住宅等である既存住宅について、買取再販住宅（前述①（注3））と同様の要件で取得したものをいいます（措法41⑩）。
- （注5） 認定低炭素住宅にあっては、平成24年12月4日から令和7年12月31日までの間、特定エネルギー消費性能向上住宅（ZEH水準省エネ住宅）、エネルギー消費性能向上住宅（省エネ水準適合住宅）、買取再販認定住宅等、認定住宅等である既存住宅にあっては、令和4年4月1日から令和7年12月31日までの間となっています。
- （注6） 適用期間が13年間となる認定住宅の新築等とは、次のものをいいます（前述①（注7））。
  - ① 居住年が令和元年10月1日から令和2年12月31日までの間で、その住宅の取得が特別特定取得に該当するもの（措法41⑯⑱）。
  - ② 居住年が令和3年1月1日から令和4年12月31日までの間に、その認定住宅等の新築等が特別特例取得又は特例特別特例取得に該当するもの（新型コロナ税特法6の2①②、新型コロナ税特令4の2①）。
  - ③ 居住年が令和4年から令和7年までの間で、その認定住宅等の新築等又は買取再販認定住宅等の取得に該当するもの（措法41⑩）。
- （注7） その年の12月31日までに引き続き居住の用に供しているものに限ります。なお、その者が死亡した日の属する年にあっては、死亡の日となります。
- （注8） 合計所得金額が2,000万円（令和3年分以前は3,000万円）を超える年を除きます。

  なお、特例認定住宅等の新築等の場合には適用年のうち、その者のその年分の合計所得金額が1,000万円以下である年に適用されます。

  また、特例認定住宅等とは、前述①（注9）に記載の特例居住用家屋に該当し、かつ、上記（注2）の①ないし④に該当するものをいいます（措法41㉑、措令26㉜において準用する同条

⑳～㉔、措規18の21⑬～⑰、平21.7国土交通省告示833、平24.12国土交通省告示1383、令4.3国土交通省告示455）。

(注9) 住宅借入金等特別控除の適用にあたり、上記②の住宅借入金等特別控除の控除額の特例（788ページ参照）又は上記③の認定住宅等の新築取得等に係る住宅借入金等特別控除の特例（788ページ参照）を適用して確定申告書を提出した場合は、その後において、更正の請求書若しくは修正申告書を提出する場合又はその確定申告書を提出した年分以外の適用年分についても、その選択をし適用した特例を適用します（その特例を適用しなかった場合も同様となります）（措通41-33）。

(注10) 子育て世帯等に対する住宅借入金等特別控除の特例

〔概要〕

特例対象個人^(※1)が、認定住宅等の新築等または買取再販認定住宅等の取得をし、かつ、その認定住宅等の新築等をした認定住宅等^(※2)または買取再販認定住宅等の取得をした家屋を令和6年1月1日から同年12月31日までの間に自己の居住の用に供した場合^(※3)において、認定住宅等借入限度額は次のとおり、上乗せされた金額となります（措法41⑬）

居住用家屋の区分	認定住宅等借入限度額
認定住宅	5,000万円（4,500万円）
特定エネルギー消費性能向上住宅	4,500万円（3,500万円）
エネルギー消費性能向上住宅	4,000万円（3,000万円）

(注) かっこ内は、上乗せ前の令和6年分の認定住宅等借入限度額

(※1) 「特例対象個人」は、子育て世帯および若者夫婦世帯を支援する観点から、次のいずれかに該当する個人とされています（措法41⑬）
- イ 年齢40歳未満であって配偶者を有する者
- ロ 年齢40歳以上であって年齢40歳未満の配偶者を有する者
- ハ 年齢19歳未満の扶養親族を有する者

なお、上記の個人もしくは配偶者の年齢が40歳未満であるかどうかもしくは扶養親族の年齢が19歳未満であるかどうかまたはその者が上記の個人の配偶者もしくは上記の扶養親族に該当するかどうかの判定は、令和6年12月31日（これらの者が年の中途において死亡した場合には、その死亡の時）の現況によるものとされています（措法41⑭）。

(※2) 租税特別措置法41条21項の認定住宅等とみなされる特例認定住宅等の取得を含みます。

(※3) その認定住宅等の新築等または買取再販認定住宅等の取得をした日から6月以内に自己の居住の用に供した場合に限ります。

なお、この子育て世帯等に対する住宅借入金等特別控除の特例は、あくまでも認定住宅等の住宅借入金等特別控除に係る認定住宅等借入限度額の特例であることから、認定住宅等借入限度額以外の要件は、認定住宅等の住宅借入金等特別控除の特例と同じになっています。したがって、その者の控除期間のうち、その年分の合計所得金額が2,000万円（住宅の取得等が認定住宅等の新築等に該当するものとみなされる特例認定住宅等の新築等である場合には1,000万円）を超える年には控除は受けられないことになります。

また、この子育て世帯等に対する住宅借入金等特別控除の特例の適用を受けた年分の翌年分以降の年分については、一定の手続等の下で、年末調整の際にこの子育て世帯等に対する住宅借入金等特別控除の特例の適用を受けることができます（措法41①⑩⑬、41の2の2）。

〔明細書への記載事項〕
1. 子育て世帯等に対する住宅借入金等特別控除の特例の適用を受ける場合の明細書への記載事項（措規18の21⑦）

　子育て世帯等に対する住宅借入金等特別控除の特例の適用を初めて受けようとする者は、判定する現況において、次に掲げる区分に応じそれぞれ次に定める事項を記載する必要があります。

　なお、そのいずれにも該当する場合は、その全てを記載する必要があります。

① その者が年齢40歳未満であって配偶者を有する特例対象個人またはその者が年齢40歳以上であって年齢40歳未満の配偶者を有する特例対象個人

⇒ これらの配偶者の氏名、生年月日および個人番号（個人番号を有しない者にあっては、氏名、生年月日）ならびにその対象配偶者が非居住者である場合には、その旨

② その者が年齢19歳未満の扶養親族を有する特例対象個人

⇒ 対象扶養親族の氏名、生年月日、特例対象個人との続柄および個人番号（個人番号を有しない者にあっては、氏名、生年月日）ならびにその対象扶養親族が非居住者である場合には、その旨

2. 子育て世帯等に対する住宅借入金等特別控除の特例の適用を受ける場合において対象配偶者および対象扶養親族のすべてが非居住者である場合の添付書類（措規18の21⑧ヌ）

　子育て世帯等に対する住宅借入金等特別控除の特例の適用を受ける場合において対象配偶者および対象扶養親族のすべてが判定をする現況において非居住者であるとき^(注)は、その対象配偶者の場合は次の①の書類またはその対象扶養親族の場合は令和6年分の所得税につき所得税法194条4項、195条5項または203条の6第3項の規定による次の①の書類を提出し、または提示した場合には次の②の書類とされています。

① その対象配偶者またはその対象扶養親族に係る次に掲げる書類のいずれかの書類であって、その対象配偶者またはその対象扶養親族がその者の親族に該当する旨を証するもの（その書類が外国語で作成されている場合には、その翻訳文を含みます）

　a 戸籍の附票の写しその他の国または地方公共団体が発行した書類および旅券（出入国管理及び難民認定法2条5号に規定する旅券をいいます）

　b 外国政府または外国の地方公共団体が発行した書類（その対象配偶者またはその対象扶養親族の氏名、生年月日および住所または居所の記載があるものに限ります）

② 次に掲げるいずれかの書類であって、その者が令和6年においてその対象扶養親族の生活費または教育費に充てるための支払を必要の都度、その対象扶養親族に行ったことを明らかにするもの（その書類が外国語で作成されている場合には、その翻訳文を含みます）

　a 内国税の適正な課税の確保を図るための国外送金等に係る調書の提出等に関する法律2条3号に規定する金融機関の書類またはその写しで、その金融機関が行う為替取引によってその者からその対象扶養親族に支払をしたことを明らかにするもの

　b 所得税法施行規則47条の2第6項2号に規定するクレジットカード等購入あっせん業者の書類またはその写しで、クレジットカード等をその対象扶養親族が提示しまたは通知して、特定の販売業者から商品もしくは権利を購入し、または特定の役務提供事業者から有償で役務の提供を受けたことにより支払うこととなるその商品もしくは権利の代金またはその役務の対価に相当する額の金銭をその者から受領し、または受領することとなることを明らかにするもの

　c 資金決済に関する法律2条12項に規定する電子決済手段等取引業者（みなし電子決

済手段等取引業者を含みます。以下、「電子決済手段等取引業者」といいます）の書類またはその写しで、その電子決済手段等取引業者がその者の依頼に基づいて行う電子決済手段の移転によってその者からその対象扶養親族に支払をしたことを明らかにするもの（みなし電子決済手段等取引業者の書類またはその写しにあっては、そのみなし電子決済手段等取引業者が発行する電子決済手段に係るものに限ります）

> （注） 令和6年分の所得税につき、所得税法190条2号の規定により給与所得控除後の給与等の金額からその対象配偶者に係る同号ハに規定する障害者控除の額に相当する金額もしくは同号ニに規定する配偶者控除の額もしくは配偶者特別控除の額に相当する金額もしくはその対象扶養親族に係る同号ハに規定する障害者控除の額もしくは扶養控除の額に相当する金額が控除された場合またはその対象配偶者について同法194条4項、195条4項もしくは203条の6第3項の規定により①の書類を提出し、もしくは提示した場合を除きます。

④ 要耐震改修住宅に係る住宅借入金等特別控除の特例

個人^(注1)が、耐震基準に適合しない一定の既存住宅（以下、「要耐震改修住宅」といいます）を取得した場合^(注2)において、その既存住宅の取得の日までに耐震改修工事の申請等をし、かつ、その者の居住の用に供する日（その取得の日から6か月以内に限ります）までに耐震改修工事を行い、耐震基準に適合することにつき一定の証明がされたものについては、その既存住宅を耐震基準に適合する既存住宅とみなして、上記①の住宅借入金等特別控除の適用を受けることができます（措法41㉟）。

ただし、要耐震改修住宅について行う耐震改修につき、既存住宅の耐震改修をした場合の所得税額の特別控除等（措法41の19の2①、41の19の3④⑥）の適用を受ける場合には、この特例の適用を受けることはできないこととされています。

なお、申請等及び必要な証明書等は、次のとおりとなります。

申請等（既存住宅の取得の日まで）	必要な証明書等
① 耐震改修促進法の耐震計画の認定の申請	耐震基準適合証明書
② 耐震基準適合証明書の申請又は仮申請	
③ 建設住宅性能評価書の申請又は仮申請	建設住宅性能評価書の写し
④ 既存住宅売買瑕疵担保責任保険契約の申込	既存住宅売買瑕疵担保責任保険契約が締結されていることを証する書類

また、要耐震改修住宅を取得し、その取得の日から5か月を経過する日又は令和2年6月30日のいずれか遅い日までにその住宅について耐震改修に係る契約を締結している個人が、新型コロナウイルス感染症及びまん延防止措置の影響によりその住宅の取得の日から6月以内に居住の用に供することができなかった場合において、その住宅を令和3年12月31日までに居住の用に供したとき（耐震改修を行った日から6月以内に限ります）には、その他の要件については同様の要件の下で、この規定の適用ができることとされています（新型コロナ税特法6③、新型コロナ税特令4②）。

（注1） 平成28年3月31日以前に住宅の取得等をした場合、その個人は、居住者であることが要件

とされていました。
（注2） 平成26年4月1日以後に要耐震改修住宅の取得をする場合について適用されます。

⑤ 控除額

控除額は、次の住居を居住の用に供した日に応じた控除期間と控除率の組合せにより計算した金額となります（控除額に100円未満の端数が生じた場合は切捨てとなります）。

住宅を居住の用に供した日	各年分の控除額(注1)(注2)				控除期間	各年の控除限度額
平成19年1月1日から平成19年12月31日まで	次の(1)か(2)を選択適用				—	—
	(1)	1〜6年目	年末借入金残高2,500万円以下の部分	×1%	10年	25万円
		7〜10年目	同上	×0.5%		12.5万円
	(2)	1〜10年目	年末借入金残高2,500万円以下の部分	×0.6%	15年	15万円
		11〜15年目	同上	×0.4%		10万円
平成20年1月1日から平成20年12月31日まで	次の(1)か(2)を選択適用				—	—
	(1)	1〜6年目	年末借入金残高2,000万円以下の部分	×1%	10年	20万円
		7〜10年目	同上	×0.5%		10万円
	(2)	1〜10年目	年末借入金残高2,000万円以下の部分	×0.6%	15年	12万円
		11〜15年目	同上	×0.4%		8万円
平成21年1月1日から令和3年12月31日まで（令和元年10月1日から令和2年12月31日までの特別特定取得(注3)(5)を除く）	認定住宅の取得等以外	平成21年、平成22年		年末借入金残高5,000万円以下の部分	×1%	10年	50万円
		平成23年		年末借入金残高4,000万円以下の部分	×1%		40万円
		平成24年		年末借入金残高3,000万円以下の部分	×1%		30万円
		平成25年1月〜平成26年3月		年末借入金残高2,000万円以下の部分	×1%		20万円
		特定取得(注3)(6)	平成26年4月〜令和3年12月	年末借入金残高4,000万円以下の部分	×1%		40万円
		特定取得以外		年末借入金残高2,000万円以下の部分	×1%		20万円
	認定住宅(注3)①の取得等	平成21年6月4日〜平成23年		年末借入金残高5,000万円以下の部分	×1.2%	10年	60万円
		平成24年		年末借入金残高4,000万円以下の部分	×1%		40万円
		平成25年1月〜平成26年3月		年末借入金残高3,000万円以下の部分	×1%		30万円
		特定取得	平成26年4月〜令和3年12月	年末借入金残高5,000万円以下の部分	×1%		50万円
		特定取得以外		年末借入金残高3,000万円以下の部分	×1%		30万円

令和元年10月1日から令和2年12月31日までの特別特定取得（注5参照）	認定住宅の取得等以外	1～10年目	年末借入金残高4,000万円以下の部分	×1%	13年	40万円
		11～13年目 ※右の①又は②のいずれか少ない額	①住宅の取得等に係る対価の額又は費用の額から消費税等を控除した4,000万円以下の部分	×2/3%		266,600円
			②年末借入金残高4,000万円以下の部分	×1%		
	認定住宅の取得等	1～10年目	年末借入金残高5,000万円以下の部分	×1%		50万円
		11～13年目 ※右の①又は②のいずれか少ない額	①住宅の取得等に係る対価の額又は費用の額から消費税等を控除した5,000万円以下の部分	×2/3%		333,300円
			②年末借入金残高5,000万円以下の部分	×1%		
令和3年1月1日から令和4年12月31日までの特別特例取得(注3(3))又は特例特別特例取得(注3(4))	認定住宅の取得等以外	1～10年目	年末借入金残高4,000万円以下の部分	×1%	13年	40万円
		11～13年目 ※右の①又は②のいずれか少ない額	①住宅の取得等に係る対価の額又は費用の額から消費税等を控除した4,000万円以下の部分	×2/3%		266,600円
			②年末借入金残高4,000万円以下の部分	×1%		
	認定住宅の取得等	1～10年目	年末借入金残高5,000万円以下の部分	×1%		50万円
		11～13年目 ※右の①又は②のいずれか少ない額	①住宅の取得等に係る対価の額又は費用の額から消費税等を控除した5,000万円以下の部分	×2/3%		333,300円
			②年末借入金残高5,000万円以下の部分	×1%		
令和4年1月1日から令和7年12月31日までの新築住宅又は買取再販住宅の取得(注3(7))	一般の住宅の取得等	令和4年、令和5年	年末借入金残高3,000万円以下の部分	×0.7%	13年	21万円
		令和6年、令和7年	年末借入金残高2,000万円以下の部分		10年	14万円
	認定住宅の取得等	令和4年、令和5年	年末借入金残高5,000万円以下の部分		13年	35万円
		令和6年、令和7年	年末借入金残高4,500万円以下の部分			31.5万円
	特定エネルギー消費性能向上住宅の取得等	令和4年、令和5年	年末借入金残高4,500万円以下の部分	×0.7%	13年	31.5万円
		令和6年、令和7年	年末借入金残高3,500万円以下の部分			24.5万円
	エネルギー消費性能向上住宅の取得等	令和4年、令和5年	年末借入金残高4,000万円以下の部分			28万円
		令和6年、令和7年	年末借入金残高3,000万円以下の部分			21万円

令和4年1月1日から令和7年12月31日までの中古住宅の取得	認定住宅等の取得以外	年末借入金残高2,000万円以下の部分	×0.7%	10年	14万円
	認定住宅等（注3②）の取得	年末借入金残高3,000万円以下の部分			21万円

(注) 1　上記の算式により計算した金額に100円未満の端数があるときは端数を切り捨てる（措法41②⑩）。
　　 2　平成21年から令和3年までの間に居住の用に供した場合には、所得税から控除しきれなかった住宅借入金等特別控除額を翌年度分の住民税から控除できる（地方税法附則5の4の2）。
　　 3　用語の説明

種　類	説　明
(1)　認定住宅	認定長期優良住宅及び認定低炭素住宅をいう。
(2)　認定住宅等	認定住宅、特定エネルギー消費性能向上住宅及びエネルギー消費性能向上住宅をいう。
(3)　特別特例取得	その住宅の取得等が特別特定取得に該当する場合で、当該住宅の取得等に係る契約が次の期間内に締結されているものをいう（新型コロナ税特法6の2①、新型コロナ税特令4の2①）。 (1)　新築（注文住宅）の場合 　　令和2年10月1日から令和3年9月30日までの期間 　　なお、土地の所在地を空欄とした契約（いわゆる「空中契約」）については、後の土地の取得に関する契約の締結日で判断する。 (2)　分譲住宅、中古住宅の取得、増改築等の場合 　　令和2年12月1日から令和3年11月30日までの期間
(4)　特例特別特例取得	特別特例取得に該当する場合で、床面積が40㎡以上50㎡未満の住宅の取得等をいう（新型コロナ税特法6の2④、新型コロナ税特令4の2②）。
(5)　特別特定取得	住宅の取得等に係る対価の額又は費用の額に含まれる消費税額等が10%の税率により課されるべき消費税額等である場合の住宅の取得等のことをいう（措法41⑯）。
(6)　特定取得	住宅の取得等に係る対価の額又は費用の額に含まれる消費税額等が8%又は10%の税率により課されるべき消費税額等である場合の住宅の取得等のことをいう（措法41⑤）。
(7)　買取再販住宅	宅地建物取引業者が特定増改築等をした既存住宅を、その宅地建物取引業者の取得の日から2年以内に取得した場合の既存住宅（その取得において、その既存住宅が新築された日から起算して10年を経過したものに限る）をいう。

　　 4　特例特別特例取得又は特例居住用家屋・特例認定住宅等に該当する場合で、その住宅の床面積の2分の1以上を専ら自己の居住の用に供しているときは、その年分の合計所得金額が1,000万円以下の者も控除の対象となる。
　　　　なお、特例居住用家屋・特例認定住宅等とは、床面積が40㎡以上50㎡未満で、令和5年12月31日以前に建築基準法第6条1項の規定による建築確認を受けた居住用家屋・認定住宅等をいう。
　　 5　特例取得に該当する住宅の取得をした個人が、新型コロナウイルス感染症及びそのまん延防止のための措置の影響により取得した家屋を令和2年12月31日までに自己の居住の用に供することができなかった場合において、その取得した家屋を令和3年1月1日から同年12月31日までに自己の居住の用に供したときは、一定の要件の下で、13年の控除期間を適用できる（新型コロナ税特法6④）。
　　　　特例取得とは、特別特定取得のうち、その契約が次の住宅の取得等の区分に応じてそれぞれ次に定める日までに締結されているものをいう（新型コロナ税特法6⑤、新型コロナ税特令4③）。
　　　(1)　居住用家屋の新築……………………………………………………………令和2年9月30日
　　　(2)　新築住宅又は既存住宅の取得若しくは居住の用に供する家屋の増改築等…………令和2年11月30日
（出典：税務大学校講本　所得税法（令和6年度版））

⑥　住宅借入金等特別控除を受けられる者の範囲

　住宅借入金等特別控除を受けるためには、対象者[注1]は、次の要件を満たす必要がありま

す（措法41①）。

　イ　配偶者及び一定の親族等からの取得でないこと[注2]

　ロ　取得等後6か月以内に入居し、適用を受ける各年の12月31日まで引き続き居住していること[注3、4]

　ハ　合計所得金額が2,000万円以下[注5]であること

　ニ　住宅借入金等の年末残高があること

（注1）　平成28年3月31日以前に住宅の取得等をした場合、その個人は、居住者であることが要件とされていました。

（注2）　一定の親族等の範囲は、取得時及び取得後において取得者と生計を一にする次のいずれかに該当する者となります（措法41①、措令26②）。

　　①　住宅取得者の親族
　　②　住宅取得者と婚姻をしていないが事実上婚姻関係と同様の事情にある者
　　③　上記②に掲げる者以外の者で住宅取得者から受ける金銭その他の資産によって生計を維持している者
　　④　上記③に掲げる者と生計を一にするこれらの者の親族

（注3）　ロの要件については、その者が死亡した場合又は居住の用に供した家屋が平成28年3月31日以前に災害により居住の用に供することができなくなった場合には、これらの事実が発生した日まで引き続き居住していることが必要となります。

（注4）　一定の場合の住宅借入金等特別控除の再適用については、後記「⑬再び居住の用に供した場合の住宅借入金等特別控除の再適用等」を参照ください。

（注5）　適用を受ける内容等により異なります。

⑦　対象となる住宅の範囲

　イ　居住用家屋

　　居住用家屋とは、①床面積[注1]が50㎡以上で、②床面積の2分の1以上に相当する部分が専ら居住の用に供されるものをいいます（措令26①）。

　　なお、その家屋が認定長期優良住宅又は認定低炭素住宅（以下、「認定住宅」[注2]といいます）に該当するものである場合には、それぞれその旨の証明がなされたものであることが必要となります（措令26⑳㉑㉒）。

（注1）　「床面積」は、登記簿上表示される床面積をいいます（措通41-10、41-11）。

（注2）　「認定住宅」は、長期優良住宅の普及の促進に関する法律の施行の日（認定長期優良住宅は平成21年6月4日、認定低炭素住宅は平成24年12月4日）から適用されます。

　ロ　既存住宅

　　既存住宅とは、イの①、②の要件のほか、建築後使用されたことのある家屋で耐震基準に適合するものであるか、昭和57年1月1日以後に建築されたものをいいます（措法41①、措令26③）。

　　なお、要耐震改修住宅[注]であってもその取得の日までに耐震改修を行うことにつき一定の申請をし、かつ、その者の居住の用に供する日（その取得の日から6か月以内にその者の居住の用に供した場合に限ります）までにその耐震改修工事を行うことで耐震基準に

適合することとなったことにつき証明がされたときは、耐震改修住宅（の取得）は、既存住宅（の取得）とみなして住宅借入金等特別控除の適用を受けることができます（措法41㉟、措令26②③㊳）。

(注) 要耐震改修住宅とは、耐震基準に適合するもの以外の住宅をいいます。

　ハ　家屋の増改築等

　　家屋の増改築等とは、自己が所有している居住用家屋について、増築、改築、大規模の修繕及び大規模の模様替えの工事を行い、一定の要件に該当し、その工事費が一定の金額を超えるものをいいます（措法41㉒、措令26⑦⑧）。

　ニ　買取再販住宅

　　買取再販住宅とは、宅地建物取引業者が一定の特定増改築をした既存住宅を、その宅地建物取引業者の取得の日から2年以内に取得した家屋で、その新築された日から起算して10年を経過したものをいいます（措法41⑩、措令26④㉝㉞、令4.3国土交通省告示423号）。

⑧　対象となる住宅借入金等の範囲

　住宅借入金特別控除の対象となる住宅ローン等（借入金又は債務）は、次のイ「控除の適用を受けるための要件」のすべての要件を満たす借入金又は債務（利息に対応するものを除きます。以下、「借入金等」といいます）となります。

　イ　控除の適用を受けるための要件

　(イ)　借入の目的

　　　住宅の新築、取得又は増改築等（以下、「住宅の取得等」といいます）をするためのもので、かつ、住宅の取得等のために直接必要な借入金等であること。

　　　なお、この借入金等には、住宅の新築や取得（増改築等を除きます）とともに取得するその住宅の敷地（敷地の用に供される土地又は土地の上に存する権利をいいます）の取得のための借入金等も含まれます。

　　　ただし、その年の12月31日に建物についてこの控除対象となる借入金等がない場合は、たとえ敷地についての借入金等を有していたとしても、その借入金等はなかったものとみなされます。

　(ロ)　償還期間

　　　償還期間が10年以上の割賦償還の方法により返済されるもの又は割賦払の期間が10年以上の割賦払の方法により支払われるものであること。

　　　なお、割賦償還又は割賦払の方法とは、返済又は支払（以下、「返済等」といいます）の期日が、月や年など1年以下の期間を単位として、おおむね規則的に到来し、かつ、それぞれの期日において返済等をすべき額が、当初において具体的に確定している場合におけるその返済等の方法をいいます。

　　　また、償還期間や賦払期間の10年以上の期間とは、借入金等の債務を負っている期間をいうのではなく、最初の返済等の時から返済等が終了する時までの期間をいいます。

(ハ) 借入先

一定の者からの借入金等であること。

一定の者からの借入金等とは、次表の①から③に掲げる場合の区分に応じそれぞれに掲げるものをいいます。

	区　　分		借入金等の範囲(注1)
①	住宅(注2)の新築や取得（②に該当するものを除きます）		(1)から(3)の借入金又は(4)から(9)の債務
②	住宅の新築や取得とともにその住宅の敷地を取得	イ　住宅とその住宅の敷地を一括して取得	(1)及び(3)の借入金又は(4)、(6)から(9)の債務
		ロ　住宅の新築の日前2年以内にその敷地を取得	(10)の借入金（ハからホのいずれかに該当するものを除きます）又は債務
		ハ　住宅の新築の日前に3か月以内の建築条件付でその住宅の敷地を取得	(11)の借入金（ホに該当するものを除きます）
		ニ　住宅の新築の日前に一定期間内の建築条件付でその住宅の敷地を取得	(12)の借入金（ホに該当するものを除きます）又は債務
		ホ　住宅の新築の日前にその新築工事の着工の日の後に受領した借入金によりその住宅の敷地を取得	(13)の借入金
③	増改築等(注3)		(1)、(2)の借入金又は(5)及び(6)、(9)の債務

（注1）　下記の「(二) 借入金等の範囲」の各項番を記載しています。
（注2）　「住宅」は、住宅借入金等特別控除の要件を満たすものに限ります。
（注3）　「増改築等」は、住宅借入金等特別控除の要件を満たすものに限ります。

(二) 借入金等の範囲

控除の対象となる借入金又は債務には、次の(1)から(13)のとおり、金融機関、独立行政法人住宅金融支援機構又は一定の貸金業者（以下、「当初借入先」といいます）から借り入れた借入金又は当初借入先に対して負担する承継債務について債権の譲渡(注1)を受けた特定債権者(注2)に対して有するその債権に係る借入金又は債務が含まれます。

（注1）　当初借入先から償還期間を同じくする債権の譲渡を受けた場合に限ります。
（注2）　当初借入先との間でその債権の全部について管理及び回収に係る業務の委託に関する契約を締結し、かつ、その契約に従って当初借入先に対してその債権の管理及び回収に係る業務の委託をしている法人をいいます。

(1) 次に掲げる者からの借入金のうち住宅の取得等に要する資金に充てるために借り入れたもの及び住宅と一括して購入したその住宅の敷地の取得に要する資金に係る部分
　① 銀行、信用金庫、労働金庫、信用協同組合、農業協同組合、農業協同組合連合会、

漁業協同組合、漁業協同組合連合会、水産加工業協同組合、水産加工業協同組合連合会、株式会社商工組合中央金庫、生命保険会社、損害保険会社、信託会社、農林中央金庫、信用金庫連合会、労働金庫連合会、共済水産業協同組合連合会、信用協同組合連合会、株式会社日本政策投資銀行又は株式会社日本貿易保険（以下、「金融機関」といいます）

　　なお、平成30年3月31日以前については、農林漁業団体職員共済組合についても対象となります。

② 独立行政法人住宅金融支援機構、地方公共団体、沖縄振興開発金融公庫、国家公務員共済組合、国家公務員共済組合連合会、日本私立学校振興・共済事業団、地方公務員共済組合、独立行政法人北方領土問題対策協会又は厚生年金保険法等の一部を改正する法律附則48条1項に規定する指定基金

　　なお、令和4年3月31日以前については、独立行政法人福祉医療機構についても対象となります。

③ 貸金業法2条2項に規定する貸金業者で、住宅の建築や取得に必要な資金の長期貸付けの業務を行うもの（以下、「貸金業者」といいます）

④ 勤労者財産形成促進法9条1項に規定する事業主団体又は福利厚生会社（独立行政法人勤労者退職金共済機構からの転貸貸付けの資金に係るものに限ります）

⑤ 厚生年金保険の被保険者に対して住宅資金の貸付けを行う一定の法人等（独立行政法人福祉医療機構からの転貸貸付けの資金に係るものに限ります）

　　なお、令和4年3月31日以前について対象となります。

⑥ 給与所得者の使用者（住宅の取得等をした者が、その役員等である場合を除きます。以下同じです）

⑦ 使用者に代わって住宅の取得等に要する資金の貸付けを行っていると認められる一定の法人（以下、「公共福利厚生法人」といいます）

(2) 住宅の新築又は増改築等の工事を請け負わせた建設業者から、その工事の請負代金に充てるために借り入れた借入金

(3) 宅地建物取引業者から取得した住宅の取得の対価又は宅地建物取引業者から住宅と一括して取得したその住宅の敷地の取得の対価に充てるためにその宅地建物取引業者から借り入れた借入金

(4) 貸金業者又は宅地建物取引業者である法人で住宅の新築工事の請負代金や住宅の取得の対価又はその住宅と一括して取得するその住宅の敷地の取得の対価の支払の代行を業とするものから、その請負代金が建設業者に支払われたこと又はこれらの対価がその住宅やその住宅の敷地を譲渡した者に支払われたことにより、その法人に対して負担する債務

(5) 住宅の新築又は増改築等の工事を請け負わせた建設業者に対するその工事の請負代金に係る債務

(6) 宅地建物取引業者、独立行政法人都市再生機構、地方住宅供給公社、地方公共団体、日本勤労者住宅協会に対する住宅の取得の対価、住宅と一括して取得したその住宅の敷地の取得の対価又は増改築等に要する費用に係る債務

(7) 次に掲げる者から取得した新築住宅の取得の対価又は新築住宅と一括して取得したその住宅の敷地の取得の対価に係る債務
　① 平成19年改正前の勤労者財産形成促進法9条1項に規定する事業主団体又は福利厚生会社（独立行政法人勤労者退職金共済機構からの分譲貸付けの資金に係るものに限ります）
　② 厚生年金保険又は国民年金の被保険者等に住宅を分譲する一定の法人等（独立行政法人福祉医療機構からの分譲貸付けの資金に係るものに限ります）

(8) 次に掲げる者を当事者とする既存住宅の取得又はその住宅と一括して取得したその住宅の敷地の取得に係る債務の承継に関する契約に基づく債務
　① 独立行政法人都市再生機構、地方住宅供給公社又は日本勤労者住宅協会
　② 厚生年金保険又は国民年金の被保険者等に住宅を分譲する一定の法人等（独立行政法人福祉医療機構からの分譲貸付けの資金に係るものに限ります）
　　なお、これは、令和4年3月31日以前について対象となります。

(9) 給与所得者の使用者に対する住宅の新築や取得の対価、その住宅と一括して取得したその住宅の敷地の取得の対価又は増改築等に要する費用に係る債務

(10) 住宅の新築の日前2年以内に取得したその住宅の敷地の取得に要する資金に充てるために次の①から③に掲げる者から借り入れた借入金又は住宅の新築の日前2年以内に③に掲げる者から取得したその住宅の敷地の取得の対価に係るこれらの者に対する債務で、一定の要件を満たすもの(注)（(11)から(13)に該当する借入金を除きます）
　① 金融機関、地方公共団体又は貸金業者
　② 国家公務員共済組合、国家公務員共済組合連合会、日本私立学校振興・共済事業団、地方公務員共済組合、厚生年金保険法等の一部を改正する法律附則48条1項に規定する指定基金又は公共福利厚生法人
　　なお、平成30年3月31日以前については、農林漁業団体職員共済組合についても対象となります。
　③ 給与所得者の使用者
　　（注）「一定の要件を満たすもの」とは、①に掲げる者からの借入金については、次のイ又はロのいずれかに該当するもの、②若しくは③に掲げる者からの借入金又は③に掲げる者に対する債務については次のイからハのいずれかに該当するものをいいます。
　　　　イ　その借入金の貸付けをした者又はその敷地の譲渡の対価に係る債権を有する者のそれらの債権を担保するために新築住宅を目的とする抵当権の設定がされたこと
　　　　ロ　その借入金又はその敷地の購入の対価に係る債務を保証する者又はそれらの債務の不履行により生じた損害を填補することを約する保険契約を締結した保険者のその保証又は填補に係る求償権を担保するためにその新築住宅を目的とする抵当権の

設定がされたこと
- ハ　その借入れをした者又はその敷地を取得した者が、その敷地の上にその者の居住の用に供する住宅を一定期間内に建築することをその貸付け又は譲渡の条件としており、かつ、その住宅の建築及び敷地の取得がその貸付け又は譲渡の条件に従ってされたことについてその借入金の貸付けをした者又はその敷地の譲渡の対価に係る債権を有する者の確認を受けているものであること

⑾　宅地建物取引業者から宅地の分譲に係る一定の契約(注1)に従って住宅の新築の日前にその住宅の敷地を取得した場合(注2)で、その住宅の敷地の取得に要する資金に充てるため上記⑽に掲げる者から借り入れた借入金（⒀に該当するものを除きます）
- （注1）「宅地の分譲に係る一定の契約」とは、次のイ及びロの事項が定められているものをいいます。
  - イ　その宅地を取得した者と宅地建物取引業者（又はその販売代理人）との間において、その宅地を取得した者がその宅地の上に建築する住宅の建築工事の請負契約がその宅地の分譲に係る契約の締結の日以後3か月以内に成立することが、その宅地の分譲に係る契約の成立の条件とされていること。
  - ロ　イの条件が成就しなかったときは、その宅地の分譲に係る契約が成立しないものであること
- （注2）その契約に従ってその住宅の新築工事の請負契約が成立している場合に限ります。

⑿　地方公共団体、独立行政法人都市再生機構、地方住宅供給公社又は土地開発公社（以下、「地方公共団体等」といいます）から宅地の分譲に係る一定の契約(注)に従って住宅の新築の日前に取得したその住宅の敷地の取得に要する資金に充てるために上記⑽に掲げる者から借り入れた借入金（⒀に該当するものを除きます）又は敷地の取得の対価に係る地方公共団体等に対する債務
- （注）「宅地の分譲に係る一定の契約」とは、次のイ及びロの事項が定められているものをいいます。
  - イ　その宅地を取得した者がその宅地の取得の日後一定期間内にその者の住宅の建築をすることを条件として購入するものであること。
  - ロ　地方公共団体等は、その宅地の取得をした者がイの条件に違反したときに、その宅地の分譲に係る契約を解除し、又はその宅地を買い戻すことができること。

⒀　住宅の新築に要する資金及びその住宅の敷地の取得に要する資金に充てるために、次に掲げる者から借り入れた借入金で、その住宅の新築工事の着工の日後に受領したもの
- ①　独立行政法人住宅金融支援機構、沖縄振興開発金融公庫又は独立行政法人北方領土問題対策協会
  なお、令和4年3月31日以前については、独立行政法人福祉医療機構についても対象となります。
- ②　国家公務員共済組合又は地方公務員共済組合（勤労者財産形成持家融資に係るものに限ります）
- ③　勤労者財産形成促進法9条1項に規定する事業主団体又は福利厚生会社（独立行

政法人勤労者退職金共済機構からの転貸貸付けの資金に係るものに限ります）
④ 厚生年金保険の被保険者に対して住宅資金の貸付けを行う一定の法人等（独立行政法人福祉医療機構からの転貸貸付けの資金に係るものに限ります）
　　なお、これは、令和4年3月31日以前について対象となります。
⑤ 給与所得者の使用者（独立行政法人勤労者退職金共済機構からの転貸貸付けの資金に係るものに限ります）
　　なお、令和4年3月31日以前については、独立行政法人福祉医療機構からの転貸貸付けの資金に係るものについても対象となります。

ロ　特別控除の対象とならない借入金等
　　次の借入金等は、住宅借入金等特別控除の対象とならないこととされています。
(1) 使用者又は事業主団体から使用人としての地位に基づく無利子又は0.2％（平成28年12月31日以前に居住の用に供する場合は1％）未満の利率による借入金等
(2) 使用者又は事業主団体から使用人としての地位に基づき利子の援助を受けたため、給与所得者が実際に負担する金利が0.2％（平成28年12月31日以前に居住の用に供する場合は1％）未満の利率にとなる借入金等
(3) 使用者又は事業主団体から使用人としての地位に基づく時価の2分の1未満の価額で取得したマイホームの借入金等

ハ　根拠法令等
・租税特別措置法41条《住宅借入金等を有する場合の所得税額の特別控除》
・租税特別措置法施行令26条《住宅借入金等を有する場合の所得税額の特別控除》
・租税特別措置法施行規則18条の21《住宅借入金等を有する場合の所得税額の特別控除の適用を受ける場合の添付書類等》
・租税特別措置法通達41-21（著しく低い金利による利息である住宅借入金等）

⑨　**対象となる住宅借入金等の額**

　控除の対象となる借入金等の額は、次のとおり、住宅の取得対価等の額（土地等の取得対価の額を含みます）の範囲内に限られます（措令26⑥㉙、措通41-23）。

区　　分	対象となる借入金等の額
その年の12月31日における借入金等の残高＞住宅の取得対価等の額	住宅の取得対価等相当の借入金等の残高
その年の12月31日における借入金等の残高≦住宅の取得対価等の額	その年の12月31日における借入金等の残高

　平成23年6月30日以後に住宅の取得等に係る契約を締結し、住宅の取得等に関して、補助金等の交付を受ける場合又は住宅取得等資金の贈与を受けた場合には、その住宅の取得等に係る対価の額又は費用の額からその補助金等の額又は住宅取得等資金の額を控除した残額によって税額控除額を計算することになります（措令26⑥）。

また、平成23年6月30日以後に認定住宅等の新築取得等に係る契約を締結し、認定住宅等の新築取得等に関して、補助金等の交付を受ける場合又は住宅取得等資金の贈与を受けた場合には、その認定住宅等の新築取得等に係る対価の額又は費用の額からその補助金等の額又は住宅取得等資金の額を控除した残額によって税額控除額を計算することになります（措令26㉕）。

　なお、自己の居住の用に供しない部分がある場合には、次の区分により借入金等の額のうち自己の居住の用に供する部分（面積あん分をします）が対象となります（措令26⑦）。

区　　　分			対象となる借入金等の額
新築住宅 既存住宅		家屋	借入金等の額×居住用部分の床面積／家屋の床面積
新築住宅 既存住宅 増改築	土地等	区分所有建物の敷地	借入金等の額×居住用部分の床面積／（1棟の家屋の敷地面積×所有する区分所有割合）
		上記以外	借入金等の額×居住用部分の面積／土地等の面積
増改築			借入金等の額×居住用に供する部分の費用の額／増改築等に要した費用の額

⑩ 居住用財産の譲渡所得の課税の特例等を受ける場合の住宅借入金等特別控除の適用関係

　住宅の取得等及び認定住宅等の新築取得等をした家屋を居住の用に供した年分又はその居住年の前年分若しくは前々年分の所得税について、次に掲げるイからホのいずれかの特例を適用している場合には、その居住の年以後の各控除期間年分については、住宅借入金等特別控除の適用ができないこととされています（措法41㉔）。

イ　居住年財産を譲渡した場合長期譲渡所得の課税の特例（措法31の3①）
ロ　居住用財産の譲渡所得の特別控除（措法35①（ただし、同条3項の規定により適用する場合を除きます））
ハ　特定の居住用財産の買換えの場合の長期譲渡所得の課税の特例（措法36の2）
ニ　特定の居住用財産を交換した場合の長期譲渡所得の課税の特例（措法36の5）
ホ　既成市街地等内にある土地等の中高層耐火建築物等の建設のための買換え及び交換の場合の譲渡所得の課税の特例（措法37の5）

　また、居住年の翌年以後3年以内にその住宅の取得等及び認定住宅等の新築取得等をした家屋（その敷地を含みます）以外の一定の資産を譲渡（注）して、その譲渡につき、上記イからホに掲げるいずれかの特例を適用する場合は、その居住年以後の各控除期間年分については、住宅借入金等特別控除の適用ができないこととされています（措法41㉕）。

　したがって、この場合、既に住宅借入金等特別控除の適用を受けていたときには、その譲渡をした年分の所得税の確定申告期限までに、その前3年以内の各年分の所得税について住宅借入金等特別控除の適用がなかったとして、修正申告書を提出して、既に控除された住

宅借入金等特別控除相当額の所得税を納付しなければならないこととなります（措法41の3①）。

(注) これらの資産の譲渡が令和2年3月31日以前に行われている場合には、居住年の翌年又は翌々年中に当該譲渡が行われている場合に限られます。

⑪ **特別控除を受けるために必要な添付書類**

住宅借入金等特別控除の適用を受ける場合（入居後最初に適用を受ける場合）には、一定の書類を確定申告書に添付することとされています。

租税特別措置法41条36項、租税特別措置法施行規則18の21第1項、8項～19項、27項～29項を参照。

⑫ **住宅借入金等特別控除の適用を受けた年分の翌年分以後の各年分において同控除を受けようとする場合**

イ 住宅借入金等特別控除の適用を受けた年分の翌年分以後の各年分において控除を受けようとする場合には、確定申告書に住宅借入金等特別控除の計算の明細やその家屋に入居した年月日などを記載するとともに、金融機関等から交付を受けた「住宅取得資金に係る借入金の年末残高等証明書」を添付することになります（措規18の21⑩）。

ロ 給与所得者で翌年分以後の各年分の控除を年末調整で受けようとする場合には、「給与所得者の（特定増改築等）住宅借入金等特別控除申告書」と「年末調整のための（特定増改築等）住宅借入金等特別控除証明書」（いずれも税務署から送付されます）及び金融機関等から交付を受けた「住宅取得資金に係る借入金の年末残高等証明書」を年末調整を受ける時までに給与の支払者に提出することになっています。

ただし、給与の支払者が同一であれば、既に前年分以前の年末調整の段階で、特別控除証明書を添付した特別控除申告書を提出して住宅借入金等特別控除の適用を受けている旨を特別控除申告書に記載することで、特別控除証明書の添付を省略することができます（措規18の23③）。

ハ 居住年が令和5年1月1日以後である個人が、令和6年1月1日以後にこの制度の適用を受けようとする場合には、住宅借入金等に係る一定の債権者に対し、その者の住所・氏名等一定の事項を記載した申請書（以下、「適用申請書」といいます）の提出を要することとなっています（措法41の2の3①）。

また、適用申請書の提出を受けた債権者は、原則として、その適用申請書の提出を受けた日の属する年以後10年間の各年の10月31日（その提出を受けた日の属する年においてはその翌年の1月31日）までに、その一定の事項や住宅借入金等の年末残高等を記載した調書を作成し、その債権者の住所等の所轄税務署長への提出も要することになっています（措法41の2の3②）。

この調書の提出を受けた税務署長は、その年の11月末頃までに、その個人に対し、この調書に基づく一定の証明書を交付することになります。

これにより、住宅借入金等に係る債権者は、令和5年1月1日以後に居住の用に供する

家屋については、「住宅取得資金に係る借入金の年末残高等証明書」の交付を要しないことになるとともに、その個人は、確定申告や年末調整において、当該証明書の添付を要しないこととなっています（措令26の2①、措規18の21⑧、18の23②）。

なお、この手続きの改正にあたっては、債権者が、その調書の提出期限である10月31日までの提出が困難である旨その他の事項を記載した届出書を、令和6年1月31日までに所轄税務署長に提出することにより、調書の提出を要しない経過措置が設けられています（令4改正法附34③）。

この場合、その債権者は、その困難である事情が解消したときにその旨を記載した届出書を所轄税務署長に提出することにより、この改正後の手続きを適用することになるところ、それまでの間においては、改正前のとおり、その個人に対して「住宅取得資金に係る借入金の年末残高等証明書」の交付を要することとされ、また、その個人においては、確定申告書にその証明書の添付を要することとされています（措規18の21⑧、18の23②、令4改正措令附10②③）。

⑬ **再び居住の用に供した場合の住宅借入金等特別控除の再適用等**

イ 住宅借入金等特別控除の適用を受けていた者が、勤務先からの転任の命令等により居住の用に供しなくなった場合

住宅借入金等特別控除の適用を受けていた者が、勤務先からの転任命令等に伴い転居することとなり、適用を受けていた家屋を居住の用に供しなくなった後、その事由が解消し、再び居住の用に供した場合には、その住宅の取得等又は認定住宅の新築等に係る住宅借入金等特別控除の適用年のうち、再び居住の用に供した日の属する年（再居住の日の属する年に家屋を賃貸の用に供している場合には、その年の翌年）以後の各年分について、一定の要件の下でその控除の適用を受けることができます（措法41㉘）。

ロ 居住の用に供した日の属する年の12月31日までに、勤務先からの転任の命令等により居住の用に供しなくなった場合

住宅の取得等又は認定住宅等の新築取得等をして、平成21年1月1日以後に、自己の居住の用に供した者(注)が、その居住の用に供した日以後その年の12月31日までの間に、勤務先からの転任の命令等により、その家屋をその者の居住の用に供しなくなった後、その事由が解消し、再び居住の用に供した場合には、通常の住宅借入金等特別控除の適用を受けるための書類及び当初居住の用に供した年において居住の用に供していたことを証する書類の提出等、一定の要件の下で、その住宅の取得等及び認定住宅等の新築取得等に係る住宅借入金等特別控除の適用年のうち、再び居住の用に供した日の属する年（再居住の日の属する年に家屋を賃貸の用に供していた場合には、その年の翌年）以後の各年分について、当該控除の適用を受けることができます（措法41㉛）。

(注) 住宅の取得等の日又は認定住宅等の新築取得等から6か月以内にその者の居住の用に供した場合で、その住宅の取得等又は認定住宅等の新築取得等のための住宅借入金等を有する場合に限ります。

ハ　再適用の適用要件等（措法41㉘～㉝、措規18の21㉒～㉕）

上記イ及びロの適用要件等は次の表のようになります。

	上記イの場合の要件等	上記ロの場合の要件等
㈠	次の事由により居住の用に供しなくなった場合（住宅借入金等特別控除の適用を受けていた場合に限ります）	平成21年1月1日以後に居住の用に供して、次の事由により居住の用に供した年の12月31日までの間に居住の用に供しなくなった場合
	〔事由〕 　勤務先からの転任の命令に伴う転居、その他これに準ずるやむを得ない事由により、その家屋を居住の用に供しなくなったこと	
㈡	次の種類を税務署長に提出 ・「転任の命令等により居住しないこととなる旨の届出書」 ・税務署長から交付を受けている場合には未使用分の「年末調整のための（特定増改築等）住宅借入金等特別控除証明書」及び「給与所得者の（特定増改築等）住宅借入金等特別控除申告書」	手続等は不要
㈢	次の書類を確定申告書に添付 ・「（特定増改築等）住宅借入金等特別控除額の計算明細書（再び居住の用に供した方用）」 ・「住宅取得資金に係る借入金の年末残高等証明書」 （2か所以上から交付を受けている場合は、そのすべての証明書）	住宅借入金等特別控除の適用を受けるための通常の添付書類のほか、次の書類を確定申告書に添付 ・「（特定増改築等）住宅借入金等特別控除額の計算明細書」 ・転任の命令その他これに準ずるやむを得ない事由によりその家屋を居住の用に供しなくなったことを明らかにする書類
㈣	再び居住の用に供した日の属する年に、その家屋を賃貸の用に供していた場合は、その年の翌年からの再適用	
㈤	当初の居住開始年からの適用できる年数のうち、既に経過した年数を除いたところの再び居住の用に供した年以後の各年について適用可能	

上記の表の㈠～㈤の内容は、次のとおりです。

㈠：転居の事由等
㈡：居住の用に供しなくなる日までに必要な手続等
㈢：再居住した日以後、再適用等をする最初の年分に必要な手続等
㈣：再適用等の制限
㈤：再適用期間

⑭ 控除合計額計算の調整

　適用年（同一年）において居住年の異なる住宅借入金等特別控除制度が適用される場合には、一定の計算調整により控除額を計算することになります。

　また、2以上の居住年に係る住宅の取得等に係る住宅借入金等を有する場合の住宅借入金等特別控除額は、適用年の12月31日における住宅借入金等の金額を異なる住宅の取得等ごとに区分して計算（100円未満の端数がある場合は切捨てます）した金額の合計額となります。ただし、その適用年において適用される居住年に係る控除額のうち最も高い控除額を限度とします（措法41の2）。

　なお、住宅の取得等に係る対価の額又は費用の額に旧税率（5％又は8％）により課されるべき消費税額等が含まれる住宅の取得等と、引上げ後の税率（8％又は10％）により課されるべき消費税額等が含まれる住宅の取得等が同一年中にある場合については、この調整規定を適用して住宅借入金等特別控除額を計算することになります。例えば、建築に係る請負契約については旧税率（8％）が適用されますが、追加工事に係る請負契約については引上げ後の税率（10％）が適用される場合がこれに該当します。

⑮ 災害により居住の用に供する供することができなくなった場合の住宅借入金等特別控除の特例

　住宅借入金等特別控除の適用を受ける家屋（以下、「従前家屋」といいます）が災害により平成28年1月1日以後に居住の用に供することができなくなった場合において、その居住の用に供することができなくなった日の属する年以後（平成29年分以後に限ります）の各年は、次の掲げる年以後の各年を除き、住宅借入金等特別控除の適用を受けることができます（措法41㉞）。

　イ　従前家屋若しくはその敷地の用に供されていた土地等又はその土地等に新たに建築した建物等を事業の用若しくは賃貸の用又は親族等に対する無償による貸付けの用に供した場合（注）におけるその事業の用若しくは賃貸の用又は貸付けの用に供した日の属する年

　　（注）　災害に際し被災者生活再建支援法が適用された市町村の区域内に所在する従前家屋をその災害により居住の用に供することができなくなった者（以下、「再建支援法適用者」といいます）がその土地等に新築等をした家屋について、住宅借入金等特別控除又は認定住宅等の新築取得等をした場合の所得税額の特別控除（以下、「住宅借入金等特別控除等」といいます）の適用を受ける場合を除きます。

　ロ　従前家屋又はその敷地の用に供されていた土地等の譲渡をし、その譲渡について居住用財産の買換え等の場合の譲渡損失の損益通算及び繰越控除又は特定居住用財産の譲渡損失の損益通算及び繰越控除の適用を受ける場合におけるその譲渡の日の属する年

　ハ　災害により従前家屋を居住の用に供することができなくなった者（再建支援法適用者を除きます）が取得等をした家屋について住宅借入金等特別控除等の適用を受けた年

　　　なお、再建支援法適用者が家屋の再取得等をした場合には、従前家屋に係る住宅借入金等を有する場合の所得税額の特別控除とその再取得等をした家屋に係る住宅借入金等を有

する場合の所得税額の特別控除を重複して適用できることとし、その重複して適用できる年における税額控除額は、2以上の居住年に係る住宅の取得等に係る住宅借入金等の金額を有する場合の控除額の調整措置によります（措法41の2）。

【参考通達】
〔措法第41条　住宅借入金等を有する場合の所得税額の特別控除〕
・租税特別措置法通達41-1（用語の意義）
（居住の用に供した場合）
・租税特別措置法通達41-1の2（居住の用に供した場合）
・租税特別措置法通達41-2（引き続き居住の用に供している場合）
・租税特別措置法通達41-3（居住の用に供しなくなった場合）
・租税特別措置法通達41-4（再び居住の用に供した場合）
（取得関係）
・租税特別措置法通達41-5（新築の日又は増改築等の日）
・租税特別措置法通達41-6（土地等の取得の日）
・租税特別措置法通達41-7（借地権者等が取得した底地の取得価額等）
・租税特別措置法通達41-8（一定期間の意義）
・租税特別措置法通達41-10（家屋の床面積）
・租税特別措置法通達41-11（区分所有する部分の床面積）
・租税特別措置法通達41-12（店舗併用住宅等の場合の床面積基準の判定）
・租税特別措置法通達41-13（住宅の取得等に係る家屋の敷地の判定）
（借入金等関係）
・租税特別措置法通達41-14（住宅資金の長期融資を業とする貸金業を営む法人）
・租税特別措置法通達41-15（共済会等からの借入金）
・租税特別措置法通達41-16（借入金等の借換えをした場合）
・租税特別措置法通達41-17（割賦償還の方法等）
・租税特別措置法通達41-18（返済等をすべき期日において返済等をすべき金額の明示がない場合）
・租税特別措置法通達41-19（繰上返済等をした場合）
・租税特別措置法通達41-20（住宅の新築取得等に係る住宅借入金等の金額等）
・租税特別措置法通達41-21（著しく低い金利による利息である住宅借入金等）
・租税特別措置法通達41-22（その年12月31日における住宅借入金等の金額の合計額等）
・租税特別措置法通達41-23（住宅借入金等の金額の合計額等が家屋等の取得の対価の額等を超える場合）
（取得対価の額）
・租税特別措置法通達41-24（家屋の取得対価の額の範囲）

- 租税特別措置法通達41-25（敷地の取得対価の額の範囲）
- 租税特別措置法通達41-26（家屋等の取得対価の額等の特例）

（補助金関係）
- 租税特別措置法通達41-26の2（補助金等）
- 租税特別措置法通達41-26の3（補助金等の見込控除）
- 租税特別措置法通達41-26の4（家屋及び土地等について補助金等の交付を受ける場合）

（その他）
- 租税特別措置法通達41-27（店舗併用住宅等の居住部分の判定）
- 租税特別措置法通達41-28（定期借地権等の設定の時における保証金等に係る敷地の取得対価の額）
- 租税特別措置法通達41-29（自己の居住の用に供される部分の床面積若しくは土地等の面積又は増改築等に要した費用の額）
- 租税特別措置法通達41-29の2（一の個人の扶養親族等が他の個人の扶養親族に該当する場合）
- 租税特別措置法通達41-29の3（年の中途において死亡した者の親族等が扶養親族に該当するかどうかの判定）
- 租税特別措置法通達41-29の4（宅地建物取引業者からの取得の日等）
- 租税特別措置法通達41-29の5（災害の意義）
- 租税特別措置法通達41-29の6（引き続きその個人の居住の用に供していた家屋）
- 租税特別措置法通達41-29の7（災害により居住の用に供することができなくなった場合）
- 租税特別措置法通達41-29の8（従前家屋の登記事項証明書）
- 租税特別措置法通達41-30（建設業者等の交付する借入金の年末残高等証明書）
- 租税特別措置法通達41-30の2（2以上の書類により個人の対象配偶者等に該当する旨が証明される場合の親族関係書類）
- 租税特別措置法通達41-30の3（その年に3回以上の支払を行った特例対象個人の送金関係書類の提出又は提示）
- 租税特別措置法通達41-31（借入金の年末残高等証明書の交付等）
- 租税特別措置法通達41-32（信託の受益者が適用を受ける場合）
- 租税特別措置法通達41-33（住宅借入金等特別控除の控除額に係る特例の規定を適用した場合の効果）

〔措法第41条の2の2　年末調整に係る住宅借入金等を有する場合の所得税額の特別控除〕
- 租税特別措置法通達41の2の2-1（年末調整前に借入金の年末残高等証明書の交付が受けられなかった場合）
- 租税特別措置法通達41の2の2-2（信託の受益者が適用を受ける場合）

| 誤りやすい事例 | 住宅借入金等を有する場合の所得税額の特別控除の適用 |

1. 平成28年3月1日に、非居住者として家屋を取得したにもかかわらず、その6か月以内に入居し、年末まで引き続き居住していたことから、住宅借入金等特別控除の適用を受けていた。

解説

非居住者期間に家屋を取得等した場合においても、その他の要件を満たしているときは当該控除を適用することができることとなったのは、平成28年4月1日以後に住宅を取得した場合です（措法41①、平28改正法附76）。

2. 相続により住宅とその住宅に係る借入金を承継した場合に、住宅借入金等特別控除の適用を受けていた。

解説

相続により住宅を取得するとともに借入金を承継しても、その借入金は相続による債務の承継であり住宅を取得するための借入金ではないことになります（措法41）。

3. 建築条件付の一定の契約により土地を先に取得した後、新築の居住用家屋を取得し、その土地の取得に要する資金と建物の取得に要する資金を別々に銀行等から借り入れた場合で、適用年の12月31日において建物に係る住宅借入金等の金額を有さないときでも、住宅借入金等特別控除を適用できると考えていた。

解説

各適用年の12月31日において、その土地等の上に新築された居住用家屋のその新築に係る住宅借入金等の金額を有さない場合（すなわち土地等の取得に係る住宅借入金等の金額のみを有する場合）には、その適用年の12月31日におけるその土地等の取得に係る住宅借入金等の金額は有していないものとみなされ、住宅借入金等特別控除は適用されないことになります（措令26⑲）。

4. 建築後25年を経過した中古住宅について、地震に対する安全上必要な構造方法に関する技術的基準又はこれに準ずるものに適合する住宅でない場合、住宅借入金等特別控除の対象にすることはできないと考えていた。

解説

令和4年以後に居住の用に供した中古住宅については、昭和57年1月1日以後に建築さ

れたものが対象となります。

　なお、昭和56年12月31日以前に建築された住宅については、地震に対する安全上必要な構造方法に関する技術的基準又はこれに準ずるものに適合する一定の中古住宅でない限り対象とならないことになります（措令26③）。

5．中古住宅の築後経過年数を計算する際の「取得の日」を売買契約等の締結の日としていた。

解説

「取得の日」とは、建物の引渡しの日をいいます。

6．中古住宅を取得した後、居住開始前に行った修繕に要した費用を中古建物の取得対価の額に含めないで計算していた。

解説

　中古住宅を取得し、居住開始前に行った修繕に要した費用は、中古建物の取得対価に含めて計算します（措通41-24）。その際には「増改築工事証明書」の添付は不要となります。

7．令和5年中に居住の用に供した住宅の総床面積が40㎡以上50㎡未満である場合、住宅借入金等特別控除の適用はできないと考えていた。

解説

　総床面積が40㎡以上50㎡未満で新築又改築後使用されたことのない住宅を居住の用に供し、控除を受ける年分の合計所得金額が1,000万円以下でである場合、住宅借入金等特別控除の適用ができます（措法41⑳）。

8．令和5年中に、床面積50㎡以上の住宅の取得等をした場合、居住した者の合計所得金額が2,000万円超3,000万円以下でも住宅借入金等特別控除の適用を受けられると考えていた。

解説

　居住開始が令和4年以後である場合は、合計所得金額が2,000万円以下の者であることが要件となっています。

　ただし、令和4年中に居住の用に供した場合で、新型コロナ税特法6条の2の規定を適用する者に関しては、合計所得金額が3,000万円以下となります。

9．自己の居住の用に供していない家屋の増改築について、住宅借入金等特別控除の適用を受けていた。

解説

増改築した場合の住宅借入金等特別控除の適用は、自己の居住の用に供する家屋について増改築した場合に限られることから、例えば、父の居住の用に供する家屋について子が増改築しても、住宅借入金等特別控除は適用されないことになります（措法41①、措令26①）。

10．借入金の償還期間が繰上返済等により10年未満となった場合にも、住宅借入金等特別控除を適用していた。

解説

借入金の償還期間が当初10年以上であっても、その後、繰上返済等により10年未満となった場合には、繰上返済等をした年から住宅借入金等特別控除は適用されないことになります（措通41-19）。

11．新築の日前２年以内に取得した土地等の先行取得に係る金融機関からの借入金について、家屋に抵当権の設定がないのに当該借入金を住宅借入金等特別控除の対象となる借入金としていた。

解説

土地等の先行取得に係る金融機関からの借入金であっても、その借入金に係る債権を担保するために家屋を目的とする抵当権の設定がされていないものは、住宅借入金等特別控除の対象となる住宅借入金等には該当しないものとされています（措令26⑨六イ）。

なお、その後、その借入金に係る債権を担保するために家屋を目的とする抵当権が設定された場合、そのされた日の属する年以後の各年については、その借入金は住宅借入金等特別控除の対象となる住宅借入金等として取り扱われることになります。

12．住宅借入金等の借換を行った場合、借入金等の年末残高証明書の「当初金額」が借換直前の「残高」より多いにもかかわらず、借換後の「年末残高」で控除額を算出していた。

解説

借換後の「年末残高」が借換直前の「残高」より多い場合は、次により計算をします。

　　・A≧Bの場合　対象額　⇒　Cの金額
　　・A＜Bの場合　対象額　⇒　C×（A／B）の金額

　　　　　　　A：借入直前における年末残高
　　　　　　　B：借入後の当初借入金等の額
　　　　　　　C：借入後の新たな借入金等の年末残高
【参考】
・国税庁ホームページ／タックスアンサー／「No.1233住宅ローン等の借換えをしたとき」

13. 12月中に新築工事が完了し年内に居住を開始したが、先行取得した敷地の借入金について、家屋を目的とした抵当権の設定が翌年1月初旬になったことから、居住年における住宅借入金等特別控除の適用は認められないと考えていた。

解　説

　抵当権の設定については、登記実務の関係からその年中に完了せず、翌年の日付となることもあることから、家屋の建設当初から抵当権の設定を予定していることが明らかであるなどの場合には、単純に登記上の日付によらず、手続きを開始した年から該当するものとして扱って差し支えないこととされています。

14. 住宅借入金等特別控除の適用を受けている年分又は前年分において、住宅取得等資金の贈与税の非課税の特例の適用を受けているにもかかわらず、その特例を受けた金額を住宅等の取得価額から減算していなかった。

解　説

　個人が住宅借入金等特別控除の適用を受けている年分又は前年分において、住宅取得等資金の贈与税の非課税の特例の適用を受けた場合は、住宅借入金等特別控除額の計算上、当該特例を受けた金額を住宅等の取得価額から減算する必要があります（措法41、70の2②五、70の3③五、措令26⑥）。

15. 新たに取得した家屋を居住の用に供した年の前年において、それまでに住んでいた家屋の譲渡について租税特別措置法31条の3第1項（居住用財産を譲渡した場合の長期譲渡所得の課税の特例）の規定の適用を受けているにもかかわらず、住宅借入金等特別控除を適用していた。

解　説

　新築又は取得した家屋をその居住の用に供した個人が次の期間において、その新築又は取得をした家屋及びその敷地の用に供している土地等以外の資産（それまでに住んでいた家屋など）について、居住用財産を譲渡した場合の長期譲渡所得の課税の特例など（措法

31の3①、35①（同条③の規定により適用する場合を除きます）、36の2、36の5若しくは37の5）の適用を受けている場合には、住宅借入金等特別控除の適用を受けることはできないこととされています。

① 令和2年4月1日以後に譲渡した場合
 ⇒ その居住の用に供した年とその前2年・後3年の計6年間
② 令和2年3月31日以前に譲渡した場合
 ⇒ その居住の用に供した年とその前後2年ずつの計5年間

16. 平成27年分以前の確定申告において住宅借入金等特別控除の適用を受けていた居住者が、転勤により平成28年中は非居住者となった。
　　この場合において転勤後もその住宅に配偶者等が引き続き居住しているため、平成28年分の非居住者の総合課税の申告において、住宅借入金等特別控除の適用を受けていた。

解説

措通41-1の2（居住の用に供した場合）又は措通41-2（引き続き居住の用に供している場合）の取扱いにより居住要件が緩和される場合において、平成28年4月1日以後に取得する住宅については、非居住者の総合課税の申告においても同控除の適用が認められることになります（措法41、平28改正法附76）が、同日前に取得した住宅については、居住者の申告に限られるとされています。

17. 住宅借入金等特別控除の適用を受けている納税者の死亡により団体信用保険（契約者及び保険金受取人：銀行等、被保険者：納税者）が支払われ、住宅借入金等の残債が返済されているにもかかわらず、その死亡の年において住宅借入金等特別控除の適用を受けていた。

解説

住宅借入金等特別控除の適用を受けていた者の死亡により団体信用保険で住宅借入金等の残債が返済された場合には、その死亡の日において住宅借入金等の残高がなくなることから、その死亡の年において、住宅借入金等特別控除の適用を受けることはできないことになります。

なお、遺族が受け取った生命保険から住宅借入金等の残債を返済した場合には、その死亡の日において住宅借入金等の残高があることから、住宅借入金等特別控除の適用を受けることができます。

18. 令和5年中に取得した中古住宅について、当年の合計所得金額が1,000万円以下で、床面積が40㎡を超えていれば、住宅借入金等特別控除が適用できると考えていた。

> **解 説**
> 　床面積が40㎡以上50㎡未満（特例居住用家屋）の住宅について住宅借入金等特別控除の適用ができるのは新築又は建築後使用されたことのない建物が対象となっており（措法41⑱）、中古住宅の場合は適用できないことになります。

⑲ 特定の増改築等に係る住宅借入金等を有する場合の所得税額の特別控除の控除額に係る特例

① 概要

　個人(注1)が、自己の所有する家屋について、高齢者等居住改修工事等（バリアフリー改修工事）、断熱改修工事等の一定の改修工事（省エネ改修工事）又は多世帯同居改修工事等（三世帯同居対応改修工事）を含む増改築等をして、平成19年4月1日(注2)から令和3年12月31日までの間にその増改築等をした部分を自己の居住の用に供し(注3)、引き続いて居住の用に供している場合において、その居住の用に供した年以後5年間の各年においてその増改築等のための一定の借入金又は債務（以下、「増改築等住宅借入金等」といいます）を有するときは、住宅借入金等特別控除との選択により、居住年以後5年間（居住日以後その年の12月31日(注4)まで引き続き居住の用に供している年に限ります）の各年分（合計所得金額が3,000万円を超える年を除きます）の所得税額から、増改築等住宅借入金等の年末残高の1,000万円以下の部分について、特定増改築等住宅借入金等特別控除額を控除できます（措法41の3の2①⑤⑧）。

(注1)　平成28年3月31日以前に増改築等をした場合、その個人は、居住者であることが要件とされていました。

(注2)　断熱改修工事等の一定の改修工事の場合は平成20年4月1日、多世帯同居改修工事等の場合は平成28年4月1日となります。

(注3)　増改築等の日から6か月以内に自己の居住の用に供した場合に限ります。

(注4)　その者が死亡した日の属する年にあっては、同日となります。
　　　なお、平成28年12月31日以前にこれらの家屋が災害により居住の用に供することができなくなった日の属する年にあっては、同日となります。

② 特定増改築等住宅借入金等特別控除が受けられる者

　特定増改築等住宅借入金等特別控除が受けられる者は次のとおりとなります。

　イ　高齢者等居住改修工事等の増改築等

　　　高齢者等居住改修工事等の増改築等についてこの適用が受けられる者は、次の(イ)から(ニ)までのいずれかに該当する個人になります（措法41の3の2①）。

　　(イ)　年齢が50歳以上である者(注)
　　(ロ)　介護保険法の要介護認定又は要支援認定を受けている者
　　(ハ)　所得税法の障害者に該当する者
　　(ニ)　高齢者等（年齢が65歳以上である者、要介護認定若しくは要支援認定を受けている者

又は所得税法の障害者に該当する者をいいます）である親族と同居を常況としている者
(注)　㈲の年齢が50歳以上であるかどうか又は㈢の年齢が65歳以上であるかどうかの判定は、その個人がその住宅の増改築等をした部分を居住の用に供した年（以下、「居住年」といいます）の12月31日（これらの者が年の中途において死亡した場合には、その死亡の時）の年齢よるものとされ、㈢のその個人が高齢者等である親族と同居を常況としているかどうかの判定は、居住年の12月31日の状況によるものとされています（措法41の3の2⑫）。

ロ　断熱改修工事等の一定の改修工事の増改築等

断熱改修工事等の一定の改修工事の増改築等については、個人であればこの特例の適用を受けることができます（措法41の3の2⑤）。

ハ　多世帯同居改修工事等

多世帯同居改修工事等については、個人であればこの特例の適用を受けることができます（措法41の3の2⑧）。

③　特定増改築等住宅借入金等特別控除の対象となる増改築等

特定増改築等住宅借入金等特別控除の対象となる増改築等とは、自己の居住の用に供する自己の所有している家屋（居住の用に供する家屋を2以上有する場合には、主として居住の用に供する1の家屋に限ります）について行う、次の工事（これらの工事と併せて行うその工事を施した家屋と一体となって効用を果たす設備の取替えや取付けに係る工事を含みます）をいいます。

イ　適用対象となる工事

㈲　高齢者等居住改修工事等の増改築等については、租税特別措置法41条の3の2第2項、租税特別措置法施行令26条の4第4項～9項、平19.3.30国土交通省告示407号（最終改正：令4.3.31国土交通省告示442号）を参照。

㈹　断熱改修工事等の一定の改修工事の増改築等については、租税特別措置法41条の3の2第6項、租税特別措置法施行令26条の4第6項、7項、9項、平20.3.30国土交通省告示513号（最終改正：令4.3.31国土交通省告示443号）を参照。

㈥　多世帯同居改修工事等については、他の世帯との同居をするのに必要な設備の数を増加させるための改修工事（その改修工事をした家屋のうちその者の居住の用に供する部分に調理室、浴室、便所又は玄関のうちいずれか2以上の室がそれぞれ複数あることとなる場合に限ります）をいいます。

具体的には、租税特別措置法41条の3の2第9項、租税特別措置法施行令26条の4第6項、8項、21項、平28.3.31国土交通省告示585号（最終改正：令4.3.31国土交通省告示451号）を参照。

㈢　特定耐久性向上改修工事等については、特定断熱改修工事等と併せて行う構造の腐食、腐朽及び摩損を防止し、又は維持保全を容易にするための改修工事をいいます。

具体的には、租税特別措置法41条の3の2第2項4号、租税特別措置法施行令26条の4第9項、平29.3.31国土交通省告示279号（最終改正：令4.3.31国土交通省告示453号）

を参照。

ロ　適用対象となる要件

適用対象となる要件については、租税特別措置法41条の3の2第2項、6項、9項、租税特別措置法施行令26条の4第3項～9項、19項～21項、租税特別措置法施行規則18の23の2の2第1項、2項を参照。

④　**特定増改築等住宅借入金等特別控除の対象となる借入金等**

特定増改築等住宅借入金等特別控除の対象となる借入金又は債務については、租税特別措置法41条の3の2第3項、7項、10項、租税特別措置法施行令26条の4第10項～17項を参照。

⑤　**特定増改築等住宅借入金等特別控除の対象とならない借入金等及び控除が受けられない年分**

イ　控除の対象とならない借入金等については、租税特別措置法41条の3の2第11項、租税特別措置法施行令26条の4第18項、22項、租税特別措置法施行規則18の23の2の2第9項を参照。

ロ　控除が受けられない年分については、租税特別措置法41条の3の2第20項を参照。

⑥　**特定増改築等住宅借入金等特別控除額の計算**

特定増改築等住宅借入金等特別控除額の計算については、住宅を居住の用に供した日の区分に応じ、各年分の控除額等は次のようになります。

イ　平成19年4月1日から平成26年3月31日までの間に居住の用に供した場合

　(イ)　各年分の控除額

控除額[注1]＝A（最高200万円）×2％＋｛B（最高1,000万円）－A｝×1％

A：特定増改築等住宅借入金等の年末残高の合計額[注2、3]

B：増改築等住宅借入金等の年末残高の合計額

　(ロ)　所得要件　⇒　合計所得金額が3,000万円以下

　(ハ)　控除期間　⇒　5年

ロ　平成26年4月1日から令和3年3月31日までの間に居住の用に供した場合

　(イ)　各年分の控除額

控除額[注1]＝A（最高250万円）×2％＋｛B（最高1,000万円）－A｝×1％

A：特定増改築等住宅借入金等の年末残高の合計額[注2、3]

B：増改築等住宅借入金等の年末残高の合計額

　(ロ)　所得要件　⇒　合計所得金額が3,000万円以下

　(ハ)　控除期間　⇒　5年

(注1)　上記の算式により計算した金額に100円未満の端数があるときはこれを切り捨てます（措法41の3の2①）。

(注2)　「特定増改築等住宅借入金等の年末残高の合計額」は、増改築等住宅借入金等の年末残高の合計額のうち、次の費用の額の合計額に相当する部分の金額をいいます（措法41の3の2③）。

① 高齢者等居住改修工事等に要した費用の額^(※)が50万円（平成26年3月31日までは30万円）を超えるもの（措法41の3の2②）

　（※）　特定工事の費用に関し補助金等（国又は地方公共団体から交付される補助金又は交付金その他これらに準ずるものをいいます）の交付を受ける場合には、その補助金等の額を控除した金額をいいます。

② 特定断熱改修工事等に要した費用の額^(※)が50万円（平成26年3月31日までは30万円）を超えるもの（措法41の3の2②二）

　（※）　平成23年6月30日以後に住宅の増改築等に係る契約を締結し、特定工事の費用に関し補助金等（国又は地方公共団体から交付される補助金又は交付金その他これらに準ずるものをいいます）の交付を受ける場合には、その補助金等の額を控除した金額をいいます。

③ 特定多世帯同居改修工事等に要した費用の額^(※)が50万円を超えるもの（措法41の3の2②三）

　（※）　補助金等（国又は地方公共団体から交付される補助金又は交付金その他これらに準ずるものをいいます）の交付を受ける場合には、その補助金等の額を控除した金額をいいます。

④ 平成29年4月1日以後に居住の用に供する家屋について、特定断熱改修工事等と併せて行う特定耐久性向上改修工事等に要した費用の額^(※)が50万円を超えるもの（措法41の3の2②四）

　（※）　補助金等（国又は地方公共団体から交付される補助金又は交付金その他これらに準ずるものをいいます）の交付を受ける場合には、その補助金等の額を控除した金額をいいます。

（注3）　平成26年4月1日から令和3年12月31日までの間に居住の用に供した場合において、特定増改築等に係る費用の額に含まれる消費税額等が、消費税率の引上げ後の8％又は10％の税率により課されるべき消費税額等ではない場合（非課税や5％の税率のみにより課されるべき消費税額等である場合）には、各年分の控除額の計算における「特定増改築等住宅借入金等の年末残高の合計額」は最高200万円となります（措法41の3の2④二）。

〔留意事項〕
1. 高齢者等居住改修工事等に要した費用の額、特定断熱改修工事等に要した費用の額、特定多世帯同居改修工事等に要した費用の額及び特定耐久性向上改修工事等に要した費用の額は、指定確認検査機関、建築士、住宅瑕疵担保責任保険法人（平成25年4月1日以後の工事に限ります）又は登録住宅性能評価機関が発行する増改築等工事証明書に記載されます（昭63建設省告示1274号（最終改正：令4国土交通省告示417号））。
2. 特定増改築等住宅借入金等特別控除の適用にあたり、高齢者等居住改修工事等に係る特定増改築等住宅借入金等特別控除を適用して確定申告書を提出した場合には、その後において、更正の請求書若しくは修正申告書を提出する場合又はその確定申告書を提出した年分以外の適用年分についても高齢者等居住改修工事等に係る特定増改築等住宅借入金等特別控除を適用します（同控除を適用しなかった場合も同様となります）（措通41の3の2-4）。

⑦ 特定増改築等住宅借入金等特別控除を受けるための手続きと必要な書類

　特定増改築等住宅借入金等特別控除は、住宅の増改築等をした部分を居住の用に供した年以後5年間受けることができるところ、この控除を受ける最初の年分と2年目以後の年分とでは、手続きが異なっており、次のようになります。

　　イ　この控除を最初に受ける年分の手続きについては、租税特別措置法施行規則18の23の2の2第11項を参照。

　　ロ　この控除を受ける2年目以後の年分の手続きについては、住宅借入金等特別控除の適用を受けた年分の翌年分以後の各年分において同控除を受けようとする場合に準じます（措法41の2の3①②、措令26の2①、措規18の21⑧⑩、18の23②③）。

【参考通達】

〔措法第41条の3の2　特定の増改築等に係る住宅借入金等を有する場合の所得税額の特別控除の控除額に係る特例〕

・租税特別措置法通達41の3の2-1（要介護認定、要支援認定を受けている者又は障害者に該当する者の判定）
・租税特別措置法通達41の3の2-2（増改築等住宅借入金等の金額の合計額等が住宅の増改築等に要した費用等の額を超える場合）
・租税特別措置法通達41の3の2-3（高齢者等居住改修工事等の範囲）
・租税特別措置法通達41の3の2-4（特定増改築等住宅借入金等特別控除の規定を適用した場合の効果）
・租税特別措置法通達41の3の2-5（住宅借入金等を有する場合の所得税額の特別控除に関する取扱いの準用）
・租税特別措置法通達41の3の2-6（年末調整に係る住宅借入金等を有する場合の所得税額の特別控除に関する取扱いの準用）

⒇　既存住宅の耐震改修をした場合の所得税額の特別控除（耐震改修特別税額控除）

　個人が、平成23年6月30日から令和7年12月31日までの間に、自己の一定の要件を満たす居住用家屋について、住宅耐震改修(注)をした場合において、その住宅耐震改修に係る耐震工事の標準的な費用相当額（標準的な費用相当額が控除対象限度額を超える場合には控除対象限度額）の10％に相当する金額を所得税額から控除することができます（措法41の19の2、41の19の3⑧、措令26の28の4、措規19の11の2）。

(注)　「住宅耐震改修」とは、地震に対する安全性の向上を目的とした一定の増築、改築、修繕又は模様替をいいます。なお、住宅耐震改修の費用に関し、補助金等の交付を受ける場合は、標準的な費用相当額からその補助金等の額を控除します。

なお、控除の対象となる住宅耐震改修をした場合、申請により地方公共団体の長から「住宅耐震改修証明書」が、建築士等から「増改築等工事証明書」が発行されます。

〈工事完了年、控除対象限度額及び控除率〉

工事完了年	控除対象限度額	控除率
令和5年・令和6年	250万円(注)	10%

(注)　平成26年4月1日から令和3年12月31日までの間に住宅耐震改修をした場合において、耐震改修工事に要した費用の額に含まれる消費税額等が、8％又は10％の税率により課されるべき消費税額等である場合には、住宅耐震改修に係る耐震工事の標準的な費用の上限は250万円となり、それ以外の場合の上限は200万円となります。

【参考通達】
〔措法第41条の19の2　既存住宅の耐震改修をした場合の所得税額の特別控除〕
・租税特別措置法通達41の19の2-1（適用年分）
・租税特別措置法通達41の19の2-2（住宅借入金等を有する場合の所得税額の特別控除に関する取扱いの準用）

誤りやすい事例　耐震改修特別税額控除の適用

1．家屋所有者以外の者が、耐震改修を行った場合、住宅耐震改修特別控除の適用を受けることはできないと考えていた。

解説

　住宅耐震改修特別控除（措法41の19の2）については、住宅借入金等特別控除（措法41、41の2）のように、「（特定）個人が所有している家屋」である必要はないこととされており、住宅耐震改修特別控除の適用を受けることができます。

2．自己の所有している居住の用に供している家屋について増改築等を行うとともに耐震改修をしたが、住宅借入金等特別控除との選択適用だと考えていた。

解説

　一の工事であっても、住宅耐震改修特別控除、住宅借入金等特別控除の各要件に該当する場合には、重複して適用することができます（措法41①、措法41の19の2①）。

⑴ 既存住宅に係る特定の改修工事をした場合の所得税額の特別控除（住宅特定改修特別税額控除）

① バリアフリー改修に係る特例

特定個人(注1)が、平成26年4月1日から令和7年12月31日までの間に、自己の居住用の家屋について、バリアフリー改修（高齢者等居住改修工事等(注2)）をした場合に、その改修に係る改修工事の標準的な費用相当額（標準的な費用相当額が控除対象限度額を超える場合には控除対象限度額）の10％に相当する金額を所得税額から控除することができます(注3)（措法41の19の3①）。

なお、控除の対象となる改修工事をした場合、申請により建築士等から「増改築等工事証明書」が発行されます。

また、バリアフリー改修工事について、住宅ローン等を利用して行った場合で住宅借入金等特別控除の適用を受けるときは、この控除の適用を受けることができないこととされています。

(注1) 「特定個人」とは、次のいずれかに該当する者をいいます（措法41の3の2①）。
　　イ　年齢が50歳以上である者
　　ロ　介護保険法の要介護認定又は要支援認定を受けている者
　　ハ　所得税法の障害者に該当する者
　　ニ　高齢者等（年齢が65歳以上である者、要介護認定若しくは要支援認定を受けている者又は所得税法の障害者に該当する者をいいます）である親族と同居を常況としている者

(注2) 「高齢者等居住改修工事等」とは、高齢者等が自立した日常生活を営むのに必要な構造及び設備の基準に適合させるための一定の工事をいいます。なお、高齢者等居住改修工事等の費用に関し、補助金等の交付を受ける場合は、その補助金等の額を標準的な費用相当額から控除します。

(注3) この特例の適用対象者の合計所得金額要件は2,000万円以下（改正前：3,000万円以下）とされています。以下、②、③、④、⑤において同じ。

〈居住年、控除対象限度額及び控除率〉

居住年	控除対象限度額	控除率
令和5年・令和6年	200万円(注)	10％

(注) 高齢者等居住改修工事等をした家屋を平成26年4月1日から令和3年12月31日までの間に居住の用に供した場合において、高齢者等居住改修工事等に要した費用の額に含まれる消費税額等が、8％又は10％の税率により課されるべき消費税額等である場合には、高齢者等居住改修工事等に係る高齢者等居住改修工事等の標準的な費用の上限は200万円となり、それ以外の場合の上限は150万円となります（措法41の19の3①、令4改正前措法41の19の3②、令4改正法附36）。

② 省エネ改修に係る特例

個人が、平成26年4月1日から令和7年12月31日までの間に、自己の居住用の家屋について、省エネ改修（一般断熱改修工事等(注)）をした場合に、その改修に係る改修工事の標準

的な費用相当額（標準的な費用相当額が控除対象限度額を超える場合には控除対象限度額）の10％に相当する金額を所得税額から控除することができます（措法41の19の3②）。

なお、控除の対象となる改修工事をした場合、申請により建築士等から「増改築等工事証明書」が発行されます。

また、省エネ改修工事について、住宅ローン等を利用して行った場合で住宅借入金等特別控除の適用を受けるときは、この控除の適用を受けることができないこととされています。

(注)　「一般断熱改修工事等」とは、次に掲げる工事をいいます。なお、一般断熱改修工事等の費用に関し、補助金等の交付を受ける場合は、その補助金等の額を標準的な費用相当額から控除します。

　　イ　居住者が所有している家屋について行うエネルギーの使用の合理化に資する一定の改修工事

　　ロ　上記イの工事と併せて行う当該家屋と一体となって効用を果たす太陽光を電気に変換する一定の設備（太陽光発電設備）設置工事又は一定の太陽熱利用冷温装置等設置工事

〈居住年、控除対象限度額及び控除率〉

居住年	控除対象限度額	控除率
令和5年・令和6年	250万円（350万円）(注)	10％

＊かっこ内の金額は、省エネ改修工事と併せて太陽光発電装置を設置する場合の控除対象限度額となります。

(注)　一般断熱改修工事等をした家屋を平成26年4月1日から令和3年12月31日までの間に居住の用に供した場合において、その一般断熱改修工事等に要した費用の額に含まれる消費税額等が、8％又は10％の税率により課されるべき消費税額等である場合には、一般断熱改修工事等に係る一般断熱改修工事等の標準的な費用の上限は250万円（太陽光発電設備工事を含む場合は350万円）、それ以外の場合の上限は250万円（太陽光発電設備設置工事を含む場合は300万円）となります（措法41の19の3②、令4改正前措法41の19の3④、令4改正法附則36）。

③　多世帯同居改修に係る特例

個人が、平成28年4月1日から令和7年12月31日までの間に、自己の居住用の家屋について、多世帯同居改修工事等(注)をした場合に、その改修に係る改修工事の標準的な費用相当額（標準的な費用相当額が控除対象限度額を超える場合には控除対象限度額）の10％に相当する金額を所得税額から控除することができます（措法41の19の3③）。

なお、控除の対象となる改修工事をした場合、申請により建築士等から「増改築等工事証明書」が発行されます。

また、多世帯同居改修工事について、住宅ローン等を利用して行った場合で住宅借入金等特別控除の適用を受けるときは、この控除の適用を受けることができないこととされています。

(注)　「多世帯同居改修工事等」とは、他の世帯との同居をするのに必要な設備の数を増加させるための一定の工事をいいます。なお、多世帯同居改修工事等の費用に関し、補助金等の交付を受ける場合は、その補助金等の額を標準的な費用相当額から控除します。

〈居住年、控除対象限度額及び控除率〉

居　住　年	控除対象限度額	控　除　率
令和5年・令和6年	250万円	10%

④　耐久性向上改修工事に係る特例

　　個人が、平成29年4月1日から令和7年12月31日までの間に、居住用家屋について、耐久性向上改修工事等(注)と併せて住宅耐震改修又は一般断熱改修工事を行った場合は、耐久性向上改修工事等に係る標準的な費用相当額及び住宅耐震改修に係る標準的な費用相当額又は一般断熱改修工事等に係る標準的な費用相当額の合計額（当該合計額が控除対象限度額を超える場合には控除対象限度額）の10％に相当する金額を所得税額から控除することができます（措法41の19の3④～⑥）。

　　また、居住用家屋について、耐久性向上改修工事等と併せて住宅耐震改修及び一般断熱改修工事を行った場合は、耐久性向上改修工事等に係る標準的な費用相当額、住宅耐震改修に係る標準的な費用相当額及び一般断熱改修工事等に係る標準的な費用相当額の合計額（当該合計額が控除対象限度額を超える場合には控除対象限度額）の10％に相当する金額を所得税額から控除することができます。

　　なお、控除の対象となる改修工事をした場合、申請により建築士等から「増改築等工事証明書」が発行されます。

　　また、耐久性向上改修工事等について、住宅ローン等を利用して行った場合で住宅借入金等特別控除の適用を受けるときは、この控除の適用を受けることができないこととされています。

(注)　「耐久性向上改修工事等」とは、個人が所有している家屋について行う構造の腐食、腐朽及び摩損を防止し、又は維持保全を容易にするための一定の改修工事をいいます。なお、耐久性向上改修工事等の費用に関し、補助金等の交付を受ける場合は、その補助金等の額を標準的な費用相当額から控除します。

〈居住年、対象工事、控除対象限度額及び控除率〉

居住年	対　象　工　事	控除対象限度額	控　除　率
令和5年・令和6年	耐震改修工事又は省エネ改修工事と併せて行う耐久性向上改修工事	250万円 (350万円)	10%
	耐震改修工事及び省エネ改修工事と併せて行う耐久性向上改修工事	500万円 (600万円)	

＊かっこ内の金額は、省エネ改修工事と併せて太陽光発電装置を設置する場合の控除対象限度額となります。

⑤　子育て対応改修工事等に係る特例

　　特例対象個人が、その所有する居住用の家屋について子育て対応改修工事等(注)をして、その居住用の家屋を令和6年4月1日から同年12月31日までの間に自己の居住の用に供した

場合には、その特例対象個人の同年分の所得税の額から、子育て対応改修工事等に係る標準的費用額（補助金等の交付を受ける場合には、補助金等の額を控除した後の金額とし、その金額が250万円を超える場合には250万円）の10％に相当する金額を所得税額から控除することができます（措法41の19の3⑦）。

(注)　「子育て対応改修工事等」とは、国土交通大臣が財務大臣と協議して定める子育てに係る特例対象個人の負担を軽減するために家屋について行う増改築等でその増改築等に該当するものであることにつき増改築等工事証明書によって証明がされたものであり、その子育て対応改修工事等に係る標準的な工事費用相当額（補助金等の交付を受ける場合には、補助金等の額を控除した後の金額）が50万円を超えること等の要件を満たすものがこの特例の対象とされています（措法41の19の3⑦⑭、措令26の28の5⑭～⑯㉗㉘、措規19の11の3⑧、令6.3国土交通告304、305）。

【参考通達】
〔措法第41条の19の3　既存住宅に係る特定の改修工事をした場合の所得税額の特別控除〕
・租税特別措置法通達41の19の3-1（高齢者等居住改修工事等の日等）
・租税特別措置法通達41の19の3-2（住宅特定改修特別税額控除を適用した場合の効果）
・租税特別措置法通達41の19の3-3（住宅借入金等を有する場合の所得税額の特別控除に関する取扱い等の準用）

誤りやすい事例　住宅特定改修特別税額控除額の適用

バリアフリー改修工事等を行った者すべてが住宅特定改修特別税額控除の適用があると考えていた。

解説

バリアフリー改修工事等に係る住宅特定改修特別税額控除が受けられる個人は、限度として居住年の12月31日の現況で、次の①から⑤のいずれかに該当する個人であることが要件とされており、住宅特定改修特別税額控除を受けるためには、この要件を満たす必要があります（措法41の3の2①、41の19の3①）。

①　年齢が50歳以上である者
②　介護保険法19条1項に規定する要介護認定を受けている者
③　同法19条2項に規定する要支援認定を受けている者
④　所得税法2条1項28号に規定する障害者に該当する者
⑤　高齢者等（上記②から④のいずれかに該当する者又は年齢が65歳以上である者）である親族と同居を常況とする者

⑵ その他工事等特別税額控除（5％税額控除）

⑳住宅耐震改修特別控除又は㉑住宅特定改修特別税額控除に係る改修工事を行い、その家屋を令和4年1月1日から令和7年12月31日までの間にその者の居住の用に供した場合には、10％税額控除の適用を受ける場合に限り、その個人の居住の用に供した日の属する年分の所得税の額から次に掲げる金額の合計額(注)の5％に相当する金額を控除することができます（措法41の19の3⑧）。

① その対象改修工事に係る標準的な費用の額（控除対象限度額を超える金額に限ります）の合計額
② その対象改修工事と併せて行う増築、改築その他の一定の工事に要した費用の額（補助金等の交付がある場合には当該補助金等の額を控除した金額）の合計額
（注） 対象改修工事に係る標準的な費用の額の合計額と1,000万円から当該金額（当該金額が控除対象限度額を超える場合には、当該控除対象限度額）を控除した金額のいずれか低い金額を限度とします。

㉓ 認定住宅等の新築等をした場合の所得税額の特別控除（認定住宅等新築等特別税額控除）

① 概要等

個人(注1)が、国内において、認定住宅等(注2)の新築等(注3)をして、認定住宅等を平成21年6月4日から令和7年12月31日までの間(注4)に、その家屋を自己の居住の用に供した場合（認定住宅等の新築等の日から6か月以内）には、その者の居住の用に供した年分（合計所得金額が2,000万円（改正前：3,000万円）を超える年を除きます）の所得税額から、次により計算した税額控除限度額（認定住宅等特別控除額）を控除します（措法41の19の4①③）。

区分	平成26年4月1日から令和3年12月31日までの間に居住の用に供した場合	令和4年1月1日から令和7年12月31日までの間に居住の用に供した場合
控除額	認定住宅等新築等特別控除額（100円未満の端数切捨て）＝A×10％ A：認定住宅について講じられた構造及び設備に係る標準的な費用の額(注5)（最高650万円）(注6) （最高65万円又は50万円）	認定住宅等新築等特別控除額（100円未満の端数切捨て）＝A×10％ A：認定住宅について講じられた構造及び設備に係る標準的な費用の額(注5)（最高650万円）（最高65万円）
控除期間	その年の前年において控除してもなお控除しきれない金額を有する場合等は1年の繰越しが可能	左記に同じ

（注1） 平成28年3月31日以前に新築等をした場合、その個人は、居住者であることが要件とされています。
（注2） 「認定住宅等」とは長期優良住宅の普及の促進に関する法律11条1項に規定する該当する家

屋で一定のもの（以下、「認定長期優良住宅」といいます）、都市の低炭素化の促進に関する法律2条3項に規定する低炭素建築物に該当する家屋で一定のもの若しくは同法16条の規定により低炭素建築物とみなされる特定県得物に該当する家屋で一定のもの（以下、「認定低炭素住宅」といいます）をいいます。

　なお、令和4年1月1日以後は、特定エネルギー消費性能向上住宅（ZEH水準省エネ住宅）も含まれます。

（注3）　認定住宅の新築等とは、認定住宅等の新築又は認定住宅等で建築後使用されたことのないものの取得をいいます。

（注4）　認定低炭素建築物に該当する家屋にあっては、平成26年4月1日から令和5年12月31日までの間、一定の特定エネルギー消費性能向上住宅にあっては令和4年1月1日から令和5年12月31日までの間とされています。

（注5）　「認定住宅について講じられた構造及び設備に係る標準的な費用の額」とは、床面積1㎡当たり定められた金額（43,800円）に、その認定住宅等の床面積を乗じて計算した金額をいいます（措令26の28の6①、平21国土交通省告示385号（最終改正：令4国土交通省告示448号））。

（注6）　平成26年4月1日から令和3年12月31日までの間に住宅を居住の用に供した場合において、認定住宅の新築等に係る対価の額又は費用の額に含まれる消費税額等が消費税率の引上げ後8％又は10％の税率により課されるべき消費税額等である場合には、認定住宅について講じられた構造及び設備に係る標準的な費用の額は最高650万円となり、それ以外の場合は最高500万円となります（旧措法41の19の4②）。

② 　控除の対象となる家屋

イ　その家屋の床面積の2分の1以上に相当する部分が専ら自己の居住の用に供されるものであること（措令26⑳㉑）。

ロ　その家屋の1棟の家屋の場合には床面積が50㎡以上であること（区分所有建物である場合には区分所有する部分の床面積が50㎡以上であること）（措令26①）。

ハ　認定住宅に該当するものとして証明されたものであること（措令26⑳㉑）。

③ 　控除期間等

控除期間は、居住の用に供した日の属する年分（居住年）のみとなります（措法41の19の4①）。

ただし、次の場合には、居住年の翌年の所得税から控除が可能となります（措法41の19の4②）。

イ　居住年の所得税の額から税額控除限度額を控除してもなお控除しきれない金額を有する場合

ロ　居住年の所得税につき確定申告書を提出すべき場合及び提出することができる場合のいずれにも該当しない場合

④ 　控除が受けられない年分等

イ　居住した年分の合計所得金額が2,000万円を超える場合（措法41の19の4③）、居住年の翌年から控除未済税額控除額を控除する場合は、居住年の翌年分の合計所得金額が2,000万円を超える場合（措法41の19の4④）

　なお、居住した年分の合計所得金額が2,000万円を超える場合には、その翌年分の合計所得金額が2,000万円以下であっても居住年の翌年分にこの控除を受けることができない

こととされています（措法41の19の4④）。
ロ 居住した年分の所得税について次のいずれかの特例の適用を受ける場合又は居住年の前年分若しくは前々年分の所得税について次のいずれかの特例を受けている場合（措法41の19の4⑪）。
- ・居住用財産を譲渡した場合の長期譲渡所得の課税の特例（措法31の3①）
- ・居住用財産の譲渡所得の特別控除（措法35①（ただし、同条3項の規定により適用する場合を除きます））

ハ 居住年の翌年以後3年以内にその認定住宅等及びその敷地の用に供されている土地以外の一定の資産を譲渡(注)した場合において、その譲渡につき上記ロのいずれかの特例の適用を受ける場合（措法41の19の4⑫）
(注) これらの資産の譲渡が令和2年3月31日以前に行われている場合には、居住年の翌年又は翌々年中に当該譲渡が行われている場合に限られます。

⑤ **控除を受けるために必要な添付書類**
イ 居住した年分にこの控除を受ける場合（措法41の19の4⑤、措規19の11の4）
(イ) 認定住宅等新築等特別税額控除額の計算明細書
(ロ) その家屋に係る長期優良住宅建築等計画の認定通知書（長期優良住宅建築等計画の変更の認定を受けた場合は変更認定通知書）の写し（認定計画実施者の地位の承継があった場合は認定通知書及び地位の承継通知書の写し、又はその家屋に係る低炭素建築物新築等計画の認定通知書（低炭素建築物新築等計画の変更の認定を受けた場合は変更認定通知書）の写し）
(ハ) 住宅用家屋証明書若しくはその写し又は認定長期優良住宅建築証明書若しくは認定低炭素住宅建築証明書
(ニ) 建築士等の住宅省エネルギー性能証明書又は登録住宅性能評価機関の建設住宅性能評価書の写し
(ホ) その家屋の登記事項証明書などでその家屋の床面積が50㎡以上であることを明らかにする書類
(ヘ) 請負契約書の写し又は売買契約書の写し
ロ 居住年の翌年の所得税の額から控除未済税額控除額を控除する場合（措法41の19の4⑥）
上記イ(イ)の書類
ただし、居住年の所得税につき確定申告書を提出すべき場合及び提出することができる場合のいずれにも該当しない場合には、上記イ(イ)から(ヘ)までの書類

〔留意事項〕
1. 個人がその年において、その年の前年における税額控除限度額のうち前年おいて控除してもなお控除しきれない金額を有する場合又はその年の前年分の所得税額につきその確定申告書を提出すべき場合及び提出することができる場合のいずれにも該当しない場合には、その者のその年分の所得税額から、その控除しきれない金額に相当する金額又はその

> 年の前年における税額控除限度額（以下、「控除未済税額控除限度額」といいます）を控除します。この場合、その控除未済税額控除限度額がその年分の所得税額を超えるときは、控除を受ける金額は、その後所得税額が限度となります（措法41の19の4②）。
> 2．認定住宅等新築等特別控除を適用して確定申告書を提出した場合には、その後において、更正の請求書又は修正申告書を提出する場合においても認定長期優良住宅新築等特別税額控除を適用します（同控除を適用しなかった場合も同様となります）（措通41の19の4-2）。
> 3．認定住宅等について住宅ローン等を利用して新築等した場合で住宅借入金等特別控除の適用を受けるときは、この控除の適用を受けることができないこととされています（措法41㉖）。
> 4．認定住宅が認定長期優良住宅である場合には、申請により「長期優良住宅建築等計画の認定通知書」が発行されます。
> 5．認定住宅が低炭素建築物に該当する家屋である場合には、申請により「低炭素建築物新築等計画の認定通知書」が発行されます。
> 6．ZEH水準省エネ住宅に該当する家屋である場合には、申請により「住宅省エネルギー性能証明書」や「建設住宅性能評価書」が発行されます。

【参考通達】
〔措法第41条の19の4　認定住宅等の新築等をした場合の所得税額の特別控除〕
・租税特別措置法通達41の19の4-1（新築の日）
・租税特別措置法通達41の19の4-2（認定住宅等新築等特別税額控除の規定を適用した場合の効果）
・租税特別措置法通達41の19の4-3（住宅借入金等を有する場合の所得税額の特別控除に関する取扱いの準用）
・租税特別措置法通達41の19の4-4（税額控除等の順序）

㉔　政治活動に関する寄附をした場合の所得税額の特別控除

①　概要

　個人が平成7年4月1日から令和11年12月31日までの各年において支出した次の③に該当する政党又は政治資金団体に対する政治活動に関する寄附(注)に係る支出金で、政治資金規正法12条又は17条の規定による収入支出の報告書により報告されたもの（以下、「政党等に対する寄附金」といいます）については、寄附金控除の適用を受ける場合を除いて、支出した年の所得税の額から次の②で計算した金額を控除することができます（措法41の18）。

(注)　政治資金規正法の規定に違反することとなるもの及びその寄附をした者に特別の利益が及ぶと認められるものを除きます。

②　控除額の計算

　次のイとロのいずれか低い金額（100円未満切捨て）となります。

イ （A－2,000円）×30%
　　　└─(a)┘ └─(b)

ロ　その年分の所得税の額の25％に相当する金額

　A：その年中に支出した政党等に対する寄附金の額の合計額（その年分の総所得金額等の額の40％相当額が限度）

（注1）　上記の算式中、政党等に対する寄附金の額の合計額は、その個人が政党又は政治資金団体に対して寄附したすべての支出金の合計額とされていることから、例えば特定の政党や政治資金団体に対する寄附、あるいはその一部だけを取り出してこの特例の対象とすることはできないこととされています（措通41の18-1）。

　　　　　また、その年中に支出した所得税法78条2項に規定する特定寄附金（租税特別措置法41条の18第1項の規定により特定寄附金とみなされるものを含みます）の額があり、かつ、その年中に支出した政党等に対する寄附金の額とその特定寄附金との合計額がその者のその年分の総所得金額等の額の40％相当額を超える場合には、上記算式中の(a)の金額は、その40％相当額からその特定寄附金の額を控除した残額となります（措法41の18②）。

（注2）　その年中に支出した特定寄附金の額がある場合には、2,000円からその特定寄附金の額を控除した残額を上記算式中の(b)の金額となります（措法41の18②）。

（注3）　上記の算式中、総所得金額等とは、総所得金額、分離課税の上場株式等に係る配当所得等の金額、土地等に係る事業所得等の金額（平成10年1月1日から令和8年3月31日までの間については適用なし）、分離短期譲渡所得の金額、分離長期譲渡所得の金額、分離課税の上場株式等に係る配当所得の金額、一般株式等に係る譲渡所得等の金額、上場株式等に係る譲渡所得等の金額、先物取引に係る雑所得等の金額、山林所得金額及び退職所得金額の合計額に相当する金額をいいます（措法28の4⑥、措令26の27の3①）。

③　対象となる政党又は政治資金団体

イ　政党とは、政治資金規正法3条1項に規定する「政治団体」のうち次のいずれかに該当するものをいいます（政治資金規正法3②）。

　(イ)　政治団体に所属する衆議院議員又は参議院議員を5人以上有するもの

　(ロ)　直近において行われた衆議院議員の総選挙における小選挙区選出議員の選挙若しくは比例代表選出議員の選挙又は直近において行われた参院議員の通常選挙若しくは当該参議院議員の通常選挙の直近において行われた参議院議員の通常選挙における比例代表選出議員の選挙若しくは選挙区選出議員の選挙における当該政治団体の得票総数が当該選挙における有効投票の総数の100の2以上であるもの

ロ　政治資金団体とは、政党のために資金上の援助をする目的を有する団体で、政党が総務大臣に届出をしているものをいいます（政治資金規正法5①二）。

④　適用を受けるための手続き

この税額控除を受けるためには、確定申告書に、控除を受ける金額についてのその控除に関する記載があり、かつ、①その金額の計算明細書並びに、②総務大臣又は都道府県の選挙管理委員会のその政党等に対する寄附金が政治資金規正法12条又は17条の規定による報告書により報告されたものである旨及びその政党等に対する寄附金を受領したものが政党又は政治資金団体である旨を証する書類でその報告書により報告された次に掲げる事項の記載のあるもの（寄

附金(税額)控除のための書類)の添付をしなければならないこととされています(措法41の18③、措規19の10の3)。

なお、上記②の書類に記載すべき事項を記録した電磁的記録を記録した電子証明書等の情報の内容を、国税庁長官の定める方法によって出力することにより作成した書面の添付も可能となっています。

　イ　その政党等に対する寄附金を支出した者の氏名及び住所
　ロ　その政党等に対する寄附金の額
　ハ　その政党等に対する寄附金の受領をした団体のその受領をした年月日
　ニ　その政党等に対する寄附金の受領をした団体の名称及び主たる事務所の所在地

【参考通達】
・租税特別措置法通達41の18-1（政治活動に関する寄附をした場合の所得税額の特別控除の適用）
・租税特別措置法通達41の18-2（その年分の所得税の額の100分の25に相当する金額の意義）

㉕　認定特定非営利活動法人等に寄附をした場合の所得税額の特別控除

①　概要

個人が平成23年分以後において、認定特定非営利活動法人及び特例認定特定非営利活動法人（以下、「認定NPO法人等」といいます）に対して支出したその認定NPO法人等が行う特定非営利活動に係る事業に関連する寄附金(注1)については、その年中に支出したその寄附金の額の合計額（その年分の総所得金額等の40％相当額が限度(注2)）が2,000円(注2)を超える場合には、寄附金控除（所得控除）との選択により、その超える金額の40％相当額（所得税額の25％相当額が限度(注3)）をその年分の所得税の額から控除することができます（措法41の18の2、措令26の28、措規19の10の4）。

(注1)　その寄附をした者に特別の利益が及ぶと認められるもの及び出資に関する業務に充てられることが明らかなものを除きます。
(注2)　控除対象寄附金額（総所得金額等の40％相当額）及び控除適用下限額（2,000円）は、寄附金控除（所得控除）並びに政党等寄附金特別控除及び公益社団法人等寄附金特別控除（下記㉖）の税額控除対象寄附金の額と併せて判定します。
(注3)　税額控除限度額（所得税額の25％相当額）は、次の㉖公益社団法人等に寄附をした場合の所得税額の特別控除と合わせて判定します。
　　　なお、政党等寄附金特別控除の税額控除限度額は、これとは別枠で判定します。

②　適用を受けるための手続き

その年分の寄附金について、この税額控除の適用を受けようとするときは、寄附金の明細書のほか、次の事項を記載した書類を確定申告書に添付することとされています。

　イ　寄附金を受領した旨
　ロ　寄附金が認定NPO法人等の特定非営利活動に係る事業に関連するものである旨

ハ 寄附金の額

ニ その寄附金を受領した認定NPO法人等の名称及び受領年月日を証する書類

　なお、その書類に記載すべき事項を記録した電磁的記録を記録した電子証明書等の情報の内容を、国税庁長官の定める方法によって出力することにより作成した書面の添付も可能となっています。

【参考通達】

・租税特別措置法通達41の18の2-1（認定特定非営利活動法人等に寄附をした場合の所得税額の特別控除の適用）

・租税特別措置法通達41の18の2-2（その年分の所得税の額の100分の25に相当する金額の意義）

㉖ 公益社団法人等に寄附をした場合の所得税額の特別控除

① 概要

　個人が平成23年分以後において支出した特定寄附金のうち、次の②に掲げる税額控除対象寄附金について、その年中に支出した税額控除対象寄附金の額の合計額（その年分の総所得金額等の40％相当額(注)が限度）が2,000円(注)を超える場合には、寄附金控除（所得控除）との選択により、その超える金額の40％相当額（所得税額の25％相当額(注)が限度）をその年分の所得税の額から控除することができます（措法41の18の3、措令26の28の2、措規19の10の5）。

(注) 税額控除限度額（所得税額の25％相当額）、控除対象寄附金額（総所得金額等の40％相当額）及び控除適用下限額（2,000円）は、前記㉕の①の（注2、3）に準じた方法で判定します。

② 税額控除対象寄附金

イ 次の(イ)から(ニ)までに掲げる法人（その運営組織及び事業活動が適正であること並びに市民から支援を受けていることにつき一定の要件を満たすものに限ります）に対する寄附金

　(イ) 公益社団法人及び公益財団法人

　(ロ) 学校法人等

　(ハ) 社会福祉法人

　(ニ) 更生保護法人

ロ 次の(イ)から(ハ)までに掲げる法人（その運営組織及び事業活動が適正であること並びに市民から支援を受けていることにつき一定の要件を満たすものに限ります）に対する寄附金のうち、学生等に対する修学の支援のための事業に充てられることが確実であるものとして一定の要件を満たすもの

　(イ) 国立大学法人

　(ロ) 公立大学法人

　(ハ) 独立行政法人国立高等専門学校機構及び独立行政法人日本学生支援機構

ハ 次の(イ)から(ハ)までに掲げる法人（その運営組織及び事業活動が適正であること並びに市

民から支援を受けていることにつき一定の要件を満たすものに限ります）に対する寄附金のうち、学生又は不安定な雇用状態にある研究者に対するこれらの者が行う研究への助成又は研究者としての能力の向上のための事業に充てられることが確実であるものとして一定の要件を満たすもの

　㈦　国立大学法人及び大学共同利用機関法人
　㈡　公立大学法人
　㈢　独立行政法人国立高等専門学校機構

③　適用を受けるための手続き

　その年分の寄附金について、この税額控除の適用を受けようとするときは、寄附金の明細書及び次の書類を確定申告書に添付しなければならないとされています。

　なお、その書類に記載すべき事項を記録した電磁的記録を記録した電子証明書等の情報の内容を、国税庁長官の定める方法によって出力することにより作成した書面の添付も可能となっています。

　イ　その寄附金を受領した法人の寄附金を受領した旨、寄附金がその法人の主たる目的である業務に関連する寄附金（上記②イの寄附金にあっては、所得税法78条2項3号に規定する寄附金）である旨、寄附金の額、その寄附金を受領した法人の名称及び受領年月日（上記②ロの寄附金にあっては、その寄附金が学生等に対する修学の支援のための事業に充てられる旨を含みます）を証する書類

　ロ　所轄庁のその法人が税額控除対象法人であること（上記②ロの寄附金にあっては、その寄附金が学生等に対する修学の支援のための事業に充てられることが確実であり、かつ、その事業活動が適正であることにつき確認したものを含みます）を証する書類の写し

【参考通達】
・租税特別措置法通達41の18の3-1（公益社団法人等に寄附をした場合の所得税額の特別控除の適用）
・租税特別措置法通達41の18の3-2（その年分の所得税の額の100分の25に相当する金額の意義）

第6節　税額控除の順序

　税額控除は、次の順序で行います。

　まず、①課税総所得金額に係る税額から控除し、次に、②課税山林所得金額に係る税額又は③課税退職所得金額に係る税額から順次控除します（所法92②、93③、95⑭）。

第8章 確定申告と納税等

第1節 所得税の申告納税方式

1 申告納税方式

申告納税方式とは、納税者自身が一歴年の所得金額とその所得金額に対する税額を計算して確定申告を行い、その申告に基づき自主的に納付することをいいます。

2 所得税の申告時期

確定申告義務のある者は、その年分の所得や税額を計算し、翌年2月16日から3月15日までの間に、確定申告書を提出しなければならないこととされています（所法120①）。

納税者が死亡した場合には、その相続人は、原則として相続の開始のあったことを知った日の翌日から4か月以内に被相続人の所得について、確定申告（通常「準確定申告」といいます）をしなければならないこととされています（所法124、125）。

納税者が、納税管理人の届出をしないで出国（国内に住所も居所も有しなくなること）する場合には、原則としてその出国の時までに確定申告（通常「準確定申告」といいます）をしなければならないこととされています（所法2①四十二、126、127）。

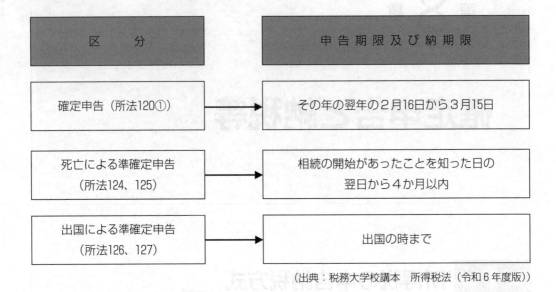

(出典：税務大学校講本　所得税法（令和6年度版））

所得税額の納付時期

　確定申告により確定した所得税額は、申告書提出期限までに納付しなければならないこととされています（所法128、129、130）。

第2節　予定納税

1　予定納税

　所得税の納税は、納税者がその年の経過後において納税額等を申告し、その申告した税額を自主的に納付することを建前としていますが、
　① 確定申告時に一時に多額の税額を納付することは、納税者にとって非常に負担となること
　② 国としては歳入を平準化する必要があること
　③ 所得の発生の都度、それに応じて納税するのが理想であること
などの理由から、所得の発生する期間中に予定納税の方法を先行し、併せて源泉徴収の方法を広範囲に採り入れています。
　予定納税や源泉徴収による納税は、その年の所得税額が確定する前に、いわば概算で分割納

税することになっています。

したがって、その年分の課税標準等及び納税額が確定したときは、確定申告によって精算することになります。

ただし、大部分の給与所得者については、年末調整が行われることにより、確定申告は不要になっています。

予定納税とは、前年に一定額以上の納付税額がある納税者について、その年分の確定申告をして納税する前に、その年分の所得税額を7月と11月に分けて概算で分割納税する制度となっています（所法104～110）。

なお、この制度は、前年に所得があれば通常本年も所得があり、しかも通常の場合あまり大きな変化はないと考えられることから、その前年の実績（確定申告等）に基づいて、税務署長が予定納税額を計算して納税者に通知し、3分の1を7月と11月の2回（特別農業所得者の場合は、2分の1を11月に1回）納付するものです。

ただし、その年の所得税額が、前年分の所得税額を下回ると見込まれる場合は、申請に基づき、予定納税額を減額する方法が採られています（所法111～114）。

2 予定納税の義務と予定納税額の納付時期

その年の5月15日の現況で予定納税基準額が15万円以上である者は、次の図のとおり予定納税額を納付しなければならないこととされています（所法104, 105）。

平成25年から令和19年までの各年分の予定納税基準額は、所得税及び復興特別所得税の合計額で計算します（復興財確法16）。

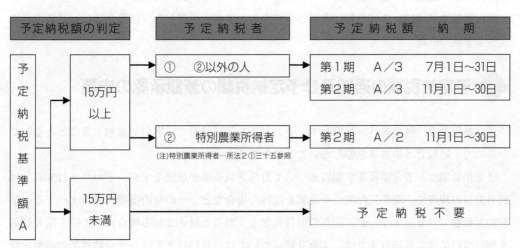

(出典：税務大学校講本　所得税法（令和6年度版））

予定納税基準額の計算

予定納税基準額については、次の算式で算定します（所法104①）。

なお、予定納税基準額の計算にあたっては、見込み計算であることから、原則として、その年5月15日において確定している前年実績の課税総所得金額のうち、本年は生じないと考えられる臨時的な所得（譲渡所得、一時所得、雑所得及び臨時所得）の金額及びそれに係る源泉徴収税額を除外して計算します。

〔算　式〕
(A－B)×税率－Aの源泉徴収税額×100/102.1＝C
C＋C×2.1％（復興特別所得税）＝予定納税基準額
A：前年分の利子、配当、不動産、事業、給与の各所得の金額の合計額
B：前年分の所得控除の合計額

【参考通達】
〔所法104条《予定納税額の納付》関係〕
・所得税基本通達104-1（予定納税基準額を計算する場合の諸控除）
・所得税基本通達104-2（第2期の予定納税額がないものとされた場合の第1期の予定納税額の取扱い）
〔所法105条《予定納税基準額の計算の基準日等》関係〕
・所得税基本通達105-1（「確定しているところ」の意義）
・所得税基本通達105-2（居住者でなくなった場合の予定納税の義務）
・所得税基本通達105-3（前年に非居住者であった者が居住者となった場合等における予定納税基準額の計算）

 予定納税額の通知及び予定納税額の減額承認の申請

予定納税額は、税務署長が計算して、その年の6月15日までに書面で通知することとなっているので、納税者は申告等を要しないことになります（所法106）。

予定納税額は、予定納税基準額に基づいて計算されるのが原則ですが、その年6月30日又は10月31日の現況で、廃業した場合や災害を受けた場合など、その年の所得税額（すべてその年分の見積額で計算します）が、前年の所得税額を下回ると見込まれる場合は、①第1期及び第2期については7月15日までに、②第2期については11月15日までに、予定納税額の減額承認の申請を行うことができます（所法111）。

「予定納税額の減額承認申請書」の提出があった場合には、税務署長は、その調査を行い、申告納税見積額の承認をし、若しくは申告納税見積額を定めて承認し、不適当であると認めれば却下します（所法111～114）。

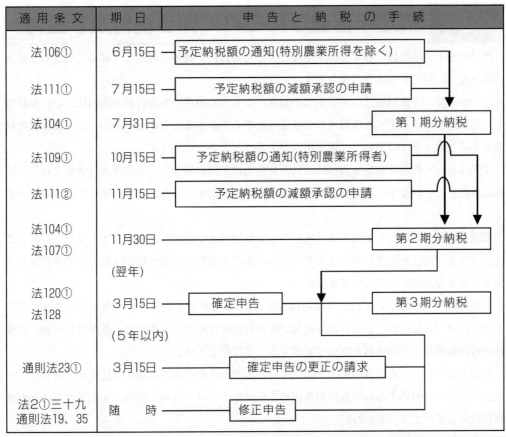

(出典：税務大学校講本　所得税法（令和6年度版））

【参考通達】

〔所法106条《予定納税額等の通知》関係〕

・所得税基本通達106-1（予定納税額等の通知の性格）

・所得税基本通達106-2（納税地の異動があった場合の予定納税額等の通知を行うべき税務署長）

〔所法108条《特別農業所得者に係る予定納税基準額の計算の基準日等》関係〕

・所得税基本通達108-1（予定納税基準額の計算の基準日等）

〔所法109条《特別農業所得者に係る予定納税額等の通知》関係〕

・所得税基本通達109-1（予定納税額等の通知）

〔所法111条《予定納税額の減額の承認の申請》関係〕

・所得税基本通達111-2（予定納税額を増額する通知をした場合の減額承認の申請の期限）

・所得税基本通達111-3（申告納税見積額の計算）

〔所法113条《予定納税額の減額の承認の申請に対する処分》関係〕

・所得税基本通達113-1（減額承認の基準）

〔所法114条《予定納税額の減額の承認があった場合の予定納税額の特例》関係〕

・所得税基本通達114-1（第2期の予定納税額の減額の申請があった場合の第1期の予定納税額の計算）

第 3 節　確定申告並びにこれに伴う納付及び還付

　所得税法上、所得は一暦年を計算期間とするために、一暦年を経過して初めて所得の金額と所得税額が計算できることになります。

　したがって、予定納税及び源泉徴収の制度により予め納付した所得税があれば、これを精算して第3期分の納付すべき所得税額を確定させる必要があることから、その年の所得税額の精算をするという意味において、確定申告をすることとされています。

　申告には、一般的な確定申告のほかに、死亡又は出国の場合等の確定申告（通常これを「準確定申告」といいます）及び修正申告があり、これに類するものとして、更正の請求があります。

　確定申告は、原則として翌年2月16日から3月15日までの間に確定申告書を提出して行うことになりますが、納税者自身によるその年分の所得金額及び税額の確定手続として現行税制上極めて重要な地位を占めています。

　復興特別所得税については、基準所得税額に2.1%を乗じて計算され、所得税と併せて申告しなければならないことから、所得税及び復興特別所得税の申告書には、基準所得税額、復興特別所得税額等一定の事項を併せて記載することになります。

　行政手続きにおける特定の個人を識別するための番号の利用等に関する法律が公布され、平成28年1月1日の属する年分以降の申告書からマイナンバー（個人番号）を記載することが義務付けられています（通法124等）。

確定申告

(1)　確定所得申告を要する者

　次の条件に該当する場合には、確定申告書の提出義務があります（所法120①）。

---条件---

[第1判定]
　　総所得金額、退職所得金額、山林所得金額の合計額＞各所得控除の合計額

[第2判定]
　　課税総所得金額（A）、課税退職所得金額（B）、課税山林所得金額（C）
　　（A、B、C）× 税率＝算出税額の合計額　＞　配当控除額＋年末調整の住宅借入金等特別控除額

　ただし、算出税額の合計額が配当控除額等を超える場合でも、外国税額控除の額、源泉徴収税額、予納税額について控除しきれなかった金額があり、申告額が最終的に還付となる場合には、確定申告義務はない。

（注）確定申告書の記載事項については、所法120①、122、123②を参照。

（出典：税務大学校講本　所得税法（令和6年度版））

【参考通達】
・所得税基本通達120-1（総所得金額、退職所得金額及び山林所得金額の合計額の意義）
・所得税基本通達120-2（2月15日以前に提出された確定申告書の受理）
・所得税基本通達120-3（記載事項の一部を欠いた申告書が提出された場合）
・所得税基本通達120-4（同一人から2以上の申告書が提出された場合）
・所得税基本通達120-4の2（前々年分の収入金額の判定）
・所得税基本通達120-5（農業と農業以外の業務を営む場合の収支内訳書の作成）
・所得税基本通達120-6（学術、技芸の習得のため国外に居住することとなった親族が国外居住親族に該当するかどうかの判定）
・所得税基本通達120-7（2以上の書類により居住者の親族に該当する旨が証明される場合の親族関係書類）
・所得税基本通達120-8（送金関係書類の範囲）
・所得税基本通達120-9（その年に3回以上の支払を行った居住者の送金関係書類の提出又は提示）

(2) 確定所得申告を要しない者

年末調整を受けた給与所得者などで、次の場合には、前記(1)の確定申告を要する者に該当していても、確定申告書を提出する必要はないことになります。

① 給与所得がある者（給与等の収入金額が2,000万円以下の者に限ります(注1)）

イ　1か所から給与等を受ける場合
　　給与所得及び退職所得以外の所得金額(注2)の合計額≦200,000円（所法121①一）

ロ　2か所以上から給与等を受ける場合
　⑴　（従たる給与等の収入金額＋給与所得及び退職所得以外の所得金額の合計額）≦200,000円（所法121①二イ）
　⑵　⑴に該当する場合を除き、給与等の収入金額≦（1,500,000円＋社会保険料控除の額＋小規模企業共済等掛金控除の額＋生命保険料控除の額＋地震保険料控除の額＋障害者控除の額＋寡婦控除の額＋ひとり親控除の額＋勤労学生控除の額＋配偶者控除の額＋配偶者特別控除の額＋扶養控除の額）の場合で、かつ、給与所得及び退職所得以外の所得金額の合計額≦200,000円（所法121①二ロ）

（注1）給与所得者で、その年中に支払を受けるべき給与等の収入金額が2,000万円を超える場合は、年末調整を行わないことから、確定申告書の提出が必要となります（所法121①、190）。

（注2）給与所得及び退職所得以外の所得金額には、源泉分離課税とされる利子所得の金額等及び確定申告を要しない配当所得のうち確定申告をしないことを選択したものは含まないことになります。

なお、上記イ又はロに該当する場合であっても、同族会社の役員等で、その同族会社か

ら貸付金の利子や資産の賃貸料を収受している場合には、確定申告書の提出義務があります（所法121①ただし書、所令262の２）。

また、源泉徴収義務のない者（常時家事使用人２人以下又は在日外国公館等）から給与の支払を受ける者又は国外で給与の支払を受ける者は、源泉徴収が行われないことから、確定申告書の提出が必要となります（所法121、184）。

② 退職所得がある者

イ　その年分の退職手当等の全部について、所得税法199条及び201条１項の規定による所得税を徴収された場合（所法121②一）。

ロ　イを除き、その年分の退職手当等について、所得税法89条を適用して算出される所得税額以上の所得税の額が徴収された場合（所法121②二）

③ 公的年金等に係る雑所得がある者（平成23年分以後の所得税において適用）

その年において公的年金等に係る雑所得を有する居住者で、その年中の公的年金等の収入金額が400万円以下であり、かつ、その年分の公的年金等に係る雑所得以外の所得金額が20万円以下である場合には、その年分の所得税について確定申告書の提出を要しないこととされています（所法121③）。

なお、この場合、次の事項に留意する必要があります。

イ　上記の場合、例えば、医療費控除による所得税の還付を受けるための申告書を提出することができます。

ロ　公的年金等以外の所得金額が20万円以下で所得税の確定申告書の提出を要しない場合であっても、住民税の申告は原則として必要となります。

ハ　「公的年金等に係る雑所得以外の所得金額」が20万円以下であるか否かは、給与所得の金額から、「給与所得と年金所得の双方を有する者に対する所得金額調整控除（措法41の３の３②）」をされる金額を控除した金額で判断します（措法41の３の３⑥）。

ただし、「子ども・特別障害者等を有する者等の所得金額調整控除（措法41の３の３①）」は控除せずに判断することになります。

《まとめ》所得税の確定申告書を提出しなければならない者（令和5年分）

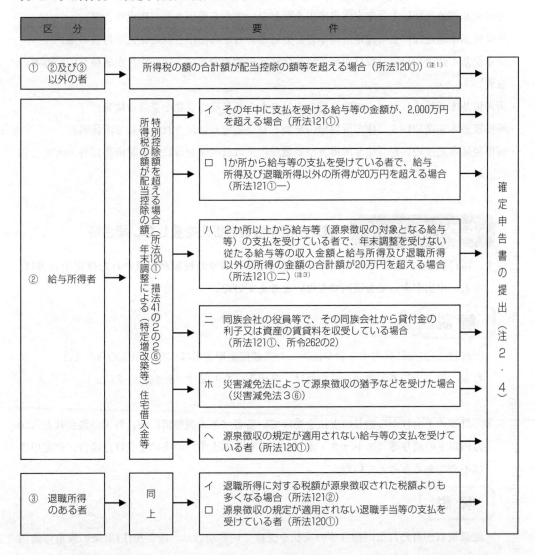

(注) 1　上記①に該当する場合であっても、「公的年金等に係る雑所得がある場合」に該当する場合は、確定申告を要しない（所法121③）。
  2　◆(1)（838ページ）の[条件]のただし書きを参照。課税総所得金額等から計算された所得税の額が配当控除の額等を超える場合でも、外国税額控除の額、源泉徴収税額、予納税額があり、最終的に還付申告となる場合には、確定申告書の提出義務はなく、所法122条（還付等を受けるための申告）に該当することとなる（確定申告期限が令和4年1月1日以後となる所得税の確定申告書に適用）。
  3　上記②ハに該当する場合であっても、その年中の給与等の金額から社会保険料控除の額、小規模企業共済等掛金控除の額、生命保険料控除の額、地震保険料控除の額、障害者控除の額、寡婦控除の額、ひとり親控除の額、勤労学生控除の額、配偶者控除の額、配偶者特別控除の額及び扶養控除の額の合計額を差し引いた残額が150万円以下で、かつ、給与所得及び退職所得以外の金額の合計額が20万円以下の人は、確定申告をする必要はない（所法121①二）。
  4　令和5年分の所得税について、上記①から③に該当し、所得税の確定申告書を提出しなければならない者は、当該申告書を令和6年2月16日から同3月15日までの間に納税地を所轄する税務署長に提出しなければならない。

（出典：税務大学校講本　所得税法（令和6年度版））

【参考通達】
・所得税基本通達121-1（確定所得申告を要しない者から提出された確定申告書）
・所得税基本通達121-2（確定所得申告を要しない者から提出された確定申告書の撤回）
・所得税基本通達121-3（役員から受ける金銭その他の資産によって生計を維持している者の意義）
・所得税基本通達121-4（一の給与等の支払者から給与等の支払を受ける場合）
・所得税基本通達121-5（確定所得申告を要しない規定が適用されない給与所得者）
・所得税基本通達121-6（給与所得及び退職所得又は公的年金等に係る雑所得以外の所得金額の計算）

誤りやすい事例　確定所得申告書の提出を要しない場合等

1．所得税法121条に該当する者が提出した第3期分の税額が記載された確定申告書は、本人の申出があっても撤回できないと考えていた。

解説

所得税法121条に該当する者が提出した当該確定申告書は、撤回が認められます。
なお、確定申告書が撤回された後は、無申告となります（所基通121-2（注）1）。

2．日本の子会社から給与の支払を受けている者（年末調整済）が、外国の親会社から20万円以下の給与等（ストック・オプションを含みます）の支払を受けた場合、確定申告は不要であると考えていた。

解説

源泉徴収が行われない給与等の支払を受けている場合は、所得税法121条の規定の適用はなく、確定申告が必要となります（所法121①、所基通121-5）。

【参考】
・国税庁ホームページ／タックスアンサー／「No.1900給与所得者で確定申告が必要な人」

3．公的年金等の収入が400万円以下の者で、青色申告特別控除55万円を控除した後の所得金額が20万円以下である場合に、確定申告は不要であると考えていた。

解説

所得金額が20万円以下であることを判断する際は、確定申告書への記載若しくは明細書等の添付を要件として適用される特例等は、すべて適用しないで計算した所得金額で判断します（所基通120-1）。

4．源泉徴収の対象とならない年金を含む公的年金等の収入金額が400万円以下の者で、公的年金等以外の所得金額が20万円以下である場合に、確定申告は不要であると考えていた。

解説

平成27年分以後は、源泉徴収の対象とならない年金（例えば、外国の制度に基づき国外において支払われる年金）の支給を受ける者は、公的年金等に係る確定申告不要制度を適用できないこととされています（所法121③）。

5．主たる収入が公的年金等である者についての確定申告不要制度（所法121③）の要件に該当するかどうかの判定にあたり、「公的年金等に係る雑所得以外の所得金額」は、所得金額調整控除適用前の給与所得の金額を基に計算するものと考えていた。

解説

当該確定申告不要制度（所法121③）の要件に該当するかどうかの判定については、給与所得と年金所得の双方を有する者に対する所得金額調整控除を適用した後の給与所得の金額を基に判定します（所法121③、措法41の3の3②、⑥）。

6．申告義務のない者で確定申告書を提出しない場合、国外財産調書も提出不要と考えていた。

解説

国外財産調書の提出義務者は、居住者（非永住者を除きます）で、その年の12月31日において、その価額の合計額が5,000万円を超える国外財産を有する場合とされている（国外送金法5）ことから、申告義務がなく確定申告書を提出しない場合であっても国外財産調書は提出しなければならないことになります。

なお、財産債務調書については、確定申告書を提出すべき者[注]が提出しなければならないとされています（国外送金法6の2）。

(注) 令和5年分以後の財産債務調書の提出義務については、現行の提出義務者に加えて、その年の12月31日において有する財産の価額の合計額が10億円以上である居住者も提出義務者となります。

❷ 確定損失申告

　次のいずれかの場合に該当する者は、①その年の翌年以後に純損失若しくは雑損失の繰越控除を受けるため、又は②その年分の純損失の金額について純損失の繰戻しによる還付を受けるため若しくは③居住用財産の買換え等の場合の譲渡損失の繰越控除又は④特定居住用財産の譲渡損失の繰越控除、⑤上場株式等に係る譲渡損失の繰越控除、⑥特定株式に係る譲渡損失の繰越控除、⑦先物取引の差金等決済に係る損失の繰越控除を受けるために、確定損失申告書を提出することができます（所法123①）。

(1)　その年に生じた純損失の金額がある場合
(2)　その年に生じた雑損失の金額が、総所得金額、特別控除後分離短期譲渡所得の金額、特別控除後分離長期譲渡所得の金額、分離課税の上場株式等に係る配当所得等の金額、一般株式等に係る譲渡所得等の金額、上場株式等に係る譲渡所得等の金額、先物取引に係る雑所得等の金額、山林所得金額及び退職所得金額の合計額を超える場合
(3)　その年の前年以前3年内の各年に生じた純損失の金額若しくは雑損失の金額又は居住用財産の買換え等若しくは特定居住用財産の譲渡損失及び繰越控除（前年以前において控除されたもの及び純損失の繰戻しによる所得税の還付を受ける金額の計算の基礎となるものを除きます）の合計額が、これらの金額を繰越控除しないで計算した場合のその年分の総所得金額、分離短期譲渡所得の金額、分離長期譲渡所得の金額、分離課税の上場株式等に係る配当所得等の金額、一般株式等に係る譲渡所得等の金額、上場株式等に係る譲渡所得等の金額、先物取引に係る雑所得等の金額、山林所得金額及び退職所得金額の合計額を超える場合(注1、2)
　(注1)　その年分の土地、建物等の譲渡による分離課税の譲渡所得の金額、分離課税の上場株式等に係る配当所得等の金額、一般株式等に係る譲渡所得等の金額、上場株式等に係る譲渡所得等の金額又は先物取引に係る雑所得等の金額に対して雑損失の繰越控除を適用することはできますが、純損失の繰越控除を適用することはできないこととされています。
　(注2)　①「分離課税の上場株式等に係る配当所得等の金額」については、上場株式等に係る譲渡損失の損益通算及び繰越控除の適用がある場合には適用後の金額、②「上場株式等に係る譲渡所得等の金額」については、上場株式等に係る譲渡損失の繰越控除及び特定株式の譲渡損失の繰越控除の適用がある場合には適用後の金額、③「先物取引に係る雑所得等の金額」については、先物取引の差金等決済に係る損失の繰越控除の適用がある場合には適用後の金額となります。
(4)　上場株式等に係る譲渡損失の金額が生じた場合
(5)　特定株式に係る譲渡損失の金額が生じた場合
(6)　先物取引の差金等決済に係る損失が生じた場合

3 還付等を受けるための申告

(1) 還付を受けるための申告

次の場合に該当するときは、確定申告書を提出する義務のない場合であっても、確定損失申告をすることができる場合を除き、その年の外国税額控除の額、源泉徴収税額又は予定納税額の還付を受けるための確定申告書を提出することができます（所法122①）。

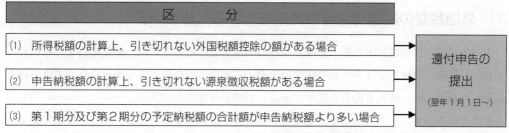

(出典：税務大学校講本　所得税法（令和6年度版））

なお、給与所得者でほかに所得がない場合、通常は年末調整により納税が完了し、確定申告書の提出は不要となりますが、次のような場合には、確定申告書を提出することにより、源泉徴収された所得税額の全部又は一部が還付される場合があります。

① 年の中途で退職して年末調整を受けず、その後、その年中に他の所得がないため給与所得に対する源泉徴収税額が過納となる場合
② 災害により住宅又は家財について、その価額の50％以上の損害を受けたため、災害減免法の規定により所得税額の軽減や免除を受けることができる場合（858ページ以下参照）
③ 災害、盗難又は横領により、住宅や家財について損害を受けたため、雑損控除の適用を受けることができる場合（650ページ以下参照）
④ 一定額以上の医療費を支出したため、医療費控除の適用を受けることができる場合（655ページ以下参照）
⑤ 特定寄附金を支出したため、寄附金控除の適用を受けることができる場合（683ページ以下参照）
⑥ 政治活動に関する寄附をした場合の所得税額の特別控除の適用を受けることができる場合（828ページ以下参照）
⑦ 配当所得があるため配当控除を受けることができる場合（303ページ以下参照）
⑧ 一定の新築住宅及び既存住宅の取得又は増改築等をしたため、住宅借入金等特別控除の適用を受けることができる場合（779ページ以下参照）
⑨ バリアフリー改修工事等、省エネ改修工事等、省エネ改修工事と併せて行う一定の耐久性向上改修工事、多世帯同居改修工事等及び子育て対応改修工事等の特定の増改築等をした

め、住宅借入金等特別控除や所得税額の特別控除の適用を受けることができる場合（821ページ以下参照）
⑩　既存住宅の耐震改修をした場合の所得税額の特別控除の適用を受けることができる場合（819ページ参照）
⑪　認定住宅等の新築等をした場合の所得税額の特別控除の適用を受けることができる場合（825ページ参照）
⑫　退職所得の支払を受ける際に「退職所得の受給に関する申告書」を提出しなかったため、20.42％の税率で源泉徴収された場合（902ページ参照）

(2)　外国税額の繰越控除等の適用を受けるための申告

　その年の翌年以後に外国税額の繰越控除等の適用を受けるときには、確定申告をしなければならない場合、還付を受けるための確定申告をする場合又は損失申告をすることができる場合に該当しなくても、確定申告書を提出することができます（所法122②）。

　なお、非永住者であった期間を有する者が申告書を提出する場合には、一定の事項を記載した書類を添付する必要があります（所法120⑦、123③、所規47の4）。

【参考通達】
・所得税基本通達122-1（還付等を受けるための申告書に係る更正の請求）

> **誤りやすい事例**　還付等を受けるための申告等
>
> １．給与所得者が還付申告するにあたって、20万円以下の雑所得等を除外していた。
>
> **解　説**
>
> 　確定申告を要しない給与所得者であっても、申告書を提出する以上、20万円以下の雑所得等も申告しなければならないこととされています。
> 　ただし、確定申告を要しない配当所得等又は上場株式等の譲渡による所得は除くこととされています（措法8の5、37の11の5）。
>
> ２．退職金について、退職所得の受給に関する申告書を提出した上、退職所得の全部について適正に源泉徴収が行われている場合、確定申告書に記載を省略してもよいと考えていた。
>
> **解　説**
>
> 　配偶者控除や基礎控除等の適用の可否を判断するための合計所得金額には、退職所得の金額を含めて計算する必要があるため、適正に源泉徴収が行われている退職所得も確定申

告書に記載する必要があります。

　したがって、確定申告書に記載しなかった退職所得を修正申告に入れること及び退職所得を確定申告書に記載しなかったことを理由とする更正の請求は認められることになります（所法121②）。

3．居住者である外国人モデルの報酬について、支払者が誤って20％の源泉徴収をしたものを確定申告書で還付請求していた。

解　説

　源泉徴収税額の過誤納金は、支払者である源泉徴収義務者が所轄税務署に還付請求をし、一旦源泉徴収義務者が還付を受けた後、受給者に返金されることになります（所基通181～223共－6）。

4．申告義務のない者が平成30年分の還付申告書を翌年3月15日前に提出していた場合において、その申告に係る更正の請求は同日から5年後の令和6年3月15日までに提出すればよいと考えていた。

解　説

　申告義務のない者が平成30年分の還付申告書を翌年3月15日前に提出していた場合、その申告に係る更正の除斥期間は、その提出日から5年間となります（通法70①一かっこ書）。
　したがって、更正の請求についても、同日から5年以内に行う必要があります（所基通122-1）。
　例：平31.2.25提出　→　令6.2.25まで
　なお、申告義務のある者が法定申告期限内に提出した還付申告書についての更正の請求書は、法定申告期から5年間提出でき、下記のとおりとなります。
　例：平31.2.25提出　→　令6.3.15まで
　（注）　法定申告期限が、令和4年1月1日以後となる還付申告書から、申告義務のある還付申告はないことになりました（下記5．のとおり）。

5．申告義務がある還付申告書の提出期限は、翌年3月15日までと考えていた。

解　説

　確定申告期限は、令和4年1月1日以後となる所得税等の確定申告については、申告義務がある還付申告書はなくなり、最終的に還付となる場合、確定申告義務はないこととされています。
　還付申告書は、その提出をすることができる日から5年間に限って提出することができ

ます（通法74）。

したがって、翌年の1月1日から5年間、確定申告書を提出することができます。

ただし、年の途中で死亡した者のその年分の還付申告書については、死亡日の翌日から5年間となります。

4 修正申告

確定申告書を提出した後で、①所得の金額、所得控除額、税額計算又は税額控除に誤りがあり、納付すべき税額が増えるとき、あるいは、②還付を受けた税額が過大であるとき等には、その申告について税務署長の更正があるまでは、その誤り等を自発的に是正するため、修正申告書を提出することができます（通法19）。

5 更正の請求及び更正の請求の特例

確定申告書の提出等の後で、①所得の金額、所得控除額、税額計算又は税額控除に誤りがあり、納付すべき税額が増えるとき、あるいは、②還付を受けた税額が過大であるとき等には、次により更正の請求をすることができます。

(1) 国税通則法に基づく更正の請求（通法23①）〔原則〕

①申告書に記載した課税標準等若しくは税額等の計算が国税に関する法律の規定に従っていなかったこと又は②その計算に誤りがあったことにより、納付すべき税額が過大、純損失等の金額が過少（その金額の記載がない場合を含みます）、還付金の額に相当する税額が過少（その金額の記載がない場合を含みます）となる場合に、法定申告期限から5年以内(注)に限り、更正の請求をすることができます。

(注) 確定申告をする必要のない者が、還付等を受けるための申告書を提出している場合の更正の請求書の提出期限は、その申告書を提出した日から5年以内となります（所基通122-1）。

(2) 後発的事由が生じた場合

① 国税通則法に基づく更正の請求（通法23②、通令6）

次に掲げる事実が生じたことにより、①納付すべき税額が過大、②純損失等の金額が過少（その金額の記載がない場合も含みます）、③還付金の額に相当する税額が過少（その金額の記載がない場合も含みます）となる場合に、その事実が生じた日の翌日から2か月以内の更正の請求をすることができます。

　イ　判決等により、申告、更正又は決定に係る課税標準等又は税額等の計算の基礎となった事実が異なることが確定したこと

　ロ　申告し、又は自己に帰属すると更正・決定を受けていた所得が、その後、他人の所得で

あるとして、その他人に更正又は決定があったこと
ハ　申告、更正又は決定の計算の基礎となった事実のうちに含まれていた行為の効力に係る官公署の許可や処分が取り消されたこと
ニ　申告、更正又は決定の計算の基礎となった事実に係る契約が解除権の行使によって解除され、又はやむを得ない事情によって解除・取消しされたこと
ホ　帳簿が押収される等、帳簿に基づいた税金の計算ができなかった場合において、その後帳簿が返されたこと
ヘ　租税条約に規定する権限ある当局間の協議により、申告内容と異なる内容の合意が行われたこと
ト　裁決又は判決に伴って、法令解釈が変更され、変更後の解釈が公表されたことにより、課税標準等又は税額等が異なることとなる取扱いを受けることとなったことを知ったこと

② **所得税法152条に基づく更正の請求（所法152、所令274）**

次に掲げる事実が生じたことにより、①納付すべき税額が過大、②純損失等の金額が過少（その金額の記載がない場合も含みます）、③還付金の額に相当する税額が過少（その金額の記載がない場合も含みます）となる場合に、その事実が生じた日の翌日から2か月以内の更正の請求をすることができます。

イ　廃業した場合の必要経費の特例（所法63）を適用したこと
ロ　譲渡代金が回収不能等となり（事業から生じたものを除きます。）、特例（所法64）を適用したこと
ハ　申告又は決定に係る各種所得の金額の計算の基礎となった事実のうちに含まれていた無効な行為により生じた経済的成果が失われたこと、又はその事実のうちに含まれていた取り消すことのできる行為が取り消されたこと（事業から生じたものを除きます）

③ **所得税法153条に基づく更正の請求（所法153）**

前年分の所得税額等について、修正申告をしたり、更正又は決定を受けたことにより、その後の年分の①税額が過大、②純損失等の金額が過少、③還付金が過少となる場合には、修正申告をした日又は更正などの通知を受けた日の翌日から2か月以内に更正の請求をすることができます。

確定申告書に添付する書類

(1)　概要

確定申告書等を提出し、次の控除を受ける場合には、控除の種類ごとに、その金額及び控除に関する事項を確定申告書に記載し、それらの金額、事項を証明する書類等を添付又は提示しなければならないこととされています（所法120①③④、122③、123③、所令262）。

なお、年末調整の際に既に控除されている所得控除に係るものについては、添付又は提示を

する必要はないこととされています（所令262①）。

また、給与所得、退職所得及び公的年金等の源泉徴収票については、平成31年4月1日以後に確定申告書を提出する場合には、添付又は提示をする必要はないこととされています（旧所法120③四、旧所令262⑤）。

区　　分	添 付 又 は 提 示 す る 書 類
雑損控除	災害関連支出の領収書等
医療費控除	医療費の明細書又は医療保険者等の医療費通知書等(注)
社会保険料控除	国民年金保険料等の額を証する書類
小規模企業共済等掛金控除	掛金の額を証する書類
生命保険料控除	払込保険料等を証する書類（旧生命保険料（旧個人年金保険契約を除きます）で一の契約について、支払額が9,000円以下のものを除きます）
地震保険料控除	支払保険料の額を証する書類
寄附金控除	特定寄附金の明細書、領収書及び主務官庁等の証明書の写し等
勤労学生控除	各種学校の生徒の場合は、在学証明書等

（注）　医療費控除を受ける場合に添付する医療費の明細書等は、平成29年分以後の確定申告書を平成30年1月1日以後に提出する場合について適用され、平成29年分から令和元年分までの確定申告については、改正前の医療費の領収書の添付又は提示による医療費控除の適用もできます（平29改正所法附則7）。

(2)　e-Taxを利用して確定申告書を提出する場合

個人がe-Tax（国税電子申告・納税システム）を利用して確定申告書の提出をする場合において添付又は提示すべき次に掲げる第三者作成書類については、その記載内容を入力して確定申告情報と併せて送信することによって、添付又は提示に代えることができます（オン化省令5①②）。

この場合、税務署長は原則として確定申告期限から5年間、その入力内容の確認のため、e-Tax（国税電子申告・納税システム）を利用して確定申告書の提出をした者に対し、その第三者作成書類の提出又は提示をさせることができます（オン化省令5④）。

なお、これに応じなかった場合には、確定申告書の提出にあたって当該書類の提出又は提示がなかったものとして取り扱われます（オン化省令5⑤）。

① 　給与所得者の特定支出の控除の特例に係る支出の証明書
② 　個人の外国税額控除に係る証明書
③ 　雑損控除の証明書
④ 　医療費通知（医療費のお知らせ）(注)
⑤ 　医療費に係る使用証明書（おむつ証明書など）
⑥ 　セルフメディケーション税制に係る一定の取組を行ったことを明らかにする書類

⑦　社会保険料控除の証明書
⑧　小規模企業共済等掛金控除の証明書
⑨　生命保険料控除の証明書
⑩　地震保険料控除の証明書
⑪　寄附金控除の証明書
⑫　勤労学生控除の証明書
⑬　住宅借入金等特別控除に係る借入金年末残高証明書（2年目以降のもの）
⑭　バリアフリー改修特別控除に係る借入金年末残高等証明書（2年目以降のもの）
⑮　省エネ改修特別控除に係る借入金年末残高等証明書（2年目以降のもの）
⑯　多世帯同居改修工事に係る借入金年末残高等証明書（2年目以降のもの）
⑰　政党等寄附金特別控除の証明書
⑱　認定NPO法人等寄附金特別控除の証明書
⑲　公益社団法人等寄附金特別控除の証明書
⑳　特定震災指定寄附金特別控除の証明書
（注）　令和3年分以降の所得税より、「医療費控除の明細書」に入力して送信することにより、提出・提示を省略することができます。

(3) 収支内訳書を添付する場合

次に掲げる者が申告書を提出する場合は、それらの所得に係る総収入金額及び必要経費の内容を明らかにする書類（いわゆる「収支内訳書」）を添付しなければならないこととされています（所法120⑥、所規47の3）。

① 不動産所得、事業所得又は山林所得を生ずべき業務を行う白色申告者
② 雑所得を生ずべき業務を行う居住者でその年の前々年分のその業務に係る収入金額が1,000万円を超える者

(4) 非永住者期間があった場合

非永住者であった期間を有する者が、申告書を提出する場合には、次に掲げる事項を記載した書類を添付することとされています（所法120⑦、所規47の4）。

① 申告書を提出する者の氏名、国籍及び住所又は居所
② 前年以前10年内の各年において、国内に住所又は居所を有することとなった日及び有しないこととなった日並びに国内に住所又は居所を有していた期間
③ 申告書を提出する年の非永住者、非永住者以外の居住者及び非居住者であったそれぞれの期間
④ 申告書を提出する年の非永住者であった期間内に生じた国外源泉所得以外の所得の金額
⑤ 申告書を提出する年の非永住者であった期間内に生じた国外源泉所得の金額
⑥ 上記⑤のうち、国内において支払われた金額

⑦　上記⑤のうち、国外から送金された金額
⑧　その他参考となるべき事項

死亡又は出国の場合の確定申告

(1)　死亡した場合

　確定申告義務のある者が、その年の翌年1月1日から確定申告書の提出期限までの間に確定申告書を提出しないで死亡した場合や年の中途で死亡した場合には、その相続人は、原則として相続の開始があったことを知った日の翌日から4か月以内に被相続人の所得について、確定申告書、いわゆる「準確定申告書」を提出しなければならないこととされています（所法124、125、通法5）。

　具体的には、次のようになります。

① 　確定所得申告をしなければならない者が、その年の翌年1月1日から3月15日までの間に確定申告書を提出しないで死亡した場合（所法124①）
　　⇒　相続人が4か月以内に確定申告書を提出しなければなりません。

② 　年の中途で死亡した者が、その死亡した年分の所得税について確定所得申告をしなければならない者に該当する場合（所法125①）
　　⇒　相続人が4か月以内に確定申告書を提出しなければなりません。

③ 　確定損失申告をすることができる者が、その年の翌年1月1日から3月15日までの間に確定損失申告書を提出しないで死亡した場合（所法124②）
　　⇒　相続人が4か月以内に確定損失申告書を提出することができます。

④ 　年の中途で死亡した者が、その死亡した年分の所得税について確定損失申告をすることができる者に該当する場合（所法125③）
　　⇒　相続人が4か月以内に確定損失申告書を提出することができます。

⑤ 　還付等を受けるための確定申告をすることができる者が、その年の翌年1月1日以降、還付等を受けるための確定申告をしないで死亡した場合（所基通124・125-1）
　　⇒　相続人が還付申告書の提出等を行います。

⑥ 　年の中途で死亡した者が、その年分の所得税について還付等を受けるための確定申告書を提出できる者に該当する場合（所法125②）
　　⇒　相続人が還付申告書の提出等を行います。

　なお、死亡した者（被相続人）の所得税の確定申告書は、原則として相続人の連名（確定申告書の付表によります）により、その死亡した者の死亡当時の納税地の所轄税務署長に提出しなければならないこととされています（所法16③、所令263②）。

【参考通達】
・所得税基本通達124・125-1（相続人が提出する還付を受けるための申告書の記載事項）
・所得税基本通達124・125-2（提出期限後に死亡した場合の相続人の申告）
・所得税基本通達124・125-3（あん分税額の端数計算）
・所得税基本通達124・125-4（年の中途で死亡した場合における所得控除）

> **誤りやすい事例** 準確定申告書付表の記載等
>
> 相続人が複数人いる場合、準確定申告書の付表には相続人代表者の署名があれば足りると考えていた。

> **解 説**
>
> 相続人が2名以上いる場合の準確定申告書付表には、原則として各相続人の署名又は記名がなければ相続人全員が申告したことにならないことになります（所令263②、所規49一）。したがって、相続人代表者のみの署名しかない場合には、他の相続人は無申告となります。

(2) 出国する場合

　確定申告義務のある者が、その年の1月1日から確定申告書の提出期限までの間に納税管理人の届出をしないで出国する場合や年の中途で出国する場合には、原則として、その出国の時までに確定申告書、いわゆる「準確定申告書」を提出しなければならないこととされています（所法2①四十二、所法126、127）。

　なお、「出国」とは、納税管理人の届出（通法117）をしないで国内に住所等を有しないこととなることをいいます（所法2①四十二）。

　納税管理人の届出をしないで出国する場合の取扱いは次のようになります。

① 確定所得申告をしなければならない納税者が、その年の翌年1月1日から3月15日までの間に出国する場合（所法126①）

　⇒ 出国の時まで確定申告書を提出しなければなりません。

② 納税者が年の中途で出国する場合にその年1月1日から出国の時までの所得について確定所得申告をしなければならない場合に該当するとき（所法127①）

　⇒ 出国の時まで確定申告書を提出しなければなりません。

③ 確定損失申告をすることができる納税者が、その年の翌年1月1日から2月15日までの間に出国する場合（所法126②）

　⇒ その年の翌年1月1日から2月15日までの間に確定損失申告書を提出することができます。

④ 納税者が年の中途で出国する場合に、その年の1月1日から出国の時までに純損失の金額若しくは雑損失の金額又はその年の前年以前3年内に生じたこれらの金額について確定

損失申告をすることができる場合（所法127③）

⇒ 出国の時までに確定損失申告書を提出することができます。

⑤ 納税者が年の中途で出国する場合に、その年の1月1日から出国の時までの所得について還付を受けるための申告をすることができる場合に該当するとき（所法127②）

⇒ 還付申告書の提出等ができます。

【参考通達】
・所得税基本通達127-1（年の中途で出国をする場合における所得控除）

非居住者の申告

(1) 非居住者に対する課税

イ 定義

　非居住者とは、「居住者以外の個人」と定められている（所法2①五）ことから、①国内に住所（注1）を有しない者、又は②引き続いて1年以上国内に居所（注2）を有しない個人ということになります（所法2①三）。

（注1） 住所とは「各人の生活の本拠」（民法22）をいい、生活の本拠であるかどうかは、客観的事実によって判定することとされており、民法上の住所の概念と同一のものとされています（所基通2-1）。

（注2） 居所とは、生活の本拠ではありませんが現実に居住している場所をいいます。

ロ 居住者と非居住者の区分

　居住者と非居住者との区分は、その者が国内に住所を有するか又は国内に継続して1年以上居所を有するかどうかなどにより判定しますが、次の場合にはそれぞれ次のように取り扱われます。

① 国内に居住することとなった者が、国内に継続して1年以上居住することを通常必要とする職業を有するような場合には、その者は国内に住所を有する者と推定されます（所令14①一）。

② 国外に居住することとなった者が、国外に継続して1年以上居住することを通常必要とする職業を有するような場合には、その者は国内に住所を有しない者と推定されます（所令15①一）。

ハ 非居住者に課税される所得の範囲

　非居住者に課税される所得の範囲は、国内源泉所得に限られており、その課税の方法はその所得者である非居住者の態様（国内に支店、事務所、一定の要件を備える代理人などの恒久的施設を有しているかどうか）により、また、その所得の種類やその所得が恒久的施設に帰属するかどうかによって異なることとなります（所法7①三、164）。

その概要は、次表のとおりとなります（所基通164-1）。

なお、この表は、国内法における課税関係の概要を示すものであることから、租税条約にはこれと異なる定めのものがあることに留意する必要があります。

非居住者の区分（所法164①）／所得の種類（所法161①）	非居住者 恒久的施設を有する者 恒久的施設帰属所得（所法164①一イ）（注1）	非居住者 恒久的施設を有する者 その他の所得（所法164①一ロ、②一）	非居住者 恒久的施設を有しない者（所法164①二、②二）	（参考）外国法人 所得税の源泉徴収（所法212①、213①）（注4、5、6）	
（事業所得）	【総合課税】（注3）	【課税対象外】		無	無
①資産の運用・保有により生ずる所得（⑦から⑮に該当するものを除く）	【総合課税】（注3）	【総合課税（一部）】（注2）		無	無
②資産の譲渡により生ずる所得				無	無
③組合契約事業利益の配分		【課税対象外】		20%	20%
④土地等の譲渡による所得		【源泉徴収の上、総合課税】（注3）		10%	10%
⑤人的役務提供事業の所得				20%	20%
⑥不動産の賃貸料等				20%	20%
⑦利子等	【源泉徴収の上、総合課税】（注3）			15%	15%
⑧配当等				20%	20%
⑨貸付金利子				20%	20%
⑩使用料等				20%	20%
⑪給与その他人的役務の提供に対する報酬、公的年金等、退職手当等		【源泉分離課税】		20%	―
⑫事業の広告宣伝のための賞金				20%	20%
⑬生命保険契約に基づく年金等				20%	20%
⑭定期積金の給付補塡金等				15%	15%
⑮匿名組合契約等に基づく利益の分配				20%	20%
⑯その他の国内源泉所得	【総合課税】（注3）	【総合課税】（注3）		無	無

（注）1　恒久的施設帰属所得が、上記の表①から⑯までに掲げる国内源泉所得に重複して該当する場合があることに留意する。

　　　2　上記の表②資産の譲渡により生ずる所得のうち恒久的施設帰属所得に該当する所得以外のものについては、令第281条1項1号から8号までに掲げるもののみ課税される。

3　租税特別措置法の規定により、上記の表において総合課税の対象とされる所得のうち一定のものについては、申告分離課税又は源泉分離課税の対象とされる場合があることに留意する。

4　租税特別措置法の規定により、上記の表における源泉徴収税率のうち一定の所得に係るものについては、軽減又は免除される場合があることに留意する。

5　平成25年から令和19年までの間に生ずる所得についての所得税の確定申告や源泉徴収の際には、上記の表における所得税のほかに、所得税額に2.1%を乗じた復興特別所得税が課されます（復興財確法9①、10三、12、13、28①②）。

6　一定の恒久的施設帰属所得で投資組合契約に基づいて行う事業に係る恒久的施設に帰せられるものについては、非課税とされています（措法41の21①）。

(出典：国税庁ホームページ　法令解釈通達より抜粋加工)

(2)　総合課税に係る所得税の課税標準と税額の計算

総合課税とされる所得を有する非居住者について課税される所得税の課税標準及びその税額は、原則として居住者についての所得税の課税標準及びその税額の計算方法を準用することとされています（所法165）。

ただし、所得控除、税額控除は、次に掲げるものに限って認められ、居住者の税額等の計算と異なるところがあります（所法165、165の6、所令292）。

区分		適用関係
所得控除	雑損控除	非居住者の有する資産のうち国内にあるものについて生じた損失に限られます
	寄附金控除	準用
	基礎控除	準用
税額控除	配当控除	準用
	外国税額控除	恒久的施設帰属所得に係る所得の金額に係る所得税の額のうち国外所得金額に対応する金額を限度とします

税額控除については、租税特別措置法に定める特例により適用を受けることができるものもあります。

また、年の途中で非居住者が居住者となった場合、又は年の途中で居住者が非居住者となった場合には税額計算の特例があります（所法102、165、所令258、所基通165-1、2）。

なお、令和2年1月1日以降に恒久的施設を有する非居住者が集団投資信託の収益の分配の支払を受ける場合には、その支払を受ける収益の分配（恒久的施設帰属所得に該当するものに限ります）に係る分配時調整外国税相当額(注)は、恒久的施設帰属所得に係る所得の金額に係る所得税相当額を限度に、その年分の所得税額から控除されます（所法165の5の3）。

(注)　分配時調整外国税相当額とは、当該収益の分配に係る外国所得税の額で当該収益の分配に係る所得税の額から控除された金額のうち、その支払を受ける収益の分配に対応する部分の金額に相当する金額をいいます。

(3) 申告、納付及び還付

　総合課税とされる所得を有する非居住者の申告、納付及び還付は、居住者についての申告、納付及び還付の規定を準用することとされています（所法166）。

【参考通達】
・所得税基本通達165-1（年の中途で居住者が非居住者となった場合の税額の計算）
・所得税基本通達165-2（居住者期間を有する非居住者に係る扶養親族等の判定の時期等）
・所得税基本通達165-3（複数の事業活動の拠点を有する場合の取扱い）
・所得税基本通達165-4（内部取引から生ずる恒久的施設帰属所得に係る各種所得の金額の計算）
・所得税基本通達165-5（必要経費の額等に算入できない保証料）
・所得税基本通達165-6（国際海上運輸業における運送原価の計算）
・所得税基本通達165-7（必要経費の額に算入できない償却費等）
・所得税基本通達165-8（販売費等及び育成費等の必要経費算入）
・所得税基本通達165-9（事業税の取扱い）
・所得税基本通達165-10（事業場配賦経費の配分の基礎となる費用の意義）
・所得税基本通達165-11（事業場配賦経費の計算）
・所得税基本通達165-12（事業場配賦経費に含まれる減価償却費等）
・所得税基本通達165-13（租税条約等により所得税が課されない所得の損失の金額）
・所得税基本通達165-14（恒久的施設に係る外貨建取引の円換算）
・所得税基本通達165-15（恒久的施設を有する非居住者の総合課税に係る所得税の課税標準の計算）

9 総収入金額報告書

　確定申告書を提出する必要がない者であっても、その年において不動産所得、事業所得又は山林所得を生ずべき業務を行っている者は、これらの所得に係る総収入金額の合計が3,000万円を超える場合には、総収入金額報告書を翌年3月15日までに提出しなければならないこととされています（所法233）。

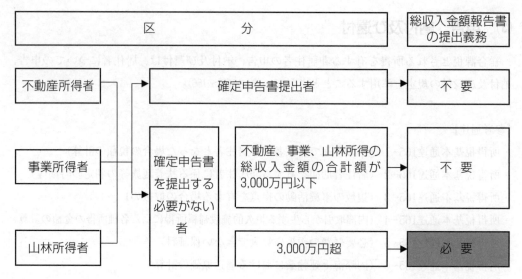

(出典：税務大学校講本　所得税法（令和6年度版））

⑩ 災害等が発生した場合の申告期限等の延長

(1) 災害等が広い地域又は多数の納税者において発生した場合

　都道府県の全部又は一部にわたるような広い地域又は多数の納税者に災害等が発生したため、確定申告書等の提出や国税の納付等をその期限までにできないと認められる事情がある場合には、国税庁長官等がその地域又は対象者の範囲及び災害等のやんだ日から2か月以内の期日を指定してその申告期限等を延長することがあります。

　この場合には、申告書はその定められた期限までに提出するとともに納税は延長された期限までに納付すればよいことになります（通法11、通令3①②）。

(2) その他の災害等の場合

　国税庁長官等が地域又は対象者の範囲及び期日を指定してその申告期限等を延長する場合を除き、災害等が発生したため期限までに確定申告書等の提出や国税の納付等ができないと認められる場合には、納税地の所轄税務署長に申請して、その災害等のやんだ日から2か月以内に限り申告、申請及び納税などの期限を延長してもらうことができます（通法11、通令3③）。

　この場合には、災害等がやんだ後相当の期間内に、その理由を記載した書面によりその申請をしなければならないこととされています（通令3④）。

災害減免法による減免税額

(1) 災害によって住宅又は家財に甚大な被害を受けた場合

次の所得金額の合計額の区分で所得税が減免されます（災法2、災令1）。

被　　害	所得金額の合計額	所得税の減免額
損害金額（保険金等により補てんされた金額を除きます）が住宅又は家財の価額（時価）の50％以上	500万円以下のとき	全額免除
	500万円を超え750万円以下	2分の1を軽減
	750万円を超え1,000万円以下	4分の1を軽減
	1,000万円を超えるとき	軽減なし

(2) 予定納税の減額申請

　7月1日以後に災害により被害を受け、その被害にあった日におけるその年分の所得金額の合計額の見積額が1,000万円以下の者で、上記(1)の軽減免税の適用を受けられる見込みであり、かつ、その見積額により税額を計算した場合、予定納税基準額に満たないこととなったときは、災害のあった日から2か月以内に予定納税の減額申請をすることができます（災法3①、災令3）。

　したがって、所得税法と災害減免法の規定により、予定納税の減額申請は次のように行うことができます。

災害を受けた日	申請期限	対象税額
1月1日～6月30日	7月15日	第1・2期分
7月1日～7月31日	11月15日	第2期分
	被災後2月以内	第1・2期分
8月1日～10月31日	11月15日	第2期分
	被災後2月以内	第2期分

(3) 給与所得者又は公的年金等の受給者の場合

　給与、公的年金等の支払を受ける者が、災害を受けた場合において、住宅又は家財についてその価額の2分の1以上の損害を受け、かつ、その年分の所得金額の合計額の見積額が1,000万円以下であるときには、その見積額につき上記(1)の区分に従い、次のとおり、支払を受ける給与、公的年金等について、源泉所得税及び復興特別所得税の徴収猶予や既に徴収された源泉所得税及び復興特別所得税の還付を受けることができます（災法3②③、災令3の2、復興財確法

33①)。

所得金額の合計額の見積額		徴収猶予又は還付される源泉徴収税額
500万円以下		・1月1日から災害を受けた日まで還付 ・災害を受けた日から12月31日まで徴収猶予
500万円超 750万円以下	① 6月30日以前に災害	・災害を受けた日から6か月徴収猶予
	② 7月1日以後に災害	・7月1日から災害を受けた日まで還付 ・災害を受けた日から12月31日まで徴収猶予
	③ ①又は②に代えて適用	・1月1日から災害を受けた日まで2分の1還付 ・災害を受けた日から12月31日まで2分の1徴収猶予
750万円超 1,000万円以下	① 9月30日以前に災害	・災害を受けた日から3か月徴収猶予
	② 10月1日以後に災害	・災害を受けた日から12月31日まで徴収猶予

　所得金額の合計額の見積額が1,000万円を超える場合であっても、雑損控除の適用を受けることができる場合には、源泉徴収が猶予されます（災法3⑤）。

　源泉所得税及び復興特別所得税の徴収猶予又は還付を受けた者は、年末調整の対象とならないため、確定申告で雑損控除や災害減免法による所得税の軽減免除の適用を受けることにより精算することになります（災法3⑥）。

(4) 報酬・料金の源泉徴収猶予

　報酬・料金の支払を受ける者が、災害を受けた場合において、住宅又は家財についてその価額の2分の1以上の損害を受け、かつ、その年の所得金額の合計額の見積額が1,000万円以下であるときには、次のとおり、報酬・料金に対する源泉徴収税額の徴収猶予を受けることができます（災法3④、災令8、復興財確法33①）。

所得金額の合計額の見積額		徴収猶予される源泉徴収税額
500万円以下		・災害を受けた日から12月31日まで徴収猶予
500万円超 750万円以下	① 6月30日以前に災害	・災害を受けた日から6か月徴収猶予
	② 7月1日以後に災害	・災害を受けた日から12月31日まで徴収猶予
750万円超 1,000万円以下	① 9月30日以前に災害	・災害を受けた日から3か月徴収猶予
	② 10月1日以後に災害	・災害を受けた日から12月31日まで徴収猶予

　報酬又は料金の支払を受ける者の場合は、給与所得者又は公的年金等の受給者の場合と異なり、徴収された源泉所得税等の還付を受けることはできないこととされています。

【参考通達】
・災害被害者に対する租税の減免、徴収猶予等に関する法律（所得税関係）の取扱方

第 4 節 納税

納付

　所得税の確定申告書をその提出期限内に提出することによって納付することとなる第3期分の税額は、その年の翌年の2月16日から3月15日の間に納付しなければならないこととされています（所法128）。

　期限後申告書又は修正申告書によって納付することとなる税額は、その期限後申告又は修正申告書の提出の日までに納付しなければならないこととされています（通法35②一）。

　なお、死亡の場合又は出国の場合の確定申告によって納付することとなる税額は、これらの場合の確定申告の提出期限までに納付しなければならないことになっています（所法129、130）。

延納

　確定申告により納付すべき第3期分の税額の2分の1以上をその納期限までに納付した者は、その納期限までに延納の届出書を提出することで、その年の5月31日までその残額の納付を延期することができます。

　なお、延納する所得税については、その延納期間に応じて、年7.3%の割合で計算した利子税を併せて納付しなければならないことになっています（所法131、通法64）。

　令和3年1月1日以後の期間に対応する利子税の割合は、利子税特別基準割合(注)が年7.3%に満たない場合は、その年中においては、利子税特例基準割合で計算します（措法93）。

（注）　利子税特例基準割合とは、各年の前々年の9月から前年8月までの各月における銀行の新規の短期貸出約定平均利率の合計を12で除して計算した割合として各年の前年の11月30日までに財務大臣が告知する割合に年0.5%の割合を加算した割合をいいます。

　山林所得又は譲渡所得の基因となる資産を延払条件付で譲渡した場合でその譲渡に係る税額が30万円を越えること等、一定の要件に該当しているときは、その延払条件付で譲渡をした日の属する年分の第3期分の税額（延払条件付譲渡による税額が第3期分の税額未満であるときは、その延払条件付譲渡による税額）の全部又は一部について、申請により、5年以内の延納の許可を受けることができます（所法132①）。

第 5 節　書類の提出時期

発信主義が適用される書類

(1) 納税申告書等

　納税申告書、その添付書類及びその申告書の提出に関連して提出するものとされている書類については、通信日付印により表示された日を提出日とみなすとする発信主義が適用されています（通法22）。

　なお、国税通則法22条は、更正の請求書や再調査の請求書などにも準用されています（通法23⑦、77④）。

(2) 平成18年国税庁告示7号により発信主義が適用される書類

　提出時期に具体的な制約がある次の①及び②の書類等に発信主義が適用されます。
　ただし、後記❷(1)に該当する書類を除きます。

① 提出期限の定めがある書類

「3月15日まで」など一定の日時により提出期限が定められているもの（告示本則一号）
例として、次の書類があります。
- イ　所得税の予定納税額の減額申請書（所法112）
- ロ　個人事業の開廃業等届出書（所法229）
- ハ　所得税の青色申告承認申請書（所法144）
- ニ　所得税の青色申告の取りやめ届出書（所法151）
- ホ　青色事業専従者給与に関する届出書（所法57②）
- ヘ　所得税のたな卸資産の評価方法の届出書（所令100②）
- ト　所得税の減価償却資産の償却方法の届出書（所令123②）
- チ　転任の命令等により居住しないこととなる旨の届出書（措法41㉗、措規18の21㉒）
- リ　給与支払事務所等の開設・移転・廃止届出書（所法230）

② 提出期限の定めがある書類に準ずるもの

- イ　消滅時効の影響を受ける書類

　　提出期限はないものの、還付請求権の消滅時効との関係で、時効が完成する前に提出しなければならないもの（告示本則二号イ）

　　例として、次の書類があります。
- (イ)　源泉所得税の年末調整過納額還付請求書（所令313②）
- (ロ)　源泉所得税の誤納額還付請求書（通令24③）
- (ハ)　租税条約に関する源泉徴収税額の還付請求書（割引債及び芸能人等の役務提供事業の

対価に係るものを除きます)(実特規4⑥)

ロ 一定の期間又は期日に提出することにより国税に関する法律の適用関係が定まる書類

提出期限はないものの、書類を提出した日を基準に税法の適用される期間又は期限が定まるため、納税者の意図する期間又は期限に税法の適用を受けるためには、一定の期間又は期日に提出する必要があるもの(告示本則二号ロ)

例として、次の書類があります。

(イ) 源泉所得税の納期の特例に関する申請書(所法217①)

(ロ) 源泉所得税の納期の特例の要件に該当しなくなったことの届出書(所法218)

(ハ) 消費税課税事業者選択届出書(消法9④)

(ニ) 消費税課税事業者選択不適用届出書(消法9⑤)

(ホ) 消費税簡易課税制度選択届出書(消法37①)

(ヘ) 消費税簡易課税制度選択不適用届出書(消法37②)

(ト) 消費税の課税売上割合に準ずる割合の適用承認申請書(消令47①)

❷ 到達主義が適用される書類

(1) 後続の手続きに影響を及ぼすおそれのある書類

発信主義を適用することにより税務官庁や源泉徴収義務者等の後続の手続きに影響を及ぼすおそれのある次の書類は、到達主義が適用されます。

① 税務官庁において必要な審査期間の確保やその後の事務に支障をきたす書類(告示別表一号)

② 源泉徴収義務者等における源泉徴収事務等に支障をきたす書類(告示別表二号)

例として次の書類があります。

イ 給与所得者の扶養控除等(異動)申告書(所法194①)

ロ 租税条約に関する届出書(配当に対する所得税の軽減・免除)など(実特規2①ほか)

なお、源泉徴収義務者など、税務署長等以外の者に提出する書類又はこれらの者を経由して提出書類は到達主義が適用されますが、これらの書類であっても、消滅時効の影響を受ける書類に該当する場合は発信主義が適用されます(告示別表二号かっこ書)。

(2) 提出時期に具体的な制約がない書類

提出時期について具体的な制約が定められていない書類は、発信主義を適用したとしても、地理的間隔の差異に基づく不公平の是正や納税者の利便の向上などに直ちに資するものではないことから、原則どおり税務官庁へ書類が到達した時を提出日とする到達主義が適用されます。

① 提出時期について、「速やかに」、「遅滞なく」、「直ちに」、「相当の期間内に」等の規定はあるものの、具体的な提出期限の定めがない書類

例として、次の書類があります。
- イ　青色事業専従者給与に関する変更届出書（所規36の4②）
- ロ　消費税課税事業者届出書（消法57①一）

② 具体的な提出期限の定めがなく、「変更をしようとする場合には、……に提出しなければならない」、「廃止しようとするときは、……に提出するものとする」、「承諾を受けようとする者は、……に提出しなければならない」などのように一定の行為をしようとする者に対し提出を義務付けている書類

例として、次の書類があります。
- イ　所得税の棚卸資産の特別な評価方法の承認申請書（所令99の2）
- ロ　年末調整のための住宅借入金等特別控除関係書類の交付申請書（措法41の2の2）

③ 上記②のほか提出について時期的な制約がない書類

例として、次の書類があります。
- ・納税管理人の届出書（通法117②）

なお、納税管理人の届出書は、納税管理人を定めたとき又は出国の日までに提出すると規定されています。

【参考】
・国税庁ホームページ／税務手続に関する書類の提出時期／発信主義の適用範囲を定める告示の制定

第9章 更正及び決定

1 更正又は決定すべき事項に関する特例

　確定申告書に記載された所得金額や税額等が法律の規定に従って計算されていなかったり、又は税務当局の調査したところと異なるときは、税務署長はその調査したところによってこれらの申告額を更正します（通法24）。

　確定申告をしなければならない者が確定申告をしなかった場合には、税務署長はその調査したところによって所得金額や税額等を決定します。決定を受けた場合には、外国税額控除などが認められない場合があります（所法95⑩⑪、通法25）。

　更正又は決定によって納付することとなる税額は、更正又は決定の通知書が発せられた日の翌日から起算して1か月を経過する日までに納付しなければならないこととされています（通法35②二）。

　更正又は決定の処分にあたっては、その処分の理由を示すこと（以下、「理由附記」といいます）となっています（通法74の14）。

　更正、決定等の期間制限は、次のとおりとなっています。
① 確定申告書に対する更正は、確定申告書の提出期限から5年間することができます（通法70①）。
② 決定又はその決定後の更正は、確定申告書の提出期限から5年間することができます（通法70①）。
③ 偽りその他不正の行為により所得税を免れ又は所得税の還付を受けた場合の更正決定は、確定申告書の提出期限から7年間することができます（通法70⑤）。

2 青色申告書に係る更正

　青色申告書に記載された総所得金額、土地等に係る事業所得等の金額（平成10年1月1日か

ら令和8年3月31日までの間については適用ありません）、一般株式等に係る譲渡所得の金額、上場株式等に係る譲渡所得等の金額、先物取引に係る雑所得等の金額、山林所得金額若しくは退職所得金額又は純損失の金額に対する更正は、納税者の帳簿を調査し、その調査によってこれらの金額の計算に誤りがあると認められる場合に限ってすることができることとなっています（所法155①、措法28の4⑤四、⑥、37の10⑥七、37の11⑥、41の14②六、③、措令19㉓、25の8⑮、25の9⑬、26の23⑤）。

ただし、次の場合には、その帳簿書類を調査しないで更正することができます（所法155①）。
① 不動産所得の金額、事業所得の金額及び山林所得の金額以外の各種所得の金額の計算上の誤り又は損益通算若しくは純損失又は雑損失の繰越控除の誤りだけが更正の原因とされた場合
② 申告書及びその添付書類によって不動産所得の金額、事業所得の金額又は山林所得の金額の計算に誤りがあることが明らかな場合

なお、更正の通知書には、その更正の理由を附記しなければならないことになっています（所法155②、通法74の14）。

〔留意事項〕
白色申告者に対して、平成25年1月1日以後に行う不利益処分については、その処分の理由を附記しなければならないこととされています。ただし、平成25年において記帳・帳簿保存義務が課されていない者に対する処分理由の記載については、平成26年1月1日から適用されています。

推計による更正又は決定

納税者の中には、帳簿書類の備え付けがないなどのために、総収入金額や必要経費を確認することができない場合もあります。

この場合、総収入金額から必要経費を控除して所得金額を算出する本来の計算方法以外の方法で所得金額を更正又は決定することになります。

そこで、所得税法では、白色申告者については、①財産の価額若しくは債務の金額の増減、②収入若しくは支出の状況又は販売量、従業員数その他事業の規模により、その者の所得金額などを合理的に推計して更正又は決定することができます（所法156）。

白色申告者といえども、実際の金額が確認できない場合に、初めて推計が許されます。

具体的には、①主要な帳簿の備え付けがない、②記録が不正確で信ぴょう性がない、③資料の提示を拒むなど、調査に協力的でない場合に、所得金額を推計によって計算することができます。

所得税法上の更正又は決定に関する特別な既定は、上記以外のもので、同族会社等の行為又は計算の否認規定があります（所法157(注)）。

また、更正・決定により、源泉徴収税額及び予定納税額に過納が生じた場合には、これを還付することとします（所法159、160）。

(注)　平成28年5月30日裁決（抜粋）（同族会社の行為又は計算の否認　過大賃借料　過少賃貸料）
　所得税法157条1項の規定は、同族会社において、これを支配する株主等又はこれと特殊の関係のある居住者（以下、これらを併せて「同族会社等」といいます）の所得税の負担を不当に減少させるような行為又は計算が行われやすいことに鑑み、税負担の公平を維持するため、同族関係者等の所得税の負担を不当に減少させる結果となると認められる行為又は計算が行われた場合に、これを正常な行為又は計算に引き直して同族関係者等に係る所得税の更正又は決定を行う権限を税務署長に認めたものです。
　このような所得税法157条1項の趣旨、内容からすれば、同族会社の行為又は計算を容認した場合には、その同族関係者等の所得税の負担を不当に減少させる結果となると認められるか否かは、同族会社の具体的行為又は計算が、同族会社と同族関係者等のような特殊の関係にない通常の経済人の行為又は計算として経済的合理性を有しているか否かを基準として判断すべきであり、当該行為又は計算が上記経済的合理性を欠き、結果として、その同族関係者等の所得税の負担が減少している場合は、同族会社の行為又は計算を容認した場合には、その同族関係者等の負担を不当に減少させる結果となると認められるというべきです。

更正又は決定に対する不服申立て等

(1)　概要

　税務署長等が行った更正又は決定などの処分に対して不服がある場合は、その処分の取消しなどを求めて不服申立てをすることができます。
　この不服申立て制度は、納税者の正当な権利や利益を簡易かつ迅速に救済するための手続きであり、処分に対して不服がある納税者は、裁判所に訴訟を提起する前に、まずこの不服申立てを行うことを原則としています。

《国税の不服申立制度の概要》

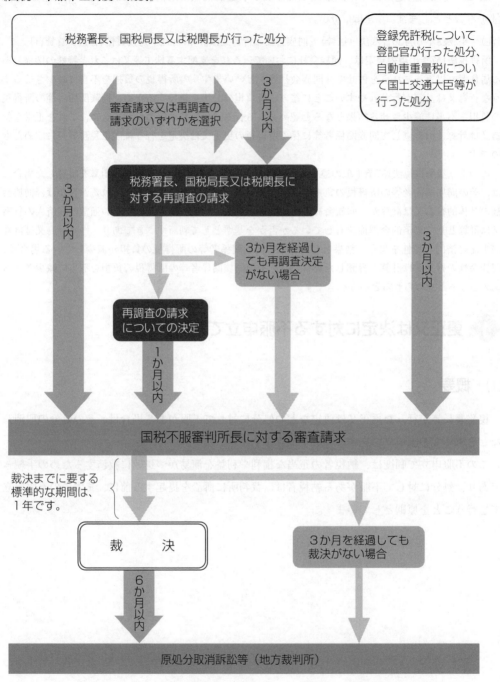

(出典:国税庁ホームページ「国税の不服申立制度の概要図」より抜粋加工)

(2) 再調査の請求

　税務署長が行った更正又は決定に対して不服があるときは、これらの処分の通知を受けた日の翌日から起算して3か月以内に、その処分をした税務署長（その処分に関する調査が国税局の職員によってなされた旨の記載のあるものであるときは国税局長）に対して再調査の請求をすることができます（通法75①②⑤、77①）。

　税務署長は、その処分が正しかったかどうか、改めて見直しを行い、その結果を「再調査決定書」により納税者に通知します。

　この再調査の請求に係る決定により、納税者に不利益となるような変更がされることはありません。

(3) 審査請求

　税務署長又は国税局長が行った更正又は決定に対して不服があるときは、これらの処分の通知を受けた日の翌日から起算して3か月以内に、国税不服審判所長（国税庁長官がした処分であるときは国税庁長官、その処分に関する調査が国税庁の職員によってなされた旨の記載のあるものであるときは国税庁長官）に対して審査請求をすることができます（通法75①②⑤、77①）。

　なお、再調査の請求を行った場合でも、税務署長等の再調査の請求に係る決定後の処分になお不服があるときには、再調査の請求に係る決定書の通知があった日の翌日から起算して1か月以内に、国税不服審判所長に対して審査請求をすることができます（通法75③、77②）。

　また、再調査の請求をした日の翌日から起算して3か月を経過してもその再調査の請求についての決定がない場合やその他再調査の請求についての決定を経ないことにつき正当な理由がある場合には、国税不服審判所長に対して審査請求をすることができます（通法75④）。

　国税不服審判所長は、税務署長の処分が正しかったかどうかを調査・審理し、その結果を「裁決書」により納税者と税務署長に通知します。

　裁決は、税務署長が行った処分よりも納税者に不利益となるような変更がされることはありません。

(4) 訴訟

　国税不服審判所長の裁決があった後の処分に、なお不服があるときには、その裁決があったことを知った日の翌日から起算して6か月以内に、裁判所に訴訟を提起することができます（通法115①、行政事件訴訟法14①）。

　審査請求をした日の翌日から起算して3か月を経過しても裁決がない場合には訴訟を提起することができます（通法115①一）。

第10章 雑則及び罰則

第1節 雑則

 支払調書等の提出等の義務

　給与、利子、配当あるいは特定の報酬・料金などの支払者は、一定の内容の支払調書や源泉徴収票等を所轄税務署長に提出しなければならないこととされています（所法225〜231）。

　所轄税務署長への提出方法は、①e-Tax、②光ディスク（CD・DVD等）及び③書面のいずれかですが、令和3年1月1日以後、法定調書の種類ごとに、前々年の提出すべきであった法定調書の提出枚数が100枚以上の場合は、①e-Tax又は②光ディスク（CD・DVD等）による提出が義務化されています（所法228の4）、

　なお、令和4年4月1日以後は、あらかじめ届け出ることによって、一定のクラウドサービス等を利用した提供が認められています（所規97の4③）。

　主な法定調書の概要は、次のとおりとなっています。

法定調書の種類	提出期限	提出範囲
利子等の支払調書	翌年1月31日 ただし1回の支払ごとに支払調書を作成する場合は、支払確定日（無記名のものについては支払った日。以下同じ）の翌月末日	支払金額が年3万円を超えるもの。ただし、1回の支払ごとに支払調書を作成する場合は1万円（計算期間が6か月以上1年未満のときは5,000円、6か月未満のときは2,500円）を超えるもの （注）原則として法人に支払われるものについてのみ提出を要する。
配当、剰余金の分配及び基金利息の支払調書	支払確定日から1か月以内	1回に支払うべき金額が3万円を超える（計算期間が1年未満の場合は1万5千円）もの

法定調書の種類	提出期限	提出範囲
報酬、料金、契約金及び賞金の支払調書	翌年1月31日	(1) 外交員、集金人、電力量計の検針人及びプロボクサーの報酬、料金 　…同一人に対するその年中の支払金額の合計が50万円を超えるもの (2) バー、キャバレーのホステス等の報酬、料金 　…同一人に対するその年中の支払金額の合計が50万円を超えるもの (3) 社会保険診療報酬支払基金が支払う診療報酬 　…同一人に対するその年中の支払金額の合計が50万円を超えるもの (4) 広告宣伝のための賞金 　…同一人に対するその年中の支払金額の合計が50万円を超えるもの (5) 馬主が受ける競馬の賞金 　…その年中に1回の支払賞金額が75万円を超えるものの支払を受けた者に係るその年中のすべての支払金額 (6) プロ野球の選手などが受ける報酬及び契約金 　…同一人に対するその年中の支払金額の合計が5万円を超えるもの (7) (1)から(6)以外の報酬、料金等 　…同一人に対するその年中の支払金額の合計が5万円を超えるもの
株式等の譲渡の対価等の支払調書	翌年1月31日 ただし「特例方式」による場合には、支払の確定した日の属する月の翌月末日	同一人に対するその年中の支払金額の合計が100万円を超えるもの ただし「特例方式」による場合には、一回の支払金額が30万円を超えるもの
不動産の使用料等の支払調書	翌年1月31日	同一人に対するその年中の支払金額の合計が15万円を超えるもの
不動産等の譲受けの対価の支払調書	翌年1月31日	同一人に対するその年中の支払金額の合計が100万円を超えるもの
不動産等の売買又は貸付けのあっせん手数料の支払調書	翌年1月31日	同一人に対するその年中の支払金額の合計が15万円を超えるもの
給与所得の源泉徴収票	翌年1月31日 ただし、年の中途で退職した人のものについては、その退職後1か月以内	同一人に対するその年中の給与等の支払金額が次に掲げる金額を超えるもの (1) 年末調整をしたもの 　イ　法人の役員……………………………150万円 　ロ　弁護士、公認会計士、税理士等………250万円 　ハ　上記イ、ロ以外の受給者……………500万円 (2) 年末調整をしなかったもの 　イ　法人の役員、乙欄又は丙欄適用者……50万円 　ロ　中途退職者、災害被害者………………250万円 　ハ　年末調整未済者…………………………2,000万円
退職所得の源泉徴収票	退職後1か月以内	法人等の役員等であった人に支払うもの
公的年金等の源泉徴収票	翌年1月31日	(1) 扶養親族等申告書を提出したもの 　　その年中の支払金額の合計額が60万円を超えるもの (2) 上記(1)以外 　　その年中の支払金額の合計額が30万円を超えるもの

（出典：税務大学校講本　所得税法（令和6年度版））

上記の表に次の事項を加えます。

法定調書の種類	提出期限	提出範囲
金地金等の譲渡の対価の支払調書	支払確定日の翌月末日	同一人に対する支払が200万円を超えるもの
有限責任事業組合に係る組合員に関する計算書	組合契約に定める計算期間の終了の日の属する年の翌年1月31日	組合員は個人又は法人のいずれかの場合でも提出する

〔留意事項〕
1. 「給与所得者の源泉徴収票」及び「退職所得の源泉徴収票」は、上記の提出範囲にかかわらず、すべての受給者について作成の上、翌年1月31日まで(年の中途で退職した者の場合は、退職後1か月以内)に受給者に交付しなければならないこととされています(所法226)。

    なお、平成19年1月1日からは給与所得者の源泉徴収票が、平成20年1月1日からは退職所得の源泉徴収票及び公的年金等の源泉徴収票が、電磁的方法により提供することができます。

    この場合には、給与等、退職手当等及び公的年金等の支払をする者は受給者に対し、その用いる電磁的方法の種類及び内容を示し書面又は電磁的方法による承諾を得なければならないこととされています。

    ただし、受給者から請求があるときは、源泉徴収票を交付しなければならないこととされています(所法226④、所令353)。

2. 平成25年1月1日以降に給与等の支払者等が受理する源泉徴収関係書類については、その書類の提出期限の属する年の翌年1月10日の翌日から7年間保存するものとされています。

    また、所轄税務署長から源泉徴収関係書類の提出を求められた場合は、給与等の支払者等は、その求めに応じなければならないこととされています(所規76の3、77⑥、77の4⑨、措規18の23⑤、平24改正規附3、平24改正措規附9)。

3. 消費税法等の施行に伴う法定調書の提出範囲の金額基準及び記載方法については、次のとおりとなっています。

    ① 提出範囲の金額基準については、原則として、消費税等の額を含めることとされています。

    　　ただし、消費税等の額が明確に区分されている場合には、その消費税等の額を含めないで判断しても差し支えないこととされています。

    ② 支払金額には、原則として、消費税等の額を含めることとされています。

    　　ただし、消費税等の額が明確に区分されている場合には、その消費税等の額を含めないで記載してもかまわないことになっていますが、その場合には、「摘要」欄にその消費税等の額を記載することとされています。

4. 「金地金等の譲渡の対価の支払調書」については、平成24年1月1日以後に行われる金地金等の譲渡について適用されています(平23.6改正法附8)。

❷ 財産債務調書の提出

(1) 概要

　所得税及び復興特別所得税の確定申告書を提出しなければならない者又は所得税及び復興特別所得税の還付申告書（その計算した所得税の額の合計額が配当控除の額を超えるものに限ります）を提出することができる者（死亡した者を除きます）でその年の総所得金額及び山林所得の金額の合計額が2,000万円を超え、かつ、その年の12月31日において、その価額の合計額が３億円以上の財産又はその価額の合計額が１億円以上の国外転出特例対象財産を有する場合には、その財産の種類、数量及び価額並びに債務の金額その他必要な事項を記載した財産債務調書をその年の翌年の３月15日までに、所轄税務署長に提出しなければならないこととされています（国外送金法６の２、平27改正法101）。

　財産債務調書の提出にあたっては、財産債務調書に記載した財産の価額及び債務の金額をその種類ごとに合計した金額を記載した「財産債務調書合計表」を添付する必要があります。

〔留意事項〕
1. 申告分離課税の所得がある場合には、それらの特別控除後の所得金額の合計額を加算した金額となります。
　　ただし、次の繰越控除を受けている場合は、その適用後の金額となります（国外送金令12の２⑤）。
　　① 純損失及び雑損失の繰越控除
　　② 居住用財産の買換え等の場合の譲渡損失の繰越控除
　　③ 特定居住用財産の譲渡損失の繰越控除
　　④ 上場株式等に係る譲渡損失の繰越控除
　　⑤ 特定中小会社が発行した株式に係る譲渡損失の繰越控除
　　⑥ 先物取引の差金等決済に係る損失の繰越控除
2. 財産には、国内に所在する財産のほか、国外に所在する財産も含みます。
3. 国外転出特例対象財産とは、所得税法60条の２第１項に規定する有価証券等並びに同条２項に規定する未決済信用取引等及び同条３項に規定する未決済デリバティブ取引に係る権利をいいます（国外送金法６の２①、所法60の２①～③）。
4. 令和４年度税制改正により、上記の財産債務調書の提出すべき者のほか、その年の12月31日において、その価額の合計額が10億円以上の財産を有する者は、財産債務調書を、その年の翌年の６月30日までに、所轄税務署長に提出しなければならないこととされました。
　　この改正は、令和５年分以後の財産債務調書について適用され、上記の「３月15日」が「６月30日」となります。

【参考通達】
・内国税の適正な課税の確保を図るための国外送金等に係る調書の提出等に関する法律（国外財産調書等関係）の取扱いについて

〔第2条（定義）関係〕
　・2-1（対象となる財産の定義（範囲））

〔第6条の2（財産債務調書の提出）関係〕
　・6の2-1（財産債務調書に係る財産の価額の合計額の判定）
　・6の2-2（居住者であるかどうかの判定の時期）
　・6の2-3（財産債務調書の提出先の判定等）
　・6の2-4（規則別表第三（六）、（十一）、（十四）、（十五）の財産の例示）
　・6の2-5（規則別表第三（十七）の未払金の例示）
　・6の2-6（財産債務調書の財産の記載事項）
　・6の2-7（有価証券の所在）
　・6の2-8（財産債務調書の債務の記載事項）
　・6の2-9（債務に係る所在）
　・6の2-10（財産の価額の意義等）
　・6の2-11（見積価額の例示）
　・6の2-12（規則第15条第4項が準用する規則第12条第5項に規定する見積価額のうち減価償却資産の償却後の価額の適用）
　・6の2-13（有価証券の取得価額の例示）
　・6の2-14（共有財産の持分の取扱い）
　・6の2-15（債務の金額の意義）
　・6の2-16（財産債務調書に記載する財産の価額及び債務の金額の取扱い）
　・6の2-17（外貨で表示されている財産債務の邦貨換算の方法）
　・6の2-18（同一人から2以上の財産債務調書の提出があった場合の取扱い）
　・6の2-19（財産債務調書合計表）

(2)　財産の価額

　財産の価額は、その年の12月31日における「時価」又は時価に準ずるものとして「見積価額」によることとされています。

　また、国外財産等の邦貨換算は、同日における「外国為替の売買相場」によることとされています（国外送金法6の2⑤、国外送金令10⑤、12の2③、国外送金通6の2-17）。

(3)　国外財産調書との関係

　財産債務調書を提出する者が「国外財産調書」を提出する場合には、その財産債務調書には、

国外財産調書に記載した国外財産に関する事項の記載は要しないこととされています（国外送金法6の2⑤、平27改正法附101②）。

(4) 財産債務調書制度に関するその他の措置

財産債務調書制度については、次のような措置が設けられています。

① 期限内に財産債務調書の提出がある場合の過少申告加算税等の軽減措置

財産債務調書を提出期限内に提出した場合には、財産債務調書に記載がある財産又は債務に関して所得税の申告漏れが生じた時であっても、過少申告加算税等が5％減額されます（国外送金法6①、6の3①、平27改正法附101）。

② 提出期限内に財産債務調書の提出がない場合等の加重措置

財産債務調書の提出が提出期限内にない場合又は提出期限内に提出された財産債務調書に記載すべき財産債務の記載がない場合（記載が不十分と認められる場合を含みます）に、その財産債務に関して所得税の申告漏れ（死亡した者に係るものを除きます）が生じたときは、過少申告加算税等が5％加重されます。

ただし、その年の12月31日において相続財産債務を有する者の責めに帰すべき事由がなく提出期限内に財産債務調書の提出がない場合又はその年の12月31日において相続財産債務を有する者の責めに帰すべき事由がなく財産債務調書に記載すべき相続財産債務についての記載が無い場合（記載が不十分と認められる場合を含みます）については、加重措置の対象から除かれます（国外送金法6③、6の3②）。

【参考通達】

・内国税の適正な課税の確保を図るための国外送金等に係る調書の提出等に関する法律（国外財産調書等関係）の取扱いについて

〔第6条の3（財産債務に係る過少申告加算税又は無申告加算税の特例）関係〕

・6の3-1（財産債務に基因して生ずる所得）
・6の3-2（財産債務に基因して生ずる所得に該当しないもの）
・6の3-3（重要なものの記載が不十分であると認められる場合）
・6の3-4（法第6条の3第1項及び第2項の適用の判断の基となる財産債務調書）
・6の3-5（相続財産債務を有する者の責めに帰すべき事由がない場合）
・6の3-6（財産債務調書の提出期限前にあった修正申告等に係る過少申告加算税等の特例適用）
・6の3-7（財産債務調書の提出を要しない者から提出された財産債務調書の取扱い）

第10章 雑則及び罰則

❸ 国外財産調書の提出

(1) 概要

　居住者（非永住者を除きます）で、その年の12月31日において、その価額の合計額が5,000万円を超える国外財産を有する場合には、その財産の種類、数量及び価額その他必要な事項を記載した国外財産調書を、その年の翌年の3月15日までに、所轄税務署長に提出しなければならないこととされています（国外送金法5①、所法2①三～五）。

　国外財産調書の提出にあたっては、国外財産調書に記載した財産の価額をその種類ごとに合計した金額を記載した「国外財産調書合計表」を添付する必要があります。

〔留意事項〕
1. 「非永住者」とは、日本の国籍を有しておらず、かつ、過去10年以内において国内に住所又は居所を有していた期間が5年以下である個人をいいます（所法2①四）。
2. 「国外財産」とは、「国外にある財産をいう」こととされています。
　　ここでいう「国外にある」かどうかの判定については、財産の種類ごとに行うこととされ、例えば、次のように、その財産の所在、その財産の受入れをした営業所又は事業所の所在などによることとされています（相法10①②、国外送金法5②、国外送金法令10①）。
　　　例：「不動産又は動産」　→　その不動産又は動産の所在
　　　　　「預金、貯金又は積金」→　その預金、貯金又は積金の受入れをした営業所又は事業所の所在
3. 令和4年度税制改正により、令和5年分以後の国外財産調書の提出時期については、上記の「3月15日」は「6月30日」になります。

【参考通達】
・内国税の適正な課税の確保を図るための国外送金等に係る調書の提出等に関する法律（国外財産調書等関係）の取扱いについて
〔第5条（国外財産債務調書の提出）関係〕
　・5－1（国外財産調書に係る財産の価額の合計額の判定）
　・5－2（居住者であるかどうかの判定の時期）
　・5－3（国外財産調書の提出先の判定等）
　・5－4（規則別表第三（六）、（十一）、（十四）、（十五）の財産の例示）
　・5－5（国外財産調書の記載事項）
　・5－6（相続税法第10条第1項第5号及び第8号により所在の判定を行う財産の例示）
　・5－7（規則第12条第3項により所在の判定を行う財産）
　・5－8（有価証券の内外判定）

- 5-9（国外財産調書の価額の意義等）
- 5-10（見積価額の例示）
- 5-11（規則第12条第5項に規定する見積価額のうち減価償却資産の償却後の価額の適用）
- 5-12（有価証券等の取得価額の例示）
- 5-13（国外財産調書に記載する財産の価額の取扱い）
- 5-14（外貨で表示されている財産の邦貨換算の方法）
- 5-15（共有財産の持分の取扱い）
- 5-16（同一人から2以上の国外財産調書の提出があった場合の取扱い）
- 5-17（国外財産調書合計表）

(2) 国外財産の価額

国外財産の「価額」は、その年の12月31日における「時価」又は時価に準ずるものとして「見積価額」によることとされています。

また、「邦貨換算」は、同日における「外国為替の売買相場」によることとされています（国外送金法5②、国外送金令10③④、国外送金規12⑤、国外送金通5-14）。

(3) 国外財産調書制度に関するその他の措置

国外財産調書制度については、次のような措置が設けられています。

① 期限内に国外財産調書の提出がある場合の過少申告加算税等の軽減措置

国外財産調書を提出期限内に提出した場合には、国外財産調書に記載がある国外財産に関して所得税の申告漏れが生じた時であっても、過少申告加算税等が5％減額されます（国外送金法6①）。

② 提出期限内に財産債務調書の提出がない場合等の加重措置

国外財産調書の提出が提出期限内にない場合又は提出期限内に提出された国外財産調書に記載すべき国外財産の記載がない場合（記載が不十分と認められる場合を含みます）に、その国外財産に関して所得税の申告漏れ（死亡した者に係るものを除きます）が生じたときは、過少申告加算税等が5％加重されます。

ただし、その年の12月31日において相続国外財産を有する者の責めに帰すべき事由がなく提出期限内に国外財産調書の提出がない場合又はその年の12月31日において相続財国外産を有する者の責めに帰すべき事由がなく国外財産調書に記載すべき相続国外財産についての記載が無い場合（記載が不十分と認められる場合を含みます）については、加重措置の対象から除かれます（国外送金法6③）。

③ 国外財産に係る所得税に関して修正申告等がある場合

国外財産に係る所得税に関し修正申告等がある場合で、その修正申告等のあった日前に、国税庁、国税局又は税務署の当該職員から国外財産調書に記載すべき国外財産の取得、運用又は

処分に係る書類(その電磁的記録を含みます)又はその写しの提示又は提出を求められた場合において、その提示又は提出を求められた日から60日を超えない範囲内においてその提示又は提出をしなかったとき(その者の責めに帰すべき事由がない場合を除きます)における加算税の軽減措置又は加重措置の適用については、次のとおりとされています(国外送金法6⑦)。
・その国外財産に係る加算税の軽減措置は、適用しない。
・その国外財産に係る加算税の加重措置は、加算する割合を10%とします。
　ただし、上記②のただし書に該当する場合には、その加算する割合は5%とされます。

④ 国外財産調書の不提出等に対する罰則
　国外財産調書に偽りの記載をして提出した場合又は国外財産調書を正当な理由なく提出期限内に提出しなかった場合には、1年以下の懲役(注)又は50万円以下の罰金に処されます。
　ただし、期限内に提出しなかった場合には、情状により、その刑を免除することができることとされています(国外送金法10)。
(注)「懲役」は、刑法等の一部を改正する法律(令和4年法律67号)の施行日以降は、「拘禁刑」となります。

【参考通達】
・内国税の適正な課税の確保を図るための国外送金等に係る調書の提出等に関する法律(国外財産調書等関係)の取扱いについて
〔第6条(国外財産に係る過少申告加算税又は無申告加算税の特例)関係〕
　・6-1 (国外財産に基因して生ずる所得)
　・6-2 (国外財産に基因して生ずる所得に該当しないもの)
　・6-3 (重要なものの記載が不十分であると認められる場合)
　・6-4 (法第6条第1項及び第3項の適用の判断の基となる国外財産調書)
　・6-5 (相続国外財産を有する者の責めに帰すべき事由がない場合)
　・6-6 (国外財産調書の提出を要しない者から提出された国外財産調書の取扱い)
　・6-7 (居住者の責めに帰すべき事由がない場合)
　・6-8 (国外財産調書の提出期限前にあった修正申告等に係る過少申告加算税等の特例適用)
　・6-9 (国外財産に関する書類の提示又は提出がなかった場合の過少申告加算税等の特例の対象となる国外財産の単位)
　・6-10 (法第6条第7項の規定により読み替えられた同条第3項の「修正申告等の基因となる相続国外財産についての記載がない場合」の範囲)

第2節 罰則

　所得税の申告納税制度を有効に維持するとともに、納税義務者に課された各種義務が適正に果たされるための担保として、国税通則法には加算税、所得税法には罰則の規定が設けられています。

　納税義務、その他各種義務の違反者に対しては、加算税のほかに、下記の表のように刑事上の制裁として刑事罰が課されます。

■罰則関係（例示）

分類	種別	罪名	刑罰	条文
脱税犯（注1）	申告納税		懲役10年以下　罰金1,000万円以下 （脱税額が1,000万円を超える場合は、その脱税額以下）	所法238
	源泉徴収	脱税犯	懲役10年以下　罰金100万円以下 （脱税額が100万円を超える場合は、その脱税額以下）	所法239
		不納付犯	懲役10年以下　罰金200万円以下 （脱税額が200万円を超える場合は、その脱税額以下）	所法240
秩序犯（注2）	単純無申告犯		懲役1年以下　罰金50万円以下	所法241
	国外財産調書の不提出・虚偽記載		懲役1年以下　罰金50万円以下	国外送金法10
	その他の秩序犯		懲役1年以下　罰金50万円以下	所法242
その他	秘密漏洩の罪 （守秘義務違反）		懲役2年以下　罰金100万円以下	通法127
	煽動犯		懲役3年以下　罰金20万円以下	通法126

（注1）　脱税犯とは、偽りその他不正な行為により税を免れることを内容とする犯罪をいいます。
（注2）　秩序犯とは、行政上の各種の義務規定に違反する行為（不作為を含む）を内容とする犯罪をいいます。

（出典：税務大学校講本　所得税法（令和6年度版））

第11章 国税電子申告・納税システム（e-Tax）

　国税電子申告・納税システム（e-Tax）とは、あらかじめ電子申告・納税等開始届出書を提出し、登録することにより、インターネットで国税に関する申告や納税、申請・届出などの手続きを行い、また、汎用的に受付処理するシステムの総称をいいます。

 e-Taxの概要とメリット

　税務署に出向くことなく、インターネットを利用して申告や納税などの各種手続きをすることができます。

　税金の納付も、金融機関や税務署の窓口に出向くことなく、ダイレクト納付（注）やインターネットバンキング、ペイジー（Pay-easy）対応のATMを利用してすべての税目について行うことができます。

（注）「ダイレクト納付」とは、事前に税務署に届出をしておけば、e-Taxを利用して電子申告などをした後に、簡単な操作で、届出をした預貯金口座からの振替により、即時又は期日を指定して国税の納付を行うことができるものです。

　メリットは、次のとおりです。

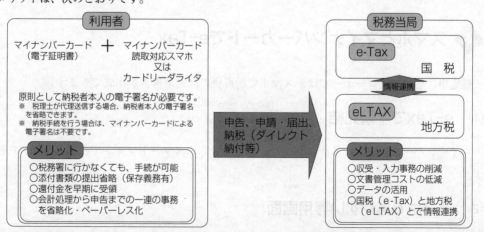

（出典：国税庁パンフレット「確定申告書作成コーナー／e-Tax（国税電子申告・納税システム）」より抜粋加工）

❷ 「確定申告書等作成コーナー」でできること

・所得税・個人事業者の消費税・贈与税の申告書、更正の請求書及び修正申告書が作成できる
・画面の案内に沿って金額等を入力するだけで申告書等の作成ができる
・税額等が自動計算されるので、計算誤りなく申告書等が作成できる
・スマホやタブレットで申告書等が作成できる
・マイナンバーカードを利用してe-Taxで送信できる
・作成中のデータを一時保存して、途中から作成を再開できる
・作成した申告書等データを保存して、翌年申告する時に活用できる
・マイナポータルと連携することで、医療費やふるさと納税等の情報を一括取得し申告書等へ自動入力できる

詳しくは、国税庁ホームページの『確定申告書等作成コーナー』をご利用ください。

❸ 申告書等を作成して税務署に提出するまでの流れ

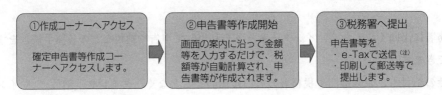

（注） e-Taxで送信する場合は、マイナンバーカード読取対応のスマートフォン（又はICカードリーダライタ）が必要となります。
　　　また、マイナンバーカード等をお持ちでない方については、税務署の職員と対面による本人確認を行って発行されたID・パスワードのみでe-Tax送信ができます。
　　　（出典：国税庁パンフレット「確定申告書等作成コーナー／e-Tax（国税電子申告・納税システム）」より抜粋加工）

❹ スマホとマイナンバーカードでe-Tax

確定申告書等作成コーナーでは、スマホで所得税の確定申告書が作成できます。

(1) e-Taxで手続完結

マイナンバーカードとマイナンバーカード読取対応のスマートフォンでe-Tax送信ができます。

(2) スマホで見やすい専用画面

給与収入がある方や年金収入、副業等の雑所得がある方などは、スマホやタブレット専用の

画面を利用できます。

5 マイナポータルを活用した所得税確定申告書の簡便化（マイナポータル連携）

確定申告手続きでは、医療費控除やふるさと納税に係る証明書などのデータを、マイナポータル経由で一括取得して、申告書で自動入力することが可能となります（マイナポータル連携）。

なお、マイナポータル連携で自動入力される情報は、今後順次拡大が予定されています。

また、マイナポータル連携を利用するには、マイナンバーカードとマイナンバーカード読取対応のスマートフォン（又はICカードリーダライタ）が必要になります。

(1) マイナポータル連携

所得税確定申告では、給与所得の源泉徴収票や各種控除証明書等のデータを、マイナポータルを通じて一括取得し、確定申告書の該当項目へ自動入力することが可能です。詳しくは国税庁ホームページ「マイナポータルを活用した所得税確定申告の簡便化（マイナポータル連携）」をご覧ください。

(2) 自動ダイレクト

e-Taxで申告等データを送信する際に、必要事項にチェックするだけで、各申告手続の法定納期限当日（法定納期限当日に申告手続をした場合は、翌取引日）に自動的に口座引落しにより納付が行えます。

※ ダイレクト納付利用届出書を提出し、登録が完了している人が利用できます。

(3) マイページ

e-Taxのマイページでは、スマートフォンやパソコンからe-Taxに登録されている「本人（法人）情報」や申告の参考となる「各税目に関する情報」について、確認できます。

(4) 国・地方の連携

eLTAXを利用して、給与等支払報告書（各市区町村が提出先）と、源泉徴収票（所轄税務署が提出先）を同時に作成し、一括送信することができます。詳しくはeLTAXホームページ（https://www.eltax.lta.go.jp/news/01124）をご確認ください。

(5) スマホ等の活用

スマートフォンを利用して、より便利にe-Taxをご利用いただけます。詳しくは国税庁ホームページ「コラム《スマートフォンを利用して、e-Taxがより便利に》」をご覧ください。

第12章 新型コロナウイルスに係る所得税の特例

　新型コロナウイルス感染症等の影響に対応するための国税関係法律の臨時特例に関する法律（以下、「新型コロナ法」といいます）が令和2年4月30日に公布・施行されました。
　新型コロナ法の概要等は次のとおりとなります。

1 給付金の非課税等

　都道府県、市町村又は特別区から給付等される次の給付金及び貸付金の債務免除益については、これまで、家計への支援のための給付金（例えば、定額給付金等）は家計への支援のためという性格を有していることや児童手当が非課税とされていること等を踏まえ、所得税は課されないこととされています。
① 特別定額給付金（新型コロナ税特法4①一、新型コロナ税特規2①）
② 子育て世帯への臨時特別給付金（新型コロナ税特法4①二、新型コロナ税特規2③）
③ 緊急小口資金及び総合支援資金の貸付けに係る債務免除益（新型コロナ税特法4③、新型コロナ税特規2④）

2 住宅借入金等を有する場合の所得税額の特別控除

(1) 特別特定取得

　住宅の取得等で特別特定取得に該当するものを取得した個人が、特別特定取得をした家屋を、令和2年12月31日までにその者の居住の用に供することができなかった場合において、次に掲げる要件を満たすときは、住宅借入金等を有する場合の所得税額の特別控除の特例（措法41）を適用できます（新型コロナ税特法6④⑤、新型コロナ税特令4③）。
① 新型コロナウイルス感染症及びそのまん延防止のための措置の影響により、特別特定取得をした家屋を令和2年12月31日までにその者の居住の用に供することができなかったこと

②　上記①の家屋の特別特定取得に係る契約が、次に掲げる住宅の取得等の区分に応じそれぞれ次に定める日までに締結されていること
　イ　居住用家屋の新築又は認定住宅の新築　⇒　令和2年9月30日
　ロ　居住用家屋で建築後使用されたことのないもの若しくは既存住宅の取得、一定の居住の用に供する家屋の増改築等又は認定住宅で建築後使用されたことのないものの取得　⇒　令和2年11月30日
③　上記①の家屋を令和3年1月1日から同年12月31日までの間にその者の居住の用に供すること

(2) 既存住宅の増改築等

　既存住宅の取得をし、かつ、当該既存住宅をその者の居住の用に供する前に当該既存住宅の増改築等をした個人が、当該既存住宅をその取得の日から6か月以内にその者の居住の用に供することができなかった場合において、次に掲げる要件を満たすときは、住宅借入金等を有する場合の所得税額の特別控除（措法41）を適用できます（新型コロナ税特法6①②、新型コロナ税特令4①）。

①　新型コロナウイルス感染症及びそのまん延防止のための措置の影響により、既存住宅をその取得の日から6か月以内にその者の居住の用に供することができなかったこと
②　上記①の既存住宅につき行う増改築等に係る契約が、当該既存住宅の取得をした日から5か月を経過する日又は新型コロナ税特法の施行の日（令和2年4月30日）から2か月を経過する日のいずれか遅い日までに締結されていること
③　上記①の既存住宅の増改築等の日から6か月以内に当該既存住宅をその者の居住の用に供すること

　なお、要耐震改修住宅の取得をし、一定の日までに耐震改修に係る契約を締結している個人が、当該要耐震改修住宅をその取得の日から6か月以内にその者の居住の用に供することができなかった場合についても、同様の措置が講じられています（新型コロナ税特法6③）。

(3) 居住の用に供する期間の特例

①　住宅の新築取得等で特別特例取得に該当するものを新築取得等した個人は、その特別特例取得(注1)をした家屋を令和3年1月1日から令和4年12月31日までの間にその者の居住の用に供した場合には、①住宅借入金等を有する場合の所得税額の特別控除、②認定住宅の新築等に係る住宅借入金等を有する場合の所得税額の特別控除の特例及び③東日本大震災の被災者等に係る住宅借入金等を有する場合の所得税額の特別控除の控除額に係る特例並びにこれらの控除の控除期間の3年間延長の特例を適用することができます（新型コロナ税特法6の2①）。
②　個人又は住宅被災者が、国内において、特例居住用家屋(注2)の新築取得等で特例特別特例取得(注1)に該当するものを新築取得等した場合には、上記①の特例を適用すること

ができます。

　ただし、その者の13年間の控除期間のうち、その年分の所得税に係る合計所得金額が1,000万円を超える年については適用できないとされています。

(注1)　上記①の「特別特例取得」及び上記②の「特例特別特例取得」とは、現行の消費税率により取得したものであって、その契約が次の期間内に締結されているものをいいます（新型コロナ税特法6の2②⑩、新型コロナ税特令4の2①⑭）。

　　・家屋の新築の場合　⇒　令和2年10月1日から令和3年9月30日まで
　　・家屋の取得又は家屋の増改築等の場合　⇒　令和2年12月1日から令和3年11月30日まで

(注2)　上記②の「特例居住用家屋」とは、居住の用に供する次の家屋をいいます（新型コロナ税特法6の2④、新型コロナ税特令4の2②）。

　　・一棟の家屋で床面積が40㎡以上50㎡未満であるもの
　　・一棟の家屋で、その構造上区分された数個の部分を独立して住居その他の用途に供することができるものにつきその各部分を区分所有する場合には、その区分所有する部分の床面積が40㎡以上50㎡未満であるもの

第13章 復興特別所得税

　東日本大震災からの復興のための施策を実施するために必要な財源の確保に関する特別措置法が公布され、「復興特別所得税」が創設されました。
　これにより平成25年から令和19年までの各年分の確定申告及び源泉徴収については、所得税及び復興特別所得税を併せて申告・徴収・納税することになります。

1 納税義務者

　所得税を納める義務のある者は、復興特別所得税も併せて納める義務があります（復興財確法8①）。

2 課税対象

　平成25年から令和19年までの各年分の基準所得税額（下記）が、復興特別所得税の課税対象となります（復興財確法9①）。
　なお、給与所得者は、平成25年1月1日以降に支払を受ける給与等から復興特別所得税が源泉徴収されています。

3 基準所得税額

　基準所得税額は、次の表のとおりとなります（復興財確法10一～三）。
　なお、その年分の所得税において外国税額控除の適用がある居住者については、外国税額控除を控除する前の所得税額となります。

区　分		基　準　所　得　税　額
居住者	非永住者以外	すべての所得に対する所得税額
	非永住者	国外源泉所得以外の所得及び国外源泉所得で国内払のもの又は国外から送金されたものに対する所得税額
非居住者		国内源泉所得に対する所得税額

（出典：税務大学校講本　所得税法（令和6年度版））

4 課税標準

復興特別所得税の課税標準は、その年分の基準所得税額となります（復興財確法12）。

5 復興特別所得税額の計算

復興特別所得税額は、次の算式で求めることになります（復興財確法13）。

〔算式〕
　復興特別所得税額＝基準所得税額×2.1％

なお、その年分の所得税において外国税額控除の適用がある居住者のうち控除対象外国所得税額が所得税の控除限度額を超える者については、その超える金額をその年分の復興特別所得税額から控除することができます。

ただし、その年分の復興特別所得税額のうち国外所得に対応する部分の金額が限度とされます（復興財確法14①、復興特別所得税に関する政令3）。

6 所得税及び復興特別所得税の予定納税

平成25年分から令和19年までの各年分において、予定納税基準額及びその予定納税基準額に100分の2.1を乗じて計算した金額の合計額が15万円以上である者は、所得税及び復興特別所得税の予定納税をすることになります（復興財確法16①）。

7 確定申告

平成25年分から令和19年までの各年分の確定申告については、所得税と復興特別所得税を併せて申告しなければならないことになります。

また、所得税及び復興特別所得税の申告書には、基準所得税額、復興特別所得税等一定の事項を併せて記載することになります（復興財確法17）。

所得税及び復興特別所得税の納付

　所得税及び復興特別所得税の申告書を提出した者は、その申告書の提出期限までに、その申告書に記載した納付すべき所得税及び復興特別所得税の合計額を納付することになります（復興財確法18）。

 所得税及び復興特別所得税の還付

　所得税及び復興特別所得税の申告書を提出した者について、所得税及び復興特別所得税の額の計算上控除しきれない予定（特別）税額及び源泉徴収（特別）税額があるときは、その控除しきれない金額が還付されます（復興財確法19）。

 源泉徴収等

(1) 源泉徴収

　源泉徴収義務者は、給与その他源泉徴収をすべき所得を支払う際、その所得について所得税及び復興特別所得税を徴収し、その法定納期限までに、これを納付することになります（復興財確法8②、28①）。

(2) 年末調整

　給与等の年末調整をする源泉徴収義務者は、平成25年分から令和19年までの各年分においては、所得税及び復興特別所得税の年末調整を併せて行うことになります（復興財確法30）。

第14章 源泉徴収

第1節 源泉徴収制度

　所得税は、「申告納税制度」を建前としていますが、これと併せて、特定の所得については、その所得の支払者（源泉徴収義務者）が、その支払の際に、所定の所得税の額を計算し、徴収して納付する「源泉徴収制度」を採用しています。

源泉徴収制度の仕組み

　源泉徴収制度とは、①給料や報酬などの支払をする者（源泉徴収義務者）が、②給料などを支払う際、その給料の額などに応じて定められている所得税の額を計算し、③その所得税額を差し引いて（源泉徴収）、一定の期日までにその源泉徴収した所得税を国に納付する制度をいいます。

　また、源泉徴収制度は、源泉徴収だけでその納税を完結する大部分の給与所得者にとっては、確定申告及び納税の手数が大幅に省略されるなど、納税義務者の便宜並びに国の歳入確保及びその平準化が図れる点で非常に優れた合理的で能率的は制度とされています。

(1) 源泉徴収の対象となる所得及び源泉徴収税率

①　居住者（国内に住所を有する個人又は現在まで引き続いて1年以上居所を有する個人）の場合

源泉徴収の対象とされている所得の種類と範囲		源泉徴収税率等
1 利子等	①公社債及び預貯金の利子、②合同運用信託、公社債投資信託及び公募公社債等運用投資信託の収益の分配、③勤労者財産形成貯蓄保険契約等に基づく差益など（所法23、181①、措法3の3①③、4の4①、6②、9の3の2①）	源泉分離…15.315%（所法182一、措法3①、3の3①③、4の4①）
	①上場株式等の配当等（特定株式投資信託の収益の分配を含み、②〜⑥を除く。また、大口株主等が受ける配当等を除く）、②公募証券投資信託の収益の分配（公社債投資信託及び特定株式投資信託を除く）、③特定投資法人の投資口の配当等（所	15.315%（措法9の3①②）

		法24、25、181①）	
2	配当等	④公募投資信託の収益の分配（証券投資信託、特定株式投資信託及び公募公社債等運用投資信託を除く）、⑤公募特定受益証券発行信託の収益の分配、⑥特定目的信託の社債的受益権の剰余金の配当（公募のものに限る）（措法8の4①）	15.315% （所法182二、措法8の4、9の3）
		⑦ ①～⑥以外の配当等 （所法24、25、181①）	20.42%（普通税率適用分） （所法182二）
		⑧私募公社債等運用投資信託の収益の分配、⑨特定目的信託の社債的受益権の剰余金の配当（私募のものに限る）（所法24、181①）	源泉分離…15.315% （措法8の2①、8の3①）
3	給与等	俸給、給料、賃金、歳費、賞与その他これらの性質を有するもの（所法28、183）	給与所得の源泉徴収税額表等による（所法185、186、190）
4	退職手当等	①退職手当、一時恩給その他これらの性質を有するもの、②社会保険制度等に基づく一時金など(所法30、31、199、措法29の4）	「退職所得の受給に関する申告書」 有…課税退職所得金額に対して税率適用（所法201①） 無…20.42%(所法201③）
5	公的年金等	①国民年金、厚生年金等、②恩給（一時恩給を除く）、過去の勤務に基づき使用者から支給される年金、③確定給付企業年金など（所法35③、203の2、所令82の2）	「扶養親族等申告書」 1 提出が可の場合 　有…人的控除額等を控除後5.105%（一定の場合10.21%） 　無…5.105%（人的控除額の控除の適用なし） 2 提出が不可の場合 　…支給金額からその25%を控除後10.21% （所法203の3）
6	報酬・料金等	次に掲げる報酬・料金、契約金、賞金等（所法204、所令320、措法41の20） (1) 原稿料、デザイン料、講演料、放送謝金、工業所有権等の使用料、技芸・スポーツ・知識等の教授・指導科など (2) 弁護士、公認会計士、税理士等の報酬・料金 (3) 社会保険診療報酬支払基金から支払われる診療報酬 (4) 外交員、集金人、電力量計の検針人、プロ野球の選手、プロサッカーの選手等の報酬・料金 (5) 芸能、ラジオ放送及びテレビジョン放送の出演、演出等の報酬・料金並びに芸能人の役務提供事業を行う者が支払を受けるその役務の提供に関する報酬・料金 (6) バー・キャバレー等のホステス、バンケットホステス・コンパニオン等の報酬・料金 (7) 役務の提供を約すること等により一時に支払われる契約金（例えば、プロ野球選手に支払われる契約金） (8) 事業の広告宣伝のための賞金及び馬主が受ける競馬の賞金	1 2段階税率が適用されるもの 　100万円以下の金額部分10.21% 　100万円超の金額部分20.42% 　（所法205一） 2 単一税率が適用されるもの 　控除額控除後10.21% 　（所法205二、所令322）
7	生命保険契約、損害保険契約等に基づく年金（所法207）		10.21%(掛金相当額控除後) （所法208）
8	金融類似商品	①定期積金の給付補填金、②銀行法第2条第4項の契約に基づく給付補填金、③抵当証券の利息、④貴金属の売戻し条件付売買の利益、⑤外貨投資口座の為替差益等、⑥一時払養老保険等の差益(所法174三～八、209の2）	源泉分離…15.315% （所法209の3、措法41の10①）

	源泉徴収の対象とされている所得の種類と範囲	源泉徴収税率等
9	匿名組合契約等に基づく利益の分配（所法210）	20.42% （所法211）
10	特定口座内保管上場株式等の譲渡による所得等(措法37の11の4)	15.315%（措法37の11の4）
11	懸賞金付預貯金等の懸賞金等（措法41の9）	源泉分離…15.315% （措法41の9）
12	割引債の償還差益（措法41の12）	源泉分離…18.378%（一部16.336%）（措法41の12）
13	割引債の償還金に係る差益金額（措法41の12の2）	15.315% （措法41の12の2）

（出典：税務大学校講本　所得税法（令和6年度版））

② 内国法人（国内に本店又は主たる事務所を有する法人）の場合

	源泉徴収の対象とされている所得の種類と範囲		源泉徴収税率等
1	利子等（居住者の場合の①及び②に同じ）（所法174一、212③）		15.315%（所法213②一、措法3の3②③、6②）
2	配当等	①上場株式等の配当等（特定株式投資信託の収益の分配を含み、②～⑥を除く）、②公募証券投資信託の収益の分配（公社債投資信託及び特定株式投資信託を除く）、③特定投資法人の投資口の配当等(所法174二、212③)	15.315%（措法9の3）
		④公募投資信託の収益の分配（証券投資信託、特定株式投資信託及び公募公社債等運用投資信託を除く）、⑤公募特定受益証券発行信託の収益の分配、⑥特定目的信託の社債的受益権の剰余金の配当（公募のものに限る）（措法9の3）	15.315% （所法213②二、措法9の3、9の3の2）
		⑦ ①～⑥以外の配当等 (所法174二、212③)	20.42%（普通税率適用分） （所法213②二）
		⑧私募公社債等運用投資信託の収益の分配、⑨特定目的信託（社債的受益証券に限る）の収益の分配(所法174二、212③)	源泉分離……15.315% （措法8の2③、8の3②）
3	金融類似商品（居住者の場合に同じ）（所法174三～八、212③）		15.315% （所法213②一）
4	匿名組合契約等に基づく利益の分配（所法174九、212③）		20.42% （所法213②二）
5	馬主が受ける競馬の賞金（所法174十、212③）		10.21%（「賞金額×20%＋60万円」を控除後）（所法213②三）
6	懸賞金付預貯金等の懸賞金等（措法41の9）		15.315% （措法41の9）
7	割引債の償還差益（措法41の12）		18.378%（一部16.336%） （措法41の12）
8	割引債の償還金に係る差益金額（措法41の12の2）		15.315% （措法41の12の2）

（出典：税務大学校講本　所得税法（令和6年度版））

③ 非居住者（居住者以外の個人）及び外国法人（内国法人以外の法人）の場合

源泉徴収の対象とされている所得の種類と範囲	源泉徴収税率等
1　次に掲げる対価等で国内にその源泉のあるもの（所法161①四～十六、212①②⑤） (1) 組合契約事業から生ずる利益で配分を受けるもの（恒久的施設を有する非居住者及び外国法人のみ） (2) 土地等、建物等の譲渡による対価 (3) 人的役務の提供事業を行う者が受けるその役務提供の対価 (4) 不動産、船舶、航空機などの貸付けの対価及び地上権などの設定の対価 (5) 利子等 (6) 配当等 (7) 貸付金の利子 (8) 工業所有権、著作権等の使用料又は譲渡の対価 (9) 給与その他人的役務の提供に対する報酬等（非居住者のみ） (10) 事業の広告宣伝のための賞金品 (11) 生命保険契約・損害保険契約等に基づく年金 (12) 定期積金の給付補塡金等 (13) 匿名組合契約等に基づく利益の分配	原則として20.42% （所法213①） （注） (2)は 10.21%、(5)及び(12)は15.315%、(6)のうち上場株式等の配当等（大口株主等である個人が受ける配当を除く）については 15.315%。 なお、租税条約が適用され、税率が軽減される場合がある。
2　国内に恒久的施設を有する非居住者が行う特定口座内保管上場株式等の譲渡による所得等（措法37の11の4）	15.315% （措法37の11の4）
3　懸賞金付預貯金等の懸賞金等（措法41の9）	15.315% （措法41の9）
4　割引債の償還差益（措法41の12）	18.378%（一部16.336%） （措法41の12）
5　割引債の償還金に係る差益金額（措法41の12の2）	15.315% （措法41の12の2）

（出典：税務大学校講本　所得税法（令和6年度版））

(2) 源泉徴収義務者

源泉徴収義務者とは、源泉徴収による所得税及び復興特別所得税を徴収して国に納付しなければならない者で、所得税法では「給与等の支払をする者」などと規定しています（所法6、通法2⑤、復興財確法8②）。

したがって、源泉徴収義務者には、法人だけでなく個人も含まれます。

なお、常時2人以下の家事使用人のみに給与等の支払をする個人は、源泉徴収を要しないこととされています（所法184）。

(3) 源泉徴収に係る所得税の納税地

源泉徴収義務者が源泉徴収した所得税及び復興特別所得税の納税地は、その者の「事務所、事業所その他これらに準ずるもの」で、その支払事務を取り扱うものの、その支払の日における「所在地」（支払の日以後に支払事務所の移転があった場合には、移転後の所在地）とされています（所法17、復興財確法11②）。

(4) 源泉徴収及び納付の時期

源泉徴収は「支払の際」に行うことと定められており、支払をする時に所得税及び復興特別所得税を徴収することになります。

源泉徴収した所得税及び復興特別所得税は、徴収の日の属する月の翌月10日までに納付書に所得税徴収高計算書を添えてe-Tax、金融機関又は所轄の税務署で納付しなければならないこととされています（所法181①、183①、190、204①、220、復興財確法28⑧等）。

ただし、特定のものについては、納期の特例があり、常時10人に満たない給与所得者に対する給与等の支払者が、税務署長の承認を受けた場合には、給与、退職手当など特定の所得又は報酬に関して源泉徴収した所得税及び復興特別所得税について、次のとおり、年2回にまとめて納付する納期の特例制度が設けられています。

この場合、期限までに一括して納付すればよく、源泉徴収義務者の事務の簡素化が図られています（所法216、復興財確法28⑧）。

① 1月～6月 ⇒ 7月10日まで
② 7月～12月 ⇒ 翌年1月20日まで

【参考通達】
・所得税基本通達216-1（常時10人未満であるかどうかの判定）
・所得税基本通達216-2（納期の特例の承認の効果）
・所得税基本通達219-1（納期の特例の承認の取消し等があった場合の納期限の例示）

2 源泉徴収と居住者の確定申告

(1) 利子所得

原則、15.315％（ほかに地方税5％）の税率で所得税及び復興特別所得税が源泉徴収されるほか、他の所得と総合して確定申告（総合課税）をする必要がありますが、租税特別措置法の規定により所得税及び復興特別所得税の源泉徴収のみ（分離課税）で、納税が完了することとされています（措法3、3の3）。

(2) 配当所得

原則、15.315％（ほかに地方税5％）又は20.42％の税率で所得税及び復興特別所得税が源泉徴収されます。

また、他の所得と総合して確定申告（総合課税）をする必要がありますが、一定のものについては、租税特別措置法の規定により、他の所得と分離して確定申告（申告分離課税）をするか、又は確定申告をしないこと（確定申告不要制度）を選択することができるほか、源泉徴収

だけで納税が完結する源泉分離課税の対象とされています（措法8の4①、8の2、8の5①）。

(3) 給与所得と退職所得

「給与所得者の扶養控除等申告書」を提出した居住者で、その年中に支払を受ける給与等の金額が2,000万円以下の者については、給与等の支払者が、その年最後の給与等を支払うときにその年間の給与等の総額について確定申告をするときと同様に、その年の年税額を計算し、給与等の支払の都度徴収した税額の合計額と比較して、不足額があるときはその年最後の支給額から徴収し、超過額があるときはその年最後の支給額から徴収すべき税額に充当（充当しきれない超過額は過納額として還付）して調整する年末調整（所法190）の方法により、その者のその年分の所得税及び復興特別所得税の額が精算され、一定の事由を除き、大部分の所得者は、確定申告をする必要はないことになっています（所法190、121①、復興財確法30①）。

退職所得の場合も、「退職所得の受給に関する申告書」を提出した居住者については、退職所得等の支払者が、その支払の際に退職所得に対する所得税及び復興特別所得税の源泉徴収を行い、一定の事由を除き、大部分の者が確定申告をする必要はないことになっています（所法199、121②、復興財確法28⑧）。

(4) その他の所得

上記(1)から(3)以外の所得（例えば、事業所得、一時所得又は雑所得など）については、原則、他の所得と総合して確定申告（総合課税）をする必要があります（所法120）。

これらの所得について、所得税及び復興特別所得税が源泉徴収されている場合には、その源泉徴収税額は、確定申告の際に控除されます。

第2節 源泉徴収

利子所得に対する源泉徴収

利子等の支払をする者は、その支払の際その支払うべき金額に対して、原則として15.315%（ほかに地方税5％）の税率を適用して源泉徴収します（所法181、182、措法3）。

〈源泉徴収をしないもの〉
① 障害者等の少額預金等の利子等（所法10、措法4）
② 勤労者財産形成住宅（年金）貯蓄の利子等（措法4の2、4の3）

③ 納税準備預金の利子（措法5） など

2 配当所得に対する源泉徴収

　通常の配当等については、原則20.42％の税率を適用して源泉徴収します。
　上場株式等の配当等（一定のもの(注)を除きます）については、15.315％（ほかに地方税5％）の税率を適用して源泉徴収します（措法9の3）。
（注）「一定のもの」とは、発行済株式の総数又は出資の総数又は総額の3％以上を有する個人（いわゆる大口株主等）が支払を受けるべき上場株式等の配当等をいいます。

　公募証券投資信託（公社債投資信託及び特定株式投資信託を除きます）の収益の分配及び特定投資法人の投資口の配当等についても、同様の軽減措置が図られています（措法8の5）。

3 給与所得に対する源泉徴収

(1) 源泉徴収に関する申告書

　居住者に対し国内において給与等の支払をする者（源泉徴収義務者）は、その支払の際、所得税及び復興特別所得税の徴収を行わなければならないが、所得税法では、所得税を課税する際に、居住者の個人的事情等に配慮することとしていることから、源泉徴収義務者においても、所得税の源泉徴収に関して給与所得者の個人的事情等を把握する必要があります。
　このため、給与所得者（居住者）は、源泉徴収義務者を経由して次に掲げる各種申告書を所轄税務署長に提出しなければならないこととされています。
　なお、各種申告書については、2か所以上から給与等の支払を受ける場合には、主たる給与等の支払者に対してのみ提出することができます（所法194、195の2、195の3、196）（従たる給与についての扶養控除等申告書を除きます）。

① **給与所得者の扶養控除等申告書**

　給与所得について、毎月の給与や賞与の税額計算の際と年末調整の際とに諸控除を受けるための申告書で、控除対象配偶者、扶養親族、障害者の有無などを記載し、毎年最初の給与等の支払を受ける日の前日までに提出することとされています。
　なお、扶養親族等がいない場合にも提出が必要とされ、また、記載内容に異動を生じたときは、異動申告書を提出することとされています（所法194、所規73）。

② **給与所得者の配偶者控除等申告書**

　年末調整の際に配偶者控除や配偶者特別控除を受けるための申告書で、給与所得者とその配偶者のその年の見積合計所得金額と見積合計所得金額に応じて計算される配偶者控除又は配偶者特別控除等を記載し、その年最後の給与等の支払を受ける日の前日までに提出することとされています（所法195の2）。

③ 給与所得者の基礎控除申告書

　年末調整の際に基礎控除を受けるための申告書で、給与所得者のその年の見積合計所得金額等を記載し、その年最後の給与等の支払を受ける日の前日までに提出することとされています（所法195の3）。

④ 給与所得者の保険料控除申告書

　年末調整の際に保険料控除を受けるための申告書で、給与所得者の支払った社会保険料、小規模企業共済等掛金、生命保険料、介護医療保険料、個人年金保険料及び地震保険料を記載し、その年最後の給与等の支払を受ける日の前日までに提出することとされています（所法196）。

⑤ 所得金額調整控除申告書

　年末調整の際に所得金額調整控除を受けるための申告書で、該当する要件などを記載し、その年最後の給与等の支払を受ける日の前日までに提出することとされています（措法41の3の4）。

⑥ 住宅借入金等特別控除申告書

　住宅借入金等特別控除は原則として確定申告書により控除するところ、給与所得者については、最初の年分について確定申告をすれば、控除を受けることとなる各年分の住宅借入金等特別控除申告書が一括して税務署から納税者本人に送付され、その翌年分以降の年分（控除期間内に限られます）は年末調整により控除できることから、年末調整の際には、そのうち該当年分のものを提出します（措法41の2の2）。

〈源泉徴収と関連する申告書の関係〉

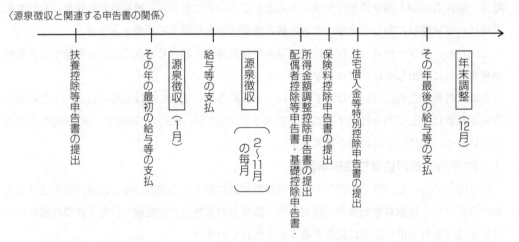

（出典：税務大学校講本　所得税法（令和6年度版））

(2) 税額表の区分

　給与等の支払者が、月々（日々）の給与等から源泉徴収する所得税及び復興特別所得税の額は、「給与所得の源泉徴収税額表」（所得税法別表第二～四）を適用して計算します。

　ただし、平成25年1月1日から令和19年12月31日までの間は、復興財確法に基づき財務大臣が定める表（復興特別所得税相当額が含まれたもの）を使用します（復興財確法29）。

なお、復興財確法に基づき財務大臣が定める表については、参考資料（918ページ以下）を参照。

この税額表は、①支払われるものが給与か賞与かの別、②給与の場合は月給か日給かの別、③賞与の場合はその支払の前月中に給与の支給があったかどうかの別、更に、④その所得者から扶養控除等申告書が提出されているかどうかの別に応じて次のとおり適用します。

支給区分		「扶養控除等申告書」の提出の有無	前月中の給与支給の有無	適用すべき税額（税率）表	税額の求め方
給料・賃金	月給	有		「月額表」甲欄	社会保険料等控除後の給与等の金額、扶養親族等の数（甲欄適用の場合に限る）を基に、それぞれ左の税額表から源泉徴収税額を求める。
		無		「月額表」乙欄	
	日給	有		「日額表」甲欄	
		無		「日額表」乙欄	
	日雇賃金			「日額表」丙欄	
賞与		有	有	「賞与に対する源泉徴収税額の算出率の表」甲欄	前月中の給与等の金額（社会保険料等控除後の額。以下、賞与について同じ）、扶養親族等の数（甲欄適用の場合に限る）を基に、それぞれ左の税額表の表から賞与の額に乗ずべき税率を求めて源泉徴収税額を計算する。なお、賞与の額が月中の給与等の金額の10倍を超える場合は、上記によらず前月中の給与等の支給がない場合に準じた計算による。(注)4
		無	有	「賞与に対する源泉徴収税額の算出率の表」乙欄	
		有	無	「月額表」甲欄	賞与の額の6分の1（その賞与の計算の基礎となった期間が6か月を超える場合は12分の1）の額に対する税額を、（扶養親族等の数を基に）月額表から求め、これを6倍（又は12倍）して賞与に対する税額を求める。
		無	無	「月額表」乙欄	

(注) 1 税額表の給与等の金額とは、「給与等の額－社会保険料等」をいう（所法188）。
　　 2 「扶養親族等の数」とは、源泉控除対象配偶者と控除対象扶養親族との合計数をいう。
　　　 また、給与所得者本人が障害者、寡婦、ひとり親又は勤労学生に該当する場合、同一生計配偶者又は扶養親族が障害者である場合には、扶養親族等の実数にそれぞれ1人として加えて算定する（所法187）。
　　 3 月ごと、半月ごと、旬ごと、月の整数倍の期間ごとに支払うものは月額表を、毎日、週ごと、日割で支払うものは日額表を使用する（所法185①）。
　　 4 賞与の額が前月中の給与等の額の10倍を超える場合の計算は、賞与の額の6分の1又は12分の1を、前月中の給与等の額に上積みして行う（所法186②）。

（出典：税務大学校講本　所得税法（令和6年度版））

(3) 年末調整

年末調整とは、給与等の支払者が、その年最後の給与等の支払の際に、給与所得者の一人一人についてその年分の給与の支給総額について計算した年税額と、毎月の給与等の支払の都度

徴収した税額の合計額とを比較して、その過不足を調整することをいいます（所法190）。

年末調整の対象とならない給与所得者は、次のとおりとなります。

① 「給与所得者の扶養控除等申告書」を提出していない者
② その年中に支払を受ける給与収入が2,000万円を超える者
③ 年の中途で退職した者　など

◆4　退職所得に対する源泉徴収

退職手当等の支払をする者は、次により所得税及び復興特別所得税の額を計算して源泉徴収を行います（所法199、201）。

(1) 「退職所得の受給に関する申告書」の提出がある場合

区　分	課　税　退　職　所　得　金　額	徴　収　税　額
一般退職手当等	（一般退職手当等の金額－退職所得控除額）×1/2	税額表で求めた金額に102.1％を乗じて、復興特別所得税を含む金額を源泉徴収する。 （所法89、復興財確法28②）
短期退職手当等	①短期退職手当等の金額－退職所得控除額≦300万円の場合 （短期退職手当等の金額－退職所得控除額）×1/2 ②短期退職手当等の金額－退職所得控除額＞300万円の場合 150万円＋{短期退職手当等の金額－(300万円＋退職所得控除額)}	
特定役員退職手当等	特定役員退職手当等の金額－退職所得控除額	

（注）1　一般退職手当等とは、退職手当等のうち、短期退職手当等及び特定役員退職手当等のいずれにも該当しないものをいう（所法30⑦）。
　　　2　短期退職手当等とは、短期勤続年数（役員等以外の者として勤務した期間により計算した勤続年数が5年以下であるものをいう）に対応する退職手当として支払を受けるものであって、特定役員退職手当等に該当しないものをいう（所法30④、所令69の2①）。
　　　3　特定役員退職手当等とは、役員等勤続年数（役員として勤務した期間により計算した勤続年数）が5年以下の者が、その役員等勤続年数に対応する退職手当等として支払を受けるものをいう（所法30⑤、所令69の2②）。
　　　4　同じ年に一般退職手当等、短期退職手当等又は特定役員退職手当等のうち2以上の退職手当等がある場合は、課税退職所得金額の計算方法は異なる。

（出典：税務大学校講本　所得税法（令和6年度版））

(2) 「退職所得の受給に関する申告書」の提出がない場合

退職手当等の金額の20.42％の税率を適用して源泉徴収を行います（所法201③、復興財確法28②）。

【設例】退職所得の源泉徴収税額の計算（退職所得の受給に関する申告書の提出がある場合）
1　勤続期間……………………………平成6年10月1日就職～令和6年3月31日退職
2　退職手当等の金額…………………1,700万円（一般退職手当等）
3　退職の理由…………………………定年退職
（計算）
　勤続年数は30年（29年6か月端数切上げ）で一般退職であるため、所法別表第六から退職所得控除額は1,500万円となる。
（1,700万円－1,500万円）×1/2 ＝100万円（課税退職所得金額）
（100万円×5％）×102.1％＝51,050円（所得税及び復興特別所得税の源泉徴収税額）

（出典：税務大学校講本　所得税法（令和6年度版））

報酬、料金等に対する源泉徴収

　報酬又は料金などの支払などをする者は、次表のとおり、報酬料金等の区分に応じてその支払金額に対し、税率を適用して計算した所得税及び復興特別所得税の額を源泉徴収します（所法204、205）。

[報酬、料金（事業所得又は雑所得等に該当）に対する源泉徴収の主なもの]

報酬・料金等の区分	徴収対象額	税率
①　原稿料、作曲料、印税、講演料、デザイン料等の報酬	1回の支払金額	10.21％ ただし、100万円を超える部分は20.42％（所法205一）
②　弁護士、公認会計士、税理士、社会保険労務士、弁理士等の業務に関する報酬や料金	1回の支払金額	10.21％ ただし、100万円を超える部分は20.42％（所法205一）
③　司法書士、土地家屋調査士等の業務に関する報酬や料金	1回の支払金額から1万円を差し引いた額(所令322)	10.21％ （所法205二）
④　社会保険診療報酬 （社会保険診療報酬支払基金が支払う診療報酬に限る）	その月分の支払金額から20万円を差し引いた額(所令322)	10.21％ （所法205二）
⑤　職業野球の選手、競馬の騎手、プロレスラー、モデル等の業務に関する報酬や料金	1回の支払金額	10.21％ ただし、100万円を超える部分は20.42％（所法205一）
⑥　プロボクサーの業務に関する報酬	1回の支払金額から5万円を差し引いた額(所令322)	10.21％ （所法205二）
⑦　外交員、集金人等の業務に関する報酬や料金	その月分の支払金額から12万円(給与等があるときは、それを差し引いた残額)を差し引いた額(所令322)	10.21％ （所法205二）
⑧　映画、演劇等の芸能、ラジオ、テレビ放送への出演等に対する報酬や料金	1回の支払金額	10.21％ ただし、100万円を超える部分は20.42％（所法205一）

⑨ 芸能人の役務の提供を内容とする事業に対する報酬や料金	1回の支払金額	10.21% ただし、100万円を超える部分は20.42%（所法205一） (注)源泉徴収免除証明書の交付を受けた人に支払う報酬や料金については徴収不要（所法206）
⑩ ホステス、バンケットホステス・コンパニオン等（措法41の20）の業務に関する報酬や料金	1回の支払金額から、5千円にその支払金額の計算期間の日数を乗じた額（給与等があるときは、それを差し引いた残額）を差し引いた額(所令322)	10.21% （所法205二）
⑪ 馬主が受ける競馬の賞金	1回の支払金額から「賞金×20％＋60万円」を差し引いた額(所令322)	10.21% （所法205二）

（出典：税務大学校講本　所得税法（令和6年度版））

【参考通達】

〔法204条（源泉徴収義務関係）〕

・所得税基本通達204-1（支払を受ける者が法人以外の団体等である場合の法204条の規定の適用）
・所得税基本通達204-2（報酬、料金等の性質を有するもの）
・所得税基本通達204-3（報酬、料金等の性質を有する経済的利益）
・所得税基本通達204-4（報酬又は料金の支払者が負担する旅費）
・所得税基本通達204-5（報酬、料金等に係る源泉徴収義務者の範囲等）

〔原稿等の報酬又は料金（第1号関係）〕

・所得税基本通達204-6（原稿等の報酬又は料金）
・所得税基本通達204-7（デザインの範囲）
・所得税基本通達204-8（デザインとその施工の対価を一括して支払う場合）
・所得税基本通達204-9（版下の報酬又は料金の範囲）
・所得税基本通達204-10（懸賞応募作品の入選者等に支払う少額な報酬又は料金）

〔弁護士等の報酬又は料金（第2号関係）〕

・所得税基本通達204-11（登録免許税等に充てるため支払われた金銭等）
・所得税基本通達204-12（測量士等の資格のない測量業者等に支払う報酬又は料金）
・所得税基本通達204-13（建築士事務所未登録の建築士）
・所得税基本通達204-14（設計等とその施工の対価を一括して支払う場合）
・所得税基本通達204-15（企業診断員の範囲）
・所得税基本通達204-16（火災損害鑑定人又は自動車等損害鑑定人の範囲）
・所得税基本通達204-17（火災損害鑑定人又は自動車等損害鑑定人の業務に関する報酬又は料金で源泉徴収を要しないもの）
・所得税基本通達204-18（技術士の行う業務と同一の業務を行う者の意義）

〔診療報酬（第3号関係）〕

・所得税基本通達204-19（診療報酬の意義）

〔職業野球の選手等の業務に関する報酬又は料金（第4号関係）〕
・所得税基本通達204-20（職業野球の選手の業務に関する報酬又は料金）
・所得税基本通達204-20の2（自動車のレーサーの範囲）
・所得税基本通達204-21（給与等とすることができるモデルの業務に関する報酬又は料金）
・所得税基本通達204-22（外交員又は集金人の業務に関する報酬又は料金）
・所得税基本通達204-22の2（特約店等のセールスマン又は従業員等に取扱数量等に応じて支出する費用）
・所得税基本通達204-22の3（特約店等のセールスマン又は従業員等のレクリエーションの費用）
・所得税基本通達204-23（団体扱保険料の集金手数料等）

〔映画、演劇等の出演等の報酬又は料金（第5号関係）〕
・所得税基本通達204-24（ラジオ放送又はテレビジョン放送に係る出演の報酬又は料金に含まれるもの）
・所得税基本通達204-25（出演の報酬又は料金に含まれないもの）
・所得税基本通達204-26（映画、演劇に係る製作又は編集の報酬又は料金に含まれるもの）
・所得税基本通達204-27（芸能人の役務の提供に関する報酬又は料金に含まれるもの）
・所得税基本通達204-28（芸能人の役務の提供に関する報酬又は料金の意義等）
・所得税基本通達204-28の2（報酬又は料金に著作権の対価が含まれている場合）
・所得税基本通達204-28の3（映画又はレコード製作の対価等）
・所得税基本通達204-28の4（不特定多数の者から受けるものの範囲）
・所得税基本通達204-28の5（個人事業主が芸能人の役務の提供のあっせん等をした場合等の課税関係）

〔契約金（第7号関係）〕
・所得税基本通達204-29（役務の提供の対価が給与等とされる者の受ける契約金）
・所得税基本通達204-30（契約金の範囲）

〔広告宣伝のための賞金（第8号関係）〕
・所得税基本通達204-31（事業の広告宣伝のために賞として支払う金品等）
・所得税基本通達204-32（素人のクイズ放送等の出演者に対する賞金品等）
・所得税基本通達204-33（事業の広告宣伝のための賞金に該当しないもの）
・所得税基本通達204-34（同一人に対して2以上の者が共同して賞金を支払う場合に源泉徴収を行う者）

〔法205条（徴収税額）関係〕
・所得税基本通達205-1（同一人に対し1回に支払われる金額の意義）
・所得税基本通達205-2（同一人に対し1回に支払われるべき金額の意義）
・所得税基本通達205-3（同一人に対しその月分として支払われる金額の意義）
・所得税基本通達205-4（同一人に対しその月中に支払われる金額の意義）
・所得税基本通達205-5（同一人に対しその月中に報酬又は料金と給与等とを支払う場合）

・所得税基本通達205-6（確定申告書に記載された源泉徴収をされるべき税額と現実に源泉徴収された税額とが異なる場合の精算）
・所得税基本通達205-7（未払の報酬、料金等について支払調書に記載すべき源泉徴収税額）
・所得税基本通達205-8（賞品を受けることとなった日の意義）
・所得税基本通達205-9（賞品の評価）
・所得税基本通達205-10（金銭以外のものと金銭とのいずれかを選択することができる場合の意義）
・所得税基本通達205-11（旅行その他の役務の提供と物品とのいずれかを選択できる場合の評価）
・所得税基本通達205-12（賞金に対する税額を支払者が負担する場合の税額の計算）
・所得税基本通達205-13（受賞者が2人以上の1組である場合の賞金に対する税額の計算）

納税告知

　源泉徴収による国税で、その法定納期限までに納付されなかったときは、税務署長は源泉徴収義務者に対して、納付すべき税額、納期限及び納付場所を記載した納税告知書を送達します（所法221①、通法36、復興財確法28⑤）。

7 源泉徴収における推計課税

　給与等、退職手当等、報酬等又は国内源泉所得に対する源泉徴収(注)における推計課税について、源泉徴収義務者が給与等の支払に係る所得税を納付しなかった場合には、その給与等の支払に関する規程並びにその給与等の支払を受けた日の労務に従事した期間、労務の性質及びその提供の程度により、その給与等の支払の日を推定し、又はその給与等の支払を受けた者ごとの給与等の支払金額を推計して、源泉徴収義務者からその給与等に係る所得税を徴収することができます（所法221②）。
(注)　青色申告書を提出した個人の事業所得等を生ずべき業務に係る支払に係るもの及び青色申告書を提出した法人の支払に係るものを除きます。

定額減税

　定額減税については、令和6年度税制改正に伴い、令和6年分所得税について定額による所得税額の特別控除（定額減税）が実施されています（措法41の3の3）。

(1) 対象者

　令和6年分所得税について、定額による所得税額の特別控除の適用を受けることができる者は、令和6年分所得税の納税者である居住者で、令和6年分の所得税に係る合計所得金額が

1,805万円以下である者（給与収入のみの者の場合、給与収入が2,000万円以下[注]）となっています（措法41の3の3①）。

(注) 子ども・特別障害者等を有する者等の所得金額調整控除の適用を受ける者については、2,015万円以下となります。

(2) 定額減税額

特別控除の額は、次の金額の合計額となります（措法41の3の3②）。

ただし、その合計額がその者の所得税額を超える場合は、その所得税額が限度となります。

① 本人（居住者に限ります）……………………………………………30,000円
② 同一生計配偶者又は扶養親族（いずれも居住者に限ります）……… 1人につき30,000円

(3) 定額減税の実施方法

特別控除は、所得の種類によって、次の方法により実施されます。

① 給与所得者に係る特別控除

令和6年6月1日以後最初に支払われる給与等[注]につき源泉徴収をされるべき所得税及び復興特別所得税（以下、「所得税等」といいます）の額から特別控除の額に相当する金額が控除されます。これにより控除してもなお控除しきれない部分の金額は、以後、令和6年中に支払われる給与等につき源泉徴収されるべき所得税等の額から順次控除されます（措法41の3の7、41の3の8）。

(注) 賞与を含むものとし、「給与所得者の扶養控除等（異動）申告書」を提出している勤務先から支払われる給与等に限ります。

〔留意事項〕
1. 給与収入に係る源泉徴収に関しては、国税庁ホームページ「令和6年分所得税の定額減税の給与収入に係る源泉徴収税額からの控除について」を参照ください。
2. 「給与所得者の扶養控除等（異動）申告書」に記載した事項の異動等により、特別控除の額が異動する場合は、年末調整により調整をすることになります。
3. 次の①～③に該当する場合などは、令和6年分の確定申告において最終的な特別控除の額を計算の上、納付すべき又は還付される所得税の金額を精算することになります。
   ① 主たる給与の支払者からの給与収入が2,000万円を超えるとき
   ② 年の途中で退職し、給与等に係る源泉徴収について特別控除の額の控除が行われていない（又は控除しきれない額がある）とき
   ③ 年末調整において、所得税額から特別控除の額を控除した際、控除しきれない額が生じる場合（特別控除の額が所得税額を上回る場合）において、次に該当するとき
   ・給与所得以外の所得があるとき
   ・退職所得に係る源泉徴収税額があるとき
   ・2か所以上から給与の支払を受けているとき
4. 参考資料（国税庁ホームページより）

① 令和6年分所得税の定額減税Q＆A（概要・源泉所得税関係【令和6年9月改訂版】）
② 令和6年分所得税の定額減税について（パンフレット）
③ 給与等の源泉徴収事務に係る令和6年分所得税の定額減税のしかた（パンフレット）

② 公的年金等の受給者に係る特別控除

令和6年6月1日以後最初に厚生労働大臣等から支払われる公的年金等（確定給付企業年金法の規定に基づいて支給を受ける年金を除きます）につき源泉徴収をされるべき所得税等の額から特別控除の額に相当する金額が控除されます。これにより控除してもなお控除しきれない部分の金額は、以後、令和6年中に支払われる公的年金等につき源泉徴収されるべき所得税等の額から順次控除されます（措法41の3の9）。

〔留意事項〕
1. 「公的年金等の受給者の扶養控除等申告書」に記載した事項の異動等により、特別控除の額が異動する場合（例えば、令和6年中に扶養親族の人数が増加した場合など）は、令和6年分の所得税の確定申告（令和7年1月以降）において、最終的な特別控除の額を計算の上、納付すべき又は還付される所得税の金額を精算することになります。
2. 給与と公的年金等に係る両方の所得を有する者は、還付申告となる場合や年金所得者に係る申告不要制度（下記3.）の適用がある場合で確定申告をしないときを除き、確定申告において、所得税額から最終的な特別控除の額や源泉徴収税額等を差し引いて納付すべき又は還付される所得税の金額を精算することになります。
3. 年金所得者に係る申告不要制度においては、次のいずれにも該当する場合で、計算の結果、納税額がある場合でも、所得税等の確定申告は必要ありません[注1、2]。
    ① 公的年金等の収入金額が400万円以下[注3、4]
    ② 公的年金等に係る雑所得以外の所得金額が20万円以下
   (注1) 所得税等の確定申告が必要ない場合でも、住民税の申告が必要な場合があります。詳細は居住している市区町村にお尋ねください。
   (注2) 所得税等の確定申告が必要ない場合でも、一定の要件に該当する場合には、還付を受けるための申告（還付申告）を行うことで税金が還付されます。
   (注3) 源泉徴収を要しない公的年金等の規定（所法203条の7）の適用を受けるものを除きます。
   (注4) 一定の外国年金が国外で支払われる場合などには、源泉徴収の対象になりません。
4. 参考資料（国税庁ホームページより）
    ① 令和6年分所得税の定額減税Q＆A（概要・源泉所得税関係【令和6年9月改訂版】）
    ② 令和6年分所得税の定額減税について（パンフレット）

③ 事業所得者等に係る特別控除

原則として、令和6年分の所得税の確定申告（令和7年1月以降）の際に所得税の額から特別控除の額が控除されます（措法41の3の3）。

予定納税の対象となる者については、確定申告での控除を待たずに、令和6年6月以後に通知される、令和6年分の所得税に係る第1期分予定納税額（7月）[注]から本人分に係る特別控

除の額に相当する金額が控除されます（措法41の3の5）。

　なお、同一生計配偶者又は扶養親族に係る特別控除の額に相当する金額については、予定納税額の減額申請の手続により特別控除の額を控除することができ、第1期分予定納税額から控除しきれなかった場合には、控除しきれない部分の金額は第2期分予定納税額（11月）から控除します（措法41の3の5）。

　（注）　特別農業所得者（農業所得の金額に係る一定の要件を満たすものとして申告等をしている者）については、第2期分予定納税額（11月）となります。

〔参考資料〕（国税庁ホームページより）
① 　令和6年分所得税の定額減税Q＆A（概要・源泉所得税関係【令和6年9月改訂版】）
② 　令和6年分所得税の定額減税Q＆A（予定納税・確定申告関係【令和6年8月改訂版】）
③ 　令和6年分所得税の定額減税について（パンフレット）
④ 　令和6年分所得税の予定納税における定額減税の取扱いについて（パンフレット）

参考資料

○ 所得税額の計算の仕組み

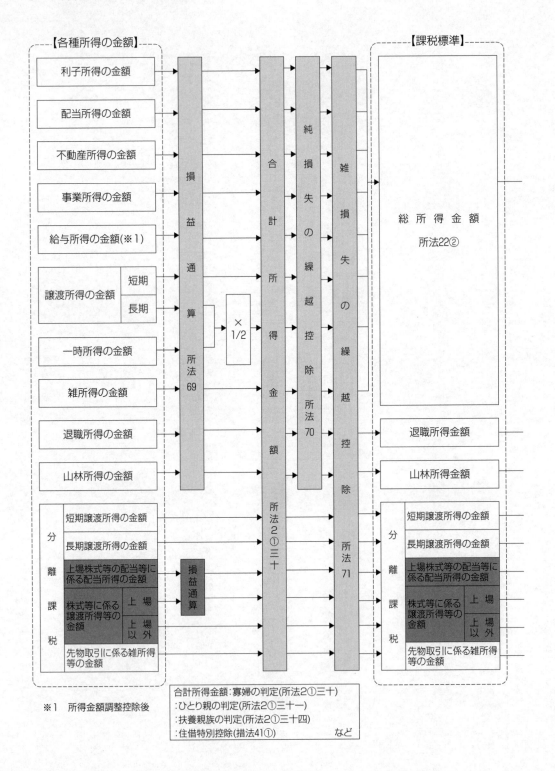

※1　所得金額調整控除後

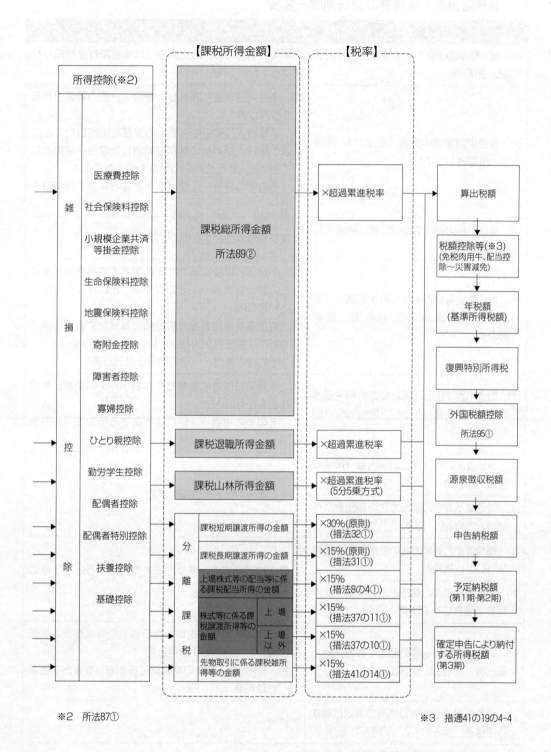

○ 各種届出書・申請書の提出期限一覧表

届 出 書 類 等	提 出 期 限
(1) 個人事業の開業・廃業等届出書（所法229、所規98）	事業の開始の日、廃止の日又は事務所等を移転した日から1か月以内
(2) 青色申告承認申請書（所法144、所規55、所基通144-1）	① 1月16日以後に開業した場合……その開業日から2か月以内 ② 被相続人（青色申告者）の業務を相続したことにより相続人が新たに業務を開始した場合…原則として被相続人の死亡の日の翌日から4か月以内 ③ その他の場合……受けようとする年の3月15日まで
(3) 青色申告の取りやめ届出書（所法151、所規66）	取りやめようとする年の翌年の3月15日まで
(4) 青色事業専従者給与に関する届出（変更届出）書（所法57②、所令164、所規36の4）	① 1月16日以後に新たに青色事業専従者を有することになった場合……その有することになった日から2か月以内 ② 青色事業専従者給与の金額の基準を変更する場合や新たに専従者が加わった場合……遅滞なく ③ その他の場合……その年の3月15日まで
(5) 現金主義による所得計算の特例を受けることの届出書（所法67、所令195、197、所規40の2）	① 1月16日以後に開業した場合……その開業した日から2か月以内 ② その他の場合……受けようとする年の3月15日まで
(6) 棚卸資産の評価方法の届出書（所法47、所令99、100）	その年分の確定申告期限まで
(7) 減価償却資産の償却方法の届出書（所法49、所令120、120の2、123）	その年分の確定申告期限まで
(8) 棚卸資産の評価方法の変更承認申請書（所令101、所規23）	新たな評価方法、償却方法を採用しようとする年の3月15日まで
(9) 減価償却資産の償却方法の変更承認申請書（所令124、所規29）	新たな評価方法、償却方法を採用しようとする年の3月15日まで
(10) 給与支払事務所等の開設・移転・廃止届出書（所法230、所規99）	給与等の支払事務を取り扱う事務所等を開設、移転又は廃止した日から1か月以内 （注）「(1) 個人事業の開廃業等届出書」を提出する場合は不要
(11) 源泉所得税の納期の特例の承認に関する申請書（所法217①、所規78）	随時
(12) 源泉所得税の納期の特例の要件に該当しなくなったことの届出書（所法218）	該当しなくなった事実が発生した後遅滞なく

○ 所得税の速算表

平成27年分から			
課税される所得金額		税率	控除額
1,000円から 1,949,000円まで		5%	0円
1,950,000円 〃 3,299,000円 〃		10%	97,500円
3,300,000円 〃 6,949,000円 〃		20%	427,500円
6,950,000円 〃 8,999,000円 〃		23%	636,000円
9,000,000円 〃 17,999,000円 〃		33%	1,536,000円
18,000,000円 〃 39,999,000円 〃		40%	2,796,000円
40,000,000円 〃		45%	4,796,000円

○ 山林所得に対する所得税の速算表

平成27年分から			
課税される所得金額		税率	控除額
1,000円から 9,749,000円まで		5%	0円
9,750,000円 〃 16,499,000円 〃		10%	487,500円
16,500,000円 〃 34,749,000円 〃		20%	2,137,500円
34,750,000円 〃 44,999,000円 〃		23%	3,180,000円
45,000,000円 〃 89,999,000円 〃		33%	7,680,000円
90,000,000円 〃 199,999,000円 〃		40%	13,980,000円
200,000,000円 〃		45%	23,980,000円

○ 給与所得控除額の速算表

給与等の収入金額	給与所得控除額
1,625,000円以下	55万円
1,625,000円超 1,800,000円以下	収入金額×40%− 100,000円
1,800,000円超 3,600,000円以下	収入金額×30%+ 80,000円
3,600,000円超 6,600,000円以下	収入金額×20%+ 440,000円
6,600,000円超 8,500,000円以下	収入金額×10%+1,100,000円
8,500,000円超	1,950,000円

○ 公的年金等に係る雑所得の早見表（令和2年分以降）

〈公的年金等に係る雑所得以外の所得に係る合計所得金額が1,000万円以下〉

年齢区分	①公的年金等の収入金額の合計額	②割合	③控除額
65歳未満の場合	（公的年金等の収入金額の合計額が600,000円までの場合は所得金額はゼロとなる。）		
	600,001円から　1,299,999円まで	100%	600,000円
	1,300,000円から　4,099,999円まで	75%	275,000円
	4,100,000円から　7,699,999円まで	85%	685,000円
	7,700,000円から　9,999,999円まで	95%	1,455,000円
	10,000,000円以上	100%	1,955,000円
65歳以上の場合	（公的年金等の収入金額の合計額が1,100,000円までの場合は所得金額はゼロとなる。）		
	1,100,001円から　3,299,999円まで	100%	1,100,000円
	3,300,000円から　4,099,999円まで	75%	275,000円
	4,100,000円から　7,699,999円まで	85%	685,000円
	7,700,000円から　9,999,999円まで	95%	1,455,000円
	10,000,000円以上	100%	1,955,000円

〈公的年金等に係る雑所得以外の所得に係る合計所得金額が1,000万円超2,000万円以下〉

年齢区分	①公的年金等の収入金額の合計額	②割合	③控除額
65歳未満の場合	（公的年金等の収入金額の合計額が500,000円までの場合は所得金額はゼロとなる。）		
	500,001円から　1,299,999円まで	100%	500,000円
	1,300,000円から　4,099,999円まで	75%	175,000円
	4,100,000円から　7,699,999円まで	85%	585,000円
	7,700,000円から　9,999,999円まで	95%	1,355,000円
	10,000,000円以上	100%	1,855,000円
65歳以上の場合	（公的年金等の収入金額の合計額が1,000,000円までの場合は所得金額はゼロとなる。）		
	1,000,001円から　3,299,999円まで	100%	1,000,000円
	3,300,000円から　4,099,999円まで	75%	175,000円
	4,100,000円から　7,699,999円まで	85%	585,000円
	7,700,000円から　9,999,999円まで	95%	1,355,000円
	10,000,000円以上	100%	1,855,000円

〈公的年金等に係る雑所得以外の所得に係る合計所得金額が2,000万円超〉

年齢区分	①公的年金等の収入金額の合計額	②割合	③控除額
65歳未満の場合	（公的年金等の収入金額の合計額が400,000円までの場合は所得金額はゼロとなる。）		
	400,001円から　1,299,999円まで	100%	400,000円
	1,300,000円から　4,099,999円まで	75%	75,000円
	4,100,000円から　7,699,999円まで	85%	485,000円
	7,700,000円から　9,999,999円まで	95%	1,255,000円
	10,000,000円以上	100%	1,755,000円
65歳以上の場合	（公的年金等の収入金額の合計額が900,000円までの場合は所得金額はゼロとなる。）		
	900,001円から　3,299,999円まで	100%	900,000円
	3,300,000円から　4,099,999円まで	75%	75,000円
	4,100,000円から　7,699,999円まで	85%	485,000円
	7,700,000円から　9,999,999円まで	95%	1,255,000円
	10,000,000円以上	100%	1,755,000円

○　配偶者特別控除額の早見表

配偶者の合計所得金額	控除額		
	控除を受ける納税者本人の合計所得金額		
	900万円以下	900万円超 950万円以下	950万円超 1,000万円以下
48万円超　95万円以下	38万円	26万円	13万円
95万円超　100万円以下	36万円	24万円	12万円
100万円超　105万円以下	31万円	21万円	11万円
105万円超　110万円以下	26万円	18万円	9万円
110万円超　115万円以下	21万円	14万円	7万円
115万円超　120万円以下	16万円	11万円	6万円
120万円超　125万円以下	11万円	8万円	4万円
125万円超　130万円以下	6万円	4万円	2万円
130万円超　133万円以下	3万円	2万円	1万円

○ 給与所得の源泉徴収税額表（令和6年分）

月額表（平成24年3月31日財務省告示第115号別表第一（令和2年3月31日財務省告示第81号改正））

（～166,999円）

その月の社会保険料等控除後の給与等の金額		甲									乙
		扶養親族等の数									
|| 0人	1人	2人	3人	4人	5人	6人	7人		
以上	未満	税						額			税　額
円	円	円	円	円	円	円	円	円	円	円
	88,000円未満	0	0	0	0	0	0	0	0	その月の社会保険料等控除後の給与等の金額の3.063%に相当する金額
88,000	89,000	130	0	0	0	0	0	0	0	3,200
89,000	90,000	180	0	0	0	0	0	0	0	3,200
90,000	91,000	230	0	0	0	0	0	0	0	3,200
91,000	92,000	290	0	0	0	0	0	0	0	3,200
92,000	93,000	340	0	0	0	0	0	0	0	3,300
93,000	94,000	390	0	0	0	0	0	0	0	3,300
94,000	95,000	440	0	0	0	0	0	0	0	3,300
95,000	96,000	490	0	0	0	0	0	0	0	3,400
96,000	97,000	540	0	0	0	0	0	0	0	3,400
97,000	98,000	590	0	0	0	0	0	0	0	3,500
98,000	99,000	640	0	0	0	0	0	0	0	3,500
99,000	101,000	720	0	0	0	0	0	0	0	3,600
101,000	103,000	830	0	0	0	0	0	0	0	3,600
103,000	105,000	930	0	0	0	0	0	0	0	3,700
105,000	107,000	1,030	0	0	0	0	0	0	0	3,800
107,000	109,000	1,130	0	0	0	0	0	0	0	3,800
109,000	111,000	1,240	0	0	0	0	0	0	0	3,900
111,000	113,000	1,340	0	0	0	0	0	0	0	4,000
113,000	115,000	1,440	0	0	0	0	0	0	0	4,100
115,000	117,000	1,540	0	0	0	0	0	0	0	4,100
117,000	119,000	1,640	0	0	0	0	0	0	0	4,200
119,000	121,000	1,750	120	0	0	0	0	0	0	4,300
121,000	123,000	1,850	220	0	0	0	0	0	0	4,500
123,000	125,000	1,950	330	0	0	0	0	0	0	4,800
125,000	127,000	2,050	430	0	0	0	0	0	0	5,100
127,000	129,000	2,150	530	0	0	0	0	0	0	5,400
129,000	131,000	2,260	630	0	0	0	0	0	0	5,700
131,000	133,000	2,360	740	0	0	0	0	0	0	6,000
133,000	135,000	2,460	840	0	0	0	0	0	0	6,300
135,000	137,000	2,550	930	0	0	0	0	0	0	6,600
137,000	139,000	2,610	990	0	0	0	0	0	0	6,800
139,000	141,000	2,680	1,050	0	0	0	0	0	0	7,100
141,000	143,000	2,740	1,110	0	0	0	0	0	0	7,500
143,000	145,000	2,800	1,170	0	0	0	0	0	0	7,800
145,000	147,000	2,860	1,240	0	0	0	0	0	0	8,100
147,000	149,000	2,920	1,300	0	0	0	0	0	0	8,400
149,000	151,000	2,980	1,360	0	0	0	0	0	0	8,700
151,000	153,000	3,050	1,430	0	0	0	0	0	0	9,000
153,000	155,000	3,120	1,500	0	0	0	0	0	0	9,300
155,000	157,000	3,200	1,570	0	0	0	0	0	0	9,600
157,000	159,000	3,270	1,640	0	0	0	0	0	0	9,900
159,000	161,000	3,340	1,720	100	0	0	0	0	0	10,200
161,000	163,000	3,410	1,790	170	0	0	0	0	0	10,500
163,000	165,000	3,480	1,860	250	0	0	0	0	0	10,800
165,000	167,000	3,550	1,930	320	0	0	0	0	0	11,100

(167,000円～289,999円)

その月の社会保険料等控除後の給与等の金額		甲									乙	
|| 扶養親族等の数										
		0人	1人	2人	3人	4人	5人	6人	7人		
以上	未満	税							額	税	額
円	円	円	円	円	円	円	円	円	円	円	
167,000	169,000	3,620	2,000	390	0	0	0	0	0	11,400	
169,000	171,000	3,700	2,070	460	0	0	0	0	0	11,700	
171,000	173,000	3,770	2,140	530	0	0	0	0	0	12,000	
173,000	175,000	3,840	2,220	600	0	0	0	0	0	12,400	
175,000	177,000	3,910	2,290	670	0	0	0	0	0	12,700	
177,000	179,000	3,980	2,360	750	0	0	0	0	0	13,200	
179,000	181,000	4,050	2,430	820	0	0	0	0	0	13,900	
181,000	183,000	4,120	2,500	890	0	0	0	0	0	14,600	
183,000	185,000	4,200	2,570	960	0	0	0	0	0	15,300	
185,000	187,000	4,270	2,640	1,030	0	0	0	0	0	16,000	
187,000	189,000	4,340	2,720	1,100	0	0	0	0	0	16,700	
189,000	191,000	4,410	2,790	1,170	0	0	0	0	0	17,500	
191,000	193,000	4,480	2,860	1,250	0	0	0	0	0	18,100	
193,000	195,000	4,550	2,930	1,320	0	0	0	0	0	18,800	
195,000	197,000	4,630	3,000	1,390	0	0	0	0	0	19,500	
197,000	199,000	4,700	3,070	1,460	0	0	0	0	0	20,200	
199,000	201,000	4,770	3,140	1,530	0	0	0	0	0	20,900	
201,000	203,000	4,840	3,220	1,600	0	0	0	0	0	21,500	
203,000	205,000	4,910	3,290	1,670	0	0	0	0	0	22,200	
205,000	207,000	4,980	3,360	1,750	130	0	0	0	0	22,700	
207,000	209,000	5,050	3,430	1,820	200	0	0	0	0	23,300	
209,000	211,000	5,130	3,500	1,890	280	0	0	0	0	23,900	
211,000	213,000	5,200	3,570	1,960	350	0	0	0	0	24,400	
213,000	215,000	5,270	3,640	2,030	420	0	0	0	0	25,000	
215,000	217,000	5,340	3,720	2,100	490	0	0	0	0	25,500	
217,000	219,000	5,410	3,790	2,170	560	0	0	0	0	26,100	
219,000	221,000	5,480	3,860	2,250	630	0	0	0	0	26,800	
221,000	224,000	5,560	3,950	2,340	710	0	0	0	0	27,400	
224,000	227,000	5,680	4,060	2,440	830	0	0	0	0	28,400	
227,000	230,000	5,780	4,170	2,550	930	0	0	0	0	29,300	
230,000	233,000	5,890	4,280	2,650	1,040	0	0	0	0	30,300	
233,000	236,000	5,990	4,380	2,770	1,140	0	0	0	0	31,300	
236,000	239,000	6,110	4,490	2,870	1,260	0	0	0	0	32,400	
239,000	242,000	6,210	4,590	2,980	1,360	0	0	0	0	33,400	
242,000	245,000	6,320	4,710	3,080	1,470	0	0	0	0	34,400	
245,000	248,000	6,420	4,810	3,200	1,570	0	0	0	0	35,400	
248,000	251,000	6,530	4,920	3,300	1,680	0	0	0	0	36,400	
251,000	254,000	6,640	5,020	3,410	1,790	170	0	0	0	37,500	
254,000	257,000	6,750	5,140	3,510	1,900	290	0	0	0	38,500	
257,000	260,000	6,850	5,240	3,620	2,000	390	0	0	0	39,400	
260,000	263,000	6,960	5,350	3,730	2,110	500	0	0	0	40,400	
263,000	266,000	7,070	5,450	3,840	2,220	600	0	0	0	41,500	
266,000	269,000	7,180	5,560	3,940	2,330	710	0	0	0	42,500	
269,000	272,000	7,280	5,670	4,050	2,430	820	0	0	0	43,500	
272,000	275,000	7,390	5,780	4,160	2,540	930	0	0	0	44,500	
275,000	278,000	7,490	5,880	4,270	2,640	1,030	0	0	0	45,500	
278,000	281,000	7,610	5,990	4,370	2,760	1,140	0	0	0	46,600	
281,000	284,000	7,710	6,100	4,480	2,860	1,250	0	0	0	47,600	
284,000	287,000	7,820	6,210	4,580	2,970	1,360	0	0	0	48,600	
287,000	290,000	7,920	6,310	4,700	3,070	1,460	0	0	0	49,700	

(290,000円～439,999円)

その月の社会保険料等控除後の給与等の金額		甲								乙
		扶 養 親 族 等 の 数								
		0 人	1 人	2 人	3 人	4 人	5 人	6 人	7 人	
以 上	未 満	税					額			税 額
円	円	円	円	円	円	円	円	円	円	円
290,000	293,000	8,040	6,420	4,800	3,190	1,570	0	0	0	50,900
293,000	296,000	8,140	6,520	4,910	3,290	1,670	0	0	0	52,100
296,000	299,000	8,250	6,640	5,010	3,400	1,790	160	0	0	52,900
299,000	302,000	8,420	6,740	5,130	3,510	1,890	280	0	0	53,700
302,000	305,000	8,670	6,860	5,250	3,630	2,010	400	0	0	54,500
305,000	308,000	8,910	6,980	5,370	3,760	2,130	520	0	0	55,200
308,000	311,000	9,160	7,110	5,490	3,880	2,260	640	0	0	56,100
311,000	314,000	9,400	7,230	5,620	4,000	2,380	770	0	0	56,900
314,000	317,000	9,650	7,350	5,740	4,120	2,500	890	0	0	57,800
317,000	320,000	9,890	7,470	5,860	4,250	2,620	1,010	0	0	58,800
320,000	323,000	10,140	7,600	5,980	4,370	2,750	1,130	0	0	59,800
323,000	326,000	10,380	7,720	6,110	4,490	2,870	1,260	0	0	60,900
326,000	329,000	10,630	7,840	6,230	4,610	2,990	1,380	0	0	61,900
329,000	332,000	10,870	7,960	6,350	4,740	3,110	1,500	0	0	62,900
332,000	335,000	11,120	8,090	6,470	4,860	3,240	1,620	0	0	63,900
335,000	338,000	11,360	8,210	6,600	4,980	3,360	1,750	130	0	64,900
338,000	341,000	11,610	8,370	6,720	5,110	3,480	1,870	260	0	66,000
341,000	344,000	11,850	8,620	6,840	5,230	3,600	1,990	380	0	67,000
344,000	347,000	12,100	8,860	6,960	5,350	3,730	2,110	500	0	68,000
347,000	350,000	12,340	9,110	7,090	5,470	3,850	2,240	620	0	69,000
350,000	353,000	12,590	9,350	7,210	5,600	3,970	2,360	750	0	70,000
353,000	356,000	12,830	9,600	7,330	5,720	4,090	2,480	870	0	71,100
356,000	359,000	13,080	9,840	7,450	5,840	4,220	2,600	990	0	72,100
359,000	362,000	13,320	10,090	7,580	5,960	4,340	2,730	1,110	0	73,100
362,000	365,000	13,570	10,330	7,700	6,090	4,460	2,850	1,240	0	74,200
365,000	368,000	13,810	10,580	7,820	6,210	4,580	2,970	1,360	0	75,200
368,000	371,000	14,060	10,820	7,940	6,330	4,710	3,090	1,480	0	76,200
371,000	374,000	14,300	11,070	8,070	6,450	4,830	3,220	1,600	0	77,100
374,000	377,000	14,550	11,310	8,190	6,580	4,950	3,340	1,730	100	78,100
377,000	380,000	14,790	11,560	8,320	6,700	5,070	3,460	1,850	220	79,000
380,000	383,000	15,040	11,800	8,570	6,820	5,200	3,580	1,970	350	79,900
383,000	386,000	15,280	12,050	8,810	6,940	5,320	3,710	2,090	470	81,400
386,000	389,000	15,530	12,290	9,060	7,070	5,440	3,830	2,220	590	83,100
389,000	392,000	15,770	12,540	9,300	7,190	5,560	3,950	2,340	710	84,700
392,000	395,000	16,020	12,780	9,550	7,310	5,690	4,070	2,460	840	86,500
395,000	398,000	16,260	13,030	9,790	7,430	5,810	4,200	2,580	960	88,200
398,000	401,000	16,510	13,270	10,040	7,560	5,930	4,320	2,710	1,080	89,800
401,000	404,000	16,750	13,520	10,280	7,680	6,050	4,440	2,830	1,200	91,600
404,000	407,000	17,000	13,760	10,530	7,800	6,180	4,560	2,950	1,330	93,300
407,000	410,000	17,240	14,010	10,770	7,920	6,300	4,690	3,070	1,450	95,000
410,000	413,000	17,490	14,250	11,020	8,050	6,420	4,810	3,200	1,570	96,700
413,000	416,000	17,730	14,500	11,260	8,170	6,540	4,930	3,320	1,690	98,300
416,000	419,000	17,980	14,740	11,510	8,290	6,670	5,050	3,440	1,820	100,100
419,000	422,000	18,220	14,990	11,750	8,530	6,790	5,180	3,560	1,940	101,800
422,000	425,000	18,470	15,230	12,000	8,770	6,910	5,300	3,690	2,060	103,400
425,000	428,000	18,710	15,480	12,240	9,020	7,030	5,420	3,810	2,180	105,200
428,000	431,000	18,960	15,720	12,490	9,260	7,160	5,540	3,930	2,310	106,900
431,000	434,000	19,210	15,970	12,730	9,510	7,280	5,670	4,050	2,430	108,500
434,000	437,000	19,450	16,210	12,980	9,750	7,400	5,790	4,180	2,550	110,300
437,000	440,000	19,700	16,460	13,220	10,000	7,520	5,910	4,300	2,680	112,000

(440,000円～589,999円)

その月の社会保険料等控除後の給与等の金額		甲									乙
		扶養親族等の数									
|| 0人	1人	2人	3人	4人	5人	6人	7人		
以上	未満	税						額		税 額	
円	円	円	円	円	円	円	円	円	円	円
440,000	443,000	20,090	16,700	13,470	10,240	7,650	6,030	4,420	2,800	113,600
443,000	446,000	20,580	16,950	13,710	10,490	7,770	6,160	4,540	2,920	115,400
446,000	449,000	21,070	17,190	13,960	10,730	7,890	6,280	4,670	3,040	117,100
449,000	452,000	21,560	17,440	14,200	10,980	8,010	6,400	4,790	3,170	118,700
452,000	455,000	22,050	17,680	14,450	11,220	8,140	6,520	4,910	3,290	120,500
455,000	458,000	22,540	17,930	14,690	11,470	8,260	6,650	5,030	3,410	122,200
458,000	461,000	23,030	18,170	14,940	11,710	8,470	6,770	5,160	3,530	123,800
461,000	464,000	23,520	18,420	15,180	11,960	8,720	6,890	5,280	3,660	125,600
464,000	467,000	24,010	18,660	15,430	12,200	8,960	7,010	5,400	3,780	127,300
467,000	470,000	24,500	18,910	15,670	12,450	9,210	7,140	5,520	3,900	129,000
470,000	473,000	24,990	19,150	15,920	12,690	9,450	7,260	5,650	4,020	130,700
473,000	476,000	25,480	19,400	16,160	12,940	9,700	7,380	5,770	4,150	132,300
476,000	479,000	25,970	19,640	16,410	13,180	9,940	7,500	5,890	4,270	134,000
479,000	482,000	26,460	20,000	16,650	13,430	10,190	7,630	6,010	4,390	135,600
482,000	485,000	26,950	20,490	16,900	13,670	10,430	7,750	6,140	4,510	137,200
485,000	488,000	27,440	20,980	17,140	13,920	10,680	7,870	6,260	4,640	138,800
488,000	491,000	27,930	21,470	17,390	14,160	10,920	7,990	6,380	4,760	140,400
491,000	494,000	28,420	21,960	17,630	14,410	11,170	8,120	6,500	4,880	142,000
494,000	497,000	28,910	22,450	17,880	14,650	11,410	8,240	6,630	5,000	143,700
497,000	500,000	29,400	22,940	18,120	14,900	11,660	8,420	6,750	5,130	145,200
500,000	503,000	29,890	23,430	18,370	15,140	11,900	8,670	6,870	5,250	146,800
503,000	506,000	30,380	23,920	18,610	15,390	12,150	8,910	6,990	5,370	148,500
506,000	509,000	30,880	24,410	18,860	15,630	12,390	9,160	7,120	5,490	150,100
509,000	512,000	31,370	24,900	19,100	15,880	12,640	9,400	7,240	5,620	151,600
512,000	515,000	31,860	25,390	19,350	16,120	12,890	9,650	7,360	5,740	153,300
515,000	518,000	32,350	25,880	19,590	16,370	13,130	9,890	7,480	5,860	154,900
518,000	521,000	32,840	26,370	19,900	16,610	13,380	10,140	7,610	5,980	156,500
521,000	524,000	33,330	26,860	20,390	16,860	13,620	10,380	7,730	6,110	158,100
524,000	527,000	33,820	27,350	20,880	17,100	13,870	10,630	7,850	6,230	159,600
527,000	530,000	34,310	27,840	21,370	17,350	14,110	10,870	7,970	6,350	161,000
530,000	533,000	34,800	28,330	21,860	17,590	14,360	11,120	8,100	6,470	162,500
533,000	536,000	35,290	28,820	22,350	17,840	14,600	11,360	8,220	6,600	164,000
536,000	539,000	35,780	29,310	22,840	18,080	14,850	11,610	8,380	6,720	165,400
539,000	542,000	36,270	29,800	23,330	18,330	15,090	11,850	8,630	6,840	166,900
542,000	545,000	36,760	30,290	23,820	18,570	15,340	12,100	8,870	6,960	168,400
545,000	548,000	37,250	30,780	24,310	18,820	15,580	12,340	9,120	7,090	169,900
548,000	551,000	37,740	31,270	24,800	19,060	15,830	12,590	9,360	7,210	171,300
551,000	554,000	38,280	31,810	25,340	19,330	16,100	12,860	9,630	7,350	172,800
554,000	557,000	38,830	32,370	25,890	19,600	16,380	13,140	9,900	7,480	174,300
557,000	560,000	39,380	32,920	26,440	19,980	16,650	13,420	10,180	7,630	175,700
560,000	563,000	39,930	33,470	27,000	20,530	16,930	13,690	10,460	7,760	177,200
563,000	566,000	40,480	34,020	27,550	21,080	17,200	13,970	10,730	7,900	178,700
566,000	569,000	41,030	34,570	28,100	21,630	17,480	14,240	11,010	8,040	180,100
569,000	572,000	41,590	35,120	28,650	22,190	17,760	14,520	11,280	8,180	181,600
572,000	575,000	42,140	35,670	29,200	22,740	18,030	14,790	11,560	8,330	183,100
575,000	578,000	42,690	36,230	29,750	23,290	18,310	15,070	11,830	8,610	184,600
578,000	581,000	43,240	36,780	30,300	23,840	18,580	15,350	12,110	8,880	186,000
581,000	584,000	43,790	37,330	30,850	24,390	18,860	15,620	12,380	9,160	187,500
584,000	587,000	44,340	37,880	31,410	24,940	19,130	15,900	12,660	9,430	189,000
587,000	590,000	44,890	38,430	31,960	25,490	19,410	16,170	12,940	9,710	190,400

(590,000円～739,999円)

その月の社会保険料等控除後の給与等の金額		甲									乙
|| 扶養親族等の数									
		0 人	1 人	2 人	3 人	4 人	5 人	6 人	7 人	
以上	未満	税					額				税　額
円	円	円	円	円	円	円	円	円	円	円
590,000	593,000	45,440	38,980	32,510	26,050	19,680	16,450	13,210	9,990	191,900
593,000	596,000	46,000	39,530	33,060	26,600	20,130	16,720	13,490	10,260	193,400
596,000	599,000	46,550	40,080	33,610	27,150	20,690	17,000	13,760	10,540	194,800
599,000	602,000	47,100	40,640	34,160	27,700	21,240	17,280	14,040	10,810	196,300
602,000	605,000	47,650	41,190	34,710	28,250	21,790	17,550	14,310	11,090	197,800
605,000	608,000	48,200	41,740	35,270	28,800	22,340	17,830	14,590	11,360	199,300
608,000	611,000	48,750	42,290	35,820	29,350	22,890	18,100	14,870	11,640	200,700
611,000	614,000	49,300	42,840	36,370	29,910	23,440	18,380	15,140	11,920	202,200
614,000	617,000	49,860	43,390	36,920	30,460	23,990	18,650	15,420	12,190	203,700
617,000	620,000	50,410	43,940	37,470	31,010	24,540	18,930	15,690	12,470	205,100
620,000	623,000	50,960	44,500	38,020	31,560	25,100	19,210	15,970	12,740	206,700
623,000	626,000	51,510	45,050	38,570	32,110	25,650	19,480	16,240	13,020	208,100
626,000	629,000	52,060	45,600	39,120	32,660	26,200	19,760	16,520	13,290	209,500
629,000	632,000	52,610	46,150	39,680	33,210	26,750	20,280	16,800	13,570	211,000
632,000	635,000	53,160	46,700	40,230	33,760	27,300	20,830	17,070	13,840	212,500
635,000	638,000	53,710	47,250	40,780	34,320	27,850	21,380	17,350	14,120	214,000
638,000	641,000	54,270	47,800	41,330	34,870	28,400	21,930	17,620	14,400	214,900
641,000	644,000	54,820	48,350	41,880	35,420	28,960	22,480	17,900	14,670	215,900
644,000	647,000	55,370	48,910	42,430	35,970	29,510	23,030	18,170	14,950	217,000
647,000	650,000	55,920	49,460	42,980	36,520	30,060	23,590	18,450	15,220	218,000
650,000	653,000	56,470	50,010	43,540	37,070	30,610	24,140	18,730	15,500	219,000
653,000	656,000	57,020	50,560	44,090	37,620	31,160	24,690	19,000	15,770	220,000
656,000	659,000	57,570	51,110	44,640	38,180	31,710	25,240	19,280	16,050	221,000
659,000	662,000	58,130	51,660	45,190	38,730	32,260	25,790	19,550	16,330	222,100
662,000	665,000	58,680	52,210	45,740	39,280	32,810	26,340	19,880	16,600	223,100
665,000	668,000	59,230	52,770	46,290	39,830	33,370	26,890	20,430	16,880	224,100
668,000	671,000	59,780	53,320	46,840	40,380	33,920	27,440	20,980	17,150	225,000
671,000	674,000	60,330	53,870	47,390	40,930	34,470	28,000	21,530	17,430	226,000
674,000	677,000	60,880	54,420	47,950	41,480	35,020	28,550	22,080	17,700	227,100
677,000	680,000	61,430	54,970	48,500	42,030	35,570	29,100	22,640	17,980	228,100
680,000	683,000	61,980	55,520	49,050	42,590	36,120	29,650	23,190	18,260	229,100
683,000	686,000	62,540	56,070	49,600	43,140	36,670	30,200	23,740	18,530	230,400
686,000	689,000	63,090	56,620	50,150	43,690	37,230	30,750	24,290	18,810	232,100
689,000	692,000	63,640	57,180	50,700	44,240	37,780	31,300	24,840	19,080	233,600
692,000	695,000	64,190	57,730	51,250	44,790	38,330	31,860	25,390	19,360	235,100
695,000	698,000	64,740	58,280	51,810	45,340	38,880	32,410	25,940	19,630	236,700
698,000	701,000	65,290	58,830	52,360	45,890	39,430	32,960	26,490	20,030	238,200
701,000	704,000	65,840	59,380	52,910	46,450	39,980	33,510	27,050	20,580	239,700
704,000	707,000	66,400	59,930	53,460	47,000	40,530	34,060	27,600	21,130	241,300
707,000	710,000	66,960	60,480	54,020	47,550	41,090	34,620	28,150	21,690	242,900
710,000	713,000	67,570	61,100	54,630	48,160	41,700	35,230	28,760	22,300	244,400
713,000	716,000	68,180	61,710	55,250	48,770	42,310	35,850	29,370	22,910	246,000
716,000	719,000	68,790	62,320	55,860	49,390	42,920	36,460	29,990	23,520	247,500
719,000	722,000	69,410	62,930	56,470	50,000	43,540	37,070	30,600	24,140	249,000
722,000	725,000	70,020	63,550	57,080	50,610	44,150	37,690	31,210	24,750	250,600
725,000	728,000	70,630	64,160	57,700	51,220	44,760	38,300	31,820	25,360	252,200
728,000	731,000	71,250	64,770	58,310	51,840	45,370	38,910	32,440	25,970	253,700
731,000	734,000	71,860	65,380	58,920	52,450	45,990	39,520	33,050	26,590	255,300
734,000	737,000	72,470	66,000	59,530	53,060	46,600	40,140	33,660	27,200	256,800
737,000	740,000	73,080	66,610	60,150	53,670	47,210	40,750	34,270	27,810	258,300

(740,000円～3,499,999円)

その月の社会保険料等控除後の給与等の金額		甲 扶養親族等の数								乙
		0人	1人	2人	3人	4人	5人	6人	7人	
以 上	未 満	税　　　　　　　　　額								税　額
	740,000円	円 73,390	円 66,920	円 60,450	円 53,980	円 47,520	円 41,050	円 34,580	円 28,120	円 259,800
740,000円を超え 780,000円に満たない金額		740,000円の場合の税額に、その月の社会保険料等控除後の給与等の金額のうち 740,000円を超える金額の20.42％に相当する金額を加算した金額								259,800円に、その月の社会保険料等控除後の給与等の金額のうち740,000円を超える金額の40.84％に相当する金額を加算した金額
	780,000円	円 81,560	円 75,090	円 68,620	円 62,150	円 55,690	円 49,220	円 42,750	円 36,290	
780,000円を超え 950,000円に満たない金額		780,000円の場合の税額に、その月の社会保険料等控除後の給与等の金額のうち 780,000円を超える金額の23.483％に相当する金額を加算した金額								
	950,000円	円 121,480	円 115,010	円 108,540	円 102,070	円 95,610	円 89,140	円 82,670	円 76,210	
950,000円を超え 1,700,000円に満たない金額		950,000円の場合の税額に、その月の社会保険料等控除後の給与等の金額のうち 950,000円を超える金額の33.693％に相当する金額を加算した金額								
	1,700,000円	円 374,180	円 367,710	円 361,240	円 354,770	円 348,310	円 341,840	円 335,370	円 328,910	円 651,900
1,700,000円を超え 2,170,000円に満たない金額		1,700,000円の場合の税額に、その月の社会保険料等控除後の給与等の金額のうち 1,700,000円を超える金額の40.84％に相当する金額を加算した金額								651,900円に、その月の社会保険料等控除後の給与等の金額のうち1,700,000円を超える金額の45.945％に相当する金額を加算した金額
	2,170,000円	円 571,570	円 565,090	円 558,630	円 552,160	円 545,690	円 539,230	円 532,760	円 526,290	
2,170,000円を超え 2,210,000円に満たない金額		2,170,000円の場合の税額に、その月の社会保険料等控除後の給与等の金額のうち 2,170,000円を超える金額の40.84％に相当する金額を加算した金額								
	2,210,000円	円 593,340	円 586,870	円 580,410	円 573,930	円 567,470	円 561,010	円 554,540	円 548,070	
2,210,000円を超え 2,250,000円に満たない金額		2,210,000円の場合の税額に、その月の社会保険料等控除後の給与等の金額のうち 2,210,000円を超える金額の40.84％に相当する金額を加算した金額								
	2,250,000円	円 615,120	円 608,650	円 602,190	円 595,710	円 589,250	円 582,790	円 576,310	円 569,850	
2,250,000円を超え 3,500,000円に満たない金額		2,250,000円の場合の税額に、その月の社会保険料等控除後の給与等の金額のうち 2,250,000円を超える金額の40.84％に相当する金額を加算した金額								

(3,500,000円～)

その月の社会保険料等控除後の給与等の金額	甲									乙
	扶養親族等の数									
	0人	1人	2人	3人	4人	5人	6人	7人	
以上　　未満	税　　　　　　　　　　　　　　　　　額									税　額
3,500,000円	円 1,125,620	円 1,119,150	円 1,112,690	円 1,106,210	円 1,099,750	円 1,093,290	円 1,086,810	円 1,080,350	651,900円に、その月の社会保険料等控除後の給与等の金額のうち1,700,000円を超える金額の45.945％に相当する金額を加算した金額
3,500,000円を超える金額	3,500,000円の場合の税額に、その月の社会保険料等控除後の給与等の金額のうち3,500,000円を超える金額の45.945％に相当する金額を加算した金額									
	扶養親族等の数が7人を超える場合には、扶養親族等の数が7人の場合の税額から、その7人を超える1人ごとに1,610円を控除した金額									従たる給与についての扶養控除等申告書が提出されている場合には、当該申告書に記載された扶養親族等の数に応じ、扶養親族等1人ごとに1,610円を、上の各欄によって求めた税額から控除した金額

(注) この表における用語の意味は、次のとおりです。
　1　「扶養親族等」とは、源泉控除対象配偶者及び控除対象扶養親族をいいます。詳しくは19ページ2「税額表の使い方」をご覧ください。
　2　「社会保険料等」とは、所得税法第74条第2項（社会保険料控除）に規定する社会保険料及び同法第75条第2項（小規模企業共済等掛金控除）に規定する小規模企業共済等掛金をいいます。

(備考) 税額の求め方は、次のとおりです。
　1　「給与所得者の扶養控除等申告書」（以下この表において「扶養控除等申告書」といいます。）の提出があった人
　　(1)　まず、その人のその月の給与等の金額から、その給与等の金額から控除される社会保険料等の金額を控除した金額を求めます。
　　(2)　次に、扶養控除等申告書により申告された扶養親族等（その申告書に記載がされていないものとされる源泉控除対象配偶者を除きます。また、扶養親族等が国外居住親族である場合には、親族に該当する旨を証する書類（その国外居住親族である扶養親族等が年齢30歳以上70歳未満の控除対象扶養親族であり、かつ、留学により国内に住所及び居所を有しなくなった人である場合には、親族に該当する旨を証する書類及び留学により国内に住所及び居所を有しなくなった人に該当する旨を証する書類）が扶養控除等申告書に添付され、又は扶養控除等申告書の提出の際に提示された扶養親族等に限ります。）の数が7人以下である場合には、(1)により求めた金額に応じて「その月の社会保険料等控除後の給与等の金額」欄の該当する行を求め、その行と扶養親族等の数に応じた甲欄の該当欄との交わるところに記載されている金額を求めます。これが求める税額です。
　　(3)　扶養控除等申告書により申告された扶養親族等の数が7人を超える場合には、(1)により求めた金額に応じて、扶養親族等の数が7人であるものとして(2)により求めた税額から、扶養親族等の数が7人を超える1人ごとに1,610円を控除した金額を求めます。これが求める税額です。
　　(4)　(2)及び(3)の場合において、扶養控除等申告書にその人が障害者（特別障害者を含みます。）、寡婦、ひとり親又は勤労学生に該当する旨の記載があるときは、扶養親族等の数にこれらの一に該当するごとに1人を加算した数を、扶養控除等申告書にその人の同一生計配偶者又は扶養親族のうちに障害者（特別障害者を含みます。）又は同居特別障害者（障害者（特別障害者を含みます。）又は同居特別障害者が国外居住親族である場合には、親族に該当する旨を証する書類が扶養控除等申告書に添付され、又は扶養控除等申告書の提出の際に提示された障害者（特別障害者を含みます。）又は同居特別障害者に限ります。）に該当する人がいる旨の記載があるときは、扶養親族等の数にこれらの一に該当するごとに1人を加算した数を、それぞれ(2)及び(3)の扶養親族等の数とします。
　2　扶養控除等申告書の提出がない人（「従たる給与についての扶養控除等申告書」の提出があった人を含みます。）
　　その人のその月の給与等の金額から、その給与等の金額から控除される社会保険料等の金額を控除し、その控除後の金額に応じた「その月の社会保険料等控除後の給与等の金額」欄の該当する行と乙欄との交わるところに記載されている金額（「従たる給与についての扶養控除等申告書」の提出があった場合には、その申告書により申告された扶養親族等（その申告書に記載がされていないものとされる源泉控除対象配偶者を除きます。）の数に応じ、扶養親族等1人ごとに1,610円を控除した金額）を求めます。これが求める税額です。

○ 賞与に対する源泉徴収税額の算出率の表（令和6年分）

（平成24年3月31日財務省告示第115号別表第三（令和2年3月31日財務省告示第81号改正））

賞与の金額に乗ずべき率	甲 扶養親族							
	0 人		1 人		2 人		3 人	
	前 月 の 社 会 保 険 料 等 控							
	以上	未満	以上	未満	以上	未満	以上	未満
%	千円	千円	千円	千円	千円	千円	千円	千円
0.000	68 千円未満		94 千円未満		133 千円未満		171 千円未満	
2.042	68	79	94	243	133	269	171	295
4.084	79	252	243	282	269	312	295	345
6.126	252	300	282	338	312	369	345	398
8.168	300	334	338	365	369	393	398	417
10.210	334	363	365	394	393	420	417	445
12.252	363	395	394	422	420	450	445	477
14.294	395	426	422	455	450	484	477	510
16.336	426	520	455	520	484	520	510	544
18.378	520	601	520	617	520	632	544	647
20.420	601	678	617	699	632	721	647	745
22.462	678	708	699	733	721	757	745	782
24.504	708	745	733	771	757	797	782	823
26.546	745	788	771	814	797	841	823	868
28.588	788	846	814	874	841	902	868	931
30.630	846	914	874	944	902	975	931	1,005
32.672	914	1,312	944	1,336	975	1,360	1,005	1,385
35.735	1,312	1,521	1,336	1,526	1,360	1,526	1,385	1,538
38.798	1,521	2,621	1,526	2,645	1,526	2,669	1,538	2,693
41.861	2,621	3,495	2,645	3,527	2,669	3,559	2,693	3,590
45.945	3,495 千円以上		3,527 千円以上		3,559 千円以上		3,590 千円以上	

（注）この表における用語の意味は、次のとおりです。
1 「扶養親族等」とは、源泉控除対象配偶者及び控除対象扶養親族をいいます。詳しくは19ページ2「税額表の使い方」をご覧ください。
2 「社会保険料等」とは、所得税法第74条第2項（社会保険料控除）に規定する社会保険料及び同法第75条第2項（小規模企業共済等掛金控除）に規定する小規模企業共済等掛金をいいます。
　　また、「賞与の金額に乗ずべき率」の賞与の金額とは、賞与の金額から控除される社会保険料等の金額がある場合には、その社会保険料等控除後の金額をいいます。

（備考）賞与の金額に乗ずべき率の求め方は、次のとおりです。
1 「給与所得者の扶養控除等申告書」（以下この表において「扶養控除等申告書」といいます。）の提出があった人（4に該当する場合を除きます。）
　(1) まず、その人の前月中の給与等（賞与を除きます。以下この表において同じです。）の金額から、その給与等の金額から控除される社会保険料等の金額（以下この表において「前月中の社会保険料等の金額」といいます。）を控除した金額を求めます。
　(2) 次に、扶養控除等申告書により申告された扶養親族等（その申告書に記載がされていないものとされる源泉控除対象配偶者を除きます。また、扶養親族等が国外居住親族である場合には、親族に該当する旨を証する書類（その国外居住親族である扶養親族等が年齢30歳以上70歳未満の控除対象扶養親族であり、かつ、留学により国内に住所及び居所を有しなくなった人である場合には、親族に該当する旨を証する書類及び留学により国内に住所及び居所を有しなくなった人に該当する旨を証する書類）が扶養控除等申告書に添付され、又は扶養控除等申告書の提出の際に提示された扶養親族等に限ります。）の数と(1)により求めた金額とに応じて甲欄の「前月の社会保険料等控除後の給与等の金額」欄の該当する行を求めます。
　(3) (2)により求めた行と「賞与の金額に乗ずべき率」欄との交わるところに記載されている率を求めます。これが求める率です。

等 の 数								乙	
4 人		5 人		6 人		7 人 以 上		前月の社会保険料等控除後の給与等の金額	
除 後 の 給 与 等 の 金 額									
以 上	未 満	以 上	未 満	以 上	未 満	以 上	未 満	以 上	未 満
千円	千円	千円	千円	千円	千円	千円	千円	千円	千円
210 千円未満		243 千円未満		275 千円未満		308 千円未満			
210	300	243	300	275	333	308	372		
300	378	300	406	333	431	372	456		
378	424	406	450	431	476	456	502		
424	444	450	472	476	499	502	523		
444	470	472	496	499	521	523	545	222千円未満	
470	503	496	525	521	547	545	571		
503	534	525	557	547	582	571	607		
534	570	557	597	582	623	607	650		
570	662	597	677	623	693	650	708		
662	768	677	792	693	815	708	838	222	293
768	806	792	831	815	856	838	880		
806	849	831	875	856	900	880	926		
849	896	875	923	900	950	926	978		
896	959	923	987	950	1,015	978	1,043		
959	1,036	987	1,066	1,015	1,096	1,043	1,127	293	524
1,036	1,409	1,066	1,434	1,096	1,458	1,127	1,482		
1,409	1,555	1,434	1,555	1,458	1,555	1,482	1,583		
1,555	2,716	1,555	2,740	1,555	2,764	1,583	2,788	524	1,118
2,716	3,622	2,740	3,654	2,764	3,685	2,788	3,717		
3,622 千円以上		3,654 千円以上		3,685 千円以上		3,717 千円以上		1,118 千円以上	

2　1の場合において、扶養控除等申告書にその人が障害者（特別障害者を含みます。）、寡婦、ひとり親又は勤労学生に該当する旨の記載があるときは、扶養親族等の数にこれらの一に該当するごとに1人を加算した数を、扶養控除等申告書にその人の同一生計配偶者又は扶養親族のうちに障害者（特別障害者を含みます。）又は同居特別障害者（障害者（特別障害者を含みます。）又は同居特別障害者が国外居住親族である場合には、親族に該当する旨を証する書類が扶養控除等申告書に添付され、又は扶養控除等申告書の提出の際に提示された障害者（特別障害者を含みます。）又は同居特別障害者に限ります。）に該当する人がいる旨の記載があるときは、扶養親族等の数にこれらの一に該当するごとに1人を加算した数を、それぞれ扶養親族等の数とします。

3　扶養控除等申告書の提出がない人（「従たる給与についての扶養控除等申告書」の提出があった人を含み、4に該当する場合を除きます。）

(1)　その人の前月中の給与等の金額から前月中の社会保険料等の金額を控除した金額を求めます。

(2)　(1)により求めた金額に応じて乙欄の「前月の社会保険料等控除後の給与等の金額」欄の該当する行を求めます。

(3)　(2)により求めた行と「賞与の金額に乗ずべき率」欄との交わるところに記載されている率を求めます。これが求める率です。

4　前月中の給与等の金額がない場合や前月中の給与等の金額が前月中の社会保険料等の金額以下である場合又はその賞与の金額（その金額から控除される社会保険料等の金額がある場合には、その控除後の金額）が前月中の給与等の金額から前月中の社会保険料等の金額を控除した金額の10倍に相当する金額を超える場合には、この表によらず、平成24年3月31日財務省告示第115号（令和2年3月31日財務省告示第81号改正）第3項第1号イ(2)若しくはロ(2)又は第2号の規定により、月額表を使って税額を計算します。

5　1から4までの場合において、その人の受ける給与等の支給期が月の整数倍の期間ごとと定められているときは、その賞与の支払の直前に支払を受けた若しくは支払を受けるべき給与等の金額又はその給与等の金額から控除される社会保険料等の金額をその倍数で除して計算した金額を、それぞれ前月中の給与等の金額又はその金額から控除される社会保険料等の金額とみなします。

○ 年末調整等のための給与所得控除後の給与等の金額の表（令和6年分）

- この表は、給与等の金額に対する給与所得控除後の給与等の金額を求めるためのものです。
- 給与所得控除後の給与等の金額を求めるには、その年中の給与等の金額に応じ、「給与等の金額」欄の該当する行を求めるものとし、その行の「給与所得控除後の給与等の金額」欄に記載されている金額が、その給与等の金額についての給与所得控除後の給与等の金額になります。

　この場合において、給与等の金額が6,600,000円以上の居住者の給与所得控除後の給与等の金額に1円未満の端数があるときは、これを切り捨てた額をもってその求める給与所得控除後の給与等の金額とします。

[所得税法（別表第五）（所得税法28条、190条関係）]

（～2,171,999円）

給与等の金額		給与所得控除後の給与等の金額	給与等の金額		給与所得控除後の給与等の金額	給与等の金額		給与所得控除後の給与等の金額
以上	未満		以上	未満		以上	未満	
円	円	円	円	円	円	円	円	円
551,000円未満		0	1,772,000	1,776,000	1,163,200	1,972,000	1,976,000	1,300,400
			1,776,000	1,780,000	1,165,600	1,976,000	1,980,000	1,303,200
			1,780,000	1,784,000	1,168,000	1,980,000	1,984,000	1,306,000
			1,784,000	1,788,000	1,170,400	1,984,000	1,988,000	1,308,800
			1,788,000	1,792,000	1,172,800	1,988,000	1,992,000	1,311,600
551,000	1,619,000	給与等の金額から550,000円を控除した金額	1,792,000	1,796,000	1,175,200	1,992,000	1,996,000	1,314,400
			1,796,000	1,800,000	1,177,600	1,996,000	2,000,000	1,317,200
			1,800,000	1,804,000	1,180,000	2,000,000	2,004,000	1,320,000
			1,804,000	1,808,000	1,182,800	2,004,000	2,008,000	1,322,800
			1,808,000	1,812,000	1,185,600	2,008,000	2,012,000	1,325,600
1,619,000	1,620,000	1,069,000	1,812,000	1,816,000	1,188,400	2,012,000	2,016,000	1,328,400
1,620,000	1,622,000	1,070,000	1,816,000	1,820,000	1,191,200	2,016,000	2,020,000	1,331,200
1,622,000	1,624,000	1,072,000	1,820,000	1,824,000	1,194,000	2,020,000	2,024,000	1,334,000
1,624,000	1,628,000	1,074,000	1,824,000	1,828,000	1,196,800	2,024,000	2,028,000	1,336,800
1,628,000	1,632,000	1,076,800	1,828,000	1,832,000	1,199,600	2,028,000	2,032,000	1,339,600
1,632,000	1,636,000	1,079,200	1,832,000	1,836,000	1,202,400	2,032,000	2,036,000	1,342,400
1,636,000	1,640,000	1,081,600	1,836,000	1,840,000	1,205,200	2,036,000	2,040,000	1,345,200
1,640,000	1,644,000	1,084,000	1,840,000	1,844,000	1,208,000	2,040,000	2,044,000	1,348,000
1,644,000	1,648,000	1,086,400	1,844,000	1,848,000	1,210,800	2,044,000	2,048,000	1,350,800
1,648,000	1,652,000	1,088,800	1,848,000	1,852,000	1,213,600	2,048,000	2,052,000	1,353,600
1,652,000	1,656,000	1,091,200	1,852,000	1,856,000	1,216,400	2,052,000	2,056,000	1,356,400
1,656,000	1,660,000	1,093,600	1,856,000	1,860,000	1,219,200	2,056,000	2,060,000	1,359,200
1,660,000	1,664,000	1,096,000	1,860,000	1,864,000	1,222,000	2,060,000	2,064,000	1,362,000
1,664,000	1,668,000	1,098,400	1,864,000	1,868,000	1,224,800	2,064,000	2,068,000	1,364,800
1,668,000	1,672,000	1,100,800	1,868,000	1,872,000	1,227,600	2,068,000	2,072,000	1,367,600
1,672,000	1,676,000	1,103,200	1,872,000	1,876,000	1,230,400	2,072,000	2,076,000	1,370,400
1,676,000	1,680,000	1,105,600	1,876,000	1,880,000	1,233,200	2,076,000	2,080,000	1,373,200
1,680,000	1,684,000	1,108,000	1,880,000	1,884,000	1,236,000	2,080,000	2,084,000	1,376,000
1,684,000	1,688,000	1,110,400	1,884,000	1,888,000	1,238,800	2,084,000	2,088,000	1,378,800
1,688,000	1,692,000	1,112,800	1,888,000	1,892,000	1,241,600	2,088,000	2,092,000	1,381,600
1,692,000	1,696,000	1,115,200	1,892,000	1,896,000	1,244,400	2,092,000	2,096,000	1,384,400
1,696,000	1,700,000	1,117,600	1,896,000	1,900,000	1,247,200	2,096,000	2,100,000	1,387,200
1,700,000	1,704,000	1,120,000	1,900,000	1,904,000	1,250,000	2,100,000	2,104,000	1,390,000
1,704,000	1,708,000	1,122,400	1,904,000	1,908,000	1,252,800	2,104,000	2,108,000	1,392,800
1,708,000	1,712,000	1,124,800	1,908,000	1,912,000	1,255,600	2,108,000	2,112,000	1,395,600
1,712,000	1,716,000	1,127,200	1,912,000	1,916,000	1,258,400	2,112,000	2,116,000	1,398,400
1,716,000	1,720,000	1,129,600	1,916,000	1,920,000	1,261,200	2,116,000	2,120,000	1,401,200
1,720,000	1,724,000	1,132,000	1,920,000	1,924,000	1,264,000	2,120,000	2,124,000	1,404,000
1,724,000	1,728,000	1,134,400	1,924,000	1,928,000	1,266,800	2,124,000	2,128,000	1,406,800
1,728,000	1,732,000	1,136,800	1,928,000	1,932,000	1,269,600	2,128,000	2,132,000	1,409,600
1,732,000	1,736,000	1,139,200	1,932,000	1,936,000	1,272,400	2,132,000	2,136,000	1,412,400
1,736,000	1,740,000	1,141,600	1,936,000	1,940,000	1,275,200	2,136,000	2,140,000	1,415,200
1,740,000	1,744,000	1,144,000	1,940,000	1,944,000	1,278,000	2,140,000	2,144,000	1,418,000
1,744,000	1,748,000	1,146,400	1,944,000	1,948,000	1,280,800	2,144,000	2,148,000	1,420,800
1,748,000	1,752,000	1,148,800	1,948,000	1,952,000	1,283,600	2,148,000	2,152,000	1,423,600
1,752,000	1,756,000	1,151,200	1,952,000	1,956,000	1,286,400	2,152,000	2,156,000	1,426,400
1,756,000	1,760,000	1,153,600	1,956,000	1,960,000	1,289,200	2,156,000	2,160,000	1,429,200
1,760,000	1,764,000	1,156,000	1,960,000	1,964,000	1,292,000	2,160,000	2,164,000	1,432,000
1,764,000	1,768,000	1,158,400	1,964,000	1,968,000	1,294,800	2,164,000	2,168,000	1,434,800
1,768,000	1,772,000	1,160,800	1,968,000	1,972,000	1,297,600	2,168,000	2,172,000	1,437,600

(2,172,000円～2,771,999円)

給与等の金額		給与所得控除後の給与等の金額	給与等の金額		給与所得控除後の給与等の金額	給与等の金額		給与所得控除後の給与等の金額
以上	未満		以上	未満		以上	未満	
円	円	円	円	円	円	円	円	円
2,172,000	2,176,000	1,440,400	2,372,000	2,376,000	1,580,400	2,572,000	2,576,000	1,720,400
2,176,000	2,180,000	1,443,200	2,376,000	2,380,000	1,583,200	2,576,000	2,580,000	1,723,200
2,180,000	2,184,000	1,446,000	2,380,000	2,384,000	1,586,000	2,580,000	2,584,000	1,726,000
2,184,000	2,188,000	1,448,800	2,384,000	2,388,000	1,588,800	2,584,000	2,588,000	1,728,800
2,188,000	2,192,000	1,451,600	2,388,000	2,392,000	1,591,600	2,588,000	2,592,000	1,731,600
2,192,000	2,196,000	1,454,400	2,392,000	2,396,000	1,594,400	2,592,000	2,596,000	1,734,400
2,196,000	2,200,000	1,457,200	2,396,000	2,400,000	1,597,200	2,596,000	2,600,000	1,737,200
2,200,000	2,204,000	1,460,000	2,400,000	2,404,000	1,600,000	2,600,000	2,604,000	1,740,000
2,204,000	2,208,000	1,462,800	2,404,000	2,408,000	1,602,800	2,604,000	2,608,000	1,742,800
2,208,000	2,212,000	1,465,600	2,408,000	2,412,000	1,605,600	2,608,000	2,612,000	1,745,600
2,212,000	2,216,000	1,468,400	2,412,000	2,416,000	1,608,400	2,612,000	2,616,000	1,748,400
2,216,000	2,220,000	1,471,200	2,416,000	2,420,000	1,611,200	2,616,000	2,620,000	1,751,200
2,220,000	2,224,000	1,474,000	2,420,000	2,424,000	1,614,000	2,620,000	2,624,000	1,754,000
2,224,000	2,228,000	1,476,800	2,424,000	2,428,000	1,616,800	2,624,000	2,628,000	1,756,800
2,228,000	2,232,000	1,479,600	2,428,000	2,432,000	1,619,600	2,628,000	2,632,000	1,759,600
2,232,000	2,236,000	1,482,400	2,432,000	2,436,000	1,622,400	2,632,000	2,636,000	1,762,400
2,236,000	2,240,000	1,485,200	2,436,000	2,440,000	1,625,200	2,636,000	2,640,000	1,765,200
2,240,000	2,244,000	1,488,000	2,440,000	2,444,000	1,628,000	2,640,000	2,644,000	1,768,000
2,244,000	2,248,000	1,490,800	2,444,000	2,448,000	1,630,800	2,644,000	2,648,000	1,770,800
2,248,000	2,252,000	1,493,600	2,448,000	2,452,000	1,633,600	2,648,000	2,652,000	1,773,600
2,252,000	2,256,000	1,496,400	2,452,000	2,456,000	1,636,400	2,652,000	2,656,000	1,776,400
2,256,000	2,260,000	1,499,200	2,456,000	2,460,000	1,639,200	2,656,000	2,660,000	1,779,200
2,260,000	2,264,000	1,502,000	2,460,000	2,464,000	1,642,000	2,660,000	2,664,000	1,782,000
2,264,000	2,268,000	1,504,800	2,464,000	2,468,000	1,644,800	2,664,000	2,668,000	1,784,800
2,268,000	2,272,000	1,507,600	2,468,000	2,472,000	1,647,600	2,668,000	2,672,000	1,787,600
2,272,000	2,276,000	1,510,400	2,472,000	2,476,000	1,650,400	2,672,000	2,676,000	1,790,400
2,276,000	2,280,000	1,513,200	2,476,000	2,480,000	1,653,200	2,676,000	2,680,000	1,793,200
2,280,000	2,284,000	1,516,000	2,480,000	2,484,000	1,656,000	2,680,000	2,684,000	1,796,000
2,284,000	2,288,000	1,518,800	2,484,000	2,488,000	1,658,800	2,684,000	2,688,000	1,798,800
2,288,000	2,292,000	1,521,600	2,488,000	2,492,000	1,661,600	2,688,000	2,692,000	1,801,600
2,292,000	2,296,000	1,524,400	2,492,000	2,496,000	1,664,400	2,692,000	2,696,000	1,804,400
2,296,000	2,300,000	1,527,200	2,496,000	2,500,000	1,667,200	2,696,000	2,700,000	1,807,200
2,300,000	2,304,000	1,530,000	2,500,000	2,504,000	1,670,000	2,700,000	2,704,000	1,810,000
2,304,000	2,308,000	1,532,800	2,504,000	2,508,000	1,672,800	2,704,000	2,708,000	1,812,800
2,308,000	2,312,000	1,535,600	2,508,000	2,512,000	1,675,600	2,708,000	2,712,000	1,815,600
2,312,000	2,316,000	1,538,400	2,512,000	2,516,000	1,678,400	2,712,000	2,716,000	1,818,400
2,316,000	2,320,000	1,541,200	2,516,000	2,520,000	1,681,200	2,716,000	2,720,000	1,821,200
2,320,000	2,324,000	1,544,000	2,520,000	2,524,000	1,684,000	2,720,000	2,724,000	1,824,000
2,324,000	2,328,000	1,546,800	2,524,000	2,528,000	1,686,800	2,724,000	2,728,000	1,826,800
2,328,000	2,332,000	1,549,600	2,528,000	2,532,000	1,689,600	2,728,000	2,732,000	1,829,600
2,332,000	2,336,000	1,552,400	2,532,000	2,536,000	1,692,400	2,732,000	2,736,000	1,832,400
2,336,000	2,340,000	1,555,200	2,536,000	2,540,000	1,695,200	2,736,000	2,740,000	1,835,200
2,340,000	2,344,000	1,558,000	2,540,000	2,544,000	1,698,000	2,740,000	2,744,000	1,838,000
2,344,000	2,348,000	1,560,800	2,544,000	2,548,000	1,700,800	2,744,000	2,748,000	1,840,800
2,348,000	2,352,000	1,563,600	2,548,000	2,552,000	1,703,600	2,748,000	2,752,000	1,843,600
2,352,000	2,356,000	1,566,400	2,552,000	2,556,000	1,706,400	2,752,000	2,756,000	1,846,400
2,356,000	2,360,000	1,569,200	2,556,000	2,560,000	1,709,200	2,756,000	2,760,000	1,849,200
2,360,000	2,364,000	1,572,000	2,560,000	2,564,000	1,712,000	2,760,000	2,764,000	1,852,000
2,364,000	2,368,000	1,574,800	2,564,000	2,568,000	1,714,800	2,764,000	2,768,000	1,854,800
2,368,000	2,372,000	1,577,600	2,568,000	2,572,000	1,717,600	2,768,000	2,772,000	1,857,600

(2,772,000円～3,371,999円)

給与等の金額		給与所得控除後の給与等の金額	給与等の金額		給与所得控除後の給与等の金額	給与等の金額		給与所得控除後の給与等の金額
以上	未満		以上	未満		以上	未満	
円	円	円	円	円	円	円	円	円
2,772,000	2,776,000	1,860,400	2,972,000	2,976,000	2,000,400	3,172,000	3,176,000	2,140,400
2,776,000	2,780,000	1,863,200	2,976,000	2,980,000	2,003,200	3,176,000	3,180,000	2,143,200
2,780,000	2,784,000	1,866,000	2,980,000	2,984,000	2,006,000	3,180,000	3,184,000	2,146,000
2,784,000	2,788,000	1,868,800	2,984,000	2,988,000	2,008,800	3,184,000	3,188,000	2,148,800
2,788,000	2,792,000	1,871,600	2,988,000	2,992,000	2,011,600	3,188,000	3,192,000	2,151,600
2,792,000	2,796,000	1,874,400	2,992,000	2,996,000	2,014,400	3,192,000	3,196,000	2,154,400
2,796,000	2,800,000	1,877,200	2,996,000	3,000,000	2,017,200	3,196,000	3,200,000	2,157,200
2,800,000	2,804,000	1,880,000	3,000,000	3,004,000	2,020,000	3,200,000	3,204,000	2,160,000
2,804,000	2,808,000	1,882,800	3,004,000	3,008,000	2,022,800	3,204,000	3,208,000	2,162,800
2,808,000	2,812,000	1,885,600	3,008,000	3,012,000	2,025,600	3,208,000	3,212,000	2,165,600
2,812,000	2,816,000	1,888,400	3,012,000	3,016,000	2,028,400	3,212,000	3,216,000	2,168,400
2,816,000	2,820,000	1,891,200	3,016,000	3,020,000	2,031,200	3,216,000	3,220,000	2,171,200
2,820,000	2,824,000	1,894,000	3,020,000	3,024,000	2,034,000	3,220,000	3,224,000	2,174,000
2,824,000	2,828,000	1,896,800	3,024,000	3,028,000	2,036,800	3,224,000	3,228,000	2,176,800
2,828,000	2,832,000	1,899,600	3,028,000	3,032,000	2,039,600	3,228,000	3,232,000	2,179,600
2,832,000	2,836,000	1,902,400	3,032,000	3,036,000	2,042,400	3,232,000	3,236,000	2,182,400
2,836,000	2,840,000	1,905,200	3,036,000	3,040,000	2,045,200	3,236,000	3,240,000	2,185,200
2,840,000	2,844,000	1,908,000	3,040,000	3,044,000	2,048,000	3,240,000	3,244,000	2,188,000
2,844,000	2,848,000	1,910,800	3,044,000	3,048,000	2,050,800	3,244,000	3,248,000	2,190,800
2,848,000	2,852,000	1,913,600	3,048,000	3,052,000	2,053,600	3,248,000	3,252,000	2,193,600
2,852,000	2,856,000	1,916,400	3,052,000	3,056,000	2,056,400	3,252,000	3,256,000	2,196,400
2,856,000	2,860,000	1,919,200	3,056,000	3,060,000	2,059,200	3,256,000	3,260,000	2,199,200
2,860,000	2,864,000	1,922,000	3,060,000	3,064,000	2,062,000	3,260,000	3,264,000	2,202,000
2,864,000	2,868,000	1,924,800	3,064,000	3,068,000	2,064,800	3,264,000	3,268,000	2,204,800
2,868,000	2,872,000	1,927,600	3,068,000	3,072,000	2,067,600	3,268,000	3,272,000	2,207,600
2,872,000	2,876,000	1,930,400	3,072,000	3,076,000	2,070,400	3,272,000	3,276,000	2,210,400
2,876,000	2,880,000	1,933,200	3,076,000	3,080,000	2,073,200	3,276,000	3,280,000	2,213,200
2,880,000	2,884,000	1,936,000	3,080,000	3,084,000	2,076,000	3,280,000	3,284,000	2,216,000
2,884,000	2,888,000	1,938,800	3,084,000	3,088,000	2,078,800	3,284,000	3,288,000	2,218,800
2,888,000	2,892,000	1,941,600	3,088,000	3,092,000	2,081,600	3,288,000	3,292,000	2,221,600
2,892,000	2,896,000	1,944,400	3,092,000	3,096,000	2,084,400	3,292,000	3,296,000	2,224,400
2,896,000	2,900,000	1,947,200	3,096,000	3,100,000	2,087,200	3,296,000	3,300,000	2,227,200
2,900,000	2,904,000	1,950,000	3,100,000	3,104,000	2,090,000	3,300,000	3,304,000	2,230,000
2,904,000	2,908,000	1,952,800	3,104,000	3,108,000	2,092,800	3,304,000	3,308,000	2,232,800
2,908,000	2,912,000	1,955,600	3,108,000	3,112,000	2,095,600	3,308,000	3,312,000	2,235,600
2,912,000	2,916,000	1,958,400	3,112,000	3,116,000	2,098,400	3,312,000	3,316,000	2,238,400
2,916,000	2,920,000	1,961,200	3,116,000	3,120,000	2,101,200	3,316,000	3,320,000	2,241,200
2,920,000	2,924,000	1,964,000	3,120,000	3,124,000	2,104,000	3,320,000	3,324,000	2,244,000
2,924,000	2,928,000	1,966,800	3,124,000	3,128,000	2,106,800	3,324,000	3,328,000	2,246,800
2,928,000	2,932,000	1,969,600	3,128,000	3,132,000	2,109,600	3,328,000	3,332,000	2,249,600
2,932,000	2,936,000	1,972,400	3,132,000	3,136,000	2,112,400	3,332,000	3,336,000	2,252,400
2,936,000	2,940,000	1,975,200	3,136,000	3,140,000	2,115,200	3,336,000	3,340,000	2,255,200
2,940,000	2,944,000	1,978,000	3,140,000	3,144,000	2,118,000	3,340,000	3,344,000	2,258,000
2,944,000	2,948,000	1,980,800	3,144,000	3,148,000	2,120,800	3,344,000	3,348,000	2,260,800
2,948,000	2,952,000	1,983,600	3,148,000	3,152,000	2,123,600	3,348,000	3,352,000	2,263,600
2,952,000	2,956,000	1,986,400	3,152,000	3,156,000	2,126,400	3,352,000	3,356,000	2,266,400
2,956,000	2,960,000	1,989,200	3,156,000	3,160,000	2,129,200	3,356,000	3,360,000	2,269,200
2,960,000	2,964,000	1,992,000	3,160,000	3,164,000	2,132,000	3,360,000	3,364,000	2,272,000
2,964,000	2,968,000	1,994,800	3,164,000	3,168,000	2,134,800	3,364,000	3,368,000	2,274,800
2,968,000	2,972,000	1,997,600	3,168,000	3,172,000	2,137,600	3,368,000	3,372,000	2,277,600

(3,372,000円～3,971,999円)

給与等の金額		給与所得控除後の給与等の金額	給与等の金額		給与所得控除後の給与等の金額	給与等の金額		給与所得控除後の給与等の金額
以上	未満		以上	未満		以上	未満	
円	円	円	円	円	円	円	円	円
3,372,000	3,376,000	2,280,400	3,572,000	3,576,000	2,420,400	3,772,000	3,776,000	2,577,600
3,376,000	3,380,000	2,283,200	3,576,000	3,580,000	2,423,200	3,776,000	3,780,000	2,580,800
3,380,000	3,384,000	2,286,000	3,580,000	3,584,000	2,426,000	3,780,000	3,784,000	2,584,000
3,384,000	3,388,000	2,288,800	3,584,000	3,588,000	2,428,800	3,784,000	3,788,000	2,587,200
3,388,000	3,392,000	2,291,600	3,588,000	3,592,000	2,431,600	3,788,000	3,792,000	2,590,400
3,392,000	3,396,000	2,294,400	3,592,000	3,596,000	2,434,400	3,792,000	3,796,000	2,593,600
3,396,000	3,400,000	2,297,200	3,596,000	3,600,000	2,437,200	3,796,000	3,800,000	2,596,800
3,400,000	3,404,000	2,300,000	3,600,000	3,604,000	2,440,000	3,800,000	3,804,000	2,600,000
3,404,000	3,408,000	2,302,800	3,604,000	3,608,000	2,443,200	3,804,000	3,808,000	2,603,200
3,408,000	3,412,000	2,305,600	3,608,000	3,612,000	2,446,400	3,808,000	3,812,000	2,606,400
3,412,000	3,416,000	2,308,400	3,612,000	3,616,000	2,449,600	3,812,000	3,816,000	2,609,600
3,416,000	3,420,000	2,311,200	3,616,000	3,620,000	2,452,800	3,816,000	3,820,000	2,612,800
3,420,000	3,424,000	2,314,000	3,620,000	3,624,000	2,456,000	3,820,000	3,824,000	2,616,000
3,424,000	3,428,000	2,316,800	3,624,000	3,628,000	2,459,200	3,824,000	3,828,000	2,619,200
3,428,000	3,432,000	2,319,600	3,628,000	3,632,000	2,462,400	3,828,000	3,832,000	2,622,400
3,432,000	3,436,000	2,322,400	3,632,000	3,636,000	2,465,600	3,832,000	3,836,000	2,625,600
3,436,000	3,440,000	2,325,200	3,636,000	3,640,000	2,468,800	3,836,000	3,840,000	2,628,800
3,440,000	3,444,000	2,328,000	3,640,000	3,644,000	2,472,000	3,840,000	3,844,000	2,632,000
3,444,000	3,448,000	2,330,800	3,644,000	3,648,000	2,475,200	3,844,000	3,848,000	2,635,200
3,448,000	3,452,000	2,333,600	3,648,000	3,652,000	2,478,400	3,848,000	3,852,000	2,638,400
3,452,000	3,456,000	2,336,400	3,652,000	3,656,000	2,481,600	3,852,000	3,856,000	2,641,600
3,456,000	3,460,000	2,339,200	3,656,000	3,660,000	2,484,800	3,856,000	3,860,000	2,644,800
3,460,000	3,464,000	2,342,000	3,660,000	3,664,000	2,488,000	3,860,000	3,864,000	2,648,000
3,464,000	3,468,000	2,344,800	3,664,000	3,668,000	2,491,200	3,864,000	3,868,000	2,651,200
3,468,000	3,472,000	2,347,600	3,668,000	3,672,000	2,494,400	3,868,000	3,872,000	2,654,400
3,472,000	3,476,000	2,350,400	3,672,000	3,676,000	2,497,600	3,872,000	3,876,000	2,657,600
3,476,000	3,480,000	2,353,200	3,676,000	3,680,000	2,500,800	3,876,000	3,880,000	2,660,800
3,480,000	3,484,000	2,356,000	3,680,000	3,684,000	2,504,000	3,880,000	3,884,000	2,664,000
3,484,000	3,488,000	2,358,800	3,684,000	3,688,000	2,507,200	3,884,000	3,888,000	2,667,200
3,488,000	3,492,000	2,361,600	3,688,000	3,692,000	2,510,400	3,888,000	3,892,000	2,670,400
3,492,000	3,496,000	2,364,400	3,692,000	3,696,000	2,513,600	3,892,000	3,896,000	2,673,600
3,496,000	3,500,000	2,367,200	3,696,000	3,700,000	2,516,800	3,896,000	3,900,000	2,676,800
3,500,000	3,504,000	2,370,000	3,700,000	3,704,000	2,520,000	3,900,000	3,904,000	2,680,000
3,504,000	3,508,000	2,372,800	3,704,000	3,708,000	2,523,200	3,904,000	3,908,000	2,683,200
3,508,000	3,512,000	2,375,600	3,708,000	3,712,000	2,526,400	3,908,000	3,912,000	2,686,400
3,512,000	3,516,000	2,378,400	3,712,000	3,716,000	2,529,600	3,912,000	3,916,000	2,689,600
3,516,000	3,520,000	2,381,200	3,716,000	3,720,000	2,532,800	3,916,000	3,920,000	2,692,800
3,520,000	3,524,000	2,384,000	3,720,000	3,724,000	2,536,000	3,920,000	3,924,000	2,696,000
3,524,000	3,528,000	2,386,800	3,724,000	3,728,000	2,539,200	3,924,000	3,928,000	2,699,200
3,528,000	3,532,000	2,389,600	3,728,000	3,732,000	2,542,400	3,928,000	3,932,000	2,702,400
3,532,000	3,536,000	2,392,400	3,732,000	3,736,000	2,545,600	3,932,000	3,936,000	2,705,600
3,536,000	3,540,000	2,395,200	3,736,000	3,740,000	2,548,800	3,936,000	3,940,000	2,708,800
3,540,000	3,544,000	2,398,000	3,740,000	3,744,000	2,552,000	3,940,000	3,944,000	2,712,000
3,544,000	3,548,000	2,400,800	3,744,000	3,748,000	2,555,200	3,944,000	3,948,000	2,715,200
3,548,000	3,552,000	2,403,600	3,748,000	3,752,000	2,558,400	3,948,000	3,952,000	2,718,400
3,552,000	3,556,000	2,406,400	3,752,000	3,756,000	2,561,600	3,952,000	3,956,000	2,721,600
3,556,000	3,560,000	2,409,200	3,756,000	3,760,000	2,564,800	3,956,000	3,960,000	2,724,800
3,560,000	3,564,000	2,412,000	3,760,000	3,764,000	2,568,000	3,960,000	3,964,000	2,728,000
3,564,000	3,568,000	2,414,800	3,764,000	3,768,000	2,571,200	3,964,000	3,968,000	2,731,200
3,568,000	3,572,000	2,417,600	3,768,000	3,772,000	2,574,400	3,968,000	3,972,000	2,734,400

(3,972,000円～4,571,999円)

給与等の金額		給与所得控除後の給与等の金額	給与等の金額		給与所得控除後の給与等の金額	給与等の金額		給与所得控除後の給与等の金額
以上	未満		以上	未満		以上	未満	
円	円	円	円	円	円	円	円	円
3,972,000	3,976,000	2,737,600	4,172,000	4,176,000	2,897,600	4,372,000	4,376,000	3,057,600
3,976,000	3,980,000	2,740,800	4,176,000	4,180,000	2,900,800	4,376,000	4,380,000	3,060,800
3,980,000	3,984,000	2,744,000	4,180,000	4,184,000	2,904,000	4,380,000	4,384,000	3,064,000
3,984,000	3,988,000	2,747,200	4,184,000	4,188,000	2,907,200	4,384,000	4,388,000	3,067,200
3,988,000	3,992,000	2,750,400	4,188,000	4,192,000	2,910,400	4,388,000	4,392,000	3,070,400
3,992,000	3,996,000	2,753,600	4,192,000	4,196,000	2,913,600	4,392,000	4,396,000	3,073,600
3,996,000	4,000,000	2,756,800	4,196,000	4,200,000	2,916,800	4,396,000	4,400,000	3,076,800
4,000,000	4,004,000	2,760,000	4,200,000	4,204,000	2,920,000	4,400,000	4,404,000	3,080,000
4,004,000	4,008,000	2,763,200	4,204,000	4,208,000	2,923,200	4,404,000	4,408,000	3,083,200
4,008,000	4,012,000	2,766,400	4,208,000	4,212,000	2,926,400	4,408,000	4,412,000	3,086,400
4,012,000	4,016,000	2,769,600	4,212,000	4,216,000	2,929,600	4,412,000	4,416,000	3,089,600
4,016,000	4,020,000	2,772,800	4,216,000	4,220,000	2,932,800	4,416,000	4,420,000	3,092,800
4,020,000	4,024,000	2,776,000	4,220,000	4,224,000	2,936,000	4,420,000	4,424,000	3,096,000
4,024,000	4,028,000	2,779,200	4,224,000	4,228,000	2,939,200	4,424,000	4,428,000	3,099,200
4,028,000	4,032,000	2,782,400	4,228,000	4,232,000	2,942,400	4,428,000	4,432,000	3,102,400
4,032,000	4,036,000	2,785,600	4,232,000	4,236,000	2,945,600	4,432,000	4,436,000	3,105,600
4,036,000	4,040,000	2,788,800	4,236,000	4,240,000	2,948,800	4,436,000	4,440,000	3,108,800
4,040,000	4,044,000	2,792,000	4,240,000	4,244,000	2,952,000	4,440,000	4,444,000	3,112,000
4,044,000	4,048,000	2,795,200	4,244,000	4,248,000	2,955,200	4,444,000	4,448,000	3,115,200
4,048,000	4,052,000	2,798,400	4,248,000	4,252,000	2,958,400	4,448,000	4,452,000	3,118,400
4,052,000	4,056,000	2,801,600	4,252,000	4,256,000	2,961,600	4,452,000	4,456,000	3,121,600
4,056,000	4,060,000	2,804,800	4,256,000	4,260,000	2,964,800	4,456,000	4,460,000	3,124,800
4,060,000	4,064,000	2,808,000	4,260,000	4,264,000	2,968,000	4,460,000	4,464,000	3,128,000
4,064,000	4,068,000	2,811,200	4,264,000	4,268,000	2,971,200	4,464,000	4,468,000	3,131,200
4,068,000	4,072,000	2,814,400	4,268,000	4,272,000	2,974,400	4,468,000	4,472,000	3,134,400
4,072,000	4,076,000	2,817,600	4,272,000	4,276,000	2,977,600	4,472,000	4,476,000	3,137,600
4,076,000	4,080,000	2,820,800	4,276,000	4,280,000	2,980,800	4,476,000	4,480,000	3,140,800
4,080,000	4,084,000	2,824,000	4,280,000	4,284,000	2,984,000	4,480,000	4,484,000	3,144,000
4,084,000	4,088,000	2,827,200	4,284,000	4,288,000	2,987,200	4,484,000	4,488,000	3,147,200
4,088,000	4,092,000	2,830,400	4,288,000	4,292,000	2,990,400	4,488,000	4,492,000	3,150,400
4,092,000	4,096,000	2,833,600	4,292,000	4,296,000	2,993,600	4,492,000	4,496,000	3,153,600
4,096,000	4,100,000	2,836,800	4,296,000	4,300,000	2,996,800	4,496,000	4,500,000	3,156,800
4,100,000	4,104,000	2,840,000	4,300,000	4,304,000	3,000,000	4,500,000	4,504,000	3,160,000
4,104,000	4,108,000	2,843,200	4,304,000	4,308,000	3,003,200	4,504,000	4,508,000	3,163,200
4,108,000	4,112,000	2,846,400	4,308,000	4,312,000	3,006,400	4,508,000	4,512,000	3,166,400
4,112,000	4,116,000	2,849,600	4,312,000	4,316,000	3,009,600	4,512,000	4,516,000	3,169,600
4,116,000	4,120,000	2,852,800	4,316,000	4,320,000	3,012,800	4,516,000	4,520,000	3,172,800
4,120,000	4,124,000	2,856,000	4,320,000	4,324,000	3,016,000	4,520,000	4,524,000	3,176,000
4,124,000	4,128,000	2,859,200	4,324,000	4,328,000	3,019,200	4,524,000	4,528,000	3,179,200
4,128,000	4,132,000	2,862,400	4,328,000	4,332,000	3,022,400	4,528,000	4,532,000	3,182,400
4,132,000	4,136,000	2,865,600	4,332,000	4,336,000	3,025,600	4,532,000	4,536,000	3,185,600
4,136,000	4,140,000	2,868,800	4,336,000	4,340,000	3,028,800	4,536,000	4,540,000	3,188,800
4,140,000	4,144,000	2,872,000	4,340,000	4,344,000	3,032,000	4,540,000	4,544,000	3,192,000
4,144,000	4,148,000	2,875,200	4,344,000	4,348,000	3,035,200	4,544,000	4,548,000	3,195,200
4,148,000	4,152,000	2,878,400	4,348,000	4,352,000	3,038,400	4,548,000	4,552,000	3,198,400
4,152,000	4,156,000	2,881,600	4,352,000	4,356,000	3,041,600	4,552,000	4,556,000	3,201,600
4,156,000	4,160,000	2,884,800	4,356,000	4,360,000	3,044,800	4,556,000	4,560,000	3,204,800
4,160,000	4,164,000	2,888,000	4,360,000	4,364,000	3,048,000	4,560,000	4,564,000	3,208,000
4,164,000	4,168,000	2,891,200	4,364,000	4,368,000	3,051,200	4,564,000	4,568,000	3,211,200
4,168,000	4,172,000	2,894,400	4,368,000	4,372,000	3,054,400	4,568,000	4,572,000	3,214,400

(4,572,000円～5,171,999円)

給与等の金額		給与所得控除後の給与等の金額	給与等の金額		給与所得控除後の給与等の金額	給与等の金額		給与所得控除後の給与等の金額
以上	未満		以上	未満		以上	未満	
円	円	円	円	円	円	円	円	円
4,572,000	4,576,000	3,217,600	4,772,000	4,776,000	3,377,600	4,972,000	4,976,000	3,537,600
4,576,000	4,580,000	3,220,800	4,776,000	4,780,000	3,380,800	4,976,000	4,980,000	3,540,800
4,580,000	4,584,000	3,224,000	4,780,000	4,784,000	3,384,000	4,980,000	4,984,000	3,544,000
4,584,000	4,588,000	3,227,200	4,784,000	4,788,000	3,387,200	4,984,000	4,988,000	3,547,200
4,588,000	4,592,000	3,230,400	4,788,000	4,792,000	3,390,400	4,988,000	4,992,000	3,550,400
4,592,000	4,596,000	3,233,600	4,792,000	4,796,000	3,393,600	4,992,000	4,996,000	3,553,600
4,596,000	4,600,000	3,236,800	4,796,000	4,800,000	3,396,800	4,996,000	5,000,000	3,556,800
4,600,000	4,604,000	3,240,000	4,800,000	4,804,000	3,400,000	5,000,000	5,004,000	3,560,000
4,604,000	4,608,000	3,243,200	4,804,000	4,808,000	3,403,200	5,004,000	5,008,000	3,563,200
4,608,000	4,612,000	3,246,400	4,808,000	4,812,000	3,406,400	5,008,000	5,012,000	3,566,400
4,612,000	4,616,000	3,249,600	4,812,000	4,816,000	3,409,600	5,012,000	5,016,000	3,569,600
4,616,000	4,620,000	3,252,800	4,816,000	4,820,000	3,412,800	5,016,000	5,020,000	3,572,800
4,620,000	4,624,000	3,256,000	4,820,000	4,824,000	3,416,000	5,020,000	5,024,000	3,576,000
4,624,000	4,628,000	3,259,200	4,824,000	4,828,000	3,419,200	5,024,000	5,028,000	3,579,200
4,628,000	4,632,000	3,262,400	4,828,000	4,832,000	3,422,400	5,028,000	5,032,000	3,582,400
4,632,000	4,636,000	3,265,600	4,832,000	4,836,000	3,425,600	5,032,000	5,036,000	3,585,600
4,636,000	4,640,000	3,268,800	4,836,000	4,840,000	3,428,800	5,036,000	5,040,000	3,588,800
4,640,000	4,644,000	3,272,000	4,840,000	4,844,000	3,432,000	5,040,000	5,044,000	3,592,000
4,644,000	4,648,000	3,275,200	4,844,000	4,848,000	3,435,200	5,044,000	5,048,000	3,595,200
4,648,000	4,652,000	3,278,400	4,848,000	4,852,000	3,438,400	5,048,000	5,052,000	3,598,400
4,652,000	4,656,000	3,281,600	4,852,000	4,856,000	3,441,600	5,052,000	5,056,000	3,601,600
4,656,000	4,660,000	3,284,800	4,856,000	4,860,000	3,444,800	5,056,000	5,060,000	3,604,800
4,660,000	4,664,000	3,288,000	4,860,000	4,864,000	3,448,000	5,060,000	5,064,000	3,608,000
4,664,000	4,668,000	3,291,200	4,864,000	4,868,000	3,451,200	5,064,000	5,068,000	3,611,200
4,668,000	4,672,000	3,294,400	4,868,000	4,872,000	3,454,400	5,068,000	5,072,000	3,614,400
4,672,000	4,676,000	3,297,600	4,872,000	4,876,000	3,457,600	5,072,000	5,076,000	3,617,600
4,676,000	4,680,000	3,300,800	4,876,000	4,880,000	3,460,800	5,076,000	5,080,000	3,620,800
4,680,000	4,684,000	3,304,000	4,880,000	4,884,000	3,464,000	5,080,000	5,084,000	3,624,000
4,684,000	4,688,000	3,307,200	4,884,000	4,888,000	3,467,200	5,084,000	5,088,000	3,627,200
4,688,000	4,692,000	3,310,400	4,888,000	4,892,000	3,470,400	5,088,000	5,092,000	3,630,400
4,692,000	4,696,000	3,313,600	4,892,000	4,896,000	3,473,600	5,092,000	5,096,000	3,633,600
4,696,000	4,700,000	3,316,800	4,896,000	4,900,000	3,476,800	5,096,000	5,100,000	3,636,800
4,700,000	4,704,000	3,320,000	4,900,000	4,904,000	3,480,000	5,100,000	5,104,000	3,640,000
4,704,000	4,708,000	3,323,200	4,904,000	4,908,000	3,483,200	5,104,000	5,108,000	3,643,200
4,708,000	4,712,000	3,326,400	4,908,000	4,912,000	3,486,400	5,108,000	5,112,000	3,646,400
4,712,000	4,716,000	3,329,600	4,912,000	4,916,000	3,489,600	5,112,000	5,116,000	3,649,600
4,716,000	4,720,000	3,332,800	4,916,000	4,920,000	3,492,800	5,116,000	5,120,000	3,652,800
4,720,000	4,724,000	3,336,000	4,920,000	4,924,000	3,496,000	5,120,000	5,124,000	3,656,000
4,724,000	4,728,000	3,339,200	4,924,000	4,928,000	3,499,200	5,124,000	5,128,000	3,659,200
4,728,000	4,732,000	3,342,400	4,928,000	4,932,000	3,502,400	5,128,000	5,132,000	3,662,400
4,732,000	4,736,000	3,345,600	4,932,000	4,936,000	3,505,600	5,132,000	5,136,000	3,665,600
4,736,000	4,740,000	3,348,800	4,936,000	4,940,000	3,508,800	5,136,000	5,140,000	3,668,800
4,740,000	4,744,000	3,352,000	4,940,000	4,944,000	3,512,000	5,140,000	5,144,000	3,672,000
4,744,000	4,748,000	3,355,200	4,944,000	4,948,000	3,515,200	5,144,000	5,148,000	3,675,200
4,748,000	4,752,000	3,358,400	4,948,000	4,952,000	3,518,400	5,148,000	5,152,000	3,678,400
4,752,000	4,756,000	3,361,600	4,952,000	4,956,000	3,521,600	5,152,000	5,156,000	3,681,600
4,756,000	4,760,000	3,364,800	4,956,000	4,960,000	3,524,800	5,156,000	5,160,000	3,684,800
4,760,000	4,764,000	3,368,000	4,960,000	4,964,000	3,528,000	5,160,000	5,164,000	3,688,000
4,764,000	4,768,000	3,371,200	4,964,000	4,968,000	3,531,200	5,164,000	5,168,000	3,691,200
4,768,000	4,772,000	3,374,400	4,968,000	4,972,000	3,534,400	5,168,000	5,172,000	3,694,400

(5,172,000円～5,771,999円)

給与等の金額		給与所得控除後の給与等の金額	給与等の金額		給与所得控除後の給与等の金額	給与等の金額		給与所得控除後の給与等の金額
以上	未満		以上	未満		以上	未満	
円	円	円	円	円	円	円	円	円
5,172,000	5,176,000	3,697,600	5,372,000	5,376,000	3,857,600	5,572,000	5,576,000	4,017,600
5,176,000	5,180,000	3,700,800	5,376,000	5,380,000	3,860,800	5,576,000	5,580,000	4,020,800
5,180,000	5,184,000	3,704,000	5,380,000	5,384,000	3,864,000	5,580,000	5,584,000	4,024,000
5,184,000	5,188,000	3,707,200	5,384,000	5,388,000	3,867,200	5,584,000	5,588,000	4,027,200
5,188,000	5,192,000	3,710,400	5,388,000	5,392,000	3,870,400	5,588,000	5,592,000	4,030,400
5,192,000	5,196,000	3,713,600	5,392,000	5,396,000	3,873,600	5,592,000	5,596,000	4,033,600
5,196,000	5,200,000	3,716,800	5,396,000	5,400,000	3,876,800	5,596,000	5,600,000	4,036,800
5,200,000	5,204,000	3,720,000	5,400,000	5,404,000	3,880,000	5,600,000	5,604,000	4,040,000
5,204,000	5,208,000	3,723,200	5,404,000	5,408,000	3,883,200	5,604,000	5,608,000	4,043,200
5,208,000	5,212,000	3,726,400	5,408,000	5,412,000	3,886,400	5,608,000	5,612,000	4,046,400
5,212,000	5,216,000	3,729,600	5,412,000	5,416,000	3,889,600	5,612,000	5,616,000	4,049,600
5,216,000	5,220,000	3,732,800	5,416,000	5,420,000	3,892,800	5,616,000	5,620,000	4,052,800
5,220,000	5,224,000	3,736,000	5,420,000	5,424,000	3,896,000	5,620,000	5,624,000	4,056,000
5,224,000	5,228,000	3,739,200	5,424,000	5,428,000	3,899,200	5,624,000	5,628,000	4,059,200
5,228,000	5,232,000	3,742,400	5,428,000	5,432,000	3,902,400	5,628,000	5,632,000	4,062,400
5,232,000	5,236,000	3,745,600	5,432,000	5,436,000	3,905,600	5,632,000	5,636,000	4,065,600
5,236,000	5,240,000	3,748,800	5,436,000	5,440,000	3,908,800	5,636,000	5,640,000	4,068,800
5,240,000	5,244,000	3,752,000	5,440,000	5,444,000	3,912,000	5,640,000	5,644,000	4,072,000
5,244,000	5,248,000	3,755,200	5,444,000	5,448,000	3,915,200	5,644,000	5,648,000	4,075,200
5,248,000	5,252,000	3,758,400	5,448,000	5,452,000	3,918,400	5,648,000	5,652,000	4,078,400
5,252,000	5,256,000	3,761,600	5,452,000	5,456,000	3,921,600	5,652,000	5,656,000	4,081,600
5,256,000	5,260,000	3,764,800	5,456,000	5,460,000	3,924,800	5,656,000	5,660,000	4,084,800
5,260,000	5,264,000	3,768,000	5,460,000	5,464,000	3,928,000	5,660,000	5,664,000	4,088,000
5,264,000	5,268,000	3,771,200	5,464,000	5,468,000	3,931,200	5,664,000	5,668,000	4,091,200
5,268,000	5,272,000	3,774,400	5,468,000	5,472,000	3,934,400	5,668,000	5,672,000	4,094,400
5,272,000	5,276,000	3,777,600	5,472,000	5,476,000	3,937,600	5,672,000	5,676,000	4,097,600
5,276,000	5,280,000	3,780,800	5,476,000	5,480,000	3,940,800	5,676,000	5,680,000	4,100,800
5,280,000	5,284,000	3,784,000	5,480,000	5,484,000	3,944,000	5,680,000	5,684,000	4,104,000
5,284,000	5,288,000	3,787,200	5,484,000	5,488,000	3,947,200	5,684,000	5,688,000	4,107,200
5,288,000	5,292,000	3,790,400	5,488,000	5,492,000	3,950,400	5,688,000	5,692,000	4,110,400
5,292,000	5,296,000	3,793,600	5,492,000	5,496,000	3,953,600	5,692,000	5,696,000	4,113,600
5,296,000	5,300,000	3,796,800	5,496,000	5,500,000	3,956,800	5,696,000	5,700,000	4,116,800
5,300,000	5,304,000	3,800,000	5,500,000	5,504,000	3,960,000	5,700,000	5,704,000	4,120,000
5,304,000	5,308,000	3,803,200	5,504,000	5,508,000	3,963,200	5,704,000	5,708,000	4,123,200
5,308,000	5,312,000	3,806,400	5,508,000	5,512,000	3,966,400	5,708,000	5,712,000	4,126,400
5,312,000	5,316,000	3,809,600	5,512,000	5,516,000	3,969,600	5,712,000	5,716,000	4,129,600
5,316,000	5,320,000	3,812,800	5,516,000	5,520,000	3,972,800	5,716,000	5,720,000	4,132,800
5,320,000	5,324,000	3,816,000	5,520,000	5,524,000	3,976,000	5,720,000	5,724,000	4,136,000
5,324,000	5,328,000	3,819,200	5,524,000	5,528,000	3,979,200	5,724,000	5,728,000	4,139,200
5,328,000	5,332,000	3,822,400	5,528,000	5,532,000	3,982,400	5,728,000	5,732,000	4,142,400
5,332,000	5,336,000	3,825,600	5,532,000	5,536,000	3,985,600	5,732,000	5,736,000	4,145,600
5,336,000	5,340,000	3,828,800	5,536,000	5,540,000	3,988,800	5,736,000	5,740,000	4,148,800
5,340,000	5,344,000	3,832,000	5,540,000	5,544,000	3,992,000	5,740,000	5,744,000	4,152,000
5,344,000	5,348,000	3,835,200	5,544,000	5,548,000	3,995,200	5,744,000	5,748,000	4,155,200
5,348,000	5,352,000	3,838,400	5,548,000	5,552,000	3,998,400	5,748,000	5,752,000	4,158,400
5,352,000	5,356,000	3,841,600	5,552,000	5,556,000	4,001,600	5,752,000	5,756,000	4,161,600
5,356,000	5,360,000	3,844,800	5,556,000	5,560,000	4,004,800	5,756,000	5,760,000	4,164,800
5,360,000	5,364,000	3,848,000	5,560,000	5,564,000	4,008,000	5,760,000	5,764,000	4,168,000
5,364,000	5,368,000	3,851,200	5,564,000	5,568,000	4,011,200	5,764,000	5,768,000	4,171,200
5,368,000	5,372,000	3,854,400	5,568,000	5,572,000	4,014,400	5,768,000	5,772,000	4,174,400

(5,772,000円～6,371,999円)

給与等の金額		給与所得控除後の給与等の金額	給与等の金額		給与所得控除後の給与等の金額	給与等の金額		給与所得控除後の給与等の金額
以上	未満		以上	未満		以上	未満	
円	円	円	円	円	円	円	円	円
5,772,000	5,776,000	4,177,600	5,972,000	5,976,000	4,337,600	6,172,000	6,176,000	4,497,600
5,776,000	5,780,000	4,180,800	5,976,000	5,980,000	4,340,800	6,176,000	6,180,000	4,500,800
5,780,000	5,784,000	4,184,000	5,980,000	5,984,000	4,344,000	6,180,000	6,184,000	4,504,000
5,784,000	5,788,000	4,187,200	5,984,000	5,988,000	4,347,200	6,184,000	6,188,000	4,507,200
5,788,000	5,792,000	4,190,400	5,988,000	5,992,000	4,350,400	6,188,000	6,192,000	4,510,400
5,792,000	5,796,000	4,193,600	5,992,000	5,996,000	4,353,600	6,192,000	6,196,000	4,513,600
5,796,000	5,800,000	4,196,800	5,996,000	6,000,000	4,356,800	6,196,000	6,200,000	4,516,800
5,800,000	5,804,000	4,200,000	6,000,000	6,004,000	4,360,000	6,200,000	6,204,000	4,520,000
5,804,000	5,808,000	4,203,200	6,004,000	6,008,000	4,363,200	6,204,000	6,208,000	4,523,200
5,808,000	5,812,000	4,206,400	6,008,000	6,012,000	4,366,400	6,208,000	6,212,000	4,526,400
5,812,000	5,816,000	4,209,600	6,012,000	6,016,000	4,369,600	6,212,000	6,216,000	4,529,600
5,816,000	5,820,000	4,212,800	6,016,000	6,020,000	4,372,800	6,216,000	6,220,000	4,532,800
5,820,000	5,824,000	4,216,000	6,020,000	6,024,000	4,376,000	6,220,000	6,224,000	4,536,000
5,824,000	5,828,000	4,219,200	6,024,000	6,028,000	4,379,200	6,224,000	6,228,000	4,539,200
5,828,000	5,832,000	4,222,400	6,028,000	6,032,000	4,382,400	6,228,000	6,232,000	4,542,400
5,832,000	5,836,000	4,225,600	6,032,000	6,036,000	4,385,600	6,232,000	6,236,000	4,545,600
5,836,000	5,840,000	4,228,800	6,036,000	6,040,000	4,388,800	6,236,000	6,240,000	4,548,800
5,840,000	5,844,000	4,232,000	6,040,000	6,044,000	4,392,000	6,240,000	6,244,000	4,552,000
5,844,000	5,848,000	4,235,200	6,044,000	6,048,000	4,395,200	6,244,000	6,248,000	4,555,200
5,848,000	5,852,000	4,238,400	6,048,000	6,052,000	4,398,400	6,248,000	6,252,000	4,558,400
5,852,000	5,856,000	4,241,600	6,052,000	6,056,000	4,401,600	6,252,000	6,256,000	4,561,600
5,856,000	5,860,000	4,244,800	6,056,000	6,060,000	4,404,800	6,256,000	6,260,000	4,564,800
5,860,000	5,864,000	4,248,000	6,060,000	6,064,000	4,408,000	6,260,000	6,264,000	4,568,000
5,864,000	5,868,000	4,251,200	6,064,000	6,068,000	4,411,200	6,264,000	6,268,000	4,571,200
5,868,000	5,872,000	4,254,400	6,068,000	6,072,000	4,414,400	6,268,000	6,272,000	4,574,400
5,872,000	5,876,000	4,257,600	6,072,000	6,076,000	4,417,600	6,272,000	6,276,000	4,577,600
5,876,000	5,880,000	4,260,800	6,076,000	6,080,000	4,420,800	6,276,000	6,280,000	4,580,800
5,880,000	5,884,000	4,264,000	6,080,000	6,084,000	4,424,000	6,280,000	6,284,000	4,584,000
5,884,000	5,888,000	4,267,200	6,084,000	6,088,000	4,427,200	6,284,000	6,288,000	4,587,200
5,888,000	5,892,000	4,270,400	6,088,000	6,092,000	4,430,400	6,288,000	6,292,000	4,590,400
5,892,000	5,896,000	4,273,600	6,092,000	6,096,000	4,433,600	6,292,000	6,296,000	4,593,600
5,896,000	5,900,000	4,276,800	6,096,000	6,100,000	4,436,800	6,296,000	6,300,000	4,596,800
5,900,000	5,904,000	4,280,000	6,100,000	6,104,000	4,440,000	6,300,000	6,304,000	4,600,000
5,904,000	5,908,000	4,283,200	6,104,000	6,108,000	4,443,200	6,304,000	6,308,000	4,603,200
5,908,000	5,912,000	4,286,400	6,108,000	6,112,000	4,446,400	6,308,000	6,312,000	4,606,400
5,912,000	5,916,000	4,289,600	6,112,000	6,116,000	4,449,600	6,312,000	6,316,000	4,609,600
5,916,000	5,920,000	4,292,800	6,116,000	6,120,000	4,452,800	6,316,000	6,320,000	4,612,800
5,920,000	5,924,000	4,296,000	6,120,000	6,124,000	4,456,000	6,320,000	6,324,000	4,616,000
5,924,000	5,928,000	4,299,200	6,124,000	6,128,000	4,459,200	6,324,000	6,328,000	4,619,200
5,928,000	5,932,000	4,302,400	6,128,000	6,132,000	4,462,400	6,328,000	6,332,000	4,622,400
5,932,000	5,936,000	4,305,600	6,132,000	6,136,000	4,465,600	6,332,000	6,336,000	4,625,600
5,936,000	5,940,000	4,308,800	6,136,000	6,140,000	4,468,800	6,336,000	6,340,000	4,628,800
5,940,000	5,944,000	4,312,000	6,140,000	6,144,000	4,472,000	6,340,000	6,344,000	4,632,000
5,944,000	5,948,000	4,315,200	6,144,000	6,148,000	4,475,200	6,344,000	6,348,000	4,635,200
5,948,000	5,952,000	4,318,400	6,148,000	6,152,000	4,478,400	6,348,000	6,352,000	4,638,400
5,952,000	5,956,000	4,321,600	6,152,000	6,156,000	4,481,600	6,352,000	6,356,000	4,641,600
5,956,000	5,960,000	4,324,800	6,156,000	6,160,000	4,484,800	6,356,000	6,360,000	4,644,800
5,960,000	5,964,000	4,328,000	6,160,000	6,164,000	4,488,000	6,360,000	6,364,000	4,648,000
5,964,000	5,968,000	4,331,200	6,164,000	6,168,000	4,491,200	6,364,000	6,368,000	4,651,200
5,968,000	5,972,000	4,334,400	6,168,000	6,172,000	4,494,400	6,368,000	6,372,000	4,654,400

(6,372,000円～20,000,000円)

給与等の金額		給与所得控除後の給与等の金額	給与等の金額		給与所得控除後の給与等の金額	給与等の金額		給与所得控除後の給与等の金額
以上	未満		以上	未満		以上	未満	
円 6,372,000	円 6,376,000	円 4,657,600	円 6,492,000	円 6,496,000	円 4,753,600	円 6,600,000	円 8,500,000	給与等の金額に90%を乗じて算出した金額から1,100,000円を控除した金額
6,376,000	6,380,000	4,660,800	6,496,000	6,500,000	4,756,800			
6,380,000	6,384,000	4,664,000	6,500,000	6,504,000	4,760,000			
6,384,000	6,388,000	4,667,200	6,504,000	6,508,000	4,763,200			
6,388,000	6,392,000	4,670,400	6,508,000	6,512,000	4,766,400			
6,392,000	6,396,000	4,673,600	6,512,000	6,516,000	4,769,600	8,500,000	20,000,000	給与等の金額から1,950,000円を控除した金額
6,396,000	6,400,000	4,676,800	6,516,000	6,520,000	4,772,800			
6,400,000	6,404,000	4,680,000	6,520,000	6,524,000	4,776,000			
6,404,000	6,408,000	4,683,200	6,524,000	6,528,000	4,779,200			
6,408,000	6,412,000	4,686,400	6,528,000	6,532,000	4,782,400			
6,412,000	6,416,000	4,689,600	6,532,000	6,536,000	4,785,600	20,000,000円		18,050,000円
6,416,000	6,420,000	4,692,800	6,536,000	6,540,000	4,788,800			
6,420,000	6,424,000	4,696,000	6,540,000	6,544,000	4,792,000			
6,424,000	6,428,000	4,699,200	6,544,000	6,548,000	4,795,200			
6,428,000	6,432,000	4,702,400	6,548,000	6,552,000	4,798,400			
6,432,000	6,436,000	4,705,600	6,552,000	6,556,000	4,801,600			
6,436,000	6,440,000	4,708,800	6,556,000	6,560,000	4,804,800			
6,440,000	6,444,000	4,712,000	6,560,000	6,564,000	4,808,000			
6,444,000	6,448,000	4,715,200	6,564,000	6,568,000	4,811,200			
6,448,000	6,452,000	4,718,400	6,568,000	6,572,000	4,814,400			
6,452,000	6,456,000	4,721,600	6,572,000	6,576,000	4,817,600			
6,456,000	6,460,000	4,724,800	6,576,000	6,580,000	4,820,800			
6,460,000	6,464,000	4,728,000	6,580,000	6,584,000	4,824,000			
6,464,000	6,468,000	4,731,200	6,584,000	6,588,000	4,827,200			
6,468,000	6,472,000	4,734,400	6,588,000	6,592,000	4,830,400			
6,472,000	6,476,000	4,737,600	6,592,000	6,596,000	4,833,600			
6,476,000	6,480,000	4,740,800	6,596,000	6,600,000	4,836,800			
6,480,000	6,484,000	4,744,000						
6,484,000	6,488,000	4,747,200						
6,488,000	6,492,000	4,750,400						

◯ 主な減価償却資産の耐用年数表

<建　物>

構造・用途	細目	耐用年数
木造・合成樹脂造のもの	事務所用のもの	年 24
	店舗用・住宅用のもの	22
	飲食店用のもの	20
	旅館用・ホテル用・病院用・車庫用のもの	17
	公衆浴場用のもの	12
	工場用・倉庫用のもの（一般用）	15
木骨モルタル造のもの	事務所用のもの	22
	店舗用・住宅用のもの	20
	飲食店用のもの	19
	旅館用・ホテル用・病院用・車庫用のもの	15
	公衆浴場用のもの	11
	工場用・倉庫用のもの（一般用）	14
鉄骨鉄筋コンクリート造・鉄筋コンクリート造のもの	事務所用のもの	50
	住宅用のもの	47
	飲食店用のもの	
	延べ面積のうちに占める木造内装部分の面積が30%を超えるもの	34
	その他のもの	41
	旅館用・ホテル用のもの	
	延べ面積のうちに占める木造内装部分の面積が30%を超えるもの	31
	その他のもの	39
	店舗用・病院用のもの	39
	車庫用のもの	38
	公衆浴場用のもの	31
	工場用・倉庫用のもの（一般用）	38
れんが造・石造・ブロック造のもの	事務所用のもの	41
	店舗用・住宅用・飲食店用のもの	38
	旅館用・ホテル用・病院用のもの	36
	車庫用のもの	34
	公衆浴場用のもの	30
	工場用・倉庫用のもの（一般用）	34
金属造のもの	事務所用のもの	
	骨格材の肉厚が、（以下同じ。）	
	4mmを超えるもの	38
	3mmを超え、4mm以下のもの	30
	3mm以下のもの	22
	店舗用・住宅用のもの	
	4mmを超えるもの	34
	3mmを超え、4mm以下のもの	27
	3mm以下のもの	19
	飲食店用・車庫用のもの	
	4mmを超えるもの	31
	3mmを超え、4mm以下のもの	25
	3mm以下のもの	19
	旅館用・ホテル用・病院用のもの	
	4mmを超えるもの	29
	3mmを超え、4mm以下のもの	24
	3mm以下のもの	17
	公衆浴場用のもの	
	4mmを超えるもの	27
	3mmを超え、4mm以下のもの	19
	3mm以下のもの	15
	工場用・倉庫用のもの（一般用）	
	4mmを超えるもの	31
	3mmを超え、4mm以下のもの	24
	3mm以下のもの	17

<建物附属設備>

構造・用途	細目	耐用年数
アーケード・日よけ設備	主として金属製のもの その他のもの	年 15 8
店用簡易装備		3
電気設備（照明設備を含む。）	蓄電池電源設備 その他のもの	6 15
給排水・衛生設備、ガス設備		15

<車両・運搬具>

構造・用途	細目	耐用年数
一般用のもの（特殊自動車・次の運送事業用等以外のもの）	自動車（2輪・3輪自動車を除く。）	年
	小型車（総排気量が0.66リットル以下のもの）	4
	貨物自動車	
	ダンプ式のもの	4
	その他のもの	5
	報道通信用のもの	5
	その他のもの	6
	2輪・3輪自動車	3
	自転車	2
	リヤカー	4
運送事業用・貸自動車業用・自動車教習所用のもの	自動車（2輪・3輪自動車を含み、乗合自動車を除く。）	
	小型車（貨物自動車にあっては積載量が2トン以下、その他のものにあっては総排気量が2リットル以下のもの）	3
	大型乗用車（総排気量が3リットル以上のもの）	5
	その他のもの	4
	乗合自動車	5
	自転車、リヤカー	2
	被けん引車その他のもの	4

<工　具>

構造・用途	細目	耐用年数
測定工具、検査工具（電気・電子を利用するものを含む。）		年 5
治具、取付工具		3
切削工具		2
型（型枠を含む。）、鍛圧工具、打抜工具	プレスその他の金属加工用金型、合成樹脂・ガラス成型用金型、鋳造用型 その他のもの	2 3
活字、活字に常用される金属	購入活字(活字の形状のまま反復使用するものに限る。) 自製活字、活字に常用される金属	2 8

<器具・備品>

構造・用途	細目	耐用年数
家具、電気機器、ガス機器、家庭用品（他に掲げてあるものを除く。）	事務机、事務いす、キャビネット	年
	主として金属製のもの	15
	その他のもの	8
	応接セット	
	接客業用のもの	5
	その他のもの	8
	ベッド	8
	児童用机、いす	5
	陳列だな、陳列ケース	
	冷凍機付・冷蔵機付のもの	6
	その他のもの	8
	その他の家具	
	接客業用のもの	5
	その他のもの	
	主として金属製のもの	15
	その他のもの	8
	ラジオ、テレビジョン、テープレコーダーその他の音響機器	5
	冷房用・暖房用機器	6
	電気冷蔵庫、電気洗濯機その他これらに類する電気・ガス機器	6
	氷冷蔵庫、冷蔵ストッカー（電気式のものを除く。）	4
	カーテン、座ぶとん、寝具、丹前その他これらに類する繊維製品	3
	じゅうたんその他の床用敷物	
	小売業用・接客業用・放送用・レコード吹込用・劇場用のもの	3
	その他のもの	6
	室内装飾品	
	主として金属製のもの	15
	その他のもの	8
	食事・ちゅう房用品	
	陶磁器製・ガラス製のもの	2
	その他のもの	5
	その他のもの	
	主として金属製のもの	15
	その他のもの	8
事務機器、通信機器	謄写機器、タイプライター	
	孔版印刷・印書業用のもの	3
	その他のもの	5
	電子計算機	
	パーソナルコンピュータ（サーバー用のものを除く。）	4
	その他のもの	5
	複写機、計算機（電子計算機を除く。）、金銭登録機、タイムレコーダーその他これらに類するもの	5
	その他の事務機器	5
	テレタイプライター、ファクシミリ	5
	インターホーン、放送用設備	6
	電話設備その他の通信機器	
	デジタル構内交換設備、デジタルボタン電話設備	6
	その他のもの	10
時計、試験機器、測定機器	時計	10
	度量衡器	5
	試験・測定機器	5
光学機器、写真製作機器	カメラ、映画撮影機、映写機、望遠鏡	5
	引伸機、焼付機、乾燥機、顕微鏡	8
看板、広告器具	看板、ネオンサイン、気球	3
	マネキン人形、模型	2
	その他のもの	
	主として金属製のもの	10
	その他のもの	5
容器、金庫	ボンベ	
	溶接製のもの	6
	鍛造製のもの	
	塩素用のもの	8
	その他のもの	10
	ドラムかん、コンテナーその他の容器	
	大型コンテナー（長さが6m以上のものに限る。）	7
	その他のもの	
	金属製のもの	3
	その他のもの	2
	金庫	
	手さげ金庫	5
	その他のもの	20
理容・美容機器		5

＜器具・備品＞のつづき

構造・用途	細目	耐用年数
医療機器	消毒殺菌用機器 手術機器 血液透析又は血しょう交換用機器 ハバードタンクその他の作動部分を有する機能回復訓練機器 調剤機器 歯科診療用ユニット 光学検査機器 　ファイバースコープ 　その他のもの レントゲンその他の電子装置を使用する機器 　移動式のもの、救急医療用のもの、自動血液分析器 　その他のもの その他のもの 　陶磁器製・ガラス製のもの 　主として金属製のもの 　その他のもの	年 4 5 7 6 6 7 6 8 4 6 3 10 5
娯楽・スポーツ器具	たまつき用具 パチンコ器、ビンゴ器その他これらに類する球戯用具、射的用具 ご、しょうぎ、まあじゃん、その他の遊戯具 スポーツ具	8 2 5 3

＜機械・装置＞

設備の種類	細目	耐用年数
食料品製造業用設備		年 10
飲料・たばこ・飼料製造業用設備		10
繊維工業用設備	炭素繊維製造設備 　黒鉛化炉 　その他の設備 その他の設備	3 7 7
木材・木製品（家具を除く。）製造業用設備		8
家具・装備品製造業用設備		11
パルプ・紙・紙加工品製造業用設備		12
印刷業・印刷関連業用設備	デジタル印刷システム設備 製本業用設備 新聞業用設備 　モノタイプ・写真・通信設備 　その他の設備 その他の設備	4 7 3 10 10
ゴム製品製造業用設備		9

＜機械・装置＞のつづき

設備の種類	細目	耐用年数
なめし革・なめし革製品・毛皮製造業用設備		年 9
窯業・土石製品製造業用設備		9
鉄鋼業用設備	表面処理鋼材・鉄粉製造業・鉄スクラップ加工処理業用設備 純鉄・原鉄・ベースメタル・フェロアロイ・鉄素形材・鋳鉄管製造業用設備 その他の設備	5 9 14
金属製品製造業用設備	金属被覆、彫刻業・打はく、金属製ネームプレート製造業用設備 その他の設備	6 10
林業用設備		5
鉱業・採石業・砂利採取業用設備	石油・天然ガス鉱業用設備 　坑井設備 　掘さく設備 　その他の設備 その他の設備	 3 6 12 6
総合工事業用設備		6
倉庫業用設備		12
運輸に附帯するサービス業用設備		10
飲食料品卸売業用設備		10
飲食料品小売業用設備		9
その他の小売業用設備	ガソリン・液化石油ガススタンド設備 その他の設備 　主として金属製のもの 　その他のもの	8 17 8
宿泊業用設備		10
飲食店業用設備		8
洗濯業・理容業・美容業・浴場業用設備		13
その他の生活関連サービス業用設備		6
自動車整備業用設備		15

索引

あ行

【あ】
青色事業専従者給与　254
青色申告者の減価償却の特例　349
青色申告書に係る更正　865
青色申告特別控除　258
青色申告の承認申請手続　162
青色申告の特典等　160
青色申告の要件　160
暗号資産の譲渡原価等の計算　569

【い】
一時所得　557
一時所得の金額　560
一時所得の総収入金額の計上時期　178
著しく低い価額による譲渡　338
一括償却資産　196
医療費控除　655
医療用機械等の特別償却　374

【う】
請負による所得計算　262
売上原価の計算及び期末棚卸資産の評価　186
売上割戻し　263

【え】
延納　861

か行

【か】
海外渡航費　235
外貨建取引の換算等　169
外国税額控除　735
確定所得申告を要しない者　839
確定所得申告を要する者　838
確定申告　838
確定申告書に添付する書類　849
確定申告を要しない上場株式等の譲渡による所得　534
確定申告を要しない配当所得　305,591
確定損失申告　844
家事関連費等の必要経費不算入等　39
貸倒損失　243
貸倒引当金　246
家事費及び家事関連費　236
課税山林所得金額に対する税額　717
課税所得の範囲　140
課税総所得金額及び課税退職所得金額に対する税額　717
課税標準及び課税所得金額の計算　158
課税方式　140
価値喪失株式に係る損失の金額の特例　516
家内労働者等の所得計算の特例　269
寡婦控除　692
株式移転　526
株式交換　525
株式交換等に係る譲渡所得等の特例　525
株式等に係る譲渡所得金額に対する税額計算　724
株式等に係る譲渡所得等の課税の特例　495
株式等の取得価額　504
株式等の譲渡による所得の申告分離課税制度　589
株式等を譲渡した者の告知義務　508
株式等を対価とする株式の譲渡に係る譲渡所得等の課税の特例　538
借入金利子、割引料　233
環境負荷低減事業活動用資産等を取得した場合の特別償却　365
完全子法人株式等に係る配当等の課税の特例

40
還付等を受けるための申告　845
還付を受けるための申告　845

【き】

基礎控除　707
既存住宅に係る特定の改修工事をした場合の所得税額の特別控除　48
既存住宅に係る特定の改修工事をした場合の所得税額の特別控除（住宅特定改修特別税額控除）　821
既存住宅の増改築等　886
既存住宅の耐震改修をした場合の所得税額の特別控除（耐震改修特別税額控除）　819
記帳義務　278
寄附金　229
寄附金控除　683
給付金の非課税等　885
給与所得に対する源泉徴収　899
給与所得の金額の計算　388
給与所得の収入金額の計上時期　178
給与所得の収入金額の収入すべき時期　388
給与所得の範囲　387
給与等の支給額が増加した場合の所得税額の特別控除　767
業務に係る雑所得の例示　564
居住の用に供する期間の特例　886
居住用家屋の所有者と土地の所有者が異なる場合の特別控除の取扱い　471
居住用財産の買換え等の場合の譲渡損失の繰越控除の特例　632
居住用財産の買換え等の場合の譲渡損失の損益通算の特例　613
居住用財産の譲渡所得の課税の特例等を受ける場合の住宅借入金等特別控除の適用関係　803
居住用財産を譲渡した場合の3,000万円の特別控除の特例　468

勤続年数の計算　415
金融類似商品の源泉分離課税　590
勤労学生控除　695

【く】

国又は地方公共団体が行う保育その他の子育てに対する助成事業等により支給される金品の非課税措置　1
繰延資産の償却費　214

【け】

経済的利益　183
減額された外国所得税額の雑所得の総収入金額算入　582
減額された外国所得税額の総収入金額不算入等　182
減価償却資産の償却費　191
減価償却資産の償却方法　198
減価償却資産の範囲　191
減価償却の対象とされない資産等　193
減価償却方法の選定、変更等　201
懸賞金付預貯金等の懸賞金等の源泉分離課税　590
源泉徴収　893
源泉徴収及び納付の時期　897
源泉徴収義務者　896
源泉徴収選択口座内配当等　308
源泉徴収選択口座内配当等に係る所得計算及び源泉徴収等の特例　535
源泉徴収と居住者の確定申告　897
源泉徴収における推計課税　906
源泉徴収に係る所得税の納税地　896
源泉徴収の対象となる所得及び源泉徴収税率　893
源泉分離課税　585

【こ】

公益社団法人等に寄附をした場合の所得税額の特別控除　831
交換差金を受け取ったとき　448

控除合計額計算の調整　807
更生及び決定　865
更正の請求及び更正の請求の特例　848
更正又は決定すべき事項に関する特例　865
更正又は決定に対する不服申立て等　867
公的年金等　577
国外財産調書の提出　877
国外中古建物の不動産所得に係る損益通算等の特例　329
国外中古建物の不動産所得に係る損益通算の特例　608
国外で発行された投資信託等の収益の分配　307
国外転出（相続）時課税の概要　554
国外転出（贈与）時課税の概要　553
国外転出時課税　548
国外転出をする場合の譲渡所得等の特例等（国外転出時課税制度）　548
国税電子申告・納税システム（e-Tax）　881
子育て世帯等に対する住宅借入金等特別控除の特例　790
国庫補助金等の交付を受けた場合の収入金額　180

さ行

【さ】

災害減免法による減免税額　859
災害損失特別勘定　263
災害等が発生した場合の申告期限等の延長　858
災害等によって「生活に通常必要でない資産」に損害を受けた場合の譲渡所得　446
災害により居住の用に供する供することができなくなった場合の住宅借入金等特別控除の特例　807
財産債務調書の提出　874
再調査の請求　869

先物取引に係る雑所得等の課税の特例　580
先物取引に係る雑所得等の金額　581
先物取引に係る雑所得等の申告分離課税制度　589
先物取引の差金等決済に係る損失の繰越控除　582
雑所得となるものの具体例　566
雑所得の金額の計算　568
雑所得の収入金額又は総収入金額の計上時期　178
雑所得の例示　564
雑所得を生ずべき業務に係る雑所得の計算　580
雑所得を生ずべき業務に係る雑所得を有する者に係る収支内訳書の確定申告書への添付義務　582
雑所得を生ずべき業務に係る雑所得を有する者の現金預金取引等関係書類の保存義務　582
雑所得を生ずべき小規模な事業を行う者の収入及び費用の帰属時期の特例　267
雑損控除　650
雑損失の繰越控除　639
山林所得　419
山林所得の金額の計算　422
山林所得の総収入金額の計上時期　178
山林所得の特別控除　424

【し】

仕入割戻し　263
時期　336
事業所得と給与所得の区分　335
事業所得の金額の計算　336
事業所得の総収入金額の計上時期　177
事業所得の総収入金額の収入すべき　336
事業所得の範囲　330
事業専従者給与　254
事業適応設備を取得した場合等の特別償却

358
事業適応設備を取得した場合等の所得税額の特
　　別控除　771
事業適応設備を取得した場合の特別償却又は所
　　得税額の特別控除　18
事業の遂行に付随して生ずる収入　332
試験研究を行った場合の所得税額の特別控除
　　79,747
資産損失　240
資産の一部を交換とし、一部を売買としたとき
　　449
資産の取得の日　433
資産の譲渡代金が回収不能となった場合等の譲
　　渡所得　446
資産の譲渡に関連する支出　444
地震保険料控除　680
質屋営業の所得計算　262
実質所得者課税の原則　141
支払調書等の提出等の義務　871
死亡又は出国の場合の確定申告　852
私募公社債等運用投資信託の収益の分配　307
社会保険診療報酬の所得計算の特例　380
社会保険料控除　670
借地権等の更新料　239
借地権等の設定されている土地の譲渡について
　　の取扱い　471
借地権と底地を交換したとき　448
修正申告　848
修繕費と資本的支出の区分　230
住宅借入金等特別控除の控除額の特例　788
住宅借入金等特別控除の適用を受けた年分の翌
　　年分以後の各年分において同控除を受けよ
　　うとする場合　804
住宅借入金等特別控除を受けられる者の範囲
　　795
住宅借入金等を有する場合の所得税額　885
住宅借入金等を有する場合の所得税額の特別控

除　44,779
収入金額　413
収入金額とされる保険金、損害賠償金等　184
収入金額の計算　173
収入金額の計算の通則　175
収入計上時期　321
収入すべき時期　436
収入の時期　569
収入を得るために支出した金額　562
収用交換等の場合の5,000万円特別控除　462
収用等に伴い代替資産を取得した場合の課税の
　　特例　461
収用等の場合の課税の特例　460
出版業の所得計算　263
取得費　437
純損失の金額及び雑損失の金額の控除　628
純損失の繰越控除　629
純損失の繰戻し　630
障害者控除　688
小規模企業共済等掛金控除　673
小規模事業者の収入及び費用の帰属時期の特例
　　（現金主義）　265
上場株式等に係る譲渡損失の損益通算及び繰越
　　控除　528
上場株式等に係る配当所得等の申告分離課税
　　586
上場株式等に係る配当所得の申告分離課税
　　303
上場株式等の配当等に係る源泉徴収義務等の特
　　例　308
上場株式等の配当等に対する源泉徴収税率等の
　　特例　307
上場株式等の範囲　527
譲渡所得　425
譲渡所得の金額の計算　435
譲渡所得の総収入金額の計上時期　178
譲渡所得の対象となる資産　431

譲渡費用　443
譲渡費用の範囲　443
使用人から執行役員への就任に伴い退職手当等
　　として支給される一時金　410
商品等の販売に要する景品等の費用　264
商品引換券等の発行に係る所得計算　263
所得金額調整控除　390
所得計算上の一般的な事項　167
所得控除の順序　707
所得税額の納付時期　834
所得税の額から控除される特別控除額の特例
　　778
所得税の課税されない譲渡所得　430
所得税の計算　155
所得税の申告時期　833
所得の概念　129
所得の金額の総合　595
所得の計算期間　167
書類の提出時期　862
新型コロナウイルスに係る所得税の特例　885
新鉱床探鉱費の特別控除　380
申告分離課税　585
審査請求　869
信託課税　150
信用取引等による株式又は公社債の取得価額
　　348
信用取引に係る所得計算　264
森林計画特別控除　424

【す】

推計による更正又は決定　866
ストック・オプションを行使して新株を取得し
　　た場合等の経済的利益　404

【せ】

税額控除　725
税額控除の順序　832
税額の計算　159
生計を一にする親族に支払う給与等　253

生産森林組合により受ける分配金　421
生産方式革新事業活動用資産等の特別償却
　　366
政治活動に関する寄附をした場合の所得税額の
　　特別控除　828
税制適格ストック・オプション　502
生命保険契約等に基づく一時所得の計算　561
生命保険契約等に基づく年金の雑所得の計算
　　571
生命保険料控除　675
接待交際費　229
セルフメディケーション税制（医療費控除の特
　　例）　665
前年以前に生じた純損失、雑損失の繰越控除
　　624

【そ】

倉庫用建物等の割増償却　378
総収入金額報告書　857
造成団地の分譲による所得計算　262
相続等によって取得した事業所得の基因となる
　　有価証券の取得価額　347
相続等に係る生命保険契約等に基づく年金に係
　　る雑所得の計算　572
相続等に係る損害保険契約等に基づく年金に係
　　る雑所得の計算　576
贈与等の場合の譲渡所得等の特例　451
訴訟　869
租税公課　224
租税条約　149
損益通算の対象等　597
損益通算の対象とされない損失の金額　603
損益通算の方法　600
損害保険契約等に基づく一時所得の計算　562
損害保険契約等に基づく年金の雑所得の計算
　　576
損害保険料等　234

た行

【た】

対象となる住宅借入金等の額 802
対象となる住宅借入金等の範囲 797
退職給与引当金 250
退職所得 407
退職所得課税 2
退職所得控除額 414
退職所得に対する源泉徴収 902
退職所得の金額の計算 412
退職所得の収入金額の計上時期 178
退職所得の収入の時期 413
棚卸資産等の自家消費 178
棚卸資産の自家消費、贈与 338
棚卸資産の取得価額 340
棚卸資産の贈与等 178
棚卸資産の低額譲渡 179
棚卸資産の評価方法 343
短期譲渡所得 432
短期譲渡所得の課税の特例 587

【ち】

地域経済牽引事業の促進区域内において特定事業用機械等を取得した場合の所得税額の特別控除 757
地域経済牽引事業の促進区域内において特定事業用機械等を取得した場合の特別償却 353
地代 234
地方活力向上地域等において雇用者の数が増加した場合の所得税額の特別控除 760
地方活力向上地域等において特定建物等を取得した場合の所得税額の特別控除 759
地方活力向上地域等において特定建物等を取得した場合の特別償却 354
中小事業者が機械等を取得した場合の所得税額の特別控除 755
中小事業者が機械等を取得した場合の特別償却 350
中小事業者の少額減価償却資産 197
超過累進税率 127
長期譲渡所得 432
長期譲渡所得の課税の特例 587
長期の損害保険契約に係る支払保険料等 264
帳簿書類の保存義務 279

【て】

定額減税 906
定期借地権の設定による保証金の経済的利益の課税 322
電子帳簿保存制度関係 280
転廃業助成金等に係る課税の特例 268

【と】

到達主義が適用される書類 863
特定株式に係る譲渡損失の金額の繰越控除の特例 517
特定株式の所得に要した金額の控除等 513
特定管理株式等が価値を失った場合の株式等に係る譲渡所得等の課税の特例 536
特定居住用財産の譲渡損失の繰越控除の特例 636
特定居住用財産の譲渡損失の損益通算の特例 620
特定組合員等の不動産所得に係る損益通算等の特例 328,605
特定口座制度の概要 532
特定口座内保管上場株式等の譲渡等に係る所得計算等の特例 532,533
特定口座内保管上場株式等の譲渡による所得等に対する源泉徴収等の特例 534
特定公社債等に係る利子所得の申告分離課税 586
特定事業継続力強化設備等の特別償却 363
特定支出控除 394
特定新規中小企業者がその設立の際に発行した

株式の取得に要した金額の控除等　72, 522
特定船舶の特別償却　360
特定地域における工業用機械等の特別償却　368
特定中小会社が発行した株式に係る課税の特例（いわゆるエンジェル税制）　510
特定中小事業者が特定経営力向上設備等を取得した場合の所得税額の特別控除　766
特定中小事業者が特定経営力向上設備等を取得した場合の特別償却　356
特定都市再生建築物の割増償却　377
特定の基金に対する負担金等の必要経費算入の特例　271
特定の基準所得金額の課税の特例（「極めて高い水準の所得に対する負担の適正化措置」）　88
特定の居住用財産の買換え（交換）の特例　478
特定の事業用資産の買換え（交換）の特例　484
特定の事業用資産の買換えの場合の譲渡所得の課税の特例等　77
特定の増改築等に係る住宅借入金等を有する場合の所得税額の特別控除の控除額に係る特例　815
特定非課税累積投資契約に係る非課税措置　313, 542
特定非常災害に係る雑損失の繰越控除の特例　646
特定非常災害に係る純損失の繰越控除の特例　640
特定非常災害の指定を受けた災害により生じた損失に係る純損失の繰越控除及び雑損失の繰越控除　64
特定復興集積区域等において機械等を取得した場合の所得税額の特別控除　776
特定復興集積区域において被災雇用者等の雇用した場合の所得税額の特別控除　775
特別控除の順序及び限度額　494
特別特定取得　885
匿名組合契約による組合員の所得計算　274
土地建物と土地を等価で交換したとき　449
土地建物の交換をしたときの特例　447
土地等が収用された場合に受ける補償金　463
土地等と建物を一括して借入金で取得した場合の土地等の部分の利子の額の計算　604
土地の譲渡等に係る事業所得等の課税の特例　587

な行

【に】

肉用牛の売却による農業所得の課税の特例　384
任意組合等の組合員の所得計算　273
認定住宅等の新築取得等に係る住宅借入金等特別控除の特例　788
認定住宅等の新築等をした場合の所得税額の特別控除（認定住宅等新築等特別税額控除）　825
認定特定高度情報通信技術活用設備を取得した場合の所得税額の特別控除　771
認定特定高度情報通信技術活用設備を取得した場合の特別償却　357
認定特定非営利活動法人等に寄附をした場合の所得税額の特別控除　830

【ね】

年末調整　901

【の】

農産物の収穫の場合の総収入金額算入　179
農産物の収入金額　338
納税　861
納税義務者　139
納税告知　906
納税地　145

納税地の異動　147
納税地の特例　147
納税地の特例等　37
納付　861
農用地等を取得した場合の課税の特例　383

は行

【は】

廃業後に生じた必要経費の特例　268
配偶者控除　696
配偶者特別控除　699
配当控除　726
配当所得　295
配当所得に対する源泉徴収　899
配当所得の金額の計算　300
配当所得の収入金額の計上時期　177
配当所得の収入金額の収入すべき時期　302
発行法人から与えられた株式を取得する権利の譲渡による収入金額　179
発信主義が適用される書類　862
罰則　880
販売代金の額が確定していない場合の見積り　262
販売費、一般管理費等の必要経費　189

【ひ】

非課税口座内の少額上場株式等に係る譲渡所得等の非課税措置　539
非課税口座内の少額上場株式等に係る配当所得及び譲渡所得等の非課税措置　71
非課税口座内の少額上場株式等に係る配当所得の非課税（NISA）　310
非課税上場株式等管理契約に係る非課税措置（NISA）　539
非課税所得　131
非課税累積投資契約に係る非課税措置（つみたてNISA）　312,541
引き続き勤務する者に支払われる給与で退職手当等　410
非居住者に対する課税　148,854
非居住者の申告　854
被災代替資産等の特別償却　362
被相続人の居住用家屋等（空き家）を譲渡した場合の特別控除の特例　472
必要経費算入の時期　339
必要経費の計算　184
ひとり親控除　693
避難解除区域等において機械等を取得した場合の所得税額の特別控除　776
避難解除区域等において避難対象雇用者等を雇用した場合の所得税額の特別控除　777

【ふ】

負債の利子の計算　301
再び居住の用に供した場合の住宅借入金等特別控除の再適用等　805
復興特別所得税　889
不動産業者などが所有している土地建物と交換したとき　450
不動産所得　319,321
不動産所得に係る損益通算の特例　603
不動産所得の金額の計算　321
不動産所得の総収入金額の計上時期　177
不動産所得の範囲　319
不動産所得の必要経費　324
不動産所得を生ずべき事業　326
扶養控除　701
分収造林契約等による分収　420
分配時調整外国税相当額控除　733
分離短期一般所得分　456
分離短期軽減所得分　457
分離短期譲渡所得金額に対する税額計算　724
分離長期一般所得分　452
分離長期軽課所得分　454
分離長期譲渡所得金額に対する税額計算　724
分離長期特定所得分　452

【へ】

変動所得及び臨時所得の平均課税　718

【ほ】

報酬、料金等に対する源泉徴収　903
法人に対する課税　149
簿外経費の必要経費不算入　237

ま行

【み】

未成年者口座内の少額上場株式等に係る譲渡所得等の非課税措置（ジュニアNISA）　545
未成年者口座内の少額上場株式等に係る配当所得等の非課税（ジュニアNISA）　316
みなし配当所得　296

【め】

免税所得　138
免責許可の決定等により債務免除を受けた場合の経済的利益の総収入金額不算入等　181

や行

【や】

家賃　234

【ゆ】

有価証券の取得価額　346
有価証券の譲渡原価等　346
有価証券の評価方法　349
有限責任事業組合の事業に係る組合員の事業所得等の所得計算の特例　275
有限責任事業組合の事業に係る組合員の事業所得等の所得計算の特例（不動産所得）　327
輸出事業用資産の割増償却　60,376
要耐震改修住宅に係る住宅借入金等特別控除の特例　792

【よ】

予定納税　834

ら行

【り】

リース取引　219
利子所得　285
利子所得に対する源泉徴収　898
利子所得の源泉分離課税　590
利子所得の収入金額の計上時期　176
利子所得の収入金額の収入すべき時期　287
利子所得の分離課税　287

わ行

【わ】

割引債の償還差益の源泉分離課税　590

【参考文献】

1. 令和3年版　税制改正の解説　財務省
2. 令和4年版　税制改正の解説　財務省
3. 令和5年版　税制改正の解説　財務省
4. 令和6年版　税制改正の解説　財務省
5. 税務大学校　所得税法（基礎編）令和6年度版
6. 国税庁ホームページ／タックスアンサー・質疑応答事例
7. 所得税・消費税　誤りやすい事例（令和5年12月）　東京国税局
8. 国税不服審判所　裁決事例
9. 譲渡所得課税をめぐる費用認定と税務判断　㈱清文社　山形富夫著
10. 所得税・資産税関係　税務特例利用の手引　新日本法規出版㈱
11. 令和6年版　所得税基本通達逐条解説　今井慶一郎・鈴木憲太郎・佐藤誠一郎・谷本雄一共編　一般財団法人大蔵財務協会
12. 令和4年版　譲渡所得・山林所得・株式等の譲渡所得等関係　租税特別措置法通達逐条解説　佐藤誠一郎編　一般財団法人大蔵財務協会
13. 令和5年版　図解所得税　田仲正之編　一般財団法人大蔵財務協会
14. 令和6年版　図解譲渡所得　市川康樹編　一般財団法人大蔵財務協会
15. 令和6年版　図解源泉所得税　一般財団法人大蔵財務協会編
16. 令和5年分　所得税確定申告の手引（令和6年3月申告用）市田圭佑編著　税務研究会出版局

著者／山形 富夫（やまがた・とみお）

税理士（山形富夫税理士事務所）
宮城県出身　明治大学商学部商学科・中央大学法学部法律学科卒
昭和44年、仙台国税局に採用後、東京国税局などで主に所得税関係の事務に携わる。
平成14年　税務大学校教育第二部教授
平成15年　国税不服審判所審判官
平成18年　東京国税局課税第一部資料調査第一課長
平成20年　東京国税不服審判所横浜支所長
平成21年　千葉東税務署長
平成22年　芝税務署長
平成23年　税理士登録

［主な著書］
『Q&A　所得税　控除適用の可否判断』／新日本法規出版㈱
『［新版］税理士必携　誤りやすい申告税務詳解　Q&A』（共著）／㈱清文社
『所得税・資産税関係　税務特例利用の手引』（共著）／新日本法規出版㈱
『譲渡所得課税をめぐる費用認定と税務判断』／㈱清文社
『税務の基礎からエッセンスまで　主要地方税ハンドブック』／㈱清文社
『詳解 役員報酬・役員給与課税の非違事例100選』／㈱清文社

令和6年11月改訂　プロフェッショナル　所得税の実務

2024年12月20日　発行

著　者　山形　富夫 ©

発行者　小泉　定裕

発行所　株式会社　清文社
東京都文京区小石川1丁目3－25（小石川大国ビル）
〒112－0002　電話 03(4332)1375　FAX 03(4332)1376
大阪市北区天神橋2丁目北2－6（大和南森町ビル）
〒530－0041　電話 06(6135)4050　FAX 06(6135)4059
URL https://www.skattsei.co.jp/

印刷：亜細亜印刷㈱

■著作権法により無断複写複製は禁止されています。落丁本・乱丁本はお取り替えします。
■本書の内容に関するお問い合わせは編集部までFAX(03-4332-1378)又はメール(edit-e@skattsei.co.jp)でお願いします。
■本書の追録情報等は、当社ホームページ（https://www.skattsei.co.jp）をご覧ください。

ISBN978-4-433-72014-8